"十四五"职业教育国家规划教材

"十四五"卫生高等职业教育专科校院合作"双元"规划教材

供护理、助产及相关专业用

# 内科护理学

## 第 2 版

主 编
汪芝碧 曹建平

副主编
柴 颖 吴 婷 安晓倩 王 芳

编 者（按姓名汉语拼音排序）

安晓倩（遵义医药高等专科学校）　　　彭艳红（南华大学附属第二医院）
柴　颖（唐山职业技术学院）　　　　　尚庆娟（山东中医药高等专科学校）
曹建平（湖南环境生物职业技术学院）　沈　娇（重庆三峡医药高等专科学校）
黄　琼（湖南环境生物职业技术学院）　田君叶（北京大学第一医院）
黄文婷（广西卫生职业技术学院）　　　汪芝碧（重庆三峡医药高等专科学校）
黄笑燕（江西医学高等专科学校）　　　王　芳（洛阳职业技术学院）
黄雪玲（重庆三峡医药高等专科学校　　吴　婷（黔东南民族职业技术学院）
　　　　附属人民医院）　　　　　　　夏　莹（中国医学科学院北京协和医院）
李辉员（宜春职业技术学院）　　　　　余　娇（重庆大学附属三峡医院）
李　莹（菏泽医学专科学校）　　　　　张园园（南阳医学高等专科学校）
梁惠连（肇庆医学院）　　　　　　　　周　颖（四川护理职业学院）
马　莉（黔东南民族职业技术学院）

北京大学医学出版社

NEIKE HULIXUE

图书在版编目（CIP）数据

内科护理学 / 汪芝碧，曹建平主编. -- 2 版. -- 北京 : 北京大学医学出版社，2025.7. -- ISBN 978-7-5659-3265-6

I. R473.5

中国国家版本馆CIP数据核字第2024F7S919号

内科护理学（第2版）

主　　编：汪芝碧　曹建平
出版发行：北京大学医学出版社
地　　址：（100191）北京市海淀区学院路38号　北京大学医学部院内
电　　话：发行部 010-82802230；图书邮购 010-82802495
网　　址：http://www.pumpress.com.cn
E-mail：booksale@bjmu.edu.cn
印　　刷：北京溢漾印刷有限公司
经　　销：新华书店
责任编辑：杨　杰　责任校对：靳新强　责任印制：李　啸
开　　本：850 mm×1168 mm　1/16　印张：37.5　字数：1073千字
版　　次：2019年7月第1版　2025年7月第2版　2025年7月第1次印刷
书　　号：ISBN 978-7-5659-3265-6
定　　价：85.00元

版权所有，违者必究

（凡属质量问题请与本社发行部联系退换）

# 第 2 轮修订说明

党和国家高度重视职业教育发展，《国家职业教育改革实施方案》《职业院校教材管理办法》《高等学校课程思政建设指导纲要》《习近平新时代中国特色社会主义思想进课程教材指南》《关于推动现代职业教育高质量发展的意见》《全国护理事业发展规划（2021—2025年）》等重要文件陆续发布，对卫生健康职业教育、高职专科护理人才培养及教材建设提出了更高的要求。

本套高职专科护理专业教材第 1 轮于 2018 年启动，北京大学医学出版社组织全国具有代表性的骨干院校共同建设。在教育部、国家卫生健康委员会相关机构和职业教育教学指导委员会的指导下，共编写出版教材 28 种，其中入选教育部"十三五"职业教育国家规划教材 11 种（教职成厅函〔2020〕20 号文）、"十四五"职业教育国家规划教材 15 种（教职成厅函〔2023〕19 号文）。

高质量的教材是实施教育改革、提升人才培养质量的重要支撑。为全面贯彻党的教育方针，深入贯彻党的二十大精神，落实立德树人的根本任务，更好地支持新时代卫生健康职业教育事业发展、服务于我国高职专科护理专业人才培养，北京大学医学出版社启动了高职专科护理专业教材第 2 轮修订编写工作。本轮教材共包含 27 种。全套教材均为北京大学医学出版社"十四五"规划教材。

第 2 轮教材修订编写工作"以学生为中心"，对标教育部高职专科护理专业教学标准、护士执业资格考试大纲，以技术技能教育为根本，满足 3 个需要（学科需要、教学需要、行业需要），注重基本理论、基本知识和基本技能，内容以"必需、够用"为度，遵循学生认知规律，注重教学适用性，优化编写体例，深化产教融合，优化数字融合，强化思政融合，围绕"岗课赛证"综合育人机制建设，力争打造一套既满足多数院校教学实际，又适度引领教学，培根铸魂、启智增慧，适应新时代要求的精品高职专科护理专业教材。

本轮教材的修订编写得到了多方面的大力支持，参编院校教学管理部门提出了宝贵建议，职教专家精心指导、把关，临床护理学专家认真编写、审稿。他们为锤炼精品教材、服务教学改革、提高人才培养质量做出了贡献，在此一并表示感谢！

最后，希望广大师生多提宝贵意见，反馈使用信息，以使教材内容日臻完善。让我们共同为新时代高职专科护理教育发展和人才培养做出贡献！

# 前 言

本教材第1版为"十三五"职业教育国家规划教材，在全国高等职业教育护理专业教学中广泛使用，在护理专业人才培养过程中发挥了重要作用，深受广大师生的欢迎和好评。为适应医学及临床护理快速发展，更新教材内容，进一步提高教材质量，使教材更好地为人才培养服务，我们进行了教材第2版修订。

本教材修订的基本指导思想是：①贯彻落实《关于做好党的二十大精神进教材工作的通知》《高等学校课程思政建设指导纲要》文件精神，以《国家职业教育改革实施方案》《全国护理事业发展规划（2012—2025）》等文件为纲领，体现以"学生为中心"的职业教育产教融合理念，注重培养学生的综合素质，将知识传授、能力培养和价值塑造三者融为一体，落实立德树人的根本任务。②教材内容结构突出护理专业特色，以临床整体护理观为指导，以临床护理岗位需求为导向，以职业能力为本位，以全国护士执业资格考试大纲为基础，有利于培养学生的临床思维能力及护理工作方法。③注重知识更新，教材适应我国人群健康需求和疾病谱的变化，反映国内外医学及临床护理的新进展。④优化教材立体化建设，注重教材的启发性与互动性，加强纸质教材与数字资源的深度融合，提供形式更为多样、内容更为丰富的教学资源。⑤坚持"三基""五性"的基本原则，力求全书结构、体例规范，内容科学、严谨。

教材内容修订主要包括以下几个方面：①修订教材各章节学习目标，并融入思政元素，培养学生守正创新，传承精华，守护人民生命健康安全，落实立德树人的根本任务。②修订教材各章节内容，更新和补充新的临床检查方法，如消化系统胶囊胃镜检查、结核分枝杆菌感染的γ-干扰素释放试验和抗体检测等；新的治疗方法及新的护理技术，如消化道内镜治疗技术及护理、经皮冠状动脉介入治疗与护理、应用利妥昔单抗治疗甲状腺功能亢进症、生物制剂靶向治疗等，以适应医学及临床护理快速发展和临床护理人才培养的需求。③修订教材中个别疾病名称，如急性肾损伤、原发免疫性血小板减少症等，并更新相应内容。删除了临床不常用的诊疗技术，如$T_3$抑制试验等，体现以人的健康为中心的护理理念。④优化教材立体化建设，进一步丰富教材数字资源，实现了以纸质教材为核心、配套数字教学资源的融媒体教材建设。

教材体例修订方面，整体框架以临床护理典型案例为中心，以护理程序为主线。①章前设有学习目标，以明确学习重点和难点。②节前设有临床护理典型"案例导入"，以任务问题引导学习，旨在培养学生的临床思维能力。③章末设有全国护士执业资格考试相关自测题及案例分析题，供学生巩固知识，加深对教学内容的把握。④正文中穿插专业前沿"知识链接"、考点提示等，以拓展学生的知识面和视野，加强教材的可读性。⑤教材配有微课及护理技能操作视频等数字资源，有利于培养学生的职业能力。

本书主要供高职高专院校护理、助产及相关专业学生使用，也可供在职护理人员参考。

本教材在编写过程中得到了全国多所医学院校、医院专家和同行的指导与帮助，以及参编单位及编委们的大力支持，在此表示衷心的感谢！由于编写水平所限，教材中难免有疏漏和不妥之处，恳请各院校师生、临床护理工作者在使用本教材的过程中提出宝贵意见和建议，以求再版时改进与完善。

汪芝碧　曹建平

# 目 录

第一章 绪论 ········································································································· 1

第二章 呼吸系统疾病患者的护理 ·········································································· 5
 第一节 呼吸系统疾病患者常见症状与体征的护理 ··············································· 6
 第二节 急性呼吸道感染患者的护理 ··································································· 13
 第三节 肺炎患者的护理 ···················································································· 18
 第四节 支气管哮喘患者的护理 ·········································································· 28
 第五节 支气管扩张患者的护理 ·········································································· 36
 第六节 慢性阻塞性肺疾病患者的护理 ································································ 41
 第七节 慢性肺源性心脏病患者的护理 ································································ 47
 第八节 肺结核患者的护理 ················································································ 52
 第九节 原发性支气管肺癌患者的护理 ································································ 62
 第十节 肺栓塞患者的护理 ················································································ 67
 第十一节 自发性气胸患者的护理 ······································································ 72
 第十二节 肺脓肿患者的护理 ············································································· 76
 第十三节 呼吸衰竭患者的护理 ·········································································· 80
 第十四节 呼吸系统疾病患者护理实训 ································································ 90

第三章 循环系统疾病患者的护理 ·········································································· 100
 第一节 循环系统疾病患者常见症状与体征的护理 ··············································· 101
 第二节 心力衰竭患者的护理 ············································································· 108
 第三节 心律失常患者的护理 ············································································· 119
 第四节 原发性高血压患者的护理 ······································································ 134
 第五节 冠状动脉粥样硬化性心脏病患者的护理 ··················································· 141
 第六节 心脏瓣膜病患者的护理 ·········································································· 153
 第七节 心包疾病患者的护理 ············································································· 159
 第八节 心肌病患者的护理 ················································································ 164
 第九节 病毒性心肌炎患者的护理 ······································································ 169
 第十节 感染性心内膜炎患者的护理 ··································································· 173
 第十一节 循环系统疾病患者护理实训 ································································ 176

第四章 消化系统疾病患者的护理 ·········································································· 197
 第一节 消化系统疾病患者常见症状与体征的护理 ··············································· 199

第二节　胃炎患者的护理 …………………………………………………… 207
第三节　消化性溃疡患者的护理 …………………………………………… 213
第四节　肝硬化患者的护理 ………………………………………………… 219
第五节　原发性肝癌患者的护理 …………………………………………… 227
第六节　肝性脑病患者的护理 ……………………………………………… 231
第七节　急性胰腺炎患者的护理 …………………………………………… 236
第八节　溃疡性结肠炎患者的护理 ………………………………………… 241
第九节　肠结核和结核性腹膜炎患者的护理 ……………………………… 246
第十节　上消化道出血患者的护理 ………………………………………… 251
第十一节　消化系统疾病患者护理实训 …………………………………… 256

## 第五章　泌尿系统疾病患者的护理 ……………………………………………… 272
第一节　泌尿系统疾病患者常见症状与体征的护理 ……………………… 273
第二节　肾小球疾病患者的护理 …………………………………………… 281
第三节　肾病综合征患者的护理 …………………………………………… 288
第四节　尿路感染患者的护理 ……………………………………………… 293
第五节　肾衰竭患者的护理 ………………………………………………… 298
第六节　泌尿系统疾病患者护理实训 ……………………………………… 308

## 第六章　血液系统疾病患者的护理 ……………………………………………… 321
第一节　血液系统疾病患者常见症状与体征的护理 ……………………… 323
第二节　缺铁性贫血患者的护理 …………………………………………… 329
第三节　再生障碍性贫血患者的护理 ……………………………………… 332
第四节　出血性疾病患者的护理 …………………………………………… 337
第五节　白血病患者的护理 ………………………………………………… 348
第六节　淋巴瘤患者的护理 ………………………………………………… 359
第七节　血液系统疾病患者护理实训 ……………………………………… 363

## 第七章　内分泌系统疾病患者的护理 …………………………………………… 373
第一节　内分泌系统疾病常见症状与体征的护理 ………………………… 376
第二节　腺垂体功能减退症患者的护理 …………………………………… 379
第三节　甲状腺疾病患者的护理 …………………………………………… 383
第四节　糖尿病患者的护理 ………………………………………………… 396
第五节　肾上腺皮质疾病患者的护理 ……………………………………… 410
第六节　骨质疏松症患者的护理 …………………………………………… 417
第七节　痛风患者的护理 …………………………………………………… 421
第八节　内分泌系统疾病患者护理实训 …………………………………… 425

## 第八章　风湿性疾病患者的护理 ………………………………………………… 433
第一节　风湿性疾病患者常见症状与体征的护理 ………………………… 434
第二节　系统性红斑狼疮患者的护理 ……………………………………… 440
第三节　类风湿关节炎患者的护理 ………………………………………… 447

第四节　多肌炎及皮肌炎患者的护理 ………………………………………………………… 454

## 第九章　神经系统疾病患者的护理 …………………………………………………………… 460
　　第一节　神经系统疾病患者常见症状与体征的护理 …………………………………………… 462
　　第二节　周围神经疾病患者的护理 ………………………………………………………… 474
　　第三节　脑血管疾病患者的护理 …………………………………………………………… 483
　　第四节　癫痫患者的护理 …………………………………………………………………… 502
　　第五节　帕金森病患者的护理 ……………………………………………………………… 509
　　第六节　神经系统疾病患者护理实训 ……………………………………………………… 513

## 第十章　传染病患者的护理 …………………………………………………………………… 526
　　第一节　传染病概述 ………………………………………………………………………… 526
　　第二节　流行性感冒患者的护理 …………………………………………………………… 541
　　第三节　病毒性肝炎患者的护理 …………………………………………………………… 545
　　第四节　获得性免疫缺陷综合征患者的护理 ……………………………………………… 553
　　第五节　流行性乙型脑炎患者的护理 ……………………………………………………… 558
　　第六节　霍乱患者的护理 …………………………………………………………………… 563
　　第七节　狂犬病患者的护理 ………………………………………………………………… 567
　　第八节　流行性出血热患者的护理 ………………………………………………………… 571
　　第九节　细菌性痢疾患者的护理 …………………………………………………………… 574

**参考文献** ………………………………………………………………………………………… 583

**中英文专业词汇索引** …………………………………………………………………………… 584

# 第一章 绪 论

第一章数字资源

内科护理学是研究内科疾病患者生理、心理和社会特点,认识、预防与治疗内科疾病、护理内科疾病患者,促进患者康复,增进健康的一门临床应用学科,是临床护理学的重要组成部分。

内科护理学是护理专业的核心能力课程,是其他临床护理课程的基础,同时与其他临床护理课程相互联系。内科护理学阐述的内容在其他临床护理课程的理论和实践中具有普遍意义,因此,学好内科护理学是学习其他临床护理课程的关键。

## 一、内科护理学和相关学科的发展

内科护理学的特点是涉及范围广,整体性强,它既是临床各科护理学的基础,又与其他学科有着密切的联系。近年来,分子生物学技术、生物信息学、大数据、互联网+、云计算、人工智能等技术的快速发展,促进了内科护理学的发展,也是内科护理学面临的机遇和挑战。

1. 整合医学给内科护理学带来的机遇　现代医学的发展使基础医学研究越来越向微观深入,临床学科划分越来越细。同时,我国中医、西医并存,中医关注脏腑经脉学说,西医目前仍以分科为基础。随着我国老龄化社会的到来,老年患者人数快速增长,他们往往患有多种疾病,由于多种病理机制共同作用,使疾病的诊断和治疗难度显著增加。《"健康中国2030"规划纲要》提出构建整合型医疗卫生服务体系。整合医学便应运而生,在理念上实现医学整体和局部的统一,在策略上以患者为核心,在实践上将各种防治手段有机结合,从整体的人出发,将医学各领域最先进的理论知识和临床各专科最有效的实践经验加以整合,并根据社会、环境、心理情况进行调整,使之成为更适合人体健康和疾病诊疗的医学体系。整合医学打破了学科、病区的壁垒,以患者为中心,倡导团队合作、多学科合作,并全程关注患者疾病状态的变化。随着整合医学的发展,整合护理学也应运而生。整合护理是在整体护理的基础上,强调多学科团队合作,注重跨学科知识有机融合,以患者为中心,为患者提供最优化、个体化的整合照顾,从而使患者最大限度地获益,达到最佳的康复效果。因此,护士必须具备扎实的综合知识,同时还要具备将多学科知识整合的能力,尤其是对患者进行系统化整体评估的能力、专业判断能力、患者健康教育能力以及团队沟通和协调能力。

2. 大数据、人工智能+医疗与精准医学对内科护理学提出的挑战　随着分子生物学技术、生物信息学、大数据、互联网+、云计算、人工智能等技术的快速发展,精准医疗的理念应运而生。精准医疗是一种将个体基因组成、环境与生活习惯差异考虑在内的疾病预防和治疗的医学模式,即根据个体的基因特征,结合环境和生活方式等因素进行评估,从药物基因组学的角度明确药物的适应证、禁忌证,对个体实施精准的药物治疗或干预,以提高治疗的安全性、经济性和有效性。精准医疗的兴起对内科护理学提出了新的挑战和机遇,在此背景下,护理人员需要应对数据收集、存储、分析等方面的能力不足问题,同时还需要明确在精准医疗中的角色和责任,并积极适应精准医疗的发展需求。

随着云计算、大数据等技术的发展,人工智能的研究与应用日益广泛,对医学也产生了显著的影响。人工智能在医疗领域的应用涵盖多个方面,如医学影像诊断、疾病预测、药物研发、机器人手术等。人工智能应用于护理领域主要是辅助护理人员工作。相关智能系统和平台已在预检分诊、物品和患者转运、智能监测、决策支持、病房管理、生活辅助支持、护理教育等关键护理领域发挥积极作用，可显著提高护理工作效率，降低医疗成本，改善服务质量。然而，在应用过程中也需要注意安全问题、隐私保护、标准化问题等。未来，人工智能在护理领域的应用也将会有更广阔的空间。

3. 基础医学和临床医学的发展为探索新的预防和治疗方法开辟了新途径　目前，很多疾病的病因和发病机制研究已深入基因、细胞和分子水平。免疫学研究的发展揭示了免疫功能紊乱在很多疾病（如恶性肿瘤、肾小球疾病）发生与发展过程中的作用。药理学研究和技术进展，使某些疾病的治疗方法更精准、更具有选择性，如单克隆抗体靶向药物及纳米技术应用于恶性肿瘤的治疗，螯合物云克（$^{99}$Tc-MDP）应用于类风湿关节炎的治疗等。护士了解疾病的病因和发病机制、药物的疗效及不良反应，是对患者进行健康教育和保健指导，预防疾病、促进健康的重要前提。

4. 诊疗技术的发展促进了专科护理技术的发展　心脏、肺和脑的电子监护系统用于持续病情监测，使护士及时发现和处理病情变化，显著提高了重症患者的救治成功率。各种内镜技术的发展为疾病的诊断和治疗带来了革命性变化，通过对疾病部位进行直接观察、摄像，或者直接取活组织或脱落细胞进行病理学检查，有效地促进了消化道、泌尿道、腹腔内等某些疾病的早期诊断和确诊；同时还可以进行局部微创治疗，如止血、取出结石和异物、放置支架、切除息肉及肿瘤等。影像诊断技术的发展，如多层螺旋CT、正电子发射体层显像（positron emission tomography，PET）、超声诊断技术等的发展，极大提高了疾病的诊断水平。内科护士必须掌握各种诊疗仪器的原理、操作前后的护理措施，才能做好监测和监护工作，配合诊疗操作的顺利完成。

5. 循证医学的发展对护理学科的发展影响深远　循证护理是在循证医学的影响下形成的护理观念和临床护理模式，即护士在计划护理活动过程中，以有价值的、可信的科学研究结果为证据，提出问题，寻找并运用证据，对患者实施最佳的护理。循证护理的理念也促进了临床护理科研工作的开展，丰富了内科护理学的知识体系。循证护理有助于护士更新护理观，改进工作方法，促进学科发展，有利于提高临床护理实践的科学性和有效性，有利于制订科学、有效的临床护理决策。

## 二、护士在内科护理学中的角色

内科护理的服务对象从青少年、成人到老年人群，服务对象的年龄跨度大，患者出现的各种健康问题和对卫生保健的需求也相对复杂。临床护理工作观念从疾病护理转向以人为中心的整体护理，护理服务对象从患者扩大到所有人，护理范畴从医院延伸到社区。这些变化对护士的专业素质、知识水平和实践能力都提出了更高的要求。内科护士既是患者的直接护理者，同时也承担着教育者、协作者、管理者、倡导者及研究者等角色。

1. 护理者（caregiver）　护理患者是护士最基本的职责。护士作为护理专业人员，需要应用科学的理论和知识指导临床实践。以服务对象为中心，树立整体护理观，运用护理程序为患者及其家属提供护理服务，不仅要满足其生理上的需求，还要从心理、社会、文化、精神等方面提供有效的护理。护理者的角色要求护士富有爱心、同情心，具备扎实的基础医学和临床医学以及人文社会学科等知识，熟练掌握基础护理和专科护理的操作技能，具有敏锐的病情观察能力和准确的判断力。护理的过程，就是护士运用知识、技能将关怀和照顾传递给服务对象的过程。

2. 教育者（educator）　随着健康观念的转变，人们对卫生服务的需求从单纯治疗疾病向预防疾病、促进健康扩展。同时，慢性病不断增多，使得护士的教育者角色越来越重要。例如，在社区进行卫生保健宣传教育，对患者进行住院期间的饮食指导和出院指导等。护士应根据服务对象的学习需求及文化水平，选择适当的方式，运用恰当的沟通和交流技巧对患者实施健康教育。除了对服务对象进行健康教育外，护士还承担着对护理专业学生、低年资护士及辅助护理人员等的教育责任。

3. 协作者（collaborator） 在临床护理实践中，护士必须具备团队沟通和协调能力，仅靠护士单纯的护理工作不能完成对服务对象全面、高质量的服务，护士须与医生、营养师、康复治疗师、心理治疗师和社会工作者等组成团队，共同协作，即完成整合护理。在多学科专业人员组成的团队中，护士既要独立地对服务对象进行护理评估、制订护理计划和实施护理，又要与团队中的其他人员良好沟通、密切合作，共同探讨解决问题的对策，以达到为服务对象提供有效治疗和护理的目标。

4. 管理者（manager） 护理工作包含着护士对服务对象的管理。护士管理的范畴包括人员、时间、资源及环境等。管理者的角色要求护士应能有效地利用时间，节省各种资源，管理好工作场所的环境，以及督导下级护理人员的工作等。因此，护士应学习管理学的理论和技巧，并将其应用于护理实践，保证护理质量。

5. 倡导者（advocator） 在服务对象对卫生保健系统不甚了解的情况下，护士应尊重和维护服务对象的知情权，帮助他们了解相关的合法权益，并在需要时协助服务对象做出知情的选择和决策。同时，作为职业团体，护理界应积极参与医疗体制改革、医疗卫生政策及法规的确立等，为提高医疗服务质量提出建设性的意见和建议。

6. 研究者（investigator） 科学研究是促进护理学科发展的基础。在护理实践中，护士往往会发现许多需要解决的问题，因此，护士应具有科研意识，注重对经验的总结和归纳，用科学的方法，对实践中的问题进行研究和分析，得出真实、客观的结论，以丰富护理学知识体系，进一步指导护理实践。

### 三、内科护理学课程的学习内容及学习目标

内科护理学课程学习的目的是使学生树立"以人的健康为中心"的现代护理理念，掌握内科护理基本知识和基本技能，培养学生发现问题、分析问题、解决问题的能力和批判性思维能力，为今后走向临床护理工作岗位，运用护理程序开展整体护理，促进患者健康打下坚实的基础。

1. 知识目标 理解内科常见病和多发病的概念、病因及发病机制。说出内科常见病和多发病患者的护理评估、护理措施和健康教育内容；熟练说出内科急症的临床表现及抢救原则。

2. 能力目标 能运用护理程序对内科常见病、多发病患者实施整体护理；能配合医生进行内科常见疾病的诊疗技术操作，能熟练进行内科专科护理技术操作；能对内科危急重症患者进行初步应急处理并配合抢救。

3. 素质目标 能运用所学知识深刻理解和感悟"敬佑生命、医者仁心、救死扶伤、勇于探索、甘于奉献"的精神。热爱护理专业、具有认真勤奋的学习态度和严谨求实的工作作风，具有高度的责任心、同情心和爱心，体现以人为本的护理理念；具有良好的交流沟通能力、团结协作能力、分析与解决问题的能力、终身发展的能力及符合职业标准的护士行为、语言能力及良好的心理承受能力。

### 四、内科护理学课程的学习方法

1. 熟悉内科护理学的特点

（1）牢固掌握理论知识是学习内科护理学的基础：内科护士对疾病的观察和判断、对内科

护理技术的运用、对患者及家属的健康教育等，均要求其具备扎实的理论基础。学生在课堂上应领会教师所讲的重点，对难点部分积极思考，掌握各章节的知识要点。

（2）理解内科护理对象的特点是学习内科护理学的关键：内科护理对象年龄跨度大，罹患慢性病、疑难病症及危重症多，而且许多内科疾病易引起并发症。学生在学习时要学会全面、动态地看待问题，将所学过的解剖学、病理生理学、病理学、药理学等基础医学知识与内科护理学知识相互联系、融合，掌握各系统疾病的典型症状与体征，掌握护理要点及技能要求。

（3）把握内科疾病的治疗要点是提供有效护理的前提：内科疾病在治疗上要求消除病因，使机体及其组织功能恢复。药物治疗是内科疾病治疗的主要手段，因此，学生需掌握内科常见病的常用治疗药物的分类、作用、不良反应，以及用药注意事项和对药物不良反应的处理。

2. 以整体护理观为指导　整体护理观是与生物—心理—社会医学模式相适应的护理理念，护理的对象是人。学生在学习内科护理学的过程中，应始终以人为本，以整体护理观为指导，按照护理程序实施整体护理，包括收集、整理及分析评估资料，发现患者的健康问题，制订护理计划，实施护理措施，并对护理效果进行评价，要学会运用所学的护理理论、知识和技能，为护理对象提供减轻痛苦、促进健康、维护健康的护理服务。

3. 坚持"教、学、做"一体化　在教学中，根据教学内容灵活运用案例教学法、分组讨论、任务驱动等教学方法逐步培养学生的临床思维能力，在课堂及实训、见习和实习过程中实施"教、学、做"一体化，强化专科基本知识、基本技能和基础理论的学习，注重理论联系实际。学生应充分利用课程教学资源学会学习、学会思考、学会综合运用知识与技能来发现、分析和解决临床实际问题。

（汪芝碧）

# 第二章　呼吸系统疾病患者的护理

第二章数字资源

## 学习目标

1. 说出呼吸系统常见疾病患者的身体状况、护理措施。
2. 描述呼吸系统常见疾病患者的辅助检查、治疗要点。
3. 解释呼吸系统常见疾病的病因与发病机制。
4. 能够对呼吸系统常见疾病患者进行护理评估、提出护理问题并采取相应的护理措施。
5. 能运用所学知识，深刻理解勇敢逆行的医者精神。

呼吸系统由呼吸道、肺和胸膜组成，其主要功能是进行气体交换并参与机体的防御、免疫和代谢过程。引起呼吸系统疾病的病因较为复杂，常与感染、空气污染、吸烟、吸入性变应原增加、遗传、免疫缺陷和损伤等因素有关。临床上多数呼吸系统疾病呈慢性过程，易引起不可逆的肺功能损害，使患者的劳动能力和生活质量逐渐下降，甚至导致呼吸衰竭而危及生命。

【呼吸系统的结构和功能】

1. 呼吸道　呼吸道以环状软骨为界分为上、下呼吸道。上呼吸道由鼻、咽、喉组成，下呼吸道由环状软骨以下的气管、各级支气管组成。上呼吸道具有对吸入气体进行加温、过滤、湿化的作用。咽是呼吸道与消化道的共同通道，吞咽时，会厌将喉关闭，防止食物进入下呼吸道。环状软骨在声带下方，是喉梗阻时进行环甲膜穿刺的部位。下呼吸道的主要功能是通气，在气管隆嵴处（相当于胸骨角处）分为左、右主支气管，右主支气管较粗短而陡直，因此异物或吸入性病变（如肺脓肿）多发生在右侧，气管插管过深时易误入右主支气管；气管逐渐向下分支，口径越来越小，气体流速逐渐减慢，临床上将吸气状态下内径小于 2 mm 的细支气管称为小气道。小气道极易阻塞，是发生呼吸系统疾病的常见部位。终末呼吸性细支气管、肺泡管、肺泡囊为膜性气道，具有气体交换功能。气管、支气管黏膜表面由纤毛柱状上皮细胞构成。正常情况下，杯状细胞和黏液腺分泌少量黏液。黏液纤毛转运系统和咳嗽反射是下呼吸道的重要防御机制。

2. 肺和肺泡　肺泡周围具有丰富的毛细血管网，是气体交换的重要场所。肺由数亿个肺泡构成，具有广泛的呼吸面积（成人总呼吸面积约 100 m$^2$），平时只有 1/20 的肺泡进行气体交换，因而肺泡具有强大的潜在功能。肺泡上皮细胞包括肺泡Ⅰ型上皮细胞和肺泡Ⅱ型上皮细胞。肺泡Ⅰ型上皮细胞与邻近的肺毛细血管内皮细胞构成气-血屏障（呼吸膜）；肺泡Ⅱ型上皮细胞可分泌表面活性物质，在肺泡表面形成一薄层液膜，其功能是降低肺泡表面张力，维持肺泡稳定性，防止肺泡萎缩。肺泡表面活性物质缺乏与急性呼吸窘迫综合征的发病有关。肺内气体交换主要在肺泡，通过气-血屏障进行。肺的主要功能是进行外呼吸，包括肺通气和肺换气两个互相衔接的过程。通过监测每分通气量（minute ventilation，VE）和肺泡通气量（alveolar ventilation，VA），可以了解肺通气功能。肺泡通气量是维持动脉血二氧化碳分压（arterial

partial pressure of carbon dioxide，PaCO$_2$）正常的基本条件。在机体代谢状况不发生改变的情况下，若肺泡通气量不足，则PaCO$_2$增高；若肺泡通气量过度，则PaCO$_2$下降。从呼吸效率看，适当慢而深的呼吸优于浅而快的呼吸。肺换气是通过气-血屏障以弥散的方式进行的。影响肺换气的主要因素有：气-血屏障的面积和弥散功能、肺通气血流比例以及呼吸膜两侧的气体分压差。

3. **肺血管** 肺有双重血液供应，即肺循环和支气管循环。肺循环的动、静脉为气体交换的功能血管，肺循环毛细血管壁薄，有较大的扩张性。与体循环相比，肺循环具有低压（肺循环血压仅为体循环的1/10）、低阻力及高容量等特点。体循环的支气管动、静脉是支气管壁和脏胸膜的营养血管。

4. **胸膜和胸膜腔** 胸膜可分为壁层和脏层，壁胸膜有感觉神经分布，胸膜病变时可引起胸痛，脏胸膜则无感觉神经分布。胸膜腔是由脏胸膜和壁胸膜构成的一个密闭潜在腔隙，腔内有少量浆液，具有润滑作用。正常成人平静呼气末胸膜腔内压为 –5～–3 mmHg（–0.7～–0.4 kPa），平静吸气末为 –10～–5 mmHg（–1.3～–0.7 kPa），胸膜腔内呈负压状态。胸膜腔内负压的生理意义是使肺维持扩张状态，同时促进静脉血及淋巴液的回流。

气体交换是呼吸系统最重要的生理功能。肺通气是肺与外环境之间的气体交换过程，肺换气是指肺泡与肺毛细血管血液之间的气体交换过程。呼吸系统通过肺通气与肺换气完成氧气的吸入、二氧化碳的排出，以维持人体正常的代谢。呼吸道与外界相通，外界的有害物质可直接侵入而造成呼吸系统损害。由于大气污染、吸烟、理化因子、生物因子吸入等因素，使呼吸系统疾病（如肺癌、支气管哮喘）的发病率明显增高，慢性阻塞性肺疾病发病率居高不下，肺结核发病率虽然得到控制，但近年又有增高趋势，弥漫性肺间质纤维化及免疫低下宿主肺炎等疾病发病率日渐增高，而其他系统或全身疾病也可引起呼吸系统疾病，故呼吸系统疾病发病率高，病死率也高。

**知识链接**

### 呼吸的调节

机体可通过呼吸中枢、神经反射和化学反射完成对呼吸的调节，以达到提供足够的氧气（$O_2$）、排出二氧化碳（$CO_2$）及稳定机体内环境酸碱平衡的目的。基本呼吸节律产生于延髓，而呼吸调节中枢位于脑桥，具有限制吸气、促使吸气向呼气转换的作用。大脑皮质可在一定限度内控制呼吸。呼吸的神经反射调节主要包括肺牵张反射、呼吸肌本体反射及肺毛细血管旁感受器（J感受器）引起的呼吸反射。呼吸的化学性调节主要是指动脉血或脑脊液中的$O_2$、$CO_2$和[$H^+$]对呼吸的调节作用。缺氧对呼吸的兴奋作用是通过外周化学感受器，尤其是颈动脉体化学感受器来实现的。$CO_2$对中枢和外周化学感受器都有作用，正常情况下，中枢化学感受器通过感受$CO_2$的变化进行呼吸调节。[$H^+$]对呼吸的调节主要是通过刺激外周化学感受器进行的。[$H^+$]增高使呼吸加深、加快，反之，则使呼吸运动受到抑制。

## 第一节 呼吸系统疾病患者常见症状与体征的护理

### 一、咳嗽与咳痰

咳嗽（cough）是呼吸系统疾病最常见的症状，是因咳嗽感受器受到刺激后引起的突然剧烈的呼气运动，是一种防御性反射动作，具有清除呼吸道分泌物和气道内异物的作用。咳痰（expectoration）是借助支气管黏膜上皮纤毛运动、支气管平滑肌的收缩及咳嗽反射，将呼吸道分泌物经口腔排出体外的动作。咳嗽可伴或不伴咳痰。无痰或痰量少的咳嗽，称为干性咳嗽；伴有痰液的咳嗽，称为湿性咳嗽。

【护理评估】

（一）病因与发病机制

引起咳嗽和咳痰的病因很多，常见的病因有以下几种。

1. 呼吸系统疾病　①感染，以细菌、病毒感染最为常见；②变态反应性疾病，如支气管哮喘、过敏性鼻炎等；③理化因素，如吸烟、异物、灰尘、刺激性气体、过冷或过热空气的刺激；④肿瘤，如鼻咽部、声带、气管、支气管、肺、胸膜、纵隔等部位的肿瘤。

2. 心血管疾病　如二尖瓣狭窄或其他原因所致左心衰竭引起的肺水肿、肺淤血等。

3. 其他　如脑炎，脑膜炎，食管、胃等受刺激，服用β-受体阻滞剂或血管紧张素转换酶抑制药等。

（二）身体状况

1. 咳嗽　评估咳嗽发生的急缓、出现及持续时间、规律、性质、程度、音色及伴随症状，咳嗽与体位、气候的关系，是否有无效咳嗽或不能咳嗽。突然出现的干性或刺激性咳嗽多是急性上、下呼吸道感染初期的表现；较严重的干咳常见于咳嗽变异性哮喘、咽炎、气管异物、胸膜炎、支气管肿瘤、服用血管紧张素转换酶抑制药等；慢性支气管炎引起的咳嗽多在晨间出现；支气管扩张或肺脓肿引起的咳嗽与体位改变有明显关系；慢性肺间质病变，尤其是各种原因所导致的肺间质纤维化也常表现为持续性干咳；犬吠样咳嗽见于会厌、喉部疾患或异物；金属音调咳嗽见于纵隔肿瘤、主动脉瘤或支气管肺癌压迫气管时；声音嘶哑性咳嗽多见于声带炎、喉炎、喉结核、喉癌和喉返神经麻痹等。注意咳嗽的伴随症状，如疲乏、失眠、注意力不集中等。

2. 咳痰　评估痰液的颜色、性状、量、气味以及是否有肉眼可见的异物等。慢性咳嗽伴咳痰常见于慢性支气管炎、支气管扩张、肺脓肿和空洞型肺结核等患者；脓性痰常常是发生气管、支气管和肺部感染的可靠标志；慢性支气管炎、支气管扩张、肺脓肿等患者，咳嗽常于清晨或体位变化时加重，且排痰量较多。

痰液颜色改变常具有重要意义，如肺结核、肺癌、肺梗死出血时，痰液中含有血液或血红蛋白而呈红色或红棕色；铁锈色痰见于肺炎球菌肺炎患者，但由于抗生素的广泛使用，目前已经很难见到；咳红褐色或巧克力色痰时，考虑为阿米巴肺脓肿；咳粉红色泡沫样痰提示发生急性肺水肿；砖红色胶冻样痰或血性痰常见于肺炎克雷伯菌肺炎患者；灰黑色或暗灰色痰常见于各种肺尘埃沉着病或慢性支气管炎患者；痰液伴有恶臭常见于厌氧菌感染患者。

3. 肺部听诊　可有呼吸音异常及干、湿啰音。

（三）心理、社会状况

评估患者是否有焦虑、抑郁等不良情绪反应，患者的日常生活和睡眠是否受到影响。

（四）辅助检查

了解血液、痰液、胸部影像、纤维支气管镜、肺功能、血气分析等各项检查结果是否有异常。

【主要护理诊断/问题】

1. 清理呼吸道无效　与无效咳嗽、痰液黏稠、胸痛、意识障碍等有关。
2. 睡眠型态紊乱　与夜间咳嗽、咳痰有关。
3. 潜在并发症：窒息、自发性气胸。

【护理措施】

（一）一般护理

1. 环境　为患者提供安静、舒适的病房环境，保持室内空气新鲜、洁净，注意通风。维持适宜的室内温度（18～20℃）和湿度（50%～60%），减少环境中的不良刺激，特别是避免尘埃与烟雾的刺激。适宜的环境有助于维持呼吸道的防御功能，减少对呼吸道黏膜的刺激。

2. 休息与体位　避免剧烈运动，保持体位舒适，半卧位或坐位有利于改善呼吸和咳出痰液。年老体弱者取侧卧位，可防止痰液阻塞而引起窒息。

3. 饮食护理　慢性咳嗽者，机体能量消耗增加，应予以高蛋白、富含维生素、足够热量的饮食。注意纠正患者的不良饮食习惯，指导患者避免进食油腻、辛辣、刺激性食物，以免刺激呼吸道而加重咳嗽。每天饮水1500 ml以上，足够的水分可以保证呼吸道黏膜的湿润和病变黏膜的修复，以利于痰液的稀释和排出。

（二）病情观察

密切观察患者的咳嗽、咳痰情况，详细记录痰液的颜色、性状和量。正确收集痰标本，并及时送检。

（三）对症护理

1. 指导有效咳嗽、咳痰　适用于神志清醒、一般状况良好、能够配合的患者，有助于气道远端分泌物的排出。指导患者掌握有效咳嗽的正确方法：①患者尽可能取坐位，先进行深而慢的呼吸5～6次，于深吸气末屏气（3～5 s），继而咳嗽数次，使痰排到咽部附近，再用力咳嗽将痰排出；或者取坐位，双腿上放置一枕头，顶住腹部（促进膈肌上升），咳嗽时身体前倾，头颈屈曲，张口咳嗽将痰液排出；或者取俯卧屈膝位，可借助膈肌、腹肌收缩，以增加腹压，促进有效咳痰。②经常变换体位，有利于痰液咳出。③对胸痛而不敢咳嗽的患者，应避免因咳嗽加重疼痛，若胸部有伤口，则可用双手或枕头轻压伤口两侧，使伤口两侧的皮肤及软组织向伤口处皱起，可避免咳嗽时胸廓扩张牵拉伤口而引起疼痛。疼痛剧烈时，可遵医嘱予以镇痛药，30分钟后指导患者进行深呼吸和有效咳嗽。

2. 气道湿化　吸入疗法分为湿化和雾化吸入疗法，适用于痰液黏稠不易咳出者。湿化疗法是通过湿化装置，将水或溶液蒸发成水蒸气或小液滴，以提高吸入气体的湿度，达到湿润气道黏膜、稀释痰液的目的。雾化吸入疗法是应用特制的气溶胶发生装置，将溶剂和药物形成气溶胶的液体微粒或固体微粒，吸入并沉积于呼吸道和靶器官，从而达到治疗疾病、改善患者临床症状、湿化气道、稀释气道分泌物的目的。临床上常在湿化的同时加入药物以进行雾化吸入，可向雾化液中加入痰溶解剂、抗生素、平喘药等，以达到祛痰、消炎、止咳、平喘的作用。进行气道湿化和雾化吸入时的注意事项包括以下几点。

（1）防止窒息：干结的分泌物湿化后膨胀易阻塞支气管，湿化后应帮助患者翻身、拍背，及时排痰，尤其是对体弱、无力咳嗽者。

（2）避免降低吸氧浓度：尤其是进行超声雾化吸入时，因吸入气体湿度过高，可造成吸入空气量减少，使血氧饱和度降低，导致患者胸闷、气促加重。可提高吸氧浓度或采用氧气驱动的喷射式雾化吸入。

（3）避免湿化过度：过度湿化可引起黏膜水肿、气道狭窄、气道阻力增加，甚至诱发支气管痉挛，还可导致体内水潴留，加重心脏负荷。应注意观察患者情况，湿化时间不宜过长，一般以10～20分钟为宜。

（4）控制湿化温度：一般应将湿化温度控制在35～37℃。在加热湿化过程中，应避免温度过高或过低，温度过高可引起呼吸道灼伤，损害气道黏膜纤毛运动，温度过低则可诱发哮喘、寒战。

（5）防止感染：按规定对吸入装置和病房环境进行消毒，严格执行无菌操作，加强口腔护理，避免呼吸道交叉感染。

3. **胸部叩击** 胸部叩击适用于久病体弱、长期卧床、排痰无力者；禁用于气胸未经引流、肋骨骨折、既往有病理性骨折病史、咯血、低血压及肺水肿等患者。方法：患者取侧卧位或在他人协助下取坐位，叩击者两手手指弯曲并拢，使掌侧呈杯状，以手腕力量，从肺底自下而上、由外向内、迅速而有节律地叩击胸壁，震动气道。每侧肺叶叩击1～3分钟，叩击时发出一种空而深的拍击音即表明手法正确。胸部叩击的注意事项包括以下几点。

（1）听诊肺部是否有呼吸音异常及干、湿啰音，明确病变部位。

（2）宜用单层薄布保护胸廓部位，避免直接叩击引起皮肤发红，但覆盖物不宜过厚，以免降低叩击效果。叩击时应避开乳房、心脏、骨凸部位（如脊椎、肩胛骨、胸骨）及衣服拉链、纽扣等。

（3）叩击力量适中，以患者不感到疼痛为宜，每次叩击时间以5～15分钟为宜，应在餐后2小时至餐前30分钟完成，以避免患者发生呕吐。操作时应密切注意患者的反应。

（4）操作后嘱患者休息，协助做好口腔护理，去除痰液气味。询问患者的感受，观察痰液情况，复查生命体征、肺部呼吸音及啰音的变化。

4. **体位引流** 体位引流是利用重力作用使肺、支气管内分泌物排出体外的方法，又称重力引流。体位引流适用于肺脓肿、支气管扩张等有大量痰液排出不畅时；禁用于呼吸衰竭、有明显呼吸困难和发绀、近1～2周内有大量咯血史、严重心血管疾病或年老体弱不能耐受者。具体方法参见本章第五节 支气管扩张患者的护理。

5. **吸痰术** 适用于无力咳出黏稠痰液、意识不清或排痰困难者。可经患者的口腔、鼻腔、人工气道（气管插管）或气管切开处进行负压吸痰。注意事项：每次吸痰时间不超过15秒，2次吸痰间隔时间大于3分钟；吸痰动作要迅速、轻柔，将患者的不适感降至最低；在吸痰前、中、后，应适当提高吸入气的氧浓度，以免引起低氧血症；严格执行无菌操作，避免呼吸道交叉感染。

**考点提示**

痰液性状及颜色改变的临床意义以及促进排痰的措施。

#### （四）用药护理

指导患者遵医嘱正确使用镇咳、祛痰等药物，并观察药物的疗效和不良反应。对轻度咳嗽者不需予以镇咳药治疗；对严重咳嗽，如剧烈干咳或频繁咳嗽影响休息和睡眠者，应遵医嘱予以镇咳药治疗。但痰液较多者禁用强力镇咳药治疗；年老体弱者慎用强镇咳药。

1. **镇咳药** 临床上常用非依赖性中枢性镇咳药右美沙芬和喷托维林。①右美沙芬：是临床上最常用的镇咳药，作用与可待因相似，偶尔有头晕、轻度嗜睡、便秘、恶心和食欲缺乏等不良反应，妊娠3个月内的妇女禁用。②喷托维林：是一种作用较持久的镇咳药，作用强度为可待因的1/3，同时具有抗惊厥和解痉作用。青光眼、前列腺肥大及心功能不全者慎用。

2. **祛痰药** 常用药物有氨溴索、溴己新、乙酰半胱氨酸、羧甲司坦等。

### 二、肺源性呼吸困难

呼吸困难（dyspnea）是指患者主观感觉空气不足、呼吸不畅，客观表现为呼吸用力，呼吸频率、深度及节律异常。临床上，呼吸困难主要由呼吸、循环系统疾病引起。肺源性呼吸困难（pulmonary dyspnea）是由于呼吸系统疾病引起通气、换气功能障碍，导致缺氧和（或）二氧化碳潴留而引起的呼吸困难。肺源性呼吸困难根据临床特点可分为吸气性呼吸困难、呼气性呼吸困难和混合性呼吸困难。

【护理评估】

**（一）病因与发病机制**

肺源性呼吸困难常见于慢性阻塞性肺疾病、支气管哮喘、喉炎，气管与支气管炎症、水肿、肿瘤或异物所致气道狭窄或梗阻，以及肺炎、肺脓肿、肺淤血、肺水肿、肺不张、肺栓塞等疾病患者，也见于胸廓疾患（气胸、大量胸腔积液、严重胸廓畸形等）、膈肌运动障碍等情况。

**（二）身体状况**

1. **吸气性呼吸困难**　特点是吸气明显困难，伴干咳或音调较高的吸气喘鸣音，严重者可出现锁骨上窝、胸骨上窝及肋间隙向内凹陷的现象，称为"三凹征"，多见于喉头水肿、喉痉挛，气管异物、肿瘤或受压等引起的上呼吸道机械性梗阻患者。

2. **呼气性呼吸困难**　特点是呼气时间延长，呼气费力，常伴有哮鸣音，常见于慢性阻塞性肺疾病、支气管哮喘等患者。

3. **混合性呼吸困难**　特点是吸气和呼气均费力，呼吸浅而快，常伴有呼吸音减弱或消失，主要是由于肺部病变广泛，呼吸面积减小，影响换气功能所致，常见于重症肺炎、重症肺结核、特发性肺纤维化、大量胸腔积液和气胸等患者。

4. **缺氧、二氧化碳潴留**　以缺氧为主的呼吸困难表现为皮肤黏膜发绀，应注意发绀的严重程度；以二氧化碳潴留为主的呼吸困难，则表现为皮肤红润、温暖、多汗，常伴有球结膜充血、水肿。

5. **评估呼吸困难的特点**

（1）起病缓急：突发呼吸困难者多见于呼吸道异物、张力性气胸等；起病较急者应考虑为肺水肿、肺不张、气胸、大叶性肺炎；起病缓慢者多为慢性阻塞性肺疾病、慢性肺源性心脏病、肺结核等。

（2）呼吸的频率、深度和节律：轻度呼吸衰竭时，可表现为呼吸深而快，严重时则表现为呼吸浅而慢；神经性呼吸困难常表现为慢而深的呼吸、潮式呼吸或间停呼吸。

（3）诱因：支气管哮喘发作者可有过敏物质接触史；与活动有关者常提示为心脏疾病、慢性肺源性心脏病、间质性肺疾病；自发性气胸者多有过度用力或屏气用力史。

（4）胸部：观察患者是否有桶状胸，双侧肺泡呼吸音是否减弱或消失，是否有干、湿啰音等。

（5）伴随症状：观察患者是否有咳嗽、咳痰、胸痛、发热、神志改变等。

（6）严重程度：中度以上体力活动引起的呼吸困难为轻度，轻度体力活动所致的呼吸困难为中度，休息时也出现呼吸困难为重度。

 考点提示

不同类型肺源性呼吸困难的特点及临床意义。

**（三）心理、社会状况**

观察患者是否出现紧张、疲乏、注意力不集中、失眠、抑郁、焦虑或恐惧等。

**（四）辅助检查**

了解血氧饱和度、动脉血气分析结果，判断缺氧和二氧化碳潴留的程度；肺功能测定可明确肺功能障碍的程度和类型；胸部X线、CT检查等可确定病变部位和性质等。

【主要护理诊断/问题】
1. 气体交换受损　与呼吸道痉挛、呼吸面积减小、换气功能障碍有关。
2. 活动无耐力　与呼吸功能受损导致机体缺氧有关。

【护理措施】
（一）一般护理
1. 休息与体位　提供安静、舒适、空气洁净的环境，保持温度和湿度适宜。患者取半卧位或端坐位，以减轻呼吸困难。必要时设置床上小桌，以便患者伏案休息。病情严重者应安置于重症监护病房，以便及时观察病情变化。
2. 保持呼吸道通畅　指导患者有效咳嗽；补充液体，以稀释痰液；按医嘱予以支气管扩张药，缓解呼吸困难；对出现重度呼吸困难者，可予以面罩吸氧或使用呼吸机辅助呼吸；对气道分泌物较多的患者，应协助其翻身、拍背，充分排出痰液，以增加肺泡通气量，必要时应予以吸痰，以保持呼吸道通畅。
3. 氧疗和机械通气的护理　根据呼吸困难的类型、严重程度不同，进行合理氧疗或机械通气，以缓解症状。

（二）病情观察
动态观察患者的呼吸状况，判断呼吸困难的类型。监测血氧饱和度、动脉血气变化，及时发现和解决异常情况。

（三）心理护理
呼吸困难可使患者烦躁不安、恐惧，不良情绪反应可进一步加重呼吸困难。因此，医护人员应陪伴在患者身边，安慰患者，使其保持情绪稳定，增强安全感。

（四）用药护理
遵医嘱应用支气管扩张药、呼吸兴奋剂等，观察药物的疗效和不良反应。

## 三、咯血

咯血（hemoptysis）是指喉及喉以下呼吸道或肺组织血管破裂导致出血，经口咯出的现象。

【护理评估】
（一）病因与发病机制
咯血大多数由呼吸系统疾病引起，如支气管扩张、肺结核、支气管肺癌、肺脓肿等；也可见于循环系统疾病，如风湿性心脏病二尖瓣狭窄、急性肺水肿等。其他疾病，如血液病、系统性红斑狼疮等，亦可引起咯血。咯血量的多少因病因和病变性质而不同，但与病变严重程度不完全一致。呼吸系统疾病引起咯血的主要机制是：炎症或肿瘤破坏支气管黏膜或病灶处的毛细血管，使黏膜下血管破裂或毛细血管通透性增高，一般咯血量较小；病变侵蚀小血管引起血管破溃时，可出现中等量咯血；病变引起小动脉破裂、小动静脉瘘或黏膜下曲张静脉破裂，或严重而广泛的毛细血管炎症造成血管破坏或通透性增高时，多表现为大量咯血。

（二）身体状况
根据咯血量，临床上将咯血分为痰中带血、小量咯血（<100 ml/d）、中等量咯血（100～500 ml/d）和大量咯血（>500 ml/d，或一次咯血量>300 ml）。咯血多为鲜红色，含有泡沫或痰液，呈碱性，不易凝固。咯血的并发症有窒息、肺不张、肺部感染等。窒息是咯血直接导致患者死亡的主要原因，应注意及时识别及抢救。窒息发生时，患者可表现为：咯血突然减少或终止，表情紧张或惊恐，大汗淋漓，双手乱动或手指喉头，继而出现发绀、呼吸音减弱、全身抽搐，甚至心搏、呼吸停止而死亡。护士应注意观察病情，并及时配合抢救。

### （三）心理、社会状况

患者常因咯血而出现烦躁不安、焦虑或恐惧心理，评估时应注意了解患者是否出现紧张、疲乏、失眠、抑郁、焦虑或恐惧心理。

### （四）辅助检查

了解血液、胸部影像、动脉血气分析、纤维支气管镜等检查结果。

【主要护理诊断/问题】

1. 潜在并发症：窒息、休克、肺部感染、肺不张。
2. 恐惧　与大量出血有关。

【护理措施】

### （一）一般护理

1. 休息与体位　小量咯血者应静卧休息，咯血可自行停止。大量咯血者需绝对卧床休息，取患侧卧位，头偏向一侧；保持病室安静，避免不必要的交谈，避免搬动患者，有利于止血后恢复。
2. 饮食护理　对大量咯血者应暂时予以禁食。咯血停止后，宜进少量凉或温的流质饮食，多饮水、多食含纤维素的食物，以保持排便通畅，避免排便时腹压增大而引起再次咯血。

### （二）病情观察

观察咯血的量、颜色、性状和出血速度；监测血压、脉搏、呼吸、心率、瞳孔、意识状态等变化，并详细记录；密切观察患者是否发生窒息。

### （三）对症护理

预防窒息是护理大量咯血患者的首要措施。发生大量咯血时，应先保证患者气道通畅，改善氧合状态。

1. 保持呼吸道畅通　及时清除患者口腔、鼻腔内的血液，协助漱口，擦净血迹，保持口腔清洁、舒适；鼓励患者轻轻咯出气管内的积血，嘱患者避免屏气，以免诱发喉痉挛，使血液引流不畅形成血块而导致窒息；安慰患者，使其消除紧张情绪，以免不良情绪加重呼吸道平滑肌痉挛。
2. 窒息的抢救配合　一旦发现患者出现咯血突然停止、呼吸急促、张口瞠目、双手乱抓、唇甲发绀、面色苍白、大汗淋漓、烦躁不安等窒息征象，立即使其取头低足高45°俯卧位，将其头偏向一侧，轻拍背部，迅速排出气道和口咽部的血块，必要时予以吸痰，并做好气管插管或气管切开的准备与配合工作，迅速解除呼吸道阻塞，并予以高浓度氧气吸入。气管内血块清除后，若患者自主呼吸未恢复，则应行人工呼吸，予以高流量氧气吸入或按医嘱应用呼吸兴奋剂，同时仍需密切观察患者的病情变化，监测血气分析和凝血功能，警惕再次发生窒息的可能。

### （四）用药护理

大量咯血时，应迅速建立静脉通道，遵医嘱及时补充血容量和予以止血药物，注意观察疗效及不良反应。床旁备好气管插管、吸痰器等抢救用物。

1. 垂体后叶素　是治疗大量咯血的首选药物，通常选择垂体后叶素 10 U 加入 20～30 ml 生理盐水或 5% 葡萄糖溶液 20～40 ml，在 15～20 分钟内缓慢静脉注射，然后将垂体后叶素 10～20 U 加入 5% 葡萄糖溶液 500 ml 中，以 20～30 滴/分的速度静脉滴注。根据出血控制情况调节滴速，注意密切观察患者的不良反应。
2. 其他药物　常用促凝血药为氨基己酸、氨甲苯酸、酚磺乙胺、注射用血凝酶等。对出现烦躁不安者，遵医嘱予以镇静药，如地西泮肌内注射，禁用吗啡、哌替啶，以免引起呼吸抑制。对咳嗽剧烈者，遵医嘱予以小剂量镇咳药；对年老体弱、肺功能不全者，慎用强镇咳药，以免抑制咳嗽反射，使血块不能咯出而引发窒息。

 **考点提示**

咯血量的判断、窒息的表现及抢救配合。

### 四、胸痛

胸痛（chest pain）主要由胸部疾病所致，少数由其他部位的病变所致。可引起胸痛的呼吸系统疾病包括胸膜炎、自发性气胸、肺炎、肺癌、胸膜肿瘤、支气管炎等。胸膜炎所致胸痛为尖锐刺痛或撕裂痛，且在深呼吸和咳嗽时加重；肺癌所致胸痛多为胸部闷痛或隐痛；胸痛伴咳嗽、咳痰或呼吸困难常见于肺炎、肺结核、自发性气胸等患者。引起胸痛的其他原因包括：胸壁疾病，如带状疱疹、肋间神经炎等；心脏与大血管疾病，如心绞痛、急性心肌梗死、主动脉夹层；纵隔疾病及其他疾病，如食管炎、膈下脓肿等。

## 第二节　急性呼吸道感染患者的护理

**案例导入 2-1**

患者，女，17岁，咽痛、鼻塞、流涕伴轻微声音嘶哑2天就诊。患者2天前曾冒雨上学。体格检查：鼻黏膜充血、水肿，有清亮、稀薄的分泌物，咽部发红。临床诊断：急性上呼吸道感染。

问题与思考：
1. 该患者目前主要的护理诊断有哪些？
2. 应如何对该患者进行健康教育？

### 一、急性上呼吸道感染患者的护理

急性上呼吸道感染（acute upper respiratory tract infection）简称上感，是指由病毒、细菌感染所引起的鼻、咽、喉部的急性炎症性疾病，好发于冬春季节，病毒感染最常见，少数为细菌感染。免疫功能低下者易感，发病率高。多数患者病程短，症状轻，可自愈。少数患者可出现病毒性心肌炎等严重并发症，且具有传染性，应积极预防。

【病因与发病机制】

（一）**病因**

本病全年均可发病，以冬、春季节多发，病原体主要通过飞沫传播，也可因接触被病毒或细菌污染的用具而传播。本病多数为散发性，气候发生突变时可造成流行。本病的病原体以病毒多见，病毒株的种类繁多，不同亚型之间无交叉免疫。人体感染病毒后，免疫力维持时间短暂，故可反复感染发病。70%～80%的急性上呼吸道感染病例由病毒感染引起，包括鼻病毒、冠状病毒、腺病毒、流感和副流感病毒以及呼吸道合胞病毒、柯萨奇病毒感染等，其余20%～30%由细菌感染引起。细菌感染可单独发生，也可继发于病毒感染之后。致病菌以溶血性链球菌最为常见，其次为流感嗜血杆菌、肺炎球菌、葡萄球菌等，偶尔为革兰氏阴性菌。

（二）**发病机制**

人体被病毒或细菌感染后是否发病，取决于个体免疫力的强弱。各种削弱全身或呼吸道局部防御能力的因素，如受凉、淋雨、气候突变、过度疲劳等，可使原已存在于上呼吸道或从外界侵入的病毒或细菌迅速繁殖，使其数量和毒力剧增，从而诱发本病。老幼体弱、免疫功能低下者或慢性呼吸道疾病患者易感，如鼻窦炎、慢性扁桃体炎患者易发病。

【护理评估】

（一）健康史

询问患者是否有受凉、淋雨、过度疲劳等使机体抵抗力降低的情况，注意询问患者本次起病的情况，既往健康状况，是否有呼吸道慢性疾病病史等。

（二）身体状况

根据病因和病变部位不同，急性上呼吸道感染可有以下几种不同类型的临床表现。

1. 普通感冒　俗称"伤风"，又称急性鼻炎或急性上呼吸道卡他性炎，由病毒感染所致。患者起病急，主要出现鼻部症状，表现为打喷嚏、鼻塞、流清涕，可伴有咳嗽、咽干、咽痒等。2～3天后，鼻涕由清亮变得黏稠，伴咽痛、头痛、呼吸不畅、声音嘶哑等。一般轻症患者无发热及全身症状，或仅有低热、不适、轻度畏寒、头痛。重症患者可出现发热、畏寒、头痛、全身酸痛。检查可见鼻腔黏膜充血、水肿，分泌物增多，咽部轻度充血。大多无并发症者5～7天可痊愈；少数患者并发咽鼓管炎时可有听力减退等症状；伴脓性痰或严重的下呼吸道症状，提示继发细菌感染或合并鼻病毒以外的其他病毒感染。

2. 急性咽炎和喉炎　急性咽炎多由鼻病毒、腺病毒、流感病毒、副流感病毒以及肠道病毒、呼吸道合胞病毒等引起，主要表现为咽痒及咽部烧灼感，咽痛不明显。急性喉炎多由鼻病毒、甲型流感病毒、副流感病毒及腺病毒等引起，主要表现为声音嘶哑，患者可有发热、咽痛或咳嗽。检查可见咽部充血、水肿明显，患者可有局部淋巴结肿大。

3. 急性疱疹性咽峡炎　常由柯萨奇病毒A引起，主要表现为明显的咽痛、发热，检查可见咽部充血，软腭、腭垂、咽后壁及扁桃体有灰白色疱疹及浅表溃疡，周围伴有红晕。本病多发于夏季，常见于儿童，偶尔见于成人，病程约为1周。

4. 急性咽结膜炎　主要由腺病毒、柯萨奇病毒等引起。临床表现为发热、咽痛、畏光、流泪等，检查可见咽部及结膜明显充血。本病好发于儿童，多在夏季游泳时引起传播，病程为4～6天。

5. 急性咽扁桃体炎　多由溶血性链球菌感染所致，其次为流感嗜血杆菌、肺炎球菌、葡萄球菌等。患者起病急，咽痛明显，伴畏寒、发热，体温高达39℃以上，检查可见咽部充血明显，扁桃体有不同程度的肿大、充血，表面有点状脓性分泌物，颌下淋巴结肿大、压痛，肺部检查无异常体征。

6. 并发症　患者可并发急性鼻窦炎、中耳炎、气管支气管炎。少数患者可继发肾炎、风湿性关节炎、心肌炎。重症心肌炎可危及患者生命，应予以重视。

（三）心理、社会评估

患者常因发热、全身酸痛而不能很好地休息，表现为疲惫不堪，情绪低落。青年患者往往不重视疾病，不及时就诊，容易导致病情延误而使感染向下蔓延，导致病情加重。上呼吸道感染患者虽然症状明显，但经过休息和（或）治疗即可很快痊愈，生活和工作一般不受影响。

（四）辅助检查

1. 血常规检查　病毒感染时，白细胞计数正常或偏低，淋巴细胞比例升高。细菌感染时，白细胞计数可偏高，中性粒细胞增多或核左移。

2. 病原学检查　主要采用咽拭子进行病原体检测。进行细菌培养可判断细菌的类型，还可进行药物敏感试验。

【主要护理诊断/问题】

1. 舒适度改变：鼻塞、流涕、咽痛、头痛等　与病原体感染有关。

2. 体温过高　与病原体感染有关。

3. 知识缺乏：缺乏上呼吸道感染的预防和保健相关知识。

4. 潜在并发症：鼻窦炎、中耳炎、气管支气管炎、风湿热、肾小球肾炎、心肌炎等。

【护理措施】

（一）一般护理

1. 环境与休息　嘱患者尤其是发热患者适当卧床休息。保持病室空气流通，温度、湿度适宜，环境安静。

2. 饮食护理　嘱患者多饮水，补充足够的热量，予以清淡、易消化、富含营养的食物。避免进食辛辣、刺激性食物；戒烟。

3. 口腔护理　嘱患者用淡盐水漱口，或予以口腔护理，防治口腔感染。

4. 防止交叉感染　急性炎症期间，按呼吸道疾病予以隔离，减少探视，人员进出病房应戴口罩。嘱患者避免面向他人咳嗽或打喷嚏，以防止交叉感染。

（二）病情观察

注意观察患者的病情，密切监测高热患者的生命体征，注意患者是否出现并发症。若患者出现耳痛、耳鸣、听力减退、外耳道流脓等，则提示并发中耳炎；若患者出现发热、剧烈头痛，伴脓涕、鼻窦压痛等，则提示并发鼻窦炎；若患者恢复期出现胸闷、心悸、眼睑水肿、腰酸和关节痛等，则提示可能并发心肌炎、肾炎或风湿性关节炎，应及时报告医生，予以相应处理。

（三）治疗配合

目前尚无特效抗病毒药物能够有效控制急性上呼吸道感染。治疗以对症治疗为主，同时应注意戒烟，适当休息，多饮水，保持空气流通，积极防治并发症。

1. 对症治疗　予以伪麻黄碱口服或滴鼻，以减轻鼻部充血，必要时适当应用解热镇痛药。

2. 抗病毒治疗　若患者病情较轻，无发热、免疫功能正常，发病未超过2天，则无需使用抗病毒药。对免疫功能低下或缺陷者，提倡早期常规使用利巴韦林和奥司他韦，可缩短病程。防止动辄使用抗病毒药物，以免造成病毒耐药现象。

3. 抗菌治疗　普通感冒患者无需使用抗菌药物治疗。若患者继发细菌感染，并且检查发现白细胞计数升高、咽部脓苔、咳黄色痰及流脓鼻涕等，则可选择口服青霉素、头孢菌素、大环内酯类药物进行抗菌治疗。

4. 中医药治疗　可根据风热型、风寒型感冒，分别予以清热解毒或辛温解表的中医药治疗，以改善症状，缩短病程。常用的中成药有板蓝根颗粒、小柴胡汤、感冒清热颗粒等。

5. 用药护理　遵医嘱使用药物，注意观察药物的疗效及不良反应。对出现发热、头痛者，使用解热镇痛药，如复方阿司匹林、对乙酰氨基酚。嘱患者多饮水，注意避免大量出汗引起虚脱等。对出现鼻塞、咽痛者，予以口服银翘片等；对鼻塞严重者，可予以1%麻黄碱滴鼻液；对继发细菌感染应用抗菌药物者，应注意观察是否发生迟发型过敏反应，发现异常应及时报告并予以对症处理。

（四）对症护理

对出现高热者，应进行物理降温，如头部冷敷、温水或乙醇擦浴、4℃冷生理盐水灌肠等，必要时遵医嘱使用药物降温，注意观察并记录降温效果。患者出现寒战时，可用热水袋予以保暖。退热时，患者常大汗淋漓，应及时擦干汗液，更换衣服及被褥。进食后，应漱口或予以口腔护理，以防止发生感染。对出现中耳炎、鼻窦炎等其他并发症者，应予以相应的对症护理。

### （五）心理护理

上呼吸道感染预后良好，多数患者于7天左右即可痊愈，仅少数患者可因长期反复感染，炎症蔓延至下呼吸道而发展为慢性支气管炎。患者一般无心理负担。如果咳嗽较频繁且剧烈，加之伴有发热，则可影响患者的休息与睡眠，容易使其产生焦虑情绪。护理人员应耐心倾听患者的诉求，与患者进行有效沟通，客观评价病情，消除患者的不良心理反应与顾虑，使其积极配合治疗与护理，以尽快控制、稳定病情。

【健康指导】

1. 避免诱发因素 加强对患者和家属的健康教育，使其了解上呼吸道感染的常见诱因。指导患者避免受凉、过度劳累，注意保暖；经常开窗通风，保持室内空气流通、新鲜；在高发季节尽量少到人群密集的公共场所，必要时，外出应戴口罩。

2. 增强机体免疫力 指导患者加强体育活动及耐寒锻炼，以提高机体抵抗力及耐寒性。对于免疫力较低的年老体弱群体，必要时可在流行季节来临前，接种疫苗或菌苗加以预防。

3. 尽早识别、处理并发症 通常，急性上呼吸道感染预后良好，对健康无不良影响。但发生重症感染且引起并发症，则不利于健康。因此，应指导患者尽早识别可能出现的并发症，并及时就诊处理。若经药物治疗后症状不缓解，并且出现耳痛、耳鸣、听力减退、外耳道流脓等，则提示为中耳炎；若恢复期出现胸闷、心悸、眼睑水肿、腰酸和关节痛等，则提示为心肌炎、肾炎或风湿性关节炎，均应及时就诊。

## 二、急性气管支气管炎患者的护理

急性气管支气管炎（acute tracheobronchitis）是由感染、物理与化学刺激或过敏反应等因素引起的气管、支气管黏膜的急性炎症。本病多为散发性，无流行倾向，年老体弱者易感，常发生在寒冷季节或气候突变时，也可由急性呼吸道感染向下蔓延所致。

【病因与发病机制】

本病主要由病毒感染直接引起，或由急性上呼吸道病毒感染、细菌感染蔓延而来。病毒或细菌感染是本病最常见的病因，过度劳累和受凉是常见的诱因。

1. 感染后继发细菌感染 病原体常为流感嗜血杆菌、肺炎链球菌、腺病毒、流行性感冒病毒等。

2. 物理与化学因素 冷空气、粉尘、刺激性气体或烟雾（氨气、氯气、二氧化硫、二氧化氮等），可刺激气管、支气管黏膜而引起本病。

3. 过敏反应 过敏原（如花粉、异物）、有机粉尘、真菌孢子等，均可引起气管、支气管的过敏反应。

【护理评估】

### （一）健康史

询问患者发病前是否有上呼吸道感染病史；了解患者是否有刺激性气体、过敏物质等接触史；了解患者近期的疾病治疗经过及用药情况。

### （二）身体状况

1. 症状 患者起病较急，常有鼻塞、流涕、咽痛、声音嘶哑等急性上呼吸道感染症状；继之出现咳嗽、咳痰，先为干咳、胸骨后闷痛感，1~2天后咳少量黏液痰，之后转为黏液脓性或脓性痰，痰量增多，咳嗽加重，甚至可出现痰中带血；伴支气管痉挛时，可有气促、胸骨后发紧感，全身症状较轻，可伴有低热、乏力等，一般3~5天后消退，咳嗽、咳痰可在持续2~3周后消失。

2. 体征 胸部听诊呼吸音正常或增粗，可闻及散在干、湿啰音；啰音出现的部位常不固定，咳嗽后可减少或消失。伴支气管痉挛时，可闻及哮鸣音。

（三）心理、社会状况

了解患者是否因咳嗽、咳痰影响休息而出现焦虑不安等心理反应。

（四）辅助检查

1. 血常规　由病毒感染引起者，外周血白细胞计数可正常；由细菌感染引起者，可伴有白细胞计数及中性粒细胞比例增高。

2. 痰标本检查　痰培养可发现致病菌。

3. 肺部 X 线检查　大多数患者表现为肺纹理增粗，少数患者无异常发现。

【主要护理诊断/问题】

1. 清理呼吸道无效　与支气管炎症、痰液黏稠有关。
2. 气体交换受损　与支气管痉挛有关。
3. 焦虑　与咳嗽、咳痰影响休息、工作等有关。

【护理措施】

（一）一般护理

1. 环境与休息　保持病室内环境安静，温度、湿度适宜，通风良好，指导患者取舒适体位，有利于休息。

2. 饮食护理　予以高热量、高维生素、产气少的食物，少食多餐，避免因饱胀而引起呼吸不畅。

（二）对症护理

对出现发热者，遵医嘱使用解热镇痛药，注意观察药物的疗效和不良反应；对咳嗽无痰者，可予以适量饮水，以减轻咽喉部刺痛；对咳嗽伴痰液不易咳出者，遵医嘱予以祛痰药或吸痰；若患者出现支气管痉挛，则应及时使用平喘药，并密切观察患者是否出现喘息、气促等情况。

（三）病情观察

观察患者呼吸频率、节律和深度的变化；观察患者是否容易咳出痰液及其体温的变化情况；观察患者休息时是否能够平卧，睡眠是否充足。

（四）治疗配合

1. 对症治疗

（1）发热、头痛：可选用解热镇痛药。

（2）止咳：对咳嗽无痰者，可选用喷托维林（咳必清）、依普拉酮或可待因等镇咳药。

（3）祛痰：对咳嗽伴痰液不易咳出者，可用溴己新（必咳平）、复方氯化铵合剂或盐酸氨溴索等祛痰药；也可用雾化吸入法祛痰。

（4）平喘：对伴有支气管痉挛者，可选用平喘药，如茶碱类、肾上腺素受体激动剂等。

2. 抗菌治疗　仅在有细菌感染证据时使用。通常情况下，若患者咳嗽10天以上，判断发生细菌、支原体、肺炎衣原体等感染概率大，则可首选大环内酯类或青霉素类药物，也可选用头孢菌素类、喹诺酮类等抗菌药物，或根据细菌培养和药物敏感试验结果选择药物，视患者症状轻重予以口服、肌内注射或静脉滴注。

3. 用药护理　遵医嘱予以抗病毒药或抗菌药物。对有细菌感染征象者，可根据痰液病原菌检查选择抗菌药物，对症状严重者可行肌内注射或静脉滴注。对痰液黏稠不易咳出者，可予以雾化吸入，并注意观察药物的疗效及不良反应。

（五）心理护理

鼓励患者说出其焦虑的原因，向患者解释疾病相关知识，以减轻其心理压力，有利于休息与工作。

【健康指导】

1. 休息与饮食指导　指导患者发热期间注意休息，多饮水，进食清淡、富含营养的饮食。

2. 日常生活指导　指导患者保持室内空气流通、温度和湿度适宜，注意保暖，避免受寒，及时清除鼻、咽、喉等部位的病灶。

3. 改善环境，预防感染　指导患者改善劳动卫生环境，防止空气污染，避免烟雾、化学物质等有害理化因素的刺激，注意增强体质，防止感冒。

## 第三节　肺炎患者的护理

### 案例导入 2-2

患者，男，22岁，因"寒战、高热、咳嗽、胸痛1天"入院。患者1天前因淋雨后出现畏寒、发热、咳嗽，咳铁锈色痰，自行服用"感冒颗粒、维C银翘片"后，症状未缓解。入院查体：T 39.6 ℃，P 98次/分，R 24次/分，BP 120/85 mmHg，急性病容，面色潮红，呼吸急促，鼻翼扇动，右下胸呼吸运动减弱，触觉语颤增强，叩诊浊音增强，可闻及支气管呼吸音及细湿啰音。实验室检查：白细胞计数 $14 \times 10^9$/L。胸部X线检查示右肺片状均匀模糊阴影。

问题与思考：

1. 该患者患的是何种疾病？可能的致病菌是什么？
2. 患者目前主要的护理诊断有哪些？

肺炎（pneumonia）是由病原微生物、理化因素、免疫损伤等因素引起的终末气道、肺泡和肺间质的炎症，是呼吸系统常见疾病。近年来，肺炎的发病率和死亡率均有所上升，其原因可能与人口老龄化、病原体变异、医院获得性肺炎发病率增高、病原学诊断困难、不合理使用抗生素引起细菌耐药性增加等因素有关。

正常呼吸道的免疫防御机制包括支气管内黏液纤毛转运系统、肺泡内吞噬细胞等，使气管隆嵴以下的呼吸道保持无菌状态。机体是否发生肺炎主要取决于病原体和宿主两个因素。病原菌的入侵途径包括空气吸入、血流播散、邻近感染部位蔓延、上呼吸道定植菌吸入、人工气道吸入等。导致机体防御能力减弱的因素有吸烟、酗酒、年老体弱、长期卧床、意识不清、吞咽和咳嗽反射障碍等。如果病原体数量多、毒力强和（或）宿主呼吸道局部及全身免疫防御系统损害，病原体直接抵达下呼吸道，并且生长、繁殖，则可引起肺泡毛细血管充血、水肿，肺泡内纤维蛋白渗出及炎症细胞浸润。

【病因与分类】

可根据解剖部位、病因及患病环境，对肺炎进行分类。

1. 根据解剖部位分类

（1）大叶性（肺泡性）肺炎：为肺实质炎症，通常不累及支气管。病原体先在肺泡引起炎症，经肺泡孔向其他肺泡扩散，逐渐累及部分或整个肺段、肺叶并使之发生炎症性改变，又称肺泡性肺炎。致病菌以肺炎链球菌最为常见。

（2）小叶性（支气管性）肺炎：是指病原体经支气管入侵，逐步引起细支气管、终末细支气管和肺泡炎症，又称支气管肺炎，常继发于其他疾病，如支气管炎、支气管扩张、上呼吸道病毒感染，也可见于长期卧床的危重症患者。由于患者支气管腔内有分泌物，听诊常可闻及湿啰音。本病的病原体包括肺炎链球菌、葡萄球菌、病毒、肺炎支原体以及军团菌等。

（3）间质性肺炎：以肺间质炎症为主，病变主要累及支气管壁、支气管周围间质组织及肺泡壁，可由细菌、支原体、衣原体、病毒或卡氏肺孢菌等感染引起。由于病变部位仅在肺间质，故患者呼吸道症状较轻，异常体征较少，胸部 X 线检查通常表现为一侧或双侧肺下叶的不规则阴影从肺门向外伸展，可呈网状，其间可见小片肺不张阴影。

2. 根据病因分类

（1）细菌性肺炎：细菌性肺炎是最常见的肺炎类型，常见的致病菌有肺炎链球菌、金黄色葡萄球菌、甲型溶血性链球菌、肺炎克雷伯菌、流感嗜血杆菌、铜绿假单胞菌等。

（2）病毒性肺炎：如冠状病毒、腺病毒、呼吸道合胞病毒、流行性感冒病毒、单纯疱疹病毒等引起的肺炎。

（3）非典型病原体肺炎：如支原体、衣原体、军团菌、立克次体、卡氏肺孢菌等引起的肺炎。

（4）理化因素所致肺炎：如放射性损伤引起的放射性肺炎，吸入胃酸或刺激性气体、液体等引起的化学性肺炎。

（5）变应性肺炎：包括过敏性疾病、风湿性疾病等引起的肺炎。

3. 根据患病环境分类　由于病原体检测技术有限，培养结果相对滞后，不同环境中病原体的分布和机体患病后的临床表现有各自不同的特点，病因分类在临床上应用较为困难，因此，目前常根据患病环境进行分类。

（1）社区获得性肺炎（community acquired pneumonia，CAP）：又称医院外获得性肺炎，是指在医院外罹患的感染性肺实质炎症，包括具有明确潜伏期的病原体感染，入院后在平均潜伏期内发病的肺炎。主要病原体为肺炎链球菌，其他病原体有流感嗜血杆菌、呼吸道病毒和非典型病原体。

（2）医院获得性肺炎（hospital acquired pneumonia，HAP）：又称医院内肺炎，是指患者入院时不存在、也不处于潜伏期，在入院 48 小时后在医院内发生的肺炎，也包括出院后 48 小时内发生的肺炎，其中以呼吸机相关肺炎（ventilator associated pneumonia，VAP）最为多见。口咽部定植菌吸入是医院获得性肺炎最主要的发病机制。病原体以革兰氏阴性杆菌较为多见，如鲍曼不动杆菌、铜绿假单胞菌、大肠埃希菌、肺炎克雷伯菌、金黄色葡萄球菌等。我国住院患者医院获得性肺炎年发病率为（5～10）/1000，医院获得性肺炎相关病死率为 15.5%～38.2%。其发病率和病死率高与社会人口老龄化、吸烟、伴有基础疾病及免疫功能低下有关。除医院以外，在老年养护中心和慢性病护理院生活的人群医院获得性肺炎的易感性也较高。

 考点提示

社区获得性肺炎及医院获得性肺炎最常见的病原体。

## 一、肺炎链球菌肺炎

肺炎链球菌肺炎（Streptococcal pneumoniae pneumonia）又称肺炎球菌肺炎，是由肺炎链球菌（或称肺炎球菌）引起的急性肺炎，是最常见的感染性肺炎，其发病率居社区获得性肺炎的首位。典型表现为突然起病，患者可出现寒战、高热、胸痛、咳嗽、咳铁锈色痰，少数情况下可发生菌血症或感染性休克，甚至危及生命。患者常有受寒、淋雨、醉酒、全身麻醉等诱因。本病好发于冬季和初春季节，多见于青壮年。

【病因与发病机制】

（一）病因

肺炎链球菌为革兰氏阳性球菌，常成双或呈链状排列，菌体外有荚膜，荚膜多糖体具有特异抗原性，对组织有很强的侵袭作用。肺炎链球菌对紫外线及加热均敏感（阳光直射1小时或加热至52℃10分钟即可被杀灭），对苯酚溶液（石炭酸）等消毒剂较敏感，但在干燥的痰中可存活数月。

（二）发病机制

肺炎链球菌为上呼吸道的正常菌群，当机体免疫力降低或免疫缺陷时，肺炎链球菌可进入下呼吸道，首先引起肺泡壁充血、水肿，红细胞、粒细胞和纤维蛋白渗出，同时致病菌迅速生长、繁殖；之后，这种含菌液体经肺泡孔向邻近组织移动，扩散至肺段和整个肺大叶，引起肺实变。本病典型的病理演变过程大体分为充血期、红色肝样变期、灰色肝样变期和消散期。由于早期使用抗菌药物治疗，典型的病理分期已很少见。由于肺炎链球菌不产生内、外毒素，不引起原发性肺组织化脓、坏死或形成空洞，故炎症消散后，肺组织结构多无受损，不留痕迹。仅个别患者肺泡内纤维蛋白吸收不完全和纤维增生，可形成机化性肺炎。

【护理评估】

（一）健康史

询问患者是否有淋雨、受凉、疲劳、醉酒等免疫力低下等诱因，是否有慢性阻塞性肺疾病、糖尿病、肿瘤等慢性疾病病史，是否应用免疫抑制剂或长期应用抗菌药物；是否吸烟及吸烟量。

（二）身体状况

1. 症状

（1）全身感染中毒症状：患者起病多急骤，先出现寒战，继之出现高热。数小时内体温可高达39～40℃，呈稽留热，体温波动与脉率平行。患者可出现头痛、全身肌肉酸痛，少数患者可出现恶心、呕吐、腹泻、腹胀、烦躁不安、神志模糊、谵妄、昏迷等症状。

（2）呼吸系统症状：①咳嗽、咳痰，早期表现为干咳，逐渐出现少量黏液痰，之后咳黏液脓性痰，典型者咳铁锈色痰或痰中带血。②胸痛，患侧胸部刺痛，呼吸、咳嗽时加剧，疼痛可放射到肩部或上腹部。③呼吸困难，当肺炎病变广泛时，患者可出现呼吸困难。

2. 体征 患者呈急性病容，呼吸急促，鼻翼扇动，口唇轻度发绀，唇周有单纯疱疹，皮肤干燥。早期肺部无明显异常，随病情加重可出现典型的肺实变体征，表现为患侧呼吸运动减弱，出现触觉语颤增强，叩诊呈浊音，听诊呼吸音减低，可闻及气管呼吸音、湿啰音。病变累及胸膜时，听诊可闻及胸膜摩擦音。

3. 并发症 肺炎链球菌肺炎的并发症近年已很少见。严重毒血症患者易发生感染性休克。肺炎引发感染性休克时称为休克型肺炎，患者表现为烦躁不安、意识模糊、嗜睡、出冷汗、少尿或无尿、面色苍白、皮肤黏膜发绀、四肢厥冷、血压下降、脉搏快而微弱、呼吸浅快，少数患者可出现皮肤瘀点、瘀斑。高热、胸痛、咳嗽等症状并不突出。其他并发症有胸膜炎、脓胸、心包炎、关节炎、脑膜炎等。

4. 肺炎严重程度的评估 肺炎的严重程度主要取决于三个方面：局部炎症程度、肺部炎症播散情况和全身炎症反应程度。目前我国推荐使用CURB-65作为评估社区获得性肺炎严重程度的标准。判断成人重症肺炎的标准包括主要标准和次要标准。主要标准：①需要行有创机械通气。②发生感染性休克，需要应用血管收缩药治疗。次要标准：①呼吸频率≥30次/分。②氧合指数（$PaO_2/FiO_2$）≤250 mmHg。③多肺叶浸润。④意识障碍/定向力障碍。⑤氮质血症（BUN≥7.14 mmol/L）。⑥收缩压<90 mmHg，需要进行液体复苏。符合1项主要标准或3项

次要标准以上者即可诊断为重症肺炎，建议收入 ICU 治疗。

 **考点提示**

肺炎链球菌肺炎及重症肺炎的临床特点。

### （三）心理、社会状况

由于本病起病急骤，引起的高热和全身中毒症状明显，容易使患者及家属感到不安。当患者出现严重并发症时，可产生焦虑和恐惧心理。应注意评估患者的心理反应。

### （四）辅助检查

1. 血常规检查　白细胞计数可升高至（10～30）×$10^9$/L，中性粒细胞比例增高至 80% 以上，有核左移现象，细胞内有中毒颗粒。少数患者（如年老体弱、免疫力低下等患者）白细胞计数降低。

2. 病原学检查　痰涂片行革兰氏染色及荚膜染色镜检，若革兰氏染色呈阳性，发现带荚膜的双球菌，则可做出初步诊断。痰培养 24～48 小时可确定病原体。进行聚合酶链反应（polymerase chain reaction，PCR）及荧光标记分析可提高病原学诊断率。患者尿液肺炎链球菌抗原检测呈阳性。对重症患者应做血培养等。

3. X 线检查　早期仅可见肺纹理增粗，或受累肺段、肺叶稍模糊。典型表现为与肺叶、肺段分布一致的片状均匀致密阴影，肺实变影中可见支气管充气征。病变累及胸膜时，出现少量胸腔积液者可见肋膈角变钝。消散期，X 线检查可见"假空洞"征，一般在起病 3～4 周后完全消散。

4. 动脉血气分析　患者可出现动脉血氧分压下降和（或）二氧化碳分压增高。休克型肺炎患者可出现呼吸性酸中毒合并代谢性酸中毒。

## 二、葡萄球菌肺炎

葡萄球菌肺炎（staphylococcal pneumonia）是由葡萄球菌引起的急性肺部化脓性感染。患者起病急骤，病情较重，若治疗不当，则病死率较高。气胸、脓胸和脓气胸等并发症发生率高。本病多发生于婴幼儿、年老体弱者和免疫力低下者以及原有支气管、肺疾病的患者。

【病因与发病机制】

### （一）病因

葡萄球菌属于需氧或兼性厌氧革兰氏阳性球菌，可分为金黄色葡萄球菌和表皮葡萄球菌两类。金黄色葡萄球菌的致病力最强，是引起化脓性感染的主要原因。葡萄球菌的致病物质主要是毒素和酶，可导致溶血、细胞坏死、粒细胞减少和血管痉挛，并可保护细菌不被吞噬。医院获得性肺炎患者中，葡萄球菌感染者占 11%～25%。

### （二）发病机制

葡萄球菌侵入人体的途径有两种，一种是经呼吸道吸入感染，常见于儿童患流感或麻疹时，葡萄球菌可经呼吸道进入肺部而引起肺炎，常为肺叶或肺段化脓性炎症；另一种是血源性感染，由体内金黄色葡萄球菌感染灶（如痈、毛囊炎、疏松结缔组织炎、伤口感染等处）的葡萄球菌经血液循环而导致肺部感染，在肺内可引起多处浸润、肺实变、化脓和组织破坏，形成单个肺脓肿或多发性肺脓肿。脓肿可以溃破而引起气胸、脓气胸，偶尔伴发化脓性心包炎、脑膜炎等。

【护理评估】

### （一）健康史

询问患者发病前是否有上呼吸道感染史；是否有受凉、淋雨、疲劳、醉酒及大手术等诱因；是否有慢性阻塞性肺病、糖尿病、肿瘤、艾滋病、肝病、营养不良等慢性疾病病史；是否有器官移植、应用免疫抑制剂或长期应用抗菌药物史；是否吸烟及吸烟量。

（二）身体状况

1. 症状　多数患者起病急骤，可出现寒战、高热（弛张热或不规则热）、胸痛、咳嗽、咳痰，咳黄色脓性痰或脓液血性痰，伴头痛、全身肌肉酸痛、乏力等；重症患者胸痛和呼吸困难进行性加重，并出现血压下降、少尿等周围循环衰竭的表现。多数患者全身中毒症状突出，表现为周围循环衰竭、乏力、大汗淋漓、全身关节、肌肉酸痛。血源性感染者、老年人、合并慢性病的患者及医院获得性葡萄球菌肺炎患者临床表现多不典型，起病较缓慢，体温逐渐上升，痰量少。

2. 体征　早期肺部体征较轻，常与中毒症状和呼吸道症状不平行。随着病情进展，一侧或双侧肺部可闻及散在湿啰音。典型的肺实变体征较少见，病变范围较大或病变融合时，可有肺实变体征。

（三）心理、社会状况

由于本病起病急骤，短期内即病情严重，患者及家属毫无思想准备，常感到焦虑不安，尤其是治疗不及时而引起并发症者，心理负担往往较重。

（四）辅助检查

1. 血常规检查　白细胞计数明显增高，中性粒细胞比例增加、核左移，有中毒颗粒。
2. 病原学检查　最好在使用抗菌药物前采集血液、痰液、胸腔积液标本进行涂片和培养，以协助诊断。
3. 胸部X线检查　显示肺段或肺叶实变阴影，伴空洞及液平面。金黄色葡萄球菌性肺炎的病变特征是易变性和多样性，可见一处病灶炎症消失而另一处新病灶出现；或单一病灶发展为大片状阴影。治疗有效时，病变可逐渐消散，阴影密度逐渐减低，2~4周后病变完全消失，偶尔遗留少量条索状阴影或肺纹理增多等。
4. 胞壁酸抗体检测　若检查结果呈阳性，则有助于葡萄球菌感染的诊断。

### 三、革兰氏阴性杆菌肺炎

医院获得性肺炎多由革兰氏阴性杆菌引起，其共同点是肺实变或病变融合，组织坏死后形成多发性脓肿，双侧肺下叶常同时受累。若累及胸膜，则可引起胸膜渗液或脓胸。患者起病急缓不一，以发热、咳嗽、咳脓性痰、气促、精神萎靡为主要表现，全身情况较差，常合并其他慢性疾病。多见于老年人、久病体弱者。

【病因与发病机制】

医院获得性肺炎多由革兰氏阴性杆菌所致，包括肺炎克雷伯菌、流感嗜血杆菌、铜绿假单胞菌、大肠埃希菌、嗜肺军团菌等需氧菌。当患者机体免疫力明显降低时（如年老体弱、营养不良、患慢性呼吸系统疾病及长期应用免疫抑制剂等情况），对住院患者进行呼吸机辅助呼吸、雾化吸入及各种导管操作等均可能引起细菌感染，但主要感染途径为经口腔吸入。肺外感染病灶亦可随血液循环将致病菌带至肺部。

【护理评估】

（一）健康史

询问患者是否有慢性呼吸系统疾病或长期应用广谱抗菌药物、糖皮质激素等导致免疫功能降低的因素。

（二）身体状况

1. 症状　患者起病急骤，中毒症状较重，可出现寒战、高热、胸痛、咳嗽、咳痰等症状，咳砖红色胶冻状痰是肺炎克雷伯菌肺炎的特征性表现,咳绿色脓性痰者多为铜绿假单胞菌感染。严重者多伴有周围循环衰竭、肺水肿和呼吸衰竭。

2. 体征 患者呈急性重病面容,部分患者可出现血压下降,肺部可有肺实变体征。

（三）心理、社会状况

当病情发生急骤变化时,患者往往会出现焦虑不安和恐惧心理。

（四）辅助检查

1. 血常规检查 白细胞计数及中性粒细胞比例增加,并伴有核左移,出现中毒颗粒。

2. 病原学检查 采集血液、痰液、胸腔积液标本进行涂片和培养,可作为本病的确诊依据,并可与其他肺炎相鉴别。

3. 胸部 X 线检查 常表现为小叶性或大叶性实变,大叶性实变好发于右肺上叶、双肺下叶,有多发性蜂窝状肺脓肿,因液体渗出量多且黏稠,可使叶间隙下坠。

### 四、支原体肺炎

支原体肺炎（mycoplasmal pneumonia）是由肺炎支原体（*Mycoplasma pneumoniae*，MP）引起的呼吸道和肺部急性炎症改变,患者常同时伴有咽炎、气管支气管炎。本病起病缓慢,患者可出现发热、阵发性刺激性咳嗽,咳少量黏液痰或黏液脓性痰（偶尔有血痰）。支原体肺炎占非细菌性肺炎的1/3以上。肺部体征多不明显,但易引起肺外多系统受累,也可危及生命。

【病因与发病机制】

肺炎支原体是介于病毒与细菌之间的一种没有细胞壁的病原体,可通过细菌滤器,兼性厌氧,能独立存活。主要通过呼吸道传播,健康人吸入患者咳嗽、打喷嚏时的口腔、鼻腔分泌物而感染,可引起散发性感染或小流行。支原体肺炎多发生于儿童、青少年,婴儿发生间质性肺炎亦应考虑本病的可能。

病原体通常存在于纤毛上皮之间,不侵入肺实质,吸附于宿主呼吸道上皮细胞表面,可抑制纤毛活动,并破坏上皮细胞。肺炎支原体的致病性可能与患者对病原体或其代谢产物发生过敏反应有关。发病前2~3天直至病愈后数周,都可能在呼吸道分泌物中发现肺炎支原体。

【护理评估】

（一）健康史

本病多发生在秋、冬季节,好发于儿童或青少年,一般预后良好,为自限性疾病。注意询问患者近期是否有免疫力下降等情况。

（二）身体状况

1. 症状 起病较缓慢,起初有数天~1周的无症状期;继而可出现乏力、头痛、咽痛、发热、肌肉酸痛、食欲缺乏等症状;2~3天后可出现明显的呼吸道症状。干咳是本病最突出的症状,呈阵发性剧烈咳嗽,有时可咳黏液痰或黏液脓性痰,偶尔有血痰,尤其夜间更明显。少数患者可出现胸骨后疼痛。80%以上的患者可出现发热,热型不定,体温常在38 ℃左右。

2. 体征 可见咽部充血、颈部淋巴结肿大。肺部体征多不明显,有时可闻及干、湿啰音。晚期部分患者皮肤可出现斑丘疹、多形性红斑、结节性红斑。

3. 并发症 部分患者可伴发胸膜炎、中耳炎等。

（三）心理、社会状况

由于疾病进展缓慢,患者及家属常会担心疾病的治疗及预后,应注意评估患者及家属的心理反应。

### （四）辅助检查

1. 血常规检查　白细胞计数常在正常范围内，偶尔可升高，以中性粒细胞或嗜酸性粒细胞稍增多为主。

2. 胸部X线检查　可见多种形态浸润影，呈节段性分布，以肺下野为多见，近肺门部较致密，向外逐渐变浅，边缘不清楚，通常不侵犯整个肺野。

3. 血清学检查　起病2周后，多数患者冷凝集试验呈阳性，滴度≥1：32，如果滴度逐渐升高，则更具有诊断意义。酶联免疫吸附试验可用于检测血清支原体IgM抗体和IgG抗体，此方法灵敏度和特异度高，操作快速、经济，是诊断肺炎支原体感染较为实用且可靠的手段。免疫荧光法特异性强，间接血凝试验也较为实用。

## 五、病毒性肺炎

病毒性肺炎（viral pneumonia）是由病毒感染引起的由上呼吸道感染向下蔓延，侵犯肺实质所导致的肺部炎症。本病主要为飞沫传播，也可通过被病毒污染的餐具或玩具以及与患者直接接触而感染，传播广泛而迅速，多发生于冬、春季节。婴幼儿、老年人、原有慢性肺源性心脏病等免疫力低下者容易发病，且病情危重，甚至可死亡。

【病因与发病机制】

引起成人病毒性肺炎的常见病毒为甲型及乙型流感病毒、腺病毒、副流感病毒、呼吸道合胞病毒和冠状病毒等。免疫抑制宿主是疱疹病毒和麻疹病毒的易感者；骨髓移植和器官移植受者易患巨细胞病毒和疱疹病毒肺炎。患者可同时感染一种以上病毒，并且常继发细菌感染，免疫抑制宿主还常继发真菌感染。呼吸道病毒可通过飞沫与直接接触传播，且传播迅速。

【护理评估】

（一）健康史

询问患者近期是否接触过呼吸道感染者，近期是否有免疫力下降等因素。

（二）身体状况

1. 症状　多为急性起病，但症状较轻，表现为鼻塞、咽痛、头痛、乏力、发热、咳嗽、咳少量黏液痰。病程一般为1~2周。婴幼儿和老年人易发生重症病毒性肺炎，表现为呼吸困难、发绀、嗜睡、精神萎靡，甚至发生休克和心力衰竭。由于肺泡间质和肺泡内水肿，严重者可发生呼吸窘迫综合征。

2. 体征　轻症者体征往往缺如，重症者可表现为发绀、休克，肺部可闻及湿啰音。

（三）心理、社会状况

重症病毒性肺炎患者可发生严重的并发症，患者及家属往往会因为担心疾病的治疗及预后而产生焦虑不安的心理。

（四）辅助检查

1. 血常规检查　白细胞计数一般正常，也可稍高或偏低。继发细菌感染时，白细胞计数及中性粒细胞比例可增高，红细胞沉降率加快。

2. 胸部X线检查　以间质性肺炎表现为主，呈网状阴影，肺纹理增粗、模糊，严重者两肺中、下野可见弥漫性结节状阴影，发生肺实变者少见。

3. 血清学检查　对急性期和恢复期的双份血清做补体结合试验、病毒中和试验或血凝抑制试验，抗体滴度增高4倍或4倍以上有确诊意义。近年用血清学检测病毒的特异性IgM抗体，有助于早期诊断。采用免疫荧光法、酶联免疫吸附试验等，可进行病毒特异性快速诊断。

各型常见肺炎的临床特点及X线表现比较见表2-1。

表 2-1　常见肺炎的临床特点及 X 线表现比较

| 肺炎 | 临床特点 | X 线表现 |
|---|---|---|
| 肺炎链球菌肺炎 | 起病急,表现为寒战、高热、咳铁锈色痰、胸痛,出现肺实变体征 | 与肺叶、肺段分布一致的片状致密阴影 |
| 葡萄球菌肺炎 | 起病急,表现为寒战、高热、毒血症症状、休克、咳黄色脓性痰或脓液血性痰 | 肺叶、肺段呈实变阴影,伴空洞及液平面,病灶呈易变性和多样性 |
| 肺炎克雷伯菌肺炎 | 起病急,表现为寒战、高热、全身衰竭,咳砖红色胶冻状痰 | 肺叶、肺段呈实变阴影,有蜂窝状脓肿 |
| 铜绿假单胞菌肺炎 | 毒血症症状明显,咳绿色脓性痰 | 弥漫性支气管炎、早期肺脓肿 |
| 支原体肺炎 | 起病缓慢,表现为发热、咽痛、头痛、乏力、干咳 | 呈节段性分布的多种形态浸润阴影,以肺下野多见 |
| 病毒性肺炎 | 起病急,多数患者症状较轻,表现为发热、咽痛、头痛、乏力、咳少量黏液痰 | 以间质性肺炎为主,呈网状阴影 |

【主要护理诊断/问题】

1. 体温过高　与肺部感染有关。
2. 气体交换受损　与肺部炎症导致呼吸面积减小有关。
3. 清理呼吸道无效　与气道分泌物增多、痰液黏稠、咳嗽无力等因素有关。
4. 疼痛:胸痛　与肺部炎症累及胸膜有关。
5. 潜在并发症:感染性休克。

【护理措施】

(一) 一般护理

1. 休息与体位　病室内应通风良好、空气清新,环境整洁、安静、舒适,并保持温度、湿度适宜,室温为 18～20 ℃,相对湿度为 55%～60%。高热患者应卧床休息,协助患者采取高枕卧位或半卧位,以减少组织耗氧量,缓解头痛、全身酸痛等症状。出现胸痛者可采取患侧卧位,通过限制患侧呼吸运动来减轻疼痛,同时也有利于健侧的代偿呼吸。

2. 饮食护理　予以高蛋白、富含维生素、易消化的流质或半流质饮食,鼓励患者多饮水,以补充丢失的水分和利于排痰。对高热患者或暂不能进食者,遵医嘱予以静脉补液。

3. 口腔护理　做好口腔护理,鼓励患者经常漱口,保持口腔清洁、湿润、舒适。对出现口唇疱疹者局部涂抹抗病毒软膏,以防止继发感染。

(二) 病情观察

注意观察患者生命体征的变化和意识状态;观察痰液的颜色、性状、气味和量。当患者出现体温骤降、脉搏细速、呼吸浅快、烦躁不安、面色苍白、四肢湿冷、尿量减少等休克表现时,应及时报告医生,并采取救治措施。

(三) 治疗配合

1. 抗感染治疗

(1) 肺炎链球菌肺炎:一经诊断,即应予以抗菌药物治疗,不需要等待细菌培养结果。首选药物为青霉素。对青霉素过敏者或耐青霉素者,可用喹诺酮类抗菌药、头孢噻肟或头孢曲松等药物。对多重耐药菌株感染者可用万古霉素、替考拉宁或利奈唑胺等。抗菌药物的用药疗程一般为 5～7 天或热退后 3 天停药。

(2) 革兰氏阴性杆菌肺炎:治疗革兰氏阴性杆菌肺炎时,宜大剂量、长疗程、联合用药,以静脉滴注为主,雾化吸入为辅。治疗革兰氏阴性杆菌肺炎之前,应对患者进行药物敏感试验，以便选择有效药物。对肺炎克雷伯菌肺炎患者，常用半合成青霉素或第二、第三代头孢菌素联合氨基糖苷类药物。对军团菌肺炎患者，首选药物为红霉素。

（3）葡萄球菌肺炎：宜早期选用敏感抗菌药物治疗。近年来，金黄色葡萄球菌对青霉素的耐药率已高达90%左右，因此可选用耐青霉素酶的半合成青霉素或头孢菌素（如苯唑西林钠、氯唑西林或头孢呋辛钠），联合氨基糖苷类（如阿米卡星），也可取得较好的疗效。

（4）支原体肺炎：本病具有自限性，大多数病例不经治疗即可自愈。早期使用适当抗菌药物可减轻症状及缩短病程。大环内酯类抗生素为首选药物，如红霉素、罗红霉素和阿奇霉素。对大环内酯类抗生素不敏感者可选用喹诺酮类抗菌药（如左氧氟沙星），四环素类抗生素也用于支原体肺炎的治疗。疗程一般为2～3周。

（5）病毒性肺炎：以对症治疗为主，必要时可予以氧疗。注意消毒隔离，预防交叉感染。抗病毒药物（如利巴韦林、阿昔洛韦、奥司他韦、金刚烷胺）治疗有效时，原则上不宜应用抗菌药物预防继发性细菌感染。一旦明确已合并细菌感染，即应及时选用敏感抗菌药物。

（6）真菌性肺炎：确诊本病后，应停止使用广谱抗菌药物、肾上腺皮质激素、免疫抑制剂等药物。可应用氟康唑、伏立康唑、两性霉素B等抗真菌药物。

 考点提示

各型肺炎治疗的首选药物及疗程。

2. 对症支持治疗　患者应卧床休息，注意补充足够的蛋白质、热量及维生素。密切监测患者的病情变化。对咳嗽、咳痰者，应选用止咳、祛痰类药物，如盐酸氨溴索、复方甘草片等。对胸痛明显者，可酌情使用少量镇痛药。不应使用阿司匹林或其他解热药，以免患者过度出汗、脱水及干扰真实热型，导致临床判断错误。鼓励患者多饮水，清除呼吸道分泌物。

3. 抗休克　对发生感染性休克者，在积极抗感染的同时，应补充血容量，纠正水、电解质紊乱和酸碱平衡失调，应用血管活性药物等措施进行抗休克治疗。

4. 用药护理　严格按医嘱准确使用抗菌药物，用药期间注意观察药物的疗效及不良反应，注意药物浓度、配伍禁忌、滴速和用药间隔时间。

（1）青霉素：应详细询问患者是否有药物过敏史，凡是对青霉素类药物过敏的患者，均禁止使用此类药物，并且不再做皮肤过敏试验，以免发生意外。

（2）红霉素：用药后可引起腹痛、恶心、呕吐、腹泻和注射部位刺激、疼痛或静脉炎，注意滴注速度不宜过快、药物浓度不宜过高。

（3）头孢菌素类：与青霉素有不完全的交叉过敏反应，对青霉素过敏或过敏体质者慎用，头孢唑林钠可引起发热、皮疹、胃肠道不适等不良反应。

（4）喹诺酮类：氧氟沙星、环丙沙星等偶尔可引起皮疹、恶心，不宜用于儿童。

（5）氨基糖苷类：具有肾毒性、耳毒性等不良反应，对老年人或肾功能减退者，应慎用此类药物或适当减少用药剂量。

知识链接

**常用的抗菌药物及其分类**

1. 青霉素类　常用的有青霉素、氨苄西林、阿莫西林等，适用于治疗呼吸道、泌尿生殖系统感染等。

2. 头孢菌素类　可分为四代，常用的有头孢唑林、头孢噻肟、头孢曲松、头孢吡肟等，适用于治疗呼吸道感染和泌尿系统感染。

3. β-内酰胺酶抑制药类　克拉维酸、舒巴坦、他唑巴坦等。

4. 氨基糖苷类　如庆大霉素、妥布霉素、阿米卡星等，适用于治疗下呼吸道感染、泌尿系统感染和肠道感染等。

5. 大环内酯类　主要有红霉素、克拉霉素、阿奇霉素等，适用于治疗呼吸道感染、皮肤软组织感染。

6. 林可霉素类　常用的有林可霉素和克林霉素，对厌氧菌感染的治疗效果较好。

7. 喹诺酮类　主要有诺氟沙星、环丙沙星、氧氟沙星、左氧氟沙星等，主要用于治疗肠道感染与尿路感染。

### （四）对症护理

1. 降温　高热患者应卧床休息，出现寒战时应注意保暖。对高热患者以物理降温为主，如湿毛巾冷敷、温水擦浴、乙醇擦拭等。大量出汗时，应及时更换衣服和被褥，补足水分，做好口腔和皮肤护理。待患者体温恢复正常后，应鼓励其尽早下床活动，促进康复。

2. 促进有效排痰　鼓励和协助患者有效咳嗽、排痰，及时清除口腔和呼吸道内痰液；当痰液黏稠不易咳出时，遵医嘱应用祛痰药，并予以超声雾化吸入，以稀释痰液，促进痰液排出；鼓励患者多饮水，维持足够的液体摄入量；必要时予以吸痰，预防窒息。收集痰液后，应注意预防医院内感染，严格执行消毒隔离制度。患者的痰液用含消毒液的容器盛装或塑料袋及卫生纸收集后妥善处理。

3. 保持呼吸道通畅　对出现气促、发绀者，予以吸氧，氧流量一般为 4～6 L/min。对于在慢性阻塞性肺疾病基础上继发肺炎的患者，应予以低流量持续吸氧。吸氧过程中应注意观察患者呼吸频率、节律和深度的变化，观察患者是否有皮肤色泽和意识状态改变，监测动脉血气分析结果。对病情危重患者，应做好气管插管和呼吸机辅助通气的准备。

4. 镇痛　患者出现胸痛时，疼痛常随呼吸、咳嗽加重，可采取患侧卧位。指导患者在深呼吸和咳嗽时用手按压或应用枕头夹紧患侧胸部，必要时用宽胶布固定胸廓，以降低患侧胸廓活动度；指导患者采用放松疗法、局部按摩、穴位按压、转移注意力等方法，以缓解疼痛；对疼痛剧烈者，遵医嘱应用镇痛药、镇咳药，以缓解疼痛和改善肺通气。

### （五）感染性休克的护理

1. 一般护理

（1）体位：使患者取仰卧中凹位，将头、胸部抬高约 20°，下肢抬高约 30°，以利于呼吸和静脉血回流。尽量减少搬动患者。

（2）氧气吸入：经鼻导管予以中、高流量吸氧，将动脉血氧分压维持在 60 mmHg 以上。对慢性阻塞性肺疾病患者，应予以低流量、低浓度持续吸氧，以改善缺氧状态。

（3）保暖：禁用热水袋，以防止血管扩张而导致血压下降。

（4）监护：予以持续心电监护及生命体征监测，密切观察患者的病情变化。对出现烦躁不安者，应注意预防坠床等意外的发生。

2. 遵医嘱用药　尽快建立 2 条静脉通道，遵医嘱予以扩充血容量、纠正酸中毒、应用血管活性药物和糖皮质激素等抗休克治疗，以恢复正常组织灌注，改善微循环。

（1）扩充血容量：扩充血容量是抗休克治疗的基本措施，先输注平衡盐溶液或低分子右旋糖酐，以补充和维持血容量，降低血液黏滞度，预防弥散性血管内凝血，然后输注 5% 葡萄糖氯化钠溶液、复方氯化钠溶液或葡萄糖溶液等。输液速度不宜过快，以防止诱发肺水肿，宜在监测中心静脉压的情况下调整滴速，以中心静脉压不超过 10 $cmH_2O$，尿量>30 ml/h 为宜。出现下列情况提示血容量已补足：口唇红润、肢端温暖、收缩压>90 mmHg、尿量>30 ml/h。若血容量已基本补足，但尿量仍<30 ml/h、尿比重<1.018，则应及时报告医生，警惕发生急性肾衰竭。

（2）纠正酸中毒：静脉输入 5% 碳酸氢钠溶液，目的是增强心肌收缩力，改善微循环。碱性药物配伍禁忌较多，可集中先行输入，之后再应用其他药物。

（3）血管活性药物：扩充血容量和纠正酸中毒后，若患者末梢循环仍未改善，则应输注血管活性药物，如多巴胺、酚妥拉明、间羟胺等。使用多巴胺时应注意防止药液外漏，若不慎漏至血管周围组织，则应立即停止输注，进行局部封闭或硫酸镁湿热敷，该条输液通道在血压稳定后可撤除。

（4）糖皮质激素：对病情严重，经以上药物治疗仍不能控制者，可使用大剂量糖皮质激素，以解除血管痉挛，改善微循环，稳定溶酶体膜，以防止酶的释放，从而达到抗休克效果。当患者神志逐渐清醒、皮肤转为红润、脉搏缓慢而有力、呼吸平稳而规则、血压回升、尿量增多、皮肤及肢体变温暖时，表示病情已好转。

（5）早期使用足量有效抗菌药物：应联合用药，经静脉给药，并密切观察疗效及不良反应。发现异常情况应及时报告医生，并协助处理。

3. 病情观察　密切观察患者的意识、血压、脉搏、尿量、呼吸、体温和血细胞比容等变化，监测中心静脉压，根据血压调节药物浓度和滴速，将收缩压维持在 90～100 mmHg，保证重要脏器的血液供应，改善微循环。

（六）心理护理

耐心地向患者及家属讲解肺炎相关知识，解释各种检查、治疗及护理的目的和重要性，以缓解其紧张、焦虑和恐惧心理；对患者予以心理支持，使其能主动配合各项操作及治疗，促进患者快速康复。

【健康指导】

1. 疾病知识指导　向患者讲解肺炎的基本知识，避免受寒、过度劳累、酗酒等诱发因素，对老年人及原有慢性病的患者，尤其应注意气温变化时随时增减衣服，预防上呼吸道感染。对年老体弱、免疫功能减退（如糖尿病、慢性肺疾病、慢性肝病等）的患者，可接种肺炎球菌多糖疫苗。

2. 生活指导　指导患者平时应注意锻炼身体，尤其要加强耐寒锻炼。协助患者制订和实施锻炼计划。指导患者加强营养；保证充足的休息时间，以增强机体抵抗力；纠正吸烟等不良习惯。

3. 用药指导　对出院后需继续用药者，应指导其遵医嘱按时服用药物。向患者介绍所服药物的用法、疗程、作用和不良反应，以防止其自行停药或减少用药剂量。指导患者观察病情变化，若出现发热、心率加快、咳嗽、呼吸困难等不适症状，则应及时到医院就诊。

# 第四节　支气管哮喘患者的护理

## 案例导入 2-3

患者，女性，28 岁，到花园散步后出现呼吸困难伴咳嗽 4 小时入院。查体：T 36.3 ℃，P 90 次/分，R 26 次/分，HR 92 次/分。神志清楚，张口呼吸，口唇轻度发绀，双肺叩诊呈过清音，呼气相延长，伴广泛哮鸣音。心律齐，心音正常，未闻及杂音，腹部检查未见异常，双下肢无水肿。既往史：平时身体健康，但近2年来每年均有2～3次类似病情发作，程度轻，可自行缓解，未予以诊治。急诊以"支气管哮喘急性发作"予以沙丁胺醇吸入治疗后，患者症状明显缓解。

**问题与思考：**
1. 作为主管护士，应如何对该患者进行护理评估？
2. 该患者目前存在的护理问题有哪些？
3. 该患者此次发作可能的激发因素是什么？

支气管哮喘（bronchial asthma）简称哮喘，是由多种炎症细胞（如嗜酸性粒细胞、肥大细胞、中性粒细胞、T淋巴细胞、气道上皮细胞）和细胞组分参与的气道慢性炎症性疾病。这种慢性炎症与气道高反应性（airway hyperresponsiveness）相关，常引起广泛而多变的可逆性气流受限，主要表现为反复发作的喘息、气促、胸闷或咳嗽等症状，多在夜间和（或）清晨发作、加重，多数患者可自行缓解或经治疗缓解。若诊治不及时，随着病程的延长，可导致气道不可逆性狭窄和气道重塑。支气管哮喘是常见的慢性疾病之一，我国成人哮喘患病率约为1.24%，且呈逐年上升趋势，成年男性和女性患病率大致相同。儿童患病率高于青壮年。

【病因与发病机制】

（一）病因

哮喘的病因尚未完全清楚，目前认为个体过敏体质及外界环境因素的影响是发病的危险因素。哮喘与多基因遗传有关，同时受遗传因素和环境因素的双重影响。

1. **遗传因素**　哮喘被认为是多基因遗传病。哮喘患者亲属患病率高于正常人群患病率，约40%的患者有家族史，并且亲缘关系越近，患病率越高。研究表明，与气道高反应性、IgE调节和特异性反应相关的基因在哮喘的发病过程中起着重要作用。

2. **环境因素**　是哮喘的激发因素，主要包括以下几种。①吸入性变应原：如尘螨、花粉、真菌、动物毛屑、二氧化硫、氨气等各种特异和非特异性吸入物；②感染：如细菌、病毒、原虫、寄生虫等；③食物：如鱼、虾、蟹、蛋类、牛奶等；④药物：如普萘洛尔（心得安）、阿司匹林、青霉素等；⑤其他：如大气污染、气候变化、运动、肥胖、妊娠等。

**考点提示**

哮喘的激发因素。

---

（二）发病机制

哮喘的发病机制尚未明确，目前认为可能是免疫-炎症机制（气道炎症与气道高反应性及气道重塑）、神经调节机制及其相互作用的结果（图2-1）。

1. **气道炎症机制**　气道慢性炎症是哮喘的本质。哮喘的炎症反应由多种炎症细胞（肥大细胞、嗜酸性粒细胞、T淋巴细胞）、炎症介质（前列腺素、白三烯等）和细胞因子共同参与、相互作用，导致气道反应性增高、平滑肌收缩、黏液分泌增多、血管通透性增高。体液介导和细胞介导免疫均参与发病过程。根据变应原吸入后哮喘发生的时间，可将其分为速发相哮喘反应（immediate asthmatic reaction，IAR）、迟发相哮喘反应（late asthmatic reaction，LAR）和双相哮喘反应。速发相哮喘反应是在吸入变应原的同时立即发生的哮喘反应，15～30分钟达高峰，2小时后逐渐恢复正常。迟发相哮喘反应在吸入变应原6小时左右发作，持续时间长，症状重，常表现为持续性哮喘，是气道慢性炎症反应的结果。

2. **气道高反应性**　是哮喘发病的另一个重要因素，表现为气道对正常情况下不引起或仅引

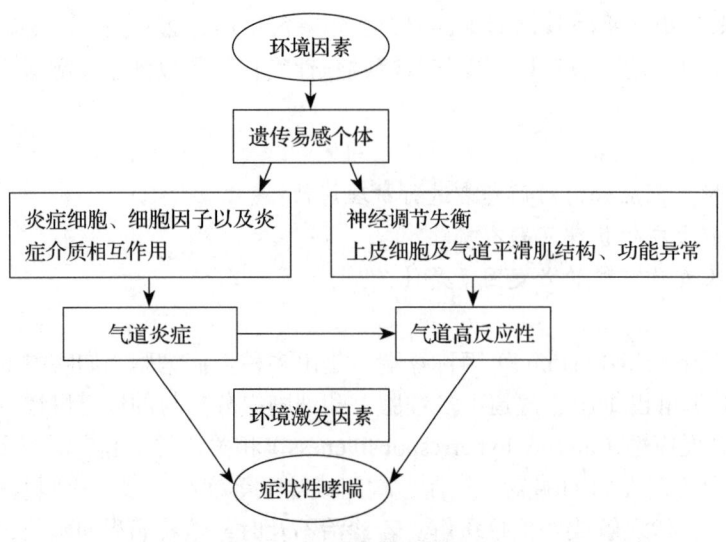

图 2-1 哮喘发病机制示意图

起轻度应答反应的刺激因子出现过强或过早的收缩反应。目前普遍认为气道炎症是导致气道高反应性的重要机制之一，而气道高反应性则是支气管哮喘患者的共同病理生理特征。

3. **气道重塑** 是哮喘的重要病理特征，主要是由于哮喘反复发作、长期未得到良好控制，气道炎症和反复的气道上皮损伤与修复，导致气道上皮细胞黏膜化生，平滑肌肥大、增生，上皮下胶原沉积和纤维化，血管增生等。气道重塑可使哮喘患者对吸入激素的敏感性降低，出现不可逆的气道受损以及持续存在的气道高反应性。

4. **神经调节机制** 神经因素也被认为是哮喘发病的重要环节。支气管受复杂的自主神经支配，有胆碱能神经、肾上腺素能神经和非肾上腺素能非胆碱能神经系统。支气管哮喘与β-肾上腺素受体功能低下和迷走神经功能亢进有关。非肾上腺素能非胆碱能神经系统可释放舒张和收缩支气管平滑肌的神经介质，若两者平衡失调，则可引起支气管平滑肌收缩。

【护理评估】

（一）健康史

询问患者是否有过敏史、哮喘家族史和既往健康状况；是否接触过花粉、动物皮毛、鱼、虾、蛋类、牛奶等变应原；是否有气候变化、剧烈运动和妊娠等激发因素；患病后的治疗经过等。

（二）身体状况

1. **症状** 患者发作前常有鼻塞、打喷嚏、眼痒、流泪等先兆症状。典型症状为发作性呼气性呼吸困难伴哮鸣音，或发作性咳嗽、胸闷，严重者被迫采取坐位或呈端坐呼吸，出现干咳或咳大量白色泡沫样痰，甚至出现发绀等，夜间及凌晨发作和加重常是哮喘的特征之一。有时，咳嗽可为唯一的症状（咳嗽变异性哮喘）。哮喘症状可在数分钟内发作，经数小时至数天，应用支气管扩张药后可缓解或自行缓解。部分青少年表现为运动时出现胸闷、咳嗽和呼吸困难（运动变异性哮喘）。哮喘的具体临床表现形式及严重程度在不同的时间具有多变性。

严重哮喘发作持续24小时以上，经一般解痉药治疗不能缓解者，称为重症哮喘。诱发重症哮喘的常见诱因包括：过敏原未消除，感染未控制，脱水，精神过度紧张，治疗不当或突然停用激素，以及并发自发性气胸、肺功能不全、酸中毒及电解质紊乱等。临床表现为极度呼吸困难、端坐呼吸、大汗淋漓、发绀、奇脉、意识障碍，甚至出现呼吸、循环衰竭。

2. **体征** 哮喘发作时的典型体征为胸部呈过度充气状态，双肺可闻及广泛的哮鸣音、呼气相延长。严重哮喘患者呼吸频率和心率加快，可有寂静肺、奇脉、颈静脉怒张、胸腹反常运动和发绀等。缓解期可无异常体征。

3. 病程分期　可分为急性发作期、慢性持续期和临床缓解期。

（1）急性发作期：是指喘息、气促、咳嗽、胸闷等症状突然发生，或原有症状急剧加重，患者常有呼吸困难，以呼气流量降低为特征，常因接触变应原、刺激物、呼吸道感染或治疗不当而诱发。

（2）慢性持续期：是指哮喘患者虽然没有急性发作，但在相当长的时间内仍不同频度和（或）不同程度地出现症状，肺通气功能下降。

（3）临床缓解期：是指患者喘息、气促、胸闷、咳嗽等症状持续1年以上，肺功能正常。

4. 病情分级　哮喘急性发作时的病情严重度分级见表2-2。

表2-2　哮喘急性发作时的病情严重度分级

| 临床特点 | 轻度 | 中度 | 重度 | 危重 |
| --- | --- | --- | --- | --- |
| 气促 | 步行、上楼时 | 稍做活动时 | 休息时 | — |
| 体位 | 可平卧 | 常取坐位 | 呈端坐呼吸 | — |
| 说话方式 | 连续成句 | 常有中断 | 单字表达 | 不能说话 |
| 精神状态 | 焦虑/安静 | 可有焦虑或烦躁 | 常有焦虑、烦躁 | 嗜睡、意识模糊 |
| 出汗 | 无 | 有 | 大汗淋漓 | — |
| 呼吸频率 | 轻度增加 | 增加 | 常>30次/分 | — |
| 哮鸣音 | 散在，呼吸末 | 响亮，弥漫 | 响亮，弥漫 | 减弱或无 |
| 脉率（次/分） | <100 | 100~120 | >120 | 脉率慢或不规则 |
| 奇脉 | 无 | 可有 | 常有 | 无 |
| $PaO_2$（mmHg） | 正常 | 60~80 | <60 | <60 |
| $PaCO_2$（mmHg） | <45 | ≤45 | >45 | >45 |
| $SaO_2$（吸入空气%） | >95 | 91~95 | ≤90 | <90 |
| 支气管扩张药 | 可以控制症状 | 仅部分缓解症状 | 无效 | 无效 |

5. 并发症　哮喘急性发作时，患者可并发自发性气胸、纵隔气肿、急性呼吸衰竭或肺不张等；长期反复发作和感染患者可并发慢性支气管炎、肺气肿、间质性肺炎、肺纤维化和肺源性心脏病。

**考点提示**

哮喘发作的诱因、症状和体征。

（三）心理、社会状况

哮喘是一种气道慢性炎症性疾病，应注意评估患者是否有烦躁不安、焦虑、恐惧等心理反应；注意评估患者是否有抑郁、悲观情绪，以及是否对治疗失去信心等；评估家属对疾病知识的了解程度、对患者的关心程度、经济情况和社区医疗服务状况等。

（四）辅助检查

1. 血常规检查　发作时，嗜酸性粒细胞升高；合并感染时，白细胞计数和中性粒细胞比例增高。

2. 痰液检查　痰涂片在显微镜下可见较多嗜酸性粒细胞（若患者无痰，则可通过雾化诱导咳痰的方法留取标本）。

3. 肺功能检查

（1）通气功能检测：哮喘发作时，呈阻塞性通气功能障碍，与呼气流速有关的指标，如第1秒用力呼气量（forced expiratory volume in one second，$FEV_1$）、第1秒用力呼气量占用力肺活量百分比（$FEV_1/FVC$）、最大呼气流量（maximal expiratory flow，MEF）均下降，肺活量减少，残气量及功能残气量占肺总量百分比增加。其中，$FEV_1/FVC<70\%$或$FEV_1$低于正常预计值的80%是判断气流受限最重要的指标。症状缓解后，上述指标可逐渐恢复正常。

（2）支气管扩张试验：可用于测定气道气流受限的可逆性。常用吸入型支气管扩张药，如沙丁胺醇、特布他林等，当$FEV_1$较用药前增加≥12%，且其绝对值增加≥200 ml，即可判定为支气管扩张试验阳性，提示存在可逆的气道阻塞。

（3）支气管激发试验：通过吸入某种激发剂（如组胺或醋甲胆碱），进行气道反应性测定，称为支气管激发试验，用于判断气道反应性。由于该试验可诱发哮喘和全身反应，故仅适用于$FEV_1$在正常预计值的70%以上的患者。在设定的激发剂量范围内，若$FEV_1$下降≥20%，则可判断为激发试验阳性，提示存在气道高反应性。

（4）最大呼气流量（MEF）及其变异率测定：最大呼气流量可反映气道通气功能的变化。哮喘发作时，MEF下降。MEF平均每天昼夜变异率>10%，或MEF每周变异率>20%，提示存在可逆性气道改变。

4. 胸部X线检查　哮喘发作时，双肺透亮度增高，呈过度充气状态，缓解期多无明显异常。合并肺部感染时，可见肺纹理增粗及炎症浸润阴影。

5. 血气分析　哮喘发作时，患者可出现不同程度的低氧血症，在$PaO_2$下降的同时有二氧化碳潴留，则提示气道阻塞严重，病情危重。重症哮喘患者可出现呼吸性酸中毒或合并代谢性酸中毒。

6. 变应原检查

（1）血清IgE：进行放射变应原吸附试验可直接测定特异性IgE，哮喘患者的血清IgE常升高2～6倍。

（2）变应原皮肤试验：在哮喘缓解期，用可疑的变应原做皮肤划痕试验或皮内试验，可呈阳性反应结果。

【主要护理诊断/问题】

1. 低效性呼吸型态　与支气管平滑肌痉挛、气道炎症、气道阻塞有关。
2. 清理呼吸道无效　与过度通气、机体丢失水分过多、痰液黏稠有关。
3. 焦虑、恐惧　与哮喘发作、极度呼吸困难伴濒死感有关。
4. 知识缺乏：缺乏对疾病的发病过程、诱发因素及防治相关知识的了解。
5. 潜在并发症：水、电解质紊乱和酸碱平衡失调，自发性气胸，呼吸衰竭等。

【护理措施】

（一）一般护理

1. 环境与体位　提供整洁、舒适、安静的休息环境，保持室内空气新鲜。室内不宜摆放花草，避免使用地毯、羽绒或蚕丝织物，整理床铺时避免尘埃飞扬等。过敏原已明确时，应尽快使患者脱离过敏环境。协助患者采取舒适的体位，如半卧位或坐位，可安置床上小桌，使患者能伏案休息，以增加胸部扩张程度，减少体力消耗。

2. 饮食护理　予以清淡、易消化、营养丰富的饮食，避免进食硬、冷、油煎食物，避免食用诱发哮喘的食物，如牛奶、鱼、虾、蛋等，戒烟、戒酒。哮喘急性发作时，患者呼吸加快、出汗，常伴有脱水，痰液黏稠，易形成痰栓阻塞小支气管而加重呼吸困难。应鼓励患者每日饮水2000～3000 ml，必要时遵医嘱予以静脉补液，以防止痰栓形成而阻塞气道。

3. 皮肤与口腔护理　哮喘患者应每天以温水擦浴，勤换衣服和床单，保持皮肤清洁、干燥与舒适。协助并鼓励患者咳痰后，应指导其用温水漱口，保持口腔清洁。

4. 氧疗护理　哮喘患者或哮喘持续发作状态的患者大多有缺氧现象，可遵医嘱予以鼻导管或面罩吸氧，氧流量一般为 1～3 L/min，吸入氧浓度一般不超过 40%。吸氧过程中应观察患者的病情变化，并结合动脉血气分析结果及时调整吸氧浓度和氧流量。若患者出现病情恶化，神志改变，$PaO_2 < 60$ mmHg，$PaCO_2 > 50$ mmHg，则应准备进行机械通气。

（二）病情观察

观察患者的生命体征、意识状态，是否出现发绀、咳嗽、咳痰以及呼吸困难的程度等，注意观察痰液的黏稠度和量。监测动脉血气分析、血电解质、酸碱平衡状况。对严重哮喘发作者，应准确记录液体出入量，以便为诊断与治疗提供可靠的依据。加强对急性发作患者的监护，尤其是夜间和凌晨哮喘易发作时段，以便及时发现危重症状或并发症。若患者出现呼吸窘迫或无力、明显发绀、说话不连贯、大汗淋漓、心率加快、奇脉、哮鸣音减少、呼吸音减弱或消失等，则提示病情严重或出现并发症，应及时通知医生并配合抢救。

（三）治疗配合

支气管哮喘目前尚无特效治疗方法，治疗目的主要是控制症状，减少复发。

1. 脱离变应原　是治疗哮喘最有效的方法。若能找出引起哮喘发作的变应原或其他非特异性刺激因素，则应立即使患者与其脱离接触。

2. 控制急性发作　哮喘急性发作时，应尽快缓解哮喘症状，改善肺功能，纠正低氧血症。

（1）支气管扩张药

1）$β_2$ 受体激动剂：主要通过舒张支气管平滑肌，改善气道阻塞，是控制哮喘急性发作的首选药物。常用的短效 $β_2$ 受体激动剂（short acting $β_2$ receptor agonist，SABA）有沙丁胺醇、特布他林和非诺特罗，作用持续时间为 4～6 小时。长效 $β_2$ 受体激动剂（long acting $β_2$ receptor agonist，LABA）有丙卡特罗、沙美特罗和福莫特罗，作用持续时间为 12～24 小时。常用方法包括定量吸入器（metered dose inhaler，MDI）吸入、干粉吸入、持续雾化吸入等，或口服、静脉注射。其中，以定量吸入器吸入作为首选用药方式。沙丁胺醇或特布他林的一般口服剂量为 2.4～2.5 mg，每天 3 次，15～30 分钟起效。沙丁胺醇静脉注射，适用于治疗严重哮喘，心血管疾病和甲状腺功能亢进症患者慎用。

2）茶碱类：可以通过抑制磷酸二酯酶，提高平滑肌细胞内的 cAMP 浓度，刺激肾上腺素分泌，使支气管平滑肌扩张，并具有强心、利尿、扩张冠状动脉、兴奋呼吸中枢和呼吸肌等作用，是目前控制哮喘症状的有效药物，与糖皮质激素联合应用具有协同作用。茶碱缓释片和控释片适用于控制夜间哮喘发作。静脉给药主要适用于重症、危重症哮喘患者。

3）抗胆碱药：M 胆碱受体阻断药具有扩张支气管及减少黏液分泌的作用，分为速效抗胆碱药（作用可维持 4～6 小时）和长效抗胆碱药（作用可维持 24 小时）。常用药物异丙托溴铵有定量吸入气雾剂和雾化溶液两种剂型，主要用于治疗哮喘急性发作，多与 $β_2$ 受体激动剂联合应用，尤其适用于夜间哮喘发作和痰量较多者。

（2）抗炎药：此类药物主要用于治疗或控制哮喘患者的气道炎症。

1）糖皮质激素：主要通过多环节阻止气道炎症的发展及降低气道高反应性，是目前防治哮喘最有效的抗炎药。可采用吸入、口服和静脉用药。①吸入给药：常用的吸入药物有倍氯米松、布地奈德、氟替卡松、莫米松等，具有较强的局部抗炎作用，常需连续、规律吸入 1 周才可起效，是目前长期甚至终身进行哮喘抗炎治疗的常用药物。②口服给药：当吸入糖皮质激素无效或需短期加强治疗时，可用短疗程、大剂量泼尼松或甲基泼尼松龙。③静脉给药：重度或严重哮喘发作时，应尽早予以静脉给药，如琥珀酸氢化可的松或甲基泼尼松龙，待症状缓解后再逐渐减少用药剂量，并改为口服和吸入维持用药。

2）色甘酸钠及奈多罗米：属于非糖皮质激素抗炎药，主要通过抑制炎症细胞（尤其是肥大细胞）释放多种炎症介质，预防变应原引起的速发和迟发反应，以及过度通气或运动引起的气道收缩。由于口服药物不易经胃肠道吸收，宜采用干粉吸入或雾化吸入。孕妇慎用。

3）白三烯（leukotriene，LT）拮抗剂：可通过调节白三烯的生物活性而发挥抗炎作用，同时也具有舒张支气管平滑肌的作用。常用半胱氨酰-白三烯受体拮抗剂，如扎鲁司特、孟鲁司特。

（3）抗IgE抗体：奥马珠单抗是一种人源化的重组鼠抗人IgE抗体单克隆抗体，主要用于经吸入糖皮质激素和长效 $\beta_2$ 受体激动剂联合治疗后症状仍未得到控制的患者，可显著改善重症哮喘患者的症状和肺功能等，具有较好的安全性和耐受性，但该药临床使用时间尚短，其远期疗效与安全性还有待进一步观察研究。

（4）其他药物：如酮替芬和新一代 $H_1$ 受体拮抗剂（阿司咪唑、曲尼司特等），对季节性哮喘和轻症哮喘患者有效，也适用于出现 $\beta_2$ 受体激动剂不良反应者或联合用药。

3. 预防复发　①免疫疗法：包括脱敏疗法和非特异性免疫疗法。②发作期病情缓解后，应继续予以患者吸入维持量糖皮质激素至少3～6个月。③色甘酸钠雾化吸入、酮替芬口服具有抗过敏作用，对预防外源性哮喘有一定的作用。

4. 用药护理　按医嘱正确予以支气管扩张药、激素、静脉补液等，注意观察药物的疗效及不良反应。

（1）$\beta_2$ 受体激动剂：主要不良反应是偶尔出现头痛、头晕、心悸、手指震颤等，停药或坚持用药一段时间后症状可消失。用药剂量过大可引起严重心律失常，甚至导致猝死。应注意：①指导患者按需用药，不宜长期规律用药，因为长期应用可引起 $\beta_2$ 受体功能下降和气道反应性增高，进而产生耐受性；②指导患者正确使用吸入器，以保证吸入药物治疗剂量；③ $\beta_2$ 受体激动剂缓释片内含控释材料，指导患者必须整片吞服；④沙丁胺醇静脉滴注时应注意滴速，并注意观察患者是否出现心悸、骨骼肌震颤等不良反应。

（2）茶碱类：静脉注射浓度不宜过高，速度不宜过快，注射时间应在10分钟以上，以防止出现中毒症状。主要不良反应有恶心、呕吐等胃肠道症状，心动过速、心律失常、血压下降等心血管症状，偶尔有呼吸中枢兴奋作用，可引起抽搐，甚至导致死亡。妊娠、发热、小儿或老年患者以及心脏、肝、肾功能障碍或甲状腺功能亢进症患者慎用。茶碱缓释片和控释片必须整片吞服。

（3）糖皮质激素：①糖皮质激素吸入治疗药物的全身不良反应少，少数患者可出现口咽念珠菌感染、声音嘶哑、呼吸道不适及皮肤变薄等，用药后应嘱患者及时用清水漱口、洗脸，并做好口腔护理。②长期应用糖皮质激素可引起医源性肾上腺皮质功能亢进，如库欣综合征、向心性肥胖、满月脸等，并可引起高血压、高血糖、溃疡出血、骨质疏松等不良反应。口服药物宜在餐后服用，以减少对胃肠道的刺激。停用激素时，应按医嘱逐渐减量，患者不能自行停药或减少用药剂量。

（4）抗胆碱药：不良反应少见，偶尔可见口干、口苦、头晕、头痛等，青光眼患者禁用。

（5）其他药物：色甘酸钠吸入时有一定的异味，偶尔可诱发咽喉部刺激感、口干和恶心等局部不良反应。白三烯拮抗剂通常为口服给药，少数有皮疹、血管性水肿等不良反应。抗组胺药（如酮替芬、氯雷他定、阿司咪唑等药物）的主要不良反应是头晕、嗜睡，高空作业者、驾驶员、操作精密仪器者应谨慎服用。

 考点提示

控制哮喘急性发作的常用药物及用药护理。

## （四）吸入器使用的护理

吸入疗法治疗哮喘因其治疗效果较好而被广泛应用。正确使用吸入器是保证吸入治疗成功的关键。护士应向患者示范正确的吸入方式，指导患者正确使用吸入器。常用的吸入器有定量吸入器和干粉吸入器。

1. 定量吸入器（metered dose inhaler，MDI）（图2-2）使用时，应先打开定量吸入器的盖子，并摇晃吸入器，使药液混合均匀。患者深呼气至不能再呼气时张口，将定量吸入器的喷口放入口中，并用双唇将其包住。然后，用口深而慢地吸气，同时用手按压按钮喷药，以释放出一次吸入剂量的药物，至吸气末屏气10秒钟，继而缓慢、平稳地呼气；休息3分钟后可再重复使用1次。吸入过程中，按压药瓶按钮以启动吸入器的同时，缓慢吸气是关键。患者常出现的问题是吸气太快而不能与吸入器释放药物达到同步。

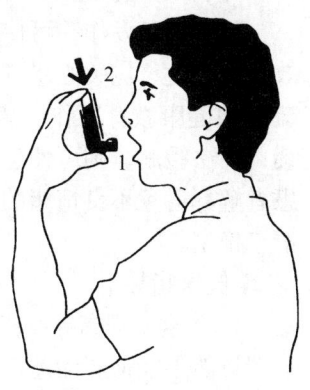

图2-2 定量吸入器
1. 喷口；2. 按钮

2. 干粉吸入器　干粉吸入器是利用患者的吸气气流带动药粉进入气道内，药物粉剂颗粒的流速与患者的吸气流速相吻合。较常用的有都保装置和准纳器。

（1）储存剂量型涡流式干粉吸入器（图2-3）：俗称都保装置，如布地奈德粉吸入剂、富马酸福莫特罗粉吸入剂。使用时，先旋转并移去瓶盖，确保旋柄在下方。检查剂量指示窗，观察是否有足够剂量的药物。然后，一手持干粉吸入器，另一手握住底盖，先向右旋转到底，再向左旋转到底，听到"咔"一声，即完成一次剂量的填充。吸入药物前，先轻轻地呼出一口气（勿对吸嘴吹气），再将吸嘴含于口中，用双唇包住吸嘴并深吸一口气，即完成一次吸入动作。吸入药物后，屏气5～10秒钟。使用完毕，应将瓶盖盖紧。

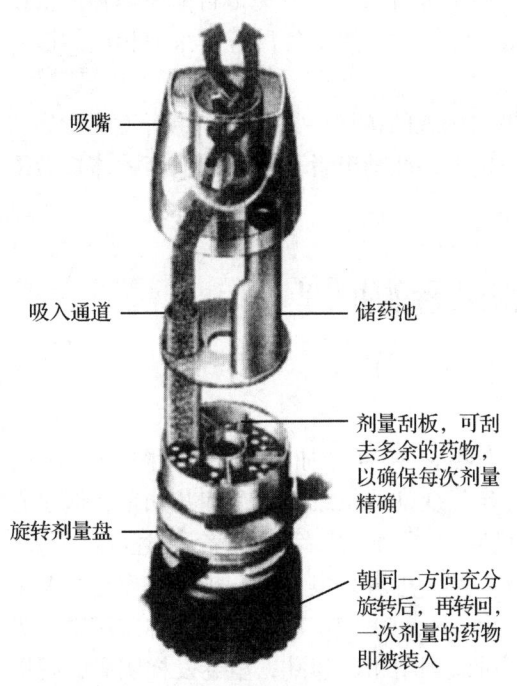

图2-3　储存剂量型涡流式干粉吸入器

（2）准纳器：常用的有沙美特罗替卡松粉吸入剂（舒利迭）。使用准纳器时，一手握住准纳器外壳，另一手拇指向外推动准纳器的滑动杆，直至发出咔哒声，表明准纳器已做好吸药的准备。然后握住准纳器并使其远离吸嘴，在保证平稳呼吸的前提下，尽量呼气。将吸嘴放入口中，深深地平稳吸气，将药物吸入口中，屏气约10秒钟。最后取出准纳器，缓慢恢复呼气，关闭准纳器（听到咔哒声表示关闭）。

## （五）对症护理

注意保持呼吸道通畅。遵医嘱予以鼻导管或面罩吸氧，以改善呼吸功能。一般吸氧流量为1～3 L/min，应根据动脉血气分析结果和患者的临床表现，及时调整吸氧流量或氧浓度，吸入的氧气应加温、加湿，以避免气道干燥和寒冷气流的刺激而加重气道痉挛。对严重哮喘发作、经一般药物治疗无效，缺氧未能纠正的患者，应协助医生进行无创机械通气，做好建立人工气道、有创机械通气的准备。当患者出现气胸、纵隔气肿等严重并发症时，应立即协助医生进行排气减压。

## （六）心理护理

哮喘反复发作，可使患者出现各种心理问题，而心理问题又会加重哮喘症状，并影响治疗效果，因此，应关心患者，经常与患者沟通，及时了解患者的心理变化，有针对性地做好心理疏导和健康教育工作。哮喘急性发作时，患者常出现紧张、烦躁不安等心理反应；若症状持续，无法缓解，则可使患者处于极度焦虑或近乎惊恐的状态，医护人员应陪伴在患者身边，向患者解释避免不良情绪的重要性，通过语言和非语言沟通，安慰患者，使患者消除紧张，保持情绪稳定。

【健康指导】

1. 疾病知识指导　指导患者及家属正确认识哮喘，强调长期防治哮喘的重要性。告知患者哮喘虽然不能彻底治愈，但通过长期、适当的治疗可以有效地控制哮喘发作，使患者及家属树立战胜疾病的信心。

2. 预防发作指导

（1）指导患者识别和避免已知的诱发因素：如减少过敏原的吸入，避免剧烈运动，戒烟及避免被动吸烟、避免食入易导致过敏的食物、预防呼吸道感染等；避免使用阿司匹林和非甾体抗炎药；慎用β受体阻滞剂，以免诱发哮喘。

（2）指导患者了解哮喘发作的先兆表现及相应的处理办法：出现哮喘发作先兆时，立即吸入随身携带的止喘气雾剂，必要时应及时向医护人员寻求帮助。

（3）指导患者自我监测病情：帮助患者学会使用仪器监测最大呼气流量（MEF）并做好记录。鼓励患者写哮喘日记，学会识别哮喘发作。

3. 用药指导　指导患者及家属按医嘱正确用药，积极配合治疗，避免擅自减少药物剂量或停药。帮助患者了解每一种药物的名称、用法、剂量、疗效、主要不良反应及采取相应的措施减少或避免不良反应的发生。

4. 心理指导　指导患者保持有规律的生活和积极、乐观的情绪。尤其应向患者说明发病与精神因素和生活压力的关系。指导患者学会自我放松技术，鼓励患者积极参加适当的体育锻炼和娱乐活动，以调节情绪，提高机体抵抗力。

# 第五节　支气管扩张患者的护理

### 案例导入 2-4

患者，女，20 岁，因"反复咳嗽、咳大量脓性痰伴咯血 16 年，加重 2 天"入院。16 年前，患者发生支气管肺炎后，反复出现咳嗽、咳黄色脓性痰，变动体位或晨起后症状加重，偶尔有咯血。患者经常到诊所进行抗生素治疗，之后症状好转。3 天前，患者淋雨后，上述症状复发，且伴大量脓臭痰，咯血量约为 100 ml，有轻度胸闷伴发热。患者恐惧不安，担心咯血会危及生命，不敢咳嗽。查体：T 39.1 ℃，P 90 次 / 分，R 21 次 / 分，BP 110/75 mmHg。神志清楚，无口唇发绀，左下肺可闻及湿啰音。X 线检查示：左下肺纹理增粗、紊乱，呈卷发样阴影，阴影内可见液平面。

问题与思考：

1. 该患者的医疗诊断是什么？
2. 该患者目前主要的护理诊断有哪些？

支气管扩张（bronchiectasis）简称支扩，是指直径大于 2 mm 的中等大小的近端支气管由于管壁肌肉和弹性组织破坏而引起的异常持续性扩张。其临床特点是慢性咳嗽、咳大量脓性痰和（或）反复咯血。大多继发于急、慢性呼吸道感染和支气管阻塞，主要见于反复发生支气管炎症的患者，多见于儿童和青年。近年来，由于麻疹和百日咳疫苗预防接种，以及抗生素的应用，本病的发病率有明显下降的趋势。

【病因与发病机制】

（一）病因

支气管扩张的主要病因是支气管、肺组织感染和支气管阻塞，也可能是由支气管先天性发育障碍引起。另外有约30%的支气管扩张病例病因未明，可能与遗传、机体免疫功能失调等因素有关。

1. 支气管、肺组织感染　婴幼儿期发生支气管、肺组织感染是支气管扩张最常见的病因。患者多于幼年、青年期起病，常有支气管肺炎迁延不愈病史，或麻疹、百日咳病史。

2. 支气管阻塞　各种阻塞因素，如肿瘤、呼吸道异物、感染、支气管周围肿大的淋巴结或肺癌的外部压迫，均可引起支气管腔内阻塞，导致肺不张，使肺泡弹性组织失去缓冲，胸膜腔内负压作用直接牵拉支气管管壁，致使支气管扩张。

3. 支气管先天性发育障碍和遗传因素　支气管先天性发育障碍（如巨大气管-支气管症、先天性软骨缺损）导致局部管壁薄弱或弹性较差，可引起支气管扩张，但较少见。

4. 机体免疫功能失调　目前已发现某些全身疾病（如类风湿关节炎、溃疡性结肠炎、系统性红斑狼疮、人类免疫缺陷病毒感染）患者可同时伴有支气管扩张，提示支气管扩张可能与机体免疫功能失调有关。

（二）发病机制

主要为支气管、肺组织感染和支气管阻塞，二者可相互影响，促使支气管扩张发生和发展。支气管扩张多发生于两肺下叶，且左下叶较右下叶多见。受累管壁主要位于段或亚段支气管，慢性炎症可破坏管壁的平滑肌、弹性纤维甚至软骨，从而削弱支气管管壁的支撑作用，逐渐引起支气管持久性扩张。扩张的支气管内可积聚黏稠的脓性分泌物，其外周气道也往往被分泌物阻塞或被纤维组织替代。炎症可导致支气管管壁血管增多，支气管动脉和肺动脉终末支扩张与吻合，形成血管瘤，是反复大量咯血的主要原因。

【护理评估】

（一）健康史

询问患者童年是否有麻疹、百日咳或支气管肺炎迁延不愈的病史，是否有反复发作的下呼吸道感染和肺结核等病史，病变的严重程度和近期治疗情况；是否有导致支气管部分阻塞的因素；评估是否有先天性支气管发育障碍以及遗传因素存在。

（二）身体状况

1. 症状

（1）慢性咳嗽伴大量脓性痰：患者表现为咳嗽、咳痰，与体位改变有关，晨起、傍晚和夜间卧床变动体位时，咳嗽加重、痰量增多。痰液呈黄色或黄绿色脓性。根据痰液量，可估计病情严重程度：<10 ml/d为轻度，10~150 ml/d为中度，>150 ml/d为重度。伴急性呼吸道感染时，黄色脓性痰明显增多，每日可达数百毫升；若合并厌氧菌感染，则痰液有臭味。痰液静置后可出现分层现象：上层为泡沫，中层为浑浊脓性黏液，下层为坏死组织沉淀物。

（2）反复咯血：50%~70%的患者可出现反复咯血，程度不等，从痰中带血到大量咯血，咯血量与病情的严重程度、病变范围有时并不一致。小量咯血为<100 ml/d，中等量咯血为100~500 ml/d，大量咯血为>500 ml/d或一次咯血量>300 ml。当大量咯血患者出现咯血不畅、情绪紧张、面色灰暗、胸闷、气促、喉头有痰鸣音时，常是窒息的先兆，应予以警惕。若患者出现表情恐怖、张口瞪目、大汗淋漓、唇指发绀、意识丧失等，则提示已经发生窒息。窒息是大量咯血患者最主要的危险因素。少数咯血患者平时无咳嗽、咳痰，称为干性支气管扩张，常见于结核性支气管扩张患者，病变位于引流良好的上叶支气管。

（3）反复肺部感染：由于扩张的支气管引流较差，在同一肺段容易反复发生肺炎并迁延不愈。

（4）全身表现：支气管引流不畅，痰液不易咳出时，患者可感到胸闷不适。反复感染者可出现全身毒血症症状，如发热、盗汗、乏力、食欲减退、消瘦、贫血等，并可诱发咯血或使咯血加重。病程迁延反复并发展为慢性病程者，稍加活动即可出现气促、发绀，伴有杵状指（趾），营养失调及劳动后体力明显减退。

2. 体征　早期或干性支气管扩张患者肺部多无明显异常体征。病变较重或继发感染时，在下胸部、背部听诊可闻及固定而持久的局限性粗湿啰音。结核性支气管扩张患者，其啰音常位于肩胛间区。部分慢性支气管扩张患者伴有杵状指（趾）。并发肺气肿、慢性肺源性心脏病时，可出现相应的体征。

（三）心理、社会状况

由于疾病迁延不愈，患者极易产生悲观、焦虑等心理反应。大量咯血或反复咯血不止时，患者常出现紧张、恐惧等心理反应。

（四）辅助检查

1. 实验室检查　包括血常规检查和炎症标志物（如C反应蛋白）检查，免疫球蛋白、微生物检查，以及血气分析、肺功能检查等。

2. X线检查　早期轻症患者无特殊表现，或仅有肺纹理局部增多及增粗表现。支气管呈柱状扩张的典型X线表现为轨道征，这是增厚的支气管壁影；囊状扩张的特征性表现是粗乱的肺纹理中有多个不规则的环状透亮阴影或沿支气管分布的卷发状阴影，并发感染时，阴影内可出现液平面（图2-4）。

3. 胸部CT检查　高分辨CT能够显示以次级肺小叶为基本单位的肺内细微结构，是目前诊断支气管扩张的主要方法。CT检查可显示支气管壁增厚的柱状扩张或成串、成簇的囊性改变（图2-5）。

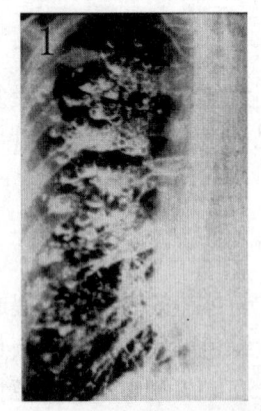

图2-4　支气管扩张的X线表现

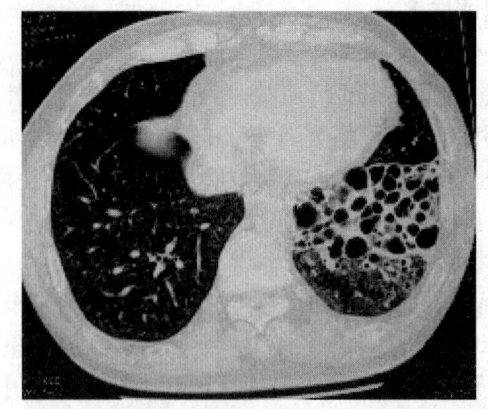

图2-5　支气管扩张的CT表现

4. 支气管（碘油）造影检查　支气管造影检查可明确支气管扩张的部位、形态、病变范围及严重程度。但其属于有创性检查，仅用于拟行外科手术的患者。

5. 纤维支气管镜检查　纤维支气管镜检查可明确部分患者出血或阻塞的部位和原因，同时还可进行局部灌洗和取灌洗液进行细菌学和细胞学检查等。

> **考点提示**
>
> 支气管扩张的症状、体征以及 X 线检查和 CT 检查的特征性表现。

【主要护理诊断/问题】

1. 清理呼吸道无效　与呼吸道反复感染、痰液多且黏稠、无效咳嗽有关。
2. 恐惧　与突然大量咯血或反复大量咯血有关。
3. 有窒息的危险　与大量咯血和痰液黏稠有关。
4. 营养失调：低于机体需要量　与反复发生慢性感染导致机体能量消耗增加而摄入不足有关。
5. 潜在并发症：窒息、失血性休克、肺源性心脏病等。

【护理措施】

(一) 一般护理

1. 休息与活动　提供清洁、安静、舒适的环境，保证患者充分休息。指导患者注意劳逸结合，避免过度活动。小量咯血患者应卧床休息，大量咯血患者应绝对卧床休息。
2. 饮食护理　予以高热量、高蛋白、富含维生素的饮食，少食多餐，避免进食冰冷食物而诱发咳嗽。如果患者心脏和肾功能正常，则应鼓励其多饮水，每天饮水 1500 ml 以上。大量咯血患者应暂时禁食，小量咯血患者宜进食少量温凉的流质饮食。
3. 口腔护理　保持口腔清洁，咳痰后用清水或漱口水漱口。

(二) 病情观察

观察痰液的量、颜色、性状和气味，咳痰与体位的关系，痰液静置后是否有分层现象，并记录 24 小时痰液量；观察咯血的颜色、性状及量；密切观察患者是否有胸闷、烦躁不安、气促、面色苍白、口唇发绀、大汗淋漓等窒息的先兆表现，发现异常应立即向医生汇报，并配合处理。注意患者是否有发热、消瘦、贫血等全身症状。

(三) 治疗配合

治疗原则是以控制感染、促进排痰、处理咯血为主，必要时进行手术治疗。

1. 控制感染　有发热、咳脓性痰等感染征象时，需应用抗生素，应根据痰液培养或药物敏感试验选择相应抗生素。对有厌氧菌感染者，应联合使用甲硝唑或替硝唑。
2. 保持呼吸道通畅　应用祛痰药及支气管舒张药，以稀释痰液、促进排痰，再经体位引流清除痰液，以减少继发感染和减轻全身中毒症状。必要时可经纤维支气管镜吸痰，同时行局部灌洗并注入抗菌药物，以解除呼吸道阻塞。
3. 免疫调节剂　使用可调节免疫功能的药物，如胸腺肽、转移因子口服溶液等，有助于减少支气管扩张患者的急性发作。
4. 处理咯血　对极度紧张、咳嗽剧烈的咯血患者，可予以小剂量镇静药、镇咳药。但对年老体弱、肺功能不全者须慎用强镇咳药，以免抑制咳嗽反射和呼吸中枢，使血块不能咯出而引发窒息。咯血量多时，可予以垂体后叶素、氨甲苯酸（止血芳酸）、酚磺乙胺等药物止血。对不易控制的反复大量咯血患者，应及时进行手术治疗。
5. 手术治疗　对反复发生呼吸道急性感染或大量咯血，病变范围局限在某一肺叶或一侧肺组织，尤其是局限性病变反复引起危及生命的大量咯血，经药物治疗不易控制的患者，可考虑手术切除肺段或肺叶。
6. 用药护理　遵医嘱使用抗生素、祛痰药和支气管扩张药，告知患者药物的疗效、剂量、用法和不良反应。对大量咯血患者使用垂体后叶素时应注意，垂体后叶素可收缩小动脉，减少肺血流量，从而减轻咯血，但也可引起子宫、肠道平滑肌收缩和冠状动脉收缩，故冠心病、高血压患者及孕妇忌用该药。静脉滴注药物时，注意避免速度过快，避免引起恶心、便意、心悸、面色苍白等不良反应。

**（四）对症护理**

1. 咳嗽、咳痰　指导患者有效咳嗽和排痰，遵医嘱应用祛痰药（如氯化铵、溴己新）雾化吸入，以稀释痰液；可加用支气管扩张药气雾剂吸入，以缓解支气管痉挛，提高祛痰效果，必要时实施体位引流。体位引流是利用重力作用促使呼吸道分泌物流入气管、支气管并排出体外的方法，适用于痰液较多的患者。体位引流的护理措施包括以下几方面内容。

（1）体位引流的适应证和禁忌证：

1）适应证：慢性支气管炎、支气管扩张、肺脓肿、肺结核等有大量痰液而排出不畅的患者；支气管碘油造影术前后。

2）禁忌证：呼吸功能不全、有明显呼吸困难和发绀者；近1～2周内曾有大量咯血史；严重心血管疾病或年老体弱而不能耐受引流操作者。

（2）引流前准备：向患者及家属解释体位引流的目的、过程和注意事项，以消除其顾虑，取得患者的配合。对痰液黏稠不易咳出者，引流前15分钟遵医嘱予以雾化吸入、祛痰药或支气管扩张药。备好靠背架、小饭桌、纱布、纸巾或一次性容器等物品。

（3）引流体位：引流体位的选择取决于分泌物潴留的部位和患者的耐受程度，原则上应抬高病灶部位的位置，使引流支气管开口向下（图2-6），有利于潴留的分泌物随重力作用流入支气管和气管并排出。首先引流上叶，然后引流下叶后基底段。引流体位不宜刻板执行，应以患者能接受且易于排痰的体位为宜。头部外伤、胸部创伤、咯血、严重心血管疾病和全身情况不稳定者，不宜采用头低位进行体位引流。

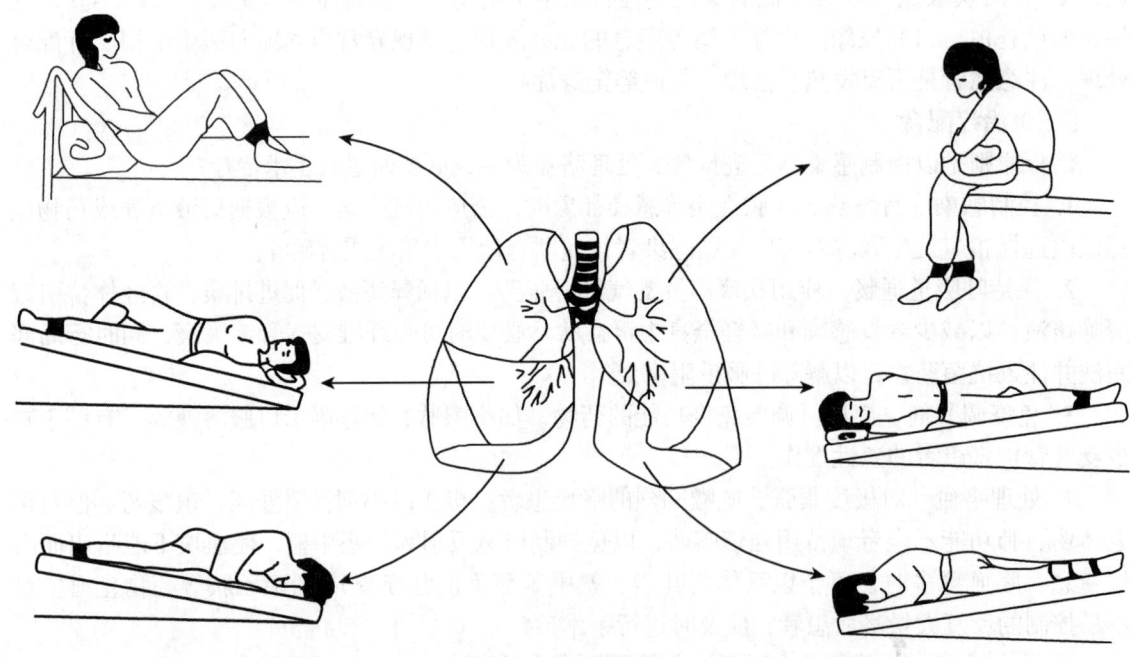

图2-6　体位引流的方法

（4）引流时间：根据病变部位、病情和患者情况，每天引流1～3次，每次15～20分钟。一般于餐前1～2小时或餐后2小时进行引流，以免导致恶心、呕吐等不良反应，早晨清醒后立即进行引流效果最佳。

（5）引流过程中的护理：在体位引流过程中，应鼓励并指导患者做腹式深呼吸，辅以胸部叩击或震荡等措施。协助患者在保持引流体位时进行咳嗽，也可取坐位，以产生足够的气流促进排痰，提高引流效果。引流时，应有护士或家人协助，观察患者是否有出汗、脉搏细弱、头晕、疲惫、面色苍白等表现；评估患者对体位引流的耐受程度，若患者心率超过120次/分，并出现心律失常、高血压、低血压、眩晕或发绀，应立即停止引流并通知医生。

（6）引流后护理：体位引流结束后，帮助患者采取舒适体位，予以清水或漱口液漱口。观察患者痰液的性状、量及颜色，听诊肺部呼吸音的改变，评价体位引流的效果，并记录。

2. 咯血　咯血的护理详见"本章第一节呼吸系统疾病患者常见症状与体征的护理"。

**考点提示**

体位引流的护理措施。

---

**（五）心理护理**

反复感染和咳嗽可使支气管扩张患者产生焦虑及紧张情绪，应帮助患者树立治疗疾病的信心。患者出现大量咯血时，应注意陪伴患者并予以指导，使其获得安全感，以缓解恐惧心理。

【健康指导】

1. 疾病知识指导　向患者及家属介绍呼吸道感染、支气管阻塞与支气管扩张的发生、发展存在着密切的关系。指导患者积极预防呼吸道感染，避免受凉及吸入刺激性气体，戒烟，注意口腔卫生，注意防止异物误吸入气管等，以防止诱发呼吸道感染。

2. 生活指导　向患者及家属说明合理补充营养对机体康复的重要意义，使患者能主动摄取必需的营养素，进食高热量、高蛋白、富含维生素的食物，以增强机体抵抗力。应鼓励及指导患者坚持进行适当的呼吸功能锻炼，以利于改善呼吸功能，促进肺功能恢复。

3. 自我病情监测　指导患者咯血时要保持镇静，尽量将血液咯出，以免导致窒息。一旦发现症状加重，应及时就医。

## 第六节　慢性阻塞性肺疾病患者的护理

**案例导入 2-5**

王先生，63岁，既往有吸烟史25年，慢性咳嗽、咳痰20余年，每年持续3个月以上，近4年来常感劳累后呼吸困难，每当气温下降时即出现发热、咳嗽加重，咳脓性痰。患者1周前受凉后上述症状加重，来院就诊。体格检查：视诊呈桶状胸，触觉语颤减弱，叩诊呈过清音，听诊呼吸音明显减弱。

问题与思考：

1. 该患者目前主要的护理问题有哪些？
2. 如何指导患者进行正确的呼吸功能锻炼？
3. 如何指导患者正确进行家庭氧疗？

慢性阻塞性肺疾病（chronic obstructive pulmonary disease，COPD）简称慢阻肺，是一种呈进行性发展、不可逆转、持续存在的以气流受限为特征的肺部疾病。

慢性阻塞性肺疾病与慢性支气管炎和肺气肿密切相关。慢性支气管炎（chronic bronchitis）简称慢支，是气管、支气管黏膜及其周围组织的慢性非特异性炎症。临床上以咳嗽、咳痰或伴有喘息为主要症状，每年发病持续3个月以上，连续2年或2年以上，排除具有咳嗽、咳痰、喘息症状的其他疾病。肺气肿（emphysema）是指肺部终末细支气管远端的气道出现异常持久性扩张，伴有肺泡壁和细支气管破坏而无明显肺纤维化。当慢性支气管炎、肺气肿患者肺功能检查出现持续气流受限，并且不完全可逆时，即可诊断为COPD；若无气流受限，则不能诊断为COPD。支气管哮喘患者也存在气流受限，但支气管哮喘是一种特殊的气道炎症性疾病，其气流受限具有可逆性，故不属于COPD，但当支气管哮喘导致气道重塑时，可使气流受限的可逆性减低，甚至发展为不可逆，因此，COPD与支气管哮喘这两种疾病可同时存在。

COPD是一种严重危害人类健康的常见病，可显著影响患者的生活质量，是导致患者死亡的重要病因，并且给患者及其家庭和社会带来沉重的经济负担。世界卫生组织（WHO）关于病死率和死因预测的数据显示，随着发展中国家吸烟率的升高和高收入国家人口老龄化加剧，COPD的患病率在未来40年还将继续上升。预测至2060年，死于COPD及其相关疾病的患者将超过540万人/年。

【病因与发病机制】

（一）病因

本病的病因尚未明确，可能的危险因素有以下几种。

1. 吸烟　是COPD最重要的发病因素。吸烟者慢性支气管炎的患病率比不吸烟者高2～8倍，吸烟时间越长、吸烟量越大，COPD发病率越高。烟草中的焦油、尼古丁和氢氰酸等化学物质可损伤气道上皮细胞，导致纤毛运动障碍和巨噬细胞吞噬功能下降；促使支气管黏液腺和杯状细胞增生、肥大，黏液分泌增多，气道净化能力下降。

2. 接触职业性粉尘和化学物质　如烟雾、过敏原、工业废气及室内空气污染（室内装修、厨房油烟）等，接触时间过长或浓度过高时，均可导致COPD。

3. 空气污染　大气中的二氧化硫、二氧化氮、氰化氨、氨气等有害气体及微小颗粒物可损伤气道黏膜上皮，导致纤毛的清除功能下降，黏液分泌增多，为致病微生物创造有利条件。

4. 感染因素　病毒、细菌和支原体等感染是本病发生、发展的重要因素之一。病毒主要为流行性感冒病毒、鼻病毒、腺病毒和呼吸道合胞病毒等；细菌以肺炎链球菌、流感嗜血杆菌、卡他莫拉菌及葡萄球菌为主。

5. 其他　遗传因素（COPD易感性与多种基因有关）、气道高反应性、肺发育不良、自主神经功能失调、营养状态差及气候突变等都可能参与COPD的发生与发展。

（二）发病机制

在各种有害因素的作用下，气道壁损伤和修复过程反复循环发生。修复过程可导致气道壁结构重塑、胶原纤维含量增加及瘢痕组织形成，这些病理改变可造成气道狭窄，引起不可逆性气道阻塞。随着病情发展，阻塞的气道可弥漫分布于全肺，并引起肺毛细血管床破坏，最终导致气流受限不完全可逆。

【护理评估】

（一）健康史

了解患者是否有吸烟史，是否有职业粉尘和化学物质接触史，近期是否有感染、受凉、劳累、接触变应原及有害气体等发病诱因。

（二）身体状况

1. 症状　主要症状包括咳嗽、咳痰、气促和逐渐加重的呼吸困难。

（1）慢性咳嗽、咳痰：慢性咳嗽常为首发症状。起初呈间歇性咳嗽，清晨咳嗽明显、咳痰量较多，之后早晚或整日均有咳嗽，但夜间咳嗽并不显著。重症患者咳嗽频繁，长年不断。咳嗽常伴有咳少量白色黏液痰或者浆液泡沫样痰，偶尔为痰中带血。急性发作合并细菌感染者咳痰量增多，可呈脓性痰。

（2）气促或呼吸困难：逐渐加重的呼吸困难是COPD的标志性症状，也是很多患者就医的原因。早期患者仅在体力劳动或上楼时出现气促或呼吸困难。随着病情发展，症状逐渐加重，以至于日常活动甚至休息时也感气促，从而影响日常活动。部分严重患者可有喘息或胸闷。当慢性支气管炎急性发作时，支气管分泌物增多，可进一步加重呼吸困难，严重者可出现呼吸衰竭。

（3）全身症状：病情较重者，可表现为劳累、体重减轻、食欲减退、营养失调、外周肌肉萎缩和功能障碍等全身症状。

2. 体征  早期体征不明显，随着病情发展，缺氧严重时，患者可出现发绀、杵状指。

（1）视诊及触诊：胸廓前后径增大，呈桶状胸，部分患者呼吸变浅、呼吸运动减弱、呼吸频率增快；低氧血症者可出现黏膜及皮肤发绀，伴右心衰竭者可出现下肢水肿、肝大。肺部触觉语颤减弱或消失。

（2）叩诊：肺部呈过清音，心浊音界缩小，肺下界和肝浊音界下降。

（3）听诊：双肺呼吸音减弱、心音遥远，呼气相明显延长，并发感染时可闻及湿啰音。

3. 病程分期

（1）急性加重期：是指在短时间内出现咳嗽、咳痰、气促和（或）喘息加重，痰量增多，可伴有发热等症状明显加重的阶段。

（2）稳定期：是指咳嗽、咳痰、气促等症状稳定或症状较轻的阶段。

4. 肺功能评估  根据慢性阻塞性肺疾病全球创议（global initiative for chronic obstructive lung disease, GOLD）分级，COPD患者吸入支气管扩张药后，$FEV_1/FVC<70\%$，再依据其$FEV_1$降低幅度进行气流受限的严重程度分级（表2-3）。肺功能是评估COPD患者病情和生活质量的重要指标，但仅根据单一的肺功能指标并不能全面地反映患者的病情。目前临床上常用COPD急性加重评估工具、COPD自我评估测试、英国改良版呼吸困难量表评估COPD患者的病情严重程度及预测急性加重风险。

表2-3  COPD气流受限严重程度的肺功能分级

| 肺功能分级 | 气流受限程度 | $FEV_1$占预计值的百分比（%） | 肺功能分级 | 气流受限程度 | $FEV_1$占预计值的百分比（%） |
| --- | --- | --- | --- | --- | --- |
| GOLD 1级 | 轻度 | ≥80% | GOLD 3级 | 重度 | 30%～49% |
| GOLD 2级 | 中度 | 50%～79% | GOLD 4级 | 极重度 | <30% |

5. 并发症  COPD患者可并发慢性呼吸衰竭、自发性气胸、慢性肺源性心脏病、肺部急性感染等。

（三）心理、社会状况

COPD患者病程长，随着肺功能及日常生活能力的逐渐下降，患者易产生烦躁不安、情绪低落、焦虑、压抑和自卑等心理。因长期患病、社会活动减少、经济收入降低等方面发生的变化，患者常会对疾病的治疗失去信心，甚至逃避生活。家属因长期照顾患者而感到疲惫，可能出现忽视患者的情况，使患者产生焦虑、绝望或恐惧心理。护士应详细了解患者及其家庭的经济状况、对疾病的态度及其心理状态、性格和生活方式等。

（四）辅助检查

1. 肺功能检查  是判断持续气流受限的主要客观指标。吸入支气管扩张药后，$FEV_1/FVC<70\%$即可判定为不完全可逆的气流受限，肺功能检查表现为持续气流受限是确诊COPD的必备条件。肺总量（total lung capacity, TLC）、功能残气量（functional residual capacity, FRC）、残

气量（residual volume，RV）增加和肺活量（vital capacity，VC）减低，提示肺过度充气。由于肺总量（TLC）增加不及残气量（RV）增加程度明显，故 RV/TLC 增高。

2. 胸部 X 线检查　可见胸廓扩张，胸廓前后径增大，肋间隙增宽，肋骨平行，膈肌顶部低平，双肺野透亮度增加等改变。心脏常呈垂位型，心影狭长。胸部 X 线检查对 COPD 诊断的特异性不高，但对确定是否存在肺部并发症及与其他疾病（如气胸、肺大疱、肺炎、肺结核、肺间质纤维化）的鉴别有重要意义。

3. 胸部 CT 检查　高分辨率 CT（high resolution CT，HRCT）对区分小叶中央型或全小叶型肺气肿及确定肺大疱的大小和数量，具有较高的灵敏度和特异度，有助于 COPD 的表型分析，对 COPD 与其他疾病的鉴别诊断有较大帮助。

4. 动脉血气分析　早期可无异常，随着病情加重，可依次出现动脉血氧分压（$PaO_2$）降低、二氧化碳分压（$PaCO_2$）升高，并可发生代偿性呼吸性酸中毒，导致 pH 偏低。对判断呼吸衰竭的类型有重要价值。

5. 血液检查　由于慢性缺氧患者红细胞代偿性增多，血红蛋白、红细胞计数和血细胞比容可增高。并发细菌感染时，白细胞计数及中性粒细胞百分比增高。

 **考点提示**

COPD 的典型症状、体征及确诊 COPD 的检查。

【主要护理诊断/问题】
1. 气体交换受损　与肺组织弹性降低、通气不足和肺泡呼吸面积减小有关。
2. 清理呼吸道无效　与气道分泌物增多且黏稠和无效咳嗽有关。
3. 活动无耐力　与劳累、呼吸困难、氧供与氧耗失衡有关。
4. 焦虑　与呼吸困难、健康状况改变、病情危重有关。
5. 营养失调：低于机体需要量　与能量消耗增加、食欲减退、摄入量减少有关。
6. 潜在并发症：慢性肺源性心脏病、自发性气胸、慢性呼吸衰竭。

【护理措施】
（一）一般护理
1. 休息与活动　对疾病早期患者，可指导其进行适当的活动，活动以不感到疲劳、不加重症状为宜。急性加重期患者出现发热、咳喘时，应卧床休息；晚期患者应采取舒适的体位，宜采取半坐位或坐位，借助重力作用使膈肌位置下降，胸腔容量扩大，以改善呼吸困难。
2. 饮食护理　予以高热量、高蛋白、富含维生素的饮食，餐后 2 小时内避免平卧。在病情允许的情况下，应鼓励患者多饮水，每日饮水 1500 ml 以上，以利于稀释和排出痰液。为减轻呼吸困难，保存机体能量，应指导患者餐前至少休息 30 分钟；少食多餐，避免进食产气的食物，如啤酒、豆类、马铃薯和胡萝卜等。应避免进食干、硬的食物和牛奶、巧克力等，干、硬的食物可刺激引起咳嗽，牛奶、巧克力等可导致唾液和分泌物黏稠。如果患者通过进食不能摄入足够的营养，则可予以鼻饲饮食或全胃肠外营养。

（二）病情观察
观察患者咳嗽、咳痰的情况，呼吸困难的程度，患者能否平卧及其营养状况。监测动脉血气分析和水、电解质与酸碱平衡情况。观察患者的肺部体征及患者是否出现并发症。

（三）治疗配合
1. 急性加重期治疗　引起 COPD 急性加重最常见的原因是呼吸道感染，以细菌和病毒感染最为多见。

（1）抗生素：COPD轻度或中度患者急性加重时，主要致病菌为肺炎链球菌、流感嗜血杆菌及卡他莫拉菌等；COPD重度或极重度患者急性加重时，除上述致病菌外，还常有肠杆菌、铜绿假单胞菌等感染。当患者症状加重，咳嗽伴痰量增多、咳脓性痰时，应根据致病菌的种类、细菌培养及药物敏感试验结果选用敏感抗生素。常用抗生素有阿莫西林、头孢唑肟、头孢呋辛、左氧氟沙星、头孢曲松钠等。

（2）支气管扩张药：可选用抗胆碱药、茶碱类、$β_2$肾上腺素受体激动剂等药物。

（3）糖皮质激素：对COPD急性加重患者，在应用支气管扩张药的基础上，可予以口服或静脉滴注糖皮质激素。一般用药5～7天。

（4）低流量吸氧：予以鼻导管或Venturi面罩吸氧。Venturi面罩更能精确地调节吸入氧浓度，予以患者低浓度（28%～30%）、低流量（1～2 L/min）持续吸氧，使$SaO_2$维持在88%～92%。

（5）机械通气：对并发严重呼吸衰竭的患者，可予以机械通气。

（6）其他治疗：积极排痰、营养支持及维持体液平衡等。

2. 稳定期治疗　COPD稳定期治疗的主要目的是减轻症状，阻止病情发展，延缓肺功能下降，改善患者的活动能力，提高其生活质量，降低死亡率。

（1）疾病知识指导：劝导吸烟的患者戒烟是延缓肺功能损害最有效的措施之一。由职业或环境粉尘、刺激性气体所致者，应脱离污染的环境和相应物质。

（2）支气管扩张药：是目前控制症状的主要措施。联合应用不同作用机制及作用时间的药物可以增强支气管舒张作用，更好地改善患者的肺功能与健康状况，通常不会增加不良反应。①$β_2$肾上腺素受体激动剂：可通过吸入或口服用药。沙丁胺醇气雾剂，每次1～2喷，定量吸入，作用可维持4～5小时。长效制剂（如沙美特罗），每天仅需吸入2次。②抗胆碱药：异丙托溴铵气雾剂定量吸入，每次2～4喷，每天3～4次。③茶碱类：茶碱缓（控）释片0.2 g，每12小时1次；氨茶碱0.1 g，每天3次。

（3）糖皮质激素：目前认为，对$FEV_1$＜50%预计值伴有并发症或反复加重的COPD患者，予以长期吸入糖皮质激素和长效$β_2$肾上腺素受体激动剂联合制剂对增加运动耐量、减少急性发作频率及改善肺功能均有一定的作用，但不能延缓$FEV_1$下降的趋势。常用剂型有沙美特罗和氟替卡松吸入剂、福莫特罗和布地奈德吸入剂。不推荐长期口服、肌内注射或静脉注射糖皮质激素治疗。

（4）祛痰药：如盐酸氨溴索、乙酰半胱氨酸或羧甲司坦等。

（5）疫苗：主要是流感疫苗和肺炎疫苗。接种流感疫苗可预防流感，避免流感引发的急性加重，适用于各级临床严重程度的COPD患者；建议年龄超过65岁以及年龄低于65岁但$FEV_1$＜40%预计值的患者接种肺炎球菌多糖疫苗等，以预防呼吸道感染。

（6）长期家庭氧疗：长期家庭氧疗可以对伴有慢性呼吸衰竭的COPD患者的血流动力学、运动耐力、肺功能和精神状态产生有利影响，从而提高生活质量和生存率。提倡在医生指导下施行长期家庭氧疗。适应证：①$PaO_2$＜55 mmHg或$SaO_2$＜88%，伴（或不伴）高碳酸血症；②$PaO_2$ 55～60 mmHg或$SaO_2$≤90%，合并肺动脉高压、心力衰竭、水肿或红细胞增多症。予以低浓度（28%～30%）、低流量（1～2 L/min）持续鼻导管吸氧，吸氧持续时间每天＞15小时。

3. 用药护理　遵医嘱用药，注意观察药物的疗效和不良反应。①$β_2$受体激动剂：常见的不良反应有心悸、骨骼肌震颤、低钾血症、心律失常等。②抗胆碱药：少数患者可有口苦或口干，妊娠早期妇女、青光眼和前列腺肥大患者慎用。③茶碱类：不良反应有恶心、呕吐、心律失常、血压下降，严重者可发生抽搐甚至死亡，茶碱缓（控）释片必须整片吞服。④全身应用糖皮质激素的不良反应有：库欣综合征、消化道溃疡、高血钠和低钾血症、水肿、骨质疏松、继发感染等。

**（四）心理护理**

患者由于长期患病，极易产生焦虑和抑郁心理。护士应详细了解患者及其家庭对疾病的态度，了解患者心理、性格、生活方式等方面发生的变化，增强患者战胜疾病的信心。教会患者缓解焦虑的方法，培养生活情趣，如听轻音乐、下棋、种植花草等，以分散注意力，缓解焦虑、紧张情绪。

**（五）呼吸功能锻炼**

在疾病稳定期指导患者进行呼吸训练及体位控制，可增强呼吸肌收缩力、缓解呼吸困难、降低呼吸功、恢复心肺功能、预防或减轻各种并发症。

1. 呼吸训练　呼吸训练主要包括缩唇呼吸训练和腹式呼吸训练。

（1）缩唇呼吸训练：缩唇呼吸训练是通过缩唇形成的微弱阻力来延长呼气时间，并可增加呼气时的气道内压力，防止小支气管过早塌陷，减少肺内残气量。患者闭嘴经鼻吸气，然后收紧口唇（吹口哨样）缓慢呼气。边呼气边数数，数到7后做"噗"声，呼气时间应是吸气时间的2～3倍。鼓励患者通过腹式呼吸尽量将气体呼出。口唇形态、大小和呼气流量，以能使距离口唇15～20 cm处的蜡烛火焰随气流倾斜，且不致熄灭为宜。每分钟呼吸7～8次，每次训练10～15分钟，每天2次，熟练后可逐渐增加训练次数和时间，使之成为自觉的呼吸习惯（图2-7）。

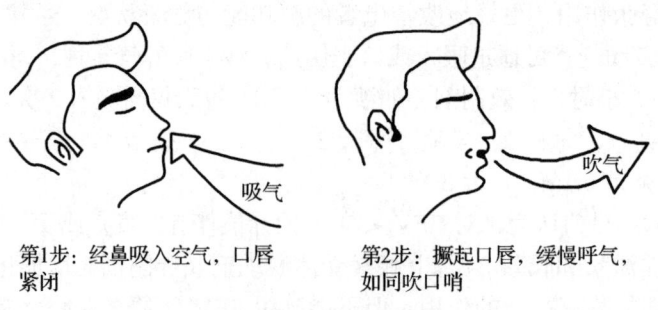

**图2-7　缩唇呼吸训练**

（2）腹式呼吸训练：患者通过有意识地增加膈肌和腹肌活动，可以改善呼吸功能。患者可取立位、平卧位或半卧位，将一只手放于前胸部（控制胸部不动），另一只手放在上腹部。用鼻缓慢吸气时，将腹部向外膨起并顶住置于腹部的手，屏气1～2秒。呼气时，放在腹部的手轻轻施加压力，腹肌收缩，膈肌松弛，患者用口缓慢呼出气体，呼气时间应是吸气时间2～3倍。腹式呼吸训练初期，每天训练2次，每次10～15分钟。掌握动作要领以后，可逐渐增加训练次数和时间（图2-8）。

2. 体位控制　多种体位（图2-9）均有利于扩张胸廓，松弛胸部肌肉，使膈肌收缩，从而改善呼吸困难。可以通过支撑患者的手臂和上身而保存能量，有利于辅助呼吸肌呼吸。

3. 全身呼吸体操锻炼　在上述腹式呼吸训练的基础上，可以进行全身呼吸体操锻炼，即将腹式呼

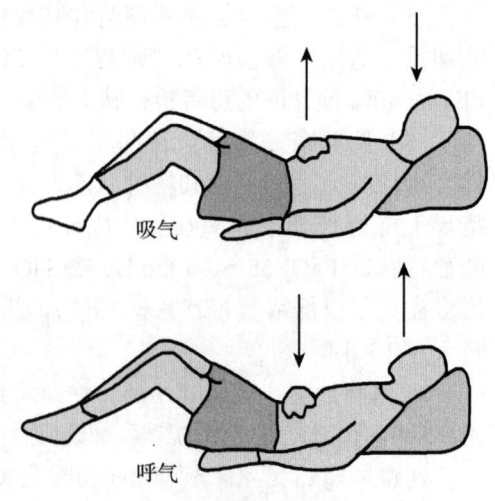

**图2-8　腹式呼吸训练**

吸和扩胸、弯腰、下蹲等动作结合在一起，可进一步改善患者的肺功能和增强体力。

【健康指导】

1. 疾病知识指导　劝导患者戒烟，告知患者戒烟是预防COPD的重要措施。避免粉尘和有害气体的吸入，尽量避免到人群密集的地方。根据气温变化及时增减衣物，避免发生上呼吸道感染。注意识别疾病急性发作的征象，出现异常应及时就医。

2. 呼吸功能锻炼　使患者了解呼吸功能锻炼的重要性，与患者一起制订个体化的锻炼计划，进行缩唇呼吸训练和腹式呼吸训练。指导患者在缓解期进行步行、慢跑、打太极拳等体育锻炼。

3. 饮食指导　COPD可使呼吸功增加，使蛋白质和热量消耗增多，所以应予以高热量、高蛋白、富含维生素的饮食。出现腹胀的患者应避免进食产气多的食物，饮食以软食为宜。避免进食可引起便秘的食物，如油炸、油煎食物，坚果和辛辣、刺激性食物。

4. 家庭氧疗指导　告知患者和家属氧疗的目的、必要性、方法及注意事项；指导患者和家属注意安全防范，供氧装置周围严禁烟火，防止氧气燃烧导致爆炸；氧气装置定期更换、清洁、消毒。

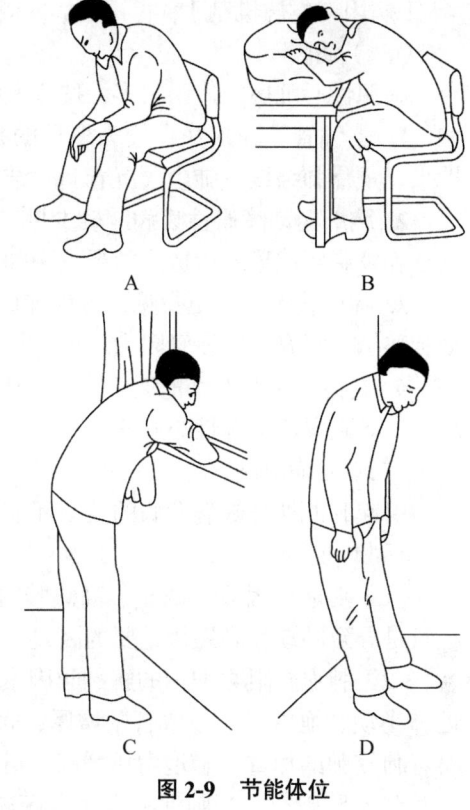

图2-9　节能体位

## 第七节　慢性肺源性心脏病患者的护理

### 案例导入 2-6

患者，女，70岁，反复咳嗽、咳痰、喘息20年，1周前由于感冒引起上述症状加重而住院。体格检查：神志清楚，端坐呼吸、口唇发绀，颈静脉怒张，听诊双肺散在湿啰音。心率120次/分，心律齐。肝肋下3cm，双下肢凹陷性水肿。考虑为慢性肺源性心脏病。

问题与思考：

1. 该患者目前主要的护理问题有哪些？
2. 如何指导患者合理休息与活动？

慢性肺源性心脏病（chronic pulmonary heart disease）简称肺心病，是由于肺组织、肺血管或胸廓的慢性病变导致肺血管阻力增加，引起肺动脉高压，致使右心室肥大、扩张，甚至发生右心衰竭的心脏病，并排除先天性心脏病和左心病变引起者。其临床特征是在COPD的基础上逐渐出现呼吸衰竭和心力衰竭。

慢性肺源性心脏病是我国呼吸系统常见病之一，患病率随年龄的增长而增高，并且具有地区差异，寒冷地区人群患病率高于温暖地区，高原地区高于平原地区，农村高于城市，但男性与女性患病率无明显差异。此外，吸烟者比不吸烟者的患病率显著增高。本病急性发作以冬、春季节多见，气候骤然变化及急性呼吸道感染是肺源性心脏病急性发作的重要诱因。

【病因与发病机制】

（一）病因

肺源性心脏病的病因很多，按原发病的不同部位，可分为以下几类。

1. 支气管、肺疾病  较为多见的是COPD，占80%～90%，其次是支气管哮喘、支气管扩张、重症肺结核、肺尘埃沉着病、结节病、间质性肺炎等。

2. 胸廓运动障碍性疾病  较少见，包括严重脊柱后凸、脊柱结核、类风湿关节炎、胸膜广泛粘连及胸廓成形术后造成的严重胸廓或脊柱畸形，以及神经肌肉疾病（如脊髓灰质炎）。

3. 肺血管疾病  更少见，各种肺血管病变以及原因不明的原发性肺动脉高压，均可使肺小动脉狭窄、阻塞，肺血管阻力增加，从而使右心室负荷加重，最终发展成慢性肺源性心脏病。

4. 其他  原发性肺泡通气不足、先天性口咽畸形、睡眠呼吸暂停综合征等，可引起肺动脉高压，导致慢性肺源性心脏病。

（二）发病机制

引起肺源性心脏病发病的关键环节是肺动脉高压，其功能性因素较解剖学因素更为重要。

1. 肺动脉高压

（1）功能性因素：缺氧、高碳酸血症和呼吸性酸中毒均可引起肺动脉收缩、痉挛。其中，缺氧是导致肺动脉高压最重要的因素。

（2）肺血管阻力增加的解剖学因素：长期反复发生慢性支气管炎及支气管周围炎可引起邻近肺小动脉血管炎，导致管壁增厚、管腔狭窄或纤维化，甚至完全闭塞，使肺循环阻力增加。随着肺气肿的加重，肺泡内压增高，可压迫肺泡毛细血管，造成肺泡毛细血管管腔狭窄或闭塞以及肺泡壁破裂。当肺泡毛细血管床减损超过70%时，即可导致肺循环阻力增大，引起肺动脉高压。

（3）血容量增多和血液黏滞度增加：缺氧可引起醛固酮分泌增多、肾小动脉收缩，导致肾血流量减少、继发性红细胞增多，进而导致钠、水潴留，血容量增多，血液黏滞度增加，血流阻力增高。血容量增多及血液黏滞度增加可促进肺动脉高压。

2. 心脏病变  肺动脉压持续严重升高，逐渐使右心功能失代偿，导致右心室扩大甚至右心衰竭。其他因素也可影响心肌功能，导致心力衰竭的发生。这些因素包括：①心肌缺氧、乳酸蓄积、高能磷酸键合成降低，使心肌功能受损；②反复肺部感染、细菌毒素对心肌的毒性作用；③酸碱平衡失调、电解质紊乱导致的心律失常等。

3. 多脏器损害  缺氧及二氧化碳潴留、酸碱失衡及电解质紊乱、组织低灌注、感染性休克、多种因子损害内皮细胞等因素综合作用，引起多脏器损害，如合并肾衰竭、肝衰竭、消化性溃疡、弥散性血管内凝血等。

【护理评估】

（一）健康史

询问患者是否有慢性阻塞性肺疾病及其他慢性支气管、肺、胸廓或肺血管疾病病史，是否有急性呼吸道感染等可导致病情加重的诱发因素。

（二）身体状况

本病的病程缓慢，临床上除原有肺、胸部疾病的各种症状和体征外，还可逐步出现心肺功能衰竭及其他器官受累的表现。按其心肺功能可分为代偿期和失代偿期。

1. 心肺功能代偿期

（1）症状：主要有慢性咳嗽、咳痰、气促、发绀、乏力及活动后心悸、呼吸困难等原有支气管、肺疾病和COPD的表现。

（2）体征：可有不同程度的发绀和肺气肿体征。听诊偶尔有干、湿啰音，心音遥远。肺动脉瓣区第二心音亢进,提示肺动脉高压。三尖瓣区可闻及收缩期杂音和剑突下心脏搏动增强,提示右心室肥大。部分患者因肺气肿使胸膜腔内压升高,阻碍上腔静脉回流,可出现颈静脉充盈。

2. 心肺功能失代偿期　常见诱因为急性呼吸道感染。

(1) 呼吸衰竭:多由急性呼吸道感染而诱发,患者可出现呼吸困难加重,伴有头痛、失眠、食欲减退、白天嗜睡,甚至出现表情淡漠、神志恍惚、谵妄等肺性脑病的表现。体征有明显发绀、球结膜充血、水肿,皮肤潮红、多汗,严重时可出现颅内压增高的表现,视网膜血管扩张、视神经乳头水肿,病理反射呈阳性等。

(2) 右心衰竭:患者可出现明显气促、食欲缺乏、腹胀、恶心等症状;发绀更明显,颈静脉怒张,肝大伴压痛,肝颈静脉回流征阳性,下肢水肿。严重者可出现腹水,少数患者可出现肺水肿和全心衰竭的表现,并可能出现心悸、心律失常等。

3. 并发症　肺性脑病是慢性肺源性心脏病患者的首要死因。另外,患者还可出现水、电解质紊乱及酸碱失衡、心律失常、休克、消化道出血和弥散性血管内凝血等。

(三) 心理、社会状况

慢性肺源性心脏病患者病程长,病情反复发作,且病情不断加重,多数患者劳动力下降,生活不能自理,所以常会产生焦虑、抑郁、孤独心理,并且过分依赖医护人员或家人的照顾。护士应详细了解患者的心理、性格、生活方式、对疾病的态度及其家庭社会经济状况等方面的情况。

**考点提示**

慢性肺源性心脏病的主要发病机制及失代偿期的临床表现。

---

(四) 辅助检查

1. 实验室检查

(1) 血液检查:红细胞计数及血红蛋白可升高,全血黏滞度及血浆黏滞度增高;合并感染时,白细胞计数增高,中性粒细胞比例增加。部分患者可有肝、肾功能改变及电解质紊乱。

(2) 血气分析:慢性肺源性心脏病失代偿期患者可出现低氧血症或高碳酸血症。发生呼吸衰竭时,$PaO_2<60$ mmHg 和(或)$PaCO_2>50$ mmHg。

2. X 线检查　除肺、胸部基础疾病及可能存在的急性肺部感染表现外,还可见肺动脉高压和右心增大的表现:右下肺动脉干扩张,其横径≥15 mm;肺动脉段明显突出;中心肺动脉扩张和外周分支纤细,形成"残根"征;右心室肥大征。

3. 心电图检查　右心室高压电、电轴右偏(额面平均心电轴>+90°),重度顺时针转位及肺型 P 波等,也可见右束支传导阻滞及低电压图形。

4. 超声心动图检查　超声心动图是无创评估心脏结构和功能的重要方法,诊断肺源性心脏病的阳性率为 60.6%～87.0%。检查可显示右肺动脉内径或肺动脉干及右心房增大,右心室流出道内径≥30 mm,右心室内径≥20 mm,右心室前壁厚度≥5 mm,左、右心室内径比值<2。

5. 磁共振成像(MRI)　MRI 是评价右心室大小和功能较好的检查方法,可以清晰显示右心室影像。MRI 测量的右心室游离壁容积与肺动脉压力之间有较好的相关性。

【主要护理诊断/问题】

1. 气体交换受损　与缺氧及二氧化碳潴留、肺血管阻力增加有关。
2. 清理呼吸道无效　与呼吸道感染、痰液量增多且黏稠有关。
3. 体液过多　与心输出量减少、肾血流灌注减少有关。

4. 活动无耐力　与心肺功能减退有关。

5. 潜在并发症：肺性脑病、心律失常、休克、消化道出血、弥散性血管内凝血，以及水、电解质紊乱等。

【护理措施】

(一) 一般护理

1. 休息与活动

(1) 心肺功能代偿期：可指导患者适当活动，但应量力而行、循序渐进，以不感到疲劳、不加重症状为度。

(2) 心肺功能失代偿期：使患者绝对卧床休息，并予以生活护理，协助患者取舒适体位，如半卧位或坐位，以减少机体耗氧量，减慢心率和减轻呼吸困难，促进心肺功能的恢复。卧床期间，协助患者定时翻身、更换姿势，保持舒适体位。根据患者的耐受能力指导其在床上进行缓慢的肌肉放松活动。对出现意识障碍者，予以护栏及约束带进行安全保护，必要时安排专人护理。待患者病情缓解后，应鼓励其进行呼吸功能锻炼，以提高活动耐力。指导患者采取既有利于气体交换，又可以节省能量的姿势。

2. 饮食护理　予以高蛋白、富含维生素、清淡、易消化的饮食，多进食富含膳食纤维的蔬菜和水果，防止因便秘、腹胀而加重呼吸困难。当患者出现水肿、腹水或少尿时，应限制钠、水摄入，钠盐摄入量<3 g/d，饮水量<1500 ml/d。因糖类可增加 $CO_2$ 生成量，增加呼吸负担，故糖类摄入量一般<60%。

3. 皮肤护理　注意观察患者的水肿情况，是否有压疮。肺源性心脏病患者常有营养不良，身体下垂部位水肿，若长期卧床，则极易形成压疮。应指导患者应穿着宽松、柔软的衣服，定时更换体位，身体受压部位垫气圈、海绵垫，可选择气垫床。

4. 吸氧　予以持续低流量、低浓度吸氧，氧流量为 1～2 L/min，氧浓度为 28%～30%。防止予以高浓度吸氧，以免抑制呼吸，加重二氧化碳潴留。对严重呼吸困难的患者，应配合医生进行机械通气，并在通气过程中加强病情监测和护理。

(二) 病情观察

观察患者的生命体征及意识状态，尤其注意观察患者呼吸困难的程度，是否有发绀、胸闷；观察患者是否有尿量减少、下肢水肿、心悸、腹胀等右心衰竭的表现；定期监测动脉血气分析的变化；密切观察患者是否有头痛、烦躁不安、神志改变等肺性脑病的症状。

(三) 治疗配合

治疗原则是积极控制感染；保持呼吸道通畅，改善呼吸功能；纠正缺氧和二氧化碳潴留；控制呼吸衰竭和心力衰竭；防治并发症。

1. 急性加重期的治疗　对于急性加重期患者，最好予以留院观察或住院治疗。

(1) 控制感染：积极、有效控制感染是急性加重期治疗的关键。可根据痰液细菌培养及药物敏感试验结果选择敏感的抗菌药物。在取得培养结果前，可根据感染的环境（院内感染致病菌以革兰氏阴性菌为主，院外感染以革兰氏阳性菌占多数）选用抗菌药物。常选用的抗菌药物有青霉素类、氨基糖苷类、喹诺酮类及头孢菌素类等。

(2) 控制呼吸衰竭：根据基础病因的不同，采取相应措施，纠正呼吸衰竭，减轻心脏负荷。予以扩张支气管、祛痰等治疗，保持呼吸道通畅，改善通气功能。予以持续低流量、低浓度吸氧，氧流量为 1～2 L/min，氧浓度为 28%～30%，合理氧疗，以纠正缺氧，必要时予以无创正压通气或气管插管行有创正压通气治疗。

(3) 控制心力衰竭：对于慢性肺源性心脏病患者，一般在积极控制感染、改善呼吸功能、纠正缺氧和二氧化碳潴留后，心力衰竭即可得到改善，患者尿量增多，水肿消退，不需常规使用利尿药和正性肌力药。部分患者病情较重或治疗无效时，可适当选用利尿药、血管扩张药、正性肌力药、抗心律失常药，以改善症状。

1）利尿药：通过抑制肾对钠、水的重吸收而起到增加尿量、消除水肿、减少血容量、减轻右心前负荷的作用。但是，应用利尿药后易出现低钾、低氯性碱中毒，痰液黏稠不易排出和血液浓缩，应注意加以预防。原则上宜选用作用轻的利尿药，联合应用保钾利尿药，小剂量、短疗程使用，如联合应用氢氯噻嗪与螺内酯。对病情危急、需要利尿的患者，可选用呋塞米（速尿）20 mg 肌内注射或口服。

2）正性肌力药：慢性肺源性心脏病患者由于慢性缺氧及感染，对洋地黄类药物的耐受性低，易发生中毒，出现心律失常，且正性肌力药物对改善患者的总体预后并无显著益处，因此不推荐常规应用。应用指征：①感染已被控制、呼吸功能已改善、利尿药未能取得良好疗效而反复水肿的心力衰竭患者；②以右心衰竭为主要表现而无明显感染的患者；③合并室上性快速心律失常，如室上性心动过速、心房颤动（心室率>100次/分）者；④出现急性左侧心力衰竭的患者。原则上选择作用快、排泄快的洋地黄类药物，小剂量（常规剂量的1/2或2/3）静脉给药，常用毛花苷C或毒毛花苷K静脉缓慢注射，用药前应注意纠正缺氧、防止低钾血症，以免发生药物毒性反应。另外，也可选择多巴酚丁胺、米力农等。

3）血管扩张药：血管扩张药在扩张肺动脉的同时也扩张体动脉，往往造成体循环血压下降，反射性引起心率加快、氧分压下降、二氧化碳分压上升等不良反应，因而限制了血管扩张药对慢性肺源性心脏病的临床应用。对肺血管病变本身导致的肺动脉高压及某些慢性血栓栓塞性肺动脉高压继发的肺源性心脏病患者，可选用曲前列尼尔、波生坦等，但对慢性肺部疾病继发的肺动脉高压及肺源性心脏病的疗效尚不满意。

4）抗心律失常药：多数患者的心律失常在感染控制、缺氧纠正后可自行消失。临床上仅对持续存在心律失常的患者予以抗心律失常药物治疗。

 考点提示

慢性肺源性心脏病急性加重期的治疗原则；慢性肺源性心脏病使用利尿药及洋地黄的用药原则。

2. 缓解期的治疗　积极治疗和改善支气管、肺部疾病等基础疾病，延缓病程进展；增强患者的免疫功能，预防感染，减少或避免急性加重；加强康复锻炼和营养，必要时进行长期家庭氧疗或家庭无创呼吸机治疗等，以改善患者的生活质量。

3. 并发症的治疗　防治肺性脑病、心律失常、酸碱失衡及电解质紊乱等并发症，具体措施参见本章第十三节呼吸衰竭患者的护理。

4. 用药护理

（1）重症患者的用药：避免使用镇静药、麻醉药、催眠药，以免抑制呼吸功能和咳嗽反射。

（2）利尿药：可减少血容量，减轻右心负荷，消除水肿，但应用后应注意防止发生低钾、低氯性碱中毒而加重缺氧，避免过度脱水而引起血液浓缩、痰液黏稠而致排痰不畅等不良反应。避免夜间使用利尿药，以免影响睡眠。患者尿量较多时，应遵医嘱予以补钾，使用口服排钾利尿药一般不超过4天。

（3）洋地黄类药物：使用洋地黄类药物时，应询问患者是否有洋地黄类药物用药史，遵医嘱准确用药，并注意观察药效和不良反应。

（4）血管扩张药：应用血管扩张药时，应注意观察患者的心率及血压。血管扩张药在扩张肺动脉的同时也会扩张体循环动脉，可造成血压下降、反射性心率加快等不良反应，应注意预防与处理。

（5）抗生素：使用抗生素时，应注意观察患者的感染症状和体征是否得到控制和改善，是否有继发感染。

（四）心理护理

本病是一种反复发作的慢性疾病，患者往往需要多次住院且并发症较多，所以精神压力较大、经济负担较重，常表现为焦虑、忧伤、孤独、缺乏自信，过分依赖医护人员或家人的照顾。护士应积极与患者沟通，协助患者了解疾病相关知识，提高患者的应对能力，以消除其焦虑，缓解其压力，并与患者共同制订康复计划，增强患者战胜疾病的信心。

【健康指导】

1. 疾病知识指导　向患者和家属介绍疾病相关知识，强调防治原发病的重要性，减少反复发作的次数。避免各种可能导致病情急性加重的诱因，注意保暖，预防感冒，提倡戒烟，合理用药，坚持进行家庭氧疗。

2. 饮食与运动指导　指导患者加强营养，保证机体康复的需要。在病情缓解期适当进行体育活动和呼吸功能锻炼，如散步、练气功、打太极拳，以及进行缩唇呼吸训练和腹式呼吸训练等。

3. 定期随访　指导患者定期到门诊复查。告知患者及家属病情变化的征象，如体温升高、呼吸困难加重、咳嗽剧烈、咳痰不畅、尿量减少、水肿明显，或神志淡漠、嗜睡、兴奋躁动、口唇发绀加重等，均提示病情变化或疾病加重，需及时到医院就诊。

# 第八节　肺结核患者的护理

## 案例导入 2-7

刘女士，35岁，3个月前出现发热、盗汗、疲乏无力、咳嗽、咳痰、食欲减退，并逐渐消瘦，自行服用消炎药无效，3天前咳嗽加重并伴有痰中带血而就诊。入院查体：T 37.5 ℃，P 80 次/分，R 22 次/分，BP 100/70 mmHg。神志清楚，胸廓对称，右上肺叩诊呈浊音，听诊可闻及少量湿啰音。痰抗酸杆菌检测呈阳性，胸部 X 线检查示：右上肺可见一 2 cm×2.1 cm 的浸润阴影。

问题与思考：
1. 患者最可能的医疗诊断是什么？
2. 应如何对患者进行用药指导？

结核病（tuberculosis）是由结核分枝杆菌感染引起的一种慢性传染性疾病。肺结核（pulmonary tuberculosis）是发生在肺组织、气管、支气管和胸膜的结核病变，属于我国法定乙类传染病。结核分枝杆菌可侵及全身多个脏器，但以肺部受累形成肺结核最为常见。肺结核的基本病理变化是渗出、增生、干酪样坏死和空洞形成，患者常有低热、乏力、盗汗、消瘦等全身症状和咳嗽、咳痰、咯血等呼吸系统表现。

据 WHO 发布的《2022 年全球结核病报告》统计，结核病仍然是全世界主要的传染病，2021 年全球新发结核病患者人数约为 1060 万，发病率为 134/10 万。2020 年我国新发结核病患者人数约为 84.2 万，2021 年新发结核病患者人数约为 78.0 万。全球结核病高发国家中，印度居首位，其次是印度尼西亚、中国、菲律宾、巴基斯坦、尼日利亚和南非。可见，中国结核病防控任务艰巨。

【病因、发病机制与病理】

(一) 病因

1. 结核病的病原菌　是结核分枝杆菌复合群,包括结核分枝杆菌、牛分枝杆菌、非洲分枝杆菌和田鼠分枝杆菌等。人肺结核的致病菌约有90%为结核分枝杆菌。典型的结核分枝杆菌是细长、稍弯曲、两端呈圆形的杆菌。结核分枝杆菌涂片染色呈红色,可抵抗盐酸、乙醇的脱色作用,故又称抗酸杆菌。结核分枝杆菌对干燥、酸、碱、寒冷等因素的抵抗力强,在干燥的环境中可存活6~8个月甚至数年,在阴暗、潮湿的环境中能生存5个月以上,但对热、光照和紫外线照射非常敏感,烈日下暴晒2小时、煮沸5分钟均可被杀灭;10 W紫外线灯照射30分钟有明显杀菌作用。常用的杀菌剂中,70%乙醇接触2分钟即可将其杀灭。将痰吐在纸上直接焚烧是最简易的灭菌方法。

结核分枝杆菌在繁殖过程中由于染色体基因突变而产生耐药性,是其重要的生物学特性。从未接受抗结核治疗的患者对某种或某些抗结核药物发生耐药的现象称为原发耐药;抗结核治疗达到或超过1个月的患者发生的耐药称为继发耐药。耐药是导致结核病治疗失败的主要原因,因此,避免或减少结核分枝杆菌耐药性的产生,是保证结核病治疗成功的关键。

2. 肺结核的传播

(1) 传染源:主要是痰中带菌的肺结核患者。结核分枝杆菌主要随痰液排出体外而播散,传染性取决于痰菌量的多少。痰涂片检查阳性者属于大量排菌者,是重要的传染源。

(2) 传播途径:飞沫经呼吸道传播是肺结核最主要的传播途径。结核分枝杆菌主要通过咳嗽、打喷嚏、大笑或高声说话等方式把含有结核分枝杆菌的微滴排到空气中而传播。本病目前很少通过消化道、皮肤等途径传播。

(3) 易感人群:人群对结核病的易感性与机体自身的抵抗力和获得性特异性抵抗力有关。尤其是与肺结核患者密切接触者、免疫抑制或滥用药物者、HIV感染者、糖尿病患者、居住环境拥挤者、老年人、流浪人员、经济收入低下者以及婴幼儿等机体抵抗力低下者,是本病的易感人群。山区及农村居民获得性特异性抵抗力低,移居到城市地区生活后也会成为结核病的易感人群。

考点提示

肺结核的传染源、传播途径和易感人群。

---

(二) 发病机制

人体感染结核分枝杆菌后是否发病,以及病变的性质和范围等,与结核分枝杆菌的菌量、毒力和人体的免疫状态及变态反应有关。

1. 原发感染　首次吸入含有结核分枝杆菌的气溶胶后是否感染,取决于入侵结核分枝杆菌的毒力及肺泡巨噬细胞的吞噬和杀菌能力。如果结核分枝杆菌能够在体内存活,并可在肺泡巨噬细胞内、外生长繁殖,这部分肺组织即出现炎性病变,称为原发病灶。原发病灶中的结核分枝杆菌沿着肺内引流淋巴管到达肺门淋巴结,可引起淋巴结肿大。原发病灶和肿大的气管、支气管及淋巴结统称为原发复合征或原发性肺结核。原发病灶继续发展,可直接或经血流播散到邻近组织器官,引起结核病。

当结核分枝杆菌首次侵入人体并开始繁殖时,人体通过免疫系统对结核分枝杆菌产生特异性免疫应答,使体内的结核分枝杆菌停止繁殖,播散到全身各器官的结核分枝杆菌大部分被消灭,原发病灶的炎症迅速吸收或留下少量钙化灶,肿大的淋巴结逐渐缩小、纤维化或钙化,这是结核原发感染最常见的良性过程。但仍可能有少量结核分枝杆菌未被消灭,长期处于休眠状态,成为潜在病灶,当机体抵抗力低下时,这些结核分枝杆菌可重新生长、繁殖并发展为结核病。

2. **结核病的免疫和迟发型变态反应** 人体对结核分枝杆菌的反应包括免疫反应和变态反应,二者常同时存在。

(1) 结核病的免疫:人体对结核分枝杆菌的免疫分为特异性免疫(获得性免疫)和非特异性免疫(先天或自然免疫)两种。结核病的特异性免疫以细胞免疫为主,体液免疫对控制结核分枝杆菌感染的作用不大。细胞免疫主要表现为T淋巴细胞致敏,巨噬细胞吞噬功能增强。结核分枝杆菌入侵后,使T淋巴细胞致敏,当致敏的T淋巴细胞再次接触结核分枝杆菌时,可释放多种淋巴因子,将入侵的结核分枝杆菌杀灭或包围,阻止其扩散。T细胞可与巨噬细胞相互作用和协调,加强免疫保护作用。接种卡介苗可使机体产生对结核分枝杆菌的特异性免疫力。

(2) 迟发型变态反应:机体可对入侵的结核分枝杆菌及其代谢物产生变态反应。此反应一般发生在结核分枝杆菌入侵4~8周后,由T细胞介导,巨噬细胞为效应细胞,可释放出多种炎症因子、皮肤反应因子和淋巴细胞毒素等,引起局部炎症渗出、干酪样坏死和发热、乏力及食欲减退等症状。皮肤结节红斑、多发性关节炎或疱疹性结膜炎等均为结核病变态反应的表现。这种变态反应属于Ⅳ型(迟发型)变态反应。

> **知识链接**
>
> ### 科赫(Koch)现象
>
> 给豚鼠按次接种一定量的结核分枝杆菌后,豚鼠最初数天可无明显反应,10~14天之后,注射局部可出现红肿,并逐渐形成溃疡,经久不愈;结核分枝杆菌大量繁殖,到达局部淋巴结,并沿淋巴结及血液循环向全身播散,豚鼠即容易死亡。如果将等量结核分枝杆菌注入4~6周前已被少量结核分枝杆菌感染的豚鼠体内,则其所发生的反应显然与上述表现不同。注射后,豚鼠出现高热,2~3天之后,注射局部出现组织红肿、溃疡、坏死等剧烈反应,但不久即可愈合、结痂,局部淋巴结并不肿大,不发生全身性结核播散,亦不导致豚鼠死亡。这种由于再次感染引起的局部剧烈变态反应,通常易治愈,亦不引起全身播散,这是豚鼠对结核分枝杆菌已具有免疫力的结果。机体对结核分枝杆菌再感染与初感染所表现出不同反应的现象,称为科赫(Koch)现象。

3. **继发感染** 是指初次感染后再次感染结核分枝杆菌,可分为内源性复燃和外源性再感染两种,前者是指原发性结核感染时期遗留下来的潜在病灶中的结核分枝杆菌重新活跃、大量繁殖而发生的结核病,后者是指结核分枝杆菌初次进入机体引起原发感染后,新结核分枝杆菌进入机体并导致再次出现结核感染的现象。继发性结核病患者有明显的临床症状,容易发生干酪样坏死、空洞形成和排菌,具有传染性,是结核病防治工作的重点。肺结核的发生、发展过程如图2-10所示。

(三) **基本病理变化与转归**

1. **结核病的基本病理变化** 基本病理改变为渗出、增生和干酪样坏死。结核病的病理过程特点是破坏与修复常同时进行,故上述3种病理变化多同时存在,并且可相互转化,也可以某一种变化为主,这主要取决于结核分枝杆菌的感染菌量、毒力大小以及机体的抵抗力和变态反应状态。渗出性病变通常出现在结核病变炎症早期或病变恶化时。增生性病变多发生于病变恢复阶段,多在菌量较少而机体抵抗力较强时发生,典型的改变是结核结节形成,是结核病的特征性病变。干酪样坏死常发生于机体抵抗力降低、菌量多、毒力强、变态反应过于强烈时。干酪样坏死组织发生液化经支气管排出后可形成空洞,其内含有大量结核分枝杆菌,肉眼观可见病灶呈黄灰色,质地松脆,状似干酪,故称为干酪样坏死。

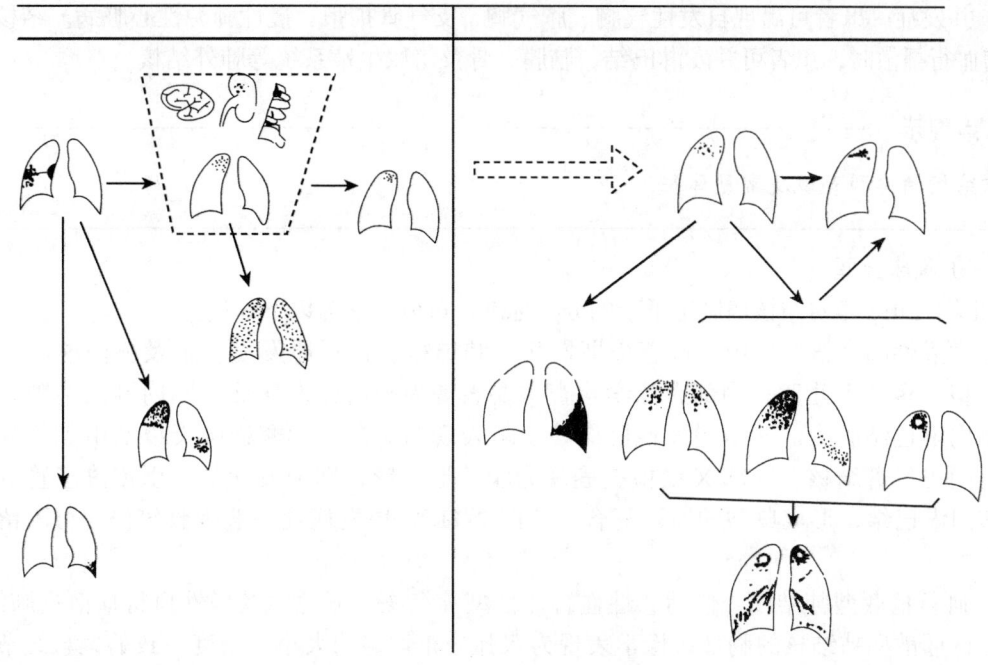

图 2-10 肺结核的发生、发展过程示意图

2.转归　结核病的早期渗出性病变可完全吸收、消失或仅留下少量纤维条索。某些增生病变或较小的干酪样病变在抗结核治疗后也可吸收、缩小，逐渐纤维化，或纤维组织增生形成散在的小硬结或钙化灶。未经化学治疗的干酪样坏死病变常发生液化或形成空洞，其内含有大量结核分枝杆菌的液化物可经支气管播散至对侧肺或同侧肺的其他部位，引起新发病灶。

【护理评估】

（一）健康史

询问患者是否有结核病患者接触史，是否患有 HIV 及慢性疾病，是否使用过免疫抑制剂，是否接种过卡介苗，以及居住环境、营养和饮食状况等；评估患者是否有低热、盗汗、乏力、食欲减退、咳嗽、咯血等。

（二）身体状况

1. 症状

（1）全身症状：发热是最常见的症状，多表现为午后潮热，常在午后或傍晚开始，次日晨降至正常。部分患者可出现乏力、盗汗、食欲减退、消瘦、体重减轻等全身中毒症状。若肺部病灶进展播散，则可出现不规则高热、畏寒等。育龄妇女可有月经不调或闭经、面部潮红等表现。

（2）呼吸系统症状：①咳嗽、咳痰是肺结核患者较常见的症状。早期为干咳或咳少量黏液痰；空洞形成时，痰量增多；伴发细菌感染时，痰液呈脓性且量多。②咯血，1/3～1/2 的患者可出现咯血，多为痰中带血，少数为大量咯血，大量咯血时可发生失血性休克；有时血块阻塞大气道，甚至可引起窒息。③胸痛，结核病变累及胸膜时，患者可出现胸部刺痛。④呼吸困难，干酪样肺炎、大量胸腔积液、纤维空洞型肺结核患者可有不同程度的呼吸困难。

2. 体征　取决于病变的性质和范围。渗出性病变范围较大或发生干酪样坏死时，患者可有肺实变体征，如触觉语颤增强、叩诊呈浊音。较大的空洞性病变听诊可闻及支气管呼吸音。肺部发生广泛纤维化或胸膜粘连增厚者，对侧可有代偿性肺气肿的体征。发生结核性胸膜炎时，可出现胸腔积液的体征。

**3. 并发症** 患者可出现自发性气胸、脓气胸、支气管扩张、慢性肺源性心脏病。结核分枝杆菌随血行播散时，患者可并发淋巴结、脑膜、骨及泌尿生殖系统等肺外结核。

> **考点提示**
>
> 肺结核的典型表现及常见体征。

### （三）临床分型

我国于 2017 年对结核病制定了新的分类标准，可以归纳为以下 6 型。

**1. 原发性肺结核** 是指初次感染即发病的肺结核，包括原发复合征及胸内淋巴结结核两种类型，多见于儿童。胸部影像学检查主要表现为肺内原发病灶及胸内淋巴结肿大，或单纯胸内淋巴结肿大。儿童原发性肺结核也可表现为空洞、干酪样肺炎以及由支气管淋巴瘘导致的支气管结核。肺部 X 线检查表现为哑铃形阴影，即原发病灶、引流淋巴管炎和肿大的肺门淋巴结，形成典型的原发复合征（图 2-11）。原发病灶一般吸收较快，可不留任何痕迹。

**2. 血行播散型肺结核** 包括急性血行播散型肺结核、亚急性及慢性血行播散型肺结核。急性血行播散型肺结核的胸部影像学表现为双肺分布均匀的大小、密度一致的粟粒结节（图 2-12）；亚急性或慢性血行播散型肺结核的弥漫病灶多分布在双肺上中部，大小不一，密度不等，可有融合。儿童急性血行播散型肺结核有时表现为磨玻璃样阴影，婴幼儿粟粒病灶周围渗出明显，边缘模糊，易发生融合。

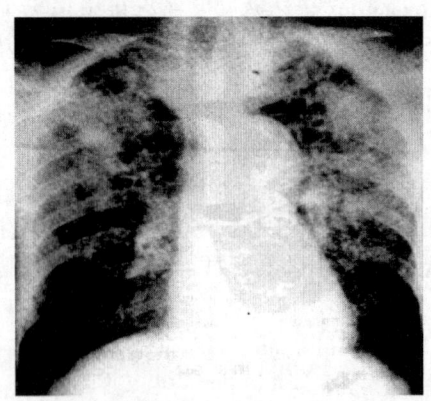

图 2-11 原发复合征

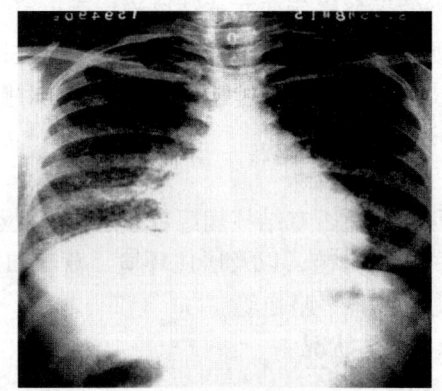

图 2-12 急性血行播散型肺结核

**3. 继发性肺结核** 是指人体初次感染结核后，体内潜伏病灶中的结核分枝杆菌复燃、增殖而再次出现肺结核病变。继发性肺结核是成人肺结核最常见的类型。根据不同的影像学特点，可将继发性肺结核分为以下 5 个亚型。

（1）浸润性肺结核：渗出性病变、纤维增殖和干酪样病变多发生在上叶，影像学表现为小片状或斑点状阴影（图 2-13）。

（2）空洞性肺结核：空洞大小不一，多为干酪、渗出性病变溶解形成洞壁不明显，有多个空腔的虫蚀样空洞，伴周围浸润病变的薄壁空洞，当引流支气管发生炎症伴阻塞时，可形成薄壁的张力性空洞。

（3）干酪样肺炎：由于机体免疫力降低时受到大量结核分枝杆菌感染，或淋巴结中的大量干酪样物质经支气管进入肺内而导致。大叶性干酪样肺炎的影像学表现为大叶性密度均匀的磨玻璃样阴影，逐渐出现溶解区，呈虫蚀样空洞，可出现播散灶（图 2-14）。

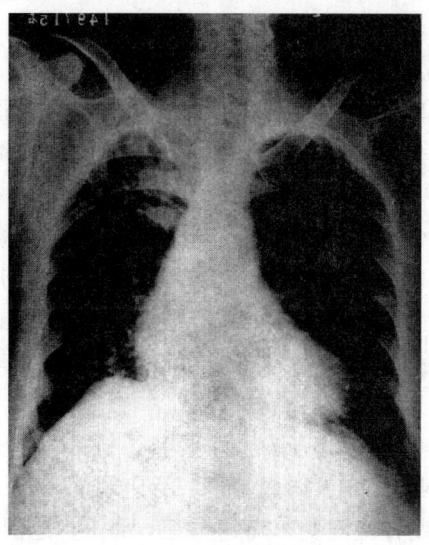 图2-13 浸润性肺结核

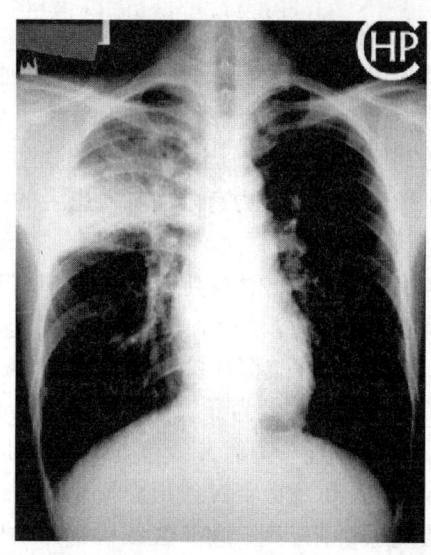 图2-14 干酪样肺炎

（4）结核球：多由干酪样坏死灶被吸收和周围纤维包裹形成，常有钙化，周围有小结节的卫星病灶。

（5）纤维空洞性肺结核：此型患者病程长，病情反复进展恶化，肺组织严重破坏，肺功能严重受损，双侧或单侧出现纤维厚壁空洞和广泛纤维增生，造成肺门抬高和肺纹理呈垂柳样，患侧肺组织收缩，常出现胸膜粘连和代偿性肺气肿（图2-15）。

4. 结核性胸膜炎　包括干性结核性胸膜炎和渗出性结核性胸膜炎。干性结核性胸膜炎是胸膜的早期炎症反应，通常无明显异常的影像学表现；主要表现为胸腔积液，可为少量或中等到大量游离胸腔积液，也可为局限性或包裹性积液，吸收缓慢者常合并胸膜增厚、粘连，也可演变为胸膜结核瘤及脓胸等（图2-16）。

5. 支气管结核　是指发生在支气管黏膜、黏膜下层、平滑肌、软骨及外膜的结核病，是结核病的特殊临床类型。支气管结核主要表现为支气管壁不规则增厚、管腔狭窄或阻塞，狭窄支气管远端肺组织可出现继发性不张或实变、支气管扩张及其他部位支气管播散病灶等。根据支气管镜下改变及组织病理学特征，可将支气管结核分为Ⅰ型（炎症浸润型）、Ⅱ型（溃疡坏死型）、Ⅲ型（肉芽增殖型）、Ⅳ型（瘢痕狭窄型）、Ⅴ型（管壁软化型）和Ⅵ型（淋巴结瘘型）。

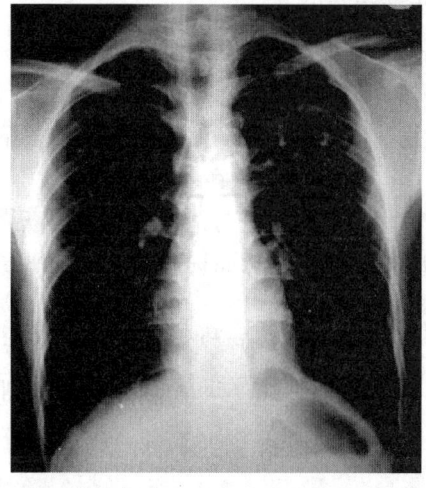 图2-15 代偿性肺气肿

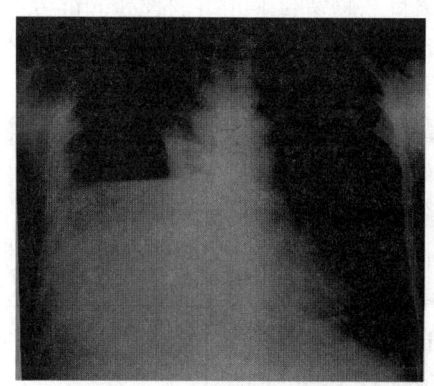 图2-16 结核性胸膜炎

## （四）心理、社会状况

肺结核患者由于病程长，并且具有传染性，常会产生焦虑、孤独等不良心理反应；同时因担心患病后会影响家庭生活、工作和学习，常出现自卑、焦虑心理；若治疗效果不明显，甚至可出现悲观厌世的情绪；当发生大量咯血时，患者会出现紧张、恐惧心理。另外，家属也会因长期照顾患者或支持能力有限而忽视患者的心理感受。

## （五）辅助检查

1. 痰结核分枝杆菌检查　是确诊肺结核和判断治疗效果最主要的依据。检查方法有涂片法、集菌法、培养法等，应连续多次送检。近年来采用聚合酶链反应（polymerase chain reaction，PCR）、核酸探针检测特异性 DNA 片段等检查技术，使结核病的诊断更为快捷、简便。痰菌阳性提示病灶为开放性，具有传染性，应予以呼吸道隔离。

2. 影像学检查　胸部 X 线检查是诊断肺结核的常规首选方法。计算机 X 线摄影（computed radiography，CR）和数字 X 线摄影（digital radiography，DR）等新技术广泛应用于临床，可提高显像的层次感和清晰度。胸部 X 线检查可以显示早期轻微病变，确定病变的部位、范围、性质、形态、密度及其与周围组织的关系，是否有空洞以及空洞的大小、洞壁厚薄等，有助于判断病情发展及治疗效果。CT 检查易发现隐蔽和微小病变，了解病变范围，并且有助于鉴别肺部病变。

3. 结核菌素试验　广泛应用于诊断结核分枝杆菌感染，但不能检出结核病，对儿童、少年和青年的结核病诊断有参考意义。为便于国际间进行结核感染率的比较，目前世界卫生组织推荐使用的结核菌素为纯蛋白衍化物（purified protein derivative，PPD）。

（1）方法：通常在左前臂屈侧中上部 1/3 处皮内注射 0.1 ml（5 IU）结核菌素，注射后可产生凸起的皮丘，边界清楚，表面可见明显的小凹。

（2）结果判断：48～72 小时后观察和记录结果，手指轻触硬结边缘，测量皮肤硬结的横径和纵径，得出平均直径＝（横径＋纵径）/2，硬结为特异性变态反应，而红晕为非特异性反应，硬结直径＜5 mm 为阴性，直径 5～9 mm 为弱阳性，直径 10～19 mm 为阳性，直径≥20 mm 或虽然＜20 mm 但局部出现水疱和淋巴管炎为强阳性反应。

（3）临床意义：阳性反应仅表示有结核分枝杆菌感染，但并不一定患病。我国城市成年居民结核感染率在 60% 以上，故用 5 IU 结核菌素进行检查，其阳性结果一般意义不大。但如果用高稀释度（1 IU）做皮肤试验呈强阳性者，常提示体内有活动性结核病灶。3 岁以下呈强阳性反应者，应视为有新近感染的活动性结核病，须予以治疗。阴性反应除提示没有结核分枝杆菌感染外，还可见于以下情况：应用糖皮质激素等免疫抑制剂者，或营养不良及麻疹、百日咳等患者，严重结核病、淋巴瘤、白血病、结节病、艾滋病等患者。

4. γ-干扰素释放试验（interferon-γ release assay，IGRA）和结核抗体检测　可以区分结核分枝杆菌自然感染与卡介苗接种和大部分非结核分枝杆菌感染，其特异性高于结核菌素试验。由于其成本较高，在我国多用于研究评价工作。在发达国家，IGRA 正逐渐取代结核菌素试验成为潜伏性结核感染的首选检测方法。

5. 纤维支气管镜检查　经纤维支气管镜对支气管和肺内病灶进行活检，不仅可获得病理学诊断，而且可以同时收集分泌物或冲洗液标本进行病原学检查，从而提高诊断的灵敏度和特异度，对诊断困难的病例具有重要价值。

6. 血常规检查　一般无异常，严重病例可有贫血、白细胞计数减少和类白血病反应。红细胞沉降率加快可作为估计结核病活动程度的指标之一，一般病变活动时红细胞沉降率加快，病变趋于静止时则逐渐正常。

【主要护理诊断 / 问题】

1. 清理呼吸道无效　与结核分枝杆菌感染有关。

2. 营养失调：低于机体需要量　与机体能量消耗增加、食欲减退有关。
3. 活动无耐力　与疲劳、营养不良和慢性低热有关。
4. 有孤独的危险　与呼吸道隔离有关。
5. 潜在并发症：咯血、气胸、呼吸衰竭等。
6. 知识缺乏：缺乏肺结核的发生、发展、治疗、护理及预后的相关知识。

【护理措施】

（一）**一般护理**

1. 休息与活动　肺结核患者容易疲劳，应嘱患者适当休息，以减少机体能量消耗；同时进行适当活动，有助于增强机体免疫力。

轻症患者或经有效抗结核治疗4周以上且痰涂片检查确定无传染性或传染性极低的患者，在化疗的同时可正常工作、适当增加户外活动，如散步、打太极拳、做保健操等，但应避免劳累和重体力劳动，保证充分的睡眠和休息，做到劳逸结合。适当的工作和活动有助于减轻患者的社会隔离感和患病引起的焦虑情绪。

肺结核活动期、咯血、有高热等结核中毒症状，或结核性胸膜炎伴有大量胸腔积液者应卧床休息，取患侧卧位，以减少患侧胸廓活动度、防止病灶向健侧扩散，有利于健侧肺通气。

2. 饮食护理　肺结核患者处于机体慢性消耗状态，营养状态极差，需要合理营养，以提高机体抵抗力，促进疾病痊愈。

（1）饮食选择：以高热量、高蛋白、富含维生素的易消化食物为主。蛋白质能提供热量，增强机体的抗病能力和修复能力。饮食中应有鱼、肉、蛋、牛奶、豆制品等动、植物蛋白。成人蛋白质摄入量应为1.5～2 g/（kg·d）。每日应摄入一定量的新鲜蔬菜和水果，以补充各种维生素。

（2）补充水分：由于机体代谢增加，盗汗可使体内水分消耗增加。若患者无心、肾功能障碍，则应鼓励其多饮水，饮水量为1500～2000 ml/d，以补充足够的水分，保证机体代谢需要，促进体内毒素排出。

（3）增进食欲：对胃肠道有刺激的抗结核药，应嘱患者在餐后或睡前服用。营养师或家属应尽量提供色香味佳、细软、易消化的食物，以增进患者的食欲。食欲减退的患者应保持心情愉快、少食多餐、细嚼慢咽，以减轻胃肠道负担。

（4）监测体重：每周测量体重1次并记录，以判断患者的营养状况是否改善。

（二）**病情观察**

观察患者临床症状的动态变化，如咳嗽、咳痰是否加重，是否有高热；观察咯血的量、颜色、性状及出血速度；密切观察患者是否有窒息先兆；监测患者血压、脉搏、呼吸、瞳孔、意识状态的变化。及时发现并处理呼吸衰竭、肺源性心脏病、气胸、窒息等情况。

（三）**对症护理**

1. 咯血的护理　协助患者取患侧卧位，以减少患侧胸廓的活动度，防止病灶向健侧扩散，同时有利于健侧肺通气。小量咯血者应卧床休息，宜进食少量温、凉的流质饮食，大量咯血患者应绝对卧床休息并禁食。指导患者多食富含纤维素的食物，保持排便通畅。对精神极度紧张者，遵医嘱使用止血药和小剂量镇静药，禁用吗啡。发现患者窒息时，应立即报告医生并协助抢救。

2. 发热的护理　肺结核患者多出现低热，体温可逐渐恢复正常，不需要特殊处理。对毒血症状重，出现高热者，应予以物理降温或遵医嘱使用药物降温，鼓励患者多饮水，并做好皮肤护理，勤换衣服和被单，防止受凉。

### （四）治疗配合

1. **肺结核化疗**　是治愈肺结核的关键。对所有活动性肺结核（有全身中毒症状、痰菌阳性、X 线检查显示病灶处于进展或好转阶段）患者，均需进行抗结核药物治疗。

（1）化疗的原则：早期、规律、全程、适量、联合用药。①早期：对所有检出和确诊为活动性结核的患者，均应立即治疗。此时抗结核药可以发挥其最大的杀菌或抑菌作用，从而迅速控制病灶，减少传播。②规律：严格遵医嘱规律用药，不漏服，不停药，以避免耐药性的产生。③全程：保证完成规定的治疗期是提高治愈率、减少复发的重要措施。④适量：严格遵医嘱予以适当的药物剂量。若用药剂量不足，则不能有效杀菌，反而还会诱导继发性耐药。若用药剂量过大，则可导致不良反应增加。⑤联合用药：同时采用多种抗结核药物治疗，既可提高疗效，又可减少或预防耐药菌的产生。

（2）常用抗结核药：抗结核药依据其抗菌能力分为杀菌剂与抑菌剂。常用药物有异烟肼、利福平、吡嗪酰胺、乙胺丁醇和链霉素等。异烟肼（isoniazid，INH，H）和利福平（rifampin，RFP，R）在巨噬细胞内、外均能达到杀菌浓度，称为全杀菌剂。异烟肼是单一抗结核药中杀菌力、特别是早期杀菌力最强者，其对不断繁殖的结核分枝杆菌（A 群）作用最强。吡嗪酰胺（pyrazinamide，PZA，Z）和链霉素（streptomycin，SM，S）为半杀菌剂。吡嗪酰胺能杀灭巨噬细胞内酸性环境中的结核分枝杆菌，是目前对结核分枝杆菌 B 群效果最佳的半杀菌剂。链霉素主要杀灭巨噬细胞外碱性环境中的结核分枝杆菌。乙胺丁醇（ethambutol，EMB，E）为抑菌剂，与其他抗结核药联合应用可延缓其他药物耐药性的产生。

（3）化疗方案：分为强化和巩固两个阶段。强化阶段旨在有效杀灭繁殖菌，迅速控制病情；巩固阶段的目的是杀灭生长缓慢的结核分枝杆菌，以提高治愈率，减少复发。总疗程为 6～9 个月。①初治涂阳肺结核化疗方案：每日用药方案为 2 HRZE/4 HR，间歇用药方案为 2 $H_3Z_3E_3$/4 $H_3R_3$。②复治涂阳肺结核化疗方案：每日用药方案为 2 HRZSE/6～10 HRE，间歇用药方案为 2 $H_3R_3Z_3S_3E_3$/6～10 $H_3R_3E_3$。③初治涂阴肺结核化疗方案：每日用药方案为 HRZ/4 HR，间歇用药方案为 2 $H_3R_3Z_3$/4 $H_3R_3$。④耐多药结核病治疗方案：WHO 推荐尽可能采用新一代氟喹酮类，不使用交叉耐药的药物，治疗方案含有 4 种二线敏感药物，包括吡嗪酰胺、氟喹酮类、注射用卡那霉素或阿米卡星、乙硫异烟胺或丙硫异烟胺、对氨基水杨酸钠或环丝氨酸。药物剂量根据体重确定。加强期疗程为 9～12 个月，总疗程为 20 个月或更长时间，视治疗效果而定。判断治疗效果最好以痰培养为准。

2. **对症治疗**　在有效抗结核治疗 1～3 周内，肺结核患者的毒性症状多可消失，无需特殊处理。

（1）减轻中毒症状和炎症反应：对出现高热或大量胸腔积液的患者，在使用有效抗结核药物的同时，短期加用糖皮质激素（如泼尼松），可减轻中毒症状和炎症反应。

（2）咯血的护理：治疗原则为镇静、止血，取患侧卧位，必要时用小量镇静药、镇咳药。咯血量较多时，患者应取患侧半卧位，轻轻将气管内的积血咯出，并予以垂体后叶素 5 U 加入 5% 葡萄糖溶液 40 ml 中，缓慢静脉注射（15～20 分钟）。窒息是咯血患者致死的主要原因之一，需注意防范和紧急抢救。

（3）胸腔穿刺：对渗出性结核性胸膜炎患者，需及时抽液，以缓解症状，防止胸膜增厚而影响肺功能。一般初次抽液不超过 700 ml，之后每次不超过 1000 ml。抽液时，若患者出现头晕、出汗、面色苍白、心悸、脉搏细速、四肢发凉等表现，则应立即停止抽液，使患者平卧，必要时皮下注射 0.1% 肾上腺素 0.5 ml，并密切观察患者的血压变化，预防休克发生。

3. **手术治疗**　手术治疗适用于经合理化疗无效、多重耐药的厚壁空洞、结核性脓胸、大块干酪灶、大量咯血经保守治疗无效者。

4. 用药护理 向患者强调并解释抗结核药物治疗的原则，使患者充分认识早期、联合、适量、规律、全程化疗的重要性，指导患者按时、按量用药，防止因漏服、减少用药剂量、停药、不按时服药等导致治疗失败；督促患者在治疗期间定期进行胸部X线检查和肝、肾功能检查，若出现巩膜黄染、肝区疼痛、胃肠不适、眩晕、耳鸣等，应及时与医生联系。常用抗结核药物的不良反应和注意事项见表2-4。

表2-4 常用抗结核药物的不良反应和注意事项

| 药名 | 主要不良反应 | 注意事项 |
| --- | --- | --- |
| 异烟肼（INH） | 周围神经炎，偶尔有肝损害 | 避免与抗酸药同时服用，注意观察患者是否有消化道反应、肢体远端感觉及精神状态 |
| 利福平（RFP） | 肝功能损害、变态反应 | 体液及分泌物是否呈橘色；监测肝毒性及变态反应；加快口服避孕药、降血糖药、茶碱、抗凝血药等药物的排泄，使药效降低或失效 |
| 链霉素（SM） | 听力障碍、眩晕、肾功能损害 | 注意患者的听力变化及是否有酸碱平衡失调，用药前和用药后1~2个月进行听力检查，了解尿常规及肾功能变化 |
| 吡嗪酰胺（PZA） | 胃肠道不适、肝损害、高尿酸血症、关节痛 | 监测肝功能，定期监测ALT，警惕肝毒性反应；监测血尿酸浓度，注意观察患者是否有关节疼痛、皮疹等反应 |
| 乙胺丁醇（EMB） | 视神经炎 | 检查视敏度和色觉（用药前、后，每1~2个月检查1次） |
| 对氨基水杨酸钠（PAS） | 胃肠道反应、变态反应、肝损害 | 监测不良反应的症状、体征，定期复查肝功能 |

（五）心理护理

医护人员应当积极与患者及家属交流和沟通，耐心向其介绍疾病相关知识，告知患者肺结核可以治愈，帮助患者解除心理压力，使其树立战胜疾病的信心。指导痰菌阴性和经有效抗结核治疗4周以上没有传染性的患者，积极参加正常的社会活动。

 考点提示

咯血的护理；肺结核的用药原则；肺结核患者的用药护理。

【健康指导】

1. 疾病预防指导 控制结核病流行的基本原则是控制传染源、切断传播途径及保护易感人群。

（1）控制传染源：是预防疾病传染的最主要措施。①病例报告：按《中华人民共和国传染病防治法》，肺结核属于乙类传染病，应做到及时、准确、完整地报告肺结核疫情。②病例管理：对肺结核患者做到早期发现和登记管理。一般按照是否传染、病情轻重、活动级别等指标进行分组登记、随访，观察动态变化，监督化疗方案的执行情况，做到查出必治、治必彻底。

（2）切断传播途径：①对痰菌阳性肺结核患者需安排住院治疗，予以呼吸道隔离；患者单居一室，病室应通风良好，每日进行紫外线消毒。②注意个人卫生，严禁随地吐痰，不可面对他人打喷嚏或咳嗽，以防止发生飞沫传播。咳嗽或打喷嚏时，应用双层纸巾遮住口鼻，纸巾予以焚烧处理。留置于容器中的痰液须经灭菌处理再弃去。接触痰液后，应用流水清洗双手。③餐具应煮沸消毒或用消毒液浸泡消毒，同桌共餐时应使用公筷，以预防传染。④被褥、书籍等应置于烈日下暴晒6小时以上。⑤患者外出时应戴口罩。

（3）保护易感人群：①对未被结核分枝杆菌感染的新生儿、儿童及青少年接种卡介苗（活的无毒力牛型结核分枝杆菌），使人体产生对结核分枝杆菌的获得性免疫力。卡介苗不能预防感染，但可减少感染后发病并减轻病情。②密切接触者应定期到医院进行有关检查，必要时可接受预防性治疗。③对于诊断为结核分枝杆菌感染易发病的高危人群，如 HIV 感染者、糖尿病患者等，可进行预防性化疗。

2. **疾病知识指导**　向患者及家属讲解肺结核的病因、传播途径、主要表现和治疗等知识；强调规律、全程、合理用药的重要性。

3. **生活指导**　指导患者戒烟、戒酒；保证营养充足；合理安排休息，避免劳累；避免情绪波动及发生呼吸道感染；住处应尽可能保持通风、干燥，有条件者可选择空气新鲜、气候温和的环境进行疗养，以促进身体康复，提高机体抗病能力。与痰涂片检查阳性肺结核患者密切接触的家属必要时应接受预防性化疗。

4. **用药指导**　强调早期、联合、适量、规律、全程用药的重要性，督促患者治疗期间定期进行肺部 X 线检查和肝、肾功能检查等，以监测治疗效果和病情变化。

## 第九节　原发性支气管肺癌患者的护理

### 案例导入 2-8

患者，女，48岁，于3个月前开始咳嗽，伴有高调金属音，痰中带血，胸闷、气促、胸痛，声音嘶哑来医院就诊。体格检查：体重减轻，贫血，颈部、锁骨上可触及肿大的淋巴结，CT 检查示右肺上部结节状阴影。

**问题与思考：**
1. 该患者可能的医疗诊断是什么？
2. 患者目前的主要护理诊断有哪些？

原发性支气管肺癌（primary bronchogenic carcinoma）简称肺癌，是起源于支气管黏膜上皮细胞或腺体的恶性肿瘤，常有区域性淋巴转移和血行转移。肺癌是严重危害人类健康的疾病，国际癌症研究机构（International Agency for Research on Cancer，IARC）2020 年发布的统计数据显示，中国估计有 220 万新发肺癌病例和近 180 万肺癌死亡病例，约占全球癌症病例总数的 11.4% 和癌症死亡总数的 18.0%。因此，肺癌在中国仍然是一个重要的医疗负担。

【病因与发病机制】

肺癌的病因和发病机制尚未明确，但目前认为与以下因素密切相关。

1. **吸烟**　目前是公认的导致肺癌的重要危险因素。国内外调查数据显示，男性肺癌患者中有 80%～90% 与吸烟有关，女性肺癌患者中有 19.3%～40% 与吸烟有关。吸烟者肺癌死亡率比不吸烟者高 10～30 倍。烟草中含有多种致癌物质。其中，苯并芘为重要的致癌物质。长期吸烟可使支气管黏膜上皮结构发生改变。吸烟量越多，年限越长，开始吸烟年龄越早，肺癌死亡率越高。

2. **职业致癌因子**　已被确认的导致人类肺癌的职业因素有石棉、砷、镍、铬、二氯甲醚、煤烟、焦油和石油中的多环芳烃、烟草的加热产物等。

3. **空气污染**　肺癌发病率和死亡率在许多国家有明显的差异，工业发达国家比工业落后国家高，城市比农村高，表明空气污染与肺癌有关。空气污染包括室内环境和室外环境污染，室内被动吸烟、燃烧燃料和烹调过程中可能产生致癌物质。室外环境污染的主要原因是工业废气、汽车尾气、路面沥青等污染大气后，被人体吸入致病。

4. 接触放射性物质和电离辐射　长期接触放射性物质（如铀、镭）和大剂量电离辐射（α射线、X线等）可引起肺癌。

5. 其他　研究表明，结核病患者患肺癌的危险性是正常人群的10倍，以腺癌为主要类型。肺部慢性炎症、病毒感染、真菌毒素（黄曲霉毒素）、机体免疫功能低下、内分泌失调及遗传等因素对肺癌的发生也有一定的作用。

【分类】

（一）按解剖学部位分类

1. 中央型肺癌　是指发生在段支气管至主支气管的肺癌，约占3/4，以鳞状上皮细胞癌和小细胞肺癌较为多见。

2. 周围型肺癌　是指发生在段支气管以下的肺癌，约占1/4，以腺癌多见。

（二）按组织病理学分类

1. 鳞状上皮细胞癌　简称鳞癌，是最常见的类型，约占原发性肺癌的50%；多见于50岁以上男性，与吸烟关系密切；以中央型肺癌较多见。鳞癌生长缓慢，较晚发生转移，手术切除的机会相对较多，对放疗和化疗较敏感，预后较好。

2. 腺癌　多为周围型肺癌，多见于女性。局部浸润和血行转移较鳞癌早，容易转移至肝、脑、骨，更易累及胸膜而引起胸腔积液。

3. 大细胞癌　少见，可发生在肺门附近或肺边缘的支气管。大细胞癌转移较小细胞癌晚，手术切除机会较大。

4. 小细胞癌（未分化小细胞癌）　包括燕麦细胞型、中间细胞型、复合燕麦细胞型，较早出现淋巴转移和血行转移，是肺癌中恶性程度较高的一种，占原发性肺癌的10%~15%，多见于40~50岁吸烟者。此型肺癌好发于较大的支气管，生长快，而且容易侵犯血管，较早发生远处转移，因此，确诊时患者多已有肺外转移。此型肺癌对放疗、化疗比较敏感。

 考点提示

肺癌的分类及不同类型的特点。

【护理评估】

（一）健康史

了解患者的吸烟情况，包括吸烟量、吸烟持续年限及开始吸烟的年龄。另外，被动吸烟也容易引起肺癌。询问患者的职业情况及其是否有致癌因子接触史等。

（二）身体状况

肺癌的症状、体征与肿瘤的大小、类型、发生部位、发展阶段以及是否出现并发症或转移有密切关系。少数患者（5%~15%）可无明显症状，仅在体检、胸部影像学检查等情况下发现。若呼吸道症状超过2周，经对症治疗未能缓解，尤其是出现痰中带血、刺激性干咳，或原有呼吸道症状加重，则应高度警惕肺癌的可能性。

1. 原发肿瘤的症状、体征

（1）咳嗽：是常见的早期症状，表现为阵发性刺激性干咳或咳少量黏液痰；肿瘤增大引起支气管狭窄时，咳嗽加重，听诊可闻及持续性高调金属音。继发感染时，痰量增多，呈黏液脓性痰。

（2）咳血痰或咯血：多见于中央型肺癌患者，表现为持续性痰中带血或间断咯血；若肿瘤侵蚀大血管，则可发生大量咯血。

（3）气促或喘鸣：肿瘤引起支气管部分阻塞，或肿瘤转移到肺门淋巴结，致使肿大的淋巴结压迫主支气管或气管隆嵴，或肿瘤转移引起大量胸腔积液、大量心包积液、膈肌麻痹，或肿瘤发生广泛肺部侵犯时，患者可出现胸闷、呼吸困难、喘息，偶尔表现为喘鸣。

（4）发热：多由继发感染或肿瘤组织坏死引起，抗生素治疗效果不佳。

2. 肿瘤局部侵犯、压迫引起的症状、体征

（1）胸痛：肿瘤直接侵犯胸膜、肋骨和胸壁时，可引起不同程度的胸痛，疼痛剧烈，呈持续性、位置固定。

（2）吞咽困难：肿瘤压迫大气管、纵隔、食管时，可引起呼吸、吞咽困难。

（3）声音嘶哑：多见左侧喉返神经被压迫而引起声带麻痹时。

（4）上腔静脉阻塞综合征：肿瘤压迫上腔静脉时，患者可出现头面部、颈部和上肢水肿，以及胸前部淤血和静脉曲张，并有头痛、头晕或眩晕等。

（5）Horner综合征：肿瘤压迫颈交感神经时，患者可出现患侧上睑下垂、瞳孔缩小、眼球凹陷，同侧额部与胸壁无汗或少汗等表现，称为Horner综合征。

3. 肿瘤发生远处转移引起的症状

（1）脑转移：患者可出现头痛、呕吐、复视、眩晕、共济失调、偏瘫、颅内高压等。

（2）肝转移：患者可出现厌食、黄疸、肝大、肝区疼痛、腹水等。

（3）骨转移：患者可出现肋骨、椎骨、骨盆等局部疼痛和压痛。

（4）淋巴转移：在右锁骨上内侧常可触及质硬而固定的淋巴结。

4. 其他表现　常见于小细胞肺癌患者。肿瘤细胞胞质内含有神经内分泌颗粒，具有内分泌和化学受体功能，可引起非转移性全身症状，称为副肿瘤综合征，表现为骨关节肥大、重症肌无力、男性乳腺发育、库欣综合征等。

 考点提示

肺癌患者的身体状况。

---

### （三）心理、社会状况

疾病确诊前，患者在接受各种检查时容易感到焦虑不安。一旦确诊为癌症，患者容易出现惊恐、沮丧心理，性格变得内向，行为退缩。随着时间的推移，病情不断恶化，治疗效果欠佳，药物不良反应明显，患者容易产生悲观、绝望心理，甚至产生自杀意念。

### （四）辅助检查

1. 痰脱落细胞检查　是简单、有效的早期诊断方法之一。检查方法是清晨留取患者由深部咳出的痰立即送检，多次反复检查可提高阳性率。

2. 影像学检查　包括胸部X线、CT、MRI、放射性核素显像等检查，是诊断肺癌的重要方法之一。中央型肺癌主要表现为单侧不规则肺部肿块影，常伴有阻塞性肺炎或肺不张的表现。周围型肺癌主要表现为边界粗糙的团块状或结节状阴影，发生胸膜转移时可见积液征象。

3. 内镜检查　包括支气管镜、胸腔镜、纵隔镜检查。支气管镜可直接观察支气管和细支气管情况，取可疑组织做病理检查，或进行刷检取样、冲洗做细胞学检查，是诊断肺癌的重要方法之一。

4. 活组织病理学检查　经皮穿刺肺活检、组织切片细胞表面抗原检测和应用标记单克隆抗体的扫描检查法，是识别体内癌细胞及确定其生长部位的重要手段。

5. 肿瘤标志物检测　癌胚抗原（carcinoembryonic antigen，CEA）、神经元特异性烯醇化酶（neuron specific enolase，NSE）、细胞角蛋白19片段抗原21-1（cyto-keratin 19 fragment antigen 21-1，CYFRA 21-1）等检测对肺癌的诊断和病情监测有一定的价值。

6. 其他 如基因检测等。

【主要护理诊断/问题】

1. 恐惧 与确诊癌症、治疗效果不佳、感到死亡的威胁有关。
2. 营养失调：低于机体需要量 与摄入量不足、化疗导致呕吐、机体能量消耗增加等有关。
3. 疼痛 与癌肿侵犯胸膜、肋骨、胸骨或压迫肋间神经有关。
4. 气体交换受损 与肺组织破坏、胸腔积液导致的气体交换面积减小有关。
5. 潜在并发症：化疗药物不良反应、肺部感染、呼吸衰竭等。

【护理措施】

（一）一般护理

1. 休息与活动 提供整洁、舒适、安静的休息环境，保持室内清洁、无尘，空气流通，温度、湿度适宜等。合理安排休息，适当活动，保持良好的精神状态。严重呼吸困难的患者应卧床休息，并协助其采取舒适体位，如抬高床头或取半坐卧位。

2. 饮食护理 予以高热量、高蛋白、富含维生素、易消化的饮食。多吃新鲜蔬菜、水果和富含β胡萝卜素、维生素A的食物。对病情危重者，予以鼻饲或肠外营养，必要时予以输注全血、血浆或白蛋白。注意补充足够的水分，防止发生水、电解质紊乱。

（二）病情观察

应注意观察患者生命体征的变化。注意观察患者是否有肿瘤压迫症状，如呼吸困难、吞咽困难、声音嘶哑，及其变化程度；注意观察患者是否有肿瘤转移的症状，如骨骼疼痛、头痛、呕吐及意识障碍等；严密观察患者是否出现化疗、放疗不良反应，如恶心、呕吐、脱发和口腔溃疡等。

（三）治疗配合

1. 治疗要点 肺癌的治疗主要是根据患者的全身情况、肿瘤的病理类型和临床分期，结合重要器官功能，制订相应的综合治疗方案，采取以手术治疗为主，放射、化疗、免疫疗法为辅的综合治疗措施。一般情况下，鳞癌预后较好，腺癌次之，小细胞癌预后较差。肺癌的预后取决于是否能够早期发现、早期治疗。

2. 化疗药物不良反应的护理

（1）骨髓抑制反应：密切观察患者是否出现骨髓抑制现象，当白细胞计数降至$1\times10^9/L$时，遵医嘱予以输注白细胞及使用抗生素，以预防感染，并做好保护性消毒隔离。对血小板严重减少者，应注意观察出血情况，必要时遵医嘱输注血小板。

（2）胃肠道反应：若患者化疗期间出现胃肠道症状，如厌食、恶心、顽固性呕吐、腹痛、腹泻，则可嘱其大量饮水，合理使用镇吐药，调节饮食，少食多餐，予以易消化、刺激性小、富含维生素的饮食，化疗前2小时避免进食，以减轻胃肠道反应。

（3）口腔护理：化疗患者常出现口干、口腔pH下降，导致牙周病和口腔真菌感染。指导患者避免口腔黏膜损伤，忌食刺激性强或干、硬的食物，用软毛牙刷刷牙，保持口腔卫生，餐后、睡前漱口，必要时在进食前可进行表面麻醉。

（4）血管护理：注意保护和合理使用静脉血管，静脉注射时应确保针头在血管内，注射后应用生理盐水冲管。一旦发生药液外渗，应立即停止注射，并采取局部封闭、外敷如意金黄散、理疗等措施，防止发生组织坏死。

（5）其他不良反应的护理：观察患者是否有肢体麻木及肢体功能障碍等神经毒性症状，发现异常应及时通知医师予以相应处理，如予以神经末梢营养药物、暂停化疗等。

（6）帮助患者正确对待自我形象：对于药物引起的皮肤干燥、皮疹、色素沉着、脱发和甲床变形等，应做好解释和安慰，以消除患者的思想顾虑。指导患者治疗期间可用假发、帽子、头巾等修饰或改变外观。

3. 放疗不良反应的护理

（1）放疗局部皮肤护理：根据急性放射反应评分标准，可将放疗局部皮肤反应分为0～Ⅳ级，0级无变化，无需处理。

1）预防二次皮肤损伤：①应避免局部照射区皮肤受到强烈的热或冷刺激，尽量不用热水袋、冰袋，沐浴水温以37～40℃为宜。②外出时避免阳光直接照射。避免使用刺激性化学物品，如肥皂、乙醇或碘酊、油膏、胶布等。③放疗期间应穿着宽松、质软的纯棉或丝绸内衣，洗浴毛巾应柔软，擦洗放射区皮肤时动作应轻柔，尽量减少摩擦，并保持局部皮肤清洁、干燥，防止皮肤破损。

2）放射性皮肤损伤的护理：①Ⅰ级皮肤损伤（干性脱皮）：局部可有痒感，应避免搔抓或撕脱局部皮肤，可用温水沾湿软毛巾擦洗，应用重组人表皮生长因子喷洒创面或涂抹三乙醇胺乳膏，轻轻按摩。②Ⅱ级皮肤损伤（湿性脱皮）：局部可出现触痛、红斑、湿性脱皮、中度水肿等。局部清创后，予以中等流量（4～6/L）氧疗，每次5～10分钟，再用重组人表皮生长因子喷洒创面。③Ⅲ级皮肤损伤：局部可出现融合性皮炎、凹陷性水肿。清洗创面后，用水胶体敷料密闭覆盖或涂抹透明质酸凝胶后用纱布覆盖。④Ⅳ级皮肤损伤：局部可出现坏死、溃疡、出血。可用亲水性纤维含银敷料或泡沫敷料密闭覆盖创面；对发生感染者予以抗感染治疗。

（2）全身反应的护理：放疗后，患者可出现乏力、恶心、食欲缺乏、失眠、白细胞计数减低等反应。放疗前，患者不宜进食；放疗后，患者应卧床休息30分钟，进食清淡、易消化的饮食，多饮水。注意观察患者的血常规变化，每1～2周进行血常规检查1次。注意照射器官的反应，若患者出现吞咽不适、疼痛，则提示发生放射性食管炎，宜进食半流质或流质饮食，餐后饮水，以冲洗食管，保持口腔清洁。发生放射性肺炎时，患者可出现发热、咳嗽、呼吸急促和胸痛等，应暂停放疗，适当用药，使患者卧床休息，注意保暖，必要时予以吸氧。

（四）疼痛护理

肿瘤浸润神经或压迫邻近脏器时，常引起疼痛。疼痛护理包括以下几方面。

1. 心理支持　注意倾听患者对疼痛的描述，观察其非语言表达，做出准确评估，如患者疼痛的部位、性质和程度。理解患者的痛苦，安慰和鼓励患者，以减轻患者的心理压力，提高痛阈。

2. 指导休息与放松　提供安静的环境，帮助患者调整舒适的体位，保证患者充分休息。分散患者的注意力，指导患者采用放松技术，如阅读书报、听音乐、看电视、与他人交谈等。

3. 镇痛　予以按摩、局部冷敷、针灸、电刺激等，有助于减轻疼痛。必要时予以药物止痛，遵医嘱用药，按时给药；尽量予以口服镇痛药；按"三阶梯"癌痛镇痛用药方案给药；注意个体化用药。密切观察镇痛效果，警惕出现药物不良反应。

（五）心理护理

评估患者的心理状态、对诊断及治疗的理解和接受情况，倾听患者的诉说，通过语言和非语言方式予以患者安慰，正确引导患者认识癌症，向患者介绍放疗与化疗的方案、实施方法、不良反应及处理方法等，鼓励其参与治疗和护理计划的制订，提高其自我护理能力。

 考点提示

化疗药物的不良反应、放疗的不良反应及护理。

【健康指导】

1. 疾病预防指导　宣传吸烟对人体健康的危害，提倡戒烟，注意改善劳动条件和生活条件，防止空气污染，尤其是粉尘和有害气体吸入。对肺癌高危人群定期进行体检，以期早发现、早治疗。

2. 用药指导　遵医嘱用药，严格掌握用药的时间和剂量。按"三阶梯"癌痛镇痛用药方案应用镇痛药，注意观察镇痛效果。对于肿瘤终末期患者，应指导家属做好临终护理，告知患者及家属对症处理措施，帮助患者安宁、平静地走完人生的最后旅途。

3. 生活指导　指导患者加强营养，保证足够的休息，养成良好的卫生习惯。注意保持口腔卫生，避免感冒。

## 第十节　肺栓塞患者的护理

### 案例导入 2-9

患者，女，35岁，因"剧烈胸痛、严重呼吸困难、咯血30分钟"急诊入院。患者既往有风湿性心脏病病史9年，2周前因感冒后出现胸闷、气促在家卧床休息。30分钟前，患者突然出现剧烈胸痛、严重呼吸困难、咯血，遂来院就诊。

问题与思考：

1. 该患者最可能的医疗诊断是什么？
2. 该患者目前出现的哪种情况需要紧急处理？应如何处理？

肺栓塞（pulmonary embolism，PE）是指内源性或外源性栓子阻塞肺动脉或其分支引起的以肺循环和呼吸功能障碍为主要临床表现和病理生理特征的综合征。引起肺栓塞的栓子有血栓、脂肪、羊水和空气等。当栓子为血栓时，称为肺血栓栓塞症（pulmonary thromboembolism，PTE）。肺动脉发生栓塞后，其支配区的肺组织因血流受阻或中断而发生坏死，称为肺梗死（pulmonary infarction，PI）。

引起肺血栓栓塞症的血栓主要来源于深静脉血栓（deep venous thrombosis，DVT）。肺血栓栓塞症与深静脉血栓形成是一种疾病过程在不同部位、不同阶段的表现，两者合称为静脉血栓栓塞（venous thromboembolism，VTE）。目前，静脉血栓栓塞已成为世界性的重要医疗保健问题，其发病率和病死率均较高。急性肺栓塞可导致患者迅速死亡，是常见的急性心血管疾病。我国住院患者中肺血栓栓塞症的比例为1.45‰。随着诊断和检查技术的提高，肺血栓栓塞症已不再被视为少见病。然而，由于症状缺乏特异性且无特殊的检查方法，漏诊和误诊现象仍然比较普遍。

【病因与发病机制】

（一）病因

肺血栓栓塞症可由来源于不同部位的血栓引起，大部分血栓来源于下肢深静脉，特别是从腘静脉上端到髂静脉的下肢近端深静脉（占50%~90%）。近年来，由于颈内静脉和锁骨下静脉内插入或留置导管和静脉内化疗的增加，使来源于上腔静脉的血栓引起的肺血栓栓塞症发生率增高。导致肺血栓栓塞症的危险因素很多，任何可能导致静脉血液淤滞、静脉系统内皮损伤和血液高凝状态的因素，都可以使深静脉血栓形成和肺血栓栓塞症的发生危险性增高，一般分为原发性因素和继发性因素两类。

1. 原发性因素　主要由遗传变异引起，包括V因子突变、蛋白C缺乏、蛋白S缺乏和抗凝血酶缺乏等，以40岁以下的年轻患者无明显诱因反复发生深静脉血栓形成和肺血栓栓塞症为特征。

2. 继发性因素　是指后天获得的易导致深静脉血栓形成和肺血栓栓塞症的病理生理改变、医源性因素和患者自身因素，如脑卒中、急性心肌梗死、创伤、骨折、心力衰竭、恶性肿瘤；中心静脉置管、外科手术、植入人工假体、口服避孕药、妊娠及产褥期、因各种原因而制动或长期卧床、长途航空或乘车旅行以及高龄等，这些因素可同时存在并发挥协同作用，也可单独存在。其中，高龄是独立的危险因素。

（二）发病机制

外周静脉血栓形成后，一旦脱落，即可随静脉血流移行至肺动脉内，引起肺血栓栓塞症。急性肺栓塞发生后，由于血栓堵塞肺动脉及由此引发的神经、体液因素的作用，可以导致一系列呼吸和循环功能的改变。

1. 呼吸功能不全　肺血栓栓塞症发生后，可引起一系列病理生理改变，导致呼吸功能障碍，引起低氧血症。主要变化包括：栓塞部位血流减少，肺泡无效腔量增大，导致通气/血流比例增大，而肺栓塞区由于血流重新分布，使通气/血流比例减小。栓塞部位肺泡表面活性物质分泌减少，肺泡萎陷，呼吸面积减小，导致肺不张。由于各种炎症介质和血管活性物质释放，引起肺间质和肺泡内液体增多、支气管痉挛、胸腔积液等。

2. 肺梗死　肺组织接受三重氧供，包括肺动脉、支气管动脉和肺泡内气体弥散，患者很少出现肺梗死。只有当患者同时存在心肺基础疾病或病情已经严重影响到肺组织的多重氧供时，才会发生肺梗死。

3. 对循环功能的影响　肺血管堵塞后，可以导致肺动脉高压、右心功能障碍和左心功能障碍等循环功能的改变。栓子阻塞肺动脉及其分支后，由于机械阻塞作用及由此引发的神经、体液反射和低氧血症，可导致肺血管床面积减小，肺动脉阻力增大，造成肺动脉高压，右心室后负荷增高，使体循环回心血量减少，静脉系统淤血，引起急性肺源性心脏病。肺动脉机械性堵塞和神经、体液因素引起的肺血管痉挛可使肺静脉回心血量减少，右室充盈压下降，导致心输出量下降，进而可引起低血压或休克。主动脉内低血压和右心房压升高，使冠状动脉灌注压下降，心肌血流灌注减少，加之肺血栓栓塞使心肌耗氧量增加，可导致心肌缺血，诱发心绞痛。

肺血栓栓塞症患者的病情严重程度取决于上述机制的综合作用。栓子的大小和数量、栓塞次数及间隔时间、是否同时存在其他心肺疾病等，对发病过程和预后有重要影响。

【护理评估】

（一）健康史

询问患者是否有创伤、骨折、深静脉血栓、慢性心肺疾病、肾病综合征、恶性肿瘤、血液病、肥胖症等病史，是否有长期卧床或不活动、妊娠及口服避孕药等情况；询问患者的年龄，是否有吸烟史，是否有遗传缺陷，如抗凝血酶Ⅲ（antithrombin-Ⅲ，AT-Ⅲ）缺乏症、遗传性凝血异常、纤溶酶原缺乏、相关凝血因子突变等可能造成肺栓塞的病史。

（二）身体评估

肺血栓栓塞症的症状多样，缺乏特异性，可以从无症状、隐匿，到血流动力学不稳定，甚至猝死。

1. 症状

（1）突发呼吸困难：不明原因的呼吸困难，大多在发生栓塞后即刻出现，尤其在活动后更为明显，是肺血栓栓塞症患者最常见的症状。

（2）胸痛：肺血栓栓塞症引起的胸痛可以是胸膜炎性胸痛或心绞痛样胸痛。当栓塞部位靠近胸膜时，由于胸膜发生炎症反应，患者可出现胸膜炎性胸痛，呼吸运动可加重胸痛。心绞痛样胸痛的发生率仅为4%～12%，主要由冠状动脉血流量减少、低氧血症和心肌耗氧量增加所致，不受呼吸运动影响。

（3）晕厥：可作为肺血栓栓塞症患者的唯一或首发症状。

（4）咯血：常为小量咯血，大量咯血者较少见。当患者同时出现呼吸困难、胸痛和咯血时，称为肺梗死三联征。发生急性肺栓塞时，咯血主要反映局部肺泡有血性渗出，并不意味着病情严重。

（4）其他症状：患者可出现低热、咳嗽、烦躁不安、惊恐甚至濒死感等。

2. 体征　患者可出现呼吸急促、发绀，肺部听诊可闻及哮鸣音和（或）细湿啰音；心率加快，严重时可出现血压下降，甚至休克；颈静脉充盈或异常搏动；听诊肺动脉瓣区第二心音亢进或分裂，三尖瓣区可出现收缩期杂音。

3. 深静脉血栓形成的表现　若肺栓塞继发于下肢深静脉血栓形成，则可伴有患肢肿胀、周径增粗、疼痛或压痛、皮肤色素沉着和行走后患肢易疲劳或肿胀加重。

考点提示

突发呼吸困难是肺血栓栓塞症患者最常见的症状。

（三）临床分型

1. 急性肺血栓栓塞症　①高危肺血栓栓塞症：临床以休克和低血压为主要表现，收缩压＜90 mmHg，持续15分钟以上。须排除新发生的心律失常、低血容量或感染中毒症状所致的血压下降。②中危肺血栓栓塞症：未发生休克和低血压，但存在右心功能不全和（或）心肌损伤。③低危肺血栓栓塞症：血流动力学稳定，且无右心功能不全和心肌损伤，病死率＜1%。

2. 慢性血栓栓塞性肺动脉高压　以慢性进行性肺动脉高压为主要表现，后期发生右心衰竭，影像学检查证实肺动脉阻塞。右心导管检查显示静息肺动脉平均压＞25 mmHg，活动后肺动脉平均压＞30 mmHg；超声心动图检查示右心室壁增厚。

（四）心理、社会状况

当患者突然出现严重的呼吸困难和剧烈胸痛时，往往会产生恐惧、焦虑情绪，缺乏安全感。应注意评估患者的心理状态。

（五）辅助检查

1. 实验室检查　血浆 D- 二聚体（D-dimer）测定可作为肺血栓栓塞症的初步筛选指标。发生急性肺血栓栓塞症时，D- 二聚体升高，若其含量低于 500 μg/L，可基本排除急性肺血栓栓塞症。动脉血气分显示低氧血症、低碳酸血症，肺泡-动脉血氧分压差 [$P(A-a)O_2$] 增大。

2. 心电图与超声心动图检查　大多数肺血栓栓塞症患者可出现非特异性心电图异常，以窦性心动过速较为常见。当肺动脉压及右心压力升高时，可出现 $V_1$～$V_4$ 导联 ST 段异常和 T 波倒置、$S_IQ_{III}T_{III}$ 征（即Ⅰ导联出现明显的 S 波，Ⅲ导联出现宽大 Q 波且 T 波倒置）等，观察到心电图的动态改变比静态异常更具有临床意义。超声心动图表现为右心室和（或）右心房扩大、室间隔左移和运动异常、近端肺动脉扩张、三尖瓣反流和下腔静脉扩张等。

3. 下肢深静脉超声检查　超声检查是诊断深静脉血栓形成较为简便的方法。其他放射性核素检查或 X 线静脉造影、CT 静脉造影、MRI 静脉造影等对明确是否存在深静脉血栓也具有重要价值。

4. 影像学检查

（1）肺部 X 线检查：可见肺动脉阻塞征、肺动脉高压征及右心扩大征。前者表现为区域性肺纹理变细、稀疏或消失，肺野透亮度增加；后者表现为右下肺动脉干增宽或伴截断征，肺动脉段膨隆，右心室扩大。少数患者可见肺组织继发改变，如尖端指向肺门的楔形阴影等。

（2）CT 肺动脉造影：是目前确诊肺血栓栓塞症的常用方法，直接征象是肺动脉内低密度充盈缺损，部分或完全包围在不透光的血流之间（轨道征），或呈完全充盈缺损。间接征象包括肺野楔形密度增高影，条带状高密度区或盘状肺不张，中心肺动脉扩张及远端血管分支减少或消失。

（3）肺通气/灌注显像：是诊断肺血栓栓塞症的重要方法，以肺段分布的肺血流灌注缺损，并与肺通气显像不匹配为典型征象。

（4）肺动脉造影：以肺动脉内造影剂充盈缺损，伴或不伴轨道征的血流阻断为直接征象，是目前临床诊断肺血栓栓塞症的经典方法。但由于此检查为有创性检查，有引起严重甚至致命性并发症的可能，不作为首选检查和常规检查方法。

【主要护理诊断/问题】

1. 气体交换受损　与肺血管阻塞所致通气/血流比例失调有关。
2. 恐惧　与突发严重的呼吸困难、胸痛有关。
3. 焦虑　与突发严重的呼吸困难、胸痛有关。
4. 潜在并发症：再次栓塞等。

【护理措施】

（一）一般护理

1. 休息　当患者突发呼吸困难、胸痛时，需立即报告医生。患者须绝对卧床休息，抬高床头或取半卧位。指导患者进行深呼吸，并通过采用放松技术等方法减轻恐惧心理，降低耗氧量。

2. 氧疗　患者出现呼吸困难时，应立即根据缺氧严重程度选择适当的给氧方式和氧浓度进行氧疗，以提高氧分压。对出现轻、中度呼吸困难的患者，可采用鼻导管或面罩给氧；对出现严重呼吸困难的患者，可能需进行机械通气治疗。

（二）病情监测

对高度怀疑或确诊的肺血栓栓塞症患者，需收入监护病房，并进行严密监测。

1. 严密观察肺血栓栓塞症的表现　观察患者是否有呼吸浅快、动脉血氧饱和度降低、心率加快等肺功能受损表现；是否有烦躁不安、嗜睡、意识模糊、定向力障碍等脑缺氧的表现；是否有颈静脉充盈、肝大、肝颈静脉回流征阳性、下肢水肿及静脉压升高等右心功能不全的表现。监测心电图的动态改变等。

2. 观察下肢深静脉血栓形成的征象　由于下肢深静脉血栓形成以单侧下肢肿胀最为常见，因此需测量和比较双侧下肢周径，并观察是否有局部皮肤颜色改变，如发绀。下肢周径的测量方法：大、小腿周径的测量点分别为髌骨上缘以上 15 cm 处和髌骨下缘以下 10 cm 处，双侧下肢周径差＞1 cm 有临床意义。

（三）治疗配合

1. 一般治疗　监测呼吸、心率、血压、静脉压、心电图及动脉血气的变化。患者应绝对卧床休息，并保持排便通畅。必要时可适当予以镇静、止痛、镇咳等对症治疗。

2. 呼吸、循环支持　对出现低氧血症者，可经鼻导管或面罩给氧。对于出现右心功能不全但血压正常者，可使用小剂量多巴酚丁胺和多巴胺；若患者出现血压下降，则可增加多巴胺的剂量或使用去甲肾上腺素等升压药。

3. 溶栓治疗

（1）适应证：主要适用于大面积肺血栓栓塞症患者。对于次大面积肺血栓栓塞症患者，若无禁忌证，则可考虑予以溶栓治疗。溶栓治疗的时间一般为14天以内，但若患者近期有新发肺血栓栓塞症的征象，则可适当延长溶栓时间。溶栓应尽可能在肺血栓栓塞症确诊的前提下慎重进行，但对有明确溶栓指征的患者，宜尽早开始溶栓。

（2）禁忌证：溶栓治疗的主要并发症为出血，以颅内出血最为严重。溶栓治疗的绝对禁忌证为活动性内出血、近期自发性颅内出血。相对禁忌证包括：胃肠道出血、严重创伤、近期拟行大手术、分娩、器官活检、血小板计数减少、细菌性心内膜炎等。对于致命性大面积肺血栓栓塞症患者，上述绝对禁忌证亦应视为相对禁忌证。

（3）常用溶栓药物：①尿激酶，负荷剂量为4400 U/kg，静脉注射10分钟，随后以2200 U/（kg·h）的滴速持续静脉滴注12小时，或以20 000 IU/kg的滴速持续静脉滴注2小时（称为2小时溶栓方案）。②链激酶，负荷剂量为250 000 U，静脉注射30分钟，随后以100 000 U/h的滴速持续静脉滴注12~24小时。链激酶具有抗原性，故用药前需予以肌内注射苯海拉明或地塞米松，以防止发生过敏反应，且6个月内不宜再次使用。③阿替普酶50 mg，持续静脉滴注2小时。

4. 抗凝治疗　抗凝治疗能够有效预防血栓再形成和复发，是肺血栓栓塞症和深静脉血栓形成的基本治疗方法。常用药物包括肝素和华法林。当临床怀疑发生肺血栓栓塞症时，即可开始使用肝素进行抗凝治疗。

（1）肝素：包括普通肝素和低分子量肝素。普通肝素首剂负荷剂量为80 U/kg或2000~5000 U，静脉注射，继而以18 U/（kg·h）的滴速持续静脉滴注，用药时应根据活化部分凝血活酶时间（activated partial thromboplastin time，APTT）调整剂量。低分子量肝素应根据体重给药，每天皮下注射1~2次，不需监测APTT和调整剂量。

（2）华法林：在开始应用肝素后第1~3天，加用华法林口服。由于华法林需要数天才能发挥全部作用，因此需与肝素至少重叠使用5天。当国际标准化比值（international normalized ratio，INR）达到2.0~3.0，或凝血酶原时间（prothrombin time，PT）延长至正常值的1.5~2.5倍并持续24小时，才可停用肝素，继而单纯口服华法林治疗，并根据INR或PT调节华法林的剂量。口服华法林的疗程至少为3个月。对于栓子来源不明的首发病例，至少治疗6个月；对复发性静脉血栓栓塞患者或长期存在危险因素者，应延长抗凝治疗时间至12个月或更长时间，甚至进行终生抗凝。妊娠期禁用华法林，应改用肝素治疗。产后和哺乳期妇女可以服用华法林。

（3）磺达肝癸钠：是一种小分子的合成戊糖，通过与抗凝血酶特异性结合抑制Xa因子而发挥抗凝作用，无肝素诱导的血小板减少症（heparin-induced thrombocytopenia，HIT）的作用。

（4）新型抗凝药物：如阿加曲班、达比加群酯、利伐沙班和阿哌沙班。

5. 其他治疗　如肺动脉血栓摘除术、肺动脉导管碎解和抽吸血栓、放置腔静脉滤器等。

6. 溶栓与抗凝治疗的护理　遵医嘱及时、准确予以溶栓及抗凝药物，并监测疗效及不良反应。

（1）溶栓药物：溶栓治疗的主要并发症是出血，最常见的出血部位是血管穿刺处，严重的出血包括腹膜后出血和颅内出血。因此，对溶栓治疗患者应注意以下几点：①密切观察出血征象，如皮肤青紫、血管穿刺处出血过多、血尿、腹部或背部疼痛、头痛、神志改变等。②严密观察血压变化，若血压过高，则应及时报告医生进行适当处理。③给药前宜留置外周静脉套管针，以便在溶栓过程中采血进行监测，避免反复穿刺血管。静脉穿刺部位压迫止血需加大力度，并延长压迫时间。④用尿激酶或链激酶进行溶栓治疗后，应每2～4小时测定1次凝血酶原时间（PT）或APTT。

（2）抗凝药物：①肝素，在开始治疗后的最初24小时内，每4～6小时监测1次APTT，达到稳定治疗水平后，改为每天监测1次APTT。肝素治疗的不良反应包括出血和肝素诱导的血小板减少症。②华法林，华法林的疗效主要通过监测国际标准化比值是否达到并保持在治疗范围进行评价，因此在治疗期间需定期监测国际标准化比值。

### （四）心功能不全的护理

若患者出现右心功能不全的症状，则需遵医嘱予以强心药，限制水、钠摄入，并按肺源性心脏病进行护理；当患者心输出量减少并出现低血压甚至休克时，应按医嘱予以静脉输液和升压药物，记录24小时液体出入量。当患者同时伴有右心功能不全时，尤其应注意调整液体出入量，及时纠正低血压和心功能不全。

### （五）心理护理

当患者突然出现严重的呼吸困难和胸痛时，医务人员需保持冷静，避免引起紧张慌乱的气氛而加重患者的恐惧心理。护士应告知患者目前的病情变化，向患者解释各种治疗措施和护理操作的目的、方法和重要性。鼓励患者表达内心的想法和顾虑，与患者积极沟通，以缓解或消除患者的不良情绪。

【健康指导】

1. 疾病预防指导

（1）对于长期卧床的患者：应鼓励其进行床上肢体活动，在病情允许的情况下鼓励其早期下地活动。长期卧床患者可利用机械作用（如穿弹力抗栓袜、应用下肢间歇序贯加压充气泵）促进下肢静脉血液回流。

（2）对存在深静脉血栓形成危险因素的人群：避免长时间保持坐位，特别是跷二郎腿、穿束膝长筒袜或长时间站立不活动等。

（3）补液、治疗原发病：指导患者适当增加液体摄入，防止血液浓缩。由于高脂血症、糖尿病等疾病可导致血液高凝状态，应指导患者积极治疗原发病。

（4）对于血栓形成高危患者：应指导其按医嘱使用抗凝血药，防止血栓形成。

2. 病情监测指导　向患者介绍深静脉血栓形成和肺血栓栓塞症的表现。告知长时间卧床的患者，若出现一侧肢体疼痛、肿胀，则应注意深静脉血栓形成的可能；在合并相关发病因素的情况下，若突然出现胸痛、呼吸困难、咳血痰等表现，则应注意肺血栓栓塞症的可能性，需立即就诊。

3. 用药指导　由于肺血栓栓塞症的复发率较高，患者出院后常需要继续口服华法林进行抗凝治疗。指导患者按医嘱服用华法林，不可擅自停药或服用阿司匹林等非处方药。定期测量INR，如果INR低于1.5或高于2.5，则需及时就诊。选用软毛牙刷刷牙，男性剃须应使用电动剃须刀，以降低出血风险。一旦发现出血，则应立即到医院就诊。

## 第十一节　自发性气胸患者的护理

### 案例导入2-10

患者，男，72岁，既往有慢性阻塞性肺气肿病史20年，今日傍晚进餐时因米粒呛入气管而引起剧烈咳嗽，突然出现呼吸困难，右胸刺痛，并逐渐加重。体格检查：患侧胸部膨隆，肋间隙增宽，呼吸运动和触觉语颤减弱，叩诊呈过清音或鼓音。

**问题与思考：**
1. 该患者可能的医疗诊断是什么？
2. 该患者目前主要的护理问题有哪些？

胸膜腔是脏胸膜与壁胸膜之间不含空气的密闭潜在性腔隙，正常情况下呈负压状态。各种原因导致胸膜破损，气体通过胸膜破损处进入胸膜腔，使胸膜腔内压力升高，称为气胸（pneumothorax）。气胸可导致肺压缩、静脉回心血流受阻，导致不同程度的心、肺功能障碍。气胸可分成自发性、外伤性和医源性三类。

自发性气胸（spontaneous pneumothorax）是指因肺部疾病使肺组织和脏胸膜自发破裂，或靠近肺表面的肺大疱、细小气肿泡自发破裂，使肺和支气管内气体进入胸膜腔所导致的气胸。临床上以突发性胸痛、严重呼吸困难、刺激性干咳以及气胸的体征为特征。本病多发生于男性，男性与女性发病率之比为 5：1，20～40 岁和 60 岁以上是两个高发年龄段。

【病因与发病机制】

1. 继发性自发性气胸　常继发于基础肺部病变，如肺结核、慢性阻塞性肺疾病、肺癌、肺脓肿、肺尘埃沉着病等，以继发于慢性阻塞性肺疾病及肺结核较为常见。

2. 原发性自发性气胸　是指常规 X 线检查肺部无显著病变，但胸膜下（多在肺尖部）有肺大疱破裂而形成的气胸，多见于瘦高体型的男性青壮年，其发生肺大疱可能与非特异性炎症瘢痕或先天性弹性纤维发育不良有关。

3. 其他　航空、潜水作业时无适当防护措施，从高压环境突然进入低压环境或持续正压通气加压过高时，均可发生气胸。脏胸膜破裂或胸膜粘连并撕裂，其中血管破裂可导致自发性血气胸。抬举重物用力过猛、剧烈咳嗽、屏气或大笑等，可能是促使气胸发生的诱因。

【护理评估】

（一）健康史

询问患者既往病史及工作情况，是否有肺结核、支气管哮喘、慢性阻塞性肺气肿等病史，是否有吸烟嗜好；是否有抬举重物、剧烈运动、打喷嚏、咳嗽、用力排便等诱因存在，近期是否乘坐飞机、潜水作业等。

（二）身体状况

1. 症状　症状的严重程度，是否有肺部基础疾病、肺功能状态、气胸发生的速度、胸膜腔内积气量及胸膜腔内压力大小有关。

（1）胸痛：常在抬举重物、用力过猛、剧烈咳嗽、屏气、大笑等诱因作用下突然出现剧烈的胸痛，呈刀割样或针刺样，胸痛多局限于患侧，多发生在前胸、腋下部，有时可向患侧肩部放射。由脏胸膜受刺激所致。

（2）呼吸困难：常与胸痛同时出现，轻者自觉呼吸受限，重者呼吸困难明显。张力性气胸患者胸膜腔内压骤然升高，患侧肺受压萎缩，使纵隔移位，可迅速出现严重呼吸、循环障碍，临床表现为表情紧张、胸闷、挣扎坐起、烦躁不安、发绀、脉搏加快、心律失常，甚至意识不清、呼吸衰竭。

（3）咳嗽：表现为轻到中度的刺激性干咳，由胸膜反射性刺激引起。

2. 体征　小量气胸时，体征不明显。大量气胸时的典型体征是：呼吸频率加快、发绀、气管向健侧移位，患侧胸廓饱满，肋间隙增宽，呼吸运动减弱或消失；触诊语颤减弱或消失，气管以及心尖搏动向健侧移位；患侧叩诊呈鼓音；听诊患侧呼吸音减弱或消失。并发纵隔气肿时，可在左心缘处闻及与心脏搏动一致的气泡破裂音，称为 Hamman 征。发生液气胸时，胸腔内有振水音。发生血气胸时，若失血过多，则可引起血压下降，甚至导致失血性休克；出现皮下气肿时，可有皮下捻发感或握雪感。

3. 并发症　可并发脓气胸、纵隔气肿、皮下气肿、血气胸和呼吸衰竭。

 **考点提示**

自发性气胸的常见症状和体征。

### （三）临床类型

1. 闭合性（单纯性）气胸　胸膜破裂口较小，随肺萎陷而关闭。胸膜腔内压测定可为正压，也可为负压。抽气后压力下降且不再复升，表明破口已闭合。

2. 张力性（高压性）气胸　胸膜破裂口具有单向活瓣或活塞作用，吸气时胸廓扩大，胸膜腔内压变小，空气进入胸膜腔，呼气时胸膜腔内压升高，压迫活瓣使之关闭，致使胸膜腔内气体不能排出而越积越多，胸膜腔内压持续升高，常大于 10 cmH$_2$O，甚至高达 20 cmH$_2$O。抽气后胸膜腔内压可下降，但又迅速复升，因此，肺受压而明显萎陷，纵隔向健侧移位，心脏血液回流受阻，可造成严重循环障碍而危及生命，必须进行紧急抢救处理。

3. 开放性（交通性）气胸　因胸膜破裂口较大或两层胸膜间有粘连或牵拉，使破口持续开放。吸气与呼气时，空气可自由进出胸膜腔，胸膜腔内压测定在 0 上下波动，抽气后观察数分钟，压力无变化。

### （四）心理、社会状况

患者常因突然出现剧烈胸痛和呼吸困难而感到恐慌不安。部分青壮年患者既往无呼吸道疾病，认为自己身体健康，对此次患病未能予以充分的重视，往往易导致复发。而原有慢性呼吸道疾病的患者，则担心病情恶化、气胸复发，常感到焦虑不安。

### （五）辅助检查

1. X 线检查　是诊断气胸的重要方法，并且可显示肺受压程度，肺内病变情况以及是否有胸膜粘连、胸腔积液及纵隔移位等。肺部 X 线检查的典型表现是：被压缩肺边缘呈外凸弧形线状阴影，称为气胸线，线外透亮度增高，无肺纹理。胸腔大量积气时，肺被压向肺门，呈球形高密度影，纵隔和心脏向健侧移位。

2. 胸部 CT 检查　表现为胸膜腔内极低密度的气体影，伴有肺组织不同程度的萎缩改变。

3. 动脉血气分析　张力性气胸或其他病情较重的气胸患者可出现低氧血症。

4. 胸膜腔内压力测定　可表现为胸膜腔内负压减低或成正压，有助于判断气胸的临床类型。

5. 肺功能检查　肺压缩超过 20% 时，肺容量和肺活量减低，呈限制性通气障碍。

 **考点提示**

诊断气胸的重要方法。

【主要护理诊断/问题】

1. 低效性呼吸型态　与胸膜腔内积气压迫肺、限制通气功能有关。
2. 疼痛：胸痛　与脏胸膜受到刺激以及放置引流管有关。
3. 焦虑　与呼吸困难、胸痛等有关。
4. 知识缺乏：缺乏预防气胸复发的相关知识。

【护理措施】

（一）一般护理

1. 休息与体位　急性自发性气胸患者应绝对卧床休息，取有利于呼吸的体位，如抬高床头，取半坐位或端坐位；避免咳嗽、用力、屏气等，以免增加胸膜腔内压。

2. 饮食护理　多食蔬菜及富含纤维素的食物，以保持排便通畅，防止用力排便引起胸、腹腔内压升高，影响胸膜裂口愈合。

3. 氧疗护理　尽早予以鼻导管或鼻塞吸氧，必要时予以面罩吸氧。予以高浓度吸氧，可促进胸膜腔内气体的吸收，经鼻导管或面罩吸入 10 L/min 的氧可达到满意的效果。对 COPD 合并气胸患者，予以持续低流量（1～2 L/min）吸氧，保证吸氧后 $PaO_2>60$ mmHg 或 $SaO_2>90\%$、$PaCO_2<50$ mmHg，即可达到基本要求。若吸氧后仍不能改善患者的缺氧状态，则应在胸腔闭式引流后进一步使用无创或有创机械通气。

（二）**病情观察**

密切观察患者呼吸的频率和节律、呼吸困难的表现、血氧饱和度的变化、治疗后患侧呼吸音的变化等；气胸发生后 24～48 小时内，观察患者是否有心率加快、血压下降等循环衰竭的征象；观察大量抽气或放置胸腔引流管后患者的呼吸情况，若患者呼吸困难缓解后再次出现胸闷、顽固性咳嗽、咳白色或粉红色泡沫样痰、患侧肺部遍布湿啰音、心率加快，则应考虑复张性肺水肿的可能，须立即报告医生予以紧急处理。

（三）**治疗配合**

1. 治疗要点　自发性气胸的治疗目的是促进患侧肺复张、消除病因及减少复发。治疗具体措施包括：保守治疗、胸腔减压（胸腔穿刺抽气及胸腔闭式引流）、开胸手术或经胸腔镜手术等。可根据气胸的类型、病因、发生频率、肺压缩程度、病情严重程度及是否出现并发症等适当选择治疗方法。

2. 排气治疗的护理

（1）术前准备：向患者简要说明排气治疗的目的、意义、过程及注意事项，以取得患者的理解与配合。严格检查引流管是否通畅，整套胸腔闭式引流装置是否密闭。水封瓶内需注入适量无菌蒸馏水或生理盐水，并标记液面水平。

（2）保证有效引流：①确保引流装置安全，所有接口处均应用胶带加固，以防止脱开。引流瓶应放在低于患者胸部水平且不易碰倒的地方，始终保持其液平面低于引流管胸腔出口平面 60 cm，以防止瓶内液体反流进入胸腔。②观察引流管的通畅情况，密切观察引流管内的水柱是否随呼吸上下波动及是否有气体自水封瓶液面逸出。③防止胸腔积液或渗出物堵塞引流管，引流液黏稠或引流出血液时，应根据病情定时挤压引流管（由胸腔端向引流瓶端的方向挤压）。④防止意外发生，搬动患者时，需要用两把止血钳将引流管双重夹紧，以防止在搬动过程中发生引流管滑脱、漏气或引流液反流等意外情况的发生。

（3）引流装置及伤口护理：一次性引流装置可每周更换 1 次，更换时应严格执行无菌操作，注意对连接管和接头处进行消毒。更换前用双钳夹闭引流管近心端，更换完毕检查无误后再放开，以防止气体进入胸腔。伤口敷料每 1～2 天更换 1 次，或根据敷料制造商建议的更换时间更换敷料；有分泌物渗湿或污染时，应及时更换敷料。

（4）肺功能锻炼：鼓励患者每 2 小时进行 1 次深呼吸、咳嗽和吹气球练习，但应避免持续剧烈咳嗽。协助患者经常更换体位，病情允许时，可协助患者在床上坐起或下地行走，以促进受压萎陷的肺扩张，加速胸腔内气体排出，促进肺尽早复张。

（5）拔管护理：观察引流管的拔除指征，引流管内无气体逸出 1～2 天后，夹闭 1 天。若患者无气促、呼吸困难，透视或 X 线检查示肺已完全复张，即可拔除引流管。

### （四）胸痛的护理

1. 体位　协助患者采取舒适的卧位，取半卧位时可在胸腔引流管下方垫一毛巾，以减轻患者的不适，并可防止引流管受压。

2. 活动与放松　教会患者进行床上活动的方法和自我放松的技巧，如缓慢深呼吸、全身肌肉放松、听音乐或阅读书报，以分散注意力，减轻疼痛。

3. 镇痛　胸痛剧烈时，按医嘱予以镇痛药和镇静药；咳嗽剧烈时，遵医嘱予以镇咳药，以减轻咳嗽引起的胸痛。对原有慢性呼吸道疾病且痰液增多、黏稠者，或慢性呼吸衰竭伴二氧化碳潴留者，禁用可待因等中枢性镇咳药，以免抑制呼吸及咳嗽反射。

### （五）心理护理

疼痛和呼吸困难可使患者出现焦虑、紧张及恐惧心理，使机体耗氧量增加，从而加重呼吸困难和缺氧。因此，在进行治疗及各项检查前，应向患者解释其目的、效果及配合方法，以消除患者的顾虑，使其树立信心，积极配合。当患者病情骤变或危急时，应冷静沉着，操作敏捷，忙而不乱，稳定患者的情绪。

**考点提示**

胸腔闭式引流的护理要点。

---

【健康指导】

1. 疾病预防指导　指导患者积极治疗原发病，认识到控制原发病对预防气胸发生的重要性及其意义；避免抬举重物、剧烈咳嗽、屏气、用力排便；在气胸痊愈后1个月内，不要进行剧烈运动，如打球、跑步等。

2. 生活指导　指导患者保持心情愉快，情绪稳定，注意劳逸结合，多休息；劝导吸烟者戒烟。

3. 就诊指导　告知患者一旦出现胸痛和呼吸困难，即可能为气胸复发的征象，应及时就医。

## 第十二节　肺脓肿患者的护理

**案例导入 2-11**

患者，中年男性，因"咳嗽、咳痰20天，胸闷、憋气8天，伴胸痛、发热3天"入院。患者20天前出现咳嗽、咳黄色黏液痰，伴剑突下不适，静脉应用头孢类抗生素（具体不详）3天，症状好转后停用。患者8天前出现胸闷、憋气，活动后加重，肺部CT检查示右下肺阴影，应用阿奇霉素治疗5天，症状无明显好转。患者3天前出现右侧胸痛，咳嗽及深呼吸时明显，复查肺部CT示右下肺阴影较之前进展，且出现右侧胸腔积液，并出现发热，体温最高达39 ℃。实验室检查：WBC $12 \times 10^9$/L，N 84.2%，Hb 125 g/L，PLT $260 \times 10^9$/L；C反应蛋白142 mg/L；PCT 2.22 ng/ml。患者于当地住院治疗，静脉滴注左氧氟沙星600 mg，每天1次，抗感染治疗3天，体温仍高，为进一步诊治被收入我院。

问题与思考：

1. 作为主管护士，应如何对该患者进行护理评估？
2. 该患者目前存在的护理问题有哪些？

肺脓肿（lung abscess）是由多种病原体引起肺组织化脓性炎症，继而坏死、液化，由肉芽组织包围形成脓肿。临床特征为高热、咳嗽、咳大量脓臭痰。本病多见于青壮年男性，自抗生素广泛使用以来，发病率已明显降低。急性肺脓肿病程一般不超过 4~6 周，经药物治疗后大多可治愈；若治疗不及时、不彻底，则可转为慢性肺脓肿，需进行外科手术治疗。

【病因与发病机制】

（一）病因

肺脓肿主要由细菌感染引起，致病菌常为上呼吸道、口腔的定植菌，包括厌氧菌、兼性厌氧菌和需氧菌。其中，厌氧菌感染占大多数，消化链球菌属、梭杆菌属、拟杆菌属等较为常见。其他常见的病原体包括金黄色葡萄球菌、化脓性球菌、肺炎克雷伯菌、铜绿假单胞菌、大肠埃希菌和流感嗜血杆菌等。接受化疗者、白血病或艾滋病患者等免疫力低下者，病原菌可为真菌。

（二）发病机制

根据感染途径不同，临床上常将肺脓肿分为以下 3 种类型。

1. 吸入性肺脓肿　最多见，约占 60%。病原体经口、鼻、咽腔吸入，是肺脓肿发病的最主要原因。在神志昏迷、全身麻醉等情况下，扁桃体炎、鼻窦炎、牙槽脓肿等的脓性分泌物，口腔、鼻、咽部手术后的血块，齿垢或呕吐物等，经气管被吸入肺内，堵塞一段或小段支气管，使远端肺不张，局部细菌迅速生长、繁殖，引起炎症、小血管栓塞，肺组织即很快坏死，约 1 周后液化形成脓肿。吸入性肺脓肿多为单发，发病部位与支气管解剖形态和吸入时的体位有关。由于右主支气管较粗而陡直，吸入物易进入右肺。取仰卧位时，好发于肺上叶后段或下叶背段；坐位时，好发于下叶后基底段；右侧卧位时，好发于右上叶前段或后段。

2. 继发性肺脓肿　肺脓肿多继发于其他疾病，如金黄色葡萄球菌肺炎和肺炎克雷伯菌肺炎、空洞性肺结核、支气管扩张、支气管囊肿和支气管癌等。肺部邻近器官化脓性病变或外伤感染、膈下脓肿、肾周围脓肿、脊柱旁脓肿、食管穿孔等，穿破至肺亦可形成脓肿。支气管异物堵塞是导致小儿肺脓肿的重要因素。

3. 血源性肺脓肿　皮肤创伤、感染、疖、痈、骨髓炎、产后盆腔感染、亚急性细菌性心内膜炎等导致败血症和脓毒血症，病原菌（多数为金黄色葡萄球菌）、脓栓经血行播散至肺，引起小血管栓塞、肺组织炎症和坏死，形成脓肿。

急性肺脓肿经充分引流，脓液从气道排出，可使病变逐渐吸收，脓腔缩小甚至消失，或仅残留少量纤维瘢痕。炎症迁延 3 个月以上不能愈合，则称为慢性肺脓肿。

 考点提示

肺脓肿最常见的类型及病原体的入侵途径。

【护理评估】

（一）健康史

及时评估患者的病史，包括病程持续时间，患者是否有昏迷病史、酗酒等，或伴有疲劳、受凉感冒史，是否存在引起误吸的危险因素，身体其他部位是否存在感染病灶，是否存在支气管炎、支气管扩张合并感染等疾病。

（二）身体状况

1. 症状　急性肺脓肿患者多为急性起病，可出现畏寒、高热，体温为 39~40 ℃，伴有精神不振、全身乏力、食欲减退等全身中毒症状。起病初期表现为咳嗽、咳少量黏液痰或黏液脓性痰，若不能及时控制感染，则发病 10~14 天后可突然咳出大量脓臭痰及坏死组织，痰液量可达 300~500 ml/d，典型的痰液呈黄绿色、脓性。大量痰液静置后可分为 3 层，腥臭痰为厌氧菌感染的特征。约 1/3 的患者有痰中带血或小量咯血，偶尔出现中等量、大量咯血。炎症累及壁胸膜时，患者可有胸痛。病变范围较大时，患者可出现气促。若肺脓肿破溃到胸膜腔，则可导致脓气胸，表现为突发性胸痛、气促。血源性肺脓肿患者由原发病灶引起的畏寒、高热等全身脓毒血症的表现更明显，经数日后才出现咳嗽、咳痰，痰量不多，极少出现咯血。慢性肺脓肿患者常有咳嗽、咳脓性痰、反复发热和咯血，以及贫血、消瘦等症状。

2. 体征　肺部体征与肺脓肿的大小和部位有关。早期可无阳性体征，随着病情进展，可出现与肺炎相似的肺实变体征（如呼吸音减弱、叩诊呈浊音、支气管呼吸音、吸气捻发音）。脓肿腔增大时，叩诊可出现空瓮音。病变累及胸膜时，可出现胸膜摩擦音或胸腔积液体征。慢性肺脓肿患者常有杵状指（趾）、贫血和消瘦。血源性肺脓肿患者的体征多为阴性。

（三）心理、社会状况

评估患者对疾病的认知程度，能否有效咳嗽、咳痰，对体位引流方法及注意事项的掌握程度。肺脓肿患者应用抗生素治疗一般为 8～12 周，时间较长，患者往往对遵从治疗计划的重要性认识不足。

（四）辅助检查

1. 血常规　白细胞计数增高，可达 $(20～30) \times 10^9/L$，中性粒细胞比例达 90% 以上，核明显左移，常有中毒颗粒。慢性肺脓肿患者血白细胞计数可稍高或正常，红细胞计数和血红蛋白减低。

2. 细菌培养及药物敏感试验　经深咳嗽或纤维支气管镜采集痰液进行细菌培养有助于寻找致病菌。对血液以及并发脓胸时的胸腔脓液标本进行细菌培养对确定病原体更有价值。药物敏感试验有助于指导抗生素的选择。血源性肺脓肿患者血培养呈阳性。

3. 影像学检查　胸部 X 线检查是肺脓肿的主要诊断方法。吸入性肺脓肿早期典型的 X 线征象是大片致密、模糊的炎症浸润阴影，边缘不清。血源性肺脓肿的典型表现是两肺外侧多发散在的小片状炎症阴影或边缘较整齐的球形病灶，中央有小脓腔及气-液平面。并发脓胸者，患侧胸部呈大片致密阴影；若伴发气胸，则可见气-液平面。进行侧位 X 线检查可明确脓肿在肺的部位及其范围，有助于进行体位引流或外科治疗。脓肿形成后，大片致密炎症阴影中可出现圆形透亮区及气-液平面。若脓肿转为慢性，空洞壁增厚，周围纤维组织增生，邻近胸膜增厚，则纵隔可向患侧移位。CT 检查能更准确地定位及发现体积较小的脓肿。

4. 纤维支气管镜检查　有助于明确病因，并进行病原学诊断。通过活检、刷检及细菌学、细胞学检查，可以获取病因诊断证据。同时可进行抽吸脓液、注入支气管扩张药及抗生素等治疗。

【主要护理诊断/问题】

1. 体温过高　与肺组织感染、坏死或脓性痰阻塞支气管等有关。
2. 清理呼吸道无效　与痰液黏稠、积聚且位置较深有关。
3. 营养失调：低于机体需要量　与肺部感染导致机体能量消耗增加有关。
4. 气体交换障碍　与气道内痰液积聚、肺部感染有关。
5. 疼痛：胸痛　与炎症波及壁胸膜有关。

【护理措施】

（一）一般护理

1. 休息与环境　定时开窗通风，每日 2 次，每次 15～30 分钟，保持室内空气新鲜和病室清洁，维持室温为 18～22℃，湿度为 50%～70%。高热、中毒症状明显者应卧床休息，并予以温水擦浴、冰帽、冰袋等物理降温。出汗后需及时更换衣服，保持皮肤清洁、干燥，注意保暖，并遵医嘱及时补液。患者出现畏寒、寒战时，应注意保暖。

2. **饮食护理** 予以清淡、高蛋白、高热量、富含维生素、易消化的食物。对有消瘦、贫血等表现的慢性肺脓肿患者，合理补充营养更为重要。必要时可予以少量间断输注全血、血浆或复方氨基酸。鼓励患者多饮水，饮水量为1500～2000 ml/d，以稀释痰液。协助患者做好口腔护理，消除口臭，增进食欲。

### （二）病情观察

监测患者的生命体征，尤其是体温，每4小时测量1次。当患者体温突然升高或下降时，应随时测量并记录。观察患者的皮肤颜色和出汗情况。指导患者及家属识别并及时报告体温异常的早期表现和体征。严密观察患者是否有呼吸困难、发绀加重、烦躁不安、意识障碍等呼吸道阻塞的情况。

### （三）治疗配合

肺脓肿的主要治疗措施是抗生素治疗和痰液引流。

1. **抗生素治疗** 急性期主要应用抗生素治疗，根据痰培养及药物敏感试验选择药物。可静脉注射或应用介入放射治疗的方法进行脓腔局部给药。对病情好转较慢者，应考虑是否存在耐药菌，并进行反复痰培养及药物敏感试验，根据其结果更换适当药物。

（1）吸入性肺脓肿：致病菌多为厌氧菌，大多数患者对青霉素敏感，疗效较佳，故常用青霉素。一般可用1200万～1800万U/d，每日分4～6次静脉滴注。在有效抗生素治疗下，患者体温3～10天后可下降至正常。疗程一般为6～8周，或直至临床症状完全消失，X线检查显示脓腔及炎性病变完全消散，仅残留条索状纤维阴影为止。急性肺脓肿患者经青霉素治疗后，一般可痊愈。对青霉素不敏感者，可用林可霉素、盐酸克林霉素、第三代头孢菌素或甲硝唑。对嗜肺军团菌所致的肺脓肿患者，应用红霉素治疗可取得较好的效果。

（2）继发性肺脓肿：致病菌多为葡萄球菌和链球菌，可选用耐β-内酰胺酶的青霉素或头孢菌素。若致病菌为耐甲氧西林金黄色葡萄球菌，则应选用万古霉素或替考拉宁。对阿米巴原虫感染所致者，则用甲硝唑治疗。若致病菌为革兰氏阴性杆菌，则可选用第二代或第三代头孢菌素、喹诺酮类抗菌药，可联合应用氨基糖苷类抗生素。

（3）血源性肺脓肿：若致病菌为葡萄球菌或链球菌，则可选用耐β-内酰胺酶的青霉素或头孢菌素，同时应结合血培养及药物敏感试验进行败血症的有关治疗。此外，还需积极处理肺外化脓性病灶。

2. **痰液引流** 是提高疗效的有效措施。对痰液黏稠不易咳出者，可用祛痰药或雾化吸入，以利于痰液引流。对身体情况较好者，可采取体位引流。有条件时，宜尽早应用纤维支气管镜冲洗及吸引，可向脓腔内注入抗生素，以加强局部治疗，提高疗效并缩短病程。对伴有脓胸或支气管胸膜瘘的患者，若经抽吸脓液、冲洗治疗效果不佳，则可行肋间切开闭式引流。

3. **对症及支持疗法** 应用解痉药、祛痰药、解热镇痛药等，加强营养，必要时予以输血，尤其是对明显贫血的患者及准备手术前。经过内科治疗后，大部分急性患者可以痊愈。若2～3个月后患者仍未痊愈，转为慢性肺脓肿，则应考虑进行手术治疗。

4. **窒息的抢救** 对脓性痰较多且体质虚弱的患者进行体位引流时，护士应在旁监护，以免大量脓性痰涌出时患者无力咳出而发生窒息，并备好抢救用物，根据患者病情，准备好气管插管和呼吸机相关用物。当患者出现胸闷、气促、咳嗽无力、精神紧张、面色灰暗、喉部有痰鸣音等窒息先兆时，应立即使其取头低足高侧卧位，立即吸出痰液或血块，同时报告医生。一旦发现患者窒息，应迅速抱起其双腿呈倒立位，使上半身向下与地面呈45°～90°，托起患者头部向背屈，撬开其牙关，清除口腔内的痰液或血块，轻拍其背部，并用22号导管进行抽吸。

5. **手术治疗** 适应证：①肺脓肿病程超过3个月，经内科治疗病变未见明显吸收，并有反复感染或脓腔过大（直径＞5 cm），不易吸收者。②大量咯血经内科治疗无效或危及生命者。

③并发支气管胸膜瘘或脓胸经抽吸、冲洗治疗效果不佳者。④支气管阻塞限制气道引流者，如肺癌患者。对病情严重、不能耐受手术者，可经胸壁插入导管至脓腔进行引流。术前应评估患者的一般情况和肺功能。对年老体弱或危险性较大的患者，目前在药物控制下，不一定要冒险进行手术。

6. 用药护理　肺脓肿患者应用抗生素治疗的时间较长，应向患者强调坚持治疗的重要性、疗程及可能出现的不良反应，使患者坚持治疗。用药期间应密切观察药物的疗效及不良反应。

（四）对症护理

1. 咳嗽、咳痰的护理　指导患者有效咳嗽、咳痰的技巧，经常活动和变换体位，促使痰液咳出。注意观察患者的体力情况，以判断患者的耐受能力。体位引流有利于大量脓性痰排出体外，具体方法参见本章第五节"支气管扩张患者的护理"。对伴有明显呼吸困难以及处于高热、咯血期间的患者，不宜行体位引流。对痰液黏稠不易咳出者，遵医嘱予以雾化吸入，必要时予以负压吸引经口吸痰，或经纤维支气管镜行脓液吸引及冲洗。

2. 口腔护理　肺脓肿患者的口腔护理尤为重要，其主要原因是：①患者高热持续时间长，使唾液分泌减少，导致口腔黏膜干燥。②患者咳大量脓性痰，有利于细菌繁殖，易引起口腔炎及黏膜溃疡。③治疗时大量应用抗生素，易导致菌群失调而诱发真菌感染。应协助患者在晨起、餐后、体位引流后、临睡前漱口，尤其是咳大量脓臭痰的患者，应在每次咳痰后及时漱口；对出现意识障碍者，应由护士定时予以口腔护理。

（五）心理护理

经常咳出大量脓性痰会对患者产生不良刺激，使其出现焦虑、抑郁等心理反应。护士应关心患者，讲解疾病的治疗过程和配合方法，指导患者进行心理放松训练及有效咳嗽、咳痰，以减轻患者的焦虑、紧张情绪，使其增强战胜疾病的信心。

【健康指导】

1. 疾病预防指导　应彻底治疗口腔、上呼吸道慢性感染病灶，如龋齿、化脓性扁桃体炎、鼻窦炎、牙周脓肿等，以防止病灶分泌物吸入肺内而诱发感染。指导患者重视口腔清洁，经常漱口，多饮水，预防口腔炎的发生；积极治疗皮肤外伤感染、痈、疖等化脓性病灶，避免挤压痈、疖，以防止血源性肺脓肿的发生；避免因受寒、醉酒和极度疲劳导致机体免疫力低下和气道防御清除功能减弱而诱发吸入性感染。

2. 疾病知识指导　教会患者及家属有效咳嗽、体位引流的方法，及时排出呼吸道分泌物，必要时采用胸部物理治疗协助排痰，以保持呼吸道通畅，促进病变愈合。指导患有慢性基础疾病、年老体弱患者的家属经常为患者翻身、叩背，以促进痰液排出。

3. 用药指导与病情监测　告知患者及家属抗生素治疗的重要性，并提高患者的依从性，但疗程较长，需用药6～8周，为防止病情反复，应遵从治疗计划。指导患者出现高热、咯血、呼吸困难等表现时应警惕大量咯血和窒息的发生，需立即就诊。

## 第十三节　呼吸衰竭患者的护理

### 案例导入 2-12

患者，男，60岁，反复咳嗽、咳痰30余年；近1年来咳嗽、咳痰加重，伴呼吸困难、发绀，2天前因受凉后出现咳黄色脓性痰，不易咳出，今晨因呼吸困难、烦躁不安入院。查体：T 38.5 ℃，P 90次/分，R 24次/分，BP 160/90 mmHg。心律失常，肺部可闻及干、湿啰音。患者表情淡漠、嗜睡，外周表浅静脉充盈，皮肤温暖、红润、多汗，球结膜充血、水肿。肺部X线检查：双下肺纹理明显增粗、紊乱，透亮度增加，肋间隙增宽。血气分析显示：$PaCO_2$ 64 mmHg，$PaO_2$ 53 mmHg。患者入院后情绪不稳定，担心病情不能缓解。

**问题与思考：**

1. 该患者最可能的医疗诊断是什么？
2. 该患者目前主要的护理问题有哪些？

呼吸衰竭（respiratory failure）简称呼衰，是指各种原因引起的肺通气和（或）换气功能严重障碍，以致在静息状态下亦不能维持足够的气体交换，导致低氧血症伴（或不伴）高碳酸血症，进而引起一系列病理生理改变和代谢紊乱的临床综合征。明确诊断取决于动脉血气分析结果，即在海平面正常大气压、静息状态、呼吸空气的条件下，动脉血氧分压（$PaO_2$）<60 mmHg，伴或不伴有二氧化碳分压（$PaCO_2$）>50 mmHg，并排除心内解剖分流和心输出量降低等因素，即可诊断为呼吸衰竭。

【分类】

1. 根据动脉血气分析分类　分为Ⅰ型呼吸衰竭和Ⅱ型呼吸衰竭。Ⅰ型呼吸衰竭，为低氧血症型呼吸衰竭，$PaO_2$<60 mmHg，$PaCO_2$正常或降低；Ⅱ型呼吸衰竭，为高碳酸血症型呼吸衰竭，$PaO_2$<60 mmHg，$PaCO_2$>50 mmHg。

2. 根据起病缓急分类　分为急性呼吸衰竭和慢性呼吸衰竭。急性呼吸衰竭是指既往呼吸功能正常，由于溺水、电击、药物中毒等突发因素使通气或换气功能迅速出现严重障碍，在短时间内发生的呼吸衰竭。慢性呼吸衰竭是由于慢性呼吸系统疾病造成呼吸功能损害逐渐加重，经过较长时间发展成的呼吸衰竭。患者虽然有缺氧和二氧化碳潴留，但是通过代偿性适应，仍能应对日常生活，属于代偿性慢性呼吸衰竭。当发生呼吸道感染等而导致失代偿时，则可出现严重的缺氧和二氧化碳潴留症状，转变为失代偿性慢性呼吸衰竭。

3. 根据发病机制分类　分为通气性呼吸衰竭和换气性呼吸衰竭，也可分为泵衰竭和肺衰竭。

## 一、慢性呼吸衰竭患者的护理

慢性呼吸衰竭（chronic respiratory failure）是指由于呼吸系统和神经肌肉系统慢性疾病，如慢性阻塞性肺疾病、肺结核、神经肌肉病变等，导致呼吸功能损害逐渐加重，经过较长时间发展成的呼吸衰竭。若机体通过代偿适应，仍能从事日常生活活动，则称为代偿性慢性呼吸衰竭。若并发呼吸道感染等原因进一步加重呼吸功能损害，出现严重缺氧、$CO_2$潴留和酸中毒等临床表现时，则称为慢性呼吸衰竭急性加重，主要表现为呼吸困难、发绀、心率加快、血压变化、意识障碍等。

【病因与发病机制】

（一）病因

1. 气道阻塞性病变　如COPD、重症哮喘等，可引起肺通气不足，导致缺氧和二氧化碳潴留。

2. 肺组织病变　如严重肺炎、肺气肿等，可导致有效弥散面积减小、肺顺应性降低、通气/血流比例失调，造成缺氧或合并二氧化碳潴留。

3. 肺血管疾病　如肺栓塞，可引起通气/血流比例失调。

4. 心脏疾病　如缺血性心脏病、严重心脏瓣膜病等，可导致通气和换气功能障碍，从而导致缺氧和（或）二氧化碳潴留。

5. 胸廓与胸膜病变　如胸部外伤造成的连枷胸、胸廓畸形、广泛胸膜增厚、气胸等，可造成通气不足和吸入气体分布不均,导致呼吸衰竭。

6. 神经肌肉病变 如脑血管疾病、重症肌无力等,可累及呼吸肌,造成呼吸肌无力或麻痹。

### (二)发病机制

1. 缺氧和二氧化碳潴留的发生机制

(1) 肺泡通气不足:正常成人静息状态下,有效肺泡通气量需达到 4 L/min,才能维持正常的肺泡氧分压($PaO_2$)和二氧化碳分压($PaCO_2$)。气道阻塞、生理无效腔增加等,均可导致通气不足,引起 $PaO_2$ 下降和 $PaCO_2$ 升高。肺泡通气不足可引起缺氧和二氧化碳潴留。

(2) 通气/血流比例失调:是引起低氧血症最常见的原因。肺泡通气量(V)与肺血流量(Q)比例正常情况下应维持在 0.8,才能保证有效的气体交换。肺泡通气/血流比例失调有两种主要形式。①部分肺泡通气不足:肺部病变(如肺炎、肺不张、肺水肿)引起病变部位肺泡通气不足,使通气/血流比例减小(V/Q<0.8),部分未经氧合的静脉血(肺动脉)流入动脉血(肺静脉),产生从右至左的肺动静脉样分流。②部分肺泡血流量不足:肺血管病变(如肺栓塞)引起栓塞部位血流量减少,使通气/血流比例增大,肺泡内气体没有足够的血液进行气体交换,导致生理无效腔增多。通气/血流比例失调最终引起缺氧而无二氧化碳潴留,但严重的通气/血流比例失调也可导致二氧化碳潴留。

(3) 弥散障碍:肺内气体交换是通过弥散过程实现的。气体的弥散量取决于弥散面积、肺泡膜的厚度和通透性、气体与血液接触的时间和气体分压差等。肺部疾病(如肺实变、肺不张)引起弥散面积减小,肺水肿、肺纤维化等引起弥散距离增大,均可导致弥散障碍。由于氧的弥散能力仅为二氧化碳的 1/20,故发生弥散障碍时,通常仅表现为低氧血症。

(4) 耗氧量增加:发热、寒战、呼吸困难和抽搐等均可使机体耗氧量增加。正常人可通过增加通气量以防止缺氧,而原有通气功能障碍的患者,在耗氧量增加的情况下即可出现严重的低氧血症。

2. 低氧血症和高碳酸血症对机体的影响

(1) 对中枢神经系统的影响:脑组织对缺氧十分敏感。通常,供氧完全停止 4~5 分钟即可引起不可逆的脑损害。缺氧对中枢神经系统的影响程度取决于缺氧的程度和发生速度。当 $PaO_2$ 降至 60 mmHg 时,患者可出现注意力不集中、智力和视力轻度减退;当 $PaO_2$ 降至 40~50 mmHg 时,患者可出现一系列神经精神症状,如头痛、烦躁不安、定向力与记忆力障碍、精神错乱、神志恍惚、谵妄等;当 $PaO_2$ 降至 30 mmHg 时,患者可出现意识丧失,甚至昏迷;当 $PaO_2$ 低于 20 mmHg 时,数分钟即可导致不可逆的神经细胞损害。

$CO_2$ 轻度增加时,对皮质下层的刺激加强,可间接引起皮质兴奋,患者往往出现失眠、精神兴奋、烦躁不安、言语不清、精神错乱;当二氧化碳潴留使脑脊液 $H^+$ 浓度增高时,可影响脑细胞代谢,降低脑细胞兴奋性,抑制皮质活动,表现为嗜睡、昏迷、抽搐和呼吸抑制。这种由缺氧和二氧化碳潴留导致的神经精神障碍综合征称为肺性脑病,又称 $CO_2$ 麻醉。

缺氧、二氧化碳潴留及酸中毒均可引起脑血管扩张和血管内皮损伤,使血管通透性增高,同时可引起脑细胞内钠、水增加,导致脑间质和脑细胞水肿,颅内压增高,压迫脑组织和血管,进一步加重脑缺氧,形成恶性循环。

(2) 对循环系统的影响:一定程度的缺氧和 $CO_2$ 潴留均可引起反射性心率加快、心肌收缩力增强、心输出量增加。同时可使交感神经兴奋,引起皮肤和腹腔器官血管收缩,而冠状血管主要受局部代谢产物的影响而扩张,使血流量增加。严重缺氧和 $CO_2$ 潴留可直接抑制心血管中枢,造成心脏活动受抑制和血管扩张、血压下降和心律失常等。急性严重缺氧可导致心室颤动或心搏骤停。长期慢性缺氧最终可发展为慢性肺源性心脏病。

（3）对呼吸系统的影响：当 $PaO_2<60$ mmHg 时，可作用于颈动脉体和主动脉体化学感受器，反射性引起呼吸中枢兴奋。但若缺氧缓慢加重，则这种反射作用比较迟缓。另外，缺氧还可对呼吸中枢产生直接抑制作用，当 $PaO_2<30$ mmHg 时，抑制作用占优势。$CO_2$ 对呼吸中枢具有较强的兴奋作用，当 $CO_2$ 浓度增高时，通气量明显增加。但当 $PaCO_2>80$ mmHg 时，可对呼吸中枢产生抑制和麻痹作用，通气量反而下降，此时，呼吸运动主要靠缺氧的反射性呼吸兴奋作用维持。

（4）对消化系统和肾功能的影响：严重缺氧可使胃壁血管收缩，胃黏膜屏障功能降低。而 $CO_2$ 潴留可增强胃壁细胞的碳酸酐酶活性，使胃酸分泌增多，导致胃肠黏膜糜烂、坏死、溃疡和出血。缺氧可直接或间接损害肝细胞，使丙氨酸转氨酶（谷丙转氨酶）升高，并可使肾血管痉挛、肾血流量减少，导致肾功能不全。

（5）对电解质和酸碱平衡的影响：严重缺氧可抑制细胞能量代谢的中间过程，使能量合成降低，并产生大量乳酸和无机磷，引起代谢性酸中毒。严重或持续缺氧可使能量合成不足，导致钠泵功能障碍，使细胞内 $K^+$ 转移至血液中，而 $Na^+$ 和 $H^+$ 进入细胞内，造成高钾血症和细胞内酸中毒。慢性 $CO_2$ 潴留时，肾排出 $HCO_3^-$ 减少，以维持正常 pH，机体为维持血液中主要阴离子的相对恒定，出现排 $Cl^-$ 增加，造成低氯血症。$PaCO_2$ 增高（$>45$ mmHg）可使 pH 下降（$<7.35$），导致呼吸性酸中毒。

【护理评估】

（一）健康史

询问患者发病前是否有以下疾病史：支气管、肺组织疾病，如 COPD、重症肺结核、肺间质纤维化、肺尘埃沉着病等；胸廓和神经肌肉病变，如胸廓畸形、胸部外伤、手术、重症肌无力等。询问患者是否有呼吸道感染、手术、创伤、药物中毒等诱发呼吸衰竭的因素。

（二）身体状况

除原发病的症状和体征外，主要是缺氧和 $CO_2$ 潴留引起的呼吸困难和多脏器功能紊乱的表现。

1. 呼吸困难　表现为呼吸频率、节律和幅度的改变，是患者最早、最突出的症状。如 COPD 患者呼吸由慢而深变为浅而快；并发肺性脑病时，则出现浅慢呼吸或潮式呼吸。

2. 发绀　又称紫绀，是缺氧的典型表现，是由于血液中的还原血红蛋白含量增多所致，以口唇、指甲、舌等处最为明显，发绀程度与还原血红蛋白的含量有关。

3. 精神神经症状　慢性缺氧时，患者可出现智力和定向力障碍。随着二氧化碳分压的升高，患者可出现先兴奋后抑制的症状。轻度 $CO_2$ 潴留表现为多汗、烦躁、白天昏睡、夜间失眠等兴奋症状。随着 $CO_2$ 潴留的加重，呼吸中枢受抑制，患者可发生肺性脑病，出现表情淡漠、肌震颤、间歇抽搐、嗜睡，甚至昏迷等。

4. 循环系统症状　慢性缺氧和 $CO_2$ 潴留可引起肺动脉高压、肺源性心脏病，患者可出现右心衰竭的表现。$CO_2$ 潴留时，患者可出现皮肤潮红、湿暖多汗、心率加快、血压升高、搏动性头痛等。晚期患者由于严重缺氧和酸中毒，可引起周围循环衰竭、血压下降、心律失常，甚至心脏停搏。

5. 其他表现　严重呼吸衰竭可损害肝、肾功能，患者可出现转氨酶、血尿素氮、血肌酐水平升高，甚至有黄疸、蛋白尿和氮质血症等表现。部分患者可出现胃肠黏膜充血、水肿、糜烂、渗血，可引起上消化道出血、消化性溃疡等。

（三）心理、社会状况

由于长期受到慢性支气管、肺疾病的折磨，患者发生呼吸衰竭后常对预后感到绝望。当病情恶化时，患者用力呼吸仍不能满足对氧的需求，常会感受到死亡的威胁而产生恐惧心理。在建立人工气道、使用呼吸机时，由于可影响与他人的交流，患者可出现情绪低落、烦躁不安。撤离呼吸机时，患者又可出现紧张、焦虑和依赖心理。

**（四）辅助检查**

1. 动脉血气分析　是诊断呼吸衰竭和判断呼吸衰竭类型最主要的依据。患者 $PaO_2$ ＜60 mmHg，伴或不伴 $PaCO_2$ ＞50 mmHg，pH 可正常或降低。

2. 电解质检查　发生呼吸性酸中毒合并代谢性酸中毒时，患者常伴有高钾血症；发生呼吸性酸中毒合并代谢性碱中毒时，患者常伴有低钾和低氯血症。

3. 影像学检查　胸部 X 线检查、胸部 CT 检查和放射性核素检查可协助分析呼吸衰竭的原因。

4. 痰液检查　痰涂片与细菌培养的检查结果有助于指导抗生素的选用。

5. 肺功能检查　患者第 1 秒用力呼气量（$FEV_1$）、用力肺活量（FVC）低于正常值。

6. 其他　尿常规检查可见红细胞、蛋白尿、管型尿；血清 BUN、Scr、ALT、AST 可有不同程度的升高。

考点提示

呼吸衰竭的临床表现、诊断依据及分型。

【主要护理诊断 / 问题】

1. 低效性呼吸型态　与肺顺应性降低、呼吸肌疲劳、气道阻力增加、不能维持自主呼吸有关。

2. 气体交换受损　与肺功能减退或呼吸中枢抑制有关。

3. 清理呼吸道无效　与呼吸道感染导致分泌物增多、咳痰无力等有关。

4. 语言沟通障碍　与脑组织缺氧和 $CO_2$ 潴留导致语言表达障碍、建立人工气道等有关。

5. 有受伤的危险　与意识障碍、机械通气等有关。

6. 潜在并发症：肺性脑病、酸碱平衡失调、电解质紊乱、消化道出血、心力衰竭等。

【护理措施】

**（一）一般护理**

1. 休息与活动　将患者安置在监护病房或单人病室，保持病室内温度和湿度适宜，定时通风换气。协助患者取端坐位或半坐位休息，呼吸困难明显的患者应绝对卧床休息，避免一切增加耗氧量的活动。

2. 饮食护理　鼓励清醒患者自行进食，应少食多餐，予以高热量、高蛋白、富含维生素、易消化、少产气的饮食。对昏迷或吞咽困难的患者，可通过鼻饲提供营养。鼻饲期间，应观察患者是否有腹胀、腹泻或便秘等不适症状。必要时予以静脉营养。

3. 基础护理　协助患者做好口腔、皮肤等基础护理，定时协助患者翻身，预防压疮、口腔炎和尿路感染的发生。

**（二）病情观察**

注意观察患者的生命体征、意识状态，尤其是呼吸频率、节律和幅度的变化；使用辅助呼吸机的情况，并记录痰液的颜色、性状和量，监测动脉血气分析；观察患者是否有缺氧和二氧化碳潴留的症状和体征，如二氧化碳潴留引起的皮肤温暖、红润、球结膜充血、水肿、搏动性头痛等；观察患者是否有肝、肾等脏器功能受损和肺性脑病、上消化道出血、心力衰竭、休克等并发症的表现。若患者出现神志淡漠、肌震颤、抽搐、嗜睡、昏迷等症状，则提示发生肺性脑病。一旦在病情观察过程中发现异常，即应及时通知医生并配合处理。

### （三）治疗配合

在保持呼吸道通畅的前提下，应迅速纠正缺氧和 $CO_2$ 潴留，纠正酸碱失衡和代谢紊乱，防止多器官功能受损，积极治疗原发病，消除诱因，预防和治疗并发症。

1. 治疗要点

（1）保持呼吸道通畅：是呼吸衰竭最基本、最重要的治疗措施。

（2）氧疗：通过增加吸入氧浓度，提高肺泡内氧分压，提高动脉血氧分压和血氧饱和度，从而增加可利用氧。对Ⅰ型呼吸衰竭患者，应予以较高浓度（>35%）吸氧；对Ⅱ型呼吸衰竭患者，应予以持续低流量（1～2 L/min）、低浓度（28%～30%）吸氧。慢性呼吸衰竭患者的吸入氧浓度应保证使 $PaO_2$>60 mmHg 或 $SaO_2$>90%。

（3）增加通气量、减少 $CO_2$ 潴留：

1）正压机械通气和体外膜肺氧合：对于出现严重呼吸衰竭、经上述处理仍不能有效改善缺氧和二氧化碳潴留的患者，需考虑行无创或有创正压机械通气。当机械通气无效时，可采用体外膜肺氧合（extracorporeal membrane oxygenation，ECMO）治疗，为原发病的治疗争取更多的时间。

2）呼吸兴奋剂：由于正压机械通气的广泛应用，呼吸兴奋剂的应用已逐渐减少。慢性呼吸衰竭患者常用的呼吸兴奋剂有多沙普仑、洛贝林等，可通过刺激颈动脉体和主动脉体化学感受器兴奋呼吸中枢，从而增加通气量。

（4）抗感染治疗：呼吸道感染是慢性呼吸衰竭最常见的诱因，应结合痰培养及药物敏感试验选择合适的抗生素，常用广谱高效抗生素，以迅速控制感染。

（5）其他：及时纠正酸碱平衡失调和电解质紊乱；积极防治慢性肺源性心脏病、右心衰竭、消化道出血、休克、多器官功能衰竭等并发症。

2. 用药护理　遵医嘱准确使用抗生素，注意观察药物的疗效与不良反应；使用呼吸兴奋剂时，静脉滴注速度不宜过快，注意观察呼吸频率和节律、神志变化以及动脉血气的变化。若患者出现恶心、呕吐、烦躁、面色潮红、皮肤瘙痒、肌震颤等现象，则常提示药物过量，应及时通知医生。禁用对呼吸有抑制作用的镇静催眠药。

### （四）对症护理

1. 保持呼吸道通畅　指导并协助患者进行有效咳嗽、咳痰，遵医嘱予以祛痰药，必要时行雾化吸入。定时协助患者更换体位，每1～2小时翻身、叩背1次，以利于痰液引流，增加通气量。对不能自行咳嗽者，宜经口、鼻腔吸痰。对建立人工气道者，应加强气道湿化的护理，可采用间断或连续气管内滴注生理盐水（间断滴注，每隔20～30分钟滴注3～5 ml）；连续滴注时，应安装好滴注装置，然后用头皮针直接穿刺进入气管插管的导管内，滴速为4～6滴/分，使分泌物稀薄、易于吸出。适时、有效地进行吸痰，注意无菌操作。

2. 合理吸氧　吸氧可提高肺泡内氧分压和氧饱和度，纠正缺氧，改善呼吸功能。临床常用的简便方法是经鼻导管或鼻塞吸氧，还可予以面罩吸氧、气管内氧疗和呼吸机辅助呼吸。

（1）Ⅰ型呼吸衰竭：一般予以较高浓度（35%～50%）氧气吸入或在短时间内间歇予以高浓度（>50%）氧气吸入。当患者 $PaO_2$>70 mmHg 时，应逐渐降低吸氧浓度，以防止发生氧中毒。

（2）Ⅱ型呼吸衰竭：予以低流量（1～2 L/min）、低浓度（28%～30%）持续吸氧。

（3）氧疗效果评价：氧疗过程中，若患者出现意识障碍加重或呼吸过度表浅、缓慢，则常提示可能为 $CO_2$ 潴留加重；若患者呼吸困难缓解、发绀减轻、心率减慢、尿量增多、神志清醒，皮肤转暖，则提示氧疗有效；若患者发绀消失、神志清楚、精神好转、$PaO_2$>60 mmHg、

$PaCO_2 < 50$ mmHg，则可考虑终止氧疗。停止吸氧前必须予以间断吸氧，然后逐渐完全停止。

（五）血气分析标本采集

血气分析标本采集的注意事项：①用血气分析专用试管采集（肝素抗凝）。②采集动脉血2 ml，一般选择股动脉、肱动脉或桡动脉作为穿刺部位。③注意将血液与空气隔绝，并旋转试管，使血液与肝素充分混匀，以防止发生凝血。④拔针的同时，立即用干棉签按压穿刺处15分钟，以预防穿刺部位出血及形成血肿。⑤采集到的标本应立即低温送检，避免振荡，在30分钟内完成检测。

（六）并发症的护理

1. 纠正酸碱平衡失调　呼吸衰竭常见的酸碱失衡类型为呼吸性酸中毒、呼吸性酸中毒合并代谢性酸中毒等。发生呼吸性酸中毒时，可通过充分供氧和改善通气加以纠正；发生代谢性酸中毒时，除应充分供氧和改善通气外，还可遵医嘱静脉滴注5%碳酸氢钠；发生代谢性碱中毒时，可通过避免二氧化碳排出过快、适当补氯、补钾等措施加以纠正。

2. 预防和控制上消化道出血　参见第二章　第三节　消化性溃疡患者的护理。

 考点提示

慢性呼吸衰竭的治疗要点，血气分析标本采集的注意事项。

（七）机械通气的护理

进行机械通气可降低呼吸功，改善呼吸困难。在使用呼吸机的过程中，应注意以下几个方面。

1. 观察病情　了解患者对机械通气的反应，及时发现并处理并发症。

（1）监测生命体征：观察呼吸频率、幅度、吸呼气时间比、双侧呼吸运动是否对称、是否有自主呼吸、自主呼吸是否与呼吸机同步。定时记录呼吸机各项参数的变化。监测患者是否有明显或持续的血压下降、体温升高。

（2）观察意识状态：是评估机械通气疗效的依据之一。随着通气状况的改善，患者意识障碍可逐渐减轻。若患者出现烦躁不安、呼吸困难、发绀加重、出汗等，则提示呼吸机调节不当、通气不足，或自主呼吸与呼吸机不同步。若患者出现多语、兴奋、抽搐等，则提示发生呼吸性碱中毒。

（3）观察皮肤黏膜及周围循环情况：观察皮肤的颜色、弹性、温度和湿度，是否有$CO_2$潴留的表现。

（4）记录24小时液体出入量和体液平衡情况：尤其是尿量；观察患者是否有腹胀、肠鸣音减弱等体液失衡的表现。

2. 辅助检查的监测

（1）血气分析：是监测机械通气治疗效果较为重要的指标之一。应在使用呼吸机后20～30分钟进行血气分析。理想的指征是：Ⅰ型呼吸衰竭患者$PaO_2$保持在正常范围；Ⅱ型呼吸衰竭患者$PaCO_2$逐渐下降，血pH达到正常范围，$PaO_2$维持在80～100 mmHg。

（2）胸部X线检查：进行床旁胸部X线检查，及时了解气管插管的位置。

3. 观察呼吸机运转情况　详细记录呼吸频率、潮气量、吸呼气时间比、气道压力，使用呼吸机前的生命体征指标、动脉血气、液体出入量等。尤其应注意观察患者的呼吸与呼吸机是否同步，患者气道和呼吸机管路连接是否紧密，发现异常应及时处理。

4. 人工气道的护理

（1）妥善固定：应妥善固定气管插管或气管切开套管，防止人工气道移位、脱开和阻塞。

（2）定时放气：气囊应定时放气，以防止气道黏膜发生压力性损伤。通常，每次放气3~5分钟，每天2~4次，注意每次放气前应先吸尽气道和口、鼻腔内的分泌物。

（3）湿化气道：除保证足够的液体入量外，还应通过在室内使用湿化器、气道内持续滴入生理盐水、雾化吸入等方法保持气道湿化。

（4）吸痰：当出现呼吸机气道高压报警、患者动脉氧分压或动脉血氧饱和度下降时，应立即予以吸痰。对建立人工气道者进行吸痰时应注意：①严格执行无菌操作，用物24小时消毒1次。②选择的吸痰管外径不能超过气管内径的1/2。③吸痰前、后均应适度增加吸氧流量和通气量。④吸痰过程中，在上提吸痰管时，应注意左右旋转，防止因操作不当而造成气道黏膜损伤；每次吸痰时间不超过15秒，对痰液黏稠者可先向气道内滴入湿化液，以利于吸痰。⑤吸痰时，须密切监测患者心率、血压的变化，一旦发现患者出现心率明显加快、心律失常、血压下降等，应立即停止操作，予以吸氧。

5. 饮食护理　机械通气患者一般不能或仅能很少量进食，应遵医嘱按时完成补液计划，准确记录液体出入量，以维持水、电解质平衡，并保证患者的营养需求。对不能进食者，可通过鼻饲予以易消化、营养丰富的饮食，待患者病情好转、神志清楚，并拔除胃管后，再鼓励患者自行进食。

6. 预防和控制呼吸机相关感染　①严格执行洗手制度及无菌操作规程，减少探视。②定时更换呼吸机管道或使用一次性呼吸机管道。③定时协助患者翻身、拍背、更换体位，及时吸痰，减少肺内痰液的潴留。④对于行气管插管者，气囊充气量应适度，以免引起胃内容物误吸。⑤注意监测患者的体温、心率、白细胞计数等指标，以早期发现感染征象并及时采取措施。

7. 脱机前后的护理　一般认为在以下情况下，可考虑撤离呼吸机：机械通气治疗的原发病和并发症已得到有效控制；患者情况稳定、生命体征正常，吸入空气时 $PaO_2 > 70$ mmHg 或 $SaO_2 > 85\%$。脱机前，护士应向患者解释脱机的步骤及其安全性，以帮助患者消除顾虑，树立信心，积极配合。脱机前应吸尽气管和气管导管内的分泌物。停机后，仍须密切观察患者的生命体征，指导患者进行有效咳嗽、咳痰。当痰液黏稠不易咳出时，可进行超声雾化吸入。

【健康指导】

1. 疾病知识指导　向患者讲解疾病发生、发展和转归相关知识。教会患者缩唇呼吸、腹式呼吸、体位引流以及有效咳嗽、咳痰的方法，提高患者的自我保健及护理能力，促进患者康复，延缓肺功能恶化。教会患者及家属合理进行氧疗，避免自行调高或减低氧流量，并注意用氧安全。

2. 生活指导　指导患者合理饮食，戒除烟、酒，避免摄入刺激性食物。指导患者制订合理的活动及休息计划，教会患者减少耗氧量的活动与休息方法。尽量减少与呼吸道感染者接触，少去或不去人群聚集的地方，避免发生交叉感染。

3. 用药指导　指导患者遵医嘱用药，熟悉药物的剂量、用法和注意事项。若出现不良反应，则应及时就诊。

4. 就医指导　指导患者及家属学会识别病情变化，若出现咳嗽加重、痰液增多、痰液颜色变黄、呼吸困难加重或神志改变，则应及早就医。

## 二、急性呼吸窘迫综合征患者的护理

急性呼吸窘迫综合征（acute respiratory distress syndrome，ARDS）是指由于严重的感染、休克、创伤、弥散性血管内凝血等肺内和肺外因素导致急性弥漫性肺损伤引起的急性进行性呼吸衰竭。临床上以进行性呼吸窘迫和顽固性低氧血症为特征，主要病理特征是急性弥漫性肺毛细血管炎症性损伤和（或）通透性增高引起肺水肿和透明膜形成，可伴有肺间质纤维化。

【病因与发病机制】

（一）病因

ARDS 的病因尚不清楚，与之相关的疾病（危险因素）有肺内（直接）因素和肺外（间接）因素两类。前者主要包括肺部创伤、误吸、有毒气体吸入、长时间高浓度吸氧、严重肺部感染、淹溺等；后者主要包括严重肺外创伤、严重休克、大量输血、急性重症胰腺炎、药物或麻醉药品中毒等。其中，严重创伤、休克和感染是 ARDS 最主要的病因。

（二）发病机制

ARDS 的发病机制尚未完全明确，目前认为炎症细胞和炎症介质在 ARDS 的发病过程中起重要作用。上述病因通过多种因素，最终引起肺毛细血管损伤、通透性增高和微血栓形成。肺泡上皮损伤，表面活性物质减少或消失，导致肺水肿、肺泡内透明膜形成和肺不张，从而引起肺的氧合功能障碍，导致顽固性低氧血症和呼吸窘迫。主要病理改变是肺广泛充血、水肿和肺泡内透明膜形成。

【护理评估】

（一）健康史

询问患者是否有严重创伤、休克、败血症、弥散性血管内凝血和重症胰腺炎等病史，是否有大量输血、有毒气体吸入、误吸反流的胃内容物、淹溺等情况，是否有心、肺疾病史。

（二）身体状况

除原发病的临床表现外，主要表现为严重低氧血症和急性进行性呼吸窘迫，经普通氧疗常无法改善，也无法用其他心肺疾病解释。呼吸频率常＞28 次/分，伴明显发绀，常有烦躁、焦虑、出汗等。早期多无异常体征，中期可闻及细湿啰音，后期可闻及水泡音及管状呼吸音。

（三）心理、社会状况

陌生的环境、严重的病情、机械通气、语言交流障碍等常使患者产生紧张、焦虑和恐惧心理。家属担心患者的安危，也会产生焦虑情绪。同时，高昂的医疗费用也会增加患者家庭的经济负担。

（四）辅助检查

1. 动脉血气分析　以 $PaO_2$ 降低（≤60 mmHg）、$PaCO_2$ 降低和 pH 升高为典型表现，后期可出现 $PaCO_2$ 升高和 pH 降低。氧合指数（$PaO_2/FiO_2$）降低是诊断 ARDS 的必要条件，正常值为 400～500 mmHg，$PaO_2/FiO_2$≤300 mmHg 即可诊断为 ARDS。根据 $PaO_2/FiO_2$，可将 ARDS 分为轻度、中度和重度，$PaO_2/FiO_2$ 200～300 mmHg 为轻度，$PaO_2/FiO_2$ 100～200 mmHg 为中度，$PaO_2/FiO_2$≤100 mmHg 为重度。

2. 肺部 X 线检查　早期以间质性病变为主，肺部 X 线检查常无异常或表现为肺纹理增多、边缘模糊。发病 12～48 小时，两肺出现边缘模糊的斑片状阴影，之后逐渐融合成大片浸润阴影。后期可出现肺间质纤维化改变。

3. 肺功能检查　肺顺应性降低，无效腔通气量比例增加，但无气流受限。

4. 血流动力学监测　仅用于与左心衰竭鉴别有困难时。通常，肺毛细血管楔压（pulmonary capillary wedge pressure，PCWP）＜12 mmHg，若 PCWP＞18 mmHg，则支持左心衰竭的诊断。

> 考点提示
>
> ARDS 的主要表现和诊断的必要条件及诊断标准。

【主要护理诊断/问题】

1. 低效性呼吸型态　与不能进行有效呼吸有关。
2. 清理呼吸道无效　与呼吸道感染或阻塞、气道分泌物过多及无效咳嗽等有关。
3. 恐惧　与呼吸窘迫、病情危重以及对环境和病情失去自主控制有关。
4. 营养失调：低于机体需要量　与气管插管和代谢增高有关。
5. 语言沟通障碍　与建立人工气道、极度衰弱有关。
6. 潜在并发症：多脏器功能障碍等。

【护理措施】

（一）一般护理

1. 休息与活动　将患者安置于重症监护病房予以监护，使患者绝对卧床，取高枕卧位或半卧位。病室内保持适宜的温度和湿度，定时通风换气。
2. 营养支持　患者多处于高代谢状态，应补充足够的营养，必要时予以鼻饲或静脉营养。遵医嘱予以输液，维持体液平衡，注意严格控制输液的速度和量。加强皮肤和口腔护理，防止继发感染。

（二）病情观察

观察患者的生命体征、皮肤黏膜颜色及神志变化，记录24小时液体出入量，监测$SaO_2$、动脉血气分析指标。观察呼吸机的运行情况和各项参数。若发现患者出现皮下出血、痰中带血、呕血、便血、血尿等，则应及时通知医生处理。

（三）治疗配合

治疗原则是积极治疗原发病、氧疗、机械通气及维持体液平衡。

1. 积极治疗原发病　是治疗ARDS的首要原则和基础。
2. 氧疗　迅速纠正缺氧是抢救ARDS患者最重要的措施。一般需予以高流量、高浓度（>50%）吸氧，使$PaO_2$>60 mmHg或$SaO_2$>90%。吸氧过程中，氧气应充分湿化，防止气道黏膜干裂、受损。记录吸氧方式、浓度和时间，观察氧疗效果和不良反应，防止发生氧中毒。
3. 机械通气　应尽早进行机械通气。目前推荐使用最低呼气末正压通气（positive end expiratory pressure，PEEP）。进行PEEP时，应补充血容量，并从低水平开始逐渐调整PEEP压力，采用小潮气量，以防止肺泡过度扩张。PEEP无效或患者病情加重时，应尽快行气管切开或气管插管，予以有创机械通气，并做好人工气道和机械通气的常规护理。
4. 维持体液平衡　在血压稳定的前提下，液体出入量宜保持轻度负平衡（-500 ml左右），可适当使用强效利尿药，以促进水肿消退。ARDS早期，除非患者出现低蛋白血症，否则不宜输注胶体溶液，以免加重肺水肿。对大量出血的患者，必须输血时宜输注新鲜血。
5. 应用糖皮质激素　一般主张早期、大剂量、短程治疗，对控制病情有一定的作用。

 考点提示

ARDS的氧疗方法及机械通气模式。

【健康指导】

1. 疾病知识指导　向患者及家属讲解积极治疗原发病的重要性，使其配合并坚持治疗。
2. 生活指导　指导患者增强体质，加强营养。避免吸入刺激性气体，戒烟。避免劳累，预防呼吸道感染。

# 第十四节　呼吸系统疾病患者护理实训

## 一、纤维支气管镜检查术患者的护理

纤维支气管镜（fiberoptic bronchoscope）检查是利用光学系统或内镜经鼻或口腔插入气管、支气管或各叶段支气管进行检查或治疗的方法。纤维支气管镜的管径细、可弯曲度大、可视范围广、照明清晰度高，可在直视下进行行活检或刷检、钳取异物、吸引或清除阻塞物，并可进行支气管灌洗或支气管肺泡灌洗，行细胞学检查或液体成分分析，同时可注入药物、切除气管腔内的良性肿瘤等。

随着支气管镜诊疗技术的发展，支气管镜检查及治疗的范围不断扩大。经支气管镜腔内超声检查、经支气管针吸活检及超声引导下经支气管针吸活检术可透过管壁对气管和支气管以外的病变、肺门及纵隔淋巴结进行穿刺活检；电磁导航支气管镜可对常规支气管镜无法到达的肺周围病变、纵隔及肺门淋巴结进行定位及活检；自体荧光支气管镜通过利用异常组织和周围正常组织自体荧光特性的不同，可以识别异常组织，还可早期发现支气管黏膜的原位癌及癌前病变，提高早期肺癌诊断的灵敏度。目前，纤维支气管镜检查已成为支气管、肺和胸腔疾病诊断及治疗不可或缺的重要手段。

【适应证】

（一）协助诊断

1. 原因不明的咯血，需明确出血原因或部位者；或病因及病变部位明确，但内科治疗无效或反复大量咯血，需局部止血治疗者。

2. 出现难以解释的持续性咳嗽或局限性喘鸣音者。

3. 胸部X线检查显示占位性病变或阴影而导致肺不张、阻塞性肺炎、支气管狭窄或阻塞，经抗生素治疗未缓解，怀疑为异物或肿瘤者。

4. 原因不明的喉返神经麻痹、膈神经麻痹或上腔静脉阻塞者。

（二）局部治疗

用于清除黏稠的分泌物、黏液栓或异物，行支气管肺泡灌洗、局部止血及用药等治疗。

（三）急诊抢救

作为气管插管的引导，用于急诊抢救。

【禁忌证】

目前无绝对禁忌证，相对禁忌证的范围也逐渐缩小。对出现下列情况者，行纤维支气管镜检查应慎重；若必须进行，则需要做好抢救的准备。

1. 活动性大量咯血。

2. 急性心肌梗死。

3. 妊娠期。

4. 出血、凝血机制严重障碍。

5. 严重心律失常、高血压危象、不稳定型心绞痛、严重心肺功能不全、严重肺动脉高压、颅内高压、主动脉瘤及主动脉夹层、严重精神疾病及全身极度衰竭等。

【操作方法】

插镜前，应检查所有器械，协助患者取平卧位；不能平卧者可取坐位或半坐位，将头部向后仰，可予以经口或鼻插镜。术者左手握纤维支气管镜操纵部，用右手将镜插入鼻腔，边插镜，边调节角度调节钮，使镜端沿咽后壁进入喉部，观察声带活动情况、气管黏膜、软骨环和气管隆嵴。确认两侧主支气管口后，先自上而下依次检查健侧各叶、段支气管，注意观察黏膜外观、通畅情况，是否有肿物及分泌物等。检查完毕，将镜退回到气管杈部位，再依次检查患侧；若发现病变，则根据需要进行活检。

【操作前准备】

1. 解释　向患者说明纤维支气管镜检查的目的、意义、穿刺过程以及有关配合和注意事项，以消除患者的紧张情绪，取得其合作，并请患者或家属签署知情同意。

2. 患者准备　检查前，需要对患者进行胸部X线正位和（或）侧位检查，必要时行胸部CT检查，以确定病变部位。对心肺功能不佳者，应进行心电图检查和血气分析。对于拟行支气管活检的患者，应在检查前检测血小板计数、凝血酶原时间和活化部分凝血活酶时间。局部麻醉术前禁食4~6小时、禁饮水2小时，全身麻醉术前禁食8小时、禁饮水2小时，以防止误吸。术前30分钟按医嘱予以阿托品1 mg或地西泮10 mg。

3. 用物准备　纤维支气管镜、吸引器、冷光源、活检钳、细胞刷、喉头喷雾器、麻醉药、镇静药、痰杯、痰纸、氧气、2%利多卡因、阿托品、肾上腺素、生理盐水等。

【操作中配合】

1. 用2%利多卡因进行咽喉部喷雾麻醉。协助患者取仰卧位，将其头部后仰，使口、喉与气管成一直线。不能平卧者，可取坐位或半坐位。

2. 配合医生经口或鼻插管，并经纤维支气管镜滴入麻醉药，予以黏膜表面麻醉，按需配合医生进行吸引、活检和治疗等。

3. 检查过程中，护士应密切观察患者的生命体征和反应。麻醉不足或分泌物过多可导致喉、支气管痉挛和通气障碍。缺氧可引起心律失常、血压升高，甚至心搏骤停，此时应立即拔出纤维支气管镜，配合医生进行抢救。出血是支气管镜活检最常见的并发症，也是患者最常见的死亡原因。若患者发生气道出血，则应在操作过程中配合使用止血药。当患者出现大量咯血时，应立即使其取侧卧位，保持气道通畅，予以吸氧、补液、监测生命体征、全身应用止血药或做好急诊手术准备。对发生窒息者，应行气管插管。

【操作后护理】

1. 病情观察　密切观察患者是否出现发热、胸痛、气促、出血、气胸或皮下气肿、咳嗽、咽痛、肺炎、菌血症和心血管并发症等。向患者说明发生小量咯血、痰中带血及咽喉部疼痛等属于正常现象。若咯血量较多，则应及时报告医生。

2. 饮食护理　局麻术后2小时或全麻术后6小时禁食、禁饮水，以免发生误吸。待患者麻醉清醒，咳嗽和呕吐反射恢复后，即可进食。进食前，让患者尝试饮少量水，若无呛咳，即可进食。以进食温凉流质或半流质食物为宜。

3. 对症护理　鼓励患者轻轻咳出痰液和血液，术后半小时内减少说话，使声带得以充分休息。若患者出现声音嘶哑和咽喉肿痛，可遵医嘱予以雾化吸入。按医嘱予以抗生素，预防呼吸道感染。

4. 送检标本　及时留取标本或活组织送检，并定期做细菌培养。

5. 检查、消毒用物　检查完毕，应对纤维支气管镜进行彻底冲洗及严格消毒。

【注意事项】

操作过程中须严格执行无菌操作。术中、术后应严密观察患者的病情变化。

## 二、胸腔穿刺术患者的护理

胸腔穿刺术是将穿刺器械经胸壁穿刺入胸膜腔进行抽液检查、胸膜活检或排出胸腔内液体或气体的一种临床常用诊疗技术。

【适应证】

1. 诊断性穿刺　发生胸部外伤后疑有气胸、血气胸，需进一步明确者；胸腔积液性质待定，需穿刺抽取积液做辅助检查者。

2. 治疗性穿刺　大量胸腔积液（或积血）、积气影响呼吸、循环功能，且尚不具备条件施行胸腔引流术者，或气胸影响呼吸功能者；脓胸或恶性胸腔积液，需向胸腔内注入药物者。

【禁忌证】

病情危重者；有严重出血倾向、大量咯血者；穿刺部位有炎症病灶者；对麻醉药过敏者。

【操作方法】

1. 患者常取坐位，面向椅背，双手交叉抱臂，置于椅背上，头部置于手臂上。不能坐起者，可取半卧位，举起患侧上臂（图2-17）。

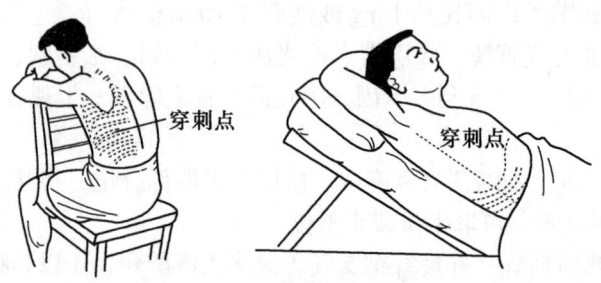

图2-17　胸部穿刺体位

2. 结合X线、超声检查结果确定穿刺点。对胸腔积液患者，常选择腋后线或肩胛下角线第7~8肋间或腋中线第5~6肋间进行穿刺。对气胸患者，取患侧锁骨中线第2肋间或腋前线第4~5肋间进行穿刺。

3. 术者戴口罩和无菌手套，助手协助其打开胸腔穿刺包。按无菌操作规程进行消毒、铺巾，应用2%利多卡因3~5 ml进行局部麻醉。在选定的穿刺点沿肋骨上缘垂直进针，缓慢推进并注药，估计接近胸膜时，麻醉应充分；直至有突破感时，可轻轻回抽，如果可以抽出液体，则表明已进入胸腔内积液处，记住进针方向及深度后拔针。

4. 检查穿刺针是否通畅，与穿刺针连接的乳胶管先用止血钳夹住，然后准备穿刺。

5. 术者用左手固定穿刺点皮肤，右手持穿刺针沿肋骨上缘按上述方向及深度穿刺，有突破感后，用注射器连接胶管抽液。助手应注意抽液时固定好穿刺针，每次取下注射器前先夹闭胶管，以防止空气进入胸腔。

6. 对脓胸患者，在抽出脓液后，可用无菌生理盐水冲洗脓腔，直至流出的灌洗液清洁为止。然后可注入适当的抗生素。

7. 抽液完毕，拔出穿刺针，盖以无菌纱布，并用胶布固定。嘱患者卧床休息。

8. 抽出的胸液，应根据病情需要分别送检。

【护理措施】

（一）术前准备

1. 用物准备　常规消毒盘1套，无菌胸腔穿刺包（内有胸腔穿刺针、5 ml和50 ml注射器、7号针头、止血钳、洞巾、纱布等），2%利多卡因（1%普鲁卡因），0.1%肾上腺素1支，无菌手套，无菌试管，量杯等。

2. 患者准备　①向患者说明穿刺的目的和术中注意事项，如术中避免突然改变体位，避免咳嗽或深呼吸。②协助患者取正确的穿刺体位。③需要使用普鲁卡因时，应做皮肤试验，并及时记录。

## （二）术中配合

1. 常规消毒，然后打开胸腔穿刺包。助手用胶布固定洞巾两上角，以防止洞巾滑脱。然后，打开利多卡因或普鲁卡因药液，供医师抽吸进行麻醉。

2. 术者持穿刺针刺入胸腔后，助手应用止血钳协助固定穿刺针。

3. 术者用 50 ml 注射器抽吸胸腔积液时，助手应将止血钳放松。当针管吸满后，应先夹紧乳胶管，再取下注射器排液，以防止气体进入胸腔。进行减压抽液时，首次抽液量不宜超过 700 ml，之后每次不超过 1000 ml。对脓胸患者，每次应尽量抽尽脓液。进行诊断性抽液时，抽取 50～100 ml 送检即可。

4. 抽液结束后，应及时记录抽出液体的颜色、性状和量，留取标本并及时送检。必要时可注射药物进行治疗。

5. 术中应密切观察患者是否有头晕、面色苍白、出冷汗、心悸、胸闷、胸部剧痛、刺激性咳嗽等胸膜反应。一旦发生异常，应立即停止抽液，协助患者取平卧位，遵医嘱予以皮下注射 0.1% 肾上腺素 0.3～0.5 ml，并密切观察患者的血压变化，防止发生休克。

## （三）术后护理

1. 嘱患者取平卧位或半卧位休息，鼓励患者深呼吸，以促进肺膨胀。观察患者的呼吸、脉搏等情况，注意观察患者是否出现气胸等并发症。

2. 观察穿刺部位是否有渗血或液体流出，保持敷料清洁、干燥。

3. 对术中注入药物者，应嘱患者转动体位，以便药液在胸腔内混匀，并观察患者对注入药物的反应。

（梁惠连　黄笑燕　李辉员　沈　娇　夏　莹）

# 自 测 题

## 一、选择题

**A1/A2 型题**

1. 下列在临床上不出现发绀的患者是
   A. 急性肺炎患者　　　　B. 慢性阻塞性肺气肿患者　　C. 自发性气胸患者
   D. 严重贫血患者　　　　E. 右心衰竭患者

2. 支气管哮喘患者禁忌使用的药物是
   A. $\beta_1$ 肾上腺素能受体兴奋剂
   B. $\beta_2$ 肾上腺素能受体兴奋剂
   C. $\beta$ 肾上腺素能受体阻滞剂
   D. $\alpha$ 肾上腺素能受体兴奋剂
   E. $\alpha$ 肾上腺素能受体阻滞剂

3. 未曾接种卡介苗的 2 岁儿童结核菌素试验呈强阳性反应，提示
   A. 机体反应差　　　　B. 需接种卡介苗　　　　C. 有活动性肺结核
   D. 曾有结核分枝杆菌感染　　E. 严重营养不良

4. 护理重症哮喘患者时，下列措施不妥的是
   A. 守护在患者床边，加强心理护理
   B. 安排患者取舒适的半卧位或坐位

C. 予以低流量鼻导管吸氧

D. 勿勉强进食，限制水的摄入

E. 对痰液多且黏稠者，可予以雾化吸入

5. 典型支气管哮喘发作时，最主要的临床表现是

　A. 伴有哮鸣音的吸气性呼吸困难及双肺哮鸣音

　B. 伴有哮鸣音的呼气性呼吸困难及双肺哮鸣音

　C. 伴有哮鸣音的混合性呼吸困难及双肺哮鸣音

　D. 伴有哮鸣音的混合性呼吸困难、咳粉红色泡沫样痰

　E. 伴有哮鸣音的混合性呼吸困难、咯血

6. 肺炎球菌肺炎患者不可能出现的临床表现是

　A. 寒战　　　　　　　B. 高热　　　　　　　C. 胸痛

　D. 气促　　　　　　　E. 咳红棕色胶冻样痰

7. 慢性肺源性心脏病患者出现下肢水肿的主要原因是

　A. 左心功能不全　　　B. 右心功能不全　　　C. 肾功能不全

　D. 呼吸衰竭　　　　　E. 下肢静脉血栓

8. 评估呼吸气流是否受限最常用的指标是

　A. 残气量/肺总量（RV/TLC）

　B. $FEV_1\%$ 预计值

　C. 最大呼气流量（MEF）

　D. $FEV_1/FVC$

　E. 用力肺活量（FVC）

9. 下列对慢性肺源性心脏病患者的护理措施不正确的是

　A. 禁用麻醉药

　B. 慎用镇静药

　C. 予以每分钟 4～6 L 氧气吸入

　D. 心肺功能失代偿期患者应卧床休息

　E. 予以高热量、高蛋白、富含维生素的饮食

10. 关于慢性肺源性心脏病患者发生心力衰竭时使用利尿药，下列说法正确的是

　A. 出现水肿，即可使用

　B. 对水肿严重者应迅速利尿

　C. 应选择作用轻的利尿药，小剂量使用

　D. 出现水肿后，应持续利尿，直至水肿消退

　E. 应按照缓慢、持续利尿的原则

11. 进行腹式呼吸训练时，下列动作中应予以纠正的是

　A. 吸气时腹部用力挺出　　B. 呼气时腹部用力收缩　　C. 深吸气、快呼气

　D. 用鼻吸气，用口呼气　　E. 深吸气、慢呼气

12. 关于肺结核化疗原则的描述，错误的是

　A. 早期使用抗结核药

　B. 联合使用 2 种以上抗结核药

　C. 间断使用抗结核药

　D. 严格遵医嘱应用适当的药物剂量

　E. 坚持完成规定疗程

13. 慢性呼吸衰竭患者并发肺性脑病时，不宜予以高浓度吸氧的主要原因是
    A. 防止引起氧中毒
    B. 缺氧不是主要的原因
    C. 高浓度吸氧可降低颈动脉体化学感受器的兴奋性
    D. 高浓度吸氧可促使二氧化碳排出过快
    E. 高浓度吸氧可诱发代谢性碱中毒

14. 肺源性心脏病导致肺动脉高压形成的主要因素是
    A. 缺氧          B. 血容量增加          C. 血液黏滞度增高
    D. 继发性红细胞增多    E. 肺毛细血管小栓子形成

15. 患者，男性，70岁，肺源性心脏病，下肢水肿，哮喘严重并呈端坐呼吸。护理人员应注意观察患者的病情，为警惕患者发生肺性脑病，尤其应注意观察的是
    A. 体温          B. 饮食情况          C. 姿势和步态
    D. 意识状态       E. 皮肤、黏膜

16. 支气管哮喘患者突然出现胸痛、气促、呼吸困难、大汗淋漓、烦躁不安，一侧呼吸音消失（寂静肺），应考虑该患者发生的是
    A. 自发性气胸     B. 支气管哮喘急性发作   C. 重症哮喘
    D. 肺炎          E. 胸膜炎

17. 患者，男性，68岁，被他人搀扶步行到医院。接诊护士观察到患者面色发绀，口唇呈黑紫色，呼吸困难，询问病史得知其有慢性阻塞性肺疾病史。需立即对患者进行的处理是
    A. 为患者挂号
    B. 不进行处理，等待医生到来
    C. 予以鼻塞法吸氧
    D. 进行电除颤
    E. 进行人工呼吸

18. 某患者既往有支气管扩张病史40年，每天咳痰约500 ml，近日出现痰中带血。为预防咯血和窒息，需要采取的护理措施中不妥的是
    A. 不宜屏气
    B. 注意观察患者是否有窒息先兆
    C. 若患者发生窒息，则应立即清除咽喉部积血
    D. 可用镇咳药
    E. 对病情严重者行气管切开

19. 患者，男性，30岁，患浸润性肺结核2年，应用链霉素0.5 g肌内注射，每天2次，口服异烟肼、利福平治疗半年，近来自诉耳鸣、听力减退。该患者可能出现的是
    A. 肺结核临床症状
    B. 链霉素导致的听力损害
    C. 异烟肼导致的听力损害
    D. 利福平导致的听力损害
    E. 异烟肼导致的周围神经损害

20. 患者，男性，80岁，因慢性阻塞性肺疾病并发感染而住院，下列表现中提示患者出现肺性脑病先兆的是
    A. 瞳孔不等大     B. 心率加快、血压升高   C. 呼吸急促
    D. 烦躁、嗜睡     E. 尿量减少

21. 患者，男性，30岁，经常在晨起及夜间咳大量脓性痰，伴少量鲜血，并且痰液放置后分为3层，该患者可能发生的是

  A. 慢性支气管炎    B. 肺癌    C. 肺结核

  D. 支气管扩张    E. 肺气肿

22. 患者，男性，25岁，反复咳嗽、咳大量脓性痰伴咯血10年，3天前淋雨后出现发热，咳大量脓臭痰。入院CT检查示左下肺蜂窝状阴影。拟行体位引流，该患者的引流体位是

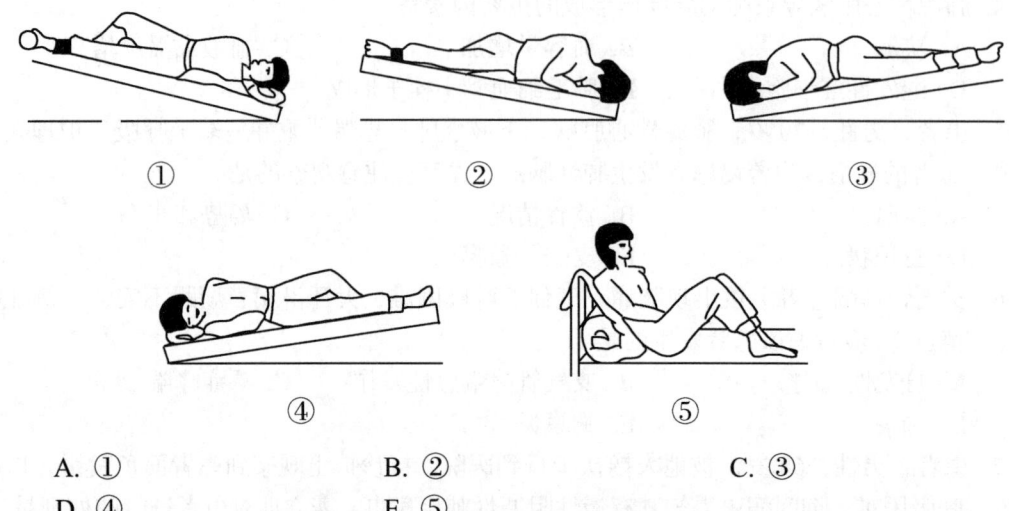

  A. ①    B. ②    C. ③

  D. ④    E. ⑤

23. 患者，女性，45岁，诊断为支气管哮喘，快速静脉滴注后出现头晕、心悸、心律失常、血压骤降，引起上述反应的药物可能是

  A. 沙丁胺醇    B. 氨茶碱    C. 异丙托溴铵

  D. 地塞米松    E. 色甘酸钠

24. 患者，男性，70岁，诊断为慢性阻塞性肺疾病，出院后拟进行长期家庭氧疗，护士应告知患者每日吸氧的时间不少于

  A. 5小时    B. 8小时    C. 10小时

  D. 12小时    E. 15小时

25. 史先生，60岁，既往有慢性支气管炎、肺气肿病史20年，近2周来出现发热、咳嗽、咯大量黏液脓性痰，伴心悸、气促。体格检查：呼吸急促、发绀明显、颈静脉怒张、下肢水肿。进行心电图检查时可出现的表现是

  A. P波高尖    B. P波低平    C. P波倒置

  D. P波增宽    E. P波消失

26. 患者，男性，77岁，既往有COPD病史5年，近日受凉后出现咳嗽加重，咳脓性痰，痰液不易咳出。查体：体温37.5℃，气促，听诊可闻及痰鸣音，伴喘息。该患者目前主要的护理问题是

  A. 清理呼吸道无效    B. 气体交换受损    C. 体温过高

  D. 低效性呼吸型态    E. 活动无耐力

27. 患者，男性，65岁，3年前被诊断为"COPD"，近日因感冒后出现呼吸困难加重入院。护士对该患者所采取的氧疗方式正确的是

  A. 间歇高流量吸氧    B. 间歇低流量吸氧    C. 持续高流量吸氧

  D. 高压吸氧    E. 持续低流量、低浓度吸氧

28. 患者，男性，68岁，因近日咳嗽、咳痰、气促明显，随之出现神志不清、发绀而入

院；既往有肺气肿病史。动脉血气分析显示：pH 7.31，$PaO_2$ 52 mmHg，$PaCO_2$ 61 mmHg，该患者可能发生的是

  A. 肺源性心脏病    B. 肺炎      C. 左心衰竭

  D. 呼吸衰竭      E. 肺癌

29. 某慢性肺源性心脏病患者，喘憋明显，略有烦躁。在治疗过程中应慎用镇静药，以避免

  A. 发生洋地黄中毒   B. 发生双重感染   C. 发生脱水、低钾血症

  D. 诱发肺性脑病    E. 加重心力衰竭

**A3/A4 型题**

（30～32 题共用题干）

患者，男性，70 岁，既往有慢性阻塞性肺疾病病史 20 余年，近 2 年逐渐出现活动后气促、活动耐力降低，双下肢水肿。患者 1 周前感冒后，咳嗽、咳痰明显加重，轻微活动后即出现明显气促。2 天前，家人发现患者白天嗜睡，夜间烦躁不安，遂来医院就诊。急诊以"肺源性心脏病、呼吸衰竭"将患者收治入院。

30. 责任护士对该患者进行身体评估时，不可能出现的体征是

  A. 口唇发绀     B. 听诊 $A_2>P_2$   C. 肝颈静脉回流征阳性

  D. 双下肢水肿     E. 球结膜水肿

31. 责任护士评估该患者时，发现其处于睡眠状态，大声呼唤其姓名可以将其唤醒，但患者回答问题时答非所问，并很快再次入睡，目前该患者的意识状态是

  A. 昏睡       B. 昏迷      C. 谵妄

  D. 意识模糊      E. 嗜睡

32. 目前患者主要的护理问题是

  A. 潜在并发症：肺性脑病

  B. 活动无耐力

  C. 潜在并发症：心律失常

  D. 有皮肤完整性受损的危险

  E. 清理呼吸道无效

（33～35 题共用题干）

患者，男性，65 岁，因慢性支气管炎、肺部感染、呼吸衰竭入院。查体：气促，不能平卧，痰液黏稠，呈黄色，且不易咳出。血气分析显示：$PaO_2$ 45 mmHg，$PaCO_2$ 62 mmHg。

33. 予以氧疗时，氧浓度和氧流量应分别为

  A. 29%，2 L/min   B. 33%，3 L/min   C. 37%，4 L/min

  D. 41%，5 L/min   E. 45%，6 L/min

34. 协助患者排痰时，以下措施较好的是

  A. 予以雾化吸入

  B. 协助患者定时翻身、拍背

  C. 鼓励患者用力咳嗽

  D. 予以鼻导管吸氧

  E. 体位引流

35. 护士进行夜间巡视时，发现患者烦躁不安，呼吸频率、心率加快，球结膜充血，此时应采取的措施是

A. 使用镇静药　　　　　B. 增加氧流量　　　　　C. 使用呼吸兴奋剂
D. 降低氧浓度　　　　　E. 做好机械通气的准备

（36～38题共用题干）

患者，男性，35岁，突发寒战、高热、咳嗽、右下部胸痛1天，随后退热，继而出现恶心、呕吐、意识模糊。体格检查：T 37℃，P 110次/分，R 28次/分，BP 80/50 mmHg；患者面色苍白，口唇发绀，右下肺叩诊呈浊音，可闻及少量湿啰音。

36. 应首先考虑的诊断是
　　A. 肺炎球菌肺炎　　　　B. 重症肺炎　　　　　　C. 右侧胸膜炎
　　D. 右侧气胸　　　　　　E. 肺脓肿

37. 目前患者主要的护理诊断/问题是
　　A. 体温过高　　　　　　B. 气体交换受损　　　　C. 组织灌注量改变
　　D. 疼痛：胸痛　　　　　E. 肺脓肿

38. 除予以抗菌药物治疗外，首要的护理措施是
　　A. 预防并发症的发生
　　B. 遵医嘱予以止咳祛痰药
　　C. 鼻饲高热量、富含维生素的流质饮食
　　D. 按休克原则处理好体位、保暖、吸氧、静脉输液等问题
　　E. 注意观察患者的生命体征、神志、瞳孔、尿量等变化

## 二、案例分析题

1. 患者，男性，20岁，因1天前淋雨后受凉，出现畏寒，发热，体温达39.5℃，并出现左侧胸痛，咳嗽或深呼吸时加剧，咳铁锈色痰，伴气促，为明确诊断而入院。体格检查：T 39℃，P 110次/分，R 24次/分，BP 110/75 mmHg；急性病面容，口唇轻度发绀；左侧胸部叩诊呈浊音；实验室检查：WBC $12.0\times10^9$/L。肺部X线检查示：左下肺野可见大片致密阴影。

请问：
（1）该患者可能的医疗诊断是什么？诊断依据有哪些？
（2）该患者目前的护理问题有哪些？

2. 患者，女性，25岁，2小时前给宠物洗澡时突然出现张口喘息、大汗淋漓。入院后查体：T 36.5℃，P 130次/分，R 32次/分，BP 110/70 mmHg；神志清醒，表情紧张，呈端坐位，口唇发绀；双肺叩诊呈过清音，呼气相明显延长，双肺野可闻及广泛哮鸣音，有奇脉。

请问：
（1）该患者最可能的医疗诊断是什么？
（2）该患者目前主要的护理问题有哪些？

3. 患者，女性，55岁，半年前出现低热、盗汗，伴咳嗽、咳痰、乏力，1周前咳嗽、咳痰加重，并出现咯血，偶尔有胸闷。查体：T 37.5℃，P 80次/分，R 20次/分，BP 100/70 mmHg，消瘦。肺部X线检查示：左锁骨下絮状阴影，边缘模糊。

请问：
（1）该患者最可能的医疗诊断是什么？

（2）确诊还需要进一步做哪些检查？
（3）该患者目前主要的护理问题有哪些？

4. 患者，男性，60岁，慢性咳嗽、咳痰20年，呼吸困难5年；2天前因感冒后症状加重，咳黄色痰入院。入院查体：T 39.5 ℃，P 110次/分，R 25次/分，BP 130/90 mmHg，发绀，桶状胸，双肺叩诊呈过清音，并可闻及干、湿啰音，腹部平软，肝、脾检查未见异常。辅助检查：血气分析结果示 $PaO_2$ 50 mmHg，$PaCO_2$ 65 mmHg，尿常规检查（−）。

**请问：**
（1）该患者可能的医疗诊断是什么？诊断依据有哪些？
（2）该患者目前存在的护理问题有哪些？
（3）应如何对该患者进行氧疗？其依据是什么？

第三章数字资源

# 第三章 循环系统疾病患者的护理

## 学习目标

1. 说出循环系统常见疾病患者的身体状况、护理措施。
2. 描述循环系统常见疾病患者的辅助检查、治疗要点和护理诊断。
3. 解释循环系统常见疾病的病因与发病机制。
4. 能对循环系统常见疾病患者进行护理评估、提出护理诊断，并采取相应的护理措施。
5. 运用所学的知识深刻理解"敬佑生命、救死扶伤、甘于奉献、大爱无疆"的精神内涵。

循环系统由心脏、血管和调节血液循环的神经、体液组成。其主要功能是为全身组织器官运输血液，通过血液将氧、营养物质和激素等供给组织，并将组织代谢产物排出，以保证机体正常新陈代谢的需要，维持生命活动。

循环系统疾病包括心脏和血管的疾病，合称心血管病（cardiovascular disease，CVD），是危害人们健康和影响社会劳动力的重要疾病。国家心血管病中心发布的《中国心血管健康与疾病报告2022》指出，由于我国居民不健康生活方式流行，存在CVD危险因素的人数较多，人口老龄化加速，我国CVD发病率和死亡率仍在升高，疾病负担下降的拐点尚未出现；我国CVD患者人数约为3.3亿，其中脑卒中患者人数约为1300万，冠心病患者人数约为1139万，肺源性心脏病患者人数约为500万，风湿性心脏病患者人数约为250万，先天性心脏病患者人数约为200万，外周动脉疾病患者人数约为4530万，高血压患者人数约为2.45亿。目前，我国常见的心血管病包括冠状动脉粥样硬化性心脏病、高血压心脏病、心律失常、风湿性心脏瓣膜病、心肌病、先天性心脏病、慢性肺源性心脏病和心包炎等，与多种危险因素密切相关，除性别、年龄等因素不可干预外，其他大多数是可干预的危险因素，如高血压、肥胖、吸烟、血脂异常、血糖异常等。针对各种可干预的危险因素进行早期综合干预，有助于降低心血管病的发生率和死亡率。

【循环系统的结构和功能】

1. 心脏 循环系统是密闭的管道系统，心脏是该系统的中心器官，位于中纵隔内，约有2/3位于正中线左侧，1/3位于正中线右侧。心脏前方被肺和胸膜覆盖，后方有气管、支气管、食管、胸主动脉和迷走神经等，两侧为左、右肺；心脏被心间隔和房室瓣分成4个心腔，即右心房、右心室、左心房、左心室。左心房和左心室之间有二尖瓣，右心房和右心室之间有三尖瓣，左心室与循环主动脉之间有主动脉瓣，右心室与肺动脉之间有肺动脉瓣。心壁可分为3层：内层为心内膜；中层为心肌层，心室肌远比心房肌厚，以左心室为甚；外层为心外膜，即心包脏层，与心包壁层形成一个间隙，称为心包腔，内含少量浆液，起润滑作用。

2. 传导系统　心脏传导系统由特殊的心肌细胞所构成，其主要功能是产生和传导激动，控制心脏的节律性活动。传导系统包括窦房结、结间束、房室结、希氏束，以及左、右束支及其分支和浦肯野纤维。当冲动在窦房结形成后，沿传导系统迅速地传到心房肌及心室肌，可使之产生兴奋而引起收缩。

3. 血液供应　心脏的血液供应来自左、右冠状动脉，灌流主要在舒张期。冠状动脉的大分支分布于心肌表面，小分支则由外向内进入心肌，经毛细血管网汇合成心静脉，最后汇入冠状窦，进入右心房。

4. 血管　循环系统的血管包括动脉、毛细血管和静脉3类。动脉的主要功能是将血液输送到组织器官，其管壁有肌纤维和弹力纤维，可保持一定的张力和弹性，并在各种血管活性物质的作用下收缩和舒张，影响局部血流量，改变外周血管阻力，故又称阻力血管；毛细血管是血液及组织液交换营养物质和代谢产物的场所，故又称功能血管；静脉的主要功能是汇集从毛细血管来的血液，并将血液输送回心脏，其容量较大，故又称容量血管。阻力血管和容量血管对维持和调节心功能有重要的作用。

5. 神经-体液　心脏虽然有自律性，但仍受神经及体液的调节。调节循环系统的神经主要包括交感神经和副交感神经。①交感神经兴奋时，可以通过肾上腺素能α和$β_1$受体，使心率加快，心肌收缩力增强，外周血管收缩，血管阻力增加，血压升高；②副交感神经兴奋时，可以通过乙酰胆碱受体，使心率减慢，心肌收缩力减弱，心输出量减少，外周血管扩张，外周阻力下降，血压下降。调节循环系统的体液因素有肾素-血管紧张素-醛固酮系统（renin-angiotensin-aldosterone system，RAAS）、血管内皮因子、电解质、某些激素和代谢产物等。其中，RAAS是调节钠、钾平衡以及血容量和血压的重要系统；血管内皮细胞生成的缩血管物质（如内皮素、血管收缩因子）具有收缩血管的作用；内皮细胞生成的血管舒张物质（如前列环素、内皮舒血管因子）具有扩张血管的作用。这两类物质的平衡对维持正常的循环功能起重要作用。在安静状态下，成人每分钟心输出量约为5 L，运动时，心输出量可增加4～6倍。可见，心脏有强大的储备能力。

## 第一节　循环系统疾病患者常见症状与体征的护理

### 一、心源性呼吸困难

心源性呼吸困难（cardiac dyspnea）是指各种心血管疾病引起的呼吸困难，患者主观上感觉空气不足、呼吸费力、憋气，客观上出现呼吸频率、节律和深度的异常。典型表现为急性左心衰竭时突发呼吸困难，严重者表现为高度气喘，颜面发绀，大汗淋漓。听诊两肺底有较多湿啰音及哮鸣音，心率加快，可有奔马律，多在夜间熟睡后发作。

【护理评估】

（一）病因与发病机制

心源性呼吸困难主要由左、右心衰竭引起。左心衰竭引起呼吸困难的主要原因是肺淤血和肺泡弹性降低导致肺泡气体交换减少，常见于高血压心脏病、冠心病、风湿性心脏病等患者；右心衰竭引起的呼吸困难主要是由于体循环淤血所致，见于心包积液、心脏压塞等患者。

（二）身体状况

1. 左心功能不全引起的呼吸困难　主要原因是肺淤血和肺泡弹性减低。患者可出现以下几种表现。

（1）劳力性呼吸困难：是心源性呼吸困难的早期表现，特点是进行体力活动时发生或加重，休息后缓解或消失。起初多在进行较重的体力活动（如快步行走、登楼）时出现，休息时缓解。随着病情加重，进行轻微体力活动（如穿衣、洗漱、进食、说话）时即可出现。其发生机制是运动使回心血量增加，左心房压力升高，加重肺淤血。

（2）夜间阵发性呼吸困难：是心源性呼吸困难的典型表现。患者多在夜间睡眠时突感胸闷、气促，被迫坐起。病情较轻时，数分钟或数十分钟后症状逐渐减轻或消失，病情较重者可伴有咳嗽、咳白色泡沫样痰、气喘、发绀、肺部闻及哮鸣音，称为心源性哮喘，大多数患者在端坐休息后逐渐缓解。其发生机制包括：平卧时回心血量增加，加重肺淤血；夜间迷走神经张力增高，小支气管平滑肌收缩，使肺通气量减少；平卧时横膈抬高，使肺活量减少等。临床上应注意与支气管哮喘相鉴别。

（3）端坐呼吸：是严重肺淤血的表现，即静息状态下患者仍感到呼吸困难、不能平卧。根据病情轻重依次可表现为被迫采取高枕卧位、半坐卧位、端坐位、前倾位，甚至还需将双腿下垂。

（4）急性肺水肿：患者表现为极度呼吸困难、发绀、大汗淋漓，咳浆液性粉红色泡沫样痰，双肺布满湿啰音和哮鸣音。这是左心衰竭引起呼吸困难最严重的表现形式。

2. 右心功能不全引起的呼吸困难　主要是由于体循环淤血所致，见于慢性肺源性心脏病、某些先天性心脏病患者或由左心衰竭发展而来，也可见于各种原因所致的急性和慢性心包积液、肝淤血患者，腹腔积液、胸腔积液形成，使呼吸运动受限，或酸性代谢产物增多刺激呼吸中枢而引起呼吸困难。

（三）心理、社会状况

精神紧张、愤怒、焦虑或挫折感等可引起呼吸中枢兴奋，加重呼吸困难；呼吸困难可直接影响患者的活动耐力，使患者产生紧张、焦虑，甚至悲观、绝望等心理反应。

（四）辅助检查

1. 动脉血气分析、血氧饱和度（$SaO_2$）、血清电解质测定　是判断患者缺氧程度及酸碱平衡状况的重要指标。

2. 胸部X线检查　有助于判断肺淤血、肺水肿或肺部感染的严重程度，明确是否有胸腔积液或心包积液。

3. 心电图、超声心动图检查　有助于判断病情和病因。

【主要护理诊断/问题】

1. 气体交换受损　与肺淤血、肺水肿或伴肺部感染有关。
2. 活动无耐力　与氧的供需失调有关。

【护理措施】

（一）休息与活动

1. 休息　保持病室安静、整洁。当患者出现明显呼吸困难时，应嘱其卧床休息。劳力性呼吸困难患者应减少活动量，以不引起症状为度。对出现夜间阵发性呼吸困难的患者，应加强夜间巡视。根据患者呼吸困难的类型和程度，指导其采取适当的体位，如半卧位，可以给患者垫2~3个枕头或将床头抬高。当患者出现严重呼吸困难时，应协助其取端坐位，使用床上小桌，让患者卧床休息，必要时将双腿下垂。半卧位、端坐位可使横膈下移，有利于增加肺活量；双腿下垂可减少回心血量，有利于改善呼吸困难。注意患者体位的舒适与安全，必要时加用护栏，以防止坠床。

2. 活动　待患者病情稳定后，可指导其循序渐进地增加活动量，遵循卧床休息→床边活动→病室内活动→病室外活动→上下楼梯的活动步骤。①鼓励卧床患者在床上进行主动或被动肢体活动，以保持肌张力和关节的活动范围，预防静脉血栓形成。②若患者病情允许，可离床坐于床旁椅子上，并进行基本的双腿活动，观察患者活动时的生理反应。③病室内行走，一般在离床后第 2 天开始，活动前后均需测量患者的血压、脉搏、血氧饱和度，如果血压变化超过 20 mmHg 或脉搏增加超过 20 次 / 分，或患者出现呼吸困难、疲倦、胸痛等症状，则提示活动过量，应适当减慢活动的进程。④病室外行走，如果患者能够耐受病室内行走活动，即可逐渐延长行走距离，直到每次能行走 60～120 m，每天 3 次。

### （二）吸氧

根据血氧饱和度及患者的呼吸困难严重程度确定吸氧方式和氧流量。吸氧方式包括鼻导管吸氧、面罩吸氧、无创正压通气吸氧等。一般采取间断或持续鼻导管吸氧，根据病情调节氧流量，氧流量为 2～4 L/min。同时应选择适当的湿化剂进行气道湿化。

### （三）病情观察

密切观察患者的呼吸困难是否改善，发绀是否减轻；监测血氧饱和度、血气分析、动脉血氧分压是否正常；听诊部位湿啰音是否减少；观察患者心率、心律和血压的变化，记录液体出入量。

### （四）用药护理

遵医嘱予以抗心力衰竭、抗感染等药物，同时应严密观察药物的作用和不良反应，严格控制输液量和输液速度。患者 24 小时内输液总量以控制在 1500 ml 内为宜，输液速度控制在 20～30 滴 / 分，以防止加重心脏负荷而诱发急性肺水肿。

### （五）心理护理

出现呼吸困难的患者常因日常生活及睡眠受到影响而产生烦躁、痛苦、焦虑等心理反应。应与家属一起安慰、鼓励患者，帮助其树立战胜疾病的信心，稳定患者的情绪，以降低交感神经兴奋性，有利于减轻呼吸困难。

## 二、心源性水肿

心源性水肿（cardiac edema）是指由于心功能不全引起体循环静脉淤血，致使机体组织间隙有过多的液体积聚。

【护理评估】

### （一）病因与发病机制

心源性水肿最常见的原因是右心衰竭或全心衰竭，也可见于渗出性心包炎或缩窄性心包炎患者。其发病机制主要是：①体循环静脉压增高，毛细血管静水压增高，使液体向组织间隙渗出增多，而组织液重吸收减少。②右心衰竭导致静脉回流减少，有效循环血量不足，使肾血流量减少，引起继发性醛固酮增多，导致水、钠潴留。③肝硬化导致蛋白质合成减少，胃肠道淤血导致食欲减退及消化、吸收功能降低，继发低蛋白血症，血浆蛋白减少，使血浆胶体渗透压下降。

### （二）身体状况

心源性水肿发展缓慢。其特点是：①水肿首先出现于身体下垂部位，最早出现于踝内侧，行走活动后明显，休息后减轻或消失；长期卧床者可先发生骶尾部、会阴部水肿。②严重时可发生全身性水肿合并胸腔积液、腹水等。③水肿为对称性、凹陷性，水肿部位皮肤发绀；水肿区皮肤感觉迟钝，易发生破溃、压疮及感染。常伴有颈静脉怒张、肝大等，严重时可出现胸腔积液、腹腔积液及心包积液等。④心力衰竭患者出现面部水肿常由营养不良或肝受损引起低蛋白血症所致。

### （三）心理、社会状况

了解患者对自身疾病的认知程度，患者是否有情绪变化，是否因水肿引起形象改变和躯体不适而产生烦躁情绪，是否因病情长期反复发作而产生焦虑甚至悲观、绝望等心理反应。

（四）辅助检查

进行血浆白蛋白和血电解质检查，评估是否有低蛋白血症及电解质紊乱。了解患者的心电图、超声心动图、胸部X线等检查结果，有助于明确水肿的原因。

【主要护理诊断/问题】

1. 体液过多　与右心衰竭导致体循环淤血，水、钠潴留和低蛋白血症有关。

2. 有皮肤完整性受损的危险　与水肿导致组织细胞营养不良，长时间卧床导致皮肤过薄有关。

【护理措施】

（一）一般护理

1. 休息与体位　休息有助于增加肾血流量，提高肾小球滤过率，促进水、钠排泄，减轻水肿。因此，轻度水肿者应限制活动，严重水肿者应卧床休息，并抬高下肢，伴胸腔积液或腹水者宜采取半卧位。

2. 饮食护理　予以低盐、高蛋白、易消化的饮食，少食多餐，适当限制液体的摄入。对伴有低蛋白血症者，可静脉补充白蛋白。限制钠盐摄入，每日食盐摄入量不应超过5 g。告知患者及家属低盐饮食的重要性，以提高其依从性。限制摄入含钠量高的食物，如腌制或熏制食品、香肠、罐头食品、冰淇淋、乳酪、爆米花、薯条、坚果、海产品、发酵面食、味精、番茄酱、啤酒、碳酸饮料等。应用排钾利尿药的患者还应选择含钾量高的食物，如橙子或鲜榨橙汁、香蕉、西红柿、菠菜、西兰花等。注意患者的饮食喜好及烹饪方式，以增进患者的食欲，可适当使用一些含钠量低的调味品（如醋、葱、蒜、香料、柠檬），以替代食盐。控制体液的摄入，一般每日饮水量应限制在1500 ml以内。向患者说明限钠、限水对于控制水、钠潴留和缓解心力衰竭症状的重要性。

3. 皮肤护理　保持床褥干燥、柔软、平整，患者衣着宽松、舒适。定时协助或指导患者变换体位，避免在床上拖拉或推动患者，防止擦伤皮肤，膝部及踝部等骨突起部位可垫软枕，以减轻局部压力，防止局部皮肤长期受压。严重水肿者可使用气垫床。心力衰竭患者常因呼吸困难而被迫采取半卧位或端坐位，容易发生压疮的部位是骶骨，应经常对骶骨、踝部、足跟等骨突起部位予以按摩，以促进皮肤血液循环。保持会阴部清洁、干燥，男性患者可用托带支托阴囊部。

（二）病情观察

定期测量患者体重，准确记录24小时出入量。若患者尿量<30 ml/h，则应报告医生。对腹水患者，应每日测量腹围。观察水肿的部位、范围，用手指按压水肿部位5秒后放开，判断水肿的严重程度。观察水肿部位、肛周及其他受压部位皮肤是否有发红、水疱或破损现象。观察患者是否有厌食、恶心、腹部不适，注意颈静脉充盈程度、肝大小、水肿消退情况等，以判断病情进展及疗效。

（三）用药护理

应用利尿药时，应注意观察患者尿量、体重、水肿的变化及其是否有不良反应。根据患者的生活习惯安排服用利尿药的时间，一般早晨安排在6时左右服用，下午安排在4时左右服用，以免夜间排尿过多而影响睡眠。应用噻嗪类利尿药和袢利尿药等排钾利尿药时，注意按时补钾，定期测量血钾浓度，观察患者是否有低钾血症。

## 三、心悸

心悸（palpitation）是一种自觉心脏快速跳动的不适感或恐慌感。

【护理评估】
（一）病因与发病机制
1. 病因
（1）心脏搏动增强：
1）生理性：常见于剧烈活动、精神紧张或情绪激动时；饮酒、饮浓茶或咖啡后；大量吸烟；应用某些药物，如阿托品、甲状腺素等。

生理性心悸的特点是持续时间较短，可伴胸闷等其他不适，一般不影响正常活动。

2）病理性：见于各种导致左心室肥大的器质性心脏病（如高血压心脏病、风湿性心脏病、冠状动脉硬化性心脏病、先天性心脏病）患者，其他引起心输出量增加的疾病（如甲状腺功能亢进症）患者。此外，发热、贫血亦可引发心悸。

病理性心悸的特点是持续时间长或反复发作，常伴有胸闷、气促、心前区疼痛、晕厥等心脏病表现。

（2）心律失常：各种类型的心律失常均可引起心悸，如窦性心律失常、期前收缩、阵发性心动过速、心房扑动和心房颤动、房室传导阻滞等。

（3）自主神经功能紊乱：见于心脏神经症患者，由自主神经功能紊乱引起，以青年女性多见，心悸的发生多与精神因素有关，心脏本身并无器质性病变。

2. 发病机制　心悸的发生机制尚未明确，一般认为与心肌收缩力增强、心输出量增加、心动过速、心律失常有关，也与精神因素及注意力有关，焦虑、紧张及注意力集中时容易发生心悸。

（二）身体状况

心悸患者常自觉心脏快速跳动。心悸本身无危险性，但严重心律失常时发生的心悸，可伴发胸痛、呼吸困难、黑矇等症状，严重者甚至可发生晕厥、抽搐或猝死。心悸的严重程度并不一定与病情呈正比，初次发作、突发、敏感者、安静或注意力集中时心悸明显；心悸持续时间较久者由于逐渐适应，症状可减轻。心功能代偿期，心悸较明显；失代偿期，由于心肌收缩力下降及出现其他症状分散注意力，心悸感减轻。应注意评估患者心悸发作时的主观感受，发作的频率、持续时间和间隔时间、严重程度；患者发生心悸时脉搏、心律、呼吸和血压的变化，心悸对患者日常生活及自理能力的影响。

（三）心理、社会状况

心悸反复发作或发作持续时间较长的患者，由于心前区不适感常引起焦虑、恐惧等不良情绪。心悸导致的活动耐力下降也可使患者产生抑郁、悲观心理。

（四）辅助检查

进行心电图、动态心电图检查，可以了解患者是否有心律失常，以及心律失常发生的特点。

【主要护理诊断/问题】
1. 焦虑/恐惧　与心悸发生时情绪紧张及担心预后有关。
2. 潜在并发症　心律失常。
3. 活动无耐力　与心悸导致的疲乏、无力有关。

【护理措施】
（一）一般护理
1. 休息　严重心律失常患者需绝对卧床休息，避免取左侧卧位，以减轻心悸感；对出现睡眠障碍者，遵医嘱予以少量镇静药。向患者解释心悸的原因，阐明心悸严重程度不一定与病情轻重呈正比，告知患者紧张、焦虑可加重心悸，指导患者保持情绪稳定，以利减轻或消除心律失常。

2. **饮食护理** 指导患者建立良好的生活习惯，进食宜少食多餐，避免过饱及进食刺激性食物，戒烟，禁饮浓茶、酒和咖啡，以免诱发心悸。

### （二）病情观察

心悸一般无危险性，出现严重心律失常的患者可发生猝死。密切观察心率和心律的变化，必要时实施心电监护。若发现患者出现严重心律失常，如血压降低或发生晕厥、抽搐，则应立即通知医生，并配合抢救。

### （三）用药护理

遵医嘱予以抗心律失常药物，注意观察疗效及不良反应；配合做好安装起搏器、电复律、消融术等治疗的术前准备和术后护理。

### （四）心理护理

向患者讲解心悸发生的原因、控制方法及预后，使患者对心悸有正确的认识。鼓励患者表达内心的感受和顾虑，关心患者，取得患者的信任，以配合治疗和护理。鼓励患者家属和朋友与患者交谈，解除患者的顾虑，予以患者心理支持。指导患者自我放松，如深呼吸、放松肌肉、听轻音乐、看电视、与病友交流等。

## 四、心源性晕厥

心源性晕厥（cardiogenic syncope）是指心脏疾病引起的心输出量骤减或严重低血压，造成脑组织供血骤然减少或停止而导致的短暂意识丧失，常伴有肌张力丧失而跌倒的临床征象。近乎晕厥是指一过性黑矇，肌张力降低或丧失，但不伴有意识丧失。脑血流中断2~4秒者可近乎晕厥；中断5~10秒者可出现晕厥；中断15秒以上者除出现意识丧失外，还可发生抽搐，称为心源性脑缺血综合征或阿-斯综合征（Adams-Stokes syndrome）。

【护理评估】

### （一）病因与发病机制

1. **严重心律失常** 如阵发性室上性心动过速、室性心动过速、心室颤动、心搏骤停、高度房室传导阻滞、病态窦房结综合征等。
2. **器质性心脏病** 如急性广泛心肌梗死、严重主动脉瓣狭窄、二尖瓣脱垂、梗阻性肥厚型心肌病、急性主动脉夹层。
3. **其他** 如左心房黏液瘤、心脏压塞等。其机制是当血压突然下降、心律失常或突然体位改变而未能立刻适应时，脑供血进一步减少，进而引起晕厥。

### （二）身体状况

主要表现为突然晕厥，轻者有眩晕、意识障碍，重者意识完全丧失。晕厥发作的先兆症状常不明显，部分患者发作前有心悸、出汗、头晕、黑矇等先兆症状；临床特点是活动或用力时突然发生晕厥，一般在1~2分钟内恢复，常伴有抽搐及排尿与排便失禁、面色苍白、发绀、呼吸困难、血压下降等，严重者甚至可猝死。大部分患者预后良好，反复发作晕厥是病情严重和危急的征兆。

### （三）心理、社会状况

了解患者是否因晕厥发作而引起焦虑、恐惧，或因发作时失态而引起窘迫、难堪等心理反应。

### （四）辅助检查

进行心电图、动态心电图、超声心动图等检查有助于判断晕厥的原因。

【主要护理诊断/问题】

1. **意识障碍** 与晕厥导致大脑暂时性缺血、缺氧而引起短暂意识丧失有关。

2. 有受伤的危险　与晕厥时容易跌倒有关。
3. 焦虑/恐惧　与晕厥时意识短暂丧失有关。

【护理措施】

（一）一般护理

1. 休息与活动　晕厥发作频繁者应卧床休息，应协助其进行日常生活活动。嘱患者避免剧烈活动、快速变换体位和情绪激动，尽量避免独自外出。患者出现头晕、黑矇等晕厥先兆时，应立即下蹲或平卧，以免摔伤；晕厥发作时，应将患者安置于空气流通处，取头低卧位，松开衣领，以改善脑供血、促使患者苏醒。

2. 饮食护理　予以低热量、低脂、富含维生素、高蛋白、易消化的食物，少食多餐，勿进食过饱；避免进食刺激性食物，戒烟、戒酒。

（二）**病情观察**

密切观察患者的病情变化，对阿-斯综合征患者应予以持续心电监护，监测生命体征及心电图的变化，及时发现严重心律失常。

（三）**治疗配合**

遵医嘱予以抗心律失常药物。对心率缓慢的患者，可遵医嘱予以阿托品、异丙肾上腺素等药物或配合进行人工心脏起搏治疗。安装起搏器后，应采取适当的卧位，避免用力，并保持穿刺部位清洁。对其他心律失常患者遵医嘱予以抗心律失常药物或配合实施电复律、消融术治疗。注意观察药物的疗效和不良反应。对肥厚型心肌病、主动脉瓣狭窄患者，有手术适应证时，应尽早进行手术治疗。

## 五、胸痛

胸痛（chest pain）是指颈部以下与胸廓下缘之间的疼痛。疼痛的性质有多种，包括针刺样痛、闷痛、烧灼样痛等，可由多种循环系统疾病导致。

【护理评估】

（一）**病因与发病机制**

胸痛的常见病因包括各种类型的心绞痛、急性心肌梗死、梗阻性肥厚型心肌病、急性主动脉夹层、急性心包炎及心血管神经症等（表3-1）。

（二）**身体状况**

表3-1　几种常见胸痛的特点比较

| 病因 | 特点 |
| --- | --- |
| 稳定型心绞痛 | 多位于胸骨后，呈发作性压榨样疼痛，体力活动或情绪激动时可诱发，休息或含服硝酸甘油后多可缓解 |
| 急性心肌梗死 | 疼痛多无明显诱因，程度较重，持续时间较长，伴心律、血压改变，含服硝酸甘油多不能缓解 |
| 梗阻性肥厚型心肌病 | 含服硝酸甘油无效甚至可加重 |
| 急性主动脉夹层 | 可出现胸骨后或心前区撕裂样剧痛或灼痛，可向背部放射 |
| 急性心包炎 | 疼痛可因呼吸或咳嗽而加重，呈锐痛，持续时间较长 |
| 心血管神经症 | 可出现心前区针刺样疼痛，但部位常不固定，与体力活动无关，且多在休息时发生，伴有神经衰弱症状 |

### （三）心理、社会状况

了解患者是否因疼痛而引起焦虑、恐惧，或因发作时失态而引起窘迫、难堪等心理反应。

### （四）辅助检查

了解心电图、心肌酶谱、动态心电图等检查结果，必要时进行连续心电监护，监测心电图的动态变化，了解疾病的性质和变化。

【主要护理诊断/问题】

疼痛：心前区疼痛　与心肌缺血、缺氧或炎症累及心包有关。

【护理措施】

### （一）一般护理

心前区疼痛发作时，应立即使患者停止正在进行的活动，安置患者休息。对冠心病心绞痛患者，应立即予以吸氧，并陪伴在患者身旁，以减轻其紧张、恐惧感。

### （二）病情观察

观察患者疼痛的部位、性质、程度、持续时间。密切观察患者的病情变化，尤其应注意患者疼痛发作时的心率、血压与心电图变化。若患者出现血压降低，则应立即建立静脉通道，并报告医师采取相应的措施。

### （三）用药护理

遵医嘱予以冠心病患者硝酸酯类、复方丹参、β受体阻滞剂、钙拮抗剂等药物，以改善心肌供血，解除疼痛；对心血管神经症患者，遵医嘱予以镇静药、β受体阻滞剂、抗抑郁药等药物对症治疗，并观察药物的疗效和不良反应。

### （四）心理护理

安慰患者，帮助患者消除紧张不安等不良情绪，以减少心肌耗氧量。

## 第二节　心力衰竭患者的护理

**案例导入 3-1**

王某，女性，42岁，既往有风湿性心脏病病史10年，出现慢性心房颤动3年，1周前因心力衰竭而入院。1天前，患者因感冒不能平卧，夜间突然惊醒，被迫坐起，烦躁不安，咳嗽、气促，咳粉红色泡沫样痰。

问题与思考：

1. 目前，患者的心功能为几级？
2. 请提出该患者目前存在的主要护理问题。

心力衰竭（heart failure，HF）简称心衰，是各种心脏结构或功能性疾病导致心室充盈和（或）射血功能受损而引起的临床综合征。由于心室收缩功能下降、射血功能受损，在有适量静脉血液回流的情况下，心输出量不能满足机体组织的代谢需要，导致器官、组织血流灌注不足，同时出现肺循环和（或）体循环淤血，故又称充血性心力衰竭，临床上以肺循环淤血和（或）体循环淤血及组织灌注不足为特征，是各种心脏病发展的终末阶段。少数情况下，左心室射血分数大致正常，但由于左心室舒张期主动松弛能力受损和心肌顺应性降低，导致心输出量减少、左心室舒张末期压力增高而引起的心力衰竭症状和体征，称为舒张性心力衰竭，又称射血分数正常性心力衰竭。心功能不全（cardiac insufficiency）理论上是一个更宽泛的概念，伴有临床症状的心功能不全称为心力衰竭。

心力衰竭的临床分型根据发病缓急,可分为慢性心力衰竭和急性心力衰竭,以慢性心力衰竭居多;按其发生部位可分为左心衰竭、右心衰竭和全心衰竭;根据左室射血分数(left ventricular ejection fraction,LVEF)分为射血分数降低性心力衰竭(LVEF<40%)和射血分数保留性心力衰竭(LVEF≥50%)。

慢性心力衰竭(chronic heart failure,CHF)是大多数心血管疾病患者的终末期表现和最主要的死因。国家心血管病中心发布的《中国心血管健康与疾病报告2022》指出,我国现有心力衰竭患者人数达890万,心力衰竭患病率随年龄增长而增高,70岁以上人群患病率高于10%,心力衰竭患者4年死亡率达50%。在我国,引起慢性心力衰竭的常见疾病以冠心病、高血压、风湿性心脏病等多见。

【病因与发病机制】

(一)基本病因

1. 原发性心肌损害

(1)缺血性心肌损害:冠心病导致心肌缺血和(或)心肌梗死是引起心力衰竭较常见的原因之一。

(2)心肌炎和心肌病:各种类型的心肌炎及心肌病均可导致心力衰竭,以病毒性心肌炎及原发性扩张型心肌病最为常见。

(3)心肌代谢障碍性疾病:以糖尿病心肌病最常见。此外,甲状腺功能亢进性心脏病、心肌淀粉样变性、酒精性心肌病等也是常见的病因。

2. 心脏负荷过重

(1)压力负荷(后负荷)过重:是指心脏收缩期射血阻力增加。常见原因有高血压、主动脉瓣狭窄、肺动脉高压、肺动脉瓣狭窄等。

(2)容量负荷(前负荷)过重:是指心脏舒张期所承受的容量负荷增加。常见原因包括:心脏瓣膜关闭不全(如主动脉瓣关闭不全、二尖瓣关闭不全)引起的血液反流;先天性心脏病(如间隔缺损、动脉导管未闭)引起的血液分流。此外,伴有全身血容量增多或循环血量增多的疾病,如慢性贫血、甲状腺功能亢进症等,也可导致心脏容量负荷增加。如果容量负荷增加超过一定限度,则可导致心肌结构和心肌收缩功能发生改变。

(二)诱因

在有基础心脏病的患者中,80%~90%的患者可因某些导致心脏负荷增加的因素而诱发心力衰竭。常见的诱因有以下几种。

1. 感染  呼吸道感染是最常见、最重要的诱因,其次是感染性心内膜炎、风湿活动等。感染可导致肺淤血加重,诱发心力衰竭。

2. 心律失常  心房颤动是诱发心力衰竭的重要因素之一。发生快速型心房颤动时,心输出量降低,心动过速可使心肌耗氧量增加,诱发或加重心力衰竭。其他各种类型的快速型心律失常以及严重的缓慢型心律失常均可诱发心力衰竭。

3. 血容量增加  如摄入钠盐过多,静脉输入液体过多、过快等。

4. 过度劳累或情绪激动  如体力活动、妊娠和分娩、暴怒、精神过度紧张等。

5. 其他  治疗不当,如不恰当停用利尿药、洋地黄类药物;原有心脏病变加重或并发其他疾病,如冠心病患者发生心肌梗死,风湿性心脏瓣膜病患者出现风湿活动,合并甲状腺功能亢进、贫血等。

(三)发病机制

慢性心功能衰竭的发病机制十分复杂,主要包括以下几个方面。

1. 代偿机制  当心肌收缩力减弱时,机体为了保证正常的心输出量,可通过以下机制进行代偿。

（1）Frank-Starling 机制：增加心脏前负荷，使回心血量增多，心室舒张末期容积增加，心房压、静脉压也相应随之升高，从而增加心输出量及心脏做功。

（2）心肌肥厚：当心脏后负荷增高时，常以心肌肥厚作为主要的代偿机制。心肌肥厚时，心肌收缩力增强，可以使心输出量在相当长的时间内维持正常，但已引起心肌顺应性降低，舒张功能降低，心室舒张末期压力升高，客观上存在心功能障碍。

（3）神经-体液代偿机制：交感-肾上腺髓质系统激活，肾素-血管紧张素-醛固酮系统（RAAS）激活。

2. 心脏损害和心室重塑　原发性心肌损害和心脏负荷过重，使心脏功能受损，导致心室扩大或心室肥厚等各种代偿性变化。在心腔扩大、心室肥厚的过程中，心肌细胞、细胞外基质、胶原纤维网等均有相应变化，即心室重塑过程。

3. 各种体液因子改变　近年来不断发现一些新的肽类细胞因子参与心力衰竭的发生和发展，如心钠肽和脑钠肽、精氨酸加压素、内皮素等。

【护理评估】

（一）健康史

询问患者是否有冠心病、高血压、风湿性心脏病、心脏瓣膜病、心肌病等病史；是否有呼吸道感染、心律失常、过度劳累、妊娠或分娩等诱因；是否有头晕、疲乏、食欲缺乏、恶心、呕吐、咳嗽、夜间憋醒或端坐呼吸等症状。了解相关检查结果、用药情况及疗效，以及患者病情的发展趋势。

（二）身体状况

临床上左心衰竭最为常见，单纯右心衰竭者较少见。左心衰竭后继发右心衰竭而致全心衰竭者，以及由于严重广泛心肌疾病同时波及左、右心而发生全心衰竭者在临床上更为多见。

1. 左心衰竭　以肺淤血及心输出量降低的表现为主。

（1）症状

1）呼吸困难：呼吸困难是左心衰竭患者最主要的症状。①劳力性呼吸困难：是左心衰竭患者最早出现的症状，多在进行较重的体力活动时出现，休息后可缓解，之后呈进行性加重。这是由于回心血容量增加、肺淤血加重所致。②夜间阵发性呼吸困难：患者入睡后突然因胸闷、憋气而惊醒，被迫采取坐位，呼吸深快，称为夜间阵发性呼吸困难；严重者可有哮鸣音，称为心源性哮喘。其发生机制除睡眠时平卧，回心血容量增多，使肺淤血加重外，夜间迷走神经张力增加、小支气管收缩、横膈抬高、肺活量减少等亦为促发因素。③端坐呼吸：是严重肺淤血的表现，即静息状态下患者仍自觉呼吸困难，不能平卧。随病情加重可依次表现为被迫采取高枕卧位、半坐卧位、端坐位，甚至还需将双下肢下垂。④急性肺水肿：是左心衰竭患者呼吸困难最严重的表现形式。

2）咳嗽、咳痰、咯血：咳嗽、咳痰是由于肺泡和支气管黏膜淤血所致。起初常于夜间发生，坐位或立位时咳嗽可减轻。痰为白色浆液性泡沫样痰，偶尔可见痰中带血丝。长期慢性肺淤血，导致肺循环和支气管血液循环之间形成侧支，在支气管黏膜下形成扩张的血管，一旦血管破裂，即可引起大量咯血。

3）低心输出量症状：表现为乏力、头晕、失眠、心悸、发绀、少尿等，主要是由于心输出量不足，器官、组织灌注不足及代偿性心率加快所致。

（2）体征

1）肺部体征：是左心衰竭患者的主要体征。由于肺毛细血管静水压增高，液体可渗出到肺泡而出现湿啰音，湿啰音可从局限于双肺底部进展至遍布全肺。侧卧位时，下垂一侧的啰音较多，可伴有哮鸣音。

2）心脏体征：除基础心脏病的固有体征外，多数患者还可出现心脏扩大，尤其是左心室增大，心尖搏动向左下移位，心率加快，第一心音减弱，肺动脉瓣区第二心音亢进，心尖区可闻及舒张期奔马律。由于左心室扩大形成相对二尖瓣关闭不全，在心尖部可闻及收缩期杂音。

3）交替脉：脉搏强弱交替，轻者仅在测血压时发现。

2. 右心衰竭 以体循环淤血的表现为主。

（1）症状：胃肠道及肝淤血可引起食欲缺乏、恶心、呕吐、腹胀等，是右心衰竭患者最常见的症状。肝淤血可导致上腹部饱胀不适，持续性慢性肝淤血可导致心源性肝硬化。肾淤血可使肾血流量减少，导致夜尿增多、少尿等。右心衰竭导致体循环淤血，可使酸性代谢产物增加。腹水导致腹压增高等，可引起或加重呼吸困难。

（2）体征：

1）水肿：体循环静脉压力增高，使皮肤等软组织出现水肿。水肿是右心衰竭患者的典型体征，通常先出现在身体下垂部位，常呈凹陷性、对称性。右心衰竭严重者，可出现全身性水肿，可伴有胸腔积液，以双侧多见；若为单侧，则以右侧多见。

2）颈静脉征：颈静脉搏动增强、充盈、怒张是右心衰竭患者的主要体征，肝颈静脉回流征呈阳性则更具有特征性。

3）肝大和压痛：肝由于淤血、肿大，常伴有压痛，是右心衰竭患者较早出现的体征之一。持续慢性右心衰竭可导致心源性肝硬化，晚期患者可出现黄疸、肝功能损害和腹水。

4）心脏体征：除基础心脏病的固有体征外，患者还可出现右心室增大。右心室显著扩大时，可出现三尖瓣相对关闭不全的反流性杂音。胸骨左缘第3～4肋间可闻及舒张早期奔马律。

5）发绀：长期右心衰竭患者大多数有发绀，多属于周围性发绀。

3. 全心衰竭 患者同时具有左、右心衰竭的临床表现。右心衰竭继发于左心衰竭并导致全心衰竭，由于心输出量减少，呼吸困难等肺淤血症状反而减轻，而发绀加重。全心衰竭常见于原发性扩张型心肌病、急性弥漫性心肌炎患者，以及各种心脏病患者发生心力衰竭的晚期。

 考点提示

心力衰竭的病因及左、右心衰竭的症状和体征。

4. 心功能分级 对患者进行心功能分级，可反映病情的严重程度，对治疗措施的选择、活动能力评定、预后判断等有实用价值。

（1）纽约心脏病协会心功能分级：目前通用的是美国纽约心脏病协会（New York Heart Association，NYHA）心功能分级，根据患者自觉的活动能力分为4级（表3-2）。

表3-2 NYHA心功能分级

| 心功能分级 | 分级标准 |
| --- | --- |
| Ⅰ级 | 患者体力活动不受限制，平时一般活动不引起乏力、心悸、呼吸困难等心力衰竭症状 |
| Ⅱ级 | 患者体力活动轻度受限，休息时无自觉症状，但平时一般活动即可出现上述心力衰竭症状 |
| Ⅲ级 | 患者体力活动明显受限，低于平时一般活动即出现上述心力衰竭症状 |
| Ⅳ级 | 患者不能从事任何体力活动，休息状态下也可出现心力衰竭症状，活动后加重 |

这种分级方案的优点是简便、易行，但其缺点是仅凭患者的主观陈述，有时症状与客观检查有很大的差异。同时，患者的个体差异也较大。因此，美国心脏病学会（American College of Cardiology，ACC）和美国心脏协会（American Heart Association，AHA）发布的《心力衰竭管理指南》中将心力衰竭分为A期、B期、C期、D期4期（表3-3）。

表3-3 心力衰竭分期

| 分期 | 判断标准 |
| --- | --- |
| A期 | 前心力衰竭阶段，存在发生心力衰竭的基础疾病（如冠心病、高血压、糖尿病等），但无心脏结构异常（如左心室功能受损、左心室肥厚和扩大） |
| B期 | 前临床心力衰竭阶段，有心肌重塑或心脏结构异常，但无心力衰竭症状和体征 |
| C期 | 临床心力衰竭阶段，目前或既往有心力衰竭表现 |
| D期 | 难治性终末期心力衰竭 |

（2）6分钟步行试验：6分钟步行试验是一项简单易行、安全方便的用以评定慢性心力衰竭患者运动耐力的方法。要求患者在平直走廊上尽可能快地行走，测量6分钟的步行距离。若6分钟步行距离<150 m，则为重度心力衰竭；150～450 m为中度心力衰竭；>450 m为轻度心力衰竭。该试验还常用于呼吸功能或机体综合运动能力的评估，以及预后的评估和疗效的判断。

## （三）心理、社会状况

心力衰竭往往是各种心血管病发展至晚期的表现。长期的疾病折磨和病情反复发作，体力活动逐渐受限，严重者不能从事任何体力活动，生活上依赖他人，常使患者倍感焦虑、绝望、内疚甚至对死亡充满恐惧。家人因长期照顾患者，往往心情烦躁，忽视患者的心理感受。

## （四）辅助检查

1. 血液检查　脑钠肽（brain natriuretic peptide，BNP）和氨基末端脑钠肽前体（NT-proBNP）是诊断心衰的重要指标。未经治疗者BNP水平正常可基本排除心衰，已接受治疗者BNP水平升高提示预后差，但感染、肝硬化、高龄等均可引起BNP升高，因此特异性不高。由于体液总容量增加，心力衰竭患者可发生稀释性低钠血症。利尿药治疗可造成低钾血症和低镁血症。

2. X线检查　心影的大小及外形对心脏病的病因诊断有重要价值，左心衰竭患者主要有左心室增大、肺门阴影增大、肺纹理增加；右心衰竭患者常有右心室增大，有时伴有胸腔积液的表现。

3. 超声心动图　是心力衰竭诊断中最有价值的检查方法，比X线检查能更准确地反映各心腔的大小及瓣膜的结构和功能变化。计算射血分数（EF值），能较好地反映心脏的收缩功能，正常EF值>50%。超声多普勒血流成像是临床上判断心脏舒张功能最实用的方法。心动周期中舒张早期心室充盈速度最大值为E峰，舒张晚期（心房收缩）心室充盈最大值为A峰。正常人E/A值应不小于1.2；舒张功能不全时，E/A值降低。

4. 放射性核素检查　放射性核素心血池显像有助于判断心室腔的大小，可以收缩末期和舒张末期的心室影像差计算EF值，同时还可计算左心室最大充盈速率，以反映心脏舒张功能。

5. 心脏磁共振成像　可用于评价心室容积、心功能、节段性室壁运动、心肌厚度、瓣膜功能、心脏肿瘤、先天畸形及心包疾病。该检查的可重复性和精确度较高，已成为评价心室容积和室壁运动的金标准。

6. 有创血流动力学检查　多用于为急性重症心力衰竭患者提供可靠的血流动力学改变依据。可采用漂浮导管在床边进行，经静脉插管直至肺小动脉，测定各部位的压力及血液含氧量,测定肺毛细血管楔压(PCWP)和心输出量(CO)、心指数(cardiac index,CI)、中心静脉压(CVP)。正常情况下,CI>2.5 L/(min·m$^2$),PCWP<12 mmHg,可反映左心功能情况。

【主要护理诊断/问题】

1. 气体交换受损　与左心衰竭导致肺淤血有关。
2. 体液过多　与右心衰竭导致体循环淤血,水、钠潴留,低蛋白血症有关。
3. 活动无耐力　与心输出量减少有关。
4. 恐惧/绝望　与机体功能状态减弱、担心疾病预后有关。
5. 潜在并发症:洋地黄中毒、心律失常等。

【护理措施】

(一)一般护理

1. 休息与运动　休息可减轻心脏负担和减少心肌耗氧量。根据心功能状况安排休息:心功能Ⅰ级患者,一般体力活动不受限制,可参加体育锻炼,但应避免剧烈运动和重体力劳动,注意适当休息;心功能Ⅱ级患者,一般活动不受影响,应适当限制体力活动,增加休息时间,特别是午睡时间及夜间睡眠时间,以利于下肢水肿的消退;心功能Ⅲ级患者,应严格限制一般体力活动,以卧床休息为主,日常生活可以自理或由他人帮助完成;心功能Ⅳ级患者,须绝对卧床休息,日常活动由他人协助。对长期卧床休息的患者,应帮助其进行四肢被动活动,协助其更换体位,鼓励其深呼吸和咳嗽,以预防下肢静脉血栓形成、压疮、肺部感染、肌肉萎缩等并发症。随着患者病情的好转,可指导其逐渐增加活动量,以活动后不出现症状为宜。建议患者进行有氧运动,如快步走、慢跑、游泳、打太极拳及球类运动。

2. 饮食护理　予以低热量、低钠、高蛋白、高维生素、清淡、易消化的饮食,多食蔬菜、水果。少食多餐,不宜过饱,以减轻心脏负担;避免进食易产气的食物,以防止膈肌上升而加重呼吸困难;限制钠盐摄入,以减轻水肿,轻度心力衰竭患者钠盐摄入量在5 g/d以下,中度心力衰竭患者钠盐摄入量为2.5~3 g/d,重度心力衰竭患者钠盐摄入量应控制在1 g/d以下,限制含钠量高的食物,如腌制食品、发酵面食、海产品、罐头类、味精、碳酸饮料等,但应注意应用强效排钠利尿药时,过分严格限制钠盐摄入可导致低钠血症。

**考点提示**

心力衰竭患者的心功能分级、休息及饮食指导。

3. 排便护理　由于肠道淤血、进食减少、长期卧床等因素可导致肠蠕动减慢,加之排便方式改变,患者常有便秘,用力排便可增加心脏负荷,加重心力衰竭和诱发心律失常。对长期卧床的患者,应鼓励其进行肢体主动、被动运动,经常变换体位,每天以顺时针方向按摩腹部数次;饮食中应增加粗纤维食物,如粗粮、芹菜、水果等;必要时遵医嘱予以缓泻剂,如开塞露、镁乳等。禁忌使用大剂量液体灌肠。

(二)病情观察

观察患者呼吸频率、节律和深度的变化,患者是否有呼吸困难和发绀;观察患者水肿出现的时间、部位、性质、程度及变化情况,每日测量体重和腹围,准确记录24小时液体出入量;同时,观察水肿局部皮肤是否有感染与压疮。监测血气分析结果和血氧饱和度,观察患者是否有洋地黄中毒的表现等。

(三)对症护理

1. 呼吸困难的护理　根据患者呼吸困难的类型和程度采取适当的体位,轻者取头高位,严重者取半卧位、坐位或将双腿下垂,以减少回心血量,减轻肺淤血,缓解呼吸困难。根据动脉血氧分压确定吸氧浓度，吸氧期间应观察氧疗的效果，并根据患者的呼吸情况、动脉血气分析结果等调整吸氧流量。控制和消除诱发因素，避免输血或输液过多、过快。对心力衰竭患者，输液速度一般不超过 30 滴 / 分，补液量不超过 1000 ml/d。

2. 水肿的护理　注意休息，限制钠盐摄入，当患者出现严重水肿且利尿效果较差时，应严格限制液体入量，液体入量为前一日尿量加 500 ml。注意保护皮肤，避免皮肤受刺激，防止压疮发生。

### （四）心理护理

由于日常生活活动和社会活动明显受限，以及不得不调整生活方式，心力衰竭患者常产生较强的挫折感。护理人员应鼓励患者表达内心的恐惧和担忧，帮助患者采取恰当的应对技巧，并动员患者家庭和社会支持系统为其提供恰当的支持。

### （五）治疗配合

治疗原则是防止和延缓心力衰竭的发生，缓解症状，改善长期预后和降低死亡率。

1. 病因治疗

（1）基本病因的治疗：对可能导致心脏功能受损的常见疾病，如高血压、冠心病、糖尿病等，在患者发生心脏器质性改变前即应早期进行有效的治疗，如药物降压、介入治疗，以改善冠心病心肌缺血，或对慢性心脏瓣膜病患者进行心脏瓣膜置换术等。

（2）控制和消除诱因：针对心力衰竭的常见诱因（如感染、心律失常、贫血、甲状腺功能亢进和电解质紊乱）予以相应的治疗。

2. 一般治疗

（1）休息：限制体力活动，避免精神紧张，减轻心脏负荷。

（2）饮食：应予以低钠饮食，同时少食多餐。当患者水肿明显时，应限制饮水量。

（3）吸氧：予以持续氧气吸入，氧流量为 2～4 L/min。

3. 药物治疗

（1）利尿药：利尿药是最常用的药物，通过排钠、排水，可减轻心脏的容量负荷，显著缓解淤血症状和水肿。对慢性心力衰竭患者，原则上应长期维持应用利尿药；待患者水肿消失后，应以最小剂量长期使用利尿药，但是不能将利尿药作为单一治疗药物。常用利尿药包括：①噻嗪类利尿药，以氢氯噻嗪（双氢克尿噻）为代表，为中效利尿药，对轻度心力衰竭患者可首选此药。②袢利尿药，以呋塞米（速尿）为代表，为强效利尿药，具有排钠和排钾作用。③保钾利尿药，包括螺内酯（安体舒通）、氨苯蝶啶和阿米洛利。

（2）抑制肾素 - 血管紧张素 - 醛固酮系统的药物：①血管紧张素转换酶抑制药（angiotensin converting enzyme inhibitor，ACEI），是目前治疗慢性心力衰竭的首选药。ACEI 除具有扩血管作用、改善心力衰竭患者的血流动力学状态、减轻淤血症状外，更重要的是可降低心力衰竭患者代偿性神经 - 体液调节的不利影响，限制心肌、小血管重塑，以达到维护心肌功能，延缓充血性心力衰竭进展，降低远期死亡率的目的。常用药物有卡托普利、贝那普利、培哚普利、咪达普利等。②血管紧张素Ⅱ受体阻滞剂（angiotensin Ⅱ receptor blocker，ARB），对 ACEI 引起的干咳不能耐受者，可改用 ARB。常用药物有坎地沙坦、氯沙坦、缬沙坦等。③血管紧张素受体脑啡肽酶抑制剂（angiotensin receptor enkephalinase inhibitor，ARNI），可抑制血管收缩、改善心肌重塑、降低死亡风险，常用药物有沙库巴曲缬沙坦。④醛固酮受体拮抗剂，可抑制心血管重塑、改善慢性心力衰竭患者的远期预后，常用药物为螺内酯。

（3）β 受体阻滞剂：β 受体阻滞剂可对抗代偿机制中的交感神经激活，显著提高运动耐量、降低死亡率，改善心力衰竭患者的预后。目前临床上主张对所有心功能不全且病情稳定的患者，除非有禁忌证或不能耐受，否则均应使用 β 受体阻滞剂。应先从小剂量开始，逐渐增加剂量,适量长期维持用药。临床上常在用药后 2~3 个月才起效。常用药物有美托洛尔、比索洛尔等。应用 β 受体阻滞剂的禁忌证为支气管痉挛性疾病、心动过缓、Ⅱ度及Ⅱ度以上房室传导阻滞。

近年来国外已有大规模临床试验表明,血管紧张素转换酶抑制药、血管紧张素Ⅱ受体阻滞剂(ARB)、醛固酮受体拮抗剂(螺内酯等)以及 β 受体阻滞剂还可以抑制心肌、小血管重塑,明显改善远期预后,降低死亡率。

(4)正性肌力药

1)洋地黄制剂:通过抑制心肌细胞膜上的 $Na^+-K^+-ATP$ 酶活性,使细胞内 $Ca^{2+}$ 浓度增高而增强心肌收缩力,同时可减慢房室结传导,降低心率和心肌耗氧量。特别适用于伴有心房扑动、心房颤动和快速心室率的心力衰竭的治疗。

常用的洋地黄制剂有毛花苷 C(西地兰)、毒毛花苷 K 和地高辛。①地高辛:适用于中度心力衰竭的维持治疗,目前采用维持量给药法,即 0.125~0.25 mg,每日 1 次,连续口服相同剂量 7 天后,血浆药物浓度可达到有效稳态,显著降低洋地黄中毒的发生率。②毛花苷 C:静脉注射制剂,为快速作用类药物。注射后 10 分钟起效,1~2 小时血浆药物浓度达高峰,每次 0.2~0.4 mg 稀释后静脉注射,24 小时总量为 0.8~1.2 mg,适用于急性心力衰竭或慢性心力衰竭加重时,尤其适用于心力衰竭伴快速型心房颤动患者。③毒毛花苷 K:属于快速作用类药物,静脉注射后 5 分钟起效,0.5~1 小时血浆药物浓度达高峰,每次静脉给药剂量为 0.25 mg,24 小时总量为 0.5~0.75 mg,主要用于治疗急性心力衰竭。

2)非洋地黄类正性肌力药:①肾上腺素能受体激动剂,包括多巴胺和多巴酚丁胺,较小剂量即可增强心肌收缩力。适用于心力衰竭急性恶化时短期静脉应用,在心力衰竭长期治疗中的作用尚有争议。②磷酸二酯酶抑制剂,包括氨力农和米力农,此类药物仅限于对重症心力衰竭患者完善各项治疗措施后症状仍不能控制时短期应用。

(5)伊伐雷定:选择性特异性窦房结 $I_f$ 电流抑制剂,可减慢窦性心律,改善左心室功能。适用于窦性心律失常患者,药物治疗已达最大耐受剂量或不能耐受 β 受体阻滞剂,心率≥70 次 / 分,且持续出现症状的患者。

(6)血管扩张药:近年来对于慢性心力衰竭患者,已不推荐应用血管扩张药,仅对伴有心绞痛或高血压的患者可考虑联合应用。对于不能耐受 ACEI 的患者,可考虑应用扩张小静脉的硝酸异山梨酯和扩张小动脉的肼屈嗪等。

4. 手术治疗　目前已经开展的治疗心力衰竭的外科方法有背阔肌转化心肌行左心室增强术、左心室减压术、骨骼肌主动脉外反搏等。心脏移植作为终末期心力衰竭的一种治疗方式,主要适用于无其他可选择治疗方法的重度心力衰竭患者,可显著提高生存率、改善患者的运动耐量和生活质量。目前,联合应用 ACEI 和 β 受体阻滞剂以及心脏再同步化治疗(cardiac resynchronization therapy,CRT)可显著改善重度心力衰竭患者的预后及生活质量,使较多的患者免于心脏移植。

5. 其他治疗　对慢性心力衰竭心脏失同步化者可进行 CRT,即植入三腔起搏装置,以同步化方式刺激右心室和左心室,不仅可缓解症状,提高患者的生活质量,而且可显著降低患者死亡率。机械辅助循环治疗是利用机械装置辅助或代替部分心腔,以改善衰竭心脏循环状态的治疗方法,用于药物治疗无效时。

6. 抗心力衰竭药物治疗进展　精氨酸加压素受体阻断药(如托伐普坦)适用于伴有低钠血症的心力衰竭患者;人重组脑钠肽(如奈西立肽)适用于急性失代偿性心力衰竭患者。

7. 用药护理　护士应向患者及家属讲解药物的作用及不良反应,遵医嘱正确使用药物,注意药物不良反应的观察和预防。

（1）利尿药：电解质紊乱是长期使用利尿药最容易出现的不良反应。

1）观察药物不良反应：①噻嗪类利尿药和袢利尿药的主要不良反应是低钾血症，表现为乏力、腹胀、肠鸣音减弱、心律失常、心电图显示 U 波增高等，并可诱发心律失常或洋地黄中毒；其他不良反应有呕吐、腹泻、高血糖、高尿酸血症等。②氨苯蝶啶的不良反应有乏力、嗜睡、皮疹、胃肠道反应，长期用药可导致高钾血症，伴肾功能减退、少尿或无尿者慎用。③螺内酯毒性低，但可导致嗜睡、运动失调、男性乳房发育、面部多毛等，肾功能不全、高钾血症患者禁用。

2）用药注意事项：①获取基本资料，包括患者的体重和生命体征，以便于评价疗效。②用药期间，应注意监测体液平衡状况，包括血压、液体出入量、体重、水肿等的变化，观察并记录尿量与水肿消退情况。③监测血电解质水平，使用排钾利尿药时，应注意观察患者是否有乏力、腹胀、肠鸣音减弱、心律失常等低钾血症表现，同时指导患者摄入富含钾的食物，如西红柿、橘子、红枣、新鲜橙汁等，必要时遵医嘱补充钾盐。④保钾利尿药一般与排钾利尿药联合应用，不宜同时应用钾盐，肾功能不全及高钾血症患者禁用。⑤指导患者服用利尿药的合理时间，通常以早晨或上午为宜，避免夜间用药，以免夜间频繁排尿而影响休息。

（2）ACEI：不良反应包括干咳、直立性低血压和头晕、一过性肾损害（蛋白尿）、皮炎、间质性肺炎、高钾血症、血管神经性水肿等。宜从小剂量开始用药，逐渐增加剂量；用药期间需监测患者的血压，避免突然改变体位；监测血钾水平和肾功能。对不能耐受 ACEI 引起干咳的患者，可改用 ARB。

（3）硝酸酯类药物：可导致头痛、面色潮红、心动过速、血压下降等，尤其是硝酸甘油静脉滴注时，应严格掌握滴速。

（4）β受体阻滞剂：不良反应有液体潴留和心力衰竭恶化、心动过缓、低血压等。用药期间应监测患者的心率和血压，当患者心率低于 60 次/分时，应暂停给药，并及时报告医生。禁忌证包括：支气管哮喘、心动过缓、Ⅱ度及Ⅱ度以上房室传导阻滞，严重心力衰竭患者亦禁用。

（5）洋地黄类药物

1）预防洋地黄中毒：①洋地黄用药的个体差异较大，如老年人，心肌缺血、重度心力衰竭、低钾血症、高钙血症以及肝、肾功能减退等患者对洋地黄较敏感，使用时应严密观察患者用药后的反应。②肺源性心脏病患者应用洋地黄的效果不好且易发生中毒，应慎用；梗阻性肥厚型心肌病患者禁用洋地黄。③避免与胺碘酮、维拉帕米、阿司匹林等药物联合应用，以免增加中毒概率，用药前应询问患者是否有上述药物及洋地黄类用药史。④洋地黄的治疗量与中毒量接近，过量用药易导致中毒，须严格按时遵医嘱用药，用药前后应询问患者是否有恶心、呕吐、乏力、黄视、绿视等表现，并测量脉搏、心率、心律；如果发现患者的心律从规则变为不规则或从不规则突然变为规则、心率过快或过慢，则常提示发生洋地黄中毒，应暂停给药，并及时报告医生。⑤如果一次漏服药物，则下一次不能补服；用毛花苷 C 或毒毛花苷 K 时，须予以稀释后静脉注射，在 10～15 分钟内缓慢注射完毕，并同时监测心率、心律及心电图的变化，记录给药时间。⑥必要时监测血清地高辛浓度。

2）洋地黄中毒的表现：①心血管系统表现，洋地黄中毒最主要的反应是各类心律失常，最常见的是室性期前收缩，多表现为二联律，其他还包括房性期前收缩、心房颤动及房室传导阻滞。快速型房性心律失常伴有房室传导阻滞是洋地黄中毒的特征性表现。洋地黄可引起心电图 ST-T 改变。②胃肠道表现，如食欲减退、恶心、呕吐；③神经系统表现：如头痛、倦怠、视物模糊、黄视、绿视等。

3）洋地黄中毒的处理：①立即停用洋地黄。②对出现低钾血症的患者，可予以口服或静脉补钾，停用排钾利尿药。③纠正心律失常：对出现快速型心律失常的患者，可应用利多卡因或苯妥英钠；电复律容易导致心室颤动，一般应禁用。对出现传导阻滞及缓慢型心律失常的患者，可用阿托品 0.5～1.0 mg 皮下注射或静脉注射，或安置临时心脏起搏器。

 **考点提示**

慢性心力衰竭的药物治疗要点及用药护理。

【健康指导】

1. 疾病知识指导　向患者解释心力衰竭的疾病过程和对生活的影响，指导患者积极治疗原发病，控制高血压、冠心病、甲状腺功能亢进症等；避免各种诱因，积极预防上呼吸道感染；保持心情舒畅，避免精神紧张、兴奋。

2. 生活指导　向患者及家属强调低钠饮食的重要性，指导患者进食高蛋白、高维生素、低热量、低钠、清淡、易消化、富含纤维素的饮食，少食多餐，避免进食刺激性食物，戒烟、戒酒，防止便秘，排便时不可用力，以免增加心脏负荷而诱发心律失常。合理安排活动与休息，心功能恢复后可从事轻体力劳动或工作，并循序渐进地进行运动锻炼（如打太极拳、散步），以提高运动耐力，活动量以不出现心悸、气促为原则，避免重体力劳动和剧烈运动（如登梯、快走）。

3. 用药指导　指导患者严格遵医嘱用药，不随意增减或撤换药物。告知患者药物的名称、作用、剂量、用法与不良反应等。对服用洋地黄者，应教会其测量脉率、心率，识别洋地黄中毒反应，注意观察用药前后的反应，出现异常应及时就诊。对服用血管扩张药者，应嘱其起床动作缓慢，防止发生直立性低血压。对使用排钾利尿药的患者，应嘱其多进食富含钾的食物，多进食蔬菜、水果。

4. 自我监测指导　指导患者观察病情变化，注意观察是否有踝部水肿、体重增加、咳嗽、气促加重等症状，一旦出现异常，应及时就诊。

## 二、急性心力衰竭患者的护理

急性心力衰竭（acute heart failure，AHF）是指由于急性心脏病变引起心输出量显著、急骤降低而导致组织器官灌注不足和急性淤血的综合征，可表现为急性新发心力衰竭或慢性心力衰竭急性失代偿。临床上以急性左心衰竭较为常见，多表现为急性肺水肿或心源性休克，是严重的急危重症。

【病因与发病机制】

（一）病因

心脏解剖或功能突发异常，使心输出量急剧降低和（或）肺静脉压突然升高，均可导致急性左心衰竭。常见病因包括以下几种。

1. 急性弥漫性心肌损害　如急性广泛心肌梗死、急性心肌炎等。

2. 严重心脏负荷过重　如感染性心内膜炎引起的瓣膜穿孔、腱索断裂或乳头肌梗死断裂所致急性反流；重度主动脉瓣或二尖瓣狭窄；血压突然升高、高血压危象、输液过多或过快等。

3. 严重心律失常　尤其是快速型心律失常。

（二）发病机制

主要是心肌收缩力突然严重减弱，或左心室瓣膜病变导致急性反流，心输出量急剧减少，使左心室舒张末压迅速升高，肺静脉回流不畅，肺静脉压快速升高，肺毛细血管压随之升高，使血管内液体渗入到肺间质和肺泡内，引起急性肺水肿。肺水肿早期，由于交感神经激活，血压可升高，但随着病情持续进展，血压将逐步下降。

【护理评估】

（一）健康史

询问患者是否有急性弥漫性心肌损害和急性心脏排血受阻，是否有严重的心律失常以及输液、输血的量和速度；了解相关检查结果、用药情况及疗效，以及患者的病情发展趋势。

（二）身体状况

1. 症状　突发严重呼吸困难，呼吸频率可达30～40次/分，端坐呼吸，面色苍白、唇指发绀、极度烦躁、大汗淋漓，可有濒死感，同时伴有频繁咳嗽，咳大量白色或粉红色泡沫样痰，严重时可出现意识障碍，大量泡沫样液体从口、鼻涌出，甚至发生咯血。发病起初可有一过性高血压，病情加重不缓解，血压可持续下降，甚至发生心源性休克。如果治疗不及时，患者可迅速因休克而死亡。

2. 体征　听诊双肺布满哮鸣音和湿啰音，心率加快，心尖部第一心音减弱，心尖部可闻及舒张期奔马律，肺动脉瓣第二心音亢进。

（三）心理、社会状况

患者倍感焦虑、绝望，对死亡充满恐惧。恐惧或焦虑可导致交感神经兴奋性增高，使呼吸困难加重。患者家属也会出现烦躁、恐惧甚至绝望心理。

（四）辅助检查

1. 胸部X线检查　除原有心脏病的心脏形态改变以外，主要是肺部改变。肺水肿典型者双侧肺门可见蝶形大片云雾状阴影，重度肺水肿患者可见大片绒毛状阴影。

2. 动脉血气分析　动脉血氧分压（$PaO_2$）明显降低。

3. 血流动力学监测　急性左心衰竭时，肺毛细血管楔压增高（PCWP≥18 mmHg）；合并休克时，心输出量降低。

【主要护理诊断/问题】

1. 气体交换受损　与急性肺水肿有关。
2. 清理呼吸道无效　与呼吸道出现大量泡沫样痰有关。
3. 恐惧　与病情重、预后差有关。
4. 潜在并发症：心源性休克等。

【护理措施】

（一）配合抢救

1. 体位　立即协助患者取坐位，将双腿下垂，以减少静脉回流。

2. 吸氧　开放气道，立即予以高流量（6～8 L/min）鼻导管吸氧，向氧气湿化瓶内加入20%～30%乙醇，以降低肺泡内泡沫的表面张力，使泡沫破裂，改善通气功能。对病情严重者，采用持续气道正压通气（continuous positive airway pressure，CPAP）或双相气道正压（bi-level positive airway pressure，BiPAP）通气。

3. 用药护理　迅速建立静脉通道，遵医嘱正确用药，观察疗效与不良反应。

（1）镇静：应用吗啡3～5 mg皮下注射或静脉注射，间隔15分钟重复1次，共2～3次，可迅速减轻患者的烦躁不安，降低心肌耗氧量，并扩张小动脉和静脉，从而减轻心脏负荷。用药时应注意观察患者的呼吸情况，注意患者是否有呼吸抑制、心动过缓、血压下降、恶心、呕吐等不良反应。伴有慢性阻塞性肺疾病、低血压、颅内出血、神志障碍的患者禁用。

（2）快速利尿：予以呋塞米20～40 mg静脉注射，于2分钟内注射完毕，4小时后可重复1次，具有利尿和扩张静脉的作用，有利于缓解肺水肿。

（3）扩血管：严格遵医嘱用药，并定时监测血压，尽量用输液泵控制滴速，根据血压调节药物剂量，将收缩压维持在90～100 mmHg。常用的血管扩张药有硝酸甘油、硝普钠、酚妥拉明、人重组脑钠肽等。硝普钠含氰化物，见光易分解，应现配现用，避光滴注，连续用药时间不超过24小时。

（4）强心：应根据患者的病情选用洋地黄类药物、非洋地黄类正性肌力药、左西孟旦等。可用毛花苷C 0.4～0.8 mg或毒毛花苷K 0.25 mg稀释后缓慢静脉注射，注意观察患者心率、心律的变化。对急性心肌梗死导致急性心力衰竭的患者，在急性心肌梗死发生后24小时内不宜应用洋地黄类药物；对二尖瓣狭窄所致肺水肿患者，应用洋地黄类药物也无效。

（5）解痉：氨茶碱可有效解除支气管痉挛，并有一定的正性肌力、利尿、扩血管作用，应缓慢静脉注射给药。

4. 配合其他治疗　机械通气可用于合并严重呼吸衰竭经常规治疗不能改善的患者以及心肺复苏患者。主动脉内球囊反搏适用于心源性休克患者，可有效改善心肌灌注，降低心肌耗氧量，使心输出量增加。其他非药物治疗有体外膜肺氧合（extracorporeal membrane oxygenation，ECMO）、可植入式电动左心室辅助泵Impelladeng等。对极危重症患者，在有条件的医院可采用。

**考点提示**

急性心力衰竭的表现及抢救配合。

### （二）病情监测

严密监测血压、呼吸、血氧饱和度、心率、心电图、血电解质、血气分析等，对安置漂浮导管者，注意监测血流动力学指标的变化，准确记录24小时液体出入量。观察患者意识、精神状态、呼吸频率和深度的变化、皮肤颜色及温度等变化。

### （三）心理护理

恐惧或焦虑可导致交感神经兴奋性增高，使呼吸困难加重。医护人员在抢救过程中应保持镇静、操作熟练、忙而不乱，使患者产生信任感与安全感。与患者及家属积极沟通，提供情感支持。

### （四）维持呼吸道通畅

协助患者咳嗽、排痰，吸出口、鼻腔内的分泌物，必要时进行吸痰，以维持呼吸道通畅。做好基础护理和日常生活护理。

【健康指导】

向患者及家属介绍急性心力衰竭的病因，指导其针对基本病因和诱因进行治疗，及时控制输液的量及速度。

## 第三节　心律失常患者的护理

**案例导入 3-2**

患者，女性，62岁，既往有风湿性心脏瓣膜病二尖瓣狭窄病史10年，近2周持续发生心悸、气促而就诊。体格检查：P 84次/分，BP 100/70 mmHg，HR 110次/分，心律绝对不规则，第一心音强弱不等，肺部检查未见异常。心电图检查示：p波消失，代之以大小不等的f波，QRS波群间隔绝对不规则。

**问题与思考：**

1. 该患者发生了何种心律失常？首选的治疗措施是什么？
2. 此种心律失常易导致患者发生哪种最常见的并发症？

正常心脏以一定范围的频率产生有规律的收缩，收缩的冲动起源于窦房结，并按一定的顺序沿心脏传导系统传导至心房和心室，形成正常窦性心律。心律失常（cardiac arrhythmia）是指心脏冲动的起源部位、传导速度与激动次序异常，导致心脏搏动的频率和（或）节律异常的现象。各种原因引起心肌细胞的自律性、兴奋性、传导性发生改变，可导致心脏冲动的形成异常、传导异常或形成与传导均异常。

【心律失常的分类】

心律失常按其发生机制可分为冲动形成异常和冲动传导异常两大类。

**（一）冲动形成异常**

1. 窦性心律失常　①窦性心动过速；②窦性心动过缓；③窦性心律失常；④窦性停搏。
2. 异位心律失常

（1）被动型异位心律：①逸搏（房性、房室交界性、室性）；②逸搏心律（房性、房室交界性、室性）。

（2）主动型异位心律：①期前收缩（房性、房室交界性、室性）；②阵发性心动过速（房性、房室交界性、室性）；③心房扑动、心房颤动；④心室扑动、心室颤动。

**（二）冲动传导异常**

1. 生理性　包括干扰及房室分离。
2. 病理性

（1）心脏传导阻滞：①窦房传导阻滞；②房内传导阻滞；③房室传导阻滞；④束支或分支传导阻滞或室内传导阻滞。

（2）折返性心律：阵发性心动过速（如房室结折返性心动过速、房室折返性心动过速和心室内折返性心动过速）。

（3）房室间传导途径异常：如预激综合征。

此外，根据心律失常发生时心率的快慢，可将其分为快速型心律失常和缓慢型心律失常两大类。前者包括期前收缩、心动过速、扑动和颤动等；后者包括窦性心动过缓、房室传导阻滞等。

【护理评估】

## 一、健康史

询问患者是否有器质性心脏病病史，是否有洋地黄、奎尼丁、普鲁卡因胺等用药史。了解患者是否有情绪激动、紧张、劳累、吸烟、饮酒等诱发因素。

## 二、身体状况

**（一）窦性心律失常**

冲动起源于窦房结的心律称为窦房结性心律，简称窦性心律。正常窦性心律的心电图表现为：①窦性P波在Ⅰ、Ⅱ、aVF、$V_4 \sim V_6$导联直立，aVR导联倒置；②P波后有QRS波群，PR间期为0.12～0.20秒；③成人频率为60～100次/分。儿童心率较快，新生儿心率通常为110～140次/分。窦性心律的频率因年龄、性别、体力活动等不同而有显著的差异。

1. 窦性心动过速　成人窦性心律的频率超过100次/分，称为窦性心动过速。其频率大多为100～150次/分。

（1）病因：健康人可在吸烟、饮茶、饮咖啡、饮酒、体力活动或情绪激动等情况下发生窦性心动过速；某些病理状态，如发热、甲状腺功能亢进、贫血、心肌缺血、心力衰竭、休克，以及应用肾上腺素、阿托品等药物，亦常引起窦性心动过速。

（2）症状、体征：临床上可无症状或仅感心悸、乏力等。

（3）心电图特点：窦性心律，P-P间期<0.60秒，成人频率大多为100～150次/分（图3-1）。

（4）治疗要点：窦性心动过速的治疗应针对病因和去除诱发因素，如治疗心力衰竭、纠正贫血、控制甲状腺功能亢进等。必要时可用β受体阻滞剂，如普萘洛尔（心得安）、美托洛尔（倍他乐克）或非二氢吡啶类钙通道阻滞剂（如地尔硫䓬）等，以减慢心率。对药物治疗无效而症状显著者，可考虑进行导管消融，以改善窦房结功能。

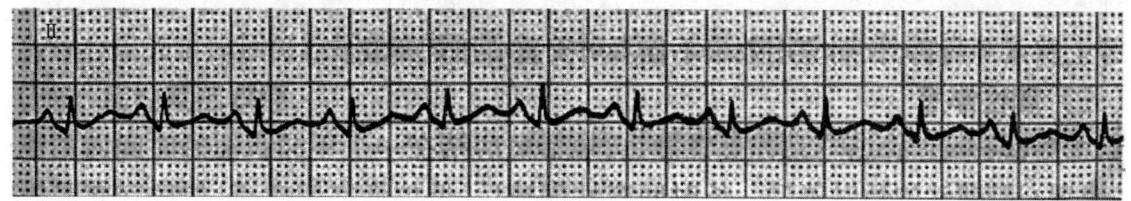

图3-1　窦性心动过速的心电图表现

2. 窦性心动过缓　成人窦性心律的频率低于60次/分，称为窦性心动过缓，窦性心动过缓常同时伴有窦性心律不齐。

（1）病因：常见于健康的年轻人、运动员或睡眠状态，窦房结病变及急性下壁心肌梗死患者亦常发生窦性心动过缓。其他原因包括颅内病变、严重缺氧、甲状腺功能减退、阻塞性黄疸，以及应用β受体阻滞剂、非二氢吡啶类钙通道阻滞剂、洋地黄、胺碘酮或拟胆碱药等。

（2）症状、体征：临床多无症状。如果心率过慢，则可引起头晕、乏力，严重者可出现晕厥、低血压，甚至休克。

（3）心电图特点：窦性心律，P-P间期>1.0 s，频率多为40～60次/分；常同时伴有窦性心律不齐（图3-2）。

（4）治疗要点：无症状的窦性心动过缓患者通常无需治疗。对因心率过慢而出现症状者，可用阿托品或异丙肾上腺素等药物，但长期用药的效果不确切，且易发生严重不良反应，故应考虑心脏起搏治疗。

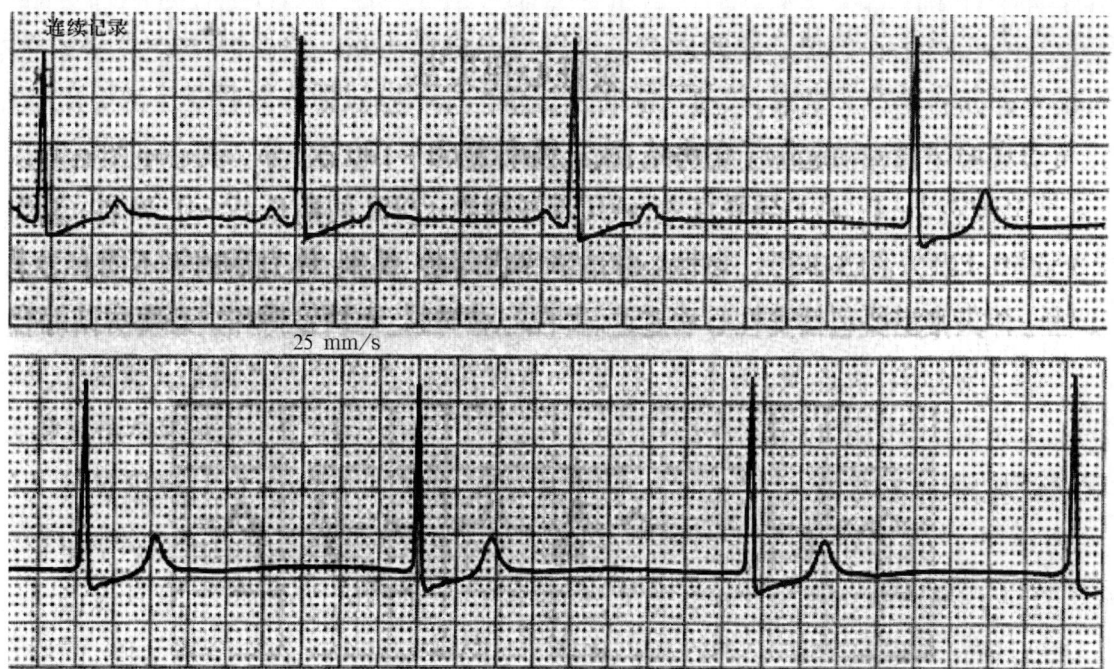

图3-2　窦性心动过缓的心电图表现

3. 窦性心律不齐　窦性心律的节律明显不规则称为窦性心律不齐，常见于青少年或自主神经功能不稳定者，而且与呼吸有关。患者很少出现临床症状，当2次心脏搏动间隔时间较长时，患者可出现心悸。心电图特点是：窦性P波，同一导联的P-P间期之差≥0.12 s（图3-3）。

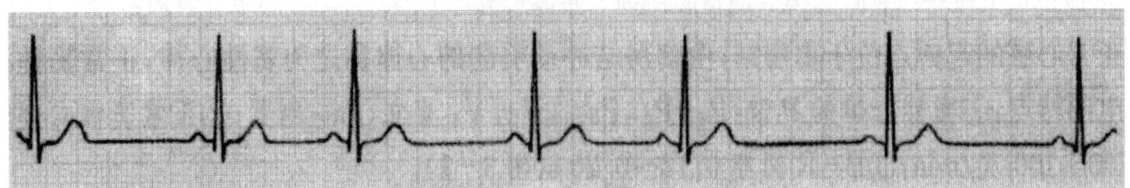

图3-3　窦性心律不齐的心电图表现

4. 窦性停搏　又称窦性间歇，是指窦房结在某一时间内不产生冲动，使心脏暂时停止搏动的现象。

（1）病因：迷走神经张力增高或颈动脉窦过敏均可引起窦性停搏。此外，急性心肌梗死、窦房结变性与纤维化、脑血管病变等，或应用洋地黄、乙酰胆碱等药物，亦可引起窦性停搏。

（2）症状、体征：若窦性停搏时间过长而无逸搏，则患者常可出现头晕、黑矇、晕厥，严重者可发生阿-斯综合征，甚至死亡。

（3）心电图特点：心电图表现为较正常P-P间期显著长的时间内无P波出现，或P波与QRS波群均不出现，长的P-P间期与基本的窦性P-P间期无倍数关系。形成心房或全心停顿现象。长时间窦性停搏后，下位的潜在起搏点，如房室交界处或心室，可发出单个逸搏或逸搏性心律控制心室（图3-4）。

（4）治疗要点：功能性窦性停搏不需要特殊处理，去除有关因素后常可自行恢复；对病理性窦性停搏有晕厥史的患者，应早期进行人工心脏起搏器治疗。

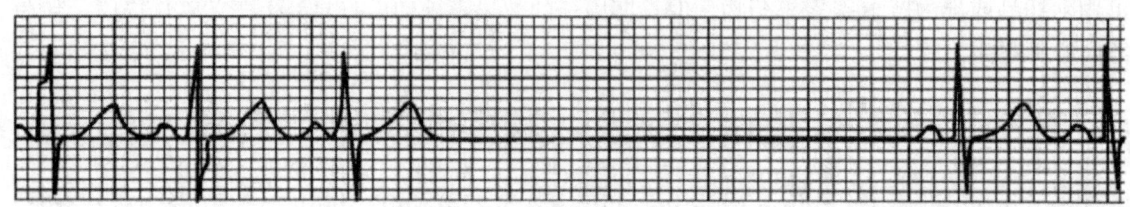

图3-4　窦性停搏的心电图表现

5. 病态窦房结综合征　简称病窦综合征，是由窦房结病变导致窦房结起搏功能和（或）窦房传导障碍，从而引起多种心律失常和多种症状的综合征。患者常同时合并心房自律性异常，部分患者同时有房室传导功能障碍。

（1）病因：①引起窦房结损害、窦房结起搏与传导功能障碍的病变，如淀粉样变性、甲状腺功能减退症、某些感染（布鲁氏菌病、伤寒）、纤维化与脂肪浸润、硬化与退行性变等；②窦房结周围神经或心房肌病变，窦房结动脉供血减少；③迷走神经张力增高、某些抗心律失常药物抑制窦房结功能等。

（2）症状、体征：患者可出现与心动过缓有关的心脏、脑等脏器供血不足的症状，如发作性头晕、黑矇、乏力等，严重者可发生晕厥。若有心动过速发作，则可出现心悸、心绞痛等症状。

（3）心电图特点：①出现持续而显著的窦性心动过缓（心率在50次/分以下），且并非由药物引起；②窦性停搏与窦房传导阻滞；③窦房传导阻滞与房室传导阻滞并存；④心动过缓-

心动过速综合征（又称慢-快综合征）；⑤在未使用抗心律失常药物的情况下，心房颤动的心室率缓慢，或其发作前后有窦性心动过缓和（或）Ⅰ度房室传导阻滞；⑥房室交界性逸搏心律等（图3-5）。

（4）治疗要点：若患者无心动过缓有关的症状，则无需治疗，可定期随诊观察。对于有症状的病窦综合征患者，应进行起搏器治疗。起搏器治疗后，若患者有心动过速发作，则可同时应用抗快速型心律失常药物。

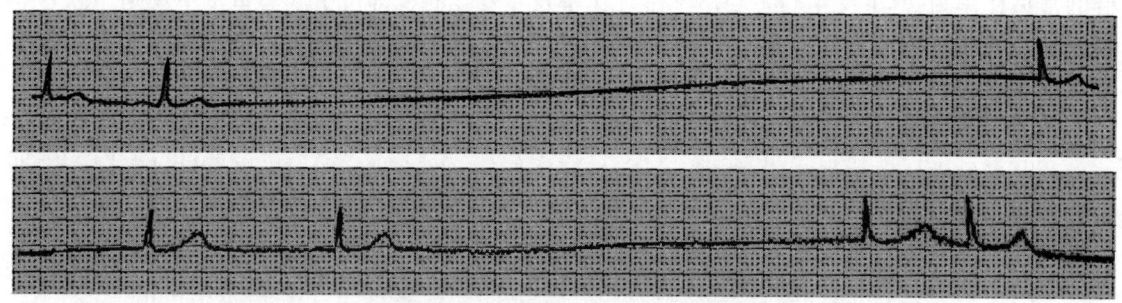

图 3-5　病态窦房结综合征的心电图表现

## （二）房性心律失常

1. **房性期前收缩**　是指起源于窦房结以外心房异位起搏点提前发放冲动而引起的心脏搏动，是临床上常见的心律失常。

（1）病因：情绪激动、过度疲劳、过量饮酒或吸烟、饮浓茶等。各种器质性心脏病患者均可发生房性期前收缩，这也可能是发生快速型房性心律失常的先兆。

（2）症状、体征：多为功能性，正常成人24小时心电图检查显示约60%有房性期前收缩发生。患者一般无明显症状，频发房性期前收缩者可感胸闷、心悸，甚至使原有心绞痛和心力衰竭加重。听诊可发现在基础心律中有提早出现的心脏搏动，随后有一长间歇。发生期前收缩时，第一心音常增强，第二心音相对减弱。

（3）心电图特点：①提前出现的P′波形态与同导联正常窦性P波不同；②PR间期≥0.12秒；③期前收缩后代偿间歇呈不完全性。④提前出现的P′波后下传的QRS波群形态通常正常，少数患者无QRS波群（称为阻滞的或未下传的房性期前收缩），或出现宽大、畸形的QRS波群（称为室内差异性传导）（图3-6）。

（4）治疗要点：房性期前收缩通常无需治疗。当患者有明显症状或因房性期前收缩触发室上性心动过速时，应予以药物治疗，如应用β受体阻滞剂、维拉帕米（异搏定）、奎尼丁、普罗帕酮（心律平）、胺碘酮等。

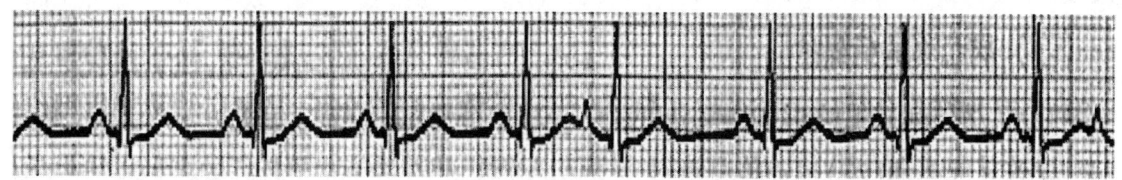

图 3-6　房性期前收缩的心电图表现

2. **心房扑动**　是介于房性心动过速和心房颤动之间的快速型心律失常。健康人很少发生，患者多伴有器质性心脏病。

（1）病因：心房扑动常见于心脏病患者。①风湿性心脏病、冠心病、心肌病、高血压心脏病等；②导致心房扩大的病变，如肺栓塞、慢性充血性心力衰竭，二尖瓣、三尖瓣狭窄与反流；③其他病因，如甲状腺功能亢进症、酒精中毒、心包炎等。部分患者无明显病因。

（2）症状、体征：患者的症状主要与心房扑动的心室率相关，心室率不快时，患者可无症状；心室率较快的患者可有心悸、胸闷、乏力，甚至心力衰竭、心绞痛等表现。

（3）心电图特点：①P波消失，代之以振幅和形状相似、间隔均匀、呈锯齿状的心房扑动波（F波），扑动波之间的等电线消失，在Ⅱ、Ⅲ、aVF导联或$V_1$导联最为明显；F波的频率为250～350次/分。②心室率规则与否，取决于房室传导比率是否恒定，F波与QRS波群的常见比率为2:1及4:1。当房室传导比率发生变化时，即可引起心室率不规则。③QRS波群形态正常，但当发生室内差异性传导或原有束支传导阻滞时，QRS波群可增宽、形态异常（图3-7）。

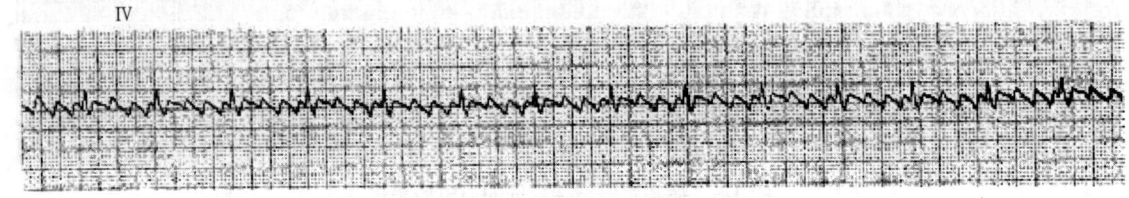

图3-7　心房扑动的心电图表现

（4）治疗要点：①病因治疗。②减慢心室率，常用药物有β受体阻滞剂、钙通道阻滞剂（维拉帕米或地尔硫䓬）、洋地黄制剂。③药物复律，可选择$I_A$相、$I_C$相和Ⅲ相抗心律失常药物进行复律，首选胺碘酮。④同步直流电复律：是最有效的终止心房扑动的方法，可有效减慢心房扑动的心室率。⑤射频消融术，可以根治心房扑动，对症状明显或药物治疗无效的患者，应考虑行射频消融术。⑥抗凝治疗，持续性心房扑动患者发生血栓栓塞的风险明显增高，应予以抗凝治疗，可选择华法林或阿司匹林预防。

3. 心房颤动　是一种常见的心律失常类型，是指规则有序的心房电活动丧失，代之以快速无序的颤动波，是严重的心房电活动紊乱。

（1）病因：心房颤动的发作可呈阵发性或持续性。阵发性心房颤动可见于正常人，也可见于情绪激动、运动、手术后或大量饮酒等情况下；持续性心房颤动常见于风湿性心脏病、冠心病、高血压心脏病、甲状腺功能亢进性心脏病、缩窄性心包炎、心肌病、感染性心内膜炎及慢性肺源性心脏病等患者。心脏与肺部疾病患者发生急性缺氧、高碳酸血症、代谢或血流动力学紊乱时，亦可出现心房颤动。

（2）症状、体征：发生心房颤动时，症状的轻重受心室率快慢的影响。心室率不快时，患者可无症状，但多数患者有心悸、胸闷；心室率超过150次/分时，可诱发心绞痛或心力衰竭。发生心房颤动时，心房有效收缩消失，心输出量减少达25%或以上。发生心房颤动可使心房血液淤滞，易导致左心房内附壁血栓形成，栓子脱落后可引起体循环动脉栓塞，以脑栓塞最常见。心房颤动患者的心脏听诊特点是第一心音强弱不等，心律极不规则，当心室率较快时，可有脉搏短绌。

（3）心电图特点：①P波消失，代之以大小不等、形态不一、间隔不均匀的颤动波，称为f波，频率为350～600次/分。②R-R间隔极不规则，心室率通常为100～160次/分。③QRS波群形态一般正常，当心室率过快，伴有室内差异性传导时，QRS波群增宽变形（图3-8）。

（4）治疗要点：应积极寻找引起心房颤动的原发病和诱发因素，并予以相应处理。

1）积极治疗原发病及诱因。

2）控制心室率：是心房颤动的基本治疗措施，控制心室率的药物包括洋地黄、β受体

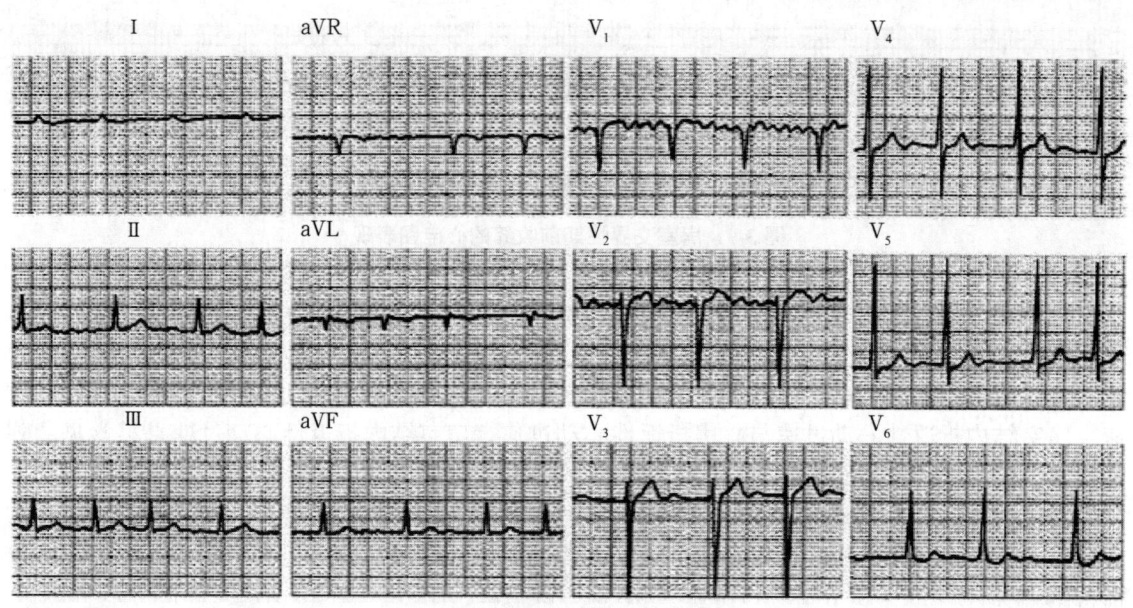

图3-8 心房颤动的心电图表现

阻滞剂、钙通道阻滞剂（维拉帕米或地尔硫䓬）、胺碘酮等，可单用或联合应用，注意药物的禁忌证。①无症状且左心室收缩功能正常的患者静息时心室率的控制目标是<110次/分。②对症状明显或出现心动过速的心肌病患者，静息时心室率的控制目标是<80次/分，且中等强度运动时心室率<110次/分。慢性心房颤动经复律与维持窦性心律治疗无效者，称为永久性心房颤动，可选用地高辛、β受体阻滞剂或钙通道阻滞剂控制过快的心室率。

3）转复并维持窦性心律：将心房颤动转复为窦性心律的方法包括药物复律、同步直流电复律和射频导管消融术。①药物复律：常用药物有胺碘酮、普罗帕酮、伊布利特，不推荐使用洋地黄、β受体阻滞剂等。普罗帕酮可导致室性心律失常，严重器质性心脏病患者不宜使用；胺碘酮导致室性心律失常的概率低，是最常用的维持窦性心律的药物，特别适用于合并器质性心脏病的患者。奎尼丁可诱发致命性室性心动过速，目前已很少使用。②电复律：药物治疗无效时，最有效的复律手段为同步直流电复律。若患者发作开始时已出现血压明显下降或急性心力衰竭，则应紧急实施电复律。

4）预防栓塞并发症：既往有栓塞史的患者，瓣膜病、高血压、糖尿病、左心房扩大、冠心病患者以及老年患者发生栓塞的危险性更大，应予以重视，并指导患者坚持有效的抗凝治疗，可口服华法林等。对心房颤动发作频繁、心室率很快、药物治疗无效者，可选择进行射频消融术。其他治疗方法包括起搏器治疗及外科手术等。

 考点提示

房性心律失常的心电图特点、心房颤动的听诊特点及最有效的治疗措施。

（三）房室交界性心律失常

1. 房室交界性期前收缩　是指冲动起源于房室交界区，可前向和逆向传导，分别产生提前出现的QRS波群与逆行P波。逆行P波可位于QRS波群之前（PR间期<0.12秒）、之中或之后（PR间期<0.20秒）。QRS波群形态正常，当发生室内差异性传导时，QRS波群形态可有变化（图3-9）。房室交界性期前收缩通常无需治疗。

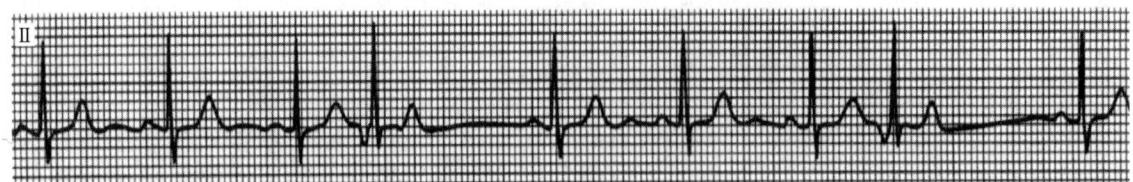

图 3-9　房室交界性期前收缩的心电图表现

2. 阵发性室上性心动过速（paroxysmal supraventricular tachycardia，PSVT）简称室上速，是指起源于希氏束分支以上的阵发性规则快速型心律，相当于一系列快速重复出现的期前收缩。主要由折返机制引起，折返可发生在窦房结、房室结与心房，分别称为窦房折返性心动过速、房室结内折返性心动过速与心房折返性心动过速。房室结内折返性心动过速是最常见的阵发性室上性心动过速类型。

（1）病因：患者通常无器质性心脏病表现，不同性别和年龄均可发生，可见于冠心病、高血压心脏病、风湿性心脏病、甲状腺功能亢进症、慢性肺源性心脏病、预激综合征等患者及洋地黄中毒者。

（2）症状、体征：心动过速突然发作与突然终止，持续时间长短不一。发作时，患者常有心悸、胸闷、焦虑不安、头晕，很少有发生晕厥、心绞痛、心力衰竭和休克者。症状轻重取决于发作时心室率的快慢、持续时间及原发病的严重程度。听诊心律绝对规则，心尖部第一心音强度恒定。

（3）心电图特点：①心率为150～250次／分，节律规则。②QRS波群形态及时限正常，但发生室内差异性传导或原有束支传导阻滞时，QRS波群形态异常。③P波呈逆行性（Ⅱ、Ⅲ、aVF导联倒置），常埋藏于QRS波群内或位于其终末部分，与QRS波群保持恒定关系。④起始突然，通常由一个房性期前收缩触发，其下传PR间期显著延长，随之引起心动过速发作（图3-10）。

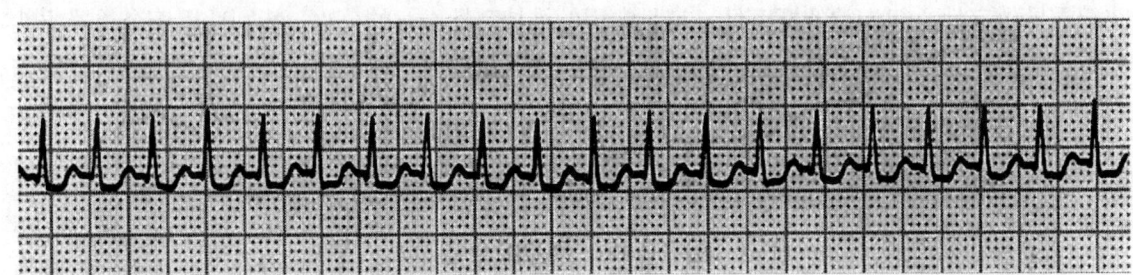

图 3-10　阵发性室上性心动过速的心电图表现

（4）治疗要点

1）机械刺激迷走神经：①刺激咽后壁诱导恶心。②深吸气后屏气，再用力做呼气动作；③按摩颈动脉窦：患者取仰卧位，先按摩右侧，每次5～10秒，切勿双侧同时按摩。④将面部浸入冰水中。按压眼球目前已很少采用。

2）药物应用：首选治疗药物为腺苷，应快速静脉注射；若无效，则改为维拉帕米或地尔硫䓬，其他药物有洋地黄、β受体阻滞剂、普罗帕酮等。有条件者可行导管射频消融术治疗。

3）电复律：当患者出现严重心绞痛、低血压、心力衰竭表现时，应立即施行同步直流电复律。但对已应用洋地黄者，不应进行电复律治疗。

4）射频导管消融术：该技术已十分成熟，具有安全、迅速、有效且能根治心动过速的优点，对药物治疗无效的阵发性室上性心动过速患者应优先考虑应用。

> **考点提示**
>
> 阵发性室上性心动过速的心电图特点及首选治疗措施。

### （四）室性心律失常

1. 室性期前收缩　是来自左心室或右心室的异位冲动在预期的由窦房结发放的冲动到达心室之前引起的心脏搏动，是最常见的心律失常类型。

（1）病因：正常人与各种心脏病患者均可发生室性期前收缩，但常见于心脏病患者。①正常人情绪激动、过度疲劳、过量饮酒或吸烟、饮浓茶和咖啡等。②器质性心脏病：高血压、冠心病、风湿性心脏病、心肌病、二尖瓣脱垂等。③其他：药物中毒（如洋地黄中毒）、电解质紊乱，以及缺血、缺氧、麻醉、手术等。

（2）症状、体征：偶发室性期前收缩者一般不出现症状，部分患者可有心脏漏搏感，频发（>5次/分）或连续出现室性期前收缩者可出现心悸、乏力、心绞痛、胸闷、晕厥等症状。听诊心律异常，室性期前收缩后出现较长的间歇，期前收缩的第一心音常增强，而第二心音减弱或消失，桡动脉搏动减弱或消失。

（3）心电图特点：①提前出现的QRS波群宽大畸形，时限通常大于0.12秒，其前无P波或相关P波。②ST段与T波的方向与QRS波群的主波方向相反。③室性期前收缩后代偿间歇完全。④室性期前收缩的类型，二联律是指每个窦性搏动后跟随一个室性期前收缩；三联律是指每两个窦性搏动后跟随一个室性期前收缩；连续发生两个室性期前收缩称为成对室性期前收缩；形态不同者称为多形性或多源性室性期前收缩（图3-11）。

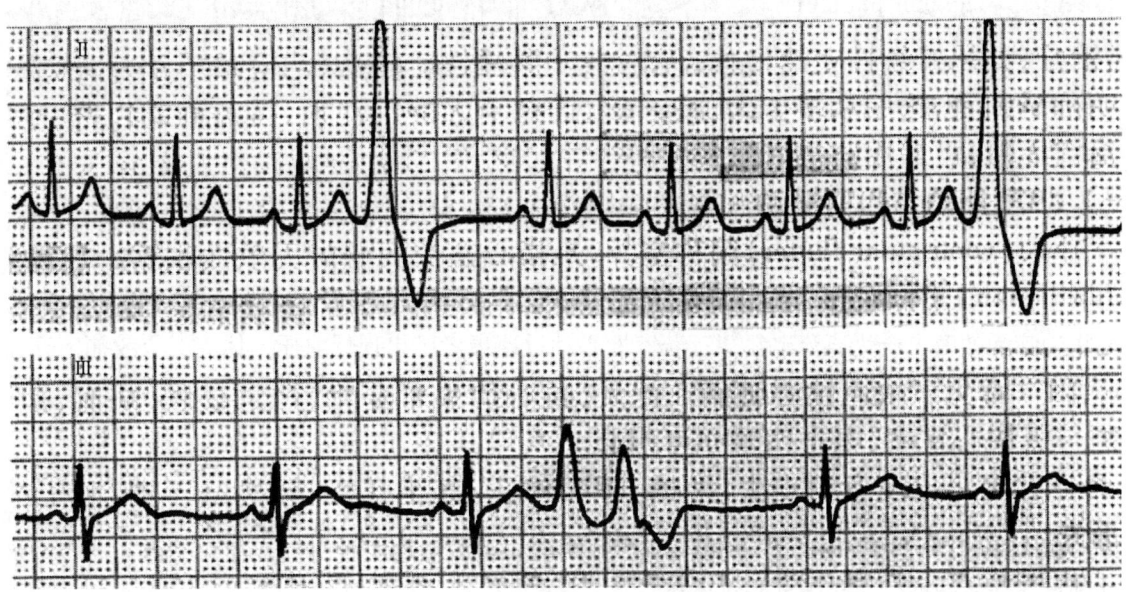

图3-11　室性期前收缩的心电图表现

（4）治疗要点

1）无器质性心脏病：①无明显症状或症状轻微者，不需要接受药物治疗。②对症状明显的患者，可选用β受体阻滞剂、维拉帕米、普罗帕酮等。

2）器质性心脏病：原则上只处理心脏疾病，不需要使用治疗室性心律失常的药物。若患者症状明显，则可选用β受体阻滞剂、维拉帕米、胺碘酮、利多卡因等。对急性心肌梗死并发室性期前收缩者，首选再灌注治疗，不主张预防性应用利多卡因等抗心律失常药物。若患者合并窦性心动过速，则早期应用β受体阻滞剂可能降低心室颤动的发生风险。

2. 室性心动过速　是指连续出现3个或3个以上室性期前收缩，其间没有正常的心脏搏动。若不及时处理，则可发展成为心室颤动。

（1）病因：常发生于各种器质性心脏病患者，其中最常见的是冠心病，尤其是心肌梗死，其次是心肌病、心力衰竭、二尖瓣脱垂、心脏瓣膜病等。其他病因包括洋地黄中毒、缺氧、电解质紊乱、长QT间期综合征、奎尼丁及胺碘酮药物中毒等，心脏侵入性检查或治疗时的机械性刺激等原因也可引起阵发性室性心动过速。

（2）症状、体征：临床症状的轻重因发作时的心室率、持续时间、基础心脏病变和心功能状态不同而异。非持续性室性心动过速（发作时间短于30秒，可自行终止）患者通常无症状，持续性室性心动过速（发作持续时间超过30秒，需予以药物或电复律方能终止）患者常伴有明显血流动力学障碍与心肌缺血，临床症状包括气促、少尿、低血压、晕厥、心绞痛等。听诊心律轻度不规则，心率多为100～250次/分，第一心音强度可不一致。

（3）心电图特点：① 连续出现3个或3个以上室性期前收缩，通常起始突然。② QRS波群宽大畸形，时限超过0.12秒，ST-T波方向与QRS波群的主波方向相反。③ 心室率一般为100～250次/分，心律规则或略不规则。④ 心房的独立电活动与QRS波群无固定关系，形成房室分离（图3-12）。

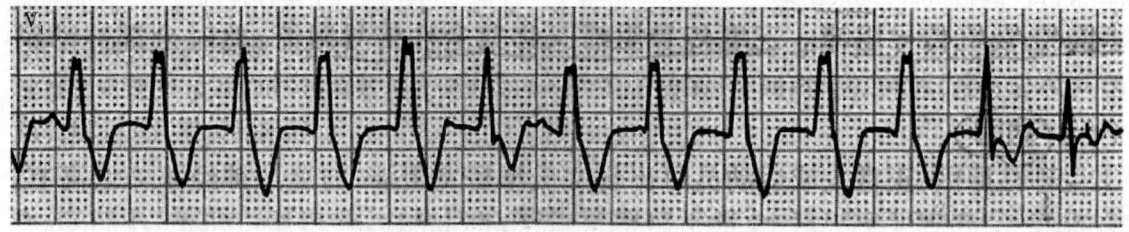

图3-12　室性心动过速的心电图表现

（4）治疗要点：无器质性心脏病的非持续性室性心动过速患者，若无症状，则无需治疗；对持续性室性心动过速患者，无论其是否有器质性心脏病，均应治疗。对无显著血流动力学障碍的室性心动过速患者，应先予以利多卡因或普鲁卡因胺治疗，亦可选用普罗帕酮、胺碘酮，药物治疗无效时可改为直流电复律；若室性心动过速患者已出现低血压、休克、心绞痛、充血性心力衰竭或脑血流灌注不足等症状，则应迅速予以电复律治疗；对洋地黄中毒引起的室性心动过速患者，不宜进行电复律，应予以药物治疗。

3. 心室扑动（ventricular flutter）与心室颤动（ventricular fibrillation）　是最严重的致命性心律失常。心室扑动是心室肌快而弱的无效性收缩，简称"室扑"。心室颤动是心室肌各部分肌纤维发生更快而不协调的颤动，简称"室颤"。心室扑动是心室颤动的前兆表现，而心室颤动则是导致心源性猝死的常见心律失常。

（1）病因：心室扑动与心室颤动常见于缺血性心脏病（如冠心病急性心肌梗死）、心肌病、心脏瓣膜病患者，以及严重心动过缓并发心房颤动或心房扑动的预激综合征患者。此外，应用抗心律失常药尤其是引起QT间期延长与尖端扭转的药物、严重缺氧、严重低钾血症、洋地黄等药物中毒、预激综合征合并心房颤动与极快的心室率、心脏手术、电击伤等亦可引起心室扑动与心室颤动。

（2）症状、体征：一旦发生心室扑动与心室颤动，患者即可突然出现意识丧失、抽搐，继之呼吸暂停甚至死亡。触诊大动脉搏动消失，听诊心音消失，血压无法测出。

（3）心电图特点：①心室扑动，P-QRS-T 波群消失，代之以波幅大而规则的正弦波（心室扑动波），其频率为 150～300 次/分；心室扑动不持久，或很快恢复，或转为心室颤动。②心室颤动，P-QRS-T 波群消失，代之以形态、振幅及间隔绝对不规则的颤动波（心室颤动波），其频率为 150～500 次/分。心室扑动与心室颤动的心电图表现如图 3-13 所示。

（4）治疗要点：心室扑动与心室颤动发生后，如果不迅速采取抢救措施，则患者一般在 3～5 分钟内死亡。一旦心电监测确定为心室扑动或心室颤动，应立即进行直流非同步电除颤，同时配合心脏按压及人工呼吸等心肺复苏术，并予以静脉注射利多卡因 100 mg 以及其他复苏药物，如肾上腺素等。

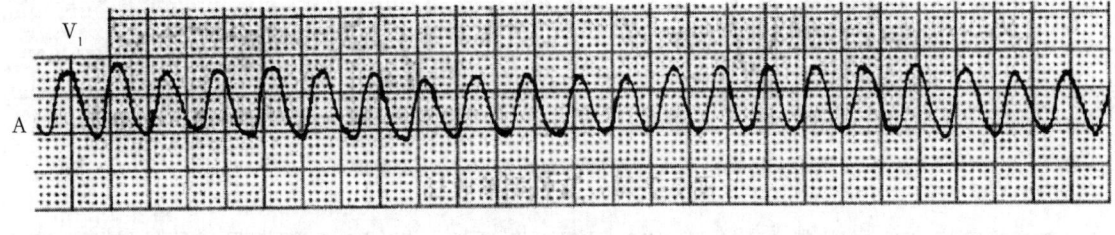
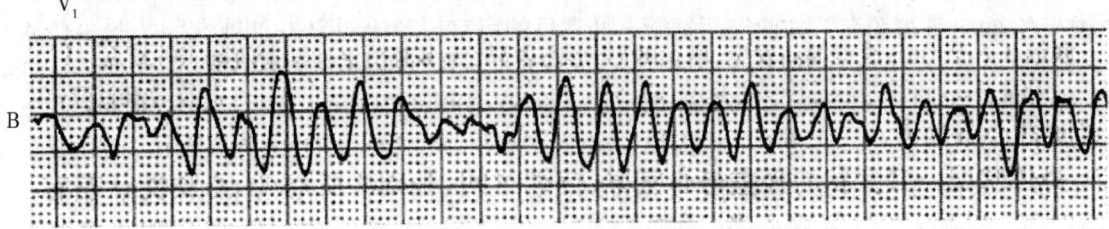

图 3-13　心室扑动与心室颤动的心电图表现
A. 心室扑动　B. 心室颤动

> **考点提示**
>
> 室性心律失常的心电图特点及主要治疗措施。

### （五）房室传导阻滞

房室传导阻滞是指发生在心房和心室之间的心脏传导通路异常，使得心房冲动传导延迟或不能传导至心室的现象。房室传导阻滞可发生在房室结、希氏束及左、右束支等不同部位。根据阻滞的严重程度可分为 3 度：Ⅰ度、Ⅱ度称为不完全性房室传导阻滞，Ⅲ度称为完全性房室传导阻滞。

1. 病因　正常人或运动员可出现莫氏Ⅰ型房室传导阻滞，与迷走神经张力增高有关，常发生在夜间。病理情况下，如急性心肌梗死、冠状动脉痉挛、病毒性心肌炎、心肌病、急性风湿热、先天性心血管病、原发性高血压、心脏手术、电解质紊乱、药物中毒等，亦可引起房室传导阻滞。

2. 症状、体征

（1）Ⅰ度房室传导阻滞：患者通常无症状，因第一心音延长，听诊第一心音强度减弱。

（2）Ⅱ度房室传导阻滞：患者可出现心悸与心搏脱漏，也可无症状。Ⅱ度Ⅰ型房室传导阻滞最常见，患者第一心音强度逐渐减弱并出现心搏脱漏。Ⅱ度Ⅱ型房室传导阻滞患者亦可有间歇性心搏脱漏，但第一心音强度恒定。

（3）Ⅲ度房室传导阻滞：是一种严重的心律失常，临床症状取决于心室率的快慢与伴随病变，症状包括疲乏、头晕、晕厥、心绞痛、心力衰竭等。若心室率过慢，则可导致脑缺血，患者可出现暂时性意识丧失，甚至抽搐，即阿-斯综合征，严重者可猝死。听诊第一心音强度经常发生变化，有时可闻及响亮、清晰的第一心音。

3. 心电图特点

（1）Ⅰ度房室传导阻滞：PR间期延长，成人＞0.20秒，每个P波后均有QRS波群（图3-14）。

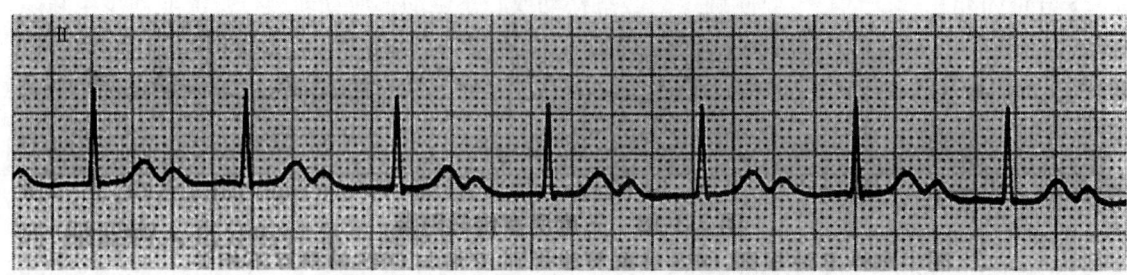

图3-14　Ⅰ度房室传导阻滞的心电图表现

（2）Ⅱ度房室传导阻滞：①Ⅰ型，PR间期逐渐延长，相邻R-R间期呈进行性缩短，直至P波后的QRS波群脱落，如此周而复始，最常见的房室传导比例为3∶2或5∶4（图3-15 A）。包含受阻P波在内的R-R间期小于2个正常P-P间期之和。此型多数情况下的阻滞部位在房室结，QRS波群正常，很少发展为Ⅲ度房室传导阻滞。②Ⅱ型，PR间期固定不变（可正常或延长）；间歇性QRS波群脱漏，常见的房室传导比例为2∶1或3∶1（图3-15 B）。若QRS波群宽大、畸形，则表示阻滞位于希氏束-浦肯野系统；若QRS波群正常，则表示阻滞可能位于房室结内。此型易转变为Ⅲ度房室传导阻滞。

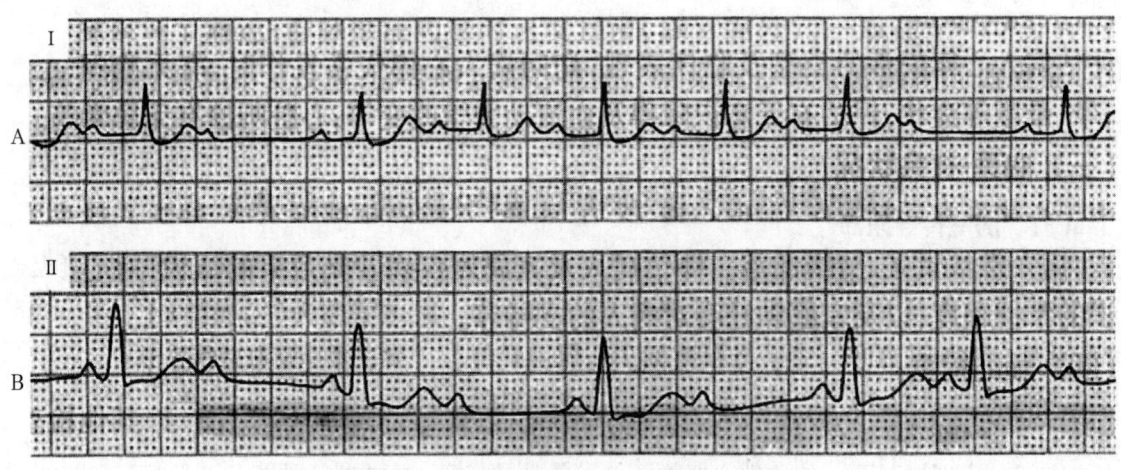

图3-15　Ⅱ度房室传导阻滞的心电图表现
A. Ⅱ度Ⅰ型房室传导阻滞　B. Ⅱ度Ⅱ型房室传导阻滞

（3）Ⅲ度房室传导阻滞：①P波与QRS波群各有规律，互不相关，呈完全性房室分离。②心房率快于心室率，心房冲动来自窦房结或为异位心房节律。③心室起搏点通常在阻滞部位稍下方。若阻滞部位在希氏束及其附近，则心室率为40～60次/分，QRS波群正常，心律亦较稳定；若阻滞部位在室内传导系统的远端，则心室率可在40次/分以下，QRS波群增宽，心室律亦常不稳定（图3-16）。

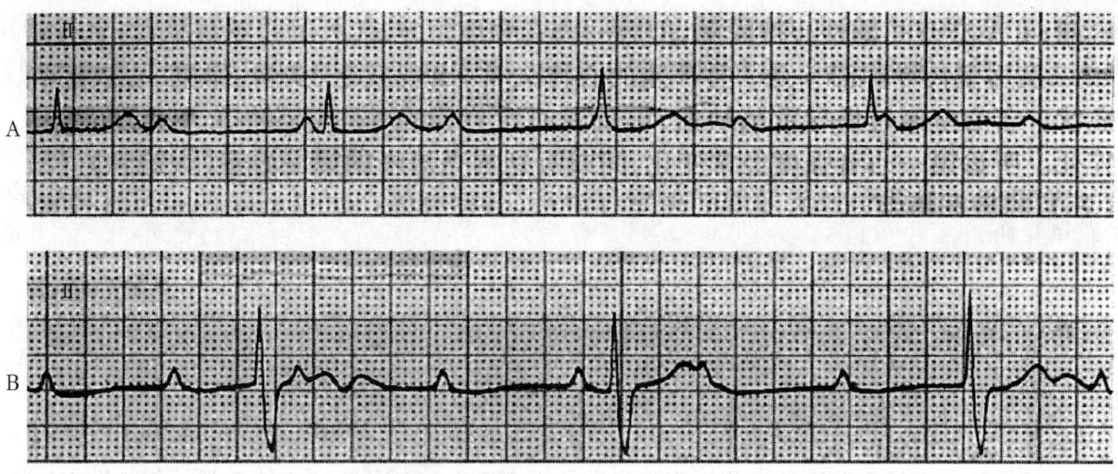

图 3-16　Ⅲ度房室传导阻滞的心电图表现

4. 治疗要点　针对不同的病因进行治疗。Ⅰ度和Ⅱ度Ⅰ型房室传导阻滞患者若无临床表现、心室率不太慢，则无需特殊治疗；对Ⅱ度Ⅱ型或Ⅲ度房室传导阻滞，心室率显著缓慢，并伴有血流动力学改变及明显临床症状的患者，应及时提高心室率，以改善组织、器官缺血情况，防止发生阿-斯综合征，常用药物有阿托品、异丙肾上腺素。对症状严重、心室率缓慢者，应尽早予以临时性或永久性人工心脏起搏器治疗。

### 三、心理、社会状况

患者常因心律失常突然发作、躯体不适等出现紧张、焦虑、恐惧等不良心理反应。

### 四、辅助检查

心律失常的常用检查方法有动态心电图、常规心电图、运动试验、临床心电生理检查等。

【主要护理诊断/问题】

1. 活动无耐力　与心律失常导致心输出量减少有关。
2. 焦虑　与躯体不适、反复发作、疗效不佳等有关。
3. 潜在并发症：心绞痛、阿-斯综合征、猝死等。
4. 有受伤的危险　与心律失常引起的头晕、晕厥有关。

【护理措施】

（一）一般护理

1. 休息与活动　对无器质性心脏病的心律失常患者，应鼓励其正常工作和生活，注意劳逸结合，避免过度劳累。对阵发性室性心动过速、窦性停搏、Ⅱ度Ⅱ型或Ⅲ度房室传导阻滞等严重心律失常患者，应指导其绝对卧床休息，做好心理护理，保持情绪稳定，必要时遵医嘱予以镇静药，保证患者充分的休息与睡眠。病室要求安静、温度适宜，卧床期间协助患者加强生活护理。当心律失常发作导致患者出现胸闷、心悸、头晕等不适时，应指导其采取高枕卧位、半卧位或其他舒适体位，尽量避免左侧卧位，因为取左侧卧位时，患者常能感觉到心脏搏动而加重不适感。当患者伴呼吸困难、发绀等缺氧表现时，应予以 2～4 L/min 氧气吸入。

2. 饮食护理　予以低脂、清淡、易消化、高维生素饮食，多食蔬菜和水果，少食多餐，避免进食刺激性食物，戒烟、戒酒，避免饮浓茶、咖啡，多食粗纤维食物，保持排便通畅。

3. 皮肤的护理　安置监护电极前应注意清洁皮肤，用乙醇棉球去除油脂，电极放置部位应避开胸骨右缘及心前区，以免影响心电图检查和紧急电复律；每1～2天更换电极片1次，或电极片松动时应随时更换；注意观察患者是否有皮肤发红、发痒等过敏反应。进行电除颤前，应在电极上涂以导电胶，或用生理盐水纱布隔开患者的皮肤，避免发生电击伤。

4. 预防受伤　既往有头晕、晕厥发作或跌倒病史的患者应避免剧烈活动、情绪激动或紧张、快速改变体位等诱因，避免单独外出，一旦出现头晕、黑矇等表现，应立即平卧休息，以免跌倒受伤。

（二）病情观察

1. 心律失常的症状与体征　观察患者是否有心悸、乏力、胸闷、头晕、晕厥等心律失常表现，并注意询问其程度、持续时间以及给日常生活带来的影响。定时测量并记录患者的心率、心律、脉搏。对心房颤动患者，应由2名护士同时测量心率和脉率1分钟。

2. 心电监护　对严重心律失常患者，应予以持续心电监护，严密监测心率、心律、心电图、生命体征和血氧饱和度的变化。观察患者是否有潜在猝死危险的心律失常，如频发室性期前收缩、成对室性期前收缩、呈联律的室性期前收缩、多源性室性期前收缩、R-on-T现象及Ⅱ度Ⅱ型房室传导阻滞。一旦发现患者存在可随时导致猝死的心律失常，包括室性心动过速、心室扑动、心室颤动及Ⅲ度房室传导阻滞，应立即报告医生，并积极配合抢救。

（三）危重患者的护理

1. 休息　绝对卧床休息，保持情绪稳定，避免不良刺激，以减少心肌耗氧量。
2. 吸氧　予以鼻导管吸氧，氧流量为2～4 L/min。
3. 做好抢救准备　立即建立静脉通道，备好抗心律失常药物及其他抢救药品、除颤仪、临时起搏器等。
4. 配合抢救与护理　遵医嘱予以抗心律失常药物，注意给药途径、剂量和速度，观察药物的疗效和不良反应。用药期间持续进行心电监护，严密监测患者的心电图、血压、心率和心律。一旦患者出现意识突然丧失、抽搐、大动脉搏动消失、呼吸停止等表现，应立即进行抢救，如予以心脏按压、人工呼吸、电复律或配合临时起搏等。

（四）心理护理

提供安静、舒适的环境，向患者进行环境介绍和自我介绍。在执行任何治疗和护理操作前，均应向患者解释，加强护患间的交流，以提高其安全感，取得患者的信任。评估患者恐惧的原因和表现，如失眠、易怒、不安、心率加快、血压升高等。与患者讨论减轻压力的技巧，如深呼吸、静坐等。向患者介绍病情，鼓励患者参与制订护理计划，以增强其战胜疾病的信心。

（五）用药护理

遵医嘱予以抗心律失常药物。注意药物的给药途径、剂量和给药速度，观察药物的疗效和不良反应，并予以相应的护理。

常用抗心律失常药物的不良反应见表3-4。

表3-4 常用抗心律失常药物的不良反应

| 药物 | 不良反应 |
| --- | --- |
| 利多卡因 | 剂量过大可导致眩晕、感觉异常、意识模糊、谵妄、抽搐、昏迷，甚至呼吸抑制和心脏停搏等 |
| 美西律 | 恶心、呕吐、运动失调、震颤、皮疹、低血压、心动过缓 |
| β受体阻滞剂 | 对低血压、心动过缓、糖尿病患者可导致低血糖、雷诺现象、抑郁，可诱发或加重哮喘和COPD |

续表

| 药物 | 不良反应 |
|---|---|
| 胺碘酮 | 最严重的不良反应是肺纤维化,其他包括肝功能损害、角膜色素沉着、甲状腺功能亢进或减退、胃肠道反应,以及心动过缓、房室传导阻滞 |
| 普罗帕酮 | 眩晕、口腔内有金属味、视物模糊;恶心、呕吐;窦房结抑制、房室传导阻滞、心力衰竭加重 |
| 伊布利特 | 室性心律失常,特别是导致 QT 间期延长的尖端扭转型室性心动过速 |
| 维拉帕米 | 低血压、心动过缓、房室传导阻滞 |
| 腺苷 | 面部潮红、呼吸困难、胸闷、房室传导阻滞 |

1. **严格按时、按量用药** 静脉注射时速度宜慢(腺苷除外);静脉滴注药物时,尽量用输液泵调节滴注速度。

2. **病情监测** 观察患者的意识和生命体征,必要时予以心电监护。注意监测患者用药前、用药过程中及用药后的心率、心律、PR 间期和 QT 间期等变化。及时去除可导致心律失常的各种危险因素,及时纠正低钾血症、低镁血症,监测血流动力学的变化等。

### 知识链接

#### 常用抗心律失常药物的分类

| 类型 | | 药物 |
|---|---|---|
| 治疗快速型心律失常的药物 | Ⅰ类:钠通道阻滞剂 | $I_A$:奎尼丁、普鲁卡因胺<br>$I_B$:利多卡因、美西律、苯妥英钠<br>$I_C$:普罗帕酮 |
| | Ⅱ类:β受体阻滞剂 | 普萘洛尔、美托洛尔、阿替洛尔 |
| | Ⅲ类:钾通道阻滞剂 | 胺碘酮、伊布利特、多非利特 |
| | Ⅳ类:钙通道阻滞剂 | 维拉帕米、地尔硫䓬 |
| 治疗缓慢型心律失常的药物 | 拟交感神经药 | 异丙肾上腺素 |
| | 迷走神经抑制药 | 阿托品、山莨菪碱 |
| | 非特异性窦房结兴奋剂 | 氨茶碱、甲状腺素 |
| 其他抗心律失常药物 | | 洋地黄、腺苷、伊伐雷定 |

**考点提示**

心律失常患者的病情观察及用药护理。

【健康指导】

1. **疾病知识指导** 向患者及家属介绍心律失常的常见病因、诱因及防治知识。指导患者保持乐观、稳定的情绪。对无器质性心脏病者,鼓励其积极参加体育锻炼,调整自主神经功能;对有器质性心脏病者,应根据心功能情况,指导其适当活动。对有晕厥史者,应指导其避免从事有危险性的工作,出现头晕时应平卧,以免摔伤。

2. 生活指导  指导患者进食低脂、易消化、富含纤维素的食物，少食多餐，避免饱餐，避免摄入刺激性食物，如饮咖啡、浓茶、酒等；保证充足的休息与睡眠，避免劳累、感染，防止诱发心力衰竭；保持排便通畅，心动过缓患者避免排便时过度屏气、用力，以免引起迷走神经兴奋而加重心动过缓。

3. 家庭护理  教会患者自测脉搏的方法，以利于自我监测病情。每日至少测量脉搏1次，每次测量时间应在1分钟以上。对反复发生严重心律失常并危及生命者，应教会家属心肺复苏术，以便紧急抢救患者。告知患者药物的疗效及不良反应，避免自行增减药量、停药或擅自改用其他药物，出现异常应及时就诊。

4. 安置起搏器或植入型心律转复除颤器（implantable cardioverter defibrillator，ICD）的护理  指导患者妥善保管起搏器卡的相关信息，外出时随身携带，以便发生意外时为诊治提供信息。告知患者避免接触强磁场（如核磁、激光）和高电压的场所（如变电站），但家庭生活用电一般不影响起搏器工作。嘱患者若接触某种环境或电器后出现胸闷、头晕等不适，则应立即离开现场或不再使用该电器。随着技术的不断更新，目前移动电话对起搏器的干扰作用很小，推荐平时将移动电话放置在距离起搏器至少15 cm的口袋内，拨打或接听电话时采用对侧。

5. 定期随访  指导患者定期到医院随访，定期复查心电图等。

## 第四节　原发性高血压患者的护理

### 案例导入 3-3

患者，男，61岁，诊断为原发性高血压6年，吸烟20年，间断服用抗高血压药，血压波动在（130～150）/（90～100）mmHg，患者未予以重视，头晕、头痛明显时才会服药，好转后即停药。2天前，患者因头晕测量血压为170/100 mmHg，自行口服抗高血压药硝苯地平控释片30 mg，每天2次，服药1天后出现头痛，测量血压为100/70 mmHg。

问题与思考：
1. 该患者目前属于几级高血压？心血管危险分层属于何种程度？
2. 如何对患者进行用药指导？

高血压（hypertension）是以体循环动脉血压升高为主要表现，可伴有心脏、脑、肾等器官功能或器质性损害的临床心血管综合征。高血压可分为原发性高血压和继发性高血压两大类。原发性高血压占高血压的95%以上。原发性高血压是以血压升高为主要临床表现，伴或不伴有多种心血管病危险因素的综合征，通常简称高血压。由于某些疾病导致血压升高，且有明确而独立的病因，称为继发性高血压。

高血压是多种心、脑血管疾病的重要病因和危险因素，可影响心脏、脑、肾等器官的结构与功能，最终导致以上器官功能衰竭，是心血管疾病患者死亡的主要原因之一。目前，我国对高血压的定义是收缩压≥140 mmHg和（或）舒张压≥90 mmHg。工业化国家高血压患病率高于发展中国家。我国高血压患病率北方地区高于南方地区，沿海高于城市，城市高于农村，高原地区高于平原地区。我国高血压患病率呈明显上升趋势，并且随年龄增长而升高，性别差异不显著。

【病因与发病机制】
（一）病因
原发性高血压是在一定的遗传背景下，由多种因素等相互作用的结果。

1. 遗传因素　原发性高血压有明显的家族聚集性，双亲均患有高血压的正常血压子女，之后发生高血压的概率增高。

2. 环境因素

（1）饮食：食盐摄入量与高血压的发生和血压升高水平呈正相关。大量研究表明，我国北方地区人群食盐摄入量每人每天为 12～18 g，南方为 7～8 g，膳食钠摄入量与血压显著相关，北方地区人群血压水平高于南方地区。另外，低钙、低钾、高蛋白饮食也对血压的升高有影响。

（2）饮酒：男性持续饮酒者比不饮酒者 4 年内高血压发生危险增加 40%。

（3）精神因素：长期处于应激状态、情绪紧张、噪声等可引起高血压。脑力劳动者患高血压的概率较体力劳动者高。

3. 超重和肥胖或腹型肥胖　中国成人正常体重指数（body mass index，BMI）为 18.5～23.9 kg/m$^2$，体重指数≥24 kg/m$^2$ 为超重，≥28 kg/m$^2$ 为肥胖。人群体重指数的差异对人群的血压水平和高血压患病率有显著影响。男性腰围≥85 cm、女性腰围≥80 cm 者，高血压的发生危险为腰围低于此界限者的 3.5 倍。

4. 其他因素　长期服用避孕药、阻塞型睡眠呼吸暂停综合征等也可引起高血压。

（二）发病机制

高血压的发病机制目前尚未明确。从外周血管阻力增加的角度来看，其发病机制主要体现在以下几个环节。

1. 交感神经系统活动亢进　引起高血压的因素长期作用于机体，使大脑皮质兴奋与抑制过程失调，神经递质浓度与活性异常，可导致交感神经系统活动亢进，血浆儿茶酚胺浓度升高，阻力小动脉收缩增强。

2. 肾性水、钠潴留　当机体发生水、钠潴留时，体内液体过多，为降低心输出量，减少体内水分的潴留，全身阻力小动脉收缩增强，导致外周血管阻力增加。

3. 肾素-血管紧张素-醛固酮系统（RAAS）激活　球旁细胞分泌的肾素作用于肝合成的血管紧张素原而生成血管紧张素 I，经血管紧张素转换酶（ACE）的作用转变为血管紧张素 II。血管紧张素 II 可使小动脉平滑肌收缩，外周血管阻力增加；同时可刺激肾上腺皮质球状带分泌醛固酮，引起水、钠潴留，使血容量增加。

4. 胰岛素抵抗　胰岛素的以下作用可能与血压升高有关：①使肾小管对钠的重吸收增加；②增强交感神经活性；③使细胞内钠、钙浓度增高；④引起血管壁增生、肥厚。

5. 其他　细胞膜离子转运异常、细胞功能异常等。

【护理评估】

（一）健康史

询问患者发病的时间、血压升高的程度、服用过何种药物、降压效果如何，是否有高血压遗传史，既往是否有冠心病、糖尿病、脑出血等病史。患者平时的饮食习惯，是否有食盐摄入量过多，是否有长期精神紧张，是否有烟、酒嗜好。评估患者的体重，是否超重。

（二）身体状况

1. 一般表现　大多数患者起病缓慢，早期症状不明显，仅在精神紧张、情绪波动的情况下才出现血压暂时性升高，随后即可恢复正常；部分患者没有症状，仅在体检时发现血压升高。

（1）常见症状：患者可出现头晕、头痛、心悸、注意力不集中、烦躁、易怒、失眠、乏力等。症状轻重不一定与血压水平有关。症状可因劳累、激动、失眠等加重，休息后多可缓解。

（2）体征：一般较少见，除血压升高外，心脏听诊时还可闻及主动脉瓣区第二心音亢进、收缩期杂音等。

2. 并发症　随着病程进展，高血压可导致重要靶器官损害，引起心脏、脑、肾、主动脉等器官的器质性损害和功能障碍，尤其是心脏和血管，是高血压患者致残或致死的主要原因。

（1）心脏并发症：①高血压心脏病，主要是由于血压长期升高，外周阻力增加，左心室负荷过重，导致左心室肥厚扩张而形成。主要表现为活动后心悸、气促，心尖抬举样搏动，可发展为心力衰竭、心律失常等。②急性左心衰竭，随病情加重而诱发，典型表现为急性肺水肿。③冠心病，部分患者可合并冠状动脉粥样硬化性心脏病而有心绞痛、心肌梗死、心律失常等表现。

（2）脑血管并发症：最常见，头痛、头晕等是高血压患者常见的神经系统症状。长期高血压易形成颅内微小动脉瘤，血压突然增高时可引起动脉瘤破裂而导致脑出血。血压急剧升高还可引起一过性脑血管痉挛，导致短暂性脑缺血发作及脑血栓形成，患者可出现头痛、失语、肢体瘫痪。血压极度升高可导致高血压脑病。

（3）肾并发症：长期高血压使肾小动脉硬化，肾单位萎缩，常引起多尿、蛋白尿或有管型尿、夜尿增多，若控制不良，则最终可发展为慢性肾衰竭。

（4）其他并发症：①血管病变，除心脏、脑、肾血管病变外，严重高血压还可促使主动脉夹层形成并破裂。②眼底改变，可反映高血压的严重程度，分为四级。Ⅰ级：视网膜动脉痉挛、变细，反光增强；Ⅱ级：视网膜动脉狭窄，动静脉交叉压迫；Ⅲ级：在上述血管病变的基础上出现眼底出血或絮状渗出；Ⅳ级：出血或渗出，伴有视神经乳头水肿。

3. 高血压急症和亚急症

（1）高血压急症：高血压急症是指在某些诱因的作用下，原发性或继发性高血压患者的血压突然显著升高（一般超过180/120 mmHg），同时伴有进行性心脏、脑、肾等重要靶器官功能不全的表现，包括高血压脑病、恶性高血压、脑卒中、急性冠脉综合征、急性左心衰竭、主动脉夹层等。①高血压脑病：由于过高的血压超过了脑血流自动调节的范围，脑组织血流灌注过多而导致脑水肿，表现为严重头痛、呕吐、意识障碍、精神错乱，甚至昏迷、局灶性或全身抽搐、颅内出血等。②恶性高血压：少数患者发病急骤，血压显著升高，舒张压持续≥130 mmHg，并出现头痛、视物模糊、眼底出血、渗出和视神经乳头水肿，肾损害明显，持续出现蛋白尿、血尿和管型尿。病情进展迅速，预后很差，患者常死于肾衰竭、脑血管意外及心力衰竭。

（2）高血压亚急症：又称高血压危象，是指血压显著升高，但不伴有严重临床症状及进行性靶器官损害，患者可有血压明显升高的症状，如头痛、胸闷、烦躁不安和鼻出血等。血压升高的程度不是鉴别高血压急症和高血压亚急症的标准，鉴别高血压急症和高血压亚急症的唯一标准是患者是否有新近发生的急性进行性严重靶器官损害。

**考点提示**

高血压的病因、并发症以及高血压急症和亚急症的表现。

---

4. 高血压危险度分层

（1）血压水平分类：我国目前采用正常血压、正常高值和高血压进行血压水平分类，根据血压升高的水平，进一步将高血压分为1级、2级和3级，具体分类标准见表3-5。

表3-5　血压的定义和水平分类（中国高血压防治指南，2010年）

| 类别 | 收缩压（mmHg） | | 舒张压（mmHg） |
| --- | --- | --- | --- |
| 正常血压 | <120 | 和 | <80 |
| 正常高值 | 120～139 | 和（或） | 80～89 |
| 高血压 | ≥140 | 和（或） | ≥90 |

续表

| 类别 | 收缩压（mmHg） | | 舒张压（mmHg） |
|---|---|---|---|
| 1级（轻度） | 140～159 | 和（或） | 90～99 |
| 2级（中度） | 160～179 | 和（或） | 100～109 |
| 3级（高度） | ≥180 | 和（或） | ≥110 |
| 单纯收缩期高血压 | ≥140 | 和 | <90 |

（2）心血管风险分层：根据血压水平，结合心血管危险因素、靶器官损害情况及伴随症状，可将高血压患者分为低危、中危、高危和极高危4个层次。具体分层标准见表3-6。

表3-6 高血压患者心血管风险分层（中国高血压防治指南，2010年）

| 其他危险因素和病史 | 血压水平 | | |
|---|---|---|---|
|  | 1级高血压 | 2级高血压 | 3级高血压 |
| 无其他危险因素 | 低危 | 中危 | 高危 |
| 有1～2个危险因素 | 中危 | 中危 | 极高危 |
| 有3个以上危险因素或靶器官损害 | 高危 | 高危 | 极高危 |
| 合并临床疾病 | 极高危 | 极高危 | 极高危 |

用于分层的其他心血管危险因素包括吸烟、高脂血症、糖尿病、腹型肥胖、年龄（男性＞55岁、女性＞65岁）和心血管疾病家族史；靶器官损害合并临床疾病包括心脏疾病（左心室肥大、心力衰竭、心绞痛等）、脑血管疾病（脑血栓形成、脑出血），肾疾病（蛋白尿、肾衰竭）和血管疾病（视网膜病变）等。

## 知识链接

### 美国心脏协会（AHA）高血压诊断标准（2017年）

高血压被定义为≥130/80 mmHg，取代以前的≥140/90 mmHg，旨在使人们更加重视高血压的危害。

1. 正常血压 <120/80 mmHg。
2. 血压升高 120～129/<80 mmHg。
3. Ⅰ级高血压 130～139/80～89 mmHg。
4. Ⅱ级高血压 ≥140/90 mmHg。
5. 高血压危象 ≥180/120 mmHg。

（三）心理、社会状况

高血压为常见疾病，多发生在中年期，患者各方面压力大，因此情绪波动较大，易产生紧张、焦虑心理。如果治疗效果不佳，则可出现烦躁、抑郁、失眠等心理反应。不良心理反应又会加重病情。

（四）辅助检查

1. 常规检查 包括血常规、尿常规、血糖、血脂、血尿酸、肾功能等检查。
2. 动态血压监测 高血压的诊断主要根据测量的血压值，采用经核准的水银柱或电子血压计，测量安静休息坐位时上臂肱动脉部位的血压。首诊时应测量双上臂血压，之后通常测量读数较高一侧的上臂血压，一般需测量非同日3次血压值收缩压均≥140 mmHg或（和）舒张压均≥90 mmHg，即可诊断为高血压。2次测量之间至少相隔2分钟。进行24小时动态血压监测，有助于判断高血压的严重程度，了解血压昼夜变化节律和变异性，以指导降压治疗和评价抗高血压药的疗效。

3. 心电图检查　表现为左心室肥厚、劳损。

4. 胸部X线检查　可见主动脉迂曲延长、左心影扩大。

5. 超声心动图检查　提示左心室和室间隔肥厚，左心房和左心室增大。

【主要护理诊断／问题】

1. 疼痛：头痛　与血压升高有关。

2. 有受伤的危险　与头晕、视物模糊、意识改变或发生直立性低血压有关。

3. 知识缺乏：缺乏高血压疾病相关知识。

4. 潜在并发症：高血压危象、脑血管疾病等。

【护理措施】

（一）一般护理

1. 活动与休息　保持病室环境清洁、安静、舒适。早期患者血压稳定、无明显脏器功能损害时，除应保证足够的睡眠外，还可适当参加力所能及的工作，并根据年龄及血压水平选择适当的运动方式，合理安排运动量。血压较高、症状明显的患者应卧床休息。变换体位时，动作宜缓慢。

2. 饮食护理　予以患者低盐、低脂、低热量、富含维生素的饮食。①减少钠摄入量，每日食盐摄入量不超过6 g，少吃咸菜、火腿、罐头、酱油、味精等。②保证钙、钾的摄入：多食含钾、钙、镁丰富的食物，如新鲜蔬菜和水果、牛奶、豆类、蘑菇、木耳等。③减少脂肪摄入量，不吃或少吃肥肉和动物内脏，补充适量蛋白质。④多食粗纤维食物，预防便秘。⑤戒烟、限酒。

（二）病情观察

定期监测血压，若患者出现头痛、呕吐、视物模糊等症状，则应立即通知医生予以相应处理。严密观察并发症征象。若患者在血压急剧升高的同时，出现头痛、视物模糊、恶心、呕吐、抽搐等症状，则应考虑发生高血压脑病。若患者出现端坐呼吸、喘憋、发绀、咳粉红色泡沫样痰等症状，则应考虑发生急性左心衰竭。

（三）治疗配合

原发性高血压目前尚无根治方法，主要采用降压治疗。高血压患者降压治疗的目的是最大限度地降低心、脑血管病的发病率和死亡率。

1. 血压控制目标值　目前一般主张血压控制目标值应至少<140/90 mmHg。糖尿病或慢性肾脏病合并高血压的患者，血压控制目标值<130/80 mmHg。对于老年收缩期高血压患者，收缩压应控制在150 mmHg以下，如果患者能够耐受，则可降至140 mmHg以下。应尽早到达上述血压控制目标水平，但并非越快越好，对老年人、病程较长或已出现靶器官损害或并发症者，应缓慢降压。

2. 非药物治疗　适用于所有高血压患者，包括使用抗高血压药物治疗的患者。

（1）减轻体重：减少热量摄入，平衡膳食，增加运动量，使BMI保持在20～24 kg/m²。

（2）膳食限盐：一般每人每天平均食盐摄入量不超过6 g。

（3）减少脂肪摄入，补充适量优质蛋白，多吃蔬菜和水果，增加含钾、钙量高的食物，如绿叶菜、鲜奶、豆制品类等。

（4）增加及保持适当的体力活动：一般每周运动3～5次，每次持续20～60分钟。

（5）减轻精神压力，保持心情舒畅。

（6）戒烟、限酒：若患者饮酒，男性每日饮酒量不超过 25 g，女性则应减半，孕妇忌饮酒。不提倡饮高度烈性酒。

3. 药物治疗　常用抗高血压药有以下 5 类。

（1）利尿药：通过促进排钠，减少细胞外容量，减轻外周血管阻力，降低血压。适用于轻度、中度高血压患者，常用药物有氢氯噻嗪、呋塞米等。

（2）β 受体阻滞剂：通过抑制中枢和周围的肾素-血管紧张素-醛固酮系统（RAAS），抑制心肌收缩力、减慢心率而发挥降压作用。适用于各种程度的高血压患者，尤其适用于心率较快的中、青年患者或合并心绞痛的患者。常用药物有普萘洛尔、美托洛尔、阿替洛尔等。

（3）钙通道阻滞剂：通过阻滞细胞外钙离子进入血管平滑肌，减弱兴奋-收缩偶联，降低血管收缩反应，从而发挥扩张血管、降压的作用。长期控制血压的效果较稳定，患者服药依从性较高，可用于合并糖尿病、冠心病或外周血管疾病的患者。常用药物有硝苯地平、氨氯地平、硝苯地平控释剂、非洛地平缓释剂等。

（4）血管紧张素转换酶抑制药（ACEI）：通过抑制循环和组织中的血管紧张素转换酶（ACE），使血管紧张素Ⅱ生成减少，发挥降压作用。适用于伴有心力衰竭、糖耐量减低或糖尿病肾病以及心肌梗死后的高血压患者。常用药物有卡托普利、依那普利和贝那普利等。

（5）血管紧张素Ⅱ受体阻滞剂（ARB）：通过抑制血管紧张素Ⅱ受体达到降压效果，起效慢，但降压作用持久、平稳。常用药物有氯沙坦、厄贝沙坦等。

4. 高血压急症的治疗　治疗原则是尽快控制血压，防治靶器官损害和功能障碍。

（1 及时降低血压：硝普钠可同时扩张动脉和静脉，降低心脏前负荷和后负荷，是高血压急症的首选治疗药物。另外，还可选用硝酸甘油、尼卡地平、地尔硫䓬、拉贝洛尔等。

（2）控制性降压：如果使高血压急症患者在短时间内血压骤降，则可能导致重要脏器的血流灌注明显减少，应采取逐步控制性降压的方式。一般情况下，数分钟至 1 小时内的血压控制目标是平均动脉血压的降低幅度不超过治疗前水平的 25%，随后 2～6 小时内再将血压降至较安全的水平，一般为 160/100 mmHg 左右。若患者临床情况稳定，则可在随后 24～48 小时内将血压逐步降至正常水平。若降压后，患者出现组织器官缺血的表现，则降压幅度应更小，在随后 1～2 周内逐步降至正常水平。

（3）减轻脑水肿：当患者发生高血压脑病时，应予以 20% 甘露醇或呋塞米静脉滴注。

（4）制止抽搐：对出现烦躁、抽搐的患者，可用地西泮、巴比妥类药物肌内注射或水合氯醛保留灌肠。

5. 用药护理　常用的抗高血压药物剂量、用法及不良反应见表 3-7。

（1）抗高血压药物应用的基本原则：①小剂量，从较小有效治疗剂量开始用，逐步增加剂量，长期或终身服药；②优先选择长效制剂，尽可能使用每日用药 1 次而有持续 24 小时降压作用的长效药，从而控制夜间血压和晨峰血压，更有效地预防心、脑血管并发症；③联合用药；④个体化用药。

（2）遵医嘱用药：密切观察药物的不良反应。

（3）预防直立性低血压：某些药物可引起直立性低血压，特别是联合用药、首剂用药时易出现，表现为头晕、乏力、心悸、出汗、恶心、呕吐等。指导患者服药后卧床休息，避免长时间站立，改变姿势和体位时动作应缓慢，用药期间避免用过热的水洗澡或进行蒸汽浴，不宜大量饮酒。一旦发生直立性低血压，应立即平卧并抬高下肢，以促进下肢静脉血液回流。常用的抗高血压药物剂量、用法及不良反应见表 3-7。

表 3-7 常用的抗高血压药物剂量、用法及不良反应

| 分类 | 药物 | 每日剂量 | 每天用药次数 | 不良反应 |
| --- | --- | --- | --- | --- |
| 利尿药 | 氢氯噻嗪 | 12～25 mg | 1～2次 | 低钠、低钾、低氯及高尿酸血症；保钾利尿药可引起高钾血症，不宜与ACEI和ARB联合应用，肾功能不全者禁用 |
|  | 呋塞米 | 20～40 mg | 1～2次 |  |
|  | 氨苯蝶啶 | 25～100 mg | 1～2次 |  |
| β受体阻滞剂 | 阿替洛尔 | 50～200 mg | 1～2次 | 抑制心肌收缩、心动过缓，使支气管收缩；急性心力衰竭、支气管哮喘、房室传导阻滞等患者禁用 |
| 钙通道阻滞剂 | 尼莫地平 | 40～60 mg | 2～3次 | 头痛、头晕、面部潮红、消化道不适、皮肤瘙痒、心动过缓 |
|  | 维拉帕米 | 40～80 mg | 1～3次 |  |
| 血管紧张素转换酶抑制药 | 卡托普利 | 12.5～25 mg，逐渐增加至100～150 mg | 2～3次 | 刺激性干咳、高钾血症、血管性水肿、头晕、乏力、皮肤瘙痒 |
| 血管紧张素Ⅱ受体阻滞剂 | 氯沙坦 | 100～150 mg | 1次 | 不良反应很少，主要不良反应是血钾升高 |
| α₁受体阻滞剂 | 哌唑嗪 | 0.5 mg，逐渐增加至每次5 mg | 2次 | 心悸、头痛、嗜睡 |

### （四）高血压急症的护理

1. **基础护理** 一旦患者发生高血压急症，即应绝对卧床休息，将床头抬高，避免一切不良刺激和不必要的活动，予以生活护理。必要时使用镇静药。

2. **吸氧** 保持呼吸道通畅，予以吸氧，氧流量为4～5 L/min。

3. **用药护理** 迅速建立静脉通道，遵医嘱尽早使用抗高血压药。硝普钠静脉滴注过程中应注意避光，严格控制滴速，严密监测血压。脱水药滴速宜快。

4. **病情监测** 定期监测血压，严密观察患者的病情变化，监测血压、呼吸。一旦发现患者出现血压急剧升高、剧烈头痛、呕吐、大汗淋漓、视物模糊、面色及神志改变、肢体运动障碍等症状，应立即通知医生。

5. **并发症的预防与护理** 及时制止抽搐。当患者发生抽搐时，用牙垫置于上、下齿间，以防止唇舌咬伤。患者意识不清时，应加护栏，防止其坠床。指导患者避免屏气或用力排便。

 考点提示

高血压的药物治疗和非药物治疗要点。

### （五）心理护理

原发性高血压患者多具有易激动、焦虑及抑郁等心理特点，护理人员应了解患者的性格特征及有关心理因素，对患者进行心理疏导，教会患者训练自我控制能力。对于易激动的患者做好家属工作，减少不良刺激。指导患者放松技巧，如心理调节、听音乐和缓慢呼吸等。

【健康指导】

1. **疾病知识指导** 使患者了解高血压的相关知识和自身病情，包括高血压的水平、危险因素等。向患者讲解控制血压的重要性和长期治疗的必要性，告知患者及家属高血压的风险和有

效治疗的益处，使其权衡利弊。教患者学会自我调节，维持心理平衡，避免诱发因素。指导家属积极配合患者血压控制的各项方案。

2. 饮食指导　严格限制钠盐的摄入，每天应低于 6 g，增加钾盐的摄入。少食含钠量较高的食物，如咸菜、火腿肠等。合理膳食，多吃蔬菜、水果，限制饱和脂肪酸的摄入以及脂肪的摄入总量，增加粗纤维食物的摄入，以控制血压。

3. 运动指导　指导患者根据年龄和血压水平选择合适的运动方法，合理安排运动量。常用的运动强度指标为运动时最大心率达到 170 – 年龄。具体项目可选择步行、慢跑、游泳、打太极拳、气功等有氧运动，避免竞技性和力量型运动。注意劳逸结合。

4. 用药指导　指导患者遵医嘱服药，避免随意增减或停用抗高血压药。告知患者药物的名称、剂量、用法、作用及不良反应。教会患者自我监测血压，并指导患者定期到门诊复查，若血压控制不满意或出现不良反应，则应及时就诊。

5. 病情监测指导　教会患者及家属正确的测量血压方法，每次就诊时应携带血压测量记录本，以供医生参考。①测血压前 30 分钟不要吸烟，避免饮用刺激性饮料，如浓茶、可乐、咖啡等。②每次测量血压应在安静环境中休息 5 分钟后再测，应连续测 2 次血压取平均值。③做到四定，即定时间、定部位、定体位、定血压计测量血压。④血压不稳定者早晨和夜间血压波动较大，各测量一次；稳定后应每周 1 次。

## 第五节　冠状动脉粥样硬化性心脏病患者的护理

**案例导入 3-4**

患者，男，55 岁，因"心前区持续剧烈疼痛 1 小时"急诊入院。患者 1 小时前观看足球比赛后突然出现心前区持续剧烈压榨样疼痛，含服硝酸甘油不缓解，伴烦躁不安、大汗淋漓、精神紧张、恐惧。查体：BP 80/60 mmHg，R 24 次/分，P 100 次/分。痛苦面容，烦躁，四肢末梢湿冷，脉搏细速。心电图检查显示：$V_1 \sim V_5$ 导联 Q 波宽而深，ST 段呈弓背向上抬高。

问题与思考：
1. 患者最可能发生了什么？
2. 患者目前存在的主要护理问题有哪些？

冠状动脉粥样硬化性心脏病（coronary atherosclerotic heart disease，CAHD），简称冠心病，是指冠状动脉粥样硬化，使管腔狭窄或阻塞，导致心肌缺血、缺氧而引起的心脏病，它和冠状动脉功能性改变（痉挛）统称为冠状动脉性心脏病（coronary artery heart disease，CHD），又称缺血性心脏病。本病多发生在 40 岁以后，男性患者多于女性患者，多见于脑力劳动者，近年来发病呈年轻化趋势，已成为威胁人类健康的主要疾病之一。

【分型】

根据冠状动脉病变的部位、范围、严重程度及心肌缺血程度，世界卫生组织将冠心病分为五种临床类型：隐匿型或无症状型冠心病、心绞痛型冠心病、心肌梗死型冠心病、缺血性心肌病型（心力衰竭型）冠心病、猝死型冠心病。

近年根据发病特点和治疗原则的不同，将冠心病分为两大类：①急性冠脉综合征（acute coronary syndrome，ACS），包括不稳定型心绞痛、非 ST 段抬高型心肌梗死和 ST 段抬高型心肌梗死；②慢性冠状动脉性心脏病（chronic coronary artery heart disease），又称慢性心肌缺血综合征，包括稳定型心绞痛、缺血性心肌病和隐匿型冠心病等。本节主要介绍心绞痛和心肌梗死型冠心病。

【危险因素】

1. 血脂异常　总胆固醇、三酰甘油、低密度脂蛋白或极低密度脂蛋白增高和高密度脂蛋白降低是动脉粥样硬化最重要的危险因素。

2. 高血压　高血压与动脉粥样硬化的形成和发展密切相关。高血压患者患冠心病的概率较血压正常者高3～4倍。

3. 糖尿病或糖耐量异常　糖尿病患者冠心病发生率为非糖尿病患者的2倍。冠心病患者出现糖耐量减低也较为常见。

4. 吸烟　吸烟可使动脉壁氧含量不足，加速动脉粥样硬化的形成。与不吸烟者相比，吸烟者冠心病发病率和死亡率增高2～6倍。

5. 年龄、性别　本病多见于40岁以上人群，49岁以后病情发展较快，男性患者多于女性，男性与女性发病率之比约为2∶1，女性绝经期后发病率增高。近年来，本病的发病年龄有年轻化趋势。

6. 其他危险因素　①肥胖；②体力活动减少；③酒精摄入；④A型人格（性情急躁、进取心、好胜心和竞争意识强）；⑤饮食方式：进食较多高热量、高脂肪、高胆固醇、高糖饮食。

## 一、稳定型心绞痛患者的护理

心绞痛是在冠状动脉狭窄的基础上，由于心肌急剧、暂时缺血与缺氧所引起的以发作性胸痛或胸部不适为主要表现的临床综合征。根据病理生理及临床表现不同，可将心绞痛分为稳定型心绞痛和不稳定型心绞痛。稳定型心绞痛是指劳力性心绞痛病情稳定持续在1个月以上；不稳定型心绞痛是指介于稳定型心绞痛与急性心肌梗死和猝死之间的临床状态，包括初发型、恶化型劳力性心绞痛和各型自发性心绞痛。以下主要介绍稳定型心绞痛。

【病因与发病机制】

（一）病因

心绞痛最常见的原因是冠状动脉粥样硬化，其次是重度主动脉瓣狭窄或关闭不全、肥厚型心肌病等。

（二）发病机制

本病的发病机制主要是当冠状动脉狭窄或部分闭塞时，血管扩张性减弱，血流量减少，由于心肌的供血量相对比较固定，如果心肌的血液供应减低到尚能满足心脏正常代谢活动的需要，则患者休息时可无症状。在劳累、情绪激动、饱食、受寒等情况下，心脏负荷突然增加，导致心肌耗氧量增加，冠状动脉的供血不能满足心肌代谢的需求，引起心肌急剧、暂时缺血及缺氧，即可导致心绞痛。

【护理评估】

（一）健康史

询问患者是否有高脂血症、高血压、糖尿病等病史及家族史；是否有吸烟史、肥胖等；是否有引起心绞痛的诱发因素，如劳累、情绪激动、饱餐、寒冷、吸烟等；是否有引起心绞痛的其他原因，如重度主动脉瓣病变、肥厚型心肌病等。询问患者是否为首次发病、发病的部位和频率、疼痛的性质及持续时间。

（二）身体状况

1. 症状　心绞痛以发作性胸痛为主要临床表现，疼痛的特点主要包括以下几方面。

（1）部位：主要位于胸骨体上段或中段之后，可波及心前区手掌大小的范围，常放射至左肩、左臂内侧达环指和小指，或至颈部、咽部或下颌部。

（2）性质：胸痛常为压迫感、发闷感或紧缩感，也可为烧灼感，偶尔伴有濒死的恐惧感。发作时，患者常不自觉地停止原来的活动，直至疼痛缓解。

（3）诱因：发作常由劳累、情绪激动等诱因所激发，也可由寒冷、饱食、吸烟、心动过速或休克等诱发。疼痛多发生在情绪激动、劳累等诱因出现时，典型的心绞痛常为相似的诱因作用下反复发作。

（4）持续时间：一般持续3～5分钟，很少超过15分钟。

（5）缓解方式：停止诱发心绞痛的诱因，休息或舌下含服硝酸甘油等硝酸酯类药物，数分钟后可缓解。

2. 体征　心绞痛发作时，患者常出现心率加快、血压升高、表情紧张、皮肤冷或出汗。听诊有时可闻及第四心音或第三心音奔马律、暂时性心尖部收缩期杂音、交替脉、肺部啰音。

（三）心理、社会状况

疼痛出现后常逐渐加重，观察患者是否有紧张、恐惧感，发作缓解后是否有焦虑，患者及家属是否了解并重视疾病。

（四）辅助检查

1. 实验室检查　进行血糖、血脂检查可了解患者的危险因素。对胸痛明显者，需检查心肌损伤标志物，必要时需检查甲状腺功能。

2. 心电图检查

（1）静息时心电图：约有半数以上患者心电图正常，也可出现非特异性ST-T改变。

（2）心绞痛发作时心电图：常有暂时性的心肌缺血表现，如ST段压低，有时可出现T波倒置，发作缓解后可恢复。运动时心电图及24小时动态心电图检查可显著提高缺血性心脏病的检出率。

3. 多层螺旋CT冠状动脉成像　进行冠状动脉二维或三维重建，可用于判断冠状动脉管腔狭窄程度和血管壁钙化情况，对判断血管壁内斑块的分布、范围和性质有一定的意义。如果未见狭窄病变，则一般可不进行有创性检查。

4. 放射性核素检查　放射性铊心肌显像可显示心肌缺血的部位和范围，同进行运动负荷试验，可显著提高诊断的阳性率。

5. 有创性检查

（1）冠状动脉造影　可发现冠状动脉及其分支狭窄的部位和程度，目前仍作为诊断冠心病的金标准。

（2）血管内超声成像（intravascular ultra- sound imaging，IVUS）、冠脉内光学相干断层扫描（optical coherence tomography，OCT）：也可用于冠心病的诊断，并有助于指导介入治疗。

 考点提示

心绞痛的发作特点及冠心病诊断的金标准。

【主要护理诊断/问题】

1. 疼痛：心前区疼痛　与心肌缺血、缺氧有关。
2. 活动无耐力　与心肌氧的供需失衡有关。
3. 潜在并发症：心肌梗死。
4. 焦虑　与心绞痛反复频发有关。
5. 知识缺乏：缺乏控制诱发因素及预防心绞痛发作的相关知识。

【护理措施】

(一)一般护理

1. 休息与活动　心绞痛发作时,患者应立即停止活动,卧床休息,保持情绪稳定。缓解期一般不需要卧床休息,宜保持适当的体力活动,以促进侧支循环的建立,提高运动耐力。活动量以不引发心绞痛为宜,避免竞技活动和屏气、用力动作,避免过度紧张和长时间工作。

2. 饮食护理　予以低热量、低脂、低胆固醇、低盐、高维生素、易消化的饮食。多食新鲜水果、蔬菜,以及含钾、钙、镁丰富的食物,少食多餐。戒烟、酒,避免进食辛辣、刺激性食物,避免进食过快、过饱,防止发生便秘。避免进食高胆固醇食物,限制饮食中的胆固醇含量。

3. 吸氧　予以氧气吸入,氧流量以 2～4 L/min 为宜。

(二)病情观察

观察患者疼痛的部位、性质、程度和持续时间,予以心电监护,监测心率、心律、血压的变化,描记疼痛发作时的心电图;观察患者是否有面色苍白、大汗淋漓、恶心、呕吐等,是否出现心肌梗死等并发症。

(三)治疗配合

1. 治疗要点　改善冠状动脉血液供应,减少心肌耗氧量,治疗冠状动脉粥样硬化。

(1)心绞痛发作时的治疗

1)休息:心绞痛发作时,应立即就地休息。通常,患者在停止活动后症状即可消除。

2)药物治疗:首选硝酸酯制剂,可扩张冠状动脉和周围血管、增加冠状动脉循环血量,减少静脉回心血量,减低心脏负荷和心肌需氧量,从而缓解心绞痛。①硝酸甘油,0.3～0.6 mg 舌下含化,1～2 分钟开始起效,约半小时后作用消失。②硝酸异山梨酯,5～10 mg 舌下含化,2～5 分钟起效,作用可维持 2～3 小时。

考点提示

心绞痛发作时的处理及用药护理。

---

(2)缓解期的治疗

1)改善心肌缺血的药物:①β 受体阻滞剂,可降低血压、减慢心率,降低心肌收缩力,减少心肌耗氧量。常用药物有美托洛尔、阿替洛尔、比索洛尔等。②硝酸酯制剂,可减少心肌需氧量和改善心肌灌注,减低心绞痛发作的频率和程度,增加运动耐量。缓解期常用硝酸甘油(皮肤贴片)、硝酸异山梨酯、单硝酸异山梨酯、戊四硝酯等。③钙通道阻滞剂,可扩张冠状动脉和外周血管,减轻心脏负荷,常用药物有维拉帕米、硝苯地平、地尔硫䓬等。④其他,曲美他嗪、尼可地尔、伊伐雷定;中医药治疗等。

2)预防心肌梗死的药物:①阿司匹林、氯吡格雷,其抗血小板聚集作用有利于预防冠状动脉血栓形成。②他汀类药物,可降低血脂、延缓斑块进展、稳定斑块和抗炎,临床常用的他汀类药物包括辛伐他汀、阿托伐他汀等。

3)血管重建治疗:包括经皮冠状动脉腔内成形术(percutaneous transluminal coronary angioplasty,PTCA)、冠状动脉支架植入术、经皮冠状动脉腔内旋磨术和冠状动脉旁路移植术等。

4)体外反搏疗法(external counterpulsation):可减少心绞痛的发作频率,改善运动负荷试验中的心肌缺血情况,使多数患者症状改善,适用于药物治疗效果不佳且不适宜进行血管重建术的稳定型心绞痛患者。

2. 用药护理

（1）硝酸酯类药物：①硝酸酯类药物常见的不良反应有头晕、头部胀痛、头部跳动感、面色潮红、心悸等，偶尔有血压下降，是由于血管扩张所致，因此，应嘱患者首次用药时平卧片刻。②对心绞痛发作频繁者，遵医嘱予以静脉滴注硝酸甘油，在用药过程中注意控制输液速度，以防止发生低血压。

（2）β受体阻滞剂：①支气管哮喘以及心动过缓、Ⅱ度或Ⅱ度以上房室传导阻滞患者不宜使用；糖尿病患者以及严重肝、肾功能不全患者慎用。②静脉滴注过程中，须严密观察患者的血压和心率变化，随时调节滴速，若患者出现心率减慢，则应立即停药。③此类药物可引起眩晕、疲乏、嗜睡、哮喘等不良反应，严重者可出现心动过缓，甚至心脏停搏。④停用此类药物时应逐渐减量，若突然停用，则有诱发心肌梗死或心律失常的可能。

（3）钙通道阻滞剂：①此类药物宜从小剂量开始应用，以免引起血压急剧下降。②硝苯地平缓释制剂的不良反应有头痛、头晕、乏力、血压下降、心率加快、水肿等，偶尔可见体位性低血压。③地尔硫䓬的不良反应有头痛、头晕、房室传导阻滞、肠胃道不适等。

（4）抗血小板药物：有出血倾向者禁用，阿司匹林有消化道不良反应，甚至可引起消化道出血，应在餐后服用，并注意观察粪便颜色。

（四）对症护理

患者疼痛发作时，应当立即停止活动，就地休息，舌下含服硝酸甘油。有条件的情况下应予以氧气吸入。

（五）心理护理

心绞痛发作时，应有专人守护在患者身边，予以患者心理安慰，以消除其紧张、焦虑、恐惧感。待患者疼痛缓解后，与其一起讨论引起心绞痛发作的诱因，总结缓解的方式，减少或避免诱因，如避免过度劳累、情绪激动或悲伤、寒冷刺激；保持情绪稳定和心情愉快，改变急躁易怒、争强好胜的性格等。

【健康指导】

1. 饮食与活动　指导患者进食低热量、低脂、低胆固醇饮食，改善生活方式，规律作息，适当锻炼，戒烟、酒，控制体重、血压等，保持平和的心态，避免精神紧张。

2. 避免诱发因素及危险因素　减少危险因素，避免过度劳累、情绪激动、饱餐、寒冷刺激等。

3. 用药指导　指导患者遵医嘱服药，不可擅自增减药物剂量。外出时应随身携带硝酸甘油片，并将其置于棕色瓶内，注意有效期，每 6 个月更换 1 次，以免药物失效。

4. 自我救护指导　指导患者及家属心绞痛发作时应就地休息，舌下含服硝酸甘油。若服用硝酸甘油不缓解，或发作比以往频繁、疼痛加重，则应及时就诊，警惕不稳定型心绞痛和心肌梗死的发生。指导患者定期复查心电图、血糖、血脂等，积极治疗高血压、糖尿病和高脂血症。

## 二、急性 ST 段抬高型心肌梗死患者的护理

急性心肌梗死（acute myocardial infarction，AMI）是指在冠状动脉粥样硬化的基础上，发生冠状动脉血液供应急剧减少或中断，使相应的心肌严重而持久的急性缺血所导致的心肌坏死。临床表现为持久的胸骨后剧烈疼痛、血清心肌坏死标志物增高、心电图呈进行性改变，可并发心律失常、心源性休克或心力衰竭，是冠心病的严重类型。急性心肌梗死可根据 ST 段是否抬高进行分类，当心电图出现相应区域 ST 段抬高时，表明此时对应的冠状动脉已经闭塞而导致心肌全层损伤并伴有心肌坏死标志物升高，临床上诊断为 ST 段抬高型心肌梗死。

本病以男性多见，男性与女性发病率之比为（2～5）：1，40岁以上患者占绝大多数。冬、春季节发病率较高，北方地区患者较南方地区多。其发病危险因素包括原发性高血压、高脂血症、糖尿病和吸烟等。

【病因与发病机制】

基本的病因是冠状动脉粥样硬化造成管腔狭窄和心肌供血不足。在单支或多支血管管腔狭窄和心肌血液供应不足的情况下，侧支循环尚未充分建立，一旦血液供应急剧减少或中断，使心肌严重而持久缺血达30 min以上，即可发生心肌梗死。绝大多数情况下是由于不稳定粥样斑块破裂，继而出血或管腔内血栓形成，使血管腔完全闭塞。

促使粥样斑块破裂、出血及血栓形成的诱因包括：①晨起6时至12时交感神经活性增强，机体应激反应性增高，冠状动脉张力增大；②管腔内血栓形成、粥样斑块破溃或血管持续痉挛时，冠状动脉完全闭塞；③休克、脱水、出血、外科手术或严重心律失常等，导致心输出量骤降，冠状动脉血液灌流量锐减；④体力活动、情绪激动或血压骤升，致使左心负荷明显加重，儿茶酚胺分泌增多，心肌需氧量骤增，导致冠状动脉供血明显不足。

【护理评估】

（一）健康史

询问患者或家属是否有冠心病危险因素及心绞痛发作史，近期心绞痛的发作频率、程度、时间和缓解方式。了解患者本次发病前是否有过饱、用力排便、情绪过度激动、寒冷刺激等诱发因素，是否有休克、脱水、外科手术等引起心输出量骤减、冠脉血流灌注量锐减的情况。

（二）身体状况

1. 前驱症状　多数患者在发病前数日有乏力、胸部不适、活动后心悸、气促等前驱症状，其中以初发型心绞痛或原有心绞痛加重最为突出。心电图检查可出现一过性ST段明显抬高或压低，T波倒置或增高的现象。若及时入院接受治疗，则部分患者可避免发生心肌梗死。

2. 主要症状

（1）疼痛：是最早、最突出的症状。其性质和部位与心绞痛相似，但多无明显诱因，常在安静时出现，程度更剧烈，呈难以忍受的压榨样、窒息样或烧灼样疼痛，伴有大汗淋漓、烦躁不安、恐惧及濒死感，持续时间可长达数小时或数天，含服硝酸甘油无效。部分患者疼痛可向上腹部、颈部、下颌部及背部放射而被误诊。少数患者发作时可无疼痛，一开始即表现为休克、心力衰竭等。

（2）全身症状：患者可出现发热、心动过速、白细胞计数增高和红细胞沉降率加快等，由于坏死物质吸收所致。发热多在疼痛发生后24～48小时出现，体温一般为38 ℃左右，很少超过39 ℃，持续约1周。

（3）胃肠道症状：迷走神经受坏死心肌的刺激，可引起剧烈的恶心、呕吐、上腹部胀痛、肠胀气等胃肠道症状。

（4）心律失常：是急性心肌梗死患者死亡的主要原因，见于75%～95%的患者，多发生在起病后1～2天，以24小时内最多见，可伴有乏力、晕厥等症状。各种心律失常以室性心律失常最常见，尤其是室性期前收缩。当患者出现室性期前收缩频发、成联律、多源性室性期前收缩或R-on-T现象时，提示可能发生室性心动过速或心室颤动。心室颤动是AMI早期，特别是患者入院前的主要死因。房室传导阻滞也较多见，室上性心律失常较少见。

（5）心力衰竭：主要是急性左心衰竭，发生率为32%～48%，可在起病最初数日内发生，或在疼痛、休克好转时出现，主要是由于心肌梗死后心脏舒缩功能显著减弱或不协调所致。临床表现为呼吸困难、发绀、烦躁等，严重者可发生肺水肿，随后可发生右心衰竭。右心室梗死患者可一开始即出现右心衰竭的症状，伴血压下降。

（6）低血压和休克：多在起病后数小时至1周内发生，见于约20%的患者，多为心源性，主要是由于心肌广泛（40%以上）坏死、心输出量急剧下降所致。患者疼痛时常有血压下降，若疼痛缓解后收缩压仍低于80 mmHg，且伴有烦躁不安、面色苍白、皮肤湿冷、脉搏细速、大汗淋漓、少尿、反应迟钝、晕厥，则表明已发生休克。

3. 体征　心率可加快或减慢。听诊心尖部第一心音减弱，可闻及第三或第四心音奔马律，部分患者在起病后2～3天可出现心包摩擦音；除急性心肌梗死早期血压可升高外，几乎所有患者都出现血压下降。另外，患者还可出现心律失常、休克或心力衰竭等相关体征。

4. 并发症

（1）乳头肌功能失调或断裂：最常见。二尖瓣乳头肌因缺血、坏死等导致收缩功能障碍，造成二尖瓣脱垂及关闭不全。轻者可以自行恢复，重者可严重损害左心功能，引起急性左心衰竭，最终导致死亡。

（2）心脏破裂：少见，常在起病后1周内出现，多为心室游离壁破裂，造成心包积血，引起急性心脏压塞而导致患者猝死，是最严重的并发症。偶尔有室间隔破裂造成穿孔，可引起心力衰竭和休克，患者可在数日内死亡。

（3）心室壁瘤：主要见于左心室，较大的心室壁瘤检查时可见心脏扩大。超声心动图检查可见心室局部有反常运动，心电图检查示ST段持续抬高。后期可导致左心衰竭、心律失常等。

（4）心肌梗死后综合征：在心肌梗死后数周至数月内出现，表现为心包炎、胸膜炎，患者可有发热、胸痛等症状。

（三）心理、社会状况

心肌梗死发作时的剧烈胸痛容易使患者产生濒死感及恐惧感；进入冠心病监护病房（cardiac care unit，CCU）的患者由于不能接受亲人探视，可产生孤独、抑郁心理；有的患者可产生消极、抑郁、悲哀、茫然等情绪；患者家属也可能缺乏疾病相关知识，同时承受着较大的经济压力和心理压力。应评估患者和家属的心理状态，了解其社会支持情况。

（四）辅助检查

1. 心电图检查　ST段抬高型心肌梗死患者的典型心电图特点包括以下几方面。

（1）特征性改变：①在面向坏死区周围心肌损伤区的导联上出现ST段呈弓背向上抬高。②在面向透壁心肌坏死区的导联上出现宽而深的Q波（病理性Q波）。③在面向损伤区周围心肌缺血区的导联上出现T波倒置。

（2）动态性改变：①起病数小时内，面向坏死区的导联出现异常高大、两肢不对称的T波，为超急性期改变。②起病数小时后，ST段明显抬高，弓背向上，与直立的T波连接，形成单相曲线，起病数小时至2天内出现病理性Q波，为急性期改变。Q波在起病3～4天内稳定不变，多数患者可永久存在。③ST段抬高持续数日至2周左右，逐渐恢复到基线水平，T波变为平坦或倒置，为亚急性期改变。④数周至数月后，T波呈V形倒置，两肢对称、波谷尖锐，为慢性期改变。T波倒置可永久存在，也可在数月至数年内逐渐恢复。

（3）心电图定位诊断：特征性心电图改变若出现在$V_1$～$V_5$导联，则提示为广泛前壁心肌梗死；若出现在$V_1$～$V_3$导联，则提示为前间壁心肌梗死；若出现在$V_3$～$V_5$导联，则提示为局限前壁心肌梗死；若出现在Ⅱ、Ⅲ、aVF导联，则提示为下壁心肌梗死（图3-17）。心肌梗死的定位判断见表3-8。

表 3-8 心肌梗死的定位判断

| 心电图相应导联 | 心肌梗死部位 | 心电图相应导联 | 心肌梗死部位 |
| --- | --- | --- | --- |
| $V_1$、$V_2$、$V_3$ | 前间壁 | Ⅰ、aVL、$V_5$、$V_6$ | 侧壁 |
| $V_3$、$V_4$、$V_5$ | 局限前壁 | $V_1$、$V_2$、$V_9$ | 间壁 |
| $V_1$、$V_2$、$V_3$、$V_4$、$V_5$ | 广泛前壁 | $V_7$、$V_8$ | 后壁 |
| Ⅱ、Ⅲ、aVF | 下壁 | $V_{1R} \sim V_{6R}$ | 右壁 |

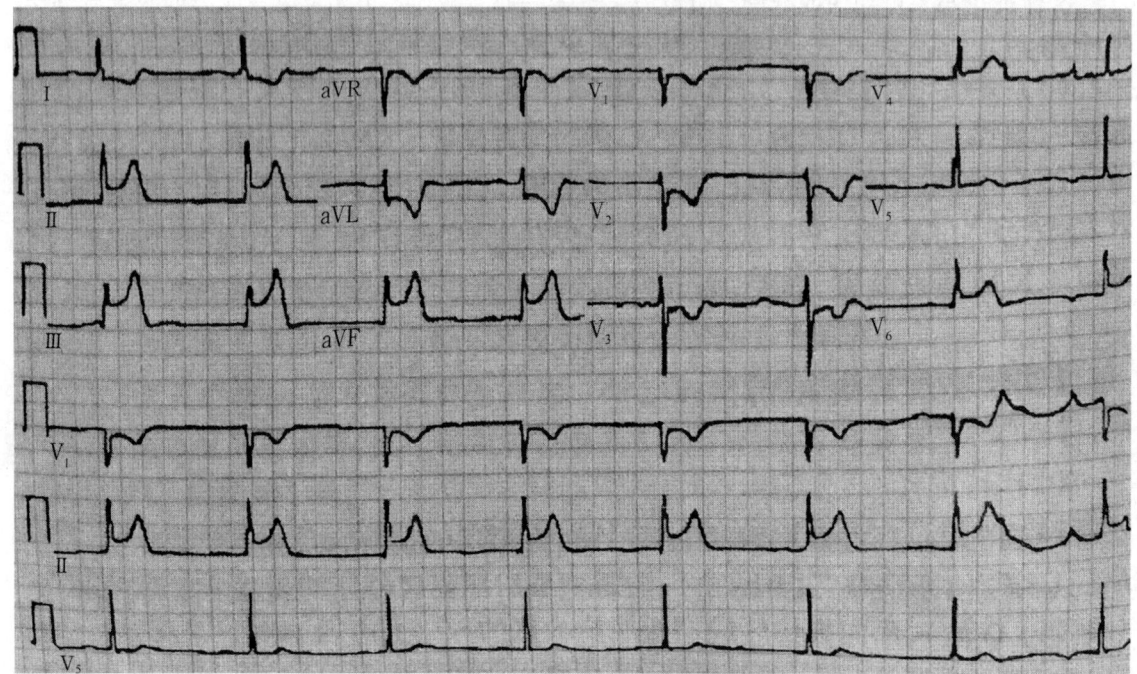

图 3-17 急性下壁心肌梗死的心电图表现

### 考点提示

急性心肌梗死的症状、体征及心电图特点。

2. 实验室检查

（1）血液检查：起病 24~48 小时后，可出现白细胞计数增高，中性粒细胞比例增高，红细胞沉降率加快；C 反应蛋白增高。

（2）血清心肌坏死标志物增高：①肌钙蛋白 I（cTnI）或肌钙蛋白 T（cTnT）：起病后 2~4 小时升高，cTnI 于起病后 10~24 小时达高峰，7~10 天降至正常，cTnT 于起病后 24~48 h 达高峰，10~14 天降至正常。这是诊断心肌梗死的敏感和特异指标。②肌红蛋白在心肌梗死后最早出现，起病后 2 小时内升高，12 小时内达高峰，24~48 小时内恢复正常，灵敏度高，但特异性不强。③肌酸激酶同工酶（CK-MB），在起病后 4 小时内增高，16~24 小时内达高峰，3~4 天恢复正常，其增高的程度可以较准确地反映心肌梗死的范围，高峰出现的时间是否提前有助于判断溶栓治疗是否成功。以往沿用多年的心肌梗死血清心肌酶测定，包括肌酸激酶（CK）、天冬氨酸转氨酶（AST）和乳酸脱氢酶（LDH）测定，其特异度和灵敏度均远不如上述心肌坏死标志物，但仍有参考价值。

3. 超声心动图检查　进行二维和 M 型超声扫描可以了解心室壁的运动情况和左心室功能，可用于诊断心室壁瘤和乳头肌功能失调等。

4. 放射性核素检查　有助于判定心室功能、诊断心肌梗死后造成的室壁运动失调和心室壁瘤，确定心肌梗死的部位和范围。

【主要护理诊断/问题】

1. 疼痛：心前区疼痛　与心肌缺血、坏死有关。
2. 活动无耐力　与心肌氧的供需失衡有关。
3. 有便秘的危险　与进食量少、活动量少、药物不良反应有关。
4. 恐惧　与剧烈疼痛伴濒死感有关。
5. 潜在并发症：心律失常、休克、心力衰竭、心搏骤停等。

【护理措施】

（一）一般护理

1. 休息与活动　患者发病 12 小时内应绝对卧床休息，以减少心肌耗氧量，缩小心肌梗死的范围。保持病房环境安静，减少探视，避免不良刺激。协助患者进行日常生活活动，如洗漱、排尿、排便。若患者无并发症，则可于发病 24 小时后在床上进行肢体活动，第 3 天开始在床边走动，第 4~5 天逐步增加活动量，直至每天步行 3 次，每次步行 100~150 m。活动量以不感到疲劳为宜，若患者在活动中出现乏力、头晕、呼吸困难、心前区疼痛，则应立即停止活动，卧床休息。

2. 饮食护理　起病后 4~12 小时内，予以流质饮食，逐渐过渡到半流质、软食、普通饮食；予以低热量、低脂、低盐、低胆固醇、高维生素、易消化的饮食，避免饮浓茶、咖啡，避免进食过冷、过热、辛辣、刺激性及产气的食物，戒烟、禁酒；鼓励患者多吃新鲜蔬菜、水果；少食多餐，避免进食过饱，以免加重心脏负担。

3. 排便护理　急性心肌梗死患者由于卧床休息、进食量少、不习惯床上排便等原因，容易发生便秘。因此，应指导患者保持排便通畅，避免用力排便，以免增加心脏负担而导致心肌缺血、缺氧加重。指导患者多吃富含纤维素的食物，如水果、蔬菜，防止发生便秘；对无糖尿病者，每天清晨予以蜂蜜 20 ml 加温水饮用；适当进行腹部按摩，以促进肠蠕动。一旦出现排便困难，应立即告知医护人员，可使用开塞露或低压温水灌肠。

4. 吸氧　高浓度氧可导致或加重未合并低氧血症的患者的心肌损伤。对 $SaO_2$ > 90% 的患者，不推荐常规予以吸氧。若患者合并低氧血症，则应予以吸氧，氧流量为 2~4 L/min，以增加心肌供氧量，减轻疼痛。

（二）病情观察

在冠心病监护病房（CCU）期间，应严密监测患者的生命体征、心率、心律、神志、液体出入量和末梢循环情况；观察患者疼痛的部位、性质、程度、持续时间及伴随症状，并随时报告医生；持续进行心电监测，观察心电图变化；定期监测心肌酶和肌钙蛋白的变化。及时发现心律失常、休克、心力衰竭等并发症。

（三）治疗配合

1. 治疗要点　治疗原则是挽救濒死的心肌，防止梗死范围扩大或缩小心肌缺血范围，保护和维持心功能，及时处理并发症，防止猝死。

（1）监护及一般治疗：急性期患者应绝对卧床休息，予以间断或持续吸氧 2~3 天，监测心电图、血压和呼吸情况等。

（2）解除疼痛：再灌注治疗前，可选用下列药物尽快解除疼痛：①吗啡 2~4 mg 静脉注射，或哌替啶 50~100 mg 肌内注射，必要时可在 5~10 分钟后重复使用，可减轻交感神经过度兴奋和濒死感。②硝酸甘油或硝酸异山梨酯，舌下含服或静脉滴注，应维持收缩压≥100 mmHg。③β受体阻滞剂，在起病早期，若患者无禁忌证，则应尽早使用，可以限制梗死面积，并能缓解疼痛，减少镇静药的使用。

（3）心肌再灌注：再灌注治疗是急性ST段抬高型心肌梗死最主要的治疗措施。在发病3～6小时内治疗效果最佳，最长不超过12小时，可恢复血流，缩小心肌梗死范围，降低死亡率。再灌注治疗包括经皮冠状动脉介入治疗（percutaneous coronary intervention，PCI）、溶栓治疗和手术治疗。

1）经皮冠状动脉介入治疗（PCI）：在患者发病后90分钟内能完成第一次球囊扩张的情况下，对所有发病12小时以内的急性ST段抬高型心肌梗死患者，均应进行PCI，通过球囊扩张使冠状动脉再通，必要时置入支架。急性期仅对梗死相关动脉进行处理。对心源性休克患者，无论其发病时间如何，均应进行PCI。

2）溶栓治疗：若无急诊PCI条件，或不能在90分钟内完成第一次球囊扩张，且患者无溶栓治疗禁忌证，则应对发病12小时内的急性ST段抬高型心肌梗死患者进行溶栓治疗。护士应协助医生做好溶栓前的血常规、出血和凝血时间及血型等检查。常用溶栓药物包括尿激酶、链激酶和阿替普酶（rt-PA）等，静脉注射给药。溶栓治疗的主要并发症是出血，最严重的是脑出血。对非ST段抬高型心肌梗死患者，不应进行溶栓治疗。

3）手术治疗：对介入治疗失败或溶栓治疗无效且有手术适应证者，应争取在6～8小时内施行冠状动脉旁路移植术（搭桥术），为缺血心肌重建血运通道。

（4）抗血小板治疗及抗凝治疗：对各种类型的急性冠脉综合征患者，均需联合应用阿司匹林和抗血小板药物（如氯吡格雷）。对无禁忌证的所有ST段抬高型心肌梗死患者，无论是否进行溶栓治疗，均应在抗血小板治疗的基础上联合进行抗凝治疗。常用的药物有肝素、华法林、氯吡格雷、普拉格雷、磺达肝癸钠、比伐芦定等。

（5）控制和消除心律失常：①对偶发室性期前收缩的患者，可予以严密观察，不需用药；对频发室性期前收缩或室性心动过速（室速）的患者，应立即用利多卡因静脉注射，继之予以持续静脉滴注；若疗效不佳，则可用胺碘酮静脉注射。室性心动过速引起血压降低或心室颤动时，应尽快进行电除颤。②对缓慢型心律失常患者，可用阿托品肌内注射或静脉注射。当患者出现Ⅱ度或Ⅲ度房室传导阻滞时，可安置临时起搏器。③室上性心律失常：当患者出现房性期前收缩时，不需特殊处理；当患者出现阵发性室上性心动过速和心室率较快的心房颤动时，可予以维拉帕米、地尔硫䓬、美托洛尔、洋地黄制剂或胺碘酮静脉注射。对心室率快、药物治疗无效且影响血流动力学的患者，应进行直流电同步心律转复。

（6）抗休克：积极改善心肌收缩功能，适当补充血容量，应用升压药及血管扩张药，纠正酸碱平衡紊乱。

（7）治疗心力衰竭：主要是治疗急性左心衰竭，以应用吗啡（或哌替啶）和利尿药为主，也可选用血管扩张药，以减轻左心室负荷。心肌梗死发生后24小时内，不宜用洋地黄制剂，右心室梗死患者应慎用利尿药。

（8）其他治疗：如极化液疗法等。

2. 用药护理

（1）吗啡或哌替啶：注意监测患者是否有呼吸抑制，不良反应表现为头痛、呕吐、嗜睡。用药剂量过大时，患者可出现幻觉、血压下降、呼吸抑制，甚至昏迷。

（2）硝酸甘油或硝酸异山梨酯：静脉滴注时，速度不宜过快，应注意监测患者的血压和脉搏，将收缩压维持在100 mmHg以上。

（3）β受体阻滞剂：遵医嘱从小剂量开始用药，逐渐增加药物剂量。支气管哮喘、心力衰竭、心动过缓（心率<60次/分）、低血压（收缩压<90 mmHg）及Ⅱ度或Ⅱ度以上房室传导阻滞患者不宜使用此类药物。

（4）溶栓治疗的护理

1）溶栓前准备：①询问患者是否有溶栓治疗禁忌证，如脑血管疾病、活动性出血、严重未控制的高血压、近期手术史、外伤史等。②检查血常规、出血和凝血时间以及血型。

2）观察不良反应：①过敏反应，表现为寒战、发热、皮疹等；②低血压，收缩压<90 mmHg；③出血，包括皮肤黏膜出血、血尿、便血、咯血、颅内出血等，一旦发生出血，应予以紧急处置。

3）判断溶栓疗效：进行冠状动脉造影，可直接判断冠脉是否再通，或根据下列指标间接判断溶栓治疗是否成功：①胸痛在2小时内基本消失；②心电图检查显示ST段在2小时内压低>50%；③2小时内出现再灌注性心律失常；④血清CK-MB峰值提前出现（14小时以内）。

 **考点提示**

急性心肌梗死患者的一般护理及治疗配合。

（四）心理护理

心肌梗死患者可出现不同程度的焦虑、恐惧心理，应向患者及家属解释疾病相关知识。抢救患者时沉着冷静，避免忙乱而使患者产生不信任感和不安全感。疼痛发作时，应有专人陪伴，鼓励患者表达内心的感受，予以心理疏导，增强患者战胜疾病的信心。对出现烦躁不安者，可肌内注射地西泮，使患者镇静。

【健康指导】

1. 疾病知识指导　指导患者积极控制危险因素，改变不良生活方式，营造良好的身心休养环境；合理安排休息，进行规律运动，避免劳累、精神紧张、激动等诱因。指导患者掌握冠心病二级预防的"ABCDE"五项原则：A. 抗血小板、抗心绞痛治疗和应用ACEI。B. 应用β受体阻滞剂预防心律失常，减轻心脏负荷，控制血压。C. 控制血脂和戒烟。D. 控制饮食和治疗糖尿病。E. 健康教育和运动。

2. 饮食指导　指导患者合理调整饮食，进食低热量、低盐、低脂、低胆固醇饮食，少食多餐，避免过饱；多食富含粗纤维的食物，保持排便通畅，防止便秘；戒烟、限酒，避免饮过量咖啡、浓茶和可乐等饮料。

3. 用药指导与病情监测　指导患者遵医嘱按时服药，使患者意识到遵医嘱用药的重要性，可通过实际病例说明不遵医嘱的严重后果，告知患者药物的用法、作用、不良反应及注意事项。指导患者定期复诊。若胸痛发作频繁、程度较重、时间较长，服用硝酸甘油不缓解，则应及时就医。

4. 自我救护指导　指导患者胸痛发作时，应立即停止活动，就地休息，保持靠坐姿势，切忌勉强步行，保持心情放松；有条件时，应立即吸氧，舌下含服硝酸甘油、硝酸异山梨酯等药物，争取抢救的时间；同时立即与急救中心或医院联系。教会患者和家属掌握简易急救方法。

## 附：不稳定型心绞痛和非ST段抬高型心肌梗死患者的护理

不稳定型心绞痛（unstable angina pectoris）与非ST段抬高型心肌梗死均属于非ST段抬高型急性冠脉综合征，患者可出现急性心绞痛，但无ST段抬高。急性冠脉综合征特指冠心病中急性发作的类型，又分为非ST段抬高型急性冠脉综合征和ST段抬高型急性冠脉综合征，后者主要是指ST段抬高型心肌梗死。不稳定型心绞痛与非ST段抬高型心肌梗死的鉴别主要是根据心肌坏死标志物测定，心肌坏死标志物未超过正常范围时，即可诊断为不稳定型心绞痛。

【护理评估】

**（一）健康史**

询问患者是否有冠心病家族史，是否有高血脂、高血压、糖尿病、吸烟、肥胖、酗酒等危险因素，是否有贫血、感染、甲状腺功能亢进症、心律失常等诱因。

**（二）身体状况**

1. 症状

（1）不稳定型心绞痛：胸痛部位、疼痛性质与稳定型心绞痛相似，但具备以下特点之一：①原有稳定型心绞痛在1个月内疼痛发作次数增加、程度加重、时限延长，诱因改变，硝酸酯类药物作用减弱；②1个月内新发的较轻负荷的心绞痛；③休息状态下即发作心绞痛或较轻微活动即可诱发，发作时表现为ST段抬高的变异型心绞痛。

（2）非ST段抬高型心肌梗死：临床表现与不稳定型心绞痛相似，但是比不稳定型心绞痛更为严重，持续时间更长。

2. 体征　大部分非ST段抬高型急性冠脉综合征患者可无明显体征。有的患者听诊可闻及第三心音，可出现心动过速、心动过缓及新发二尖瓣关闭不全。

**（三）心理社会状况**

了解患者是否有紧张、恐惧感，发作缓解后是否有焦虑情绪。不稳定型心绞痛可发展成为非ST段抬高型心肌梗死或ST段抬高型心肌梗死，因此，应提醒患者及家属对疾病予以高度重视。

**（四）辅助检查**

1. 心电图检查　静息12导联心电图是可疑非ST段抬高型急性冠脉综合征患者的首要检查手段。ST-T段发生动态变化是非ST段抬高型急性冠脉综合征最可靠的心电图表现。不稳定型心绞痛发作时，可出现2个或更多导联的相邻导联ST段下移≥0.01 mV。非ST段抬高型心肌梗死的心电图ST段压低或T波倒置比不稳定型心绞痛更明显和持久。

2. 心肌损伤标记物检测　进行心肌损伤标记物检测有助于诊断非ST段抬高型心肌梗死。肌酸激酶同工酶是评估非ST段抬高型急性冠脉综合征的主要血清心肌损伤标记物。肌钙蛋白测定的灵敏度和特异度比传统的心肌酶更高。肌红蛋白测定有助于排除心肌梗死。

3. 冠状动脉造影　非ST段抬高型急性冠脉综合征患者出现以下情况时，即视为冠状动脉造影的强适应证：①近期心绞痛发作频繁，胸痛持续时间长，药物治疗不满意。②劳力性心绞痛患者突然出现静息时频繁发作。③心肌梗死后心绞痛。④原有陈旧性心肌梗死，近期出现非梗死区缺血导致的劳力性心绞痛。⑤严重心律失常、充血性心力衰竭或LVEF<40%。

【主要护理诊断/问题】

1. 疼痛：心前区疼痛　与心肌缺血、缺氧有关。
2. 活动无耐力　与心肌氧的供需失衡有关。
3. 潜在并发症：心肌梗死。
4. 焦虑　与心绞痛反复频发有关。
5. 知识缺乏：缺乏控制诱发因素及预防心绞痛发作的相关知识。

【护理措施】

**（一）一般护理**

1. 休息与活动　不稳定型心绞痛患者应卧床休息。应密切观察患者的病情变化。

2. 饮食护理　同稳定型心绞痛患者。予以低热量、低脂、低胆固醇、低盐、高维生素、易消化的饮食。多食新鲜水果、蔬菜，少食多餐，避免过饱。忌食辛辣、刺激性食物。

## （二）病情观察

观察患者疼痛的性质、部位、程度和持续时间；严密监测心率、心律、血压及心电图的变化，记录疼痛发作时的心电图；观察患者是否有面色苍白、恶心、大汗淋漓等表现；观察患者是否出现心律失常、急性心肌梗死等并发症。

## （三）治疗配合

1. 治疗原则　不稳定型心绞痛患者的病情发展常难以预料，应严密监护患者，疼痛发作频繁且不缓解者应立即住院。非ST段抬高型急性冠脉综合征的治疗包括抗缺血、抗血小板、抗凝和调血脂治疗。

（1）一般处理：卧床休息，予以24小时心电监护，严密观察血压、脉搏、呼吸、心律的变化。对出现呼吸困难、发绀者，应予以氧气吸入，将血氧饱和度维持在95%以上。

（2）止痛：对烦躁不安、疼痛剧烈者，可考虑应用镇静药，如吗啡5～10 mg皮下注射。予以硝酸甘油或硝酸异山梨酯持续静脉滴注或微量泵输注。对变异型心绞痛患者，首选钙通道阻滞剂。

（3）抗凝：抗血小板和抗凝治疗是治疗急性冠脉综合征的重要措施，应尽早应用阿司匹林、氯吡格雷和肝素或低分子量肝素，有效防止血栓形成，阻止病情进展为心肌梗死。待患者病情稳定后，应继续强调抗凝和调脂治疗，特别是应用他汀类药物，使斑块稳定。

（4）经皮冠状动脉介入治疗（PCI）：对病情极严重，保守治疗效果不佳，心绞痛发作时ST段压低≥0.01 mV，持续时间>20 min，或血肌钙蛋白升高者，可行急诊冠状动脉造影，考虑进行PCI。

2. 用药护理

（1）硝酸甘油：心绞痛发作时，予以患者舌下含服硝酸甘油。用药后注意观察患者胸痛的缓解情况，若服药后3～5分钟仍不缓解，则可重复使用，每隔5分钟用药1次；对连续用药3次仍未能缓解者，应考虑可能发生非ST段抬高型急性冠脉综合征，须及时报告医生。

（2）观察不良反应：部分患者用药后可出现头部胀痛、头晕、低血压等不适反应，应告知患者这是由于药物所产生的血管扩张作用所致，以消除患者的顾虑。指导患者服后尽量平卧，以减轻不良反应。应用他汀类药物时，应严密监测转氨酶及肌酸激酶等生化指标，及时发现药物可能引起的肝损害。

## （四）心理护理

心绞痛发作时，应予以患者心理安慰，以消除其紧张、焦虑、恐惧感，减少心肌耗氧量。

# 第六节　心脏瓣膜病患者的护理

### 案例导入3-5

患者，女，35岁，因"活动后感心悸、气促3年，加重1天"入院。3年前，患者在上坡或爬楼梯时出现头晕、心悸、气促，休息后可好转。近期上述症状加重，患者常于夜间入睡后感到胸闷而惊醒，并坐起喘气和咳嗽，1天前因感冒引起上述症状加重而入院。入院查体：T 37.8 ℃，P 110次/分，BP 100/80 mmHg，R 30次/分；端坐呼吸，口唇明显发绀，呼吸浅快，颈静脉怒张，心尖呈抬举性搏动；双肺底听诊可闻及湿啰音，心尖部可闻及收缩期吹风样杂音。肝于肋下3 cm可触及，有压痛。双下肢水肿，腹水（−）。

问题与思考：

1. 患者最可能的医疗诊断是什么？

2. 请提出患者目前主要的护理问题。

心脏瓣膜病（valvular heart disease）是由于炎症、黏液样变性、退行性变、先天性畸形、缺血性坏死、创伤等多种原因引起的单个或多个瓣膜（包括瓣环、瓣叶、腱索和乳头肌）功能或结构异常，导致瓣膜狭窄和（或）关闭不全，并引起一系列临床症状的心脏病。心室和主动脉、肺动脉根部严重扩张也可引起相应房室瓣和半月瓣的相对性关闭不全。单瓣膜病变以二尖瓣受累最常见，约占70%，其次是主动脉瓣。多瓣膜病变以二尖瓣狭窄伴主动脉瓣关闭不全多见。

心脏瓣膜病中最常见的是风湿性心脏病（rheumatic heart disease），简称风心病，是由反复发作的风湿热损伤心肌和心脏瓣膜导致的疾病。本病主要发生在40岁以下人群，女性患者多于男性。随着生活及医疗条件的改善，风湿性心脏病的人群患病率已逐渐降低，但仍是我国常见的心脏病之一。瓣膜黏液样变性和老年人瓣膜钙化在我国日益增多。发生心脏瓣膜病变时，各个瓣膜均有可能受累，其中以二尖瓣病变最为多见。临床上常可见两个或两个以上瓣膜病变同时存在，称为联合瓣膜病，如二尖瓣狭窄伴主动脉瓣关闭不全等。

本节主要介绍风湿性炎症引起的二尖瓣病变和主动脉瓣病变。

【病因与发病机制】

（一）病因

1. **风湿性炎症** 风湿性心脏病最常见的病因是风湿热，多数患者有反复扁桃体炎或咽峡炎病史。风湿性炎症若累及心脏瓣膜，导致瓣膜僵硬、变性、瓣缘卷缩及腱索融合、缩短，使心室收缩时瓣叶不能紧密闭合，则可导致瓣膜关闭不全；若引起瓣膜交界处粘连、融合，瓣叶纤维化、僵硬、钙化和挛缩畸形，则可导致瓣口狭窄。

2. **其他** 先天发育异常、瓣膜黏液样变性、瓣环钙化等。导致瓣环钙化的原因包括老年退行性变、结缔组织病（类风湿关节炎、红斑狼疮等）。老年人瓣膜钙化在我国呈日益增多的趋势，以主动脉瓣受累最为常见，其次是二尖瓣病变。

（二）发病机制

1. **二尖瓣狭窄** 发生二尖瓣狭窄时，二尖瓣开放受限，瓣口面积缩小，狭窄的二尖瓣呈漏斗状，瓣口常呈"鱼口"状。二尖瓣狭窄的血流动力学异常是由于舒张期左房血液流入左室受阻。正常成人二尖瓣口面积为 $4\sim6$ cm$^2$，瓣口面积减小到 $1.5\sim2$ cm$^2$ 为轻度狭窄，$1.0\sim1.5$ cm$^2$ 为中度狭窄，小于 $1.0$ cm$^2$ 为重度狭窄。发生二尖瓣中度狭窄时，患者可出现相应的表现。随着狭窄程度的加重，左心房压逐渐升高，导致肺静脉压升高，肺顺应性减低，从而引起劳力性呼吸困难。由于左心房压和肺静脉压升高，引起肺小动脉反应性收缩，最终导致肺小动脉硬化，使肺血管阻力增高，肺动脉压力升高。重度肺动脉高压可使右心室压力负荷增加，引起右心室肥厚、扩张，三尖瓣和肺动脉瓣关闭不全，导致右心衰竭。

2. **二尖瓣关闭不全** 其血流动力学异常是由于二尖瓣关闭不全时血液反流，导致左心房、左心室容量负荷过重。心脏收缩时，左心室的部分血液经关闭不全的二尖瓣口反流至左心房，与肺静脉至左心房的血流汇合，在舒张期充盈左心室，导致左心房和左心室容量负荷增加。持续严重的容量负荷过大最终可导致左室心肌功能衰竭，左心房压和左心室舒张末压明显上升，导致肺淤血、肺动脉高压，最终导致右心衰竭。

3. **主动脉瓣狭窄** 其血流动力学异常是由于主动脉瓣开放受限，导致左心室到主动脉的血流受阻。正常成人主动脉瓣口面积为 $3\sim4$ cm$^2$。当瓣口面积≤$1.0$ cm$^2$ 时，左心室收缩压明显升高，跨瓣压差显著增加。主动脉瓣狭窄可引起左心室射血阻力增加，左心室向心性肥厚，室壁顺应性降低，导致左心室舒张末压进行性升高，使心房的后负荷增加，随之引起左心房代偿性肥厚，最终因室壁压力增高、心肌缺血和纤维化等，导致左心衰竭。

4. **主动脉瓣关闭不全**　其血流动力学异常是由于舒张期血流从主动脉反流至左心室，导致左心室容量负荷过重。主动脉瓣反流可引起左心室舒张末容量增加，通过左心室扩张，不至于因容量负荷过度而明显增加左心室舒张末压。但左心室负荷增加，可引起代偿性心肌肥厚，使心肌耗氧量明显增加，而主动脉舒张压降低可使冠状动脉血流量减少，二者引起心肌缺血、缺氧，促使左心室心肌收缩功能降低，直至发生左心衰竭。

【护理评估】

（一）健康史

了解患者的患病年龄，询问患者是否有风湿热病史及慢性咽炎、扁桃体炎等链球菌感染史，是否有风湿活动、呼吸道感染、情绪激动、过于劳累、妊娠等诱因。

（二）身体状况

1. 二尖瓣狭窄

（1）症状：当二尖瓣中度狭窄（瓣口面积<1.5 cm$^2$）时，患者可有明显症状。

1）呼吸困难：是最常见的早期症状，与肺淤血的严重程度有关，常因体力活动、精神紧张、感染、妊娠或心房颤动等诱发。患者通常先出现劳力性呼吸困难，随着狭窄程度的加重，可出现静息时呼吸困难、阵发性夜间呼吸困难、端坐呼吸，严重狭窄患者甚至可发生急性肺水肿。

2）咳嗽：常见，尤其在冬季明显，有的患者平卧时可出现干咳，可能与支气管黏膜淤血、水肿易引起支气管炎或左心房增大压迫左主支气管有关。

3）咯血：可表现为痰中带血或血痰，常由肺部感染、肺毛细血管破裂等所致，常伴有夜间阵发性呼吸困难。患者突然大量咯血，通常是由于严重二尖瓣狭窄，左心房压力增高，支气管静脉破裂出血所致，可为首发症状。发生急性肺水肿时，患者可咳大量粉红色泡沫样痰。对伴有剧烈胸痛者，应注意发生肺梗死。

4）声音嘶哑：较少见，常由于扩大的左心房和肺动脉压迫左侧喉返神经所致。

（2）体征：①病情严重者可呈二尖瓣面容，双面颊紫红、口唇发绀。②心尖区闻及舒张期隆隆样杂音是特征性的体征，常伴有舒张期震颤；心尖部闻及第一心音亢进和开瓣音，提示瓣膜弹性良好。③出现肺动脉高压与右心室扩大时，可闻及肺动脉瓣区第二心音亢进与分裂，在三尖瓣区可闻及全收缩期吹风样杂音。

（3）并发症

1）心力衰竭：是晚期患者常见的并发症及主要的死亡原因。当继发肺动脉高压时，可引起右心衰竭，患者可出现体循环淤血的症状和体征。

2）心房颤动：最常见，属于相对早期的并发症，突发快速性心房颤动常诱发或加重心力衰竭。

3）急性肺水肿：是重度二尖瓣狭窄的严重并发症，患者可突然出现重度呼吸困难和发绀，不能平卧，咳粉红色泡沫样痰，听诊双肺满布干、湿啰音。若不及时救治，则可能致死。

4）血栓栓塞：20%的患者可发生体循环栓塞，以脑动脉栓塞最常见，其余依次为外周（下肢、视网膜）动脉栓塞、内脏（脾、肾、肠系膜）动脉栓塞和肺动脉栓塞。栓子大多来自左心耳，多发生在并发心房颤动时。

5）肺部感染：较常见，可诱发或加重心力衰竭。

6）感染性心内膜炎：单纯二尖瓣狭窄患者较少发生。

2. 二尖瓣关闭不全

（1）症状：轻度二尖瓣关闭不全患者可终身无症状。发生严重反流时，可出现心输出量减少。首先出现的突出症状是疲乏无力，肺淤血的症状（如呼吸困难）出现较晚。

（2）体征：心尖搏动增强，左心室增大时，心尖搏动向左下移位。典型体征是心尖区可闻及全收缩期吹风样高调杂音，向左腋下和左肩胛下区传导，伴震颤。

（3）并发症：与二尖瓣狭窄相似，但感染性心内膜炎发生率较二尖瓣狭窄患者高，而体循环栓塞较二尖瓣狭窄患者少见。

3. 主动脉瓣狭窄

（1）症状：出现较晚。轻者仅有头晕、乏力。呼吸困难、心绞痛和晕厥是典型主动脉狭窄患者常见的三联征。

1）呼吸困难：劳力性呼吸困难是晚期患者常见的首发症状，见于95%的有症状患者，继而可出现阵发性夜间呼吸困难、端坐呼吸和急性肺水肿。

2）心绞痛：见于60%的有症状患者，常由运动诱发，休息后可缓解。主要是由心肌缺血所致，极少数可由瓣膜钙化栓塞冠状动脉引起。若部分患者同时患有冠心病，则可进一步加重心肌缺血。

3）晕厥：见于1/3的有症状患者，多发生在直立、运动中或运动后即刻，少数患者在休息时发生，主要是由于脑缺血引起。

（2）体征：心尖搏动呈抬举样，向左下移位。典型的体征是在胸骨右缘第2肋间或胸骨左缘第3肋间可闻及粗糙、响亮的收缩期吹风样杂音，杂音常向颈部传导，常伴有震颤。晚期患者可出现收缩压降低、脉压减小、脉搏细弱。

（3）并发症

1）心律失常：约10%的患者可发生心房颤动。主动脉瓣钙化累及传导系统可导致房室传导阻滞，左心室肥厚、心内膜下心肌缺血或冠状动脉栓塞可导致室性心律失常。上述两种情况均可导致晕厥，甚至猝死。

2）心脏性猝死：仅见于1%～3%的患者。猝死一般发生于先前有症状者。患者若发生左心衰竭，则自然病程明显缩短，因此终末期右心衰竭较少见。

3）感染性心内膜炎：不常见，年轻人程度较轻的瓣膜畸形比老年人钙化性瓣膜狭窄者发生感染性心内膜炎的危险性大。

4）其他：如体循环栓塞、心力衰竭和胃肠道出血，较少见。

4. 主动脉瓣关闭不全

（1）症状：急性主动脉瓣关闭不全轻者可无症状，重者可出现急性左心衰竭和低血压。慢性主动脉瓣关闭不全患者可多年无症状，甚至可耐受运动。首先出现的症状包括与心输出量增多有关的心悸、心前区不适、头部强烈搏动感等。晚期可出现左心衰竭的表现。心绞痛较主动脉瓣狭窄时少见。患者常出现体位性头晕，晕厥罕见。

（2）体征：①心尖搏动，向左下移位，呈心尖抬举样搏动。②心音，第一心音减弱，第二心音的主动脉瓣成分减弱或缺如。③心脏杂音，胸骨左缘第3、4肋间（主动脉瓣第二听诊区）可闻及高调叹气样舒张期杂音，坐位并前倾和深呼气时易闻及。重度反流者，常在心尖区闻及舒张中晚期隆隆样杂音（Austin Flint杂音）。④由于收缩压升高，舒张压降低，导致脉压增大，患者可出现周围血管征，如随心脏搏动的点头征（De Musset征）、水冲脉、枪击音（Traube征）和毛细血管搏动征等。

（3）并发症：感染性心内膜炎较常见，患者可发生室性心律失常，心脏性猝死少见。心力衰竭在急性患者出现早，慢性患者通常到晚期才出现。

 **考点提示**

二尖瓣及主动脉瓣病变的临床表现及并发症。

## (三) 心理、社会状况

心脏瓣膜病的病程较长，且易反复发作，并发症多而重，常使患者产生焦虑、压抑等情绪。随着病情加重，患者和家庭的经济负担也加重。患者可能会产生悲观厌世等不良情绪。

## (四) 辅助检查

1. **血液检查** 风湿活动时，红细胞沉降率加快，抗链球菌溶血素 O 试验呈阳性。

2. **X 线检查** ①二尖瓣狭窄：中、重度二尖瓣狭窄导致左心房显著增大时，心影呈梨形，是由于肺动脉总干、左心耳和右心室扩大所致。②二尖瓣关闭不全：可见左心房、左心室增大；发生左心衰竭时，可见肺淤血和间质性肺水肿征象。③主动脉瓣狭窄：心影正常或左心室轻度增大，左心房可轻度增大，升主动脉根部常见狭窄后扩张。晚期可有肺淤血征象。④主动脉瓣关闭不全：心影呈靴形（主动脉型），即左心室增大，伴升主动脉扩张、迂曲，主动脉弓突出、搏动明显。

3. **心电图** ①二尖瓣狭窄：重度二尖瓣狭窄患者可有"二尖瓣型 P 波"，P 波宽度 > 0.12 s，伴有切迹。QRS 波群示电轴右偏和右心室肥厚。②二尖瓣关闭不全：主要是左心房增大的表现，部分患者有左心室肥厚和非特异性 ST-T 改变，少数患者有心室肥厚的表现。③主动脉瓣狭窄：重度狭窄者可出现左心室肥厚，伴 ST-T 继发性改变。④主动脉瓣关闭不全：表现为左心室肥厚及继发性 ST-T 改变。

4. **超声心动图** 是明确诊断心脏瓣膜病的可靠方法。①二尖瓣狭窄：超声心动图示二尖瓣前叶呈"城墙样"改变。②二尖瓣关闭不全：脉冲式多普勒超声和彩色多普勒血流显像可在二尖瓣心房侧和左心房内探及收缩期反流束，诊断二尖瓣关闭不全的灵敏度高达 100%。③主动脉瓣狭窄：二维超声心动图有助于确定狭窄的病因，但不能准确定量狭窄的程度。④主动脉瓣关闭不全：脉冲式多普勒和彩色多普勒血流显像在主动脉瓣的心室侧可探及全舒张期反流束，是最敏感的确定主动脉瓣反流的方法。

5. **心导管检查** 若患者的症状、体征与超声心动图检查和显示估算的二尖瓣口面积不一致，或超声心动图检查不能确定狭窄程度并考虑进行人工瓣膜置换术时，应行心导管检查。

6. **放射性核素心室造影** 可测定左心室收缩、舒张末容量和静息、运动时的射血分数，以评价左心室功能。根据左心室和右心室搏出量比值，可估测反流程度。

【主要护理诊断 / 问题】

1. **体温过高** 与风湿活动或并发感染有关。
2. **焦虑** 与担心疾病预后、工作、生活等有关。
3. **有感染的危险** 与机体抵抗力下降有关。
4. **潜在并发症**：充血性心力衰竭、心律失常、栓塞等。
5. **知识缺乏**：缺乏疾病预防及治疗的相关知识。

【护理措施】

## (一) 一般护理

1. **休息与活动** 按心功能分级安排患者进行适当的活动。心功能代偿期，患者的一般体力活动不受限制，但应注意多休息，以降低心肌耗氧量，减轻心脏负荷。心功能失代偿期或风湿活动期，则应限制活动或嘱患者卧床休息，予以生活护理，减少机体能量消耗。待患者病情好转、实验室检查指标正常后，再逐渐增加活动量。在病情允许的情况下，应鼓励并协助患者翻身、活动下肢或下床活动，防止下肢深静脉血栓形成。左心房内有巨大附壁血栓者应绝对卧床休息，以防血栓脱落而造成其他部位栓塞。

2. **饮食护理** 予以低脂、高热量、高蛋白、高维生素、易消化的饮食，以增强机体抵抗力。当患者发生心力衰竭时，应适当限制钠盐摄入，少食多餐，多食蔬菜、水果和富含维生素的食物，保持排便通畅。

### （二）病情观察

1. 生命体征　密切观察患者的心率、心律、血压、脉搏、呼吸频率、节律及伴随症状。注意观察患者的精神状态及意识变化。

2. 风湿活动情况　观察患者是否有发热、皮肤环形红斑、皮下结节、关节红肿及疼痛等风湿活动的表现。

3. 并发症

（1）观察患者是否有心功能不全的症状：若患者出现呼吸困难、咳粉红色泡沫样痰，则应及时配合抢救。

（2）观察脉搏、心律变化：以便及时发现患者是否出现心律失常，防止患者猝死。

（3）观察栓塞征象：及时发现脑、肾、四肢栓塞等。①脑栓塞可引起言语不清、肢体活动受限、偏瘫等；②四肢动脉栓塞可引起肢体剧烈疼痛、皮肤颜色及温度改变等；③肾动脉栓塞可引起剧烈腰痛等；④肺动脉栓塞可引起突然剧烈胸痛和呼吸困难、发绀、咯血甚至休克等。⑤对不明原因的发热患者，应密切观察是否出现皮肤瘀点、贫血、脾大等，以便早期发现感染性心内膜炎。

### （三）对症护理

1. 预防风湿活动　预防风湿活动的关键是防治链球菌感染。风湿活动反复发作可加重瓣膜损害、诱发心力衰竭，因此，积极预防风湿活动尤为重要。应保持室内空气流通，注意保暖，避免上呼吸道感染；居住环境应避免阴暗、潮湿；加强营养，指导患者进行适当的体育锻炼，以提高机体抵抗力；积极治疗咽炎、扁桃体炎等慢性呼吸道感染；遵医嘱予以肌内注射青霉素或苄星青霉素，以控制链球菌感染。

2. 心力衰竭的护理　预防呼吸道感染及风湿活动，保持排便通畅，注意休息，避免过度劳累和情绪激动，严格控制输液的量和速度，预防心力衰竭的发生。观察患者的生命体征、尿量和体重变化，观察患者是否有乏力、呼吸困难、食欲减退、少尿等症状。一旦患者出现心力衰竭表现，即应按心力衰竭护理。

3. 发热护理　定时测量患者的体温，观察发热的程度和热型。当患者体温超过38.5℃时，遵医嘱予以物理或药物降温，并做好皮肤护理和口腔护理。

4. 栓塞护理　①评估患者是否有栓塞的危险因素，注意观察患者是否有心房、心室扩大及附壁血栓，发现左心房内有巨大附壁血栓时，应绝对卧床休息，以防止血栓脱落而栓塞其他部位。②遵医嘱应用抗血小板聚集药物，预防附壁血栓形成和栓塞。③患者卧床期间，应协助其进行肢体被动运动；在病情允许的情况下，鼓励和协助患者翻身、活动或按摩下肢、热水泡足或下床活动，以防止下肢静脉血栓形成。④密切观察患者是否有栓塞表现，一旦出现栓塞表现，应立即报告医生，遵医嘱予以溶栓、抗凝等药物。

### （四）治疗配合

1. 治疗要点　治疗原则是预防风湿活动，控制病情进展，减轻症状，防治并发症。

（1）病因治疗：积极预防和控制风湿活动，坚持长期使用长效青霉素，如苄星青霉素120万U，每月肌内注射1次，长期注射直到40岁，甚至终身用药。

（2）防治并发症：积极治疗心力衰竭、心律失常及感染性心内膜炎等并发症；对出现心房颤动者，应控制心室率，缓解症状，以防诱发心力衰竭或栓塞。若无禁忌证，慢性心房颤动、人工瓣膜置换术后等患者应长期服用华法林，以预防血栓栓塞。

（3）介入和手术治疗：是治疗本病的根本方法。常用方法有瓣膜分离术、经皮腔内球囊瓣膜成形术、人工瓣膜置换术等。应根据患者的病情选择合适的治疗方法，以提高患者的生活质量和存活率。

2. **用药护理** 遵医嘱予以抗生素及抗风湿药物治疗。苄星青霉素溶解后为白色乳剂，若按常规肌内注射方法，则易导致针头堵塞，冬季天气寒冷时尤其容易发生。操作时应注意用生理盐水稀释后，快速抽取药液，更换注射针头（勿排气），快速注射。阿司匹林可导致胃肠道反应、牙龈出血、血尿、柏油样便等不良反应，应指导患者餐后服药并观察是否有出血。遵医嘱予以抗心律失常药、抗血小板聚集药，以预防附壁血栓形成和栓塞。

**考点提示**

风湿活动的预防，以及栓塞的观察与处理。

### （五）心理护理

加强与患者的沟通，耐心向患者解释病情，消除患者的焦虑、紧张情绪，使其积极配合治疗。向患者和家属详细介绍治疗的方法和目的，及时消除患者或家属的顾虑。

【健康指导】

1. **疾病知识指导** 告知患者及家属本病的病因和病程进展特点，鼓励患者树立信心，积极利用家庭和社会支持系统。对有手术适应证者，建议其尽早进行择期手术，以提高生活质量，避免失去最佳手术时机。

2. **自我护理指导** 指导患者保持室内空气流通、温暖、干燥、光照充足，避免居住环境潮湿、阴暗等。日常生活中坚持适当锻炼，加强营养，保持口腔卫生，以提高机体抵抗力。指导患者根据心功能情况合理安排活动与休息，避免重体力劳动、剧烈运动、情绪激动等诱因。进行拔牙、导尿、内镜检查、人工流产及分娩等手术或检查操作时，应主动告知医生风湿性心脏病病史，以便预防性使用抗生素。

3. **预防感染** 指导患者注意防寒保温，避免感冒。积极防治链球菌感染，避免与上呼吸道感染、咽炎患者接触。一旦发生上呼吸道感染、咽炎、扁桃体炎，应立即用药治疗。对反复发生扁桃体炎的患者，应在风湿活动控制2~4个月后进行手术，摘除扁桃体。

4. **用药指导** 告知患者坚持服药的重要性，按医嘱服用抗风湿药、抗心力衰竭药物及抗生素。指导患者定期到门诊复查。

5. **妊娠指导** 风湿性心脏病患者中约2/3为女性，其中部分处于育龄期。指导患者注意避免劳累而加重病情。育龄妇女应根据心功能情况在医师指导下掌握妊娠与分娩时机。心功能尚处于Ⅰ级或Ⅱ级的患者可以妊娠，但需做好孕期监护。心功能为Ⅲ级、Ⅳ级的患者，则不宜妊娠，以免妊娠期心脏负担进一步加重而造成生命危险。对不宜妊娠和分娩者，应做好患者及家属的心理护理。

## 第七节 心包疾病患者的护理

**案例导入 3-6**

患者，女性，28岁，心前区疼痛、发热、活动后气促3天入院。体格检查：体温38.5℃，血压110/75 mmHg，心率100次/分，心律齐。听诊心音稍低钝，心尖区可闻及双期心包摩擦音；X线检查见心影呈烧瓶状，心尖搏动减弱；ECG检查显示除aVR导联外，其余各导联均呈广泛ST段抬高，弓背向下；血常规检查显示白细胞计数正常，血红蛋白正常。患者2周前曾有上呼吸道感染史。入院初步诊断为急性心包炎。

**问题与思考：**
1. 患者目前存在的护理问题有哪些？
2. 应采取哪些护理措施？

心包疾病除包括原发感染性心包炎症外，还有肿瘤、代谢性疾病、自身免疫性疾病、尿毒症等所导致的非感染性心包炎。心包炎按病程进展可分为急性心包炎（病程<6周）、亚急性心包炎（病程为6周～3个月）及慢性心包炎（病程>3个月）；按病理性质可分为纤维蛋白性心包炎、缩窄性心包炎、粘连性心包炎、渗出性心包炎；按病因可分为感染性心包炎、非感染性心包炎、过敏性心包炎或免疫性心包炎。临床上以急性心包炎和慢性缩窄性心包炎最为常见。

## 一、急性心包炎

急性心包炎（acute pericarditis）是以急性渗出为主的心包脏层和壁层的急性炎症，可由细菌、病毒、自身免疫、物理、化学等因素引起，临床以典型胸痛、心包摩擦音和特异性心电图表现为特征。心包炎常是某种疾病表现的一部分或并发症，因此常被原发疾病所掩盖，但也可单独存在。

【病因与发病机制】

（一）病因

与急性心包炎相关的因素较多，最常见的病因是病毒感染。其主要病因包括：①感染，如病毒、细菌、真菌、寄生虫、立克次体等感染。②自身免疫性疾病，如风湿热、系统性红斑狼疮、结节性多动脉炎、类风湿关节炎等。③肿瘤。④代谢性疾病、尿毒症、痛风等。⑤物理因素，如外伤或放射性损伤。⑥邻近器官疾病、心脏手术、心肌梗死等。

（二）发病机制

心包是由脏层和壁层组成的包裹心脏和出入心脏的大血管根部的锥体形纤维浆膜囊。脏层（浆膜层）由单层间皮细胞构成，附着于心脏外表面；壁层（纤维层）由脏层心包反折构成，壁层和脏层之间为心包腔。心包腔内通常含有约50 ml的液体，正常心包液类似血浆的超滤液，经右淋巴导管及胸导管引流吸收。

急性心包炎可分为纤维蛋白性和渗出性心包炎两个阶段。发生急性炎症反应时，心包脏层和壁层出现纤维蛋白、白细胞和少量内皮细胞组成的炎性渗出，此时尚无明显液体积聚，称为纤维蛋白性心包炎。随着病程的发展，心包腔渗出液增多，则转变为渗出性心包炎，液体量为100～3000 ml，可呈血性或脓性。当渗出液短时间内大量增多时，心包腔内压力迅速上升，导致心室舒张期充盈受限，使外周静脉压升高，最终导致心输出量降低，血压下降，引起急性心脏压塞的临床表现。

【护理评估】

（一）健康史

询问患者是否有化脓性病灶、寄生虫及真菌感染史，近期是否有上呼吸道感染，是否有发热、盗汗、乏力、咳嗽、咳痰、咯血、胸痛、咽痛等不适症状。询问患者是否有自身免疫性疾病、代谢性疾病等病史。

（二）身体状况

1. 纤维蛋白性心包炎

（1）症状：心前区疼痛为主要症状，也是最初出现的症状，多见于炎症反应的纤维蛋白渗出期。疼痛可位于心前区胸骨后，性质尖锐，常因咳嗽、变换体位或吞咽动作而加重，可放射至左肩、左臂或颈部。疼痛也可呈压榨性,位于胸骨后,需注意与心肌梗死相鉴别。感染性心包炎患者可有发热。

(2)体征:心包摩擦音是纤维蛋白性心包炎患者的典型体征,因大量纤维蛋白渗出导致心包壁层与脏层之间互相摩擦,与心音的发生无相关性。听诊常于胸骨左缘第3～4肋间、胸骨下端、剑突区最为明显,舒张期和收缩期均可闻及,坐位时身体前倾、深吸气或将听诊器胸件加压时更易听到。当心包积液不断增多,将心包壁层与脏层分开时,心包摩擦音消失。听诊心前区闻及心包摩擦音即可诊断为心包炎。

2. 渗出性心包炎 其临床表现与心脏的受压程度有关。当渗出液较少时,患者仍可维持正常的心血管功能;病变严重时,患者可出现循环障碍。

(1)症状:①呼吸困难,是心包积液时最突出的症状,与支气管、肺受压及肺淤血有关。病情严重时,患者可呈端坐呼吸,伴身体前倾、呼吸浅快、面色苍白、发绀等。患者也可因病变压迫气管、喉返神经、食管而出现干咳、声音嘶哑及吞咽困难。②全身症状,感染性心包炎患者多有全身中毒症状,可表现为发热、畏寒、乏力、烦躁、食欲减退等。

(2)体征:与心包积液量、积液的增长速度有关,而与积液的性质无关。当心包积液量超过200～300 ml或积液迅速增多时,患者可出现以下体征。①心包积液引起的体征:心尖搏动减弱或消失,心音低而遥远,心脏叩诊浊音界向两侧扩大,并随体位改变而改变。②左肺受压征:大量积液时,可在左肩胛骨下出现浊音及左肺受压所引起的支气管呼吸音,称为心包积液征(Ewart征)。③急性心脏压塞:表现为心动过速、血压下降、脉压减小和静脉压明显上升,若患者心输出量显著下降,则可引起急性循环衰竭,甚至休克。亚急性或慢性心脏压塞表现为体循环静脉淤血、颈静脉怒张、静脉压升高、奇脉等。

### 知识链接

**纤维蛋白性心包炎与胸膜炎的鉴别**

发生纤维蛋白性心包炎时,心包壁层与脏层之间可有大量纤维蛋白渗出,并且可随心脏搏动而相互摩擦,产生粗糙的摩擦音,即心包摩擦音。发生纤维蛋白性胸膜炎时,胸膜面由于炎症而变得粗糙,可随呼吸出现脏胸膜与壁胸膜之间的摩擦声,即胸膜摩擦音。为鉴别这两种听诊杂音,检查时可嘱患者屏气,此时听诊心脏搏动,若患者仅有心包炎,则仍可闻及摩擦音;若为胸膜炎,则杂音消失。

(三)心理、社会评估

因疾病反复迁延,以及呼吸困难、疲乏等不适,患者容易产生焦虑、悲观心理等。

(四)辅助检查

1. 实验室检查 目的是确定潜在的病因和进行鉴别诊断,感染性心包炎患者常有外周血白细胞计数增高、红细胞沉降率加快等。

2. X线检查 无并发症的急性心包炎患者胸部X线检查通常正常。中等量或大量心包积液可导致心影增大,呈烧瓶样,上腔静脉影增宽,透视下心脏搏动减弱。

3. 心电图检查 常规导联(除aVR导联外)普遍表现为ST段抬高,呈弓背向下型;1天至数日后,ST段回到基线,出现T波低平及倒置;持续数周至数月后,T波逐渐恢复正常。发生渗出性心包炎时,可有QRS波群低电压及电交替,无病理性Q波。

4. 超声心动图检查 可用于诊断心包积液,简便、易行,可明确是否有心包积液及积液量。M型或二维超声心动图检查均可见液性暗区,即有心包积液。

5. 心脏磁共振成像(MRI) 可清晰显示心包积液的量和分布情况,鉴别心包积液的性质,测量心包厚度。延迟增强扫描可见心包强化，诊断心包炎的灵敏度较高。

6. 心包穿刺　心包穿刺的主要适应证是心脏压塞和未能明确病因的渗出性心包炎。抽取心包穿刺液可进行常规涂片、细菌培养和寻找肿瘤细胞等。

## 二、缩窄性心包炎

缩窄性心包炎（constrictive pericarditis）是指心脏被致密、厚实的纤维化心包或钙化心包所包围，使心包失去伸缩性，导致心室舒张期充盈受限而产生的一系列循环障碍的心包疾病。

【病因与发病机制】

缩窄性心包炎可继发于急性心包炎，我国以结核性心包炎占首位，其次是由化脓性或创伤性心包炎演变而来。少数与心包肿瘤、急性非特异性心包炎及放射性心包炎等有关。发生急性心包炎后，随着渗出液逐渐吸收，可有纤维组织增生，心包增厚、粘连、钙化，最终形成致密的纤维瘢痕组织，使心包失去伸缩性，导致使心室舒张期扩张受阻、充盈量减少，心输出量下降而造成血液循环障碍。长期心包缩窄，可导致心肌萎缩。

【护理评估】

（一）健康史

询问患者是否患有急性心包炎，是否有心包创伤、感染等病史。

（二）身体状况

缩窄性心包炎常于急性心包炎发生后 1 年内形成。由于心输出量降低，患者常表现为疲乏及劳力性呼吸困难。

1. 呼吸困难　表现为劳力性呼吸困难，主要由心输出量不能随机体需要增加所致。
2. 体循环静脉淤血　表现为颈静脉怒张、肝大、胸腔积液、腹水及下肢水肿、食欲缺乏、上腹胀痛等。这主要是由于缩窄性心包炎导致体循环血液回流障碍所致。
3. 全身症状　疲乏、眩晕是由于周围供血不足所致。

（三）心理、社会状况

患者病情发展时间长、治疗费用高，患者心理压力大，易焦虑，且患者常表现出劳力性呼吸困难，因此需要休息，减少或避免工作，与外界接触较少，容易产生孤独心理。

（四）辅助检查

1. X 线检查　心影大小正常，左、右心缘变直，可呈三角形，部分患者可见心包钙化影。
2. 心电图检查　表现为 QRS 波群低电压、T 波低平或倒置。
3. 超声心动图检查　可见心包增厚、心室腔容积缩小、室间隔矛盾运动。
4. 心脏 CT 和磁共振成像（MRI）　心脏 CT 和磁共振成像（MRI）对慢性缩窄性心包炎的诊断价值优于超声心动图检查。
5. 右心导管检查　当非侵入性检查手段不能明确诊断时，可行右心导管检查。特征性表现是肺毛细血管压力、肺动脉舒张压、右心室舒张末期压力等显著升高，且趋于同一水平。

## 三、心包疾病患者的护理

【主要护理诊断/问题】

1. 气体交换受损　与肺淤血及肺组织受压有关。
2. 疼痛　与纤维蛋白性心包炎症有关。
3. 活动无耐力　与心输出量不足有关。
4. 焦虑　与住院影响工作和生活、疗效不佳及病情较重有关。

5. 潜在并发症：心脏压塞。

【护理措施】

（一）一般护理

1. 环境与休息　急性期患者应卧床休息，提供安静、舒适的休息环境。急性心包炎早期，由于纤维蛋白渗出，患者可出现心前区疼痛，且与呼吸、咳嗽、活动、体位改变有关，应适当限制活动，以减轻疼痛。渗出性心包炎患者可出现明显呼吸困难，应卧床休息，以减少全身组织耗氧量，减轻心脏负担，并保持半卧位或前倾坐位。可予以床上小桌，并使患者保持舒适体位。对胸闷、气促者予以吸氧。

2. 饮食护理　加强营养，予以高热量、高蛋白、高维生素、易消化的饮食，合理搭配食物，限制钠盐摄入量，少食多餐。

（二）病情观察

密切观察和记录患者的生命体征；观察患者心前区疼痛的部位、性质及其特点。发现患者出现呼吸困难、血压明显下降、口唇发绀、面色苍白、心动过速，甚至发生休克时，应及时向医生汇报，并做好心包穿刺的准备。观察患者水肿的消退情况和尿量，监测血电解质，及时了解病情变化。

（三）治疗配合

1. 治疗要点

（1）病因治疗：针对病因予以抗生素、抗结核药物、化疗药物、糖皮质激素等治疗。

（2）对症治疗：卧床休息。呼吸困难者取半卧位，予以吸氧。对出现疼痛者予以镇痛药，首选非甾体抗炎药。当患者发生心力衰竭时，予以利尿药等。

（3）心包穿刺：对心包积液量较大或出现心脏压塞症状的患者，应行心包穿刺抽液减压，并可在穿刺后向心包腔内注入抗生素或抗肿瘤药物。必要时行心包切开引流。

（4）心包切除术：对缩窄性心包炎患者，应尽早行心包切除术。对顽固性复发性心包炎伴严重胸痛的患者，可考虑进行外科心包切除术治疗。

2. 用药护理　遵医嘱予以镇痛药、利尿药、抗结核药、抗肿瘤药、抗菌药物和糖皮质激素等药物治疗，并观察药物的疗效和不良反应。抗结核治疗应遵循早期、联合、规律、适量、全程的原则。抗感染治疗应选用足量敏感的抗生素。糖皮质激素、解热镇痛药宜在餐后服用，以减少对胃肠道的刺激。使用糖皮质激素的过程中应定期监测血压、血糖，注意防止感染，停药前应逐渐减少用药剂量，以防止复发。

（四）对症护理

1. 心前区疼痛　卧床休息，避免不良刺激，保持情绪稳定、呼吸平稳，勿用力咳嗽或突然改变体位，以免使疼痛加重；指导患者使用放松疗法，以分散注意力，缓解疼痛；遵医嘱予以解热镇痛药，必要时遵医嘱使用适量吗啡类药物。

2. 呼吸困难　卧床休息，采取半卧位或较舒适的前倾坐位；保持呼吸道通畅，予以氧气吸入，氧流量一般为 2～4 L/min；严格控制输液速度，防止加重心脏负担；协助患者进行日常生活活动，配合医生进行心包穿刺术或心包切开引流术，以缓解压迫症状或向心包腔内注射药物，以达到治疗目的。

3. 心脏压塞急症的护理

（1）将患者紧急收入 CCU：立即予以吸氧、心电监护，持续监测血压、心率、血氧饱和度的变化。建立 2 条静脉通道，遵医嘱快速输入生理盐水、复方氯化钠注射液、低分子右旋糖酐等，必要时予以输血。若快速输液后，患者血压仍不回升，则可遵医嘱应用血管活性药物。

（2）密切观察心脏压塞的症状：观察患者呼吸困难、胸闷、胸痛的程度，症状是否逐渐加重，尤其应注意观察患者血压的变化，每 10～30 min 测量血压 1 次，并做好记录。同时应注意患者是否有面色苍白、大汗淋漓、烦躁不安、尿量减少等休克的前驱症状，发现异常应及时向医生汇报。

（3）备齐各种抢救药品及抢救物品：将除颤仪、临时起搏器、吸引器、心包穿刺包等抢救仪器和用物放在床旁备用。及时抽血送检，进行血常规、血型以及出血、凝血时间等检查，并进行床旁彩超检查，以便随时手术。

（五）心理护理

加强与患者的沟通，与家属共同对患者进行心理疏导，鼓励患者表达其内心的感受。向患者介绍病情并进行必要的解释，予以心理安慰，使其树立信心，以良好的精神状态积极配合治疗。

【健康指导】

1. 疾病知识指导　向患者介绍心包疾病的相关知识及患者自身的病情，嘱患者充分休息，加强营养，增强机体抵抗力。指导患者进食高热量、高蛋白、高维生素、易消化的饮食，限制钠盐摄入；注意防寒保暖，防止发生呼吸道感染。

2. 用药与治疗指导　告知患者坚持足够疗程药物治疗（如抗结核治疗）的重要性，避免擅自停药，以防止复发。指导患者注意观察药物的不良反应，并定期进行肝、肾功能检查。对缩窄性心包炎患者，应向其讲解心包切除术的重要性，以解除其思想顾虑，尽早接受手术治疗。心包切除术不仅可以提高心功能，改善生活质量，还可以降低死亡率。手术后不应立即增加心脏负担，应逐渐增加活动量。静脉补液须谨慎，否则可导致急性肺水肿。由于萎缩的心肌恢复较慢，手术成功的患者常在术后 4～6 个月才逐渐产生疗效。

3. 定期复查　嘱患者定期到医院复查超声心动图、心电图等，长期抗结核治疗者需复查肝功能。

## 第八节　心肌病患者的护理

### 案例导入 3-7

患者，男性，30 岁，因反复出现心悸、活动后气促 1 年，下肢水肿 3 个月，加重 1 周而就诊。体格检查：患者呈半卧位，颈静脉怒张。BP 110/80 mmHg，心界明显向左侧扩大，HR 105 次/分，心律失常，可闻及期前收缩，第一心音减弱，二尖瓣听诊区可闻及 Ⅱ/Ⅵ 级收缩期吹风样杂音；腹软，移动性浊音呈阳性，肝大；双下肢水肿（＋）；既往无高血压病史，血糖、血脂正常。临床拟诊断为扩张型心肌病。

**问题与思考：**

1. 患者目前存在的主要护理问题有哪些？
2. 应采取哪些相应的护理措施？

心肌病（cardiomyopathy）是一组由不同原因引起的心肌病变导致心脏机械活动和（或）电活动异常的异质性心肌疾病。常见的病因是遗传、感染等。本病可局限于心脏本身，亦可作为某些系统性疾病的部分表现，最终可导致心脏性猝死或进行性心力衰竭。继发于其他心血管疾病的心肌病理改变不属于心肌病的范畴，如冠心病、高血压心脏病、心脏瓣膜病、先天性心脏病等所致的心肌损害。本节主要介绍临床上最常见的扩张型心肌病（dilated cardiomyopathy, DCM）和肥厚型心肌病（hypertrophic cardiomyopathy, HCM）。

【分类】

目前，可将心肌病分为以下几种类型。

1. 遗传性心肌病　包括肥厚型心肌病（HCM）、右心室发育不良性心肌病、心肌致密化不全、糖原贮积症、先天性心脏传导阻滞、线粒体病和离子通道病。

2. 混合性心肌病　包括扩张型心肌病（DCM）和限制型心肌病（restrictive cardiomyopathy，RCM）。

3. 获得性心肌病　包括感染性心肌病、心动过速性心肌病、心脏气球样变性、围生期心肌病。

## 一、扩张型心肌病

扩张型心肌病（dilated cardiomyopathy，DCM）是以左心室或双侧心室腔扩大伴心脏收缩功能障碍为特征的心肌病，其主要临床表现为心脏扩大、心力衰竭、心律失常、血栓栓塞及猝死。本病病死率较高，见于各年龄段人群，高发年龄为20～50岁，男性与女性发病率之比为2.5∶1，近年来发病率呈上升趋势。

【病因与发病机制】

（一）病因

扩张型心肌病的病因迄今未明，25%～50%的患者有基因突变和家族遗传背景。持续病毒感染是引起继发性扩张型心肌病的主要原因，最常见的病原体有柯萨奇病毒、流行性感冒病毒、腺病毒、巨细胞病毒和人类免疫缺陷病毒等。此外，酒精中毒、应用抗肿瘤药、硒缺乏、系统性红斑狼疮、嗜铬细胞瘤、淀粉样变性等因素亦可引起扩张型心肌病。

（二）发病机制

基因突变、持续病毒感染对心肌组织的直接损伤，以及病毒介导的免疫损伤作用可导致或诱发扩张型心肌病。其病理改变主要是心腔扩大（特别是左心室扩大），室壁变薄，纤维瘢痕形成，且常伴有附壁血栓，心肌收缩功能下降，但瓣膜、冠状动脉多无改变。

【护理评估】

（一）健康史

询问患者是否有心肌病家族史及疾病相关因素，如是否有病毒感染、酒精中毒、妊娠、分娩、劳累等病因和诱因。了解患者是否有先天性心脏病、风湿性心脏病、高血压心脏病、冠状动脉粥样硬化性心脏病、肺源性心脏病和甲状腺功能亢进症性心脏病等病史。

（二）身体状况

患者起病缓慢，可在任何年龄发病，以20～50岁多见，其病程可分为3个阶段。

1. 早期　即无症状期，仅有心脏结构改变，心电图检查可见非特异性改变。超声心动图检查示心脏扩大、心肌收缩功能损害。患者无心力衰竭的临床表现，体格检查可正常。

2. 中期　患者可出现疲劳、乏力、气促和心悸等症状，有肝大、腹水及下肢水肿等心力衰竭的表现。听诊可闻及奔马律。超声心动图检查示心脏进一步扩大，左室射血分数（LVEF）明显降低。

3. 晚期　患者可出现顽固性心力衰竭，常合并各种心律失常，部分患者可发生栓塞或猝死。超声心动图检查示心脏明显扩大，LEVF严重减低。体格检查可见心脏明显增大，听诊可闻及奔马律，以及肺循环和体循环淤血的表现。

（三）心理、社会状况

扩张型心肌病的病程较长，并且容易导致心力衰竭、心律失常等严重并发症，对患者及家庭造成极大的经济负担和心理压力。

### （四）辅助检查

1. X 线检查　可显示心影明显增大，心胸比例大于 50%，以及肺淤血征象。
2. 心电图检查　可见多种心律失常，如室性心律失常、心房颤动、房室传导阻滞等。常见 ST 段压低及 T 波倒置，少数严重左心室纤维化患者可出现病理性 Q 波。
3. 超声心动图检查　心脏各腔均增大，以左心室扩大较早而显著，室壁运动减弱，提示心肌收缩力下降。彩色多普勒血流成像可显示二尖瓣、三尖瓣反流。
4. 其他检查　心脏磁共振成像、冠状动脉 CT 血管成像、冠状动脉造影、心导管检查、放射性核素检查、心内膜心肌活检等，均有助于疾病的诊断。

## 二、肥厚型心肌病

肥厚型心肌病（hypertrophic cardiomyopathy，HCM）是一种以左心室和（或）右心室肥厚（常为非对称性肥厚）、心室腔变小、心室充盈受限和舒张期顺应性下降为特征的心肌病，常与遗传相关。临床上根据左心室流出道是否梗阻，可将肥厚型心肌病分为梗阻性肥厚型心肌病及非梗阻性肥厚型心肌病。本病的好发年龄为 30～50 岁，是青少年运动性猝死的主要原因之一。

【病因及发病机制】

本病患者常有明显的家族史，通常为常染色体显性遗传。肌节收缩蛋白基因突变是主要的致病因素。目前已发现至少有 18 个致病基因和 500 种以上变异，其中最常见的基因突变是 β-肌球蛋白重链基因及肌球蛋白结合蛋白 C 基因突变。部分患者由代谢性疾病或浸润性疾病引起。此外，还有研究认为，儿茶酚胺代谢异常、细胞内钙调节机制异常、高血压、高强度运动等均可作为本病发生的促进因素。

肥厚型心肌病的主要病理改变是心肌改变，尤其是左心室形态学改变，其特征是不均等性室间隔肥厚（非对称性室间隔肥厚）。

【护理评估】

（一）健康史

询问患者是否有肥厚型心肌病家族史，并了解患者是否有本病发生的促进因素，如高血压、高强度运动等。

（二）身体状况

不同患者心肌肥厚的类型不同，临床表现差异较大，约有半数患者无症状。

1. 症状

（1）呼吸困难：90% 以上有症状的患者可出现劳力性呼吸困难。呼吸困难多在体力劳动后出现，严重者呈端坐呼吸或夜间阵发性呼吸困难。

（2）心前区疼痛：约有 3/4 的患者可出现心前区疼痛，常于劳累后出现，类似心绞痛，疼痛典型或不典型，含服硝酸甘油后症状加重。

（3）头晕和晕厥：多在活动时发生，是由于心输出量减低，导致血压下降所致。

（4）乏力、心悸：患者感到心脏快速跳动，多由于心功能减退或心律失常所致。

（5）心力衰竭及猝死：晚期发生广泛心肌纤维化，心室收缩功能也减弱，患者容易发生心力衰竭甚至猝死。猝死可为首发症状，也是肥厚型心肌病患者的主要死亡原因。

2. 体征　心脏轻度增大。梗阻性肥厚型心肌病患者可在胸骨左缘第 3、4 肋间闻及收缩期喷射样杂音，心尖部也常可闻及收缩期吹风样杂音。导致心肌收缩力下降或使左心室容量增加的因素，如应用 β 受体阻滞剂、取下蹲位或抬腿，可使杂音减轻；而引起心肌收缩力增强或使左心室容量减少的因素，如含服硝酸甘油，可使杂音增强。

### （三）心理、社会状况

由于疾病的长期折磨以及反复发生心力衰竭和胸痛，患者常伴有紧张不安、悲观、绝望等情绪反应。

### （四）辅助检查

1. X线检查　可显示心影正常或轻度增大。发生心力衰竭时，心影明显增大，可见肺淤血征象。

2. 心电图检查　最常见的是左心室肥大，可有ST-T改变。Ⅱ、Ⅲ、aVF、$V_4 \sim V_6$导联可见深而不宽的病理性Q波。室内传导阻滞和室性心律失常也较为常见。

3. 超声心动图检查　是诊断肥厚型心肌病的主要方法，可显示室间隔非对称性肥厚，舒张期室间隔厚度与左心室后壁厚度之比≥1.3，室间隔运动低下。彩色多普勒血流显像可用于评价左心室流出道压力阶差。少数病例可表现为心肌均匀肥厚或心尖部肥厚。

4. 其他检查　心脏磁共振成像、冠状动脉造影、心导管检查、心内膜心肌活检等，均有助于疾病的诊断。

## 三、扩张型心肌病和肥厚型心肌病患者的护理

【主要护理诊断/问题】

1. 活动无耐力　与心肌收缩力减弱、心输出量减少有关。
2. 疼痛　与心肌耗氧量增加，冠状动脉供血不足有关。
3. 焦虑　与疾病呈慢性过程、病情逐渐加重、生活方式被迫改变有关。
4. 有受伤的危险　与心输出量减少导致头晕、晕厥有关。
5. 潜在并发症：心力衰竭、猝死、心律失常。

【护理措施】

### （一）一般护理

1. 休息与活动　保持环境清洁、安静，定期通风，注意防寒、保暖，避免受凉，预防感染。症状较轻者可参加轻体力活动，但应避免劳累和剧烈运动，避免突然屏气或站立、负重、情绪激动、饱餐等；症状明显者应卧床休息，根据心功能情况合理安排活动量。若患者出现心脏扩大、心功能减退，则应长期休息，以免病情恶化。

2. 饮食护理　予以高蛋白、高维生素、富含纤维素、低盐、低脂、易消化的饮食。指导患者少食多餐，避免高热量和刺激性食物，戒烟、戒酒。

### （二）病情观察

1. 症状观察　观察患者是否有心悸、胸闷、气促、眩晕和黑矇等症状。观察患者胸痛的部位、性质、程度、持续时间、诱因及缓解方式。

2. 并发症的观察　观察患者生命体征的变化，密切注意患者心率、心律、心电图的变化，必要时予以心电监护，以便及时发现严重心律失常，防止猝死发生。观察患者是否有左、右心功能不全的表现，正确判断心功能状态。及时发现心脏、脑、肾等栓塞征象，一旦患者出现栓塞表现，即应积极采取相应措施，防止意外的发生。

### （三）治疗配合

目前的治疗原则是防治心肌损害，控制心力衰竭和心律失常，预防栓塞和猝死，提高患者的生活质量。

1. 扩张型心肌病

（1）控制心力衰竭：主要是针对充血性心力衰竭和各种心律失常予以对症处理，包括限制体力活动，予以低盐饮食，应用洋地黄和利尿药。此外，还可予以β受体阻滞剂、血管扩张

药、血管紧张素转换酶抑制药等长期口服。β受体阻滞剂宜从小剂量开始应用，根据患者的病情调整用量。晚期心力衰竭患者较易发生洋地黄中毒，故应慎用洋地黄。

（2）预防栓塞：栓塞是扩张型心肌病患者的常见并发症。对心脏明显扩大、有心房颤动或深静脉血栓形成等栓塞风险且没有禁忌证者，可予以口服阿司匹林，以预防附壁血栓形成。对已有附壁血栓形成和（或）发生栓塞者，须长期予以口服华法林进行抗凝治疗。

（3）其他治疗：如中医药治疗、手术治疗等。

2. 肥厚型心肌病

（1）避免诱因：避免高强度运动、情绪激动、突然改变体位等诱因。

（2）对症处理：目前主张应用β受体阻滞剂及钙通道阻滞剂治疗。β受体阻滞剂（如普萘洛尔）可降低心肌收缩力，减轻左心室流出道梗阻，改善左心室壁顺应性及左心室充盈，并具有抗心律失常作用；钙通道阻滞剂（如维拉帕米、硝苯地平）可改善心室舒张功能。避免使用增强心肌收缩力和降低心脏容量负荷的药物，如洋地黄、硝酸酯类制剂等，以免加重左心室流出道梗阻。

（3）手术治疗：对重症梗阻性肥厚型心肌病患者，可做无水乙醇化学消融术或植入双腔DDD型起搏器。手术切除肥厚型心肌病患者最肥厚部分的心肌是目前有效治疗的标准方案。对长期发生严重心力衰竭，经内科治疗无效的患者，可考虑进行心脏移植。

3. 用药护理　遵医嘱用药，并注意观察药物的疗效和不良反应。

（1）扩张型心肌病：患者对洋地黄的耐受性较差，易发生中毒。使用洋地黄时，应采用缓慢给药法，从小剂量开始用药，逐渐增加药物剂量。

（2）肥厚型心肌病：患者应避免使用增强心肌收缩力和降低心脏容量负荷的药物，如洋地黄、硝酸酯类制剂等，以免加重左心室流出道梗阻。β受体阻滞剂应从小剂量开始用药，逐渐增加剂量，注意观察患者是否有心动过缓等不良反应。若患者心率小于50次/分，则应暂停给药。严重心力衰竭者慎用β受体阻滞剂。钙通道阻滞剂等血管扩张药须从小剂量开始用药，并注意监测患者的血压，避免发生低血压。

（3）抗凝药物：使用抗凝药物时，应根据凝血酶原时间调整药物剂量，并注意观察患者是否有出血倾向。

 考点提示

扩张型心肌病和肥厚型心肌病的主要治疗药物。

（四）对症护理

1. 胸痛的护理

（1）病情观察：观察患者疼痛的部位、性质、程度、持续时间、诱因及缓解方式，注意血压、心率、心律及心电图的变化。

（2）缓解疼痛：患者出现疼痛症状时，应立即停止活动，卧床休息。应安慰患者，解除其紧张情绪。遵医嘱使用β受体阻滞剂或钙通道阻滞剂，注意观察患者是否有心动过缓等不良反应。不宜用硝酸酯类药物。予以持续吸氧，氧流量为3～4 L/min。

（3）日常生活指导：嘱患者避免激烈运动、突然屏气或站立、负重、情绪激动、饱餐、寒冷刺激，戒烟、酒，防止诱发胸痛。患者疼痛加重或伴有出冷汗、恶心、呕吐时，应告知医护人员。

2. 呼吸困难的护理

（1）休息：当患者出现明显呼吸困难时，应卧床休息，以减轻心脏负荷，有利于心功能恢复。出现劳力性呼吸困难的患者，应减少活动量，以不引起症状为度。对出现夜间阵发性呼吸困难的患者，应加强夜间巡视，协助患者坐起。对出现端坐呼吸的患者，需加强生活护理，注意口腔清洁，协助其排尿、排便。

（2）体位：根据患者呼吸困难的类型和程度采取适当的体位，如给患者2～3个枕头，将床头摇高。当患者出现严重呼吸困难时，应协助其取端坐位，使用床上小桌，让患者伏案休息，必要时将双腿下垂。

（3）氧疗：可采用鼻导管吸氧（氧流量一般为2～4 L/min）、面罩吸氧、无创正压通气等方式。

3. 心律失常的护理

（1）病情观察：密切观察患者的生命体征及心电图改变。当患者出现严重心律失常时，应立即通知医师，并积极配合抢救，防止患者发生猝死。

（2）协助抢救：①当患者发生猝死时，应立即采取心肺复苏等抢救措施。②当患者发生心室颤动时，应立即予以电除颤。③对快速型室上性心动过速患者，必要时应予以心脏电复律。

4. 水肿的护理　注意观察水肿的情况，准确记录24小时液体出入量，控制液体入量，限制钠盐摄入，遵医嘱正确使用利尿药，注意保护皮肤，预防压疮。

5. 晕厥的护理　密切观察患者的病情变化。当患者出现眩晕、黑矇等表现时，应立即下蹲或平卧抬腿，防止发生晕厥。有晕厥史的患者应避免剧烈活动、情绪激动或紧张、快速改变体位等，避免单独外出，以免晕厥发作时无他人在场而发生意外。

（五）心理护理

心肌病患者的不良心理因素可以诱发或加重心力衰竭和心律失常，甚至导致猝死。护士应关心、安慰患者，向患者讲解不良心理对疾病的影响，与患者建立相互信任的护患关系，使其积极配合治疗与护理。

【健康教育】

1. 疾病知识指导　症状较轻者可以参加轻体力活动，但应避免过度劳累，避免情绪激动、负重、屏气及剧烈运动（如参加球类比赛等），以降低晕厥和猝死的发生风险。有晕厥史或猝死家族史者应避免独自外出活动，以免晕厥发作时无他人在场而发生意外。

2. 饮食护理　予以高蛋白、高维生素、富含纤维素的清淡饮食，以促进心肌代谢，增强机体抵抗力。对于发生心力衰竭的患者，应予以低盐饮食，限制含钠量高的食物。

3. 用药与随访指导　告知患者坚持用药的重要性，指导患者坚持服用抗心力衰竭药物、抗心律失常药或β受体阻滞剂、钙通道阻滞剂等，以延长存活年限。向患者说明药物的名称、剂量和用法，教会患者及家属观察药物的疗效及不良反应。嘱患者定期到门诊随访，症状加重时应立即就诊，以防止病情进展、恶化。

4. 预防感染　指导患者注意防寒、保暖，预防呼吸道感染。

## 第九节　病毒性心肌炎患者的护理

**案例导入 3-8**

患者，男性，24岁，3周前受凉感冒后出现发热，伴全身酸痛、乏力；经治疗后，患者体温降至正常，全身乏力有所缓解。由于工作繁忙，患病后没有得到充分休息，患者近2天自觉乏力明显，伴心悸、气促、心前区疼痛等症状，于活动、劳累后加重。患者出现紧张、焦虑情绪。入院检查：R 18次/分，P 108次/分，BP 110/80 mmHg；叩诊心界不大，心律不规整，可闻及期前收缩，未闻及病理性杂音；腹软，肝、脾肋下未触及。

**问题与思考：**
1. 该患者主要的护理问题有哪些？
2. 如何对该患者进行健康教育？

病毒性心肌炎（viral myocarditis）是指由各种嗜心肌病毒感染引起的，以心肌非特异性间质性炎症为主要病变的心肌炎。病毒性心肌炎包括无症状的心肌局灶性炎症和心肌弥漫性炎症所导致的重症心肌炎。病毒性心肌炎呈全球性分布，以发展中国家居多，各年龄均可发病，以儿童和40岁以下成年人多见。

【病因及发病机制】

（一）病因

多种病毒均可引起心肌炎，其中以柯萨奇病毒、埃可病毒、脊髓灰质炎病毒较常见，尤其是柯萨奇病毒B组最常见，占30%～50%。此外，流行性感冒病毒、风疹病毒、单纯疱疹病毒、肝炎病毒、HIV等，也可引起心肌炎。

（二）发病机制

病毒性心肌炎的发病机制包括：病毒感染直接导致心肌损害、病毒介导的免疫损伤作用（主要是T细胞免疫），以及多种细胞因子和一氧化氮（NO）等介导的心肌损害和微血管损伤。这些变化均可引起心脏的结构和功能损害。典型的病理改变是心肌间质增生、水肿及充血，间质内有大量炎症细胞浸润等。在发病过程中，某些诱因（如细菌感染、营养不良、过度劳累、缺氧和妊娠）可使机体抵抗力下降，从而容易引起病毒感染而致病。

【护理评估】

（一）健康史

询问患者发病前1～3周是否有上呼吸道感染及腹泻等病毒感染的病史，是否有关节疼痛及乙型肝炎病毒感染史。了解患者起病时是否有发热、心悸、胸闷等情况，是否有细菌感染、营养不良、过度劳累、缺氧和妊娠等导致机体抵抗力下降的诱发因素。

（二）身体状况

病毒性心肌炎的临床症状主要取决于病变范围和严重程度，轻者可完全无症状，重者可出现严重的心律失常、心源性休克、急性心力衰竭，甚至猝死。一般病程在3个月内为急性期，3个月至1年为恢复期，1年以上为慢性期。

1. 症状、体征

（1）病毒感染症状：约半数患者在发病前1～3周有病毒感染的前驱症状，如发热、全身酸痛等感冒样症状，或出现恶心、呕吐、腹泻等消化道症状。

（2）心脏受累症状：患者常可出现心悸、胸闷、呼吸困难、胸痛、乏力等。严重者可出现阿-斯综合征、心源性休克甚至猝死。

（3）主要体征：患者常可出现各种心律失常，以房性期前收缩、室性期前收缩最常见，其次是房室传导阻滞。患者可出现与发热程度不平行的心动过速；听诊心尖部第一心音减弱，可出现第三心音或杂音；或有肺部啰音、颈静脉怒张等心力衰竭的体征；重者可出现心源性休克。心律失常是造成病毒性心肌炎患者猝死的原因之一。

2. 并发症 可并发严重心律失常、心力衰竭、心源性休克，甚至猝死。

（三）心理、社会状况

症状较轻或无明显不适的青少年患者通常不会对疾病予以重视。症状明显的患者往往担心患心脏病会留下后遗症,因担心疾病预后、学习和生活等而产生焦虑、烦躁情绪。

(四)辅助检查

1. 实验室检查　心肌损伤标志物检查可有磷酸肌酸激酶(CK-MB)、肌钙蛋白等增高。血白细胞计数可增高,部分患者红细胞沉降率加快,C反应蛋白增高,血清中抗心肌抗体滴度可增高。

2. 病原学检查　疾病早期可从咽拭子、咽部冲洗液、粪便、血液、心包液中分离出病毒,但需结合血清抗体测定才更有意义。血清柯萨奇病毒IgM抗体滴度明显增高、外周血肠道病毒核酸检测呈阳性或肝炎病毒血清学检查呈阳性,心内膜心肌活检等,有助于病原学诊断。

3. X线检查　病变广泛者可见心影扩大,心包积液时可呈烧瓶样改变,严重者可伴有肺淤血或肺水肿征象。

4. 心电图检查　多数患者可出现ST段偏移和T波低平、双向或倒置,可有QRS波群低电压,QT间期延长多见于重症病例。各种期前收缩中以室性期前收缩最常见。此外,患者还可出现阵发性心动过速、心房扑动或心房颤动,甚至心室颤动。以上改变极为常见,是临床诊断的重要依据。

5. 其他检查　包括超声心动图、心脏磁共振等检查。

【主要护理诊断/问题】

1. 活动无耐力　与心肌受损,并发心律失常、心力衰竭有关。
2. 焦虑　与担心疾病预后、学习和生活有关。
3. 知识缺乏:缺乏配合治疗等方面的相关知识。
4. 潜在并发症:心律失常、心力衰竭。

【护理措施】

(一)一般护理

1. 休息与活动　休息是病毒性心肌炎患者最重要的护理措施。向患者解释急性期卧床休息可减轻心脏负荷,减少心肌耗氧量,有利于心功能恢复,防止病情加重或转为慢性病程。无并发症者急性期应卧床休息1个月;重症病毒性心肌炎患者应卧床休息3个月以上,直至症状消失,血液学指标、心脏大小及心功能等恢复正常后,才可逐渐增加活动量,根据具体情况逐渐增加活动量。待患者病情稳定后,若活动后出现心悸、气促、胸闷、心律失常等反应,则应停止活动,并以此作为最大活动限度。

 考点提示

病毒性心肌炎的症状、体征及卧床休息的时间。

2. 饮食护理　予以高蛋白、高维生素、易消化的饮食,尤其是应进食富含维生素C的食物,如新鲜蔬菜、水果,以促进心肌代谢与修复;戒烟、戒酒,避免进食刺激性食物;对心功能不全的患者应限制钠盐的摄入,避免进食过饱,以免加重心脏负担。

3. 排便护理　指导患者多进食富含纤维素的食物,适量饮水,保持排便通畅,必要时遵医嘱予以缓泻剂,避免用力排便。

(二)病情观察

监测患者生命体征、尿量的变化;观察患者是否出现心律失常、心源性低血压、心源性休克;观察患者是否有咳嗽、呼吸困难、颈静脉怒张、水肿等心力衰竭的表现;若发现患者心率突然减慢,血压偏低,频发室性期前收缩、房性期前收缩,则应及时报告医生,准备好抢救药品和物品，并配合急救处理。

（三）治疗配合

1. 治疗要点

（1）一般治疗：急性期应卧床休息，待症状、体征好转，心电图恢复正常后，方可逐步增加活动量；进食清淡、易消化、富含维生素和蛋白质的食物。

（2）对症治疗：对发生心力衰竭者，予以利尿药和血管紧张素转换酶抑制药等。对频发室性期前收缩或出现快速型心律失常者，可选用抗心律失常药物。对发生完全性房室传导阻滞者，可考虑使用临时心脏起搏器。目前不主张早期使用糖皮质激素，但对发生房室传导阻滞、难治性心力衰竭的患者以及重症患者或考虑有自身免疫的情况下则可慎用。

（3）抗病毒治疗：急性期进行抗病毒治疗是关键，应早期应用抗病毒药物。干扰素具有广谱抗病毒作用，且具有调节免疫作用，可抑制病毒在心肌内复制，以促进患者恢复；利巴韦林是人工合成的核苷类似物，具有广谱抗 RNA 和 DNA 病毒的作用；近年来采用黄芪、牛磺酸、辅酶 Q10 等中西医结合治疗，也具有抗病毒、调节免疫功能等作用，对本病具有一定的疗效。

（4）保护心肌治疗：应用营养心肌、改善心肌代谢的药物，可促进心肌修复，延缓或阻止病情进一步发展，减少并发症的发生。常用的药物包括大剂量维生素 C、能量极化液、辅酶 Q 和肌苷等。

2. 用药护理　遵医嘱予以药物治疗时应注意，心肌炎患者对洋地黄更敏感，更容易发生洋地黄中毒，因此应注意观察用药后的疗效以及患者是否出现不良反应，发现异常情况应立即报告医生及时处理。予以静脉输液时，应注意输液的速度和输液量，防止因输液速度过快或输液量过多而诱发心力衰竭。

（四）并发症的观察与护理

1. 心律失常　在治疗过程中，应密切观察患者是否出现心律失常，及早发现、及时处理。应注意观察药物的疗效与不良反应，密切观察血压、心率和心电图的变化。询问患者是否有不适主诉，并根据患者的情况及时调整药物剂量和种类。

2. 心力衰竭　密切观察患者的生命体征、尿量、意识和皮肤黏膜颜色，注意观察患者是否有呼吸困难、咳嗽、颈静脉怒张、水肿、奔马律、肺部湿啰音等表现。同时准备好抢救仪器及药品，一旦患者发生急性心力衰竭，应及时配合医生予以强心、利尿、镇静、扩血管和吸氧等急救处理。

（五）心理护理

多数病毒性心肌炎患者为青壮年，患病后的日常生活、学习或工作常受到影响，容易使患者产生焦急、烦躁等情绪。应向患者说明疾病的演变过程及预后，告知患者体力恢复需要循序渐进，使患者安心休养、配合治疗。

【健康指导】

1. 生活指导　指导患者合理休息、加强营养，戒烟、戒酒，避免进食刺激性食物。指导患者适当锻炼，以增强机体抵抗力；保持积极、乐观的心态，促进疾病康复。

2. 疾病知识指导　向患者及家属讲解发病的原因、过程和预后，使患者对疾病有正确的认识。急性病毒性心肌炎患者出院后需继续休息 3~6 个月，无并发症者可考虑恢复学习或轻体力工作，6 个月~1 年内避免剧烈运动或从事重体力劳动；女性患者 1 年内应避免妊娠；注意防寒保暖，预防呼吸道感染。

3. 病情监测指导　教会患者及家属测量脉率、节律，若发现异常或出现胸闷、心悸等不适，则应及时就诊。

# 第十节　感染性心内膜炎患者的护理

## 案例导入 3-9

患者，女性，61岁，5天前突发高热、寒战，近1天来心悸伴气促，活动后加重，夜间不能平卧，2周前曾发生上呼吸道感染。体格检查：T 38.8 ℃，P 106次/分，BP 142/88 mmHg；急性病容，半卧位，呼吸困难，轻度发绀，右侧腋窝淋巴结肿大；双肺底听诊可闻及湿啰音，心律齐，胸骨左缘第3肋间可闻及舒张期吹风样杂音；右足底可见直径为3 mm的无痛性出血性红斑，伴有杵状指。心电图检查未见异常。实验室检查：白细胞计数 $17.5 \times 10^9$/L，多核细胞0.9，尿蛋白（+），可见镜下血尿。

**问题与思考：**
1. 患者最有可能的诊断是什么？
2. 确诊该疾病还需要做何种检查？

感染性心内膜炎（infective endocarditis，IE）是由病原微生物感染引起的心内膜、心瓣膜或邻近大动脉的炎症，通常伴有赘生物形成。赘生物为形态大小不一的血小板和纤维素团块，内含大量病原微生物和少量炎症细胞。致病微生物以细菌多见，主要累及心瓣膜，其临床特征是发热、心脏杂音、脾大、贫血、栓塞、皮肤病损、血培养呈阳性等。本病根据瓣膜类型可分为自体瓣膜心内膜炎和人工瓣膜心内膜炎；根据病程分为急性心内膜炎和亚急性心内膜炎两种，后者远较前者多见。本节主要介绍自体瓣膜心内膜炎。

亚急性感染性心内膜炎的临床特征是：①病原体毒力较低，以草绿色链球菌多见，其次是D族链球菌；②中毒症状轻；③病程长，病情轻；④感染迁移少见。急性感染性心内膜炎的临床特征是：①病原体毒力强，主要是金黄色葡萄球菌；②全身中毒症状严重；③病情进展迅速；④感染迁移多见。

【病因及发病机制】

（一）病因

1. 致病菌　亚急性感染性心内膜炎最常见的致病菌是草绿色链球菌，其次是D族链球菌和表皮葡萄球菌；急性感染性心内膜炎的致病菌以金黄色葡萄球菌多见，少数由肺炎球菌、淋球菌、A族链球菌和流感嗜血杆菌所致。

2. 基础心血管疾病　感染性心内膜炎主要发生于器质性心脏病（如先天性心脏病、风湿性心脏瓣膜病、老年退行性心脏瓣膜病）患者，以及人工心瓣膜置换术后等，最常见于心脏瓣膜病患者，尤其以主动脉瓣和二尖瓣受累最多见。无器质性心脏病者发生感染性心内膜炎（约占10%）可能与内镜检查、血管有创性检查与治疗以及吸毒者使用未消毒的注射器等有关。

（二）发病机制

当机体存在器质性心脏病时，血流由层流变为涡流和喷射，从高压腔室分流到低压腔室时，可形成明显的压力阶差，导致血流冲击处的内膜受损，内层胶原暴露，血小板、白细胞等开始趋附于受损处，成为赘生物形成的基础。细菌在局部生长、繁殖，当赘生物破裂时，细菌释放入血，引起菌血症和转移性播散病灶。

【护理评估】

（一）健康史

询问患者是否有风湿性心脏瓣膜病、先天性心脏病、老年退行性心脏瓣膜病等病史以及人工心瓣膜置换术等手术史，是否有咽峡炎、扁桃体炎、上呼吸道感染等；近期是否有拔牙治疗、内镜检查、血管有创性检查与治疗等。

**（二）身体状况**

1. 症状、体征

（1）发热：发热是感染性心内膜炎患者最常见的症状，除部分老年或重症心力衰竭、肾衰竭患者外，几乎所有患者都可出现发热。亚急性感染性心内膜炎起病隐匿，患者可有乏力、多汗、肌肉和关节酸痛、食欲缺乏、贫血和体重减轻等非特异性症状。患者体温一般低于39℃，呈弛张热，可有畏寒，但多数无明显寒战，部分患者热型不典型。急性感染性心内膜炎呈急性败血症表现，患者中毒症状明显，伴高热、寒战。

（2）心脏杂音：绝大多数患者有病理性杂音，可由基础心脏病和（或）心内膜炎导致瓣膜损害所致，主要为瓣膜关闭不全的杂音，尤以主动脉瓣关闭不全多见。在病程中，原有杂音性质、强度改变和（或）新杂音出现是本病的重要特征，多与赘生物生长、破裂和脱落有关。与亚急性感染性心内膜炎患者相比，急性感染性心内膜炎患者更容易出现杂音强度和性质的改变或出现新杂音。

（3）周围体征：多为非特异性体征，近年已少见。①瘀点、瘀斑：可出现在任何部位，以锁骨上皮肤、口腔黏膜和睑结膜多见；②指（趾）甲下线性出血；③Janeway损害：手掌和足底处出现的无痛性小结节状或斑点状出血，多见于急性感染性心内膜炎患者；④Osler结节：手指或足趾末端掌面出现的红色或紫色痛性结节；⑤Roth斑：为视网膜的卵圆形出血斑，中心呈白色。

（4）动脉栓塞：全身性栓塞是感染性心内膜炎患者常见的临床表现，以脑栓塞、肺栓塞最常见，其次是脾栓塞、肾栓塞、肢体栓塞以及较大的血管栓塞等。

（5）感染的非特异性症状：如脾大、贫血、杵状指（趾）等。

2. 并发症

（1）心脏并发症：心力衰竭最常见，也可发生急性心肌梗死、心肌炎、心肌脓肿。

（2）细菌性动脉瘤：多见于亚急性感染性心内膜炎患者，发生在病程晚期，主要是近端大动脉、脑、内脏和四肢受累。

（3）迁移性脓肿：多见于急性感染性心内膜炎患者，肝、脾、骨髓、神经系统受累者多见。

（4）神经系统并发症：约1/3的患者可出现神经系统受累表现，多为脑栓塞，其次是脑细菌动脉瘤、脑出血、中毒性脑病、脑脓肿、化脓性脑膜炎。

（5）肾损害：大多数患者有肾损害表现，如肾动脉栓塞、肾梗死、肾小球肾炎等。

 考点提示

亚急性感染性心内膜炎最常见的致病菌及主要表现。

**（三）心理、社会状况**

感染性心内膜炎患者病情较危重，全身情况已恶化，甚至可出现器官功能衰竭、全身多处动脉栓塞等并发症。患者情感脆弱，容易出现悲观、失望、甚至绝望等心理反应，往往会出现绝食、拒绝治疗、不合作等行为。大多数家属难以接受现实，常感到无能为力而陷入极度痛苦的心理状态。

**（四）辅助检查**

1. 血培养　是确诊本病最重要的检查方法，还可通过药物敏感试验为治疗提供依据，未接受过抗生素治疗的患者阳性率可达 95%。

2. 血常规检查　急性感染性心内膜炎患者常有白细胞计数和中性粒细胞比例增高，亚急性感染性心内膜炎患者白细胞计数可正常或轻度增高。

3. 尿液分析　约半数患者可出现蛋白尿和镜下血尿，发生肾梗死时可见肉眼血尿。

4. 超声心动图检查　若能发现赘生物、瓣膜周围并发症等，则有助于诊断。

5. X 线检查　可了解心脏外形、肺部表现等。

6. 免疫学检查　25% 的患者可出现高丙种球蛋白血症，80% 的患者可出现循环免疫复合物，病程在 6 周以上的亚急性感染性心内膜炎患者中约有 50% 类风湿因子检测呈阳性等。上述异常在感染治愈后可消失。

7. 其他检查　心电图、多层螺旋 CT、磁共振成像、$^{18}$F- 氟代脱氧葡萄糖（$^{18}$F-FDG）等检查，对本病的诊断有一定的帮助。

【主要护理诊断/问题】

1. 体温过高　与感染有关。
2. 营养失调：低于机体需要量　与食欲减退、发热导致机体能量消耗过多有关。
3. 焦虑　与病程长、病情反复有关。
4. 潜在并发症：栓塞、心力衰竭等。

【护理措施】

（一）一般护理

1. 休息与活动　急性期患者应卧床休息，限制活动，以减少回心血量，减少赘生物脱落，从而降低栓塞的发生概率；协助患者取舒适卧位，保持病室内温度、湿度适宜，保持环境安静，减少探视；亚急性患者可适当活动，但应避免剧烈运动及情绪激动。

2. 饮食护理　予以高热量、高蛋白、高维生素、清淡、易消化的半流食或软食，做好口腔护理。对出现发热者，应补充水分和电解质；发生心力衰竭者应少食多餐，限制钠盐摄入。

（二）病情观察

1. 观察体温及皮肤黏膜变化　出现高热者应卧床休息，每 4 小时予以测量体温 1 次，并准确绘制体温曲线，以判断病情进展及治疗效果；观察患者是否有皮肤瘀点、指（趾）甲下线状出血、Osler 结节等表现。

2. 观察栓塞表现　发生脑栓塞时，患者可有神志和精神改变、视野缺损、偏瘫、失语甚至昏迷等表现；发生肾栓塞时，患者可出现腰痛、血尿等；发生脾栓塞时，患者可出现左上腹剧痛；肠系膜动脉损害者可表现为急腹症；发生肢体动脉栓塞时，患者可出现受累肢体变白或发绀、发冷、疼痛、跛行，甚至动脉搏动消失等。

（三）治疗配合

1. 治疗要点

（1）抗微生物药物治疗：应用抗生素是最重要的治疗措施。在多次连续采集血培养标本后，应早期、大剂量、长疗程、联合使用抗生素，疗程一般为 4～6 周，人工瓣膜需 6～8 周或更长时间，以静脉给药为主。病原微生物不明确时，对急性期患者可选用针对金黄色葡萄球菌、革兰氏阴性杆菌等均有效的广谱抗生素，如苯唑西林、头孢唑林、万古霉素、达托霉素等。对亚急性患者可选用对大多数链球菌敏感的抗生素，如青霉素、头孢曲松等。对真菌感染患者可选用氟康唑或咪康唑。

（2）手术治疗：约半数感染性心内膜炎患者须接受手术治疗。早期手术适应证包括：心力衰竭、不可控制的感染及预防栓塞。

2. 用药护理　遵医嘱严格按时、准确应用抗生素，以确保抗生素达到有效血药浓度，注意观察药物的疗效及不良反应；告知患者应用抗生素是治疗本病的关键，需坚持长期大剂量应用抗生素治疗才能杀灭病原菌；注意保护静脉，可选择静脉留置针，以避免多次穿刺而增加患者的痛苦。

3. 血培养标本的采集注意事项

（1）未使用抗生素者：入院后即可采血，每隔1小时采血1次，共3次，次日对血培养结果呈阳性者即可使用抗生素；对血培养结果呈阴性者，则需重复采血3次后，再开始应用抗生素治疗。

（2）已使用抗生素者：遵医嘱需停药2～7天后再采血。

（3）采血的最佳时间：通常是患者寒战、发热时，每次采血10～20 ml，同时做需氧菌和厌氧菌培养。

（4）药物敏感试验：必要时应在血培养的同时加做药物敏感试验，以指导临床用药。

（5）病情解释：告知患者正确采集血培养标本对本病的诊断与治疗至关重要，需反复多次采血，以取得患者的理解与合作。

 考点提示

亚急性感染性心内膜炎的确诊检查方法、治疗首选药物及血培养标本的采集注意事项。

**（四）心理护理**

由于受到长时间患病以及治疗效果不确定和家庭经济压力等方面因素的影响，患者可出现紧张、焦虑心理，护士应关心、安慰患者，尽量帮助患者解决生活上的困难，稳定患者和家属的情绪，减轻其心理负担，使其增强战胜疾病的信心。

【健康指导】

1. 疾病知识指导　向患者和家属讲解本病的病因与发病机制、致病菌入侵途径、坚持足够剂量和足够疗程抗生素治疗的重要性及该病的转归情况。在施行口腔手术（如拔牙）、扁桃体摘除术、上呼吸道手术或检查、泌尿系统或消化道侵入性诊疗操作或其他外科手术治疗前，患者应告知医护人员自己患有心脏瓣膜病、心内膜炎等病史，以便预防性使用抗生素。

2. 生活指导　嘱患者平时注意防寒保暖，避免感冒，加强营养，增强机体抵抗力，注意劳逸结合，避免过度劳累；保持皮肤和口腔清洁，少到人群聚集的公共场所；避免挤压痤疮、疖、痈等感染性病灶，以减少病原体入侵的机会。

3. 病情自我监测指导　告知患者约有10%的感染性心内膜炎患者在治疗后数月或数年内会再次发病，以提高患者对自我监测的重视程度。教会已经发生感染性心内膜炎的患者自我监测并记录体温；告知患者及家属按时、按量遵医嘱用药的重要性，避免擅自停药；告知患者用药期间可能出现的不适反应，出现异常应及时报告医生或及时就诊；指导患者观察是否有心力衰竭、身体其他器官组织栓塞的临床表现，并定期到门诊复查。

# 第十一节　循环系统疾病患者护理实训

## 一、心脏电复律患者的护理

心脏电复律是在短时间内用较强的脉冲电流通过心脏，使心肌瞬间同时除极，消除异位性快速型心律失常，使之转复为窦性心律的方法。最早用于消除心室颤动，故又称心脏电除颤。心脏电复律分为体外经胸式和植入式，前者已广泛应用于临床，后者在国外的应用数量也逐年增加。

【电复律与电除颤的种类】

根据治疗过程中是否采用同步触发放电，可以将电复律（电除颤）分为直流电同步电复律和直流电非同步电复律；根据复律（除颤）电极板所放置的位置不同，可以将电复律分为体内电复律与体外电复律（电除颤），体内电复律和电除颤常用于心脏手术或急诊开胸抢救的患者，在非手术情况下，大多采用经胸壁复律（除颤），即体外电复律（电除颤），是将阴极电板放在左前胸或心尖部，将阳极电板放在右胸或后背，从而保证电流可以恰好通过心脏，以达到理想的除颤效果。此外，还有经食管内低能量电复律、植入型心律转复除颤器等。

【适应证】

1. 心室颤动和心室扑动是心脏电复律的绝对适应证。
2. 心房颤动病史较短（一般不超过1年）和心房扑动伴血流动力学障碍。
3. 药物及其他方法治疗无效或有严重血流动力学障碍的阵发性室上性心动过速、室性心动过速、预激综合征伴快速型心律失常。
4. 异位性心动过速且性质不明确（如室上性心动过速伴室内差异性传导或室性心动过速不能明确鉴别时）而导致用药困难且伴有明显血流动力学障碍。

【禁忌证】

1. 心房颤动病史较长，心脏明显扩大，或巨大左心房及心房内有新鲜血栓形成或近3个月有栓塞史。
2. 伴高度或完全性房室传导阻滞的心房颤动或心房扑动。
3. 伴病态窦房结综合征的异位性快速型心律失常。
4. 出现洋地黄中毒、低钾血症时，风湿病活动期暂不宜行电复律。
5. 尖端扭转型室性心动过速或多形性室性心动过速伴有低钾血症者、Q-T间期延长者应慎用电复律。
6. 对自律性增高的房性心动过速、非阵发性交界性心动过速、加速性室性自主心律者，一般不主张用电复律治疗。

以上适应证及禁忌证都是相对的，应根据每个患者的具体临床情况全面评估获益与风险，避免生搬硬套。

【能量选择】

电复律和电除颤的能量通常用焦耳表示，能量的选择主要根据心律失常的类型和病情而定（表3-9）。

表3-9 经胸壁体外电复律常用的能量选择

| 心律失常 | 能量（J） |
| --- | --- |
| 心房颤动 | 100～200 |
| 心房扑动 | 50～100 |
| 室上性心动过速 | 100～150 |
| 室性心动过速 | 100～200 |
| 心室颤动 | 200～360 |

【体外电复律与电除颤的操作方法】

1. 做好术前准备，备好各种抢救器械和药品。
2. 安置患者平卧于木板床上，开放静脉通道，充分暴露胸壁。

3. 术前常规做心电图，完成心电记录后，将导联线从心电图机上撤除，以免电击时损坏心电图机。患者发生心搏骤停后，也可予以紧急电除颤，不必为了明确心搏骤停的类型而延误除颤治疗。

4. 连接除颤器导线，接通电源，检查同步性能，根据实际情况选择同步或非同步电复律。需要进行同步电复律时，通常选择R波较高的导联进行示波观察。

5. 按要求进行静脉麻醉，进行紧急电除颤时则无需进行静脉麻醉。

6. 在电极板上涂以导电膏或覆盖浸有生理盐水的纱布垫，紧急情况下也可用清水，但绝对禁用乙醇，否则可引起皮肤灼伤。

7. 按要求放置电极板，应尽量避开胸骨。放置时予以一定的压力，以保证有较低的阻抗，有利于除颤成功。电极板的放置方式：①前侧位（前尖位或标准位，为合适的默认位置）：将一个电极板放置在右前胸壁锁骨下（胸骨右缘第2肋间），使之靠近但不与胸骨重叠，另一个电极板放置在心尖部（左侧乳头外侧，其中心位于腋中线上），两个电极板之间至少距离10 cm，与皮肤紧密接触并有一定的压力 [ 25 磅 / 板（1 磅 ≈ 0.45 kg）]。②前 - 左肩胛位：将一个电极板放置在右前胸壁锁骨下，另一个电极板放置在背部左肩胛下。③前 - 右肩胛位（尖后位）：将一个电极板放置在心尖部，另一个电极板放置在患者背部右肩胛角处，注意避开脊柱。④前后位：将一个电极板放置在左肩胛下区，另一个电极板放置在胸骨左缘第4肋间水平。

8. 选择电能剂量，按压"充电"按钮，将机器充电到相应的能量。所有人员不得接触患者、病床以及与患者相连接的仪器设备，以免发生触电。

9. 按压"放电"按钮，观察到电极板放电后，再放开按钮，松开电极板。

10. 电击后，应立即听诊心脏并观察患者的心电图，观察电复律或电除颤是否成功，并决定是否需要再次进行电复律或电除颤。

11. 电击后应进行常规导联心电图检查，并监测心电、血压、呼吸和意识，一般需连续监测1天。

12. 患者发生心室颤动时，不需做术前准备，不需进行麻醉，尽快实施非同步电除颤。

【并发症】

并发症包括：各种心律失常、急性肺水肿、低血压、体循环栓塞和肺动脉栓塞、血清心肌酶增高、皮肤烧伤。

【复律前准备】

1. 向择期复律的患者介绍电复律的目的和必要性、大致过程、可能出现的不适和并发症，以取得患者的配合。

2. 遵医嘱进行术前有关实验室检查（包括心电图和血液检查等）。

3. 遵医嘱停用洋地黄类药物24~48小时，予以改善心功能、纠正低钾血症和酸中毒的药物。进行电复律前，对出现心房颤动的患者应予以抗凝治疗，并测定凝血酶原时间和活动度。

4. 复律前，当日晨应禁食、禁饮水，避免复律过程中发生恶心和呕吐，并排空膀胱。

5. 遵医嘱进行12导心电图及心电连续监测，建立静脉通道，确保患者末梢血氧分压达90%以上。

6. 物品准备 除颤器、生理盐水、导电胶、纱布垫、地西泮、心电和血压监护仪，以及心肺复苏所需的抢救设备和药品。

【复律中配合】

1. 安置患者平卧于绝缘的硬板床上，松开衣领，有义齿者应取出；予以氧气吸入，术前进行全导联心电图检查。

2. 予以心电连续监测，建立静脉通道，最好选择上肢血管，因为下肢静脉离心脏较远，不利于抢救时用药。

3. 清洁电击处皮肤，连接好心电导联线，放置心电监测电极片时应注意避开除颤部位。

4. 连接电源，打开除颤器开关，选择一个R波高耸的导联进行示波观察。然后选择"同步"或"非同步"按钮。

5. 遵医嘱予以地西泮0.3～0.5 mg/kg缓慢静脉注射，直至患者角膜反射开始消失的深度。麻醉过程中应严密观察患者的呼吸情况。

6. 一旦患者达到理想的麻醉状态，即可充分暴露其前胸，连接除颤器心电监测导联，记录心电图。在两个电极板上均匀涂抹导电胶或覆盖被生理盐水浸湿的纱布，然后将电极板分别放置于胸骨右缘第2～3肋间和心尖部，两个电极板之间的距离不应小于10 cm，与皮肤紧密接触，并有一定的压力。按压"充电"按钮，充电到所需功率。准备放电时，嘱所有人员避免接触患者、病床以及与患者相连接的仪器，以免发生触电。两个电极板同时放电，此时患者的身体和四肢可出现抽动，通过心电示波器观察患者的心律是否转为窦性心律。

7. 根据患者的情况决定是否需要再次进行电复律。

【复律后护理】

1. 休息与饮食　患者应卧床休息24小时，清醒后2小时内避免进食和饮水，以防止恶心、呕吐。活动量以不引起心悸、胸闷为度。清醒2小时后予以高热量、高维生素、易消化的饮食，保持排便通畅，避免情绪激动、吸烟、过度劳累、进食刺激性食物等。

2. 病情监测　电复律后应立即进行24小时持续心电监护，并严密观察患者的神志、瞳孔、心率、心律、血压、呼吸的变化；观察皮肤及肢体活动情况，及时发现患者是否有栓塞征象。

3. 并发症的观察　观察电复律后患者是否出现并发症，如皮肤烧伤、心肌损伤、循环栓塞、肺水肿以及各种形式的心律失常，并协助医生予以处理。

4. 遵医嘱用药　遵医嘱继续予以洋地黄或其他抗心律失常药物，以维持窦性心律。

5. 日常生活与用药指导　指导患者严格按医嘱服药，定期复查；若出现胸闷、呼吸困难，则应立即就诊；在条件允许的情况下，对反复发作室性心动过速、心房颤动的患者，应尽早安装心脏起搏器或进行经皮导管射频消融治疗。指导患者规律服药，告知服药的注意事项，避免诱发因素，保持心情舒畅，适当增加活动量。

## 二、心脏起搏器治疗患者的护理

心脏起搏器（cardiac pacemaker）简称起搏器，是一种医用电子仪器，可通过定时发放一定频率的脉冲电流刺激心脏，使之激动和收缩，即模拟正常心脏的冲动形成和传导，以治疗由于某些心律失常所导致的心脏功能障碍。心脏起搏器由脉冲发生器、起搏电极导线和电源组成。

【适应证】

（一）植入式心脏起搏

1. Ⅱ度Ⅱ型房室传导阻滞、高度房室传导阻滞、Ⅲ度房室传导阻滞患者，无论是否有临床症状，均应植入起搏器。

2. 明确的有症状性心动过缓患者。

3. 经规范疾病治疗导致有症状性窦性心动过缓，临床仍需要继续治疗且没有其他代替治疗方法者。

4. 心动过缓-心动过速综合征且症状由心动过缓引起的患者。

5. 药物治疗效果不满意的顽固性心力衰竭患者。

6. 伴有心室率过缓或长间歇的心房颤动或心房扑动患者。

7. 病态窦房结综合征，且症状由该病引起的患者。

8. 反射性晕厥患者，年龄>40岁，出现反复发作的无征兆晕厥，并且记录到有症状的心脏停搏和（或）房室传导阻滞者。

9. 有症状的束支传导阻滞患者；交替性束支传导阻滞患者。

近年来，随着起搏器技术的进步和循证医学证据的出现，起搏器治疗的应用范围从单纯治疗缓慢型心律失常扩展到多种疾病的治疗，如预防心房颤动，预防和治疗长QT间期综合征等恶性室性心律失常。此外，起搏器还用于辅助治疗梗阻性肥厚型心肌病、扩张型心肌病、顽固性心力衰竭和反射性晕厥。同时，关于起搏器治疗适应证的指南也在不断地更新，有助于更好地指导临床实践。

（二）临时心脏起搏

1. 适应证

（1）一过性高度房室传导阻滞或完全性房室传导阻滞且伴有缓慢型逸搏心律。

（2）可逆性因素导致的缓慢型心律失常，如急性心肌梗死、急性心肌炎、高钾血症等导致的心动过缓。

（3）患者反复出现阿-斯综合征，有安置永久起搏器的适应证，但由于其他原因暂时不能安置永久起搏器的过渡治疗。

（4）由于各种原因需要更换植入型起搏器，但又存在起搏器依赖的患者。

2. 患者发生急性心肌梗死时的紧急应用　患者发生急性心肌梗死时，由于心肌缺血，可造成窦房结、房室结功能障碍或房室传导阻滞，使患者出现血流动力学改变。此时安置临时起搏器，可防止患者发生晕厥，改善血流动力学状态，并可避免心肌缺血进一步加重。待患者窦房结功能恢复或传导阻滞消失后，即可拔除临时起搏电极；对不能恢复者，需安装永久起搏器。

3. 其他方面的应用　①进行电生理检查。②对疑有窦房结功能障碍的患者，需要进行药物治疗或行电复律时。③对心血管疾病患者进行诊断及介入性治疗时的保护性应用。④进行某些心脏电生理学研究。⑤对快速型心律失常患者进行射频消融治疗时的定位标测及消融终点的判定。

【禁忌证】

安装起搏器只有适应证，并没有绝对禁忌证。当患者出现全身出血、凝血功能障碍、局部及全身感染未控制、发热、血浆蛋白降低或血糖控制效果不满意时，若安装永久起搏器，则容易引起并发症，应谨慎处理。

【植入方法】

1. 临时性经静脉起搏器植入　将双电极导管经右股静脉、左锁骨下静脉、颈静脉穿刺插入，送至右心室心尖部，使电极接触到心内膜，起搏器置于体外。该方法适用于暂时性和急需起搏治疗抢救的患者，一般放置时间不超过2周，以免发生感染。

2. 永久起搏器植入　将起搏电极导管从锁骨下静脉、头静脉、颈外静脉等处穿刺插入，送至右心室或右心房，并将电极头固定在心室肌小梁间或心房壁，起搏器埋藏于前胸壁胸大肌皮下。该方法适用需要长期起搏器治疗的患者。

【术前准备】

1. 向患者解释手术的必要性和安全性，手术的过程、方法和注意事项，以解除患者的顾虑和紧张情绪。必要时在手术前应用地西泮，保证患者睡眠充足。

2. 术前指导患者完成必要的实验室检查，如血常规、尿常规、血型、出血与凝血时间、心电图、动态心电图、胸部X线检查等。

3. 术前指导患者掌握术中配合技巧及术后的注意事项，若患者术前出现咳嗽，则应通知医生，必要时予以镇咳药；若患者术中出现咳嗽，则应指导患者深呼吸或及时告知手术人员。向患者及家属讲解心脏的解剖、生理及起搏器的特点。

4. 术前进行皮肤准备，通常经股静脉安置临时起搏器，备皮范围包括会阴部及双侧腹股沟区域；植入式起搏器的备皮范围为左上胸部，包括颈部和腋下，备皮后应注意保持局部皮肤清洁、干燥。术前6小时予以禁食，不需禁饮水。术前应用抗凝药物者需停用药物，直到凝血酶原时间恢复至正常范围。此外，还行造影剂过敏试验。

5. 训练患者在床上排尿、排便，以免术后由于卧床体位而出现排便困难。

6. 建立静脉通道，备好抢救药品及仪器。

【术中配合】

1. 帮助患者取平卧位。
2. 协助手术医师按外科手术法洗手，穿无菌手术衣，戴无菌手套。
3. 常规进行皮肤消毒、铺无菌巾，暴露穿刺部位。协助手术医师将起搏电极插入心腔。
4. 术中严密监测患者心率、心律、呼吸及血压的变化，发现异常应立即通知医生；了解患者术中疼痛的情况及其他不适主诉，并做好安慰和解释工作。

【术后护理】

1. 休息与活动　术后应将患者平移至病床上，安置植入式起搏器的患者保持平卧位或略向左侧卧位4~6小时，避免右侧卧位；若患者平卧不适，则可将床头抬高30°~60°；术侧肢体不宜过度活动，嘱患者避免用力咳嗽，以防止电极脱位。若患者出现咳嗽症状，则尽早应用镇咳药。安置临时起搏器的患者需绝对卧床，术侧肢体避免屈曲或活动过度。卧床期间做好生活护理。术后第1次活动应动作缓慢，以防止跌倒。

2. 病情监测　术后应进行12导联心电图检查，予以24小时持续心电监测。观察患者的脉搏、心率、心律、心电图变化及患者的自觉症状；观察患者是否有电极导线移位或起搏器起搏感知障碍，发现异常应立即报告医生并协助处理。观察患者是否有腹壁肌肉抽动、心脏穿孔等表现；出院前常规进行胸部X线检查。

3. 穿刺部位的观察与护理　穿刺部位以沙袋加压压迫6小时，且每隔2小时解除压迫5分钟。术后早期应保持局部敷料清洁、干燥，若出现敷料渗湿或脱落，则应及时更换。一般于术后7天拆线，对安置临时起搏器的患者应每天换药1次。观察起搏器囊袋部位是否有出血或血肿，观察伤口是否有渗血、红肿，患者是否有局部疼痛、皮肤变暗或发紫、波动感等，以便及时发现出血、感染等并发症。监测患者的体温变化，常规应用抗生素，以预防感染。

4. 健康教育

（1）起搏器知识指导：告知患者妥善保存起搏器植入信息卡，外出时随身携带以备急用；或必要时提供给医生参考。告知患者避免接触强磁场（如核磁、激光）或到高电压的场所（如变电站），但家庭生活用电一般不影响起搏器工作。嘱患者一旦接触某种环境或电器后出现胸闷、头晕等不适，应立即离开现场或不再使用该电器。随着技术的不断更新，目前移动电话对起搏器的干扰作用很小，推荐平时将移动电话放置在距离起搏器至少15 cm的口袋内，拨打或接听电话时采用对侧。

（2）自我监测指导：教会患者每天自测脉搏2次，每天监测脉搏时应保证在同一种身体状态下，如每天清晨醒来时或静坐15分钟后。若出现脉率减慢超过设置频率10次/分或再次出现安装起搏器前的症状，则应及时就医。嘱患者避免随意触碰起搏器植入部位。教会患者自行检查该部位是否有红、肿、热、痛等炎症反应或出血现象，出现不适须立即就医。

（3）活动指导：指导患者避免剧烈运动，安置起搏器的一侧上肢应避免用力过度或做幅度过大的动作（如打网球、举重物等），以免影响起搏器功能或导致电极脱落。

（4）定期随访：安置起搏器早期，往往会出现起搏阈值不稳定，需要及时调整。因此，应指导患者定期到医院复查，一般起搏器植入后1个月、3个月、6个月各复查1次，之后每3个月～半年复查1次。接近起搏器使用年限时，应缩短随访间隔时间，在电池耗尽之前应及时更换起搏器。

### 三、心导管检查患者的护理

心导管检查（cardiac catheterization）是通过心导管插管对心脏各腔室、瓣膜与血管的结构及功能进行检查，包括右心导管检查与选择性右心造影、左心导管检查与选择性左心造影。其目的是明确诊断心脏和大血管病变的部位与性质、病变是否引起血流动力学改变及其程度，为选择介入治疗或外科手术治疗提供依据。

【适应证】
1. 先天性心脏病，特别是有心内分流的先天性心脏病。
2. 需进行血流动力学检查的患者，从静脉置入漂浮导管至右心、肺动脉及其分支。
3. 心室壁瘤患者，需了解瘤体的大小与位置，以确定是否具备手术适应证。
4. 进行心内电生理检查、静脉及肺动脉造影、心内膜心肌活检术。
5. 进行选择性冠状动脉造影。

【禁忌证】
1. 感染性疾病患者，如风湿病、感染性心内膜炎、败血症、肺部感染等患者。
2. 严重心力衰竭、心律失常及严重高血压未予以控制者，以及电解质紊乱、洋地黄中毒者。
3. 有出血倾向者，目前有出血疾病者或正在进行抗凝治疗者。
4. 外周静脉血栓性静脉炎患者。
5. 严重肝、肾功能损害者。

【操作方法】
一般采用Salinger经皮穿刺法。进行局部麻醉后，自股静脉、上肢贵要静脉或锁骨下静脉（右心导管检查）或股动脉（左心导管检查）将导管插至相应部位。整个过程在X线透视下进行，并应进行连续心电监测和压力监测。

1. 术前准备　使患者取仰卧位，连接心电监测仪，局部进行皮肤消毒，铺无菌单。
2. 右心导管检查及右心室造影　常规进行经皮股静脉穿刺、插管，将导管前端经过右心房、右心室、肺动脉，然后逐步撤至上、下腔静脉处，测量压力并记录，必要时可采血进行血气分析。插入造影导管，将其前端插至右心房、右心室、肺动脉，尾端接高压注射器，注入造影剂，进行造影检查。
3. 左心导管检查及左心室造影　常规进行经皮股动脉穿刺、插管。将导管前端插至左心室及升主动脉，测量左心室主动脉压力阶差。然后换入猪尾导管，将其前端插至左心室，进行造影检查。
4. 术后处理　撤出导管、鞘管，予以压迫止血，加压包扎。

【术前准备】
1. 心理护理　做好解释工作，以解除患者的顾虑和紧张情绪，必要时遵医嘱应用镇静药，保证患者术前睡眠充足。
2. 术前训练与指导　①训练患者在床上进行排尿。②术前排空膀胱。③术前不需禁食，术前一餐饮食以六成饱为宜，可进食米饭、面条等，不宜饮牛奶，避免进食海鲜和油腻的食物，以免术后卧床期间出现腹胀或腹泻。
3. 术前准备　①指导患者进行术前检查：血常规、尿常规、血型、出血与凝血时间、血电解质、肝功能、肾功能、超声心动图和胸部 X 线检查等。②根据需要进行双侧腹股沟及会阴部或上肢、锁骨下静脉穿刺区备皮，并保持皮肤清洁、干燥。③对穿刺股动脉者，应检查两侧足背动脉搏动情况并标记，以便于术中、术后对照观察。

【术中配合】

1. 严密监测生命体征　密切观察患者的心电图、心律、心率、血压变化，准确记录压力测量数据，发现异常应及时通知医生，并配合处理。

2. 治疗配合　维持静脉通道通畅，准确、及时给药，并备齐抢救药品、物品和器械，以供紧急使用。准确递送术中所需的各种器械，完成术中记录。

3. 心理疏导　陪伴在患者身边，多与患者交谈，分散其注意力，以缓解其对陌生环境和仪器设备产生的紧张、焦虑感等。告知患者若出现任何不适，应及时告知医护人员。

【术后护理】

1. 监测生命体征变化，观察术后并发症　观察患者是否有心律失常、空气栓塞、出血、感染、发热、心脏压塞、心脏穿孔等情况，发现异常应及时通知医生，并配合处理。

2. 病情观察　嘱患者卧床休息，静脉穿刺者肢体应制动 4～6 小时。对动脉穿刺者应予以压迫止血 15～20 分钟后进行加压包扎，以 1 kg 沙袋加压伤口 6 小时，予以肢体制动 12～24 小时。观察患者的足背动脉搏动情况，对比两侧肢端的皮肤颜色、温度、感觉与运动功能情况；观察穿刺部位是否有出血与血肿，发现异常应立即通知医生。

3. 用药护理　遵医嘱合理应用抗生素，以预防感染

## 四、冠状动脉介入性检查与治疗患者的护理

冠状动脉介入性检查及治疗技术包括冠状动脉造影（coronary angiography）和经皮冠状动脉介入治疗（percutaneous coronary intervention，PCI）技术。冠状动脉造影可以提供冠状动脉病变的部位、性质、程度、范围、侧支循环等情况的准确信息，有助于选择最佳治疗方案和判断预后，是临床诊断冠心病的金标准。评估冠状动脉狭窄程度一般采用心肌梗死溶栓治疗（thrombolysis in myocardial infarction，TIMI）试验所提出的分级标准：① 0 级，即无血流灌注，闭塞血管远端无血流。② Ⅰ 级：即造影剂可部分通过，冠状动脉狭窄远端不能完全充盈。③ Ⅱ 级，即冠状动脉狭窄远端可完全充盈，但显影速度慢，造影剂消除也较慢。④ Ⅲ 级，即冠状动脉远端造影剂可完全而且迅速充盈和消除，与正常冠状动脉血流相同。

经皮冠状动脉介入治疗（PCI）是用心导管技术疏通狭窄甚至闭塞的冠状动脉管腔，从而改善心肌血流灌注的方法，包括经皮冠状动脉腔内成形术（PTCA），经皮冠状动脉内支架植入术，冠状动脉内旋切术、旋磨术和激光成形术。

【适应证】

1. 冠状动脉造影

（1）对已确诊冠心病者，判断其严重程度与预后，并确定治疗方案。

（2）对疑为冠心病（如不典型胸痛者），无创性检查结果不明确，需要进行冠状动脉造影明确诊断者。

（3）难以解释的心脏增大、心力衰竭或室性心律失常，疑有冠心病而无创性检查未能确诊者。

（4）拟进行其他较大手术而疑为冠心病的患者；对拟行心脏手术，年龄＞50 岁的患者，应常规进行冠状动脉造影。

2. 经皮冠状动脉介入治疗

（1）稳定型心绞痛，经药物治疗效果不佳者。

（2）不稳定型心绞痛、非ST段抬高型心肌梗死患者。

（3）介入治疗后心绞痛复发，血管再狭窄的患者。

（4）急性ST段抬高型心肌梗死患者：①直接PCI，发病12小时以内急性ST段抬高型心肌梗死；发病时间超过12小时，心肌仍存在进行性缺血证据；合并心理性休克、急性严重心力衰竭，无论是否有时间延迟。②补救性PCI，溶栓治疗后，仍有明显胸痛，ST段无明显降低，冠状动脉造影显示TIMI 0～Ⅱ级的患者。③溶栓治疗后PCI，溶栓后应尽早将患者转运至有PCI条件的医院，在溶栓后2～24小时内常规进行冠状动脉造影，并对梗死相关血管进行血运重建治疗。

【禁忌证】

1. 无心肌缺血或心肌梗死症状和证据的患者。
2. 冠状动脉轻度狭窄（<50%）或仅有痉挛的患者。
3. 凝血功能障碍，不能耐受抗血小板治疗和抗凝治疗的患者。
4. 造影剂过敏、严重心肺功能不全、晚期肿瘤、恶病质以及严重肝、肾衰竭等患者。

【方法】

1. 冠状动脉造影　将特制的心导管经桡动脉、股动脉或肱动脉送至主动脉根部，分别插入左、右冠状动脉口，并注入造影剂，使冠状动脉及其主要分支显影。

2. 经皮冠状动脉腔内成形术（PTCA）　是在冠状动脉造影确定狭窄病变部位后，用心导管技术将带球囊的导管送入冠状动脉并到达狭窄部位，然后扩张球囊，使狭窄管腔的扩张，是冠状动脉介入治疗最基本的方法。目前，药物涂层球囊作为一种新的介入治疗技术，已广泛应用于冠心病分支病变及再狭窄病变的治疗。

3. 冠状动脉内支架植入术　是将不锈钢或合金材料制成的支架植入冠状动脉内的狭窄部位，以支撑其管壁，保持管腔内血流通畅。支架植入术是在PTCA基础上发展而来的，目的是防止和减少PTCA后急性冠状动脉闭塞和后期再狭窄，以保证血流畅通。

【术前准备】

1. 术前指导　向患者及家属介绍手术的方法和意义、手术的必要性和安全性，以解除其顾虑和紧张情绪。指导患者进行呼吸、咳嗽、床上排便训练，以便于术中配合及术后床上排便。

2. 根据需要进行药物过敏试验。

3. 指导患者进行术前必需的实验室检查。

4. 术前口服抗血小板聚集药物　①对择期行PCI者，术前1天（至少术前6小时）予以口服氯吡格雷及阿司匹林。②对于急诊行PCI者，遵医嘱予以口服负荷剂量的氯吡格雷。③对于已经服用华法林的患者，术前通常无须停用华法林，但需要检查INR。对使用新型口服抗凝药物的患者，进行急诊PCI无须中断用药。对择期行PCI者，可考虑术前停用抗凝药物，一般术前停药12～24小时。

5. 拟行桡动脉穿刺者　术前进行Allen试验，即同时按压桡、尺动脉，嘱患者连续屈伸五指，至掌面皮肤苍白时松开尺侧，如10秒内掌面皮肤颜色恢复正常，则提示尺动脉功能良好，可行桡动脉介入治疗。非术侧上肢应留置静脉套管针。

【术中配合】

1. 病情监测　严密监测患者的生命体征、心律和心率，重点监测导管定位时、造影时、球囊扩张时可能出现的再灌注心律失常及血压的变化，发现异常应及时告知医生，并配合处理。

2. 观察患者情况　告知患者术中出现心悸、胸闷等不适时，须立即告知医生。球囊扩张时，患者可出现胸闷、心绞痛等症状，应安慰患者，予以解释，并进行相应的处理。

3. 用药护理　维持静脉通道通畅，准确、及时给药。

【术后护理】
1. 休息与体位　患者取平卧位，将手术侧下肢伸直，严格制动 24 小时。PTCA 后，患者应绝对卧床 36 小时，支架植入术后应卧床 48 小时。卧床期间应加强生活护理，24 小时后指导患者逐渐增加活动量，起床、下蹲时动作应缓慢，避免突然用力。
2. 饮食护理　术后鼓励患者多饮水，以加快造影剂的排出。观察患者是否有寒战、皮疹等造影剂反应，以及肾损害和严重过敏反应；指导患者合理饮食，保持排便通畅，加强生活护理。
3. 病情监测　术后将患者送入冠心病监护病房进行观察和监护，予以 24 小时持续心电监护，严密观察患者的心率、血压、穿刺部位和足背动脉搏动等情况；观察患者是否有心律失常、心肌缺血、心肌梗死、低血压等急性期并发症。
4. 防止伤口出血　经股动脉穿刺进行冠状动脉造影后，可即刻拔出鞘管。常规压迫穿刺点 30 分钟若无出血，即可予以肢体制动，并用弹力绷带加压包扎。术侧肢体制动 24 小时后拆除弹力绷带，肢体即可自由活动。对造影后行 PCI 者，术后应常规监测活化部分凝血活酶时间（APTT），待 APTT 降到正常值的 1.5~2.0 倍，再拔出鞘管；压迫穿刺点 30 分钟若无出血，即可予以肢体制动，并用弹力绷带加压包扎，并用 1 kg 沙袋压迫穿刺点 6~8 小时，术侧肢体制动 12~24 小时后方可活动。
5. 术后常规进行抗凝治疗　注意观察患者是否有出血倾向，观察患者是否有皮肤黏膜出血点、牙龈出血、鼻出血、呕血，以及尿液、粪便的颜色。
6. 抗感染　术后常规使用抗生素，预防感染。
7. 健康指导　指导患者预防冠心病的各种危险因素，遵医嘱服用降血糖药、调血脂药、抗凝血药、血管扩张药。PTCA 后半年内，患者发生再狭窄的概率为 30%，支架植入术后患者也有再狭窄的可能。因此，应指导患者术后终身服用阿司匹林、氯吡格雷等抗凝、抗血栓药物，教会患者观察是否有出血情况。告知患者定期到门诊随访，定期检查出血、凝血时间。

## 五、心脏瓣膜病介入治疗患者的护理

### （一）经导管主动脉瓣置换术

经导管主动脉瓣置换术是一种微创瓣膜置换术，是通过介入导管技术将人工心脏瓣膜送至主动脉瓣位置，完成人工瓣膜植入，以恢复主动脉瓣膜功能。

【适应证】
1. 重度主动脉瓣狭窄，超声心动图检查示跨主动脉瓣平均压力差 ≥ 40 mmHg，或主动脉瓣瓣口面积 < 1.0 cm² 者。
2. 出现主动脉瓣狭窄引起的症状，如气促、胸痛、晕厥等，NYHA 心功能分级为 Ⅱ 级以上者。
3. 根据瓣膜钙化程度、主动脉瓣环内径及高度、冠状动脉开口高度等评估适合行经导管主动脉瓣置换术者。
4. 积极治疗主动脉瓣狭窄后，预期寿命 ≥ 12 个月者。
5. 外科手术评估为极高危或中危、高危且年龄 ≥ 70 岁者。

同时符合以上所有条件者，为绝对适应证。另外，外科手术后人工生物瓣退化者也属于绝对适应证。

【禁忌证】
1. 左心室流出道梗阻。
2. 左心室内血栓。

3. 主动脉根部解剖形态不适合行经导管主动脉瓣置换术者,如冠状动脉堵塞风险较高者。

4. 积极治疗主动脉瓣狭窄后,预期寿命<12个月者。

【方法】

经皮股动脉入路,将超硬导丝送入左心室内,沿导丝送入球囊扩张及瓣膜输送系统,沿瓣膜输送系统将瓣膜送至主动脉瓣相应位置并释放。手术过程中需在对侧股动脉入路进行测压及造影引导下释放主动脉瓣。

### (二)经皮腔内球囊二尖瓣成形术

经皮腔内球囊二尖瓣成形术是缓解单纯二尖瓣狭窄的首选方法,具有创伤小、相对安全、疗效佳、恢复快、可重复应用等特点。对于拒绝和不能耐受外科手术的患者,也是一种有效的治疗方法。

【适应证】

1. 中、重度二尖瓣狭窄,瓣叶较柔软,无明显钙化,且无左心房血栓或无中重度二尖瓣关闭不全,心功能分级为Ⅱ~Ⅲ级者。

2. 外科分离术后发生再狭窄者。

【禁忌证】

1. 二尖瓣狭窄伴中、重度二尖瓣反流及主动脉瓣病变者。

2. 左心房血栓或半年内有体循环栓塞史者。

3. 存在严重瓣下结构病变,二尖瓣有明显钙化为相对禁忌证。

4. 合并严重冠状动脉疾病,需进行冠状动脉旁路移植术治疗者。

【方法】

经皮穿刺后,将球囊导管经股静脉送入右心房,通过房间隔穿刺送入左心房并到达二尖瓣口,将稀释造影剂向球囊内快速加压充盈,膨胀的球囊可将粘连、狭窄的二尖瓣交界部分离。

【术前准备】

1. 术前根据医嘱完善常规检查以及血型、备血和相关检查,向患者介绍手术的目的、方法及注意事项,以减轻患者的紧张情绪,取得其配合。

2. 手术当天做好皮肤准备,对进行全身麻醉的患者严格予以禁食、禁饮6~8小时。

3. 建立静脉通道。

4. 对进行全身麻醉的患者按麻醉科医嘱予以术前用药,严密观察患者是否出现不良反应。导管室护士应于术前完善相关器械准备。

【术中配合】

1. 协助消毒、铺巾、导尿,贴好电极和除颤贴片,连接血流动力学及心电监护设备。

2. 严密监护患者生命体征等变化,密切观察患者是否有房室传导阻滞、ST段抬高、心脏压塞、心脏穿孔等并发症,并协助医生进行处理。

【术后护理】

1. 用药护理 了解患者的手术情况,遵医嘱予以术后用药。

2. 病情观察与护理 做好全身麻醉术后护理;密切监测患者的生命体征、心电图、血氧饱和度,观察患者的意识状态等。遵医嘱予以禁食、禁饮,待患者清醒后2~4小时开始予以流质饮食,对无呛咳者可予以半流质饮食。观察患者的伤口情况,肢体皮肤温度、颜色以及动脉搏动情况。遵医嘱予以双下肢制动,指导患者进行肢端活动,鼓励患者早期下床活动,以预防血栓形成。

3. 导管护理 做好气管插管、临时起搏器、深静脉导管、导尿管、有创动脉血压导管等相关导管的护理。

4. 并发症的观察与护理　观察患者是否有心律失常、脑梗死、穿刺部位出血、瓣周漏、心脏压塞、心肌梗死等并发症。发现异常应及时报告医生,并配合处理。

## 六、射频消融术患者的护理

射频消融术是治疗心律失常的一种导管治疗技术。射频电流是一种频率为 300～750 kHz 的交流电流。射频消融仪通过导管头端的电极释放射频电能,在导管头端与局部心肌内膜之间将电能转化为热能,达到一定温度(46～90 ℃)后,使局部心内膜及心内膜下心肌凝固性坏死,从而达到阻断快速型心律失常异常传导束和起源点的目的。

【适应证】

1. 预激综合征合并阵发性心房颤动和快速心室率的患者。
2. 房室折返性心动过速及房室结折返性心动过速、房性心动过速、无器质性心脏病证据的室性期前收缩和室性心动过速呈反复发作等患者。
3. 心肌梗死后室性心动过速频繁发作,药物治疗效果不佳者。
4. 心房扑动频繁发作、心室率不易控制者。
5. 心房颤动频繁发作、症状明显者。
6. 不适当定速合并心动过速性心肌病者。

【禁忌证】

同心导管检查术。

【方法】

进行射频消融术前,应先进行电生理检查,以明确诊断并确定消融靶点。选用射频消融导管,设定射频电流。消融左侧房室旁路时,导管经股动脉逆行或股静脉经房间隔置入；消融右侧房室旁路或改良房室结时,导管经股静脉置入。确定电极到位后,以 5～55 W 的射频能量放电 10～60 秒。然后重复进行电生理检查,确认异常传导途径或异位兴奋灶消失。

【术前准备】

术前准备和护理与心导管检查患者的护理基本相同,同时应注意以下几点。

1. 术前应停用抗心律失常药物 5 个半衰期以上。
2. 常规进行 12 导联心电图检查,必要时进行动态心电图等检查。
3. 对心房颤动患者,术前服用华法林应维持 INR 在 2.0～3.0,或者服用新型口服抗凝药物至少 3 周,或经超声检查确认心房内无血栓,才可进行手术。对华法林抗凝达标者,术前无须停药。

【术中配合】

1. 严密监测患者的生命体征等变化,密切观察患者是否有心脏压塞、心脏穿孔、房室传导阻滞或其他严重心律失常等并发症,并积极协助医生进行处理。
2. 做好患者的解释工作,如药物及发放射频电能引起的不适症状,以缓解患者的紧张与不适,指导患者配合手术。

【术后护理】

术后护理与心导管检查患者的护理基本相同,同时应注意以下几点。

1. 术后常规进行 12 导联心电图检查。
2. 观察术后并发症,如窦性停搏、房室传导阻滞、血栓与栓塞、气胸、心脏压塞等。
3. 心房颤动患者由于接受抗凝治疗,需适当延长卧床时间,以防止出血。术后应根据患者的出血情况,在术后 12～24 小时重新开始进行抗凝治疗。术后应根据患者的卒中风险情况至少继续予以抗凝治疗 2 个月,必要时遵医嘱使用胺碘酮、美托洛尔等药物。

### 七、心包穿刺术患者的护理

心包穿刺术是借助穿刺针直接刺入心包腔进行诊疗操作的技术。心包穿刺必须在无菌条件下进行，局部应用普鲁卡因麻醉，穿刺部位不可过深，以免刺破心房、心室或刺破冠状动脉而造成心包腔大量积血。

【适应证】
1. 确定心包积液的性质。
2. 解除心脏压塞。
3. 治疗心包积脓。
4. 心包开窗的术前判断。

【禁忌证】
1. 出血性疾病、严重血小板减少症及正在接受抗凝治疗者为相对禁忌证。
2. 拟穿刺部位有感染者或合并菌血症或败血症者。
3. 不能顺利配合手术操作的患者。

【术前准备】
1. 准备好心包穿刺包、急救药物及器械。
2. 向患者做好解释工作，说明手术的意义和必要性，以解除其顾虑，必要时应用少量镇静药。
3. 询问患者是否有咳嗽，必要时予以可待因镇咳；提供屏风或隐蔽的空间，注意保护患者的隐私。
4. 操作前开放静脉通道，准备抢救药品（如阿托品），以备急用。
5. 进行血压、心电监测；术前需进行超声检查，以确定积液量和穿刺部位，并对最佳穿刺点做好标记。

【术中配合】
1. 嘱患者勿剧烈咳嗽或深呼吸，穿刺过程中有任何不适，均应立即告知医护人员。
2. 严格执行无菌操作，抽液过程中随时夹闭胶管，防止空气进入心包腔。
3. 抽液应缓慢，每次抽液量不超过 300 ml，以防止发生急性右心室扩张。一般第 1 次抽液量不宜超过 100 ml。若抽出新鲜血液，则应立即停止抽吸，密切观察患者是否有心脏压塞症状。记录抽液量及其性质，并按要求及时送检。
4. 密切观察患者的反应和主诉，如面色、呼吸、血压、脉搏、心电图等变化。发现异常应及时报告医生，并协助处理。

【术后护理】
1. 拔除穿刺针后，穿刺部位覆盖无菌纱布，并用胶布固定。
2. 穿刺后 2 小时内继续进行血压、心电监测，嘱患者休息。密切观察患者生命体征的变化。
3. 对心包引流者需做好引流管的护理，待心包引流液<25 ml/d 时，即可拔除导管。心包引流管的护理：①严格进行床边交接班，仔细检查引流管是否妥善固定。②开放引流时，应保持引流管通畅，防止引流管折叠或扭曲。③观察并记录引流液的颜色、性状和量。④置管期间，严格执行无菌操作，防止发生感染。

（汪芝碧　沈　娇　李　莹）

# 自 测 题

## 一、选择题

**A1/A2 型题**

1. 导致高血压脑病患者出现中枢神经系统功能障碍的主要原因是
   A. 脑水肿　　　　　　　B. 脑出血　　　　　　　C. 脑血栓
   D. 脑动脉硬化　　　　　E. 脑萎缩

2. 急性病毒性心肌炎患者的护理措施中最重要的是
   A. 予以易消化、富含维生素的饮食
   B. 卧床休息
   C. 稳定患者的情绪
   D. 遵医嘱应用抗生素
   E. 嘱患者大量饮水

3. 诊断感染性心内膜炎最重要的依据是
   A. 血常规检查　　　　　B. 免疫学检查　　　　　C. 超声心动图检查
   D. 血培养结果　　　　　E. 红细胞沉降率

4. 与心源性水肿的特征不相符的是
   A. 多见于右心衰竭患者
   B. 早期局限于身体低垂部位
   C. 常在活动后加重
   D. 严重患者可出现胸腔积液、腹水
   E. 浆膜腔积液为渗出液

5. 关于房性期前收缩与室性期前收缩的鉴别，最有价值的依据是
   A. 期前收缩的 QRS 波群是否有相关 P 波
   B. PR 间期是否＞0.12 秒
   C. QRS 波是否宽大、畸形
   D. 是否有 ST-T 改变
   E. 代偿间期是否完全

6. 下列不属于左心衰竭表现的是
   A. 呼吸困难　　　　　　B. 恶心、呕吐　　　　　C. 疲乏无力
   D. 咳嗽、咳痰　　　　　E. 咯血

7. 高血压脑病与高血压危象不同的临床特点是
   A. 血压急骤升高　　　　B. 剧烈头痛、头晕　　　C. 伴有恶心、呕吐
   D. 常出现意识障碍　　　E. 视神经乳头水肿

8. 下列急性心肌梗死患者的护理措施中错误的是
   A. 少食多餐，不宜过饱
   B. 密切观察病情
   C. 输液速度为 20～30 滴／分
   D. 若患者出现便秘，则应立即予以大量灌肠
   E. 早期绝对卧床休息

9. 原发性高血压患者降压治疗的原则，不包括
   A. 从小剂量开始用药
   B. 长期服用
   C. 血压降至正常时方可停药
   D. 首选一线抗高血压药
   E. 个性化用药
10. 慢性左心衰竭患者出现呼吸困难的主要原因是
    A. 支气管痉挛
    B. 痰液过多堵塞气道
    C. 左肺受到扩大的心脏压迫
    D. 肺循环淤血
    E. 神经反应
11. 长期卧床的心力衰竭患者，其水肿最容易出现的部位是
    A. 胫前          B. 踝部          C. 腹部
    D. 腰、骶部      E. 眼睑
12. 下列表现属于心功能Ⅱ级的是
    A. 体力活动轻度受限，进行较重的活动后出现呼吸困难等症状
    B. 端坐呼吸
    C. 体力活动明显受限，进行较轻的活动后出现呼吸困难等症状
    D. 休息时即出现呼吸困难
    E. 体力活动不受限
13. 洋地黄中毒最常见的临床表现是
    A. 恶心、呕吐     B. 室性期前收缩二联律     C. QT间期缩短
    D. 奔马律         E. 黄视、绿视
14. 可以减轻心力衰竭患者心脏负荷的护理措施不包括
    A. 取半卧位休息
    B. 使用洋地黄类药物
    C. 予以低热量饮食，控制钠盐的摄入
    D. 保持排便通畅
    E. 减轻患者的焦虑情绪
15. 下列关于室性期前收缩的心电图表现，错误的是
    A. 提前出现宽大、畸形的 QRS 波群
    B. T 波方向与 QRS 波群的主波方向相反
    C. QRS 波群前、后可出现逆行 P 波
    D. 代偿间歇完全
    E. 出现 R-on-T 现象
16. 下列对于鉴别心绞痛和心肌梗死最有意义的依据是
    A. 疼痛程度的轻重
    B. 疼痛时间的长短
    C. 是否有诱因
    D. 心电图是否出现病理性 Q 波
    E. 心电图是否出现 T 波倒置

17. 某风湿性心脏病二尖瓣狭窄患者，因发生急性肺水肿而急诊入院，予以乙醇湿化吸氧，静脉注射吗啡 5 mg，呋塞米 20 mg 等治疗，予以乙醇湿化吸氧的目的
   A. 有气道内杀菌的作用　　B. 可使呼吸中枢兴奋　　C. 缓解支气管痉挛
   D. 消除气道内泡沫　　　　E. 稀释痰液

18. 护士指导高血压患者应进食含钾丰富的食物，下列应除外的是
   A. 红枣　　　　　　　　　B. 豌豆　　　　　　　　C. 香菇
   D. 西瓜　　　　　　　　　E. 面条

19. 患者，男性，71 岁，既往有高血压病史 25 年，平时血压最高可达 180/110 mmHg，本次因情绪波动而诱发头痛、恶心、视物模糊、少尿，患者不能平卧，该患者最可能的高血压临床类型是
   A. 恶性高血压　　　　　　B. 高血压危象　　　　　C. 高血压脑病
   D. 老年高血压　　　　　　E. 急性心力衰竭

20. 患者，女性，32 岁，因感冒后 1 周自觉心悸、胸闷而就诊。心电图检查示Ⅱ度Ⅰ型房室传导阻滞，其典型的心电图特点是
   A. PR 间期进行性缩短，伴 QRS 波群脱漏
   B. PR 间期进行性延长
   C. PR 间期进行性缩短
   D. PR 间期进行性延长，伴 QRS 波群脱漏
   E. PR 间期固定，伴 3∶2 QRS 波群脱漏

21. 患者，女性，40 岁，既往因风湿性心脏病引起心悸、气促数年，近来心悸、气促加重，伴双下肢水肿，该患者为风湿性心脏病合并
   A. 风湿活动　　　　　　　B. 肺部感染　　　　　　C. 上呼吸道感染
   D. 周围循环衰竭　　　　　E. 充血性心力衰竭

22. 患者，男性，58 岁，高血压住院期间，夜间突然惊醒，被迫坐起，烦躁不安，咳嗽、气促，咳粉红色泡沫样痰，以下护理措施不妥的是
   A. 嘱患者立即取端坐位
   B. 予以 30% 乙醇湿化面罩吸氧
   C. 静脉注射吗啡 5 mg
   D. 予以硝酸甘油片 0.3 mg 舌下含服
   E. 静脉注射呋塞米 20 mg

23. 患者，男性，50 岁，被诊断为急性下壁心肌梗死，绝对卧床 3 天未排便，下列促进排便的护理措施中应选择的是
   A. 指导患者加强主动活动，促进肠蠕动
   B. 进行腹部加压按摩，促进排便
   C. 予以硫酸镁 120 g 口服导泻
   D. 向肛门内注入开塞露
   E. 予以温生理盐水行高位灌肠

24. 患者，男性，50 岁，突感胸骨后压榨性疼痛，伴出汗、恶心，含服硝酸甘油休息后仍不缓解，该患者最有可能的临床诊断是
   A. 高血压心脏病　　　　　B. 心绞痛　　　　　　　C. 心肌炎
   D. 急性心肌梗死　　　　　E. 充血性心力衰竭

25. 张女士，患风湿性心脏瓣膜病 5 年，1 周前发生上呼吸道感染后出现气促、心悸、乏

力，诊断为心力衰竭，对于该患者的饮食指导不妥的是

  A. 适当限制钠盐摄入

  B. 高热量饮食

  C. 少食多餐

  D. 补充富含钾、镁的食物

  E. 摄入含适量纤维素的食物

26. 患者，男性，70岁，3年前曾发生心肌梗死，近1周出现心力衰竭，治疗期间出现恶心、视物模糊，伴黄视、绿视，出现以上症状的原因是

  A. 利尿药引起的电解质紊乱

  B. 血管扩张药引起的低血压

  C. 洋地黄类药物中毒

  D. 血管紧张素转换酶抑制药的不良反应

  E. β受体阻滞剂的不良反应

27. 患者，男性，28岁，自诉突然感到心悸，听诊心率200次/分，心律齐，心音强弱均等，血压正常，该患者最可能发生的心律失常是

  A. 窦性心动过速　　B. 室上性心动过速　　C. 室性心动过速

  D. 心房颤动　　　　E. 心室颤动

28. 患者，女性，46岁，因晕厥1次入院；心电图检查示：Ⅱ度Ⅱ型房室传导阻滞；入院第3天，患者突然晕倒，拍喊可应答。此时先应采取的护理措施是

  A. 予以高流量氧气吸入

  B. 扶持患者进入病房

  C. 尽快将患者转入监护室

  D. 开放气道后进行口对口人工呼吸及心脏按压

  E. 心脏听诊确定是否有心脏停搏

29. 患者，女性，42岁，主诉呼吸困难、胸痛伴晕厥1次。门诊以"风湿性心脏病"将患者收治入院。心脏听诊：心率86次/分，心律齐，心音正常，胸骨右缘第二肋间可闻及粗糙而响亮的吹风样收缩期杂音。该患者发生的是

  A. 主动脉瓣狭窄　　B. 主动脉瓣关闭不全　　C. 二尖瓣狭窄

  D. 二尖瓣关闭不全　　E. 肺动脉瓣狭窄

30. 患者，女性，34岁，既往有风湿性心脏病病史，今晨起床后发现左侧肢体活动不便，不能行走，口角歪斜，言语不清。该患者可能发生的是

  A. 脑出血　　　　　B. 脑栓塞　　　　　C. 心律失常

  D. 蛛网膜下腔出血　E. 充血性心力衰竭

31. 患者，男性，40岁，1个月前被诊断为"急性心包炎"，近2周出现呼吸困难加重、心率加快。查体发现患者有颈静脉怒张、奇脉、心浊音界向两侧增大，均位于绝对浊音区，左肩胛骨下叩诊呈浊音，听诊可闻及支气管呼吸音。医生考虑患者出现了大量心包积液。诊断心包积液迅速、可靠的方法是

  A. 心电图检查　　B. 心包镜检查　　C. 心包穿刺术

  D. X线检查　　　E. 超声心动图检查

**A3/A4型题**

（32~33题共用题干）

患者，女性，50岁，患风湿性心脏病二尖瓣狭窄10年余，近日发生上呼吸道感染后出现

心力衰竭表现，乏力，轻微活动即出现心悸、憋气，伴食欲减退，肝区胀痛，双下肢轻度水肿，双肺底听诊可闻及湿啰音，心率110次/分。

32. 该患者的心功能分级为
    A. Ⅰ级　　　　　　　　B. Ⅱ级　　　　　　　　C. Ⅲ级
    D. Ⅳ级　　　　　　　　E. Ⅴ级
33. 护士应如何指导该患者休息
    A. 活动不受限制
    B. 进行轻体力活动
    C. 增加睡眠时间，可起床做轻微活动
    D. 卧床休息，限制活动量
    E. 严格卧床休息，采取半卧位

（34～36题共用题干）

胡女士，20岁，因心悸、气促3年，加重3天入院，诊断为风湿性心脏病二尖瓣狭窄伴主动脉瓣关闭不全，心房颤动，心力衰竭（心功能为Ⅲ级），予以地高辛等药物治疗。

34. 评估该患者时，下列不会出现的脉搏类型是
    A. 水冲脉　　　　　　　B. 交替脉　　　　　　　C. 奇脉
    D. 短绌脉　　　　　　　E. 不整脉
35. 该患者被确定为地高辛中毒是由于用药后出现
    A. 食欲减退、恶心　　　B. 黄视、绿视　　　　　C. 下肢水肿加重
    D. 心率减慢至60次/分　E. 头晕、嗜睡
36. 护士对缓解期患者进行的健康教育，下列描述不妥的是
    A. 进食低盐、易消化的饮食
    B. 积极防治链球菌感染
    C. 长期卧床休息
    D. 避免过度劳累
    E. 居室内注意防寒、干燥、通风

（37～39题共用题干）

患者，女性，29岁，患风湿性心脏病多年，一直在院外用药治疗，因"感冒"后病情加重入院。入院4小时后，患者与家属争吵，出现严重呼吸困难、咳嗽、咳粉红色泡沫样痰，双肺满布干、湿啰音，心率120次/分，心律齐。

37. 该患者目前最可能的诊断是
    A. 并发肺炎　　　　　　B. 急性心肌梗死　　　　C. 心绞痛发作
    D. 全心衰竭　　　　　　E. 急性左心衰竭
38. 护士即刻遵医嘱执行各种抢救措施，下列医嘱不妥的是
    A. 静脉注射呋塞米
    B. 静脉滴注氨茶碱
    C. 予以乙醇湿化吸氧（氧流量为6～8 L/min）
    D. 予以口服地高辛
    E. 皮下注射吗啡
39. 经地高辛、呋塞米治疗后，患者尿量增加，每天达2500 ml以上，症状缓解；1周以

来，患者出现食欲缺乏、恶心、呕吐，心电图检查示室性期前收缩，呈二连律及三联律。患者询问原因及治疗方法，下列关于护士的解答不妥的是

  A. 可服用助消化药，以减轻腹胀

  B. 主要是由于利尿药引起低钾血症所致，应补充钾盐

  C. 应少食多餐

  D. 属于洋地黄中毒反应

  E. 活动量过少引起消化不良，应下床增加活动量

（40~42题共用题干）

患者，男性，56岁，8小时前无明显诱因出现剧烈胸骨后压榨样疼痛，伴全身出汗、面色苍白、恶心、呕吐，持续不缓解，自行含服"硝酸甘油片"3次后疼痛仍未缓解，门诊以"冠心病急性心肌梗死"将患者收治入院。查体：T 37.4℃，P 110次/分，R 22次/分，BP 95/60 mmHg；神志清楚，无颈静脉怒张，肝颈回流征阴性；心率110次/分，听诊可闻及期前收缩，双肺未闻及干、湿啰音，双下肢无水肿。

40. 入院后急查心肌坏死标志物，下列灵敏度最高的指标是

  A. 肌钙蛋白　　　　B. 肌酸激酶同工酶　　　　C. 天冬氨酸转氨酶

  D. 肌红蛋白　　　　E. 乳酸脱氢酶

41. 心电图检查示 $V_1$~$V_5$ 导联 ST 段弓背向上抬高，提示患者发生心肌梗死的部位是

  A. 下壁　　　　　　B. 前间壁　　　　　　　　C. 广泛前壁

  D. 高侧壁　　　　　E. 后壁

42. 入院治疗后，患者室性期前收缩减少，之后突然出现心室颤动，应采取的措施是

  A. 进行同步电复律　　B. 进行非同步电复律　　C. 予以口服美西律

  D. 静脉注射利多卡因　E. 安装临时起搏器

（43~45题共用题干）

马女士，65岁，既往有高血压病史10年，伴头痛，头晕时自行服用抗高血压药治疗，症状缓解后又自行停药，血压控制不满意。患者对治疗失去信心，情绪低落。超声心动图检查显示左心室肥厚，临床诊断为原发性高血压。

43. 下列护理问题与患者不相符的是

  A. 抑郁　　　　　　B. 自理能力缺陷　　　　　C. 舒适度改变

  D. 有受伤的危险　　E. 知识缺乏

44. 护士帮助马女士制订的自我保健计划，下列描述错误的是

  A. 坚持适当运动锻炼

  B. 根据血压水平自行增减药物剂量或停药

  C. 低盐、低脂、高钙、高钾饮食

  D. 保持情绪稳定

  E. 戒烟、少量饮红酒

45. 患者容易发脾气、失眠，常说："我要死了……"。下列护理措施不妥的是

  A. 鼓励患者表达内心的感受

  B. 介绍其与治疗成功的患者进行交谈

  C. 不宜与危重患者同住一室

  D. 回避患者对病情的询问

E. 酌情予以镇静药

## 二、案例分析题

1. 患者，女性，55岁，既往有高血压病史15年。近日与家属发生争吵后突然出现气喘、呼吸困难、大汗淋漓、烦躁不安、咳嗽、咳粉红色泡沫样痰。检查：听诊双肺布满湿啰音、哮鸣音，心率130次/分，呼吸34次/分，心尖部可闻及舒张期奔马律，可触及交替脉。

**请问：**
（1）首先考虑该患者发生了什么情况？
（2）该患者目前主要的护理问题有哪些？
（3）如何配合医生进行抢救？

2. 患者，女性，67岁，既往有风湿性心脏瓣膜病病史21年，5年前来反复于劳累或受凉后出现胸闷、心悸、气促，休息后缓解；2天前受凉后胸闷、气促加重，夜间不能平卧，双下肢水肿，咳嗽、咳白色泡沫样痰。

**请问：**
（1）患者最可能的医疗诊断是什么？
（2）患者目前存在的主要护理问题有哪些？
（3）患者目前心功能为几级？应如何对患者进行休息与活动指导？

3. 患者，男性，65岁，既往有高血压病史20年，劳累后出现胸骨后压榨样疼痛2年，休息或含服硝酸甘油5分钟内缓解，今晨突然出现胸骨后剧烈疼痛，休息、含服硝酸甘油未缓解，疼痛持续3小时，被家人急送入医院。查体：面色苍白，多汗，血压160/90 mmHg，心率100次/分，心律失常，偶尔有期前收缩，心电图检查示$V_1 \sim V_5$导联ST段明显抬高，呈弓背向上抬高，可见病理性Q波。

**请问：**
（1）首先考虑该患者的医疗诊断是什么？
（2）患者目前存在哪些护理问题？
（3）应如何对患者进行饮食与活动指导？

4. 患者，男性，60岁，吸烟30年，以"头晕、头痛3年"为主诉入院，2年前出现头晕、头痛，在社区医院就诊，当时血压170/110 mmHg，应用抗高血压药物治疗后明显好转，此后患者间断服药，血压140～160/95～100 mmHg。体格检查：T 36.5 ℃，P 90次/分，R 18次/分，BP 165/95 mmHg；心率90次/分，主动脉瓣区第二心音亢进、心尖搏动位于左侧第6肋间锁骨中线外2 cm。

**请问：**
（1）首先考虑该患者的诊断是什么？
（2）该患者属于几级高血压？其心血管风险分层属于何种程度？
（3）应如何指导该患者合理饮食？

5. 李某，女性，46岁，因"心悸、气促5年，加重伴双下肢水肿3天"就诊。1周前患者发生上呼吸道感染后，再次出现心悸、气促、水肿而入院。既往史：间断咯血5年。查体：T 37.3 ℃，P 130次/分，R 22次/分，BP 110/60 mmHg；呼吸略急促，口唇发绀，可见颈静脉怒张，双肺底可闻及湿啰音；心率 130 次 / 分，心律规整，心尖部可闻及舒张中晚期隆隆样杂音，第一心音亢进，并可闻及清脆、响亮的开瓣音。

**请问：**
（1）患者最可能的医疗诊断是什么？
（2）请提出患者目前主要的护理问题。
（3）入院后对患者应用利尿药治疗时，应观察哪些情况？

6. 周女士，61 岁，既往有高血压病史 10 年，1 小时前与他人发生争执时突然出现头痛、头晕、恶心、呕吐、视物模糊，由家人急送入医院就诊。体格检查：P 102 次 / 分，R 22 次 / 分，BP 210/108 mmHg；急性病容、双肺呼吸音清晰、叩诊心界轻度扩大，心率 102 次 / 分，心律齐；肝、脾肋下未触及，双下肢无水肿，生理反射存在，病理反射未引出。

**请问：**
（1）该患者最可能发生了什么问题？
（2）患者目前主要的护理问题有哪些？

### 思政园地

#### "当代心脏病学之父"——中国工程院院士陈灏珠

陈灏珠，中国著名的心血管病学家和医学教育家，也是中国首位当选为中国工程院院士的心血管病内科专家。陈灏珠是中国第一个提出"心肌梗死"医学名词的医生，他率先开展了首例埋藏式永久性心脏起搏器安置手术，在世界范围内首次使用超大剂量异丙肾上腺素治疗奎尼丁所致晕厥并取得成功，率先应用选择性冠状动脉造影和血管腔内超声检查诊断冠心病，对我国心血管病介入性诊断和治疗技术的发展起到了推动作用。

陈灏珠仁心仁术，在医学界德高望重。他曾说："医生最重要的医德高尚，对待患者要如亲人。" 95 岁高龄的陈灏珠仍坚守在临床一线，坚持查房、教学、指导临床工作。他曾说过："要保持勤奋刻苦，不断获取新的知识，紧跟医学发展的步伐；要在学的基础上进一步思考和创新，举一反三，推动中国医学独立自主发展；要在无数次的练习和做好预案之后勇敢地去实践、去尝试。"

# 第四章　消化系统疾病患者的护理

📖 学习目标

1. 说出消化系统常见疾病患者的身体状况、护理措施。
2. 描述消化系统常见疾病患者的辅助检查、治疗要点。
3. 解释消化系统常见疾病的病因与发病机制。
4. 能够对消化系统常见疾病患者进行护理评估、提出护理问题并采取相应的护理措施。
5. 运用所学知识感悟勇于创新、献身科学的伟大精神。

　　消化系统是人体获得能量赖以生存的重要系统，其主要功能是消化食物、吸收营养、排出食物残渣。消化系统由消化管和消化腺组成。消化管包括口腔、咽、食管、胃、小肠（十二指肠、空肠和回肠）和大肠（盲肠、阑尾、结肠、直肠和肛管）。消化腺包括唾液腺、肝、胰腺和消化管的黏膜腺。临床上常把从口腔到十二指肠的部分称为上消化道，把空肠以下的部分称为下消化道。

【消化系统的结构和功能】

1. 口腔　为消化道的起始部分，有咀嚼、初步消化、吞咽等功能。口腔由口唇、颊、腭、牙和舌组成。唾液腺有3对，包括腮腺、下颌下腺和舌下腺，其中最大的是腮腺。口腔受到食物的刺激后，可引起唾液腺分泌唾液。唾液可湿润口腔，溶解食物，以便于吞咽。唾液中含有淀粉酶和溶菌酶。淀粉酶能把食物中的淀粉分解为麦芽糖，溶菌酶能杀灭细菌，清洁和保护口腔。食物在口腔内经咀嚼后与唾液混合形成食团，由舌翻卷并向舌根推送，引起吞咽动作。

2. 咽　是呼吸道和消化道的共同通道。咽自上而下可分为鼻咽、口咽、喉咽三部分。鼻咽两侧壁有咽鼓管咽口，鼻咽腔经此口借咽鼓管与中耳鼓室相通。咽部感染时，细菌可经咽鼓管波及中耳，引起中耳炎。口咽部的梨状隐窝是异物常易嵌顿、停留处。咽的主要功能是完成吞咽这一复杂的反射动作。同时，咽也是一个重要的发音共振器，对发音起辅助作用。

3. 食管　是连接咽和胃的通道，全长25～30 cm。食管壁由黏膜层、黏膜下层和肌层组成，无浆膜层，因此，食管病变易扩散至纵隔。食管的起始部、与左主支气管交叉处和穿过膈肌处有三个生理性狭窄，是异物滞留、嵌顿和肿瘤的好发部位。发生门静脉高压症时，食管下段静脉曲张，破裂时可引起大量出血。食管的主要功能是将食物运送至胃内，同时有防止呼吸时空气进入食管，以及阻止胃内容物逆流入食管的作用。

4. 胃　位于腹部左上方，分为贲门部、胃底、胃体和幽门部四部分。胃是消化管中最膨大的部分，其总容量为1000～3000 ml。胃壁分为四层，即黏膜层、黏膜下层、肌层和浆膜层。黏膜层内含有丰富的腺体，包括贲门腺、胃腺和幽门腺三种。可以分泌胃液的细胞包括以下几种。

（1）壁细胞：可分泌盐酸和内因子。盐酸能激活胃蛋白酶原，使其转变为具有活性的胃蛋白酶，并提供该酶活动所需要的酸性环境。另外，盐酸还可杀灭随食物进入胃内的细菌。内因子可与食物中的维生素 $B_{12}$ 结合，使其被回肠黏膜吸收。

（2）主细胞：可分泌胃蛋白酶原，后者在盐酸、胃蛋白酶等作用下转变为具有活性的胃蛋白酶，参与蛋白质的消化。

（3）黏液细胞：可分泌碱性黏液，中和胃酸，保护胃黏膜，防止胃酸和胃蛋白酶侵蚀胃黏膜。

（4）其他：胃窦部幽门腺还含有一种分泌细胞，称为G细胞。G细胞可分泌促胃液素（胃泌素），作用于壁细胞可引起胃酸分泌；胃体和胃窦部的D细胞可释放生长抑素，抑制胃酸分泌。

胃液呈酸性，其主要成分有盐酸、钠、钾、氯化物、消化酶和黏蛋白等。胃液有多种功能，其主要作用是消化食物、杀灭食物中的细菌、保护胃黏膜以及润滑食物，使食物在胃内易于通过等。胃的主要功能是容纳和消化食物，通过胃蠕动将食物与胃液充分混合，形成食糜，同时促使胃内容物排入十二指肠。胃完全排空混合性食物一般需4～6小时。

5. 小肠　长约6 m，是消化管中最长的一段，可分为十二指肠、空肠和回肠三部分。十二指肠为小肠的起始段，分为球部、降部、水平部和升部四段。球部是消化性溃疡的好发部位；降部后内侧壁黏膜上有一乳头状突起，称为十二指肠大乳头，胆总管和胰管分别汇合于此，胆汁和胰液由此进入十二指肠；升部与空肠相连，其连接处被屈氏韧带固定，可作为上、下消化管的分界线。小肠液呈弱碱性，成人每日分泌1～3 L。小肠是消化、吸收的主要场所，一般混合性食物在小肠内停留3～8小时。

6. 大肠　全长约1.5 m，是消化道的下段，分为盲肠、阑尾、结肠（包括升结肠、横结肠、降结肠和乙状结肠）和直肠四部分。大肠液由大肠黏膜表面的柱状细胞及杯状细胞分泌，呈碱性。大肠的主要功能是吸收水分和电解质。大肠内有许多细菌，细菌中含有能分解食物残渣和植物纤维的酶。此外，大肠内的细菌还可利用肠内的简单物质合成复合维生素B和维生素K，它们被吸收后对人体有营养作用。最后，大肠使食物残渣浓缩成粪便并排出体外。食物在大肠内可停留16～19小时。

7. 肝　是人体内最大的消化腺。人体内许多物质代谢都在肝内进行。肝有门静脉和肝固有动脉双重血液供应。门静脉是肝的功能性血管，收集来自腹腔脏器的血液，内含营养物质和有害物质，在肝内进行物质代谢或被解毒；肝固有动脉是肝的营养血管，其血液是肝细胞营养的来源。肝的主要功能有以下三方面。

（1）物质代谢：肝几乎参与所有营养物质的代谢活动，血浆中的全部清蛋白、凝血酶原和纤维蛋白原、凝血因子、部分球蛋白均在肝内合成。肝还可分解蛋白质，并将氨基酸氧化脱氨后，把对机体有毒性的氨（$NH_3$）转换成无毒的尿素，再经肾及肠道排出体外。肝是体内铁代谢的重要器官，也是体内最大的储铁器官，一旦肝细胞受损，即容易引起贫血；肝在维生素代谢中起重要作用，如维生素A、维生素D、维生素K、维生素$B_2$、维生素$B_6$、维生素$B_{12}$等主要在肝内储存。当机体缺乏维生素A时，可出现夜盲症；缺乏维生素K时，可有出血倾向。

（2）解毒作用：肝是人体内重要的解毒器官，外源性物质或体内代谢产生的代谢毒物（如毒素、细菌、血氨）及化学药物均需经过肝的分解作用，再随胆汁或尿液排出体外。此外，很多激素（如雌激素、醛固酮和抗利尿激素）也在肝内灭活。

（3）分泌胆汁：胆汁中的胆盐有助于脂溶性维生素的吸收，对促进脂肪在小肠内的消化和吸收起重要作用。

8. 胆囊与胆管　胆囊位于肝脏面，呈长梨形，分为底、体、颈、管四部分。胆管起始于肝细胞之间的毛细胆管，毛细胆管逐渐汇合成小叶间胆管，肝段、肝叶胆管和肝总管。肝总管与胆囊管汇合成胆总管，胆总管与胰总管汇合开口于十二指肠大乳头。胆囊的作用是储存和浓缩胆汁。胆管的作用是运输和排泄胆汁。

9. **胰腺** 是腹膜外器官，分为头、体、尾三部分。胰腺由外分泌腺和内分泌腺两部分组成。外分泌腺由腺泡和导管组成，其分泌的主要成分是胰液。胰液含有胰淀粉酶、胰脂肪酶、胰蛋白酶和糜蛋白酶，可以对三大营养物质淀粉、脂肪和蛋白质进行消化、分解。胰的内分泌腺为胰岛，主要有α细胞和β细胞。α细胞可分泌胰高血糖素，促进脂肪及蛋白质的代谢分解，促进肝糖原分解和糖异生，使血糖升高。β细胞分泌胰岛素，胰岛素的作用是促进多数细胞对葡萄糖的摄取、分解和利用，促进葡萄糖氧化和糖原合成，使血糖降低。

10. 胃肠的神经内分泌调节

（1）胃肠的神经调节：胃肠道的运动和消化腺的分泌功能都受到自主神经系统——肠神经系统（enteric nervous system，ENS）的支配，而下丘脑是自主神经系统的皮质下中枢，是中枢神经系统和低位神经系统之间的重要中间环节，故中枢神经系统可直接或间接调节胃肠功能，使精神因素与消化功能之间密切联系。由于精神状态的变化可影响胃肠道黏膜的血液灌注和消化腺的分泌，也可引起胃肠道运动功能的变化，因此，消化系统的身心疾病很常见，且患者常有抑郁、焦虑等表现。

（2）胃肠激素：从食管到直肠以及胰腺分布着大量内分泌细胞。胃肠道内的分泌细胞和肠神经系统的神经细胞分泌的各种具有生物活性的化学物质统称为胃肠激素。这些激素的主要作用是调节消化器官的运动和分泌功能，如胃体和胃窦部的D细胞可释放生长抑素，胃窦部的G细胞可分泌血清促胃液素，对调节胃酸、胃蛋白酶原的分泌和胃的运动具有重要作用。

11. **胃肠道的免疫结构与功能** 胃肠道的免疫细胞包括肠道集合淋巴结、上皮内淋巴细胞、黏膜固有层淋巴细胞，构成胃肠道相关淋巴样组织。胃肠道黏膜表面的生理结构和黏膜内的免疫细胞构成黏膜屏障，是肠道免疫系统的第一道防线，在黏膜表面接触病原微生物和有害物质时，起着抵御病原体侵入肠壁和维持人体正常防御功能的作用。肠系膜淋巴结和肝是肠道免疫系统的第二道防线，可对抗经肠壁进入淋巴管和血管的抗原。肠道免疫功能紊乱可导致肠道炎症，如炎症性肠病等。

消化系统疾病主要包括食管、胃、肠道、肝、胆、胰腺等脏器的器质性或功能性疾病，疾病可局限于消化系统本身，也可累及其他系统。其他系统或全身疾病也可引起消化系统疾病。随着社会的进步，人们的生活方式和饮食习惯逐渐发生了转变，疾病谱也随之发生改变，消化性溃疡等疾病已有可能被彻底治愈，但消化系统恶性肿瘤的发病率逐渐增高。

## 第一节　消化系统疾病患者常见症状与体征的护理

消化系统疾病患者常见的症状包括恶心与呕吐、腹痛、腹泻、腹胀、呕血与黑便、黄疸等。本节主要介绍恶心与呕吐、腹痛、腹泻、呕血与黑便。

### 一、恶心与呕吐

恶心与呕吐常见于胃肠道、肝、胆以及胰腺疾病患者。恶心（nausea）是一种紧迫欲吐的感觉，伴有上腹部特殊不适感。呕吐（vomiting）是指通过胃的强烈收缩，迫使胃内容物或部分肠内容物经食管、口腔而排出体外的反射性动作。恶心与呕吐是消化系统疾病患者的常见症状。恶心与呕吐可单独发生，但多表现为先有恶心，继而呕吐，也可表现为只有恶心而无呕吐，或只有呕吐而无恶心。通过呕吐，可排出进入胃内的有毒物质，对机体有益。但频繁呕吐又可引起水、电解质紊乱及营养障碍，对机体不利。

【护理评估】
(一)病因与发病机制

1. 常见病因　①胃肠道疾病:胃炎、肠炎、胃癌、消化性溃疡、幽门梗阻、肠梗阻等。②肝、胆、胰腺疾病:急性肝炎、急性胆囊炎、胆石症、急性胰腺炎等。③腹膜等疾病:急性腹膜炎。④胃肠道功能紊乱:可由于情绪紧张、焦虑、生活与工作上出现困难、烦恼、意外等导致。

2. 发病机制　多种因素均可引起恶心,如内脏器官疼痛、颅内高压、某些精神因素等。恶心发生时,胃蠕动减弱或消失、排空延缓,十二指肠及近端空肠紧张性增加,出现逆蠕动,导致十二指肠内容物反流至胃内。恶心常是呕吐的前奏。呕吐是一种复杂的病理生理反射过程,由自主神经将呕吐的信息传入,触发延髓或化学感受器,通过迷走神经、交感神经、体神经和脑神经将呕吐信息传出,使胃窦部持续收缩,贲门开放,腹肌收缩,腹压增加,迫使胃内容物急速而猛烈地向上逆流,经食管、口腔排出。

(二)分类

呕吐分为反射性呕吐、中枢性呕吐、前庭功能障碍性呕吐及心因性呕吐等。

(三)身体状况

1. 一般情况　患者可出现上腹部不适和饱胀感,同时伴有迷走神经兴奋的表现,如面色苍白、流涎、出汗,甚至出现心动过缓、血压降低等情况。

2. 呕吐发生的时间　晨起呕吐多由早期妊娠反应所致;夜晚或凌晨呕吐可见于尿毒症、幽门梗阻患者;乘车、乘船时呕吐见于晕动病患者;头部位置变化时呕吐见于前庭功能障碍患者。

3. 呕吐与进食的关系　胃源性为进食后不久即呕吐,常见于急性胃炎患者、有进食不洁食物史者;进餐后6小时以上发生呕吐见于幽门梗阻患者;颅内压增高引起的呕吐与进食无关,患者呕吐前无恶心、呕吐后不觉轻松。

4. 呕吐物的量及性状　呕吐物为大量隔夜宿食提示可能为幽门梗阻,带有粪臭味提示可能为低位小肠梗阻,无酸者应考虑为贲门部梗阻,带有蒜臭味提示可能为有机磷农药中毒。

5. 伴随症状　包括腹痛、腹泻;发热、右上腹痛、寒战、黄疸;眩晕、眼球震颤;剧烈头痛、喷射性呕吐等。

(四)心理、社会状况

长期反复恶心及呕吐,容易使患者产生烦躁、焦虑甚至恐惧等不良情绪,而不良心理反应又可使症状加重。因此,应注意评估患者的精神状态,焦虑、抑郁的程度,患者及家属对病情的认知程度,呕吐是否与精神因素有关。了解家属对患者的经济和心理支持程度等。

(五)辅助检查

24小时食管pH监测、X线钡餐造影、胃镜、B超、上腹部CT等检查有助于明确恶心、呕吐的病因。必要时可进行呕吐物毒物分析或细菌学检查。对呕吐频繁或呕吐物量较多者,应注意检查是否有水、电解质紊乱及酸碱平衡失调。

【主要护理诊断/问题】

1. 有体液不足的危险　与大量呕吐导致脱水有关。
2. 活动无耐力　与频繁呕吐导致水、电解质紊乱有关。
3. 营养失调:低于机体需要量　与呕吐导致营养物质摄入不足或丢失过多有关。
4. 焦虑　与频繁呕吐、不能进食有关。

【护理措施】

（一）一般护理

1. 休息与活动　协助患者采取合适的体位，病情轻者可取坐位，病情重及体力较差者可取侧卧位或仰卧位，将头偏向一侧，以防止呕吐物吸入呼吸道而引起窒息和吸入性肺炎。患者呕吐后应及时漱口，更换污染的衣物和被褥，开窗通风，以去除异味。

2. 饮食　呕吐剧烈者，暂禁食。呕吐较轻者可进食清淡、易消化的饮食。避免进食过冷、过热、油炸、辛辣、刺激性食物，避免饮咖啡、浓茶。注意少食多餐、细嚼慢咽，逐渐增加进食量。对剧烈呕吐不能进食或出现严重水、电解质紊乱者，遵医嘱予以静脉补液，以保证机体的营养需要。

（二）病情观察

1. 观察生命体征　定时测量和记录患者的生命体征，直至病情稳定。血容量不足时，患者可出现心动过速、呼吸急促、血压降低，特别是直立性低血压。持续性呕吐可导致大量胃液丢失，引起代谢性碱中毒时，患者可出现呼吸变浅、变慢。

2. 观察呕吐情况　观察患者的呕吐特点，是否为持续性呕吐，是否为喷射性呕吐，记录呕吐的次数，以及呕吐物的量、颜色、气味和性状，必要时采集标本送检。

3. 观察患者是否有脱水征象　准确记录每日液体出入量和患者体重。观察患者是否有软弱无力、口渴、皮肤黏膜干燥及弹性减低、尿量减少、尿密度增高，或烦躁、神志不清甚至昏迷等表现。

4. 动态观察实验室检查结果。

（三）治疗配合

积极治疗原发疾病。应用放松疗法，有助于减少呕吐的发生。对呕吐严重者，遵医嘱使用止吐药，补充水分和电解质，使患者逐步恢复正常饮食和体力。注意观察药物不良反应。

（四）对症护理

指导患者进行缓慢的深呼吸，配合医生针刺内关、中脘、足三里等穴位，以减轻或控制恶心、呕吐；做好口腔护理，及时清理呕吐物，更换脏污的床褥和衣被，经常开窗通风，避免不良气味对患者的感官刺激；患者呕吐时，若有少量呕吐物呛入气管，则可轻拍其背部，协助其将呕吐物咳出；呕吐物量较多时，应迅速用吸引器吸引，保持呼吸道通畅。

（五）心理护理

关心患者，积极与患者及家属交谈，了解其心理状态。耐心解答患者及家属提出的疑问，向患者解释精神紧张不利于呕吐的缓解，特别是当呕吐与精神因素有关时，紧张、焦虑等心理反应还可影响食欲和消化功能，而战胜疾病的信心及情绪稳定则有利于症状的缓解。指导患者运用深呼吸、转移注意力等放松技术，减少呕吐的发生。

## 二、腹痛

腹痛（abdominal pain）是腹腔内外脏器病变及功能紊乱、腹壁或腹腔外器官病变的主要症状，是消化系统最常见的症状。

【护理评估】

（一）病因与发病机制

腹痛的病因与发病机制包括内脏性腹痛、牵涉痛、躯体性腹痛。很多疾病的腹痛涉及多种发病机制，如急性阑尾炎早期疼痛在脐周或上腹部，患者常有恶心、呕吐，此时为内脏性疼痛，持续而剧烈的炎症刺激影响相应脊髓节段的躯体传入纤维，引起牵涉痛，使疼痛逐渐转移至右下腹麦氏点；当炎症进一步发展累及腹膜壁层时，患者即出现躯体性疼痛，程度剧烈，伴有腹肌紧张、压痛和反跳痛。

（二）分类

腹痛按发生急缓可分为急性腹痛和慢性腹痛。急性腹痛多由腹腔器官的急性炎症、肠扭转、肠梗阻、腹膜炎、腹腔脏器破裂等引起。慢性腹痛多由腹腔脏器的慢性炎症、消化道溃疡、肠梗阻以及神经功能紊乱等引起。

（三）身体状况

1. 一般情况　评估患者腹痛发生的原因或诱因；了解患者是否有消化系统疾病；评估患者发病后的诊治经过及效果。不同病因所致腹痛的性质、部位、范围、程度、频率和放射部位等也不同。

2. 疼痛的部位　通常情况下，腹痛的部位多为病变所在部位。例如，胃、十二指肠疾病和急性胰腺炎患者多发生中上腹疼痛；急性阑尾炎患者表现为转移性右下腹疼痛；小肠疾病患者腹痛部位多在脐部或脐周；胆囊炎、胆石症、肝脓肿等患者腹痛部位多在右上腹；结肠疾病患者腹痛部位多在下腹或左下腹；膀胱炎、盆腔炎及异位妊娠破裂患者腹痛部位也在下腹部；急性弥漫性腹膜炎、机械性肠梗阻等患者腹痛常呈弥漫性或疼痛部位不固定。急性胰腺炎患者腹痛常向腰背部呈带状放射，急性胆囊炎患者腹痛常向右肩及右背部放射，胆结石患者腹痛常向右肩或右肩胛部放射。

3. 疼痛的性质和程度　腹痛可表现为隐痛、钝痛、灼痛、胀痛、刀割样痛、钻痛或绞痛等，可为持续性或阵发性疼痛，其性质和程度常与疾病有关。慢性周期性、节律性上腹部烧灼痛、钝痛常提示为消化性溃疡；突发中上腹剧烈刀割样痛、烧灼痛，多为消化性溃疡穿孔；持续性钝痛、钻痛或绞痛常提示为急性胰腺炎；全腹持续性剧痛伴有腹肌紧张或板状腹，提示为急性弥漫性腹膜炎；胆石症或泌尿系统结石患者常出现阵发性绞痛；阵发性剑突下钻顶样疼痛是胆道蛔虫症的典型症状；阵发性腹痛常见于机械性肠梗阻患者；胀痛可能是由于实质脏器包膜牵张所致；慢性右下腹疼痛常提示为慢性阑尾炎、肠结核等。

4. 疼痛的发作时间　餐后痛多见于胃溃疡、胆道或胰腺疾病、消化不良等患者；饥饿痛，且疼痛发作呈周期性、节律性，见于十二指肠溃疡患者；月经间期发作多见于卵泡破裂者；与月经来潮相关的腹痛见于子宫内膜异位症患者。

（四）心理、社会状况

疼痛可使患者产生紧张及焦虑情绪，而紧张、焦虑又可使疼痛加重，因此，应注意评估患者是否因疼痛或其他因素而产生精神紧张、焦虑不安等。评估患者及家属对疾病是否有正确的认知，评估家属对患者的关心程度以及在心理和经济上的支持程度。

（五）辅助检查

根据患者的病情进行相应的实验室检查，如血常规、尿常规、粪便常规检查，血、尿淀粉酶测定，CT、B超、内镜等检查，有助于确定腹痛发生的原因，也可用于监测病情变化。

【主要护理诊断/问题】

1. 疼痛：腹痛　与腹腔脏器或腹外脏器发生炎症、缺血、梗阻、溃疡、肿瘤或功能性疾病等有关。

2. 焦虑或恐惧　与剧烈腹痛、反复或持续腹痛不易缓解，需要行紧急手术及担心预后有关。

【护理措施】

（一）一般护理

1. 休息与活动　根据疾病情况协助患者取适宜的体位，如急性腹膜炎患者可取仰卧位，双腿屈曲，以松弛腹壁，缓解疼痛。了解患者的需要，加强生活护理。对烦躁不安者采取防护措施，防止意外发生。

2. 饮食护理　急性腹痛患者在诊断未明确时，或急性胰腺炎患者等，应暂时禁食；慢性病患者，一般应进食营养丰富、易消化、富含维生素的饮食，避免进食生冷、油腻、辛辣、刺激性食物。

（二）病情观察

定时测量患者的生命体征；了解患者腹痛的部位、性质、程度、发作时间及持续时间、发作频率以及伴随症状等；注意观察患者是否有水、电解质紊乱及休克表现；了解患者腹部症状与体征的变化情况。若患者出现血压下降、腹膜刺激征，则提示病情加重，应及时报告医生。

（三）治疗配合

1. 治疗原则　消除病因和诱因，根据患者的病情、疼痛的性质和程度选择适宜的止痛方法。急性剧烈腹痛未明确诊断时，不可随意使用镇痛药物，以免掩盖症状，延误病情。

2. 药物止痛　遵医嘱予以镇痛药物，亦可予以针灸止痛和局部热敷（急腹症除外）。癌性疼痛应遵循按需给药的原则，有效控制患者的疼痛。对未明确诊断或未确定治疗方案的急腹症患者，禁用吗啡、哌替啶等麻醉性镇痛药，以免掩盖病情。待疼痛缓解或消失后应及时停药，以防止发生药物不良反应，减少患者对药物的耐受性和成瘾性。

3. 用药护理　遵医嘱正确使用镇痛药物，观察镇痛效果及药物的不良反应，如口干、恶心、呕吐、便秘和用药后镇静状态等。

（四）心理护理

急骤发生的剧烈腹痛、持续存在或反复出现的慢性腹痛，以及预后不良的癌性疼痛，均可导致患者精神紧张、情绪低落，而消极、悲观、烦躁和紧张的情绪又可使疼痛加重。因此，护士应对患者和家属进行细致、全面的心理评估，取得家属的配合，有针对性地对患者进行心理疏导，使其减轻紧张、恐惧心理。保持精神放松，情绪稳定，有利于增强患者对疼痛的耐受性，从而减轻甚至消除疼痛。

## 三、腹泻

腹泻（diarrhea）是指排便次数增加、粪质稀薄，可带有黏液、脓血或未消化的食物的现象。腹泻分为急性腹泻和慢性腹泻2种，病程超过2个月者为慢性腹泻。

【护理评估】

（一）病因与发病机制

急性腹泻见于病毒、细菌、真菌等感染所引起的肠炎、痢疾等患者；慢性腹泻见于肠道感染、炎症性肠病、肠道肿瘤、内分泌及代谢障碍疾病、肠易激综合征等患者。

（二）分类

根据发病机制，可将腹泻分为以下5种。

1. 渗透性腹泻　由于食入大量不能吸收的溶质，导致肠腔内渗透压升高，大量液体被动进入肠腔而导致腹泻。例如，乳糖酶缺乏时，乳糖不能水解即导致肠腔内高渗状态；或因服用盐类泻药或甘露醇等引起。

2. 分泌性腹泻　由于胃肠道内水、电解质分泌过多或吸收受抑制而引起腹泻，如霍乱弧菌外毒素引起的大量水样腹泻。

3. 渗出性腹泻　由于炎症、溃疡等病变使肠黏膜的完整性受到破坏，引起大量体液渗出，导致腹泻，见于各种炎症。

4. 动力性腹泻　是由于肠蠕动亢进，导致肠内食糜的停留时间缩短，食物未被充分吸收所致的腹泻，如肠炎、胃肠功能紊乱及甲状腺功能亢进症等引起的腹泻。

5. **吸收不良性腹泻** 由于肠黏膜的吸收面积减小或吸收障碍所引起的腹泻，如小肠大部分切除、吸收不良综合征等引起的腹泻。

### （三）身体状况

注意询问患者排便的时间和次数、起病原因或诱因、病程长短；观察粪便的性状、量、气味和颜色；观察患者是否有腹痛及腹痛发生的部位，是否有里急后重、发热、脱水等伴随症状，是否有紧张、焦虑等心理反应。

1. **急性腹泻** 起病急，病程短，每天排便次数可达10次以上，粪便量多，多为感染或食物中毒所致。急性腹泻患者常有腹痛，小肠疾病患者腹痛常发生在脐周，排便后腹痛缓解不明显；结肠病变患者疼痛多位于下腹部，排便后疼痛常可缓解；分泌性腹泻患者往往无明显腹痛。由于排便频繁及粪便刺激，可导致肛门周围皮肤红肿、糜烂及破损。急性严重腹泻患者可因短时间内丢失大量水分及电解质而引起脱水、电解质紊乱及代谢性酸中毒。

2. **慢性腹泻** 起病缓慢，病程较长，每天排便次数较少，可为稀便，或带有黏液、脓血，多见于慢性感染、吸收不良、肠道肿瘤等患者。长期慢性腹泻可导致营养不良、维生素缺乏、体重减轻，甚至引起营养不良性水肿。

3. **粪便性状** ①黏液血便或脓血黏液便多见于细菌性痢疾、肠癌等患者。②粪便呈暗红色或果酱样常见于阿米巴痢疾患者。③粪便呈血水样或洗肉水样可见于急性出血性坏死性肠炎等患者。④粪便呈米泔水样常见于霍乱患者。⑤粪便内含有大量脂肪及泡沫，多由胰腺疾病或肠道吸收不良所致。⑥粪便中带有黏液但无病理成分常见于肠易激综合征患者。⑦小肠病变引起的腹泻，粪便呈糊状或水样，可含有未完全消化的食物成分。⑧大肠病变引起的腹泻，粪便可含有脓液、血液或黏液，病变累及直肠时可出现里急后重。

### （四）心理、社会状况

频繁或严重的腹泻可影响患者的学习、工作和出行，常使患者产生紧张、焦虑及烦躁等心理反应。应了解腹泻是否与患者的心理反应有关。

### （五）辅助检查

采集新鲜粪便标本进行显微镜检查，必要时进行细菌学检查。监测血清电解质、酸碱平衡情况。进行血常规检查、红细胞沉降率测定、X线钡餐或结肠镜检查，可进一步了解患者疾病发生的部位。

【主要护理诊断/问题】

1. 腹泻 与引起腹泻的疾病或全身疾病有关。
2. 有体液不足的危险 与大量腹泻引起脱水有关。

【护理措施】

### （一）一般护理

1. **休息与活动** 急性起病、全身症状明显的患者应卧床休息，注意腹部保暖，可用热水袋热敷腹部，以减缓肠道运动，减少排便次数，并且有利于缓解腹痛等症状。慢性、轻症患者可适当活动。

2. **饮食护理** 饮食以营养丰富、少渣、低脂、易消化的食物为主，避免进食生、冷、富含纤维素的食物及刺激性强的调味品，以免刺激肠蠕动而使腹泻加重。对腹泻严重者，应根据病情或医嘱予以禁食；待患者病情缓解后，可逐渐予以流质、半流质饮食或软食。

### （二）病情观察

严密监测患者的生命体征、神志和尿量变化，准确记录液体出入量。发生急性严重腹泻时，机体丢失大量水分和电解质，可引起脱水及电解质紊乱，严重时甚至可导致休克，应严密监测上述指标。观察患者的排便次数，以及粪便的性状、量、颜色、气味和内容物，粪便是否带有黏液、脓液或血液等；观察患者是否有里急后重、恶心、呕吐、腹痛和发热等伴随症状。

### （三）治疗配合

腹泻的治疗以病因治疗为主，严重时应注意补充水分、电解质，加强营养，合理使用收敛剂。补液一般可予以口服补液。对严重腹泻伴呕吐或禁食者，应予以静脉补液。注意补液速度，尤其是对老年人。对腹泻伴腹痛者，在明确诊断后，可适当使用解痉药。注意观察患者的肛周皮肤情况，保持局部皮肤清洁、干燥。

### （四）对症护理

患者排便频繁时，由于粪便的刺激，可使肛周皮肤糜烂及感染，排便后应用温水清洗肛周，保持肛周皮肤清洁、干燥，可涂抹无菌凡士林或抗生素软膏，以保护肛周皮肤，促进损伤处愈合。腹部可予以热敷，以减缓肠道运动，减少排便次数，并且有利于减轻腹痛等症状。

### （五）心理护理

慢性腹泻治疗效果不明显时，患者往往对预后感到担忧，加之纤维结肠镜等检查可引起一定的痛苦，某些腹泻（如肠易激综合征）与精神因素有关，故应注意评估患者的心理状态。通过解释、鼓励等稳定患者的情绪，使患者能够配合检查、治疗和护理。

## 四、呕血与黑便

呕血（hematemesis）与黑便（melena）是上消化道出血的特征性表现。发生上消化道出血时，胃内或反流入胃的血液，经口呕出的现象，称为呕血。血液流入肠道后，血红蛋白中的铁在肠道内经硫化物作用，形成黑色的硫化铁，随粪便排出，即形成黑便。由于黑便表面附着黏液而发亮，类似柏油，故又称柏油样便。呕血通常都伴有黑便，但出现黑便不一定伴有呕血。呕血是一种急症表现，若不及时抢救，则可危及患者生命。临床上，呕血和黑便最常见的病因是消化性溃疡。此外，食管胃底静脉曲张、急性糜烂出血性胃炎及胃癌患者也常出现呕血和黑便。

【护理评估】

### （一）病因与发病机制

1. 消化系统疾病

（1）食管疾病：反流性食管炎、食管癌、食管异物、食管损伤等。

（2）胃及十二指肠疾病：最常见的是消化性溃疡，其次是急性糜烂出血性胃炎、胃癌、慢性胃炎等。此外，息肉、胃黏膜脱垂、急性胃扩张、胃扭转、结核、克罗恩病等，也可引起呕血。

（3）肝、胆、胰腺疾病：门静脉高压引起食管胃底静脉曲张破裂出血；肝癌、肝动脉瘤破裂、胆囊或胆道结石、胆道寄生虫、胆管癌等，均可引起出血。急性胰腺炎合并脓肿或囊肿、胰腺癌破裂等，也可引起出血。

2. 血液系统疾病　白血病、血小板减少性紫癜、血友病、再生障碍性贫血等。

3. 其他疾病　维生素 C 缺乏症、维生素 K 缺乏症、尿毒症、流行性出血热、败血症等。

### （二）呕血与咯血的鉴别

呕血的颜色大多呈棕褐色或咖啡色，混有食物残渣及胃液，呈酸性；患者呕血前可有上腹不适、恶心、呕吐等消化道症状。咯血的颜色呈鲜红色，混有痰和泡沫，呈碱性；患者咯血前有喉痒、咳嗽、胸部压迫感等先兆症状。

### （三）身体状况

注意患者的神志、生命体征、尿量，观察皮肤黏膜是否有黄染、苍白及出血；观察患者是否有口唇发绀、皮肤湿冷、体表静脉塌陷等失血性周围循环衰竭的表现，是否有淋巴结肿大，是否有腹部压痛、腹壁静脉曲张、腹水征、肠鸣音活跃等。

1. 呕血　患者呕血前常有上腹不适及恶心等先兆表现，随之呕出血性胃内容物。呕血的颜色取决于出血量、出血速度及血液在胃内停留的时间。若为少量、缓慢出血，血液在胃内停留的时间长，血红蛋白与胃酸作用生成酸化正铁血红蛋白，可使呕出的血液呈咖啡样；若为大量、快速出血，血液在胃内停留的时间短，则呕出的血液呈鲜红色或暗红色。发生呕血提示胃内出血量达 250～300 ml。

2. 黑便　上消化道出血量达 50～70 ml 时，患者可出现黑便，出血量大且出血速度快时，粪便可呈暗红色甚至鲜红色。

3. 失血性周围循环衰竭　发生上消化道大量出血时，由于循环血量急剧减少，常可引起急性周围循环衰竭。患者可出现头晕、心悸、乏力、出汗、口渴、晕厥等表现。出血量<400 ml 时，则不出现失血症状。

4. 发热　多在上消化道大量出血后 24 小时内出现，患者体温一般不超过 38.5 ℃，可持续 3～5 天。

5. 氮质血症　血尿素氮多在一次出血后数小时升高，24～48 小时达到高峰，3～4 天恢复正常。

6. 贫血　一般在出血 3～4 小时后出现，表现为头晕、耳鸣、乏力、心悸、气促、食欲缺乏等。

**考点提示**

呕血与黑便的出血量判断。

### （四）心理、社会状况

由于突然出现呕血与黑便，可使患者产生紧张、焦虑心理；若持续出血不止，则容易使患者产生恐惧等心理反应，不利于治疗。

### （五）辅助检查

应进行血常规、血型、出血与凝血时间检查，粪便或呕吐物隐血试验、肝功能及血肌酐、尿素氮、电解质等检查。内镜检查是重要的诊断和治疗手段。X 线钡餐检查不可用于急性期患者。

【主要护理诊断/问题】

1. 体液不足　与上消化道出血导致血容量减少有关。
2. 活动无耐力　与呕血和黑便导致贫血有关。
3. 焦虑、恐惧　与消化道出血危害自身健康和危及生命有关。
4. 潜在并发症：休克。

【护理措施】

### （一）一般护理

1. 休息与活动　指导患者卧床休息，必要时予以吸氧。指导患者取侧卧位或仰卧位，将头偏向一侧，以保持呼吸道通畅，避免误吸。

2. 饮食护理　对严重呕血或呕血伴有剧烈呕吐者，应予以禁食。消化性溃疡伴小量出血者，一般不需要禁食，可予以少量温凉的流质饮食（如牛奶），以中和胃酸；待患者病情稳定后，可逐渐过渡到软食。

### （二）病情观察

对患者进行心电监护，严密监测患者的生命体征、神志、面色和尿量变化，准确记录液体出入量；观察皮肤、黏膜情况；观察呕血和黑便的次数、颜色、性状和量，准确判断活动性出血情况；定期复查血红蛋白浓度、红细胞计数、血细胞比容及血尿素氮，必要时进行中心静脉压测定。

### （三）治疗配合

立即建立静脉通道，配血，遵医嘱予以药物、器械止血、补充血容量，注意观察药物的疗效及不良反应。对消化性溃疡出血患者，可将去甲肾上腺素加入生理盐水予以分次口服，或予以口服凝血酶溶液，或采用冰生理盐水洗胃等方法止血。对食管胃底静脉曲张破裂出血患者，须应用三腔二囊管压迫止血。对急性胃出血者，须协助进行纤维胃镜直视下止血。静脉用止血药物有生长抑素、垂体后叶素等。垂体后叶素可收缩小动脉，有较好的止血和升压作用，冠心病、高血压、妊娠期患者禁用。

### （四）心理护理

安抚患者及家属，告知患者安静休息有利于止血，关心、安慰患者，以减轻其恐惧心理。帮助患者稳定情绪，使其能够配合检查、治疗和护理。抢救工作应迅速而不慌乱，以减轻患者的紧张情绪。加强巡视，当患者发生大出血时应陪伴患者，使其有安全感。

## 第二节 胃炎患者的护理

### 案例导入 4-1

李女士，35岁，4年前开始感上腹部不适、腹胀、食欲减退，近8个月来乏力明显，体重减轻。查体：口唇苍白，上腹部压痛，Hb 78 g/L。胃镜检查示：胃体皱襞变平、稀疏，黏膜苍白，血管透见。

问题与思考：
1. 作为主管护士，应如何对该患者进行护理评估？
2. 该患者目前存在的主要护理问题有哪些？
3. 该患者发生贫血最可能的机制是什么？

胃炎（gastritis）是指多种病因引起的胃黏膜炎症，常伴有上皮损伤和细胞增生，是常见的消化系统疾病之一。按临床发病急缓和病程长短，一般将胃炎分为急性胃炎和慢性胃炎两大类。

### 一、急性胃炎患者的护理

急性胃炎（acute gastritis）是指由多种病因引起的急性胃黏膜炎症，其主要病理改变为胃黏膜充血、水肿、糜烂和出血，病变可局限于胃窦、胃体，或弥漫分布于全胃，胃黏膜可见大量中性粒细胞浸润。临床上常呈急性发病，患者可出现上腹部症状。

【病因与发病机制】

1. 感染　进食被细菌、病毒等病原体（大肠埃希菌、葡萄球菌等）污染的食物，其毒素可导致胃黏膜的急性炎症。幽门螺杆菌（*Helicobacter pylori*，Hp）感染主要表现为在慢性胃炎的基础上发生急性病变，可引起急性胃炎。

2. 药物　最常见的药物是非甾体抗炎药，如阿司匹林、吲哚美辛。其机制可能是药物抑制环氧化酶的活性，阻碍前列腺素合成，削弱对胃黏膜的保护作用，从而引起胃黏膜糜烂和出血。其他药物包括某些抗生素、铁剂、氯化钾口服液及抗肿瘤药等。

3. 应激　严重脏器疾病、大手术、大面积烧伤、颅脑损伤、休克等，可引起胃黏膜缺血、缺氧，使黏液分泌减少，前列腺素合成不足，导致黏膜屏障破坏，胃酸反向弥散进入黏膜，引起胃黏膜糜烂和出血。中、重度烧伤后发生的应激性溃疡称为 Curling 溃疡，中枢神经系统病变或颅脑手术引起的应激性溃疡称为 Cushing 溃疡。

4. 乙醇　由于乙醇具有亲脂性和溶脂性，可破坏胃黏膜屏障，引起上皮细胞损害、黏膜出血和糜烂。

5. 十二指肠液反流　十二指肠液含有胆汁和胰液，由于各种原因导致其反流，使胃黏膜屏障功能破坏和 $H^+$ 反向弥散进入黏膜，可引起胃黏膜糜烂和出血。

【护理评估】

（一）健康史

了解患者是否有急性应激、服用非甾体抗炎药、饮酒史等，是否有上腹部不适、腹泻、发热、呕血与黑便等表现，了解患者的诊治经过与疗效。

（二）身体状况

1. 症状　患者常有上腹疼痛、胀满不适、恶心、呕吐和食欲减退等表现，重者可有呕血、黑便、脱水或休克等。急性应激性胃炎的症状常被原发病所掩盖，表现为少量或大量出血，持续少量出血可导致贫血，大量出血可引起晕厥或休克；急性感染或食物中毒引起的胃炎，同时合并肠炎为急性胃肠炎，可伴有腹泻，严重时可出现脱水。

2. 体征　可出现上腹部不同程度的压痛，有时上腹胀气明显，合并肠炎时多表现为肠鸣音活跃。

3. 并发症　轻者并发症少见，严重者可出现水、电解质紊乱，肠穿孔，败血症等。

（三）心理、社会状况

患者出现呕血、黑便等上消化道出血时，评估其是否有紧张、焦虑等不良情绪。

（四）辅助检查

1. 纤维胃镜检查　有助于确诊急性胃炎，一般应在出血后 24～48 小时进行。镜下可见以多发性糜烂、出血灶和黏膜水肿为特征的急性胃黏膜损害。

2. 隐血试验　若胃黏膜有出血，则粪便隐血试验呈阳性。

【主要护理诊断/问题】

1. 疼痛：腹痛　与急性胃黏膜炎症有关。
2. 知识缺乏：缺乏病因及防治相关知识。
3. 营养失调：低于机体需要量　与消化不良、少量持续出血有关。
4. 焦虑　与消化道出血及病情反复有关。
5. 潜在并发症：上消化道大量出血。

【护理措施】

（一）一般护理

1. 休息与活动　为患者提供良好的休息环境，保持病房安静、舒适，嘱患者注意休息，减少活动。对急性应激引起胃炎的患者，应嘱其卧床休息，予以心理疏导，缓解其紧张情绪。

2. 饮食护理　注意饮食卫生，应定时、规律进食，避免暴饮暴食。一般进食少渣、温凉、半流质饮食，少食多餐。若患者有少量出血，则可予以牛奶、米汤等流质饮食，以中和胃酸，有利于胃黏膜的修复。当患者发生急性大量出血或呕吐频繁时，应予以禁食，以免加重出血；恢复期应予以富含营养、易消化的软食，以促进胃黏膜的修复。

（二）病情观察

观察患者的神志和生命体征，主要症状、体征是否有好转或进一步发展；患者是否有脱水、呕血和（或）黑便，是否有腹肌紧张、压痛、反跳痛及其部位、程度，听诊肠鸣音是否正常。监测粪便隐血试验结果的变化。观察治疗效果及不良反应。若患者出现病情变化，则应及时通知医生。

**（三）治疗配合**

1. 治疗要点　去除病因，积极治疗原发病和创伤，纠正其引起的病理生理紊乱。

（1）病因治疗：①对处于急性应激状态的患者，在积极治疗原发病的同时，还应使用抑制胃酸分泌或具有黏膜保护作用的药物，以预防急性胃黏膜损害。②对药物引起疾病的患者，须立即停药，并予以抗酸药或硫糖铝等胃黏膜保护剂。③对乙醇引起疾病的患者，应停止饮酒。④对Hp感染的患者，应用三联或四联疗法根治。

（2）对症治疗：对腹痛严重者，可用解痉药，如阿托品或山莨菪碱。对剧烈呕吐者，可用胃肠促动药，如甲氧氯普胺。对剧烈呕吐、腹泻者，应注意纠正水、电解质和酸碱平衡紊乱。根据患者的病情，可在短期内予以禁食或进流食。当患者发生上消化道大量出血时，应采取综合措施进行抢救。

2. 用药护理　避免使用阿司匹林、吲哚美辛等对胃黏膜有刺激性的药物，若必须使用，则应考虑同时应用抗酸药、胃黏膜保护剂，以预防急性胃黏膜病变的发生。

**（四）心理护理**

急性起病时，患者及家属常出现紧张、焦虑、恐惧等心理反应，而不良情绪又可加重病情，不利于疾病的康复。护士应向患者说明紧张、焦虑的后果，使其认识到保持轻松、愉快对疾病康复的重要性。及时解答患者的疑问，帮助患者去除发病因素，控制病情进展，减轻患者的焦虑程度。此外，护士还应经常巡视，减少对患者的不良刺激，减轻其紧张、焦虑心理，使患者有安全感，以积极配合治疗，促进康复。

【健康指导】

1. 疾病知识指导　向患者及家属介绍急性胃炎的相关知识、预防方法和自我护理措施。
2. 生活指导　根据患者的病因及具体情况对患者进行指导，如避免使用对胃黏膜有刺激性的药物，必要时应联合使用抗酸药或胃黏膜保护剂。规律进食，注意饮食卫生，避免进食刺激性食物。嗜酒者应戒酒，防止乙醇损伤胃黏膜。规律作息，保持轻松、愉快的心情，积极配合治疗。

## 二、慢性胃炎患者的护理

慢性胃炎（chronic gastritis）是由多种病因引起的胃黏膜慢性炎症。本病是常见病，其发病率在各种胃疾病中居首位，男性患者略多于女性，任何年龄均可发病，但随年龄增长，发病率逐渐增高。

慢性胃炎的分类方法很多，我国目前采用新悉尼系统分类法，将慢性胃炎分为慢性浅表性胃炎（又称慢性非萎缩性胃炎）、慢性萎缩性胃炎和特殊类型胃炎三大类。慢性浅表性胃炎是指不伴有胃黏膜萎缩性改变的慢性胃炎，幽门螺杆菌感染是此类慢性胃炎的主要病因。慢性萎缩性胃炎是指胃黏膜已发生萎缩性改变的慢性胃炎，常伴有肠上皮化生。慢性萎缩性胃炎又可分为多灶性萎缩性胃炎（B型萎缩性胃炎）和自身免疫性胃炎（A型萎缩性胃炎）两大类。特殊类型胃炎的种类很多，如化学腐蚀性胃炎、感染性胃炎、克罗恩病等，临床上较少见。

【病因与发病机制】

迄今为止病因尚未完全明确，认为主要与下列因素有关。

1. 幽门螺杆菌（Hp）感染　目前认为Hp感染是慢性胃炎最主要的病因。Hp是一端有鞭毛的螺旋状菌，依靠其鞭毛运动穿过黏液层，定居于黏液层与胃窦黏膜上皮细胞表面，可避免胃酸的杀菌作用及机体的免疫清除。Hp产生的尿素酶可分解尿素而中和胃酸，形成有利于

Hp定居的中性环境；Hp可分泌空泡毒素蛋白，引起炎症反应而损伤胃黏膜上皮细胞。此外，Hp的细胞壁还可作为抗原，诱发免疫反应，导致胃黏膜慢性炎症。由幽门螺杆菌引起的慢性胃炎呈世界范围分布。我国属于幽门螺杆菌高感染率国家，估计人群中幽门螺杆菌感染率达40%~70%。

2. **十二指肠液反流** 十二指肠液中含有胆汁、胰液等，由于各种原因导致其反流，使胃黏膜屏障功能削弱而导致的慢性胃炎，即胆汁反流性胃炎。

3. **自身免疫** 壁细胞可分泌盐酸和内因子，内因子可与维生素$B_{12}$结合，使其在回肠末端被吸收。壁细胞损伤后可作为自身抗原，刺激机体免疫系统产生相应的壁细胞抗体和内因子抗体，使胃酸分泌减少甚至缺乏，影响维生素$B_{12}$的吸收，进而导致恶性贫血。

4. **其他因素** 老年人胃黏膜退行性变，长期或大量服用非甾体抗炎药，长期吸烟，大量饮酒、浓茶、咖啡，长期食用过冷、过热或粗糙的食物等，均可导致胃黏膜反复损伤。A型萎缩性胃炎与B型萎缩性胃炎的鉴别见表4-1。

表4-1 A型萎缩性胃炎与B型萎缩性胃炎的鉴别

| | A型萎缩性胃炎 | B型萎缩性胃炎 |
| --- | --- | --- |
| 疾病名称 | 自身免疫性胃炎、慢性胃体炎 | 多灶性萎缩性胃炎、慢性胃窦炎 |
| 累及部位 | 胃体、胃底 | 胃窦 |
| 病因 | 多由自身免疫反应引起 | 幽门螺杆菌感染（90%） |
| 贫血 | 恶性贫血 | 无 |
| 血清维生素$B_{12}$ | ↓↓ | 正常 |
| 抗内因子抗体 | +（占75%） | 无 |
| 抗壁细胞抗体 | +（占90%） | +（占30%） |
| 胃酸 | ↓↓ | 正常或偏低 |
| 血清胃泌素 | ↑↑ | 正常或偏低 |

【护理评估】

（一）健康史

询问患者是否有消化不良症状，是否有十二指肠液反流，是否长期进食粗糙或刺激性食物、酗酒、高盐饮食，是否经常服用非甾体抗炎药等药物；家庭成员中是否有萎缩性胃炎、维生素$B_{12}$吸收不良等患者。

（二）身体状况

1. **症状** 慢性胃炎进展缓慢，病程迁延，大多数患者无明显症状。部分患者有非特异性的消化不良症状，如进食后上腹饱胀不适、无规律性的上腹隐痛、食欲减退、反酸、嗳气、恶心、呕吐等，尤以餐后明显，症状常与进食或食物种类有关。自身免疫性胃炎患者消化道症状较少，表现为明显厌食和体重减轻，伴有贫血，一般为缺铁性贫血，少数患者可发生恶性贫血。多灶性萎缩性胃炎患者消化道症状明显，可有反复小量上消化道出血，甚至呕血，是由于胃黏膜发生急性糜烂所致。

2. **体征** 多不明显，患者有时可出现上腹部轻度压痛。

3. **并发症** 慢性胃炎由于治疗时间长，易反复发作，对患者的生活造成严重的影响。长期不愈的慢性胃炎可引起多种并发症，如贫血、上消化道出血、胃溃疡，甚至导致癌前病变及癌症，对患者的健康造成极大的危害。

## （三）心理、社会状况

慢性胃炎病程较长，患者可出现上消化道出血甚至癌变等情况，故应评估患者是否有紧张、焦虑等不良情绪。

## （四）辅助检查

1. 胃镜及胃黏膜活组织检查　是诊断慢性胃炎最可靠的方法。发生浅表性胃炎时，可见胃黏膜充血、水肿或黏膜皱襞肿胀、增粗。发生萎缩性胃炎时，胃黏膜多呈苍白色或灰白色，皱襞变细而平坦，黏膜变薄，可透见紫蓝色黏膜下血管，部分呈颗粒状小结节。活组织病理学检查可明确诊断病变类型，并可监测幽门螺杆菌。

2. 幽门螺杆菌检测　$^{13}$C 或 $^{14}$C 尿素呼气试验是检测 Hp 感染的常用方法，并可作为根治后复查的首选方法。

3. 血清学检查　A 型萎缩性胃炎患者抗壁细胞抗体和抗内因子抗体多呈阳性，血清促胃液素水平明显升高。B 型萎缩性胃炎患者血清中可存在抗壁细胞抗体，但滴度低，血清促胃液素水平正常或偏低。

4. 胃液分析　浅表性胃炎患者胃酸正常或升高。A 型萎缩性胃炎患者胃酸明显降低或缺乏，B 型萎缩性胃炎患者胃酸正常或降低。

**考点提示**

慢性胃炎最主要的病因及确诊检查方法。

【主要护理诊断/问题】

1. 疼痛：腹痛　与胃黏膜炎症有关。
2. 营养失调：低于机体需要量　与厌食、消化和吸收不良等有关。
3. 焦虑　与病情反复、病程迁延有关。
4. 知识缺乏：缺乏慢性胃炎病因和预防的相关知识。

【护理措施】

（一）一般护理

1. 休息与活动　指导患者日常生活规律，注意劳逸结合。出现急性剧烈腹痛和伴有上消化道出血的患者应卧床休息，协助患者取适当的体位，以减少疲劳感和体力消耗。加强巡视，及时了解和满足患者的合理需要，做好生活护理。当患者病情缓解时，可指导其参加正常活动，进行适当的锻炼，但应避免过度劳累。

2. 饮食护理　指导患者养成良好的饮食习惯，加强营养，注意饮食卫生，规律饮食，避免进食冷、热、辛辣、刺激性食物，避免饮浓茶、咖啡等饮料，戒烟、戒酒。对急性发作期患者予以无渣、半流质的温热饮食。当患者少量出血时，可予以牛奶、米汤等中和胃酸，促进胃黏膜修复。当患者出现剧烈呕吐、呕血时，应予以禁食，遵医嘱经静脉补充营养。对恢复期患者，应予以高热量、高蛋白、高维生素、易消化的饮食，少食多餐，定时定量进食，细嚼慢咽，养成良好的饮食和卫生习惯。对胃酸缺乏者，可酌情予以酸性食物，并予以可刺激胃酸分泌的食物，如肉汤、鸡汤等。

（二）病情观察

观察患者腹痛的部位和性质。观察呕吐物及粪便的颜色、量和性状。观察患者每日进餐的情况，以了解其摄入是否满足机体的需要；定期测量患者的体重；观察患者是否有贫血表现等。观察患者用药后症状是否改善，是否有不良反应，以便及时发现病情变化。

### (三)治疗配合

**1. 病因治疗**

(1) 根除幽门螺杆菌治疗:目前以四联疗法为主,即一种胶体铋剂和一种质子泵抑制剂,联合应用两种抗菌药物,疗程为10～14天。常用的胶体铋剂有碱式碳酸铋、枸橼酸铋钾;常用的质子泵抑制剂有奥美拉唑、兰索拉唑;常用的抗菌药物有克拉霉素、阿莫西林、甲硝唑等。

(2) 治疗十二指肠液反流:可使用促进消化、改善胃动力的药物。

(3) 控制自身免疫:可使用糖皮质激素。

**2. 对症治疗** 对胃酸增高者,可应用抗酸药。对胃酸缺乏者,可应用胃蛋白酶或1%稀盐酸。对胃动力学改变者,可使用胃肠促动药,如多潘立酮、西沙必利等。对恶性贫血患者,可注射维生素$B_{12}$。治疗Hp相关胃炎的常用药物见表4-2。

表4-2 治疗Hp相关胃炎的常用药物

| 类别 | 常用药物 |
| --- | --- |
| 抗菌药 | 克拉霉素、阿莫西林、甲硝唑、替硝唑、喹诺酮类、四环素 |
| 质子泵抑制剂 | 埃索美拉唑、奥美拉唑、兰索拉唑、泮托拉唑、雷贝拉唑 |
| 铋剂 | 枸橼酸铋钾、果胶铋 |

**3. 胃黏膜异型增生的治疗** 异型增生是胃癌的癌前病变,除应采取上述积极治疗方法外,关键还在于定期随访。对于明确为重度异型增生的患者,可选择内镜黏膜切除术或传统手术治疗。

**4. 用药护理** 遵医嘱应用根除幽门螺杆菌感染的治疗药物及抗酸药、胃黏膜保护剂时,应注意观察药物的疗效及不良反应。铋剂应在餐前半小时用温水溶解后口服。多潘立酮及西沙必利具有刺激胃窦蠕动、促进胃排空的作用,应在餐前服用,不宜与阿托品等解痉药合用。

**考点提示**

根除幽门螺杆菌的治疗方法。

### (四)对症护理

注意腹部保暖,以缓解腹部不适。患者出现腹痛时应卧床休息,可通过转移注意力等方法减轻疼痛,也可予以腹部热敷或针灸。对症状明显者,应遵医嘱使用解痉药、抗酸药,以缓解疼痛。

### (五)心理护理

由于病情反复、病程迁延,患者常产生烦躁、焦虑等负面情绪,或因担心癌变而产生恐惧心理。护士应主动向患者介绍疾病相关知识,告知患者即使发生恶变,通过及时进行手术也可获得满意的疗效,使其树立战胜疾病的信心,主动配合治疗,消除焦虑、恐惧心理。

【健康指导】

1. **疾病知识指导** 向患者及其家属介绍本病的病因、病情进展、治疗和预后,指导患者避免诱发因素,积极配合治疗。少数慢性浅表性胃炎可演变为慢性多灶性萎缩性胃炎,极少数慢性多灶性萎缩性胃炎可发展为胃癌。因此,应指导患者定期复查。

2. **日常生活指导** 指导患者注意饮食卫生,加强营养,养成良好的饮食习惯。进食营养丰富的食物,避免进食粗糙、过冷、过热、过咸、过甜、辛辣、刺激性食物,避免饮浓茶、咖啡，戒烟、戒酒。注意劳逸结合，保持良好的心态。

3. 用药指导　根据病因和患者的具体情况进行指导，如避免使用对胃黏膜有刺激性的药物，必须使用时，应同时服用抗酸药或胃黏膜保护剂；告知患者药物的不良反应，出现异常应及时就诊。指导患者定期到门诊复查。

## 第三节　消化性溃疡患者的护理

### 案例导入 4-2

王某，男性，38岁，反复出现间断上腹痛5年，伴反酸、嗳气，加重2周。上腹胀痛于餐后半小时明显，持续1～2小时后缓解。查体：T 36.6 ℃，P 次/分，R 22次/分，BP 110/70 mmHg；神志清楚，腹部平软，剑突下有轻度压痛，无肌紧张和反跳痛。

**问题与思考：**
1. 该患者目前最有可能的医疗诊断是什么？
2. 对患者首先应进行的辅助检查项目是什么？

消化性溃疡（peptic ulcer）是指主要发生于胃和十二指肠黏膜的溃疡，即胃溃疡（gastric ulcer，GU）和十二指肠溃疡（duodenal ulcer，DU）。溃疡的形成与多种因素有关，其中，胃酸和胃蛋白酶对胃肠道黏膜的消化作用是溃疡形成的基本因素，故称为消化性溃疡。本病呈世界性分布，全世界约有10%的人一生中患过此病。目前，我国消化性溃疡发病率为10%～12%，男性发病率略高于女性，南方地区高于北方地区，城市高于农村，秋冬和冬春之交为好发季节。临床上，十二指肠溃疡较胃溃疡多见，两者发病率之比约为3∶1。

【病因与发病机制】

胃、十二指肠黏膜本身具有一系列防御和修复机制，包括黏膜屏障、黏液-碳酸氢盐屏障、丰富的黏膜血流、上皮细胞更新、前列腺素和表皮生长因子等。正常情况下，胃、十二指肠黏膜在接触有强侵蚀力的高浓度胃酸和能水解蛋白质的胃蛋白酶并受到微生物、胆盐、乙醇、药物和其他有害物质侵袭后，仍然可以维持黏膜的完整性。消化性溃疡的形成与幽门螺杆菌感染、应用非甾体抗炎药、胃酸和胃蛋白酶的自身消化等多种因素有关。溃疡的形成是由于胃肠黏膜侵袭因素和防御-修复因素之间失去平衡的结果。十二指肠溃疡的发生主要是由侵袭因素的增强所致，而胃溃疡主要与防御-修复因素的减弱有关。

1. Hp感染　Hp感染是消化性溃疡的重要病因。胃溃疡患者Hp检出率为70%～80%，十二指肠溃疡患者约为90%。Hp感染后，可通过炎症细胞因子作用于G细胞、D细胞和壁细胞，导致胃酸分泌增多，从而使十二指肠的酸负荷增加。另外，部分十二指肠黏膜发生胃上皮化生，为Hp在十二指肠黏膜定植提供了条件，进而导致十二指肠炎，造成黏膜屏障破坏。另外，研究还发现，在十二指肠溃疡的形成过程中，十二指肠分泌碳酸氢盐明显减少；根除幽门螺杆菌后，碳酸氢盐分泌可恢复正常。因此，Hp感染可改变黏膜侵袭因素与防御-修复因素之间的平衡，进而导致溃疡形成。

2. 药物　长期服用非甾体抗炎药（NSAID）、糖皮质激素、氯吡格雷等药物的患者容易发生溃疡。阿司匹林、吲哚美辛等非甾体抗炎药是导致胃黏膜损伤最常见的药物。非甾体抗炎药可直接破坏胃、十二指肠黏膜屏障，还可通过抑制环氧合酶，使胃黏膜前列腺素合成减少，削弱前列腺素对胃、十二指肠的保护作用，诱发消化性溃疡。

3. 胃酸和胃蛋白酶　消化性溃疡形成的关键是胃酸、胃蛋白酶对黏膜的自身消化作用，而胃蛋白酶的活性取决于胃液的pH，胃内酸度越高，胃蛋白酶活性越强，就越容易形成溃疡。

4. 精神因素　急性应激可引起应激性溃疡。不良情绪可以促进本病的发生和复发。其机制是心理因素通过迷走神经机制影响胃和十二指肠的分泌、运动和黏膜血流的调控。

5. 其他因素　如长期精神紧张、胃排空延缓、十二指肠液反流、吸烟、饮酒、饮食不规律、暴饮暴食或喜食酸辣、刺激性食物等，均可诱发消化性溃疡。

消化性溃疡大多为单发，也可多发，呈圆形或椭圆形。十二指肠溃疡多发生在十二指肠球部、前壁，后壁溃疡较少见，溃疡直径一般<15 mm；胃溃疡多发生在胃角和胃窦、胃体的小弯侧，直径一般比十二指肠溃疡大。溃疡浅表者仅累及黏膜肌层，深者可达肌层或浆膜层，边缘整齐，常有增厚，基底光滑、清洁，表面覆盖有灰白色或灰黄色纤维渗出物。

【护理评估】

（一）健康史

了解患者的起病情况，包括可能的诱因和病因，如是否有饮食不当、情绪紧张或服用阿司匹林等情况。了解患者患病后的诊治经过，是否有烟、酒嗜好，患者家族中是否有溃疡患者等。

（二）身体状况

典型消化性溃疡的临床特点是：①慢性病程，病程较长，病史可达数年或数十年。②周期性发作，发作期与缓解期交替，好发于每年秋冬和冬春交替季节。③节律性上腹疼痛，是消化性溃疡的特征性表现，部分患者无典型疼痛，而仅表现为无规律性的上腹隐痛不适。患者也可因出现并发症而发生疼痛性质及节律的改变。少数患者可无症状，或以出血、穿孔等并发症为首发表现。④常由不良精神刺激、气候变化、饮食因素、过度劳累诱发或加重。

1. 症状

（1）腹痛：上腹痛是消化性溃疡患者的主要症状，但部分患者可无症状，或以出血、穿孔等并发症为首发症状。疼痛多为隐痛、胀痛或烧灼痛，或呈饥饿样不适感。胃溃疡与十二指肠溃疡患者腹痛特点的比较见表4-3。

表4-3　胃溃疡与十二指肠溃疡患者腹痛特点的比较

| 疼痛特点 | 胃溃疡 | 十二指肠溃疡 |
| --- | --- | --- |
| 疼痛部位 | 剑突下正中或偏左 | 上腹正中或偏右 |
| 疼痛性质 | 烧灼感或痉挛感 | 饥饿感或烧灼感 |
| 疼痛时间 | 进食后0.5～1小时发作，至下次进餐前缓解，较少出现夜间痛 | 进食后2～3小时发作，至下次进餐后缓解，常有夜间痛 |
| 疼痛规律 | 进食-疼痛-缓解 | 疼痛-进食-缓解 |

（2）其他胃肠道症状：部分患者可伴有嗳气、反酸、流涎、恶心、呕吐等消化不良的表现。疼痛的节律性消失提示可能已出现并发症。

（3）全身症状：患者可有失眠、多汗、脉搏减慢等自主神经功能紊乱的表现。胃溃疡患者可因进食疼痛而厌食，久而久之可导致营养不良、消瘦及贫血。十二指肠溃疡患者往往由于进食可缓解疼痛而频繁进食，可引起体重增加；若有慢性出血，则可引起贫血。

2. 体征　发作期患者若无并发症，则可仅表现为剑突下固定而局限的压痛，疼痛程度较轻，缓解期则无明显体征。

3. 特殊类型的消化性溃疡

（1）无症状性溃疡：15%～35%的消化性溃疡患者可无任何症状。这部分患者多因其他疾病进行内镜或X线钡餐检查时被发现,或当发生穿孔、出血等并发症时才被发现,多见于老年人。

（2）复合性溃疡：是指胃溃疡和十二指肠溃疡同时存在的消化性溃疡,约占消化性溃疡的5%,十二指肠溃疡常先于胃溃疡出现,多见于男性,患者幽门梗阻发生率较高。

（3）幽门管溃疡：多见于50~60岁男性,患者常缺乏典型溃疡的周期性和节律性疼痛,疼痛常于餐后迅速出现,服用抗酸药后不易缓解,患者容易出现幽门梗阻、穿孔、出血等并发症。

（4）十二指肠球后溃疡：是指发生在十二指肠球部以下的溃疡,多位于十二指肠乳头近端。患者常具有十二指肠溃疡的临床特点,但夜间痛和背部放射痛更常见,药物治疗效果差。患者易并发出血,且出血量大,X线和胃镜检查容易漏诊。

（5）老年性溃疡：胃巨大溃疡较多见,临床表现多不典型。患者常无任何症状或症状不明显,疼痛多无规律,食欲缺乏、恶心与呕吐、消瘦、贫血等症状较突出。本病需要与胃癌相鉴别。

4. 并发症　常见的并发症包括出血、穿孔、幽门梗阻和癌变。

（1）出血：是消化性溃疡最常见的并发症,约50%的上消化道大量出血是由于消化性溃疡所致。常见的诱因包括：过度劳累、大量饮酒、饮食不当或服用非甾体抗炎药。出血引起的临床表现取决于出血的速度和量,轻者仅表现为黑便、呕血,重者可出现周围循环衰竭,甚至发生低血容量性休克,应积极予以抢救。

（2）穿孔：是消化性溃疡最严重的并发症,多见于老年患者,穿孔前可无症状。溃疡穿透、穿孔可导致以下3种后果。

1）破溃入腹腔引起弥漫性腹膜炎：穿孔常发生于十二指肠前壁或胃前壁,常因服用非甾体抗炎药、大量饮酒、过度劳累等诱发。穿孔后,胃肠内容物渗入腹膜腔而引起急性弥漫性腹膜炎,表现为突发剧烈腹痛,自上腹开始迅速蔓延至全腹,腹部有明显压痛、反跳痛和腹肌紧张,肝浊音区消失,肠鸣音减弱或消失,X线检查可见膈肌下有游离气体。

2）穿透至周围实质器官：溃疡深达浆膜层时,已与邻近器官（肝、胰腺、脾等）、组织粘连。发生穿孔时,胃肠内容物不致流入腹腔,又称穿透性溃疡,表现为腹痛规律发生改变,疼痛顽固而持久。若溃疡穿透至胰腺,则患者疼痛常放射至背部,血淀粉酶可升高。

3）穿破入空腔器官形成瘘管：十二指肠溃疡可穿破胆总管而形成胆瘘,胃溃疡可穿破十二指肠或横结肠而形成肠瘘,可通过内镜或CT检查等发现。

（3）幽门梗阻：主要由十二指肠溃疡或幽门管溃疡引起。幽门梗阻可使胃排空延迟,患者可出现上腹饱胀不适,疼痛于餐后加重,且有反复大量呕吐,呕吐物为酸腐味的宿食。大量呕吐后,疼痛可暂时缓解。严重频繁呕吐可导致脱水和低钾、低氯性碱中毒,并且常继发营养不良。体检时可见胃型和胃蠕动波,清晨空腹检查可发现胃内有振水音,空腹抽出胃液量＞200 ml是幽门梗阻的特征性表现。

（4）癌变：少数胃溃疡患者可发生癌变,十二指肠溃疡发生癌变者则极少见。对既往有慢性胃溃疡病史,年龄在45岁以上,经严格内科治疗4~6周症状未见好转,症状顽固、疼痛持久、上腹痛的节律性消失,短期内出现明显消瘦、厌食、粪便隐血试验持续呈阳性者,应怀疑发生癌变,需进行胃镜检查,并多点钳取活组织做病理检查,以进一步确诊。

 考点提示

胃溃疡与十二指肠溃疡最主要的病因、临床特点及并发症。

### （三）心理、社会状况

由于本病的病程较长，具有周期性发作和节律性疼痛及反复发作的特点，容易引起并发症，从而影响患者的生活、学习和工作，甚至威胁患者的生命，使患者产生焦虑、急躁情绪。应评估患者及家属对疾病的病因、临床表现、防治和自我护理等方面的认识程度。评估患者患病以来的情绪变化，是否有战胜疾病的信心。了解患者家庭经济状况和社会支持情况，以及患者可利用的社区保健资源和服务情况。

### （四）辅助检查

1. 幽门螺杆菌检测　消化性溃疡绝大多数与Hp感染有关。Hp感染的检测方法主要包括快速尿素酶试验、组织学检查、$^{13}C$或$^{14}C$尿素呼气试验和血清学检查等。其中，$^{13}C$或$^{14}C$尿素呼气试验检测Hp感染的灵敏度和特异度均较高，常作为根除Hp感染治疗后复查的首选方法。

2. 纤维胃镜及胃黏膜活组织检查　是确诊消化性溃疡的首选方法，可直接观察溃疡所在部位、病变的大小和性质，并可在直视下钳取活组织进行病理检查和Hp检测。其诊断准确率高于X线钡餐检查。

3. X线钡餐检查　X线征象有直接和间接两种。龛影为直接征象；间接征象包括局部压痛、胃大弯侧痉挛性切迹、十二指肠球部激惹及球部畸形等。间接征象仅提示有溃疡，但不能确诊。若患者有出血，则X线钡餐检查需在出血停止1周后进行。

4. CT检查　对穿透性溃疡或穿孔的诊断很有价值，对幽门梗阻也有鉴别诊断意义。

5. 粪便隐血试验　溃疡活动时，常有少量渗血。因此，隐血试验呈阳性提示处于溃疡活动期。若胃溃疡患者隐血试验持续呈阳性，则应怀疑癌变的可能。

6. 胃液分析　胃溃疡患者胃酸正常或降低，十二指肠溃疡患者胃酸多增高。

【主要护理诊断/问题】

1. 疼痛：腹痛　与胃肠道黏膜炎症及胃酸刺激溃疡面有关。
2. 潜在并发症：上消化道出血、穿孔、幽门梗阻、癌变等。
3. 焦虑　与疾病反复发作、病程迁延有关。
4. 营养失调：低于机体需要量　与溃疡引起疼痛导致摄入量减少及消化、吸收障碍有关。
5. 知识缺乏：缺乏消化性溃疡病因、预防和自我护理等相关知识。

【护理措施】

### （一）一般护理

1. 休息与活动　保持环境安静、舒适，避免对患者造成不良刺激。溃疡活动期，症状较重或有并发症者，应卧床休息。溃疡缓解期，应鼓励患者适当活动，但应避免过度劳累。

2. 饮食护理

（1）饮食原则：予以营养丰富、易消化、高维生素的饮食。

（2）进食方式：定时定量，少食多餐，细嚼慢咽；应进食营养丰富、清淡、易消化、刺激性小的食物。定时进食，可以维持正常消化活动的节律。少食多餐，可以中和胃酸，避免过饱引起胃窦部扩张而刺激促胃液素的分泌，影响溃疡愈合。进餐时注意细嚼慢咽，咀嚼可使唾液分泌增加，唾液具有稀释和中和胃酸的作用。近来研究认为，尽管进食可暂时缓解疼痛，但少食多餐可不断地刺激胃酸分泌，使胃酸分泌整日处于活跃状态，反而不利于溃疡愈合。因此，急性发作期可短期少食多餐，一旦症状得到控制，即应尽快恢复正常的一日三餐规律饮食。

（3）食物的选择：①应进食营养丰富、刺激性小的食物，如牛奶、鸡蛋、鱼等。②溃疡活动期患者可以面食为主，因为面食较柔软、易消化，且含有碱，可有效中和胃酸，不习惯进食面食者可以软米饭或米粥代替。③脱脂牛奶具有中和胃酸的作用,可适量饮用,宜安排在两餐之间饮用,但牛奶中所含的钙和蛋白质可刺激胃酸分泌,故不宜多饮。④脂肪可刺激小肠黏膜分泌抑胃肽,进而抑制胃酸分泌,同时又可引起胃排空延缓,使胃酸分泌增多,故脂肪的摄入也应适量。⑤避免进食粗糙、质硬、过冷、过热、辛辣、刺激性食物,禁忌吸烟,避免饮酒、浓茶、浓肉汤、咖啡、醋等。

(4)烹调方法:以蒸、煮、炖、烩等为主,食物应细、软。

## (二)病情观察

询问患者此次发病是否与以往不同,是否伴有恶心、呕吐、嗳气、反酸等其他消化道症状,是否有呕血、黑便、频繁呕吐等症状。了解患者的日常休息与活动情况等。注意监测患者的生命体征。及时发现并发症,并配合医生做好相关护理。

## (三)治疗配合

治疗原则是消除病因,缓解症状,促进溃疡愈合,防止复发和防治并发症。

1. 根除Hp治疗 目前推荐以质子泵抑制剂和胶体铋剂为基础,联合应用2种抗菌药的四联治疗方案,如奥美拉唑和枸橼酸铋钾,联合应用克拉霉素和阿莫西林或甲硝唑。疗程为10~14天,在根除治疗结束至少4周后,应复查幽门螺杆菌。

### 知识链接

#### 幽门螺杆菌感染的治疗方案

Hp耐药是全球面临的重要难题,我国的Hp耐药形势更为严峻。总体而言,Hp对克拉霉素、甲硝唑和左氧氟沙星的耐药率(包括多重耐药率)呈上升趋势,而对阿莫西林、四环素和呋喃唑酮的耐药率仍较低。传统抗菌药物耐药率逐年上升导致传统三联治疗方案的根除率不断降低,在我国大部分地区不再适合作为一线Hp根除方案。《第五次全国幽门螺杆菌感染处理共识报告》推荐将铋剂四联方案作为主要的经验性根除Hp治疗方案,即标准剂量质子泵抑制剂+标准剂量铋剂+2种抗菌药物。除含有左氧氟沙星的方案不再作为初次治疗方案外,根除治疗不分一线、二线药物,应尽可能将疗效高的方案用于初次治疗。我国多数地区为抗菌药物高耐药率地区,推荐经验性应用铋剂四联治疗方案,疗程为14天。根除Hp治疗方案中抗菌药物组合的选择应参考当地人群中监测的Hp耐药率和患者个人抗菌药物使用史。此外,治疗方案的选择应权衡疗效、费用、潜在不良反应和药物的可获得性,进行个体化治疗。

2. 降低胃酸的药物治疗 包括碱性抗酸药和抑制胃酸分泌药两类。

(1)碱性抗酸药:可中和胃内的盐酸,降低胃内酸度,对缓解溃疡患者的疼痛症状有较好的效果。常用药物有氢氧化铝、铝碳酸镁等。

(2)抑制胃酸分泌药:主要有$H_2$受体阻滞剂和质子泵抑制剂两大类:①$H_2$受体阻滞剂主要通过选择性竞争结合$H_2$受体,使壁细胞分泌胃酸减少。常用药物有西咪替丁、雷尼替丁、法莫替丁等。②质子泵抑制剂可使壁细胞分泌胃酸的关键酶$H^+$-$K^+$-ATP酶失去活性,从而阻止壁细胞内的$H^+$转移至胃腔而抑制胃酸分泌,常用药物有奥美拉唑、兰索拉唑等。

3. 保护胃黏膜治疗 胃黏膜保护剂主要有硫糖铝、枸橼酸铋钾和前列腺素类药物。硫糖铝和枸橼酸铋钾均在酸性环境下发挥作用,可黏附覆盖溃疡表面而形成一层保护膜,从而阻止胃酸和胃蛋白酶侵袭溃疡面。前列腺素类药物具有促进胃肠道黏液分泌、增加胃肠道黏膜血流量等加强胃肠道防御功能的作用,主要用于预防非甾体抗炎药相关溃疡,包括米索前列醇等。

4. 内镜治疗 对消化性溃疡伴活动性出血的患者,可选质子泵抑制剂联合内镜治疗。对消化性溃疡合并幽门梗阻的患者，首选内镜治疗，常用方法是内镜下可变气囊扩张术。

5. 外科手术治疗　对于大量出血经内科紧急处理无效、急性穿孔、瘢痕性幽门梗阻、内科治疗无效的顽固性溃疡以及胃溃疡疑有癌变者，可行手术治疗。

6. 用药护理

（1）抗酸药：包括氢氧化铝、铝碳酸镁及其复方制剂等。抗酸药应于餐后1小时和睡前服用，不宜与牛奶、酸性食物及饮料同时服用。氢氧化铝凝胶可阻碍磷的吸收，老年人长期服用可导致骨质疏松，长期大量使用还可引起严重便秘、代谢性碱中毒和钠潴留等不良反应，可与镁制剂交替使用。

（2）$H_2$受体阻滞剂：宜在餐中、餐后或夜间睡前服用，不应与抗酸药联合应用；若需同时应用抗酸药，则两种药应间隔1小时以上。静脉给药应注意控制速度，速度过快可引起低血压和心律失常。西咪替丁的不良反应较多，如性功能障碍、乏力、腹泻、腹胀、皮疹、口苦、咽干等，偶尔可导致精神异常，突然停药可引起慢性消化性溃疡穿孔等。用药期间应注意监测肝、肾功能和血常规。雷尼替丁和法莫替丁的不良反应较少。

（3）质子泵抑制剂：质子泵抑制剂是目前作用最强的胃酸分泌抑制剂。一般每日用药1次，空腹服用。奥美拉唑的不良反应较少，可引起个别患者头晕，特别是用药初期，应嘱患者用药期间避免驾驶车辆或进行其他必须高度集中注意力的工作。此外，奥美拉唑有延缓地西泮及苯妥英钠代谢和排泄的作用，联合应用时需慎重。兰索拉唑的主要不良反应包括皮疹、瘙痒、头痛、口苦、肝功能异常等，严重者应及时停药。泮托拉唑的不良反应较少，偶尔可引起头痛、腹泻。

（4）硫糖铝：宜在进餐前1小时服药，服药时应将药片嚼碎或研成粉末服用。其主要不良反应为便秘、口干、嗜睡，糖尿病患者慎用。本药品与西咪替丁同时服用，可干扰和影响后者的吸收，故2种药应间隔2小时服用。

（5）胶体铋剂：枸橼酸铋钾为常用制剂，宜在餐前半小时服用。服用枸橼酸铋钾的过程中可使牙齿、舌变黑，可用吸管直接吸入药物。服药后口中带有氨味，还可出现粪便变黑，这是由于药物中的铋被代谢后产生硫化铋所致，停药后可自行消失。

（6）抗菌药物：服用阿莫西林前应询问患者是否有青霉素过敏史，用药过程中注意观察患者是否出现迟发型过敏反应。甲硝唑可引起恶心、呕吐等胃肠道反应，应在餐后半小时服用，也可遵医嘱用甲氧氯普胺、维生素$B_6$等予以拮抗。

（四）并发症护理

1. 出血　①安慰患者，减轻患者的焦虑与恐惧，及时清除患者的呕吐物。对情绪紧张者，可适当予以镇静药。②患者取平卧位，卧床休息；对出现呕血者，应将其头偏向一侧。③暂时禁食，予以输液、输血，遵医嘱应用止血药。④观察和记录患者呕血、便血的量和颜色，观察是否有鲜红色血液持续从胃管引流出，以判断是否有活动性出血和评估止血效果。

2. 急性穿孔　发生急性穿孔时，应立即通知医生，并协助处理。①对伴有休克者应取休克体位，待生命体征平稳后改为半卧位，以利于漏出的消化液积聚于盆腔最低位置，减少毒素的吸收，降低腹壁张力和减轻疼痛。②立即予以禁食、禁饮、胃肠减压，可减少胃肠内容物继续流入腹腔。③记录患者的液体出入量，合理安排输液的种类及输液速度，以维持水、电解质平衡。④遵医嘱合理使用抗生素，预防和控制感染。⑤严密观察患者的生命体征及腹部情况的变化，做好术前准备。

3. 幽门梗阻　对出现幽门梗阻的患者不宜使用抗胆碱药，以免降低胃动力，加重梗阻。①对非完全性梗阻患者，可予以无渣、半流质饮食。对完全梗阻者，术前应予以禁食，以减少胃内容物潴留，并根据医嘱予以静脉补充营养，维持水、电解质和酸碱平衡。②予以持续胃肠减压，以排空胃内潴留物。③每晚用温生理盐水300～500 ml洗胃，以减轻胃黏膜水肿及炎症，有利于溃疡愈合。④密切观察患者呕吐物的量、性状和气味，准确记录液体出入量。对于瘢痕性幽门梗阻患者，应配合医生做好内镜或手术治疗的护理。

4. 癌变　患者发生癌变后，应当与其积极沟通，做好解释、安慰工作，防止发生意外。对早期胃癌患者，遵医嘱做好术前准备。手术是治疗早期胃癌的首选方法。对出现吞咽困难的患者和中、晚期胃癌患者，应遵医嘱静脉输注高营养物质，以维持机体代谢需要，提高机体免疫力。遵医嘱进行化疗，注意观察药物的疗效和不良反应。遵医嘱使用镇痛药物。

**考点提示**

溃疡的治疗配合及并发症的处理。

（五）对症护理

帮助患者认识和去除诱发或加重疼痛的因素。服用非甾体抗炎药者，应停药；对嗜好烟、酒者，制订戒烟、戒酒计划。教会患者缓解疼痛的方法，如十二指肠溃疡表现为空腹痛或夜间痛时，应指导患者进食碱性食物，或遵医嘱服用抗酸药，也可采用局部热敷或针灸止痛等方法。

（六）心理护理

患者和家属常有两种心理状态：一种是对疾病认知不足，不够重视，持无所谓的态度；另一种是产生紧张、焦虑心理，尤其是当并发出血、穿孔、梗阻或癌变时，患者容易产生恐惧心理。护士应全面评估患者及家属对疾病的认知程度，了解患者、家属的心理状态，以及患者的家庭经济状况和社会支持情况，并对患者及家属进行健康教育。向患者说明紧张、焦虑心理可使胃酸分泌增多，进而诱发和加重溃疡。指导患者采用放松技术，如转移注意力、听音乐等，以放松身心，保持积极、乐观的心态，主动配合治疗和护理。

【健康指导】

1. 疾病知识指导　向患者及家属讲解引起和加重消化性溃疡的相关因素。指导患者保持乐观的情绪，规律生活，避免过度紧张与疲劳，选择合适的锻炼方式，提高机体抵抗力。

2. 饮食指导　指导患者建立合理的饮食习惯和结构，戒除烟、酒，避免进食刺激性食物。

3. 用药指导　指导患者遵医嘱正确、按时服药，说明药物的不良反应；避免使用对胃黏膜有损害的药物，如阿司匹林、吲哚美辛（消炎痛）、皮质类固醇等。术后数月或数年内出现剑突下持续性烧灼痛，进食后加重，抗酸药治疗无效；频繁呕吐，呕吐物中含有胆汁，呕吐后疼痛不减轻；体重持续减轻，甚至出现贫血或原有溃疡症状加重，或有消化道出血，则提示出现术后远期并发症，应指导患者及时就诊。

4. 病情监测　嘱患者定期复查。告知患者若上腹疼痛节律性发生变化或疼痛加重，或出现呕血、黑便，则应立即就医。

## 第四节　肝硬化患者的护理

**案例导入 4-3**

吴先生，64岁，既往有乙型病毒性肝炎病史11年，乏力、食欲减退3个月，腹胀，少尿1个月。查体：消瘦，神志清楚，肝病面容，巩膜轻度黄染，肝掌（+），胸部可见数枚蜘蛛痣；腹部明显膨隆，腹壁静脉曲张，移动性浊音（＋＋）；双下肢中度水肿。患者精神紧张，一直询问病情是否会恶化。

**问题与思考：**
1. 患者最可能的医疗诊断是什么？
2. 该患者存在的主要护理问题有哪些？

肝硬化（liver cirrhosis）是一种由不同病因引起的慢性进行性弥漫性肝病。其病理特点是广泛肝细胞变性、坏死，再生结节形成、纤维组织增生和假小叶形成。临床代偿期症状不明显，失代偿期主要表现为肝功能损害和门静脉高压，晚期患者常发生消化道出血、肝性脑病等严重并发症。肝硬化是常见疾病，患者以青壮年男性多见，35～50岁为发病高峰年龄。

【病因与发病机制】

（一）病因

1. **病毒性肝炎** 是我国肝硬化患者最常见的病因，占60%～80%，主要是乙型肝炎病毒感染，经过慢性肝炎阶段发展为肝硬化，其次是丙型或乙型病毒性肝炎合并丁型病毒性肝炎重叠感染，甲型、戊型病毒性肝炎一般不演变为肝硬化。

2. **慢性酒精中毒** 是西方国家引起肝硬化的主要原因，在我国约占15%。长期大量饮酒者，乙醇及其中间代谢产物（乙醛）可直接引起中毒性肝损伤，初期表现为肝细胞脂肪变性，进而可发展为酒精性肝炎、肝纤维化，继而发展为酒精性肝硬化。

3. **药物或化学毒物** 长期服用双醋酚丁、甲基多巴、异烟肼等药物，或长期接触磷、砷、四氯化碳等化学毒物，可引起中毒性或药物性肝炎，最终演变为肝硬化。

4. **非酒精性脂肪性肝炎** 约70%原因不明的肝硬化可能是由非酒精性脂肪性肝炎引起的，主要危险因素包括肥胖、糖尿病、高三酰甘油血症等。

5. **循环障碍** 慢性充血性心力衰竭、缩窄性心包炎、肝静脉和下腔静脉阻塞等，可使肝长期淤血，肝细胞缺氧、坏死和结缔组织增生，最终发展为淤血性肝硬化。

6. **胆汁淤积** 若持续存在肝内胆汁淤积或肝外胆管阻塞，高浓度胆汁酸和胆红素的毒性作用可引起肝细胞损害，使肝细胞发生变性、坏死，导致胆汁性肝硬化。

7. **寄生虫感染** 反复或长期感染血吸虫者，其虫卵及毒性代谢产物在肝汇管区沉积，可刺激汇管区，引起大量纤维组织增生，导致肝纤维化和门静脉高压，引起血吸虫肝硬化。

8. **其他因素** 如营养失调、遗传或先天性酶缺陷、代谢障碍、免疫紊乱等，均可成为肝硬化的直接或间接病因。部分患者的发病原因难以确定，称为隐源性肝硬化，占5%～10%。

（二）发病机制

各种病因引起的肝硬化，其病理特征是肝细胞广泛变性、坏死，正常的肝小叶结构被破坏，残存肝细胞形成再生结节，纤维组织呈弥漫性增生，形成假小叶。上述病理变化逐步进展，可造成肝内血管扭曲、受压、闭塞，导致肝血液循环紊乱，肝内血管网结构异常，进而导致严重的血液循环障碍，是形成门静脉高压的病理基础，并且可导致肝细胞缺氧和营养障碍加重，使肝硬化病变进一步发展。

【护理评估】

（一）健康史

询问患者是否有肝炎、输血史、心力衰竭、胆道疾病、血吸虫病及家族遗传性疾病等相关病因或病史；是否长期接触化学毒物或使用可引起肝损害的药物；是否长期大量饮酒，以及饮酒量和持续时间；是否有慢性肠道感染、消化不良、消瘦、黄疸、出血史。询问患者相关检查、用药和其他治疗情况。

## （二）身体状况

多数肝硬化患者起病隐匿，病程进展缓慢，可潜伏3～5年或更长的时间。临床上根据肝功能代偿情况，将肝硬化分为肝功能代偿期和肝功能失代偿期。

1. 肝功能代偿期　早期患者无症状或症状轻微，缺乏特异性，常以乏力、食欲缺乏、消化不良等为主要表现，可伴有恶心、厌食、上腹不适、腹胀及腹泻等。症状常因劳累而出现，休息或治疗后可缓解。查体可见肝轻度肿大，质地偏硬，无或仅有轻度压痛，脾轻至中度肿大。肝功能大多正常或出现生化指标轻度异常。

2. 肝功能失代偿期　主要为肝功能减退和门静脉高压引起的全身多系统症状和体征。

（1）肝功能减退的表现：

1）全身表现：患者一般情况及营养状况较差，表现为消瘦、乏力、精神不振、皮肤粗糙、面色灰暗或黝黑，常出现不规则低热、夜盲及水肿等。

2）消化道症状：门静脉高压可导致胃肠道淤血、水肿，肠道菌群失调和胆汁分泌减少，引起消化、吸收障碍，主要表现为食欲减退甚至厌食、进食后上腹饱胀不适、恶心、呕吐，进油腻食物易引起腹泻。多数患者有黄疸，当肝细胞进行性或广泛性坏死时，可出现不同程度的黄疸，是肝功能严重减退的表现。

3）出血倾向和贫血：轻者可有鼻出血、牙龈出血、皮肤紫癜，重者可出现胃肠道出血，引起黑便。女性患者常有月经量过多。出血与肝合成凝血因子减少、脾功能亢进及毛细血管脆性增加有关。营养不良、肠道吸收障碍、脂肪代谢紊乱、胃肠道出血和脾功能亢进等，可引起不同程度的贫血。

4）内分泌失调：由于肝对雌激素、醛固酮和抗利尿激素的灭活功能减退，导致体内相应的激素增多。雌激素增多时，男性患者常出现性功能减退、不育、睾丸萎缩、乳房发育及毛发脱落，女性患者可出现月经失调、闭经、不孕等；部分患者面颈部、上胸部、肩背部和上肢等上腔静脉引流区域可出现蜘蛛痣；手掌大、小鱼际和指腹部位皮肤发红，称为肝掌。醛固酮及抗利尿激素增多可导致水、钠潴留，引起尿量减少和水肿，并促进腹水的形成。肾上腺皮质功能减退可表现为面部和其他暴露部位皮肤色素沉着。

（2）门静脉高压的表现：脾大、侧支循环建立和开放、腹水是门静脉高压症的三大临床表现。

1）脾大及脾功能亢进：脾因长期淤血而肿大，一般为轻、中度肿大。晚期脾功能亢进时，对血细胞的破坏增加，可导致外周血红细胞、白细胞、血小板减少。

2）侧支循环建立和开放：正常情况下，门静脉系和腔静脉系之间的交通支很细小，血流量很少。正常门静脉压力为13～24 $cmH_2O$。门静脉压力增高时，来自消化器官和脾等经门静脉回心的血液经过肝受阻，导致门静脉与腔静脉交通支开放并扩张，血流量增加，形成门静脉-腔静脉侧支循环（图4-1）。重要的侧支循环主要包括以下几种。①食管下段和胃底静脉曲张：曲张静脉破裂出血是肝硬化门静脉高压患者常见的并发症，常因恶心、呕吐、咳嗽、负重或进食粗糙食物诱发，患者可出现呕血、黑便，甚至发生休克。②腹壁静脉曲张：在脐周与腹壁可见迂曲的静脉，以脐为中心向上腹及下腹延伸。③痔静脉曲张：是门静脉系的直肠上静脉与下腔静脉系的直肠中、下静脉吻合扩张形成的痔核，破裂可引起便血。

3）腹水：是肝硬化患者肝功能失代偿期最为显著的临床表现。腹水出现前，患者常有腹胀，以餐后明显。大量腹水时，腹部隆起，腹壁绷紧发亮，可发生脐疝，使膈肌抬高，引起呼吸困难、心悸。腹水形成的主要因素包括以下几方面。①门静脉压力增高：门静脉压力增高时，腹腔脏器毛细血管床静水压增高，组织间液重吸收减少，进而漏入腹腔。②血浆胶体渗透压降低：肝功能减退可导致清蛋白合成减少及蛋白质摄入和吸收障碍，引起低清蛋白血症。发

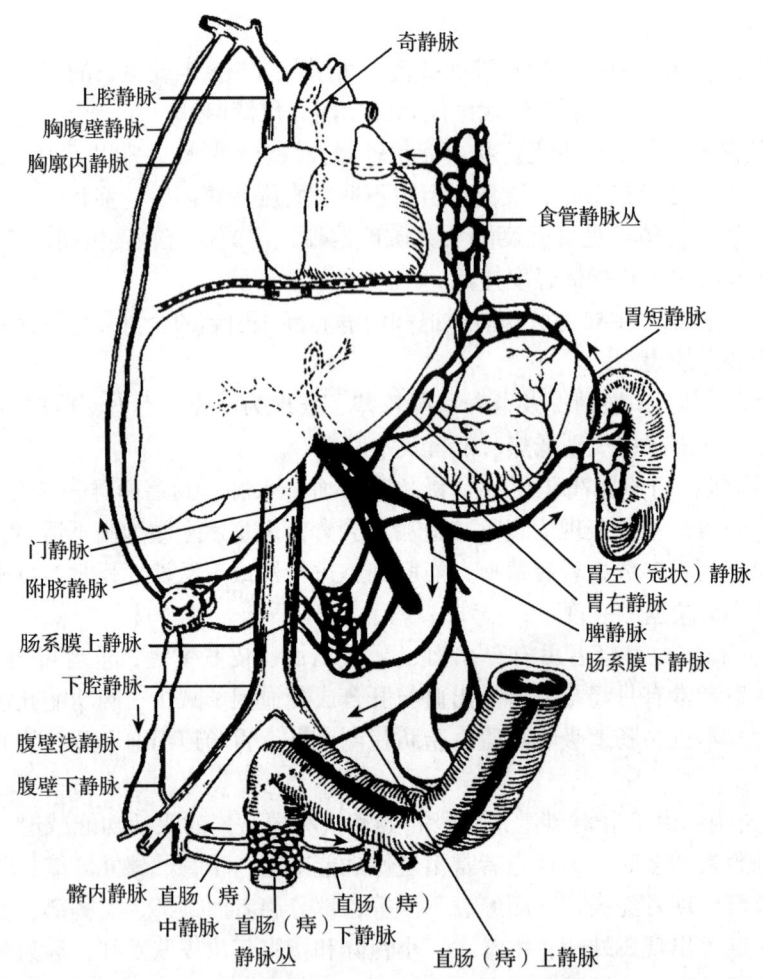

图 4-1 门静脉回流受阻时的侧支循环血流方向示意图

生低清蛋白血症时,血浆胶体渗透压降低,血管内液体进入组织间隙,即形成腹水。③肝淋巴液生成过多:肝静脉回流受阻时,肝内淋巴液生成增多,超过胸导管的引流能力,大量淋巴液可经肝包膜和肝门淋巴管渗出至腹腔。④抗利尿激素及继发性醛固酮增多:肝对抗利尿激素和醛固酮的灭活作用减弱,导致继发性抗利尿激素及醛固酮增多,引起水、钠潴留,使尿量减少。⑤有效循环血容量不足:血容量不足可导致肾血流量减少,肾小球滤过率降低,引起尿量减少,造成水、钠潴留。

(3)体征:早期可出现肝大,表面平滑,质地中等硬度;晚期肝缩小,表面可呈结节状,质硬。患者一般无压痛,但在肝细胞进行性坏死或出现并发症时,可有压痛与叩击痛。

3. 并发症

(1)上消化道出血:是本病最常见的并发症,由于食管下段或胃底静脉曲张破裂出血所致。其原因是患者出现恶心、呕吐、咳嗽、负重时,腹内压突然升高,或因粗糙食物的机械性损伤、胃酸反流腐蚀等,引起突然大量呕血和黑便,可导致出血性休克或诱发肝性脑病。部分患者上消化道出血的原因是并发急性糜烂出血性胃炎或消化性溃疡。

(2)感染:由于患者抵抗力低下、门静脉-腔静脉侧支循环开放等因素,使病原体的入侵繁殖机会增加,易并发感染,如自发性细菌性腹膜炎、肺炎、胆道感染、败血症等。自发性细菌性腹膜炎是指无腹腔内脏器穿孔的急性腹膜细菌性感染。其主要原因是肝硬化时,单核吞噬细胞系统的吞噬功能减弱,细菌由肠壁进入腹膜腔或带菌的淋巴液漏入腹腔而引起感染,致病菌多为革兰氏阴性杆菌。患者可出现发热、腹痛、腹胀、腹膜刺激征、腹水迅速增加或持续不减等表现。

（3）肝性脑病：是晚期肝硬化患者最严重的并发症，也是肝硬化患者最常见的死亡原因，详见本章第六节"肝性脑病"。

（4）原发性肝癌：若肝硬化患者短期内出现病情迅速恶化、肝进行性增大、原因不明的持续性肝区疼痛或发热、腹水增多且为血性等表现，则应考虑并发原发性肝癌。

（5）肝肾综合征：又称功能性肾衰竭，是肝硬化终末期患者常见的严重并发症之一，主要由于有效循环血容量减少、肾血管收缩和肾内血液重新分布，导致肾皮质缺血和肾小球滤过率下降，但肾无明显器质性损害，表现为少尿或无尿、氮质血症、稀释性低钠血症和尿钠减少。

（6）电解质和酸碱平衡紊乱：①低钠血症，长期低钠饮食可导致原发性低钠血症，长期利尿和大量放腹水等可导致钠丢失，抗利尿激素增多，使水潴留超过钠潴留而导致稀释性低钠血症。②低钾、低氯血症与代谢性碱中毒，进食量较少、呕吐、腹泻、长期应用利尿药或高渗葡萄糖溶液、继发性醛固酮增多等，可引起低钾、低氯血症，而低钾、低氯血症可引起代谢性碱中毒，并可诱发肝性脑病。

（7）肝肺综合征：是指肝硬化门静脉高压导致肺血管扩张而引起的低氧血症。临床表现为低氧血症和呼吸困难。吸氧只能暂时缓解症状，但不能逆转病程。其原因是肝硬化时，内源性扩血管物质（如一氧化氮、胰高血糖素）分泌增多，使肺毛细血管扩张，以及胸腔积液、腹水压迫引起通气障碍，造成通气/血流比例失调和气体弥散功能下降。

 考点提示

肝硬化的临床特征与常见并发症。

### （三）心理、社会状况

肝硬化为慢性病程，随着病情发展，患者逐渐丧失工作能力，长期患病可影响其生活，也会给患者家庭造成沉重的经济负担。应注意评估患者的心理状态，是否有焦虑、抑郁、易怒、悲观等情绪。评估患者及家属对疾病的认知程度以及患者家庭的经济情况。

### （四）辅助检查

1. 血常规检查　肝功能代偿期多正常，失代偿期常有不同程度的贫血。脾功能亢进时，白细胞计数和血小板计数均减少。

2. 尿液检查　尿常规检查代偿期正常，失代偿期可出现蛋白尿、血尿和管型尿。发生黄疸时，尿液中可出现胆红素，尿胆原增加。

3. 肝功能检查　代偿期正常或轻度异常。失代偿期多有异常，转氨酶轻、中度增高，多以ALT（GPT）增高较为显著，但肝细胞严重坏死时，AST（GOT）常高于ALT；血清清蛋白降低，球蛋白增高，清蛋白/球蛋白比值降低或倒置；凝血酶原时间有不同程度的延长。

4. 免疫功能检查　血清IgG显著增高，T淋巴细胞计数常低于正常；可检出抗核抗体、抗平滑肌抗体等非特异性自身抗体；病毒性肝炎肝硬化患者，乙型、丙型和丁型肝炎病毒检测可呈阳性反应。

5. 腹水检查　包括腹水的颜色、比重、蛋白定量、血清和腹水清蛋白梯度、细胞分类、腺苷脱氨酶（adenosine deaminase，ADA）、血清和腹水乳酸脱氢酶（lactate dehydrogenase，LDH）、细菌培养及内毒素测定等。腹水一般为漏出液。并发自发性细菌性腹膜炎、结核性腹膜炎或癌变时，腹水的性质可发生相应的变化。

6. 影像学检查　X线钡餐检查示食管静脉曲张者，呈虫蚀样或蚯蚓状充盈缺损；胃底静脉曲张时，钡剂呈菊花样充盈缺损。超声、CT和MRI检查可显示肝、脾的大小，肝内门静脉、肝静脉和侧支血管的形态改变以及腹水情况。

7. 内镜检查　进行上消化道内镜检查可观察食管、胃底静脉是否有曲张及其曲张的程度和范围。对并发上消化道出血的患者，急诊内镜检查不仅可明确出血的原因和部位，还可同时进行止血。腹腔镜检查可直接观察肝、脾的情况。

8. 肝活体组织检查　B超引导下肝穿刺活组织检查可作为代偿期肝硬化诊断的金标准，可以确定肝硬化的病理类型、炎症和纤维化程度，鉴别肝硬化、慢性肝炎与原发性肝癌，可用于指导治疗和判断预后。

【主要护理诊断/问题】

1. 营养失调：低于机体需要量　与肝功能减退、门静脉高压导致食欲减退、消化及吸收障碍有关。

2. 体液过多　与肝功能减退、门静脉高压导致水、钠潴留有关。

3. 潜在并发症：上消化道出血、肝性脑病、感染等。

4. 焦虑　与病程迁延不愈、经济负担较重有关。

【护理措施】

（一）一般护理

1. 休息与活动　休息可减少机体能量消耗，减轻肝的负担，有利于肝细胞修复、改善腹水和水肿。代偿期患者可参加轻体力工作，避免过度劳累。失代偿期患者应以卧床休息为主，并尽量取平卧位，以利于增加肝、肾血流量，改善肝细胞的功能状态，提高肾小球滤过率。休息时可将下肢抬高，以减轻水肿。出现阴囊水肿者可用托带托起阴囊，以利于水肿消退。大量腹水患者可取半卧位，使膈肌下降，以减轻呼吸困难和心悸。

2. 饮食护理　肝硬化患者的饮食应遵循高热量、高蛋白、高维生素、易消化的原则，并应根据病情变化及时调整饮食。

（1）蛋白质：是肝细胞修复和维持血浆清蛋白正常水平的重要物质基础。蛋白质的来源以豆制品、鸡蛋、牛奶、鱼、鸡肉、瘦猪肉为主。肝硬化患者（肝性脑病患者除外）蛋白质摄入量为 $1.2\sim 1.5\ g/(kg\cdot d)$。血氨升高时，应限制或禁食蛋白质，待病情好转后再逐渐增加摄入量，并应选择植物蛋白。

（2）维生素：新鲜蔬菜和水果含有丰富的维生素，如西红柿、柑橘等含有丰富的维生素C，日常食用可保证维生素的摄入量。

（3）限制钠和水的摄入：对出现腹水者，应限制钠的摄入（食盐摄入量为 $1.5\sim 2.0\ g/d$），饮水量限制在每天 1000 ml 左右。尽量少食含钠量高的食物，如咸肉、酱菜、酱油、罐头食品、含钠味精等。限钠饮食常使患者感到食物清淡而无味，可适量添加柠檬汁、食醋等，以增进食欲。

（4）避免损伤曲张静脉：食管胃底静脉曲张患者应进食菜泥、肉糜、软食，进餐时应细嚼慢咽，咽下的食团宜小，且外表光滑。食物中切勿混入糠皮、硬屑、鱼刺、甲壳等坚硬、粗糙的物质。禁止饮酒。

（5）营养支持：对食欲减退或对食物不耐受者，遵医嘱予以肠内营养或静脉补充营养，如高渗葡萄糖溶液、复方氨基酸、白蛋白或新鲜血等。

3. 皮肤护理　患者因皮肤干燥、水肿、黄疸等，可出现皮肤瘙痒。长期卧床等因素易导致皮肤破损和继发感染。指导患者沐浴时避免水温过高，避免使用有刺激性的皂类和沐浴液；沐浴后可使用性质温和的润肤品。对出现皮肤瘙痒者，予以止痒处理，嘱患者勿用手抓挠皮肤，以免皮肤破损。

## （二）病情观察

1. 观察腹水和下肢水肿的情况　准确记录每日液体出入量，定期测量腹围和体重。

2. 监测血清电解质和酸碱度的变化　对出现呕吐、腹泻的患者，遵医嘱应用利尿药、放腹水后，应密切观察其病情变化，以便及时发现并纠正水、电解质和酸碱平衡紊乱，防止发生肝性脑病和肝肾综合征。

3. 观察并发症　观察患者是否有呕血、黑便，是否有神志异常、扑翼样震颤等，及早发现上消化道出血和肝性脑病等并发症。

## （三）治疗配合

目前尚无特效治疗方法，应重视早期诊断，加强病因治疗。对代偿期患者，可应用抗纤维化的药物（如秋水仙碱）及中药，使用保护肝细胞的药物（如还原型谷胱甘肽、S-腺苷蛋氨酸、维生素），避免滥用护肝药物，避免应用可引起肝损害的药物。对失代偿期患者，主要是进行对症治疗、改善肝功能和处理并发症。对有手术适应证的患者，应慎重选择时机进行手术治疗。

1. 腹水的治疗

（1）限制钠和水的摄入：限制钠盐摄入可加速腹水消退，部分患者限钠期间可发生自发性利尿。水的摄入量一般不需要严格限制，但当血钠<125 mmol/L 时，则需限制水的摄入量。

（2）利尿药：是目前临床上应用最广泛的治疗腹水的方法。单独应用排钾利尿药时需注意补钾。螺内酯和呋塞米联合应用有协同作用，并可减少电解质紊乱。首选螺内酯，数日后加用呋塞米，效果不明显时可按比例逐渐增加药物剂量，待患者腹水消退后，应逐渐减少用药剂量。

（3）提高血浆胶体渗透压：定期输注血浆、新鲜血或白蛋白，不仅有助于促进腹水消退，也利于改善机体的一般情况和肝功能。

（4）难治性腹水的治疗：难治性腹水是经限钠、利尿药治疗达最大剂量，排除其他因素对利尿药疗效的影响，或已予以纠正，仍难以消退或很快复发的腹水。可选以下治疗方法：①大量放腹水，同时输注白蛋白。患者若无感染、上消化道出血、肝性脑病等并发症，且肝代偿功能尚可、凝血功能正常，则可选用此方法，一般放腹水 1000 ml，输注清蛋白 8 g。②经颈静脉肝内门体静脉分流术（transjugular intrahepatic portosystemic shunt, TIPS），是通过介入手段经颈静脉放置导管，建立肝静脉与肝内门静脉分支间的分流通道，以降低门静脉系统压力，减少腹水的生成。

2. 手术治疗　各种分流术、断流术和脾切除术等，包括近年来开展的以介入放射学方法进行的经颈静脉肝内门体静脉分流术，目的是降低门静脉系统压力和消除脾功能亢进。肝移植是各种原因引起的晚期肝硬化的最佳治疗方法。

3. 并发症的治疗

（1）自发性细菌性腹膜炎：选择对肠道革兰氏阴性菌有效、腹水浓度高、肝毒性小、主要针对革兰氏阴性杆菌并兼顾革兰氏阳性球菌的广谱抗生素，如头孢哌酮，可联合应用舒他西林或喹诺酮类药物。

（2）肝肾综合征：积极预防或消除肝肾综合征的诱发因素，如感染、上消化道出血等。治疗措施包括输注白蛋白，以扩充有效血容量，应用血管活性药物。外科治疗包括经颈静脉肝内门体静脉分流术及肝移植。

4. 肝移植　是治疗顽固性腹水最有效的方法，也是治疗晚期肝硬化的最佳方法。

5. 用药护理　遵循少用药、用必需药的原则，尽量减轻肝损害和肝的负担。用于治疗肝硬化腹水的利尿药主要有螺内酯，可根据腹水程度和利尿效果联合应用呋塞米。长期或大量使用呋塞米和氢氯噻嗪可引起低钾、低钠血症，长期或大量使用螺内酯和氨苯蝶啶则可导致高钾血症，因此，对使用利尿药的患者，应定期监测血钾、血钠、氯化物，以便及时发现和纠正电解质紊乱。使用利尿药时，还应注意剂量不宜过大，利尿速度不宜过快，以每日体重减轻不超过 0.5 kg 为宜。

### （四）对症护理

1. 腹水的护理

（1）体位：卧床休息，大量腹水患者可取半卧位，以使膈肌下降，有利于呼吸运动，减轻呼吸困难和心悸。

（2）限制钠、水的摄入：钠的摄入量应限制在食盐为 1.5～2.0 g/d，饮水量应限制在每天 1000 ml 左右。

（3）利尿：常首选螺内酯，无效时加用氢氯噻嗪或呋塞米。当患者出现低钾血症时，应及时补充氯化钾。使用利尿药时，应注意观察患者是否出现肝性脑病、肝肾综合征等并发症。利尿药以每天体重减轻不超过 0.5 kg，每周不超过 2.0 kg 为宜。

（4）避免腹内压骤增：出现大量腹水时，应指导患者避免剧烈咳嗽、打喷嚏、用力排便等。

（5）腹腔穿刺放腹水的护理：做好术前准备、术中配合及术后护理。

（6）监测酸碱平衡情况：记录每日液体出入量，定期监测腹围、体重，尤其应注意观察患者是否出现电解质紊乱。

2. 皮肤护理　保持皮肤清洁，卧床休息时应定期变换体位。患者皮肤瘙痒明显时，应协助其进行温水擦浴，外用炉甘石洗剂止痒。嘱患者避免搔抓皮肤，以免引起皮肤破损、出血和感染。

### （五）并发症的护理

1. 上消化道出血的护理　详见本章第十节"上消化道出血患者的护理"。
2. 肝性脑病的护理　详见本章第六节"肝性脑病患者的护理"。

### （六）心理护理

初次住院治疗的患者往往缺乏疾病相关知识，常出现焦虑心理。病情严重或需长期住院的患者则往往会出现消极、悲观，甚至绝望心理。因此，护士应积极与患者沟通，鼓励患者表达其内心的感受和顾虑，与患者一起讨论其可能面对的问题，在精神上予以安慰和支持。对出现严重焦虑和抑郁的患者，应加强巡视并及时干预，以免发生意外。应重视家庭的支持作用，指导患者家属在情感上关心、支持患者。

 **考点提示**

肝硬化患者的饮食护理、腹水的护理和并发症的护理。

【健康指导】

1. 疾病知识指导　肝硬化为慢性病程。护士应使患者和家属掌握疾病相关知识和自我护理方法，预防并早期发现并发症。帮助患者调节情绪，指导患者注意预防感染，注意保暖和个人卫生。

2. 活动与休息　对肝硬化代偿期患者，若无明显精神异常、体力减退，则可指导其参加轻体力工作，避免过度劳累。失代偿期患者以卧床休息为主，但长期卧床易引起消化不良、情绪低落，应根据患者的病情，指导其进行适量活动，活动量以不加重疲劳感和其他症状为度。指导患者保持充足的睡眠，规律作息。

3. 饮食指导　向患者及家属说明饮食治疗的意义及原则，指导其遵循饮食治疗原则和计划。已出现食管胃底静脉曲张的患者，应避免进食过多、过快，避免进食质硬、辛辣、刺激性食物，以免发生出血。禁止饮酒。对出现水肿、腹水的患者，应限制水、钠的摄入。多吃蔬菜、水果，保持排便通畅。

4. 用药指导　指导患者遵医嘱用药，加用药物需征得医生的同意，以免服药不当而加重肝的负担和引起肝功能损害。教会患者观察药物的疗效和不良反应，如服用利尿药时，应记录尿量，若出现软弱无力、心悸等症状，则提示发生低钠、低钾血症，应及时就医。

5. 定期复查　指导患者定期到门诊复查。教会患者观察、识别病情变化，发现异常应及时就诊。

## 第五节　原发性肝癌患者的护理

### 案例导入 4-4

韩某，男性，54 岁，右上腹持续性胀痛 2 个月，伴乏力、消瘦。既往有"乙型病毒性肝炎"病史 10 年。查体：T 38.4 ℃，P 86 次 / 分，R 21 次 / 分，BP 132/82 mmHg；体型消瘦，巩膜黄染，肝右肋下 2 cm，质地坚硬，有压痛。实验室检查：HBsAg（+），甲胎蛋白 400 μg/L。

**问题与思考：**

1. 根据上述情况，能否排除肝癌的诊断？
2. 应如何对患者进行健康教育？

肝癌（liver cancer）分为原发性肝癌和继发性肝癌。原发性肝癌简称肝癌，是指发生在肝细胞或肝内胆管上皮细胞的恶性肿瘤，是我国常见的恶性肿瘤，死亡率高，可发生于任何年龄，多见于中年男性，男性与女性发病率之比约为 5∶1。继发性肝癌，即转移性肝癌，是指经血行或淋巴途径转移至肝的肿瘤。本节主要介绍原发性肝癌。

【病因与发病机制】

原发性肝癌的病因及发病机制尚未明确，目前认为疾病的发生是多因素作用、多步骤发展的复杂过程，受环境等因素影响。

1. 病毒性肝炎　在我国，慢性病毒性肝炎是原发性肝癌最主要的病因。流行病学调查显示，我国有 90% 的肝癌患者 HBsAg 呈阳性。临床上，肝癌患者常有肝炎病毒感染→慢性肝炎→肝硬化→肝癌的病史。西方国家以丙型肝炎病毒感染较为常见，部分患者在慢性肝炎阶段即可发展为肝癌。

2. 饮食因素　长期大量饮酒可导致酒精性肝病，在此基础上发生的肝纤维化及肝硬化都可能发展为肝癌。长期进食被黄曲霉毒素污染的食物或含亚硝胺的食物与肝癌的发生有密切关系。饮用被藻类毒素污染的水，也可能与肝癌的发生有关。

3. 遗传因素　不同种族人群的肝癌发病率存在差异。肝癌有明显的家族聚集现象，这可能与遗传因素有关，也可能与家族成员的饮食习惯及生活环境有关。

4. 其他因素　亚硝胺类、有机氯农药等化学物质可能诱发肝癌。血吸虫、华支睾吸虫等寄生虫感染也可能与肝癌的发病有一定的关系。

原发性肝癌按肿瘤形态可分为结节型、块状型、弥漫型；按组织学可分为肝细胞型、胆管细胞型和混合型，其中以肝细胞型最多见，癌细胞由肝细胞发展而来。胆管细胞型较少见，癌细胞由胆管上皮细胞发展而来。原发性肝癌的转移途径包括肝内转移和肝外转移。肝外转移主要是血行转移、淋巴转移和种植转移。血行转移最常见的部位是肺，其次是骨、脑。

【护理评估】

（一）健康史

询问患者是否有肝炎、肝硬化病史，是否长期食用含黄曲霉毒素、亚硝胺类的食品，是否长期饮用污染的水，是否酗酒，是否长期接触有机氯农药，是否有手术史、家族史等。

（二）身体评估

肝癌起病常隐匿，早期缺乏典型症状。经甲胎蛋白普查检出的早期病例无任何症状和体征，称为亚临床肝癌。出现症状而就诊者病程大多已进入中、晚期，其主要临床表现包括以下几方面。

1. 症状

（1）肝区疼痛：是最常见的症状，半数以上患者以此为首发症状，多呈右上腹持续性钝痛或胀痛，劳累后加重，主要是由于癌肿生长过快、肝包膜被牵拉所致。若位于肝右叶顶部的肿瘤侵犯膈肌，则疼痛可放射至右肩；若肝癌结节坏死、破裂，引起腹腔内出血，则可表现为突发肝区疼痛或腹痛。

（2）消化道症状：患者可有食欲减退、消化不良、恶心、呕吐、腹泻等表现，或因腹水而导致腹胀，症状早期不明显，容易被忽视。

（3）全身症状：早期主要表现为乏力、体重减轻、营养不良等，晚期患者体重进行性减轻，可伴有贫血、出血、腹水、水肿等，甚至出现恶病质表现。

（4）副肿瘤综合征：是指肝癌组织本身代谢异常或癌肿引起的内分泌或代谢紊乱综合征，少数患者可有自发性低血糖、红细胞增多症、高钙血症、高血脂等。

2. 体征

（1）肝大与肿块：肝呈进行性肿大是最常见的特征性表现。肝质地坚硬，表面及边缘钝而不规则，有明显结节或肿块，可有不同程度的压痛。若癌肿位于膈面，则主要表现为膈肌抬高，而肝下缘下移。巨大的肿块可使右侧季肋区明显隆起。

（2）黄疸：一般在晚期出现，少数为肝细胞性黄疸，多数为阻塞性黄疸。

（3）肝硬化征象：肝癌伴肝硬化门静脉高压患者可有脾大、静脉侧支循环形成及腹水等表现。腹水一般为漏出液，也可出现血性腹水。

3. 并发症 常见于晚期患者。

（1）肝性脑病：是肝癌终末期最严重的并发症。一旦出现肝性脑病，即预示预后不良。

（2）上消化道出血：出血的原因包括食管胃底静脉曲张破裂、胃肠道黏膜糜烂、凝血功能障碍、癌结节破裂出血等。严重者可导致出血性休克，也可诱发肝性脑病。

（3）肝癌结节破裂出血：肝癌组织坏死可导致其自发破裂或因外力作用而发生破裂，局限于包膜下者可形成压痛性血肿；若破入腹腔，则可引起腹膜刺激征和急性腹痛，大量出血可导致休克。

（4）继发感染：严重营养不良、放疗、化疗等，可导致患者抵抗力下降，易并发肺炎、肠道感染、败血症和真菌感染等。

（三）心理、社会状况

多数肝癌患者无自觉症状，通常在体检或普查时偶然被发现，可能出现否认、愤怒、忧伤、接受等心理反应阶段。确诊后，患者常拒绝面对现实、急躁易怒等。很多患者表现为情绪低落、悲观失望，甚至绝望而出现自杀意念。

（四）辅助检查

1. 肝癌血清肿瘤标志物检测

（1）甲胎蛋白（alpha fetoprotein，AFP）：是诊断肝细胞癌的特异性肿瘤标志物，现已广泛应用于肝癌的普查、诊断、疗效评价和预测复发。在排除妊娠、肝炎和生殖腺胚胎瘤的基础上，AFP＞400 μg/L 是诊断肝癌的条件之一。对 AFP 由低浓度逐渐升高不降或 AFP＞200 μg/L 持续 8 周以上者，应结合影像学和肝功能检查进行动态观察和综合分析。

（2）其他肿瘤标志物：测定血清岩藻糖苷酶、γ-谷氨酰转肽酶同工酶Ⅱ、异常凝血酶原、磷脂酰肌醇蛋白多糖 -3、高尔基体蛋白 73 等，有助于 AFP 阴性者肝癌的诊断和鉴别诊断。

2. 影像学检查　B 超检查简便、易行，是筛查肝癌的首选方法；CT 检查是诊断肝癌的重要手段；磁共振成像（MRI）能清楚地显示癌肿内部的结构特征，诊断准确率可达 90% 以上；肝血管造影是诊断肝癌的重要补充手段，诊断准确率较高，但属于侵入性检查，通常用于影像学检查不能发现的肝癌病灶检查。

3. 肝活体组织检查　在 B 超或 CT 引导下，经细针穿刺行组织学检查可获得肝癌的病理学确诊依据。对有出血或肿瘤转移风险，上述非侵入性检查未能确诊者可视情况考虑应用。

 考点提示

肝癌的临床特点及肿瘤标志物。

【主要护理诊断 / 问题】
1. 慢性疼痛　与癌肿生长过快牵拉肝包膜有关。
2. 营养失调：低于机体需要量　与疼痛、心理反应、化疗导致的胃肠道反应有关。
3. 恐惧　与腹部剧烈疼痛或担心预后有关。
4. 有感染的危险　与机体长期消耗，化疗、放疗导致白细胞减少，机体抵抗力降低有关。
5. 潜在并发症：上消化道出血、肝性脑病、癌结节破裂出血。

【护理措施】
（一）一般护理
1. 休息与活动　为患者提供安静、舒适的治疗环境，保证充足的休息和睡眠，以减少体力消耗，增加肝的血流量，减轻肝的负担。
2. 饮食护理　向患者解释进食的意义和重要性，鼓励患者进食。提供适宜的进食环境，保持患者口腔清洁，以增进患者的食欲。饮食以高蛋白、适当热量、维生素丰富饮食为宜；避免进食高脂、高热量和刺激性食物，以免使肝的负担加重。疼痛剧烈者应暂停进食，待疼痛减轻后再进食。患者出现恶心、呕吐时，应服用镇吐药后进少量食物，增加进食次数，尽量增加摄入量。若患者有肝性脑病倾向，则应减少蛋白质摄入量。对晚期肝癌患者，可遵医嘱予以静脉补充营养，以维持机体代谢需要。应根据患者的营养状况，及时调整饮食计划。

（二）病情观察
严密观察患者肝区疼痛的部位、性质、程度、持续时间和伴随症状，观察患者是否有腹水、发热、黄疸等。观察患者是否有肿瘤转移的表现，如咳嗽、咯血、胸痛、血性胸腔积液、局部压痛、截瘫等。观察患者是否有并发症征象，如意识状态变化等肝性脑病征象，呕血、便血等上消化道出血征象。突发剧烈腹痛、急性腹膜炎和内出血表现时，应考虑癌结节破裂出血的可能。

（三）治疗配合
1. 治疗原则　虽然治疗原发性肝癌的方法很多，但手术切除仍是目前根治原发性肝癌的最佳方法。对诊断明确并且有手术适应证者，应及早进行手术。肝动脉栓塞化疗是肝癌非手术治疗中的首选方法，可明显提高患者的 3 年生存率。目前倾向于采用手术、介入治疗（射频消融、肝动脉栓塞化疗等）、放疗等综合治疗，若同时结合中医药治疗或生物免疫治疗等，则疗效更好。同时，应积极关注并加强并发症的预防与治疗。

2. 用药护理　对进行静脉营养支持的患者，应注意严格执行无菌操作，定时更换导管和敷料，防止发生导管相关性感染。避免使用可引起肝功能损害的药物，如红霉素、巴比妥钠等。遵医嘱应用抗肿瘤化疗药物或镇痛药，注意观察药物的疗效和不良反应。新型镇痛方式为患者自控镇痛，即应用特制的输液泵，连续性或间歇性输注镇痛药，患者可自行控制给药。给药途径包括静脉、皮下、椎管内。此方法可提高镇痛效果和患者满意度，并节省用药，且不良反应较少。

3. 肝动脉栓塞化疗患者的护理

（1）术前护理：①心理指导，向患者介绍肝动脉栓塞化疗的方法和意义。②完善各项检查。③进行碘过敏试验和普鲁卡因过敏试验。④准备治疗相关物品和药品。⑤术前4～6小时禁食、禁饮水，术前半小时遵医嘱使用镇静药。

（2）术后护理

1）饮食护理：术后禁食2～3天。患者恢复饮食后，应从流质饮食逐渐过渡到普通饮食，注意少食多餐。

2）穿刺局部的护理：局部压迫止血15分钟后，予以加压包扎，并用沙袋压迫6～8小时。嘱患者卧床24～48小时，防止发生穿刺点出血。

3）体位：协助患者取平卧位，穿刺侧肢体制动6小时。密切观察穿刺侧肢端皮肤的颜色、温度及足背动脉搏动情况。

4）栓塞后综合征的护理：栓塞后综合征是指术后由于肝动脉供血突然减少，引起腹痛、发热、恶心、呕吐、肝功能异常等表现的综合征。腹痛是由于肝水肿、肝包膜张力增加所致，术后48小时一般可缓解。若剧烈疼痛持续3～4天，则应考虑误伤其他脏器并发生坏死，应及时报告医生，并配合处理。发热是由于机体吸收坏死组织所致，术后4～8小时，患者可出现低热至中度发热，可予以物理降温，或遵医嘱使用解热药物。术后1天，患者多因化疗药物的不良反应出现恶心、呕吐等消化道反应，可予以止吐药等对症处理，并注意维持水、电解质平衡。

（四）并发症的护理

1. 癌肿破裂出血　是原发性肝癌患者的常见并发症，可由癌肿受压、癌肿生长过快导致肝包膜张力过高或腹内压增高所致。对多数患者，需进行手术止血。对不能进行手术的患者，可予以补液、止血、输血以及全身支持疗法进行综合处理，但效果不佳。同时应指导患者避免腹部受外力压迫或冲击，避免导致癌肿破裂的诱因，如用力排便、剧烈咳嗽等。一旦患者出现突发剧烈腹痛伴腹膜刺激征，即应警惕发生癌肿破裂的可能。护士应立即通知医生，并配合抢救，同时做好急诊手术的准备。

2. 上消化道出血　是晚期肝癌伴肝硬化患者的常见并发症。一旦发生上消化道出血，即需按肝硬化门静脉高压所致上消化道出血的治疗和护理措施进行处理。详见"本章第十节上消化道出血患者的护理"。

3. 肝性脑病　可发生于肝功能失代偿期的原发性肝癌患者。应按肝性脑病的防治和护理措施进行处理。详见"本章第六节肝性脑病患者的护理"。

（五）心理护理

应当理解、同情和关心患者，向患者解释原发性肝癌的相关知识，鼓励患者表达内心的感受，及时解答患者的疑问。帮助患者分析各种不利因素，引导患者正确应对。帮助患者树立战胜疾病的信心和勇气，保持愉快的心情，积极配合治疗。

【健康指导】

1. 疾病预防指导　宣传及普及肝癌相关知识。指导患者注意饮水、饮食卫生，避免进食霉变食物，避免接触各种有毒、有害物质。接种病毒性肝炎疫苗，预防肝炎。对高危地区人群及高危人群（病毒性肝炎病史在 5 年以上，乙型或丙型肝炎病毒检测呈阳性，年龄在 35 岁以上者）进行普查，尽量做到早发现、早诊断、早治疗，避免延误最佳手术时间。普查方法包括甲胎蛋白测定和 B 超检查。

2. 疾病知识指导　指导患者建立健康的生活方式，养成良好的生活习惯，注意休息，劳逸结合，适当锻炼，如慢跑、散步等，避免劳累和重体力活动，避免精神紧张和情绪激动，保持心情愉快，积极配合各项治疗和护理。鼓励患者参加社会性抗癌组织的相关活动，以增加精神支持。

## 第六节　肝性脑病患者的护理

**案例导入 4-5**

患者，女，58 岁，既往有乙型病毒性肝炎病史，腹胀、食欲减退、水肿、皮肤黏膜出血 3 年；1 年前确诊为肝硬化；1 周前出现睡眠昼夜节律紊乱；昨天进食鸡蛋后出现答非所问的情况。体格检查：T 36 ℃，P 80 次 / 分，R 18 次 / 分，BP 100/70 mmHg；嗜睡，答非所问，定向力差；消瘦，慢性肝病面容，扑翼样震颤（+），腹壁静脉曲张，脾肋下 2 cm，腹部移动性浊音（+），双下肢可见瘀斑。初步诊断：肝性脑病。

问题与思考：
1. 作为主管护士，应如何对该患者进行护理评估？
2. 该患者目前存在的主要护理问题有哪些？

肝性脑病（hepatic encephalopathy，HE）是指严重肝病引起的、以代谢紊乱为基础的中枢神经系统功能失调的综合征。其主要临床表现为意识障碍、行为失常，甚至昏迷。肝性脑病是肝病晚期患者最严重的并发症和主要的死亡原因。若脑病的发生是由于门静脉高压、广泛肝门静脉与腔静脉侧支循环形成所致，则称为门体分流性脑病（portosystemic encephalopathy，PSE）。患者没有能觉察的人格或行为变化，神经系统体征正常，但有神经心理学和（或）神经生理学异常的肝性脑病，称为轻微型肝性脑病（minimal hepatic encephalopathy，MHE），是肝性脑病发病过程中的一个阶段。

【病因与发病机制】

（一）病因

肝性脑病可由各型肝硬化引起，其中，肝炎肝硬化是最常见的原因。此外，门体静脉分流术、暴发性肝衰竭、原发性肝癌、严重胆道感染等，也可引起肝性脑病。多数患者有明显的诱因，如上消化道出血、高蛋白饮食、大量应用排钾利尿药和腹腔大量放液、感染、便秘、外科手术、电解质紊乱及酸碱平衡失调、酗酒、低血糖，以及应用镇静催眠药和麻醉药等。

（二）发病机制

肝性脑病的发病机制迄今尚未完全明确。一般认为其病理生理基础是发生肝衰竭和存在门体静脉分流时，来自肠道的正常情况下能被肝有效代谢的毒性产物，未被肝解毒和清除即进入体循环，透过血 - 脑屏障至脑部，导致大脑功能紊乱。关于肝性脑病发病机制的学说主要有以下几种。

1. 氨中毒学说　氨是促发肝性脑病最主要的神经毒素，氨代谢紊乱引起氨中毒是肝性脑病，特别是门体分流性脑病的重要发病机制。

（1）氨的形成和代谢：血氨主要来自肠道、肾和骨骼肌生成的氨，但是胃肠道是氨生成的主要部位。正常人胃肠道每日产氨约 4 g。氨在肠道内的吸收主要是以非离子型氨（$NH_3$）的形式弥散入血。当结肠 pH>6 时，$NH_3$ 大量弥散入血；pH<6 时，$NH_3$ 则从血液转运至肠腔，随粪便排出。游离 $NH_3$ 有毒性，能透过血-脑屏障，离子型氨（$NH_4^+$）相对无毒，不能透过血-脑屏障。机体清除氨的主要途径是：①经肾排泄，肾除排出大量尿素外，在排酸的同时也排出大量氨；②在肝内合成尿素，并经肾排泄；③在脑、肝、肾等组织利用及消耗氨，合成谷氨酸及谷氨酰胺；④血氨过多时，少量可经肺呼出。

（2）氨对中枢神经系统的毒性作用：大量血氨可通过血-脑屏障进入脑组织，对中枢神经系统产生毒性，可干扰脑细胞三羧酸循环，使大脑能量供应不足。同时，脑内氨浓度升高，还可导致星形胶质细胞合成谷氨酰胺增加。谷氨酰胺是一种很强的细胞内渗透剂，其含量增加可导致星形胶质细胞与神经元细胞肿胀，这是肝性脑病患者发生脑水肿的重要原因。

2. γ-氨基丁酸/苯二氮䓬（GABA/BZ）复合体学说　γ-氨基丁酸（GABA）是哺乳动物神经组织中主要的抑制性神经递质。发生门体静脉分流和肝衰竭时，在氨的作用下，脑星形胶质细胞内的神经递质苯二氮䓬（BZ）受体表达上调。大脑神经元表面的 GABA 受体与 BZ 受体和巴比妥受体紧密相连，组成 GABA/BZ 复合体，共同调节氯离子通道。该复合体中的任何一个受体被激活均可促使氯离子内流而引起神经传导被抑制。

3. 假性神经递质学说　神经冲动的传导是通过递质来完成的。神经递质分为兴奋性神经递质和抑制性神经递质两类。正常情况下，两类神经递质保持生理平衡。肝衰竭时，食物中的芳香族氨基酸（如酪氨酸、苯丙氨酸）在肝内清除障碍而进入脑组织，形成 β-羟酪胺和苯乙醇胺，后两者的化学结构与正常神经递质去甲肾上腺素相似，但不能传递神经冲动或传递作用很弱，故称为假性神经递质，可导致神经传导发生障碍，使兴奋冲动不能正常地传至大脑皮质而产生异常抑制，导致意识障碍或昏迷。

4. 氨基酸代谢失衡学说　肝衰竭时，血液中的芳香族氨基酸增多，支链氨基酸减少。进入大脑的芳香族氨基酸合成抑制性递质（如色氨酸转变为 5-羟色胺）增多，同时产生假神经递质，影响正常神经冲动的传导。这可能与患者发生昏迷有关。

【护理评估】

（一）健康史

评估患者是否有肝硬化、重症病毒性肝炎、中毒性肝炎、药物性肝炎、原发性肝癌、严重胆道感染等病史，是否接受过门体静脉分流术，是否有上消化道出血，是否有酗酒、进食高蛋白饮食、感染、严重创伤、低血糖、便秘等诱因。

（二）身体状况

不同肝性脑病患者的临床表现因原有肝病的性质、肝细胞损害严重程度及诱因不同而存在差异。急性肝性脑病患者多以急性重型肝炎为主要表现，可在起病数日内进展为肝性脑病。多数慢性肝性脑病患者起病缓慢，有明显诱因，昏迷逐渐加重，直至死亡。一般根据意识障碍程度、神经系统表现和脑电图改变，将肝性脑病由轻到重分为以下 5 期。

0 期（潜伏期）：又称轻微型肝性脑病，患者无行为、人格异常，无神经系统病理征，脑电图正常，但有神经心理学和（或）神经生理学异常。

1 期（前驱期）：以轻度性格改变和行为异常为主要表现，如欣快、激动或淡漠、言语减少、衣冠不整或随地排尿、排便。应答尚准确，但言语不清且语速较缓慢。患者可有扑翼样震颤，此期神经反射正常，脑电图大多正常。

2期（昏迷前期）：以意识错乱、睡眠障碍、行为失常为主要表现。患者定向力和理解力均减退，对人物、地点、时间的概念混乱，不能完成简单的计算和智力构图，言语不清，书写困难，行为举止反常，昼睡夜醒，甚至出现幻觉、恐惧、狂躁等精神症状。患者可出现扑翼样震颤，同时伴有肌张力增高、腱反射亢进、锥体束征呈阳性等。此期脑电图有特征性改变。

3期（昏睡期）：临床表现以昏睡和精神错乱为主。患者大部分时间呈昏睡状态，可被唤醒，醒时尚能应答，但常有神志不清和幻觉。扑翼样震颤仍可引出，各种神经系统体征持续存在或加重，脑电图检查明显异常。

4期（昏迷期）：患者神志完全丧失，不能被唤醒。由于患者不能合作，扑翼样震颤无法引出。发生浅昏迷时，患者对疼痛刺激尚有反应，腱反射和肌张力亢进；深昏迷时，患者的各种反射均消失，肌张力降低，瞳孔常散大，可出现抽搐和换气过度。脑电图检查出现明显异常。部分患者可有肝臭。

以上各期的分界不甚明确，前后分期临床表现可有重叠，可随病情进展或治疗好转而发生变化。

### （三）心理、社会状况

本病常在各类严重肝病的基础上发生，随着病情的加重，患者逐渐丧失工作和生活能力，影响家庭生活，并给家庭带来沉重的经济负担。患者及家属易出现抑郁、焦虑、厌倦等心理问题。应注意患者的心理状态，鉴别因疾病而导致的心理问题与疾病本身引起的精神障碍表现。

### （四）辅助检查

1. **血氨检查**　正常人空腹静脉血氨为 6～35 μmol/L，动脉血氨含量为静脉血的 0.5～2 倍。慢性肝性脑病特别是门体分流性脑病患者多有血氨增高，急性肝性脑病患者的血氨值可以正常。

2. **脑电图检查**　肝性脑病患者的脑电图表现为节律减慢，2～3 期患者可出现普遍性 4～7 次/秒的 δ 波或三相波；昏迷时表现为高波幅的 δ 波，每秒少于 4 次。

3. **智力测验**　智力测验主要用于肝性脑病的早期诊断和轻微型肝性脑病的筛查。一般将木块图试验、数字连接试验及数字符号试验联合应用，可用于诊断轻微型肝性脑病。其缺点是易受患者年龄和受教育程度的影响。

4. **影像学检查**　进行 CT 或 MRI 检查时，急性肝性脑病患者可出现脑水肿征象，慢性肝性脑病患者则可出现不同程度的脑萎缩征象。

> 💡 **考点提示**
>
> 肝性脑病的分期特点及确诊的检查方法。

【主要护理诊断/问题】

1. **急性意识障碍**　与肝衰竭导致代谢产物不能被清除而引起大脑功能紊乱有关。
2. **营养失调：低于机体需要量**　与肝功能减退、消化和吸收功能障碍，以及限制蛋白质摄入有关。
3. **感知改变**　与肝功能减退、血氨增高影响脑细胞正常代谢有关。
4. **活动无耐力**　与肝功能减退、营养摄入不足有关。
5. **有感染的危险**　与长期卧床、营养失调、机体抵抗力低下有关。

【护理措施】

### （一）一般护理

1. **休息与活动**　保持室内空气清新，环境安静。使患者绝对卧床休息，定时帮助患者变换体位。安排专人护理,限制探视。取下患者的义齿、发卡,经常帮助患者剪指甲,以防止其抓伤皮肤。对出现烦躁的患者,可安装护栏,必要时使用约束带,防止发生坠床及撞伤等意外。

2. 饮食护理　对肝性脑病患者,应限制蛋白质的摄入量,减少饮食中蛋白质的供给量。因为食物中的蛋白质可被肠内细菌的氨基酸氧化酶分解生成氨。

(1)热量:在发病开始数日内,禁食蛋白质,予以足够的热量和维生素,每天理想的能量摄入为 35～40 kcal/kg,以糖类为主,可予以口服蜂蜜、葡萄糖、果汁、面条、稀饭等。对昏迷患者,予以鼻饲 25% 葡萄糖溶液供给热量。足量的葡萄糖除可提供热量和减少体内蛋白质分解产氨外,还有利于促进氨与谷氨酸结合形成谷氨酰胺,从而使血氨降低。

(2)蛋白质:待患者神志清楚后,可逐渐增加蛋白质饮食,每日 20 g,每隔 3～5 天增加 10 g,逐渐增加至 50 g 左右,以植物蛋白为主,因为植物蛋白含支链氨基酸较多,而含蛋氨酸、芳香族氨基酸较少,可使氨随粪便排出增加。此外,植物蛋白含有非吸收性纤维素,经肠内细菌作用生成酸,有利于氨的排出,并且有利于排便。

(3)钠、水:对肝性脑病合并水肿、腹水或脑水肿者,应限制钠、水的摄入,钠摄入量<250 mg/d,饮水量<1000 ml/d。

(4)脂肪:脂肪可延缓胃的排空,故应限制脂肪摄入量。不宜服用维生素 $B_6$,因其可使多巴在周围神经转变为多巴胺,影响多巴进入脑组织,影响神经递质的正常传导。

3. 基础护理　保持呼吸道通畅,加强皮肤护理和口腔护理。对出现烦躁的患者,应安装护栏予以保护,必要时使用约束带,防止意外发生。

4. 去除和避免诱发因素　应协助医生迅速去除本次发病的诱发因素,并注意避免其他诱发因素。

(1)清除胃肠道内积血,减少氨的吸收:上消化道出血是最常见的诱因,一旦发生出血,应积极止血;出血停止后,予以灌肠和导泻,以清除肠道内积血,减少氨的吸收。

(2)避免应用催眠、镇静、麻醉等药物:当患者出现烦躁不安或有抽搐时,遵医嘱可用地西泮、氯苯那敏等,剂量为常规剂量的 1/3～1/2,禁用吗啡、水合氯醛、哌替啶及速效巴比妥类。

(3)避免快速利尿和大量放腹水:及时处理严重的呕吐和腹泻,以防止有效循环血容量减少、大量蛋白质丢失及低钾血症,避免加重肝损害和意识障碍。

(4)防止感染:加强基础护理,观察患者的体温变化,保持口腔、会阴部皮肤清洁、干燥。注意预防肺部感染,发生感染时,应遵医嘱及时、准确应用抗生素。

(5)避免大量输液:输液过多可引起低钾血症、稀释性低钠血症、脑水肿等,从而加重肝性脑病。

(6)保持排便通畅:有利于清除体内的含氮物质。对肝性脑病患者,可采用灌肠和导泻的方法清除肠道内的毒物。灌肠应使用生理盐水或弱酸性溶液(生理盐水 1～2 L 中加入食醋100 ml),忌用肥皂液,因其呈碱性,可增加氨的吸收。

(二)**病情观察**

密切监测并记录患者血压、脉搏、呼吸、体温、瞳孔及意识状态的变化;观察患者是否有思维及认知的改变,如是否有冷漠或欣快,理解力和近期记忆力减退,行为异常(哭泣、叫喊、随意排尿或排便)等早期表现;观察患者是否有瘫痪、抽搐等伴随症状;定期复查血氨、肝功能、肾功能、电解质等,若发现异常,则应及时报告医生,并协助处理。

(三)**治疗配合**

目前对本病尚无特效治疗方法,应采取综合治疗措施。治疗要点包括:去除肝性脑病发作的诱因,保护肝功能免受进一步损害,治疗氨中毒及调节神经递质。

1. 去除和避免诱发因素　应协助医生迅速去除本次发病的诱发因素，并注意避免其他诱发因素。

2. 减少肠内氮源性毒物的生成与吸收

（1）灌肠或导泻：可用生理盐水或弱酸性溶液灌肠，禁用肥皂液等碱性溶液灌肠；予以口服或鼻饲 25% 硫酸镁 30～60 ml 导泻。对急性门体分流性脑病引起昏迷的患者，应用乳果糖 500 ml 加水 500 ml 灌肠是首选的治疗方法。

（2）抑制肠道细菌生长：予以口服抗生素，减少氨的生成。常用药物有新霉素、甲硝唑、利福昔明等，也可以选用喹诺酮类抗菌药。

（3）乳果糖：乳果糖口服后在小肠内不会被分解，可以降低肠道 pH，抑制肠道细菌生长，使肠道细菌产氨减少。

（4）益生菌制剂：具有维护肠道正常菌群、抑制有害菌群、减少毒素吸收的作用。

3. 促进有毒物质的清除，纠正氨基酸代谢紊乱

（1）抗高血氨药：①门冬氨酸鸟氨酸，是目前最常用的有效抗高血氨药，可促进尿素合成，降低血氨，促进脑、肾利用和消耗氨并合成谷氨酸和谷氨酰胺，从而降低血氨，减轻脑水肿。②谷氨酸钠和谷氨酸钾，可与血液中的游离氨结合成为无毒性的谷氨酰胺，并随尿液排出，从而降低血氨。同时，谷氨酰胺还参与脑细胞的代谢，有助于改善中枢神经系统的功能。③精氨酸，可使尿素合成增加而降低血氨。精氨酸为酸性溶液，可用于血 pH 偏高的患者。

（2）纠正氨基酸代谢紊乱的药物：予以口服或静脉输注以支链氨基酸为主的氨基酸混合液，有利于使患者恢复正氮平衡。

（3）GABA/BZ 复合体拮抗药：如氟马西尼可通过抑制 GABA/BZ 受体而发挥作用，对部分 3～4 期患者有促醒作用。

4. 对症治疗　纠正水、电解质紊乱和酸碱平衡失调；保护脑细胞，防治脑水肿和继发感染；保持呼吸道通畅；防治休克和出血等并发症。

5. 人工肝　利用分子吸附剂再循环系统清除血液中的部分有毒物质，对肝性脑病有暂时的、一定程度的疗效，适用于急性肝衰竭患者，可作为肝移植的过渡治疗。

6. 用药护理

（1）灌肠或导泻药物：清除肠内积食、积血时，应选用生理盐水或弱酸性溶液灌肠，禁用肥皂液等碱性溶液灌肠。

（2）抗高血氨药：包括谷氨酸钾和谷氨酸钠，应根据患者的血钠、血钾情况合理选择使用。患者出现肝肾综合征、少尿、无尿时，应慎用谷氨酸钾，以防止血钾过高；患者发生腹水、心力衰竭、脑水肿时，应慎用钠剂。精氨酸适用于 pH 偏高的患者，不宜与碱性溶液配伍，滴注速度不宜过快，以免引起流涎、面色潮红和呕吐等。

（3）新霉素：少数患者使用新霉素后可出现听力损害和肾损害，故服用新霉素不宜超过 1 个月，并应进行听力和肾功能监测。

（4）葡萄糖：大量输注葡萄糖的过程中，须警惕发生低钾血症、心力衰竭和脑水肿等。

（5）乳果糖：口服后在小肠内不会被分解，到达结肠后可被肠道细菌分解并生成乳酸、乙酸，进而使肠道 pH 降低。应从小剂量开始用药，以每日排便 2～3 次，粪便 pH 5～6 为宜。乳果糖在肠内产气较多，可引起腹胀、腹部绞痛、恶心、呕吐及电解质紊乱等不良反应，应注意观察。

（四）对症护理

1. 昏迷

（1）保持气道通畅：使患者取去枕平卧位，将其头偏向一侧，以防止舌后坠阻塞呼吸道或

引起呕吐物误吸。对深昏迷患者,应行气管切开,以利于排痰,保证氧气的供应。

(2)防治脑水肿:用冰帽降低颅内温度,减少脑细胞耗氧量,保护脑细胞功能;遵医嘱予以静脉滴注高渗葡萄糖溶液、甘露醇等脱水剂,注意严格控制滴速,并观察患者尿量。

(3)加强基础护理:做好口腔、眼部、皮肤等基础护理。

2. 兴奋、烦躁不安或抽搐　取下活动的义齿,安装护栏予以保护,必要时使用约束带,防止发生坠床、撞伤。

**(五)心理护理**

患者由于病情重、病程长、久治不愈、医疗费用较高等原因,常出现烦躁、焦虑、悲观等情绪,甚至不配合治疗。因此,应针对患者的不同心理问题,予以心理支持,解除其顾虑及不良情绪,取得其信任及配合,帮助其增强战胜疾病的信心。向家属讲解病情发展经过,以提高家庭的应对能力,缓解患者家属的压力。

 考点提示

肝性脑病患者的饮食护理及治疗配合。

【健康指导】

1. 疾病知识指导　向患者和家属介绍肝疾病和肝性脑病的相关知识,指导患者认识并避免肝性脑病的各种诱发因素。

2. 用药指导　指导患者严格遵医嘱服药,熟悉药物的主要不良反应,避免使用可引起肝毒性的药物。指导患者定期复查。

3. 照顾者指导　使患者家属了解肝性脑病的早期征象,以便及时发现肝性脑病的先兆症状,使患者及时得到诊治。向患者家属讲解患者精神异常的原因,鼓励家属对患者予以精神支持和生活照顾,帮助患者树立战胜疾病的信心。

## 第七节　急性胰腺炎患者的护理

**案例导入 4-6**

张先生,30岁,因"左上腹痛伴恶心、呕吐 8 小时"急诊入院。患者昨晚饮酒后,出现左上腹隐痛,今晨疼痛加剧,呈持续性刀割样疼痛,并向左腰背部放射,频繁恶心、呕吐,呕吐后疼痛未缓解。查体:T 38.8 ℃,P 100 次 / 分,R 23 次 / 分,BP 90/70 mmHg;精神萎靡,表情痛苦;腹肌紧张,全腹有明显压痛、反跳痛。实验室检查:WBC $10.5 \times 10^9$/L,N 82%;血淀粉酶 600 U/L,尿淀粉酶 1800 U/L。患者平时身体健康,对此次患病感到很害怕,担心预后。

问题与思考:

1. 该患者最可能的医疗诊断是什么?
2. 该患者目前存在的护理问题有哪些?

急性胰腺炎(acute pancreatitis,AP)是指多种病因使胰酶在胰腺内被激活而引起胰腺组织自身消化,导致胰腺出现水肿、出血甚至坏死的急性化学性炎症。临床以急性上腹痛、发热、恶心、呕吐及血、尿淀粉酶增高为主要表现,病情轻重不一,重者可并发腹膜炎及休克,常因多器官功能衰竭、败血症、DIC 等并发症而死亡。本病是常见的消化系统急症之一,可见于任何年龄,以青壮年居多。

【病因与发病机制】

引起急性胰腺炎的病因较多，我国以胆道疾病为常见病因，西方国家则以大量饮酒多见。

**（一）病因**

1. **胆石症与胆道疾病** 又称胆源性胰腺炎，是我国急性胰腺炎发病的主要原因。国内研究显示，50%以上的急性胰腺炎患者并发于胆石症、胆道感染或胆道蛔虫症等胆道疾病，其中，胆石症最常见。胆石症引起胆源性胰腺炎的机制可能是：①胆石、感染、蛔虫等因素导致 Oddi 括约肌水肿、痉挛，使十二指肠壶腹部出口梗阻，胆道内压力高于胰管内压力，胆汁逆流入胰管，引起急性胰腺炎。②胆石在移行过程中损伤胆总管、壶腹部或胆道感染引起 Oddi 括约肌松弛，使富含肠激酶的十二指肠液反流入胰管，引起急性胰腺炎。

2. **胰管阻塞** 常见病因是胰管结石，其次是胰管狭窄、肿瘤，可引起胰管阻塞，胰管内压增高，使胰管小分支和胰腺泡破裂，胰液与消化酶渗入间质，引起急性胰腺炎。

3. **酗酒和暴饮暴食** 大量饮酒和暴饮暴食可导致胰液分泌增加，并引起 Oddi 括约肌痉挛、十二指肠乳头水肿，使胰管内压增高，胰液排出受阻，进而引起急性胰腺炎。慢性嗜酒者常有胰液内蛋白质沉淀，形成蛋白质栓子堵塞胰管，导致胰液排出障碍，引发急性胰腺炎。

4. **手术与创伤** 腹腔手术特别是胰腺、胆道或胃手术、腹部钝挫伤等，可直接或间接损伤胰腺组织并影响胰腺的血液供应而引起胰腺炎。

5. **其他** 任何原因引起的高钙血症或高脂血症，可通过胰管钙化或胰液内脂质沉着等引发胰腺炎。某些急性传染病（如流行性腮腺炎、传染性单核细胞增多症），可使胰液分泌增加而引起急性胰腺炎。某些药物（如噻嗪类利尿药、糖皮质激素、四环素、磺胺类药物），可直接损伤胰腺组织，使胰液分泌增多或黏稠度增加，引起急性胰腺炎。临床上有 5%～25% 的急性胰腺炎患者病因不明，称为特发性胰腺炎。

> **知识链接**
>
> ### Oddi 括约肌的解剖和生理功能
>
> 人类胆总管走行至十二指肠降部后内侧壁，在壁内与胰管汇合成一略膨大的共同管道，称为肝胰壶腹，开口于十二指肠大乳头，此处的括约肌称为 Oddi 括约肌。它由三部分组成：①胆总管括约肌，为一环行肌，位于胆总管末端，是胆总管最强的肌纤维，收缩后可使胆总管下端关闭；②胰管括约肌，位于胰管末端，常不完全，有时缺如；③壶腹括约肌，由十二指肠纵行肌纤维的延续部分和环行肌纤维所组成，收缩后可使胆汁经壶腹部逆流至胰管内。

**（二）发病机制**

急性胰腺炎的发病机制尚未完全阐明。正常胰腺分泌的消化酶有两种形式，一种是有生物活性的酶，另一种是以酶原形式存在的无活性的酶，正常状态下以分泌无活性的酶原占绝大多数。急性胰腺炎的发生是在各种病因的作用下，胰腺的自身防御机制被破坏，酶原被激活，引发胰腺的自身消化，释放胰脂肪酶、磷脂酶 A、弹性蛋白酶等，使胰腺充血、水肿、出血、坏死，并引起胰腺周围组织广泛坏死；胰脂肪酶可使脂肪分解，并与钙离子结合形成皂化斑，使血钙降低；此外，大量胰酶被吸收入血，还可导致肝、肾、心脏、脑等器官损害。

急性胰腺炎的病理变化一般分为急性水肿型和急性出血坏死型。其中，以水肿型多见，可见胰腺肿大，分叶模糊、间质水肿、充血和炎症细胞浸润等改变，预后良好。出血坏死型较少见，胰腺呈红褐色或灰褐色，可见明显的新鲜出血灶，分叶结构消失，有较大范围的脂肪坏死。坏死灶周围有炎症细胞浸润，病情稍长者可并发脓肿、假性囊肿或瘘管形成。出血坏死型患者病情重、并发症多，死亡率较高。

【护理评估】

(一) 健康史

评估患者是否有胆石症、胆道感染或胆道蛔虫症等病史，是否有腹部手术史或外伤史，是否有内分泌疾病和代谢性疾病，是否有急性传染病病史，发病前是否服用过噻嗪类利尿药、糖皮质激素、四环素、磺胺类药物等，是否存在酗酒和暴饮暴食等诱因。

(二) 身体状况

急性胰腺炎常发生在饱食、高脂饮食或大量饮酒后，轻症者症状相对较轻，且往往呈自限性病程。重症急性胰腺炎患者则起病急骤、病情严重、进展迅速，常伴发休克及多种并发症，病死率高。

1. 症状

(1) 腹痛：是本病的主要表现和首发症状，常在饱食、高脂饮食或酗酒后突然发生。腹痛常位于中上腹，疼痛呈持续性钝痛、钻痛、绞痛或刀割样痛，可向腰背部呈带状放射，取弯腰抱膝位可减轻疼痛，进食后疼痛加重。急性水肿型患者腹痛一般在3～5天后缓解。出血坏死型患者腹部剧痛，持续时间较长，并发腹膜炎时可引起全腹痛。极少数年老体弱的患者腹痛极轻微或无腹痛。

(2) 恶心、呕吐及腹胀：起病后，患者多出现频繁而持久的恶心、呕吐，呕吐物为食物和胆汁，呕吐后腹痛并不减轻，常同时伴有腹胀，甚至出现麻痹性肠梗阻。

(3) 发热：多数患者可出现中度以上发热，一般持续3～5天。若体温达39℃，则应考虑为出血坏死性胰腺炎。对持续发热1周以上不退或逐日升高、白细胞计数升高者，应考虑有胰腺脓肿或胆道炎症等继发感染。

(4) 低血压或休克：见于急性出血坏死性胰腺炎患者，表现为烦躁不安，皮肤苍白、湿冷，脉搏细弱和血压下降等。极少数患者可突然发生休克，甚至猝死。其主要原因是有效循环血容量不足、胰腺坏死并释放心肌抑制因子，导致心肌收缩不良、并发感染和消化道出血等。

(5) 水、电解质及酸碱平衡紊乱：患者多有不同程度的脱水，呕吐频繁者可出现代谢性碱中毒。重症者可出现明显脱水和代谢性酸中毒，伴血钾、血镁、血钙降低，部分患者可有血糖增高。低钙血症是由于脂肪组织分解成脂肪酸，与钙离子结合形成脂肪酸钙（钙皂），消耗了大量的钙，可引起手足抽搐，是病情严重和预后不良的征兆。

2. 体征

(1) 急性水肿性胰腺炎：患者腹部体征较轻，上腹部可有压痛，多无腹肌紧张及反跳痛，可有腹胀和肠鸣音减弱。

(2) 急性出血坏死性胰腺炎：患者常呈急性重病面容，表情痛苦，脉搏增快，呼吸急促，血压下降。患者腹肌紧张，全腹有显著压痛和反跳痛，伴麻痹性肠梗阻时有明显腹胀，肠鸣音减弱或消失，可出现移动性浊音，腹水多呈血性。少数患者由于胰酶或坏死组织液沿腹膜后间隙渗到腹壁下，导致两侧腰部皮肤呈暗灰蓝色，称为 Grey Turner 征；若出现脐周皮肤青紫，则称为 Cullen 征。若形成胰腺脓肿或假性囊肿，则上腹部可扪及肿块。胰头炎性水肿压迫胆总管时，患者可出现黄疸。发生低钙血症时，患者可出现手足抽搐，提示预后不良。

考点提示

急性胰腺炎最常见的病因及临床表现。

3. 并发症　主要见于重症急性胰腺炎患者。

（1）局部并发症：主要表现为胰腺脓肿和假性囊肿。胰腺脓肿在重症胰腺炎起病2～3周后，因胰腺及胰周组织坏死并继发感染而形成；假性囊肿常在起病3～4周后，因胰液和液化的坏死组织在胰腺内或其周围包裹所致。

（2）全身并发症：重症急性胰腺炎患者常并发不同程度的多器官功能衰竭。患者常在起病后数天出现急性肾衰竭、急性呼吸窘迫综合征、心力衰竭、消化道出血、胰性脑病、败血症及真菌感染、高血糖等，病死率极高。

### （三）心理、社会状况

由于急性起病，疼痛剧烈且难以忍受，患者常表现出烦躁不安、表情痛苦，疼痛严重的患者会有恐惧感甚至死亡威胁感。由于对疾病认识不足，患者往往因担心疾病的预后而产生焦虑心理。

### （四）辅助检查

1. 血常规进行　多有白细胞计数增多及中性粒细胞比例增高，核左移。

2. 血、尿淀粉酶测定　血清淀粉酶一般在起病后2～12小时开始升高，48小时后开始下降，持续3～5天。血清淀粉酶超过正常值的3倍即可诊断本病。但淀粉酶的高低并不一定反映病情轻重，出血坏死性胰腺炎患者血清淀粉酶可正常或低于正常。尿淀粉酶升高较晚，通常在发病后12～14小时开始升高，然后缓慢下降，持续1～2周，但尿淀粉酶受患者尿量的影响。

3. 血清脂肪酶测定　血清脂肪酶常在起病后24～72小时开始升高，持续7～10天，对就诊较晚的急性胰腺炎患者具有诊断价值，且特异性也较高。

4. C反应蛋白　C反应蛋白是组织损伤和发生炎症的非特异性标志物，有助于评估与监测急性胰腺炎的严重程度。

5. 其他生化检查　常见血糖暂时性升高，持久的空腹血糖高于10 mmol/L提示胰腺坏死，预后不良。患者可出现暂时性低钙血症，低血钙程度与临床严重程度平行，若血钙低于1.5 mmol/L，则提示预后不良。

6. 影像学检查　腹部X线检查可见"哨兵袢"和"结肠切割征"等胰腺炎的间接指征，并可发现肠麻痹或麻痹性肠梗阻征象；腹部B超、CT和MRI检查可见胰腺弥漫性增大，对并发胰腺脓肿或假性囊肿的诊断有一定的帮助。

【主要护理诊断/问题】

1. 疼痛：腹痛　与胰腺及其周围组织炎症、水肿或出血、坏死有关。
2. 潜在并发症：低血容量性休克、急性肾衰竭、ARDS等。
3. 体温过高　与胰腺炎症有关。
4. 焦虑/恐惧　与剧烈疼痛及担心疾病预后有关。

【护理措施】

### （一）一般护理

1. 休息与体位　患者应绝对卧床休息，以降低机体代谢率，增加脏器血流量，促进组织修复和体力恢复。协助患者取弯腰屈膝侧卧位，以减轻疼痛。对疼痛剧烈而辗转不安者，应注意防止坠床，其周围避免放置危险物品，以保证安全。病房内注意定期空气消毒，减少探视。

2. 饮食护理　急性期须严格禁食、禁饮1～3天。对出现明显腹胀者，需行胃肠减压，其目的是减少胃酸分泌，进而减少胰液分泌，以减轻腹痛和腹胀。禁食期间应予以静脉补液，维持患者的营养和液体平衡，同时注意补充电解质。待患者腹痛和呕吐基本消失后，可从低脂、低糖少量流质（如米汤、果汁）饮食开始，逐渐过渡到半流质饮食、普通饮食，避免暴饮暴食及酗酒。禁食、禁饮期间，应做好口腔护理，保持患者口腔清洁、舒适。患者口渴时，可用水湿润其口唇，以缓解不适与口腔干燥。

### （二）病情观察

严密监测患者的生命体征，定时记录患者的呼吸、脉搏、心率、血压、体温、血氧饱和度等指标。注意观察患者是否有脉搏细速、呼吸急促、尿量减少等低血容量的表现。观察患者腹痛的部位、性质、程度及变化情况，注意观察呕吐物的量及性状，观察患者皮肤黏膜的色泽与弹性是否有变化，判断脱水程度，准确记录24小时液体出入量。定时留取标本，监测血、尿淀粉酶以及血糖、电解质的变化，进行动脉血气分析。

### （三）治疗配合

治疗原则是减轻疼痛、减少胰液分泌、防治并发症。急性水肿性胰腺炎患者经3～5天积极治疗，多可治愈。对急性出血坏死性胰腺炎患者，须采取综合性措施，积极抢救和治疗，以降低病死率。

1. **非手术治疗**

（1）禁食及胃肠减压：通过禁食及胃肠减压可以减少胃酸分泌，进而减少胰液分泌，控制胰腺自身消化，以减轻腹痛和腹胀。

（2）减少胰液分泌：静脉予以 $H_2$ 受体阻滞剂、质子泵抑制剂，以抑制胃酸分泌，间接抑制胰液分泌。生长抑素及其类似物奥曲肽具有抑制胰液分泌和胰酶合成的作用，已广泛用于重症急性胰腺炎的治疗。

（3）解痉、止痛：肌内注射阿托品或山莨菪碱，严重腹胀、肠麻痹者不宜使用抗胆碱药。对腹痛剧烈者，予以布桂嗪或哌替啶 50～100 mg 肌内注射，禁用吗啡，因其可引起 Oddi 括约肌痉挛而加重病情。

（4）纠正水、电解质紊乱和酸碱平衡失调：予以静脉输液，积极补充液体及电解质，维持血容量及水、电解质和酸碱平衡。对发生休克的患者，可予以清蛋白、新鲜血或血浆代用品，必要时加用血管活性药物。

（5）营养支持：早期一般多采用全胃肠外营养。待患者病情缓解后，应尽早过渡到肠内营养。恢复饮食应从少量、无脂、低蛋白饮食开始，逐渐增加进食量和蛋白质摄入量，直至恢复正常饮食。

（6）抗感染：由于我国大多数急性胰腺炎与胆道疾病有关，故多主张应用抗生素。

（7）抑制胰酶活性：仅用于急性出血坏死性胰腺炎早期，常用药物有抑肽酶、加贝酯等。

2. **其他治疗** 包括内镜下 Oddi 括约肌切开术、腹腔灌洗、中医药治疗和手术治疗等。

3. **并发症治疗** 对急性出血坏死性胰腺炎伴腹腔内大量渗液者，或伴急性肾衰竭患者，可采用腹膜透析；对并发急性呼吸窘迫综合征的患者，除应用药物治疗外，可行气管切开和应用呼吸机治疗；对并发糖尿病的患者，可使用胰岛素。

4. **用药护理** 使用抗生素时，应注意观察患者是否出现过敏反应。对腹痛者，遵医嘱予以镇痛药，观察疗效及不良反应。使用阿托品时，应注意观察患者是否有心动过速、口干、尿潴留等表现。哌替啶可导致药物成瘾，应避免反复使用。禁用吗啡，以防止引起 Oddi 括约肌痉挛而加重病情。

### （四）对症护理

1. **腹痛** 协助患者采取屈膝弯腰侧卧位可以减轻疼痛；指导患者采用松弛疗法、转移注意力等措施，以缓解疼痛；同时，可遵医嘱使用哌替啶等镇痛药，但禁用吗啡。

2. **发热** 监测患者体温的变化，对高热患者采用物理降温，对出汗者应及时更换衣服，保持皮肤清洁、干燥。

3. **恶心、呕吐** 注意观察呕吐物的性状和量，呕吐后协助患者漱口，并加强口腔护理，也可遵医嘱使用镇吐药物。

### （五）急性出血坏死性胰腺炎的抢救配合

急性出血坏死性胰腺炎患者病情重，并发症多，病死率高，应积极做好抢救配合工作。

1. 准备用物　准备好抢救物品。
2. 患者准备　安置患者于平卧位，注意保暖，予以吸氧，氧流量为 4～6 L/min。
3. 病情观察　密切观察患者的病情变化，监测生命体征、意识和尿量的变化，注意观察患者是否有腹水、出血倾向等。
4. 对症处理　迅速建立静脉通道，补充血容量，并遵医嘱予以血管活性药物、抗菌药物和抑制胰液分泌的药物等。
5. 并发症的处理　对发生呼吸困难、急性呼吸窘迫综合征的患者，应行气管切开，并使用呼吸机治疗；对并发急性肾衰竭者，应进行血液透析。
6. 其他处理　积极做好手术准备。

### （六）心理护理

胰腺炎患者发病突然，临床症状明显，常出现恐惧和焦虑心理。护理人员应关心、安慰患者，耐心、细致地向患者解释病情，向患者介绍疾病相关知识，使患者树立战胜疾病的信心，避免不良情绪影响病情。

**考点提示**

急性胰腺炎患者的饮食护理及非手术治疗。

---

【健康指导】

1. 疾病相关知识指导　向患者及家属介绍本病的主要诱因和疾病过程，指导患者积极治疗胆道疾病。告知患者若出现腹痛、腹胀、恶心、呕吐等症状，则应及时就医。
2. 饮食指导　指导患者及家属注意饮食卫生，养成健康、规律的饮食习惯，避免暴饮暴食。腹痛缓解后，应从低脂、低糖饮食逐渐过渡到正常饮食。避免刺激性强、产气多、高脂肪、高蛋白饮食，戒烟、戒酒。
3. 用药指导　指导患者遵医嘱坚持用药，并定期到门诊复查。

## 第八节　溃疡性结肠炎患者的护理

### 案例导入 4-7

张某，男，25 岁，因反复出现左下腹疼痛伴腹泻 3 年，加重 1 个月就诊。患者 3 年来反复出现左下腹疼痛，疼痛后即有便意，排便后腹痛可缓解，但仍有排便不尽感；每天排便 3～4 次，粪便呈糊状，混有少量黏液、脓血。由于症状不严重，患者未予以重视，经常自行服用左氧氟沙星、乳酸菌素片，但效果不明显。1 个月前，患者腹痛加重，每天排便次数达 10 次以上，粪便中脓血增多，有时无粪质，呈血水样。患者怀疑为直肠、结肠癌，遂来医院就诊。体格检查：生命体征无异常，体型偏瘦。左下腹明显压痛，无腹肌紧张和反跳痛。结肠镜检查提示：乙状结肠多发性浅溃疡。初步诊断：溃疡性结肠炎活动期。

**问题与思考：**

1. 该患者目前的主要护理诊断 / 问题有哪些？依据是什么？
2. 应如何对该患者进行相应的饮食护理？

溃疡性结肠炎（ulcerative colitis，UC）又称非特异性溃疡性结肠炎，是一种病因未明的慢性非特异性结肠炎症性疾病。病变主要限于结肠黏膜与黏膜下层，最常累及直肠和乙状结肠。临床表现为反复发作的腹泻、黏液脓血便及腹痛，并伴有里急后重。本病病程漫长，有终生复发倾向，多见于20～40岁青壮年，亦可见于儿童或老年人，男性与女性发病率无明显差异。近年来，我国溃疡性结肠炎患病率明显增高，虽然患者病情较欧美国家轻，但重症患者也较常见。

【病因与发病机制】

本病的病因与发病机制尚未完全明确。目前认为本病的发生是由于环境因素作用于遗传易感者，在肠道菌群的参与下，启动难以停止的、发作与缓解交替的肠道自然免疫与获得性免疫反应，使肠道黏膜对抗原产生高敏反应，引起免疫调节功能紊乱，最终导致肠黏膜细胞慢性炎症和组织损伤。另外，部分患者的发病也可能因饮食失调、吸烟、劳累、应激或遭受重大精神创伤、感染等诱发或加重。

【护理评估】

（一）**健康史**

询问患者是否有长期不良的饮食习惯，是否吸烟，是否有肠道炎症性疾病病史，是否有家族聚集倾向。

（二）**身体状况**

起病多缓慢，病程呈慢性经过，常反复发作，表现为发作与缓解交替进行，少数患者症状持续并逐渐加重。患者的病情轻重不一，与病变范围、临床分型及病期等有关。

1. 症状

（1）消化道症状：典型的症状是反复发作的腹泻、黏液脓血便及规律腹痛。①腹泻：是最常见和最主要的症状，主要与炎症导致结肠黏膜对水、钠吸收障碍以及结肠运动功能失调有关。典型表现为排黏液便和黏液脓血便。黏液脓血便是溃疡性结肠炎活动期的重要表现，主要是由于炎性渗出和黏膜糜烂及溃疡所致。排便次数和便血程度可反映病情的严重程度。轻者每天排便2～4次，便血程度轻或无便血，重者每天排便可达10次以上。病变局限于直肠与乙状结肠的患者，可有腹泻与便秘交替的现象，与病变直肠排空功能障碍有关。②腹痛：轻者或缓解期患者多无腹痛或仅有腹部不适，活动期患者有轻度或中度腹痛，为左下腹阵发性疼痛，亦可波及全腹。患者腹痛呈疼痛—便意—排便后缓解的规律，多伴有里急后重，为直肠炎症刺激所致。若并发中毒性巨结肠或腹膜炎，则腹痛持续且剧烈。③其他症状：患者可有腹胀、食欲缺乏、恶心、呕吐等。

（2）全身表现：轻度患者症状不明显。中度、重度患者急性活动期可出现低热或中度发热，高热多提示发生严重感染、并发症或为急性暴发型。重症患者或病变持续活动者，可出现高热、脉搏加快、全身虚弱、消瘦、贫血、低蛋白血症以及水、电解质紊乱等表现。

（3）肠外表现：患者可伴有一系列肠外表现，包括口腔黏膜溃疡、结节性红斑、关节炎、坏疽性脓皮病、虹膜睫状体炎等。这些表现在炎症控制或结肠切除后可缓解或恢复。

2. 体征　患者呈慢性病容，精神状态差，重者呈消瘦、贫血貌。轻度、中度患者仅有左下腹轻度压痛，有时可触及痉挛的降结肠和乙状结肠。重度患者和急性暴发型患者常有明显腹部压痛，甚至肠型。若出现反跳痛、腹肌紧张、肠鸣音减弱等，则应注意是否出现中毒性巨结肠和肠穿孔等并发症。

3. 临床分型　临床上根据病程、病情程度、病变范围和病期对疾病进行综合分型。

（1）临床类型：①初发型，无既往史的首次发作。②慢性复发型，最多见，常表现为发作期与缓解期交替。③慢性持续型，病变范围广，症状持续，其间有症状加重的急性发作。④急性暴发型，少见，患者病情严重，全身中毒症状明显，易发生严重并发症。

（2）病情分期：可分为活动期和缓解期。患者多因饮食失调、感染、劳累、精神刺激等使症状加重，致使疾病从缓解期转为活动期。

（3）病变范围：病变主要限于结肠黏膜与黏膜下层，少数重症者可累及肌层；最常累及直肠和乙状结肠，甚至可累及全结肠及末端回肠。

（4）活动期病情严重程度：①轻度，每天排便<4次，便血程度轻或无便血，粪便呈糊状，可混有黏液、脓血，无发热，无贫血或仅有轻度贫血，红细胞沉降率正常。②重度，腹泻频繁，每天排便>6次，含大量黏液脓血，甚至血水样便，体温在37.5℃以上，脉搏在90次/分以上，红细胞沉降率加快，血红蛋白降低。③中度，临床表现介于轻度和重度之间。

4. 并发症

（1）中毒性巨结肠：是最严重的急性并发症。重度溃疡性结肠炎患者约有5%可发生中毒性巨结肠，一般以横结肠病变最严重，可因低钾血症、钡剂灌肠、使用抗胆碱药或阿片类药物等诱发。临床表现为病情迅速恶化，全身中毒症状明显，可出现脱水和电解质紊乱，伴腹胀、肠型、腹部压痛和反跳痛，肠鸣音减弱或消失，白细胞计数增多。腹部X线检查可见肠腔扩张、结肠袋消失等。

（2）急性肠穿孔：多因中毒性巨结肠加重所致，病死率高。

（3）结、直肠癌变：病史超过20年的患者结肠癌发生风险较正常人高10～15倍，多见于结肠炎症性病变累及全结肠、幼年起病者。

（4）其他并发症：结肠大量出血发生率约为3%。肠梗阻少见。

 考点提示

溃疡性结肠炎的好发部位、典型表现及常见并发症。

（三）心理、社会状况

本病病程较长，有反复发作的特点，容易引起并发症，患者容易产生焦虑、急躁等情绪。

（四）辅助检查

1. 血常规检查　可有红细胞计数减少和血红蛋白含量降低。活动期患者可出现白细胞计数增高。红细胞沉降率加快与C反应蛋白增高是活动期的标志。

2. 粪便检查　粪便肉眼检查常呈黏液脓血便，显微镜检查可见大量红细胞和脓细胞，急性发作期可见巨噬细胞。粪便病原学检查可协助排除感染性结肠炎，是本病诊断的一个重要步骤。

3. 结肠镜检查　结肠镜检查比X线钡剂灌肠检查准确，有条件者宜进行结肠镜全结肠检查；检查有困难时，可辅以X线钡剂灌肠检查。检查时，应尽可能观察全结肠及末段回肠，确定病变范围，必要时进行活检。溃疡性结肠炎病变呈连续性、弥漫性分布，从直肠开始逆行向近端扩展，内镜下可见黏膜充血、水肿，有出血及脓性分泌物附着，黏膜血管纹理模糊或消失；可见多发性溃疡，弥漫性糜烂；慢性病变表现为结肠变形、缩短、结肠袋变浅、变钝或消失。

4. 自身抗体检测　外周血中性粒细胞胞质抗体（antineutrophil cytoplasmic antibody，ANCA）和抗酿酒酵母菌抗体（anti-Saccharo-myces cerevisiae antibody，ASCA）分别是溃疡性结肠炎和克罗恩病（Crohn disease，CD）的相对特异性抗体，进行这两种抗体检测有助于溃疡性结肠炎和克罗恩病的诊断与鉴别诊断。

5. X线钡剂灌肠检查　可见黏膜皱襞紊乱或呈细颗粒样改变，也可见多发性小龛影或小的充盈缺损。有时可见病变肠管缩短,结肠袋消失,肠壁变硬,可呈铅管状。对重度或急性暴发型患者不宜进行此项检查,以免加重病情或诱发中毒性巨结肠。

 **考点提示**

溃疡性结肠炎的首要检查手段:结肠镜检查。

【主要护理诊断/问题】

1. 腹泻　与炎症导致肠黏膜对水、钠吸收障碍以及结肠运动功能失调有关。
2. 疼痛:腹痛　与肠道炎症、溃疡有关。
3. 营养失调:低于机体需要量　与长期腹泻及吸收障碍有关。
4. 有体液不足的危险　与肠道炎症导致长期频繁腹泻有关。
5. 潜在并发症:中毒性巨结肠、结直肠癌变、肠道大量出血、肠梗阻。
6. 焦虑　与病情迁延、反复不愈有关。

【护理措施】

(一)一般护理

1. 休息与环境　活动期患者须注意多休息,减少活动量,以减少胃肠蠕动及体力消耗。为患者提供安静、舒适、整洁、有卫生间的单人病室,以方便患者的日常生活。

2. 饮食护理　予以质软、易消化、纤维素少、富含营养、足够热量的饮食,既可减轻对肠黏膜的刺激,又便于吸收,并供给机体足够的热量,维持机体代谢的需要。禁食生冷、辛辣、刺激性食物,避免进食纤维素多的蔬菜、水果,忌食牛乳及乳制品。急性发作期患者应进食无渣流质或半流质饮食。病情严重者应禁食,并遵医嘱予以静脉高营养,以改善全身情况。为患者提供良好的进餐环境,避免不良刺激,增进患者的食欲。

(二)病情观察

严密观察患者腹泻的次数、量和性状。腹泻并发腹痛时,观察患者腹痛的性质、部位及是否有发热等生命体征的变化。观察患者是否有口渴、皮肤弹性减退等脱水的表现。观察患者是否有中毒性巨结肠、肠穿孔、肠道大量出血、肠梗阻等并发症。监测粪便检查结果及血红蛋白、电解质的变化。定期监测患者的营养状况,了解患者的营养状况是否改善。

(三)治疗配合

治疗目的是控制急性发作,缓解病情,减少复发,防治并发症。对于急性暴发型患者及病情严重的患者,若内科治疗效果不佳,则应考虑手术治疗。

1. 控制炎症

(1)对氨基水杨酸制剂:可抑制肠黏膜合成前列腺素和生成炎症介质白三烯,抗炎作用显著。美沙拉秦(5-氨基水杨酸)与柳氮磺吡啶适用于轻、中度溃疡性结肠炎的活动期诱导治疗,或经糖皮质激素治疗已有缓解的重度溃疡性结肠炎的维持治疗。活动期诱导治疗:美沙拉秦 3~4 g/d,分次口服,病情缓解后可减少用药剂量,以 2 g/d 维持用药 1~2 年。可联合应用美沙拉秦栓剂局部用药或灌肠剂灌肠。柳氮磺吡啶的疗效与美沙拉秦相似,但不良反应相对较多。其他对氨基水杨酸制剂:如奥沙拉秦等。

(2)糖皮质激素:适用于对氨基水杨酸制剂疗效不佳的中、重度患者,对急性发作期有较好的疗效。一般予以口服泼尼松 40~60 mg/d。对重症患者常先予以大剂量氢化可的松 200~300 mg/d,静脉滴注 7~14 天;待患者症状好转后改为泼尼松口服,逐渐减少用药剂量直至停药。对病变局限于直肠、乙状结肠者,可用琥珀酸氢化可的松钠 100 mg 或地塞米松 5 mg 加入生理盐水 100 ml 进行保留灌肠,每晚 1 次。对病变局限于直肠者,也可用布地奈德灌肠剂 2 mg 进行保留灌肠，每晚 1 次。

（3）免疫抑制剂：硫唑嘌呤或巯嘌呤适用于糖皮质激素治疗效果不佳或对糖皮质激素依赖的慢性持续型患者，应用此类药物后可逐渐减少激素用量甚至停用。对严重溃疡性结肠炎急性发作者，静脉应用糖皮质激素治疗无效时，可应用环孢素静脉滴注，大部分患者的病情可暂时得以缓解而避免进行急诊手术。

2. 对症治疗　及时纠正水、电解质紊乱，尤其是对出现低钾血症的患者，应予以补钾。对出现低蛋白血症的患者，应补充白蛋白。对病情严重者应禁食，并予以全胃肠外营养支持。对贫血严重（Hb<70 g/L）者，可予以输血。对腹痛、腹泻患者的治疗需权衡利弊，慎用抗胆碱药；止泻药（如地芬诺酯或洛哌丁胺）有诱发中毒性巨结肠的危险，故重症患者应禁用。溃疡性结肠炎抗生素治疗并无适应证，但对重症溃疡性结肠炎并且继发感染的患者，需予以静脉应用广谱抗生素，联合应用甲硝唑对厌氧菌感染有效。

3. 手术治疗　并发中毒性巨结肠、肠穿孔、肠道大量出血、癌变或经积极内科治疗无效者，可选择手术治疗。

4. 用药护理　遵医嘱予以对氨基水杨酸制剂、糖皮质激素、免疫抑制剂等治疗，以控制病情，使腹痛缓解。注意观察药物的疗效及不良反应，如应用柳氮磺吡啶时，患者可出现恶心、呕吐、皮疹、粒细胞减少、关节痛及再生障碍性贫血等不良反应，应嘱患者餐后服药，服药期间定期复查血常规。对应用糖皮质激素者，应注意观察患者是否出现不良反应，指导患者避免随意停药或快速减少用药剂量，以防止出现反跳现象。应用硫唑嘌呤或巯嘌呤时，患者可出现骨髓抑制的表现，应注意监测白细胞计数。应用美沙拉秦灌肠时，应现用现配，以防止药效降低。灌肠时，应指导患者取左侧卧位并抬高臀部，尽量延长药物在肠道内的停留时间，以提高疗效。

 考点提示

溃疡性结肠炎患者的饮食护理及首选治疗药物。

（四）心理护理

溃疡性结肠炎的病因不明，病情反复发作，迁延不愈，患者排便次数多并伴有腹痛，日常生活受到显著影响，常产生不良情绪反应。护理人员应帮助患者及家属认识并明确不良情绪是溃疡性结肠炎的诱发和加重因素。对患者予以心理疏导，使患者树立战胜疾病的信心，以积极的心态面对疾病，主动配合治疗。在疾病活动期指导患者调节情绪，保持良好的心理状态。病情反复发作时，指导患者做好终生服药的心理准备。

【健康指导】

1. 疾病知识指导　向患者及家属讲解引起和加重溃疡性结肠炎的相关因素，并指导患者尽量避免。

2. 生活指导　指导患者合理休息及活动。急性发作期或病情严重时应卧床休息，缓解期适当休息，注意劳逸结合。急性活动期，应予以流质或半流质饮食，待患者病情好转后，可改为富含营养、少渣、易消化的饮食，少食多餐；避免进食乳制品以及生冷、油腻、辛辣、刺激性食物，忌饮牛奶。指导患者注意饮食卫生，避免引起肠道感染；戒烟、戒酒；避免导致病情加重的诱因；保持心情舒畅，避免精神刺激，解除各种精神压力，积极配合治疗。

3. 用药指导　指导患者坚持治疗，按医嘱服药，避免擅自换药、停药或减少用药剂量，服药期间需大量饮水。向患者讲解药物的主要不良反应，出现异常情况应及时就医。

4. 自我监测与定期复诊　本病一般呈慢性过程，常反复发作，不易彻底治愈。应指导患者学会观察生命体征、腹痛和排便情况的变化，若出现发热，严重腹胀，全腹压痛、反跳痛或便血，则提示可能已出现并发症，应及时就医。

## 第九节 肠结核和结核性腹膜炎患者的护理

### 案例导入 4-8

王某，女，30岁，既往有肺结核病史8年，近2个月来，经常不规则发热、腹痛，时而腹泻，性状呈糊状，每日6~7次，时而粪便干硬。护理体格检查：T 37.9℃，P 102次/分，R 24次/分，BP 105/78 mmHg。患者神志清楚，面色潮红，呼吸略促，脐周有轻度压痛，腹壁触诊有揉面感，脐周可扪及大小不一的肿块。心、肺检查未发现阳性体征。辅助检查：结核菌素试验呈强阳性反应。

问题与思考：
1. 该患者目前应诊断为哪种疾病？
2. 建议患者首先选择的辅助检查项目是什么？

肠结核（intestinal tuberculosis）和结核性腹膜炎（tuberculous peritonitis）是由结核分枝杆菌感染所致。肠结核是由于结核分枝杆菌引起的慢性特异性肠道感染，结核性腹膜炎是由于结核分枝杆菌引起的弥漫性腹膜感染。近年来，由于人类免疫缺陷病毒感染率增高、免疫抑制剂的广泛使用等原因，部分人群免疫力低下，导致结核发病率上升。

### 一、肠结核

肠结核是由于结核分枝杆菌侵犯肠道引起的慢性特异性感染。主要表现为发热、盗汗、乏力、消瘦等结核中毒症状，以及腹痛、腹泻和便秘等肠道感染症状。本病多见于20~40岁女性。

【病因与发病机制】

（一）病因

肠结核主要由人型结核分枝杆菌引起，少数患者可因感染牛型结核分枝杆菌而致病。传染源主要为活动性肺结核患者，其次是因饮用含有结核分枝杆菌的牛奶或乳制品而感染。结核分枝杆菌侵犯肠道的主要途径是经口感染。

（二）发病机制

肠结核的发病常由活动性肺结核或喉结核患者吞咽了自身含有结核分枝杆菌的痰液而致病；或经常与活动性肺结核患者共餐，餐具未经消毒、隔离而感染；少数情况下可经饮用未经消毒的带菌牛奶或乳制品引起；少数结核分枝杆菌也可经血行播散引起肠结核，或女性生殖器官结核和肾结核可直接蔓延而引起肠结核。

肠结核易发生在回盲部，其他好发部位依次为升结肠、空肠、横结肠、降结肠、阑尾、十二指肠和乙状结肠等处，少数见于直肠。肠结核的发病是人体与结核分枝杆菌相互作用的结果，只有当结核分枝杆菌入侵数量多、毒力强，并且人体免疫功能低下或肠道抵抗力削弱时，才会引起发病。本病的病理变化因人体对结核分枝杆菌的免疫力与过敏反应的情况而异。人体的过敏反应较强时，病变以炎症渗出性为主；结核分枝杆菌数量多、毒力强时，病变部位可发生干酪样坏死，形成溃疡，称为溃疡型肠结核。感染较轻或机体免疫状况良好时，则表现为肉芽组织增生、纤维化，称为增殖型肠结核。兼有溃疡和增殖型病变时，称为混合型肠结核。

【护理评估】

（一）健康史

评估患者是否有肺结核或其他肺外结核等病史，尤其是未经正规治疗或迁延不愈者。

（二）身体状况

1. 症状

（1）腹痛：是由于回盲部病变引起的牵涉痛，多位于右下腹或脐周，呈间歇性发作。疼痛多为痉挛性阵痛，进餐可诱发或加重疼痛，排便或肛门排气后可有不同程度的缓解。增殖型肠结核或并发肠梗阻的患者可出现腹部绞痛，伴有腹胀、肠鸣音亢进、肠型与蠕动波。

（2）腹泻与便秘：腹泻是溃疡型肠结核患者的主要表现之一，患者一般每天排便2~4次，粪便多呈糊状或稀水状，不含黏液、脓血。若直肠未受累，则无里急后重感；病变严重而广泛时，患者每天腹泻次数可达10余次。由于肠结核反复发作易引起胃肠功能紊乱，患者可出现腹泻与便秘交替的现象。便秘时，粪便呈羊粪状。增殖型肠结核患者多以便秘为主要表现。

（3）全身症状和肠外结核表现：溃疡型肠结核患者常有结核中毒症状，表现为长期发热、盗汗、乏力、消瘦、贫血，严重时可出现维生素缺乏、营养不良性水肿等表现，并可有肠外结核尤其是活动性肺结核的临床表现。增殖型肠结核的病程较长，患者全身情况一般较好，无发热或仅出现低热，多不伴有肠外结核表现。

2. 体征　患者可呈慢性病容、消瘦、面色苍白。腹部肿块主要见于增殖型肠结核患者，常位于右下腹，一般位置比较固定，质地中等，伴有轻、中度压痛。溃疡型肠结核患者并发局限性腹膜炎、病变肠段和周围组织粘连或伴有肠系膜淋巴结结核时，也可出现腹部肿块。

3. 并发症　以肠梗阻合并结核性腹膜炎多见，晚期患者可出现瘘管、腹腔脓肿。肠出血、急性肠穿孔较少见。

 考点提示

溃疡型肠结核的主要表现是腹泻；增殖型肠结核的主要体征为右下腹肿块。

（三）心理、社会状况

评估患者是否因病程长、治疗时间长等因素而产生焦虑、抑郁心理。

（四）辅助检查

1. 实验室检查　溃疡型肠结核患者可有不同程度的贫血，无并发症者白细胞计数多正常。红细胞沉降率明显加快可作为评估结核病活动程度的指标之一。粪便检查可见少量脓细胞和红细胞。结核菌素试验呈强阳性反应，或 γ-干扰素释放试验呈阳性，均有助于本病的诊断。

2. 结肠镜检查　对诊断肠结核具有重要价值，可直接观察全结肠和回盲部。内镜检查可见病变肠黏膜充血、水肿、溃疡形成（常呈环形、边缘呈鼠咬状），可伴大小及形态各异的炎性息肉、肠腔狭窄等。

3. CT检查　肠结核病变通常在回盲部附近，很少累及空肠，可见腹腔淋巴结中央坏死或钙化等改变。

4. X线检查　X线钡餐造影对肠结核的诊断具有重要价值。主要表现为黏膜皱襞粗乱、增厚，溃疡形成。溃疡型肠结核患者病变肠段呈现出排空很快、充盈不佳的激惹征象，而病变上、下肠段则表现为钡剂充盈良好，称为X线钡餐造影跳跃征象。此外，还可观察到肠腔狭窄、肠段缩短变形、回肠和盲肠正常角度消失等情况。

## 二、结核性腹膜炎

结核性腹膜炎是由于结核分枝杆菌引起的慢性弥漫性腹膜感染,多继发于体内其他部位的结核病,其主要临床表现为低热、盗汗、乏力、腹痛、腹胀、腹泻、便秘等,可引起肠梗阻、瘘管形成等并发症。本病多见于中、青年,尤其是有结核病史者。

【病因与发病机制】

大多数结核性腹膜炎是由于腹腔脏器的活动性结核病灶(如肠系膜淋巴结结核、肠结核、输卵管结核)直接蔓延侵及腹膜引起的。少数病例可由血行播散引起。常见的原发病灶有粟粒型结核、关节结核、骨结核、睾丸结核,可伴有结核性多浆膜炎等。

因侵入腹腔的结核分枝杆菌的数量、毒力及机体免疫力不同,结核性腹膜炎可表现为3种基本的病理类型:渗出型、粘连型和干酪型,以前两型多见。在结核性腹膜炎的发展过程中,可有2种或3种病理类型并存,称为混合型。

【护理评估】

（一）健康史

询问患者发病情况,是否有结核病史;询问患者病变部位及诊疗情况,发病后的主要表现,是否有发热、盗汗、腹痛、腹胀等表现。

（二）身体状况

本病由于病理类型不同,病变活动性及机体反应性不同,临床表现各异。多数患者起病缓慢,少数起病急骤,以急性腹痛、高热为主要表现。极少数患者起病隐匿,无明显症状,仅由于其他原因在进行腹部手术时偶然发现。

1. 症状

（1）全身症状:主要为结核中毒症状,表现为发热和盗汗。患者多出现低热、中度发热,约有1/3患者呈弛张热,少数为稽留热。渗出型、干酪型结核性腹膜炎患者或伴有粟粒型肺结核、干酪性肺炎等严重结核病的患者常出现高热并伴有明显的结核中毒症状。晚期患者可有消瘦、贫血、水肿、舌炎、口角炎等营养不良的表现。

（2）腹部症状

1）腹痛:多发生在脐周或右下腹,呈间歇性发作,常为痉挛性阵痛,餐后加重,排便或肛门排气后缓解。腹痛的发生可能与进餐引起胃肠反射或肠内容物通过狭窄处的病变肠腔引起局部肠痉挛有关。若腹痛呈阵发性加重,则应考虑并发不完全性肠梗阻。少数肠系膜淋巴结结核、腹腔内其他结核的干酪样坏死病灶破溃或肠结核急性穿孔患者可出现急腹症。

2）腹泻、便秘:腹泻较为常见,排便次数因病变范围及严重程度不同而异,轻者每天排便3～4次,重者每天排便可达10次以上。粪便呈糊状,一般不含脓血,不伴有里急后重。腹泻主要与腹膜炎引起的胃肠功能紊乱有关,偶尔可由溃疡型肠结核或干酪样坏死病变引起的肠瘘等导致。有时,患者可表现为腹泻与便秘交替出现。

3）腹胀:多数患者可出现不同程度的腹胀,多为结核毒血症或腹膜炎伴肠功能紊乱引起,也可因肠梗阻或腹水所致。

2. 体征

（1）压痛与反跳痛:为腹膜刺激征,多数患者有腹部轻微压痛,少数患者压痛明显,且有反跳痛,常见于干酪型结核性腹膜炎患者。

（2）腹壁柔韧感:是结核性腹膜炎的特征性表现,主要是由于腹膜慢性炎症、增厚、粘连所致。

（3）腹部包块:常由增厚的大网膜、肿大的肠系膜淋巴结、粘连成团的肠曲或干酪样坏死物质积聚而成,见于粘连型或干酪型结核性腹膜炎患者。包块多位于脐周,表面粗糙,呈结节状,不易推动,大小不一,边缘不整齐。

（4）腹水：多为少量至中等量腹水。腹水量超过 1000 ml 时,可出现移动性浊音。

3. 并发症　肠梗阻常见,多发生于粘连型结核性腹膜炎患者。肠瘘一般多见于干酪型结核性腹膜炎患者,往往同时有腹腔脓肿形成。结核性腹膜炎与肠结核的临床特点及鉴别见表 4-4。

表 4-4　结核性腹膜炎与肠结核的临床特点及鉴别

| 临床特点 | | 结核性腹膜炎 | 肠结核 |
| --- | --- | --- | --- |
| 感染途径 | | 多为直接蔓延 | 多为经口感染 |
| 原发病 | | 以肠结核最常见,也可见于肠系膜淋巴结结核、输卵管结核,血行播散感染者多为粟粒型肺结核 | 以活动性肺结核最常见,血行播散感染者多为粟粒型肺结核,直接蔓延者多为女性生殖器官结核 |
| 临床表现 | 发热 | 常为低热或中度发热 | 低热、弛张热、稽留热 |
| | 腹痛 | 多位于脐周,表现为下腹持续性隐痛或钝痛 | 多为右下腹持续性隐痛或钝痛 |
| | 触诊 | 腹壁柔韧感 | 无特殊体征 |
| | 腹水 | 呈草黄色、淡血性、乳糜性 | 无 |
| | 腹部包块 | 见于粘连型或干酪型结核性腹膜炎患者 | 见于增殖型肠结核患者 |
| | 腹泻 | 常见,每天排便 3～4 次,粪便呈糊状 | 因病变范围及严重程度不同而异 |
| | 肠梗阻 | 多见于粘连型结核性腹膜炎患者 | 晚期可出现 |

（三）心理、社会状况

评估患者是否由于病程长、疗程长等因素出现焦虑、抑郁、悲观等不良心理反应。

（四）辅助检查

1. 血液检查　部分患者可有轻度至中度贫血。多数患者白细胞计数正常,干酪型结核性腹膜炎患者或腹腔结核病灶急性扩散时,白细胞计数增高。多数患者红细胞沉降率加快,可作为存在活动性病变的指标。

2. 结核菌素试验及 γ-干扰素释放试验　结核菌素试验呈强阳性及 γ-干扰素释放试验呈阳性有助于结核分枝杆菌感染的诊断。

3. 腹水检查　多为草黄色渗出液,少数呈淡血性,偶尔呈乳糜性,比重一般超过 1.018,蛋白质含量在 30 g/L 以上,白细胞计数超过 $500 \times 10^6$/L,以淋巴细胞为主。但有时由于出现低清蛋白血症或合并肝硬化,腹水性质可接近漏出液。发生细菌感染时,腹水的葡萄糖浓度＜3.4 mmol/L,pH＜7.35。结核性腹膜炎患者腹水腺苷脱氨酶活性增高。腹水浓缩时,找出结核分枝杆菌或结核分枝杆菌培养阳性率均较低,腹水动物接种阳性率则可达 50% 以上,但耗时较长。

4. 腹部影像学检查　超声检查、CT 检查、磁共振成像可见腹膜增厚、腹腔积液、腹腔内包块及瘘管。腹部 X 线检查有时可见钙化影,提示为钙化的肠系膜淋巴结结核。X 线钡剂造影检查可发现肠粘连、肠结核、肠瘘、肠腔外肿块等征象。

5. 腹腔镜检查　活组织检查有确诊价值。腹膜、网膜、内脏表面可见散在或聚集的灰白色结节,浆膜浑浊、粗糙。腹腔镜检查一般适用于有游离腹水的患者,禁用于腹膜有广泛粘连者。

### 三、肠结核和结核性腹膜炎患者的护理

【主要护理诊断/问题】

1. 疼痛：腹痛　与结核分枝杆菌侵犯肠壁、腹膜炎症或肠梗阻有关。
2. 腹泻　与结核分枝杆菌侵犯肠壁、腹膜炎引起肠道功能紊乱有关。
3. 营养失调：低于机体需要量　与结核分枝杆菌的毒性作用、消化和吸收功能障碍有关。
4. 体温过高　与结核毒血症状有关。
5. 潜在并发症：肠梗阻、肠瘘、肠穿孔、腹腔脓肿等。
6. 便秘　与结核分枝杆菌侵犯肠壁引起肠道功能紊乱或肠梗阻导致肠道狭窄有关。

【护理措施】

（一）一般护理

1. 消毒、隔离　严格执行呼吸道与消化道隔离，避免传染。指导活动性肺结核患者避免吞咽痰液，做好手消毒。严格执行饮用水煮沸饮用、加强食品卫生和餐具消毒等。

2. 休息　急性发作期或病情严重时，嘱患者卧床休息；缓解期应指导患者适当活动，注意劳逸结合。

3. 饮食　由于结核是一种慢性消耗性疾病，故应保证充足的营养供应，提高机体抵抗力，以促进疾病痊愈。应予以高热量、高蛋白、高维生素、易消化的饮食，如鲜奶、肉类及蛋类、新鲜蔬菜、水果等；腹泻明显的患者应尽量少食乳制品、粗纤维食物和高脂饮食，以免加快肠蠕动；对肠梗阻患者，应予以禁食；对严重营养不良的患者，应予以静脉补充营养，以满足机体的代谢需要。

（二）病情观察

观察患者腹痛的程度与部位、腹胀程度；观察患者的排便次数以及粪便的量、颜色、性状、伴随症状及粪便检查结果；准确记录24小时液体出入量，以便及时发现病情变化。一旦发现异常，应及时报告医生，并做好相应的护理和治疗配合。

（三）治疗配合

1. 治疗要点　肠结核和结核性腹膜炎治疗的关键是及早进行规则、全程抗结核化疗，以达到早日康复、避免复发和防止并发症的目的。

（1）抗结核化疗：是治疗的关键，抗结核化疗药物的选择、用法和疗程详见第二章第八节"肺结核患者的护理"。

（2）对症治疗：对腹痛的患者，予以阿托品、山莨菪碱（654-2）等抗胆碱药，使痉挛的平滑肌松弛，并解除血管痉挛，以改善微循环，同时起镇痛作用；对摄入不足或腹泻严重的患者，应予以积极纠正水、电解质与酸碱平衡紊乱；对出现不完全性肠梗阻的患者，应进行胃肠减压，以解除梗阻，消除胃肠胀气；对大量腹水患者，可适当放腹水，以减轻症状。

（3）手术治疗：适应证包括完全性肠梗阻、急性肠穿孔、慢性肠穿孔瘘管形成、肠道大量出血经积极抢救不能有效止血者等。

2. 用药护理　①嘱患者遵医嘱按时、按量、坚持服用抗结核化疗药物。注意观察药物的疗效及不良反应。②解痉、镇痛药物：抗胆碱药可使肠道平滑肌松弛，以缓解腹痛，但由于其可同时抑制唾液分泌，使患者出现口干现象，故应嘱患者多饮水。

（四）对症护理

1. 腹痛　指导患者分散注意力（如深呼吸、听音乐等），以缓解疼痛；除急腹症患者外，可采用物理治疗方法（如热敷、按摩、针灸等）；必要时遵医嘱予以镇痛药；对肠梗阻所致疼痛患者，应禁食、行胃肠减压。若疼痛突然加重、压痛明显，或出现便血、肠鸣音亢进等，则

应考虑并发肠梗阻、肠穿孔或肠出血等并发症，应及时报告医生，并积极配合抢救。

2. 腹泻  加强肛周皮肤护理，排便后用温水清洗肛门及周围皮肤，保持肛周皮肤清洁、干燥，必要时涂凡士林或抗生素软膏；留取粪便标本时，应注意采集粪便有价值的部分（如有脓血、红白色胶冻状物等）；遵医嘱用药，纠正水、电解质和酸碱平衡失调；对长期不能进食的患者，应尽早予以完全胃肠外营养，以保证机体摄入足够的营养物质。

（五）心理护理

本病病程长，患者需长期服药，易产生焦虑心理。护理人员应积极与患者沟通，向其介绍肠结核的相关知识，说明早期、合理、足量应用抗结核药物的意义和重要性。告知患者遵医嘱用药可以使症状逐渐缓解并治愈疾病，以增强患者战胜疾病的信心。

【健康指导】

1. 预防指导  积极开展结核病防治宣传教育工作，对肺结核患者做到"早发现、早诊断、早治疗"，尽快使痰菌转阴。告知患者避免吞咽含有结核分枝杆菌的痰液，以免引起肠道感染；注意个人卫生，提倡分餐，使用消毒餐具，不饮用未经消毒的牛奶。接种卡介苗可增强人体对结核分枝杆菌的抵抗力，有利于预防结核病的发生。

2. 疾病知识指导  向患者和家属讲解肠结核的病因、传播途径、主要表现、治疗等相关知识；强调规律、全程、合理用药的重要性。

3. 出院指导  指导患者出院后注意合理营养，规律作息，适当运动，避免劳累等；指导患者定期复查，及时了解病情变化，以利于调整治疗方案。

## 第十节  上消化道出血患者的护理

### 案例导入 4-9

刘某，女，42岁，上腹部节律性疼痛反复发作6年，常于进食后3～4小时出现腹痛，进食后缓解，常有夜间痛。今晨食用山芋后连续呕血3次，总量为1200 ml，呕吐物起初为咖啡样，之后转为鲜红色，排稀薄黑便，伴有头晕、心悸。体格检查：T 36 ℃，P 110次/分，R 22次/分，BP 80/50 mmHg。

问题与思考：

1. 该患者可能的疾病是什么？
2. 患者目前存在的护理问题有哪些？

上消化道出血（upper gastrointestinal hemorrhage）是指十二指肠屈氏韧带（Treitz韧带）以上的消化道（包括食管、胃、十二指肠、胰腺、胆道）病变引起的出血，以及胃空肠吻合术后空肠上段病变引起的出血。上消化道大量出血一般是指在数小时内失血量超过1000 ml或循环血量的20%，主要临床表现为呕血和（或）黑便，常伴有血容量减少而引起的急性周围循环衰竭表现，严重者可发生失血性休克而危及生命，是常见的临床急症。

【病因与发病机制】

上消化道出血的病因很多，其中常见的有消化性溃疡、肝硬化门静脉高压导致食管胃底静脉曲张破裂、急性糜烂出血性胃炎和胃癌等。消化性溃疡引起的上消化道出血约占50%。

1. 上消化道疾病

（1）食管疾病和损伤：①食管疾病，如食管炎（反流性食管炎、食管憩室炎）、食管癌、食管消化性溃疡。②食管物理性损伤，如食管贲门黏膜撕裂综合征、器械检查所致损伤、食管异物、放射性损伤。③食管化学性损伤,如强酸、强碱或其他化学剂引起的损伤。

(2)胃十二指肠疾病:消化性溃疡、急性糜烂出血性胃炎、慢性胃炎、胃黏膜脱垂、胃癌或其他肿瘤、胃手术后病变、胃血管异常、胃肠吻合术后吻合口溃疡以及其他病变(如急性胃扩张、胃扭转、重度钩虫病)。

2. 肝硬化门静脉高压　可导致食管胃底静脉曲张破裂或门静脉高压性胃病,引起出血。

3. 上消化道邻近器官或组织的疾病

(1)胆道出血:胆囊或胆管结石、胆囊或胆管癌、胆道蛔虫症、术后胆总管引流管造成胆道受压、坏死,以及肝癌、肝脓肿或肝血管瘤破入胆道。

(2)胰腺疾病:胰腺癌、急性胰腺炎并发脓肿破溃入十二指肠。

(3)其他:主动脉瘤、肝或脾动脉瘤破裂入食管、胃或十二指肠,纵隔肿瘤、脓肿破入食管。

4. 全身疾病　白血病、再生障碍性贫血、尿毒症、过敏性紫癜、动脉粥样硬化、流行性出血热、钩端螺旋体病、登革热、急性重症肝炎等,也可引起上消化道出血。

【护理评估】

(一)健康史

评估患者是否有消化性溃疡、肝硬化、胃癌、胆道疾病、胰腺疾病等病史,是否有消化道手术史,是否服用过糖皮质激素、非甾体抗炎药等;询问患者出血前是否有进食粗硬或刺激性食物、酗酒、过度劳累、精神紧张等诱因,近期是否有重大创伤、脑血管意外、严重心力衰竭、休克及急性传染病等病史,既往是否有出血及诊治情况。

(二)身体评估

上消化道出血的临床表现取决于出血病变的性质、部位、出血量与速度,并且与患者出血前的全身情况(如是否有贫血及心脏、肝、肾功能)有关。

1. 呕血与黑便　是上消化道出血的特征性表现。呕血一般均伴有黑便,但黑便不一定伴有呕血。出血部位在幽门以上者常有呕血和黑便,在幽门以下者可仅表现为黑便。出血量少且速度慢的幽门以上病变患者亦可仅出现黑便,而出血量大且速度快的幽门以下病变患者可因血液反流入胃而出现呕血。呕血与黑便的颜色、性状也与出血量和速度有关。出现呕血时,表明胃内积血量已达到250～300ml以上,呕出的血液常呈暗褐色或咖啡色,是由于血液在胃内停留时间长,经胃酸作用变成正铁血红素所致;大量出血、出血速度快时,血液在胃内停留的时间短,血液未经胃酸作用,则呈鲜红色。出血量达50～70ml以上时,可出现黑便。黑便的产生是由于血红蛋白中的铁在肠道与硫化物作用,形成黑色的硫化亚铁所致,若出血量较多,则可呈柏油样便。当出血量大且出血速度快时,血液在肠内停留的时间短,粪便可呈暗红色,甚至呈鲜红色。

 考点提示

上消化道出血的特征性表现:呕血与黑便。

2. 失血性周围循环衰竭甚至休克　上消化道大量出血时,由于循环血容量急剧减少,静脉回心血量相应不足,导致心输出量降低,患者常发生急性周围循环衰竭,其程度轻重因出血量和失血速度不同而异。患者可出现头晕、心悸、乏力、出汗、口渴、晕厥等一系列组织缺血的表现。出血性休克的早期体征有脉搏细速、脉压减小,血压可因机体的代偿作用而正常甚至暂时升高,此时应特别注意血压的波动情况,尤其是脉压。患者处于休克状态时,可表现为面色苍白、口唇发绀、呼吸急促,皮肤湿冷、呈灰白色或紫灰花斑,体表静脉塌陷,精神萎靡,烦躁不安；严重者表现为反应迟钝、意识模糊，收缩压降至 80 mmHg 以下，脉压小于 25 mmHg，心率加快至 120 次 / 分以上。休克时，患者尿量减少，若补足血容量后仍表现为少尿或无尿，则应考虑并发急性肾衰竭。

3. **发热**　大量出血后，多数患者在 24 小时内可出现发热，体温一般不超过 38.5 ℃，可持续 3～5 天。发热可能与循环血容量减少，急性周围循环衰竭，导致体温调节中枢功能障碍有关。此外，失血性贫血也是发热的影响因素之一。

4. **氮质血症**　可分为肠源性、肾前性和肾性氮质血症。发生上消化道出血后，肠道血液中的蛋白质消化产物被吸收，引起血液中尿素氮浓度增高，称为肠源性氮质血症。血尿素氮多在一次出血后数小时上升，24～48 小时达到高峰，3～4 天降至正常。若患者血尿素氮持续增高超过 3～4 天，血容量已基本纠正且出血前肾功能正常，则提示有上消化道继续出血或再次出血。

5. **贫血和血象改变**　上消化道大量出血后 3～4 小时，患者均可出现急性失血性贫血。出血 24 小时内，网织红细胞计数增高，出血停止后可逐渐恢复正常，如果出血不止，则网织红细胞计数可持续升高。白细胞计数可暂时增高，出血停止 2～3 天才恢复正常；肝硬化合并脾功能亢进者，白细胞计数可不增高。

### （三）心理、社会状况

由于大量呕血、黑便以及周围循环衰竭，患者可产生紧张、恐惧、焦虑等心理。由于慢性病或全身疾病造成反复出血，可使患者对治疗失去信心，出现悲观、沮丧等情绪。注意评估患者是否有上述心理反应。同时应评估者的家庭经济情况及社会支持系统。

### （四）辅助检查

1. **实验室检查**　进行血常规（红细胞、白细胞和血小板计数，血红蛋白浓度、血细胞比容）、肝功能、肾功能、粪便隐血试验等检查，有助于估计失血量及动态观察是否有活动性出血，判断治疗效果及协助病因诊断。

2. **内镜检查**　是上消化道出血病因诊断的首选检查方法。在出血后 24～48 小时内行急诊内镜检查，可直接观察出血的部位，明确出血的病因，同时可直接对出血灶进行止血。胶囊内镜检查对排除小肠病变引起的出血有特殊价值。

3. **X 线钡剂检查**　主要适用于有内镜检查禁忌证或不愿意进行内镜检查的患者，对明确病因也有一定的价值。检查宜在出血停止且病情基本稳定数日后进行。

4. **其他检查**　选择性动脉造影（如腹腔动脉、肠系膜上动脉造影）有助于明确出血部位，适用于内镜及 X 线钡剂检查未能确诊而又反复出血者。

【主要护理诊断 / 问题】

1. 体液不足　与上消化道出血有关。
2. 潜在并发症：失血性休克、窒息。
3. 活动无耐力　与急性失血导致周围循环衰竭、贫血有关。
4. 恐惧　与生命受到威胁有关。

【护理措施】

### （一）一般护理

1. **休息与体位**　保持环境安静，避免不良刺激，注意保暖。大量出血者应绝对卧床休息，取平卧位，将下肢略抬高，以保证脑部供血。出现呕血时，应指导患者取侧卧位，将头偏向一侧，必要时用负压吸引器清除气道内的分泌物、血液或呕吐物，保持呼吸道通畅。予以吸氧。

2. **饮食护理**　对食管胃底静脉曲张破裂出血或急性大量出血伴恶心、呕吐者，应予以禁食。对少量出血、无呕吐者，可予以温凉、清淡的流质饮食；待患者出血停止后，可改为营养丰富、易消化、无刺激性的半流食、软食，少食多餐，逐步过渡到正常饮食。对食管胃底静脉曲张破裂出血的患者，止血后1～2天，可予以高热量、高维生素流质饮食；若患者未再出血，则可逐渐改为半流食、软食，应限制钠和蛋白质的摄入量，避免进食粗糙、坚硬、刺激性的食物，应细嚼慢咽，防止损伤曲张静脉而引起再次出血。

（二）病情观察

1. 病变监测　①生命体征：观察患者是否有心率加快、心律失常、血压下降、脉压变小、呼吸困难和发热等。②精神和意识状态：观察患者是否有烦躁不安、嗜睡或昏迷等。③观察呕血、黑便的量、性状、次数及肠鸣音是否亢进。④注意观察患者肢体的温度和湿度、皮肤与甲床色泽、周围静脉充盈情况。⑤准确记录液体出入量，应保持尿量>30 ml/h。⑥定期复查血常规、血尿素氮、电解质及血气分析变化。估计出血量，判断出血是否停止。观察患者是否出现急性周围循环衰竭，是否有持续出血或再次出血。

2. 出血量的估计　详细询问患者呕血和（或）黑便的发生时间、次数、量及性状，以便估计出血量和速度。通常，粪便隐血试验呈阳性，提示每日出血量>5～10 ml。出现黑便，表明出血量在50～70 ml以上。一次出血后黑便持续时间取决于患者的排便次数，若每日排便1次，粪便色泽约在3天后恢复。若出血量达400～500 ml，则患者可出现头晕、心悸、乏力等全身症状。若出血量超过1000 ml，患者即可出现急性周围循环衰竭的表现，严重者可发生失血性休克。上消化道出血程度的估计见表4-5。

表 4-5　上消化道出血程度的估计

| 分级 | 失血量 | 血压 | 脉搏 | 血红蛋白 | 临床表现 |
| --- | --- | --- | --- | --- | --- |
| 轻度 | 占全身总血量的10%～15%，失血量<500 ml | 基本正常 | 正常 | 无变化 | 一般无全身症状，或仅有头晕、乏力 |
| 中度 | 占全身总血量的20%左右，失血量为500～1000 ml | 收缩压下降 | 100次/分 | 7～100 g/L | 眩晕、口渴、心悸、烦躁、少尿、皮肤颜色苍白 |
| 重度 | 占全身总血量的30%以上，失血量>1500 ml | 收缩压<90 mmHg | >120次/分，脉搏细弱或摸不清 | <70 g/L | 神志恍惚、四肢厥冷、少尿或无尿 |

3. 判断出血是否停止　若患者出现下列情况，则提示有活动性出血或再次出血。①反复呕血，甚至呕吐物由咖啡色转为鲜红色。②黑便次数增多，且粪质稀薄，色泽转为暗红色，伴肠鸣音亢进。③周围循环衰竭的表现经补液、输血仍未改善，或好转后又恶化，血压出现波动，中心静脉压不稳定。④红细胞计数、血细胞比容、血红蛋白浓度不断下降，网织红细胞计数持续增高。⑤在补液足量、尿量正常的情况下，血尿素氮持续或再次增高。⑥原有脾大、门静脉高压的患者，发生出血后，脾常暂时缩小，若未见脾恢复肿大，则提示出血未停止。

 考点提示

上消化道出血患者出血量的估计及出血是否停止的判断。

（三）治疗配合

上消化道出血病情危急且变化快，严重者可危及生命，应迅速采取补充血容量、纠正水、电解质紊乱，抗休克，止血治疗等抢救措施。

1. 一般抢救措施　使患者卧床休息，保持呼吸道通畅，避免呕血时因误吸而引起窒息，必要时予以吸氧。活动性出血期间，应予以禁食。

2. **积极补充血容量** 是治疗上消化道出血最关键的措施。应立即建立有效的静脉通道，查血型及配血，迅速补充血容量，先输注生理盐水或葡萄糖盐溶液、林格液、右旋糖酐。必要时尽早予以输血，紧急输血的适应证包括：①收缩压<90 mmHg 或较基础血压下降>30 mmHg，改变体位时心率>120 次/分。②血红蛋白低于 70 g/L 或血细胞比容低于 25%。输血量以使血红蛋白达到 70 g/L 为宜。对肝硬化患者，宜输注新鲜血，因为库存血含氨量高，易诱发肝性脑病。

3. **止血措施**

（1）药物止血：①血小板聚集及血浆凝血功能诱导的止血过程需要 pH>6.0 才能起作用，且新形成的血凝块在 pH<5.0 的环境中可被胃酸消化，因此，对消化性溃疡及急性胃黏膜损害引起出血的患者，应予以 $H_2$ 受体阻滞剂或质子泵抑制剂，以减少胃酸分泌，常用药物有西咪替丁、雷尼替丁、奥美拉唑等。②对食管胃底静脉曲张破裂出血患者，可使用生长抑素、奥曲肽、特利加压素或垂体后叶素，以减少门静脉血流量，使门静脉压力降低而止血。生长抑素、奥曲肽的止血效果较好，不良反应少，是治疗食管胃底静脉曲张破裂出血最常用的药物。

（2）内镜止血：在进行内镜检查的过程中，若发现活动性出血或暴露血管的溃疡，则可行内镜止血。治疗方法有高频电灼、热探头、微波、激光、注射治疗等。对食管胃底静脉曲张破裂出血患者，在进行急诊内镜检查的同时，可向曲张静脉注射硬化剂，或用橡皮圈套扎曲张静脉，既能达到止血目的，又可有效预防再次出血。

（3）三腔二囊管压迫止血：适用于食管胃底静脉曲张破裂出血患者，是在药物止血无效、且不具备内镜止血条件，以及进行经颈静脉肝内门腔静脉分流术（TIPS）时发现大量出血暂时使用的止血方法，一般能获得良好的止血效果，但患者较痛苦、并发症多，不宜长期使用。

（4）手术治疗：大量出血经内科治疗无效且危及生命时，应行外科手术。

（5）介入治疗：对既无法行内镜治疗，又不能耐受手术者，可行血管栓塞治疗等。

4. **用药护理** 立即建立静脉通道，补充血容量，配合医生实施止血治疗，同时做好配血、备血及输血的准备，注意观察治疗效果及不良反应。输液开始时，滴注速度宜快，必要时根据中心静脉压调节输液速度和输液量，避免输血或输液过多、过快而引起急性肺水肿。应用血管加压素止血时，应注意滴速，观察患者是否有恶心、腹痛、心悸、血压升高、心律失常、面色苍白等不良反应。

### （四）三腔二囊管压迫止血的护理

1. **插管前护理** 仔细检查气囊，分别向胃囊和食管囊内充气，确认通畅无漏气后，抽尽囊内气体，做好标记，用液体石蜡润滑导管和气囊表面。

2. **插管护理** ①协助医生插管时，操作应轻柔、熟练；当胃管插入约 15 cm 时，嘱患者做吞咽动作，以减少咽喉部摩擦和黏膜损伤，有利于胃管顺利进入食管。②插管至 50~65 cm 时，抽取胃液，确定管腔在胃内，并抽出胃内积液。③先向胃囊内充气 150~200 ml（使囊内压达到 50~70 mmHg），然后封闭管腔口，并缓慢向外牵拉。使用胃囊压迫胃底扩张的静脉。如果未能止血，则应向食管囊内充气约 100 ml（使囊内压达到 35~45 mmHg），然后封闭管腔口，压迫食管扩张的静脉。④将气囊管的外端用绷带连接 0.5 kg 的重物，放置于患者床尾端的牵引架上，予以持续牵引。操作时应防止气囊压迫，使分泌物聚积于食管并反流至气管而引起窒息。注意密切观察患者的病情变化。

3. **气囊压迫护理** ①气囊压持续时间不应超过 24 小时，应每 12 小时放气半小时后再注气，避免被压黏膜发生缺血、坏死。②定期抽吸胃内引流液，观察和记录引流液的颜色、量和性状，评估出血是否停止。③气囊压迫时间一般为 3~4 天，出血停止后，应取下牵引袋，并将食管气囊和胃气囊放气,使其继续留置在胃内观察 24 小时,如果未再出血,则应抽尽囊内气体,缓慢拔出三腔管。对持续出血者可适当延长压迫时间,若超过 3 天患者仍有出血,则应考虑手术治疗。④床旁准备抢救物品,做好患者鼻腔和口腔的护理。

4. 拔管护理　三腔二囊管一般可以放置 72 小时或于出血停止 24 小时后拔管。拔管前应放气→固定胃管→观察 24 小时,当隐血试验呈阴性或胃管内无血性胃内容物抽出,粪便转为黄色时,进行拔管。拔管 24 小时后,需要严密观察患者是否有呕血、黑便及生命体征的变化。

 考点提示

上消化道出血的治疗配合及三腔二囊管压迫止血的护理。

### (五) 心理护理

患者对疾病缺乏正确认识时,易产生紧张、恐惧心理而加重出血。尤其是反复出血者,往往会因反复住院给家庭带来沉重的经济负担而出现消极、悲观心理,对治疗失去信心。在护理过程中,应积极与患者沟通,予以心理疏导,改善患者的心理状态,给患者以安全感,解除患者的紧张情绪和恐惧感,使患者树立战胜疾病的信心。

【健康指导】

1. 预防指导　向患者及家属介绍上消化道出血的相关知识,指导患者避免各种诱因,如饮食不当、精神紧张、长期嗜酒。积极治疗上消化道疾病、门静脉高压和全身疾病。

2. 疾病知识指导　使患者和家属了解引起上消化道出血的病因、诱因及防治方法,以防止再次发生出血。教会患者及家属早期识别出血征象及应急措施,一旦出现异常,应及时就医。

3. 生活指导　指导患者养成良好的生活习惯,合理饮食,保持乐观的情绪,合理安排休息与活动;注意饮食卫生,戒烟、戒酒,避免饮浓茶、咖啡,避免进食粗糙、刺激性食物,以及过冷、过热、产气多的食物等。合理饮食是避免诱发上消化道大量出血的重要环节。

## 第十一节　消化系统疾病患者护理实训

### 一、腹腔穿刺术患者的护理

腹腔穿刺术是借助穿刺针从腹前壁刺入腹膜腔的一项诊疗技术。其目的是明确腹腔积液的性质,协助病因诊断;或排出积液,缓解腹水引起的呼吸、循环压迫症状;或施行腹水回输术;或向腹腔内注入药物进行治疗。

【适应证】

1. 进行诊断性穿刺,协助诊断。
2. 对大量腹水引起严重胸闷、气促者,予以适量放液,以缓解症状。
3. 行人工气腹,作为诊断和治疗手段。
4. 向腹腔内注入药物,辅助治疗。
5. 行腹水浓缩回输术。

【禁忌证】

1. 严重肠胀气。
2. 妊娠。
3. 粘连型结核性腹膜炎、卵巢肿瘤、包虫病等。
4. 躁动、不能合作或有肝性脑病的先兆表现。

【操作方法】

1. 安置穿刺体位　嘱患者坐在靠背椅上（图4-2），全身虚弱的患者可取半卧位或侧卧位，或在B超引导下取特殊体位。

2. 确定穿刺点　协助患者暴露腹部，注意保暖。选择适当的穿刺点：①以脐与髂前上棘连线的中、外1/3交点处作为穿刺点。穿刺此处不易损伤腹壁动脉，左、右侧均可，通常取左侧。②脐与耻骨联合连线的中点上方1 cm稍偏左或偏右1～1.5 cm处，此处无重要器官（图4-3）。③侧卧位，在脐水平线与腋前线或腋中线之延长线相交处，常用于诊断性穿刺。④少量积液，尤其是有包裹性分隔时，需在B超引导下定位穿刺。

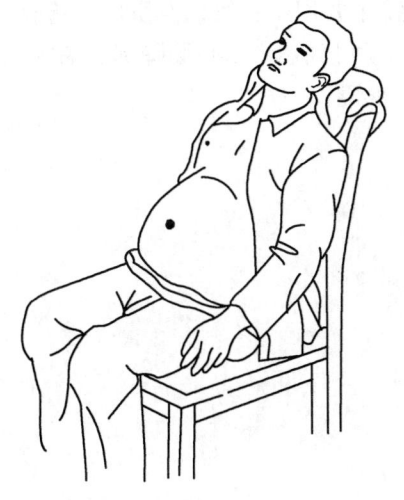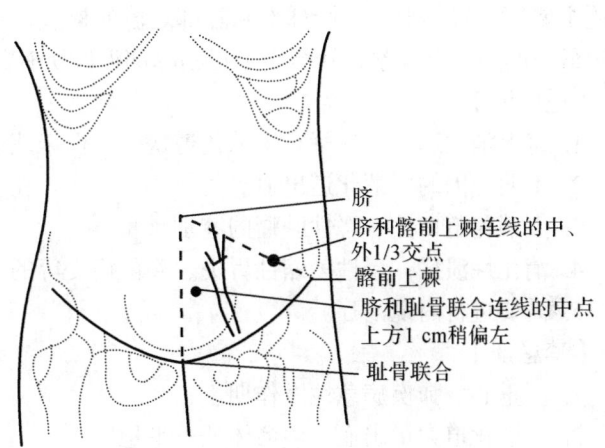

图4-2　腹腔穿刺体位　　　　　　　　图4-3　腹腔穿刺点示意图

3. 术前准备　进行穿刺部位常规消毒，戴无菌手套，铺无菌洞巾，进行局部麻醉。

4. 穿刺　根据穿刺目的选择合适的穿刺针。穿刺时，左手固定穿刺部位皮肤，右手持针经麻醉处垂直刺入腹壁，待针尖抵抗感突然消失时，提示针尖已穿过壁腹膜，即可抽取腹水。进行诊断性穿刺时，可直接用20～50 ml注射器抽吸。放液量较大时，可用大号针头，并于针座处接一橡皮管，由助手用消毒止血钳固定针头，并夹持胶管，以输液夹调整速度，将腹水引入容器中，计量。液体引流不畅时，可稍变动患者的体位，或将穿刺针稍作移动。

5. 拔针、覆盖纱布、固定　放液后拔出穿刺针，针孔处用碘酊消毒后覆盖无菌纱布，按压5～10分钟，再以胶布固定。

【术前准备】

1. 患者准备　向患者解释腹腔穿刺的目的、过程及注意事项，消除其紧张心理，以配合操作。穿刺前测量腹围、体重、生命体征，检查腹部体征。家属签署知情同意。术前查血小板，出血、凝血时间等。术前嘱患者排尿。必要时遵医嘱在术前应用镇静药。

2. 物品准备　常规消毒物品、腹腔穿刺包、注射器、止血钳、无菌手套、局部麻醉药、治疗用药、胶布、腹带、污物桶等。

【术中配合】

1. 病情观察　放腹水时，应严密监测患者的体温、血压、脉搏和神志的变化。若患者出现脉搏细速、出汗、面色苍白、血压下降、血性腹水或神志异常，则应停止放液，并配合医生处理。

2. 注意事项　放液不宜过快、过多，一般为60～80滴/分，首次放液量不超过1000 ml，之后以每次不超过2000～3000 ml为宜。注意记录腹水的量、颜色和性状等。

【术后护理】

1. 体位护理　术后使患者平卧休息 8～12 小时，或卧向穿刺部位的对侧，以防止腹水外溢。

2. 穿刺点护理　预防伤口感染，注意观察穿刺点部位是否有渗液，及时更换敷料。

3. 排液护理　①对比放腹水前后的情况。放腹水前后，均应测量腹围、脉搏、血压，检查腹部体征，以了解放腹水的效果。②大量放液后，需以多头腹带束紧腹部，以防止腹压骤降、内脏血管扩张而引起血压下降甚至休克。

## 二、上消化道内镜检查术患者的护理

上消化道内镜可分为食管镜、胃镜和十二指肠镜。食管镜主要用于食管以及贲门的检查，胃镜主要用于胃、十二指肠球部和降部近段的检查，十二指肠镜可到达十二指肠降部。临床上应用最广的是可以观察食管至十二指肠降部近段所有部位的全视镜。

【适应证】

1. 有上消化道症状或疑有上消化道病变，但未能确诊。
2. 不明原因的上消化道出血。
3. 上消化道良性、恶性肿瘤的鉴别。
4. 消化性溃疡、慢性萎缩性胃炎、癌前病变等的动态观察。
5. 需要进行内镜治疗。

【禁忌证】

1. 严重心、肺疾病急性发作期。
2. 上消化道大量出血、生命体征不平稳。
3. 神志不清、精神失常，检查不能合作。
4. 严重咽喉部疾病、上消化道腐蚀性炎症或急性穿孔，以及明显主动脉瘤、严重颈胸段脊柱畸形等。
5. 严重的出血、凝血性疾病。

【操作方法】

1. 局部麻醉　术前 5～10 分钟予以口服咽部局麻药及消泡剂，以减轻不适。
2. 安置体位　协助患者取左侧卧位，头稍后仰，放松领口和腰带，胸前铺橡胶单。嘱患者咬住牙垫，颌下置一弯盘（图 4-4）。
3. 插镜　保持患者头部不动，当胃镜插入 15 cm 时，嘱患者做吞咽动作，勿咽下唾液，用鼻呼吸（图 4-5）。

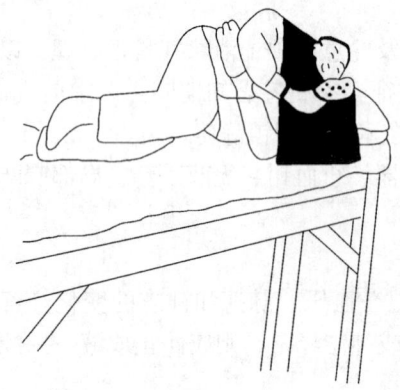

图 4-4　上消化道内镜检查体位

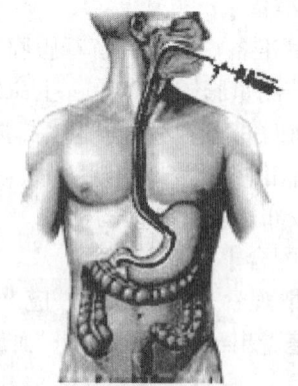

图 4-5　上消化道内镜检查示意图

4. 镜检　遵医嘱配合照相、活检及细胞学检查、抽取胃液或注入药物。

5. 退镜　检查完毕退出内镜时，应尽量抽气，防止出现腹胀。用手持纱布将镜身外黏附的黏液、血迹擦拭干净。

【术前准备】

1. 患者准备　向患者解释上消化道内镜检查的目的、过程及注意事项，消除患者的顾虑和恐惧心理，以取得其配合。术前1天禁止吸烟，术前禁食8小时。摘除活动性义齿，以免检查中误吸或误咽。术前检查肝功能，检测甲型、乙型和丙型肝炎病毒抗体及HIV抗体。家属签署知情同意。

2. 物品准备　胃镜检查仪、弯盘、手套、牙垫、纱布、抢救物品、相关药品、局部止血药等。

【术中配合】

1. 插镜过程中须严密观察患者的反应。若患者出现呛咳，则表明有少量唾液流入气管，应协助患者将唾液排出。

2. 当患者出现恶心等不适时，嘱其深呼吸，全身放松。若不适反应未能缓解，则需暂停操作。

3. 操作过程中应随时观察患者的面色、脉搏、呼吸等变化，发现异常应立即停止检查，并予以相应的处理。

4. 当镜面被黏液、血迹、食物遮挡时，应注水冲洗。

【术后护理】

1. 饮食护理　术后2小时内，咽喉部麻醉作用尚未消退，嘱患者避免吞咽唾液、进食或饮水，以免诱发呛咳或将食物吸入气管。2小时后，待患者咽喉部无麻木感后，可先饮水；若无呛咳，则可进食。术后当日饮食以流质、半流质饮食为宜。对进行活检者，4小时后可予以温凉的流质饮食，以减少创面摩擦，之后逐渐恢复普通饮食。对进行内镜治疗的患者，需禁食1~2天，予以补液或应用抗生素2~3天。

2. 咽部护理　少数患者检查后可出现咽痛、咽喉部异物感或声音嘶哑，应予以温水含漱，1~2天后即可缓解。嘱患者避免用力咳嗽，以免损伤咽喉部黏膜。

3. 腹部护理　术后患者若出现腹胀，则可予以腹部按摩，以促进排气，减轻症状。

4. 并发症的护理　术后数日内应严密观察患者是否有异常表现，及时发现和处理可能出现的并发症，如麻醉意外、消化道出血、消化道穿孔等。

5. 内镜消毒　对内镜及有关器械进行彻底清洁、消毒，避免交叉感染，并予以妥善保管。

### 附：无痛内镜检查术患者的护理

无痛内镜检查是在进行内镜检查前，先对患者实施全身麻醉，相对于常规内镜检查而言，患者痛苦少，检查时间短。

【适应证】

1. 有内镜检查适应证，但恐惧常规内镜检查者。

2. 伴有其他疾病而急需进行内镜检查者，如伴有高血压、轻度冠心病、陈旧性心肌梗死、癫痫等患者及小儿患者或精神病等不能合作者。

【禁忌证】

1. 原则上同常规内镜检查禁忌证。

2. 有镇静药物过敏史、孕妇及哺乳期妇女。

3. 存在容易发生窒息的疾病，如痰液较多的患者、胃潴留患者等。

4. 严重睡眠呼吸暂停低通气综合征患者及过度肥胖者慎用。

5. 心动过缓者，合并肝性脑病、癫痫、哮喘等疾病者慎用。

【方法】

1. 体位　按常规内镜检查要求安置患者体位，松开腰带及衣领，取下活动的义齿，佩戴口垫。通常取左侧卧位，下肢微屈曲。

2. 吸氧、输液　予以持续吸氧，监测血压、心率、血氧饱和度等。建立有效的静脉通道，确保输液通畅。

3. 麻醉、检查　麻醉师对患者进行静脉全身麻醉，常用药物有咪达唑仑、异丙酚等，使患者在短时间内（约30秒）达到不能应答、睫毛反射消失及全身肌肉松弛的程度。在此状态下进行消化道内镜检查，检查方法同常规内镜检查。

【术前准备】

1. 术前准备　同常规内镜检查，完善各项术前检查。

2. 询问病史　详细询问是否有镇静药物过敏史。

3. 用物准备　检查多功能监护仪、吸氧装置等，确保功能良好。备齐急救物品及药品。

【术中配合】

检查过程中，应密切观察患者的血压、心率、血氧饱和度、意识状态等。发现异常应立即报告医生，以便及时处理。

【术后护理】

1. 同常规内镜检查。

2. 病情观察　术后应将患者留在医院观察30分钟，并监测血压、心率、血氧饱和度及意识情况。患者坐起时，需观察其是否有头晕、四肢无力等，防止跌倒等意外发生。

3. 交代术后注意事项　向患者及陪护人员交代术后注意事项，术后2小时内应有人陪护患者。告知患者术后当天尽量不骑车、不驾车，不从事高空作业或操作重型机器等危险工作，以防止发生意外。

### 三、纤维结肠镜检查术患者的护理

结肠镜分为乙状结肠镜及全结肠镜，前者主要用于检查肛门到乙状结肠60 cm范围的病变，后者则可用于检查回盲部甚至末段回肠，协助下消化道疾病的诊断与治疗。

【适应证】

1. 原因不明的下消化道出血、慢性腹痛、腹泻或长期便秘。

2. 原因不明的低位肠梗阻。

3. 结肠或回肠肠道内肿物性质未确定，疑有癌变。

4. 钡剂造影检查发现肠道内有可疑病变，需进一步明确诊断。

5. 结肠、直肠手术后的随诊复查。

6. 结肠疾病的内镜治疗或手术定位。

7. 结直肠肿瘤普查。

【禁忌证】

1. 严重高血压、冠心病患者。

2. 肛门、直肠严重狭窄者。

3. 结肠急性炎症、重症溃疡性结肠炎、急性腹膜炎及疑有肠穿孔、肠瘘者。

4. 精神疾病和不能配合者。

5. 年老体弱，不能耐受检查者。

6. 肠道准备不完全者。
7. 女性月经期、孕妇。

【操作方法】

1. 体位　协助患者取膝胸卧位或左侧卧位，使腹部放松，双腿屈曲。
2. 进镜　术者先进行直肠指检，了解患者是否有肿瘤、狭窄、痔疮、肛裂等，并扩张肛门。助手将镜前端涂以润滑剂，嘱患者张口呼吸，放松肛门括约肌，然后以右手示指按压镜头，使镜头滑入肛门内，按照循腔进镜原则，逐渐缓慢插入肠镜，使镜身顺利沿肠腔推进，尽快到达回盲部，切忌盲目强行插镜而造成穿孔。
3. 镜检　根据观察情况，进行摄像、活检、息肉摘除等检查及治疗。
4. 退镜　检查结束退镜时，再次观察病变部位情况，然后缓慢退镜。退镜前，应抽尽所注气体，以减轻腹胀。

【术前准备】

1. 术前沟通　向患者介绍结肠镜检查的相关知识，消除患者的顾虑和恐惧心理，以取得患者的配合。
2. 饮食护理　检查前3天予以少渣饮食，检查前1天予以流质饮食，检查当天上午应禁食。
3. 肠道准备　清洁肠道目前多采用药物导泻法，常用容积性泻药复方聚乙二醇，将药物溶于2000 ml温水中，予以分次服用，直至排出物为黄色清亮、无渣的水样物，即完成肠道清洁准备。
4. 术前用药　必要时遵医嘱在检查前10分钟予以肌内注射阿托品0.5 mg或山莨菪碱10 mg。对青光眼或明显前列腺肥大患者，忌用阿托品。

【术中配合】

1. 缓慢进镜　同时密切观察患者的反应，若患者出现腹胀不适，可嘱其做缓慢深呼吸。
2. 处理异常情况　若患者出现面色、脉搏、呼吸等异常情况，则应及时停止插镜，并予以相应处理。

【术后护理】

1. 休息　检查结束后，嘱患者适当休息，观察15～30分钟再让患者离开。
2. 饮食　若患者无明显不适，则半小时后可予以正常饮食。对进行活检者或术后腹胀明显者，宜在2小时后予以温凉的流质饮食。必要时，待患者腹部症状缓解后，再予以进食。对于行息肉摘除、止血治疗者，应予以抗生素治疗，禁食48小时，卧床休息3～4天，避免剧烈运动。
3. 病情观察　密切观察患者的生命体征，注意观察患者的腹痛、腹胀及排便情况。对腹胀明显者，可行内镜下排气。对腹痛明显或排血便者，应予以留院观察。注意观察粪便颜色，必要时连续进行3次粪便隐血试验，以了解是否有活动性出血。若患者出现剧烈腹痛、腹胀、面色苍白、脉率及心率加快、血压下降、排便次数增多，且粪便呈黑色等表现，则提示发生肠出血、肠穿孔，应及时报告医生，并协助处理。
4. 器械消毒　对内镜及有关器械进行彻底清洁、消毒，避免交叉感染，并予以妥善保管。

## 四、胶囊内镜检查患者的护理

胶囊内镜全称智能胶囊消化道内镜系统，又称医用无线内镜。胶囊内镜检查是通过药丸大小的无线内镜直接观察全部小肠的内镜检查方法，具有侵袭性低、易耐受等优点，缺点是不能很好地控制进度和定位，且无法获取组织进行病理学检查。受检查者通过口服内置摄像与信号传输装置的智能胶囊，借助胃肠道蠕动，使其在消化道内运动并拍摄图像。医生利用体外的图像记录仪和影像工作站，了解受检者的整个消化道情况，从而对其病情做出诊断。

【适应证】
1. 不明原因的消化道出血。
2. 其他检查提示的小肠影像学异常。
3. 原因不明的腹痛、腹泻，疑有小肠器质性病变。
4. 各种炎症性肠病，不包括肠梗阻及肠道狭窄。
5. 疑有小肠肿瘤、多发性息肉及克罗恩病。
6. 原因不明的缺铁性贫血。
7. 小肠吸收不良综合征。

【禁忌证】
1. 经检查证实（或怀疑）患有消化道畸形、胃肠道梗阻、消化道穿孔、狭窄或瘘管者。
2. 体内植入心脏起搏器或其他电子医学仪器者。
3. 严重胃肠动力障碍者，包括未经治疗的贲门失弛缓症和胃轻瘫患者。
4. 无手术条件者或拒绝接受任何外科手术者。
5. 出现严重吞咽困难者。
6. 妊娠期妇女。

【操作方法】
1. 吞服胶囊　受检者穿戴背心记录仪，检查和调整天线单元位置，确定胶囊内镜工作正常后，嘱患者饮用 50～100 ml 水送服胶囊内镜。对已做过胃镜检查的受检者，可遵医嘱在其吞服胶囊后立即予以甲氧氯普胺 10 mg 肌内注射，有助于胶囊尽快通过幽门，争取使胶囊内镜有更多的时间停留在小肠内。

在吞服胶囊内镜 2 小时后，患者可饮少量水（100 ml 以下）。待实时监视确定胶囊内镜进入小肠 2 小时后，受检查者可进少量简单餐食，如面包、蛋糕等。

检查期间，受检者可进行日常活动，但应避免剧烈运动、屈体、弯腰及可造成图像记录仪天线移动的活动，避免撞击图像记录仪，避免外力的干扰，避免接近任何强电磁区域。若受检者出现腹痛、恶心、呕吐或低血糖等情况，则应及时予以处理。

2. 监测、记录病情　检查期间，每 15 分钟确认 1 次记录仪指示灯是否闪烁或进行实时监视。若指示灯闪烁变慢或停止，则应立即通知医生，并记录当时的时间，同时需记录患者进食、饮水以及出现不适感的时间，提交给医生。检查结束。

【检查前准备】
1. 术前沟通　向受检者讲解胶囊内镜的构造和应用原理、检查目的、检查步骤和配合方法，以消除受检者的紧张、焦虑和恐惧心理。
2. 饮食护理　嘱受检者检查前 2 天避免进行钡餐或钡剂灌肠检查，以免钡剂残留而影响检查结果。检查前 8 小时禁食、禁饮，检查前 1 天进无渣饮食。
3. 基础护理　受检者体毛较多时，需备皮。检查当天，嘱受检者穿着宽松的衣物，以利于穿戴背心记录仪。

【检查中配合】
术中应密切观察受检者是否有头晕、恶心、心悸、气促、面色苍白等，发现异常应立即停止操作。

【检查后护理】
嘱受检查者观察胶囊内镜的排出情况。一般胶囊内镜在胃肠道内停留 8～27 小时后，即可随粪便排出体外。若受检者出现难以解释的腹痛、呕吐等肠道梗阻症状或检查后72小时仍不能确定胶囊内镜是否仍在体内，则应及时告知医生，必要时行X线检查。

## 五、消化道内镜治疗术患者的护理

### （一）食管胃底静脉曲张内镜止血术

食管胃底静脉曲张内镜止血术主要包括内镜食管静脉曲张硬化治疗术和内镜套扎止血术。前者的主要目的是控制急性出血和预防再次出血，后者则主要适合于中度和重度食管胃底静脉曲张患者，与硬化治疗术联合应用可以提高疗效。

【适应证】
1. 食管胃底静脉曲张破裂出血，经药物止血治疗无效。
2. 严重食管静脉曲张，有出血史及全身情况差，不能耐受外科手术。
3. 经三腔二囊管压迫和血管升压素或生长抑素暂时止血后数小时。
4. 既往接受过分流术、断流术或脾切除术后再次出血。
5. 拟行外科手术治疗，术前行内镜食管静脉曲张硬化治疗。
6. 预防食管静脉曲张破裂出血的择期治疗。

【禁忌证】
1. 严重心脏、肺、脑、肾功能不全者。
2. 严重出血及出血性休克未纠正者。
3. 全身情况极差，不能配合和耐受治疗者。

【方法】
1. 内镜食管静脉曲张硬化治疗术　是通过内镜下注射硬化剂，使曲张静脉发生化学性炎症，促进血栓形成，使管腔闭塞，静脉周围黏膜凝固、坏死，组织纤维化，从而预防静脉曲张破裂出血。具体操作方法如下所述。

（1）患者的体位、内镜插入方法：同上消化道内镜检查。

（2）进镜：正常进镜至十二指肠球部，循序检查的同时，观察并记录出血部位、静脉曲张的程度及范围。

（3）注射硬化剂：协助操作医生将准备好的硬化剂自活检孔道送入注射针，并选择注射点完成注射。注射结束，拔出针头后立即压迫注射点5~10分钟。若注射点有出血，则可使用止血钳联合硬化剂或组织胶进行止血。

（4）压迫注射点：注射点的压迫方法有内镜专用透明帽压迫法、气囊压迫法和镜身压迫法。术中应注意监测患者的呼吸、心率、血压，发现异常应及时通知医生予以对症处理。

2. 内镜套扎止血术　是经内镜使用静脉曲张套扎器将橡皮圈套扎到食管曲张静脉根部，通过机械作用使血管闭塞，数天后自行脱落。该术式不损伤食管壁肌层，极少导致食管腔狭窄，适用于食管静脉曲张患者。具体操作方法如下所述。

（1）患者体位及插镜方法：同胃镜检查。

（2）进镜：协助操作医生将安装好套扎器的胃镜送入食管，确定套扎的部位。

（3）套扎：在内镜直视下使套扎器内环全周与套扎部位接触后行负压吸引，将曲张静脉吸入内环所形成的腔内，此时视野呈红色，随即牵拉操作钢丝，圆形橡胶圈即从内环脱落并固定在病灶的基底部，将病变部位套扎。临床上目前多采用多发连续套扎器（6环或7环），1次治疗可连续进行多点套扎。套扎顺序是从贲门与食管交界处开始，依次向近侧呈螺旋式套扎。

（4）病情监测：术中注意监测患者的呼吸、心率和血压；注意观察患者是否有恶心、呕吐，呕吐物是否呈血性，以防止大量出血。套扎治疗可反复进行，一般需间隔2周，以利于病灶的修复。

【术前准备】
1. 评估患者　评估患者的生命体征和全身情况。纠正失血性休克、肝性脑病后，才能施行内镜止血术。
2. 术前沟通　术前向患者解释止血治疗的目的、必要性、方法及注意事项，解除患者的顾虑，以取得其配合。通知患者术前禁食、禁饮6～8小时。
3. 完善术前检查　完善血常规、心电图、肝功能、出血与凝血时间、上腹＋门静脉彩超等相关检查，并备血。
4. 病情监测　对高血压、糖尿病患者应监测并控制血压和血糖。
5. 降低门静脉压力　建立静脉通道，对首次进行硬化剂注射或曲张静脉套扎术的患者，可在术前、术中静脉滴注降低门静脉压力的药物（如生长抑素等），之后酌情应用。
6. 解痉、镇静　术前半小时遵医嘱予以解痉药及镇静药，如地西泮、丁溴东莨菪碱等。
其余术前准备与胃镜检查相同。

【术后护理】
1. 病情观察　术后应密切观察患者的生命体征、意识状态；观察患者是否有呕血、黑便；注意观察患者是否有迟发性出血、溃疡穿孔等并发症。发现异常应及时报告医生，并配合处理。
2. 饮食护理　术后需禁食、禁饮24小时。24小时后，若患者有无活动性出血，则可予以流质饮食；72小时后可予以无渣半流质饮食。
3. 休息与活动　术后使患者严格卧床休息24小时；24小时后，可指导患者进行床上活动；72小时后，可指导患者下床活动；术后1周内指导患者注意限制活动量（套扎球脱落时期，局部形成浅溃疡可引起出血），保持排便通畅，避免腹内压增加而诱发出血。
4. 用药护理　应用降低门静脉压力的药物（如生长抑素）24～72小时；静脉滴注质子泵抑制剂或$H_2$受体阻滞剂、保肝药物。行内镜套扎止血术当天，应停用普萘洛尔；若患者无出血，则24小时后可恢复用药；对出血患者，禁用普萘洛尔。

（二）内镜黏膜切除术

内镜黏膜切除术（endoscopic mucosal resection，EMR）是在息肉电切术和黏膜注射术的基础上发展起来的一种新的治疗方法。利用该治疗方法可完整切除病变组织，还可有效降低出血和穿孔等并发症的发生率。

【适应证】
1. 常规内镜下活检不易诊断的某些病变。
2. 切除癌前病变组织。
3. 治疗局限于黏膜层及黏膜下浅层的胃肠道肿瘤，尤其是早期胃癌，也可用于早期食管癌及结肠癌的治疗。

【方法】
1. 患者体位及插镜方法　同胃镜和肠镜检查。
2. 标记病变部位　在内镜直视下，一般用亚甲蓝生理盐水在病灶边缘1～2 mm处进行黏膜下注射。对直径＜2 cm的病灶需进行1～2点注射，对直径≥2 cm的病灶需进行多点注射，并根据需要反复追加注射。
3. 切除病变组织　待黏膜明显隆起后，用内镜专用电圈套扎器圈取病变组织，接通高频电流，进行病变组织切除。

【术前准备】

1. 术前沟通　向患者及家属解释治疗的目的、过程及注意事项，以减轻患者的紧张和焦虑情绪。

2. 患者准备　指导患者术前1周停用抗凝药物，术前禁食、禁饮8小时。肠镜治疗的肠道准备同结肠镜检查。

3. 完善术前检查　进行血常规、出血和凝血时间检查，必要时完善心肺功能等检查。

【术中配合】

1. 病情监测　术中密切监测患者的生命体征、血氧饱和度和意识状态等。

2. 标本送检　完整回收标本并将其放入10%甲醛溶液中固定，及时送检进行病理学检查。

【术后护理】

1. 休息与用药护理　患者术后取平卧位休息至少6小时。密切观察患者的生命体征及腹部情况，遵医嘱按时使用抗生素及止血药物。

2. 饮食护理　术后禁食48小时，48小时后予以流质饮食，72小时后予以无渣饮食。

3. 并发症的观察与护理　术后患者易发生出血、穿孔、溃疡面经久不愈等并发症。应注意复查血常规及粪便隐血试验，观察患者是否出现腹痛、呕血、黑便等，出现异常应及时报告医生，并配合处理。

### （三）内镜黏膜下剥离术

内镜黏膜下剥离术（endoscopic submucosal dissection，ESD）是在内镜黏膜下注射的基础上利用特制的高频电刀将病变所在部位的黏膜剥离，从而完整地切除病灶，达到根治消化道肿瘤和癌前病变的目的。

【适应证】

1. 食管病变　①局限在黏膜层或无淋巴转移的黏膜下层早期食管癌。②直径>2 cm的食管癌前病变。③Barrett食管。④食管良性肿瘤。

2. 胃部病变　①早期胃癌。②直径>2 cm的癌前病灶。③良性肿瘤：如胃息肉、胃间质瘤等。

3. 大肠病变　①巨大平坦息肉：直径>2 cm的病灶。②黏膜下肿瘤：来源于黏膜肌层或位于黏膜下层的肿瘤。③类癌：尚未累及肌层，且直径<2 cm。

【禁忌证】

1. 同常规胃镜和肠镜检查的禁忌证。

2. 抬举征阴性　向病灶基底部的黏膜下层注射生理盐水后，局部不能形成隆起，提示病灶基底部的黏膜下层与肌层之间已有粘连，肿瘤可能已浸润至肌层。

【方法及术中配合】

1. 患者体位及插镜方法　同胃镜和肠镜检查。

2. 标记病变部位　对于边界较为清楚的扁平病灶和黏膜下肿瘤，应用针形切开刀在病灶边缘直接进行电凝标记。对于边界模糊的病灶，先进行内镜下放大，联合应用染色技术确定肿瘤范围，然后在病灶外缘2～5 mm处进行标记，每个标记点间隔3～5 mm。

3. 黏膜下注射　将亚甲蓝0.5～1 ml和玻璃酸钠溶液10～20 ml与100 ml生理盐水混合配成溶液，在病灶边缘标记点外侧进行多点黏膜下注射，使病灶隆起并与肌层分离。

4. 预切开　应用针形切开刀沿病灶边缘标记点切开黏膜。

5. 剥离病变组织　应用多种切开刀在病灶下方对黏膜下层进行剥离。剥离过程中可多次进行黏膜下注射。

6. 创面处理　完整剥离病灶后，对创面可见的小血管，应用氩离子凝固术进行凝固治疗或电凝治疗。部分术后创面血管可使用钛夹封闭或在创面喷洒硫糖铝凝胶等黏膜保护剂。

【术前准备】

1. 术前沟通　向患者解释治疗的目的、方法、过程、效果和注意事项，以减轻其紧张和焦虑情绪。

2. 患者准备　对进行胃镜治疗的患者，术前6～8小时予以禁食、禁饮。对进行肠镜治疗的患者，肠道准备同结肠镜检查。

3. 术前检查　进行血常规、出血和凝血时间检查，必要时完善患者的心肺功能检查。

4. 用药护理　术前半小时按医嘱酌情予以镇静药及解痉药（如地西泮、丁溴东莨菪碱），口服盐酸利多卡因胶浆和消泡剂。

【术后护理】

1. 常规护理　对患者予以全麻术后常规护理，遵医嘱补液，按时使用抗酸药、黏膜保护剂等。

2. 饮食护理　术后24小时内禁饮、禁食；24小时后，若患者无明显腹痛及出血现象，则可逐渐予以温凉的流质饮食；术后1周内，予以半流质饮食，并逐渐过渡到普通饮食。

3. 并发症的护理　密切观察患者的生命体征和意识状态。观察患者是否有腹部疼痛、腹膜刺激征、呕血、黑便等表现，防止发生皮下气肿、出血、穿孔等并发症，发现异常应立即通知医生，并配合处理。注意观察患者臀部及小腿部皮肤情况，是否因粘贴高频电发生器电极片而导致局部损伤。

（王　芳　黄文婷　张园园）

# 自 测 题

## 一、选择题

**A1/A2型题**

1. 胃十二指肠溃疡的发病因素中，不包括的是
   A. 幽门螺杆菌感染　　B. 胃酸分泌过多　　C. 遗传
   D. 高糖饮食　　　　　E. 使用非甾体抗炎药

2. 十二指肠溃疡患者的疼痛特点是
   A. 上腹部刀割样绞痛　B. 阵发性腹部绞痛　　C. 餐后痛
   D. 饥饿痛　　　　　　E. 饱胀痛

3. 肝硬化患者进食时应细嚼慢咽，必要时应将药物研磨成粉末服用，其目的是
   A. 利于消化
   B. 以免引起食管胃底静脉曲张破裂出血
   C. 避免机体耗氧量增加而诱发肝性脑病
   D. 避免加重腹水
   E. 便于吞咽

4. 肝硬化合并上消化道出血最主要的原因是
   A. 缺乏维生素K　　　B. 急性胃黏膜糜烂　　C. 血小板减少
   D. 食管胃底静脉曲张破裂　E. 凝血酶原及凝血因子缺乏

5. 对肝硬化引起食管胃底静脉曲张破裂出血的患者，为防止发生肝性脑病，应禁止进行的

操作是

　　A. 生理盐水清洁灌肠　　B. 肥皂液清洁灌肠　　C. 硫酸镁导泻

　　D. 乳果糖灌肠　　E. 少量输液

6. 肝性脑病患者的护理措施不正确的是

　　A. 低盐饮食　　B. 忌食蛋白质

　　C. 大量放腹水　　D. 避免引起消化道出血的诱因

　　E. 便秘时用弱酸性溶液清洁肠道

7. 急性胰腺炎患者最主要的临床表现是

　　A. 突然发生腹痛　　B. 腹胀　　C. 低血压

　　D. 发热　　E. 恶心、呕吐

8. 急性胰腺炎患者禁用的药物是

　　A. 吗啡　　B. 西咪替丁　　C. 生长抑素

　　D. 哌替啶　　E. 阿托品

9. 肝硬化患者内分泌失调的表现是

　　A. 营养障碍　　B. 出血　　C. 蜘蛛痣

　　D. 贫血　　E. 腹泻、舌炎

10. 关于腹水患者的护理，下列描述错误的是

　　A. 安置患者取舒适半卧位

　　B. 出现下肢水肿时，用海绵垫托起臀部

　　C. 对长期使用利尿药的患者，应注意纠正水、电解质平衡失调

　　D. 准确记录每日液体出入量

　　E. 每日食盐摄入量在 5 g 以上

11. 患者，男性，36 岁，出现上腹间歇规律性疼痛 2 年，疼痛呈灼烧样，多于进餐后半小时发作，持续 1 小时左右缓解，劳累时易发作。为了确诊，首选的检查方法是

　　A. 幽门螺杆菌检查　　B. 胃镜检查　　C. 胃液分析

　　D. X 线检查　　E. B 超检查

12. 患者，男性，36 岁，以往有乙型病毒性肝炎病史，最近数月常出现食欲缺乏、牙龈出血、腹胀明显，为了明确诊断，下列检查方法中既快速又准确的是

　　A. 肝功能检查　　B. 甲胎蛋白测定　　C. X 线检查

　　D. B 超检查　　E. 放射性核素检查

13. 患者，女性，36 岁，因暴饮暴食突发中上腹剧烈疼痛，伴阵发性加重，测血清淀粉酶明显增高，下列处理措施不妥的是

　　A. 使患者卧床休息，取弯腰屈膝侧卧位

　　B. 完全禁食 1~3 天

　　C. 禁食期间可予以饮水，以免发生水、电解质紊乱

　　D. 予以胃肠减压

　　E. 按医嘱予以解痉、镇痛药

14. 张先生，50 岁，既往有肝硬化病史 10 年，今日食用油炸食品引起上消化道出血；收缩压 80 mmHg，心率 120 次/分，神志恍惚、四肢厥冷、少尿。其出血量至少大于

　　A. 500 ml　　B. 1000 ml　　C. 1500 ml

　　D. 2000 ml　　E. 2500 ml

15. 何某，女性，40 岁，上腹部剧烈疼痛伴呕吐；体格检查：T 38 ℃，上腹部压痛明显伴

反跳痛；辅助检查：血淀粉酶增高，血钙降低，此患者的饮食护理应当是

  A. 予以低脂、适量蛋白、易消化的流质饮食

  B. 予以低盐、高蛋白、适量脂肪的流质饮食

  C. 予以高糖、低脂流质饮食

  D. 予以高维生素、优质蛋白流质饮食

  E. 予以胃肠外静脉营养

16. 某消化性溃疡患者，大量出血停止后1天，护士对其进行饮食指导时应告知的是

  A. 继续禁食24小时      B. 可以吃馒头、质软的米饭

  C. 可以吃煮鸡蛋       D. 可以喝肉汤

  E. 可以喝豆浆

17. 黄先生，50岁，肝性脑病，昼睡夜醒，2天来呼之能应，但言语应答不清，不能完成简单的计算，患者处于肝性脑病分期中的

  A. 前驱期     B. 昏迷前期     C. 昏睡期

  D. 昏迷期（浅昏迷）    E. 昏迷期（深昏迷）

18. 张先生，50岁，既往有胃溃疡病史，近日出现上腹部疼痛加重，医嘱拟行粪便隐血试验，下列饮食建议合理的是

  A. 卷心菜，五香牛肉    B. 菠菜，红烧青鱼    C. 白菜，豆腐

  D. 油豆腐，鸡血汤     E. 青菜，猪肝

19. 李先生，40岁，诊断为肝性脑病，出现躁动不安、抽搐。镇静治疗应选择的药物是

  A. 水合氯醛     B. 地西泮     C. 吗啡

  D. 哌替啶      E. 速效巴比妥

20. 患者，男性，23岁，出现上腹痛2年，常在空腹时及夜间发生，进食后可缓解；半小时前，患者餐后突感上腹部持续性剧痛。查体：腹式呼吸消失，上腹部腹肌紧张，有压痛、反跳痛，肝浊音界消失，肠鸣音消失。考虑该患者最可能的诊断是

  A. 急性肠梗阻     B. 急性胆囊炎     C. 急性胰腺炎

  D. 十二指肠溃疡穿孔   E. 胃溃疡穿孔

21. 患者，女性，50岁，因肝硬化、食管胃底静脉曲张破裂出血、肝性脑病入院，目前患者处于昏迷期，为了降低血氨，可予以鼻饲的是

  A. 牛奶      B. 鸡汤      C. 氨基酸口服液

  D. 排骨汤      E. 25%葡萄糖溶液

22. 患者，男性，50岁，昨晚聚餐后出现持续上腹痛，呈阵发性加重，伴恶心、呕吐入院。查体：T 37.8℃，P 109次/分，R 25次/分，BP 150/90 mmHg。精神萎靡，表情痛苦；腹软，中上腹部压痛明显，伴腹肌紧张、反跳痛。对出血坏死性胰腺炎最具有诊断价值的是

  A. 血脂肪酶增高    B. 血淀粉酶增高    C. 血钙降低

  D. 血胆红素增高    E. B超检查显示胰腺增大

**A3型题**

（23～24题共用题干）

患者，女性，34岁，被诊断为肝硬化5年，未接受治疗，主诉乏力、食欲减退。体格检查：消瘦，轻度黄疸，肝、脾轻度肿大，移动性浊音（+）。X线钡剂检查示食管胃底静脉曲张。

23. 该患者存在的护理诊断不包括

  A. 知识缺乏：缺乏疾病相关知识    B. 有皮肤出血倾向

  C. 体液过多           D. 组织灌注量改变

E. 营养失调：低于机体需要量

24. 护士对该患者的饮食指导中不包括
   A. 进食含丰富维生素的食物
   B. 进食高热量食物
   C. 限制钠盐摄入
   D. 适量限制饮水量
   E. 多进食粗纤维和粗粮，以保持排便通畅

（25～26题共用题干）

患者，男性，38岁，反复出现上腹隐痛10年，疼痛多在进食后出现，今日饮酒后突然呕吐褐色胃内容物，量约200 ml，急诊入院；予以止血、输液等急救治疗，患者病情平稳。护士密切观察患者的病情变化。

25. 提示上消化道出血开始减少的是
   A. 尿素氮持续升高
   B. 粪便由暗红色变成黑便
   C. 肠鸣音活跃
   D. 血红蛋白含量下降
   E. 心率维持在110次/分左右

26. 为确定诊断，拟行纤维胃镜检查，下列准备不必需的是
   A. 向患者说明检查项目
   B. 禁食8小时
   C. 嘱患者排尿、排便
   D. 抽尽胃内容物
   E. 取出活动性义齿

（27～28题共用题干）

患者，男性，35岁，既往有胃溃疡病史，饱餐后出现上腹剧烈疼痛，伴恶心、呕吐、出冷汗。查体：全腹压痛、反跳痛、腹肌紧张，肝浊音界缩小。X线检查可见膈下有游离气体。

27. 首先应考虑该患者出现的并发症是
   A. 急性胆囊炎
   B. 急性胰腺炎
   C. 胃肠穿孔
   D. 幽门梗阻
   E. 胆石症

28. 针对上述情况，护士首先应采取的护理措施是
   A. 观察患者疼痛的变化
   B. 遵医嘱使用镇痛药
   C. 禁食、胃肠减压
   D. 安慰并陪伴患者
   E. 快速补液

（29～32题共用题干）

患者，男性，56岁，患慢性乙型病毒性肝炎25年，近1个月来感全身明显乏力，食欲减退、腹胀、腹泻而入院。查体：面色灰暗，体型消瘦，皮肤、巩膜轻度黄染；腹部呈膨隆状，移动性浊音阳性。

29. 患者腹部出现移动性浊音，提示
   A. 腹水量＞2000 ml
   B. 腹水量＞1500 ml
   C. 腹水量＞1000 ml
   D. 腹水量＞800 ml
   E. 腹水量＞600 ml

30. 经确诊，患者已处于肝炎肝硬化失代偿期，该患者腹水形成的主要原因可能是
   A. 门静脉高压
   B. 血浆白蛋白升高
   C. 肾小球滤过率增加
   D. 抗利尿激素分泌减少
   E. 肝淋巴液生成过少

31. 如果对患者进行腹腔穿刺放液，下列术后护理措施错误的是
    A. 观察穿刺点部位是否有渗液
    B. 观察患者性格和意识状态的变化
    C. 若患者出现腹水外溢，则应及时更换敷料
    D. 防止伤口感染
    E. 使患者平卧休息 4 小时
32. 对患者放腹水后，应特别注意的是
    A. 使患者卧床休息
    B. 严格执行无菌操作，以预防感染
    C. 束紧腹带
    D. 饮水量控制在 1500 ml/d
    E. 准确记录 24 小时液体出入量

（33～35 题共用题干）

王先生，40 岁，于饱餐、饮酒后突然出现中上腹持续剧烈疼痛，伴恶心、呕吐，呕吐物为胆汁。体格检查：上腹部压痛，腹肌轻度紧张。检测血清淀粉酶明显增高。

33. 对患者首选的护理措施是
    A. 禁食、胃肠减压
    B. 适当补钾、补钙
    C. 做好外科手术准备
    D. 帮助患者取屈膝侧卧位
    E. 应用抗生素
34. 若考虑为单纯水肿型胰腺炎，则患者不应出现的临床表现是
    A. 腹痛
    B. 腹胀
    C. 休克
    D. 呕吐
    E. 发热
35. 经治疗后，患者腹痛、呕吐基本缓解，饮食护理正确的是
    A. 予以高脂、高糖饮食
    B. 予以高脂、低糖饮食
    C. 予以低脂、高糖饮食
    D. 予以低脂、低蛋白饮食
    E. 予以低脂、低糖饮食

## 二、案例分析题

1. 患者，男性，45 岁，因"反复中上腹疼痛 3 年余，加重 1 周"入院。患者 3 年前因饮食不当出现上腹部烧灼样疼痛，伴恶心、反酸、嗳气，自行服用胃药后缓解。此后，患者常于秋冬或冬春交替季节出现上述症状，并且常有夜间痛，进食后疼痛可缓解。

请问：
（1）该患者可能的医疗诊断是什么？
（2）为明确诊断，需要做哪些检查？
（3）患者可能出现哪些并发症？

2. 张先生，男性，35 岁，空腹时出现上腹部发作性疼痛 2 个月，昨天腹痛加重，并先后 3 次排出黑色糊状便，今晨呕吐咖啡渣样胃内容物约 300 ml，随后家人发现其四肢湿冷，将其急送入院。查体：T 36.6 ℃，P 110 次／分，R 20 次／分，BP 80/40 mmHg；神情淡漠，反应迟钝。

请问：
（1）该患者出血的可能原因是什么？
（2）请估计该患者的出血量。
（3）该患者目前存在的主要护理问题有哪些？

3. 李先生，54岁，因腹胀、乏力及食欲减退1年，今日于进食过程中突然呕血急诊入院；既往有乙型病毒性肝炎病史20年。查体：面色灰暗、巩膜黄染、腹部膨隆，肝未触及、脾肋下4 cm，移动性浊音阳性，双下肢凹陷性水肿。血常规：Hb 90 g/L，RBC $3.1 \times 10^{12}$/L，WBC $4.4 \times 10^9$/L，PLT $60 \times 10^9$/L。

**请问：**
（1）该患者最可能的医疗诊断是什么？
（2）患者目前主要的护理问题有哪些？
（3）腹水的护理措施有哪些？

4. 患者，男性，48岁，因腹胀、乏力、意识模糊而入院；2天前因感冒后突然出现烦躁不安，表情淡漠，反应迟钝；既往有慢性肝炎病史10年。查体：T 37 ℃，P 102次/分，R 23次/分，BP 95/65 mmHg；患者面色晦暗，面部及颈部有散在的蜘蛛痣，有明显肝掌，皮肤巩膜轻度黄染；腹软、隆起，腹壁静脉显露，移动性浊音阳性，肠鸣音正常，腱反射亢进，肝肋下1 cm，质硬、无压痛。脾肋下3 cm，扑翼样震颤（+），患者意识模糊、定向障碍。实验室检查：血红蛋白70 g/L，白细胞计数 $3.6 \times 10^9$/L，血氨66.46 μmol/L。

**请回答：**
（1）该患者可能的医疗诊断是什么？
（2）若考虑发生肝性脑病，那么该患者处于疾病分期中的哪一期？
（3）应如何去除和避免诱发因素？

5. 患者，女性，59岁，出现上腹痛2天。患者2天前于进食后1小时出现上腹正中部隐痛，疼痛逐渐加重，呈持续性，并向腰背部放射，仰卧、咳嗽或活动时加重，伴发热、恶心、频繁呕吐，呕吐物为食物、胃液和胆汁，呕吐后腹痛未缓解，多次使用镇痛药无效。查体：T 38 ℃，P 104次/分，R 19次/分，BP 130/80 mmHg；急性病容，屈曲侧卧位；实验室检查：Hb 120 g/L，WBC $22 \times 10^9$/L，血、尿淀粉酶增高。

**请问：**
（1）该患者最可能的医疗诊断是什么？
（2）患者目前主要的护理问题有哪些？

> **思政园地**
>
> **矢志不渝的肝病斗士——庄辉院士**
>
> 庄辉，中国共产党党员，流行病学、微生物学专家，中国工程院院士，北京大学医学部基础医学院病原生物学系教授、博士生导师。他主持编写了我国首部《丙型肝炎防治指南》和《慢性乙型肝炎防治指南》，使我国丙型和乙型病毒性肝炎防治更科学、更规范、更有效，使成千上万人免受丙型和乙型肝炎病毒感染。在有关专家和庄辉院士的积极推动下，我国将乙肝疫苗纳入免疫规划。由于对新生儿接种乙肝疫苗，使我国约8000万名儿童免受乙型肝炎病毒感染；慢性乙型肝炎病毒感染人数减少了约3000万例。
>
> "认识肝炎，科学防治"是庄辉院士抗击肝炎一贯坚持的原则。他积极参与全新"肝"线，告别丙肝：全国丙肝健康咨询流动站宣传活动；丙肝健康诊疗行动；中国农村丙肝阳光计划等大型公益活动，并且为提高偏远地区人群对肝病的认知而不懈努力。

# 第五章 泌尿系统疾病患者的护理

## 学习目标

1. 说出泌尿系统常见疾病患者的身体状况、护理措施。
2. 描述泌尿系统常见疾病患者的辅助检查、治疗要点。
3. 解释泌尿系统常见疾病的病因与发病机制。
4. 能够对泌尿系统常见疾病患者进行护理评估、提出护理诊断，并采取相应的护理措施。
5. 运用所学知识深刻理解医者仁心，培养爱岗敬业、严谨求实的工作作风。

泌尿系统由肾、输尿管、膀胱、尿道及有关的血管和神经组成，其主要功能是生成和排泄尿液。肾是泌尿系统最重要的器官，它可将体内代谢终产物（如尿酸、尿素、肌酐、氨、硫酸盐）和过剩的物质（如激素、葡萄糖、水和各种电解质），以及进入人体内的各种异物（如药物、毒物等）通过生成、排泄尿液的方式排出体外，以维持机体内环境的恒定。同时，肾还可产生多种重要的内分泌激素，调节肾血液循环和肾小球滤过率，并与其他激素共同维持血压和水、盐代谢平衡，调节钙、磷代谢，促进血红蛋白合成。引起泌尿系统疾病的原因很多，如变态反应、感染、肾血管病变、代谢异常、先天性疾病、药物、毒素、创伤、肿瘤、结石及肾血流减少等因素，均可对泌尿系统造成损害，尤其是肾损害。

【泌尿系统的结构和功能】

1. 肾的结构　肾实质分为皮质和髓质两部分。皮质位于表层，主要由肾小体和肾小管曲部构成。髓质位于深部，由 10 余个肾锥体组成，主要包括髓袢和集合管。肾锥体的尖端终止于肾乳头。肾单位和集合管生成的尿液，经集合管在肾乳头的开口处流入肾小盏，再进入肾大盏和肾盂，最后经输尿管进入膀胱。肾单位是肾结构和功能的基本单位，由肾小体和肾小管组成。肾小体是由肾小球及肾小囊构成的球状结构。肾小球是肾单位的起始部分，包括入球小动脉、毛细血管丛、出球小动脉及系膜组织。系膜细胞异常增生、系膜基质增多及免疫球蛋白沉积是某些肾小球疾病的病理基础。肾小囊包绕肾小球，分为脏、壁两层，其间为肾小囊腔，与近曲小管相通。肾小管分为近端小管、细段和远端小管，远端小管最后汇入集合管。肾小球毛细血管内的血浆经滤过膜滤过进入肾小囊。滤过膜由肾小球毛细血管的内皮细胞、基底膜和肾小囊脏层上皮细胞的足突构成。滤过膜内层是毛细血管内皮细胞，可允许小分子溶质和小分子量蛋白质通过，但血细胞不能通过。肾小球旁器由球旁细胞、致密斑和球外系膜细胞组成。

2. 肾的生理功能

（1）肾小球的滤过功能：正常成人双侧肾血流量约为 1 L/min，除血细胞和大分子蛋白质外，几乎所有的血浆成分均可通过肾小球滤过膜进入肾小囊，形成与血浆等渗的原尿，即肾小球滤过液。

（2）肾小管的功能：

1）重吸收功能：原尿流经肾小管时，绝大部分物质（如大部分葡萄糖、氨基酸、维生素、钾、钙、钠、水、无机磷）可被近端小管重吸收进入血液循环，某些毒物、药物和代谢废物不被重吸收而随尿液排出体外。

2）分泌和排泄功能：肾小管上皮细胞可将 $H^+$、$NH_3$、肌酐和某些药物等物质排到尿液中，以调节机体电解质、酸碱代谢平衡和排出废物。

3）浓缩和稀释功能：体内水过多时，肾可稀释尿液，使排水量增加；体内缺水时，肾小管对水的重吸收增加，使排水量减少。肾的浓缩和稀释功能可反映远端肾小管和集合管对水平衡的调节功能。

（3）肾的内分泌功能：肾分泌的激素分为血管活性激素和非血管活性激素。血管活性激素参与调节肾的生理功能，肾血流动力学和水、钠代谢，包括肾素、前列腺素和激肽释放酶等。肾素主要由肾小球旁器的球旁细胞产生。非血管活性激素主要作用于全身，包括 1α- 羟化酶和促红细胞生成素（erythropoietin，EPO）等。促红细胞生成素具有促进骨髓造血细胞和原红细胞的分化与成熟、促进网织红细胞释放入血以及加速血红蛋白合成等作用。1α- 羟化酶由肾皮质产生，可促使 25- 羟维生素 $D_3$ 转化为活化形式的 1,25- 二羟维生素 $D_3$ [1,25-$(OH)_2D_3$]。1,25-$(OH)_2D_3$ 具有促进小肠对钙、磷的吸收，促进肾小管对钙、磷的重吸收以及骨钙动员等作用。此外，肾还是许多肾外分泌的激素（如甲状腺激素、抗利尿激素和降钙素）的重要靶器官，也是某些肾外分泌的激素（如促胃液素、胰岛素及胰高血糖素）的主要降解场所。

近年来，肾脏病学的研究发展极为迅速。免疫学、分子遗传学和分子细胞学研究对许多肾疾病的发病机制有了更加清晰的认识，并为肾炎的治疗和某些与遗传因素密切相关的肾疾病的基因治疗打下了坚实的基础；肾内分泌研究，对阐明高血压的发病机制、肾内血流量的调节和水、电解质代谢平衡调节的机制具有重要的意义；器械检查、影像学检查，可使泌尿系统畸形、结石、肿瘤和肾囊肿、肾积水等得到明确诊断；各种血液净化技术的进步，使尿毒症患者的寿命显著延长，同时还为严重感染导致的多器官功能衰竭、严重水肿等疾病的治疗开辟了新的途径；体外冲击波碎石术使结石下方无梗阻的肾、输尿管结石的治愈率提高，减轻了患者因手术创伤而带来的痛苦。肾脏病学研究的发展，促进了肾脏病护理学的进展，也促进了护理水平的提升。

# 第一节　泌尿系统疾病患者常见症状与体征的护理

## 一、肾性水肿

肾性水肿（renal edema）是由肾疾病引起人体组织间隙过多液体积聚而导致的水肿，是肾小球疾病患者最常见的临床表现。引起肾性水肿的常见泌尿系统疾病有急、慢性肾小球肾炎，肾病综合征以及急、慢性肾衰竭等。

【护理评估】

（一）病因与发病机制

肾性水肿分为肾炎性水肿和肾病性水肿两大类。①肾炎性水肿：见于各型肾小球肾炎，急、慢性肾衰竭患者。其主要机制是肾小球滤过率（glomerular filtration rate，GFR）下降，而肾小管的重吸收功能正常，从而导致"球 - 管失衡"，引起水、钠潴留，毛细血管静水压增高，导致水肿。②肾病性水肿：见于肾病综合征患者。其主要机制是大量蛋白尿造成血浆蛋白质浓度过低，血浆胶体渗透压降低，使液体从血管内进入组织间隙而导致水肿。此外，继发性有效血容量减少，还可激活肾素 - 血管紧张素 - 醛固酮系统，使抗利尿激素分泌增多，从而进一步加重水肿。

## （二）身体状况

1. **一般情况** 评估患者水肿发生的诱因（如感染、劳累），水肿发生的时间，用药情况；询问患者是否有高血压、系统性红斑狼疮、过敏性紫癜、糖尿病等病史。

2. **水肿特点** ①肾炎性水肿：水肿多从眼睑、颜面部等组织疏松部位开始，晨起尤为明显，重者可波及全身，指压凹陷不明显。②肾病性水肿：水肿一般较严重，多从下肢开始，为中度或重度水肿，严重者可出现胸腔积液、腹水。由于增加的细胞外液主要潴留在组织间隙，血容量常减少，故患者可无高血压及循环淤血的表现。

3. **伴随症状** 患者可有高血压、血尿、少尿、无尿、呼吸困难、心率加快、头晕、乏力及发热等伴随症状。

 考点提示

肾炎性水肿及肾病性水肿的发生机制和临床特点。

## （三）心理、社会状况

肾性水肿引起胸腔积液或腹水时，患者往往会因呼吸困难而感到紧张、焦虑、烦躁不安或恐惧，因慢性水肿而产生忧虑、悲观等情绪变化。病程较长者还会因经济负担加重而承受较大的心理压力，进而中断或放弃治疗。

## （四）辅助检查

评估尿常规检查、尿蛋白定性和定量检查、血清电解质是否有异常。检查可反映肾功能的指标，如内生肌酐清除率（creatinine clearance rate，Ccr）、血尿素氮（blood urea nitrogen，BUN）、血肌酐（creatinine，Scr）、浓缩与稀释试验、静脉肾盂造影、B超检查以及肾、输尿管及膀胱平片（kidney ureter bladder position，KUB position）等检查是否有异常。

【主要护理诊断／问题】

1. **体液过多** 与水、钠潴留，大量蛋白尿导致血浆清蛋白浓度下降等因素有关。
2. **有皮肤完整性受损的危险** 与皮肤水肿、营养失调、机体抵抗力降低有关。

【护理措施】

### （一）一般护理

1. **休息与活动** 嘱患者卧床休息，平卧休息可增加肾血流量，增加肾小球滤过率，减轻水、钠潴留。指导轻度水肿者卧床休息与活动交替进行，但应注意避免劳累。严重水肿者应以卧床休息为主。

2. **饮食护理** ①钠盐：予以低盐饮食，每天以2～3 g为宜，对出现明显水肿、高血压或少尿的患者，应严格限制水、钠的摄入。②液体：液体入量视水肿程度及尿量而定。患者尿量>1000 ml/d时，一般不需严格限制饮水，但不应过多饮水；对尿量<500 ml/d或出现严重水肿者，需限制水的摄入；对病情较重者，应量出为入，即每天液体入量不应超过前一天24小时尿量＋不显性失水量（约为500 ml）。③蛋白质：若水肿主要是由低蛋白血症引起，在无氮质潴留的情况下，可予以正常量的优质蛋白饮食，蛋白质摄入量为1.0 g/（kg·d）。对于出现氮质血症的水肿患者，应同时限制食物中蛋白质的摄入量，一般予以0.6～0.8 g/（kg·d）的优质蛋白。对于慢性肾衰竭患者，可根据肾小球滤过率来调节蛋白质摄入量。④热量及维生素：对进食低蛋白饮食的患者，需注意提供足够的热量，以免引起负氮平衡，摄入的热量不低于30 kcal/（kg·d）。同时，应注意补充各种维生素。

### （二）皮肤护理

指导并协助患者做好皮肤的清洁，同时注意保护水肿部位的皮肤。清洗时勿过度用力，避免使用刺激性强的肥皂，同时应避免损伤皮肤，避免撞伤、跌伤等。气温较低需使用热水袋时，嘱患者注意避免烫伤皮肤。水肿较严重的患者应避免穿着紧身衣服，卧床休息时宜抬高下肢，增加静脉回流，以减轻水肿。嘱患者经常变换体位，对年老体弱者可协助其翻身，用软垫支撑受压部位，并适当予以按摩。对阴囊水肿者，可使用吊带将阴囊托起。对严重水肿者，应避免肌内注射，可采用静脉途径，保证药物准确、及时输入。静脉穿刺拔针后，应用无菌干棉球按压穿刺部位，防止液体从穿刺处渗漏，应严格执行无菌操作技术，必要时遵医嘱使用抗生素，以防止发生感染。

（三）**病情观察**

定期测量患者的体重、腹围、尿量，尤其是对有腹水的患者，应注意观察其动态变化情况。观察患者的进食情况及其是否有身体不适。观察皮肤水肿的情况，是否有破损、化脓等情况，同时注意患者体温是否异常。观察患者是否有胸腔积液、腹水及心包积液的表现，是否有急性左心衰竭的表现，是否有剧烈头痛、恶心、呕吐、视物模糊，甚至神志不清及抽搐等高血压脑病的表现。记录24小时液体出入量，监测尿量的动态变化，若经治疗尿量仍未恢复正常，反而进一步减少，甚至出现无尿，则提示发生严重的肾实质损害。同时应密切监测尿常规、肾小球滤过率、血尿素氮、血肌酐、血浆蛋白质和血清电解质等变化。

（四）**用药护理**

1. **利尿药**　遵医嘱使用利尿药，观察药物的疗效及不良反应。观察患者是否有低钾血症、低钠血症、低氯性碱中毒的表现。大量使用呋塞米利尿时可导致有效血容量不足，使患者出现恶心、直立性眩晕、口干、心悸等症状。呋塞米等强利尿药具有耳毒性，可引起耳鸣、眩晕及听神经损伤，应避免与链霉素等有相同不良反应的氨基糖苷类抗生素同时使用。

2. **糖皮质激素**　使用糖皮质激素的患者可出现水、钠潴留以及血压升高、动脉粥样硬化、血糖升高、精神兴奋性增高、消化道出血、骨质疏松、继发感染、伤口不易愈合，以及类肾上腺皮质功能亢进症的表现，如满月脸、水牛背、多毛及向心性肥胖等，应密切观察患者的情况。

3. **环磷酰胺**　使用环磷酰胺等免疫抑制剂时，容易引起出血性膀胱炎、骨髓抑制、消化道症状、肝功能损害及脱发等。

（五）**心理护理**

关心、同情患者，帮助患者树立战胜疾病的信心，对患者予以心理疏导，做好安慰和解释工作；鼓励患者参加适当的社交和娱乐活动，以分散注意力，缓解不良情绪。

## 二、肾性高血压

高血压是指动脉血压过高，可分为原发性高血压和继发性高血压。肾性高血压是由于肾疾病所导致的高血压，是继发性高血压最常见的类型，且高血压的严重程度与肾疾病的严重程度和预后密切相关。

【护理评估】

（一）**病因与发病机制**

肾疾病几乎均可引起高血压，肾性高血压是继发性高血压的常见病因之一，按解剖可分为肾血管性高血压和肾实质性高血压两种。肾血管性高血压主要由肾动脉狭窄导致肾缺血引起，高血压程度较重，容易进展为急进性高血压。肾实质性高血压主要由急性或慢性肾小球肾炎、慢性肾盂肾炎和慢性肾衰竭等肾实质性疾病引起，是肾性高血压的常见原因。肾性高血压按发生机制又可分为容量依赖性高血压和肾素依赖性高血压两类。前者是由于水、钠潴留引起；后者是由于肾素-血管紧张素-醛固酮系统被激活引起。肾实质性高血压中，80%

以上为容量依赖性高血压，仅 10% 左右为肾素依赖性高血压，尚有部分病例同时存在两种因素。

> **知识链接**
>
> **肾素依赖性高血压**
>
> 肾素依赖性高血压（renin-dependent hypertension）是指血浆肾素活性增高引起的高血压。肾素依赖性高血压的发生机制是：引起肾灌注不足的疾病可导致肾缺血，使球旁细胞分泌肾素增多。肾素-血管紧张素-醛固酮系统（RAAS）被激活，通过血管收缩效应和分泌醛固酮，使血压升高。血浆肾素活性增高在高血压患者中很常见，主要见于肾动脉狭窄、肾小动脉硬化、继发性肾实质疾病和弥漫性肾血管病变等疾病患者。此外，血浆肾素活性增高也与心肌梗死等疾病的预后高度相关。血浆肾素活性容易受到抗高血压药物的影响，如正在使用血管紧张素转换酶抑制药（ACEI）或血管紧张素受体阻滞剂（ARB）的患者，检测血浆肾素活性可能被高估。对肾素依赖性高血压的治疗，建议优先考虑使用抗 RAAS 药物，包括 ACEI、ARB 和血管紧张素受体脑啡肽酶抑制剂（ARNI）。β 受体阻滞剂可作为二线抗高血压药。

### （二）身体状况

在原发病的基础上，患者常主诉头痛、头晕等高血压症状。对于肾性高血压患者，应注意观察上腹部或背部肋脊角处是否出现血管杂音。患者常伴有眼底、心脏、脑、血管等并发症，应注意观察相关表现。

### （三）心理、社会状况

患者可因头痛、头晕等症状产生焦虑情绪，尤其是出现心脏、脑、大血管等严重并发症时，易出现焦虑、恐惧心理。

### （四）辅助检查

了解肾功能、尿液检查、影像学检查、肾穿刺活检及肾动脉造影等结果是否有异常。

【主要护理诊断/问题】

1. 疼痛：头痛　与血压升高导致高血压脑病有关。
2. 有受伤的风险　与头晕、视物模糊或意识改变有关。
3. 知识缺乏：缺乏自我监测血压和高血压自我保健相关知识。
4. 潜在并发症：心力衰竭、肾衰竭、急性脑血管疾病。

【护理措施】

### （一）一般护理

1. 休息与活动　一般患者可适当进行体育锻炼，如散步、做体操和打太极拳等，但应以不疲劳为原则。运动量要适度，根据自身体力情况，避免在短时间内大量运动；重症患者（如肾功能不全或血压过高的患者）应限制运动；保持排便通畅，以防止血压骤升。

2. 饮食护理　①限制钠盐摄入，饮食应以清淡为宜，少吃咸食，食入过多可导致血管硬化和血压升高。②戒烟、戒酒，避免进食刺激性食物及饮料。③适量摄入蛋白质和热量，限制脂肪的摄入。

### （二）病情观察

严密监测患者的血压变化。对服药治疗的高血压患者，应测量抗高血压药作用最弱时段的血压（晨起血压）、最强时段的血压（傍晚血压）和临睡前血压；密切观察尿液的变化，如每日尿量以及尿常规、肌酐、尿素氮等检查结果。

### （三）用药护理

告知患者遵医嘱服用抗高血压药物，用药过程中密切观察患者的血压、脉搏、呼吸、尿量和电解质等变化，防止发生低血压和电解质紊乱，以便及时评估药物的疗效和不良反应。

### （四）心理护理

向患者说明情绪对血压的影响，鼓励患者表达内心的感受，帮助患者缓解紧张、焦虑情绪，树立信心，积极配合治疗。

## 三、尿路刺激征

尿路刺激征（urinary irritation symptoms）是指膀胱颈和膀胱三角区受炎症或机械刺激而引起尿频、尿急和尿痛，可伴有排尿不尽及下腹坠痛感。尿路刺激征常见于尿路感染、结石等患者。

【护理评估】

### （一）病因与发病机制

1. 尿路感染　是由致病微生物在尿路中异常繁殖而引起的感染性疾病，包括肾盂肾炎、输尿管炎、膀胱炎和尿道炎等。患者常有白细胞尿，尿液中可以找到致病微生物。

2. 泌尿系统结核　肾结核的特征是病变部位为肾，临床表现以膀胱刺激症状为主；膀胱结核后期，随着膀胱痉挛及纤维化，患者的症状逐渐加重。

3. 其他　膀胱肿瘤、输尿管结石、肾盂肾炎及精神因素等，都可导致尿路刺激征。

### （二）身体状况

1. 病史及发病情况　评估患者是否有泌尿系统畸形、前列腺增生和妇科炎症等相关病史，是否有起病前接受过导尿、尿路器械检查等明显诱因。询问患者患病以来的治疗经过、用药情况及疗效等。

2. 排尿情况　询问患者排尿情况，即每天的排尿次数和尿量；是否有尿意频繁而每次尿量不多；是否有尿频、尿急难忍或尿失禁；排尿时膀胱区和尿道是否有疼痛或灼热感等。

3. 伴随症状　询问患者是否有发热，身体是否有压痛、叩击痛，尿道是否有红肿、渗出物。

### （三）心理、社会状况

由于尿路刺激征反复发作引起的不适，加之部分患者可能出现肾损害，因此患者可出现紧张、焦虑等心理反应。应注意评估患者的心理状态、家庭状况以及家庭及社会支持情况等。

### （四）辅助检查

进行尿常规、尿培养和菌落计数、血常规等检查，了解尿路感染的性质和程度，进行肾功能和影像学检查，可明确肾的大小、外观，以及是否有尿路畸形或梗阻等病变，判断肾结构和功能是否异常。

【主要护理诊断/问题】

1. 排尿异常：尿频、尿急、尿痛　与炎症刺激有关。
2. 体温过高　与尿路感染有关。
3. 焦虑　与尿路刺激征引起不适有关。

【护理措施】

### （一）一般护理

1. 休息　急性发作期间注意卧床休息，宜取屈曲位，尽量不站立或坐直。心情尽量放松，因过分紧张可加重尿频。指导患者从事一些感兴趣的活动，如听轻音乐、阅读书籍、看电视、与室友聊天等，以分散或转移注意力，减轻患者的紧张、焦虑情绪，从而缓解尿路刺激征。各项治疗、护理措施应尽量集中操作，保证患者有充足的休息和睡眠时间。根据患者的排尿习惯选择合适的便器和排尿方式。

2. 饮食护理　在无禁忌证的情况下，应嘱患者多饮水、勤排尿，必要时予以静脉补液，使尿量增加，以达到不断冲洗尿路的目的，减少细菌和毒素的吸收。尿路感染患者每天饮水量不应低于2000 ml，保证每天尿量在1500 ml以上，且每2～3小时排尿1次。

（二）对症护理

指导患者进行膀胱区热敷或按摩，以缓解疼痛。出现尿痛时，嘱患者多饮水，使尿量增多，以减轻疼痛。指导患者通过分散注意力的方式减轻不适或疼痛，如听音乐、阅读书籍、看电视等。对出现高热、头痛及腰痛的患者，可遵医嘱适当予以解热镇痛药。

（三）病情观察

观察患者的体温变化、全身症状、营养状况等；观察患者的排尿次数，尿急程度，尿痛的部位、性质和程度是否有改变，尤其是膀胱结核后期，膀胱刺激征会更明显或出现反复。监测血尿、细菌尿、肾形态改变情况，以及肾区、输尿管及尿道口疼痛等的变化。

（四）用药护理

遵医嘱使用抗生素，注意观察药物的疗效及是否出现不良反应。嘱患者按时、按量、按疗程服药，勿随意停药和增减药物剂量，以免影响治疗效果。口服碳酸氢钠可碱化尿液，减轻尿路刺激征。对尿路刺激征明显者，可遵医嘱予以阿托品、溴丙胺太林等抗胆碱药，以缓解症状。

（五）心理护理

向患者解释治疗的重要性与治疗效果，鼓励患者积极配合治疗和护理；鼓励患者表达内心的感受，对患者的痛苦表示理解和同情，帮助患者建立支持系统，减轻其紧张、焦虑情绪。

## 四、尿异常

尿异常是指尿量异常和尿质异常。尿量异常包括多尿、少尿和无尿。尿质异常有蛋白尿、血尿、白细胞尿、脓尿、菌尿和管型尿等。

【护理评估】

（一）病因与发病机制

1. 尿量异常　正常人每天平均尿量约为1500 ml。尿量的多少取决于肾小球滤过率和肾小管的重吸收功能。少尿或无尿的原因是肾小球滤过率降低，分别由肾前性、肾实质性和肾后性三类因素引起。多尿是由于多种原因（如慢性肾盂肾炎、肾动脉硬化、肾髓质退行性变）引起肾小管功能不全，使肾小管破坏，导致肾小管对水的重吸收功能降低。肾外疾病（尿崩症、糖尿病、肾上腺皮质功能减退等）引起多尿的原因主要是肾小管内溶质过多，或肾小管重吸收功能受到抑制。夜尿增多时，尿比重常低于1.018，提示肾小管浓缩功能减退。

2. 蛋白尿

（1）生理性蛋白尿：①功能性蛋白尿，主要是在剧烈运动、发热、精神紧张、交感神经兴奋等因素的刺激作用下，肾血管痉挛、充血，导致肾小球滤过膜通透性增加而出现的蛋白尿。一般不超过蛋白尿（+），呈一过性。②体位性蛋白尿，又称直立性蛋白尿，是由于站立时局部因素引起肾被动充血所致。其特点是在晨尿中没有尿蛋白，长时间站立后，尿液中蛋白质增多；平卧后，蛋白质又减少或消失。

（2）病理性蛋白尿

1）肾小球性蛋白尿：是指各种原因导致肾小球滤过膜通透性增加，血浆蛋白质大量滤入原尿，超过肾小管的重吸收能力所导致的蛋白尿，常见于肾小球肾炎和肾病综合征等原发性肾小球疾病患者，以及糖尿病、高血压及系统性红斑狼疮等所导致的继发性肾小球损害患者。

2）肾小管性蛋白尿：是指炎症或中毒等引起近曲小管对低分子量蛋白质的重吸收能力降低所导致的蛋白尿，常见于肾盂肾炎、间质性肾炎、肾小管性酸中毒、重金属中毒及出现肾移植排斥反应者。

3）混合性蛋白尿：是指肾小球和肾小管均受损所导致的蛋白尿，常见于慢性肾炎、肾盂肾炎后期、肾小管间质性肾炎、糖尿病及系统性红斑狼疮等患者。

4）溢出性蛋白尿：是指血浆中出现异常增多的低分子量蛋白质，超过肾小管的重吸收能力所导致的蛋白尿，如血红蛋白尿、肌红蛋白尿、本周蛋白尿，见于多发性骨髓瘤、巨球蛋白血症及轻链病等患者。

5）组织性蛋白尿：是由于肾组织被破坏或肾小管分泌蛋白质增多所导致的蛋白尿，多为低分子量蛋白尿，以 T-H 糖蛋白为主要成分。

3. 血尿　包括肉眼血尿和镜下血尿。血尿可由各种泌尿系统疾病及某些全身疾病引起，如肾小球肾炎以及泌尿系统结石、结核、肿瘤、血管病变及先天畸形等。此外，药物的过敏或毒性反应也可导致血尿。有时，血尿出现在剧烈运动后，称为运动性血尿。

4. 管型尿　尿液中的管型是由蛋白质、细胞或其成分在肾小管内形成，可分为细胞管型、颗粒管型、透明管型和蜡样管型等。正常人尿液中偶尔可见透明管型及颗粒管型。管型尿的形成提示蛋白质在肾小管内凝固，其形成与尿蛋白的性质、浓度和尿液酸碱度以及尿量密切相关。红细胞管型见于急性肾小球肾炎患者。白细胞管型对于肾盂肾炎或间质性肾炎有重要的诊断价值，是区分上尿路感染和下尿路感染的重要依据。上皮细胞管型可见于急性肾小管坏死患者。颗粒管型见于各种肾小球疾病和肾小管损伤患者。蜡样管型见于慢性肾衰竭患者。

5. 白细胞尿、脓尿和菌尿　尿液中白细胞明显增多常见于泌尿系统感染患者，肾小球肾炎、肾结核等疾病也可导致轻度白细胞尿。菌尿可作为诊断泌尿系统感染的主要依据。

（二）身体状况

1. 尿量异常　尿量异常包括少尿、无尿、多尿和夜尿增多。尿量少于 400 ml/d 为少尿；尿量少于 100 ml/d 为无尿；尿量大于 2500 ml/d 为多尿。夜间尿量持续超过 750 ml 或夜间尿量超过白天尿量为夜尿增多。

2. 尿质异常　①蛋白尿：正常人尿液中有微量蛋白质，尿蛋白定性试验呈阴性。如果每天尿蛋白含量持续＞150 mg，或尿蛋白定性试验呈阳性，则称为蛋白尿。尿蛋白含量持续超过 3.5 g/d 或 50 mg/（kg·d），称为大量蛋白尿。②血尿：新鲜尿沉渣镜检时，每高倍镜视野红细胞＞3 个或 1 小时尿红细胞计数超过 10 万个，或 12 小时计数超过 50 万个，可诊断为镜下血尿。尿液外观呈血样或洗肉水样，甚至伴有血块，称为肉眼血尿。功能性血尿常为无痛性、全程血尿，可为镜下血尿或肉眼血尿，呈持续性或间断性发作。③管型尿：12 小时尿沉渣镜检显示管型计数超过 5000 个，或镜检发现其他类型管型时，称为管型尿。④白细胞尿、脓尿和菌尿：新鲜离心尿液每高倍镜视野白细胞＞5 个，或新鲜尿液白细胞计数超过 40 万个或 12 小时计数超过 100 万个，称为白细胞尿。变性的白细胞明显增多或聚集成堆，则称为脓尿。中段尿细菌培养菌落计数超过 100 000 CFU/ml，称为菌尿。

3. 伴随症状　患者常有水肿、心悸、乏力、呼吸困难、腰痛及体重改变等伴随症状。

### 考点提示

*尿量异常（少尿、无尿和多尿）、尿质异常（蛋白尿、大量蛋白尿、血尿、白细胞尿和菌尿）的相关概念和管型尿的临床意义。*

### （三）心理、社会状况

尿量异常或尿质异常往往病程长，易反复发生，常影响患者的日常生活，使其心理负担加重，从而易出现焦虑、恐惧心理，甚至产生消极、悲观情绪。

### （四）辅助检查

尿常规、肾功能、血清电解质及影像学检查等，有助于了解尿异常的性质及肾功能。

【常见护理诊断/问题】

参见本节"肾性水肿"及"肾性高血压"。

【护理措施】

参见本节"肾性水肿"及"肾性高血压"。

## 五、肾区痛

肾区痛是指肾盂、输尿管内张力增高或包膜受牵拉所引起的疼痛，表现为肾区胀痛或隐痛、压痛和叩击痛。肾绞痛是一种特殊的肾区痛，主要是由输尿管内结石、血块等移行刺激输尿管而引起输尿管痉挛所致。疼痛常突然发作，可向下腹、外阴及大腿内侧部位放射。

【护理评估】

### （一）病因与发病机制

肾区痛是肾或邻近组织的炎症、肿瘤等疾病，使肾包膜、肾盂、输尿管内张力增高或包膜受牵拉，患者自我感觉或体检时发现的肾区部位的疼痛。常见疾病为急、慢性肾炎以及肾盂肾炎、肾周围脓肿、肾肿瘤、肾血管栓塞或血栓形成等。

### （二）身体状况

1. **疼痛特点**　肾组织本身病变不引起肾区疼痛，但由于肾急剧增大，肾包膜受到牵拉或包膜本身炎症而导致疼痛。急、慢性肾炎以及肾盂肾炎和肾周围脓肿可引起肾区钝痛或胀痛；肾结石、输尿管结石可引起间歇性肾区疼痛或肾绞痛，疼痛常突然发作，可向下腹、外阴及大腿内侧放射，患者同时伴有恶心、呕吐、面色苍白、大汗淋漓和肉眼血尿。

2. **伴随症状**　肾区疼痛的起病缓急、病程、部位、性质和持续时间不同，患者可出现不同程度的精神状态改变，伴贫血、全身表现或尿液改变，可出现肾区包块、压痛、叩击痛，输尿管走行区压痛等。

### （三）心理、社会状况

持续的疼痛和不适常会影响患者的日常活动和睡眠，使患者产生紧张、不安或焦虑情绪，剧烈绞痛可使患者产生恐惧心理。

### （四）辅助检查

了解尿常规、尿培养、肾功能和影像学检查等是否有异常。

【常见护理诊断/问题】

疼痛：肾区疼痛　与肾炎、肾盂肾炎、结石、肿瘤等有关。

【护理措施】

1. **一般护理**　疼痛时应停止活动，卧床休息。日常生活中应避免从事重体力劳动，保证充足的休息和睡眠；对泌尿系统感染患者，应嘱其多饮水，使尿量增加，起到冲洗尿道的作用；合理营养，适当锻炼，增强机体抵抗力。

2. **病情观察**　观察患者的体温变化和全身反应；密切观察肾区疼痛的性质和部位、尿液变化及肾功能情况等。

3. **疼痛护理**　对肾区或膀胱区疼痛患者，予以局部按摩或热敷，以缓解疼痛；分散患者的注意力，根据其兴趣爱好，选择合适的娱乐活动，如听轻音乐、阅读书籍、看电视、与室友聊天等；针灸肾俞、三阴交等穴位，以缓解疼痛。对出现高热、头痛及腰痛的患者，遵医嘱予以解热镇痛药，用药过程中注意观察疗效及不良反应。

4. 心理护理　疼痛轻微时，鼓励患者参加社交活动或引导其通过想象等方式分散注意力，起到缓解疼痛的作用；向患者做好解释工作，解除患者的紧张、焦虑情绪。疼痛剧烈时，应及时安慰患者，鼓励家属关心、安慰和支持患者。

## 第二节　肾小球疾病患者的护理

**案例导入 5-1**

患者，男，25岁，因"咽部不适2周，水肿、少尿1周"入院。患者2周前开始出现咽部不适，轻微咳嗽，无发热，自行服用诺氟沙星后，症状未缓解。近1周感双下肢发胀，出现眼睑水肿，晨起时明显，感腰酸、乏力，伴尿量减少，尿液颜色发红，无尿频、尿急、尿痛。既往身体健康，有青霉素过敏史。入院查体：T 36.7 ℃，P 84次/分，R 17次/分，BP 165/95 mmHg，眼睑水肿，咽部发红，扁桃体不肿大，双肾区叩击痛（-），双下肢凹陷性水肿。实验室检查：Hb 142 g/L，WBC $7.9\times10^9$/L，PLT $215\times10^9$/L；尿蛋白（++），尿蛋白定量3.0 g/d，尿WBC（-），尿RBC 20~30个/高倍镜视野，偶尔可见颗粒管型；肝功能正常，BUN 8.5 mmol/L，Scr 140 μmol/L；血 IgG、IgM、IgA 正常，补体 C3 0.5 g/L，ASO 800 IU/L。

**问题与思考：**

1. 该患者最可能的医疗诊断是什么？
2. 该患者的主要护理诊断/问题有哪些？

肾小球疾病是指一组以血尿、蛋白尿、水肿、高血压为主要临床表现的肾疾病。根据病因可分为原发性、继发性和遗传性三大类。其中，原发性肾小球疾病是指仅局限肾本身发生的疾病，多数病因不明，需排除继发性及遗传性肾小球疾病后才能诊断。继发性肾小球疾病是指继发于全身疾病（如系统性红斑狼疮、糖尿病等）的肾小球损害。遗传性肾小球疾病是由基因突变所导致的肾小球病（如Alport综合征）。在三类肾小球疾病中，原发性肾小球疾病占绝大多数，也是我国慢性肾衰竭最主要的病因。

【原发性肾小球疾病的分型】

1. 临床分型　①急性肾小球肾炎；②急进性肾小球肾炎；③慢性肾小球肾炎；④隐匿性肾小球肾炎（无症状性血尿、蛋白尿）；⑤肾病综合征。

2. 病理分型　①轻微病变性肾小球肾炎；②局灶节段性肾小球病变；③弥漫增生性肾小球肾炎（又分为膜性肾病、增生性肾小球肾炎、硬化性肾小球肾炎三类）；④未分类的肾小球肾炎。

【发病机制】

多数肾小球肾炎属于免疫介导性炎症疾病。一般认为免疫机制是肾小球疾病的始发机制，同时又有炎症介质的参与，最终导致肾小球损伤并产生临床症状。在疾病发展进程中，同时也有非免疫、非炎症因素和遗传因素的参与。

1. 免疫反应　肾炎的发病机制中，既有体液免疫，又有细胞免疫。

（1）体液免疫：通过循环免疫复合物和原位免疫复合物两种方式而致病。①循环免疫复合物沉积：是引起肾小球免疫损伤的主要机制。外源性或内源性抗原刺激机体产生相应抗体，抗原抗体结合形成免疫复合物。免疫复合物随血液循环流动，并沉积于肾小球系膜区和基膜的内皮细胞下，进而导致肾小球损伤。②原位免疫复合物形成：是肾小球固有抗原（如肾小球基膜抗原或足细胞抗原）或已种植于肾小球的外源性抗原刺激机体产生抗体，抗原、抗体在肾局部结合成原位免疫复合物而导致肾损伤。③自身抗体：自身抗体，如抗中性粒细胞胞质抗体（antineutrophil cytoplasmic antibody，ANCN），可引起肾小球发生免疫反应。

（2）细胞免疫：T淋巴细胞、单核细胞、肾小球固有细胞等在肾小球疾病的发病机制中也起重要作用。

2. 炎症反应　始发的免疫反应经炎症介导系统引起炎症反应，导致肾小球损伤，并引发临床症状。炎症介导系统分为炎症细胞（巨噬细胞、中性粒细胞、嗜酸性粒细胞、血小板及肾小球固有细胞等）和炎症介质（激肽、花生四烯酸代谢产物、血管活性胺、补体、凝血因子及氧自由基等）两类。炎症细胞产生炎症介质，炎症介质又趋化、激活炎症细胞。各种炎症介质间相互作用，最终导致肾小球损伤及硬化。

3. 非免疫、非炎症性损伤　在疾病慢性进展过程中，非免疫、非炎症因素也是病变持续、恶化的重要机制。例如，健存肾单位的高压力、高灌注及高滤过，促使肾小球硬化；高血压引起肾小动脉硬化；大量蛋白尿导致肾小球和肾小管慢性损伤；脂代谢异常引起肾小球血管损伤和肾小球硬化等。

## 一、急性肾小球肾炎患者的护理

急性肾小球肾炎（acute glomerulonephritis，AGN）简称急性肾炎，是一组起病急，以血尿、蛋白尿、水肿和高血压为主要临床表现的肾疾病，可伴有一过性肾功能不全。患者常有前驱症状，多在链球菌感染后发病，又称急性链球菌感染后肾小球肾炎。其他细菌、病毒和寄生虫感染也可引起本病。本节主要介绍急性链球菌感染后肾小球肾炎。本病预后良好，绝大多数患者在发病后2～4周内肉眼血尿消失，尿量增加，水肿消退，血压逐渐恢复正常，残余少量蛋白尿及镜下血尿多在6个月内消失，少数患者病程迁延1～3年，但其中多数患者仍可恢复。

【病因与发病机制】

（一）病因

本病主要由β溶血性链球菌"致肾炎菌株"引起的上呼吸道感染所致，常发生在上呼吸道感染（多为扁桃体炎）、猩红热、皮肤感染（多为脓疱疮）等链球菌感染后。感染导致机体产生免疫反应而引起双侧肾弥漫性炎症反应。

（二）发病机制

本病的发生机制是链球菌的胞质或分泌蛋白质的某些成分刺激机体产生抗体，形成循环免疫复合物并沉积于肾小球，或原位免疫复合物种植于肾小球，导致肾小球内皮细胞及系膜细胞增生，伴有中性粒细胞及单核细胞浸润，最终导致肾病变。

【护理评估】

（一）健康史

患者常于发病前2周左右发生皮肤和上呼吸道感染。应评估患者的起病缓急情况，就诊原因，每日活动量及尿量，水肿的部位、程度，是否有头晕、头痛、失眠等症状，既往的就诊经历及相应的检查结果。

（二）身体状况

1. 症状、体征　本病多见于儿童，发病高峰年龄为2～6岁，男性患者多于女性。前驱感染后常有1～3周的潜伏期，平均为10天，相当于机体产生初次免疫应答所需的时间。呼吸道感染的潜伏期较皮肤感染短。本病起病较急，病情轻重不一，轻者呈亚临床型，仅有尿常规及血清补体成分3（complement 3，$C_3$）检查异常，重者可发生急性肾衰竭。患者大多数预后良好，常在数月内自愈。典型者呈急性肾炎综合征的表现。

（1）尿液改变：①尿量减少，见于大部分患者起病初期，尿量常降至 400～700 ml/d，1～2 周后逐渐增多，但无尿较少见。②血尿，常为首发症状和患者就诊的原因，几乎见于所有患者，约 30% 的患者可出现肉眼血尿。肉眼血尿多于数日或 1～2 周后转为镜下血尿。镜下血尿持续时间较长，常为 3～6 个月或更长时间。③蛋白尿，大部分患者有蛋白尿，多为轻到中度，每天尿蛋白不超过 3.5 g，少数为大量蛋白尿，达到肾病综合征水平。

（2）水肿：常为首发症状，见于 80% 以上的患者，主要是由于肾小球滤过率下降导致水、钠潴留所引起。典型者表现为晨起眼睑水肿，面部肿胀感，呈肾炎面容，可伴有下肢轻度凹陷性水肿。少数患者可出现全身性水肿、胸腔积液、腹水等。

（3）高血压：50%～80% 的患者可出现一过性轻、中度高血压，常与水、钠潴留有关；予以利尿后，患者血压可逐渐恢复正常。少数患者可出现严重高血压，个别患者可发生心力衰竭及高血压脑病。

（4）肾功能异常：患者起病早期可因肾小球滤过率下降，水、钠潴留而出现尿量减少，可发生一过性轻度氮质血症。一般于 1～2 周后尿量增加，肾功能于利尿后数日恢复正常，仅有极少数患者表现为急性肾衰竭。

2. 并发症　部分患者在急性期可出现较严重的并发症，常发生在疾病早期病情急剧进展时，或未注意休息和治疗不当时。①充血性心力衰竭：多在起病后 1～2 周内发生，也可为首发症状。水、钠严重潴留和高血压是重要的诱发因素。患者可有颈静脉怒张、奔马律和肺水肿等临床表现。老年患者发生率较高（可达 40%），若未得到及时治疗，则可迅速死亡；儿童患者少见（<5%）。②高血压脑病：以儿童多见，多发生于病程早期。③急性肾衰竭：极少见，多数可逆，是急性肾小球肾炎患者死亡的主要原因。

**考点提示**

急性肾小球肾炎的病因和典型临床特点。

（三）心理、社会状况

儿童和青少年患者往往对疾病认识不足，因而不予以重视，常常不按医嘱休息。家属可能会过分约束患者，使患者产生不良情绪。年龄较大的患者由于需要长期休息等原因，也会产生焦虑、悲观等情绪。护士应评估患者及亲属对疾病病因、注意事项和预后的认知程度，以及目前的心理状态。

（四）辅助检查

1. 尿液检查　患者均有镜下血尿，呈多形性红细胞。多数患者尿蛋白为 +～++，尿沉渣中可有白细胞、管型（颗粒管型、红细胞管型）。

2. 免疫学检查　起病初期血清 $C_3$ 及总补体下降，于 8 周内恢复正常，对本病的诊断有重要意义。患者血清抗链球菌溶血素 O（ASO）滴度可增高，提示近期曾发生过链球菌感染。另外，还有部分患者起病早期循环免疫复合物及血清冷球蛋白检测可呈阳性。

3. 肾功能检查　多数患者肾功能无损害，也可出现肾小球滤过率下降、血尿素氮和血清肌酐升高。

4. B 超检查　双肾形态饱满、体积增大。

5. 肾活检组织病理检查　肾活检组织病理检查是确诊肾炎最主要的手段。病理类型为毛细血管内增生性肾小球肾炎，光镜下呈弥漫性病变，肾小球中内皮及系膜细胞增生，系膜区有中性粒细胞及单核细胞浸润。免疫病理检查可见 IgG 及 $C_3$ 呈粗颗粒状沉积于系膜区及毛细血管壁。

## 知识链接

### 急进性肾小球肾炎

急进性肾小球肾炎（rapidly progressive glomerulonephritis，RPGN）又称新月体性肾小球肾炎，是一组以急进性肾炎综合征为临床表现，肾功能损害急骤进展，常伴有少尿或无尿的临床综合征。根据免疫病理，可将急进性肾小球肾炎分为3型，我国以Ⅱ型略为多见。Ⅰ型好发于中、青年，Ⅲ型常见于中、老年，男性患者略多。多数患者起病急，病情进展快。临床主要表现为急性进展性肾炎综合征，如血尿、蛋白尿、水肿和高血压等。随着病情的进展，患者可出现进行性少尿或无尿，肾功能在短时间内迅速恶化，甚至发展为尿毒症。患者可伴有不同程度的贫血，Ⅱ型患者约半数伴有肾病综合征，Ⅲ型患者常有发热、乏力、体重减轻等系统性血管炎的表现。对出现急性肾炎综合征伴肾功能急剧恶化者，均应怀疑为本病，并应及时进行肾活检，以明确诊断。早期明确病因诊断和免疫病理分型，并进行强化治疗，是治疗成功的关键，包括针对肾小球免疫介导炎性损伤的强化免疫抑制治疗及其他对症治疗。对于治疗无效而进入终末期肾衰竭的患者，应予以长期透析治疗。及时明确诊断和早期进行强化治疗，可改善预后。

【主要护理诊断/问题】

1. 体液过多 与肾小球滤过率下降，水、钠潴留，血浆清蛋白降低等因素有关。
2. 有皮肤完整性受损的危险 与水肿导致皮肤抵抗力下降有关。
3. 活动无耐力 与水肿、低盐饮食和出现并发症有关。
4. 知识缺乏：缺乏自我照顾的相关知识。
5. 潜在并发症：急性左心衰竭、高血压脑病、急性肾衰竭。

【护理措施】

（一）一般护理

1. 休息和活动 急性期患者应绝对卧床休息，以增加肾血流量和尿量，改善肾功能，减少血尿、蛋白尿。对症状比较明显者，应嘱其卧床休息4～6周，待水肿消退、肉眼血尿消失、血压平稳、尿常规及其他检查基本正常后，方可逐步增加活动量。待患者病情稳定后，可指导其适当进行轻体力活动，避免劳累和剧烈活动，坚持1～2年，待完全康复后再恢复正常的体力劳动。

2. 饮食护理 一般每日盐摄入量应低于3 g。对特别严重病例，应完全禁止摄入钠盐。待患者病情好转、血压下降、水肿消退、尿蛋白降低后，即可由低盐饮食逐步恢复为正常饮食，避免长期低钠饮食及应用利尿药而引起水、电解质紊乱或其他并发症。除限制钠盐外，还应限制饮水量和钾的摄入，每日饮水量应为不显性失水量（约500 ml）+前一天24小时尿量。对肾功能正常者，可予以正常的蛋白质摄入量。但当患者出现氮质血症时，则应限制蛋白质的摄入，以优质动物蛋白为主，如牛奶、鸡蛋、鱼等含必需氨基酸的蛋白质，以防止血液中尿素氮等含氮代谢产物蓄积。另外，饮食应保证热量充足，易于消化和吸收。

（二）病情观察

监测患者的生命体征、体重、血尿素氮、血肌酐及液体出入量的变化。观察患者是否有剧烈头痛、呕吐、抽搐、意识障碍、惊厥等高血压脑病的症状，是否有严重呼吸困难、发绀、咳嗽、咳大量粉红色泡沫样痰等急性心力衰竭的表现。发现异常应及时通知医生，并做好抢救准备。

### (三)治疗配合

1. **治疗原则** 本病为自限性疾病,以休息和对症治疗为主,不宜应用糖皮质激素及细胞毒性药物。若无感染证据,则不需要使用抗生素。对发生急性肾衰竭的患者,应予以短期透析。积极预防高血压脑病、急性左心衰竭等并发症的发生。

2. **用药护理** 观察患者用药后的反应。对使用糖皮质激素、利尿药的患者,应严密观察药物的疗效及不良反应,发现异常应及时报告医生。

### (四)对症护理

做好患者的皮肤护理,防止感染的发生。详见本章"第一节泌尿系统疾病患者常见症状与体征的护理"。

### (五)心理护理

限制儿童的活动可使其产生焦虑、烦躁、抑郁等心理反应,故对儿童及青少年患者,应使其充分理解急性期卧床休息及恢复期限制运动的重要性。在患者卧床休息期间,应尽量多关心、巡视患者,及时满足患者的合理需要。

【健康指导】

1. **生活指导** 指导患者注意休息,避免劳累,加强营养,保持个人卫生,少到公共场所等人群聚集的地方,室内定期开窗通风换气,并保持合适的温度、湿度,寒冷季节注意保暖,积极预防感染。

2. **用药指导** 指导患者和家属按医嘱用药,勿自行减少用药剂量或停药,避免使用损害肾功能的药物。

3. **自我监测与随访** 告知患者如果出现血尿、尿液浑浊、水肿、血压升高等症状,则应立即就诊,防止转变为慢性肾小球肾炎。急性肾小球肾炎完全康复可能需要 1~2 年,当症状消失后,蛋白尿、血尿仍然可能存在,所以应对患者进行定期随访,监测病情。

## 二、慢性肾小球肾炎患者的护理

慢性肾小球肾炎(chronic glomerulonephritis, CGN)简称慢性肾炎,是以蛋白尿、血尿、高血压和水肿为主要表现,起病方式不同,病情迁延并呈缓慢进展,最终将发展成为慢性肾衰竭的肾小球疾病。由于患者的病理类型及病程阶段不同,临床表现呈多样化。本病可发生于任何年龄,以中、青年为主,男性多见。

【病因与发病机制】

(一)病因

绝大多数慢性肾炎病因不明,多由各种原发性肾小球疾病迁延不愈发展而成,仅有少数慢性肾小球肾炎由急性肾小球肾炎发展所致。

(二)发病机制

大部分慢性肾小球肾炎的发病机制是免疫介导性炎症。非免疫、非炎症机制在疾病的发展过程中也起重要作用。例如:健存肾单位长期代偿而处于高血流灌注、高滤过和高跨膜压的"三高"状态,久而久之即可导致健存肾小球硬化;高血压可引起肾小动脉硬化性损伤;脂质代谢异常、蛋白尿等,可加重肾的慢性损伤。

【护理评估】

(一)健康史

询问患者是否有急性肾小球肾炎病史,是否有感染、劳累、妊娠以及使用肾毒性药物等情况,是否有糖尿病、系统性红斑狼疮和高血压病史;是否就诊过,曾服用过哪些药物;询问患者家族中是否有相同或类似的疾病患者。

## （二）身体状况

本病患者多数起病缓慢、隐匿，早期可有乏力、食欲减退、腰膝酸软及腰部疼痛等非特异性症状，部分患者因感染、劳累诱发而呈急性发作。临床表现多样，个体差异较大，病情时轻时重，逐渐发展为慢性肾衰竭。

1. **症状、体征**　以蛋白尿、血尿、高血压和水肿为基本表现，症状持续数年或数十年，肾功能逐渐恶化而导致肾衰竭。

（1）蛋白尿：是本病患者必有的表现，24小时尿蛋白定量为1～3 g，尿沉渣镜检可见红细胞增多，还可见管型。

（2）血尿：多为镜下血尿，也可见肉眼血尿。

（3）水肿：水肿程度与持续时间不一，早期患者水肿时有时无，多为眼睑、颜面部水肿和（或）下肢轻、中度凹陷性水肿；晚期患者水肿持续存在，严重者也可出现全身性水肿，一般无体腔积液。水肿是由水、钠潴留和低蛋白血症引起。

（4）高血压：多数患者有不同程度的高血压，部分患者以高血压为首发表现。如果血压控制不佳，则患者肾功能恶化较快，预后较差。高血压的出现与水、钠潴留以及肾素和血管紧张素增多有关。

（5）肾功能损害：肾功能呈慢性进行性损害，进展速度主要与相应的病理类型有关。已出现肾功能不全的患者，常因感染、劳累、妊娠、血压增高、应用肾毒性药物、高蛋白饮食等，促使肾功能急剧恶化，若能及时去除相应的诱因，则肾功能仍可在一定程度上恢复。

（6）其他：患者可出现眼底视网膜动脉变细、迂曲和动静脉交叉压迫现象，甚至发生眼底出血、渗出和视神经乳头水肿。急性发作或使用肾毒性药物导致病情急剧恶化者，可出现不可逆的慢性肾衰竭。

2. **并发症**　感染、肾性贫血、高血压、慢性肾盂肾炎及慢性肾衰竭等。

 **考点提示**

慢性肾小球肾炎的临床特点。

## （三）心理、社会状况

由于本病病程较长，早期症状不明显，患者常因缺乏疾病相关知识而忽略治疗。由于病情发展、症状反复且肾功能逐渐受损，患者容易出现紧张、烦躁、悲观、沮丧等情绪；当肾功能急剧恶化或出现眼底病变等严重的并发症时，患者易产生恐惧心理，对治疗丧失信心。评估患者的社会支持状况，如家属的关心和支持程度、家庭经济情况等。

## （四）辅助检查

1. **血液检查**　患者常出现轻、中度正色素性贫血，红细胞及血红蛋白成比例下降，红细胞沉降率加快，可有低蛋白血症，一般血清电解质无明显异常。

2. **尿常规检查**　尿比重偏低，多在1.020以下，疾病晚期常固定在1.010。尿蛋白为＋～＋＋＋。24小时尿蛋白为1～3 g，镜下可见多形性红细胞，可有红细胞管型、颗粒管型等。急性发作期患者可出现明显血尿或肉眼血尿。

3. **肾功能检查**　患者可有较长时间的肾功能稳定期。晚期患者可出现肾小球滤过率、内生肌酐清除率降低，血尿素氮及肌酐升高，肾功能分期多属于代偿期或失代偿期，酚红排泄异常，尿浓缩与稀释功能障碍。

4. **B超检查**　早期肾大小正常，晚期可呈对称性缩小、皮质变薄。

【主要护理诊断/问题】
1. 体液过多　与肾小球滤过率下降导致水、钠潴留和低蛋白血症等有关。
2. 有感染的危险　与皮肤水肿、营养失调、应用糖皮质激素和免疫抑制剂有关。
3. 营养失调：低于机体需要量　与慢性病程使机体能量消耗增多及限制蛋白质摄入有关。
4. 焦虑　与病程长、治疗效果不理想有关。
5. 知识缺乏：缺乏疾病预防的相关知识。
6. 潜在并发症：感染、肾性贫血、高血压、慢性肾衰竭等。

【护理措施】

（一）一般护理

1. 休息与活动　提供清洁、舒适的环境，保证患者充分休息和适当活动。出现严重水肿、高血压、肾功能不全的患者应卧床休息，取半卧位，待水肿消退和一般情况好转后，可起床活动。患者卧床期间，应指导其适当活动肢体，防止静脉血栓形成。

2. 饮食护理　对慢性肾小球肾炎患者，予以低盐、优质低蛋白、高维生素饮食。对出现氮质血症的患者，应限制蛋白质的摄入，一般为 0.6～0.8 g/(kg·d)。向患者及家属解释低蛋白饮食的重要性，予以优质动物蛋白，如牛奶、鸡蛋、鱼类等，保证机体所需营养，减少蛋白质代谢产物，起到保护肾功能的作用。对出现高血压、水肿的患者，应限制钠盐（<3 g/d）摄入。对出现水肿、少尿的患者，应限制水、钠摄入，控制液体入量（在前一天尿量的基础上增加 500 ml）。每日测量患者的体重、腹围，检查水肿消退情况。

（二）病情观察

监测患者的生命体征、体重、腹围及液体出入量的变化。观察患者是否有胸闷、气促、腹胀等胸腔积液、腹水的表现。观察患者是否有呼吸系统、泌尿系统及皮肤感染的表现，是否有肾静脉或下肢静脉栓塞、肾衰竭等表现。定期监测血红蛋白、血浆白蛋白，以判断机体营养状态；监测血脂、血液黏滞度，以判断是否有血栓形成的可能；监测血尿素氮、血肌酐，以判断肾功能情况。

（三）治疗配合

治疗以防止或延缓肾功能进行性损害、改善或缓解临床症状及防治严重并发症为主，而不是以消除蛋白尿、血尿为目的。一般采取综合治疗措施，强调休息，控制血压，避免剧烈运动，限制饮食，预防感染。

1. 一般治疗　避免加重肾损害的因素，如劳累、感染、应用肾毒性药物（如氨基糖苷类抗生素）、妊娠等。限制食物中蛋白质及磷的摄入量，以减轻肾小球内高压力、高灌注及高滤过状态，延缓肾小球硬化。

2. 药物治疗　高血压和蛋白尿是加速肾小球硬化、促进肾功能恶化的重要因素。

（1）控制高血压：高血压的治疗目标是使血压<130/80 mmHg。蛋白尿的治疗目标是使尿蛋白<1 g/d。控制高血压的主要措施是限制钠盐摄入及应用利尿药、抗高血压药。抗高血压药首选血管紧张素转换酶抑制药（ACEI）和血管紧张素Ⅱ受体阻滞剂（ARB）。常用的 ACEI 有卡托普利、贝那普利，常用的 ARB 有氯沙坦、缬沙坦。ACEI 和 ARB 除具有降压作用外，还有降低尿蛋白和延缓肾功能恶化的肾保护作用。

（2）抗血小板药物：大剂量应用双嘧达莫，小剂量应用阿司匹林等。

（3）抑制免疫与炎症反应：可选用糖皮质激素、细胞毒性药物、环孢素等药物，但鉴于慢性肾小球肾炎的病理特征及不同患者的肾功能差异较大，因此要区别对待，一般不主张积极应用。

3. 用药护理　按医嘱正确用药，注意观察药物的疗效和不良反应。长期使用糖皮质激素可引起高血压、高血糖、消化道出血、骨质疏松、继发感染、满月脸及向心性肥胖等不良反应。应用利尿药期间，应监测患者的生命体征，准确记录 24 小时液体出入量，定期复查电解质。使用血管紧张素转换酶抑制剂时，应注意监测患者的电解质，观察其是否出现持续性干咳等。使用环磷酰胺时，应注意观察患者是否有骨髓抑制、出血性膀胱炎等。应用环孢素时，需注意观察患者是否有肝毒性、肾毒性、高尿酸血症、牙龈增生、高钾血症等表现。应用肝素、抗血小板药时，应注意观察患者是否有出血倾向，监测血常规、出血和凝血时间等。禁用可引起明显肾毒性的药物，如氨基糖苷类抗生素、两性霉素 B、磺胺类药物等。

**（四）心理护理**

向患者介绍疾病相关知识，耐心解答患者的疑问，使其对治疗及预后有一定的了解，以缓解不良情绪，保持良好的心态，树立战胜疾病的信心，积极配合治疗与护理。

**考点提示**

慢性肾小球肾炎患者的饮食护理、治疗原则和用药护理。

【健康指导】

1. **预防指导**　指导患者注意休息和适当锻炼，但应避免劳累；保持个人卫生；少到公共场所等人群聚集的地方，室内定期开窗通风换气，并保持合适的温度、湿度，寒冷季节注意保暖，积极预防感染；避免吸烟、饮酒；进食优质蛋白，如牛奶、鸡蛋、鱼类等；避免进食过咸的食物；饮食应保证热量充足和富含多种维生素。

2. **用药指导**　指导患者按医嘱用药，避免自行减少用药剂量或停药，避免使用损害肾功能的药物，如庆大霉素、阿米卡星和链霉素等。

3. **病情监测**　慢性肾小球肾炎病程较长且易反复发作，应指导患者及家属学会监测血压，观察水肿情况的变化。一旦病情加重，即应及时就医。

4. **定期复查**　指导患者定期到门诊复查。

## 第三节　肾病综合征患者的护理

**案例导入 5-2**

患者，女，18 岁，因"颜面部水肿 8 天，全身凹陷性水肿 3 天"入院。入院后查体：T 36.2 ℃，P 92 次 / 分，R 25 次 / 分，BP 150/95 mmHg。实验室检查：尿蛋白（++++），血清白蛋白 20 g/L，血清总胆固醇 18.8 mmol/L。初步诊断为原发性肾病综合征。

问题与思考：

1. 作为主管护士，应如何对患者进行护理评估？
2. 患者目前存在的主要护理问题有哪些？

肾病综合征（nephrotic syndrome，NS）是由多种病因引起肾小球基膜通透性增高，大量蛋白质随尿液丢失的临床综合征。临床上以"三高一低"为特点，即大量蛋白尿（>3.5 g/d）、低白蛋白血症（血清白蛋白<30 g/L）、明显水肿和高脂血症。本病好发于学龄前儿童，3～5 岁为发病高峰年龄，男性与女性发病率之比为 3.7∶1。根据病因，可将肾病综合征分为原发性肾病综合征（primary nephrotic syndrome，PNS）和继发性肾病综合征两种。原发性肾病综合征约占儿童时期肾病综合征的 90%。

【病因与发病机制】

（一）病因

肾病综合征可分为原发性和继发性两大类。原发性肾病综合征是指原发于肾本身的肾小球疾病，是由免疫介导性炎症所导致的肾损害，如急性肾小球肾炎、急进性肾小球肾炎、慢性肾小球肾炎患者均可在疾病发展过程中出现肾病综合征。继发性肾病综合征是指继发于全身疾病或其他系统疾病的肾病综合征。肾病综合征的常见病因见表5-1。本节主要介绍原发性肾病综合征。

表5-1 肾病综合征的常见病因

| 分类 | 儿童 | 青少年 | 中老年 |
| --- | --- | --- | --- |
| 原发性 | 微小病变型肾病 | 微小病变型肾病<br>系膜增生性肾小球肾炎<br>局灶节段性肾小球硬化<br>系膜毛细血管性肾小球肾炎 | 膜性肾病 |
| 继发性 | 过敏性紫癜性肾炎<br>肝炎病毒相关性肾炎<br>狼疮性肾炎 | 过敏性紫癜性肾炎<br>系统性红斑狼疮性肾炎<br>肝炎病毒相关性肾炎 | 糖尿病肾病<br>肾淀粉样变性<br>骨髓瘤性肾炎<br>淋巴瘤或实体肿瘤性肾病 |

（二）发病机制

在致病因素的作用下，肾小球滤过膜受损、通透性增加，使大量白蛋白漏出。当白蛋白漏出量超过肾小管的重吸收能力时，即可导致蛋白尿。大量蛋白尿和蛋白质分解代谢增加，可引起低白蛋白血症。低白蛋白血症可引起血浆胶体渗透压降低，使水分从血管腔渗入组织间隙，这是造成肾病综合征患者水肿的重要原因。此外，部分患者有效循环血量减少，容量感受器受到刺激，使醛固酮分泌增加，引起水、钠潴留；后者又刺激抗利尿激素分泌增多，使尿量减少，进而加重水肿。作为对血浆白蛋白降低的代偿，肝合成脂质（如胆固醇、磷脂、中性脂肪）增加，造成高脂血症，尤其是高胆固醇血症。

引起原发性肾病综合征的肾小球疾病的主要病理类型有微小病变型肾病、系膜增生性肾小球肾炎、系膜毛细血管性肾小球肾炎、膜性肾病及局灶节段性肾小球硬化。

【护理评估】

（一）健康史

询问患者是否有原发性肾小球疾病。重点评估儿童患者是否有微小病变型肾病，青少年患者是否有系膜增生性肾小球肾炎、系膜毛细血管性肾小球肾炎、局灶节段性肾小球硬化，中老年患者是否有膜性肾病。另外，还应询问患者是否有系统性红斑狼疮、糖尿病、过敏性紫癜、乙型病毒性肝炎等病史，是否有诱发因素，如感冒、受凉、劳累、上呼吸道感染等。

（二）身体状况

1. 症状、体征

（1）原发病表现：如原发性肾小球疾病、系统性红斑狼疮、糖尿病、过敏性紫癜等疾病的相应表现。

（2）"三高一低"表现

1）大量蛋白尿：24小时尿蛋白＞3.5 g，是肾病综合征的特征性表现，也是患者最早出现的临床表现。其主要机制是由于肾小球滤过膜的屏障作用受损，导致对血浆蛋白尤其是白蛋白的通透性增高，当超过肾小管的重吸收能力时，即导致大量蛋白尿。

2）低蛋白血症：血浆蛋白常低于 30 g/L。低蛋白血症导致血浆胶体渗透压降低是水肿的主要原因。大量白蛋白随尿液丢失，如果肝代偿性合成血浆蛋白不足、胃肠黏膜水肿导致蛋白质摄入不足、吸收不良等，则可加重低蛋白血症。此外，免疫球蛋白和补体、凝血因子、金属结合蛋白等也可减少。

3）水肿：水肿是肾病综合征患者最早、最突出的体征，其发生与低蛋白血症所致血浆胶体渗透压明显降低有关。水肿的程度不一，严重者遍及全身，可出现胸腔积液、腹水和心包积液。水肿严重者尿量常明显减少。

4）高脂血症：肾病综合征患者常伴有高脂血症、高胆固醇或高三酰甘油血症，其中以高胆固醇血症最为常见。低密度脂蛋白（low density lipoprotein，LDL）、极低密度脂蛋白（very low density lipoprotein，VLDL）也可增高，且常与低蛋白血症并存。其发生与肝代偿性地增加脂蛋白合成以及脂蛋白分解减少有关。

2. 并发症

（1）感染：是主要的并发症，也是导致本病复发和疗效不佳的主要原因，其发生与营养不良、免疫功能紊乱及应用糖皮质激素治疗有关。常见的有呼吸道感染、泌尿系统感染及皮肤感染等，严重感染可危及生命。

（2）血栓栓塞：多数患者血液呈高凝状态，原因是有效循环血容量减少、血液浓缩及高脂血症，使血液黏滞度增加，蛋白质随尿液丢失，以及肝代偿性合成蛋白质增加，引起机体凝血、抗凝和纤溶异常，加之应用强效利尿药可进一步加重高凝状态，常可自发形成血管内血栓。其中，肾静脉血栓栓塞最常见，表现为腰痛、血尿、肾功能急剧减退等。此外，还可引起肺血管、下肢静脉、下腔静脉、冠状血管和脑血管等血栓栓塞。

（3）急性肾损伤或肾衰竭：由于水肿导致有效循环血容量减少，肾血流量进一步减少，可诱发肾前性氮质血症，经扩充血容量、利尿治疗后多可恢复。少数患者可发展为肾实质性急性肾衰竭，表现为无明显诱因出现少尿、无尿，经扩充血容量、利尿治疗无效。其发生机制可能是肾间质高度水肿，压迫肾小管；大量管型堵塞肾小管，导致肾小管腔内高压，引起肾小球滤过率骤然降低，同时诱发肾小管上皮细胞损伤、坏死，进而导致急性肾衰竭。

（4）其他表现：长期低蛋白血症可导致营养不良、小儿生长发育迟缓等；长期高脂血症易引起动脉硬化、冠心病等并发症。

 考点提示

肾病综合征的临床特点及常见的并发症。

（三）心理、社会状况

首次确诊或经过一段时间治疗后，尿蛋白仍未转阴时，患者常会怀疑诊断及检查结果的准确性，对医护人员的解释持怀疑态度，容易出现焦虑、愤怒情绪。由于出现不同程度的水肿，或长期服用糖皮质激素等药物引起容貌及体形改变，患者容易出现悲观情绪，对治疗失去信心。由于病情较重或久治未愈，以及反复多次住院，患者可出现恐惧心理。由于担心医疗费用难以支付，患者往往承受较大的心理压力。

（四）辅助检查

1. 尿液检查  尿蛋白为 +++～++++，尿蛋白定量>3.5 g/d；尿沉渣镜检可见红细胞、管型等，且易观察到肾上皮细胞及细胞管型。尿蛋白减少或消失是病情好转的标志。

2. 血液检查  血浆白蛋白<30 g/L，血浆胆固醇、三酰甘油、低密度脂蛋白和极低密度脂蛋白均可增高，血 IgG 可降低。

3. 肾功能检查　发生急性肾衰竭时，血尿素氮、肌酐升高，内生肌酐清除率降低。
4. 肾穿刺活检　可明确病理类型，指导治疗，判断预后。
5. B超检查　可见双肾正常或缩小。

【常见护理诊断/问题】
1. 体液过多　与低蛋白血症导致血浆胶体渗透压下降有关。
2. 营养失调：低于机体需要量　与大量蛋白尿、胃肠道蛋白质吸收障碍有关。
3. 有感染的危险　与抵抗力低下、皮肤水肿、营养失调、应用糖皮质激素和免疫抑制剂有关。
4. 有皮肤完整性受损的危险　与水肿、营养不良及长时间卧床等有关。
5. 潜在并发症：感染、急性肾衰竭、血栓形成等。

【护理措施】
（一）**一般护理**
1. 休息与活动　严重水肿、胸腔或腹腔积液时，患者应卧床休息，但应保持适度的床上及床旁活动，以防止静脉血栓形成。水肿减轻后，可指导患者进行轻度的室内活动，尿蛋白定量下降到2 g/d以下时，可进行轻度的室外活动，但应避免劳累和剧烈运动。
2. 饮食护理　应予以足够热量、富含维生素、低脂、高膳食纤维、易消化的饮食，减轻肾的负担。当患者有水肿、高血压时，应视其程度，限制钠盐摄入（<3 g/d）。肾病综合征患者肾功能正常时，可予以正常量的优质蛋白0.8～1.0 g/(kg·d)，且60%以上为富含必需氨基酸的动物蛋白；当肾功能不全时，应根据肾小球滤过率对蛋白质的摄入量进行调整，予以优质低蛋白饮食，减少进食富含饱和脂肪酸的食物（如动物油脂），多吃富含多聚不饱和脂肪酸的食物（如植物油及鱼油），以及富含可溶性纤维的食物（如豆类、燕麦），以减轻高脂血症。

（二）**病情观察**
1. 病情观察　密切观察患者的生命体征、体重、腹围、液体出入量以及水肿情况。观察患者是否出现胸闷、气促和腹胀等胸腔积液、腹水的征象。对应用糖皮质激素者，密切观察是否有咳嗽、咳痰、肺部湿啰音、尿路刺激征、皮肤破溃及体温升高等表现，以判断可能发生的呼吸道、泌尿系统及皮肤感染。密切观察患者是否有腰痛、下肢疼痛、胸痛、头痛等症状，以判断是否发生血栓、栓塞等并发症。
2. 并发症　定期监测血浆白蛋白、血红蛋白等，了解机体的营养状态；监测血脂及血液黏滞度，以判断发生血栓栓塞的危险；监测患者是否有少尿、无尿及血尿素氮、血肌酐升高等，以判断是否发生肾衰竭。

（三）**对症护理**
1. 水肿的护理　限制钠盐的摄入，饮水量视病情而定，记录24小时液体出入量。保持皮肤清洁、干燥，避免皮肤受摩擦或损伤。对眼睑、面部水肿者，应将枕头适当垫高；严重水肿者应经常更换体位；胸腔积液者宜取半卧位；对阴囊水肿者，宜用托带将阴囊托起；对严重水肿的患者，应尽量避免肌内注射药物。
2. 预防感染　告知患者预防感染的重要性。避免到人群拥挤的公共场所，减少探视，避免与传染病患者接触，预防交叉感染。协助或指导患者做好全身皮肤的清洁工作，避免损伤皮肤，做好晨间护理等，有效预防感染。指导其加强休息和营养，注意保暖，做好病室物品及空气的清洁、消毒工作。

（四）**治疗配合**
治疗原则为控制症状，防止复发及加重，延缓肾功能损害，维持正常的生活和工作能力。

1. 一般治疗　包括卧床休息、预防感染及合理饮食等。

2. 对症治疗

（1）利尿消肿：以体重减轻 0.5～1 kg/d 为宜，不宜过快、过猛，以免引起有效循环血容量不足、加重血液高凝状态而诱发血栓形成或栓塞。通常，联合应用噻嗪类利尿药和保钾利尿药，可提高利尿效果，减少钾代谢紊乱。

（2）减少尿蛋白：应用 ACEI 或 ARB，除可有效控制血压外，还可通过降低肾小球内压和直接影响肾小球基底膜对大分子的通透性，达到减少尿蛋白的作用。

（3）降脂治疗：高脂血症可加速肾小球疾病的发展，增加心脑血管病的发生概率，因此，对出现高脂血症的患者，应予以降脂治疗。

3. 抑制免疫与炎症反应

（1）糖皮质激素：可抑制免疫反应和炎症反应、抑制醛固酮和抗利尿激素的分泌，影响肾小球基底膜的通透性而发挥疗效。使用原则是：①起始用药足量；②缓慢减少用药剂量；③长期维持用药，以最小有效剂量作为维持量，服用半年至 1 年，总疗程约需 1 年或更长时间。常用药物为泼尼松。

（2）细胞毒性药物：用于激素依赖型或激素抵抗型肾病综合征患者，常用药物为环磷酰胺，配合激素治疗可提高缓解率。一般不作为首选用药及单独应用。

（3）环孢素：可以选择性抑制辅助性 T 细胞及细胞毒性 T 细胞，作为二线药物，用于激素及细胞毒性药物治疗无效的难治性肾病综合征患者。此药较昂贵，不良反应大，停药后病情易复发。

（4）吗替麦考酚酯：具有选择性抑制 T、B 淋巴细胞增殖及抗体形成的作用，已广泛用于肾移植后排斥反应，不良反应相对较小。对部分难治性肾病综合征患者有效。

4. 防治并发症

（1）感染：应用激素治疗时，不需预防性使用抗生素，否则可能诱发真菌二重感染。一旦发生感染，即应及时选用敏感、强效及无肾毒性的抗生素。

（2）血栓及栓塞：当患者血液呈高凝状态时，予以抗凝药物（如肝素），辅以抗血小板药（如双嘧达莫）。当患者出现血栓或栓塞时，应尽早予以尿激酶或链激酶溶栓，配合应用抗凝药物。

（3）急性肾损伤：利尿无效且达到透析指征时，应进行血液透析。

5. 中医药治疗　一般主张与激素及细胞毒性药物联合使用，不仅可以降低尿蛋白，还可以拮抗激素及细胞毒性药物的不良反应。常用药物为雷公藤等。

6. 用药护理　按医嘱正确给药，注意观察药物的疗效和不良反应。

（1）利尿药：监测电解质、酸碱平衡情况；注意补钾，防止发生低钾血症；对发生肾衰竭的患者，禁用保钾利尿药。

（2）抗高血压药：监测电解质，防止发生高钾血症。观察患者是否有持续性干咳等不良反应，停药后干咳即可消失。

（3）抗凝血药：观察患者是否有出血倾向，监测血常规、出血时间和凝血时间等，发现异常应立即停药。

（4）环孢素：服药期间监测血药浓度，观察患者是否有肝毒性、肾毒性、高血压、高尿酸血症、高钾血症、多毛及牙龈增生等不良反应。

（5）糖皮质激素：在应用糖皮质激素期间，护士应正确指导患者餐后用药，多饮水，并告知患者突然减药或停药的危险。长时间用药可引起很多不良反应，如出现满月脸、水牛背、皮肤变薄、痤疮、多毛等症状。护士应告知患者，停药后，上述不良反应可自行消退，以消除患者的不良情绪。当患者出现白细胞计数明显下降、高血压、低钾血症及神经系统症状时，应及时报告医生进行处理。

 **考点提示**

肾病综合征患者的饮食护理、治疗要点及用药护理。

### （五）心理护理

积极、主动与患者沟通，鼓励其表达内心的感受，耐心解答其疑问；及时告知患者疾病进展，对患者的任何微小进步予以充分肯定，鼓励其树立战胜疾病的信心。鼓励家属安慰、关心和支持患者，解决患者的后顾之忧，使其以良好的心态面对现实。

【健康指导】

1. 疾病知识指导　向患者及家属讲解本病的特点、常见并发症及预防方法，指导患者加强全身皮肤、口腔黏膜和会阴部护理；寒冷季节注意保暖，避免着凉；少到公共场所等人群聚集的地方，预防感染。指导患者根据病情适度休息与活动，预防肢体血栓形成等并发症；合理安排饮食，根据病情，调整蛋白质摄入量和种类，予以低盐、低脂饮食。

2. 用药指导　指导患者利尿药、抗高血压药及糖皮质激素等药物的使用方法、用药过程中的注意事项；避免使用损害肾功能的药物，如氨基糖苷类抗生素、抗真菌药等；坚持遵医嘱用药，避免自行减少用药剂量或停用激素，了解激素及细胞毒性药物的常见不良反应等。

3. 定期随访　肾病综合征的预后取决于肾小球疾病的病理类型、是否出现并发症、是否复发及用药的疗效。局灶节段性肾小球硬化、系膜毛细血管性肾小球肾炎和重度系膜增生性肾小球肾炎患者预后差。

## 第四节　尿路感染患者的护理

**案例导入 5-3**

患者，女，30岁，已婚，因寒战、高热、全身酸痛、食欲减退2天，尿频、尿急、尿痛、腰痛、肾区叩击痛1天入院。查体：T 39.7 ℃，P 102次/分，R 32次/分，BP 100/70 mmHg；尿常规检查：尿红细胞5～10个/高倍镜视野，白细胞6～11个/高倍镜视野，可见白细胞管型。

**问题与思考：**

1. 该患者最可能的医疗诊断是什么？为明确诊断，还需要做什么检查？
2. 该患者目前存在的护理问题有哪些？

尿路感染（urinary tract infection，UTI）简称尿感，是指病原体侵犯尿路黏膜或组织引起的急、慢性感染性疾病。根据感染部位，可将尿路感染分为上尿路感染和下尿路感染，前者包括肾盂肾炎、输尿管炎，后者包括膀胱炎、尿道炎。肾盂肾炎和膀胱炎又有急性和慢性之分。根据是否有基础疾病、尿路解剖与功能异常，还可将尿路感染分为复杂性尿路感染和非复杂性尿路感染。本病多见于育龄期妇女（尤其多发于性生活活跃期）、绝经后女性、老年人、免疫力低下及尿路畸形者。男性与女性发病率之比约为1∶10，未婚女性发病率为1%～3%，已婚女性约为5%，孕妇约为7%，老年女性为10%～12%。

【病因及发病机制】

(一)病因

本病主要由细菌感染所致,最常见的致病菌是革兰氏阴性杆菌,其中以大肠埃希菌最常见,占75%~90%,其次为变形杆菌、产气杆菌、肺炎克雷伯杆菌、铜绿假单胞菌等。医院内感染、复杂性或再发性尿路感染、器械检查后发生的尿路感染常见致病菌为肠球菌、变形杆菌、肺炎克雷伯杆菌、铜绿假单胞菌等。金黄色葡萄球菌所致尿路感染多见于皮肤创伤及吸毒引起的菌血症和败血症患者。病毒、支原体感染虽然少见,但有逐渐增多的趋势。近年来由于抗生素和免疫抑制剂的广泛应用,革兰氏阳性球菌和真菌性尿路感染增多,耐药甚至耐多药现象呈增加趋势。多种细菌感染所致尿路感染见于留置导尿管、神经源性膀胱、尿路结石、先天性畸形和阴道瘘、肠瘘、尿道瘘等患者。糖尿病及免疫功能低下者可发生真菌感染。

(二)发病机制

1. 感染途径

(1)上行感染:是最常见的感染途径,占尿路感染的95%以上。正常情况下,尿道口周围有少量肠道菌群,但不致病。当机体抵抗力下降时,或在某些因素(如性生活后、尿路梗阻、医源性操作、生殖器感染)作用下,细菌可侵入尿道并沿尿路上行到膀胱、输尿管、肾而引起感染。

(2)血行感染:当体内感染病灶中的病原菌侵入血流时,可通过血液循环到达肾和尿路而引起感染。这种感染途径较少见,不足2%,可发生于严重慢性基础疾病患者或机体免疫功能极差的患者,金黄色葡萄球菌为主要致病菌。

(3)直接感染:泌尿系统周围器官、组织发生感染时,病原体可直接侵入泌尿系统而导致感染。

(4)淋巴道感染:盆腔和下腹部的淋巴管道与肾毛细淋巴管有吻合交通支,相应器官感染时,病原体可经淋巴道感染泌尿系统,临床上较少见。

2. 机体防御能力  正常情况下,细菌进入膀胱,但并不能引起尿路感染,这与排尿时尿液的冲刷作用,尿道和膀胱黏膜的抗菌能力,尿液中高浓度尿素、高渗透压和低pH等因素有关;男性前列腺分泌物中含有抗菌成分,感染后,这些抗菌成分可进入膀胱上皮组织和尿液中,以清除细菌;输尿管膀胱连接处的活瓣具有防止尿液、细菌进入输尿管的功能。

3. 易感因素

(1)解剖因素:女性因尿道短而直,尿道口离肛门近而容易发生细菌污染。尤其在月经期、妊娠期、绝经期和性生活后较易发生感染。

(2)尿路梗阻或尿液反流:可由尿路解剖或功能异常引起,如尿路结石、前列腺增生、肿瘤等导致尿流不畅,使细菌不易被冲洗、清除,而在局部大量繁殖引起感染。尿流不畅是尿路感染最重要的易感因素。此外,泌尿系统畸形或结构异常(如肾发育不良、肾盂及输尿管畸形)也可引起尿流不畅和尿液反流,进而导致感染。

(3)医源性因素:导尿或留置导尿管、膀胱镜检查、输尿管镜检查、逆行尿路造影等可导致尿路黏膜受损,易引发尿路感染。研究显示,在严格执行无菌操作后进行一次导尿,尿路感染的发生率为1%~2%,留置导尿3天以上,尿路感染的发生率可达90%以上。

(4)机体抵抗力下降:全身疾病(如糖尿病)、严重的慢性病、长期卧床以及长期使用免疫抑制剂、糖皮质激素等,可使机体抵抗力下降,进而增加尿路感染的发生概率,甚至导致反复感染。

(5)尿道口周围或盆腔炎症:如妇科炎症、细菌性前列腺炎可引起尿路感染。细菌性前列腺炎是青年男性尿路感染最常见的易感因素。

（6）其他：妊娠、神经源性膀胱、雌激素水平降低等因素也可导致尿路感染。

【护理评估】

（一）健康史

询问患者是否有感染、外伤、尿路结石、膀胱肿瘤、前列腺增生、输尿管畸形、多囊肾、马蹄肾及膀胱输尿管反流等病史，是否长期使用免疫抑制剂，是否有糖尿病、慢性肾病、肝病及肿瘤等病史。询问患者的月经史、生育史和性生活情况，既往是否有类似情况发生及诊疗经过。

（二）身体状况

1. 症状和体征

（1）膀胱炎：约占尿路感染的60%。起病突然，女性患者发病多与性活动有关。主要表现为膀胱刺激征，即尿频、尿急、尿痛，膀胱区或会阴部不适及尿道烧灼感；尿频的程度不一，严重者可出现急迫性尿失禁；尿液浑浊、尿液中有白细胞，常见终末血尿，有时为全程血尿，甚至可见血块排出。患者一般无明显的全身感染症状，少数患者可出现腰痛、发热，但体温一般不超过38℃。致病菌多为大肠埃希菌，占75%以上。

（2）急性肾盂肾炎：临床表现与感染程度有关，多数患者起病急骤。①全身表现：如寒战、高热、头痛、乏力、食欲缺乏、恶心、呕吐，甚至腹痛、腹胀或腹泻等，体温常在38℃以上，多为弛张热，也可为稽留热或间歇热，常伴有血白细胞计数升高和红细胞沉降率加快。若高热持续不退，则提示合并尿路梗阻、肾周围脓肿或败血症等。②泌尿系统表现：常有尿频、尿急、尿痛、排尿困难等尿路刺激症状，多数患者伴有腰痛或肾区不适。患者可出现肋脊角压痛和（或）叩击痛；腹部上、中输尿管点和耻骨上膀胱区有压痛。③尿液变化：可见脓尿或血尿。临床上轻症患者全身症状可不明显，仅有尿路局部表现和尿液变化，不易与膀胱炎相鉴别。

（3）慢性肾盂肾炎：多由急性肾盂肾炎治疗不彻底或反复发作引起，病程超过半年并有肾小管及肾功能损害。其临床表现较为复杂，全身和泌尿系统局部表现多不典型。临床表现可分为3类。①尿路感染表现：少数患者间歇发生症状性肾盂肾炎，主要表现为间歇性无症状菌尿和（或）间歇性尿急、尿频等下尿路感染症状，可出现腰、腹部不适和（或）间歇性低热。②慢性间质性肾炎表现：患者可出现高血压、多尿、夜尿增多，易发生脱水。③慢性肾病的相关表现：患者可出现贫血、水肿等。

（4）不典型尿路感染：①无症状菌尿，是一种隐匿性尿路感染，多见于老年女性和妊娠期妇女。患者有真性菌尿，但无任何尿路感染症状，发病率随年龄增长而增高。若不治疗，约20%的无症状菌尿患者可发生急性肾盂肾炎。②以全身急性感染症状为主要表现，而尿路局部症状不明显。③尿路感染症状不明显，而主要表现为急性腹痛和胃肠道功能紊乱的症状。④以血尿、轻度发热和腰痛等为主要表现。⑤无明显尿路感染症状，仅表现为背痛或腰痛。⑥少数患者表现为肾绞痛、血尿。

2. 并发症　若能及时治疗尿路感染，则并发症较少。伴有糖尿病、尿路梗阻等患者，若未得到及时治疗或治疗不当，则可出现下列并发症。

（1）肾乳头坏死：是指肾乳头及其邻近肾髓质发生缺血、坏死，是严重的并发症，常发生于伴有糖尿病或尿路梗阻的肾盂肾炎患者，可并发革兰氏阴性杆菌败血症，导致急性肾衰竭。主要表现为高热、剧烈腰痛和血尿，可有坏死组织随尿液排出，若引起尿路梗阻，则患者可出现肾绞痛。静脉肾盂造影可见肾乳头区呈"环形征"。

（2）肾周围脓肿：由严重肾盂肾炎直接扩展而来，常合并糖尿病及尿路结石等复杂因素，致病菌常为革兰氏阴性杆菌，尤其是大肠埃希菌。患者除原有症状加重外，还常出现明显的单侧腰痛,腰部B超、CT、X线检查等有助于诊断。应加强抗感染、支持治疗,必要时进行切开引流。

### (三)心理、社会状况

评估患者的心理状态,了解患者是否有烦躁、紧张、焦虑等不良情绪。评估患者对疾病的认知程度、配合治疗的情况,以及社会支持情况等。了解疾病是否对患者的工作、学习和生活造成影响。

### (四)辅助检查

1. 尿常规检查　患者尿液中白细胞明显增加,常伴有红细胞,少数患者可出现肉眼血尿。尿蛋白含量不高。部分患者尿液中查见白细胞管型,可确诊为肾盂肾炎。

2. 尿细菌学检查　此项检查具有诊断意义。①涂片细菌检查:进行清洁中段尿沉渣镜检,可初步确定致病菌,对及时选择有效抗生素有重要价值。②细菌培养:可采用清洁中段尿、导尿及膀胱穿刺抽取尿液进行细菌培养。其中,膀胱穿刺抽取尿液培养结果最可靠。新鲜清洁中段尿细菌定量培养菌落计数$\geq 10^5$/ml,为真性菌尿,可确诊尿路感染;$10^4 \sim 10^5$/ml,为可疑阳性,需复查;$<10^4$/ml,为阴性,提示可能为尿液污染。耻骨上膀胱穿刺抽取尿液进行细菌定性培养显示有细菌生长,即为真性菌尿。

3. 血液检查　发生急性肾盂肾炎时,血常规检查可见白细胞计数和中性粒细胞计数增高,红细胞沉降率可加快。慢性肾盂肾炎导致肾功能受损时,可出现肾小球滤过率下降,血肌酐升高。

4. 影像学检查　包括超声检查、腹部X线检查、静脉肾盂造影、逆行肾盂造影等,必要时可选择CT或MRI检查,以确定泌尿系统是否有结石、梗阻、畸形和肾排泄功能改变等。静脉肾盂造影观察到局灶、粗糙的皮质瘢痕,伴有附属肾乳头收缩的扩张和变钝等征象,即可确诊为慢性肾盂肾炎。

> **知识链接**
>
> **尿液细菌定量培养的假阳性和假阴性**
>
> 尿标本的收集采用清洁中段尿或导尿留取标本,以避免污染。若单纯进行尿液培养而不进行定量分析,则结果不可靠。若采用膀胱穿刺抽取尿液的方式进行定性培养,则结果较为可靠。临床上常留取清洁中段尿进行尿液细菌定量培养。
>
> 假阳性见于以下情况:①中段尿的收集不符合标准,尿标本被污染。②尿标本在室温放置超过1小时才进行接种和检查。③接种和检查操作有误。
>
> 假阴性主要见于以下情况:①患者7天内使用过抗菌药。②尿液在膀胱内停留不足6小时,细菌没有足够的时间繁殖。③收集中段尿时,消毒药不慎混入尿标本内。

【主要护理诊断/问题】

1. 体温过高　与细菌感染有关。
2. 排尿异常:尿频、尿急、尿痛　与尿路感染有关。
3. 焦虑　与病程长、病情反复发作有关。
4. 知识缺乏:缺乏预防尿路感染的相关知识。
5. 潜在并发症:肾乳头坏死、肾周围脓肿等。

【护理措施】

### (一)一般护理

1. 休息与活动　为患者提供安静、舒适的休息环境。急性期患者应注意卧床休息,待体温正常、症状明显减轻后，可起床活动。各项护理操作最好能集中进行，避免过多地干扰患者而加重患者的不适。慢性期患者应根据病情适当活动，避免劳累。加强生活护理，及时更换被汗液浸湿的衣服。

2. 饮食护理　予以足够热量、富含维生素和易消化的食物；鼓励患者多饮水，每天饮水量在 2000 ml 以上；鼓励患者勤排尿，以达到冲洗尿路、促进细菌及炎性分泌物排出的目的。指导患者避免进食酸辣、刺激性食物，如烈酒、辣椒、原醋、酸味水果等。咖啡可导致膀胱颈收缩而引起膀胱痉挛性疼痛，故应指导患者避免饮用咖啡。

（二）病情观察

密切监测患者的生命体征，尤其是体温的变化；观察患者尿液的改变、尿频、尿急、尿痛、腰痛等情况；观察患者是否有高热持续不退、腰疼加重、坏死物排出等情况，一旦出现，则常提示发生肾周围脓肿、肾乳头坏死等并发症，应及时报告医师并协助处理。

（三）治疗配合

治疗原则是明确并去除病因及诱因，预防复发及防治并发症。

1. 一般治疗　急性期患者应注意休息。嘱患者多饮水、勤排尿。对病情反复发作者，应积极寻找病因，及时去除诱因。

2. 急性膀胱炎　采用单剂量、短疗程的抗菌药物治疗。对女性非复杂性膀胱炎患者，建议口服复方磺胺甲噁唑，疗程为 3 天；呋喃妥因，疗程为 5～7 天。也可选用其他药物，如阿莫西林、头孢菌素类、喹诺酮类，疗程一般为 3～7 天。疗程结束 7 天后复查，若结果为阴性，则表示急性膀胱炎已治愈；若结果为阳性，则应继续予以抗生素治疗 2 周。对男性患者、孕妇、复杂性尿路感染或拟诊断为肾盂肾炎者，均不宜用 3 天疗法，应采用较长疗程。

3. 急性肾盂肾炎　①抗菌药物治疗：选用有效抗生素。抗生素应在留取尿标本进行常规检查和细菌学检查后立即开始使用。对轻症患者，可采用口服喹诺酮类药物治疗；若致病菌是革兰氏阳性菌，则可以单纯应用阿莫西林，或阿莫西林联合克拉维酸钾治疗；对重症患者或不能口服药物者，可静脉予以喹诺酮类药物、氨苄西林或广谱头孢类抗生素治疗。待患者病情好转后，可参考尿液培养结果选用敏感的抗生素进行口服治疗。抗生素疗程不少于 2 周，或待患者症状完全消失，尿液检查连续 3 次呈阴性后再继续使用 3～5 天。②碱化尿液：予以口服碳酸氢钠，每次 1.0 g，每日 3 次，可提高抗生素疗效、减轻尿路刺激症状。

4. 慢性肾盂肾炎　积极寻找并去除易感因素。急性发作期的治疗方法同急性肾盂肾炎。

5. 无症状菌尿　是否治疗目前仍有争议，一般认为不需治疗，但有以下情况应予以治疗：①妊娠期无症状菌尿。②学龄前儿童。③出现症状感染。④肾移植、尿路梗阻及存在其他尿路复杂情况。

6. 再发性尿路感染　再发性尿路感染可分为复发和重新感染。对于复发性尿路感染，应积极寻找并去除易感因素（如尿路梗阻），并选用有效的强效杀菌性抗生素治疗 6 周；若治疗不成功，则可再延长疗程或改为注射用药。对重新感染者，可采用长程低剂量抑菌疗法进行预防性治疗，如每晚临睡前排尿后口服复方磺胺甲噁唑半片，疗程为半年；若停药后再发，则继续采用此方法治疗 1～2 年或更长时间。

7. 用药护理　遵医嘱使用抗生素，注意观察药物的疗效及不良反应。嘱患者按时、按量、按疗程服药，避免随意停药，以达到彻底治疗的目的。服用磺胺类药物时，应同时服用碳酸氢钠，以碱化尿液，避免尿路结晶形成。用药过程中应注意监测患者尿液的变化情况，及时了解药物疗效。对长期应用抗生素的患者，应注意监测肾功能的变化，了解药物是否产生肾毒性。尿路感染的疗效评价标准是：①见效，即治疗后复查菌尿转阴。②治愈，即完成抗菌药物疗程后，尿菌转阴，疗程结束后 2 周、6 周复查尿菌仍呈阴性。③治疗失败，即治疗后尿菌仍呈阳性，或治疗后尿菌呈阴性，但 2 周或 6 周复查尿菌转为阳性，且为同一种菌株。

（四）对症护理

1. 高热　对出现高热的患者，可予以冰敷、乙醇擦浴等物理降温。若物理降温效果不佳，则可遵医嘱使用药物降温，注意观察和记录降温的效果。若患者高热持续不退或体温进一步升高，并且同时出现腰痛加重，则应考虑是否出现并发症，并及时通知医生处理。

2. 尿路刺激征　多饮水是缓解尿路刺激征最重要的措施，在无禁忌证的情形下，应嘱患者尽量多饮水、勤排尿，每天饮水量在 2000 ml 以上；可用 1 : 5000 高锰酸钾坐浴；用解痉药缓解排尿不适，减轻尿路刺激征；可口服碳酸氢钠碱化尿液，以增强抗生素疗效、缓解尿路刺激征；指导患者分散注意力，如听轻音乐、阅读小说或看电视、与室友聊天等，避免情绪紧张，可明显缓解尿路刺激征。

3. 肾区疼痛　腰痛明显的患者应卧床休息，避免弯腰、站立或坐直，以减少对肾包膜的牵拉力，有利于减轻腰痛。按医嘱予以抗菌药物、解热镇痛药等，予以局部按摩。指导患者采取减轻疼痛的方法，如转移注意力、使用放松术等。

（五）正确采集尿标本

尿标本的采集方法不规范可污染标本并影响检查结果，正确采集尿液培养标本方法是：

（1）向患者解释检查的意义和方法，采集前嘱患者不宜饮水过多，以防尿液稀释。

（2）进行尿培养时，最好用清晨第 1 次（尿液停留在膀胱 6～8 小时以上）的清洁、新鲜中段尿液送检。为保证培养结果的准确性，尿细菌定量培养需注意：①在应用抗菌药之前或停用抗菌药 5 天之后留取尿标本；②留取尿液时须严格执行无菌操作，先充分清洁外阴、包皮、尿道口，再留取中段尿液，并在 1 小时内进行细菌培养，或冷藏保存；③尿标本中勿混入消毒药液，女性患者留尿时注意勿混入白带。

（六）心理护理

患者往往对疾病认识不足，表现为不重视疾病，不按医嘱配合治疗，部分患者表现为过度紧张，精神压力较大。护理人员应关心、安慰患者，根据患者的不同情况做好解释工作，消除其不良情绪，使其积极配合治疗。

【健康指导】

1. 疾病知识指导　向患者讲解疾病相关知识。指导急性尿路感染患者坚持治疗，待症状消失、尿液检查呈阴性后，仍需继续服药 3～5 天，并继续每周进行尿常规检查，连续检查 2～3 周。对慢性尿路感染急性发作者，除按急性期治疗护理外，对反复发作者还应协助寻找发病原因。对伴有糖尿病、肝病的患者，应积极治疗，以提高机体抵抗力。对女婴、孕妇、月经期妇女，向患者及家属说明做好会阴部清洁护理的重要性，注意饮食营养，规律作息，增强体质，以提高治疗效果。

2. 预防指导　指导患者平时应加强体育锻炼，增强体质，以提高机体抵抗力；饮食宜清淡，避免进食辛辣、刺激性食物。嘱患者多休息，多饮水，勤排尿。指导患者注意性生活卫生，在性生活前，应清洗外生殖器，性生活后应排尿；尽量避免使用尿路器械进行检查或治疗。指导膀胱输尿管反流患者养成"二次排尿"的习惯。

## 第五节　肾衰竭患者的护理

### 案例导入 5-4

患者，男，32 岁，因"食欲减退及夜尿增多 3 年，伴心悸、气促，不能平卧 4 天"入院。

体格检查：T 36.5 ℃，P 100 次 / 分，R 32 次 / 分，BP 160/96 mmHg，呼吸深大，面色苍白、水肿，有尿臭味。双肺底听诊可闻及湿啰音。实验室检查：血红蛋白 80 g/L，血钙 1.95 mmol/L，血磷 2.14 mmol/L，BUN 16 mmol/L，Scr 800 μmol/L，GFR 8 ml/min，血 pH 7.28；尿比重 1.009，尿蛋白（++），双肾缩小。

**问题与思考：**
1. 该患者最可能的医疗诊断是什么？
2. 作为主管护士，应如何对该患者进行护理评估？
3. 该患者目前存在的护理问题有哪些？

肾衰竭（renal failure）是由各种病因引起肾功能严重障碍，导致机体内环境发生紊乱，主要表现为代谢产物（如血尿素氮和肌酐）潴留，水、电解质紊乱和酸碱平衡失调，并伴有尿量和尿质改变以及肾内分泌功能障碍引起的临床综合征。根据发病的急缓和病程长短，可将肾衰竭分为急性肾衰竭和慢性肾衰竭。

## 一、急性肾损伤患者的护理

急性肾损伤（acute kidney injury，AKI）是一组由各种因素引起的短时间内肾功能急剧减退而出现的临床综合征，主要表现为肾小球滤过率突然或持续降低，代谢产物潴留，水、电解质和酸碱平衡紊乱，严重者出现多系统并发症，常伴有少尿或无尿，但也有少数患者每天尿量在 400 ml 以上。急性肾损伤以往称为急性肾衰竭（acute renal failure，ARF）。急性肾损伤概念的提出将关注点由危及生命的代谢产物潴留、体液平衡失调的严重肾功能受损阶段扩展至无临床症状或仅有轻微肾功能改变的早期阶段，体现了对疾病早期识别和干预的重视。

【病因与发病机制】

（一）病因

急性肾损伤的病因多种多样，可分为肾前性、肾性和肾后性三类。

1. **肾前性**　肾前性急性肾损伤是指任何原因引起有效循环血量急剧降低，致使肾血流量不足、肾小球滤过率显著降低所导致的急性肾损伤，见于呕吐、腹泻和胃肠减压等胃肠内液体大量丢失，以及大面积烧伤、大量出血、休克等引起的血容量不足。

2. **肾性**　肾性急性肾损伤是指肾实质损伤，常见于肾缺血或肾毒性物质损伤肾小管上皮细胞（如急性肾小管坏死），是最常见的急性肾损伤类型，占 75%～80%，也包括肾小球疾病、肾血管病和间质病变所伴随的肾功能急剧下降。

3. **肾后性**　肾后性急性肾损伤是指各种原因引起急性尿路梗阻和尿液反流而导致的肾功能急剧降低。梗阻可发生于从肾盂到尿道的任一部位，如泌尿系统结石、泌尿道周围肿瘤压迫、输尿管瘢痕收缩等。

（二）发病机制

急性肾损伤的发病机制目前尚未完全明确，一般认为不同病因、不同的病理类型，有其不同的始动机制和持续发展因素。目前认为，缺血所致急性肾小管坏死，其发病机制主要与肾血流动力学改变、肾小管细胞损伤和炎症反应有关。

【护理评估】

（一）健康史

询问患者是否有出血、心力衰竭、休克及严重脱水等病史；是否有严重创伤、大面积烧伤、急性溶血、脓毒症、肾间质或肾实质病变、肾结石、尿路结石及双侧肾盂积水、前列腺增生等疾病。

**（二）身体状况**

1. 症状、体征　临床表现差异较大，与病因及所处临床分期不同有关。根据尿量是否减少，可分为急性少尿型肾损伤和急性非少尿型肾损伤。急性非少尿型肾损伤是指血尿素氮、血肌酐迅速升高，肌酐清除率迅速降低，而不伴有少尿表现。临床常见急性少尿型肾损伤，其临床过程分为以下3期。

（1）起始期：此期患者受到某些已知或未知病因的作用，但尚未发生明显肾实质损伤。此期可持续数小时至数周，患者无明显症状。若及时采取有效措施，急性肾损伤常可逆，否则病情发展，即进入进展期和维持期。

（2）进展期和维持期：一般持续1~2周，长者可达4~6周。患者肾小球滤过率进行性下降并维持在低水平，常出现少尿或无尿，但也有部分患者尿量维持在400 ml以上，即急性非少尿型肾损伤，其病情较轻，多数预后良好。随着肾功能的逐渐减退，患者可出现一系列尿毒症表现。

1）消化系统症状：常为急性肾衰竭患者的首发症状，表现为食欲减退、恶心、呕吐、腹胀、腹泻等，严重者可发生消化道出血。

2）呼吸系统症状：除感染的并发症外，由于容量负荷过多，患者还可出现呼吸困难、咳嗽、憋气、胸闷等症状。

3）心血管系统症状：包括高血压、心律失常、低血压、心肌病变、充血性心力衰竭的表现等。急性左心衰竭是维持期急性肾小管坏死患者常见的死亡原因。

4）神经系统症状：患者可出现意识障碍、躁动、谵妄、抽搐、昏迷等尿毒症脑病的症状。

5）血液系统症状：可表现为轻、中度贫血，并可有出血倾向。

6）水、电解质和酸碱平衡紊乱：如水肿、高钾血症、低钠血症、低钙血症、高镁血症、高磷血症、代谢性酸中毒等。

7）感染：感染是急性肾衰竭患者常见的并发症。常见的感染部位包括肺部、尿路、腹腔及手术部位。

（3）恢复期：患者肾小球滤过率逐渐升高，并恢复正常或接近正常。急性少尿型肾损伤患者起初表现为尿量增多，继而出现多尿，再逐渐恢复正常。24小时内出现尿量增多并超过500 ml时，即可认为是多尿期的开始；随后，尿量逐渐增多，每天尿量可达3~5 L，一般持续1~3周。进行性尿量增多是肾功能开始恢复的一个标志。多尿期后，患者肾功能改善，尿量恢复正常，血尿素氮和肌酐逐渐恢复正常，而肾浓缩功能需要数月才能恢复正常，少数患者可遗留部分不可逆性的肾功能损害。此期患者可表现为虚弱、乏力、消瘦、免疫功能低下。除少数患者外，肾小球滤过功能多在3~6个月内恢复正常。部分患者最终遗留不同程度的肾结构和功能损害，但也有部分患者肾小管浓缩功能不全可持续1年以上。

2. 并发症　患者可并发感染，水、电解质紊乱和酸碱平衡失调等。

**（三）心理、社会状况**

评估患者是否因病情危重而产生恐惧心理；评估家属是否因治疗费用和担心亲人的病情而产生焦虑情绪；了解患者的家庭经济状况及社会支持系统是否完善。

**（四）辅助检查**

1. 血液检查　患者可有轻、中度贫血。血肌酐和尿素氮进行性上升，若合并高分解代谢及横纹肌溶解，则血肌酐和尿素氮上升速度较快，患者可出现高钾血症（>5.5 mmol/L）。血pH常低于7.35，碳酸氢根离子浓度降低，可有低钠、低钙及高磷血症。

2. 尿液检查　尿液外观多浑浊，尿蛋白多为+~++，可见上皮细胞管型和颗粒管型、少量红细胞和白细胞等，尿比重降低而固定，多在1.015以下。尿液检查须在输液、使用利尿药之前进行。

3. 影像学检查　以 B 超检查最为常用。发生急性肾衰竭时,患者肾体积常增大、肾皮质可增厚。腹部 X 线检查、静脉或逆行肾盂造影、CT 或磁共振成像等检查通常有助于寻找可疑尿路梗阻的确切原因。

4. 肾活检　是重要的诊断方法。对于临床表现符合急性肾小管坏死,但少尿期超过 2 周或病因不明,且肾功能 3～6 周仍不能恢复,临床考虑存在其他导致急性肾损伤的严重肾实质疾病患者,均应尽早进行肾活检,以便早期明确病因诊断。

【主要护理诊断 / 问题】

1. 体液过多　与肾小球滤过率降低、水潴留有关。
2. 有皮肤完整性受损的危险　与体液过多、抵抗力下降有关。
3. 恐惧　与肾功能急剧恶化、病情危重有关。
4. 有感染的危险　与机体抵抗力降低及侵入性操作有关。
5. 营养失调:低于机体需要量　与食欲减退、恶心、呕吐、限制蛋白质摄入有关。
6. 潜在并发症:高血压脑病、心力衰竭、心律失常、弥散性血管内凝血、多器官功能衰竭等。

【护理措施】

(一) 一般护理

1. 休息与活动　急性肾损伤症状明显的患者应绝对卧床休息,抬高水肿的下肢,以促进血液回流,直到症状消失,尿蛋白恢复正常为止。恢复期可指导患者适当活动。对出现意识障碍的患者,可安装护栏。对发生昏迷的患者,按昏迷患者进行常规护理。

2. 饮食护理　对于能进食的患者,予以充足热量、优质低蛋白、富含维生素的食物,尽可能供给足够的热量,以保持机体的正氮平衡,蛋白质摄入量以 $0.8～1.0\ g/(kg·d)$ 为宜,并适量补充必需氨基酸。饮食应以清淡流质或半流质食物为主,应控制饮水量及食盐和钾的摄入量,食盐摄入量为 $1～2\ g/d$,尽量避免进食含钾高的食物,如蘑菇、冬菇、榨菜、芹菜、马铃薯。监测反映机体营养状况的指标是否改善。

(二) 病情观察

严密观察患者的生命体征及液体出入量的变化,定时测量体温、脉搏、呼吸、血压和液体出入量,并详细记录。严密观察患者是否有胃肠道症状,如厌食、恶心、呕吐及消化道出血。严密观察患者是否有神经系统症状,如性格改变、表情淡漠及昏迷、抽搐等。观察患者是否有酸中毒、高钾血症以及低钠血症、低钙血症等。

(三) 治疗配合

急性肾损伤的治疗原则是:早期识别并纠正可逆病因,避免肾功能进一步损害,维持体液平衡,适当予以营养支持,积极防治并发症,必要时进行肾脏替代治疗。

1. 早期病因干预治疗　在急性肾损伤起始期及时干预,可最大限度地减轻肾损伤,促进肾功能恢复。对于各种严重外伤、心力衰竭、急性失血等,都应进行相关治疗,积极扩充血容量、抗休克、控制感染等。停用引起肾毒性的药物。当患者发生尿路梗阻时,应及时采取措施解除梗阻。

2. 维持体液平衡

(1) 补液:应密切观察患者的体重、血压、心肺功能、症状与体征的变化,记录 24 小时液体出入量。补液时遵循"量出为入"的原则。

(2) 防治高钾血症:监测血钾浓度,当血钾浓度超过 $5.5\ mmol/L$,应密切监测心率和心电图,并予以紧急处理。最有效的方法是血液透析或腹膜透析。

（3）纠正代谢性酸中毒：应及时治疗代谢性酸中毒，当碳酸氢根浓度低于 15 mmol/L 时，可静脉滴注 5% 碳酸氢钠 100～250 ml。对于严重酸中毒患者，应立即开始透析治疗。

3. 并发症治疗　①控制感染：一旦患者出现感染迹象，即应积极使用有效抗生素治疗，可根据细菌培养和药物敏感试验结果选用对肾无毒性或毒性低的药物，并根据肾小球滤过率调整用药剂量。②急性心力衰竭：利尿药及洋地黄对急性肾损伤并发心力衰竭的治疗效果较差，并且易导致洋地黄中毒。药物治疗以扩张血管及减轻心脏后负荷为主，尽早进行透析是治疗容量负荷过重所致心力衰竭最有效的方法。

4. 血液净化治疗　血液净化在急性肾衰竭患者的救治中具有关键作用，常用模式有血液透析、血液滤过和腹膜透析，对纠正氮质血症、心力衰竭、严重酸中毒及脑病等症状均有较好的效果。近年来连续性肾脏替代疗法的应用，使患者死亡率显著降低。

5. 恢复期治疗　急性肾损伤恢复早期，由于肾小球滤过功能尚未完全恢复，肾小管浓缩功能较差，此期仍应注意维持水、电解质和酸碱平衡，控制氮质血症，治疗原发病和防治各种并发症。后期肾功能恢复，一般无需特殊处理，应定期复查肾功能，避免导致病情再次加重的因素，如感染、劳累及使用对肾功能有损害的药物等。

（四）心理护理

急性肾损伤是急危重病之一，患者可有濒死感，恐惧感。护士应告知患者疾病的发展过程，有助于减轻患者的不良情绪。另外，还应告知患者及家属早期透析的重要性，以取得其理解和配合。

（五）预防感染

有条件时，应将患者安置于单人房间，做好病房的清洁、消毒，限制探视。严格执行无菌操作，避免不必要的侵入性治疗与检查。加强生活护理，尤其是口腔及会阴部皮肤的护理。协助患者定时更换体位，预防压疮和坠积性肺炎。接受血液透析的患者，其乙型和丙型病毒性肝炎发生率明显高于正常人群，可进行乙肝疫苗接种，并减少输注血液制品。

【健康指导】

1. 疾病预防指导　慎用氨基糖苷类抗生素等引起肾毒性的药物；尽量避免需要使用大剂量造影剂的影像学检查；加强劳动防护。

2. 疾病知识指导　指导恢复期患者加强营养，适当锻炼，增强体质；注意个人清洁卫生，注意保暖；避免妊娠、手术、外伤；嘱患者定期复查；加强肾功能监测，教会患者测量和记录尿量的方法。

## 二、慢性肾衰竭患者的护理

慢性肾衰竭（chronic renal failure，CRF）简称慢性肾衰，是指各种原因导致慢性进行性肾实质损害，致使肾明显萎缩，使其不能维持基本功能，临床上以肾功能持续、进行性减退，代谢产物和毒素潴留，水、电解质紊乱和酸碱平衡失调及某些内分泌功能异常等表现为特征的一组临床综合征。慢性肾衰竭是各种原发性和继发性肾疾病持续进展的共同转归，终末期称为尿毒症。

【病因与发病机制】

（一）病因

任何能破坏肾的正常结构和功能的因素，均可引起肾衰竭。慢性肾衰竭的病因主要有原发性肾疾病（慢性肾炎和肾盂肾炎、多囊肾等）、继发性肾疾病（糖尿病肾病、狼疮性肾炎等）、尿路梗阻性肾病（尿路结石、前列腺肥大等）。在我国，引起肾衰竭的常见疾病依次为：原发性肾小球肾炎、糖尿病肾病、高血压肾病、狼疮性肾炎、梗阻性肾病、多囊肾等。在发达国家，糖尿病肾病、高血压肾病是引起肾衰竭的主要病因。

（二）发病机制

1. 健存肾单位学说　发生慢性肾病时，一部分肾单位被破坏，失去功能；余下的肾单位受累较轻，基本保持完整功能，称为健存肾单位。机体为了维持正常的代谢需要，即增加健存肾单位的负荷，逐渐导致肾小球代偿性增大，肾小管扩张、延长，肾血流灌注量加大，健存肾单位的肾小球滤过率增高，流经肾小管的原尿量增加，使得健存肾单位受损越来越严重，破坏越来越多，进而导致健存肾单位越来越少，最终引起肾衰竭。

2. 矫枉失衡学说　肾功能减退时，患者出现某些代谢紊乱，此时机体为了纠正这些代谢紊乱，进行自我调整时引发新的失衡，称为矫枉失衡。以磷代谢失衡为例：当肾小球滤过率下降时，尿磷排出减少，引起高磷、低钙血症，刺激甲状旁腺激素合成与分泌增多，以促进肾小管排磷增多，并引起血钙升高，这属于机体的代偿性调节。但当肾功能严重受损时，肾小管对甲状旁腺激素的反应性降低，甲状旁腺激素持续增高，引起继发性甲状旁腺功能亢进、转移性钙化、肾性骨营养不良等，进而对机体造成新的损害。

3. "三高"学说　随着肾单位的进行性破坏，健存肾单位代偿性肥大，单个健存肾单位的肾小球滤过率增高（高滤过）、血流量增加（高灌注）和毛细血管跨膜压增高（高压力），这种高血流动力学状态使细胞外基质增加、系膜细胞增殖，使肾小球进行性损害加重，导致肾小球硬化和健存肾单位进一步减少。

4. 其他　慢性肾衰竭的发生与脂代谢紊乱、肾内凝血异常、细胞因子和多肽生长因子等也有密切的关系。尿毒症各种症状的发生与水、电解质紊乱和酸碱平衡失调及肾内分泌功能障碍等有关。

【肾功能分期】

肾功能损害是一个较长的发展过程，肾有强大的储备能力。当肾小球滤过率降至正常的35%～50%时，患者尚可不出现症状，血肌酐正常。随着病情的进展，根据肾小球滤过功能降低的程度，不同阶段有其不同的特点。一般按肾功能水平，可将慢性肾衰竭分为4期，见表5-2。

表5-2　中国慢性肾衰竭分期

| 分期 | 肌酐清除率（ml/min） | 血肌酐 | | 临床症状 |
|---|---|---|---|---|
| | | （μmol/L） | （mg/dl） | |
| 肾功能代偿期 | 50～80 | 133～177 | 1.5～2.0 | 无症状 |
| 肾功能失代偿期 | 25～50 | 186～442 | 2.1～5.0 | 轻度贫血、乏力和夜尿增多 |
| 肾衰竭期 | 10～25 | 451～707 | 5.1～7.9 | 贫血、消化道症状明显，夜尿增多，可有轻度水、电解质紊乱和酸碱平衡失调 |
| 尿毒症期 | <10 | ≥707 | ≥8.0 | 各种尿毒症症状：明显贫血，恶心、呕吐，水、电解质紊乱和酸碱平衡失调，神经系统症状 |

美国肾脏病基金会制定的肾脏病预后质量倡议提出，慢性肾脏病是指各种原因引起的慢性肾结构和功能异常（肾损伤≥3个月），伴或不伴肾小球滤过率下降，表现为肾病理学检查异常或肾损伤（血液、尿液成分异常或影像学检查异常）；或不明原因的肾小球滤过率<60 ml/(min·1.73 m$^2$)超过3个月。慢性肾脏病概念的提出强调了疾病早期识别和防治的重要性。

【护理评估】

（一）健康史

询问患者是否有导致慢性肾衰竭的疾病；询问患者及其家族成员是否患有肾疾病或泌尿系统疾病，是否患有高血压、糖尿病、系统性红斑狼疮等疾病。了解患者的患病经过、病程长短、病情反复发作或迁延不愈的情况，了解既往治疗及用药情况（如药物的种类、剂量、用法、疗程以及患者对药物的反应等），本次发病的时间。询问患者是否有感染、严重呕吐、腹泻、摄入大量蛋白质等诱因。

（二）身体状况

慢性肾衰竭的病变十分复杂，可累及全身各系统，导致各种代谢紊乱，引起尿毒症表现。虽然透析治疗可以改善尿毒症患者的大部分症状，但某些症状可持续甚至加重。早期患者往往仅表现为基础疾病的症状，当健存肾单位不能满足机体需要时，患者即可出现肾衰竭表现，包括全身中毒症状及水、电解质紊乱和酸碱平衡失调的表现。

1. 水、电解质紊乱和酸碱平衡失调

（1）钠代谢紊乱：水潴留可导致稀释性低钠血症；长期低盐饮食、脱水、呕吐、腹泻、应用利尿药等，也可造成低钠血症。临床表现为疲乏无力、表情淡漠、厌食、恶心、呕吐等。若钠盐摄入过多，而不能经肾排出，则可导致高钠血症。

（2）水代谢紊乱：肾浓缩与稀释功能减退时，患者易出现水代谢紊乱，表现为水肿或脱水。

（3）钾代谢紊乱：当患者出现少尿、无尿时，钾排出减少，极易发生高钾血症，尤其是在钾摄入过多、酸中毒、感染等情况下，更易出现高钾血症。利尿、呕吐、腹泻等可致低钾血症。

（4）代谢性酸中毒：主要由酸性代谢产物排出障碍引起，是尿毒症患者常见的死亡原因之一。

（5）钙、磷代谢紊乱：患者可出现低钙血症、高磷血症、高镁血症等。

2. 蛋白质、糖类、脂质和维生素代谢紊乱　①蛋白质代谢紊乱，一般表现为蛋白质代谢产物蓄积（氮质血症），也可有白蛋白、必需氨基酸水平下降等。②糖代谢异常，主要表现为糖耐量减低和低血糖症。③脂代谢异常，慢性肾衰竭患者常出现高脂血症，多表现为高三酰甘油血症。④维生素代谢紊乱，患者可出现血清维生素A增高、维生素$B_6$及叶酸缺乏等。

3. 各系统表现

（1）消化系统：食欲缺乏是常见的早期症状。随着病情加重，患者常出现恶心、呕吐、腹胀、腹泻、舌和口腔黏膜溃疡，患者口腔内常有尿味。晚期患者可出现上消化道出血，主要与胃黏膜糜烂和消化性溃疡有关，尤其以胃黏膜糜烂常见。慢性肾衰竭患者消化性溃疡发生率较正常人高。

（2）心血管系统：心血管病变是慢性肾衰竭患者常见的并发症和最主要的死亡原因。①高血压和左心室肥厚：大部分患者存在不同程度的高血压。高血压在尿毒症终末期患者中十分常见。长期高血压可引起左心室扩大、心力衰竭、动脉硬化及肾损害加重，严重高血压可导致高血压脑病，少数患者可发生恶性高血压。引起患者高血压的原因主要是水、钠排泄障碍，导致体内水、钠潴留，同时也与肾素活性增高有关。②充血性心力衰竭：心力衰竭是慢性肾衰竭患者死亡的常见原因。其发生多与水、钠潴留及高血压有关。部分患者发生心力衰竭与尿毒症心肌病有关。尿毒症心肌病的发生可能与代谢产物潴留和贫血等有关。③尿毒症心包炎：多发生于尿毒症终末期，主要见于透析不充分者。心前区疼痛是最常见的症状，心包积液多为血性，严重者可出现心脏压塞症状。心包炎主要与尿毒症毒素及毛细血管破裂有关。④动脉粥样硬化：病变进展迅速，可导致冠心病，是慢性肾衰竭患者主要的死亡原因之一。患者常有高三酰甘油血症及轻度胆固醇升高，动脉粥样硬化主要与高脂血症和高血压有关。

（3）呼吸系统：尿毒症毒素可引起尿毒症性肺炎及肺水肿。由于慢性肾衰竭患者自身免疫功能低下，容易并发支气管炎、支气管肺炎、间质性肺炎、尿毒症性胸膜炎及胸腔积液等。发生酸中毒时，患者表现为呼吸深长。

（4）血液系统：①贫血，是尿毒症患者必有的表现，为正常细胞正色素性贫血，其程度与病情严重程度呈平行关系。造成贫血的主要原因是促红细胞生成素减少。②出血倾向，主要表现为皮下出血点、瘀斑、鼻出血、牙龈出血、月经量过多及内脏（主要为胃肠道）出血。引起出血的主要原因是毒素作用于血小板，使外周血小板破坏增多、出血时间延长、血小板聚集和黏附能力下降等。③白细胞异常，由于毒素作用，白细胞的生成和功能均出现障碍。主要表现为白细胞计数减低，淋巴细胞减少，中性粒细胞趋化性、吞噬和杀菌能力减弱，患者容易发生感染。

（5）神经肌肉系统：慢性肾衰竭早期，患者可出现疲乏、头晕、记忆力减退、注意力不集中、失眠等症状，后期可有尿毒症脑病表现。晚期患者常有周围神经病变，可出现肢体麻木、腱反射消失、肌无力等。

（6）肾性骨营养不良：又称肾性骨病，是尿毒症骨骼改变的总称。患者可出现纤维性骨炎、肾性骨软化症、骨质疏松症和肾性骨硬化症。患者早期常无明显症状，晚期则可表现为行走无力、骨痛、自发性骨折、骨骼变形等。早期诊断主要靠骨活检。肾性骨营养不良的发生与活性维生素 $D_3$ 不足或骨组织对其反应性减弱、继发性甲状旁腺功能亢进症等有关。

（7）皮肤症状：皮肤瘙痒是常见症状。患者常有不同程度的皮肤干燥、脱屑、色素沉着等。由于贫血、色素沉着，加之面部轻度水肿，患者可表现为尿毒症面容。这主要与钙盐在皮肤及神经末梢沉积和继发性甲状旁腺功能亢进症有关。另外，由于尿素随汗液经皮肤排出，可形成尿素霜，进一步加重皮肤瘙痒程度。

（8）内分泌失调：患者血浆活性维生素 $D_3$、促红细胞生成素降低。男性常有性功能障碍，女性可出现闭经、不孕等。

4. 并发症 尿毒症患者易并发严重感染，以肺部、尿路和皮肤等部位感染常见，与机体免疫功能低下和白细胞功能异常有关，是慢性肾衰竭患者的主要死因之一。

（三）心理、社会状况

评估患者对疾病诊断和治疗的了解程度，对自我保健知识的掌握程度。慢性肾衰竭患者预后不佳，治疗费用较高，尤其是需要进行长期透析或进行肾移植手术时，患者及其家属心理压力较大，可产生不良情绪，如抑郁、恐惧、绝望等。评估患者的社会支持情况，包括家庭经济情况、家庭成员对疾病的认知程度及态度、患者的工作单位所能提供的支持等。另外，还应对患者居住地的社区保健情况进行评估。

（四）辅助检查

1. 血常规检查 可出现正常细胞正色素性贫血，白细胞计数可升高或降低，血小板计数正常或偏低。

2. 尿液检查 晚期患者可出现少尿或无尿，尿比重降低；发生尿毒症时，尿比重常固定在 1.010 左右。此外，患者还可有不同程度的蛋白尿，尿液 RBC、WBC 检查呈阳性，可见颗粒管型和蜡样管型（有助于诊断）。

3. 肾功能检查 患者可出现内生肌酐清除率降低，血肌酐及血尿素氮水平增高。

4. 血生化检查 患者血浆清蛋白降低、血钙降低、血磷增高，可出现代谢性酸中毒等。

5. 影像学检查 超声检查或 X 线、CT 检查可见双肾缩小。

【主要护理诊断/护理问题】
1. 体液过多　与肾小球滤过功能降低导致水、钠潴留有关。
2. 活动无耐力　与贫血，水、电解质紊乱和酸碱平衡失调有关。
3. 营养失调：低于机体需要量　与消化道功能紊乱有关。
4. 有皮肤完整性受损的危险　与水肿、皮肤瘙痒、机体抵抗力低下等有关。
5. 知识缺乏：缺乏疾病自我管理相关知识。
6. 潜在并发症：感染、体液平衡失调、心力衰竭、骨折等。

【护理措施】

(一) 一般护理

1. 休息与活动　为患者提供安静的休息环境，嘱患者多休息，协助患者做好各项生活护理。对病情程度不同的患者，可根据其耐受情况，指导其适当活动，避免过度劳累。活动时应评价患者的耐受情况，若活动时出现疲劳、胸痛、呼吸困难、头晕，或活动后心率比静止状态增加 20 次/分以上，活动停止 3 分钟后心率未恢复到活动前的水平，则提示活动量过大。病情较重或发生心力衰竭的患者，应绝对卧床休息。

2. 饮食护理　饮食护理的原则是予以优质蛋白、高热量、高维生素、易消化的饮食。

(1) 水、钠、钾：根据患者的情况，适当限制水、钠、钾盐的摄入。

(2) 蛋白质：对非透析治疗患者，蛋白质的摄入量应根据肾小球滤过率进行调整：当 GFR≥60 ml/ 时，蛋白质摄入量为 0.8 g/(kg·d)。当 GFR<60 ml/ 时，蛋白质摄入量为 0.6 g/(kg·d)。当 GFR<25 ml/ 时，蛋白质摄入量应控制在 0.4 g/(kg·d)。对透析治疗患者，蛋白质摄入量应增加至 1.2～1.4 g/(kg·d)。

(3) 热量：保证足够的热量，热量摄入应为 30～35 kcal/(kg·d)，主要由糖类和脂肪供给，可予以患者高热量、低蛋白饮食，如藕粉、薯类等。

为患者创造安静、舒适的就餐环境，提供色、香、味俱全的食物，以增进患者的食欲；指导患者少食多餐；呕吐后或就餐前漱口，做好口腔护理，保持口腔清洁、卫生。

3. 皮肤护理　指导患者注意个人卫生，每天用温水洗澡，禁用肥皂和乙醇擦洗。指导患者经常修剪指甲，出现皮肤瘙痒时避免用力搔抓，以免引起皮肤破损、感染。也可用止痒药。对长期卧床的患者，应协助其翻身，保持床单位清洁、平整，以免局部皮肤持续受压而发生压疮。指导女性患者用温水清洗会阴部，保持局部清洁、干燥。

(二) 病情观察

密切观察患者的生命体征、神志等变化。对出现严重水肿的患者，每日测量体重 1 次，准确记录液体出入量。观察患者是否有液体量过多的表现，是否有各系统症状，是否有电解质代谢紊乱和代谢性酸中毒表现；监测实验室检查指标，观察患者是否有感染征象。

(三) 治疗配合

1. 病因治疗　治疗原发病和纠正慢性肾衰竭的可逆因素，是防治慢性肾衰竭的基础，也是保护肾功能和延缓慢性肾脏病进展的关键。

2. 饮食治疗　详见饮食护理。

3. 控制高血压和肾小球内压　控制血压可延缓慢性肾衰竭的进展，同时保护心脏、脑等靶器官。对非透析治疗患者，应将血压控制在 130/80 mmHg 以下；维持透析治疗的患者，血压不应超过 140/90 mmHg，首选血管紧张素转换酶抑制药 (ACEI) 或血管紧张素 II 受体阻滞剂 (ARB)，在有效降压的同时可降低肾小球内压，减轻蛋白尿。此外，还可应用钙通道阻滞剂、β 受体阻滞剂等。

4. 对症治疗

（1）水、电解质紊乱和酸碱平衡失调：①对出现水肿的患者，应限制水、钠的摄入，液体摄入以前一天尿量加 500 ml 为宜。出现明显水肿、高血压的患者，钠摄入量不应超过 3 g/d。对轻度脱水患者，可予以口服补液；对重度脱水患者，可予以静脉补液。②发生代谢性酸中毒时，可予以口服碳酸氢钠；对严重者，可予以静脉补碱。③对出现高磷血症的患者，可予以口服碳酸钙，既可减少肠道磷的吸收，又可纠正酸中毒。对出现低钙血症的患者，可予以口服葡萄糖酸钙、骨化三醇；低钙血症引起抽搐时，可予以静脉注射 10% 葡萄糖酸钙。④尿毒症患者易发生高钾血症，应定期监测血钾，当血钾浓度超过 6.5 mmol/L，心电图表现为 T 波高尖、QRS 波群增宽明显时，应予以紧急降血钾处理。

（2）贫血的治疗：常用重组人类促红细胞生成素，疗效显著，同时应注意补充造血原料。

（3）防治感染：进行抗感染治疗时，应根据细菌培养和药物敏感试验结果合理选择不引起肾毒性或肾毒性低的抗菌药物，并根据患者的肾小球滤过率调整药物剂量。

（4）肾性骨营养不良：慢性肾衰竭早期应注意纠正钙、磷代谢紊乱，防止患者出现继发性甲状旁腺功能亢进症和肾性骨营养不良。骨化三醇可有效提高血钙浓度和防治肾性骨营养不良，主要用于明显低钙血症和长期透析患者。新型拟钙剂西那卡塞对于继发性甲状旁腺功能亢进症有较好的疗效，可用于合并高磷、高钙血症的患者。

5. 替代治疗

（1）透析疗法：详见本章第六节"泌尿系统疾病患者护理实训"。

（2）肾移植：是目前最佳的肾脏替代疗法。肾移植成功可使患者的肾功能得以恢复，但排斥反应可导致肾移植失败，故应选择血型配型和 HLA 配型合适的供者，并在肾移植后指导患者长期使用免疫抑制剂。

6. 用药护理　遵医嘱合理用药，防治感染时使用不引起肾毒性或肾毒性低的抗生素，注意观察药物的疗效和不良的反应。纠正贫血时，可使用促红细胞生成素，注意更换注射部位，严格控制血压。对营养不良的患者，补充必需氨基酸以口服为宜。指导患者在使用抗高血压药的过程中，从卧位起床时应先在床边坐数分钟，然后缓慢站起，以防止发生直立性低血压及晕厥。

（四）对症护理

1. 维持电解质和体液平衡　监测血清电解质的变化，如钾、钠、钙、磷，发现异常应及时通知医生处理。对出现少尿、水肿、高血压和心力衰竭者，应限制水及盐的摄入量，饮水量一般为 500 ml 加前 1 天的尿量。如果尿量＞1000 ml/d，且患者无水肿、高血压，则不必限制饮水量。高钾血症患者应避免进食含钾高的食物，如豆类、海带、紫菜、银耳、木耳、菠菜、苋菜、薯类、芋头、坚果、桃子、香蕉、红枣。出现骨质疏松和贫血时，应补充钙和铁含量多的食物。氮质血症初期，应限制磷的摄入，一般每日不超 600 mg。观察患者是否有低钙血症的症状，如手指麻木、易激惹、腱反射亢进、抽搐等。若患者出现低钙血症，则可摄入含钙量较高的食物（如牛奶），遵医嘱使用活性维生素 D 及钙剂等。

2. 预防感染　病室内每日通风 2 次，每次 15～30 分钟，以保持空气新鲜。每日用紫外线或空气喷雾消毒 1 次。对患者进行各项护理操作时，应严格执行无菌操作。对患者进行保护性隔离，减少探视。告知患者及家属避免接触上呼吸道感染及其他传染病患者，注意保暖，防止受凉，避免到公共场所。加强生活护理，做好全身皮肤、口腔、外阴部的清洁，嘱患者保持个人卫生并解释其重要性。指导患者合理饮食，以维持患者的最佳健康状况，提高机体抵抗力。接受血液透析的患者发生乙型病毒性肝炎概率明显高于正常人，故应进行乙肝疫苗接种，尽量减少血液制品的输注等。

## （五）心理护理

慢性肾衰竭患者的生活受到显著影响，往往会出现抑郁、不合作行为，以及职业与康复方面的困难。对容易出现心理问题的患者，应及早确诊并对其加强监护，根据患者情况，予以个体心理护理、小组治疗，或应用抗焦虑药物、抗抑郁药物治疗，以解除患者的不良情绪。根据患者不同的心理状态，向患者及家属耐心讲解疾病的起因、发展、转归、治疗经过以及所用药物的作用和不良反应，使其对疾病有正确的认识，树立战胜疾病的信心，积极配合治疗。

【健康指导】

1. 疾病预防指导　指导患者早发现和积极治疗各种可能导致肾损害的疾病；对老年、高血脂、肥胖和有肾疾病家族史的人群，应定期检查肾功能；对已有基础病变者，指导其注意避免加速肾功能减退的各种因素。

2. 疾病知识指导　向患者及家属讲解慢性肾衰竭的基本知识，使其树立信心。指导患者注意个人卫生；减少出入公共场所，避免与呼吸道感染者接触。强调合理饮食的重要性，严格遵守饮食治疗原则，延缓肾衰竭进程。注意休息，避免劳累；由于钙代谢失常可引起骨质疏松，需注意安全，防止发生骨折；由于患者存在凝血功能异常，应注意防止碰伤、跌伤。指导血液透析或腹膜透析患者保护瘘管，向其讲解术后操作相关知识，避免发生导管堵塞、出血和感染。嘱患者每3个月复查1次。

# 第六节　泌尿系统疾病患者护理实训

## 一、膀胱尿道镜检查患者的护理

膀胱尿道镜检查（cystourethroscopy）是一种常用的诊断和治疗膀胱、尿道病变以及某些上尿路病变的内镜技术，既可以直接观察膀胱内的病变，取活组织进行病理学检查，以明确诊断，又可以经膀胱镜治疗某些膀胱疾病等。

【适应证】

1. 经无创检查仍不能明确诊断的膀胱、尿道及上尿路病变。
2. 查找血尿的原因及出血部位。
3. 确定膀胱肿瘤的部位、数量、大小及生长方式。
4. 确诊及取出膀胱异物或结石等。
5. 了解泌尿系统以外疾病对泌尿系统的影响。
6. 经输尿管逆行插管检查和治疗。

【禁忌证】

1. 尿道、膀胱处于急性炎症期时不宜进行检查，因为可导致炎症扩散，而且膀胱处于急性炎症充血状态，也容易使病变分辨不清。
2. 尿道狭窄、包茎、尿道内结石嵌顿等，无法插入膀胱镜。
3. 膀胱容量过小，在50 ml以下，表明病变严重，患者多数不能耐受这一检查，也容易导致膀胱破裂。
4. 骨关节畸形不能采取截石体位。
5. 妇女月经期或妊娠3个月以上。
6. 肾功能严重减退而有尿毒症征象、高血压，且心功能不佳。

【检查前准备】

1. 解释　向患者解释检查的目的、方法和必要性，说明检查中可能出现的不适反应，以消除患者的顾虑，主动配合检查。一般患者对此项检查都感到惧怕，但随着表面麻醉技术和镜体的改进，此项检查对患者造成的痛苦已明显减少。

2. 用物准备　备好已消毒的膀胱尿道镜。滑润剂选用甘油或甘油制剂，忌用液状石蜡，以免油滴进入膀胱后由于与水的折光度不同，被误认为病变或遮盖病变部位。

3. 患者准备　嘱患者排空膀胱，用肥皂液和温水清洗外阴部。签署检查知情同意书。

【检查中配合】

1. 体位　协助患者取膀胱截石位，将双腿妥善固定在检查台的下支架上，以免滑落受伤。协助术者进行常规消毒、铺巾，暴露出尿道口。

2. 麻醉　单纯进行膀胱尿道镜检查时，对女性患者可不用进行麻醉；对男性患者，可向尿道内注入专用的表面麻醉制剂，5～10分钟后再进行检查。若需要进行活检、电灼及碎石等治疗操作，则应进行硬膜外麻醉。

3. 配合操作　护士应观察患者的反应，随时准备调节膀胱冲洗液，保证电源供应，提供术中所需物品，接取切下的组织或活检标本等，保障检查或治疗顺利进行。

【检查后护理】

1. 常规护理　膀胱镜检查后，患者常有轻微血尿、尿道灼痛。嘱患者卧床休息，多饮水，勤排尿，保证每天尿量在2000 ml以上。予以口服抗生素及解痉镇痛药，一般3～5天后，症状即可消失。

2. 观察并发症　观察检查或治疗后可能出现的并发症，如严重血尿、尿路感染、腰痛和发热、急性尿潴留等。发现异常应及时报告医生，并配合处理。

3. 其他　告知患者检查后的注意事项。对膀胱镜检查后留置导尿管的患者，应予以留置导尿管的护理。

## 二、肾活检患者的护理

进行肾活检有助于确定肾疾病的病理类型，对协助肾实质疾病的诊断、指导治疗与判断预后具有重要的意义。

【分类】

1. 经皮肾活检　是指在B超定位和引导下，用穿刺针直接经皮刺入肾目标区域后取肾组织或肾病变组织进行病理检查的方法。

2. 开放性肾活检　是指通过外科手术，在直视下将活检装置刺入肾目标区域后取肾组织或肾病变组织进行病理检查的方法。

【检查前准备】

1. 解释　术前做好解释工作，使患者了解穿刺的目的与意义，予以患者心理支持。

2. 完善术前检查　遵医嘱做好各项术前检查，了解患者的身体状况，评估患者能否耐受手术。

3. 患者准备　指导患者练习深呼吸、屏气动作以及床上排尿。

【检查后护理】

1. 加压包扎　用沙袋压迫穿刺点24小时，并用腹带加压包扎。

2. 休息　指导患者卧床休息24小时，术后6小时内仰卧于硬板床，不可翻身活动。

3. 观察并发症　监测患者的生命体征；观察患者是否有腰痛、腹痛及血尿等表现。

4. 日常活动指导　嘱患者多饮水，以预防出血并形成血凝块堵塞尿路；术后24小时内应在床上排尿，不可离床活动。术后10天内避免举重物及进行其他剧烈活动。

### 三、血液透析患者的护理

血液透析（hemodialysis，HD）简称血透，是急、慢性肾衰竭患者肾脏替代治疗方式之一，是最常见的血液净化方法。血液透析是通过半透膜（人工肾），利用弥散、超滤以及吸附等原理清除血液中潴留的水分与溶质，并向体内补充所需要的物质，从而达到清除体内代谢废物或毒素，纠正水、电解质紊乱与酸碱平衡失调的目的。

【透析装置】

1. 供水系统　主要是水处理系统，目前最好的透析用水是反渗水，无离子、无有机物、无细菌，可用于稀释浓缩透析液，并可减少透析患者的远期并发症。自来水必须经过滤、活性炭吸附、反渗机及消毒装置等处理，才能成为透析用水。

2. 透析机　是保证透析正常运行的关键之一。理想的透析机应保证患者的安全，同时便于医务人员监控和操作。透析机必须具备对透析液进行稀释、加温及控制温度变化、控制流量、维持体外循环的血泵及肝素泵等功能。

3. 透析器　又称人工肾，是血液透析溶质交换的场所，由半透膜和支撑材料构成。目前最常用的透析器为空心纤维型。透析液与血液由空心纤维管壁隔开，血液从空心纤维管内通过，透析液在管外流动，管壁为人工合成的半透膜。透析膜是透析器的关键部分，膜的面积、厚度、孔径大小及血流量和透析液流量等，均可影响透析的疗效。目前常用的透析膜有醋酸纤维膜、聚砜膜、聚丙烯腈膜等。透析膜的孔径大小在一定范围内，使膜两侧溶液中的小分子溶质和水分子可以自由通过，而大分子（蛋白质、血细胞、细菌、多肽等）则不能通过。进行血液透析时，血液中的尿素氮、肌酐、$K^+$、$H^+$、磷酸盐等弥散到透析液中，而碳酸氢根、醋酸氢根、$Na^+$、$Ca^{2+}$及葡萄糖等从透析液弥散到血液中，以补充患者所需的物质。因此，通过透析可迅速纠正肾衰竭引起的高尿素氮血症、高钾血症、高肌酐血症、高磷血症、低钙血症及酸中毒等代谢紊乱。同时，还可通过透析膜两侧的跨膜压达到超滤脱水的目的，纠正肾衰竭引起的体液过多，从而达到人工肾的功效。

4. 透析液　含$Na^+$、$K^+$、$Cl^-$、$Ca^{2+}$、$Mg^{2+}$、碱基及葡萄糖等，其渗透压与细胞外液相似。根据其中碱基的不同，可将透析液分为醋酸盐透析液和碳酸氢盐透析液。由于醋酸盐透析液可导致患者的心血管耐受性降低，临床上已很少使用。目前常用碳酸氢盐透析液，其成分包括：①钠，透析液中的钠浓度一般为130～140 mmol/L；②钾，透析液中的钾浓度一般为0～4 mmol/L；③钙，透析液中的钙浓度略高于血液中的游离钙浓度，一般为1.5～12.0 mmol/L；④镁，透析液中的镁浓度为0.6～1.1 mmol/L，略低于正常血清镁浓度；⑤碳酸氢盐，透析液中的碳酸氢盐浓度为32～38 mmol/L；⑥葡萄糖，可提高透析液的渗透压，用于常规透析的一般患者或机体营养状况较差者，但目前主张采用无糖透析液，特别是对糖尿病合并肾衰竭患者。

【原理】

血液透析治疗的基本原理包括弥散、超滤及吸附等。弥散是指溶质依靠浓度梯度从浓度高的部位向浓度低的部位自由扩散的跨膜转运方式。溶质的弥散转运能源来自溶质的分子或微粒自身的不规则运动（布朗运动）。超滤是指水分在静水压和渗透压的驱动作用下发生的跨膜转运。超滤时，溶于水中的溶质将随水一起被清除，形成对流过程。吸附是通过正、负电荷的相互作用使膜表面的亲水性基团选择性吸附某些蛋白质、药物及毒物，以达到吸附、清除作用。

【适应证】

1. 急性肾损伤

（1）无尿或少尿2天以上，伴有高血压、水中毒、肺水肿和脑水肿之一者。

（2）血尿素氮＞35.7 mmol/L（1000 mg/L）或每日升高10.7 mmol/L（300 mg/L）以上。

（3）血肌酐＞530.4 μmol/L。

（4）高钾血症，血钾浓度＞6.5 mmol/L。

（5）代谢性酸中毒，二氧化碳结合力＜13 mmol/L，药物纠正无效。

2. 慢性肾衰竭

（1）内生肌酐清除率＜10 ml/min，血肌酐＞707 mmol/L。

（2）严重的代谢性酸中毒，二氧化碳结合力＜13 mmol/L。

（3）有明显水潴留，如高度水肿、肺水肿、容量型高血压及高容量负荷型心力衰竭等。

（4）高钾血症，血钾浓度＞6.5 mmol/L。

（5）合并心包炎及严重的贫血。

3. 急性药物或毒物中毒　凡是分子量小、水溶性强、血浆蛋白结合率低、能通过透析膜的药物或毒物，如巴比妥类、地西泮（安定）、氯丙嗪、水合氯醛等镇静催眠药，氨基糖苷类抗生素（庆大霉素、卡那霉素、链霉素），利福平、异烟肼、万古霉素等抗菌药，有机磷、汞、铝等金属，二醋吗啡，某些造影剂，鱼胆及内源性毒素（如氨、尿酸、乳酸）等引起的中毒，均可采用血液透析治疗。

4. 其他疾病　顽固性心力衰竭，严重的水、电解质紊乱及酸碱平衡失调，肝性脑病，常规治疗难以纠正者。

【禁忌证】

随着血液透析技术的改进，血液透析已无绝对禁忌证，只有相对禁忌证。

1. 低血压或休克者。
2. 严重心肌病变或心律失常不能耐受体外循环者。
3. 严重出血或感染者。
4. 恶性肿瘤晚期导致肾衰竭者。
5. 老年高危患者、脑血管意外、不合作的婴幼儿或精神病患者。

【透析前准备】

1. 建立血管通路　建立和维护血液净化的血管通路，是保证血液净化顺利进行和充分透析的首要条件。同时，血管通路也是长期维持血液透析的"生命线"。根据使用时间，临床上将血管通路分为两大类：临时性血管通路和永久性血管通路。前者主要采用中心静脉留置导管或直接穿刺动、静脉（如股动、静脉，上肢静脉），用于抢救急危重症患者。后者是动静脉内瘘或长期中心静脉留置导管。

（1）临时性血管通路：包括动、静脉直接穿刺，中心静脉留置导管，主要适用于急性肾衰竭患者，慢性肾衰竭患者尚未建立永久性血管通路，内瘘未成熟或由于阻塞、流量不足、感染等暂时不能使用者或出现危及生命的并发症者。

（2）永久性血管通路：动静脉内瘘是目前最常用的一种，是将动脉、静脉在皮下吻合建立的一种安全并可长期使用的血管通路，包括直接动静脉内瘘和移植血管内瘘，主要用于慢性肾衰竭患者。

2. 血液透析前的准备

（1）评估患者：测量患者的生命体征，准确测量并记录体重。评估患者的一般情况，观察患者是否有呼吸困难、出血、下肢水肿等。

（2）评估患者的血管通路：检查患者血管通路的类型及是否通畅、穿刺或置管处的皮肤情况以及患者瘘管的血流量。

（3）检查透析机及透析管路：检查透析机及透析管路是否进入透析前准备状态，透析管路与透析器连接是否紧密。根据医嘱正确设定患者的透析参数，协助患者取合适体位。

3. 心理护理 由于患者及家属对血液透析法认知不足，往往心理压力大。操作前应向患者及家属解释透析的目的、过程、可能出现的情况及相关知识，以缓解患者及家属的焦虑、恐惧情绪。

【透析中护理】

1. 穿刺 在动静脉内瘘的动脉端和静脉端分别进行穿刺。穿刺成功后，分别与透析管道的动脉端和静脉端相连。遵医嘱留取血标本后开始进行透析。

2. 肝素化 透析过程中应使用肝素，以预防血液凝固。

（1）全身肝素化：又称体内肝素化，是指血液在体内外都呈肝素化状态，对绝大多数血液透析患者都采用此方法。其优点是操作简单，缺点是可能引起出血。首次肝素用药剂量为15～20 mg，于透析前10分钟使用，之后每小时追加8～12 mg。透析结束前半小时停用肝素。

（2）边缘肝素化：即小剂量全身肝素化。根据患者贫血、出血倾向的程度精确计算肝素用量，使血液在透析器的凝血时间保持在30分钟左右。此方法适用于慢性肾衰竭患者或有出血倾向的患者。

（3）局部肝素化：即体外肝素化，是使血液仅在体外循环的情况下保持肝素化状态。

3. 观察病情变化 透析过程中，护士应严密观察患者的病情变化，每30分钟巡视1次，根据患者的病情及时调整透析方案。患者在透析过程中可发生出血、心悸、心力衰竭、呼吸骤停、心肌梗死等严重并发症，护士应做好心肺复苏的相关准备工作。

4. 观察透析情况 观察透析器的运转及超滤情况；观察患者的穿刺部位是否有出血；观察透析器和透析血管通路内血液的颜色，是否有凝血；观察跨膜压与静脉压变化。发现异常应及时处理。

5. 观察并发症 密切观察透析过程中可能出现的并发症，并协助医生积极处理。

（1）低血压：是指透析过程中收缩压下降≥20 mmHg，或平均动脉血压下降≥10 mmHg，是血液透析常见的并发症之一。患者可出现恶心、呕吐、胸闷、面色苍白、出汗，甚至一过性意识丧失等。

1）发生原因：①超滤过多、过快，导致急性低血容量；②进行血液透析时血浆胶体渗透压下降；③醋酸盐透析液有扩张血管的不良反应；④心脏压塞、过敏反应及严重贫血等。

2）处理措施：①立即降低血流量，减慢超滤速度，使患者取头低足高仰卧位，并予以氧气吸入；②静脉输注50%葡萄糖40～60 ml，或10%NaCl 10 ml，或输注生理盐水、林格液或鲜血；③对醋酸盐透析液不适应者，改用碳酸氢盐透析液；④严密监测患者的血压变化，必要时可用升压药，若用药后患者血压仍未升高，则应停止透析；⑤对经常发生低血压的患者，可将透析液的钠浓度提高至145～150 mmol/L。

（2）透析失衡综合征：易发生于高尿素氮血症患者开始透析时，透析前升高的血尿素氮和较高的血浆渗透压，加之高效率透析，导致短时间内血尿素氮、血浆渗透压突然降低。在透析过程中，血清中的尿素和渗透压下降的速度比脑脊液中的下降速度快，促使水向脑细胞内转移而导致颅内高压。临床表现为头痛、视物模糊、恶心、呕吐、肌肉收缩、意识障碍，甚至昏迷等。

预防与处理措施：①对首次透析者，应采用诱导透析的方式，即缩短透析时间（一般为2～3小时），降低血流量（150 ml/L），脱水速度不宜过快；②静脉注射50%葡萄糖溶液40 ml；③采用高钠透析或碳酸氢盐透析液；④发生透析失衡综合征时，静脉注射高渗糖溶液、高渗钠溶液，也可应用镇静药，如地西泮（安定）。

（3）致热原反应：由于内毒素进入体内所致，表现为寒战、发热，常在透析开始1小时左右发生。预防与处理措施：①严格执行无菌操作，注意透析管路和透析器的消毒处理，并定期对水处理装置进行消毒,严格检测透析用水;②发生致热原反应时,应立即予以异丙嗪肌内注射,地塞米松 2～5 mg 静脉注射,或氢化可的松 100～200 mg 静脉滴注,并注意保暖。

(4) 出血:多由于肝素应用不当、高血压、血小板功能不良等所致。表现为牙龈出血、消化道出血,甚至颅内出血。处理措施:注意调整肝素的用量。严密观察患者的病情变化,一旦发现出血,应遵医嘱及时处理;对严重的颅内出血患者,应停止透析。

(5) 心脑血管并发症:是终末期肾病维持透析患者的主要死亡原因,患者可出现低血压、心律失常、心包炎、心脏压塞等。低血压较常见,多由于超滤过多、过快,引起有效血容量不足所致,也见于透析膜破裂或其他原因引起的出血、严重心律失常、心肌梗死、心包出血和急性左心衰竭患者。处理措施:遵医嘱补充生理盐水、白蛋白或血浆等,密切监测患者的生命体征。

(6) 其他:如过敏反应、栓塞(如空气栓塞、血栓栓塞)、失血等。严密观察患者的病情变化,发现异常应及时通知医生,并配合处理。

【透析后护理】

1. 压迫止血 拔管后充分压迫穿刺部位,彻底止血。

2. 监测病情 测量患者的体重及生命体征,留取血标本复查血液生化指标,评估患者是否有电解质紊乱,并予以相应处理。同时,为下一次制订透析方案做准备。

3. 交代注意事项 嘱患者透析后 2～4 小时内避免各种注射、穿刺和侵入性检查,以防止发生局部出血。

4. 动静脉内瘘的护理

(1) 瘘管护理:指导患者保持瘘管部位皮肤局部清洁,进行各种活动均应小心,衣着勿过紧,避免外瘘管扭曲、受压或脱落。注意观察瘘管处是否有渗血、出血。若出现渗血,则应及时更换敷料;若发生外瘘管脱落,则应用无菌止血钳夹住滑出端。避免对瘘管所在的肢体进行输液、测压等,以防止阻塞瘘管。

(2) 观察并发症:经常听诊血管杂音,观察瘘管的色泽。若瘘管颜色深浅不一、血清分离、波动消失、患者体温降低,则提示外瘘管阻塞。

(3) 抗感染:防止造瘘口感染,若有脓性分泌物或局部红肿,则应及时处理,定时进行消毒、换药,积极防治感染扩散。

【健康指导】

1. 生活指导 指导患者养成良好的生活习惯,保证充足的休息和睡眠,加强体育锻炼。严格戒烟、禁酒,避免暴饮暴食。平时可从事力所能及的工作,适当活动,避免劳累及受凉。尽量减少出入公共场所,避免在流感高发季节外出。

2. 饮食指导 血液透析患者的营养问题极为重要,营养状况直接影响患者的长期存活及生活质量的改善。因此,应加强饮食指导,保证患者合理饮食。

(1) 热量:透析患者在轻度活动状态下,能量供给为 147～167 kJ/(kg·d),即 35～40 kcal/(kg·d)。其中,糖类占 60%～65%,以多糖为主,脂肪占 35%～40%。

(2) 蛋白质:蛋白质摄入量以 1.2～1.4 g/(kg·d) 为宜,其中优质蛋白占 50% 以上。

(3) 控制液体摄入:两次透析期间,体重增加以不超过 3%～5% 为宜。每天液体摄入量一般为前 1 天尿量加 500 ml。

(4) 限制钠、钾、磷的摄入:予以低盐饮食,患者出现无尿时,钠盐摄入量应控制在 1～2 g/d。避免进食含钾量高的食物,如蘑菇、香蕉、橘子。磷的摄入量应控制在 600～1200 mg/d。避免进食含磷量高的食物,如奶粉、蛋黄、巧克力。

(5) 维生素和矿物质:透析时,机体内水溶性维生素严重丢失,需补充维生素 C、叶酸等。每天钙摄入量应达到 1000~1200 mg，除膳食中的钙以外，一般还需补充钙制剂；蛋白质摄入不足可导致锌缺乏，故有必要予以补充一定量的锌。

3. 服药指导　肾衰竭患者体内生化和生理功能的改变常影响药物的吸收、转运和分布，应指导患者按医嘱正确服药，避免使用可引起肾毒性的药物。

4. 控制血压和体重　高血压可引起脑栓塞和脑出血，体重超负荷可引起心力衰竭，在透析期间控制血压和体重尤为重要。告知患者在医师指导下正规长期服药，保持情绪稳定，改变体位时动作应缓慢，并随时监测血压及体重。

5. 瘘管护理指导　向患者讲解瘘管的位置、重要性、可能出现的并发症及防治方法，发现异常应及时告知医护人员。预约下次透析的时间。

### 四、腹膜透析患者的护理

腹膜透析（peritoneal dialysis，PD），简称腹透，是向患者腹腔内输入透析液，利用腹膜作为透析膜，使体内水、电解质与代谢废物经渗透、超滤和弥散作用进入腹腔，而透析液中的某些物质经腹膜毛细血管进入血液循环，以补充体内物质的需要，如此反复更换透析液，以清除蓄积的代谢产物，纠正水、电解质紊乱和酸碱平衡失调。腹膜具有分泌、吸收、防御、调节、渗透及弥散功能。渗透和弥散功能使腹膜成为天然生物半透膜，从而具有透析功能。常见的腹膜透析方式包括：间歇性腹膜透析、持续不卧床腹膜透析、连续循环腹膜透析、潮式腹膜透析和自动腹膜透析。

【腹膜透析的原理】

1. 弥散作用　腹膜是一种半透膜，腹膜两侧的浓度差使溶质从浓度高的一侧跨膜移动到浓度低的一侧，最终达到膜两侧浓度的平衡。

2. 超滤作用　由于腹透液具有高渗透性，与血液间形成渗透梯度，水分从血液移向腹膜透析液中，达到清除水分的目的。

3. 吸收作用　腹膜和腹膜中的淋巴管能直接和间接地从腹腔中吸收水分和溶质，从而参与腹腔液体和溶质的清除。

【设备与材料】

1. 腹膜透析管　理想的腹膜透析管可使腹膜透析液快速进出而不发生感染和渗漏。目前常用的腹膜透析管是由硅胶制成，表面光滑，全长 32~40 cm，内径为 0.24 cm，外径为 0.46 cm，两端各有涤纶扣套，将管分为 3 段，即腹外段、皮下隧道段和腹内段。腹内段置于腹膜内，并由内涤纶扣套固定于腹膜外，由外涤纶扣套固定于皮下隧道，距皮肤开口处 2~3 cm，当纤维组织长于涤纶扣套中，封闭隧道，即形成两个屏障，以防止发生感染和渗漏，并能起到良好的固定作用。腹膜透析管的置管方式分为两种：①临时腹膜透析置管，多采用穿刺法，主要用于急危重症患者短时间内进行腹膜透析。②永久性腹膜透析管安置，此方法置管成功率高，腹膜炎发生率低，保留时间长。目前多采用永久性腹膜透析管安置法。

2. 连接系统和消毒装置　如图 5-1 所示。

（1）连接系统：即腹膜透析液与腹膜透析管相连接的管道系统，也是体外的可拆卸系统，它是交换透析液时的连接导管，提供透析液进出的通道。具体连接方法包括：①直接连接法，目前已淘汰；②Y 形连接法；③O 形连接法；④一次性 Y 形连接法，比 O 形连接法操作更简单，但价格较高，尚未普及。

（2）消毒系统：有紫外线消毒、光化学反应器、细菌过滤器等多种消毒装置。

3. 腹膜透析液　腹膜透析液的配制方法较多。其基本配制原则是：①电解质成分和浓度与血浆相近；②渗透压稍高于血浆；③高压消毒后无致热原、细菌及内毒素；④配方可根据需要调整，同时可根据患者的病情适当加入药物，如肝素、氯化钾、胰岛素、抗生素等。

【适应证】

与血液透析的适应证相同，但对以下患者应优先考虑腹膜透析。

1. 儿童及年龄＞65岁的肾衰竭患者。
2. 有严重心血管疾病，如严重高血压患者。
3. 糖尿病肾病伴有严重视网膜病变者。
4. 有出血倾向不适合肝素化者。
5. 建立血管通路困难的患者。
6. 血液透析过程中发生严重并发症的患者。

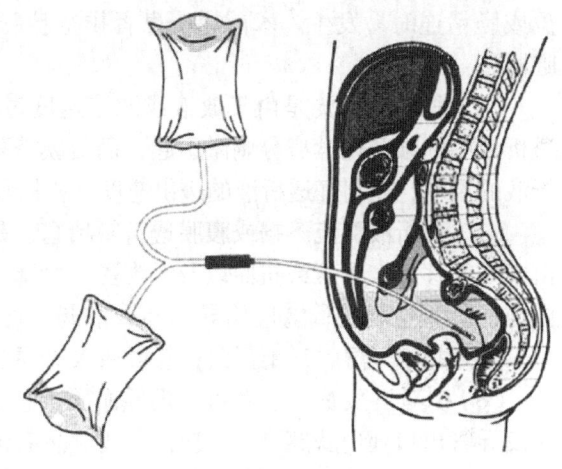

图5-1 腹膜透析示意图

【禁忌证】

1. 绝对禁忌证

（1）腹膜有缺陷者。

（2）各种腹部病变导致腹膜清除率降低者。

（3）严重的慢性呼吸衰竭患者。

2. 相对禁忌证

（1）腹部手术3天内，腹腔内有引流管。

（2）腹腔、盆腔有局限性炎症或脓肿。

（3）妊娠或腹腔内有巨大肿瘤者。

（4）腹腔内血管病变、严重肺功能不全。

（5）高分解代谢状态或严重营养不良患者。

（6）不合作或精神病患者等。

【透析前准备】

1. 环境准备　进行环境清洁、消毒，保持室内温度、湿度适宜。

2. 用物准备　准备皮肤消毒剂、小孔硅胶管、腹膜透析液（电解质成分和浓度与正常血浆相近，但不含$K^+$，渗透压不低于血浆渗透压，可根据患者的情况适当加入抗生素、肝素等药物）。透析液加温至37℃。

【透析过程中配合】

1. 操作注意事项

（1）掌握各种管道连接系统的操作方法，注意严格执行无菌操作。

（2）透析液输入腹膜腔前应加热至37℃。

（3）密切观察患者的病情变化、透析液灌入和排出情况，定期送检腹膜透析透出液，并进行相应的检查。

（4）观察透析管皮肤出口处是否有渗血、漏液及红肿等。

2. 常见并发症的观察及护理

（1）腹膜炎：是腹膜透析最常见的并发症，也是导致腹膜透析失败的常见原因之一。以细菌性腹膜炎多见，常表现为透析液浑浊、腹痛，或伴有发热（为低热、中度发热）、恶心、呕吐等症状。处理措施：冲洗腹腔及应用抗生素。

（2）腹膜透析液渗漏：由于腹膜切口过大或荷包缝合不当所致。手术结束时，应确认腹膜透析液灌入无渗漏，方可关腹。

（3）腹腔脏器损伤：如肠梗阻、膀胱损伤等，多见于临时腹膜透析管置管穿刺时，膀胱充盈或肠粘连时易发生。术前应嘱患者排空膀胱，有阻力感时避免强行插管，以防止损伤腹腔脏器。

（4）腹痛：主要是由于放液或滤液速度过快、透析液 pH 过低、透析液温度过高或过低、透析液中的某些化学成分刺激引起，而腹膜炎是引起腹痛的常见原因。处理措施：注意调节透析液的温度；控制好透析液的进出速度；积极预防及治疗腹膜炎。

（5）透析液引流不畅或腹膜透析管堵塞：是常见并发症，可影响腹膜透析的正常进行，多由于导管移位、受压或扭曲以及纤维蛋白堵塞、大网膜包裹等导致。处理措施：①改变患者的体位；②排空膀胱；③应用导泻药或灌肠，促进肠蠕动；④向腹膜透析管内注入肝素、尿激酶、生理盐水等溶解纤维蛋白；⑤可在 X 线透视下调整透析管的位置或进行手术重新置管。

（6）其他并发症：患者可出现低血压、脱水、血性腹水、低钾血症、肺功能不全、胸腔积液及导管出口处皮肤感染等。应注意观察患者的病情变化，发现异常应及时通知医生，并配合处理。

【透析后护理】

1. 常规护理　安置腹膜透析管后，手术部位应每天换药 1 次；保持敷料干燥、清洁，若发现敷料渗湿，则应及时更换；告知患者避免牵拉腹膜透析管，以免导管滑脱；一旦置管向外滑脱，则不能再将其送入腹腔。淋浴前，嘱患者用防水胶布包好并固定腹膜透析管，淋浴后将其周围皮肤轻轻擦干，并重新消毒、包扎。

2. 饮食护理　由于腹膜透析可导致体内蛋白质及多种营养成分丢失，故应指导患者增加蛋白质摄入量。蛋白质摄入量为 $1.2 \sim 1.3$ g/(kg·d)，50% 以上为优质蛋白。水分的摄入应根据尿量及超滤量而定，若患者未出现明显的高血压、水肿等，则可正常饮水。同时注意热量、钾、钙、铁及维生素等的摄入，维持患者的营养平衡。

（曹建平　黄　琼　田君叶）

# 自　测　题

## 一、选择题

**A1/A2 型题**

1. 关于急性肾衰竭少尿期患者的护理，下列叙述正确的是
   A. 大量补液　　　　　B. 摄入含钾食物　　　　　C. 禁用库存血
   D. 及时补充钾盐　　　E. 增加蛋白质摄入量

2. 慢性肾衰竭尿毒症期患者不易出现的并发症是
   A. 低钠血症　　　　　B. 高钾血症　　　　　　　C. 高钙血症
   D. 高磷血症　　　　　E. 低钙血症

3. 对肾功能不全引起的慢性贫血，下列治疗方法效果显著的是
   A. 进行血液透析　　　　　　　　B. 反复输血
   C. 口服铁剂　　　　　　　　　　D. 应用促红细胞生成素
   E. 肌内注射维生素 $B_{12}$

4. 下列关于肾性水肿患者的饮食护理，正确的是
   A. 对进食低蛋白饮食者应保证充足的热量摄入，每日供给热量 $50 \sim 100$ kJ/kg
   B. 对轻度水肿、尿量 >1000 ml/d 者，轻微限制饮水，钠盐摄入量限制在 3 g/d 以内

C. 对严重水肿伴少尿者，每日饮水量应限制在 1500 ml 以内，予以无盐饮食

D. 对严重水肿伴低蛋白血症者，予以蛋白质 1 g/（kg·d），优质蛋白占 40% 以上

E. 对轻度水肿伴低蛋白血症者，予以蛋白质 0.5～0.6 g/（kg·d），优质蛋白占 40%

5. 尿沉渣镜检对慢性肾衰竭的诊断最有价值的是
   A. 红细胞管型　　　　B. 白细胞管型　　　　C. 透明管型
   D. 蜡样管型　　　　　E. 颗粒管型

6. 肾病综合征患者的"三高一低"特征不包括
   A. 高度水肿　　　　　B. 高血压　　　　　　C. 高脂血症
   D. 大量蛋白尿　　　　E. 低蛋白血症

7. 慢性肾炎患者 24 小时尿蛋白定量通常是
   A. <1 g　　　　　　　B. 1～3 g　　　　　　C. 4～6 g
   D. 7～9 g　　　　　　E. >10 g

8. 与肾病性水肿发生机制相关的是
   A. 血胆固醇升高　　　　　　　　　B. 肾小球滤过率下降
   C. 血管静水压增高　　　　　　　　D. 血浆蛋白过低，血浆胶体渗透压下降
   E. 血压程度

9. 对慢性肾炎氮质血症患者予以低蛋白饮食的目的是
   A. 控制高血压　　　　　　　　　　B. 预防低钙血症
   C. 预防高钠血症　　　　　　　　　D. 减轻肾小球内高滤过状态
   E. 减轻肾性水肿

10. 肾病综合征患者容易出现自发性血栓形成的主要原因是
    A. 血管内皮易受损伤　　B. 易释放组织因子　　C. 继发感染
    D. 红细胞增多　　　　　E. 血液多呈高凝状态

11. 进行尿液培养和菌落计数时，正确的护理措施是
    A. 收集标本前用消毒剂充分清洗外阴部
    B. 留取在膀胱内停留 6～8 h 的尿液
    C. 留取初始尿液置于清洁容器内
    D. 应取患者停用抗菌药物后第 3 天的尿液
    E. 若尿标本不能立即送检，则应加入适量防腐剂

12. 下列急性肾盂肾炎的临床表现不包括
    A. 腰痛　　　　　　　B. 全身乏力　　　　　C. 高度水肿
    D. 寒战、高热　　　　E. 尿频、尿急、尿痛

13. 慢性肾衰竭的临床表现中最早、最突出的症状是
    A. 急性左心衰竭
    B. 尿毒症性心肌炎
    C. 代谢性酸中毒表现，如呼吸深长
    D. 胃肠道症状，如食欲缺乏、恶心、呕吐等
    E. 高血压

14. 鼓励急性肾盂肾炎患者大量饮水的目的是
    A. 增加排尿，促进液体排出　　　　B. 减轻毒血症状
    C. 有利于降低体温　　　　　　　　D. 加速毒素及炎性分泌物的排出
    E. 防止发展为慢性肾盂肾炎

15. 关于尿毒症患者的护理措施，不妥当的是
    A. 予以高热量、优质低蛋白饮食
    B. 发生贫血时，予以肌内注射促红细胞生成素
    C. 无新鲜血时，可输注库存血
    D. 避免过度活动，防止诱发异常出血
    E. 摄入含钙丰富的食物
16. 慢性肾炎患者近日出现食欲缺乏、恶心、少尿、嗜睡，呼吸深而稍快，血压 168/90 mmHg，血红蛋白 50 g/L，应首先考虑该患者发生的是
    A. 重度贫血　　　　　B. 呼吸衰竭　　　　　C. 心力衰竭
    D. 尿毒症　　　　　　E. 高血压脑病
17. 某慢性肾衰竭患者，出现厌食、恶心、口臭、失眠、皮肤瘙痒，以下护理措施正确的是
    A. 予以高热量、优质高蛋白饮食
    B. 每日进行口腔护理 1 次
    C. 勤用温水擦洗皮肤
    D. 病室内保持光线充足
    E. 夜间睡前不宜饮水
18. 患者李某，发热（T 39.5 ℃）2 天，伴尿频、尿急、尿痛，尿液检查提示为真性细菌尿，下列护理措施正确的是
    A. 指导患者增加活动量　　　　　　　　B. 每天饮水量＞2000 ml，勤排尿
    C. 无需注意饮食护理　　　　　　　　　D. 多饮茶
    E. 嘱患者症状好转后即可停药
19. 患者，男性，30 岁，患慢性肾衰竭 1 年余，因尿毒症而再次入院，夜间护士发现患者突然惊醒，端坐，烦躁不安，咳嗽频繁，咳白色泡沫样痰，首先考虑该患者发生的是
    A. 肺炎　　　　　　　B. 心包炎　　　　　　C. 胸膜炎
    D. 左心衰竭　　　　　E. 右心衰竭
20. 某急性肾盂肾炎患者，因尿频、尿急、尿痛、发热入院。查体：T 38.9 ℃，尿红细胞 5～10 个 / 高倍镜视野，白细胞满视野，下列健康指导错误的是
    A. 避免劳累、感冒　　B. 保持会阴部清洁　　C. 不穿紧身裤
    D. 不宜多饮水　　　　E. 避免憋尿

A3 型题

（21～23 题共用题干）

患者，女性，32 岁，今日起床后感腰酸、乏力，下午开始排尿次数增加，出现尿急、发热、恶心，即来院急诊。体格检查：T 39 ℃，神志清楚，心脏、肺检查无异常；腹软，肾区叩击痛；双下肢无水肿。实验室检查：白细胞计数 $13.6 \times 10^9$/L；尿常规：蛋白（±），白细胞 70 个 / 高倍镜视野，红细胞 0～1 个 / 高倍镜视野。

21. 该患者可能患的疾病是
    A. 尿道炎　　　　　　B. 急性肾盂肾炎　　　C. 慢性肾盂肾炎
    D. 急性肾炎　　　　　E. 慢性肾炎
22. 为明确诊断，还应进行的检查是
    A. 内生肌酐清除率测定　　　　　　　　B. 酚红排泄率测定
    C. 血肌酐及尿素氮测定　　　　　　　　D. 尿液培养和菌落计数
    E. 静脉肾盂造影

23. 下列护理措施中，错误的是
    A. 卧床休息 
    B. 予以清淡、易消化饮食
    C. 观察药物的不良反应 
    D. 限制水摄入量
    E. 进行尿液培养时收集清晨第一次尿

（24～25题共用题干）

患者，女性，48岁，患慢性肾小球肾炎8年，高血压3年，近1个月来食欲减退、精神萎靡、疲乏，且常发生鼻出血，1天前发现粪便颜色黑亮，呈柏油样；肾功能检查示：血肌酐790 μmol/L，血尿素氮 8.8 mmol/L。

24. 该患者最可能的诊断是
    A. 肾功能不全代偿期 
    B. 肾功能不全失代偿期
    C. 肾衰竭早期 
    D. 肾功能不全尿毒症期
    E. 氮质血症期
25. 护士对该患者的粪便颜色改变的原因解释正确的是
    A. 进食某些食物（如动物血）所致
    B. 血小板容易被破坏而导致消化道出血
    C. 红细胞寿命缩短
    D. 铁、叶酸缺乏
    E. 促红细胞生成素减少

## 二、案例分析题

1. 患者，女性，56岁，4个月前发现尿液中有泡沫，未予以重视，近1周来眼睑及双下肢水肿并进行性加重，遂来院就诊。体格检查：T 36.5℃，P 96次/分，R 20次/分，BP 135/89 mmHg；精神欠佳，眼睑水肿。右肺听诊呼吸音减低，叩诊呈浊音。双肾区无叩击痛，双下肢中度水肿。实验室检查：尿蛋白（++++），24小时尿蛋白定量 7.8 g，血肌酐 56 μmol/L，尿素氮 7.1 mmol/L。胸部X线检查：右侧少量胸腔积液。入院诊断为肾病综合征。
请问：
（1）该患者的首优护理诊断/问题是什么？
（2）根据患者的首优护理问题列出主要的护理措施。

2. 患者，女性65岁，患糖尿病15年，口服降血糖药物控制血糖，血糖波动较大；近3年来逐渐出现晨起时眼睑水肿，双下肢水肿，感乏力；5天前受凉后出现发热，体温最高达39.1℃，伴有咳嗽、咳痰，未进行系统治疗入院。查体：T 39.1℃，BP 110/90 mmHg；双肺听诊呼吸音粗糙，可闻及散在的干、湿啰音，以右下肺明显。HR 90次/分，心律齐。腹部平软，无压痛及反跳痛。双下肢踝部凹陷性水肿。辅助检查：血红蛋白 90 g/L，白细胞 $12 \times 10^9$/L，尿蛋白（+++），血糖 16 mmol/L；肌酐清除率 8 ml/min，血尿素氮 29.8 mmol/L，血肌酐 850 μmol/L；胸部X线检查示双肺纹理粗糙，右下肺斑片状阴影。
请问：
（1）患者最可能的医疗诊断是什么？
（2）患者目前存在的护理问题有哪些？

3. 患者，女性，26岁，已婚，出现寒战、高热、全身酸痛、食欲减退2天，尿频、尿急、尿痛、腰痛、肾区叩击痛 1 天。查体：T 39.7 ℃，P 102 次/分，R 32 次/分，BP 100/70 mmHg；尿常规检查显示：镜下血尿、菌尿，可见白细胞管型。

请问：

（1）患者最可能的医疗诊断是什么？

（2）患者目前存在的护理问题有哪些？

（3）请针对患者的情况对其进行健康指导。

> **思政园地**
>
> **张红医生飞机上抢救膀胱破裂患者**
>
> 2019 年 11 月 19 日，从广州飞往纽约的南航 CZ399 航班上，一名老人突发疾病，乘务员通过客舱广播寻找医生。听到求助，海南省人民医院血管外科医生肖占祥和暨南大学附属第一医院介入血管外科主任张红赶来救助。两名医生判断，老人是由于前列腺肥大引发尿潴留，其膀胱内大致有 1000 ml 尿液，面临膀胱破裂的危险。肖占祥医生利用便携式氧气瓶面罩上的导管、注射器针头、瓶装牛奶吸管、胶布自制穿刺装置。张红医生则在 37 分钟内不间断用口吸出尿液吐到杯中，帮老人排出 700～800 ml 尿液，使其转危为安。
>
> 海南省卫生健康委员会为肖占祥医生颁发了"德艺双馨风尚奖"。暨南大学附属第一医院授予在飞机上抢救老人的张红医生"暨南杏林楷模"称号，并号召全体职工学习张红医生在危急情况下以患者为中心，弘扬敬佑生命、救死扶伤、大爱无疆、敢于奉献的职业精神。

# 第六章 血液系统疾病患者的护理

## 学习目标

1. 说出血液系统常见疾病患者的身体状况、护理措施。
2. 描述血液系统常见疾病患者的辅助检查、治疗要点。
3. 解释血液系统常见疾病的病因与发病机制。
4. 能够对血液系统常见疾病患者进行护理评估、提出护理诊断,并采取相应的护理措施。
5. 运用所学知识深刻理解"健康所系,生命所托"的医学誓言,践行"爱伤"情怀。

造血器官由骨髓、肝、脾、淋巴结以及分散在全身各处的淋巴组织和单核巨噬细胞系统等构成。造血期分为胚胎期(中胚叶造血期)、胎儿期(肝脾造血期)及出生后(骨髓造血期)3个阶段。不同时期的造血部位不同。卵黄囊是胚胎期最早出现的造血场所,卵黄囊退化后,由肝、脾代替其造血功能。胎儿第4~5个月起,肝、脾造血功能逐渐减退,骨髓、胸腺及淋巴结开始出现造血活动,出生后仍保持造血功能,骨髓成为出生后主要的造血器官。出生后,肝、脾仅在应激情况下可恢复部分造血功能,称为髓外造血。5~7岁以前,全身骨髓均为红骨髓,造血功能活跃。随着年龄的增长,四肢长骨中的造血组织逐渐减少,除颅骨、胸骨、肋骨、骨盆、脊椎骨及股骨、肱骨的骨骺端外,全部被脂肪组织所替代,即黄骨髓取代了红骨髓。但当机体需要造血功能活跃时(如出血或溶血),长骨中的黄骨髓可转化为红骨髓,恢复造血功能。

血细胞来源于骨髓内生成的造血干细胞(hematopoietic stem cell,HSC),此类细胞具有自我更新及多向分化潜能,髓系干细胞可以分化为原单核细胞、原红细胞、原巨核细胞,淋巴干细胞可分化为各种淋巴细胞(图6-1)。成人造血干细胞主要存在于红骨髓内。

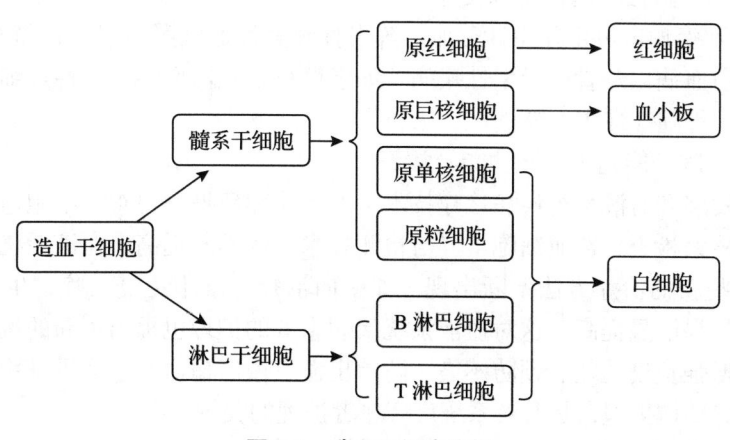

图6-1 造血干细胞分化

【血液的组成及血细胞的生理功能】

1. 血液的组成　血液主要由血浆和悬浮于其中的血细胞（红细胞、白细胞及血小板）组成。血细胞约占血液容积的45%，血浆约占血液容积的55%。血浆是一种淡黄色的透明液体。血浆的成分复杂，含有多种蛋白质、凝血因子、补体、抗体、酶、电解质、各种激素及营养物质等。

2. 血细胞的生理功能　红细胞进入血液循环后，寿命约为120天。成熟粒细胞在外周血液中的半衰期为6～7小时，血小板在循环血中的寿命为8～11天，由于血细胞的寿命不同，输血治疗时应根据治疗目的，选择合适的血液成分。例如，对血小板减少的患者，输血时应选择新鲜血液。血细胞的生理功能见表6-1。

表6-1　血细胞的生理功能

| 种类 | | 生理功能 |
| --- | --- | --- |
| 红细胞 | | 胞质内充满血红蛋白，具有结合与输送氧和二氧化碳的功能 |
| 血小板 | | 具有黏附、聚集和释放等生理特性，主要功能是促进止血，加速凝血，并参与维持血管壁的完整性，在血栓形成、动脉粥样硬化、肿瘤转移和炎症反应等过程中起重要作用 |
| 白细胞 | 中性粒细胞 | 主要有杀菌或抑菌作用，是阻止入侵细菌的第一道防线 |
| | 嗜酸性粒细胞 | 具有抗过敏、抗寄生虫作用 |
| 粒细胞 | 嗜碱性粒细胞 | 能释放组胺等生物活性物质，主要与变态反应有关 |
| | 单核细胞 | 吞噬异物，识别、杀伤肿瘤细胞，是阻止入侵细菌的第二道防线 |
| | 淋巴细胞 | T淋巴细胞参与细胞免疫；B淋巴细胞可产生抗体，参与体液免疫 |

【血液病的分类】

1. 红细胞疾病　各种贫血、溶血、红细胞增多症等。
2. 白细胞疾病　粒细胞减少或缺乏症、白血病、类白血病反应、淋巴瘤等。
3. 出血性疾病　血小板异常（如血小板减少性紫癜），凝血机制障碍（如血友病），血管壁功能异常（如过敏性紫癜）等。
4. 血栓性疾病　血栓闭塞性血管炎等。
5. 造血干细胞疾病　再生障碍性贫血、阵发性睡眠性血红蛋白尿、骨髓增生异常综合征、急性非淋巴细胞白血病以及骨髓增生性疾病（如慢性粒细胞白血病、真性红细胞增多症、原发性血小板增多症、骨髓纤维化）等。
6. 其他疾病　脾功能亢进、肝功能异常等。

随着医学的发展和血液系统疾病诊疗技术（如生化和免疫学检查、细胞遗传学及分子生物学检查、放射性核素检查、造血细胞培养与检测技术）的不断提高，血液系统疾病诊断率显著提高。同时，一些新的治疗方法不断出现，如靶向治疗、细胞免疫治疗、生物治疗等治疗方法，使临床治疗效果明显提高，这对血液系统疾病患者的护理也提出了新的挑战。加强心理护理、加强营养、增强免疫功能、预防感染、防治出血、做好输血及造血干细胞移植的护理、重视健康指导、做好整体护理，是血液系统疾病患者护理的关键。

# 第一节 血液系统疾病患者常见症状与体征的护理

血液和造血器官的疾病统称为血液病，包括原发于造血系统的疾病（如白血病）和主要累及造血系统的疾病（如缺铁性贫血）。其共同特点是患者外周血中的细胞和血浆成分的改变，机体免疫功能低下以及出血、凝血功能紊乱，还可出现骨髓、脾、淋巴结等造血组织和器官的结构及功能异常。血液系统疾病的常见症状是贫血、出血和感染。

## 一、贫血

贫血（anemia）是指外周血中单位容积内血红蛋白（Hb）浓度、红细胞（RBC）计数和血细胞比容（hematocrit，HCT）低于同年龄、同性别和同地区的正常标准。其中，以血红蛋白浓度降低最为重要，红细胞计数不一定能准确反映贫血的存在及贫血程度。我国海平面地区贫血的诊断标准为：成年男性 Hb<120 g/L，成年女性 Hb<110 g/L，孕妇 Hb<100 g/L。

【护理评估】

（一）病因与发病机制

1. 红细胞生成减少　造血原料不足，如缺铁性贫血、巨幼细胞贫血；造血功能异常，如再生障碍性贫血、白血病、骨髓坏死等。

2. 红细胞破坏过多　各种溶血性贫血，如葡萄糖-6-磷酸脱氢酶缺乏症、地中海贫血、遗传性球形红细胞增多症、自身免疫性溶血性贫血、阵发性睡眠性血红蛋白尿等。

3. 红细胞丢失过多　如原发免疫性血小板减少症、血友病、严重肝病、消化道出血、月经量过多、外伤等。

（二）分类

1. 根据红细胞的形态特点分类　根据红细胞形态、平均红细胞体积（mean corpuscular volume，MCV）和平均红细胞血红蛋白浓度（mean corpuscular hemoglobin concentration，MCHC），可将贫血分为大细胞性贫血、正常细胞性贫血和小细胞低色素性贫血。贫血的细胞形态分类见表 6-2。

表 6-2　贫血的细胞形态分类

| 分类 | MCV（fl） | MCHC（%） | 常见疾病 |
| --- | --- | --- | --- |
| 大细胞性贫血 | >100 | 32~35 | 巨幼细胞贫血、骨髓增生异常综合征、肝疾病 |
| 正常细胞性贫血 | 80~100 | 32~35 | 再生障碍性贫血、急性失血性贫血、溶血性贫血、骨髓病性贫血 |
| 小细胞低色素性贫血 | <80 | <32 | 缺铁性贫血、铁粒幼细胞贫血、珠蛋白生成障碍性贫血 |

注：MCV，平均红细胞体积；MCHC，平均红细胞血红蛋白浓度

2. 根据血红蛋白浓度分类　根据血红蛋白浓度，可将贫血分为轻度、中度、重度和极重度。贫血的严重程度分类见表 6-3。

表 6-3 贫血的严重程度分类

| 贫血严重程度 | 轻度 | 中度 | 重度 | 极重度 |
|---|---|---|---|---|
| 血红蛋白浓度 | >90 g/L | 60～90 g/L | 30～59 g/L | <30 g/L |
| 临床表现 | 症状不明显 | 活动后心悸、气促 | 休息时即感心悸、气促 | 并发贫血性心脏病 |

> **考点提示**
>
> 贫血的诊断标准及严重程度的划分标准。

3. **根据骨髓增生程度分类** 根据骨髓红系增生程度,可将贫血分为骨髓增生不良性贫血(如再生障碍性贫血)和骨髓增生性贫血(如缺铁性贫血、巨幼细胞贫血和溶血性贫血)。

### (三)身体状况

患者的临床表现与贫血发生的速度、严重程度、血容量下降的程度、患者原有的身体状况及其对缺氧的耐受性等因素有关。

1. **一般表现** 患者可出现疲乏无力、皮肤黏膜苍白及干燥、毛发无光泽,部分患者可出现下肢水肿。其中,疲乏无力是贫血患者最常见和最早出现的症状。皮肤黏膜苍白是贫血患者最突出的体征,一般观察甲床、睑结膜、口唇、口腔黏膜等部位较为可靠。注意环境温度、人种肤色及人为因素的影响。

2. **神经系统** 因脑组织缺氧,患者常出现头晕、眼花、耳鸣、失眠、记忆力减退及注意力不集中等症状,严重者可发生晕厥。

3. **呼吸系统** 中度以上贫血患者可出现呼吸加快及不同程度的呼吸困难。

4. **循环系统** 中度贫血患者体力活动后可出现心悸、气促,重度贫血患者轻微活动或休息时即可出现呼吸困难。长期严重贫血患者,可发生贫血性心脏病,其表现为心绞痛、心律失常、心力衰竭。

5. **消化系统** 患者常出现食欲减低、消化不良、腹泻、便秘等表现,与消化液分泌减少和胃肠功能紊乱有关。

6. **其他表现** 患者可出现多尿、低比重尿、夜尿增多等表现,女性患者可出现月经失调,男性患者可出现性功能障碍。

### (四)心理、社会状况

贫血患者由于缺氧引起不适和乏力,使学习、工作效率降低,容易产生烦躁、易怒等心理;部分难治性贫血患者由于担心疾病预后和治疗费用等问题,容易出现焦虑、恐惧、悲观等心理。

### (五)辅助检查

测定红细胞计数、血红蛋白浓度有助于贫血的诊断和程度判断,其中以血红蛋白浓度最可靠;网织红细胞计数可以反映骨髓的造血功能,同时是判断贫血疗效的早期指标。骨髓检查可反映骨髓的增生程度,是贫血病因诊断的重要检查方法。

【主要护理诊断/问题】

1. **活动无耐力** 与贫血导致机体组织缺氧有关。
2. **营养失调:低于机体需要量** 与各种原因导致造血物质摄入不足或丢失过多有关。
3. **潜在并发症:**贫血性心脏病等。

## 第六章 血液系统疾病患者的护理

【护理措施】

（一）一般护理

1. 休息与活动　充分休息可减少机体耗氧量。应根据患者的贫血程度合理安排休息与活动。一般情况下，活动量应以不增加患者的不适感为前提。轻度贫血患者，应注意休息，不宜过度劳累；中度贫血患者，应增加卧床休息时间，鼓励其做到生活自理，活动量以不引起症状为度，当脉搏超过 100 次/分或出现心悸、气促时，应停止活动；重度贫血（Hb<60 g/L）患者多伴有贫血性心脏病，缺氧症状明显，应予以绝对卧床，采取舒适体位（如半坐卧位）卧床休息，减少不必要的活动。协助患者做好各种生活护理。待患者病情好转后，可指导其逐渐增加活动量。

2. 饮食护理　予以高蛋白、高维生素、清淡、易消化的饮食，对造血原料缺乏所致的贫血患者尤为重要，注意补充造血原料，均衡膳食。

（二）对症护理

严重贫血患者，应予以氧气吸入，以增加各组织器官的供氧量；必要时遵医嘱予以输血或输入浓缩红细胞，以减轻贫血症状、缓解机体缺氧。

（三）病情观察

对严重贫血患者，应密切观察其心率、脉搏、血压及呼吸的变化；对并发贫血性心脏病的患者，应严密观察输液、输血速度，将输液、输血速度控制在 1 ml/(kg·h) 以内，防止输液、输血速度过快而诱发急性左心衰竭。

（四）心理护理

关爱患者，耐心解答患者提出的各种问题，做好心理疏导和解释工作。向患者介绍各种诊疗的目的、意义，鼓励患者配合治疗和护理。

## 二、感染

感染是指血液病患者由于成熟白细胞数量减少和（或）质量异常，加之贫血、化疗等因素的影响，导致自身免疫力降低，易受病原微生物侵袭而引起炎症反应，并出现相应的症状。感染是血液病患者常见的死亡原因。

【护理评估】

（一）病因与发病机制

血液系统疾病易继发各种感染的主要原因是白细胞数量减少和功能缺陷，应用免疫抑制剂、贫血、营养不良等，导致机体抵抗力下降。可继发感染的常见疾病有白血病、再生障碍性贫血、淋巴瘤等。

（二）身体状况

感染可发生在身体的各个部位，其中，口腔炎、牙龈炎、咽峡炎最常见。发热是感染患者最常见的症状。因感染部位不同，患者可出现不同的躯体不适表现。常见的有咽痛、咽部充血、扁桃体肿大及产生脓性分泌物；牙龈出血、口腔黏膜溃疡；皮肤红肿、溃烂，肛周皮肤红肿、触痛，局部波动感；咳嗽、咳痰、胸痛、肺部听诊啰音；膀胱刺激征、肾区叩击痛等。

（三）心理、社会状况

急性严重感染患者可因疾病带来的不适及对患病的惧怕而感到焦虑不安。反复感染患者常表现为抑郁、无助、焦虑，或对治疗失去信心。尤其是危重患者，症状复杂，加之治疗效果不理想，常会出现悲观、沮丧甚至绝望心理。患者家属常因治疗费用问题而承受较大的心理压力。

### (四)辅助检查

监测白细胞数计数及分类,有利于了解机体的防御功能和免疫功能;根据不同感染部位,选择相应的检查,如胸部X线、尿常规、排泄物等检查;对感染部位分泌物、渗出物或排泄物进行涂片或细菌培养、药物敏感试验,可确定感染的病原体,有助于选择敏感抗生素。

【主要护理诊断/问题】

1. 有感染的危险　与正常粒细胞减少、免疫功能降低有关。
2. 体温过高　与感染有关。
3. 知识缺乏:缺乏预防感染的相关知识。

【护理措施】

### (一)一般护理

1. 休息与活动　严重感染或高热患者应卧床休息,采取舒适体位,以减少机体能量消耗;对呼吸急促者,予以氧气吸入,氧流量为2~4L/min。
2. 饮食护理　鼓励患者进食高热量、高蛋白、富含维生素的食物,多饮水,多吃水果,以补充机体能量消耗,提高机体抵抗力。

### (二)病情观察

注意观察患者体温的变化规律;观察患者的呼吸、脉搏、血压、意识状态及进食情况;观察感染部位情况;记录液体出入量;了解相关检查结果。

### (三)对症护理

1. 预防感染

(1)注意环境卫生:①保持病室清洁、空气新鲜、温度适宜,定时开窗通风,用紫外线照射每周2~3次,每次20分钟;②定期用消毒液擦拭家具、地面,限制探视人数及次数,防止交叉感染;③对白细胞≤$1.0×10^9$/L,粒细胞绝对值≤$0.5×10^9$/L者,进行保护性隔离,向患者及家属解释其必要性,使其自觉遵守隔离制度。进行各项护理操作时须严格遵守无菌操作原则。

(2)注意个人卫生:指导患者做好口腔、皮肤和肛周的清洁护理。①每日进餐前后、睡前、晨起用盐水或复方硼砂溶液交替漱口,保持口腔清洁、卫生;②排便后清洗肛周皮肤,睡前、排便后用1:5000高锰酸钾溶液坐浴15分钟,保持排便通畅,女性患者尤其应注意会阴部清洗,每天清洗会阴部2次;③定期洗澡、更换衣物,保持个人卫生,预防感染。

2. 降温护理　遵医嘱使用广谱抗生素,同时注意观察药物的疗效及不良反应;对高热患者可予以物理降温或遵医嘱予以药物降温,禁用乙醇擦浴,以防止局部血管扩张而加重出血;降温过程中患者出汗多,应及时补水,擦干皮肤,随时更换衣物,保持皮肤和床单清洁、干燥,防止受凉。

> **考点提示**
>
> 血液系统疾病患者继发感染的原因及预防感染的护理措施。

### (四)心理护理

向患者介绍感染的危险因素及防护措施,以提高其对预防感染知识的认知程度,增强控制感染的信心。关心和安慰患者,以缓解其焦虑情绪。

## 三、出血或出血倾向

出血倾向是指止血和凝血机制障碍而引起自发性多部位出血和(或)血管损伤后出血不

止，表现为反复自发出现皮肤黏膜出血点、瘀斑、鼻出血、牙龈出血、关节出血、尿道出血、消化道出血、月经过多等。出血过多、过快时，易导致严重贫血，甚至危及生命。

【护理评估】

（一）病因与发病机制

出血倾向的主要原因包括血管壁异常、血小板异常和凝血机制异常三大类。

1. 血管壁异常　先天性疾病，如遗传性出血性毛细血管扩张症、家族性单纯性紫癜；获得性疾病，如败血症、过敏性紫癜和维生素C缺乏症。

2. 血小板异常　①血小板数量异常：包括原发免疫性血小板减少症、脾功能亢进、再生障碍性贫血、白血病、原发性血小板增多症等；②血小板功能异常：遗传性疾病，如血小板无力症；获得性疾病，多由应用抗血小板药、感染、尿毒症等引起。

3. 凝血机制异常　如血友病、弥散性血管内凝血等。

（二）身体状况

监测患者的生命体征，尤其应注意观察患者的血压、脉搏情况；观察患者皮肤、黏膜是否有瘀点、瘀斑，是否有牙龈出血等情况；观察患者是否有头晕、眼花、乏力、出冷汗、尿量减少等低血容量的表现，是否有咯血、呕血、便血、血尿等内脏出血的表现，是否有意识改变、头痛、呕吐、视物模糊、昏迷等颅内出血的表现。了解患者是否有血小板计数减少、凝血时间延长、凝血因子缺乏、毛细血管脆性试验呈阳性等。

（三）心理、社会状态

急性出血患者由于病情较重，往往容易出现紧张、恐惧心理。慢性出血患者由于疾病不易根治，容易产生抑郁、悲观情绪。此外，还应了解家属对疾病的认识及对患者的态度等。

（四）辅助检查

1. 血小板异常的检查　血小板计数<$100 \times 10^9$/L即为血小板减少；血小板计数<$20 \times 10^9$/L即为血小板缺乏，患者易自发出血。

2. 凝血时间测定　测定凝血酶原时间、凝血酶时间。

3. 毛细血管脆性试验　又称束臂试验、毛细血管脆性试验，主要用于检测毛细血管壁的脆性。若毛细血管脆性试验呈阳性，则表示毛细血管脆性增加，可见于过敏性紫癜患者。

【主要护理诊断/问题】

1. 组织完整性受损　与皮肤、黏膜出血有关。

2. 恐惧　与出血量大或反复出血有关。

【护理措施】

（一）一般护理

1. 休息与活动　血小板<$50 \times 10^9$/L时，应嘱患者减少活动，增加卧床休息的时间。严重出血或血小板<$20 \times 10^9$/L时，患者应绝对卧床休息。指导患者保持排便通畅，排便时不可过度用力，必要时可用开塞露等，避免腹内压增高引起出血。

2. 饮食护理　予以高蛋白、高热量、高维生素（维生素C）、清淡、易消化的软食或半流质软食；避免进食过硬、粗糙的食物，以防止引起消化道出血。

（二）观察病情

观察患者的出血部位、出血量和出血时间，特别应注意患者是否有颅内及内脏出血的表现。密切观察患者的生命体征及意识状态，监测血小板数量、出血和凝血时间、凝血因子等。

（三）心理护理

认真做好解释工作，迅速处理污染血渍的衣物、地面，避免不良刺激。向患者解释出血的原因，说明紧张、恐惧可加重出血。让家属了解护理计划的内容，以便共同做好患者的思想工作。

### （四）出血的预防及护理

1. 皮肤出血的预防及护理　保持床单整洁、干燥，被褥、衣服轻软，避免皮肤摩擦损伤及肢体受压。指导患者勤剪指甲，以免抓伤皮肤；保持皮肤清洁，定期洗澡，擦洗时应用刺激性低的沐浴液，不可用力擦洗。尽量避免人为创伤，如肌内注射、各种穿刺、拔牙等，必须注射或穿刺时，应快速、准确，严格执行无菌操作，延长局部加压时间，并观察是否有渗血情况。注射或穿刺部位应交替更换，以防止局部血肿形成。对有出血倾向伴高热的患者，禁用乙醇或温水擦浴降温。

2. 鼻出血的预防及护理　禁止用力擤鼻、抠鼻孔、外力撞击鼻部。鼻腔干燥时，可用棉签蘸少量液体石蜡或抗生素软膏轻轻涂擦，防止鼻黏膜干裂、出血。少量出血时，可用棉球或吸收性明胶海绵填塞，若无效，则可用0.1%肾上腺素棉球填塞，局部予以冷敷，以促进血管收缩，以达到止血的目的。若出血不止，尤其是对后鼻腔出血者，可用凡士林油纱条进行后鼻孔填塞术。术后定时滴入无菌液体石蜡，以保持鼻黏膜湿润；术后3天可轻柔地取出油纱条。

3. 口腔、牙龈出血的预防及护理　指导患者用软毛牙刷刷牙；禁用牙签剔牙；避免进食油煎、带刺食物，避免进食坚果类食品；保持口腔清洁，定时用氯己定（洗必泰）或生理盐水漱口。牙龈渗血时，可用0.1%肾上腺素棉球或吸收性明胶海绵片贴敷牙龈或局部涂抹凝血酶粉剂、三七粉等。

4. 关节腔内出血或深部组织血肿的预防及护理　指导患者减少活动量，避免过度负重和创伤。一旦出血，应立即停止活动，卧床休息，抬高患肢，将受累关节置于功能位。予以冰袋冷敷或采取绷带压迫止血，测量血肿范围及带血敷料的重量，以估计出血量。

5. 内脏出血的护理　对消化道小量出血患者，可予以温凉的流质饮食；对大量出血患者应予以禁食，并建立静脉通道，做好配血和输血的准备，以保证液体和血液的输入。准确记录液体出入量。

6. 颅内出血的护理　若患者突然出现视物模糊、头晕、头痛、呼吸急促、喷射性呕吐，甚至昏迷，则提示可能发生颅内出血，应及时报告医生，并协助处理。立即使患者取去枕平卧位，将头偏向一侧。及时吸出患者的呕吐物或口腔内分泌物，保持呼吸道通畅，予以吸氧。遵医嘱快速静脉滴注或注射20%甘露醇、50%葡萄糖、地塞米松、呋塞米等，以降低颅内压。观察患者的意识状态及瞳孔大小。

 **考点提示**

血液系统疾病患者出血的预防及护理要点。

### （五）输血或成分输血的护理

当患者出血明显时，应根据出血的原因不同，遵医嘱输注新鲜全血、浓缩血小板悬液、新鲜血浆或抗血友病球蛋白浓缩剂等。输血前须认真核对。血小板取回后，应尽快输注；新鲜血浆应于采集后6小时内输注完毕；抗血友病球蛋白浓缩剂用等渗盐溶液稀释时，应沿瓶壁轻轻注入，避免剧烈冲击或震荡，以免产生泡沫而影响注射。观察患者是否发生输血反应，如溶血反应、过敏反应等。

## 第二节 缺铁性贫血患者的护理

### 案例导入 6-1

患者，女，32 岁，子宫肌瘤，月经过多 3 年；近 1 年来出现头晕、乏力、食欲减退，面色苍白，活动后心悸、气促。体格检查：T 36 ℃，P 96 次/分，R 18 次/分，BP 100/70 mmHg，精神疲倦，皮肤、黏膜苍白，指甲脆裂，呈匙状。实验室检查：Hb 70 g/L，RBC $3.0 \times 10^{12}$/L，WBC $5.1 \times 10^9$/L，PLT $140 \times 10^9$/L，红细胞呈小细胞低色素性，血清铁蛋白 9.5 μg/L。

**问题与思考：**
1. 该患者最可能的医疗诊断是什么？
2. 该患者的主要护理诊断/问题有哪些？

缺铁性贫血（iron deficiency anemia，IDA）是由于体内贮存铁缺乏，使血红蛋白和各种含铁酶的合成减少而引起的一种小细胞低色素性贫血，是最常见的一种贫血类型。其发病率在发展中国家、经济不发达地区、育龄期妇女（特别是孕妇）和婴幼儿明显增高。

【病因与发病机制】

（一）病因

1. **铁丢失过多** 慢性失血是成人缺铁性贫血最常见和最重要的病因。长期小量出血比一次大量出血更易导致缺铁性贫血。慢性胃肠道出血是常见的病因，如消化性溃疡、消化道息肉、胃肠道肿瘤、痔出血、钩虫病等，而女性则以月经过多较为常见。

2. **铁需要量增加而摄入不足** 铁摄入不足是孕妇、儿童缺铁性贫血的主要原因，常见于婴幼儿、青少年、妊娠和哺乳期妇女。婴幼儿、儿童、育龄期妇女需铁量增加，若饮食结构不合理，食物中含铁量不足，则易发生缺铁性贫血。青少年偏食、挑食也是导致缺铁性贫血的重要原因。

3. **铁吸收不良** 十二指肠和空肠上段的肠黏膜是吸收铁的主要部位，胃、十二指肠切除术、慢性胃肠炎、萎缩性胃炎、克罗恩病等可影响铁的吸收。

（二）发病机制

1. **铁的代谢** 铁是构成血红蛋白的关键组分。铁 + 原卟啉→血红素；血红素 + 珠蛋白→血红蛋白。

（1）铁的分布：正常成人体内总铁量，男性为 50～55 mg/kg，女性为 35～45 mg/kg。铁分为功能状态铁和贮存铁两部分。功能状态铁包括血红蛋白铁（67%）、肌红蛋白铁、转铁蛋白铁等。贮存铁（29%）包括铁蛋白及含铁血黄素，主要贮存于肝、脾、骨髓和肠黏膜中。血清铁蛋白测定可准确反映体内贮存铁情况。

（2）铁的来源：正常人每天造血需要 20～25 mg 铁，主要来源于衰老的红细胞破坏后释放的铁。食物也是铁的重要来源。成人每天需要从食物中摄入铁 1～1.5 mg，孕妇及哺乳期每日铁需要量为 2～4 mg，肉类、动物肝及血制品、豆类、海带、发菜、紫菜、木耳、香菇等含铁丰富。而乳制品类、谷类和脂肪含铁量较低。非生理情况下，铁可来源于药物和血液。

（3）铁的吸收：胃酸和维生素 C 等还原物质可将高铁（$Fe^{3+}$）还原成无机亚铁（$Fe^{2+}$）而被肠黏膜吸收。铁主要在十二指肠及空肠上段被吸收。胃酸、维生素 C 可促进铁的吸收，茶（含鞣酸）、牛奶（含磷）、咖啡可影响铁从食物中游离、还原及吸收。铁的吸收受体内贮存铁控制，贮存铁多，铁吸收减少；反之，则铁吸收增多。胃肠功能（酸碱度等）、体内铁贮量、骨髓造血状态及某些药物等，均可影响铁的吸收。

（4）铁的转运：亚铁在血液中被氧化为高铁，高铁与血浆转铁蛋白结合后生成血清铁，并将铁运送至各组织。能与铁结合的血浆转铁蛋白的总量称为总铁结合力，正常情况下仅约1/3血浆转铁蛋白与铁结合。血液中与转铁蛋白结合的铁称为血清铁。

（5）铁的贮存和排泄：体内多余的铁以铁蛋白和含铁血黄素形式贮存于肝、脾、骨等器官的单核巨噬细胞系统中，待铁需要增加时动用。人体每天排铁量不超过1 mg，主要通过肠黏膜脱落细胞随粪便排出，少量随尿液、汗液排出，哺乳期妇女还可随乳汁排出。

2. 发病机制　铁是构成血红蛋白的关键组分，当体内贮存铁减少到不足以补偿功能状态铁时，即可发生铁代谢异常，铁蛋白、含铁血黄素减少，血清铁和转铁蛋白饱和度降低、总铁结合力和未结合铁的转铁蛋白升高、组织缺铁、红细胞内缺铁，可导致血红素合成障碍，血红蛋白生成减少，红细胞计数减少、体积减小，发生小细胞低色素性贫血。

【护理评估】

（一）健康史

询问患者是否有消化性溃疡、痔等慢性失血、慢性胃肠道疾病病史，是否有胃肠道手术史；询问患者是否有铁需要量增加而摄入不足的情况，幼儿及儿童是否有偏食、挑食等不良饮食习惯，女性患者是否有月经过多。对哺乳期妇女，还应了解其哺乳情况及营养状态等。

（二）身体状况

1. 症状、体征

（1）原发病表现：如消化性溃疡、肿瘤、痔等导致的黑便、便血、腹部不适；肿瘤性疾病引起的消瘦；妇女月经过多等。

（2）贫血的共有表现：如面色苍白、乏力、头晕、耳鸣、心悸、气促等。

（3）组织缺铁表现：皮肤干燥、角化、萎缩、无光泽；毛发干枯，易脱落；指（趾）甲扁平、缺乏光泽、脆薄易裂，甚至出现"反甲"现象，称为匙状甲；黏膜损害表现为口角炎、舌炎、舌乳头萎缩、食欲减退、缺铁性吞咽困难（Plummer-Vinson综合征）；精神行为异常，以儿童多见，如兴奋、好动、易激惹、注意力不集中、异食癖、体力降低，儿童生长发育迟缓、智力低下。

2. 并发症　贫血性心脏病、口角炎、舌炎、口腔溃疡、末梢神经炎等。

（三）心理、社会状况

缺铁性贫血预后好，通常对患者的日常生活影响不大。但幼儿及发育期青少年或部分严重患者可出现发育迟缓、智力低下等，影响日常生活、工作和学习。应评估患者及家属是否存在焦虑或恐惧心理。

（四）辅助检查

1. 血常规检查　典型血常规检查呈小细胞低色素性贫血，血涂片中可见红细胞体积小、中央淡染区扩大。网织红细胞计数多正常或略增高。白细胞计数可正常或降低，血小板计数高低不一。

2. 骨髓象　可见骨髓增生活跃或明显活跃，以红细胞系增生为主，粒细胞系、巨核细胞系无明显异常。红细胞系中以中、晚幼红细胞增生为主，细胞体积小，核染色质致密，胞质少、边缘不整齐，可见血红蛋白形成不良的表现，即所谓的"核老浆幼"现象。骨髓涂片铁染色示骨髓细胞外铁消失，铁粒幼细胞<15%，是缺铁的可靠诊断方法。

3. 铁代谢检查　血清铁<8.95 μmol/L，血清总铁结合力>64.44 μmol/L，转铁蛋白饱和度<15%。血清铁蛋白<12 μg/L，是早期诊断贮存铁缺乏的敏感指标。

4. 红细胞内卟啉代谢检查　红细胞游离原卟啉（free erythrocyte protoporphyrin，FEP）>0.9 μmol/L（全血），或血液锌原卟啉（zinc protoporphyrin，ZPP）>0.96 μmol/L（全血）。

5. 血清转铁蛋白受体（serum transferrin receptor，sTfR）测定　sTfR测定是目前反映红细胞内铁缺乏的最佳指标，一般sTfR浓度＞26.5 nmol/L即可诊断为缺铁。

 **考点提示**

铁的代谢，缺铁性贫血的主要症状、体征、血常规及生化检查特点。

【主要护理诊断/问题】
1. 活动无耐力　与贫血引起全身组织缺氧有关。
2. 营养失调：低于机体需要量　与铁摄入不足有关。
3. 知识缺乏：缺乏缺铁性贫血防治的相关知识。
4. 潜在并发症：贫血性心脏病、口角炎、舌炎等。

【护理措施】

（一）一般护理

1. 休息与活动　提供清洁、舒适的环境，保证患者充分休息，以减轻心、肺负担。对轻、中度贫血或贫血发生缓慢者，可指导其适当活动，注意劳逸结合、避免过度活动。重度贫血或贫血症状明显者应绝对卧床休息，必要时予以吸氧，以减少机体耗氧量。加强生活护理，待患者症状好转后，可指导其逐渐增加活动量。对严重贫血患者应予以氧气吸入，以改善缺氧症状。

2. 饮食护理　指导患者养成良好的饮食习惯，定时、定量进食，细嚼慢咽，不偏食，不挑食；予以高蛋白、高热量、高维生素饮食；鼓励患者多吃含铁丰富的瘦肉、动物肝及血制品、蛋黄、豆类、紫菜、海带、木耳、香菇等食物；多进食富含维生素C的蔬菜和水果，注意荤（含铁）素（含维生素C）搭配，尽可能避免同时进食或者饮用牛奶、浓茶、咖啡等影响铁吸收的食物或饮料，以促进食物中铁的吸收。发生口腔炎或舌炎影响食欲时，避免进食过热、过辣食物，进食前后予以口腔护理。

（二）病情观察

观察患者的皮肤、黏膜颜色及贫血症状是否有改善；观察铁剂治疗的疗效及不良反应；定期监测红细胞计数、血红蛋白浓度、网织红细胞计数及血清铁蛋白等指标，以判断治疗效果。

（三）治疗配合

1. 治疗要点

（1）病因治疗：积极治疗原发病是纠正缺铁性贫血、防止复发的关键。

（2）补铁治疗：补铁是治疗本病的重要措施。常用药物有硫酸亚铁、富马酸亚铁、右旋糖酐铁等。可以口服或肌内注射。首选口服补铁，一般从小剂量开始，逐渐增加剂量，以减少胃肠道反应。一般治疗有效者在用药1周左右可出现外周血网织红细胞计数增高，服药后10天左右达高峰，2周后血红蛋白浓度开始上升，1～2个月恢复正常。若患者不能耐受口服铁剂或由于胃肠道病变影响铁的吸收，则可用右旋糖酐铁肌内注射治疗，注意补铁总量，以防止发生铁中毒。

（3）输血或成分输血：可根据贫血程度输注全血或成分血。

2. 用药护理

（1）口服铁剂：①向患者解释口服铁剂可能会出现的不良反应，如胃肠道刺激症状、黑便等。②指导患者从小剂量开始服用铁剂，并在进餐过程中或餐后服用铁剂，以减轻胃肠道刺激症状；与维生素C同时服用，可促进铁的吸收。③避免与茶、牛奶、咖啡、抗酸药及$H_2$受体阻滞剂同时服用，以免影响铁的吸收。④液体铁剂需用吸管，将药物吸食至舌根部咽下，以免牙齿及舌质被染黑。⑤服用铁剂期间，粪便可呈黑色，是由于铁与肠道内的硫化物作用而生成黑色的硫化铁,应做好解释工作,以消除患者的顾虑。⑥铁剂治疗最早的有效指标是网织红细胞计数增高,一般2个月左右可恢复正常。在血红蛋白恢复正常后,至少应继续服药4～6个月,待铁蛋白正常后再停药,以补足体内贮存铁。

 **考点提示**

缺铁性贫血患者补充铁剂及口服铁剂的护理要点。

(2)注射铁剂:若患者不能耐受口服铁剂或由于消化道疾病影响铁的吸收,则可选用右旋糖酐铁肌内注射治疗。首次给药须以 0.5 ml 作为试验剂量,1 小时后,若患者无过敏反应,则可给足剂量治疗,第一天给药 50 mg,之后每日或隔日给药 100 mg,直至达到总需要量。注射用铁的总需要量按公式计算:(需达到的血红蛋白浓度 – 患者的血红蛋白浓度)×0.33× 患者体重(kg)。

注射铁剂的护理:

1)防止发生过敏反应:过敏反应表现为面色潮红、头痛、肌肉和关节疼痛、荨麻疹等,严重者可发生过敏性休克。首次注射时必须进行过敏试验,同时备好肾上腺素等急救药品。

2)防止注射局部肿痛或形成硬结:选择柔软、丰厚的肌肉,进行深部注射,并经常更换注射部位。必要时可予以注射局部热敷,以促进铁的吸收。

3)避免药液引起皮肤染色:注意避免在皮肤暴露部位进行注射,抽取药液后应更换针头(避免原来针头上的药液使组织染色),采用"Z"形注射法或留空气注射法。

(四)心理护理

告知患者缺铁性贫血完全可以治愈,并且治愈后对身体没有不良影响,以减轻患者的心理压力,使其积极配合治疗。

【健康指导】

1. 预防指导　在易患人群中开展疾病相关知识宣传教育,以提高人们对缺铁性贫血的认知程度;改进婴儿喂养方法,及时添加蛋黄、青菜、肉类和肝等含铁较多的辅食;指导青少年不偏食、不挑食,均衡膳食;对青少年、儿童、孕妇、哺乳期妇女等铁需要量增多者,予以含铁丰富的食物;积极治疗引起缺铁贫血的相关疾病。

2. 用药指导　告知患者铁剂治疗的不良反应及预防方法,指导患者遵医嘱补充铁剂,定期到医院复查网织红细胞计数、血红蛋白、红细胞计数、血清铁蛋白等,以判断治疗效果。

## 第三节　再生障碍性贫血患者的护理

**案例导入 6-2**

患者,男,28岁,油漆工,因发热、咽痛、咳嗽3天,今晨刷牙时牙龈出血不止,到血液科就诊。体格检查:T 39.1 ℃,P 96次/分,R 24次/分,BP 110/70 mmHg,精神萎靡,面色苍白,局部牙龈红肿,咽部充血,扁桃体Ⅱ度肿大,上肢皮肤可见散在瘀点,浅表淋巴结未触及肿大。实验室检查:Hb 65 g/L,RBC $3.0 \times 10^{12}$/L,WBC $3.5 \times 10^{9}$/L,PLT $25 \times 10^{9}$/L,网织红细胞绝对值 $13 \times 10^{9}$/L,骨髓增生程度低下,巨核细胞减少。

**问题与思考:**

1. 该患者的主要护理诊断/问题有哪些?

2. 应如何指导患者预防感染?

# 第六章　血液系统疾病患者的护理

再生障碍性贫血（aplastic anemia，AA）简称再障，是由多种原因导致骨髓造血功能衰竭，以骨髓造血干细胞及造血微环境损坏，外周血全血细胞减少为特征的临床综合征。临床主要表现为骨髓造血功能低下，进行性贫血、出血、感染。我国再生障碍性贫血的年发病率约为0.74/10万，可发生于各年龄段，年轻人和老年人发病率较高，男性与女性发病率无明显差异。再生障碍性贫血的分类法较多，根据病因不同，可分为先天性（遗传性）再生障碍性贫血和后天性（获得性）再生障碍性贫血。获得性再生障碍性贫血根据是否有明确诱因还可分为原发性再生障碍性贫血和继发性再生障碍性贫血。根据患者的病情、血象、骨髓象及预后，可分为重型再生障碍性贫血（SAA）和非重型再生障碍性贫血（NSAA）。

【病因与发病机制】

（一）病因

本病的发病原因不明确，可能与下列因素有关。

1. 药物及化学物质　是最常见的致病因素。目前已知的导致再生障碍性贫血的高度危险性药物有氯霉素、保泰松、磺胺类药物、抗肿瘤药、抗癫痫药、苯巴比妥、阿司匹林等，其中以氯霉素最多见，并且与用药剂量和疗程无关，而与个体敏感性有关；化学物质中以苯及其衍生物为主，如油漆、塑料、染料、杀虫剂等。引起再生障碍性贫血的常见药物和化学物质见表6-4。

表6-4　引起再生障碍性贫血的常见药物和化学物质

| 药物 | 抗微生物药：氯霉素、合霉素、磺胺类药物、四环素、链霉素、异烟肼等 |
|---|---|
| | 解热镇痛药：保泰松、吲哚美辛、阿司匹林、安乃近等 |
| | 抗惊厥药：苯妥英钠、三甲双酮等 |
| | 抗甲状腺药：甲巯咪唑、卡比马唑、甲硫氧嘧啶等 |
| | 抗肿瘤药：氮芥、白消安、环磷酰胺等 |
| | 其他药物：氯丙嗪、米帕林、氯喹、甲苯磺丁脲、乙酰唑胺 |
| 化学物质 | 苯及其衍生物、二氯二苯三氯乙烷、有机磷农药、染发剂等 |

2. 物理因素　长期接触X线、镭及放射性核素等，可影响DNA复制，抑制细胞有丝分裂，干扰骨髓细胞生成，使造血干细胞数量减少。

3. 病毒感染　风疹病毒、肝炎病毒、EB病毒、流行性感冒病毒可引起再生障碍性贫血，特别是肝炎病毒、微小病毒B19等与再生障碍性贫血的关系密切，临床上又称为肝炎相关性再生障碍性贫血。

4. 其他因素　再生障碍性贫血的发生还与各种未经治疗的贫血、慢性肾衰竭、甲状腺功能减退症、免疫因素和遗传等因素有关。

（二）发病机制

再生障碍性贫血的发病机制尚未完全阐明，传统学说认为主要通过三种机制发病，即原发性和继发性造血干细胞（"种子"）缺陷、造血微环境（"土壤"）异常及免疫异常。目前认为，T淋巴细胞异常活化、功能亢进，造成骨髓损伤，在原发性获得性再生障碍性贫血的发病机制中占主要地位。新近研究显示，遗传背景在再生障碍性贫血的发病过程中可能发挥一定的作用，如端粒细胞基因突变等。

1. 造血干细胞缺陷（"种子"学说）　包括造血干细胞质量异常和数量减少。造血干细胞数量减少是各型再生障碍性贫血患者的必有表现。

2. 造血微环境异常（"土壤"学说）　再生障碍性贫血患者骨髓活检除发现造血干细胞减

少外，还可见骨髓"脂肪化"，静脉窦壁水肿、出血，毛细血管坏死。部分骨髓基质细胞体外培养显示生长情况差，造血干细胞移植不易成功。

3. 免疫异常（"免疫"学说） 再生障碍性贫血患者外周血及骨髓淋巴细胞比例高，T淋巴细胞亚群失衡，造血负调控因子明显增多，髓系细胞凋亡亢进，多数患者应用免疫抑制剂治疗有效。

【护理评估】

（一）健康史

详细了解患者的居住地区和工作环境。询问患者是否长期接触苯、油漆、塑料、染料、杀虫剂或电离辐射等，患者是否有病毒感染的病史。询问患者入院前是否使用过氯霉素、抗肿瘤药、磺胺类药物、保泰松等对骨髓有抑制作用的药物。

（二）身体状况

1. 症状、体征 再生障碍性贫血的临床表现与全血细胞减少有关，主要表现为进行性贫血、出血、感染，但多无肝脾大和淋巴结肿大。重型再生障碍性贫血（severe aplastic anemia, SAA）与非重型再生障碍性贫血的鉴别见表6-5。

（1）重型再生障碍性贫血：起病急，进展快，病情重，预后差。早期主要表现为出血和感染。感染以呼吸道感染最常见，其次为消化道、泌尿系统、皮肤、黏膜感染，病原菌以革兰氏阴性杆菌、金黄色葡萄球菌、真菌为主，多数患者可出现发热，体温在39℃以上，常合并脓毒血症。皮肤、黏膜出血可表现为皮肤出血点或大片瘀斑、口腔黏膜血泡、鼻出血、牙龈出血，内脏出血可表现为呕血、咯血、便血、血尿、阴道出血等，严重者可发生颅内出血并危及生命。患者早期贫血症状较轻，但呈进行性加重。

（2）非重型再生障碍性贫血：起病缓，病程长，以贫血为首发症状和主要表现，出血和感染症状较轻，也容易控制。

表6-5 重型再生障碍性贫血与非重型再生障碍性贫血的鉴别

| 鉴别点 | 重型再生障碍性贫血 | 非重型再生障碍性贫血 |
| --- | --- | --- |
| 起病 | 起病急、进展迅速 | 起病缓、进展慢 |
| 贫血 | 进行性加重 | 常为首发症状和主要表现 |
| 感染 | 重，难控制，多伴持续高热，常合并败血症 | 轻，易控制 |
|  | 以呼吸道感染最常见，其次为消化道、泌尿生殖道及皮肤、黏膜，不易控制 | 呼吸道感染多见 |
| 出血 | 重，有不同程度的皮肤、黏膜及内脏出血 | 轻，以皮肤、黏膜出血为主，内脏出血少见 |
| 外周血常规 | 重度全血细胞减少 | 全血细胞减少 |
|  | 中性粒细胞绝对值<$0.5×10^9$/L | 中性粒细胞绝对值>$0.5×10^9$/L |
|  | 网织红细胞绝对值<$15×10^9$/L | 网织红细胞绝对值>$15×10^9$/L |
|  | 血小板计数<$20×10^9$/L | 血小板计数>$20×10^9$/L |
| 骨髓象 | 多部位增生重度减低 | 增生减低或有局部增生灶 |
| 病程、预后 | 病程短，预后差，患者多在6~12个月死亡 | 病程长，预后较好，少数患者死亡，部分可进展为SAA |

2. 并发症　感染、颅内出血等。

（三）心理、社会状况

询问患者及家属是否因病程漫长，反复发作，社会支持程度低，甚至发生并发症而有烦躁不安、紧张、恐惧等心理反应。患者对工作、交际和家庭生活带来的影响，是否影响个人能力的发挥，自我评价是否改变。对治疗护理的要求。

（四）辅助检查结果

1. 血常规检查　全血细胞减少为最主要的特点，但红细胞、粒细胞和血小板的减少程度不等。淋巴细胞比例明显增高。其中网织红细胞<1.0%，绝对值<$15\times10^9$/L，中性粒细胞绝对值$0.5\times10^9$/L，血小板计数<$20\times10^9$/L有助于重型再生障碍性贫血的诊断。

2. 骨髓象　是再生障碍性贫血确诊的主要依据。重型再生障碍性贫血多部位骨髓增生重度减低，系统、红系明显减少且形态大致正常，无巨核细胞，淋巴细胞及非造血细胞比例明显增高。非重型再生障碍性贫血多部位骨髓增生减低，可见较多脂肪滴，粒系、红系及巨核细胞减少。巨核细胞减少或无巨核细胞是诊断再生障碍性贫血的主要依据。

3. 发病机制及相关检查　$CD4^+/CD8^+$比值减低，Th1/Th2型细胞比值增高。骨髓细胞染色体核型正常，骨髓铁染色显示贮存铁增多，溶血检查均呈阴性等。

 考点提示

引起再生障碍性贫血最常见的药物及重型和非重型再生障碍性贫血的主要表现。

【主要护理诊断/问题】

1. 有感染的危险　与白细胞减少导致机体免疫力下降有关。
2. 组织完整性受损　与血小板减少导致皮肤黏膜出血有关。
3. 潜在并发症：感染、颅内出血等。
4. 恐惧　与病情恶化、预后不良有关。
5. 活动无耐力　与贫血导致机体组织缺氧有关。

【护理措施】

（一）一般护理

1. 休息与活动　合理安排休息与活动，轻度贫血患者可适当活动，但应避免过度劳累；重度贫血患者，需卧床休息，取舒适的体位。对患者进行日常生活护理，指导患者起床和如厕时改变体位应缓慢，防止晕倒摔伤。

2. 饮食护理　予以高蛋白、高热量、高维生素、易消化的食物，如瘦肉、蛋黄、鱼、乳类、新鲜蔬菜及水果等，避免进食过硬、粗糙、带刺食物。出现发热的患者应多饮水。

（二）病情观察

观察患者是否有感染征象，若患者出现体温升高、咽痛、咳嗽、咳痰、尿路刺激征、肛周疼痛等，则提示发生感染；观察患者皮肤黏膜是否有新增瘀点、瘀斑，患者是否有呕血、黑便、血尿；观察患者是否有头痛、意识障碍及瞳孔改变等颅内出血征象。发现异常应立即报告医生，并积极配合抢救。定期监测红细胞计数、血红蛋白，以判断贫血程度；观察药物的疗效与不良反应等。

（三）心理护理

积极与患者沟通、交流，注意观察患者的情绪反应及行为表现，并及时予以有效的心理疏导；耐心解释疾病相关知识，向患者介绍治疗成功的案例，鼓励患者与亲人、病友交谈，争取社会支持系统的帮助，增强患者康复的信心，使其积极配合治疗和护理。

### （四）对症护理

1. 出血的护理　详见本章第一节。
2. 感染的预防和护理　详见本章第一节。

### （五）治疗配合

1. 去除病因　去除或避免周围环境中的致病因素，禁用对骨髓有抑制作用的药物。
2. 支持和对症治疗

（1）防治感染：对感染性高热患者，及时采用有效广谱抗生素治疗。注意长期使用抗生素可诱发真菌感染和肠道菌群失调。对出现真菌感染者，可用两性霉素B等，必要时输注白细胞悬液，以防止感染扩散。

（2）控制出血：根据患者的不同出血方式，选用不同的止血方法。对血小板$<20\times10^9$/L并发感染者，或出血严重者，可输注同血型浓缩血小板、新鲜冷冻血浆。若任意供者的血小板输注无效，则可改为输注HLA配型匹配的血小板。

（3）纠正贫血：对严重贫血（Hb＜60 g/L）患者，可输注全血或浓缩红细胞，但应避免输血过多。

（4）护肝治疗：再生障碍性贫血患者常合并肝功能损害，应酌情选用护肝药物。

3. 针对不同发病机制的治疗

（1）免疫抑制剂　①抗淋巴细胞球蛋白/抗胸腺细胞球蛋白（antilymphocyte globulin/antithymocyte globulin，ALG/ATG）：是用于治疗重型再生障碍性贫血的主要药物，可与环孢素组成强化免疫抑制方案。②环孢素：适用于治疗各型再生障碍性贫血，疗程多在1年以上。③其他：如CD3单克隆抗体、吗替麦考酚酯、环磷酰胺、甲泼尼龙等，可用于治疗重型再生障碍性贫血。

（2）促进造血

1）雄激素：是治疗非重型再生障碍性贫血的首选药物，也适用于所有再生障碍性贫血患者。其作用机制是刺激肾生成更多促红细胞生成素，并直接作用于骨髓，刺激红细胞生成。常用丙酸睾酮100 mg/d肌内注射；也可予以口服十一酸睾酮（安雄），每次40～80 mg，每日3次；达那唑，每次0.2 g，每日3次；司坦唑醇（康力龙），每次2 mg，每日3次。疗程及剂量应根据药物的疗效和不良反应（如男性化、肝功能损害等）进行调整。

2）造血生长因子：适用于所有再生障碍性贫血患者，特别是重型再生障碍性贫血患者。常用粒细胞-巨噬细胞集落刺激因子（granulocyte-macrophage colony-stimulating factor，GM-CSF）或粒细胞集落刺激因子（granulocyte colony-stimulating factor，G-CSF）以及促红细胞生成素。一般在应用免疫抑制剂治疗重型再生障碍性贫血后再使用，维持治疗3个月以上。

（3）造血干细胞移植：是治疗重型再生障碍性贫血的重要治疗措施之一，包括骨髓移植、外周血干细胞移植、胚胎干细胞移植、脐血干细胞移植等。最佳的移植对象是40岁以下、无感染及其他并发症、有合适供体的重型再生障碍性贫血患者。

 **考点提示**

治疗非重型再生障碍性贫血的首选药物及雄激素的用药护理。

> **知识链接**
>
> **再生障碍性贫血的疗效标准**
>
> 1. 基本治愈:贫血和出血症状消失,男性患者血红蛋白达 120 g/L、女性患者达 110 g/L,中性粒细胞达 $1.5×10^9$/L,血小板计数达 $100×10^9$/L,随访 1 年以上未复发。
> 2. 缓解:贫血和出血症状消失,胚胎干细胞血红蛋白达 120 g/L、女性患者达 100 g/L,白细胞计数达 $3.5×10^9$/L 左右,血小板计数也有一定程度的增加,随访 3 个月病情稳定或继续增加。
> 3. 明显进步:贫血和出血症状明显好转,不需要输血,血红蛋白较治疗前 1 个月内常见值增高 30 g/L 以上,并能维持 3 个月。判定达到以上 3 项疗效标准者,均应在 3 个月内不予以输血。
> 4. 无效:经充分治疗后,症状、血常规检查结果未达到明显进步的标准。

4. 用药护理

(1) 免疫抑制剂:可引起超敏反应、血清病(猩红热样皮疹、关节痛、发热等)和出血加重。用药期间应予以保护性隔离。加强支持疗法,防止出血和感染。备好抢救设备和药品,以便患者发生过敏时及时抢救。

(2) 雄激素:①常见不良反应有肝损害及男性化表现,如痤疮、毛发增多、女性停经等。②丙酸睾酮为油剂,不易被吸收,应进行深部缓慢分层肌内注射,并经常更换注射部位;若注射部位出现硬块,应及时予以热敷,以促进药物吸收,防止发生感染。③用药期间定期检测血红蛋白、白细胞计数及网织红细胞计数。雄激素持续治疗 3～6 个月才能见效,若治疗半年无网织红细胞计数或血红蛋白升高,方可认为无效。应向患者解释清楚,指导其坚持服药。

【健康指导】

1. 疾病知识指导 指导患者避免长期接触苯、油漆、染料等有害物质,避免滥用氯霉素、磺胺类药物、安乃近等药物。接触杀虫剂或电离辐射的人员,应注意加强个人防护,严格遵守操作规程,定期检查血象,若血细胞减少,则应休息或调换工作;新近进行的室内装修,入住前应注意监测室内甲醛、射线水平。

2. 用药指导 向患者说明坚持用药的重要性,嘱患者坚持遵医嘱按时、按量、按疗程用药;告知患者药物的不良反应及其处理方法;指导患者定期复查血象,以便观察病情变化和判断疗效。

3. 自我护理指导 向患者说明充分休息、睡眠以及合理膳食对疾病康复的重要意义。指导患者防止跌倒、损伤,养成良好的卫生习惯,保持口腔、皮肤、肛周清洁,注意保暖,尽量少到公共场所,预防出血、感染。若出现出血、感染征象,则应及时就诊。

# 第四节 出血性疾病患者的护理

**案例导入 6-3**

患者,女,26 岁,"因反复出现皮肤瘀点、瘀斑,伴月经量增多 3 个月"入院。患者 3 个月前不明原因反复出现全身皮肤瘀点、瘀斑,伴月经量增多,经期延长。体格检查:T 36.7 ℃,P 82 次/分,R 18 次/分,BP 110/75 mmHg;全身多处皮肤出现瘀点、瘀斑,未见牙龈出血，咽部充血等。浅表淋巴结未触及肿大；肝、脾检查未见异常。血常规检查：WBC $4.6\times10^9$/L，RBC $3.8\times10^{12}$/L，Hb 120 g/L，PLT $40\times10^9$/L。

**问题与思考：**
1. 该患者最可能的医疗诊断是什么？
2. 目前该患者最主要的护理问题是什么？

出血性疾病是指由于正常的止血机制发生障碍，引起自发性出血或轻微损伤后出血不止的一组疾病。引起这类疾病的因素主要有3种：①毛细血管壁异常；②血小板量或质的异常；③凝血功能障碍。其中1种或1种以上因素都可引起出血性疾病。

【出血性疾病病因及分类】

（一）毛细血管壁异常

1. 遗传性　如遗传性毛细血管扩张症、家族性单纯性紫癜和先天性结缔组织病。
2. 获得性　①感染，如败血症。②过敏，如过敏性紫癜。③化学物质及药物，药物性紫癜。④营养因素，如维生素C缺乏症。⑤代谢及内分泌因素，如糖尿病、库欣综合征。⑥其他，如结缔组织病、动脉硬化、机械性紫癜、体位性紫癜等。

（二）血小板异常

1. 血小板数量异常　①血小板生成减少：如再生障碍性贫血、白血病、放疗与化疗后的骨髓抑制。②血小板破坏过多：发病多与免疫因素有关，如原发性血小板减少性紫癜。③血小板消耗过多：如弥散性血管内凝血。④血小板分布异常：如脾切除术后。
2. 血小板质量异常　①遗传性，如血小板无力症、巨大血小板综合征、血小板病。②获得性，由于应用抗血小板药物、感染、尿毒症、异常球蛋白血症等引起。

（三）凝血功能障碍

1. 遗传性　①各型血友病。②遗传性凝血酶原缺乏症。③遗传性纤维蛋白原缺乏等。
2. 获得性　维生素K缺乏症、严重肝病及弥散性血管内凝血、尿毒症性凝血异常等。
3. 循环血中抗凝物质增多或纤溶亢进　应用抗凝药物治疗，如肝素使用过量、抗因子Ⅷ抗体形成、溶栓药物使用过量等。

【常见出血性疾病的临床特点】

常见出血性疾病的临床特点及实验室检查结果比较，见表6-6和表6-7。

表6-6　常见出血性疾病的临床特点

|  | 血管性疾病 | 血小板性疾病 | 凝血障碍性疾病 |
| --- | --- | --- | --- |
| 性别 | 女性多见 | 女性多见 | 男性患者占80%～90% |
| 阳性家族史 | 较少见 | 罕见 | 常见 |
| 出血诱因 | 多为自发性 | 多为自发性 | 外伤 |
| 出血部位及表现 | 皮肤紫癜 | 多为皮肤紫癜、大片瘀斑、内脏出血、眼底出血常见，月经过多 | 多为血肿、关节腔内出血、内脏出血常见 |
| 手术或外伤后渗血不止 | 少见 | 可见 | 多见 |
| 疾病过程 | 短暂、多反复发作 | 常为终身性 | 常为终身性 |

表 6-7 出血性疾病的实验室检查结果比较

| 分类 | 筛选检查 | 确诊检查 |
|---|---|---|
| 血管异常 | 出血时间（BT）、毛细血管脆性试验 | 毛细血管镜、血浆血管性假血友病因子（vWF）及血栓调节蛋白（TM）测定等 |
| 血小板异常 | 血小板计数、血块收缩试验、毛细血管脆性试验、出血时间 | 血小板形态、平均体积、血小板黏附试验、血小板释放反应、血小板相关抗体测定等 |
| 凝血异常 | 凝血时间（CT）、活化部分凝血活酶时间（APTT）、凝血酶原时间（PT）、凝血酶原消耗时间（PCT）、凝血酶时间（TT） | 凝血因子测定、凝血活酶纠正试验、凝血酶原时间纠正试验 |
| 抗凝异常 | — | AT-Ⅲ抗原及活性测定或凝血酶-抗凝血酶复合物（TAT）测定、PC及相关因子测定、因子Ⅷ：C抗体测定 |
| 纤溶异常 | — | 血浆鱼精蛋白副凝试验（3P试验）、血液和尿液FDP测定、D-二聚体测定、纤溶酶原测定、t-PA、纤溶酶原激活物抑制剂测定等 |

## 一、原发免疫性血小板减少症患者的护理

原发免疫性血小板减少症（primary immune thrombocytopenia）曾称为特发性血小板减少性紫癜，是一种复杂的多种机制共同参与的获得性自身免疫性疾病，是血小板减少性疾病中最常见的一种。其主要临床特点是由于血小板免疫性破坏，导致外周血中血小板减少，引起广泛的皮肤黏膜及内脏出血、血小板减少、骨髓-巨核细胞发育成熟障碍、血小板生存时间缩短和抗血小板自身抗体形成等。临床上分为急性型和慢性型两种类型，急性型多见于儿童，多具有自限性，预后好，慢性型多见于40岁以下的女性，未见自然缓解者。男性与女性患病率之比约为1∶4。

【病因及发病机制】

本病的病因不明，可能与下列因素有关。

1. 感染　病毒或细菌感染与本病的发生密切有关。研究表明，约80%急性原发免疫性血小板减少症患者发病前2周有上呼吸道感染史；慢性原发免疫性血小板减少症患者常因感染导致病情加重，发生病毒感染后，患者血液中可检测到抗病毒抗体或免疫复合物，而且抗体滴度及免疫复合物水平与血小板计数及其生存时间呈负相关。

2. 免疫因素　感染不会直接导致患病，免疫因素可能是引起发病的重要原因。大多数患者体内可检测到血小板相关抗体或抗自身血小板抗体。将正常人的血小板输入原发免疫性血小板减少症患者体内，其寿命明显缩短。临床上应用糖皮质激素、大剂量丙种球蛋白和血浆置换术等治疗本病有效。

3. 肝、脾的作用　脾是血小板相关抗体和抗血小板抗体产生的主要部位。与抗体结合后的血小板因其表面性状发生改变，在脾内滞留时间延长，容易被单核巨噬细胞系统吞噬清除。肝对血小板的破坏作用与脾相似。

4. 其他因素　遗传因素及雌激素作用可能与本病的发生有关。原发免疫性血小板减少症多见于育龄期妇女，可能与雌激素水平增高，抑制血小板生成，并可促进单核巨噬细胞系统对与抗体结合的血小板的吞噬作用有关。

【护理评估】

(一)健康史

询问患者出现皮肤、黏膜出血前 2 周是否有急性病毒性上呼吸道感染,是否有因外伤或小手术、肢体碰撞后出血不止。仔细询问患者既往是否有食物或药物接触史。询问患者相关检查结果、治疗用药及其疗效等情况。了解患者的职业情况、饮食习惯和工作环境,同时还应了解患者家族中是否有类似疾病患者。

(二)身体状况

1. 急性型　多见于儿童,起病急,约 80% 以上的患者发病前有明显的上呼吸道感染史,尤其是病毒感染史,患者常表现为畏寒、发热,随后出现广泛的全身皮肤瘀点、紫癜、瘀斑,严重者可出现血疱或血肿,首先出现于四肢,下肢较多见。常见鼻出血、牙龈出血、口腔出血,当血小板减少低于 $20 \times 10^9/L$ 时,可出现内脏出血,表现为呕血、便血、咯血、血尿、阴道出血等。发生颅内出血时,可表现为剧烈头痛、意识障碍、瘫痪、抽搐,是致死的主要原因。出血量过大可引起贫血、血压降低,甚至休克。

2. 慢性型　多见于 40 岁以下女性。起病隐匿,出血症状较轻而局限,易反复发生。患者可出现皮肤、黏膜瘀点、瘀斑及外伤后出血不止等,鼻出血、牙龈出血、月经过多也较常见。部分患者可因感染而导致病情突然加重,出现广泛而严重的内脏出血。少数反复发作超过 6 个月者可有轻度脾大。急、慢性原发免疫性血小板减少症的鉴别见表 6-8。

表 6-8　急、慢性原发免疫性血小板减少症的鉴别

| 鉴别点 | 急性原发免疫性血小板减少症 | 慢性原发免疫性血小板减少症 |
| --- | --- | --- |
| 性别差异 | 无 | 男性与女性患病率之比约为 1:4 |
| 发病年龄 | 多发生于 2~6 岁 | 多发生于 20~40 岁 |
| 发病前感染史 | 常有 | 不常有 |
| 发病形式 | 急 | 缓慢 |
| 皮肤黏膜出血范围与程度 | 广泛而严重 | 散在,较轻 |
| 口腔、舌黏膜血疱 | 严重时可有 | 多无 |
| 内脏出血 | 常见 | 少见 |
| 血小板计数 | 常 $<20 \times 10^9/L$ | $(30~80) \times 10^9/L$ |
| 嗜酸性粒细胞增多 | 常见 | 少见 |
| 骨髓中的巨核细胞 | 正常或增多,呈幼稚型 | 正常或明显增多,产血小板巨核细胞减少 |
| 病程 | 2~6 周,最长为 6 个月 | 数月至数年 |
| 自发缓解 | 80% 的患者可痊愈,较少复发 | 少见,常反复发作 |

 考点提示

急、慢性原发免疫性血小板减少症的主要表现及确诊检查。

(三)心理、社会状况

询问患者及家属是否因病情反复发作或治疗效果不明显而出现焦虑不安、悲观等负性情绪。了解患病对患者工作、社交和家庭生活带来的影响,患者的自我评价是否改变。

## (四)辅助检查

1. **血常规检查** 血小板计数减少,血小板平均体积偏大。患者可出现不同程度的正常细胞或小细胞低色素性贫血。

2. **出血、凝血及血小板功能检查** 凝血功能正常,出血时间延长,血块收缩不良,毛细血管脆性试验呈阳性,血小板功能一般正常。

3. **骨髓象检查** ①骨髓巨核细胞数量正常或增加,伴有明显的成熟障碍,以产生血小板的巨核细胞显著减少(<30%)为主要特征。②急性原发免疫性血小板减少症患者以原始或幼巨核细胞多见,慢性原发免疫性血小板减少症患者以颗粒型巨核细胞多见。③粒细胞系和红细胞系常表现为增生活跃,持续出血或慢性反复出血患者红细胞系可表现为明显活跃。

4. **血清学检查** 血浆血小板生成素(thrombopoietin,TPO)水平正常或轻度升高。多数患者血小板相关抗体(platelet-associated immunoglobulin,PAIg)及血小板相关补体 $C_3$ 呈阳性,部分患者可检测到抗心磷脂抗体、抗核抗体。

【主要护理诊断/问题】

1. 组织完整性受损 与血小板减少有关。
2. 焦虑 与反复发作血小板减少有关。
3. 有感染的危险 与应用糖皮质激素治疗有关。
4. 潜在并发症:颅内出血等。

【护理措施】

### (一)一般护理

1. **休息与活动** 合理安排患者休息与活动,活动时需保证安全,防止患者受伤。对血小板计数为 $(40\sim50)\times10^9/L$ 者,出血不严重时,可指导其适当活动,避免发生外伤。对血小板计数为 $(30\sim40)\times10^9/L$ 者,即使没有出血,也应嘱其卧床休息。血小板低于 $20\times10^9/L$ 时,应绝对卧床休息,减少活动,以免诱发出血。

2. **饮食护理** 予以高蛋白、高维生素、高热量、低盐饮食。应进食少渣的软食,避免进食粗糙、坚硬的食物;多吃新鲜水果和蔬菜,保持排便通畅,禁食刺激性食物。

### (二)心理护理

耐心解答患者及家属的疑问,使其了解疾病相关知识,并予以心理疏导,以消除其恐惧、焦虑心理。向患者及家属解释本病为慢性病,易反复发作,使其了解疾病的特点,寻找发病的诱因,以减少疾病发作。鼓励患者增强治疗的信心,鼓励家属对患者予以精神和物质支持。

### (三)病情观察

注意观察患者皮肤、黏膜出血的部位、范围和出血量;观察患者是否有内脏出血及出血程度。监测血小板减少的程度,若血小板计数 $<20\times10^9/L$,则应警惕发生颅内出血及脑疝;注意观察患者是否有头痛、恶心、呕吐等脑出血征象。患者便秘、剧烈咳嗽可引起颅内压升高,诱发脑出血,故便秘时应使用导泻药或开塞露,对剧烈咳嗽的患者可予以抗生素及镇咳药积极治疗。当患者出血量较大时,应注意观察其是否发生失血性休克。

### (四)对症护理

出血的护理详见本章第一节。

### (五)治疗配合

1. **一般治疗** 血小板明显减少($<20\times10^9/L$)、出血严重者,应卧床休息,防止发生外伤。避免应用可降低血小板数量、抑制血小板功能及任何可引起或加重出血的药物。

2. **原发免疫性血小板减少症的一线治疗**

(1)糖皮质激素:一般为首选药物,近期有效率约为80%。其作用机制是:①减少血小板自身抗体生成，减轻抗原抗体反应；②抑制单核吞噬细胞系统破坏血小板；③降低毛细血管通透性；④刺激骨髓造血及促进血小板向外周的释放。常用泼尼松 1 mg/（kg·d）口服，待血小板计数接近正常后，可于 1 个月内逐渐减到最小剂量（5～10 mg/d），维持用药 3～6 个月后逐渐停药。另外，还可予以口服地塞米松 40 mg/d，连用 4 天，不需要进行减量和维持用药，若治疗无效，则可以在半个月后重复治疗 1 次。

（2）丙种球蛋白：主要用于原发免疫性血小板减少症的急症处理、不能耐受糖皮质激素、脾切除术前准备、原发免疫性血小板减少症合并妊娠或分娩前等的一线治疗。

3. 原发免疫性血小板减少症的二线治疗　对一线治疗无效或需要较大剂量应用糖皮质激素（＞15 mg/d）才能维持的患者，可选择采用二线治疗。

（1）药物治疗：①促血小板生成药：包括重组人血小板生成素、艾曲泊帕、罗米司亭等。其主要机制是促进血小板生成和抑制血小板破坏。②抗 CD20 单克隆抗体：可清除体内的 B 淋巴细胞，减少抗血小板抗体的生成。③其他二线药物：免疫抑制剂，如长春新碱、环孢素、吗替麦考酚酯、环磷酰胺、硫唑嘌呤等。达那唑及促血小板生成药可用于难治性原发免疫性血小板减少症的治疗。其中，达那唑与糖皮质激素有协作用，二者联合应用时可减少糖皮质激素的用量。

（2）脾切除：可减少血小板抗体的产生及减轻血小板的破坏，是治疗本病的有效方法之一，适用于治疗成人慢性原发免疫性血小板减少症。适应证包括：①正规使用糖皮质激素治疗 6 个月无效者。②应用糖皮质激素治疗有效，但减少用药剂量或停药后可复发，维持量＞30 mg/d 者。③使用糖皮质激素有禁忌证者。

4. 急症的处理　主要的治疗措施包括输注血小板、静脉输注丙种球蛋白和静脉注射大剂量甲泼尼龙等。适应证包括：①血小板计数＜20×10$^9$/L 者；②出血严重而广泛者；③疑有或已发生颅内出血者；④近期拟行手术或分娩者。

**考点提示**

原发免疫性血小板减少症的首选治疗药物及脾切除适应证。

5. 用药护理

（1）糖皮质激素：用药期间除应观察药物的疗效外，还需注意药物的不良反应，如满月脸、水牛背、痤疮、多毛等，并向患者说明长期用药易诱发或加重感染、库欣综合征、高血压、糖尿病、骨质疏松等。指导患者遵医嘱用药，不可自行减少用药剂量或突然停药，否则易出现反跳现象。大剂量使用地塞米松的过程中应注意监测患者血压、血糖的变化，预防感染，保护胃黏膜。

（2）免疫球蛋白：静脉滴注大剂量免疫球蛋白可引起恶心、头痛、出汗、肌肉痉挛、发热、寒战等，应注意控制滴速，必要时遵医嘱注射地塞米松及予以口服对乙酰氨基酚等加以防治。

（3）免疫抑制剂：长春新碱可引起骨髓抑制、末梢神经炎；环磷酰胺可导致出血性膀胱炎，应嘱患者在用药期间多饮水，注意观察尿量和尿液颜色的改变。注意观察药物的疗效和不良反应，定期监测血压、尿糖、白细胞计数及分类等。发现异常应及时报告医生，并配合处理。

（4）特殊护理：进行血浆置换时，须将室内温度控制在 16～24 ℃。注意消毒、隔离，严格执行无菌操作。密切观察患者生命体征的变化，观察患者是否有出血、心律失常、血压下降及过敏等表现，并详细记录。详细记录置换液的种类、数量和输注速度等。

【健康指导】

1. 疾病知识指导　向患者讲解疾病相关知识，使其正确认识疾病，以消除紧张情绪，积极配合治疗。

2. 生活指导　指导患者注意休息和营养，增强体质。注意保暖，预防感染。当血小板计数为 $50 \times 10^9$/L 左右时，患者应避免强体力活动，可适当散步、打太极拳、下棋等，注意预防各种外伤。当血小板计数低于 $20 \times 10^9$/L 时，患者应绝对卧床休息。宜进食营养丰富的食物，忌食刺激性食物。发生消化道出血的患者应禁食。对长期服用糖皮质激素的患者，应予以低盐饮食。

3. 定期复查　指导患者急性治疗缓解后，每 1～2 周复查血小板 1 次，持续 6 个月至 1 年。告知患者若有出血征象，则应及时就诊。

4. 用药指导　指导患者坚持按医嘱服药。用药期间定期检查血压、尿糖、血白细胞和血小板计数等。避免使用阿司匹林、双嘧达莫、吲哚美辛、保泰松、右旋糖酐等可引起血小板减少或抑制血小板功能的药物。

5. 预后　大多数急性型患者数周至 4 个月可恢复正常，极少复发。慢性型患者病情常反复发作，迁延不愈，病程可达数年或更长时间，较少出现自然缓解。

## 二、过敏性紫癜患者的护理

过敏性紫癜（hypersensitive purpura）是一种常见的血管变态反应性疾病，是由于机体对某些致敏物质产生变态反应，导致毛细血管脆性及通透性增加，血压外渗。主要表现为皮肤瘀点或紫癜、黏膜出血、腹痛、便血、皮疹、关节痛、血尿等，多为自限性。本病多见于儿童及青少年，男性患者略多于女性 [（1.4～2）：1]，春、秋季节多发。近年来，过敏性紫癜的患病率呈上升趋势。

【病因与发病机制】

（一）病因

过敏性紫癜的致敏因素很多，与本病发生密切相关的因素包括以下几方面。

1. 感染　是最常见的原因，以呼吸道感染多见，包括细菌感染（以 β 溶血性链球菌、金黄色葡萄球菌感染居多）、病毒（如麻疹病毒、水痘病毒、风疹病毒）感染以及肠道寄生虫感染等。近年研究发现，副流感嗜血杆菌感染与过敏性紫癜性肾炎的发病有关。

2. 食物　主要是由于机体对某些动物性食物（如鱼、虾、蟹、蛋类及乳制品）中的蛋白质过敏所致。

3. 药物　抗生素（如青霉素、链霉素、红霉素、氯霉素以及头孢菌素类）、磺胺类药物、异烟肼、阿托品、噻嗪类利尿药、解热镇痛药（如水杨酸类、保泰松、吲哚美辛）及奎宁类等。

4. 其他　如花粉、尘埃、昆虫咬伤、寒冷刺激、疫苗接种等。

（二）发病机制

本病的发病机制不明，目前认为过敏性紫癜是由免疫因素介导的一种全身血管炎症。致敏原进入机体后，通过与体内蛋白质结合形成抗原，刺激机体产生抗体（IgA、IgE 等）。当相同的抗原再次侵入机体后，可激发 I 型变态反应，触发肥大细胞释放组胺、白三烯等一系列炎症介质，引起血管炎症反应。同时，致敏原也可与抗体形成抗原抗体复合物并沉积于血管内膜，激活补体，引起血管炎症反应及血管损伤，导致血管通透性增高，引起水肿及渗出增多。病变主要累及皮肤、黏膜、肾、肠道及滑膜等。

【护理评估】
(一)健康史
询问患者出血的主要表现形式、发生急缓、主要部位与范围，是否有明确的诱因，是否有内脏出血及其严重程度，是否有食物或药物过敏史。

(二)身体状况
本病多为急性起病，患者发病前1~3周常有发热、咽痛、乏力及食欲缺乏等上呼吸道感染的表现，随后可出现本病典型的临床表现。根据受累部位及其临床表现的不同，可将过敏性紫癜分为下列5种类型。

1. 单纯型(紫癜型) 是最常见的一种临床类型。主要表现为皮肤紫癜，多局限于四肢，以下肢及臀部多见，面部、躯干、掌心或足底甚为少见。紫癜常分批反复出现，呈对称性分布，可同时伴有皮肤水肿、荨麻疹。紫癜的大小不等，起初呈深红色，融合成片后，数日内逐渐变成紫色、黄褐色、淡黄色，经7~14天逐渐消退。

2. 腹型(Henoch型) 是最具潜在危险的类型。患者除出现皮肤瘀点或紫癜外，最常见的表现是腹痛，多位于脐周、下腹或全腹，呈突发的阵发性绞痛，可伴有恶心、呕吐、腹泻、便血，听诊肠鸣音活跃或亢进，触诊无明显腹肌紧张及反跳痛，严重者可发生脱水或并发消化道大量出血而出现周围循环衰竭。由于部分患者在出现皮肤紫癜前就有明显腹痛、腹部压痛、肠鸣音亢进，容易被误诊为外科急腹症。幼儿可因肠壁水肿、肠蠕动增强等而导致肠套叠。

3. 关节型 患者除出现皮肤紫癜外，关节部位血管受累还常可出现关节肿胀、疼痛、压痛和功能障碍，多见于膝、踝、肘及腕关节。上述关节症状可反复发作，疼痛有时可呈游走性。关节症状一般在数月内消失，无后遗症或关节畸形。

4. 肾型 是病情最为严重的一种临床类型，主要是由于肾小球毛细血管袢炎症反应所致，发生率高达12%~40%。患者多在发现紫癜后2~4周出现血尿、蛋白尿和管型尿。少数患者可出现水肿、高血压和肾功能不全。多数患者在3~4周内恢复，也有反复发作迁延数月者。少数患者可发展为慢性肾小球肾炎或肾病综合征，甚至尿毒症。

5. 混合型 具备2种以上类型的特点，称为混合型。

除以上常见类型及其临床表现以外，少数患者还可因病变累及眼部、脑及脑膜血管而出现视神经萎缩、虹膜炎、视网膜出血及水肿、中枢神经系统症状和体征等。

【主要护理诊断/问题】
1. 有受伤的危险 与血管通透性和脆性增加有关。
2. 疼痛 与局部过敏性血管炎性病变有关。
3. 潜在并发症：慢性肾小球肾炎、肾病综合征、慢性肾衰竭。
4. 知识缺乏：缺乏病因预防的相关知识。

【护理措施】
(一)一般护理
1. 卧床休息 临床观察发现，无论何种类型的患者，卧床均可加快症状的消失，过早或过多的行走活动则可使症状加重或复发。因此，对于发作期患者，均应增加卧床休息的时间，避免过早或过度行走活动。

2. 饮食护理 除应注意避免进食过敏性食物外，对发作期患者，还可根据病情予以清淡、刺激性低、易消化的普通饮食、软食或半流质饮食。若患者有消化道出血，则应避免进食过热的饮食，必要时应予以禁食。

(二)病情观察
观察患者出血的进展与变化，是否有新发出血、肾损害、关节活动障碍等表现；皮肤瘀点或紫癜的分布是否有增多或消退；是否有水肿以及尿量、尿液颜色的变化等。注意观察患者腹痛的部位、性质、严重程度及其持续时间，是否有伴随症状，如恶心、呕吐、腹泻、便血等。注意观察腹部体征，包括腹壁紧张度，是否有压痛和反跳痛，局部包块和肠鸣音的变化等。听诊肠鸣音活跃或亢进，多提示肠道内渗出增加或有出血。注意观察粪便的性状与颜色。对出现局部包块者，特别是小儿患者，应注意是否发生肠套叠。

（三）**治疗配合**

1. 病因治疗　寻找并去除致病因素，如消除感染病灶，驱除肠道寄生虫，避免再次接触可疑的过敏药物、食物等。

2. 药物治疗

（1）常规用药：应用抗组胺药，如异丙嗪、阿司咪唑、氯苯那敏（扑尔敏）等。辅助性应用大剂量维生素 C（5～10 g/d，静脉注射，连续应用 5～7 天）、曲克芦丁及静脉注射钙剂，以降低毛细血管通透性。

（2）糖皮质激素：此类药物具有较强的抗过敏、抑制免疫反应和降低毛细血管通透性的作用，主要用于关节肿痛、严重腹痛合并消化道出血及急进性肾小球肾炎或肾病综合征等严重肾脏病变患者。常用泼尼松 1～2 mg/（kg·d），顿服或分次口服，对病情严重者可予以氢化可的松或地塞米松静脉注射，待患者症状减轻后可改为口服。疗程不超过 30 天，对肾型患者可酌情延长治疗时间。

（3）免疫抑制剂：对上述治疗效果不佳者，可酌情使用免疫抑制剂，如环磷酰胺或硫唑嘌呤等。

3. 对症及其他治疗　对腹型患者，可予以皮下注射解痉药，如阿托品或山莨菪碱，以缓解腹痛。对发生上消化道出血者，按上消化道出血的常规治疗进行处理，即禁食、抗酸与止血，必要时予以输血。对肾型患者，特别是以肾病综合征为主要表现者，可联合应用糖皮质激素、免疫抑制剂及抗凝血药。此外，中医药治疗也可作为慢性反复发作患者或肾型患者的辅助疗法。近年来应用双嘧达莫、阿司匹林加泼尼松等治疗也取得了一定的疗效。

4. 用药护理　遵医嘱正确、规律用药。用药前做好患者的解释工作，以取得患者的充分理解和配合。若使用糖皮质激素，则应向患者及家属说明可能出现的不良反应，并加强护理，预防感染的发生。使用环磷酰胺时，应嘱患者多饮水，注意观察患者的尿量及尿液颜色的改变。对出血严重或禁食者，应建立静脉通道，遵医嘱予以静脉补液，做好配血与输血的各项护理。

（四）**对症护理**

协助患者采取舒适体位，如腹痛者宜取屈膝平卧位等。对关节肿痛者，应注意局部关节的制动与保暖。必要时可遵医嘱使用解痉药或消炎镇痛药，注意观察药物的疗效及不良反应。

（五）**心理护理**

积极与患者和家属交流，对患者表示理解和同情，耐心倾听患者的诉说，鼓励患者表达内心的感受，以了解患者的需求和心理状况，并及时予以心理疏导和精神支持，使患者积极配合治疗。

【健康指导】

1. 疾病知识指导　向患者及家属讲解本病的性质、原因、临床表现及治疗方法，说明本病为过敏性疾病，解释引发疾病的有关因素及避免再次接触致敏因素的重要性。

2. 预防指导　指导患者避免接触与发病有关的药物或食物，这是有效预防过敏性紫癜的重要措施；养成良好的个人卫生习惯，饭前、便后要洗手，避免食用不洁食物，以预防寄生虫感染；注意合理安排休息、营养与运动，增强体质，预防上呼吸道感染。

3. 自我监测病情　教会患者对出血情况及其伴随症状或体征进行自我监测。一旦发现新发大量皮肤瘀点或紫癜、明显腹痛或便血、关节肿痛、血尿、水肿、泡沫样尿甚至少尿，多提示病情复发或加重，应及时就医。

### 三、血友病患者的护理

血友病（hemophilia）是一组常见的遗传性凝血活酶生成障碍引起的出血性疾病，临床表现以阳性家族史、幼年发病、自发或轻度外伤后出血不止、血肿形成及关节出血为特征。临床上分为血友病 A（又称遗传性抗血友病球蛋白缺乏或 F Ⅷ：C 缺乏症）、血友病 B（又称遗传性 F Ⅸ 缺乏症）及遗传性 F Ⅺ 缺乏症（Rosenthal 综合征）。我国血友病 A 占 80%～85%，血友病 B 占 15%～20%，遗传性 F Ⅺ 缺乏症则极少见。血友病的人群发病率为（5～10）/10 万，婴儿发病率约为 1/5000。

【病因与发病机制】

血友病 A 和血友病 B 均为性染色体连锁隐性遗传，遗传基因位于 X 染色体上，表现为女性遗传、男性发病；遗传性 F Ⅺ 缺乏症为常染色体显性遗传，表现为父母均可遗传，子女均可发病。约 1/3 的血友病患者无家族史，其发病原因尚未明了，可能与基因突变有关。

【护理评估】

**（一）健康史**

重点评估患者家族史、出血史等，评估患者出血前是否有引起损伤的病因和诱因。

**（二）身体状况**

1. 症状、体征

（1）出血：出血的轻重与血友病的类型及相关因子缺乏程度有关。血友病 A 出血最为严重，血友病 B 次之，遗传性 F Ⅺ 缺乏症出血症状最轻。临床多表现为自发性或轻度外伤、小手术后（如拔牙、扁桃体切除）出血不止，且具备以下特征：①与生俱来，伴随终身，但罕有出生时脐带出血；②以皮下软组织或深部肌肉出血最为常见，常出现在下肢、前臂和臀部肌肉，多伴有局部血肿形成；③关节腔内出血次之，负重关节（如膝、踝关节）反复出血较为突出，最终可导致关节肿胀、僵硬、畸形，可伴有骨质疏松、关节骨化及相应肌肉萎缩。肌肉及关节腔内出血是血友病患者的特征性表现。④内脏出血较为少见，重症患者可发生呕血、咯血，甚至颅内出血，但皮肤紫癜罕见。颅内出血是患者死亡的主要原因。

（2）血肿压迫的表现：血肿压迫周围神经可引起局部疼痛、麻木及肌肉萎缩；血肿压迫血管可导致相应供血部位缺血性坏死或淤血、水肿；颈部、咽喉部软组织出血及血肿形成可导致呼吸困难甚至窒息；血肿压迫输尿管可导致排尿障碍。

2. 并发症　反复多次关节腔积血可导致受累关节强直、僵硬、畸形。

**（三）心理、社会状况**

本病目前尚不能根治，患者终身带病，易反复发作，故常有悲观、自卑情绪；由于反复出血及轻微损伤后持续出血，患者常有紧张、恐惧等心理。

**（四）辅助检查**

1. 血象及血小板功能检查　红细胞、白细胞及血小板计数基本正常；出血时间（BT）、凝血酶原时间（PT）、血块回缩试验正常。

2. 筛查　凝血时间（CT）延长，活化部分凝血活酶时间（APTT）延长、凝血酶原消耗不良及简易凝血活酶生成试验异常，有助于血友病 A 的诊断及分型。

3. 确诊检查　进行凝血活酶生成试验及纠正试验，可明确 3 种血友病的诊断与鉴别诊断。

4. 基因检测　建议对患者进行基因检测，以确定致病基因，为同一家族携带者的检测及产前诊断提供依据。

【主要护理诊断/问题】

1. 有受伤的危险　与凝血因子缺乏有关。

2. 有发生失用综合征的危险　与反复发生关节腔内出血有关。

3. 焦虑/恐惧　与终身有出血倾向、关节畸形、惧怕出血不止会危及生命有关。

4. 疼痛　与深部组织血肿或关节腔内出血有关。

【护理措施】

（一）一般护理

1. 休息与活动　轻型患者可适当活动和运动（如散步、骑自行车等），但应避免从事易引起损伤的工作和活动，避免过度负重或剧烈的接触性运动（如拳击、足球、篮球等）。严重出血时须卧床休息，出血停止后可逐步增加活动量。

2. 饮食护理　血友病患者应避免进食坚硬的食物，少吃带骨、带刺的食物，以免发生消化道损伤而引起出血。如果患者发生严重消化道出血，则应暂时予以禁食，经静脉补充营养物质。

（二）心理护理

关心、体贴患者，与患者建立良好的关系，鼓励患者表达内心的感受并表示理解。向患者解释疾病相关知识，及时提供相关医疗信息，鼓励患者正确面对患病的现实，使之积极配合治疗。

（三）病情观察

观察患者的生命体征，是否有自发性出血或轻微受伤后出血现象，如皮下淤血、肢体肿胀、皮肤出血、关节腔内出血、关节疼痛及活动受限；是否有深部组织血肿压迫重要脏器的表现，是否有重要脏器出血（如消化道出血、颅内出血）的表现。了解实验室检查结果，如凝血时间、凝血活酶生成试验及纠正试验结果。

（四）对症护理

1. 预防出血　指导患者避免穿硬底鞋或赤足行走，小心使用刀、剪、锯等工具，必要时佩戴防护性手套；尽量避免损伤性治疗，如果必须治疗，则术前应补充足够的凝血因子；尽量避免或减少各种穿刺或注射，如果必须注射，则拔针后应予以局部应压迫5分钟以上，直至出血停止；禁止使用静脉留置套管针，以免针眼部位出血；避免应用阿司匹林等抑制凝血功能的药物。

2. 局部出血的处理　对咽喉部出血和血肿形成的患者，应协助其取侧卧位或将头偏一侧，必要时用吸引器吸出血液或血块，以保持呼吸道通畅，防止血肿压迫呼吸道而引起窒息；对颅内出血患者，应立即遵医嘱予以紧急输注凝血因子，详见"原发免疫性血小板减少症患者的护理"；对皮肤表面出血患者，可予以局部压迫止血；对深层组织血肿形成及关节腔内出血患者，应早期采用冰袋冷敷或予以加压包扎止血。

3. 防止关节失用

（1）休息：关节腔内出血急性期，患者应卧床休息，予以冰袋冷敷或绷带包扎压迫止血；将肢体置于功能位，抬高患肢予以制动，以防止出血加重；在肿胀完全消退、肌力恢复之前，避免患肢负重；适当增加卧床休息的时间，避免过早行走，以防止关节腔内再次出血。

（2）功能锻炼：为防止关节挛缩、僵硬、畸形和功能丧失，应向患者及家属说明功能锻炼的目的，针对病变关节制订科学的护理和康复训练计划。待关节腔内出血控制后，帮助患者进行受累关节的主动或被动活动；指导患者进行股四头肌收缩功能训练，以利于局部肌力恢复；进行理疗，以促进受累关节功能恢复。

## (五）治疗配合

1. **替代疗法** 即补充凝血因子，是目前防治血友病患者出血最重要的措施。主要制剂有新鲜或冷冻血浆（含所有凝血因子）、基因重组的纯化 FⅧ、FⅧ浓缩制剂、冷沉淀物（FⅧ浓度较血浆高 5～10 倍）、凝血酶原复合物等。

2. **其他药物治疗**

（1）去氨加压素：是一种人工合成的抗利尿激素类物质，其作用是使血管收缩和促进体内贮存 vWF、Ⅷ的释放，可用于轻症血友病 A 患者。

（2）抗纤溶药物：可保护已形成的血凝块不被溶解而发挥止血作用，常用药物有氨基己酸和氨甲环酸等。泌尿系统出血患者禁用。此类药物应避免与凝血酶原复合物同时使用。

（3）达那唑：对轻、中型患者疗效较好，其作用机制不明。

3. **局部出血的治疗** 发生鼻黏膜出血时，可用凝血酶、降纤酶止血海绵等填塞止血；若伤口出血较多或拔牙后出血不止，则需采用含凝血因子的粘贴物覆盖伤口；对局部深层组织血肿和关节腔内出血患者，早期应予以冷敷或绷带加压止血，将患肢抬高，并加以固定、制动。肌肉出血常为自限性，为防止发生感染，不主张进行血肿穿刺。

4. **基因疗法** 目前已有临床试验成功地将 FⅧ 及 FⅨ 合成的正常基因通过载体导入血友病患者体内，以纠正其基因缺陷，生成具有生物活性的 FⅧ 或 FⅨ。

5. **用药护理** 凝血因子取回后，应立即输注，避免长时间放置；输注冷冻血浆或冷沉淀物前，应将其置于 37℃水浴箱中解冻、融化，并尽快输注，输注过程中应注意观察患者是否出现不良反应。去氨加压素快速滴注可引起心率加快、血压升高、颜面部潮红、头痛、少尿等不良反应，因此，滴注速度不宜过快，用药过程中应严密观察患者的反应，必要时可遵医嘱予以对症处理。

【健康指导】

1. **疾病知识指导** 向患者及家属说明本病为遗传性疾病，需要终身治疗；为患者提供有关血友病社会团体的信息，鼓励患者及家属参与相关的社团活动，通过患者之间的信息交流、相互支持，帮助患者树立治疗的信心。

2. **出血预防指导** 指导患者合理安排学习和工作，避免剧烈运动或易引起损伤的活动、运动及工作，以降低出血风险。指导患者避免服用阿司匹林等影响血小板功能的药物。

3. **自我监测指导** 教会患者识别出血征象及止血的急救处理方法。告知患者外出的时最好携带写明血友病的病历卡，以便发生意外时进行紧急救护。

4. **预防指导** 血友病为遗传性疾病，重在预防。重视遗传咨询、婚前检查及产前检查是降低血友病发生率的关键。血友病患者及女性基因携带者最好不要婚配或避免生育，以降低血友病的遗传概率；为减少血友病患儿的诞生，女性携带者可于妊娠第 13～16 周进行羊水穿刺检查，明确其胎儿是否患血友病，以确定是否终止妊娠。

# 第五节　白血病患者的护理

### 案例导入 6-4

患者，男性，46 岁，因出现发热、乏力、出血 1 个月入院。患者 1 个月前出现不明原因的发热，体温常在 38℃左右，间断有鼻出血、牙龈出血，自行服用抗生素、抗病毒药物效果不佳。体格检查：T 39℃，P 82 次/分，R 18 次/分，BP 130/88 mmHg。精神状态差，呈贫血貌；牙龈红肿，全身有散在出血点，胸骨有明显压痛。血常规检查：WBC $36 \times 10^9$/L，RBC

$2.5 \times 10^{12}$/L，Hb 60 g/L，PLT $60 \times 10^9$/L。外周血中可见原始及幼稚细胞。骨髓检查：有核细胞增生极度活跃，原粒细胞占65%。

**问题与思考：**
1. 该患者最可能的医疗诊断是什么？
2. 目前对该患者主要的护理措施有哪些？

白血病（leukemia）是一类原因未明的造血干细胞/祖细胞的恶性增殖性疾病，异常白细胞及其幼稚细胞（白血病细胞）分化及成熟障碍、增殖失控、凋亡受阻，而停滞在细胞发育的不同阶段。白血病细胞在骨髓及其他造血组织中呈弥漫性、恶性增生，使正常造血功能受抑制，并浸润其他器官和组织。临床主要表现为贫血、出血、发热和组织器官浸润等。我国白血病发病率为（3～4）/10万，急性白血病（acute leukemia，AL）比慢性白血病（chronic leukemia，CL）常见。成人以急性粒细胞白血病最多见，儿童以急性淋巴细胞白血病（acute lymphoblastic leukemia，ALL）较多见。儿童及35岁以下成人中，白血病死亡率居恶性肿瘤死亡率的第1位。

**【分类】**

根据白血病细胞的成熟程度和自然病程，可将白血病分为急性白血病和慢性白血病两类。

1. **急性白血病** 起病急，骨髓及外周血中多为原始细胞及早幼细胞，病情发展迅速，病程仅为数月。按细胞形态学分类，可将急性白血病分为以下2种类型。

（1）急性淋巴细胞白血病：简称急淋，根据淋巴细胞的形态特点又可将其分为$L_1$型、$L_2$型和$L_3$型3个亚型。

（2）急性非淋巴细胞白血病（acute non-lymphocytic leukemia，ANLL）或急性髓系白血病（acute myeloid leukemia，AML）：又称急性髓细胞性白血病（acute myelogenous leukemia，AML），可分为8型。

关于急性白血病的分型（表6-9），目前临床上并行使用法美英分型系统（French-American-British classification system，FAB classification system）和世界卫生组织（WHO）分型系统。FAB分型系统是基于对患者骨髓象的细胞形态学和组织化学染色的观察和计数确定分型，虽然已被国际普遍采用，但存在一定的局限性。因此，在此基础上提出了MICM分型，即综合应用形态学（morphology）、免疫学（immunology）、细胞遗传学（cytogenetics）及分子生物学（molecular biology）方法分型。MICM分型有助于治疗方案的选择及预后判断。

**表6-9　急性白血病的分型**

| 急性淋巴细胞白血病（ALL） | |
|---|---|
| $L_1$型：原始和幼淋巴细胞以小细胞为主（直径≤12μm） | |
| $L_2$型：原始和幼淋巴细胞以大细胞为主（直径＞12μm） | |
| $L_3$型：与$L_2$型相同，细胞大小较一致，细胞内有明显空泡，细胞质呈嗜碱性 | |
| **急性髓系白血病（AML）** | |
| $M_0$型：急性髓系白血病微分化型 | $M_1$型：急性粒细胞白血病未分化型 |
| $M_2$型：急性粒细胞白血病部分分化型 | $M_3$型：急性早幼粒细胞白血病 |
| $M_4$型：急性粒-单核细胞白血病 | $M_5$型：急性单核细胞白血病 |
| $M_6$型：急性红白血病 | $M_7$型：急性巨核细胞白血病 |

2. **慢性白血病** 起病缓慢，白血病细胞多为成熟和较成熟的细胞。自然病程一般在1年以上，细胞分化停滞在较晚的阶段，多为较成熟的幼稚细胞和成熟细胞。临床常见的类型有慢性粒细胞白血病（chronic myelocytic leukemia，CML）、慢性淋巴细胞白血病（chronic lymphocytic leukemia，CLL），及罕见类型白血病，如毛细胞白血病、幼淋巴细胞白血病等。

【病因与发病机制】

（一）病因

白血病的病因目前尚不完全清楚，与发病有关的因素包括以下几方面。

1. **生物因素** 主要包括病毒感染及免疫功能异常。成人T细胞白血病/淋巴瘤（adult T-cell leukemia/lymphoma，ATLL）是由人类T细胞病毒Ⅰ型（human T-cell lymphotropic virus-Ⅰ，HTLV-Ⅰ）所致。HTLV-Ⅰ是一种C型反转录RNA病毒，可为母婴垂直传播，也可通过哺乳、性生活及输血而传播。此外，EB病毒、HIV病毒与淋巴系统恶性肿瘤也有一定的关系。

2. **化学因素** 乙双吗啉、氯霉素、保泰松与白血病的发生有关。多种化学物质或药物可诱发白血病。苯及其衍生物已被认为可导致白血病。氯霉素、保泰松、烷化剂及细胞毒性药物均有可能导致白血病。

3. **物理因素** X线、γ射线及电离辐射等，均有致白血病作用，常见的有急性淋巴细胞白血病、急性粒细胞白血病或慢性粒细胞白血病。其致病作用与放射剂量的大小及放射部位有关，1次大剂量或多次小剂量照射均可引起白血病，1次小剂量照射能否引起白血病仍不确定。

4. **遗传因素** 白血病与遗传因素有关。家族中有多名白血病患者的家庭成员，或有染色体异常的某些遗传性疾病（如21-三体综合征、范科尼贫血）患者等，较易发生白血病。

5. **其他因素** 某些血液病最终可能发展为白血病，如骨髓增生异常综合征、淋巴瘤、多发性骨髓瘤等。

（二）发病机制

白血病的发病机制较为复杂，上述各种因素均可促发基因突变或染色体畸变，使白血病细胞株形成。同时若存在机体免疫功能缺陷，则可使已形成的肿瘤细胞不断增殖，最终导致白血病的发生。

## 一、急性白血病患者的护理

急性白血病是造血干细胞/祖细胞的恶性克隆性疾病，发病时骨髓中异常的原始细胞及幼稚细胞（白血病细胞）大量增殖并浸润各器官和组织，而正常造血功能受抑制。细胞分化阻滞发生在发育较早阶段。主要表现为贫血、出血、感染和肝、脾、淋巴结不同程度的肿大等。急性白血病未经治疗者平均生存期仅为3个月左右。预后与治疗方法有关，还与患者的年龄有关，1~9岁患者预后较好，1岁以下及9岁以上儿童和成年患者预后较差，60岁以上患者预后更差。

【护理评估】

（一）健康史

询问患者是否有长期接触放射性物质或化学毒物（如X线、苯及其衍生物、氯乙烯）史，既往体质情况及疾病史，平时常使用的药物种类，是否使用过细胞毒性药物（如氯霉素、保泰松）。了解患者的居住环境及职业，家族中是否有类似疾病患者。

（二）身体状况

多数患者起病急骤，常突然出现高热或有明显出血倾向；也可缓慢起病，表现为疲乏、低热、伤口出血不止等。临床主要表现为发热、出血、贫血及各器官和组织浸润所引起的症状和体征。

1. 正常骨髓造血功能受抑制的表现

（1）贫血：常为首发症状，呈进行性加重，半数患者就诊时已属于重度贫血。部分患者因病程短，可无贫血。贫血的主要原因是骨髓中的白血病细胞过度增生，使正常红细胞生成减少。

（2）发热：发热是常见的早期症状，主要是由于成熟粒细胞减少引起的继发感染或白血病本身导致发热。白血病本身引起发热时，患者体温一般不超过38 ℃。继发感染是白血病患者最常见的死亡原因之一，主要表现为持续高热、可伴有畏寒、寒战及出汗等。感染可发生在各部位，以口腔炎、牙龈炎、咽峡炎最常见，可发生溃疡或坏死。肺部感染、肛周炎、肛旁脓肿也较常见，严重时可引起脓毒血症。感染最常见的致病菌是革兰氏阴性杆菌，如肺炎克雷伯菌、铜绿假单胞菌、大肠埃希菌等，但革兰氏阳性球菌感染者也有所增加，致病菌包括金黄色葡萄球菌、粪链球菌、肠球菌等。疾病后期，患者常伴有真菌感染，这与长期应用广谱抗生素、糖皮质激素、细胞毒性药物有关。此外，患者还可发生病毒感染，如带状疱疹。

（3）出血：几乎所有急性白血病患者在病程中都有不同程度的出血，近半数患者以出血为早期表现，主要原因是血小板减少。出血部位可遍及全身，尤其是急性早幼粒细胞白血病（acute promyelocytic leukemia，APL）患者并发弥散性血管内凝血时，出血则更严重。常见皮肤瘀点、瘀斑、鼻出血、牙龈出血、口腔血肿、子宫出血。眼底出血可导致视觉障碍。颅内出血最为严重，常表现为剧烈头痛、呕吐、烦躁不安、双侧瞳孔大小不等，继而昏迷，甚至死亡。正常血小板减少、大量白血病细胞在血管内淤积、浸润，以及凝血异常和感染是患者出血的主要原因。

2. 白血病细胞增殖、浸润器官和组织的表现

（1）肝、脾、淋巴结肿大：白血病细胞浸润多发生在肝、脾及淋巴结，一般表现为肝、脾轻度至中度肿大，表面光滑，无压痛和粘连，主要与白血病细胞浸润及新陈代谢加快有关，多见于急性淋巴细胞性白血病患者。

（2）骨骼和关节疼痛：患者常有胸骨下端局部压痛，提示骨髓腔内白血病细胞过度增生，四肢骨关节可有疼痛，常以儿童患者多见。

（3）皮肤黏膜浸润：白血病细胞浸润可导致牙龈增生、肿胀，皮肤出现弥漫性斑丘疹、皮下结节、多形红斑及结节性红斑等。

（4）中枢神经系统白血病（central nervous system leu-kemia，CNSL）：常发生在化疗后缓解期，是由于化疗药物不能通过血-脑屏障，使脑膜或脑实质内的白血病细胞不能被杀灭。这也是白血病髓外复发的主要原因。中枢神经系统白血病以急性淋巴细胞白血病多见，多见于儿童患者，轻者表现为头痛、头晕，重者表现为头痛、头晕、呕吐、视物模糊、颈项强直，甚至出现抽搐、昏迷、脑脊液压力增高。

（5）其他部位：急性粒细胞白血病浸润眼眶、骨膜时，可形成粒细胞肉瘤（绿色瘤），以眼眶部位最常见，可引起眼球突出、复视或者失明。睾丸浸润表现为一侧睾丸无痛性肿大，多见于急性淋巴细胞性白血病化疗缓解期的幼儿和青年患者，是仅次于中枢神经系统白血病的白血病髓外复发原因。此外，白血病还可浸润其他组织器官，如肺、心脏、消化道、泌尿生殖系统等均可受累。

（三）心理、社会状况

询问患者及家属是否因罹患恶性肿瘤疾病甚至发生并发症而出现焦虑不安、恐惧、绝望、悲观等负性心理。评估患病对患者的工作、社交和家庭生活带来的影响，是否影响患者个人能力的发挥，患者的自我评价是否发生改变。

### (四)辅助检查

1. 血象　白细胞计数多为 $(10\sim50)\times10^9$/L，少数患者 $<4\times10^9$/L 或 $>100\times10^9$/L，白细胞计数过低或过高者，预后均较差。血涂片检查可见原始细胞和早幼细胞增多达 30%～90%，常有不同程度的正常细胞性贫血。约有半数患者血小板计数低于 $60\times10^9$/L，晚期血小板数量往往极度减少。

2. 骨髓象　骨髓穿刺检查是确诊白血病及其类型的重要依据。多数患者骨髓象增生明显活跃或极度活跃，以原始细胞和（或）早幼粒细胞为主，缺少较成熟的中间阶段细胞，并残留少量成熟细胞，形成"裂孔"现象。若原始细胞占全部骨髓有核细胞的 30% 以上，则可诊断为急性白血病。正常巨核细胞和幼红细胞减少。此外，少数患者可表现为骨髓增生程度低下。奥氏小体（Auer rod）仅见于急性非淋巴细胞白血病患者，具有独立诊断意义。

 **考点提示**

急性白血病的主要临床表现、确诊检查及诊断标准。

3. 组织细胞化学检查　常用的方法有过氧化物酶染色、糖原染色、非特异性酯酶及碱性磷酸酶测定，主要用于协助形态学鉴别各类白血病。

4. 免疫学检查　根据白血病细胞表达的系列相关抗原，可用于鉴别急性淋巴细胞白血病和急性非淋巴细胞白血病及其各自的亚型。

5. 细胞遗传学和分子生物学检查　急性白血病患者常伴有特异的染色体和基因异常改变（融合基因、基因突变）。细胞遗传学和分子生物学检查对白血病的分型、诊断、治疗、预后判断有重要意义。例如，99% 的急性早幼粒细胞白血病患者有 t（15；17）（q22；q12）染色体易位，该易位使 15 号染色体上的 *PML* 基因（早幼粒细胞白血病基因）与 17 号染色体上的 *RARA* 基因（维 A 酸受体基因）形成 *PML-RARA* 融合基因。这是急性早幼粒细胞白血病发病及应用全反式维 A 酸及砷剂治疗本病有效的分子基础。

6. 血液生化检查　血清尿酸浓度增高；化疗期间尿液中的尿酸排泄增加，可出现尿酸结晶，主要是由于大量白血病细胞破坏，导致尿酸生成增多所致。

7. 其他检查　发生弥散性血管内凝血时，患者可出现凝血功能异常。发生中枢神经系统白血病时，脑脊液检查显示脑脊液压力升高，白细胞计数增高，蛋白质增多，糖定量减少，涂片中可找到白血病细胞。急性粒-单核细胞白血病和急性单核细胞白血病患者血清和尿溶菌酶活性增高，而其他类型急性白血病患者则不增高。

【主要护理诊断/问题】

1. 组织完整性受损：出血　与血小板减少、白血病细胞浸润有关。
2. 有感染的危险　与正常粒细胞减少、化疗有关。
3. 活动无耐力　与大量长期化疗、白血病引起代谢增高及贫血有关。
4. 预感性悲哀　与急性白血病治疗效果差、病死率高有关。
5. 知识缺乏：缺乏对急性白血病预防出血、感染等相关知识。

【护理措施】

### (一)一般护理

1. 休息与活动　有严重贫血、感染、明显出血倾向及化疗期间的患者，应绝对卧床休息。协助患者进行洗漱、进餐、排尿、排便等日常生活护理。对缓解期患者，可根据病情指导其适当活动，防止发生外伤及出血。注意观察患者活动后的心率、心律、呼吸等变化，出现异常时，应嘱患者卧床休息。

2. **饮食护理** 予以高热量、高蛋白、高维生素、清淡、易消化的饮食，少食多餐；尽量满足患者的饮食习惯及其对食物的要求，以增进食欲；注意饮食卫生，食品应消毒，水果应洗净、去皮；避免在化疗前后1～2小时进食，鼓励患者多饮水，每天饮水量在2000 ml以上，以预防尿酸性肾病。

3. **环境护理** 当患者出现粒细胞缺乏（粒细胞绝对值≤$0.5×10^9$/L）时，应予以保护性隔离。在条件允许的情况下，应将患者安置在无菌层流病房或消毒隔离病房。尽量减少探视，避免交叉感染。

### （二）病情观察

密切观察患者的病情变化，定时监测生命体征、尿量、心电图、心率及心律等，记录24小时尿量。观察并记录患者的体温变化及热型，是否有感染病灶；观察患者全身皮肤是否有瘀点、瘀斑，患者是否有内脏出血、颅内出血征象。若患者出现神志改变、血压升高、脉搏减慢、双侧瞳孔不等大、肢体瘫痪，则提示发生颅内出血。观察患者是否出现化疗药物毒性反应。

### （三）治疗配合

1. 对症支持治疗

（1）防治感染：是保证急性白血病患者争取有效化疗或进行骨髓移植、降低死亡率的关键措施之一。应注意患者个人及环境清洁、消毒，特别是对化疗、放疗后粒细胞缺乏患者，应将其安置于层流病房或消毒病房，应用粒细胞集落刺激因子（G-CSF）等预防感染。若患者出现发热，则应查找原因，并应用抗生素治疗。

（2）改善贫血：对严重贫血患者，可予以吸氧、输注浓缩红细胞或全血，维持血红蛋白>80 g/L。但当患者出现白细胞淤积时，不宜立即输注红细胞，以免引起血液黏滞度增高。

（3）防治出血：血小板计数过低者，可输注单采血小板混悬液，保持血小板计数>$20×10^9$/L，以预防严重出血。当患者发生弥散性血管内凝血时，可根据具体情况予以输注凝血因子或新鲜血浆。输血时，可采用白细胞滤器去除成分血中的白细胞，防止异体免疫反应导致无效输注和发热。

（4）紧急处理白细胞增多症：外周血中白细胞计数>$100×10^9$/L时，可发生白细胞增多症，表现为呼吸窘迫、低氧血症、言语不清、反应迟钝、颅内出血等。因此，当外周血中白细胞计数>$100×10^9$/L时，应紧急使用血细胞分离机，以清除过多的白细胞，同时予以化疗药物和水化，并预防高尿酸血症、酸中毒、电解质紊乱等并发症。

2. 化疗 化疗是目前治疗急性白血病最主要的方法。化疗过程分为两个阶段，即诱导缓解和缓解后（巩固强化）治疗。

（1）诱导缓解治疗：是指从化疗开始到完全缓解。

1）完全缓解的标准：即白血病的症状和体征消失，外周血常规白细胞分类中无幼稚细胞，骨髓象相关系列原始细胞与幼稚细胞之和<5%，红系、巨核系正常。理想的完全缓解为初诊时免疫学、细胞遗传学及分子生物学检查异常指标均消失。

2）化疗方案：①急性淋巴细胞白血病，长春新碱+泼尼松组成的VP方案是急性淋巴细胞白血病诱导缓解的基本治疗方案；VP+蒽环类药物（如柔红霉素）即组成DVP方案；DVP+门冬酰胺酶（L-ASP）即DVLP方案。对儿童急性淋巴细胞白血病患者首选VP方案；对成人急性淋巴细胞白血病患者，目前常采用DVLP方案。②急性非淋巴细胞白血病的"标准"方案是柔红霉素+阿糖胞苷组成的DA方案。对急性早幼粒细胞性白血病患者，可采用双诱导方案：维A酸+三氧化二砷；维A酸+三氧化二砷+蒽环类药物。

（2）缓解后（巩固强化）治疗：经诱导缓解阶段治疗，急性白血病患者达到完全缓解时，其体内尚有白血病细胞（$10^8$～$10^9$），且髓外（如中枢神经系统、眼眶、睾丸及卵巢等处）仍可有白血病细胞浸润，这是白血病复发的主要原因。因此，必须进行缓解后治疗（巩固强化治疗），以争取患者长期无病生存和痊愈。①急性淋巴细胞白血病早期，可采用原诱导缓解方案治疗4~6个疗程，之后每月进行强化治疗1次，维持治疗2~3年。另外，对Ph样急性淋巴细胞白血病患者进行诱导缓解化疗时，可联合应用酪氨酸激酶抑制剂（如伊马替尼、尼洛替尼）进行靶向治疗，完全缓解率可提高至90%~95%。②对急性淋巴细胞白血病患者，可应用大剂量阿糖胞苷，或HD（三尖杉酯碱+柔红霉素）、阿糖胞苷、HA（三尖杉酯碱+阿糖胞苷）等轮换交替应用4~6个疗程，之后每1~2个月强化治疗1次，共治疗1~2年。急性白血病常用化疗药物的种类、作用及主要不良反应见表6-10。急性白血病常用化疗方案见表6-11。

表6-10 急性白血病常用化疗药物的种类、作用及主要不良反应

| 常用药物 | 药理作用 | 主要不良反应 |
| --- | --- | --- |
| 甲氨蝶呤（MTX） | 干扰DNA合成 | 口腔及胃肠道黏膜溃疡、肝损害、骨髓抑制 |
| 巯嘌呤（MP） | 阻碍DNA合成 | 骨髓抑制、胃肠道反应、肝损害 |
| 阿糖胞苷（Ara-C） | 阻碍DNA合成 | 口腔溃疡、消化道反应、脱发、骨髓抑制 |
| 环磷酰胺（CTX） | 破坏DNA | 骨髓抑制、脱发、出血性膀胱炎、恶心、呕吐 |
| 苯丁酸氮芥（CLB） | 破坏DNA | 骨髓抑制、胃肠道反应 |
| 长春新碱（VCR） | 抑制有丝分裂 | 末梢神经炎、脱发、腹痛、便秘 |
| 三尖杉酯碱（HHT） | 抑制有丝分裂 | 骨髓抑制、心脏损害、消化道反应 |
| 柔红霉素（DNR） | 抑制DNA、RHA合成 | 骨髓抑制、心脏损害、消化道反应 |
| 门冬酰胺酶（L-ASP） | 影响蛋白质合成 | 过敏反应、高尿酸血症、肝损害、高血糖 |
| 泼尼松（P） | 破坏淋巴细胞 | 类库欣综合征、高血压、糖尿病 |
| 羟基脲（HU） | 阻碍DNA合成 | 消化道反应、骨髓抑制 |
| 维A酸（ATRA） | 诱导白血病细胞分化为具有正常表型功能的血细胞 | 皮肤黏膜干燥、消化道反应、关节痛、肝损害 |

表6-11 急性白血病常用化疗方案

| 适应证 | 诱导缓解方案 | 疗程 | 缓解后治疗方案 | 疗程 |
| --- | --- | --- | --- | --- |
| 急性淋巴细胞白血病（ALL） | 基本方案：VP（长春新碱+泼尼松） | 2~3周 | HD（高剂量）+阿糖胞苷 | 总疗程为3年 |
| | 推荐方案：DVLP（柔红霉素+长春新碱+门冬酰胺酶+泼尼松） | 共4周 | HD（高剂量）+甲氨蝶呤<br>巯嘌呤+甲氨蝶呤 | |
| 急性髓系白血病（AML） | 标准方案：DA〔柔红霉素（3d）+阿糖胞苷（7d）〕 | 7d | HD（高剂量）+阿糖胞苷 | |
| | HA（三尖杉酯碱+阿糖胞苷） | 7d | 可单用或与柔红霉素、伊达比星等联合使用 | |
| 急性早幼粒细胞白血病（M₃） | 维A酸（全反式） | | 化疗与维A酸或砷剂交替使用 | 2~3年 |

3. 中枢神经系统白血病的防治　防治措施包括脑-脊髓放疗、鞘内注射化疗药物（甲氨蝶呤、阿糖胞苷、糖皮质激素）和（或）高剂量的全身化疗。目前多采用早期强化全身化疗和鞘内注射化疗预防中枢神经系统白血病的发生。脑-脊髓放疗仅作为中枢神经系统白血病发生时的挽救治疗。

4. 造血干细胞移植（hematopoietic stem cell transplantation，HSCT）　目前主张除儿童急性淋巴细胞白血病患者外，对所有年龄在50岁以下的急性白血病与慢性粒细胞白血病患者，都应争取进行造血干细胞移植，可使40%~65%的患者长期存活。详见"造血干细胞移植患者的护理"。

5. 用药护理

（1）静脉炎及组织坏死的防治

1）合理使用静脉：有计划地从四肢远端向近心端选择合适的静脉，左右交替使用，避免反复穿刺同一静脉；注射刺激性强、剂量过大的药物时，应选择弹性好、较直、容易固定的非关节处大血管；对需要反复进行多次化疗的患者，最好采用中心静脉或深静脉留置导管注射；静脉注射前，先输注生理盐水，确保穿刺针头在血管内后，再注入药物；注射药物后，用少量生理盐水冲洗血管后拔针；联合化疗时，先输注对血管刺激性低的药物，再输注刺激性强的药物。

2）药液外渗、外漏的预防和护理：给药前和给药过程中，应严密观察输液是否通畅、局部是否有肿胀和疼痛。一旦发生化疗药物外渗或外漏，即应予以紧急处理。①立即停止输注。②回抽2~3ml血液或外漏的药液后拔出针头。③发生中心静脉化疗药物外渗时，应进行X线检查，确定导管尖端位置。④遵医嘱予以解毒和治疗药物，如右丙亚胺、二甲亚砜、硫代硫酸钠、透明质酸等。⑤遵医嘱应用利多卡因等进行局部封闭，或用生理盐水加地塞米松进行多处皮下注射；局部可予以冷敷、硫酸镁湿敷、紫外线理疗等，但切忌热敷（植物碱类化疗药物除外，如长春新碱），以防止组织损伤加重，同时可抬高肢体，以促进血液循环。

3）静脉炎的护理：对已发生静脉炎的局部血管，禁止进行静脉注射，患处避免受压，尽量避免取患侧卧位。使用多磺酸黏多糖乳膏等药物外敷，鼓励患者多进行肢体活动，或进行红外线理疗，以促进血液循环。

（2）消化道反应的预防及护理：化疗药物常引起恶心、呕吐、食欲减退等消化道反应。应向患者提供清淡、易消化的饮食，避免进食油腻或刺激性食物，治疗前和治疗后2小时内避免进餐，进食后取坐位或半卧位，以减少呕吐；注意控制给药速度，不宜给药过快，以减轻胃肠道反应，或遵医嘱予以甲氧氯普胺口服或肌内注射。

（3）骨髓抑制的预防及护理：骨髓抑制是化疗最严重的不良反应，多数化疗药物骨髓抑制作用最强的时间是化疗后第7~14天。化疗期间应遵医嘱定期进行血常规检查，当白细胞计数$<3\times10^9$/L时，需暂停化疗，并予以升白细胞药（如鲨肝醇、利可君等）；当成熟白细胞计数$<1\times10^9$/L或成熟粒细胞绝对值$<0.5\times10^9$/L时，应对患者进行保护性隔离；若患者出现骨髓抑制，则需加强贫血、出血、感染的预防。

（4）肝损害的防护：巯嘌呤、甲氨蝶呤、天冬酰胺酶对肝功能有损害作用，用药期间应观察患者是否出现黄疸，并定期监测肝功能。

（5）鞘内注射化疗药物的护理：协助患者取头低抱膝侧卧位，协助医生做好穿刺点的定位和局部消毒与麻醉。推注药物速度宜缓慢，注射完毕，应使患者去枕平卧4~6小时，注意观察患者是否有头痛、发热等症状。

（6）尿酸性肾病的防治：化疗期间，白血病细胞大量破坏，血液中和尿液中的尿酸浓度增高，可产生尿酸结石，并引起肾小管阻塞。患者表现少尿或无尿，严重者可导致肾衰竭。应鼓励患者每天饮水 2000～3000 ml，使每天尿量达 1500 ml 以上，并遵医嘱应用碳酸氢钠碱化尿液，应用别嘌醇抑制尿酸合成，预防尿酸性肾病。

（7）其他护理：红霉素、三尖杉酯碱等药物可引起心肌损害及心脏传导阻滞。用药前后应注意监测患者的心率、心律、血压；注意输液速度不宜过快，以每分钟不超过 40 滴为宜。长春新碱可引起末梢神经炎，可遵医嘱予以维生素 $B_1$。环磷酰胺可引起出血性膀胱炎，用药期间应注意观察患者是否出现血尿，并嘱患者每天饮水 4000 ml 以上，以防止发生出血性膀胱炎。

 考点提示

急性白血病治疗的首选方案及用药护理。

### （四）对症护理

1. 贫血护理　轻度贫血患者可适当活动。重度贫血患者应卧床休息，予以吸氧，输注浓缩红细胞或全血。护士应加强生活护理，以减少患者的体力消耗。

2. 出血护理　参见本章第一节。

3. 感染护理　对成熟粒细胞绝对值 $\leq 0.5\times 10^9/L$ 者，应予以保护性隔离，将患者安置在无菌层流室或单人病房，减少探视，避免交叉感染。指导患者保持良好的个人卫生习惯，每日进餐前后、睡前漱口，以防止发生口腔感染。一般情况下，选择生理盐水、复方硼砂含漱液、氯己定溶液等交替漱口。若为厌氧菌感染，则可选用 1%～3% 过氧化氢溶液漱口；若为真菌感染，则可选用 1%～4% 碳酸氢钠溶液漱口。患者发生口腔黏膜溃疡时，可在患处喷重组人表皮生长因子，或用克霉唑散涂抹患处，用药后 2～3 小时方可进食或饮水。此外，对大剂量应用甲氨蝶呤化疗引起的口腔溃疡，可用生理盐水 500 ml 加注射用亚叶酸钙 0.3 g 溶解后含漱，效果明显。指导患者定期洗澡、更衣、勤剪指甲，避免抓伤皮肤。肌内注射、静脉注射时，局部皮肤应严格消毒。指导女性患者每天清洗会阴 2 次，月经期可增加清洗次数。睡前、排便后用 1:5000 高锰酸钾溶液坐浴，每次 15～20 分钟，保持排便通畅，防止肛裂。一旦发生感染，应遵医嘱使用抗生素控制感染。

### （五）心理护理

护士应根据白血病患者不同时期的心理反应予以针对性的护理，关爱患者，积极与患者沟通，建立良好的护患关系，以减轻患者的痛苦，增强患者战胜疾病的信心。对患者家属予以心理支持，使家庭成员保持情绪稳定。护士应通过耐心倾听、安慰、劝解、支持、疏导和环境调整等，使患者接受患病的事实。帮助建立社会支持系统，鼓励家属、亲友对患者予以物质和精神支持，给患者创造一个安全、舒适的环境，使患者保持良好的情绪状态。

【健康指导】

1. 疾病知识指导　指导患者避免接触对骨髓造血系统有损害的理化因素，如电离辐射、亚硝胺类物质、染发剂、油漆等含苯物质，以及保泰松、氯霉素等药物。指导长期接触放射性核素或苯类等化学物质的工作人员，严格遵守劳动保护制度，严格采取防护措施。另外，指导患者定期复查血象，加强营养和注意休息。

2. 日常生活指导　指导患者进食营养丰富、清淡、易消化的饮食，避免进食辛辣、刺激性食物，多饮水，多食蔬菜、水果，以保持排便通畅。保证充足的休息和睡眠，适当锻炼，如散步、打太极拳等，以提高机体免疫力。

3. 预防感染和出血指导　指导患者保持居住环境清洁、通风，尽量少去公共场所，注意个人卫生，保持皮肤、口腔、肛周清洁，经常检查口腔、咽部是否有感染，教会患者自测体温。避免剧烈活动和受伤；勤剪指甲，勿用牙签剔牙，用软毛牙刷刷牙，避免用手抠鼻孔，避免服用可影响血小板功能的药物。

4. **用药指导** 告知患者治疗方案、用药疗程和药物的不良反应，向患者说明缓解后坚持巩固治疗的重要性。指导患者按医嘱按疗程用药，并定期进行复查，以预防或减少不良反应的发生，延长患者的缓解期和生存期。

5. **复查就诊指导** 指导患者定期复查血常规及骨髓象，以观察疗效和骨髓抑制情况；定期复查肝肾功能，若出现发热、出血及骨与关节疼痛等表现，则应及时就医。

## 二、慢性白血病患者的护理

根据细胞类型，可将慢性白血病分为慢性粒细胞白血病（chronic myelogenous leukemia，CML）和慢性淋巴细胞白血病（chronic lymphocytic leukemia，CLL）和慢性单核细胞白血病。在我国，以慢性粒细胞白血病多见，慢性淋巴细胞白血病较少见，慢性单核细胞白血病罕见。

【护理评估】

（一）健康史

了解患者的职业、工作环境，询问患者是否有反复病毒感染史，是否使用过易诱发本病的药物；是否接触过放射性物质或化学毒物等。

（二）身体状况

1. **慢性粒细胞白血病** 即慢性髓细胞性白血病，是最常见的慢性白血病类型。其特点是病程发展缓慢，多经历慢性期、加速期和急变期。各年龄组均可发病，我国中位发病年龄为45～50岁，男性患者多于女性。

（1）慢性期：起病缓慢，早期患者常无自觉症状。患者可有乏力、消瘦、低热、多汗或盗汗等代谢率增高的表现。脾大常为突出体征，可引起左上腹不适。随病情进展，脾逐渐增大，可达脐水平或脐以下，质地坚实、平滑、无压痛。若发生脾梗死，则可引起局部疼痛和压痛。部分患者有胸骨中下段压痛。慢性期一般持续1～4年。

（2）加速期：70%的患者在起病后1～4年进入加速期，可维持数月至数年。主要表现为原因不明的发热、进行性体重减轻、骨骼疼痛，脾持续或进行性肿大，逐渐引起贫血和出血，原本治疗有效的药物对患者无效，外周血或骨髓中原始细胞≥10%。

（3）急变期：急变期表现与急性白血病相似。患者常有严重贫血、出血、发热等症状。急变期多数为急粒变，少数为急淋变。外周血或骨髓中原始细胞≥20%或出现髓外原始细胞浸润。患者预后极差，多在数月内死亡。

2. **慢性淋巴细胞白血病** 是一种进展缓慢的成熟B淋巴细胞增殖性肿瘤，以外周血、骨髓、脾及淋巴结等淋巴组织中出现大量克隆性B淋巴细胞为特征。起病缓慢，患者一般无自觉症状。淋巴结肿大常是患者就诊首要原因，以颈部、腋下、腹股沟淋巴结为主。肿大的淋巴结具有表面光滑、无粘连、无压痛、可活动、质地硬等特点。早期症状包括乏力、疲倦、消瘦、低热、盗汗等，但胸骨压痛少见。50%～70%的患者有肝、脾轻度增大。晚期患者由于机体免疫功能减退，常易并发感染，可出现贫血、血小板减少、皮肤黏膜紫癜。本病在欧美各国较常见，在我国少见，90%的患者于50岁以后发病，30岁以下发病者罕见。

（三）心理、社会状况

询问患者及家属是否因罹患恶性肿瘤甚至发生并发症而出现焦虑不安、恐惧、绝望、悲观等负性心理。评估患病对患者的工作、生活造成的影响，是否影响患者个人能力的发挥，患者的自我评价是否发生改变。

（四）辅助检查

1. **血象** 慢性粒细胞白血病患者可出现中性粒细胞增多＞$20\times10^9$/L，疾病晚期可达

$100\times10^9$/L 以上，分类中各阶段中性粒细胞均增多，以中幼粒细胞和晚幼粒细胞、杆状核粒细胞为主，原始细胞<10%。慢性淋巴细胞白血病患者以小淋巴细胞增多为主，淋巴细胞占 50% 以上，晚期可达 90%。随着病情的发展，血小板数量逐渐减少，贫血表现逐渐明显。

2. 骨髓象　骨髓增生明显活跃或极度活跃。慢性粒细胞白血病患者以粒细胞增生为主，中幼粒细胞、晚幼粒细胞明显增多，慢性期原始粒细胞<10%，急变期明显增高达 30%～50% 或更高。巨核细胞正常或增多，晚期减少。慢性淋巴细胞白血病患者以成熟淋巴细胞增生为主，红系、粒系及巨核系细胞均减少，伴有溶血时，幼红细胞可代偿性增生。

3. 细胞遗传学及分子生物学检查　95% 以上慢性粒细胞白血病患者可出现 Ph 染色体，少数 Ph 染色体呈阴性，其预后较差。血清及尿液中尿酸浓度增高，中性粒细胞碱性磷酸酶活性减低或呈阴性反应。

【主要护理诊断/问题】

1. 活动无耐力　与慢性白血病引起贫血有关。
2. 营养失调：低于机体需要量　与机体代谢亢进有关。
3. 有感染的危险　与正常粒细胞减少、机体免疫力低下有关。
4. 潜在并发症：感染、尿酸性肾病等。

【护理措施】

（一）一般护理

1. 休息与活动　慢性期病情稳定后，患者适当活动，但不宜过度劳累。指导患者保持作息规律，保证充足的休息和睡眠。慢性粒细胞白血病急变期及加速期的护理参照急性白血病患者的护理措施。对脾大明显的患者，建议取左侧卧位，以减轻不适感，同时尽量避免弯腰和碰撞腹部，以防止发生脾破裂。

2. 饮食护理　予以高热量、高蛋白、富含维生素、易消化和吸收的食物，如瘦肉、鸡肉、新鲜蔬菜及水果，以补充机体的热量消耗，保证营养。指导患者每日饮水 1500 ml 以上，以防止发生尿酸性肾病。

（二）病情观察

观察患者生命体征的变化，是否有感染、出血征象，是否有关节疼痛等。每天检查脾的大小、质地，并做好记录。若患者突然出现脾区疼痛、发热、多汗甚至休克，脾呈进行性肿大、脾区拒按、脾区触痛明显，则提示发生脾栓塞或脾破裂，应及时报告医生并协助处理。

（三）治疗配合

1. 慢性粒细胞白血病　应重视慢性期治疗，避免疾病转化，力争达到细胞遗传学和分子生物学水平缓解。一旦进入加速期和急变期，即应按急性白血病进行治疗，但缓解率低，预后不良。

（1）分子靶向治疗：酪氨酸激酶抑制剂—伊马替尼是目前治疗慢性粒细胞白血病的首选药物，可抑制 BCR-ABL 阳性细胞的增殖。应用伊马替尼治疗慢性粒细胞白血病的患者完全细胞遗传学缓解率约为 92%，10 年总体生存率可达 84%。

（2）造血干细胞移植：是目前根治慢性白血病的标准治疗方法，宜在慢性期待患者血常规和症状控制后尽早进行。

（3）α-干扰素（IFN-α）：可用于不适合进行分子靶向治疗和造血干细胞移植的患者，可以选用 IFN-α。推荐与小剂量阿糖胞苷联合应用，每月连用 10 天，半数以上患者可获得长期生存。

（4）其他：羟基脲是特异性抑制 DNA 合成的药物，起效快，但持续时间短。用药后 2～3 天，患者白细胞即迅速下降，停药后又很快回升。白消安较羟基脲起效慢，用药 2～3 周后，患者外周血白细胞才开始减少，停药后白细胞减少可持续 2～4 周。高三尖杉酯碱、美法仑、环磷酰胺、砷剂等化疗亦有效。

2. **慢性淋巴细胞白血病** 在疾病早期和进展期，若患者无明显临床表现，可暂时予以病情观察。若患者病情进入活动期，则需予以治疗。

（1）化疗：常用药物为氟达拉滨和苯丁酸氮芥，前者比后者的效果更好。

（2）免疫治疗：利妥昔单抗联合氟达拉滨及环磷酰胺的三药联合（FCR）疗法，可产生协同抗肿瘤效应，是目前初治慢性淋巴细胞白血病的最佳治疗方法。

（3）其他：积极控制感染，防控各种并发症。造血干细胞移植可提高患者的长期存活率，甚至可以治愈。

3. **用药护理** 伊马替尼最常见的不良反应包括恶心、呕吐、腹泻、肌肉痉挛、水肿、皮疹，血常规检查可见粒细胞缺乏、血小板减少和贫血，故应定期复查血常规，严重者需减少用药剂量或暂时停药。羟基脲和白消安的主要不良反应是骨髓抑制、皮肤色素沉着，用药期间应定期复查血常规。α-干扰素的常见不良反应是畏寒、发热、头痛、厌食、恶心、肌肉及骨骼疼痛等流感样症状，以及骨髓抑制和肝、肾功能损害，故用药期间应定期查血常规及肝、肾功能。

> **考点提示**
>
> 慢性粒细胞白血病及慢性淋巴细胞白血病的首选治疗药物。

### （四）对症护理

1. **发热的护理** 监测患者的体温变化及热型，予以卧床休息，补充热量和水分。对高热患者可予以物理降温或遵医嘱进行药物降温，禁用乙醇擦浴，保持皮肤、衣服、被褥和床单位清洁、干燥，防止患者受凉。

2. **脾大的护理** 脾显著肿大易引起左上腹不适，可指导患者取左侧卧位；进食应少食多餐，以减轻腹胀；定期洗澡，注意口腔卫生，少去公共场所等人群聚集的地方，以预防感染。

【健康指导】

1. **疾病知识指导** 向患者及家属介绍疾病相关知识，如病情的演变过程、治疗方案，鼓励患者主动配合治疗；指导患者作息规律，保证充足的休息和睡眠，加强营养；待病情稳定后，患者可进行日常工作和学习，但应避免过度劳累。

2. **用药指导** 告知患者药物治疗的作用、注意事项和常见不良反应，指导患者遵医嘱服药，并严密观察药物的不良反应。

3. **自我监测指导** 指导患者定期门诊复查血常规、骨髓象以及肝、肾功能。告知患者若出现发热、贫血加重、腹部剧烈疼痛、脾大，则应立即就医。

## 第六节 淋巴瘤患者的护理

> **案例导入 6-5**
>
> 患者，男，50岁，因"腹痛半年，加重3天"就诊。入院后行肠镜病理检查时，回盲部肠壁及肠系膜可见肿块。活检病理检查结果显示：B细胞淋巴瘤。体格检查：T 36.4 ℃，P 76 次/分，R 20 次/分，BP 125/75 mmHg；精神状态差，饮食差，排尿正常。
>
> 问题与思考：
>
> 1. 作为主管护士，请对该患者进行护理评估。
> 2. 患者目前存在哪些护理问题？

淋巴瘤（lymphoma）原发于淋巴结和淋巴组织，其发生大多与免疫应答过程中淋巴细胞增殖分化产生的某种免疫细胞恶变有关，是免疫系统的恶性肿瘤。淋巴瘤可发生于身体的任何部位，通常以实体瘤形式生长于淋巴组织丰富的组织器官中，其中以淋巴结、扁桃体、脾及骨髓等部位受累较常见。临床上以无痛性进行性淋巴结肿大和局部肿块为特征，伴发热、消瘦、盗汗等，同时可有相应器官受压或浸润受损的表现，晚期患者可发生恶病质。

组织病理学上将淋巴瘤分为霍奇金淋巴瘤（Hodgkin lymphoma，HL）和非霍奇金淋巴瘤（non-Hodgkin lymphoma，NHL）两大类。二者虽然均发生于淋巴组织，但它们在流行病学、病理特点和临床表现方面有显著差异。在我国，淋巴瘤的总体发病率男性为1.39/10万，女性为0.84/10万，死亡率为1.5/10万，居恶性肿瘤患者死亡原因的第11～13位，以非霍奇金淋巴瘤较多见。

【病因与发病机制】

淋巴瘤的病因与发病机制尚不清楚，一般认为感染及免疫因素起重要作用，理化因素及遗传因素等也有不可忽视作用。

1. 病毒感染　①EB病毒：可能是Burkitt淋巴瘤的病因，80%以上的Burkitt淋巴瘤患者血液中EB病毒抗体滴度明显增高。②反转录病毒：反转录病毒人类T细胞病毒I型（HTLV-I）已被证明是成人T细胞白血病或淋巴瘤的病因。③人类疱疹病毒8型也被认为是原发于体腔的淋巴瘤的病因。

2. 免疫缺陷　宿主的免疫功能也与淋巴瘤的发病有关。机体免疫功能长期处于低下状态，肿瘤发生率高。近年来发现遗传性或获得性免疫缺陷伴发淋巴瘤者较多，如干燥综合征、器官移植后长期应用免疫抑制药，发生淋巴瘤的概率比一般人高。

3. 其他因素　幽门螺杆菌与胃黏膜淋巴瘤发病有密切关系。

【护理评估】

（一）健康史

了解患者是否有遗传性或获得性免疫缺陷病（如干燥综合征）病史，是否有器官移植后长期应用免疫抑制药等情况，是否有接受抗淋巴细胞血清、应用细胞毒性药物、接受放疗等可使其免疫功能长期处于低下状态的情况。了解患者是否有家族遗传病史。了解患者的诊疗经过等。

（二）身体状况

霍奇金淋巴瘤多见于青年，儿童少见。非霍奇金淋巴瘤可见于各年龄组。进行性、无痛性淋巴结肿大或局部肿块是淋巴瘤患者共同的临床表现。淋巴瘤淋巴结或结外淋巴组织，如扁桃体、鼻咽部、胃肠道、骨骼等。非霍奇金淋巴瘤病变多原发于结外淋巴组织，患者病情发展迅速，并且容易发生远处转移。

1. 淋巴结肿大　多以无痛性、进行性颈部或锁骨上淋巴结肿大为首发表现，其次是颌下、腋下、腹股沟等处淋巴结肿大，肿大淋巴结可以互相粘连融合成块，质硬无压痛，触诊有软骨样感觉。非霍奇金淋巴瘤、霍奇金淋巴瘤均可见，以霍奇金淋巴瘤多见。少数患者仅有深部淋巴结肿大，可引起压迫症状，如纵隔淋巴结肿大可致咳嗽、胸闷、气促、肺不张及上腔静脉压迫综合征等；腹膜后淋巴结肿大可压迫输尿管，引起肾盂积水等。

2. 酒精疼痛　部分霍奇金淋巴瘤患者在饮酒后出现病变淋巴结疼痛，称为酒精疼痛，是霍奇金淋巴瘤患者特有的症状。该症状可早于其他症状及X线表现，具有一定的诊断意义。当病变缓解后，酒精疼痛即可消失，病情复发时又重现。酒精疼痛的发生机制不明。

3. 全身症状　30%～40%的霍奇金淋巴瘤患者以原因不明的持续发热为首发症状。发热多不规则，可呈周期性发热或持续性发热，但非霍奇金淋巴瘤患者一般在病变较广泛时才出现发热，且多为高热。热退时大汗淋漓可作为本病的特征之一。发热后，患者常有盗汗、疲乏、消瘦。另外，部分霍奇金淋巴瘤患者还可出现皮肤瘙痒。非霍奇金淋巴瘤患者常出现皮下结节、浸润性斑块等。

4. 组织器官受累　　与霍奇金淋巴瘤患者相比，非霍奇金淋巴瘤患者发生远处扩散及结外淋巴组织侵犯更常见。肝受累可引起肝大和肝区疼痛，少数患者可发生黄疸。胃肠道受累可引起食欲减退、腹痛、腹泻、肿块、肠梗阻和出血。肾受累可引起肾大、高血压、肾功能不全及肾病综合征。中枢神经系统病变多发生在疾病进展期，以脑膜及脊髓受累为主。脊髓受累以胸椎及腰椎最常见。骨髓受累时，部分非霍奇金淋巴瘤患者晚期可发展为急性淋巴细胞白血病。此外，还可见肺实质浸润，胸腔积液，口、鼻咽部等处受累。

（三）心理、社会状态

淋巴瘤是血液系统恶性肿瘤。应注意了解患者对疾病的认知程度及其心理承受能力，是否有恐惧、悲观、绝望、愤怒等心理反应。了解家属对疾病的认知程度及其对患者的态度和支持情况。了解患者的家庭经济状况等。

（四）辅助检查

1. 血常规检查　　霍奇金淋巴瘤患者的血常规变化较早，常有轻度或中度贫血，部分患者嗜酸性粒细胞升高；骨髓广泛浸润或脾功能亢进时，可出现全血细胞减少。非霍奇金淋巴瘤患者白细胞计数多正常，伴有淋巴细胞绝对或相对增多。

2. 骨髓象　　骨髓表现大多数为非特异性。找到 RS 细胞是霍奇金淋巴瘤发生骨髓浸润的依据，可进行活检提高阳性率。

3. 其他检查　　胸部 X 线、腹部超声或 CT 检查对纵隔、肺门淋巴结、腹腔内及腹膜后淋巴瘤，有助于确定病变部位及范围。淋巴结活检有助于确定诊断。腹部 CT 检查可作为首选检查方法，PET-CT 目前已作为评价淋巴瘤疗效的重要指标。霍奇金淋巴瘤疾病活动期，患者出现红细胞沉降率加快、血乳酸脱氢酶活性增强，后者多提示预后不良。骨骼受累时，可出现血清碱性磷酸酶活性增强或血钙增高。非霍奇金淋巴瘤患者可并发溶血性贫血，抗人球蛋白试验呈阳性。中枢神经系统受累时，脑脊液中蛋白质含量增加。

【主要护理诊断/问题】

1. 体温过高　　与疾病本身或感染有关。
2. 有皮肤完整性受损的危险　　与放疗引起局部皮肤损伤有关。
3. 有感染的危险　　与淋巴瘤本身及放疗、化疗导致机体免疫力低下有关。
4. 预感性悲哀　　与疾病预后差有关。

【护理措施】

（一）一般护理

1. 休息与活动　　保证患者充足的休息和睡眠时间，保持环境安静、舒适。使患者多卧床休息，减少干扰因素（如噪声），减少探视次数，减少患者的机体能量消耗。
2. 饮食护理　　予以高蛋白、高热量、高维生素、清淡、易消化的饮食。鼓励患者多进食、加强营养，提高患者对放疗、化疗的耐受性，减少并发症的发生。

（二）病情观察

密切监测患者的生命体征；注意观察患者全身尤其是口腔、牙龈、咽峡部和肺部是否发生感染，是否有皮炎、脱发及其他皮损；定期监测血象。观察患者用药后的疗效及是否有放疗、化疗不良反应的发生。

（三）治疗配合

以化疗为主、化疗与放疗相结合的综合治疗是目前治疗淋巴瘤的基本策略。

1. 化疗  对霍奇金淋巴瘤Ⅲ期、Ⅳ期和非霍奇金淋巴瘤低度恶性Ⅲ期、Ⅳ期以及非霍奇金淋巴瘤中、高度恶性患者，以及临床分期为Ⅰ期、Ⅱ期的患者，均以化疗为主，必要时予以局部放疗。多采用联合化疗，争取首次治疗即获得缓解，有利于患者长期存活。对霍奇金淋巴瘤患者，目前首选ABVD化疗方案；对非霍奇金淋巴瘤患者，可选用COPH或CHOP化疗方案。淋巴瘤常用联合化疗方案见表6-12。

表6-12  淋巴瘤常用联合化疗方案

| | 方案 | 药物 |
| --- | --- | --- |
| 霍奇金淋巴瘤 | MOPP | 氮芥、长春新碱、丙卡巴肼、泼尼松 |
| | ABVD | 阿霉素、博来霉素、长春新碱、达卡巴嗪 |
| 非霍奇金淋巴瘤 | COP（基本方案） | 环磷酰胺、长春新碱、泼尼松 |
| | CHOP | 环磷酰胺、阿霉素、长春新碱、泼尼松 |
| | m-BACOB | 博来霉素、阿霉素、环磷酰胺、长春新碱、地塞米松、甲氨蝶呤、亚叶酸钙 |
| | COP-BLAM | 环磷酰胺、长春新碱、泼尼松、博来霉素、阿霉素、丙卡巴肼 |
| 复发性淋巴瘤 | ESHAP | 依托泊苷、甲泼尼松、阿糖胞苷、顺铂 |

2. 放疗  放疗有扩大照射及全身淋巴结照射两种。扩大照射的范围除包括受累的淋巴结及肿瘤组织外，还包括附近可能侵及的淋巴结。若病变部位在膈以上，则采用"斗篷式"照射（照射范围包括两侧从乳突端至锁骨上下、腋下、肺门、纵隔的淋巴结）；若病变部位在膈以下，则采用倒"Y字式"照射（照射范围包括从膈下淋巴结到腹主动脉旁、盆腔及腹股沟的淋巴结，同时照射脾区）。扩大照射主要用于霍奇金淋巴瘤ⅠA和ⅡA患者，疗效较好。非霍奇金淋巴瘤对放疗敏感，但易复发，但若原发病灶位于扁桃体、鼻咽部或为原发于骨骼的组织细胞型，则予以局部放疗后，可以获得较为满意的长期缓解。

3. 生物治疗  对CD20阳性的B细胞淋巴瘤患者，均可使用抗CD20单抗（利妥昔单抗）治疗。干扰素对蕈样肉芽肿和滤泡性小分裂细胞型患者有部分缓解作用。

4. 造血干细胞移植  对年龄在55岁以下，重要脏器功能正常，能耐受大剂量放疗、化疗的患者，进行异基因或自体造血干细胞移植，有望获得较长的缓解期和无病存活期。

5. 放疗局部皮肤护理  详见第二章第九节原发性支气管肺癌患者的护理。

（四）心理护理

关爱患者，为患者创造一个安全、舒适的就医环境，建立良好的护患关系，以取得患者的信任；鼓励家属关心、照顾患者，避免患者产生孤独感，减轻焦虑、恐惧和绝望心理，使患者增强战胜疾病的信心，积极配合治疗。

【健康指导】

1. 疾病知识指导  向患者及家属讲解疾病相关知识及治疗方法，化疗、放疗的不良反应。告知患者由于治疗方法改进，使淋巴瘤缓解率显著提高，很多患者可以达到完全治愈，鼓励患者定期接受化疗或放疗，并与医护人员积极配合，防治不良反应。

2. 饮食指导  指导患者注意饮食多样化，加强营养；避免进食不易消化的油炸食品和容易产气的食物，忌吃油腻和生冷食物。对于口腔及咽喉部溃疡引起疼痛者，可予以流食（如牛奶、麦片粥）以及清淡饮食。对唾液分泌减少引起口舌干燥者，可予以柠檬汁、乌梅汁等。

3. 生活指导  指导患者缓解期或全部疗程结束后，仍应保证充足的休息和睡眠，适当参与室外锻炼，如散步、打太极拳、体操、慢跑等，以提高机体免疫力。

4. 皮肤护理  指导患者注意个人卫生，勤剪指甲；出现皮肤瘙痒者避免用指甲抓挠皮肤，以免引起皮肤破溃。沐浴时避免水温过高，选用温和的沐浴液。

5. 用药指导  向患者说明近年来由于治疗方法的改进，淋巴瘤的缓解率已显著提高。指导患者遵医嘱维持定期巩固强化治疗，以延长缓解期和生存期。

6. 自我监测与随访的指导  告知患者若出现身体不适，如疲乏无力、发热、盗汗、消瘦、咳嗽、气促、腹痛、腹泻、皮肤瘙痒以及口腔溃疡，或发现肿块，则应及时就诊。

## 第七节  血液系统疾病患者护理实训

### 一、骨髓穿刺术患者的护理

骨髓穿刺术（bone marrow aspiration）是在无菌操作条件下，对胸骨、髂前上棘或髂后上棘等穿刺部位进行皮肤、皮下组织及骨膜的麻醉，然后利用骨髓穿刺针具刺入骨髓腔内，抽取骨髓液的一种常用诊疗技术。其检查内容主要是细胞形态学检查，其次是寄生虫和细菌学检查，以协助诊断血液病、传染病和某些寄生虫病，了解骨髓造血情况，为化疗和应用免疫抑制剂提供参考，还可经骨髓给药或进行骨髓移植。

【适应证】

1. 诊断血液系统疾病  如白血病、各种贫血、多发性骨髓瘤、淋巴瘤骨髓浸润、原发性血小板减少性紫癜等。此外，还常通过复查骨髓象来评价疗效或判断预后。

2. 诊断某些疾病  如疟疾、黑热病、伤寒等。

3. 协助治疗  通过骨髓穿刺进行骨髓腔输液、药物注射或进行骨髓移植，以协助某些疾病的治疗。

【禁忌证】

对血友病等有明显出血倾向的患者、穿刺局部有感染者等，禁止行骨髓穿刺。

【术前准备】

1. 解释  向患者说明骨髓穿刺的目的、意义和穿刺过程，取得患者的配合，并请患者或家属签署知情同意。

2. 患者准备  骨髓穿刺前，应了解穿刺部位皮肤的完整性；检查血小板计数、出血时间及凝血时间等；对使用普鲁卡因进行局部麻醉者，需进行普鲁卡因皮肤试验。

3. 用物准备  治疗盘、骨髓穿刺包（含骨髓穿刺针、2 ml 和 20 ml 注射器、7 号针头、纱布、洞巾等）、无菌手套、棉签、玻片、2% 利多卡因、培养基、酒精灯及胶布等。

【术中配合】

1. 选择穿刺部位与合适的体位  骨髓穿刺常见的穿刺点有髂后上棘穿刺点、髂前上棘穿刺点和胸骨穿刺点等；选择胸骨、髂前上棘作为穿刺点时，患者应取仰卧位，对胸骨穿刺者还需用枕头垫于背部，以使胸部稍突出；选择髂后上棘作为穿刺点时，患者应取侧卧位或俯卧位。

2. 麻醉  常规消毒穿刺部位皮肤。术者戴无菌手套、铺巾，然后用 2% 利多卡因进行局部皮肤、皮下及骨膜麻醉。

3. 抽取骨髓液  穿刺针进入骨髓腔后，拔出针芯，接上干燥的 10 ml 或 20 ml 注射器，用适当力量抽取骨髓液 0.1～0.2 ml 并滴于载玻片上，然后立即制成均匀薄片。若需进行细菌培养、染色体检查等，则可再抽取骨髓液 1～2 ml 送检。

4. 包扎　重新插入针芯，然后将无菌纱布置于针孔处，拔出穿刺针，按压1~2分钟后，用胶布固定纱布。

【术后护理】

1. 休息　嘱患者平卧休息4小时，观察穿刺部位是否有出血、感染等情况。
2. 标本送检　整理用物，将制成的骨髓片和骨髓培养标本及时送检。
3. 病情观察　保持穿刺局部干燥，若纱布被血液或浸湿，则需及时更换；穿刺后3天内禁止沐浴，以免发生感染。如果穿刺部位出现触痛和发红，则可能是感染的征象，应及时处理。

【注意事项】

1. 严格执行无菌操作，以免发生感染。
2. 抽取骨髓液不可过多，否则可使骨髓液被稀释而影响结果的判断。
3. 抽出的骨髓液应立即涂片，以免发生凝固。
4. 穿刺时，应注意观察患者的面色、血压、脉搏。若患者出现精神紧张、大汗淋漓、脉搏加快等症状，则应立即停止穿刺，并积极协助医生处理。

## 二、造血干细胞移植患者的护理

造血干细胞移植（hematopoietic stem cell transplantation，HSCT）是指对患者进行化疗、放疗和免疫抑制预处理后，将供者或自体的造血干细胞经血管输入患者体内，使其重建正常造血和免疫功能的治疗方法。

【分类】

1. 根据供者类型分类　分为异体移植和自体移植。异体移植又分为异基因移植和同基因移植，后者是指遗传基因完全相同的同卵孪生者间的移植，供者和受者之间不存在移植物被排斥和移植物抗宿主病等免疫学问题。
2. 根据造血干细胞的采集部位分类　分为骨髓移植、外周血干细胞移植和脐血移植。其中，外周血干细胞移植采集造血干细胞较为简便，供者无须住院且痛苦少，受者造血干细胞植入率高，造血功能重建速度快，是目前临床上最常用的方法之一。
3. 根据供者与受者是否有血缘关系分类　分为血缘移植和无血缘移植。
4. 根据人类白细胞抗原（human leucocyte antigen，HLA）配型的相合程度分类　分为HLA配型相合、部分相合和半相合干细胞移植（单倍体造血干细胞移植）。

【适应证】

1. 急性白血病　因儿童低危组急性淋巴细胞白血病化疗效果较好，所以除急性淋巴细胞白血病儿童患者外，对50岁以下急性白血病患者，只要有HLA匹配的同胞供髓者，一般即应在第一次缓解期内进行异基因移植。
2. 慢性粒细胞白血病　异体骨髓移植是目前慢性粒细胞白血病的根治性治疗方法。
3. 恶性淋巴瘤　年龄在55岁以下，重要器官功能正常，属于中、高度恶性，或缓解期短、治疗困难、易复发的淋巴瘤患者。
4. 其他　如再生障碍性贫血、多发性骨髓瘤、慢性淋巴细胞白血病患者。此外，对放疗、化疗敏感的实体肿瘤患者，也可考虑进行造血干细胞移植。

【移植前护理】

（一）供者的选择

1. 自体造血干细胞移植　供者为受者自身，能承受大剂量化疗、放疗，能动员采集到未被肿瘤细胞污染的足量造血干细胞。
2. 异基因造血干细胞移植　供者的选择原则是与受者的人类白细胞抗原（HLA）配型相

合，首选HLA表型相合、有血缘关系的同胞，次选HLA表型相合无血缘的供者；若有多个HLA表型相合者，则选择年轻、健康、男性、巨细胞病毒检测呈阴性、红细胞血型相合者。

#### （二）供者准备

对供者进行全面体格检查，包括血常规、肝功能、肾功能、B超、心电图、胸部X线、血糖、骨髓穿刺、巨细胞病毒、HIV、乙型肝炎病毒等检查；对供者、受者抽血进行组织配型、混合淋巴细胞培养等；移植前2周，对供者进行循环采血，并保存其自身血液，以便在移植手术中回输给供者，避免在手术过程中发生失血性休克。

#### （三）无菌层流病房准备

应用100级无菌层流病房是有效预防造血干细胞移植术后患者继发感染的重要保障之一。对室内一切用物及空间均需严格进行清洁、消毒及灭菌处理，并在室内不同空间采样进行空气细菌学监测，完全合格后方可安排患者入住。

#### （四）患者准备

1. 心理护理　向患者详细介绍造血干细胞移植的重要性、方法、过程及可能出现的并发症，无菌层流病房的基本环境和规章制度；说明造血干细胞采集对供者或受者均不会造成身体危害，从而减轻或消除患者的疑虑和恐惧心理，使其处于最佳生理、心理状态接受治疗。

2. 全面体检和检查　移植前，对患者进行全面检查，如心脏、肺、肝、肾等功能检查，以及人类巨细胞病毒检查、骨髓检查、ABO血型配型、组织配型等检查；进行痰液、尿液、粪便、皮肤、外耳道分泌物、鼻腔分泌物、咽拭子的细菌和真菌培养检查；若有感染病灶，则应予以彻底治疗。

3. 严格消毒隔离和预防感染

（1）患者入住无菌层流病房前护理：对进入无菌层流病房的所有物品均需进行消毒处理，以预防外源性感染。进入无菌层流病房前3天，开始予以服用肠道不易吸收的抗生素；进入无菌层流病房前1天，帮助患者剪指（趾）甲、剃毛发（头发、腋毛、阴毛），彻底清洁身体，尤其是脐、腋下、会阴等部位皮肤皱褶处；进入无菌层流病房当天，予以清洁灌肠，淋浴后用0.05%氯己定溶液沐浴30～40分钟，再予以眼、外耳道、口腔、脐部清洁后，更换无菌衣裤、鞋袜，并进入无菌层流病房。

（2）患者入住无菌层流病房后护理

1）工作人员要求：严格控制进入无菌层流病房的人员，呼吸道感染者严禁入内；进入无菌层流病房前，须用氯己定溶液漱口，清洁鼻腔、外耳道、淋浴、更衣；洗净双手后，用0.05%氯己定溶液浸泡双手5分钟；穿无菌手术衣裤，戴无菌帽、口罩，更换无菌拖鞋进入风淋室；经风淋1～2分钟后，进入无菌层流病房；接触患者前，须再次消毒双手，戴无菌手套，加套无菌隔离衣与袜套；所有操作均应严格按照无菌原则。

2）无菌层流病房的环境要求：室内桌面、墙壁、地面、天花板及所有物品表面，每天均用消毒液擦拭2次；室内予以臭氧消毒，每日3次，每次30分钟；床单、被褥、衣裤、毛巾应进行高压蒸汽消毒；进入无菌层流病房的所有物品均需消毒灭菌；无菌包均用双层包布，需要时打开外层，按无菌方法将其递入无菌层流病房内；口罩、帽子、隔离衣用后即应更换；定期进行物体表面细菌监测、空气采样培养，每周1次。

3）患者要求：患者的饮食须经微波炉或高压蒸汽消毒；每天对患者进行口腔护理3～4次，用0.05%氯己定溶液、3%碳酸氢钠溶液于进食前后交替漱口；0.05%氯己定溶液或0.05%聚维酮碘溶液擦拭外耳道、鼻前庭；用0.5%庆大霉素或卡那霉素、0.1%利福平、阿昔洛韦滴眼液交替滴眼，每天2～3次；睡前、便后用1%氯己定或1∶5000高锰酸钾溶液坐浴；女性患者月经期间应增加外阴冲洗次数，保持外阴部清洁；每晚用0.05%氯己定溶液沐浴或全身擦拭。

4. 移植前预处理　预处理主要是进行全身照射，应用细胞毒性药物和免疫抑制剂，目的是杀灭肿瘤细胞或白血病细胞，减少移植后疾病复发，同时杀灭受者体内的免疫细胞，使之失去排斥外来细胞的能力，容许供者的造血干细胞植入而重建造血功能。

5. 准备输注通路　移植前1天行颈外静脉或锁骨下静脉置管术备用。

【移植中护理】

（一）造血干细胞采集护理

1. 骨髓造血干细胞采集　在严格执行无菌操作的前提下，采用硬膜外麻醉对供者进行骨髓采集。自髂前或髂后上棘1个或多个部位抽取骨髓。将采集的骨髓血经无菌不锈钢网或尼龙网过滤后装入血袋，并加入肝素抗凝。以受者体重$(4\sim6)\times10^8$/kg有核细胞数为一般采集的目标值。采集过程中需要不断监测患者的血压、呼吸、心率，采集速度不宜过快。当骨髓采集量达400 ml时，应开始回输事先保存的供者自体血液，以防止患者发生休克。

2. 外周血造血干细胞采集　外周血造血干细胞含量较少，仅为骨髓的1%。一般在干细胞采集前4~5天开始应用粒细胞系集落刺激因子进行动员，以进一步扩增外周血中的造血干细胞数量，再用血细胞分离机多次采集外周血造血干细胞。一般自体外周血造血干细胞移植采集量为单个核细胞数达$2\times10^8$/kg（受者体重），异基因造血干细胞移植采集量为单个核细胞数达$5\times10^8$/kg（受者体重）。

3. 脐血造血干细胞采集　当健康产妇胎儿娩出后，迅速予以结扎脐带。在无菌条件下，以采血针穿刺脐静脉，收集残留于脐带和胎盘内的血液。每份脐血量为60~150 ml。采集的脐血需经冷冻处理后保存在-196 ℃液氮中，要求单个核细胞数达$2\times10^8$/kg（受者体重）。

（二）造血干细胞输注护理

造血干细胞输注应在无菌层流病房内进行。移植前，受者应准备就绪并休息1天。输注前可遵医嘱予以地塞米松5 mg静脉注射，以减少输注反应。

1. 骨髓输注

（1）异体骨髓输注：供者和受者ABO血型相合，骨髓采集后即可输入。如果ABO血型不合，则需予以处理后方可输入。输注前，应将骨髓袋倒置15~30分钟，遵医嘱予以抗过敏药物，如地塞米松5 mg、异丙嗪25 mg，予以呋塞米20 mg利尿，以预防肺水肿。输注时，用无滤网的输液器经中心静脉导管输入，开始输注时速度应慢，观察15~20分钟后，若患者无异常反应，则将滴速调整为100滴/分左右。一般要求300 ml骨髓在30分钟内输注完毕。剩余5~10 ml骨髓应弃去，以防止发生脂肪栓塞。在输注骨髓的同时，应经另一条通路输入适量鱼精蛋白，以中和骨髓中的肝素，输注速度不宜过快，以免引起低血压、心动过速及呼吸困难。输注骨髓的过程中，应密切观察患者的生命体征和各种反应。

（2）自体骨髓输注：自体骨髓应在采集后72小时内，经预处理后回输。回输前，将自体骨髓在室温条件下放置0.5~1小时。其他操作方法同异体骨髓输注。

2. 外周血干细胞输注

（1）自体外周血干细胞输注：在自体外周血干细胞回输前15~20分钟，应遵医嘱应用抗过敏药。冰冻保存的造血干细胞需在床旁用38.5~40 ℃恒温水复温后，立即用无滤网输液器经静脉导管输入；同时，经另一条静脉通道输注鱼精蛋白，以中和肝素。回输过程中，应予以5%碳酸氢钠、生理盐水、呋塞米和甘露醇，以维持足够的尿量，防止外周血干细胞中混有红细胞而引起血红蛋白尿。在患者能耐受的情况下，1袋外周血干细胞应在15分钟内回输注完毕。输注2袋外周血干细胞期间，需用生理盐水冲管，以清洗输血管道。

（2）异体外周血干细胞输注：进行异体外周血干细胞输注前，应将50~100 ml外周血干细胞加入生理盐水中稀释至 200 ml，其余操作同自体外周血干细胞输注。

3. **脐血造血干细胞输注** 深低温保存的脐血干细胞应置于 40 ℃恒温水中迅速解冻后输注。由于脐血量少，一般为 100 ml 左右，可采用手推或微量泵推注。推注过程中应注意防止漏液，并注意观察患者的心率变化，随时调整推注速度。

【移植后护理】

（一）一般护理

1. **饮食护理** 予以高蛋白、高维生素、无渣、清淡、易消化的饮食，注意加强营养，以增强机体免疫力。食物必须经微波炉消毒后才可食用。

2. **休息与活动** 术后早期，患者应绝对卧床休息。待血小板计数回升后，应指导或协助患者进行生活护理及适当的活动，防止发生损伤及出血。

3. **维持体液平衡** 保证热量、维生素、微量元素、复方氨基酸等营养成分的供给。一切药物、液体均应经静脉置管通道输入。输液时应注意调节滴速，合理安排各组液体。

4. **静脉置管护理** 静脉置管前，应检查局部伤口情况，检查导管是否有裂隙、进气或接头滑脱；置管时，应严格执行导管使用原则和无菌操作，防止导管堵塞和脱落；应用肝素或生理盐水封管；每日应对置管局部进行消毒换药，同时向患者说明维持静脉置管的重要性；指导患者避免用手触摸伤口表面，以防止发生感染；一般在患者迁出无菌层流病房前 3～5 天拔出导管。

（二）心理护理

由于无菌层流病房与外界基本隔绝，加之对移植并发症的担忧，患者易出现孤独、恐惧等不良心理。护士应积极与患者交流、沟通，耐心倾听患者的诉说，鼓励患者表达内心的想法和感受，关心、安慰、体贴患者。帮助家属传递信息，并及时予以心理疏导和鼓励，以消除其焦虑、恐惧等不良心理，使患者树立移植成功的信心，有利于疾病早日康复。

（三）并发症的预防及护理

1. **感染** 感染是常见的并发症之一，也是移植成败的关键。全血细胞减少、粒细胞缺乏、留置导管、黏膜屏障受损及免疫功能低下等因素均可导致感染发生。移植早期是感染的危险期，感染率为 60%～80%，以细菌感染尤其是革兰氏阴性杆菌感染多见，真菌感染亦可发生；移植中期主要为病毒感染，常见单纯疱疹病毒Ⅰ型和Ⅱ型感染，尤以巨细胞病毒引起的间质性肺炎最严重；恢复后期的感染与移植物抗宿主病有关，以病毒性肺炎多见。感染的预防措施包括入住无菌层流病房、进行保护性隔离、无菌饮食、胃肠道除菌、免疫球蛋白定期输注及医护人员消毒隔离等措施。每天询问患者的主诉，监测患者的体温变化及精神状态，观察患者是否有局部感染灶，必要时进行血液、尿液、粪便以及分泌物的细菌学培养和药物敏感试验，以利于选择有效抗生素。

2. 移植物抗宿主病（graft versus-host disease，GVHD）

（1）临床表现：移植物抗宿主病是指同种移植物中所含免疫细胞（主要是 T 细胞）识别受者组织抗原并发动免疫攻击所致的疾病，是异基因造血干细胞移植后最严重的并发症。临床上可分为急性和慢性两种。急性 GVHD 发生于移植后 100 天内；在移植后 1～2 周内发生者称为超急性 GVHD，表现为皮肤红斑和斑丘疹、厌食、腹泻、肝功能异常等；在移植 100 天后发生者称为慢性 GVHD，表现为系统性硬化病、皮肌炎、面部皮疹、干燥综合征、关节炎、吸收不良等。

（2）预防措施：急性 GVHD 的治疗效果不理想，所以预防尤为重要。单独或联合使用免疫抑制剂（环孢素、甲氨蝶呤、免疫球蛋白、抗淋巴细胞球蛋白等）和清除 T 淋巴细胞是目前预防 GVHD 最常用的两种方法。注意观察患者用药后的反应；密切观察患者的病情变化，定

3. 肝静脉阻塞症（hepatic veno-occlusive disease，HVOD）：发病率约为10%，一般发生在移植后7～12天，主要原因是移植前超大剂量应用化疗药损伤肝细胞、肝血管内皮细胞，使局部呈高凝状态，导致肝静脉受阻。主要表现为体重增加、黄疸、右上腹痛、肝大及腹水。移植后1周，应注意观察患者是否有上述表现，并协助医生进行相关检查。

4. 间质性肺炎 间质性肺炎是异基因骨髓移植的严重并发症，主要与感染、全身照射及发生GVHD等有关，一般发生在移植后5～15周，起病急，进展快。临床表现为突发呼吸困难、发绀、低氧血症等。胸部X线检查呈弥漫性间质性改变。

5. 出血 每天监测血小板计数。观察患者是否有皮肤黏膜出血、内脏出血及颅内出血等表现。一旦发生出血，除应及时采取一般止血措施外，还可输注经白细胞过滤器滤过后的血小板予以止血。

【健康指导】

1. 饮食指导 指导患者进食营养丰富、清淡、易消化的食物；注意饮食卫生，多食新鲜蔬菜、水果，多饮水；注意维持饮食均衡，保证合理营养。

2. 活动指导 指导患者保证充足的休息和睡眠，每日睡眠时间应保证至少为8～10小时，进行适宜的活动和锻炼，保持乐观和良好的情绪状态。

3. 预防感染指导 指导患者避免去人多的公共场所；注意保暖，防止感冒；注意口腔和皮肤护理，勤洗澡，勤更衣；保持排便通畅，每次排便后用1∶5000高锰酸钾溶液坐浴。

4. 用药指导 指导患者遵医嘱用药（如环孢素、抗病毒药）。用药期间指导患者观察药物的不良反应。

5. 自我监测指导 指导患者定期到医院复查血常规、骨髓检查、肝功能、肾功能、电解质等；注意监测是否有疲乏、皮肤黏膜出血、感染、发热、腹泻等症状，出现异常应及时就医。

（吴 婷 周 颖）

# 自 测 题

## 一、选择题

**A1/A2型题**

1. 白血病的特异性体征是
   A. 头痛　　　　　　　B. 关节痛　　　　　　C. 胸骨下段压痛
   D. 肢体瘫痪　　　　　E. 皮肤瘀点

2. 需要对血液病患者进行保护性隔离的情况是白细胞计数低于
   A. $1.0 \times 10^9$/L　　B. $1.5 \times 10^9$/L　　C. $2.0 \times 10^9$/L
   D. $2.5 \times 10^9$/L　　E. $3.0 \times 10^9$/L

3. 原发免疫性血小板减少症的首选治疗药物是
   A. 阿司匹林　　　　　B. 泼尼松　　　　　　C. 酚磺乙胺
   D. 长春新碱　　　　　E. 环磷酰胺

4. 下列表现符合过敏性紫癜患者皮肤损伤特点的是
   A. 手、足部出现水疱　　　　　　　B. 出现面部蝶形红斑

C. 颈部出现红色环形皮损　　　　　　　　D. 关节处出现结节
E. 双下肢出现对称分布的紫癜

5. 血友病是遗传性疾病，其主要发病原因是
   A. 血小板生成不足　　　　　　　　　　B. 出血过多
   C. 凝血酶原缺乏　　　　　　　　　　　D. 毛细血管脆性试验呈阳性
   E. 骨髓造血异常

6. 应用雄激素治疗慢性再生障碍性贫血的主要机制是
   A. 修复造血微环境　　　　　　　　　　B. 调节机体免疫机制
   C. 诱导造血干细胞分化　　　　　　　　D. 促进血液循环
   E. 刺激肾分泌促红细胞生成素

7. 某急性白血病患者化疗期间，由于大量白血病细胞被杀灭，患者血液中尿酸浓度明显增高。一旦发生尿酸结石引起尿路梗阻时，护理人员可直接观察到的征象是
   A. 大量蛋白尿　　　　B. 大量混浊尿　　　　C. 少尿或无尿
   D. 酱油色尿　　　　　E. 金黄色尿

8. 护士夜间巡视病区，发现某急性白血病患者突然出现烦躁不安、呕吐、颈项强直，此时不应采取的护理措施是
   A. 使患者绝对安静平卧　　　　　　　　B. 予以头戴冰帽
   C. 予以吸氧　　　　　　　　　　　　　D. 建立静脉通道
   E. 通知外科医生准备手术

9. 患者，女性，31岁，近2个月反复出现双下肢紫癜，月经量增多。首选的检查项目是
   A. 血常规检查　　　　B. 凝血酶原时间测定　　C. 出血时间测定
   D. 维生素B检查　　　E. 毛细血管脆性试验

10. 患者，男性，40岁，血常规检查示：Hb 55 g/L。该患者的诊断是
    A. 轻度贫血　　　　　B. 中度贫血　　　　　　C. 重度贫血
    D. 极重度贫血　　　　E. 正常范围

11. 某女性青年，反复出现皮肤瘀点，并有鼻出血、月经过多，近来出现贫血、脾大。下列护理措施错误的是
    A. 适当限制活动　　　　　　　　　　　B. 预防各种创伤
    C. 尽量减少肌内注射　　　　　　　　　D. 保持鼻黏膜湿润，剥去鼻腔内的血痂
    E. 予以高蛋白、高维生素、低脂、易消化的饮食

12. 某患者1年前反复出现发热，全身有小出血点，伴头晕、乏力。入院查体：Hb 80 g/L，红细胞计数 $3 \times 10^{12}$/L，白细胞计数 $3 \times 10^9$/L，血小板计数 $70 \times 10^9$/L，无肝、脾、淋巴结肿大。本病的首选治疗药物是
    A. 铁剂　　　　　　　B. 雄激素　　　　　　　C. 糖皮质激素
    D. 维生素　　　　　　E. 免疫抑制剂

13. 患者，女性，35岁，出现不明原因牙龈渗血2个月，月经过多。诊断为原发免疫性血小板减少症。查血象示 WBC $6.8 \times 10^9$/L，Hb 110 g/L，PLT $53 \times 10^9$/L。下列不支持本病诊断的实验室检查是
    A. 出血时间正常　　　　　　　　　　　B. 血小板寿命缩短
    C. 血块回缩不良　　　　　　　　　　　D. 血小板相关免疫球蛋白增高
    E. 血小板计数减少

14. 患儿，男，8岁，以突发脐周绞痛伴恶心、呕吐、便血入院，入院后诊断为过敏性紫

癜，下列护理措施不正确的是
    A. 卧床休息
    B. 注意观察尿液变化
    C. 必要时予以静脉营养
    D. 加强营养，予以高蛋白、高热量、富含纤维素的饮食
    E. 遵医嘱予以解痉药

15. 患者，男性，25岁，诊断为重型再生障碍性贫血，其早期突出表现是
    A. 贫血          B. 黏膜溃疡        C. 出血与感染
    D. 骨髓增生程度减低    E. 食欲减退

16. 患者，女性，27岁，患重型再生障碍性贫血，住院期间突然出现视物模糊、头晕、头痛、呕吐，出现以上症状的原因可能是
    A. 严重感染       B. 颅内出血        C. 皮肤黏膜出血
    D. 胃黏膜出血      E. 脑血栓

17. 营养室为血液病患者制订的菜谱中包括猪肝、鸡蛋黄、豆类、海带、番茄和菠菜。此菜谱最适合的血液病患者是
    A. 急性白血病患者        B. 再生障碍性贫血患者
    C. 肾性贫血患者         D. 缺铁性贫血患者
    E. 原发免疫性血小板减少症患者

### A3 型题

（18~19 题共用题干）

张先生，30岁，患有胃溃疡，经常发生胃出血；实验室检查：Hb 90 g/L，RBC $3.8\times10^{12}$/L，确诊为缺铁性贫血。

18. 该患者贫血可能的原因是
    A. 慢性失血      B. 蛋白质丢失      C. 缺乏维生素 $B_{12}$
    D. 缺乏胃蛋白酶    E. 缺乏叶酸

19. 在治疗过程中，关于口服铁剂的注意事项，错误的是
    A. 向患者说明服用铁剂后可出现黑便
    B. 服用铁剂前后 1 h 禁饮浓茶
    C. 避免铁剂与牛奶同服
    D. 服用铁剂时应用吸管将其吸入咽下
    E. 症状改善后可停药

（20~22 题共用题干）

患儿，9岁，因反复出现发热、皮下出血、牙龈出血1个月入院。入院后查体：T 38.5 ℃，P 68 次/分，R 18 次/分，BP 135/85 mmHg。胸骨压痛（+），肝、脾触及肿大。辅助检查：WBC $42\times10^9$/L，RBC $3.0\times10^{12}$/L，血红蛋白 82 g/L，血小板计数 $45\times10^9$/L，其中，L 50%。

20. 该患儿最有可能的诊断是
    A. 红白血病       B. 慢性粒细胞白血病    C. 急性淋巴细胞白血病
    D. 急性单核细胞白血病  E. 急性巨核细胞白血病

21. 在就诊过程中，患儿出现头痛、呕吐等不适，最有可能发生的是
    A. 中枢神经系统白血病  B. 脑膜炎         C. 脑出血
    D. 颅内压增高      E. 脑疝

22. 针对该患儿的病情，首选的治疗药物是
    A. 长春新碱、阿糖胞苷	B. 长春新碱、泼尼松
    C. 柔红霉素、泼尼松	D. 柔红霉素、阿糖胞苷
    E. 环磷酰胺、干扰素

（23～25题共用题干）

钱女士，20岁，因发热、咽痛1周入院，诊断为急性淋巴细胞白血病。

23. 下列属于白血病细胞浸润所致的体征是
    A. 皮肤紫癜	B. 扁桃体充血、肿大	C. 胸骨下段压痛
    D. 面色苍白	E. 发热
24. 李女士体温达41℃，对其采取的降温措施不恰当的是
    A. 冷敷	B. 鼓励患者饮水	C. 乙醇擦浴
    D. 应用解热药	E. 温水擦浴
25. 静脉注射长春新碱时，药液漏出血管外，下列处理措施错误的是
    A. 尽量回抽局部渗液
    B. 外渗局部予以0.5%普鲁卡因进行局部封闭
    C. 抬高患肢
    D. 外渗局部予以热敷
    E. 局部涂抹解毒药或氢化可的松

## 二、案例分析题

1. 患者李某，女性，25岁，因"头晕、乏力伴面色苍白3个月，症状加重1个月"入院。患者3个月前发生不全流产，之后每次月经持续10天左右，月经量多；平素喜食素食，嗜饮浓茶。查体：皮肤、黏膜苍白，发毛稀疏无光。指端苍白，指甲脆裂，呈匙状。实验室检查：Hb 60 g/L，RBC $3.5 \times 10^{12}$/L，WBC $9.8 \times 10^9$/L，PLT $130 \times 10^9$/L，红细胞呈小细胞低色素性，血清铁 6.5 μmol/L；骨髓检查：红系细胞增生活跃，骨髓铁染色呈阴性。

请问：
（1）该患者最可能的医疗诊断是什么？
（2）该患者目前主要的护理问题有哪些？
（3）该患者目前主要的治疗方法是什么？

2. 患者，男性，28岁，皮革厂工人，出现头晕、皮肤瘀点和瘀斑、牙龈出血、心悸、乏力2个月，3天前受凉后出现发热、咽痛。体格检查：T 38.9℃，P 95次/分，R 24次/分，BP 110/70 mmHg，精神欠佳，面色苍白，咽部充血，扁桃体Ⅱ度肿大，浅表淋巴结未触及肿大。实验室检查：Hb 70 g/L，RBC $3.1 \times 10^{12}$/L，WBC $3.2 \times 10^9$/L，PLT $20 \times 10^9$/L，网织红细胞绝对值 $13 \times 10^9$/L；骨髓检查：红系、粒系细胞增生减低，全片查见巨核细胞1个。

请问：
（1）该患者最可能的医疗诊断是什么？
（2）该患者目前主要的护理问题有哪些？

3. 患者，女性，26岁，油漆工人，出现牙龈出血、鼻出血1个月，自感乏力，皮肤有多处大小不等的瘀斑。体格检查：T 39.5℃，P 88次/分，R 24次/分，BP 100/70 mmHg，

精神欠佳,肝肋下 2 cm,脾肋下 3 cm,腹股沟淋巴结肿大。实验室检查:Hb 80 g/L,RBC $2.8\times10^{12}$/L,WBC $25\times10^9$/L,PLT $60\times10^9$/L,分类 80% 为原始、幼稚淋巴细胞;骨髓象可见增生极度活跃,分类中可见大量原淋巴细胞、幼淋巴细胞增生。

**请问:**
(1)该患者最可能的医疗诊断是什么?
(2)该患者目前主要的对症护理有哪些?
(3)如果患者需要化疗,首选的化疗方案是什么?

4. 患儿,男,12 岁,半个月前因受凉而出现发热、咽痛、乏力等不适。近日患者全身皮肤出现瘀点、紫癜等,以双下肢分布较多,呈对称性。血液检查:WBC $10.7\times10^9$/L,RBC $3.9\times10^{12}$/L,血红蛋白 106 g/L,血小板计数 $25\times10^9$/L。毛细血管脆性试验(+)。

**请问:**
(1)该患儿最可能的医疗诊断是什么?
(2)目前患儿存在的护理问题有哪些?

> **思政园地**
>
> **"癌症诱导分化之父"王振义**
>
> 　　王振义,内科血液学专家,被誉为"癌症诱导分化之父"。1948 年毕业于上海震旦大学医学院,1994 年当选为中国工程院院士,2011 年 1 月获得 2010 年度国家最高科学技术奖;同年 12 月 10 日,国际小行星中心发布第 77507 号公报,将第 43259 号小行星永久命名为"王振义星"。2020 年 9 月,王振义获得 2020 未来科学大奖生命科学奖。王振义长期以来从事内科血液学领域的研究及临床工作,开创了白血病和肿瘤的诱导分化疗法。他创造性地提出了"全反式维 A 酸联合三氧化二砷"的治疗方法,让这种曾被视为最凶险的白血病,成为世界上第一种可被治愈的白血病。该治疗方法阐明了其遗传学基础与分子机制,树立了基础与临床结合的典范,与青蒿素的发明等并称为"新中国对世界医学的八大贡献"。
>
> 　　王振义院士说:"我这一辈子治好了一种病。但是,我最遗憾的是只治好了这一种病,还有很多疾病没有攻克。患者需要我们,我们每个人都要不断学习和创新,更好地为患者服务。"为了让患者都支付得起治疗白血病的药,王振义院士放弃了申请专利,让全球万千患者获得新生。

# 第七章　内分泌系统疾病患者的护理

## 学习目标

1. 说出内分泌系统常见疾病患者的身体状况、护理措施。
2. 描述内分泌系统常见疾病患者的辅助检查、治疗要点。
3. 简述内分泌系统常见疾病的病因与发病机制。
4. 能够对内分泌系统常见疾病患者进行护理评估、提出护理诊断，并采取相应的护理措施。
5. 运用所学知识感悟医者仁心、不畏艰难、勇于创新、甘于奉献的精神。

内分泌系统是由人体不同部位的内分泌腺及存在于机体某些器官中的内分泌组织和细胞共同组成的一个具有重要功能的调节系统，可以释放各种激素，主要经血液循环运输到各效应器官发挥作用，进而调节机体的生长、发育、代谢、生殖等重要的生命活动。内分泌系统的重要结构是下丘脑-垂体-靶腺轴。其中，下丘脑是人体最重要的神经内分泌器官，是神经系统和内分泌系统联系的枢纽，可分泌多种调节肽和促激素。正常生理情况下，内分泌系统、神经系统和免疫系统相互配合，使机体得以适应不断变化的外界环境，并保持内环境的相对稳定。

【内分泌系统的结构与功能】

（一）内分泌腺、内分泌组织和细胞

1. 内分泌腺　主要包括下丘脑、垂体、甲状腺、甲状旁腺、胰岛、肾上腺和性腺等。

（1）下丘脑：内分泌腺直接由下丘脑调控。下丘脑具有神经分泌细胞的功能，可以合成释放激素和抑制激素，通过垂体-门静脉系统进入腺垂体，调节各种分泌细胞激素的合成和分泌。下丘脑分泌的促激素主要有：促甲状腺激素释放激素（thyrotropin releasing hormone，TRH）、促性腺激素释放激素（gonadotropin-releasing hormone，GnRH）、生长激素释放激素（growth hormone-releasing hormone，GHRH）、促肾上腺皮质激素释放激素（corticotropin-releasing hormone，CRH）、催乳素释放素（prolactoliberin；prolactin releasing hormone，PRH）、促黑素细胞激素释放因子（melanocyte stimulating hormone releasing factor，MRF）；抑制激素主要有：生长激素释放抑制激素（growth hormone release inhibiting factor，GHRIF）（生长抑素简称）、催乳素释放抑制因子（prolactin release inhibiting factor，PRIF）、促黑素细胞激素释放抑制因子（melanocyte stimulating hormone release inhibiting factor，MIF）。

（2）垂体：分为腺垂体和神经垂体两部分。垂体分泌的促激素对周围相应靶腺合成及释放激素起调节作用。腺垂体主要分泌促甲状腺激素（thyrotropin；thyroid-stimulating hormone，TSH）、促肾上腺皮质激素（corticotropin；adrenocorticotropic hormone，ACTH）、黄体生成素（luteinizing hormone，LH）、促卵泡激素（follicle-stimulating hormone，FSH）、生长激素（growth hormone，GH）、催乳素（prolactin，PRL）、促黑素细胞激素（melanocyte stimulating hormone，MSH）；神经垂体可储存和释放下丘脑分泌的抗利尿激素和催产素。

（3）甲状腺：是人体最大的内分泌腺体，其主要作用是合成与分泌甲状腺素即四碘甲腺原氨酸（thyroxine，$T_4$）及三碘甲状腺原氨酸（3,5,3'-triiodothyronine，$T_3$），其作用是促进机体能量代谢、物质代谢和生长发育。甲状腺滤泡旁细胞（C 细胞）可分泌降钙素（calcitonin，CT），其作用是抑制骨钙的重吸收，降低血钙水平。

（4）甲状旁腺：可分泌甲状旁腺激素（parathyroid hormone，PTH），其主要作用是促进破骨细胞活动，促进肾小管对钙的重吸收，并与降钙素及 1,25- 二羟维生素 $D_3$[ $1,25(OH)_2D_3$ ] 共同调节体内的钙、磷代谢，维持血钙平衡。

（5）胰岛：是散布在胰腺各处的大小不等、形状不定的细胞团，主要分泌胰岛素和胰高血糖素。胰岛素的作用是：促进葡萄糖的利用及肝糖原合成，抑制糖异生，促进葡萄糖转变为脂肪酸并储存于脂肪组织而使血糖下降；促进蛋白质、DNA 和 RNA 等的合成，抑制脂肪、糖原及蛋白质的分解，从而调节血糖，使其保持相对稳定。胰高血糖素与胰岛素的作用相反，可促进肝糖原分解和糖异生，促进脂肪、蛋白质分解，使血糖升高，对胰岛素起拮抗作用。

（6）肾上腺：分为皮质和髓质两部分。肾上腺皮质可分泌糖皮质激素（主要是皮质醇）、盐皮质激素（主要是醛固酮）和性激素（少量雄激素及微量雌激素）。皮质醇可抑制蛋白质合成，并促进其分解，使脂肪重新分布，同时具有抑制免疫功能、抗炎、抗过敏、抗病毒和抗休克等作用。醛固酮可促进肾远曲小管和集合管重吸收钠、水和排出钾。性激素具有促进蛋白质合成及骨骺愈合的作用。肾上腺髓质可分泌肾上腺素和去甲肾上腺素。肾上腺素是一种儿茶酚胺类激素，主要作用于 α 和 β 受体，使皮肤、黏膜、肾血管收缩，使骨骼肌动脉和冠状动脉扩张，改善心肌供血，提高心肌兴奋性，并扩张支气管平滑肌。去甲肾上腺素主要作用于 α 受体，具有强烈的收缩血管及正性肌力作用，可以使血压升高。

（7）性腺：男性性腺为睾丸，主要分泌雄激素。雄激素的作用是刺激男性性器官发育和男性第二性征的出现，并使其维持成熟状态，同时促进蛋白质合成、骨骼生长、红细胞生成，以及促进精子生成等。女性性腺为卵巢，主要分泌雌激素和孕激素。雌激素的主要作用是刺激女性性器官发育和女性第二性征的出现，并使其维持正常状态；孕激素主要为孕酮（又称黄体酮），在水、钠代谢方面有抗醛固酮作用。

2. 弥散性神经内分泌细胞系统　是指除神经组织以外各组织的神经内分泌细胞，主要分布于胃、肠、胰腺和肾上腺髓质，具有合成和旁分泌肽类与胺类激素的作用。

3. 组织的激素分泌细胞　绝大多数组织均含有能自身合成和分泌激素的细胞。

（二）激素

激素是由内分泌细胞分泌的微量活性物质，也是通过与靶细胞受体结合而发挥调节作用的化学信使。其分子结构明确者称为激素（hormone），结构尚不明确者称为因子（factor）。

1. 激素的分类　根据其化学结构可分为 4 类：肽类激素、氨基酸类激素、胺类激素和类固醇激素。

（1）肽类激素：如胰岛素、生长激素、促肾上腺皮质激素、降钙素等。

（2）氨基酸类激素：包括甲状腺素（$T_4$）、三碘甲状腺原氨酸（$T_3$），由酪氨酸与碘偶联而成。

（3）胺类激素：由氨基酸转化而来，如由酪氨酸转化而来的肾上腺素、去甲肾上腺素、多巴胺，由色氨酸转化而来的褪黑素等。

（4）类固醇激素：类固醇激素由胆固醇转换而来，包括糖皮质激素、雄激素、雌激素和活性维生素 $D_3$ 等。

2. 激素的分泌方式

（1）内分泌（endocrine）：是指内分泌腺体分泌的激素先进入毛细血管，再经腺体静脉进入体循环，随血液分布于机体的各种组织器官中，在靶细胞与受体结合而发挥生理作用的现象。

（2）旁分泌（paracrine）：是指激素在产生的局部发挥作用的分泌方式，如胃肠激素、生长因子、免疫因子等一般不进入血液，仅（或主要）通过细胞外液在局部或向周围弥散，在局部发挥作用。

（3）胞内分泌（intracrine）：即细胞内的化学物质直接作用于自身细胞，是细胞自我调节的重要方式之一。

（4）神经分泌（neurocrine）：是指由神经细胞分泌的神经激素（neurohormone），沿轴突末梢运送至所支配的组织，调节靶细胞激素的合成和分泌。

3. 激素的降解与转换　激素通过血液、淋巴液和细胞外液转运到靶细胞部位发挥作用，并经肝、肾和靶细胞代谢降解而灭活。激素水平是否能够保持动态平衡，决定于激素的分泌、在血液中与蛋白质的结合及最终的降解。其中，最主要的决定因素是激素的生成和分泌情况。

4. 激素的作用机制　激素要发挥作用，首先必须转变为具有活性的激素，如 $T_4$ 转变为 $T_3$，以便与其特异性受体结合。根据激素受体所在部位的不同，可将激素的作用机制分为两类，一类是作用于细胞膜受体，如肽类激素、胺类激素、细胞因子、前列腺素；另一类是作用于细胞核内受体，如类固醇激素、$T_3$、维生素 D、维生素 A。受体有两个主要的功能，一是识别微量的激素，二是与激素结合后，将信息在细胞内转变为生物活性物质。

5. 激素与神经系统、免疫系统的调节　下丘脑是联系神经系统和内分泌系统的枢纽，与垂体构成一个神经内分泌轴。内分泌系统直接由下丘脑调控，以调节周围的内分泌腺和靶组织。而下丘脑、垂体与靶腺之间又存在反馈调节。例如，垂体激素可通过血液、脑脊液或垂体-门静脉系统的逆向血流与扩散作用，反馈作用于下丘脑，甚至更高级的神经中枢；其他内分泌激素（如皮质醇、$T_3$、$T_4$、儿茶酚胺、雌二醇等）对中枢神经系统功能也具有重要的调节作用。反馈调节是内分泌系统的主要调节机制，可以使相距较远的腺体之间相互联系，彼此配合，保持机体内环境的稳定，并抑制各种病理状态。

6. 激素间的相互调节　机体内的任何一种激素的合成和分泌都受到另一种（些）激素的调控。除反馈环内的激素调节作用外，其他激素往往可直接或间接影响其分泌。激素间的调节可以分为两种形式：一种激素调节多种激素的分泌；多种激素调节一种激素的分泌。

内分泌疾病是由遗传、自身免疫、感染、肿瘤、营养障碍和精神创伤等各种原因引起的内分泌腺病变。根据病理生理可分为内分泌腺体功能亢进、减退及正常；根据病变发生部位可分为原发性（发生在靶腺）和继发性（发生在下丘脑和垂体）。

【内分泌疾病的分类】

内分泌疾病的发生，是由于内分泌腺及组织发生病理改变，导致激素分泌过多或不足，引起内分泌功能亢进或减退。

1. 激素产生过多　①内分泌腺肿瘤：如垂体肿瘤、甲状腺腺瘤、胰岛素瘤、嗜铬细胞瘤、多囊卵巢综合征等。②多内分泌腺瘤：1型、2A型、2B型。③异位内分泌综合征：由非内分泌组织肿瘤分泌过多激素或类激素所致。④激素代谢异常：如严重肝病患者血液中雌激素水平增加，雄烯二酮在周围组织转变为雌二醇增多。⑤医源性内分泌紊乱：如长期应用糖皮质激素。

2. 激素产生过少　①内分泌腺被破坏：可因自身免疫病（如1型糖尿病、桥本甲状腺炎、Addison病等）、肿瘤、出血、梗死、炎症、坏死、放射损伤、手术切除等引起。②内分泌腺激素合成缺陷：如生长激素基因缺失或突变、激素合成过程中的酶基因缺陷等。③内分泌腺以外的疾病：如肾实质破坏性疾病。④激素缺乏：发生在激素、激素受体、转录因子、酶的基因突变。

3. **激素抵抗** 激素受体突变或者受体后信号转导途径异常,导致激素不能对靶组织发挥生物学作用。临床多表现为功能减退或正常,但是血液中激素水平异常增高,如生长激素受体基因突变可导致拉龙综合征。

# 第一节 内分泌系统疾病常见症状与体征的护理

内分泌及代谢性疾病大多为慢性过程,可影响机体的生长发育、营养代谢、神经调节等。患者常出现身体外形改变、营养失调,以及水、电解质代谢紊乱等。因此,在对内分泌及代谢性疾病患者的护理过程中,加强人文关怀、予以心理疏导并进行健康教育具有重要的意义。

## 一、身体外形的改变

身体外形的改变包括身材过高与矮小、特殊面容、毛发和皮肤改变、生殖器幼稚等。

【护理评估】

(一)病因与发病机制

引起身体外形改变的常见病因有侏儒症、肢端肥大症、巨人症、呆小症、库欣综合征、甲状腺功能亢进症或甲状腺功能减退症、嗜铬细胞瘤、内分泌腺的恶性肿瘤等。

(二)身体状况

主要包括体型、毛发、面容、皮肤变化及营养状况等。

1. **一般情况** 评估患者身体外形改变的原因、发生改变的时间,是否有伴随症状,治疗及用药情况等。

2. **体型** 体型是身体各部发育的外观表现,包括骨骼、肌肉的发达程度与脂肪分布情况等。BMI 18.5～23.9 为正常,BMI 24.0～27.9 为超重,BMI≥28.0 为肥胖,BMI＜18.5 为消瘦。体重超过标准体重的 20% 或 BMI≥28.0 kg/m² 者称为肥胖;体重低于标准体重 10% 以上或 BMI＜18.5 kg/m² 者称为消瘦。腺垂体功能亢进时,生长激素分泌过多,如在青春期前骨骺未闭合,则体格可异常高大,称为巨人症;如在青春期后,骨骺已闭合,则表现为肢端肥大。反之,垂体功能减退时,体格可异常矮小,称为垂体性侏儒症。小儿患甲状腺功能减退症时,不仅体格矮小,还伴有智力低下,称为呆小症。库欣综合征患者由于皮质醇一方面可动员脂肪,使三酰甘油分解为甘油和脂肪酸,同时阻碍葡萄糖进入脂肪细胞,进而抑制脂肪的合成;另一方面可促进糖异生,使血糖升高,刺激胰岛素分泌而促进脂肪合成。上述两方面因素对机体的脂肪动员和合成都具有促进作用,使脂肪重新分布,引起向心性肥胖、满月脸、水牛背等。

3. **毛发** 毛发的质地、分布改变表现为多毛、毛发稀疏和脱落、发质干燥以及毛发变细。皮质醇增多症患者由于肾上腺分泌皮质醇增多,可出现多毛。甲状腺功能减退症患者可出现头发干燥、稀疏、脆弱,睫毛和眉毛脱落(尤以眉梢为甚),男性胡须生长缓慢。

4. **面容** 内分泌疾病可以引起典型的面容和表情变化,肢端肥大症面容表现为脸部增长、下颌增大、颧骨突出、唇增厚等;甲状腺功能亢进症患者的典型甲亢面容表现为眼裂增宽、表情惊愕、眼球突出;甲状腺功能减退症患者面容的变化可表现为颜面部水肿、表情淡漠的"假面具"样面容;库欣综合征患者的面容表现为典型的满月脸。

5. **皮肤黏膜色素沉着** 由于表皮基底层黑色素增多,导致皮肤色泽加深,称为色素沉着。原发性慢性肾上腺皮质功能减退症患者,由于促肾上腺皮质激素分泌增多,可出现皮肤、黏膜色素沉着,尤以皮肤摩擦处、暴露处和掌纹、乳晕、瘢痕等处明显。异位促肾上腺皮质激素综合征患者,由于肿瘤产生大量 ACTH、β-促脂素(β-lipotropin)等,这些激素均含有促黑素细胞活性的肽段,故患者表现为皮肤色素明显加深,具有诊断意义。重症库欣病患者也可出现较深的皮肤色素沉着。

### （三）心理、社会状况

评估患者的身体外形改变是否导致患者出现自卑、紧张、焦虑、抑郁等心理，以及身体外形的改变对患者生活、学习及工作的影响程度。

### （四）辅助检查

检查垂体功能、甲状腺功能、甲状旁腺功能和肾上腺皮质功能是否有异常，胰岛素水平是否发生变化；CT 和 MRI 检查对某些内分泌疾病有定位诊断价值；B 超检查常用于甲状腺、肾上腺、胰腺、性腺和甲状旁腺肿瘤的定位诊断。

【主要护理诊断/问题】

体象障碍　与疾病引起身体外形改变等因素有关。

【护理措施】

### （一）改善营养状况

很多患者伴有营养失调，应针对患者的具体情况，指导患者科学地制订饮食计划，以改善患者的营养状态。

### （二）自我修饰指导

指导患者适当地进行自我修饰，以增强患者的自信心，并提高舒适度。例如，甲状腺功能亢进症突眼患者外出时可以戴深色眼镜；甲状腺明显肿大的患者可以用丝巾来掩饰颈部；体型异常的患者可以选择合适的服饰等。

### （三）心理护理

积极与患者沟通，耐心倾听患者的诉说，鼓励患者表达内心的感受；耐心解答患者的疑惑，向患者讲解疾病相关知识；向患者介绍治疗成功的病例，以消除其紧张情绪，使其增强战胜疾病的信心；关注患者的心理变化，预防患者出现极端行为，必要时请心理医生予以心理疏导。

### （四）争取社会支持

鼓励患者积极参加各种社交活动，获得家属和社会的支持，消除歧视，使患者得到尊重，以减轻患者的焦虑、抑郁情绪。

## 二、生殖发育及性功能异常

生殖发育及性功能异常包括生殖器官发育迟缓或发育过早、性欲减退或丧失，女性月经紊乱、溢乳、闭经或不孕，男性勃起功能障碍或乳房发育。

【护理评估】

### （一）病因与发病机制

下丘脑综合征可导致性欲减退或亢进，女性月经失调，男性阳痿、不育；从儿童期开始，腺垂体分泌生长激素不足或性激素分泌不足可导致青春期性器官仍不发育，第二性征缺如；青春期前开始，性激素或促性腺激素分泌过早、过多可导致性早熟。

### （二）身体状况

1. 一般情况　评估患者性功能异常的发生原因、主要症状、性欲改变情况；了解女性患者的月经史及生育史，男性患者是否有勃起功能障碍。

2. 症状和体征　评估患者是否有皮肤干燥、粗糙，毛发脱落、稀疏或增多，女性是否有闭经、溢乳，男性是否有乳房发育。观察患者的外生殖器发育是否正常，是否有畸形。库欣综合征女性患者由于肾上腺分泌皮质醇过多以及雄激素和皮质醇对垂体促性腺激素的抑制作用，可发生多囊卵巢综合征。大多数患者可出现月经减少、不规则或停经，轻度脱毛，痤疮常见，明显男性化（乳房萎缩、长出胡须、喉结增大、阴蒂肥大）者少见，但若出现，则应警惕是否发生肾上腺癌。男性患者性欲可减退，阴茎缩小、睾丸变软，这与大量皮质醇抑制垂体促性腺激素有关。

#### （三）心理、社会状况

评估性功能异常对患者心理的影响，患者是否有焦虑、抑郁、自卑等情绪反应，对治疗是否有信心。评估患者家属对疾病的认知情况及其对患者的态度和支持情况。

#### （四）辅助检查

测定性激素水平是否有变化。

【主要护理诊断/问题】

性功能障碍　与内分泌功能紊乱、性激素分泌异常有关。

【护理措施】

#### （一）环境准备

为患者提供一个隐蔽、舒适的环境，选择恰当的时间，鼓励患者描述性功能、性活动与性生活的现状，对其存在的问题进行开放式讨论。

#### （二）专业指导

1. **尊重患者**　护士应理解患者讨论性问题时所表现出的焦虑情绪。鼓励患者说出有关性生活或性功能方面的困扰。耐心向患者讲解疾病相关知识以及药物治疗的作用，使患者树立战胜疾病的信心，积极配合治疗。

2. **提供相关的信息咨询服务**　如专业医师指导、心理咨询、性咨询门诊等。

3. **健康指导**　鼓励患者与配偶交流彼此的感受，并参加性健康教育活动及阅读有关性教育的资料。女性患者若有性交痛，则可建议其使用润滑剂。

### 三、营养状态及代谢功能异常

根据评估对象的皮肤、毛发、皮下脂肪、肌肉的发育情况综合判断其营养状态。内分泌及代谢性疾病可引起患者食欲亢进或减退、营养不良或肥胖。排泄是指将代谢过程中产生的废物和未消化的产物排出体外的过程。排泄对维持机体的体液、电解质平衡和营养均衡具有至关重要的作用。

【护理评估】

#### （一）病因与发病机制

1. **营养性疾病**　机体对各种营养物质均有一定的需要量、允许量和耐受量，因此，一种或多种营养物质不足、过多或比例不当，均可引起营养性疾病。营养性疾病一般按某一营养物质的不足或过多分类，也可以根据发病原因分为原发性营养失调和继发性营养失调两大类。

（1）原发性营养失调：是由于营养物质摄入不足、过多或比例不当引起的，而非由于器质性或功能性疾病所致。例如，蛋白质摄入不足可引起蛋白质缺乏症，能量摄入超过机体消耗量时，可引起单纯性肥胖症。

（2）继发性营养失调：是由于器质性或功能性疾病所导致的营养失调，而非营养物质供给不当所引起。常见原因：①进食障碍。②消化、吸收障碍，消化道疾病，运输维生素 $B_{12}$ 的球蛋白先天性缺乏，可由某些药物（如新霉素、考来烯胺、双胍类降血糖药）引起。③物质合成障碍，如肝硬化失代偿期，由于清蛋白合成障碍，可引起低清蛋白血症。④机体对营养需求的改变，例如，发热、甲状腺功能亢进症、肿瘤、慢性消耗性疾病、大手术后，以及某生理性因素（如生长发育、妊娠），机体需要的营养物质增加，若供应不足，则可导致营养缺乏。⑤排泄失常，如多尿可导致脱水，腹泻可导致低钾血症，长期大量蛋白尿可导致低清蛋白血症。

2. 代谢性疾病　一般是指由于某个中间代谢环节障碍所导致的疾病。以原发器官疾病为主引起的代谢障碍则属于该器官疾病的范畴。但这种划分方法是人为的，有时二者之间没有明确的界限。例如糖尿病，根据其是由于糖代谢障碍引起的疾病，可将其归类为代谢性疾病，也可根据其胰岛素相对或绝对不足而将其归类为内分泌疾病。代谢性疾病一般根据中间代谢的主要途径和先天性代谢缺陷与环境因素的主次来分类。导致中间代谢某个环节障碍的诸多因素，大致可分为先天性代谢缺陷和遗传因素以及环境因素两大类。

（1）先天性代谢缺陷和遗传因素：大多数是由于细胞内酶系缺陷或膜转运异常所致，具有遗传倾向。酶系缺陷可使代谢途径方向改变和（或）合成途径的反馈调节紊乱，导致代谢产物缺失或过多，中间产物堆积或转变为毒性代谢产物，引起相应的病理改变和临床表现。

（2）环境因素：饮食不当、药物、理化因素、创伤、感染、器官疾病、精神疾病等，是造成代谢障碍的常见原因，如大手术后出现负氮平衡，发生慢性肾衰竭时出现钙、磷代谢障碍，以及水、电解质和酸碱平衡紊乱等。

（二）身体状况

1. 一般情况　评估患者的发病因素、每日进食情况（包括食物的种类、质量、形式），以及患者的饮食习惯和嗜好等。评估患者的家族史时，应进行详细的家系调查，包括男女双方3～4代直系和旁系亲属的情况。

2. 营养状态　需注意体格发育的营养状态、体型和骨骼、精神状态、智力情况，以及毛发、皮肤、四肢、结膜、视网膜、视力、听力和舌、齿、肝、脾等。

（三）心理、社会状况

评估患者是否有紧张、焦虑等心理反应；评估患者家属对疾病的认知程度及其对患者的态度和支持情况。

（四）辅助检查

1. 代谢紊乱的相关检查　检查血糖、血电解质（钠、钾、氯、钙、镁、磷等）、血脂浓度等，以判断患者是否有内分泌及代谢性疾病引起的水、电解质紊乱和酸碱平衡失调。葡萄糖耐量试验常用于了解和评估患者的糖代谢功能是否异常。血气分析检查结果可反映患者是否有酸碱平衡失调。

2. 其他检查　包括血常规、尿常规和粪便常规检查，溶血及凝血功能检查，组织病理和细胞学检查，血氨基酸分析，以及基因诊断等。

【主要护理诊断/问题】

营养失调　与机体营养失调或代谢紊乱有关。

【护理措施】

详见本章第四节"糖尿病患者的护理"。

## 第二节　腺垂体功能减退症患者的护理

### 案例导入 7-1

患者，女，45岁，以"垂体瘤术后10年，闭经、毛发脱落5年，恶心、呕吐2天"为主诉入院。患者于10年前因头痛而就诊，检查发现垂体占位性病变，行垂体瘤切除术，术后未服药；5年前无明显诱因出现月经量减少直至闭经，伴阴毛和腋毛脱落，同时出现乏力、畏寒、食欲减退，未进行系统诊治；2天前无明显诱因出现恶心、呕吐。体格检查：T 36.2 ℃，

P 60次/分，R 17次/分，BP 100/65 mmHg。头颅 CT 检查显示：垂体窝内脑脊液信号影，考虑为空泡蝶鞍。

**问题与思考：**
1. 该患者最可能患什么疾病？
2. 该患者目前存在的护理问题有哪些？

腺垂体功能减退症（anterior pituitary hypofunction）是由多种病因导致的一种或多种腺垂体激素减少或缺乏的一组临床综合征。由于腺垂体分泌细胞受到下丘脑各种激素（因子）的直接影响，腺垂体功能减退可原发于垂体病变，或继发于下丘脑病变，表现为甲状腺、肾上腺、性腺等靶腺功能减退和（或）鞍区占位性病变。患者的临床症状差异较大，可长期延误诊断，但补充所缺乏的激素后，症状可迅速缓解。

【病因及发病机制】

1. 遗传因素　由于基因突变或缺陷导致腺垂体激素分泌不足，如垂体先天发育缺陷。
2. 垂体瘤　是成人最常见的病因，多数属于良性肿瘤。腺瘤可分为功能性腺瘤（催乳素瘤、生长激素瘤、促肾上腺皮质激素腺瘤）和非功能性腺瘤（无生物学作用，但可产生激素前体）。腺瘤增大可压迫正常垂体组织，引起腺垂体功能减退。
3. 下丘脑病变　肿瘤、炎症、浸润性病变（如淋巴瘤、白血病）、肉芽肿（如结节病）等，可直接破坏下丘脑神经分泌细胞，使释放激素分泌减少。
4. 垂体缺血性坏死　妊娠期腺垂体增生、肥大，血供丰富，围生期由于某种原因引起大出血、休克、血栓形成，使腺垂体大部分缺血、坏死和纤维化，临床上称为希恩（Sheehan）综合征。糖尿病血管病变引起垂体供血障碍，也可导致垂体缺血性坏死。
5. 蝶鞍区手术、放疗及创伤　垂体瘤切除可能损伤垂体组织，术后放疗可加重垂体损伤。严重头部损伤可引起颅底骨折、损毁垂体柄和垂体-门静脉血液供应。鼻咽癌放疗也可损坏下丘脑和垂体，引起腺垂体功能减退。
6. 垂体感染和炎症　巨细胞病毒、HIV、结核分枝杆菌、真菌等感染引起的脑炎、脑膜炎、流行性出血热、梅毒或疟疾等，可导致下丘脑和垂体受损，引起腺垂体功能减退。
7. 其他　长期使用糖皮质激素、垂体瘤内突然出血、空泡蝶鞍、颞动脉炎、海绵窦处颈内动脉瘤、淋巴细胞性垂体炎等，均可引起腺垂体功能减退。

【护理评估】

（一）健康史

详细了解患者的起病时间，是否有诱因，发病的缓急，主要症状及其特点。评估患者的全身情况，如生命体征和营养状况等是否发生改变，是否有体力减退等。评价患者既往的检查、治疗经过及效果，是否遵从医嘱进行治疗，以及目前使用药物的种类、剂量、用法和疗程。

（二）身体状况

1. 症状、体征　据统计，约 50% 以上的腺垂体组织破坏后才引起症状；75% 的腺垂体组织被破坏时，患者可有明显的临床表现；腺垂体组织破坏达 95% 时，患者可出现严重的垂体功能减退。最早表现为卵泡刺激素、黄体生成素、生长激素和催乳素缺乏，促甲状腺激素缺乏次之，继而可伴有促肾上腺皮质激素缺乏。希恩综合征患者多表现为全垂体功能减退，但无占位性病变表现。垂体功能减退主要表现为各靶腺（性腺、甲状腺、肾上腺）功能减退。

（1）性腺功能减退：常最早出现。女性患者多有产后大出血、休克和昏迷病史，表现为产后无泌乳、乳房萎缩、停经、性欲减退、不孕、性交痛等。检查可见阴道分泌物减少，外阴、子宫和阴道萎缩，毛发脱落，尤以阴毛、腋毛脱落明显。成年男性患者表现为性欲减退、勃起功能障碍，检查睾丸松软、缩小，胡须、腋毛和阴毛稀少，无男性气质，皮脂分泌减少，骨质疏松。

（2）甲状腺功能减退：患者表现为畏寒、嗜睡、反应迟钝、精神淡漠、面色苍白、皮肤干燥、粗糙、少汗、弹性差。严重者可出现黏液性水肿、食欲减退、便秘、抑郁、精神异常、心率减慢等。

（3）肾上腺皮质功能减退：患者常表现为明显疲乏、软弱无力、畏寒、恶心、呕吐、体重减轻、血压偏低。由于促黑素细胞激素减少，患者可有皮肤色素减退，面色苍白，乳晕色素浅淡，应与原发性慢性肾上腺皮质功能减退症相鉴别。对胰岛素敏感者可出现血糖降低，生长激素缺乏可加重低血糖。

（4）生长激素不足：成人一般无特殊症状，儿童可引起侏儒症。

（5）垂体内或其附近肿瘤压迫综合征：患者除出现垂体功能减退外，还伴有占位性病变的体征，如视野缺损、眼外肌麻痹、视力减退、头痛、嗜睡、多饮、多尿、多食等下丘脑综合征的表现。

2. 并发症　垂体功能减退性危象简称垂体危象。在全垂体功能减退症基础上，各种应激因素（如感染、脱水、饥饿、寒冷、急性心肌梗死、脑卒中、手术、外伤、麻醉）及使用镇静药、催眠药、降血糖药等，均可诱发垂体危象。临床表现为：①高热型（体温>40℃）；②低体温型（体温<30℃）；③低血糖型；④低血压、循环虚脱型；⑤水中毒型；⑥混合型。各种类型患者可出现相应的症状，突出表现为循环系统、消化系统和神经精神方面的症状，如高热、循环衰竭、休克、恶心、呕吐、头痛、神志不清、谵妄、抽搐甚至昏迷等严重垂危状态。

（三）心理、社会状况

疾病本身常引起情绪淡漠、抑郁、失眠等，而慢性病程和长期治疗又常引起焦虑、性格改变、应对能力下降、人际关系紧张、社交障碍、自我概念紊乱等心理社会功能失调。

（四）辅助检查

1. 性腺功能测定　女性患者可出现血雌二醇水平降低，没有排卵及基础体温改变，阴道涂片未见雌激素作用的周期性变化。男性患者可见血睾酮水平降低或正常低值，精子数量减少、形态改变、活动度差及精液量少。

2. 甲状腺功能　$TT_4$、$FT_4$ 均降低，$TT_3$、$FT_3$ 正常或降低。

3. 肾上腺皮质功能测定　24 小时尿 17-羟皮质类固醇及游离皮质醇减少，血浆皮质醇浓度降低，但节律正常；葡萄糖耐量试验显示血糖呈低平曲线改变。

4. 腺垂体激素测定　卵泡刺激素、黄体生成素、促甲状腺激素、促肾上腺皮质激素、催乳素及生长激素血浆水平低于正常低限。

5. 垂体储备功能测定　可进行促性腺激素释放激素兴奋试验、促甲状腺激素释放激素兴奋试验等。药物刺激后，相应垂体激素不升高，则提示为垂体病变；激素延迟升高，则提示病变位于下丘脑。

6. 其他检查　进行 X 线、CT、MRI 等检查，可了解病变的部位、大小、性质及其对邻近组织的侵犯程度。

【主要护理诊断/问题】

1. 性功能障碍　与促性腺激素分泌不足有关。
2. 体象障碍　与疾病引起身体外形改变等因素有关。
3. 潜在并发症：垂体危象。

【护理措施】

(一) **一般护理**

嘱患者保持情绪稳定，注意规律作息，避免过于劳累；更换体位时，动作应缓慢，以免发生晕厥。注意皮肤的清洁，预防外伤，以防止发生感染。嘱患者进食高热量、高蛋白、高维生素，易消化的饮食。

(二) **病情观察**

密切观察患者的意识状态、生命体征及重要脏器功能的变化。注意观察患者是否有低血糖、低血压和低体温等情况。

(三) **治疗配合**

1. 病因治疗　腺垂体功能减退症可由多种原因引起，应针对病因进行治疗，尤其是对肿瘤患者，可通过手术、放疗和化疗等措施进行治疗。对于出血、休克而引起缺血性垂体坏死的患者，关键在于预防，加强孕产妇围生期监护，及时纠正产科病理状态。

2. 激素替代治疗

(1) 生长激素缺乏的治疗：生长激素缺乏被认为与腺垂体功能减退症患者心血管死亡的风险增加有关。补充生长激素可以改善患者乏力、血脂异常、抵抗力降低、低血糖等情况，提高患者的生活质量，但由于生长激素长期替代治疗可能增加肿瘤发生和复发的危险，且治疗费用较高，因此该治疗方法在成人腺垂体功能减退症患者中的应用价值有待进一步评价。

(2) 促性腺激素缺乏的治疗：对于无生育需求者，可进行性激素替代治疗。女性激素替代治疗可以使患者恢复性欲，保持正常体力、改善骨质疏松，提高生活质量，但建议在绝经后停止性激素补充。男性患者可用睾酮替代治疗，补充睾酮可减少男性腹部和内脏脂肪，增加肌肉重量和力量，改善骨质疏松和生活质量，因此，即便是替代治疗后不能恢复正常的性功能，仍建议继续进行性激素替代治疗。促性腺激素缺乏患者如果有生育需求，则可采用促性腺激素替代治疗或促性腺激素释放激素脉冲治疗。

(3) 促甲状腺激素缺乏的治疗：继发性的甲状腺功能减退与原发性者一样，采用甲状腺激素（如优甲乐等）替代治疗。怀疑同时有促肾上腺皮质激素缺乏的患者，应首先明确诊断；对同时有促肾上腺皮质激素和促甲状腺激素缺乏的患者，应首先治疗促肾上腺皮质激素缺乏，因为甲状腺激素替代治疗会加重促肾上腺皮质激素缺乏的临床表现。

(4) 促肾上腺皮质激素缺乏的治疗：确诊为继发性肾上腺皮质功能减退症后，须尽快对患者补充肾上腺皮质激素。常用药物是氢化可的松，生理最大剂量不超过 30 mg/d（上午 20 mg、中午 5 mg、夜晚 5 mg）或泼尼松不超过 7.5 mg/d（清晨 5 mg 及午后 2.5 mg），服用方法应以模仿生理分泌节律为宜。在皮质激素替代治疗过程中，应对患者进行定期随访，评估激素分泌功能，及时调整激素替代的剂量；定期测量患者的体重指数、血压、血糖、血脂等。

3. 垂体危象的治疗

一旦怀疑患者出现垂体危象，需立即进行治疗，并在治疗前留取血标本进行相关激素检测。

(1) 纠正低血糖及水、电解质紊乱：立即以 50% 葡萄糖溶液 40～80 ml 静脉注射，继之以 5% 葡萄糖氯化钠溶液持续静脉滴注，在纠正低血糖的同时，纠正水、电解质紊乱。对血钠严重降低的患者，需要予以高浓度氯化钠溶液；准确记录 24 小时液体出入量，避免输液过量。

(2) 应用大剂量肾上腺皮质激素：向 5% 葡萄糖氯化钠溶液中加入氢化可的松，200～300 mg/d，分次应用，或地塞米松 5～10 mg/d，分次应用。

(3) 纠正休克：腺垂体功能减退症患者出现垂体危象时，常发生低血压甚至休克，血容量不足、低血糖等是重要原因。经上述治疗后，多数患者血压可逐渐回升，休克得到纠正，不需要用升压药。对病情严重的患者,或经上述治疗后血压恢复不满意者,仍需要使用升压药和综合抗休克治疗。

(4)其他:去除诱因,感染是最常见、最重要的诱因,需要根据患者的情况选择抗生素,进行抗感染治疗;对低体温者,需要用热水袋、电热毯等将患者体温回升至35℃以上,并在使用肾上腺皮质激素后开始用小剂量甲状腺素治疗;对高热者,需要进行物理降温和化学降温,慎用镇静药。

(四)垂体危象的护理

1. 避免诱因　避免感染、脱水、饥饿、寒冷、外伤、手术、用药不当等诱因。

2. 紧急处理的配合　一旦患者发生垂体危象,应立即报告医师,并协助抢救。主要措施包括:①迅速建立静脉通道,补充适当的液体,及时、正确使用激素类药物。②保持呼吸道畅通,予以氧气吸入。③对低体温者,应注意保暖;对高热患者,应予以降温处理。④做好口腔护理、皮肤护理和会阴部护理,保持排尿通畅,防止发生尿路感染。准确记录24小时液体出入量,做好病情监测。

(五)心理护理

鼓励患者说出其担忧的问题和心理感受,并予以安慰。向患者及家属说明目前的病情及所采取的治疗与护理措施的目的。进行紧急处理时,护理人员应保持镇静,并安抚患者,以减轻其紧张、焦虑、恐惧心理,使其配合治疗和护理。

【健康指导】

1. 避免诱因　指导患者保持情绪稳定,注意作息规律,避免过于劳累,冬季应注意保暖;更换体位时,动作应缓慢,以免发生晕厥;平时注意皮肤的清洁,预防外伤,少到公共场所或人群聚集的地方,防止发生感染。

2. 饮食指导　指导患者进食高热量、高蛋白、高维生素、易消化的饮食,少食多餐,以增强机体抵抗力。

3. 用药指导　教会患者认识所服药物的名称、剂量、用法及不良反应,如糖皮质激素使用过量可导致欣快感、失眠。服用甲状腺素时应注意观察心率、心律、体温、体重的变化等。指导患者避免随意停药,须严格遵医嘱按时、按量服用药物,避免随意增减药物剂量。

4. 观察与随访　指导患者识别垂体危象的征兆,若出现感染、发热、外伤、腹泻、呕吐、头痛等情况,则应立即就医。外出时应随身携带识别卡,以便发生意外时紧急处理。指导患者定期到门诊复查。

## 第三节　甲状腺疾病患者的护理

### 案例导入 7-2

患者,女,30岁,2个月前无明显诱因出现多食、易饥饿、体重明显减轻,伴怕热、多汗、心悸及容易激动。外院诊断为"甲状腺功能亢进症",予以药物治疗(具体不详),病情无明显好转。3天前,患者出现发热、咽痛,并逐渐出现烦躁。入院查体:双侧眼球突出,颈部可触及弥漫性、对称性甲状腺肿大,质软,无结节,双侧均可闻及明显血管杂音;膝反射及腱反射亢进;手指、眼睑及舌震颤。实验室检查:$FT_3$、$FT_4$及TRAb明显升高,TSH明显下降。

问题与思考:

1. 作为主管护士如何对该患者进行护理评估?
2. 该患者目前存在的护理问题有哪些?

## 一、单纯性甲状腺肿患者的护理

单纯性甲状腺肿（simple goiter），又称非毒性甲状腺肿（nontoxic goiter），是由于甲状腺非炎性或非肿瘤性原因阻碍甲状腺激素的合成而导致甲状腺代偿性肿大，甲状腺呈弥漫性或多结节性肿大，通常不伴有甲状腺功能异常。本病多见于女性，女性发病率是男性的3～5倍。单纯性甲状腺肿包括地方性甲状腺肿（endemic goiter）和散发性甲状腺肿（sporadic goiter）。由于某一地区环境碘缺乏造成机体碘摄入不足而发生的甲状腺肿大的病理现象称为地方性甲状腺肿。在疾病流行区，学龄儿童的甲状腺肿大率≥5%。

【病因与发病机制】

1. 地方性甲状腺肿　环境中的碘缺乏是引起地方性甲状腺肿的主要因素。长期碘摄入不足，可导致机体甲状腺激素合成不足，反馈性引起垂体分泌过量TSH，刺激甲状腺增生、肥大。但临床上单纯性甲状腺肿患者TSH往往正常或仅有轻度升高，而且地方性甲状腺肿可见于非缺碘地区甚至高碘地区。严重碘缺乏地区人群也可不发生甲状腺肿，提示甲状腺对TSH的敏感性增高或其他因素也参与了甲状腺肿的发生。

2. 散发性甲状腺肿　散发性甲状腺肿的病因复杂，遗传缺陷或基因突变可引起甲状腺激素合成障碍，导致甲状腺肿的发生。环境因素包括食物和饮用水中的碘化物、致甲状腺肿物质（如卷心菜、白菜、花椰菜、甘蓝）和某些药物（如硫脲类、硫氰酸盐、高氯酸盐、锂盐等），可通过抑制甲状腺激素合成或直接引起甲状腺肿大。另外，吸烟、饮酒、胰岛素抵抗等也可能与甲状腺肿的发生有关。

【护理评估】

（一）健康史

询问患者的年龄及其发现甲状腺肿大的时间。了解患者日常饮食中萝卜、甘蓝、卷心菜、花生和菠菜等含有致甲状腺肿物质的摄入情况。询问患者是否有服用硫脲类、保泰松、硫氰酸盐等情况。询问患者是否有甲状腺疾病等病史。

（二）身体状况

1. 症状　主要表现为甲状腺不同程度的肿大。早期甲状腺肿大不明显，甲状腺功能正常，患者一般无症状。甲状腺显著肿大时，可引起压迫症状，如压迫食管时，可引起吞咽困难；压迫气管时，患者可出现喉部紧缩感、憋气、呼吸不畅，严重者可出现呼吸困难；压迫喉返神经，早期可引起声音嘶哑，晚期可导致失声。病程较长者，甲状腺内可形成结节，患者可出现自主神经功能亢进的症状。

2. 体征　早期表现为甲状腺弥漫性肿大，质地较软、光滑、无压痛，可随吞咽上下活动，无震颤及血管杂音。随着病情的进展，甲状腺逐渐出现结节，结节大小不一，质地较硬，一般无触痛。当肿大的甲状腺压迫颈交感神经时，患者可出现同侧瞳孔扩大，严重者出现Horner综合征；胸骨后或胸腔内甲状腺肿可引起上腔静脉血液回流受阻，引起上腔静脉压迫综合征，患者可出现单侧面部、头部或上肢水肿。

（三）心理、社会状况

评估患者对疾病的认知情况，了解患者是否因颈部增粗而产生自卑心理，是否因担心预后而出现紧张、焦虑情绪。

（四）辅助检查

1. 甲状腺功能检查　血清$T_4$、$T_3$正常，TSH水平正常或轻度增高。

2. 血清甲状腺球蛋白（Tg）测定　血清甲状腺球蛋白水平正常或增高，其增高程度与甲状腺肿大程度呈正相关。

3. 甲状腺过氧化物酶抗体（thyroid peroxidase antibody，TPO-Ab）测定　有助于排除自身免疫性甲状腺炎。

4. 尿碘检测　可了解碘营养水平。尿碘中位数（MUI）为100～200 μg/L提示碘营养状态正常，MUI＜100 μg/L提示碘缺乏，MUI为200～300 μg/L提示碘超足量，MUI＞300 μg/L提示碘过量。

5. 影像学检查　超声检查可确定甲状腺肿的特征和程度，是确定甲状腺肿最主要的方法。放射性核素检查主要通过检测甲状腺摄取放射性核素的能力来评估甲状腺的形态和功能。CT或MRI检查主要用于确定甲状腺与邻近组织的关系及其向胸骨后延伸的情况。

【主要护理诊断/问题】

1. 体象障碍　与甲状腺肿大引起颈部外形改变有关。
2. 知识缺乏：缺乏单纯性甲状腺肿防治及保健的相关知识。
3. 潜在并发症：甲状腺功能亢进症、声音嘶哑、呼吸困难等。

【护理措施】

（一）一般护理

指导患者保持作息规律，劳逸结合，保持情绪稳定。指导因缺碘而导致甲状腺肿者多食海带、紫菜等含碘丰富的食物，鼓励患者食用碘盐；避免过多进食萝卜、花生、紫甘蓝、卷心菜等抑制甲状腺激素合成的食物。

（二）病情观察

观察患者甲状腺的肿大程度、质地，是否有压痛和结节。观察甲状腺肿大的进展情况，是否有局部压迫症状。关注甲状腺功能检查、甲状腺彩超及相关检查的结果。

（三）治疗配合

1. 治疗要点　采取个体化治疗方案，主要针对病因和发展阶段进行治疗。

（1）对甲状腺肿生长缓慢、局部无症状、甲状腺功能正常者：可暂不予以特殊治疗，临床密切随访，定期监测甲状腺功能及进行甲状腺彩超检查。

（2）对碘缺乏者：治疗应先补碘。世界卫生组织推荐的成人每日碘摄入量为150 μg。补碘是最基本、最有效的治疗措施之一。在地方性甲状腺肿流行地区，可通过使用加碘盐进行防治。一般来说，弥漫性甲状腺肿患者经连续补碘6～12个月后，甲状腺可恢复正常，但是结节一般不会因为补碘而消失。

（3）手术治疗：一般不宜进行手术治疗。对腺体过于肿大或出现并发症而引起压迫症状或疑有癌变者，且予以甲状腺素治疗无效时，应采取手术治疗，术后需根据甲状腺功能长期应用甲状腺激素替代治疗。

2. 用药护理　指导患者规范用药，告知患者所用药物的名称、剂量、服用方法、药物的作用、不良反应以及用药的注意事项，并嘱患者遵医嘱用药，避免随意调整药物剂量。补充碘剂者，剂量不可过大，尤其是结节性甲状腺肿患者，大剂量使用碘剂可诱发碘甲亢。甲状腺制剂应从小剂量开始应用。指导患者在服药期间避免进食含碘丰富的食物，告知患者注意观察用药后的反应，特别是应注意心率的监测。若在用药过程中出现怕热、多汗、食欲亢进、心动过速、腹泻等甲状腺功能亢进症的表现，则应及时就医。指导患者避免服用硫脲类、保泰松、硫氰酸盐等抑制甲状腺激素合成的药物。生理性甲状腺肿大多可自行消退，指导患者多进食含碘丰富的食物（如海带、紫菜），必要时可予以甲状腺素治疗。

（四）并发症的观察

指导患者若患者出现声音嘶哑、呼吸困难、吞咽困难等甲状腺肿压迫症状，并影响正常的生活和工作，则应及早就医，必要时可进行外科手术治疗。

### （五）心理护理

甲状腺肿大可影响患者的形象，使其产生焦虑情绪，护士应予以患者心理支持。向患者介绍甲状腺肿的病因及防治知识，使其正确认识疾病，消除其患病后的心理压力，使其积极地配合治疗。指导患者恰当修饰，改善自身形象，减轻或消除自卑和抑郁心理。积极与患者家属沟通，鼓励家属对患者予以心理支持。

【健康指导】

在地方性甲状腺肿流行地区，加大防治宣传教育工作。补充碘盐是预防缺碘性地方性甲状腺肿最有效的措施。指导缺碘患者和妊娠期、哺乳期妇女多进食含碘丰富的食物（如海带、紫菜），避免摄入大量阻碍甲状腺激素合成的食物（如卷心菜、萝卜、菠菜、花生）及应用硫脲类药物、硫氰酸盐、保泰松、碳酸锂等药物。指导患者遵医嘱正确服药和坚持长期服药，以免停药后复发。教会患者观察药物的疗效及不良反应。

## 二、甲状腺功能亢进症患者的护理

甲状腺功能亢进症（hyperthyroidism）简称甲亢，是指由多种病因引起的甲状腺呈高功能状态，合成并分泌过多的甲状腺激素而引起的一组疾病。我国临床甲状腺功能亢进症患病率为0.8%，其中80%以上是由Graves病引起的。本节重点阐述Graves病。

Graves病（Graves disease）又称毒性弥漫性甲状腺肿，是一种自身免疫性甲状腺疾病，临床主要表现为甲状腺激素分泌过多所致的高代谢综合征、弥漫性甲状腺肿、眼征。我国普通人群患病率为1.2%，女性发病率明显高于男性，男性与女性发病率之比为1∶6～1∶4，20～50岁为高发年龄。

【病因与发病机制】

病因与发病机制迄今尚未完全明确，可能与下列因素有关。

1. 遗传因素　Graves病有显著的遗传倾向，同一家族中常可出现先后发病的病例，单卵双生子患病率达30%～35%。目前认为，Graves病与人类白细胞抗原（HLA）有关。

2. 免疫因素　Graves病的发生与免疫因素密切相关。遗传易感性个体在感染、精神创伤等因素作用下，可出现机体内免疫功能紊乱。免疫异常表现为患者B淋巴细胞产生抗体，其中一些可以与甲状腺滤泡上皮细胞的促甲状腺激素受体结合，称为促甲状腺激素受体抗体（thyroid stimulating hormone receptor antibody，TRAb）。部分TRAb可以与促甲状腺激素受体结合并使之活化，进而产生与促甲状腺激素相同的生物学效应，即甲状腺细胞增生、甲状腺激素合成及分泌增多。这些抗体又称为促甲状腺免疫球蛋白（thyroid-stimulating immunoglobulin，TSI），另外还有一些抗体称为促甲状腺激素受体阻断抗体或促甲状腺激素刺激阻断性抗体（thyroid stimulating hormone-stimulation blocking antibody，TSBAb）。此类抗体不能激活受体，而是阻碍促甲状腺激素或TSI与促甲状腺激素受体结合，抑制甲状腺功能。

3. 环境因素　感染、应激、皮质醇升高和性腺激素等是本病发生和患者病情恶化的重要诱因，对疾病的发生和发展具有重要的影响。

【护理评估】

### （一）健康史

询问患者患病的起始时间，主要症状及其特点，是否有疲乏无力、怕热、多汗、低热、多食、消瘦、烦躁易怒、排便次数增加，以及心悸、胸闷、气促等表现。了解患者是否有相关疾病家族史，是否有精神刺激、感染、创伤等诱发因素存在。详细询问患者既往及目前的检查和治疗经过，以及用药情况。对女性患者，还应了解月经史、生育史。

## （二）身体状况

患者多数起病缓慢，少数在精神创伤或感染后可急性起病。典型表现为高代谢综合征、甲状腺肿大及眼征。老人和小儿患者表现多不典型。

1. 甲状腺激素分泌过多综合征

（1）高代谢综合征：甲状腺激素分泌增多，导致交感神经兴奋性增高和基础代谢率升高，患者常有疲乏、无力、怕热、多汗、皮肤温暖、湿润、多食、易饥饿、体重显著减轻和低热等表现。

（2）精神及神经系统：甲状腺功能亢进症患者，中枢神经系统兴奋性明显增高，表现为易激动、多猜疑、焦虑、烦躁、紧张、易怒、喜怒无常、失眠、多梦、言语、动作增多，注意力不集中、记忆力减退，有时可出现幻觉，也有少数患者表现言语减少，抑郁寡欢。患者可出现腱反射亢进，可有手部、舌部、眼睑细震颤。

（3）心血管系统：甲状腺激素可使心率加快，心肌收缩力增强，心输出量增加，患者常出现心悸、气促、稍活动即明显加重。重症者可发生甲亢性心脏病，表现为心脏扩大、心律失常，甚至发生心力衰竭等。

1）心动过速：常为窦性心动过速，心率为100～120次/分，休息或睡眠时心率仍加快是本病的特征性表现之一，与交感神经兴奋性增高有关。

2）心律失常：心律失常以房性心律失常多见，尤其是房性期前收缩最为常见，也可发生阵发性或持久性心房颤动，偶尔可见房室传导阻滞等。

3）心音和杂音：心脏搏动增强，心尖部第一心音亢进，有Ⅰ～Ⅱ级收缩期杂音。

4）血压变化：收缩压增高，舒张压降低或正常，脉压增大，可出现周围血管征。

（4）消化系统：表现为食欲亢进、多食、消瘦。老年患者可出现食欲减退、厌食。由于甲状腺激素可促使胃肠蠕动加快，导致消化、吸收不良，引起排便次数增加，粪便中含较多不消化食物。严重者可出现肝大及肝功能异常，偶尔可出现黄疸。

（5）血液和造血系统：患者外周血白细胞计数偏低，淋巴细胞增多，可伴有血小板减少性紫癜，部分患者有轻度贫血。

（6）运动系统：主要表现为甲亢周期性瘫痪，病变主要累及下肢，患者可出现低钾血症，多见于青年男性，原因不明，但发作前常有诱因（如注射胰岛素、剧烈运动、高糖饮食），其病程呈自限性。甲状腺激素可使蛋白质分解代谢增强，少数患者可出现甲亢性肌病、肌无力及肌萎缩，主要累及近心端的肩胛肌群和骨盆带肌群。甲亢可影响骨骼脱钙而引起骨质疏松，还可导致指端粗厚，外形呈杵状指。

（7）生殖系统：女性患者常有月经稀少、闭经；男性患者多发生阳痿，偶尔可见乳房发育。男性和女性患者生育力均下降。

2. 甲状腺肿　甲状腺呈弥漫性对称性肿大，质软，可随吞咽动作上下移动。由于甲状腺血流量增多，故在上、下叶外侧可闻及血管杂音和触及震颤，尤以腺体上部较明显。甲状腺弥漫性对称性肿大伴血管杂音和震颤是本病的典型体征，具有重要的诊断意义。

3. 眼征　根据眼球突出和眼征特点的不同，可分为非浸润性（良性）突眼与浸润性（恶性）突眼两类。

（1）单纯性突眼：较为常见，一般呈对称性，主要是由于交感神经兴奋眼外肌群和提上睑肌张力增高所致。患者表现为眼球突出、凝视或呈现惊恐眼神。

（2）浸润性突眼：较少见，但病情严重。病因是眼眶周围组织发生自身免疫反应，导致眼外肌和球后组织体积增加、淋巴细胞浸润和水肿。患者常有畏光、流泪、复视、视力减退、眼部刺痛、异物感等，由于眼睛高度突出，使患者眼睑无法闭合，结膜、角膜外露而引起充血、水肿，甚至角膜溃烂等，严重者可导致失明。甲状腺功能亢进症两种眼征特点的比较见表7-1。

表 7-1　甲状腺功能亢进症两种眼征特点的比较

| 分类 | 眼征 |
| --- | --- |
| 单纯性突眼（较多见） | ①眼球向前突出，突眼度≤18 mm；②上睑挛缩，眼裂增宽；③瞬目减少；④上睑退缩，下视时上睑不能随眼球下落；⑤向上看时，前额皮肤无皱纹；⑥辐辏反射减弱，双眼球聚合不良 |
| 浸润性突眼（较少见） | ①上述眼征更明显，突眼度≥19 mm，两侧突眼度可不同；②眼睑肿胀，结膜充血、水肿，眼球活动受限，严重时眼球固定，眼睑不能闭合；③可出现角膜溃疡或全眼球炎，甚至失明 |

考点提示

甲状腺功能亢进症及甲状腺危象的典型表现。

4. 特殊临床表现

（1）甲状腺危象（thyroid crisis）：又称甲亢危象，是甲状腺毒症急性恶化时的严重表现，严重者可危及生命。其发生原因与短时间内大量 $T_3$、$T_4$ 释放入血有关。①常见诱因：应激状态，如感染、手术、放射性碘治疗、严重精神创伤等；合并严重躯体疾病，如心力衰竭、败血症、低血糖症、脑血管疾病、严重创伤等；口服过量甲状腺激素；术中过度挤压甲状腺。②临床表现：原有甲亢症状加重，患者出现恶心、呕吐、体重锐减，体温升高，危象期体温呈现出与疾病严重程度不相符的高热或超高热，体温超过 39 ℃，心率常大于 140 次 / 分；呼吸急促、大汗淋漓、烦躁、腹泻，严重者可发生心力衰竭、昏迷甚至休克等。患者多因高热虚脱、心力衰竭以及水、电解质代谢紊乱而死亡。

（2）胫前黏液性水肿（pretibial myxedema）：又称 Graves 皮肤病，属于自身免疫性病变，见于少数 Graves 病患者。胫前黏液性水肿与浸润性突眼可同时或先后发生，亦可单独存在，多发生在胫骨前下 1/3 部位，也可见于足背、踝关节、肩部、手背或手术瘢痕处，偶尔可见于面部。皮损多为对称性，早期皮肤增厚、变粗，有广泛大小不等的棕红色、红褐色或暗紫色表面不平的斑块或结节，边界清楚，皮损周围的表皮发亮，可有感觉过敏或减退，或伴有痒感。后期皮肤增厚，呈橘皮或树皮样，严重时下肢粗大，似"象皮腿"。

（3）淡漠型甲状腺功能亢进症：多见于老年患者，起病隐匿，高代谢症状不典型，眼征及甲状腺肿均不明显。主要表现为神志淡漠、乏力、嗜睡、反应迟钝、震颤、头晕、晕厥、腹泻、厌食、消瘦；可伴有心房颤动、肌震颤和肌病等体征。老年人可合并心绞痛、心肌梗死，易被误诊为冠心病。本型患者可因长期未诊治而易发生甲状腺危象。

（4）甲状腺毒性心脏病：主要表现为心动过速、心输出量增加、心房颤动和心力衰竭。甲状腺毒性心脏病引起的心力衰竭可分为两类：一类是心动过速和心输出量增加导致的心力衰竭，多见于年轻甲亢患者。甲亢控制后，心力衰竭可以纠正；另一类是诱发和加重已有或潜在的缺血性心脏病发生的心力衰竭，多见于老年患者。心房颤动发生率为 2%～20%。

（5）其他特殊类型：三碘甲状腺原氨酸（$T_3$）型甲状腺毒症和甲状腺素（$T_4$）型甲状腺毒症、妊娠期甲状腺功能亢进症、亚临床甲状腺功能亢进症等。

（三）心理、社会状况

评估患者患病后的心理变化，是否有情绪激动、烦躁易怒及容易与人发生争执等情况。患者的不良情绪容易导致其人际关系恶化，不良的人际关系又可加重患者的情绪障碍。了解患者是否因身体外形的改变（如突眼、颈部粗大）而产生抑郁心理。

（四）辅助检查

1. 基础代谢率（basal metabolism rate，BMR）测定　基础代谢率是指人体在清醒、空腹、无精神紧张和外界环境刺激的情况下的能量消耗。常用BMR简易计算公式：BMR% =（脉压 + 脉率）– 111。正常BMR为 –10% ~ +15%，增高至 +20% ~ +30% 为轻度升高，+30% ~ +60% 为中度升高，+60%以上为重度甲亢。约95%的本病患者BMR增高。测定应在禁食12小时、睡眠8小时以上、静卧和空腹状态下进行。

2. 血清甲状腺激素测定

（1）血清总甲状腺激素（$TT_4$）、总三碘甲状腺原氨酸（$TT_3$）：二者均可反映甲状腺的功能状态，正常值为 $TT_4$ 65 ~ 156 nmol/L，$TT_3$ 1.7 ~ 2.3 nmol/L，甲亢时均升高。$TT_4$ 是判断甲状腺功能最基本的筛选指标。$TT_3$、$TT_4$ 受血清甲状腺结合球蛋白（TBG）的影响，妊娠等因素使TBG发生变化时，不应依靠此项检查进行诊断。

（2）血清游离甲状腺素（$FT_4$）、游离三碘甲状腺原氨酸（$FT_3$）：$FT_4$、$FT_3$ 的水平直接反映甲状腺的功能状态，不受甲状腺结合球蛋白的影响，敏感性和特异性高，是临床诊断甲亢的首选指标。正常值：$FT_4$ 为 10.3 ~ 25.7 pmol/L，$FT_3$ 为 2.2 ~ 6.8 pmol/L。甲亢患者血清甲状腺激素水平可明显升高。

**考点提示**

基础代谢率的计算方法及诊断甲亢的首选指标。

3. 促甲状腺激素（TSH）测定　血清TSH浓度的变化是反映甲状腺功能最为敏感的指标。目前测定血清TSH技术采用敏感TSH（sTSH检测极限达0.005 mU/L）测定。sTSH已成为筛查甲亢的一线指标。甲亢患者因甲状腺激素水平增高，进而反馈抑制TSH的释放，导致TSH通常<0.1 mU/L。sTSH测定使得诊断亚临床甲亢成为可能，因为亚临床甲亢患者甲状腺激素水平正常，或仅有轻度改变。传统的 $^{131}I$ 摄取率和促甲状腺激素兴奋试验已逐渐被sTSH测定所取代。

4. $^{131}I$ 摄取率　是诊断甲亢的传统方法，目前已经被sTSH测定所取代。其方法是予以受试者一定量的 $^{131}I$，然后探测甲状腺摄取 $^{131}I$ 的情况，以此来判断甲状腺的功能状态。正常人甲状腺的摄碘情况：3小时为5% ~ 25%，24小时为20% ~ 45%，高峰在24小时后出现。若摄碘率增高，3小时>25%，或24小时>50%，且摄碘高峰提前出现，则提示为甲亢。此方法目前主要用于甲状腺毒症病因的鉴别，即甲状腺素型甲状腺毒症患者 $^{131}I$ 摄取率增高，而甲状腺素型甲状腺毒症患者 $^{131}I$ 摄取率减低。

5. 促甲状腺激素受体抗体（TRAb）测定　TRAb测定目前已经成为诊断Graves病的第一线指标，未经治疗的Graves病患者阳性率高达98%。

6. 促甲状腺激素受体刺激性抗体（thyroid stimulating hormone receptor- stimulating antibody，TSAb）测定　是诊断Graves病的重要指标之一。TSAb可以与促甲状腺激素受体结合，刺激甲状腺细胞产生甲状腺素。未经治疗的甲亢患者血液中TSAb阳性检出率可达85% ~ 100%，因此进行TSAb测定具有早期诊断意义。经治疗，患者病情缓解后，TSAb可明显下降或恢复正常。TSAb测定有利于评价疗效和判断治疗后复发，还可作为治疗后停药的重要指标。

7. 彩色多普勒超声检查　可进行甲状腺血流量的半定量测定。甲亢引起的甲状腺毒症患者血流信号增强，呈片状分布，可与甲状腺炎症破坏引起甲状腺毒症相鉴别。该检查可代替甲状腺放射性核素扫描。

8. CT 和 MRI 检查　进行眼部 CT 和 MRI 检查可以排除其他原因所致的突眼，评估眼外肌受累情况。

9. 甲状腺放射性核素扫描　主要用于甲亢的鉴别诊断。例如，甲状腺自主高功能腺瘤患者肿瘤区可见大量放射性核素浓聚，肿瘤区外的甲状腺组织和对侧甲状腺无放射性核素吸收。

【主要护理诊断/问题】

1. 营养失调：低于机体需要量　与代谢率增高及消化、吸收障碍有关。
2. 活动无耐力　与基础代谢率增高、蛋白质分解增加、甲亢性心脏病有关。
3. 个体应对无效　与甲亢导致神经系统兴奋性增高有关。
4. 焦虑　与神经系统功能改变及甲亢引起的不适等因素有关。
5. 体象障碍　与甲状腺肿大和突眼导致身体外形发生变化有关。
6. 潜在并发症：甲状腺危象。

【护理措施】

（一）一般护理

1. 休息与活动　保持病室安静、舒适，将室温保持在 20 ℃左右，避免强光和噪声刺激，为患者提供一个能够放松身心的休息环境。避免引起精神刺激的言行，使患者安静休养。轻者可适当活动，但应避免紧张和劳累，重者则应卧床休息。患者易出汗，应定期沐浴、更衣，保持清洁、舒适。对腹泻较重者，应指导其注意加强肛周皮肤的清洁。

2. 饮食护理　予以高热量、高蛋白、高维生素饮食，注意补充水分，每日饮水 2000～3000 ml。限制摄入含纤维素高的食物，禁食海带、紫菜、加碘盐，避免饮用兴奋性饮料，如咖啡、浓茶。

（二）病情观察

监测患者体温、脉搏、心率（律）、呼吸及体重的变化。观察患者的精神状态、食欲、粪便、心悸、手指震颤等情况。观察患者突眼和甲状腺肿大的情况，注意观察患者是否有甲亢加重及甲状腺危象的表现。定期对患者进行眼角膜检查，以防止发生角膜溃疡而导致失明。

（三）浸润性突眼的护理

1. 加强眼部护理　嘱患者取高枕卧位，限制钠盐，遵医嘱使用利尿药，以减轻眼部水肿。指导患者注意眼部保护，白天经常用滴眼液滴眼，防止角膜和结膜过度干燥、外伤及感染；外出戴深色眼镜，以避免强光、异物及灰尘的侵害；睡前涂抗生素眼膏；对眼睑不能闭合者，用无菌纱布或眼罩覆盖双眼，预防结膜炎和角膜炎；结膜发生水肿时，用 0.5% 醋酸可的松滴眼，并予以冷敷；双眼避免向上凝视，以免加剧眼球突出和诱发斜视。

2. 指导患者减轻眼部症状的方法　对活动性浸润性突眼患者，应指导其遵医嘱使用免疫抑制剂，如糖皮质激素（泼尼松）、环磷酰胺等，或糖皮质激素联合球后放疗；眼部有异物感、刺痛或流泪时，避免用手直接揉眼，可用 1% 甲基纤维素或 0.5% 氢化可的松溶液滴眼，以减轻局部刺激症状；每日做眼球运动，以锻炼眼肌，改善眼肌功能。

3. 病情监测　定期对患者进行眼科角膜检查，以防止发生角膜溃疡而导致失明。告知患者若出现畏光、流泪、疼痛、视力改变等角膜炎表现，或角膜溃疡的征兆，则应及时就医。

（四）治疗配合

甲状腺功能亢进症目前尚无根治方法，对症治疗主要是控制高代谢症状，促进器官特异性自身免疫的消退。常用的治疗方法主要包括抗甲状腺药物治疗、放射性 $^{131}I$ 治疗和手术治疗。其中，抗甲状腺药物治疗方法简单、安全、应用范围广，是甲亢的基础治疗方法。

1. 药物治疗

（1）抗甲状腺药物治疗：抗甲状腺药物主要通过抑制甲状腺的过氧化物酶，阻碍碘有机化与甲状腺酪氨酸偶联，进而抑制甲状腺激素的合成，以达到治疗的目的。常用硫脲类（甲硫氧嘧啶、丙硫氧嘧啶）及咪唑类（甲巯咪唑、卡比马唑）。其中，丙硫氧嘧啶和甲巯咪唑较为常用，丙硫氧嘧啶还有抑制周围组织 $T_4$ 转为 $T_3$ 的作用。①适应证：病情为轻、中度的患者；甲状腺轻、中度肿大者；年龄<20岁、妊娠（以丙硫氧嘧啶为宜）或年老体弱等不宜手术者；术前或 $^{131}I$ 治疗前准备；甲状腺次全切除术后复发而不宜进行 $^{131}I$ 治疗者。②疗程包括治疗期和维持期。治疗期予以丙硫氧嘧啶，每次 50～150 mg，每天 2～3 次口服，维持治疗 4～8 周。当血清甲状腺激素恢复正常开始减少用药剂量，每 2～4 周减量 1 次，每次减量 50 mg，维持治疗 24 个月左右。待患者症状完全消失、体征明显好转后，再减至最小维持量。维持期予以丙硫氧嘧啶 50～100 mg/d，维持治疗 12～18 个月。

（2）辅助药物：复方碘溶液仅用于术前准备和甲状腺危象患者。在抗甲状腺药物开始治疗的 1～2 个月内联合使用 β 受体阻滞剂，可改善甲亢初治期的症状，近期疗效好。

2. **放射性 $^{131}I$ 治疗** $^{131}I$ 被甲状腺摄取后，可释放 β 射线，破坏甲状腺滤泡上皮细胞而减少甲状腺激素的分泌，以达到治疗目的，β 射线在组织内的射程为 2 mm，不累及相邻组织。主要并发症是放射性甲状腺炎、甲状腺功能减退、活动性浸润性突眼症状加重，少数患者可诱发甲状腺危象。

3. **手术治疗** 通常采用甲状腺次全切除术，手术治愈率可达 70% 以上，复发率约为 8%。术后可出现多种并发症，主要是甲状旁腺功能减退和喉返神经损伤。

4. **甲状腺危象的治疗**

（1）积极去除诱因：对有明确诱因者，应尽早针对诱因治疗。

（2）抑制甲状腺激素合成：首选丙硫氧嘧啶，首次剂量为 500～1000 mg，口服或胃管注入；之后每 4 小时 1 次，每次 250 mg；待患者症状缓解后，减至一般治疗剂量。

（3）抑制甲状腺激素释放：服用丙硫氧嘧啶后 1 小时，加服复方碘口服溶液 5 滴，之后每 6 小时 1 次；或将碘化钠 1.0 g 加入 10% 葡萄糖溶液 500 ml 中，缓慢静脉滴注 24 小时，以阻断激素的分泌，视患者的病情逐渐减少用药剂量，一般治疗 3～7 天停药。

（4）β 受体阻滞剂：不仅可抑制甲状腺素对交感神经的作用，还可以抑制外周组织 $T_4$ 转换为 $T_3$，常用药物普萘洛尔。在患者未发生心力衰竭的情况下，应用普萘洛尔 60～80 mg/d，每 4～6 小时 1 次，或静脉滴注 2 mg。待患者甲状腺危象解除后，改用常规剂量。

（5）糖皮质激素：发生甲状腺危象时，机体对糖皮质激素的需要量增加。对出现高热或休克的患者，应加用糖皮质激素。另外，糖皮质激素还有抑制甲状腺激素的释放及抑制 $T_4$ 转换为 $T_3$ 的作用。予以静脉滴注氢化可的松 200～300 mg/d，或静脉注射地塞米松 2 mg，每 6～8 小时 1 次。待患者甲状腺危象解除后，可停用或改用泼尼松（强的松）小剂量口服，维持治疗数日。

（6）对症支持治疗：监测心脏、脑、肾功能；予以吸氧、降温、抗感染治疗；纠正水、电解质及酸碱平衡紊乱；积极处理各种并发症。

5. **用药护理**

（1）抗甲状腺药物：指导患者严格遵医嘱按剂量、按疗程服药，避免自行增减药物剂量或过早停药；指导患者每天测量脉搏，定期测量体重，脉搏减慢、体重增加是治疗有效的表现。硫脲类药物的主要不良反应是粒细胞减少、药疹、肝功能损害等。粒细胞减少常在初治 2～3 个月内或复治 1～2 周内发生，因此须定期复查血象，在初治期每周检查 1～2 次白细胞计数及分类，之后每 2～4 周检查 1 次。若白细胞计数低于 $3×10^9/L$ 或中性粒细胞低于 $1.5×10^9/L$，则应停药并加用增白细胞药。若患者伴有发热、咽痛、皮疹等症状，则应警惕发生粒细胞缺乏症，须立即停药。此外，药疹也较常见，对症状轻者可予以抗组胺药加以控制，不必停药，但应严密观察；若患者病情严重，则应立即停药，以免发生剥脱性皮炎。

（2）辅助用药：在应用普萘洛尔的过程中须注意观察患者的心率，以防止发生心动过缓，有哮喘史的患者应禁用。甲状腺片应从小剂量开始应用，尤其是对冠心病患者，应严格控制用药剂量，用药后应注意观察患者的心率是否明显加快，防止用药剂量过大引起心绞痛。

> **知识链接**
>
> **Graves 病治疗新进展**
>
> 近年来，在 Graves 病的免疫学机制研究方面取得了诸多进展，新的治疗方法也层出不穷，如利妥昔单抗、贝利木单抗、新生儿 Fc 受体阻滞剂、小分子促甲状腺激素受体拮抗剂及促甲状腺激素受体免疫调节等。利妥昔单抗可通过阻断 B 细胞表面的 CD20，阻断 B 细胞的抗原提呈，从而达到 B 细胞免疫调节作用。但是由于浆细胞表面没有 CD20，因此，应用利妥昔单抗治疗后，TRAb 滴度不发变化，但 TRAb 滴度低的患者治疗反应良好。

### （五）放射 $^{131}$I 治疗护理

1. **用药护理** 治疗前和治疗后 1 个月内避免服用含碘的药物和食物，以免影响甲状腺组织对 $^{131}$I 的吸收。服用 $^{131}$I 时，一般一次空腹口服，服用 $^{131}$I 后 2 小时方可进食，以免影响药物的吸收，服药后应多饮水，每天饮水 2000～3000 ml，以加速 $^{131}$I 的排泄。

2. **并发症的观察与护理** 服药后 1 个月内，由于甲状腺被破坏，可暂时释放甲状腺激素，引起甲亢症状加重，甚至诱发甲状腺危象。此时应注意避免用手挤压甲状腺，避免精神刺激和预防感染，并严密观察患者的病情变化。如果患者出现高热、心动过速、大汗淋漓、烦躁不安等，则应考虑发生甲状腺危象的可能，应及时通知医生，并配合积极抢救。

3. **安全防护** 将患者安排在单人病房，指导其在指定区域内活动；杜绝孕妇、婴幼儿、哺乳期妇女探视；医护人员进行近距离治疗和护理时，应穿防护服、戴手套、口罩等；患者的排泄物、被服、床单等应专门放置保管后再进行处理。

4. **定期复查** 指导患者出院后定期复查甲状腺功能。

### （六）甲状腺危象的护理

1. **避免诱因** 去除诱因和防治基础疾病是预防甲状腺危象发生的关键。指导患者进行自我心理调整，避免感染、精神刺激、创伤、随意停药等诱发因素。对发生感染的患者，应用抗生素治疗。若患者存在可诱发甲状腺危象的其他疾病，则应同时予以积极治疗，消除诱发因素。

2. **病情监测** 观察患者的神志、体温、呼吸、脉搏和血压变化。若患者原有甲亢症状加重，并出现高热、全身乏力、烦躁，则应警惕发生甲状腺危象，需立即报告医师，并协助处理。

3. **紧急处理配合**

（1）体位：保持病房安静、通风，避免各种不良刺激，使患者绝对卧床休息。出现呼吸困难者取半卧位。

（2）吸氧：迅速建立静脉通道，予以氧气吸入。

（3）用药护理：遵医嘱使用丙硫氧嘧啶、复方碘溶液、β 肾上腺素能受体阻滞剂、氢化可的松等药物。用药过程中应严格掌握剂量，并注意观察疗效，观察患者是否出现中毒或过敏反应；遵医嘱予以口服或静脉补充液体。

（4）病情观察：密切观察并记录患者的生命体征、意识、尿量变化，记录出入量。

（5）并发症的护理：对体温过高者，应尽快予以物理降温，如冷敷或乙醇擦浴等；对病情严重者可进行人工冬眠（哌替啶 100 mg，异丙嗪及氯丙嗪各 50 mg，混合后予以持续静脉泵入）。对躁动不安者应安装护栏，以加强保护。对昏迷患者，需加强皮肤、口腔护理，协助患者定时翻身，防止压疮、肺炎的发生。

### （七）心理护理

甲亢是与精神、神经因素相关的内分泌系统疾病，须注意对患者进行躯体治疗的同时进行心理、精神治疗。积极与患者交流，了解患者的情绪变化，予以心理疏导。向患者解释情绪、行为发生改变的原因，改善患者对疾病的认知，减少患者知识缺乏引起的不良情绪，增强患者治愈疾病的信心，使其积极配合治疗。对焦虑严重者，可遵医嘱适当予以镇静药。在护理过程中多体谅患者，避免言语刺激。积极与患者家属沟通，鼓励家属对患者予以关心和支持，以促进患者康复。

【健康指导】

1. 疾病知识指导　向患者讲解甲亢相关知识。指导患者科学饮食，保护眼睛；注意避免感染、精神刺激等应激因素。教会患者自我监测病情，若出现高热、呕吐、腹泻等表现，则应警惕发生甲状腺危象的可能，须及时就诊。

2. 生活指导　告知患者适当休息，合理安排工作、生活，避免劳累。甲亢患者应在甲状腺功能正常平稳后计划妊娠；妊娠期甲亢患者应避免各种对胎儿造成影响的因素，不宜接受放疗及手术治疗，并减少抗甲状腺药物剂量。

3. 用药指导　指导患者遵医嘱用药，抗甲状腺药疗程较长，应按时、按量服药，避免随意减少用药剂量或停药；定期复查甲状腺功能、血常规，以监测药物的疗效和不良反应。

## 三、甲状腺功能减退患者的护理

甲状腺功能减退症（hypothyroidism）简称甲减，是由多种原因导致甲状腺激素合成和释放减少或甲状腺激素抵抗而引起的全身性低代谢综合征。其病理特征是黏多糖在组织和皮肤堆积，表现为黏液性水肿。我国普通人群临床甲状腺功能减退症患病率约为 1.0%，与国外报告的临床甲状腺功能减退症患病率（0.8%～1.0%）一致。在引起甲状腺功能减退症的病因中，原发性甲状腺功能减退症约占 99%，仅不足 1% 的病例由 TSH 缺乏所致。以下主要介绍成人原发性甲状腺功能减退症。本病多见于中年女性，女性发病率为男性的 5～10 倍。

【分类】

1. 根据病变发生的部位，可以分为原发性甲状腺功能减退症、中枢性甲状腺功能减退症以及甲状腺激素抵抗综合征三类。

（1）原发性甲状腺功能减退症（primary hypothyroidism）：最常见，是由于甲状腺腺体本身病变（如自身免疫）、甲状腺手术和甲亢 $^{131}$I 治疗所致的甲状腺功能减退症。

（2）中枢性甲状腺功能减退症（central hypothyroidism）：是垂体性和下丘脑性甲状腺功能减退症的统称，少见，常由下丘脑和垂体病变引起，如肿瘤、手术、放疗和产后垂体出血、坏死引起。由下丘脑病变引起的甲状腺功能减退症又称散发性甲状腺功能减退症，罕见，主要见于下丘脑综合征，下丘脑肿瘤、炎症及放疗等患者。

（3）甲状腺激素抵抗综合征：是由于外周组织对甲状腺激素的敏感性减低，使甲状腺激素不能发挥其正常的生物学效应所引起的综合征。

2. 根据病因分类　可分为药物性甲状腺功能减退症、手术后甲状腺功能减退症、$^{131}$I 治疗后甲状腺功能减退症、特发性甲状腺功能减退症、垂体性和下丘脑肿瘤手术后甲状腺功能减退症等。

3. 根据甲状腺功能减低的程度分类　可分为临床甲状腺功能减退症、亚临床甲状腺功能减退症。

另外，根据起病年龄，可将甲状腺功能减退症分为呆小病（起病于胎儿或新生儿）、幼年型甲状腺功能减退症（见于发育前儿童）、成年型甲状腺功能减退症（见于成年人）三类。甲状腺激素是影响神经系统发育最重要的激素，并且可促进骨骼的生长发育，因此，前两型患者常伴有智力障碍和发育迟缓。

【病因与发病机制】

1. 自身免疫损伤　最常见的是自身免疫性甲状腺炎，包括桥本甲状腺炎、萎缩性甲状腺炎、亚急性淋巴细胞性甲状腺炎和产后甲状腺炎等。

2. 甲状腺破坏　包括甲状腺手术、放射性 $^{131}$I 治疗等引起的甲状腺破坏。

3. 碘过多或缺碘　碘过多可引起具有潜在性甲状腺疾病者发生一过性甲状腺功能减退症，也可诱发和加重自身免疫性甲状腺炎。碘缺乏可导致甲状腺激素合成减少，缺碘多见于地方性甲状腺肿地区。

4. 抗甲状腺药物　如锂盐、硫脲类等药物可抑制甲状腺激素的合成。

5. 下丘脑及垂体病变　垂体外照射、垂体大腺瘤等。

【护理评估】

（一）健康史

询问患者是否甲状腺疾病病史，是否做过甲状腺手术及放疗，是否服用抗甲状腺药物。了解患者的日常生活及饮食情况。了解患者是否有自身免疫性疾病，女性患者是否有产后出血病史。

（二）身体状况

本病多见于中年女性，除手术切除或放射性 $^{131}$I 治疗损伤甲状腺外，多数患者起病隐匿，病程缓慢，有时在发病10余年后才出现典型表现。

1. 一般表现　包括出汗少、畏寒、易疲劳、体重增加、言语和活动减少、记忆力减退、智力低下、反应迟钝、动作缓慢、精神萎靡、嗜睡等。

2. 各系统表现

（1）肌肉与关节：肌肉松弛无力，主要累及肩、背部肌肉，也可出现暂时性肌强直、痉挛、疼痛等，偶尔可见重症肌无力。

（2）心血管系统：患者心率减慢、心输出量下降，心肌耗氧量减少，发生心绞痛与心力衰竭者少见。严重甲状腺功能减退症患者，心肌纤维伴有黏液性水肿，可出现全心扩大，如果没有合并器质性心脏病，则甲状腺功能减退症本身引起的心脏表现可以在甲状腺激素治疗后得到纠正。

（3）呼吸系统：患者由于发生黏液性水肿、胸腔积液及循环系统功能差等综合因素，导致肺泡通气量不足，呼吸功能减退。

（4）消化系统：患者常有厌食、腹胀、便秘等，严重者可出现麻痹性肠梗阻或黏液水肿性巨结肠。

（5）血液系统：主要表现为贫血，由于甲状腺激素减少，使造血功能受到抑制，红细胞生成减少，患者胃酸缺乏，可引起铁、叶酸和维生素 $B_{12}$ 吸收障碍。

（6）内分泌生殖系统：严重时表现为性欲减退和无排卵。女性患者常有月经过多或闭经。部分患者由于血清催乳素水平增高，可发生溢乳。

3. 黏液性水肿表现　典型的甲状腺功能减退症患者可出现黏液性水肿面容，表现为面色苍白、颜面和眼睑水肿，皮肤干燥，目光呆滞，表情淡漠，反应迟钝，眉发稀疏，眉毛外 1/3 脱落，舌色淡、肥大。重症者可出现痴呆、幻觉、木僵、昏睡或惊厥。由于出现高胡萝卜素血症，患者手足皮肤可呈姜黄色。

4. 并发症　黏液性水肿昏迷多见于病情严重者，以及长期未得到治疗的老年患者，常在冬季寒冷时发病。其诱发因素包括寒冷、感染、手术、严重躯体疾病、中断甲状腺激素替代治疗和使用麻醉药、镇静药等。临床表现为嗜睡，低体温（体温<35 ℃），呼吸减慢，心动过缓，血压下降，四肢肌肉松弛，反射减弱或消失，甚至发生昏迷、休克、心力衰竭和肾衰竭而危及生命。

### （三）心理、社会状况

评估患者患病后的心理状态，是否有焦虑、抑郁等情绪反应；评估患病对患者生活、学习和工作的影响程度。评估患者家庭成员对患者的态度及关心程度。

### （四）辅助检查

1. 血常规检查　多为轻、中度正常细胞正色素性贫血。
2. 血液生化检查　血清胆固醇（TC）、三酰甘油（TG）及低密度脂蛋白（LDL）常增高，高密度脂蛋白（high density lipoprotein，HDL）降低。
3. 甲状腺功能检查　血清TSH增高及$TT_4$、$FT_4$降低是诊断本病的必备条件。血清$TT_3$和$FT_3$可在正常范围内，但在严重病例中可降低。亚临床甲状腺功能减退症患者仅有血清TSH升高，血清$T_4$和$T_3$正常。
4. 甲状腺抗体测定　测定的抗体包括甲状腺过氧化物酶抗体（TPO-Ab）、甲状腺球蛋白抗体（TgAb）等。甲状腺抗体测定是确定原发性甲状腺功能减退症病因和诊断自身免疫性甲状腺炎的主要指标，其中，TPO-Ab的特异度和灵敏度较高。

【主要护理诊断/问题】

1. 便秘　与机体代谢率降低及体力活动减少引起的肠蠕动减慢有关。
2. 体温过低　与机体基础代谢率降低有关。
3. 社会交往障碍　与疾病导致反应迟钝、淡漠有关。
4. 活动无耐力　与甲状腺激素减少导致乏力、贫血等有关。
5. 潜在并发症：黏液性水肿昏迷。

【护理措施】

### （一）一般护理

1. 休息与活动　提供舒适、温暖、光线良好的环境，将室温控制在22～23 ℃，注意保暖，应用适当的方法（如添加衣服、包裹毛毯、睡眠时加盖棉被）保持患者的正常体温。冬天外出时，戴手套、穿棉鞋，以免四肢暴露在冷空气中。
2. 饮食护理　指导患者进食高蛋白、高维生素、低钠、低脂肪饮食，以纠正负氮平衡，改善贫血，降低血脂水平。多摄入高纤维食物，如新鲜蔬菜、水果或全麦制品、薯类等，促进胃肠蠕动。
3. 保持排便通畅　指导患者每天定时排便，养成良好的排便习惯。指导患者每日适量饮水、进行适度的运动锻炼，适当按摩腹部，促进胃肠蠕动，预防便秘的发生。若患者出现便秘，必要时可以使用缓泻剂。

### （二）病情观察

观察患者生命体征和意识状态的变化，观察乏力、畏寒、腹胀、便秘等症状是否有改善。若患者出现颤抖、皮肤发冷、面色苍白等体温过低的表现，或呼吸浅慢、心动过缓、血压下降、嗜睡等黏液性水肿昏迷的表现，则应立即报告医生，并配合处理。

### （三）治疗配合

1. 甲状腺激素替代治疗　对各种类型的甲状腺功能减退症患者，均需予以口服甲状腺激素进行替代治疗，永久性甲状腺功能减退症患者需终身服药。首选左甲状腺素（L-T$_4$）口服，从小剂量开始，逐渐增加至维持剂量。治疗的目标是用以最小剂量纠正甲状腺功能减退症，而不引起明显不良反应，使血TSH和TH维持在正常范围内。

2. 对症治疗　对出现贫血者，可补充铁剂、维生素B$_{12}$、叶酸等。应用铁剂治疗时需注意监测患者的胃酸水平。对胃酸降低者，需予以相应的处理。

3. 黏液性水肿昏迷的治疗　立即缓慢静脉注射甲状腺激素（L-T$_3$或L-T$_4$），待患者清醒后，改为维持剂量口服；予以吸氧，保持呼吸道通畅，必要时行气管插管或机械通气；予以氢化可的松200～300 mg持续静脉滴注，待患者清醒后，逐渐减少用药剂量；注意保暖，控制感染，积极治疗原发病。

4. 用药护理　向患者解释药物的作用、不良反应及注意事项。指导患者遵医嘱服药。若出现多食、消瘦、脉搏＞100次/分、怕热、多汗、情绪激动等情况，则提示用药过量，应及时就医。对长期进行激素替代治疗的患者，应每年进行1～2次甲状腺功能、肝功能、肾功能、血常规和血液生化检查。

### （四）黏液性水肿昏迷患者的护理

1. 避免诱因　避免寒冷、感染、手术、使用麻醉药和镇静药等诱发因素。

2. 病情监测　观察患者生命体征、意识状态和尿量的变化，每天测量其体重并记录。若患者出现体温＜35℃、呼吸浅慢、心动过缓、血压降低、嗜睡等表现，或出现口唇发绀、喉头水肿等症状，则应立即通知医生处理。

3. 黏液性水肿昏迷患者的急救配合　迅速建立2条静脉通道，遵医嘱及时、正确地应用急救药物；保持呼吸道通畅，予以吸氧，对气管切开患者做好相应的专科护理；注意保暖，避免局部热敷，以防止烫伤和加重血液循环不良。

### （五）心理护理

评估患者对疾病的心理反应，患者家属对疾病的认知程度。与患者积极沟通，鼓励其说出患病后的心理感受，针对其心理问题进行有效的心理疏导。向患者和家属介绍疾病及治疗的相关知识，使其正确认识和对待自身健康问题。鼓励患者多参与社交活动，避免出现社交障碍。鼓励患者家属关心患者，理解患者的行为，并予以心理支持，以增强患者治疗疾病的信心。

【健康指导】

1. 疾病知识指导　告知患者发病原因及注意事项，若环境缺碘，则需补碘。慎用镇静催眠药、镇痛药、麻醉药，避免感染、创伤、寒冷等诱因。

2. 用药指导　指导永久性甲状腺功能减退症患者需终身进行甲状腺激素替代治疗，应激状态下需遵医嘱增加药量，避免随意中断用药或更改用药剂量。指导患者自我监测体温、脉搏、体重和尿量等，观察是否有甲状腺激素服用过量或不足的表现，及时遵医嘱调整用药剂量。

3. 病情监测指导　向患者讲解黏液性水肿昏迷发生的原因及表现，教会患者进行自我观察。指导患者定期复查甲状腺功能、血常规和肝、肾功能等。

## 第四节　糖尿病患者的护理

### 案例导入 7-3

张先生，54岁，以"多尿，口渴、多饮3个月"入院。患者于3个月前无明显诱因出现多尿，口渴、多饮，每日饮水量约3000 ml，尿量与饮水量相当，伴夜尿增多，每晚排尿1～2次。1周前进行单位体检时，测空腹静脉血糖9.4 mmol/L，近期体重减轻约5 kg。体格检查：

BMI 29.1 kg/m², 腰围 100 cm。辅助检查：即时末梢血糖 11.6 mmol/L。

**问题与思考：**
1. 该患者患何种疾病？
2. 如果患者血糖控制不佳，则可能发生哪些并发症？

糖尿病（diabetes mellitus，DM）是由遗传和环境因素相互作用而引起的一组以慢性高血糖为特征的代谢性疾病。由于胰岛素分泌和（或）作用缺陷引起糖类、脂肪、蛋白质等代谢紊乱，临床上典型病例可出现多饮、多尿、多食、体重减轻的"三多一少"症状，病情严重或应激时可发生急性严重代谢紊乱，如糖尿病酮症酸中毒、高血糖高渗状态等。随着病程延长，可引起多系统损害，导致眼、肾、神经、心脏、血管等组织器官的慢性进行性病变、功能减退甚至衰竭。

糖尿病是一种常见病、多发病。国际糖尿病联盟（International Diabetes Federation，IDF）的统计数据显示，全球糖尿病患者基数庞大，糖尿病患者人数从 1980 年的 1.08 亿增加到 2021 年的 5.37 亿，低收入和中等收入国家的患病率上升速度快于高收入国家。2021 年，中国糖尿病报告患者人数达 1.41 亿，占全球报告患者总人数的 26.3%，且我国糖尿病患病率持续上升。随着人口老龄化进程加快，糖尿病患者人数将持续增加。糖尿病已成为发达国家继心血管疾病和肿瘤之后的第三大非传染性疾病，对社会和经济造成了沉重的负担，是严重威胁人类健康的世界性公共卫生问题。我国已将糖尿病防治纳入健康中国行动 15 个专项行动中。

【分型】

目前国际上通用 WHO 糖尿病专家委员会提出的分型标准（1999 年），将糖尿病分为四型，即 1 型糖尿病（diabetes mellitus type 1，T1DM）、2 型糖尿病（diabetes mellitus type 2，T2DM）、妊娠糖尿病及其他特殊类型糖尿病。

1. 1 型糖尿病（T1DM） 是由于胰岛 β 细胞破坏，导致胰岛素分泌绝对不足，患者需要使用胰岛素来维持血糖水平的糖尿病类型。此型糖尿病主要与自身免疫有关，多见于儿童和青少年。患者起病急，"三多一少"症状比较明显；若不予以胰岛素治疗，则有发生酮症的倾向，故又称为胰岛素依赖型糖尿病。

2. 2 型糖尿病（T2DM） 以胰岛素抵抗为主，伴胰岛素进行性分泌不足，逐渐发展为以胰岛素进行性分泌不足为主，伴胰岛素抵抗。此型糖尿病多发于中老年人，有明显的家族遗传性，起病比较缓慢。患者体型较肥胖，病情较轻，较少出现酮症，临床上"三多一少"症状可不明显，往往在体检时或因其他疾病就诊时被发现，治疗不一定依赖胰岛素，故又称为非胰岛素依赖型糖尿病。

3. 妊娠糖尿病 是指妊娠期间发生的不同程度的糖代谢异常，不包括孕前已诊断或已患糖尿病的患者，后者称为糖尿病合并妊娠。

4. 特殊类型糖尿病 是在不同水平上（从环境因素到遗传因素或两者间的相互作用）病因学相对明确的糖尿病。

在糖尿病患者中，2 型糖尿病患者最多见，占 90%～95%。1 型糖尿病在亚洲较少见，但在某些国家和地区发病率较高；估计我国 1 型糖尿病占糖尿病的比例低于 5%。

【病因与发病机制】

糖尿病的病因和发病机制极为复杂，至今尚未完全阐明。不同类型的糖尿病其病因不同，即使在同一种类型中也存在差异性。可将引起糖尿病的病因归纳为遗传因素及环境因素两大类。其发病机制可归纳为不同病因导致胰岛 β 细胞分泌胰岛素不足和（或）外周组织胰岛素利用缺陷，引起糖类、脂肪、蛋白质等物质代谢紊乱。

1. 1型糖尿病  绝大多数为自身免疫性疾病，遗传因素和环境因素共同参与其发病过程，但主要与自身免疫有关。其发病机制是某些外界因素（如病毒感染）作用于有遗传易感性的个体，激活一系列自身免疫反应，引起胰岛β细胞破坏或衰竭，使体内胰岛素分泌不足且呈进行性加重，导致糖尿病。

（1）遗传因素：在同卵双生子中，1型糖尿病同时患病率达30%～40%，提示其发病与遗传有密切的关系。

（2）自身免疫：免疫介导型糖尿病是由于在胰岛B细胞发生细胞介导的自身免疫性损伤而引起，患者体内的免疫损伤性抗体有胰岛细胞抗体（islet cell antibody，ICA）、胰岛素抗体（insulin antibody，IA）、谷氨酸脱羧酶抗体（glutamic acid decarboxylase antibody，GADA）、蛋白质酪氨酸磷酸酶抗体等。在最初发现空腹高血糖时，85%～90%的患者体内存在一种或多种自身抗体，病理上也可观察到胰岛有淋巴细胞等浸润，呈自身免疫性胰腺炎。

（3）环境因素：过去30年中，全球T1DM的发病率上升了数倍，显示环境因素在1型糖尿病发病中起重要作用。已知与1型糖尿病发病的有关病毒包括风疹病毒、柯萨奇病毒、腮腺炎病毒、巨细胞病毒等。病毒直接损伤胰岛B细胞或损伤胰岛B细胞而暴露其抗原成分并启动自身免疫反应，进而破坏胰岛B细胞。

1型糖尿病的发生及发展可分为6期：第1期：遗传易感期；第2期：启动自身免疫反应；第3期：免疫学异常；第4期：进行性胰岛β细胞功能丧失；第5期：临床糖尿病；第6期：胰岛β细胞功能衰竭。

2. 2型糖尿病  2型糖尿病发病除有较强的遗传易感性外，与环境因素密切相关。

（1）遗传因素：2型糖尿病有更明显的遗传基础，在同卵双生子中，2型糖尿病同时患病率接近100%。

（2）环境因素：环境因素包括肥胖、摄食过多、体力活动不足、生活方式改变、年龄增长、子宫内环境以及应激、化学毒物等，可使易感人群的糖尿病患病率显著增加。在遗传和环境因素的共同作用下引起的肥胖与胰岛素抵抗和2型糖尿病的发生密切相关。

（3）胰岛素抵抗和β细胞功能缺陷：胰岛素抵抗是指机体对一定量的胰岛素生物学反应低于预计正常水平的一种现象。胰岛素抵抗和胰岛素分泌缺陷（包括两者的相互作用）是2型糖尿病发病机制的两个主要因素。正常人静脉注射葡萄糖所诱导的胰岛素分泌呈双峰。2型糖尿病患者胰岛素分泌反应缺陷，第一相分泌减弱或缺失，第二相胰岛素分泌高峰延迟，导致部分患者出现餐后低血糖。随着病情进展，患者血糖水平持续升高，最终出现空腹高血糖。

（4）胰岛α细胞功能异常和胰高血糖素样肽（glucagon-like peptide，GLP）分泌缺陷：胰岛α细胞分泌胰高血糖素，对维持血糖稳定起重要作用。2型糖尿病患者由于胰岛β细胞慢性减少，α/β细胞比例增加，加之胰岛α细胞对葡萄糖的敏感性降低，从而导致胰高血糖素水平升高，肝糖原输出增加。胰岛α细胞功能异常和胰高血糖素样肽-1分泌缺陷在2型糖尿病的发病过程中起重要作用。

（5）糖耐量减低和空腹血糖受损：糖耐量减低（impaired glucose tolerance，IGT）是葡萄糖不耐受的一种类型。空腹血糖受损（impaired fasting glucose，IFG）是指非糖尿病性空腹血糖异常，其血糖浓度高于正常，但低于糖尿病的诊断值。IGT和IFG均代表了正常葡萄糖稳态和糖尿病高血糖之间的中间代谢状态，表明葡萄糖调节（或稳态）受损。目前认为，IGT和IFG均为糖尿病的危险因素，是发生心血管病的危险标志。

2型糖尿病的自然病程可分为4个阶段：第1阶段，具有遗传易感性；第2阶段，出现胰岛素抵抗和（或）高胰岛素血症；第3阶段，表现为糖耐量减低；第4阶段，即临床糖尿病。

【护理评估】
(一)健康史
详细询问患者患病的相关因素,如是否有糖尿病家族史,是否发生病毒感染等;询问患者起病时间、主要症状及其特点,如是否有烦渴、多饮、多食、多尿、体重减轻、伤口愈合不良、感染等。了解患者的生活方式、饮食习惯、进食量、妊娠次数、新生儿出生体重和身高等。了解患者患病后的检查和治疗经过,目前的用药情况和病情控制情况等。

(二)身体状况

1. 代谢紊乱综合征

(1)典型表现:"三多一少",即多饮、多尿、多食和体重减轻。由于血糖升高,发生渗透性利尿,可导致多尿,患者每日尿量为2~3 L或更多。由于多尿导致大量水分丢失,加之血糖升高,导致患者易口渴。由于胰岛素不足,体内葡萄糖不能充分利用,能量来源减少,导致患者常多食、易饥饿。由于血糖不能充分利用,脂肪、蛋白质分解增加,导致体重减轻。

(2)皮肤瘙痒:由于高血糖及末梢神经病变,导致皮肤干燥和感觉异常,患者常有皮肤瘙痒。女性患者可因尿糖刺激局部皮肤而出现外阴瘙痒。

(3)其他症状:患者可出现四肢酸痛、麻木、伤口愈合不良、视物模糊、腰痛、性欲减退、阳痿、不育、月经失调、便秘等。

2. 急性并发症

(1)糖尿病酮症酸中毒(diabetic ketoacidosis,DKA):糖尿病代谢紊乱加重时,脂肪动员和分解加速,大量脂肪酸在肝内经氧化产生大量乙酰乙酸、β-羟丁酸和丙酮,三者统称为酮体。血清酮体积聚超过肝外组织的氧化能力时,血酮体升高,称为酮血症;尿液中酮体排出增多称为酮尿,临床上统称为酮症。乙酰乙酸和β-羟丁酸均为较强的有机酸,可大量消耗体内的碱储备;若代谢紊乱进一步加重,血酮体持续升高,超过机体的处理能力时,即发生代谢性酸中毒,称为糖尿病酮症酸中毒;患者出现意识障碍时,则称为糖尿病酮症酸中毒昏迷,是内科急症之一。

1)诱因:1型糖尿病患者有发生糖尿病酮症酸中毒的倾向,2型糖尿病患者在一定诱因作用下可发生糖尿病酮症酸中毒。常见诱因包括:感染、胰岛素治疗时不适当减少用药剂量或中断治疗、饮食不当、妊娠、分娩、创伤、麻醉、手术、严重刺激引起应激等。有时,患者可无明显诱因。

2)临床表现:多数患者在发生意识障碍前有糖尿病加重的表现,表现为疲乏、四肢无力、极度口渴、多饮、多尿,随后出现食欲减退、恶心、呕吐,患者常伴有头痛、嗜睡、烦躁、呼吸深快,呼出气有烂苹果味。随着病情的进一步发展,患者可出现严重脱水、尿量减少、皮肤弹性差、眼球下陷、脉搏细速、血压下降。晚期患者表现为各种反射迟钝或消失,甚至昏迷。感染等诱因的表现可被糖尿病酮症酸中毒的表现掩盖,少数患者出现腹痛等急腹症表现,部分患者以糖尿病酮症酸中毒为首发表现。辅助检查显示血糖显著升高,多为16.7~33.3 mmol/L,有时可达55.5 mmol/L;血酮体升高,多在4.8 mmol/L以上;尿糖呈强阳性,尿酮体呈强阳性;pH下降,$PaCO_2$降低,$CO_2$结合力降低;血浆渗透压轻度升高。

(2)高血糖高渗状态(hyperglycemic hyperosmolar status,HHS):患者以严重高血糖、高血浆渗透压、脱水为特点,无明显酮症,常有不同程度的意识障碍和昏迷,多见于50~70岁的2型糖尿病患者。

1)诱因:感染、急性胃肠炎、胰腺炎、脑卒中、严重肾疾病、血液或腹膜透析、静脉内高营养、不合理限制水分,以及应用某些药物(如糖皮质激素)等。少数患者是由于病程早期被漏诊而输注葡萄糖溶液,或因口渴而大量饮用含糖饮料等诱发。

2）临床表现：起病时常先有多尿、多饮，但多食不明显，或出现食欲减退。脱水程度随病程进展而逐渐加重，并出现神经精神症状，表现为嗜睡、幻觉、定向力障碍、偏盲、偏瘫等。晚期患者逐渐陷入昏迷，可出现抽搐、少尿或无尿，无酸中毒及明显酮症。血糖一般为 $33.3\sim66.8$ mmol/L。

（3）感染：患者常有疖、痈等皮肤化脓性感染，可反复发生，有时可引起败血症和脓毒血症。甲癣、足癣、体癣等皮肤真菌感染也较常见。泌尿系感染多见于女性，常反复发作，不易控制，可转为慢性肾盂肾炎。糖尿病患者肺结核发病率高于非糖尿病患者，且病情进展快，易形成空洞，易发生血行播散。

（4）低血糖：一般引起低血糖症状的血浆葡萄糖水平为 $2.8\sim3.9$ mmol/L，糖尿病患者血糖 $\leq3.9$ mmol/L 即属于低血糖范畴，但由于存在个体差异，有的患者即使血糖不低于此值，也可出现低血糖症状。

1）诱因：低血糖有两种临床类型，即空腹低血糖和餐后（反应性）低血糖。前者主要见于胰岛素过多或胰岛素拮抗激素缺乏等，如口服磺脲类药物、使用外源性胰岛素、高胰岛素血症、胰岛素瘤等。后者多见于 2 型糖尿病初期餐后胰岛素分泌高峰延迟，大多数发生在餐后 $4\sim5$ 小时，尤其以单纯进食糖类食物时明显，还可见于功能性疾病（如倾倒综合征）患者、胃肠外营养等情况。

2）临床表现：低血糖主要表现为肌肉颤动、心悸、出汗、饥饿感、软弱无力、面色苍白、心率加快、紧张、焦虑、性格改变、神志改变、认知障碍，严重时可发生抽搐甚至昏迷等。对老年糖尿病患者，应注意观察是否发生夜间低血糖。

3. 慢性并发症

（1）糖尿病大血管病变：糖尿病患者发生动脉粥样硬化的患病率比非糖尿病人群高，发病年龄较轻，病程进展快，这与糖尿病引起糖代谢和脂肪代谢异常有关。大、中动脉粥样硬化主要侵犯主动脉、冠状动脉、大脑动脉、肾动脉和肢体外周动脉等，可引起冠心病、缺血性或出血性脑血管疾病、肾动脉硬化、肢体动脉硬化等。肢体外周动脉粥样硬化常以下肢动脉病变为主，表现为下肢疼痛、感觉异常和间歇性跛行，严重供血不足可导致肢体坏疽。

（2）糖尿病微血管病变：微循环障碍、微血管瘤形成和微血管基膜增厚，是糖尿病微血管病变的典型改变。病变主要发生在视网膜、肾、神经和心肌组织，尤其以糖尿病肾病和视网膜病变最为重要。

1）糖尿病肾病：是慢性肾脏病（chronic kidney disease，CKD）的一种重要类型，是发生终末期肾衰竭的主要原因，也是 1 型糖尿病患者的主要死因。在 2 型糖尿病患者中，其严重性仅次于心、脑血管疾病。糖尿病肾病常见于病史超过 10 年的患者。其病理改变有 3 种类型：结节性肾小球硬化型病变、弥漫性肾小球硬化型病变和渗出性病变。糖尿病肾损害的发生和发展可分为 5 期，常与肾小球硬化和间质纤维化并存。Ⅰ、Ⅱ期，仅有肾本身的病理改变；Ⅲ期，患者开始出现微量白蛋白尿；Ⅳ期，患者尿蛋白逐渐增多，可伴有水肿和高血压，肾功能减退；Ⅴ期，患者出现明显的尿毒症症状。

2）糖尿病视网膜病变：多见于糖尿病病史超过 10 年的患者。大部分患者可出现程度不同的视网膜病变，是糖尿病患者失明的主要原因之一。早期患者可无症状，主要表现为视网膜小静脉扩张和微血管瘤。随着病情进展，患者可出现视网膜出血、水肿、微血栓、渗出等病变，导致视物模糊，甚至失明。除视网膜病变外，糖尿病还可引起黄斑病、白内障、青光眼、虹膜睫状体病变等。对 2 型糖尿病患者，应在明确诊断后进行首次眼底筛查。

3）其他：糖尿病心脏微血管病变和心肌代谢紊乱可引起心肌广泛灶性坏死等损害，称为糖尿病心肌病，可诱发心力衰竭、心律失常、心源性休克甚至猝死等。

(3)糖尿病神经病变：糖尿病可累及神经系统的任何部分。其原因复杂，可能与动脉粥样硬化血管疾病和微血管病变、代谢因素、自身免疫机制等有关。

1）中枢神经系统病变：患者伴有糖尿病酮症酸中毒、高血糖高渗状态或低血糖引起的意识障碍，还可发生缺血性卒中和老年痴呆等。

2）周围神经病变：最常见，通常呈对称性，下肢较上肢严重，病情进展缓慢。患者常先有肢端感觉异常，呈袜子或手套状分布，伴麻木、烧灼、针刺痛或踏棉垫感，有时表现为痛觉过敏；随后出现肢体疼痛，呈隐痛、刺痛，夜间及寒冷季节加重。后期病变累及运动神经时，患者可有肌力减弱，甚至发肌萎缩和瘫痪。

3）自主神经病变：多累及胃肠道、心血管、泌尿生殖系统，临床表现为胃排空延迟、腹泻或便秘等；休息时心动过速、体位性低血压、QT 间期延长等；尿潴留、尿失禁等；其他，如瞳孔改变、排汗异常、阳痿等。

（4）糖尿病足：是下肢远端神经异常和不同程度的周围血管病变引起的足部溃疡、感染和（或）深层组织破坏。轻者表现为足部畸形、皮肤干燥和发凉、胼胝（高危足）；严重者可出现足部溃疡、坏疽。糖尿病足是导致患者截肢、致残和生活质量降低的主要原因。

**考点提示**

糖尿病急、慢性并发症的表现。

---

### （三）心理、社会状况

糖尿病为终身性疾病，病程长、严格控制饮食以及多器官、多组织结构和功能障碍易使患者产生焦虑、抑郁等心理，对治疗缺乏信心，治疗依从性较差。护士应详细评估患者对疾病的认知程度，患病后是否出现焦虑、恐惧等心理。了解家庭成员对疾病的认识程度和态度，以及患者所在社区的医疗保健服务情况等。

### （四）辅助检查

1. 尿糖测定　尿糖呈阳性是发现和诊断糖尿病的重要线索。尿糖呈阳性仅提示血糖水平超过肾糖阈，因而尿糖呈阴性并不能排除糖尿病的可能。并发肾病变时，肾糖阈升高，虽然血糖升高，但尿糖呈阴性。妊娠期肾糖阈降低时，虽然血糖正常，但尿糖可呈阳性。

2. 血糖测定　血糖升高是诊断糖尿病的主要依据，也是监测糖尿病患者病情变化和治疗效果的主要指标。血糖测定包括静脉血和毛细血管血葡萄糖测定两种方法，糖尿病的临床诊断需依据静脉血浆葡萄糖测定，毛细血管血葡萄糖测定仅用于糖尿病的监测。空腹血浆葡萄糖（FPG）3.9～6.0 mmol/L 为正常；6.1～6.9 mmol/L 为空腹血糖受损（IFG）；≥7.0 mmol/L 考虑为糖尿病。糖代谢状态分类及糖尿病的诊断标准见表 7-2 和表 7-3。

表 7-2　糖代谢状态分类

| 糖代谢状态 | 静脉血浆葡萄糖（mmol/L） | |
|---|---|---|
| | 空腹血糖 | 糖负荷后 2 小时血糖 |
| 正常血糖 | <6.1 | <7.8 |
| 空腹血糖受损（IFG） | 6.1～<7.0 | <7.8 |
| 糖耐量异常（IGT） | <7.0 | 7.8～<11.1 |
| 糖尿病 | ≥7.0 | ≥11.1 |

表 7-3 糖尿病的诊断标准（WHO 1999 年）

| 诊断标准 | 静脉血浆葡萄糖（mmol/L） |
| --- | --- |
| 糖尿病症状 + 随机血糖或 | ≥11.1 |
| 空腹血浆血糖或 | ≥7.0 |
| 糖负荷后 2 小时血糖 | ≥11.1 |

注：空腹状态指至少 8 小时没有进食热量；随机血糖是指不考虑上次用餐时间，一天中任意时间的血糖，不能用于诊断空腹血糖异常或糖耐量减低

3. 口服葡萄糖耐量试验　对血糖水平高于正常范围但未达到糖尿病诊断标准或疑有糖尿病倾向者，需进行口服葡萄糖耐量试验。口服葡萄糖耐量试验应在清晨空腹进行，成人口服 75 g 无水葡萄糖，将其溶于 250～300 ml 温水中，5～10 分钟内饮用完毕，儿童服糖量按每千克体重 1.75 g 计算，总糖量不超过 75 g。空腹及开始饮葡萄糖溶液后 2 小时测静脉血浆葡萄糖。口服葡萄糖耐量试验中，2 小时血浆葡萄糖≤7.7 mmol/L 为正常；7.8～11.1 mmol/L 为糖耐量减低（IGT）；≥11.1 mmol/L（200 mg/dl）考虑为糖尿病。

4. 糖化血红蛋白（GHb）和糖化血浆白蛋白（GA）测定　GHbA1 的含量与血糖浓度呈正相关。GHbA1 有 a、b、c 三种，其中，以 HbA1c 最多，可反映取血前 8～12 周的血糖平均水平，补充空腹血糖只反映瞬时血糖的不足，是糖尿病病情控制的重要监测指标之一。正常人 HbA1c 占血红蛋白总量的 3%～6%。血浆白蛋白也可与葡萄糖发生非酶催化的糖基化反应而生成果糖胺，其生成量与血糖浓度有关。果糖胺测定可反映糖尿病患者近 2～3 周的血糖平均水平，也是糖尿病患者近期病情监测的指标。

5. 血浆胰岛素和 C- 肽测定　主要用于评价胰岛 β 细胞的功能。C- 肽和胰岛素以等分子数从胰岛细胞生成和释放。由于 C- 肽清除率低，肝对其摄取率低，且不受外源性胰岛素的影响，故 C- 肽比胰岛素更能准确地反映胰岛 β 细胞的功能。

6. 其他检查　根据病情需要进行血脂、肝功能、肾功能等常规检查。患者出现急性严重代谢紊乱时，应进行酮体、电解质和酸碱平衡监测。同时，还应进行心脏、肝、肾、脑、眼以及神经系统的各项辅助检查。

 考点提示

糖尿病的诊断标准。

【主要护理诊断 / 问题】

1. 营养失调：低于机体需要量　与胰岛素分泌减少引起的糖、脂肪和蛋白质代谢紊乱有关。
2. 有感染的危险　与血糖升高、脂肪代谢紊乱、营养不良和微循环障碍等因素有关。
3. 知识缺乏：缺乏相关的用药和自我护理知识。
4. 焦虑　与病程长、长期饮食控制等造成生活和精神负担加重有关。
5. 潜在并发症：糖尿病酮症酸中毒、低血糖、血管病变、糖尿病足等。

【护理措施】

（一）一般护理

1. 饮食护理　糖尿病饮食治疗是所有糖尿病患者的治疗基础，是糖尿病自然病程中任何阶段预防和控制糖尿病必不可少的措施。饮食治疗的目的是维持标准体重，保证未成年人的正常生长发育，纠正已发生的代谢紊乱，使血糖、血脂达到或接近正常水平。其原则是在规定的热

量范围内，达到饮食均衡。

（1）估算总热量：结合患者的病情、生活和饮食习惯、工作性质、标准体重综合考虑。①计算标准体重：按患者的性别、年龄和身高查表或用简易公式算出标准体重。标准体重（kg）= 身高（cm）–105。②计算每日所需总热量：根据标准体重和工作性质，参照患者原来的生活习惯等因素，计算每日所需的热量。成人正常体重者完全卧床时每日每千克理想体重予以能量 15～20 kcal，休息状态下 25～30 kcal，轻体力劳动时 30～35 kcal，中度体力劳动时 35～40 kcal，重体力劳动时 40 kcal 以上。体重低于理想体重者、儿童、孕妇、哺乳期妇女以及伴有消耗性疾病者，热量摄入可增加 5 kcal/（d·kg），肥胖者应酌减，使体重波动范围为理想体重的 ±5% 左右。

（2）食物的组成和分配：食物中的糖类、脂肪、蛋白质的分配。糖类占饮食总热量的 50%～60%，提倡用粗制米、面和一定量的杂粮；蛋白质含量一般不超过总热量的 15%～20%，成人每天每千克理想体重 0.8～1.2 g；孕妇、哺乳期妇女、营养不良或伴有消耗性疾病者宜增至 1.5～2.0 g；伴有糖尿病肾病而肾功能正常者应限制在 0.8；肾小球滤过率降低者，需降至 0.6～0.7 g。蛋白质应至少有 1/2 来自动物蛋白，以保证必需氨基酸的供给。脂肪占总热量的 25%～30%。进食应定量、定时，根据患者的生活习惯和病情，结合药物治疗的需要进行安排。按食物成分表将上述热量折算为食谱比例，三餐分配一般为 1/5、2/5、2/5 或 1/3、1/3、1/3。

（3）饮食注意事项：①饮食应严格控制总热量，如患者因控制饮食而饥饿时，可增加蔬菜、豆制品等热量较低的食物，以减轻饥饿感。②按照医生制订的食谱进食，避免随意增减进食量；选用任何新品种的食物时，应先了解其主要营养成分，经医生同意后，方可调换；严格限制摄入各种食用糖及糖果、糕点、饮料。③饮食中应增加纤维素含量，每日饮食中纤维素含量不宜少于 40 g。提倡食用绿叶蔬菜、豆类、谷物类、含糖成分低的水果等，这些食物有助于纤维素和微量元素的摄取。④炒菜宜用植物油，少吃动物内脏、蟹黄、虾、鱼子等含胆固醇高的食物；每日食盐摄入量在 6 g 以下；限制饮酒。⑤每周测量体重，若体重改变超过 2 kg，则应告知医生；⑥密切监测血糖，根据血糖、体重及时调整饮食或药物。

2. 运动锻炼　根据患者的年龄、性别、体力、病情及是否有并发症，指导其循序渐进、持之以恒地进行体育锻炼。规律的运动有助于提高胰岛素的敏感性，有利于血糖的控制；可促进脂肪代谢，消耗热量和脂肪，纠正脂代谢紊乱；可促进全身新陈代谢、改善心肺功能；有利于保持血压稳定，防止糖尿病并发症的发生。

（1）运动方式：糖尿病患者应以有氧运动为主，根据患者的年龄、病情和兴趣爱好选择合适的运动项目，如散步、慢跑、快走、做广播操、打太极拳、游泳、骑自行车、跳舞等。

（2）运动时间：久坐时应每隔 30 分钟进行一次短暂的身体活动，建议每周进行 150 分钟中等强度运动。运动前、后，需监测血糖。

（3）注意事项：运动量大或激烈运动时应建议患者调整食物及药物，以免发生低血糖。1 型糖尿病患者为避免血糖波动过大，体育锻炼宜在餐后进行。血糖＞14～16 mmol/L、近期频繁发作低血糖或者血糖波动较大、有糖尿病急性并发症和严重心脏、脑、眼、肾等慢性并发症者暂不适宜进行运动。

（二）病情观察

对患者进行血糖监测、其他脑血管疾病（CVD）危险因素和并发症的监测。血糖监测的基本指标包括空腹血糖、餐后血糖和 HbAlc。对于糖尿病前期和糖尿病人群，观察并治疗其他心血管疾病危险因素。

对糖尿病重症患者，应监测生命体征、神志、瞳孔的变化，记录 24 小时液体出入量，注意尿糖、血糖、尿酮体、血气分析等检查结果。若患者出现原有症状加重、头痛、嗜睡、烦躁、呼吸深快，呼出气有烂苹果味，甚至出现严重脱水、尿量减少、血压下降、昏迷，则应考虑发生酮症酸中毒，须立即告知医生，并配合紧急治疗。

### （三）治疗配合

糖尿病治疗强调早期、长期、综合治疗及个体化原则。治疗目标是通过纠正患者不良的生活习惯和代谢紊乱，防止急性并发症的发生，延缓慢性并发症的发展，提高患者的生活质量，使其保持良好的心理状态。综合治疗包括健康教育、饮食治疗、运动疗法、药物治疗等。

1. 健康教育　是疾病治疗的重要措施之一，包括糖尿病防治专业人员的培训、医务人员的继续教育、患者及家属和公众的卫生保健教育。患者及其家属和公众的卫生保健教育详见本节"健康指导"。

2. 饮食治疗　饮食治疗是所有糖尿病治疗的基础，详见本节"饮食护理"。

3. 运动疗法　适当运动有利于减轻体重，提高胰岛素敏感性，改善血糖和脂代谢紊乱等。运动治疗详见本节"运动锻炼"。

4. 药物治疗　包括口服降血糖药、胰岛素及胰岛素类似物、胰高血糖素样肽-1（GLP-1）受体激动剂等。

（1）口服降血糖药：口服降血糖药主要有促胰岛素分泌剂（磺脲类和格列奈类）、双胍类、噻唑烷二酮类（格列酮类）、α-糖苷酶抑制剂、二肽基肽酶-Ⅳ抑制剂（DPP-Ⅳ抑制剂）和钠-葡萄糖共转运蛋白-2抑制剂（SGLT-2抑制剂）。

1）促胰岛素分泌剂：①磺脲类，作用机制是刺激胰岛β细胞分泌胰岛素，提高体内胰岛素水平而发挥降血糖作用。主要用于2型糖尿病非肥胖患者经饮食和运动治疗血糖控制不理想者。常用药物：格列本脲、格列吡嗪、格列齐特、格列喹酮、格列吡嗪控释片等。建议从小剂量开始用药，早餐前半小时服用1次，根据血糖逐渐增加剂量，剂量较大时改为早餐、晚餐前服用，每天2次，直到血糖控制良好。随着疾病进展，磺脲类需与其他作用机制不同的口服降血糖药或胰岛素联合应用。②非磺脲类，主要是格列奈类药物。其作用机制是直接刺激胰岛β细胞分泌胰岛素，具有吸收快、起效快和作用时间短的特点，主要用于控制餐后血糖，也有一定的降低空腹血糖的作用。于餐前或进餐时口服。适用于2型糖尿病早期餐后高血糖或以餐后血糖升高为主的老年患者。常用药物有瑞格列奈和那格列奈。③二肽基肽酶-4（DPP-Ⅳ）抑制剂，可通过抑制DPP-Ⅳ活性而降低胰高血糖素样肽-1（GLP-1）的失活，提高内源性GLP-1的水平。GLP-1可以葡萄糖浓度依赖的方式促进胰岛素分泌，抑制胰高血糖素分泌。目前在国内上市的DPP-Ⅳ抑制剂为西格列汀、沙格列汀、维格列汀、利格列汀和阿格列汀。

2）胰岛素增敏剂：①双胍类，此类药物可促进外周组织对葡萄糖的摄取和利用，抑制糖原异生及分解，减少肝葡萄糖的输出，降低血糖，并可增强胰岛素的敏感性，减轻胰岛素抵抗。对正常人无降血糖作用。目前广泛应用的药物是二甲双胍，是治疗超重或肥胖的2型糖尿病患者的首选药物，可单独使用或联合其他药物，在1型糖尿病的治疗中与胰岛素联合应用可能减少胰岛素用量和血糖波动。②噻唑烷二酮类，又称格列酮类，主要作用是增强靶组织对胰岛素的敏感性，减轻胰岛素抵抗，故被视为胰岛素增敏剂，适用于2型糖尿病患者，主要是肥胖、明显胰岛素抵抗者，可单独使用或与其他降血糖药联合应用。常用药物有罗格列酮和吡格列酮，目前在临床上不作为2型糖尿病的一线用药，有心力衰竭、肝病者慎用，65岁以上老年人禁用。

3）α-葡萄糖苷酶抑制剂：可抑制葡萄糖在小肠上部的吸收，降低餐后血糖，尤其适用于空腹血糖正常而餐后血糖明显升高者，可单独使用或与磺脲类、双胍类联合应用。常用药物有阿卡波糖、格列波糖。

4）钠-葡萄糖协同转运蛋白2（SGLT-2）抑制剂：可通过抑制尿液葡萄糖重吸收，促进肾排泄葡萄糖，同时具有减轻体重和降低血压的作用。另外，SGLT-2抑制剂还可降低尿酸水平，减少尿蛋白排泄，降低TG和LDL-C，同时升高HDL-C。目前常用的SGLT-2抑制剂有恩格列净、坎格列净等。

（2）胰岛素及胰岛素类似物

1）适应证：①1型糖尿病。②糖尿病合并急性或慢性并发症。③手术、妊娠和分娩。④2型糖尿病经饮食及口服降血糖药治疗，血糖未获得良好控制。⑤新诊断的2型糖尿病伴有明显高血糖。⑥2型糖尿病β细胞功能明显减退者。⑦某些特殊类型糖尿病。

2）制剂类型：根据来源和化学结构的不同，可分为动物胰岛素、人胰岛素和胰岛素类似物。按作用起效快慢和维持时间，胰岛素（包括人和动物）又可分为短效、中效、长效和预混胰岛素；胰岛素类似物分为速效、长效和预混胰岛素类似物（表7-4）。

表7-4 已在国内上市的胰岛素和胰岛素类似物制剂的特点（皮下注射）

| 胰岛素制剂 | | 起效时间 | 峰值时间 | 作用维持时间 | 注射时间 |
| --- | --- | --- | --- | --- | --- |
| 胰岛素 | | | | | |
| 短效胰岛素（RI） | | 15～60 min | 2～4 h | 5～8 h | 餐前15～30 min |
| 中效胰岛素（NPH） | | 2.5～3 h | 5～7 h | 13～16 h | 早餐或晚餐前1 h |
| 长效胰岛素（PZI） | | 3～4 h | 8～10 h | 长达20 h | 早餐或晚餐前1 h |
| 预混胰岛素（30R） | | 0.5 h | 2～12 h | 14～24 h | 餐前30 min或餐前即时 |
| 预混胰岛素（50R） | | 0.5 h | 2～3 h | 10～24 h | |
| 胰岛素类似物 | | | | | |
| 速效 | 门冬胰岛素 | 10～15 min | 1～2 h | 4～6 h | 餐前0～15 min |
| | 赖脯胰岛素 | 10～15 min | 1.0～1.5 h | 4～5 h | |
| | 谷赖胰岛素 | 10～15 min | 1.0～1.5 h | 3～5 h | |
| 长效 | 甘精胰岛素 | 2～3 h | 无高峰 | 长达30 h | 早餐或晚餐前1 h |
| | 地特胰岛素 | 3～4 h | 3～14 h | 长达24 h | |
| | 德谷胰岛素 | 1 h | 无高峰 | 长达42 h | |
| 预混 | 预混门冬胰岛素30 | 10～20 min | 1～4 h | 14～24 h | 餐前30 min或餐前即时 |
| | 预混门冬胰岛素50 | 10～20 min | 1～4 h | 14～24 h | |
| | 预混赖脯胰岛素25 | 15 min | 30～70 min | 16～24 h | |
| | 预混赖脯胰岛素50 | 15 min | 30～70 min | 16～24 h | |

3）强化治疗：目的是保护胰岛β细胞功能，但应注意发生低血糖反应。强化治疗方案有2种，一种是每天多次进行胰岛素皮下注射，目前常用三餐前注射速效胰岛素控制餐后高血糖，以及睡前注射长效胰岛素提供基础量胰岛素；另一种是持续皮下输注胰岛素（CSⅡ），又称胰岛素泵，以基础量和餐前追加量的方式输注超短效胰岛素。

（3）GLP-1受体激动剂：通过激动GLP-1受体，以葡萄糖浓度依赖的方式促进胰岛素的合成和分泌，抑制胰高血糖素的释放，还可作用于中枢神经系统GLP-1受体，进而减少食物摄入，增加能量消耗，延迟胃排空。GLP-1受体激动剂均需皮下注射，可用于治疗2型糖尿病，尤其是肥胖、胰岛素抵抗明显者，可单独使用或与其他降血糖药联合应用。短效制剂有艾塞那肽、贝那鲁肽和利拉鲁肽；长效制剂有度拉糖肽、司美格鲁肽等。

5. 糖尿病酮症酸中毒（DKA）的治疗

（1）补液：输液是抢救糖尿病酮症酸中毒患者极其关键的首要措施。通常使用生理盐水，补液量和速度视脱水程度而定。若患者无心力衰竭，开始时补液速度宜先快后慢，在1~2小时内输入1000~2000 ml，前4小时输入所估算失液量的1/3，之后根据患者的血压、心率、每小时尿量、末梢循环、中心静脉压以及是否有发热、呕吐等决定输液量和速度。24小时输液总量应包括已失液量和部分继续失液量。若患者在治疗前已发生低血压或休克，则应输入胶体溶液，并进行抗休克处理。

（2）小剂量胰岛素治疗：将短效胰岛素（每小时每千克体重0.1 U）加入生理盐水中持续静脉滴注或泵入，以达到快速、稳定降低血糖且不易引起低血糖的效果，同时还能抑制脂肪分解和酮体生成。每1~2小时监测1次血糖。当血糖降至13.9 mmol/L时，改为输注5%葡萄糖溶液并加入短效胰岛素（按每2~4 g葡萄糖加1 U胰岛素计算）。待尿酮体消失后，根据患者的尿糖、血糖及进食情况调节胰岛素剂量，或改为每4~6小时皮下注射胰岛素1次。待患者病情稳定后，即恢复平时的治疗。

（3）纠正电解质紊乱及酸碱平衡失调：①糖尿病酮症酸中毒患者体内存在不同程度的缺钾。对治疗前已有严重低钾血症的患者，应立即补钾，当血钾升至3.5 mmol/L时，再开始胰岛素治疗；在开始治疗后，若患者每小时尿量在40 ml以上，血钾低于5.2 mmol/L，即可静脉补钾。注意定时监测血钾水平，并结合心电图、尿量，调整补钾量和速度。②对轻、中度酸中毒患者，经充分静脉补液及胰岛素治疗后可予以纠正，无须补碱。对pH≤6.9的严重酸中毒者，应予以1.4%碳酸氢钠等渗溶液静脉输入，且速度不宜过快，以避免诱发或加重脑水肿。补碱后，需监测动脉血气情况。

（4）防治诱因和处理并发症：包括休克、严重感染、心力衰竭、心律失常、肾衰竭、脑水肿、急性胃扩张等。

6. 高血糖高渗状态的治疗　对严重脱水的患者，应予以积极补液。目前多主张先用等渗溶液，宜先输注生理盐水，有利于恢复血容量；对发生休克的患者应，还应输注血浆或全血。视患者的病情，可考虑同时经胃肠道补液。输液的同时予以小剂量胰岛素治疗。当血糖降至16.7 mmol/L时，改用5%葡萄糖溶液并加入胰岛素，根据患者的尿量补钾。积极消除诱因和治疗各种并发症，如感染、心力衰竭、心律失常、肾衰竭等。待患者病情稳定后，根据患者的血糖、尿糖及进食情况予以皮下注射胰岛素，然后转为常规治疗。

7. 糖尿病合并妊娠的治疗　妊娠对糖尿病患者、糖尿病对孕妇和胎儿均有复杂的相互影响。多数妊娠糖尿病患者经严格的饮食及运动治疗，可使血糖得到满意控制。孕期血糖应控制在空腹血糖≤5.3 mmol/L，餐后1小时血糖≤7.8 mmol/L，餐后2小时血糖≤6.7 mmol/L。经单纯饮食、运动治疗，对血糖控制不佳者，可采用胰岛素治疗，忌用口服降血糖药。饮食治疗的原则同非妊娠患者。整个妊娠期间均应监测血糖、血压、肾功能和眼底情况，以及胎儿的生长发育及成熟情况。

8. 其他治疗　大量循证证据表明，中医药治疗在糖尿病的三级预防中具有重要的作用，为2型糖尿病的防治提供了更多的选择。胰腺移植因其复杂的外分泌处理和严重并发症而受到限制，尚处在临床验证阶段。

9. 用药护理

（1）口服降血糖药：护士应掌握降血糖药的作用、剂量、用药时间、药物不良反应及注意事项，指导患者遵医嘱按时、按量服药，避免随意增加或减少用药剂量。①磺脲类药物：应在餐前半小时服用，主要不良反应是低血糖、胃肠道反应、皮肤瘙痒、胆汁淤积性黄疸、肝功能损害、贫血、血小板减少、白细胞减少等。各种磺脲类药物不宜联合使用。②双胍类药物：应在餐前或餐中服用，以减少胃肠道刺激，主要不良反应有食欲减退、恶心、呕吐、口干、口腔内有金属味、腹泻等，偶尔有过敏反应。由于双胍类药物可促进无氧酵解，使乳酸生成增多，易导致乳酸性酸中毒，休克及肝、肾功能不全患者禁用。③α-葡萄糖苷酶抑制剂：应与第一口食物同时嚼服，常见不良反应为胃肠道反应，如腹胀、肛门排气等。应从小剂量开始，逐渐增加用药剂量，以减少不良反应。单独服用此类药物通常不会发生低血糖。④SGLT-2抑制剂：服药时间不受进餐时间的影响。常见不良反应有酮症酸中毒（主要见于1型糖尿病患者）、急性肾损伤、骨折。在口服降血糖药期间，应注意监测患者的血糖、尿糖、尿量和体重的变化，评价药物疗效。同时，应指导患者按时就餐，避免提前或延后。

（2）胰岛素

1）正确用药：了解各种胰岛素的名称、剂型及作用特点；准确执行医嘱，按时注射。选择与胰岛素剂型和浓度匹配的注射用具，如40 U和100 U胰岛素注射器、胰岛素笔和胰岛素泵等。

2）药物的保存：胰岛素的保存应避免过冷、过热、阳光直射，否则可降低其活性或使其失效；未开封的胰岛素应放置于冰箱（2～8 ℃）内冷藏保存，禁止冷冻。为防止注射部位脂肪萎缩，正在使用的胰岛素在常温下（不超过25 ℃）可使用28天，无需放入冰箱。

3）注射部位：皮下注射胰岛素时，宜选择皮肤组织疏松部位，如上臂外侧、臀部外上侧、大腿前外侧、腹部等。其中，腹部吸收最快，其次分别为上臂、大腿和臀部。注射部位应经常更换，如在同一区域注射，须距上一次注射部位1 cm以上，选择无硬结部位注射，以免长期注射同一部位导致局部硬结和脂肪萎缩，影响药物的吸收和疗效。一旦发现注射部位疼痛、凹陷、硬结、脂肪萎缩或增生等现象，应立即停止在该部位注射，直至症状消失。

4）使用胰岛素泵的注意事项：①准确用药，常用速效胰岛素类似物或短效胰岛素，常规规格100 U/ml。②输注部位的选择与轮换：输注前应评估输注部位，选择部位依次为腹部、上臂、大腿外侧和臀部等。新的输注部位与上次输注部位距离2～3 cm。使用胰岛素泵时，应2～3天更换输注管路和注射部位，以避免感染及针头堵塞。③胰岛素泵报警时，应立即查找原因。常见原因有电池问题、低剩余液量、无输注报警等。④胰岛素泵切勿暴露在强磁场及强辐射（X线、MRI等）、高压环境和极端温度（气温<1 ℃或>42 ℃）环境。

5）监测血糖：对注射胰岛素的患者，一般应常规监测血糖，每天2～4次。若发现血糖波动过大或持续高血糖，则应及时通知医生。

6）观察和处理不良反应：主要不良反应有低血糖、过敏反应、局部硬结等。①低血糖：多见于胰岛素用量过大、口服磺脲类药物不当、用药后未按时进食等患者。主要表现为饥饿感、心悸、手抖、出汗、头晕、乏力等，严重者可昏迷或死亡。②过敏反应：主要表现为注射部位皮肤瘙痒，继而出现荨麻疹样皮疹，可伴有恶心、呕吐、腹泻等胃肠道症状。处理方法是更换制剂类型、使用抗组胺药和糖皮质激素及脱敏疗法。③若注射局部有硬结形成和皮下脂肪萎缩或增生，则应更换注射部位，并可予以局部热敷，以促进药物的吸收。④水肿，因水、钠潴留而发生轻度水肿者，可自行缓解。⑤视物模糊：多为晶状体屈光改变，常于数周内自然恢复。

 考点提示

糖尿病的治疗及常见药物的用药护理。

### (四) 对症护理

1. **皮肤护理** 告知患者勤洗澡、勤更衣，保持皮肤清洁，选择质地柔软、宽松的衣服，避免使用松紧带和各种约束带；进行护理操作及注射胰岛素时，须严格消毒，以防止发生感染；按摩皮肤，以促进局部血液循环；糖尿病患者尤其是女性患者常出现会阴部瘙痒，排尿后最好用温水清洗会阴并擦干，以减轻瘙痒，防止发生湿疹。

2. **足部护理**

(1) 糖尿病足溃疡相关高危因素：①神经病变，感觉、运动功能障碍；②周围血管病变，血液循环障碍；③外伤性，鞋袜不合适、赤足行走、鞋内有异物、跌倒或意外事故、烫伤等；④生物力学性，关节活动受限、骨刺（突出）、足畸形或关节病变、胼胝等。

(2) 预防外伤：告知患者选择软底宽头鞋，鞋底要平整，袜子宜宽松；避免穿拖鞋外出，避免赤足行走，避免将趾甲修剪得过短，应与足趾平齐，以防止足部皮肤损伤。

(3) 保持足部清洁：勤换鞋袜，每日用温水浴足（水温和体温相当即可）、按摩足部，保持足部和趾间皮肤清洁、干燥。

(4) 促进血液循环：禁止吸烟，按摩足部，进行足部运动，用热水泡足等，以促进血液循环，使用热水袋、电热毯、电烤炉时，应特别小心，以防止烫伤。

(5) 观察足部情况：经常观察患者足部皮肤颜色、温度的变化，是否有水肿、发红、皮损等；检查足部皮肤感觉和足背动脉搏动情况；若发现异常，则应及时告知医生，并协助处理。

### (五) 并发症的观察与护理

1. **糖尿病酮症酸中毒及高血糖高渗状态的护理**

(1) 预防诱因：定时监测血糖。指导患者按时、定量进餐，避免进食过量或过少，合理用药；应用胰岛素治疗时，遵医嘱按时、按量用药，避免突然减少用药剂量或停药；发生感染时，应立即进行有效抗感染治疗。

(2) 病情监测：密切观察患者的病情变化。一旦患者出现乏力、口渴、多尿、食欲减退、恶心、呕吐、头痛、烦躁、呼吸深快且呼出气有烂苹果味，甚至昏迷等，则应立即通知医师积极抢救。

(3) 抢救配合：①使患者绝对卧床休息，予以低流量吸氧，安排专人护理，注意患者保暖。②迅速建立静脉通道，遵医嘱予以补液、静脉滴注小剂量胰岛素、纠正酸中毒和电解质紊乱。③密切观察患者的生命体征、神志、皮肤弹性、四肢温度的变化，记录24小时液体出入量。④及时抽血、采集尿标本，监测血糖、血酮体、尿糖、尿酮体、血钾、血钠、二氧化碳结合力、pH等的变化，注意观察患者是否出现水、电解质紊乱和酸碱平衡失调。⑤对昏迷者，按昏迷常规护理。⑥加强生活护理，应特别注意皮肤、口腔及会阴部护理，预防压疮及继发感染。

2. **低血糖的护理**

(1) 预防诱因：指导患者遵医嘱服用降血糖药和注射胰岛素；用药后按时、按量进食；避免空腹运动或运动过度等。对老年糖尿病患者，应特别注意观察是否发生夜间低血糖。

(2) 病情监测：糖尿病患者血糖≤3.9 mmol/L 时，可出现低血糖症状，但由于存在个体差异，有的患者即使血糖不低于此值，也可出现低血糖症状。注意监测血糖，观察患者是否有低血糖的临床表现，如心悸、出汗、饥饿感、软弱无力等。

(3) 急救措施：一旦出现上述症状，应立即予以紧急处理。对神志清楚者，可予以口服糖溶液或进食含糖高的食物，如方糖、饼干、含糖饮料等，一般15分钟左右即可缓解，15分钟后检测血糖，如果血糖仍≤3.9 mmol/L，则继续补充以上食物1份。对病情重、神志不清者，应立即予以静脉注射 50% 葡萄糖溶液 40～60 ml，以解除脑细胞低糖症状。待患者清醒后，予以进食米、面等食物，以防止患者再次昏迷。反复发生低血糖或较长时间的低血糖昏迷可引起脑部损伤，因此需要予以及时、有效的处理。

3. 预防感染　糖尿病患者机体抵抗力低，容易发生各种感染。因此，注射胰岛素时，应严格消毒；观察患者是否有感染征象，一旦发生，应及时告知医生，并协助处理；向患者说明引起感染的危险因素、易发生感染的部位、早期表现及预防措施；告知患者避免与肺炎、感冒等患者接触，若发生外伤或皮肤感染等，应及时请医生处理；指导患者注意个人卫生，保持皮肤清洁，尤其应注意口腔黏膜、会阴部皮肤的清洁，做到勤洗澡、勤换衣，穿着质地柔软、吸水性好、透气性强的棉质或丝质内衣；出现皮肤瘙痒时，避免用力搔抓，必要时使用止痒药。

（六）心理护理

指导患者做好心理调适，说明情绪、精神压力对疾病的影响，并指导患者正确处理疾病所致的生活压力。强调糖尿病的可防可治性，解除患者及家属的思想负担，树立起与糖尿病长期斗争及战胜疾病的信心。

【健康指导】

1. 疾病预防指导　开展糖尿病社区预防宣传教育，早期进行干预性健康指导。采取多种方法进行糖尿病相关知识宣传。糖尿病健康教育的基本内容包括：①糖尿病的自然进程。②糖尿病的临床表现。③糖尿病的危害及急、慢性并发症的防治。④个体化的治疗目标。⑤个体化的生活方式干预措施和饮食计划。⑥规律运动和运动处方。⑦饮食治疗、运动治疗、口服降血糖药治疗、胰岛素治疗及规范的胰岛素注射技术。⑧毛细血管血糖监测（SMBG）和尿糖监测（无法实时监测血糖时），血糖测定结果的意义和应采取的干预措施。⑨SMBG、尿糖监测和胰岛素注射等具体操作方法。⑩口腔护理、足部护理、皮肤护理的具体方法；特殊情况（如疾病、低血糖、应激和手术）的应对措施；糖尿病患者的社会心理适应；糖尿病自我管理的重要性等。

2. 生活保健指导　①向患者详细讲解口服降血糖药及胰岛素的名称、剂量、用药时间和方法，教会患者观察药物的疗效和不良反应。对使用胰岛素的患者，告知患者及家属胰岛素的保存方法、注射剂量、注射部位的选择及消毒方法、注射方法、注射后处理、并发症的观察和处理方法等。②强调饮食与运动疗法的重要性，并指导患者掌握具体措施及调整方案的原则和方法。告知患者作息规律，戒烟、限酒，注意个人卫生。③使患者及家属了解糖尿病常见急性并发症发生时的主要临床表现和观察方法。告知患者发现异常应及时就诊。④指导患者掌握糖尿病足的预防和护理措施。⑤指导患者外出时随身携带识别卡，以便发生紧急情况时及时处理。

3. 自我监测指导　教会患者自我检测病情，防止并发症的发生。具体内容包括：①学习和掌握监测血糖、血压、体重指数的方法，如微量血糖仪的使用、血压的测量方法等。②了解糖尿病的控制目标。一般每 2～3 个月复查 GHbA1c 1 次；若患者原有血脂异常，则每 1～2 个月监测 1 次；若患者原无血脂异常，则每 6～12 个月监测 1 次即可。每 1～3 个月测量体重 1 次，以了解病情控制情况，及时调整用药剂量。每 3～6 个月定期到门诊复查，每年进行 1 次全身检查，以便尽早防治慢性并发症。

## 知识链接

### 中国 2 型糖尿病的控制目标

| 项目 | 条件 | 目标值 |
| --- | --- | --- |
| 血糖* | 空腹 | 4.4～7.0 mmol/L |
|  | 非空腹 | ≤10.0 mmol/L |
| 糖化血红蛋白（HbA1c） |  | <7.0% |
| 血压 |  | <130/80 mmHg |
| 血清总胆固醇（TC） |  | <4.5 mmol/L |
| 高密度脂蛋白胆固醇（HDL-C） | 男性 | >1.0 mmol/L |
|  | 女性 | >1.3 mmol/L |
| 甘油三酯（TG） |  | <1.7 mmol/L |
| 低密度脂蛋白胆固醇（LDL-C） | 未合并冠心病 | <2.6 mmol/L |
|  | 合并冠心病 | <1.8 mmol/L |
| 体重指数（BMI） |  | <24 kg/m² |

注：*毛细血管血糖；选自《中国 2 型糖尿病防治指南（2020 年版）》

## 第五节　肾上腺皮质疾病患者的护理

### 案例导入 7-4

患者，女，30 岁，因"出现痤疮 2 年，出现紫纹、体重增加 3 个月"入院。患者于 2 年前无明显诱因于胸背部反复出现痤疮，1 年前面部也出现痤疮，未进行诊疗；3 个月前自觉乏力、头晕，同时出现皮肤紫纹，双下肢明显，紫纹渐增多，体重较之前增加 3～4 kg，无明显多食。体格检查：T 36.5 ℃，P 78 次/分，R 17 次/分，BP 140/75 mmHg；BMI 25.4 kg/m²，腰围 94 cm，臀围 93 cm，腰臀比 1.0；发育正常，营养状况中等，满月脸，躯干部和面部可见较多痤疮，散在分布，腹部及双下肢可见较多紫纹。全身皮肤黏膜未见黄染、出血点、瘀斑，无明显多毛。鞍区 MRI 检查提示垂体微腺瘤。肾上腺 CT 检查提示双侧肾上腺增生。

问题与思考：
1. 作为主管护士，应如何对该患者进行护理评估？
2. 该患者目前存在的护理问题有哪些？

### 一、皮质醇增多症患者的护理

皮质醇增多症（hypercortisolism）又称库欣综合征（Cushing syndrome），是各种病因引起肾上腺分泌过多糖皮质激素（主要是皮质醇）引起的一组综合征。临床表现主要是由于皮质醇分泌过多，引起代谢紊乱和多器官功能障碍，以及机体抵抗力降低所致，表现为满月脸、向心性肥胖、皮肤紫纹、痤疮等，伴有高血压和骨质疏松等。本病常见于女性，男性与女性发病率之比为 1 : (2~3),以 20~40 岁者居多。

【病因与发病机制】

1. 依赖促肾上腺皮质激素（促肾上腺皮质激素）的库欣综合征　①库欣病：是指垂体促肾上腺皮质激素分泌过多，伴肾上腺皮质增生，是最常见的临床类型，约占库欣综合征的70%，多由垂体微腺瘤所致。②异位促肾上腺皮质激素综合征：是指垂体以外的恶性肿瘤分泌大量促肾上腺皮质激素，刺激肾上腺皮质增生，分泌过多的皮质醇。最常见的是小细胞肺癌，其次是胸腺癌、胰腺癌和甲状腺髓样癌等。

2. 不依赖促肾上腺皮质激素的库欣综合征　①肾上腺皮质腺瘤：占库欣综合征的15%~20%。②肾上腺皮质癌：占库欣综合征的5%以下，患者病情重，进展快。③不依赖促肾上腺皮质激素的双侧肾上腺小结节性增生：患者血液中促肾上腺皮质激素较低或检测不到，应用大剂量地塞米松不能抑制。其发病机制与遗传和免疫有关。④不依赖促肾上腺皮质激素的双侧肾上腺大结节性增生。肾上腺皮质腺瘤或腺癌可自主分泌皮质醇，不受垂体的控制，反馈抑制垂体促肾上腺皮质激素的释放，引起肿瘤外同侧及对侧肾上腺皮质萎缩。

3. 其他类型库欣综合征　如医源性皮质醇增多症、应激性库欣综合征、糖皮质激素受体病等。

【护理评估】

（一）健康史

了解患者的起病时间，发病的缓急，主要症状及其特点，是否有诱因。评估患者的全身情况，如生命体征和营养状况等是否发生改变，是否出现体力减退等。本病患者常有满月脸、多血质外貌、向心性肥胖、皮肤紫纹、痤疮、糖尿病倾向、高血压和骨质疏松等。了解患者既往检查、治疗的经过及效果，是否遵从医嘱进行治疗，目前使用药物的种类、剂量和疗程。

（二）身体状况

库欣综合征有多种类型，临床表现形式多样，典型的临床表现主要是由于皮质醇长期分泌过多引起蛋白质、脂肪、糖、电解质代谢严重紊乱及干扰多种其他激素的分泌。此外，促肾上腺皮质激素分泌过多及其他肾上腺皮质激素的过量分泌也会引起相应的临床表现。

1. 向心性肥胖、满月脸、多血质外貌　患者面部圆润、呈暗红色，胸、腹、颈、背部有脂肪堆积，呈典型的满月脸、水牛背、锁骨上窝脂肪垫和悬垂腹特征，四肢相对瘦小。多血质外貌与皮肤菲薄、微血管易透见及红细胞、血红蛋白增多有关。

2. 皮肤表现　皮肤菲薄，微血管脆性增加，轻微损伤即可出现瘀斑。常见下腹两侧、大腿外侧等处出现紫纹（紫红色条纹，由于肥胖、皮肤薄、蛋白质分解亢进、皮肤弹性纤维断裂所致），手、足、指（趾）甲、肛周常发生真菌感染。异位促肾上腺皮质激素综合征患者及病情较重的库欣病患者皮肤色素沉着加深。

3. 心血管表现　患者常出现高血压，与糖皮质激素激活肾素-血管紧张素系统，心血管系统对血管活性物质的加压反应增强，血管舒张系统受抑制及激活盐皮质激素受体等因素有关。同时，患者常伴有动脉硬化和肾小球动脉硬化。长期高血压可并发左心室肥大、心力衰竭和脑血管意外。由于凝血功能异常、脂代谢紊乱，易导致动、静脉血栓，使心血管并发症的发生率增高。

4. 对感染抵抗力减弱　长期皮质醇分泌增多可引起免疫功能降低，发生肺部感染者较多见。化脓性细菌感染不容易局限化，可发展成蜂窝织炎、菌血症、脓毒血症。患者发生感染后，炎症反应往往不显著，发热时体温升高不明显，易导致漏诊而造成严重后果。

5. 性功能障碍　女性患者由于肾上腺产生雄激素过多以及皮质醇对垂体促性腺激素的抑制作用，常出现月经减少、不规则或停经，痤疮常见，明显男性化（乳房萎缩、出现胡须、喉结增大、阴蒂肥大）者少见，若出现，则应警惕发生肾上腺皮质癌。男性患者可出现性欲减退，阴茎缩小，睾丸变软，这与大量皮质醇抑制垂体促性腺激素有关。

6. 代谢障碍　大量皮质醇可促进肝糖原异生，并有拮抗胰岛素的作用，减少外周组织对葡萄糖的利用，使肝葡萄糖输出增加，引起糖耐量减低，部分患者可出现类固醇性糖尿病。明显低钾血症性碱中毒主要见于肾上腺皮质癌和异位促肾上腺皮质激素综合征患者。低钾血症可使患者乏力加重。部分患者因钠潴留而出现水肿。病程较长者可出现骨质疏松，脊柱可发生压缩畸形，患者身材变矮，有时可发生佝偻病、骨折。儿童患者常伴有生长发育迟缓。

7. 全身及神经系统　患者常有肌无力，下蹲后起立困难；常出现不同程度的精神、情绪变化，如情绪不稳定、烦躁、失眠，严重者可出现精神异常，个别患者可发生偏执狂。

（三）心理、社会状况

疾病本身常可导致不同程度的精神、情绪变化，如情绪不稳定、烦躁、失眠，严重者可出现精神异常等，导致患者出现应对能力下降、人际关系紧张、社交障碍、自我概念紊乱等心理社会功能失调。

（四）辅助检查

1. 血浆皮质醇水平和昼夜节律测定　正常人皮质醇呈脉冲式分泌，有明显的昼夜节律。库欣综合征患者血浆皮质醇水平增高且昼夜节律消失，即晨起血浆皮质醇浓度增高，夜晚入睡后进一步增高，与晨起水平相当。

2. 24小时尿游离皮质醇（urinary free cortisol，UFC）测定　测定24小时UFC可避免血浆皮质醇瞬时变化的影响，也不受血液中皮质类固醇结合球蛋白浓度的影响，对库欣综合征的诊断有重要的价值，诊断符合率约为98%，但须准确留取24小时尿标本，并且需避免服用影响尿皮质醇测定的药物。

3. 地塞米松抑制试验　地塞米松抑制试验是确诊库欣综合征的定性试验之一。①小剂量地塞米松抑制试验：若尿17-羟皮质类固醇不能被抑制到对照值的50%以下，则表示不能被抑制。②大剂量地塞米松抑制试验：若尿17-羟皮质类固醇被抑制到对照值的50%以下者，则表示被抑制，其病变大多为下丘脑或垂体性，不能被抑制提示可能为原发性肾上腺皮质肿瘤或异位促肾上腺皮质激素综合征。

4. 促肾上腺皮质激素兴奋试验　垂体性库欣病和异位促肾上腺皮质激素综合征患者常有反应，原发性肾上腺皮质肿瘤患者多数无反应。

5. 影像学检查　包括肾上腺超声检查、蝶鞍区断层成像、CT、MRI等检查，可显示病变部位的影像学改变。

【主要护理诊断/问题】

1. 体象障碍　与库欣综合征引起的身体外观改变有关。
2. 体液过多　与糖皮质激素过多引起水、钠潴留有关。
3. 有感染的危险　与皮质醇增多导致机体免疫力降低有关。
4. 有受伤的危险　与代谢异常引起吸收障碍而导致骨质疏松有关。

【护理措施】

（一）一般护理

1. 休息与活动　合理的休息可避免水肿加重。指导患者平卧时可适当抬高双下肢，有利于静脉回流；营造安全、舒适的环境，移除环境中不必要的家具或摆设，浴室应铺防滑足垫；避免剧烈运动；变换体位时，动作宜轻柔、缓慢，防止因跌倒或碰撞而发生骨折。

2. 饮食护理　予以低钠、高钾、高蛋白、低糖、低热量的饮食，预防和控制水肿。鼓励患者使用柑橘类、枇杷、香蕉、南瓜等含钾高的食物。鼓励患者摄入富含钙及维生素D的食物，以预防骨质疏松。

3. 皮肤与口腔护理　协助患者做好个人卫生，避免皮肤擦伤和感染。对长期卧床者，应协助其定期翻身，注意保护骨突出处，预防压疮发生。对病情严重者，应注意做好口腔护理。

（二）病情观察

观察患者的水肿情况，监测测量体重的变化情况，记录 24 小时液体出入量，监测电解质和心电图变化。密切观察患者的体温变化，定期进行血常规检查，注意观察患者是否有感染征象。观察患者是否有关节痛或腰背部疼痛等情况，发现异常应及时报告医师，必要时请骨科评估患者是否需要应用助行器辅助行走。

（三）治疗配合

根据不同的病因予以相应的治疗。在进行病因治疗前，对病情严重的患者，应先进行对症治疗，以防止出现并发症。

1. 库欣病　治疗方法包括手术、放疗和药物治疗。

（1）手术治疗：①选择性经蝶窦入路或经颅行垂体腺瘤摘除术，是近年治疗本病的首选方法。腺瘤摘除后，即可治愈疾病，仅有少数患者出现术后复发。对于术后未缓解或复发者，可再次行垂体手术或肾上腺切除术。②双侧肾上腺切除术或次全切除术，是快速控制高皮质醇血症的有效方法。如果经蝶窦入路手术未摘除垂体微腺瘤，或由于某种原因不宜进行垂体手术、病情严重者，应进行一侧肾上腺全切除术，另一侧肾上腺大部分切除术或全切除术，术后行激素替代治疗及垂体放疗，最好用直线加速器治疗。③对于垂体大腺瘤患者，需进行开颅手术，尽可能切除肿瘤。为避免复发，可在术后辅以放疗。

（2）垂体放疗：约有 20% 的患者可获得持久疗效，但大多数患者疗效差且易复发，故一般垂体放疗不作为首选治疗方法，可作为手术治疗后的辅助治疗方法，以减少术后复发或避免发生 Nelson 综合征。

（3）药物治疗：①类固醇合成抑制剂，可抑制皮质醇合成，但对肿瘤无直接治疗作用，也不能使 HPA 轴恢复正常功能。常用药物包括：米托坦（双氯苯二氯乙烷）、氨鲁米特、甲吡酮、酮康唑、依托咪酯。用药期间需严密监测患者的病情变化。②糖皮质激素受体拮抗剂，常用药物是米非司酮，可缓解临床症状，但对垂体和肾上腺病变几乎无治疗作用，适用于无法进行手术的患者。

2. 肾上腺肿瘤　手术切除可根治疾病。目前多采用腹腔镜切除一侧肿瘤，术后需长期使用氢化可的松进行激素替代治疗。肾上腺腺癌的治疗效果多不满意，应尽可能早期进行手术治疗；对未能根治或已发生转移者，可应用药物治疗，以减少肾上腺皮质激素的分泌。

3. 不依赖促肾上腺皮质激素的小结节性或大结节性双侧肾上腺增生　可进行双侧肾上腺切除术，术后予以激素替代治疗。

4. 异位促肾上腺皮质激素综合征　应治疗原发性肿瘤。根据患者的具体病情进行手术治疗、放疗和化疗。若不能根治，则需用肾上腺皮质激素合成阻滞药，如米托坦、美替拉酮、氨鲁米特等。

5. 用药护理　患者水肿严重时，可遵医嘱予以利尿药，注意观察药物的疗效及不良反应。若患者出现心律失常、恶心、呕吐、腹胀等低钾症状和体征，则应及时报告医生，并配合处理。

（四）并发症护理

库欣综合征患者的机体免疫功能降低，容易发生各种感染，因此应做好各种相关措施，预防感染。①保持病室环境清洁，避免患者暴露在污染的环境中，减少感染的机会，保持室内温度、湿度适宜。②严格执行无菌操作技术，避免交叉感染。尽量减少侵入性诊疗操作。③指导患者和家属预防感染，如注意保暖，减少或避免到公共场所，以防止发生上呼吸道感染。

（五）心理护理

疾病本身常可引起不同程度的精神、情绪变化，如情绪不稳定、烦躁、失眠，严重者可出现精神异常。护士应对患者进行综合评估，予以针对性的心理疏导和支持。鼓励患者适当从事力所能及的活动，帮助患者树立治疗的信心。

【健康指导】

1. 疾病知识指导　告知患者疾病相关知识和治疗方法。指导患者遵医嘱正确用药，并学会观察药物的疗效和不良反应，了解激素替代治疗的有关注意事项。

2. 心理指导　教会患者进行自我护理，适当从事力所能及的活动，以增强患者治疗的信心和自尊感。

3. 避免加重病情的诱因　库欣综合征不能预防，但可以通过饮食、锻炼和降低心血管疾病风险，以缓解患者的全身症状。指导患者避免感染、不适当的活动方式等各种可能导致病情加重或引起并发症发生的因素。若患者无相关疾病，则尽量避免长期服用糖皮质激素；定期锻炼，补充营养，均衡饮食，正确控制高血压、糖尿病和高胆固醇等慢性病，戒烟。

## 二、慢性肾上腺皮质功能减退症患者的护理

慢性肾上腺皮质功能减退症（chronic adrenocortical hypofunction）分为原发性与继发性两类。原发性慢性肾上腺皮质功能减退症又称 Addison 病，是由多种原因导致双侧肾上腺绝大部分严重破坏引起肾上腺皮质激素分泌不足所致的疾病。继发性慢性肾上腺皮质功能减退症是指下丘脑、垂体病变引起促肾上腺皮质激素（ACTH）不足所致的疾病。本节主要介绍原发性慢性肾上腺皮质功能减退症。

【病因及发病机制】

1. 感染　肾上腺结核为主要病因，常先后或同时伴有其他部位（如肺、肾、肠）结核病灶。结核导致肾上腺发生上皮样肉芽肿或干酪样坏死，继而出现纤维化病变、钙化。此外，肾上腺真菌感染、巨细胞病毒感染、严重败血症、艾滋病后期也可引起本病。

2. 自身免疫性肾上腺炎　是由于自身免疫导致肾上腺皮质破坏所致，表现为两侧肾上腺皮质破坏，呈纤维化，伴淋巴细胞、浆细胞、单核细胞浸润，髓质一般不被破坏。近 50% 的患者伴有其他器官特异性自身免疫病，称为自身免疫性多内分泌腺综合征（autoimmune polyglandular syndrome，APS），常见于女性。单纯自身免疫性肾上腺炎多见于男性。

3. 其他　恶性肿瘤转移、淋巴瘤、白血病浸润、淀粉样变性、双侧肾上腺切除、放疗、长期应用肾上腺酶系抑制药（如美替拉酮、氨鲁米特）或细胞毒性药物、血管栓塞、肾上腺脑白质营养不良等，也可导致本病。

【护理评估】

（一）健康史

询问患者起病的情况，是否有结核、真菌、巨细胞病毒感染等病史；是否有自身免疫性肾上腺炎病史；是否有淋巴瘤、白血病或其他恶性肿瘤等病史；是否使用过美替拉酮等肾上腺酶系抑制药。

（二）身体状况

1. 症状、体征

（1）色素沉着：皮肤、黏膜色素沉着是本病特征性的临床表现。皮肤色素沉着表现为全身皮肤色素加深，以暴露处、摩擦处、掌纹、乳晕、瘢痕等处尤其明显；黏膜色素沉着见于牙龈、舌部、颊黏膜等处。这是由于垂体促肾上腺皮质激素、促黑素细胞激素（MSH）分泌增多

所致。

（2）低钠血症：由于肾排泄水的能力减弱，患者大量饮水后可出现稀释性低钠血症；糖皮质激素缺乏及血容量不足时，抗利尿激素释放增多，也是造成低钠血症的原因。

（3）消化系统：患者可出现食欲减退、胃酸减少、消化不良，少数患者嗜咸食，可能与失钠有关。若患者出现恶心、呕吐、腹泻，则提示病情加重。

（4）神经、精神系统：表现为乏力、淡漠、疲劳，重者表现为嗜睡、意识模糊，患者可出现精神失常。

（5）心血管系统：表现为血压降低、心脏缩小、心音低钝，患者可出现头晕、眼花、直立性晕厥。

（6）生殖系统：表现为女性患者阴毛、腋毛减少或脱落、稀疏，月经失调或闭经，病情轻者仍可生育；男性患者可出现性功能减退。

（7）代谢障碍：患者机体糖异生作用减弱，肝糖原耗损，可发生低血糖症状。

（8）其他：由结核引起者常出现低热、盗汗等症状，体质虚弱、消瘦更为严重。若合并其他自身免疫性疾病，则可伴有相应疾病的临床表现。

2. 并发症　本病急骤加重，患者可出现肾上腺危象，主要是由于机体对各种应激因素的耐受性降低所致。感染、创伤、手术、过度劳累、分娩、大量出汗、呕吐、腹泻、脱水等应激状态或突然中断肾上腺皮质激素治疗等是常见的诱因，表现为高热、恶心、呕吐、腹痛或腹泻、严重脱水、血压下降、心率加快、脉搏细弱、精神失常、低血糖症、低钠血症、血钾可高可低。若不及时抢救，则可发生休克、昏迷，甚至死亡。

（三）心理、社会状况

患者常有不同程度的精神、情绪变化，如烦躁、失眠、焦虑等，导致应对能力下降、人际关系紧张、社交障碍、自我概念紊乱等心理社会功能失调。

（四）辅助检查

1. 血常规检查　常有正常细胞正色素性贫血，少数患者可合并恶性贫血。白细胞分类计数示中性粒细胞减少，淋巴细胞相对增多，嗜酸性粒细胞明显增多。

2. 血液生化检查　血钠降低，血钾升高，空腹血糖降低，少数患者有轻度或中度血钙升高。

3. 激素检查

（1）血、尿皮质醇测定：24 小时尿 17-羟皮质类固醇、24 小时尿游离皮质醇常降低。

（2）血浆基础促肾上腺皮质激素测定：原发性慢性肾上腺皮质功能减退症患者明显增高，继发性慢性肾上腺皮质功能减退症患者，促肾上腺皮质激素浓度降低。

（3）促肾上腺皮质激素兴奋试验：促肾上腺皮质激素可刺激肾上腺皮质分泌激素。该试验可反映肾上腺皮质的储备功能，可用于鉴别原发性与继发性肾上腺皮质功能不全。

4. 影像学检查　结核病患者肾上腺区 X 线检查、CT 或 MRI 检查可显示肾上腺增大及钙化阴影。对其他感染、出血、转移性病变，进行 CT 检查也可显示肾上腺增大，而自身免疫性疾病患者肾上腺不增大。

【主要护理诊断 / 问题】

1. 体液不足　与醛固酮分泌减少引起水、钠排泄增加及恶心、呕吐、腹泻有关。
2. 营养失调：低于机体需要量　与糖皮质激素缺乏导致消化功能不良有关。
3. 活动无耐力　与皮质醇分泌不足导致肌无力、疲乏有关。
4. 体象障碍　与垂体促肾上腺皮质激素、MSH 分泌增多导致皮肤色素沉着有关。
5. 潜在并发症：肾上腺危象。

【护理措施】

（一）一般护理

1. 休息与活动　提供安全的环境，保证患者充分休息。活动后易乏力、疲劳的患者应减少活动量，多卧床休息，以免劳累。指导患者在下床活动、改变体位时动作宜缓慢，防止发生直立性低血压。

2. 饮食护理　予以糖类、高蛋白、高钠饮食，注意避免进食含钾高的食物，以免加重高钾血症，诱发心律失常。在病情允许的情况下，鼓励患者每天饮水 3000 ml 以上，摄入足够的食盐（8～10 g/d），以补充失钠量。

（二）病情观察

观察并记录 24 小时液体出入量，观察患者皮肤的颜色、湿度及弹性，注意观察患者是否有脱水表现。监测患者是否有低钠血症、高钾血症、高钙血症、低血糖及血清氯化物降低；监测心电图，注意患者是否出现心律失常。观察患者恶心、呕吐、腹泻的情况，并记录。

（三）治疗配合

1. 基础治疗　对 Addison 病患者，需终身进行肾上腺皮质激素替代治疗。

（1）糖皮质激素替代治疗：根据患者的身高、体重、性别、年龄和体力劳动强度等，确定合适的基础量。宜模仿激素分泌周期，在清晨睡醒时口服全日剂量的 2/3，下午 4 时口服余下的 1/3。常用药物为氢化可的松，治疗开始时，每天用药剂量为 20～30 mg，之后可逐渐减量至每天 15～20 mg。当患者出现发热等并发症时，应适当增加用药剂量。

（2）钠盐及盐皮质激素：予以充足的钠盐，患者出现腹泻、大量出汗等情况时，应酌情增加钠盐摄入量，以及时补充失钠量。必要时加服盐皮质激素，如氟氢可的松。若患者出现水肿、高血压、低钾血症，则应减少用药剂量。

2. 病因治疗　对活动性结核患者，在进行激素替代治疗的同时，应积极予以抗结核治疗。对病因为自身免疫者的患者，应检查其是否伴有其他腺体功能减退，并应同时予以治疗。

3. 肾上腺危象的治疗

（1）补充液体：肾上腺危象患者液体损失量约达细胞外液的 1/5，故在初治的第 1～2 天内，应迅速补充生理盐水，每天 2000～3000 ml。对于以糖皮质激素缺乏为主、脱水不甚严重者，生理盐水补充量应适当减少，并补充葡萄糖溶液，以免发生低血糖。

（2）糖皮质激素：立即予以氢化可的松或琥珀酸氢化可的松钠 100 mg 静脉注射，使血皮质醇浓度达到正常人严重应激时的水平；之后每 6 小时将 100 mg 氢化可的松或琥珀酸氢化可的松钠加入待输注溶液中静脉滴注；第 2～3 天可减至 300 mg 分次静脉滴注；待患者病情好转后，可逐渐减至每天 100～200 mg。

（3）其他：防治诱因、积极治疗感染等。

4. 外科手术或应激时的治疗　正常人在发生较严重的应激时，每天皮质醇分泌量可达 100～300 mg，因此，在 Addison 病患者发生严重应激时，每天予以氢化可的松，总量不应少于 300 mg。多数外科手术可引起短暂应激，应根据手术的种类，在数日内每天递减氢化可的松的用量，直到减至维持量。对较轻的短暂应激患者，每天予以氢化可的松 100 mg，之后根据患者的情况递减用药剂量。

5. 用药护理　对使用盐皮质激素的患者，应密切观察其血压、肢体水肿、血清电解质等的变化，为调整用药剂量和电解质的摄入量提供依据。若患者出现食欲改善、体重增加、乏力缓解、色素沉着变浅等，则提示治疗有效。

（四）肾上腺危象的护理

1. 避免诱因　积极控制感染，避免创伤、过度劳累和突然中断治疗，手术和分娩时应做好充分的准备。当患者出现呕吐、腹泻、大量出汗时，应及时处理。

2. **病情监测** 观察患者意识、体温、脉搏、呼吸和血压的变化，定时监测血电解质及酸碱平衡情况，尤其是血钾、血钠及血糖情况，必要时记录 24 小时液体出入量。

3. **抢救配合** 迅速建立 2 条静脉通道，并保持静脉输液通畅，按医嘱补充生理盐水、葡萄糖溶液和糖皮质激素，注意观察用药疗效。保持呼吸道通畅，并予以吸氧。待患者肾上腺危象缓解后，按医嘱予以口服糖皮质激素和盐皮质激素。

### （五）心理护理

患者常有不同程度的精神、情绪变化，如烦躁、失眠、焦虑等。护士应对患者进行综合评估，并予以有针对性的心理疏导和支持。鼓励患者适当从事力所能及的活动，帮助患者树立治疗的信心。

【健康指导】

1. **疾病知识指导** 指导患者避免感染、创伤、过度劳累等诱因，外出时避免阳光直射，以免加重皮肤黏膜色素沉着；随身携带识别卡，写明姓名、地址、家属联系方式以及所患疾病，以便发生紧急情况时能得到及时救助。

2. **用药指导** 指导患者遵医嘱按时、定量服药，避免自行增减药量或停药，强调终身使用肾上腺皮质激素替代治疗的重要性，使患者积极配合治疗，以免发生危险。告知患者药物的不良反应，指导患者将药物与食物或抗酸药一起服用，避免单独或空腹服用，以免损伤胃黏膜。指导患者定期到医院复查，根据病情调整药物剂量。若出现情绪变化、消化不良、感染、失眠、高血压等症状，则应及时复诊。

3. **心理指导** 社区护士应建立完善的随访制度，以了解患者的用药情况、心理状态等，予以有针对性的健康指导。本病患者需要终身接受激素替代治疗，所以其心理压力较大。应鼓励家属予以患者心理上的安慰与支持，使患者保持情绪稳定，树立治疗的信心，积极配合治疗。

## 第六节　骨质疏松症患者的护理

### 案例导入 7-5

患者，女，62 岁，绝经 10 年，8 个月前发现左侧肋部、腰背部疼痛，活动后加重，休息后好转，伴乏力、烦躁，身高减低 5 cm，无心悸、出汗。体格检查：T 36.5 ℃，R 20 次 / 分，BP 123/90 mmHg，身高 160 cm，体重 60 kg；骨密度检查显示：$L_1 \sim L_4$ 腰椎骨质疏松，左侧股骨部位骨量低。胸部 X 线正位检查结果显示：双侧肋膈角变钝。

**问题与思考：**

1. 该患者可能的医疗诊断是什么？诊断依据有哪些？
2. 该患者目前存在的主要护理问题有哪些？

骨质疏松症（osteoporosis，OP）是一种以骨量减少和骨组织微细结构破坏为特征，导致骨骼脆性增加，易发生骨折的代谢性骨病。本病常见于老年人，尤其是绝经后女性。骨质疏松症可分为原发性和继发性。原发性骨质疏松症最常见，又分为绝经妇女骨质疏松症（Ⅰ型）和老年性骨质疏松症（Ⅱ型）。Ⅰ型骨质疏松症是由于雌激素缺乏所致，主要见于绝经后女性，一般发生在妇女绝经后 5～10 年内。Ⅱ型骨质疏松症多见于 60 岁以上老年人。调查显示，我国 40～90 岁人群骨质疏松症患病率为 3.2%，其中，男性患病率为 2.2%，女性患病率为 4.3%。

继发性骨质疏松症常由内分泌代谢性疾病和全身疾病引起,如性腺功能减退症、甲亢、糖尿病、库欣综合征、尿毒症、血液病、胃肠道疾病等。长期大剂量使用糖皮质激素也是重要原因之一。本节主要介绍原发性骨质疏松症。

【病因与发病机制】

（一）病因

1. 骨丢失增多　雌激素缺乏导致破骨细胞功能增强,加速骨量丢失,这是绝经妇女骨质疏松症的主要病因。雄激素缺乏在老年性骨质疏松症的发病过程中起重要作用。高龄和肾功能减退可导致钙吸收减少,引起活性维生素 D 缺乏,甲状旁腺素（PTH）代偿性分泌增多,骨量丢失过多。

2. 骨形成减少　成骨细胞的功能与活性缺陷导致骨形成不足是老年人发生骨质疏松症的重要原因。

3. 骨质量下降　与遗传密切相关,多种基因的表达水平和基因多样性可影响峰值骨量和骨转换、骨质量。

4. 不良生活方式　酗酒,嗜烟,高蛋白高盐饮食,饮用咖啡、碳酸饮料和浓茶,钙摄入不足,体力活动减少,长期卧床等均是导致骨质疏松的危险因素。

（二）发病机制

正常成熟骨的代谢主要以骨重建的方式进行,骨吸收和骨形成的协调活动保证了体内骨转换的稳定状态。骨吸收过多或形成不足引起平衡失调,最终可导致骨量减少以及骨微细结构发生变化,引起骨质疏松。原发性骨质疏松症的发病机制如图 7-1 所示。

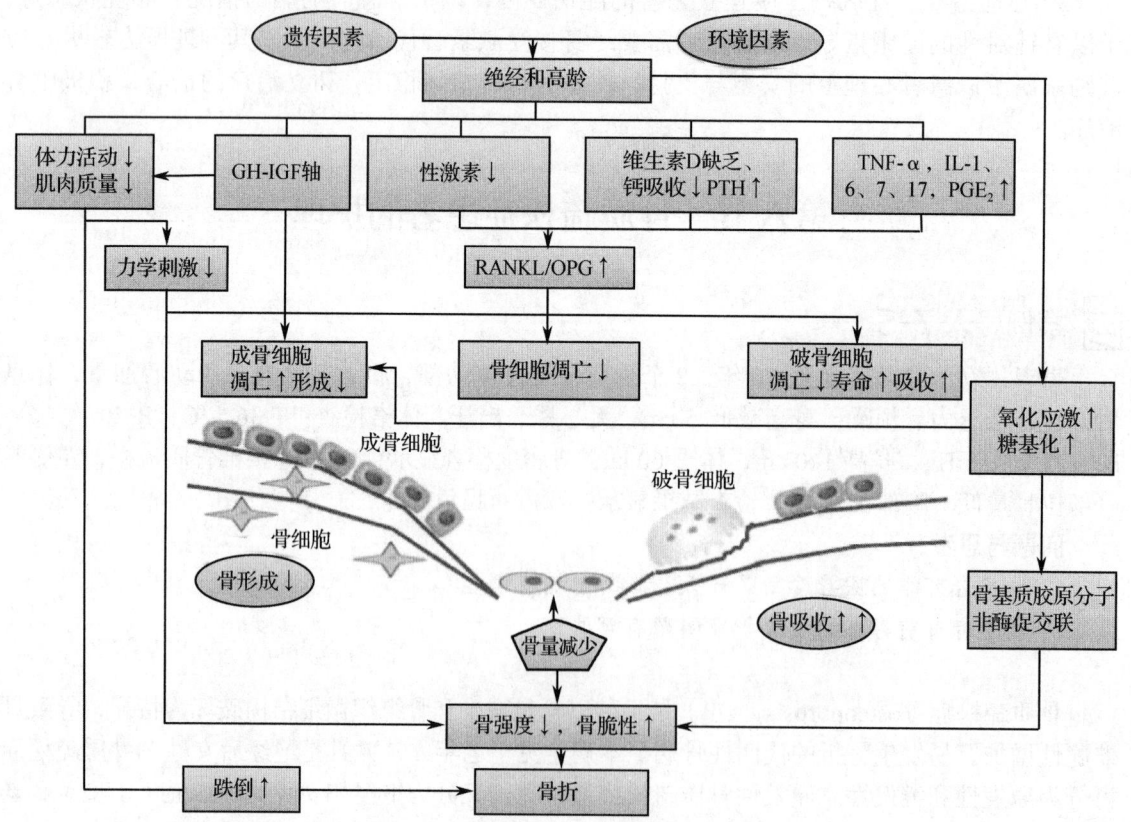

图 7-1　原发性骨质疏松症的发病机制

【护理评估】

（一）健康史

询问患者是否有引起骨质疏松的病史，如性腺功能减退症、甲亢、1 型糖尿病、库欣综合征、尿毒症、血液病、胃肠道疾病等病史；了解患者的生活方式、饮食习惯和运动习惯；询问患者的用药史、家族史。

（二）身体状况

1. 骨痛和肌无力　是本病最常见的症状。轻者无症状。病情较重的患者常出现腰背痛、乏力或全身骨痛。骨痛常呈弥漫性，无固定部位，体检不能发现压痛点，直立时后伸或久站、久坐时，疼痛加重；白天疼痛轻，夜间和清晨醒来时疼痛加重。乏力常于劳累或活动后可加重，使患者不能负重或负重能力下降。

2. 椎体压缩　脊椎椎体前部负重量大，尤其是第 11、12 胸椎及第 3 腰椎，负荷更大，容易压缩变形，使脊柱前倾，形成驼背。随着年龄的增长，骨质疏松加重，驼背曲度加大。

3. 骨折　是骨质疏松症患者最常见和最严重的并发症，常因轻微活动或创伤而诱发，如弯腰、负重、挤压或跌倒后发生骨折。骨折多见于脊柱、髋部和前臂，以股骨颈骨折多见。其他部位也可以发生，如肋骨、肱骨、盆骨等。脊柱压缩性骨折多见于原发性Ⅰ型骨质疏松症患者，可单发或多发，典型表现为身材缩短，有时可有突发性腰痛。股骨颈骨折多见于老年性骨质疏松症患者，通常在摔倒或挤压后发生。骨质疏松性骨折是老年患者致残和致死的主要原因之一。发生髋部骨折后 1 年内，20% 的患者可死于各种并发症，约 50% 的患者可致残，生活质量明显下降。

 考点提示

骨质疏松症的常见临床表现。

（三）心理、社会状况

患者常由于疼痛而感到焦虑不安，情绪低落。合并骨折或反复发生骨折的患者，自理能力下降或需长期卧床，常出现悲观、绝望心理。

（四）辅助检查

1. 骨量的测定　骨矿含量和骨矿密度测量是判断低骨量、确定骨质疏松的重要手段，是评价骨量丢失率和疗效的重要客观指标。

2. 骨转换的生化测定　测定血、尿矿物质及某些生化指标，有助于骨质疏松症的鉴别诊断。与骨吸收有关的生化指标是空腹尿钙或 24 小时尿钙排量，可反映骨吸收状态，且检测方法简便，但受钙摄入量、肾功能等多种因素的影响。与骨形成的生化指标包括：血清碱性磷酸酶（ALP）、血清Ⅰ型胶原羧基前肽和血骨钙素。

3. 骨形态测量和微损伤分析　目前主要用于评估骨质疏松的早期形态与功能变化。

4. X 线检查　是一种简单且易普及的检查骨质疏松症的方法，但常在骨量丢失 30% 以上时，X 线检查才会显示阳性结果。

5. 双能 X 线吸收法（DXA）的测定值　是目前公认的诊断骨质疏松症的金标准。临床上推荐的测量部位是 $L_1 \sim L_4$、总髋部和股骨颈。骨质疏松 T 值≤-2.5。

【主要护理诊断/问题】

1. 疼痛　与骨质疏松有关。

2. 有受伤的危险　与骨质疏松导致骨骼脆性增加有关。

3. 潜在并发症：骨质疏松性骨折。

4. 营养失调：低于机体需要量　与钙、蛋白质及维生素 D 摄入不足有关。

【护理措施】

(一) 一般护理

1. 休息与活动　适当运动可增加和保持骨量，可指导患者进行适当的户外活动和阳光照射，运动类型、方式和运动量应根据患者的具体情况而定，进行日常活动时应保持姿势正确。

2. 饮食护理　多进食富含异黄酮类的食物，以及含钙丰富的食物，如乳制品、海产品、菠菜、坚果、木耳等，每天钙摄入量为 800～1200 mg。多进食富含维生素 D、维生素 A、维生素 C 及含铁的食物，以利于钙的吸收。成年人若缺乏阳光照射，一般补充摄入维生素 D 400～600 U/d 即可满足基本的生理需要。忌饮酒、咖啡和浓茶等刺激性食物，不吸烟。

3. 预防跌倒　保证环境安全，如楼梯有扶手，梯级有防滑边缘，保持病房和浴室地面干燥，灯光明暗适宜，床、椅避免经常变换位置，过道避免放置障碍物等。加强日常生活护理，将日常所需用物（如茶杯、呼叫器）尽量放置在床边，以便于患者取用。

(二) 病情观察

观察患者的骨痛部位、性质、程度和时间；观察患者是否发生骨折。

(三) 治疗配合

1. 病因治疗　针对引起骨质疏松的不同原因进行治疗，如补充激素、加强运动及合理营养；对于继发性骨质疏松症患者，应治疗原发病。

2. 对症治疗　对出现疼痛者，可予以适量镇痛药，如阿司匹林或吲哚美辛；患者发生骨折或出现顽固性疼痛时，可考虑短期应用降钙素制剂，如依降钙素（密钙息），有镇痛作用，还可抑制骨吸收，促进钙在骨基质中沉积。对骨折患者，应予以牵引、固定、复位或手术治疗，同时应尽早辅以物理治疗和康复治疗，避免因制动或失用而加重病情。

3. 药物治疗

（1）性激素补充疗法：雌激素可抑制破骨细胞介导的骨吸收，增加骨量，是绝经妇女骨质疏松症的首选治疗用药。雄激素则可用于老年男性患者。应根据患者的具体情况选择性激素的种类、用药剂量和方式。

（2）抑制骨吸收的药物：双膦酸盐类可抑制破骨细胞的生成和骨吸收，增加骨密度，缓解骨痛。常用制剂有依替膦酸二钠、帕米膦酸二钠和阿仑膦酸钠。用药期间需补充钙剂。有血栓性疾病和肾功能不全者应禁用。

（3）补充钙剂和维生素 D：无论是何种类型的骨质疏松症患者，均应补充适量钙剂，选择对胃肠道刺激性小的制剂，同时服用维生素 D，以利于钙的吸收。

（4）其他：降钙素对骨质疏松症患者有镇痛作用，可抑制骨吸收，促进钙在骨基质中沉积。小剂量 PTH 可促进骨形成，增加骨量，对老年性骨质疏松症、Ⅰ型骨质疏松症，以及雌激素缺乏和糖皮质激素所致的骨质疏松症均有治疗作用。

4. 用药护理

（1）钙剂：指导患者服用钙剂时多饮水，减少泌尿系统结石形成的机会。空腹服用钙剂效果最好，同时应服用维生素 D，有助于钙的吸收。定期监测血钙、血磷的变化，防止发生高钙血症或高磷血症。

（2）性激素：必须遵医嘱按时、定量服用，并与钙剂、维生素 D 同时使用。对服用雌激素的患者，应定期进行妇科检查和乳腺检查。若患者出现反复阴道出血，则应减少用药剂量，甚至停药。对使用雄激素的患者，应定期监测肝功能。

（3）双膦酸盐类：指导患者晨起空腹服用，同时饮水 200～300 ml，服药后至少半小时内避免进食或喝饮料，也不能平卧，应取立位或坐位，以减轻对食管的刺激。同时，嘱患者避免咀嚼或吮吸药片,以防止发生口咽部溃疡。若患者出现吞咽困难、吞咽痛或胸骨后疼痛,则应警惕可能发生食管炎、食管溃疡和食管糜烂情况等,应立即停止用药。

(4)降钙素:注意观察患者是否出现不良反应,如食欲减退、恶心、颜面部潮红等。

(四)心理护理

向患者介绍骨质疏松症的病因及防治知识,耐心倾听患者的诉说,关心、安慰患者,以减轻或消除其焦虑、恐惧心理。

【健康指导】

1. 疾病知识指导  向患者讲解骨质疏松症的基本知识,指导患者遵医嘱用药,并告知患者药物的不良反应。密切监测骨质变化情况,及时调整治疗方案。告知患者注重骨质疏松症的健康管理,我国已将骨密度检测项目纳入40岁以上人群的常规体检内容,所以积极重视骨密度检测,定期进行体检。指导围绝经期女性及老年男性积极防治骨质疏松。对怀疑有骨质疏松和骨折的患者,应尽早筛查。

2. 生活指导  向患者介绍疾病预防知识,告知患者饮食护理的重要性,指导患者调整生活方式。①加强营养,建议摄入富含钙、低盐和适量蛋白的均衡膳食;②保持日照充足,以促进体内维生素 D 的合成;③规律运动,有助于增加骨密度;④戒烟、限酒,避免过量饮用咖啡、碳酸饮料,避免或少用影响骨代谢的药物等。告知患者骨质疏松症防治三要素:加强营养、适当运动、防止跌倒。

## 第七节  痛风患者的护理

**案例导入 7-6**

张某,男,45岁,夜间饮酒后,半夜突然出现右足第一跖趾关节及双侧踝、膝部红肿,局部发热,疼痛剧烈,活动受限,伴有体温升高、头痛等症状。体格检查:身高180 cm,体重105 kg,T 38.5 ℃,P 114 次/分,BP 140/60 mmHg,血尿酸 450 μmol/L。

问题与思考:

1. 该患者可能的医疗诊断是什么?主要的诊断依据是什么?
2. 患者目前主要的护理诊断有哪些?

痛风(gout)是由于嘌呤代谢障碍和(或)排泄障碍所致的一组异质性慢性代谢性疾病。其临床特点是高尿酸血症(hyperuricemia)、反复发作的痛风性急性关节炎、痛风石形成和痛风肾病,严重者可导致关节畸形及功能障碍,常伴有尿酸性尿路结石。根据病因可分为原发性及继发性两大类,原发性痛风占绝大多数。继发性痛风可由肾病、骨髓增生性疾病、药物及放疗等多种原因所致。本节主要介绍原发性痛风。

【病因与发病机制】

原发性痛风属于遗传性疾病,由先天性嘌呤代谢异常所致,多数患者有阳性家族史,属于多基因遗传缺陷。痛风患者常伴有肥胖、高脂血症、糖尿病、高血压。本病多数由尿酸排泄障碍引起,少数由尿酸生成增多所致。痛风的发生取决于血尿酸的浓度及其在体液中的溶解度。

(一)高尿酸血症的发生机制

尿酸是嘌呤代谢的终产物,血尿酸的平衡取决于嘌呤的生成和排泄。①尿酸生成过多:在嘌呤代谢过程中,各环节都受到酶的调控。当嘌呤核苷酸代谢酶缺陷和(或)功能异常时,可引起嘌呤合成增加,使尿酸升高。②肾对尿酸的排泄减少:这是引起高尿酸血症的重要因素。

在原发性痛风中，80%～90% 的患者有尿酸排泄障碍。主要环节是肾小管对尿酸的分泌减少，以及重吸收增加。

### （二）痛风的发生机制

高尿酸血症者只有 5%～15% 发生痛风。痛风的发生是由于尿酸在体液中处于过饱和状态所致。血尿酸浓度男性超过 416 μmol/L 或女性超过 358 μmol/L，即容易形成针状结晶而析出，沉积在骨关节、肾和皮下组织等部位。

【护理评估】

### （一）健康史

询问患者患病的起始时间，主要症状及其特点，是否有夜间突发关节剧痛且难以忍受，病情发作时是否有疲乏、全身不适、头痛、发热等，疾病发作前是否有过度疲劳、受凉、环境潮湿、饮酒、饱餐、精神紧张、关节扭伤等诱发因素。询问患者是否有高尿酸血症家族史，是否有高血压、高脂血症、糖尿病等病史，是否有喜食嘌呤含量高的食物（如动物内脏、鱼虾类、蟹类、肉类）的饮食习惯及嗜酒史。

### （二）身体状况

本病可发生于任何年龄，但发病高峰年龄为 40 岁左右，患病率有随年龄增长而增高的趋势，临床上男性患者多见，女性多在绝经期后发病，常有家族遗传史。此外，痛风还与胰岛素抵抗有关，很多患者伴有肥胖、2 型糖尿病、血脂异常、高血压、动脉硬化和冠心病等。根据痛风的临床自然病程，可将其分为四个阶段：无症状期、急性关节炎期、痛风石及慢性关节炎期、肾病变期。

1. 无症状期　此期的突出特点是患者仅有血尿酸持续性或波动性升高，无任何临床表现。一般从无症状性高尿酸血症发展为临床痛风需要数年至数十年，有的患者甚至可终生不发生急性关节炎或痛风石，称为无症状性高尿酸血症。

2. 急性关节炎期　是痛风患者的首发症状，常由创伤、手术、感染、受凉、劳累、饮酒、进食高嘌呤食物等因素而诱发，主要特点是多在午夜或清晨因突然发生关节剧痛而惊醒，常伴有关节红、肿、热、痛和功能障碍，以单侧踇趾及第 1 跖趾关节最常见，随后是踝、膝、腕、指、肘关节受累。应用秋水仙碱治疗后，关节症状可迅速缓解。患者可伴有发热、高尿酸血症。本病初次发作常有自限性，常于数日内自行缓解，受累关节局部皮肤出现脱屑和瘙痒。

3. 痛风石及慢性关节炎期　痛风石形成是痛风的特征性临床表现。痛风石一般位于皮下结缔组织，以耳廓、跖趾、指间、掌指、肘等关节较常见。外观为隆起的大小不一的黄白色赘生物，表面菲薄，破溃后排出白色粉状或糊状物，经久不愈。关节内大量沉积的痛风石可造成关节骨质破坏、周围组织纤维化、继发性退行病变等，表现为持续关节肿痛、畸形及关节功能障碍。

4. 肾病变期　①痛风肾病：是由于尿酸盐在肾间质组织内沉积所致。早期患者可仅有间歇性蛋白尿和镜下血尿；随着病程进展，蛋白尿逐渐转为持续性，肾浓缩功能受损。晚期肾小球滤过功能下降，可发展为慢性肾功能不全，伴高血压、水肿、贫血等。少数患者可发生急性肾衰竭，出现少尿或无尿。②尿酸性肾结石：10%～25% 的患者可有尿酸结石。细小泥沙样结石可随尿液排出，较大的结石常引起肾绞痛、血尿、排尿困难及肾盂肾炎等症状。

> **考点提示**
>
> 痛风的首发症状及特征性表现。

### （三）心理、社会状况

由于痛风性关节炎长期反复发作，迁延不愈，加之疼痛常导致患者生活不能自理，严重影响患者的工作和生活，所以患者容易出现悲观、失望、抑郁等心理变化，甚至对生活失去信心。

### （四）辅助检查

1. 尿液检查　正常人经过 5 天限制嘌呤饮食后，24 小时尿尿酸排泄量一般不超过 3.57 mmol/L。若超过 3.57 mmol/L，即可确定为尿酸增多。

2. 血液检查　①血尿酸测定：男性血尿酸正常值为 208～416 μmol/L，女性为 149～358 μmol/L。男性及绝经期后女性血尿酸＞420 μmol/L，绝经期前女性＞350 μmol/L，可诊断为高尿酸血症。②其他：关节炎发作期间，患者可有外周血白细胞计数增多，红细胞沉降率加快。尿酸肾病影响肾小球滤过功能时，可出现血尿素氮和肌酐升高。

3. 滑囊液、痛风石检查　偏振光显微镜下可发现双折光的针状尿酸盐结晶，是确诊本病的重要依据。

4. 超声检查　关节超声检查可见双轨征或不均匀低回声与高回声混杂团块影，是痛风比较特异的表现。

5. X 线检查　急性关节炎可见非特异性软组织肿胀；慢性关节炎期可见软骨缘破坏，关节面规则，特征性变化是穿凿样、虫蚀样圆形或弧形的骨质透亮缺损。

6. CT 与 MRI 检查　CT 扫描受损部位可见不均匀的斑点状高密度痛风石影像；序列双能 CT 扫描可识别尿酸盐结晶，有助于诊断痛风。MRI 检查可见 $T_1$ 和 $T_2$ 加权图像呈斑点状低信号。

【主要护理诊断/问题】

1. 慢性疼痛：关节痛　与尿酸盐结晶沉积在关节引起炎症反应有关。
2. 躯体活动障碍　与关节受累、关节畸形有关。
3. 潜在并发症：肾衰竭等。
4. 知识缺乏：缺乏与痛风有关的饮食知识。

【护理措施】

### （一）一般护理

1. 休息与活动　根据患者的病情合理安排休息与活动。急性关节炎期，应嘱患者绝对卧床休息，抬高患肢，保持功能位，避免受累关节负重，也可以在病床上安放支架支托盖被、减少患肢受压；待关节痛缓解 72 小时后，可指导患者逐渐恢复活动。指导慢性期患者加强功能锻炼，避免过度疲劳；经常改变姿势，使受累关节舒适，活动时尽量使用大肌群。

2. 饮食护理

（1）控制总热量：每天热量应限制在 1200～1500 kcal/d，其中，糖类占总热量的 50%～60%，脂肪摄入应限制在＜50 g/d。

（2）严格限制高嘌呤食物：少进食肝、肾、心脏等动物内脏，肉类、鱼类、虾类、蟹类等海产品，以及豆类、菠菜、银耳、蘑菇、花生、芝麻等食物。蛋白质摄入量应控制在 1 g/（kg·d），可予以牛奶、鸡蛋、蔬菜等低嘌呤食物。

（3）增加碱性食物的摄入：指导患者进食碱性食物（如蔬菜、水果、坚果、牛奶、鸡蛋、土豆），使尿液 pH 维持在 6.2～6.9，有利于尿酸的溶解及排出，可以减少尿酸盐结晶沉积。

（4）多饮水：若患者心肺功能正常，则急性期应每日饮水 2000 ml 以上，以促进尿酸排泄。另外，还应注意夜间的补水，饮用碱性水效果更佳。

（5）戒酒：饮酒易使体内乳酸堆积，乳酸对尿酸的排泄有竞争性抑制作用，尤其须避免饮用啤酒，啤酒是高嘌呤饮料，应绝对禁用。禁用可引起神经兴奋的其他食物，如浓茶、咖啡及辛辣性调味品。对伴有高血压、肥胖、高脂血症的患者，宜选择植物油，少食用动物油，钠盐摄入量每天应限制在 2～5 g。

### （二）病情观察

观察患者关节疼痛的部位、性质、间隔时间以及是否因剧痛而惊醒等。观察受累关节红、肿、热、痛的变化以及是否出现功能障碍。观察患者是否有过度疲劳、受凉、环境潮湿、饮酒、饱餐、精神紧张、关节扭伤等诱发因素。观察药物的疗效及不良反应。观察患者体温的变化，是否有发热。监测血尿酸、尿尿酸、肾功能的变化。

### （三）治疗配合

目前尚无有效根治原发性痛风的方法，重点是预防，其目的是控制高尿酸血症，迅速终止急性关节炎发作，防止尿酸结石形成和肾功能损害。

1. 非药物治疗　患者的教育、适当调整生活方式和饮食习惯是痛风长期治疗的基础。避免高嘌呤饮食，维持理想体重，每日饮水 2000 ml 以上。

2. 急性关节炎期的治疗　治疗目的是迅速终止急性关节炎发作。①秋水仙碱：是治疗急性痛风发作的传统药物，其机制是抑制致炎因子释放，止痛效果好，但不良反应较大，临床上现已少用。②非甾体抗炎药：作用机制是抑制花生四烯酸代谢中的环氧化酶活性，进而抑制前列腺素的合成而达到消炎镇痛作用，是治疗急性痛风发作的一线用药。代表药物有吲哚美辛，每次 50 mg，每天 3～4 次；双氯芬酸，每次 50 mg，每天 2～3 次；依托考昔 120 mg，每天 1 次。③糖皮质激素：上述两类药物治疗无效或禁忌时可应用，一般尽量不选用。

3. 慢性关节炎期的治疗　此期治疗的主要目的是降低血尿酸水平，治疗目标是使血尿酸维持在 360 μmol/L 以下，对痛风石较大或经皮肤破溃的患者，可进行手术剔除。

（1）应用降低血尿酸药物的适应证：①经饮食控制后，血尿酸仍超过 416 μmol/L 者；②每年急性发作在 2 次以上者；③有痛风石或尿酸盐沉积的 X 线检查证据者；④有尿酸性肾结石或肾功能损害者。

（2）降低尿酸的药物种类：①抑制尿酸合成的药物，目前有别嘌醇、非布司他。②促进尿酸排泄的药物，如丙磺舒、磺吡酮、苯溴马隆等。用药期间应嘱患者多饮水。③碱性药物，碳酸氢钠、枸橼酸氢钾钠颗粒等。④新型降尿酸药物，尿酸氧化酶制剂，如拉布立酶和普瑞凯希；选择性尿酸重吸收抑制剂等。

4. 用药护理　①秋水仙碱的主要不良反应是严重的胃肠道反应，如恶心、呕吐、腹泻、腹痛等，也可引起骨髓抑制、肝细胞损害、神经毒性等。②非甾体抗炎药，常见的不良反应是胃肠道溃疡及出血，活动性消化性溃疡患者禁用，伴有肾功能不全者慎用。③使用别嘌醇时，患者除可能出现皮疹、发热、胃肠道反应外，还可能出现肝损害、骨髓抑制等，需要密切关注。对于肾功能不全者，使用别嘌醇宜减半量。④使用糖皮质激素时，应注意观察疗效，观察患者是否出现"反跳"现象。

**考点提示**

痛风的饮食护理及常用治疗药物。

### （四）对症护理

患者手、腕或肘关节受累时可出现关节疼痛，可用夹板固定予以制动，也可在发病 24 小时内予以冰敷或 25% 硫酸镁湿敷，以减少局部炎性渗出，减轻或消除关节肿胀和疼痛。发病 24 小时后，可使用热敷，以促进局部渗出物的吸收。皮肤溃疡时，应注意保持皮肤清洁，避免发生感染。

### (五) 心理护理

本病反复发作，症状持续时间长，且受累关节较多，故患者易出现悲观、失望、予以等心理变化，甚至对生活失去信心。护士可采用安慰、解释、鼓励等方式，帮助患者认识到长期不良情绪可造成病情加重。向患者讲解疾病相关知识，介绍患者之间相互交流和鼓励，保持情绪稳定，树立战胜疾病的信心。鼓励患者参加集体娱乐活动，充实生活，激发患者的社会和家庭责任感，调动积极性，从而增强战胜疾病的信心，以利于康复。

【健康指导】

1. 疾病知识指导　向患者及家属讲解痛风的有关知识，说明本病需要终生干预治疗，但经过积极、有效的治疗，患者可以维持正常的生活。嘱患者保持心情舒畅，避免情绪低落或紧张；养成良好的生活习惯；肥胖者应减轻体重；避免劳累、受凉、感染、外伤等诱发因素。

2. 饮食指导　指导患者严格控制饮食，避免进食高蛋白、高嘌呤食物，忌饮酒，每天至少饮水 2000 ml，特别是使用排尿酸药物时，更应多饮水，有助于尿酸的排出。

3. 适度活动与保护关节　①急性期应避免运动。②运动后若疼痛超过 1 小时，则应暂停该项运动。③避免长时间持续进行重体力劳动或工作，可选择交替完成轻重程度不同的工作。④经常改变姿势，使受累关节保持舒适；若局部出现红肿，则应尽可能避免活动。

4. 自我观察病情　指导患者平时用手触摸耳廓及手、足关节，检查是否有痛风石形成。嘱患者定期到门诊复查血尿酸。

## 第八节　内分泌系统疾病患者护理实训

### 一、血糖仪

自我监测血糖是糖尿病患者自我管理的重要方法。患者可以自行使用便携式血糖仪进行毛细血管血糖监测，操作方便、简单，便于及时了解血糖波动情况，为调整降血糖药物剂量、饮食及运动方案提供依据。

【适应证】

任何人，尤其是糖尿病患者，出现以下情况时尤其应该进行血糖自我监测。

1. 更改治疗方案时。
2. 老年人血糖不稳定时。
3. 使用胰岛素治疗时。
4. 出现并发症，如腹泻、呕吐、发热时。

【禁忌证】

无禁忌证。

【操作方法】

患者、环境、操作者、用物准备 → 将针头装入采血针内 → 核对试纸的有效期，将试纸插入血糖仪中，开机 → 消毒拟采血的手指指腹皮肤，采集血样，进行血糖测定 → 拔针后予以压迫止血 → 记录血糖值，关机，整理用物。

【操作前护理】

1. 患者准备　向患者解释血糖测定的意义、操作过程及配合方法，使患者积极配合。患者用温水洗净双手并擦干。采血前热敷手指或将手臂下垂，可使血管充盈，便于采血，但不可过度挤压手指。

2. 用物准备 皮肤消毒剂、棉签、血糖仪、血糖试纸、采血笔、采血针等,注意核对血糖试纸的有效期,若超过有效期,则可导致检测结果不准确。

3. 环境准备 保持室内清洁、无尘,以防止感染;保持温度、湿度适宜,以保证患者舒适。

【操作中护理】

1. 用75%乙醇消毒皮肤,待干后再采血。不宜使用含碘消毒液。
2. 根据患者的皮肤情况确定针刺深度。
3. 刺破皮肤后,应轻轻从周围向采血点挤压,避免用力挤压时挤出组织液而影响结果。
4. 操作时应避免触摸试纸的测试区。

【操作后护理】

1. 结果记录 包括姓名、测试日期、时间和结果。
2. 比对结果 血糖仪的准确性受到温度、湿度、自身稳定性等因素的影响,应至少每半年将血糖仪与静脉生化血糖检测结果进行比对。
3. 血糖试纸的保存 血糖试纸应放置于干燥处,取试纸后应立即盖紧纸筒盖。打开试纸包装后,应尽量在3个月内使用完。
4. 血糖仪的维护 血糖仪应避免放置于过冷、过热、潮湿、磁场强(如移动电话、电磁炉等)环境中,避免用75%乙醇清洁血糖仪测试区,以免损坏血糖仪。

## 二、口服葡萄糖耐量试验

正常人对葡萄糖具有很强的耐受能力,口服葡萄糖后血糖可暂时升高,但在短时间内又可降至正常水平,称为耐糖现象。口服葡萄糖耐量试验(oral glucose tolerance test,OGTT)是一种葡萄糖负荷试验,是指予以患者口服75 g葡萄糖,然后检测其血糖变化,以了解胰岛β细胞的功能和机体对血糖的调节能力,是诊断糖尿病的重要方法,广泛应用于临床。当患者血糖升高但尚未达到糖尿病的诊断标准时,为明确诊断,可以进行该试验。

【适应证】

1. 血糖高于正常水平,但尚未达到糖尿病的诊断标准者。
2. 无糖尿病症状,但有明显糖尿病家族史者。
3. 妊娠期、甲状腺功能亢进症等出现尿糖者。

【禁忌证】

1. 已经确诊为糖尿病的患者。
2. 严重肝病(如急性肝炎、严重肝硬化)患者,肝细胞不能迅速摄取葡萄糖并在胰岛素的作用下将其转化为糖原储存。口服葡萄糖后,血糖往往超过诊断标准,但不可误诊为糖尿病。
3. 已行胃切除手术者或胃大部切除者,口服葡萄糖后,葡萄糖快速进入小肠而被迅速吸收,血糖在短时间内急剧升高,对诊断糖尿病并无价值。

【操作方法】

患者、环境、操作者、用物准备 → 评估患者的情况,向患者解释操作目的及方法 → 晨起采集空腹血标本,检测血糖 → 将75 g葡萄糖粉溶于250～300 ml温水中或向50%葡萄糖150 ml加入温水至250～300 ml,混匀 → 嘱患者在5分钟内饮用完毕,饮第一口时记录时间 → 30分钟、1小时、2小时、3小时分别采集静脉血,检测血糖 → 整理用物,洗手,记录。

【操作前护理】

1. 向患者及家属讲解操作的方法、目的、采血次数及注意事项,取得患者和家属的配合。
2. 试验前3天保证规律饮食,减少糖类摄入,以免影响结果。

【操作中护理】

1. 饮食护理　试验期间需空腹，禁食时间不少于 10 小时，或禁食超过 16 小时者可饮水。整个试验过程中避免吸烟，避免饮咖啡、茶或进食。

2. 休息　试验期间嘱患者避免剧烈活动，安静休息，以免影响结果。

3. 告知注意事项　向患者解释并强调葡萄糖溶液需在 5 分钟内快速饮用完毕。

【操作后护理】

1. 及时送检　采集血标本后应立即送检。

2. 病情观察　注意观察患者口服葡萄糖溶液后的反应。若患者在试验过程中出现面色苍白、恶心、出冷汗、晕厥等症状，则应停止试验。若以上症状是在饮用葡萄糖溶液后 3～4 小时出现，则应考虑为低血糖反应，可立即用血糖仪快速检测血糖，嘱患者吃饼干、糖果等含糖的食物，并密切观察其病情变化。

### 三、胰岛素注射笔的使用

胰岛素注射笔是专门为糖尿病患者设计的医疗器械，是由笔芯、笔身、针头组成的一种形如钢笔的专用注射装置，具有操作简便、剂量准确、注射疼痛感轻、体积小、携带方便、易于保管等特点。掌握胰岛素注射笔的正确使用方法，便于糖尿病患者自行注射胰岛素，有利于控制血糖。

【适应证】

患有糖尿病并且需要长期注射胰岛素者。

【禁忌证】

1. 对胰岛素过敏者。

2. 严重肝、肾功能不全者。

3. 低血糖患者。

【操作前护理】

1. 患者准备　向患者解释使用胰岛素注射笔的目的、操作过程及配合方法，使患者积极配合。

2. 物品准备

（1）备好胰岛素笔及配套的笔芯、针头、75% 乙醇及医用棉签。

（2）不同规格的胰岛素注射笔需与相应的笔芯配合使用，同一患者若使用 2 种胰岛素，则每一种胰岛素都应配一支注射笔，不可共用。

（3）笔芯上的色带表示胰岛素的不同剂型，操作前应仔细检查、核对，确认无误后方可注射。

（4）每次操作前，都应查看笔芯中的胰岛素余量是否够本次注射使用。

3. 环境准备　环境应整洁、安静、舒适，必要时可使用屏风加以遮挡。调节室温，注意保暖，避免患者受凉。

【操作中护理】

1. 消毒用 75% 乙醇消毒皮肤，待干后注射，禁忌聚维酮碘。

2. 保护注射部位　经常更换注射部位，以免引起局部硬结形成和脂肪萎缩，进而影响药物的吸收。

3. 注射前应充分摇匀药液，并使针尖朝上，排尽空气。

【操作后护理】

1. 饮食指导　告知患者注射短效胰岛素后 15～30 min，注射速效胰岛素后 5 min 内须禁食，以免发生低血糖。

2. 告知患者注射完毕应将针头取下，以免温度变化而导致药液外溢。

3. 告知患者外出时随身携带胰岛素笔，避免随行李托运，以免药物失效。

（柴　颖　钟静冰）

## 自　测　题

### 一、选择题

**A1/A2 型题**

1. 关于库欣综合征患者的饮食护理，错误的是
   A. 高蛋白　　　　　B. 低糖　　　　　C. 低钾
   D. 高钙　　　　　　E. 低热量

2. 诊断甲状腺功能亢进症最敏感的指标是
   A. 基础代谢率　　　　　B. 血清促甲状腺激素（TSH）测定
   C. $T_3$ 抑制试验　　　　D. 甲状腺摄 $^{131}I$ 率测定
   E. 血清总三碘原氨酸（$T_3$）测定

3. 糖尿病的诊断标准是：症状＋静脉血浆葡萄糖测定值，下列有关诊断糖尿病，静脉血浆葡萄糖测定值的描述正确的是
   A. 随机血糖≥11.1 mmol/L 或空腹血糖≥7.0 mmol/L 或 OGTT 餐后 2 小时血糖≥11.1 mmol/L
   B. 随机血糖≥7.8 mmol/L 或空腹血糖≥7.0 mmol/L
   C. 随机血糖≥11.1 mmol/L 或空腹血糖≥7.8 mmol/L
   D. 随机血糖≥6.1 mmol/L 或空腹血糖≥7.0 mmol/L
   E. 随机血糖≥6.1 mmol/L 或空腹血糖≥7.8 mmol/L

4. 下列通过加强外周组织对葡萄糖的摄取和利用，改善外周组织对胰岛素的敏感性而起到降低血糖作用的药物是
   A. 瑞格列奈　　　　B. 阿卡波糖　　　　C. 格列吡嗪
   D. 二甲双胍　　　　E. 罗格列酮

5. 骨质疏松症患者最典型的临床表现是
   A. 疼痛、脊柱变形和发生骨折　　　　B. 畸形、疼痛、反常活动
   C. 畸形、疼痛、弹性固定　　　　　　D. 高热、寒战、腹痛
   E. 畏寒、食欲减退

6. 抗甲状腺药物最常见的不良反应是
   A. 肝功能损害　　　　B. 药疹　　　　　C. 白细胞减少
   D. 甲状腺功能低下　　E. 胃肠道反应

7. 诊断痛风的主要指标是
   A. 痛风石　　　　　B. 尿酸性尿路结石　　　　C. 高尿酸血症
   D. 痛风性关节炎　　E. 非特征性软组织肿胀

8. 对甲状腺功能亢进症患者重度浸润性突眼的护理不包括
   A. 抬高患者头部　　　　　　　　　B. 鼓励患者多进食略咸的食物
   C. 嘱患者外出时戴眼罩　　　　　　D. 应用生理盐水纱布局部湿敷

E. 使用抗生素眼膏

9. 患者，女性，29岁，患甲状腺功能亢进症，在进行放射性 $^{131}$I 治疗的过程中，突然出现神志恍惚，恶心、呕吐、大汗淋漓；查体：T 39.8 ℃，P 170次/分，提示该患者发生的是

  A. 过敏性休克    B. 甲状腺功能低下    C. $^{131}$I 治疗的正常反应

  D. 甲状腺危象    E. 淡漠型甲亢

10. 患者，女性，32岁，诊断为甲亢，清晨测脉率为96次/分，血压130/70 mmHg。计算该患者的基础代谢率是属于

  A. 正常    B. 正常范围偏高    C. 轻度甲亢

  D. 中度甲亢    E. 重度甲亢

11. 患者，女性，57岁，诊断为甲状腺功能减退症3年，家属诉患者记忆力明显减退，反应迟钝，常常猜疑他人，无法与他人正常交流和相处，该患者目前存在的主要心理问题是

  A. 焦虑    B. 社交障碍    C. 角色紊乱

  D. 恐惧    E. 自我形象紊乱

12. 患者，男性，28岁，既往糖尿病病史11年，使用中性胰岛素治疗，但未规律监测血糖，近3个月出现眼睑及下肢水肿，尿糖（++），WBC 0～4个/高倍镜视野，尿蛋白（+++）。考虑该患者的诊断是

  A. 胰岛素性水肿    B. 肾动脉硬化    C. 肾盂肾炎

  D. 急性肾炎    E. 糖尿病肾病

13. 患者，女性，25岁，诊断为1型糖尿病，使用胰岛素治疗，近2天出现恶心，呕吐，不能正常进食，突然昏迷，即刻测血糖2.6 mmol/L。考虑该患者发生的是

  A. 低血糖昏迷    B. 糖尿病酮症酸中毒昏迷

  C. 糖尿病肾病尿毒症昏迷    D. 糖尿病非酮症高渗性昏迷

  E. 乳酸性酸中毒

14. 患者，男性，52岁，体检时发现空腹血糖7.5 mmol/L，患者认为是检查结果不准确，于是到另一家医院复查空腹血糖7.2 mmol/L。为明确该患者是否患有糖尿病，首选的检查是

  A. 口服葡萄糖耐量试验    B. C-肽测定    C. 胰岛素测定

  D. 尿糖测定    E. 糖化血红蛋白测定

15. 患者，男性，58岁，因严重腹泻、脱水而出现意识障碍，被家人送至急诊，急查血糖34.1 mmol/L，尿酮体（±），考虑患者意识障碍可能属于

  A. 高血糖高渗状态    B. 低血糖昏迷    C. 休克并发意识障碍

  D. 高血压合并糖尿病    E. 糖尿病酮症酸中毒昏迷

16. 患者，男性，55岁，患糖尿病12年，注射胰岛素后1小时进食，随即出现头晕、心悸、多汗、饥饿感，应考虑该患者发生的是

  A. 胰岛素过敏    B. 低血糖反应

  C. 酮症酸中毒早期    D. 糖尿病高渗性昏迷先兆

  E. 血容量不足

17. 患者，女性，25岁，因血压、血糖升高，向心性肥胖，脸部皮肤菲薄、发红入院；查体：血压170/100 mmHg，月经量少，CT检查显示垂体生长肿物，X线检查显示骨质疏松，初步考虑该患者的诊断是

  A. 库欣综合征    B. 糖尿病    C. 高血压

  D. 子宫肌瘤    E. 垂体瘤

18. 患者，男性，45岁，因急性关节炎就诊，入院后诊断为痛风。护士指导患者可以进食

的食物是

  A. 动物内脏  B. 鱼虾类  C. 菠菜
  D. 蘑菇  E. 柑橘

19. 患者，女性，40岁，半年来出现多食、易饥饿、性情急躁、易激动、失眠、多汗、怕热、消瘦、双眼突出。对患者进行查体时可能发现的是

  A. 皮肤粗糙  B. 神经反射亢进  C. 甲状腺肿大
  D. 毛发稀少  E. 心脏扩大

**A3型题**

（20～22题共用题干）

某甲亢患者，突然出现高热、烦躁不安、恶心、呕吐、大汗淋漓、心率加快、血压骤升。

20. 该患者最可能发生的是

  A. 甲亢性心脏病  B. 黏液性水肿昏迷  C. 甲状腺危象
  D. 淡漠型甲亢  E. $T_3$型甲亢

21. 目前对该患者正确的治疗方法是

  A. 促使甲状腺球蛋白释放
  B. 纠正肾上腺髓质功能不全
  C. 提高外周组织对甲状腺激素的反应性
  D. 迅速增加甲状腺激素的合成和释放
  E. 迅速阻断甲状腺激素的合成和释放

22. 对该患者采取的护理措施中不妥当的是

  A. 迅速建立静脉通道  B. 物理降温
  C. 嘱患者大量饮浓茶  D. 密切观察患者的病情变化，并准确记录
  E. 立即将患者安置在光线较暗的抢救室

（23～24题共用题干）

患者，女性，24岁，出现心悸、多汗、多食、消瘦2个月来院就诊。查体：甲状腺Ⅱ度肿大，听诊左上极可闻及血管杂音。

23. 在询问病史及体检时，下列表现最不可能出现的是

  A. 手部震颤  B. 水冲脉  C. 突眼
  D. 月经过多  E. 易怒

24. 实验室检查项目选择最恰当的是

  A. $TT_3$、$TT_4$测定
  B. 促甲状腺激素受体抗体（TRAb）测定
  C. 促甲状腺激素释放激素（TRH）兴奋试验
  D. $FT_3$、$FT_4$、TSH测定
  E. 促甲状腺激素受体刺激性抗体（TSAb）测定

（25～26题共用题干）

患者，女性，35岁，因"多饮、多尿伴体重减轻2个月"就诊，诊断为糖尿病，医嘱予以格列齐特80 mg口服，每天3次。

25. 护士应指患者服用该药的适宜时间是

  A. 餐前半小时  B. 餐前1小时

C. 进餐时　　　　　　　　　　　　D. 餐后半小时

E. 餐后 1 小时

26. 用药期间护士应重点观察的不良反应是

A. 低血糖反应　　　　B. 皮疹　　　　　　C. 粒细胞减少

D. 胃肠道反应　　　　E. 高乳酸血症

（27~28 题共用题干）

患者，女性，41 岁，患糖尿病 12 年，昨天因高热、咳嗽、咳黄色痰，突然感到极度口渴，伴厌食、恶心、呼吸加快，呼出气有烂苹果味；夜间出现四肢厥冷、脉搏细速、血压下降，随即意识不清，被紧急送至医院。

27. 该患者此时发生的是

A. 低血糖反应　　　　　　　　　　B. 酮症酸中毒

C. 乳酸中毒　　　　　　　　　　　D. 急性脑血管意外

E. 低血容量性休克

28. 应首先予以该患者的处理措施是

A. 静脉补充生理盐水　　　　　　　B. 静脉应用呼吸兴奋剂

C. 增加口服降血糖药物剂量　　　　D. 静脉注射 5% 葡萄糖溶液

E. 静脉注射 10% 葡萄糖溶液

## 二、案例分析题

1. 患者，男性，30 岁，因"呼吸急促、四肢厥冷 3 小时"急诊入院；既往有糖尿病病史 11 年；长期口服苯乙双胍（降糖灵），每次 2 片，每日 3 次，同时皮下注射胰岛素，每天 24 U；1 个月前因血糖正常、尿糖阴性，自行停止注射胰岛素；近 1 周食欲明显减退，极度疲乏、口渴，有时恶心、呕吐，未予以任何处理；今晨出现呼吸急促、四肢厥冷 3 小时急诊入院。入院查体：T 36.9°C，P 109 次/分，R 27 次/分，BP 120/75 mmHg；嗜睡，体形消瘦，呼出气有烂苹果味，皮肤黏膜干燥，眼球内陷，双侧瞳孔等大、等圆，角膜反射与瞳孔对光发射存在，其余检查未见异常。实验室检查：血糖 21 mmol/L，血酮体 19.6 mmol/L，尿酮体阳性，$CO_2$ 结合力 10 mmol/L，pH 7.29，$PaO_2$ 75 mmHg，白细胞计数 $14.7 \times 10^9$/L。

**请问：**

（1）该患者最可能的医疗诊断是什么？

（2）患者目前主要的护理问题有哪些？

（3）对该患者应采取的抢救措施有哪些？

2. 患者，女性，40 岁，1 年前出现疲乏无力、失眠、怕热、多汗、多食、易饥饿；2 周前出现低热、眼球突出，遂来医院就诊。入院查体：T 39.5 ℃，P 110 次/分，R 23 次/分，BP 130/80 mmHg；双侧甲状腺肿大、质软，听诊可闻及血管杂音；双侧眼球突出，不对称。辅助检查：$FT_4$、$TT_3$、$TT_4$ 均增高，TSH 降低。患者入院第 2 天与家人发生争吵后出现恶心、呕吐、烦躁不安、心动过速、大汗淋漓、高热，神志清楚。

**请问：**

（1）该患者最可能的医疗诊断是什么？

（2）患者目前主要的护理问题有哪些？

（3）对该患者应采取的抢救措施有哪些？

3. 患者，女性，60岁，出现间断腰背痛5年。体格检查：身高165 cm，体重58 kg，BMI 21.3 kg/m²；50岁绝经，已绝经10年。既往史：慢性胰腺炎、慢性腹泻病史3年；无糖皮质激素使用史，无长期饮咖啡等情况。家族史：其母曾有髋部骨折史。患者半年前摔倒而导致右侧尺骨骨折，进行骨科处理。现因再次摔倒导致左侧腕骨骨折而入院。

**请问：**
（1）该患者最可能的医疗诊断是什么？
（2）患者目前主要的护理问题有哪些？

4. 患者，张某，男性，76岁，反复出现多处关节肿痛30年，复发加重10天。患者30年前运动后出现右侧第一跖趾关节疼痛，伴皮肤红肿、发热，无踝、膝、腕、指、肘关节疼痛；3年前开始出现右侧腕关节疼痛，伴皮肤红肿、发热，其余关节未见明显异常；10天前上述症状复发。自患病以来，患者睡眠欠佳，精神尚可，排尿、排便正常，近期体重无明显变化。查体：T 37.4 ℃，P 63次/分，R 18次/分，BP 120/70 mmHg，身高173 cm，体重60.6 kg，体重指数20.2 kg/m²；四肢无畸形，右侧腕关节红肿，局部皮温增高，轻度活动受限，压痛明显。

**请问：**
（1）该患者最可能的医疗诊断是什么？
（2）患者目前主要的护理问题有哪些？
（3）患者的饮食护理措施有哪些？

### 思政园地

#### 人工胰岛素的合成

随着城市化进程加快，生活方式改变及人口老龄化，糖尿病的患病率呈快速上升趋势。我国已成为世界上糖尿病患病人数最多的国家，糖尿病已成为严重危害人类健康的公共问题。1958年8月，中国科学院上海生物化学研究所的科研人员提出研究"人工合成牛胰岛素"。经过7年时间，1965年，我国科学家终于完成了结晶牛胰岛素的合成。人工牛胰岛素的合成，标志着人类在认识生命、探索生命奥秘的征途中迈出了关键性的一步，促进了生命科学的发展，开辟了人工合成蛋白质的时代，在我国基础医学研究，尤其是生物化学研究的发展史上具有重大意义和影响。

# 第八章 风湿性疾病患者的护理

## 学习目标

1. 说出风湿性疾病患者的身体状况、护理措施。
2. 描述风湿性疾病患者的辅助检查、治疗要点。
3. 解释风湿性疾病的病因与发病机制。
4. 能够对风湿性疾病患者进行护理评估、提出护理诊断,并采取相应的护理措施。
5. 通过疾病的学习,培养救死扶伤的精神,加强责任意识。

风湿性疾病(rheumatic disease)简称风湿病,是一组累及骨、关节及其周围软组织(如肌肉、肌腱、滑膜、韧带、软骨)以及其他相关组织和器官的慢性疾病。其主要临床表现是关节疼痛、肿胀、活动功能障碍。病程进展缓慢,发作与缓解交替出现,部分患者可发生脏器功能损害及功能衰竭。风湿性疾病包括10大类100多种疾病,病因多种多样,发病机制尚未完全明确,但多数与自身免疫反应密切相关。其发病与免疫、遗传、退行性变、感染、代谢、内分泌、肿瘤等因素有关。随着医疗卫生技术水平的提高和生活方式的改变,风湿性疾病的疾病谱也发生了明显改变,感染相关的风湿性疾病已明显减少,而骨关节炎、痛风性关节炎的发病率呈上升趋势。

结缔组织病(connective tissue disease,CTD)是风湿性疾病中的一大类,其特点是以血管和结缔组织的慢性炎症为病理基础,可引起多器官、多系统损害,主要包括类风湿关节炎、红斑狼疮、硬皮病、多肌炎、血管炎等疾病。

【风湿性疾病分类】

目前,临床上对风湿性疾病的分类沿用1983年美国风湿病协会(American Rheumatism Association,ARA)制定的分类方法,根据发病机制、病理及临床特点分为10大类(表8-1)。

表8-1 风湿性疾病的分类

| 疾病分类 | 疾病名称 |
| --- | --- |
| 弥漫性结缔组织病 | 系统性红斑狼疮、类风湿关节炎、强直性脊柱炎、硬皮病、多肌炎、系统性血管炎综合征等 |
| 脊柱关节炎 | 强直性脊柱炎、银屑病关节炎、炎性肠病关节炎等 |
| 退行性变 | 原发或继发骨性关节炎 |
| 遗传、代谢及内分泌相关性风湿病 | 马方综合征、先天性或获得性免疫缺陷病;痛风、假性痛风;肢端肥大症、甲状腺功能减退症、甲状旁腺功能亢进症相关骨关节病等 |
| 感染相关性风湿病 | 反应性关节炎、风湿热等 |
| 肿瘤相关性风湿病 | 腱鞘囊肿、滑膜肉瘤等 |

续表

| 疾病分类 | 疾病名称 |
|---|---|
| 神经血管疾病 | 神经病变性关节炎、挤压综合征、雷诺病、红斑性肢痛症等 |
| 骨及软骨疾病 | 骨质疏松症、骨坏死、骨软化、肥大性骨关节病等 |
| 非关节性风湿病 | 滑囊炎、纤维肌痛性椎间盘病变等 |
| 其他有关节炎表现的疾病 | 周期性风湿病、药物相关性风湿性综合征等 |

【风湿性疾病的临床特点】

风湿性疾病的临床特点包括以下几方面。

1. 发作与缓解交替的慢性病程　如系统性红斑狼疮、类风湿关节炎、痛风等疾病的病程较长，病情反复发作，可造成相应脏器和局部组织的严重损害。

2. 家族聚集性　流行病学调查表明，此类疾病有遗传倾向，血缘关系越近，患病率越高。

3. 多器官受累　病变常累及多个系统、器官。

4. 临床表现各异　同一疾病的临床表现和预后存在较大的个体差异。

5. 免疫学异常或生化改变　风湿病患者常有免疫学或生化异常，如系统性红斑狼疮患者抗dsDNA抗体呈阳性；类风湿关节炎患者类风湿因子（rheumatoid factor，RF）多呈阳性，痛风患者血尿酸水平增高等。

近年来随着链球菌的有效控制，与之相关的风湿热已明显减少。但由于人口老龄化和环境变化等因素，其他风湿病患病率呈逐年上升趋势。我国不同地区流行病学调查结果显示：系统性红斑狼疮患病率为 0.03%～0.07%，类风湿关节炎患病率为 0.32%～0.36%，强直性脊柱炎患病率为 0.25%，50 岁以上人群骨关节炎患病率可高达 50%，痛风性关节炎患病人数也日益增多。

## 第一节　风湿性疾病患者常见症状与体征的护理

风湿性疾病是常见病。近年来，风湿病的发病率呈逐年上升趋势，患者致残率高，给家庭和社会带来沉重的负担。风湿性疾病的常见症状和体征包括关节疼痛与肿胀、关节僵硬与活动受限、皮肤损害。

### 一、关节疼痛与肿胀

关节疼痛是风湿性疾病患者最早出现和最常见的症状，也是风湿性疾病患者就诊的主要原因。几乎所有的风湿性疾病均可引起关节疼痛，疼痛特点因疾病不同而异。评估关节疼痛的起病形式、部位和性质等特点有助于诊断和鉴别诊断。疼痛的关节均可有肿胀和压痛，多为关节腔积液或滑膜增生所致，是滑膜炎或周围组织炎的重要体征。

【护理评估】

（一）病因与发病机制

1. 病因

（1）遗传因素：风湿性疾病有家族聚集倾向，血缘关系越近，患病率越高。

（2）性激素：风湿性疾病多见于女性，多与雌激素有关。

（3）其他：①长期居住在潮湿、寒冷的环境中；②过度劳累；③病原体感染；④吸烟、饮用咖啡；⑤日光照射；⑥食用芹菜、无花果、烟熏食物、蘑菇等食物；⑦服用异烟肼、普鲁卡因胺、氯丙嗪、甲基多巴等药物。

2. 发病机制　以上各种病因均可导致机体产生自身抗体。自身抗体与抗原结合形成免疫复合物，经补体激活后可诱发炎症反应。关节炎症反应可使关节腔内液体增多或滑膜增生，从而导致患者出现关节疼痛与肿胀。

（二）身体状况

1. 评估患者关节疼痛的特点

（1）关节疼痛的起病特点：包括关节疼痛的起始时间、起病特点，受累关节的数量和分布情况，如痛风常为突然发作，而骨性关节炎、类风湿关节炎的发展较缓慢。不同疾病受累关节的数量和分布情况不同，如痛风常局限于单个关节，类风湿关节炎常为多关节分布。类风湿关节炎受累的关节多呈两侧对称，而脊柱关节病常为非对称性。

（2）疼痛的持续时间：不同疾病患者的疼痛持续时间不同。例如，脓毒性关节炎为急性，骨性关节炎为慢性，痛风为间歇性，风湿热为游走性，类风湿关节炎为持续性。

（3）诱发因素与伴随症状：患者的病史中是否存在明确的诱发因素（如创伤、用药史），以及是否伴随其他系统疾病症状。例如，系统性红斑狼疮患者可伴有发热、皮疹，类风湿关节炎患者可伴有晨僵，系统性红斑狼疮可累及神经系统等。

2. 评估患者关节肿胀的情况　评估患者关节肿胀的程度，受累关节是否有压痛、活动受限及畸形等；评估患者的营养状况、生命体征是否有异常，是否有心脏、肾、肺等重要脏器受损的表现等。不同风湿性疾病所致的关节疼痛特点见表8-2。

表8-2　不同风湿性疾病所致的关节疼痛特点

| 疾病 | 部位 | 性质 | 伴随症状 |
| --- | --- | --- | --- |
| 系统性红斑狼疮 | 近端指间、掌指、腕、足、膝、踝等关节 | 间歇性疼痛 | 心脏、脑、肾、肺等多脏器损害 |
| 类风湿关节炎 | 近端指间、掌指、腕关节等 | 持续性疼痛，活动后减轻，休息后加重 | 发热、乏力、食欲减退、体重减轻等 |
| 骨关节炎 | 远端指间关节、膝关节和腰部等 | 活动时加重，休息后缓解 | 开始活动时有短暂晨僵 |
| 风湿热 | 踝、腕、膝、肘等关节，很少累及手、足的小关节和髋关节 | 游走性大关节痛 | 有红、肿、热、痛，无畸形 |
| 强直性脊柱炎 | 骶髂关节、髋、膝、踝关节受累最为常见，多为不对称性 | 下腰部和臀部疼痛持续至少1h，活动后缓解 | 常伴有下背部晨僵 |
| 痛风 | 仅有单关节受累，如单侧第一跖趾关节，踝、膝关节 | 呈间断性，疼痛剧烈 | — |

💡 **考点提示**

不同风湿性疾病所致的关节疼痛特点。

（三）心理、社会状况

了解患者是否因关节疼痛难以忍受而出现焦虑、恐惧、绝望等不良心理及其程度；评估患者的社会支持系统情况，患者是否得到家属的情感支持和经济支持及其支持程度；评估患者对疾病治疗的信心以及配合程度。

### （四）辅助检查

1. 实验室检查

（1）常规检查：血常规、尿常规、粪便常规检查及肝、肾功能检查是必需的检查项目，有助于病情分析。溶血性贫血、血小板减少、白细胞数量变化、蛋白尿、镜下血尿等都可能与结缔组织病有关。除上述检查外，常规检查项目还包括急性期指标检查，如红细胞沉降率（ESR）、C-反应蛋白、球蛋白定量、补体等检查对疾病的诊断及病情活动性的判断都很有帮助。

（2）特异性检查：包括自身抗体、人类白细胞抗原（HLA）检测、关节腔内液体检查等。

2. 影像学检查　包括关节 X 线检查、CT 检查和 MRI 检查等。

【主要护理诊断/问题】

1. 疼痛：慢性关节疼痛　与关节炎症反应有关。
2. 躯体活动障碍　与关节持续疼痛有关。
3. 焦虑　与疼痛反复发作、治疗效果不佳、病情迁延不愈有关。

【护理措施】

### （一）一般护理

1. 休息和体位　为患者创造舒适的居住环境，避免病室过于吵闹或安静。根据患者的病情选择不同的休息方式和体位。急性期关节肿胀伴体温升高时，应取舒适体位，以卧床休息为主，并保持患侧关节处于功能位。必要时予以石膏托、小夹板固定，并可用支被架，避免疼痛部位受压。为促进患者舒适，可备数个不同大小和形状的软枕；缓解期患者可适当进行活动，以避免肌萎缩、压疮形成、便秘等并发症的发生；对意识障碍患者，可使用护栏、约束带等，以防止意外发生。

2. 生活护理　必要时协助患者完成进食、排便、洗漱、翻身等日常生活活动。

### （二）疼痛护理

1. 非药物止痛　适用于疼痛较轻者。①物理疗法：可用红外线、蜡疗法、水疗法、磁疗法和超短波疗法等。②中医疗法：可进行针灸、推拿、按摩等。③转移注意力的方法：可通过聊天、看报、听轻音乐、看电视等方式分散患者的注意力。④其他：松弛疗法、皮肤刺激疗法（如冷敷、热敷、加压、震动）。

2. 药物止痛　适用于疼痛较重，难以忍受者。常用药物有布洛芬、萘普生、阿司匹林、吲哚美辛等非甾体抗炎药以及糖皮质激素等药物。

### （三）用药护理

镇痛药易产生依赖性，应告知患者若能忍受疼痛，就尽量避免服用此类药物。指导患者严格遵医嘱用药，避免随意增减药量或停药，注意服药的时间、剂量和次数，并观察药物的疗效和不良反应。患者一旦出现不适反应，应立即通知医生。

### （四）心理护理

鼓励患者表达自身的感受，分析原因，并评估其焦虑程度。在协助患者认识自身焦虑表现的同时，向患者委婉说明焦虑对身体状况可能产生的不良影响，帮助患者提高解决问题的能力，重点强调出现焦虑时应采取积极的应对措施。鼓励患者家属关心、理解和支持患者。向患者介绍治疗成功的病例及治疗新进展，鼓励患者树立战胜疾病的信心。

## 二、关节僵硬与活动受限

关节僵硬是指病变关节经过一段时间的静止后，试图再次活动时出现的一种病变关节局部不适感、不灵活感或僵硬感，难以达到正常关节的活动范围，由于晨起时表现最明显，故又称晨僵（morning stiffness）。晨僵是判断滑膜关节炎症活动性的客观指标，其持续时间与炎症严重程度呈正比。不同疾病患者关节僵硬持续的时间不同。早期关节活动受限主要是由于肿胀、疼痛引起，晚期则主要由于关节骨质破坏、纤维骨质粘连和关节半脱位引起，此时关节活动严重障碍，最终导致关节功能丧失。

【护理评估】

（一）病因与发病机制

1. 病因　参见本节"关节疼痛与肿胀"的病因。
2. 发病机制　滑膜炎可引起关节滑膜增厚，形成许多绒毛样突起，并侵入软骨和骨质，造成关节畸形，使患者出现关节僵硬与活动受限，最终导致功能丧失。以类风湿关节炎患者出现的关节僵硬与活动受限最为典型。

（二）身体状况

1. 病变持续时间　评估关节僵硬与活动受限的发生时间、持续时间、部位以及缓解方式。不同疾病患者的关节僵硬持续时间不同，如类风湿关节炎患者晨僵一般持续较长时间，至少为1小时，而骨性关节炎患者在晨起或停止活动一段时间后，受累关节也可出现非常明显的僵硬感，但持续时间通常不超过20分钟。
2. 病变严重程度　评估关节活动受限的程度，患者是否有关节畸形与功能障碍。可通过各种方法检测受累关节主动、被动活动范围并与对侧进行比较，测角器可用于对关节活动进行弧度定量分析。
3. 肌力　评估患者的肌力情况，是否伴有肌萎缩。
4. 皮肤完整性　评估患者的皮肤完整性，尤其是骨隆起处是否出现压疮。
5. 伴随症状　评估患者是否出现血栓性静脉炎，如腓肠肌痛、肢体发红、局部肿胀、皮温升高等。

（三）心理、社会状况

了解患者对疾病相关知识的了解程度，评估患者是否因晨僵和活动受限而产生不良心理反应，如抑郁、沮丧、悲哀等。

（四）辅助检查

1. 常规检查　包括血常规、尿常规和肝、肾功能检查，有助于病情分析。
2. 特异性检查　包括关节液、血清自身抗体和补体水平。
3. 影像学检查　包括X线检查、CT检查和MRI检查等。

【主要护理诊断/问题】

1. 躯体活动障碍　与关节疼痛、僵硬以及关节、肌肉功能障碍等有关。
2. 焦虑　与病情迁延不愈、活动受限有关。

【护理措施】

（一）一般护理

1. 休息和体位　急性活动期，患者可出现关节疼痛，且常伴有发热、乏力等全身症状，应卧床休息，以减少体力消耗，保护关节功能，避免脏器受损；应限制受累关节活动，使关节保持功能位，并注意保暖，预防晨僵，但不宜绝对卧床休息。缓解期患者应尽早进行功能锻炼，早期鼓励患者每天定时进行被动与主动交替的关节训练，然后逐步过渡到主动关节训练。循序渐进地增加活动时间和活动强度，以患者不感到不适为宜。若患者活动后出现疼痛或不适持续2小时以上，则应减少活动量。
2. 生活护理　予以高蛋白、富含维生素和纤维素的饮食。根据患者活动受限的程度，协助患者完成进食、洗漱、排尿、排便及个人卫生清洁等日常生活活动，将物品放置在患者健侧手臂能够触及的地方，鼓励患者做一些力所能及的事情，尽早恢复生活自理能力。

### （二）保护和促进关节功能

1. **日常护理** 夜间休息可使用手套、袜套、护膝等对病变关节加以保暖，预防晨僵。为减轻关节疼痛与活动受限，晨起后先用物理疗法，如热敷、按摩、红外线照射受损关节等方法，之后再活动关节。

2. **功能锻炼** 急性期后，与患者共同制订适宜的关节功能训练计划，尽早进行适量锻炼。

3. **保证安全** 必要时予以帮助或提供适当的辅助工具，如拐杖、助行器、轮椅等，并告知患者个人安全的注意事项。指导患者及家属正确使用辅助性器材，使患者既能避免长时间不活动而导致关节僵硬，又能在活动时掌握安全措施，避免发生损伤。

### （三）病情观察

观察患者的营养状况，注意观察患者是否有营养素摄入不足的情况；观察关节僵硬与活动受限的发生时间、持续时间和部位等；观察关节活动受限的程度等。

### （四）预防并发症

1. **预防关节畸形和肌萎缩** 注意使肢体保持功能位，如用枕头、沙袋、夹板或支被架保持足背屈曲，防止受损肢体受压，预防关节畸形。协助患者做主动或被动的功能训练，并进行肢体按摩，防止发生肌萎缩。

2. **预防感染** 及时清除痰液，保持呼吸道通畅，防止发生坠积性肺炎。

3. **预防压疮** 协助患者定时翻身，勤更换衣裤、床单位，保持皮肤清洁、干燥，适当使用气垫床、水床、软枕等，防止发生压疮。

4. **预防便秘** 指导患者多饮水，多食香蕉、芹菜、粗粮等富含纤维素的食物，适当活动，必要时予以缓泻剂，防止发生便秘。

### （五）心理护理

帮助患者接受活动受限的事实，重视发挥自身残存的活动能力。允许患者以自己的节奏完成工作，并在活动中予以鼓励，以增强患者自我照顾的能力和信心。鼓励患者表达内心的感受，予以心理疏导，理解、支持和关心患者。

## 三、皮肤损害

风湿性疾病常见的皮肤损害有皮疹、红斑、水肿、溃疡等，多由血管炎症反应引起。80%的系统性红斑狼疮患者可有皮肤损害，其最具特征性的皮肤损害是面部蝶形红斑。15%～25%的类风湿关节炎患者可有皮下结节，常发生在关节隆起处及受压部位，如肘关节鹰嘴突附近、足跟腱鞘、坐骨结节区域、膝关节周围等部位。

【护理评估】

### （一）病因与发病机制

1. **病因** 参见本节"关节疼痛与肿胀"的病因。

2. **发病机制** 自身抗体与抗原结合形成的免疫复合物可沉积在血管附近，引起血管炎。血管病变累及皮肤使，即引起皮肤损害。

### （二）身体状况

风湿性疾病患者的皮肤损害多由于血管炎症反应引起。系统性红斑狼疮患者最具特征性的皮肤损害是面部蝶形红斑。类风湿关节炎患者可有皮下结节，多位于肘关节鹰嘴突附近、跟腱等关节隆起处及受压部位皮下，结节呈对称性分布，质硬、无压痛，大小不一，直径为数毫米至数厘米。皮肌炎患者的皮肤损害表现为对称性眼睑、眼眶周围等紫红色斑疹及实质性水肿。部分患者因寒冷、情绪激动等因素的刺激，可突然出现肢端和暴露部位皮肤苍白，继而青紫再发红，并伴有局部发冷、疼痛的表现，称为雷诺现象。不同风湿性疾病患者的皮肤损害特点见表 8-3。

表 8-3 不同风湿性疾病患者的皮肤损害特点

| 疾病 | 部位 | 表现 |
| --- | --- | --- |
| 系统性红斑狼疮 | 面部、颊部、躯干、指掌部、指端 | 面部蝶形红斑、丘疹、盘状红斑；指掌部或甲周红斑；指端缺血；面部及躯干皮疹、紫癜或紫斑、水疱和大疱等，最具特征性的表现是面部蝶形红斑 |
| 类风湿关节炎 | 多位于前臂伸面、尺骨鹰嘴突附近、跟腱等处 | 特异性皮肤表现是类风湿结节 |
| 皮肌炎 | 眼睑、眶周 | 对称性紫红色斑疹及实质性水肿 |
| 类风湿血管疾病 | 皮肤、甲床、眼部 | 皮肤可见棕色皮疹，甲床有瘀点或瘀斑；眼部可出现巩膜炎、虹膜炎和视网膜炎 |

### （三）心理、社会状况

皮肤损害可使患者的外形发生改变，导致患者的生活和社交受到影响。护理人员应注意评估患者的心理状态，是否出现敏感、焦虑、烦躁等不良心理。了解患者对疾病相关知识的了解程度，以及家属对患者在治疗和情感上的支持程度。

### （四）辅助检查

常见检查项目包括皮肤狼疮带试验、肌活检、肾活检等，可以协助诊断。

【主要护理诊断/问题】

1. 皮肤完整性受损　与血管炎症反应及应用免疫抑制剂等因素有关。
2. 外周组织灌注无效　与肢端血管痉挛、血管舒缩功能障碍有关。

【护理措施】

### （一）饮食护理

指导患者摄入足够的蛋白质、维生素和水分，以维持正氮平衡，满足组织修复的需要；避免吸烟、饮咖啡，以免引起交感神经兴奋、病变小血管痉挛而导致局部组织缺血、缺氧。

### （二）皮肤护理

除常规的皮肤护理、预防压疮外，还应注意以下几点。

1. 保持皮肤清洁、干燥　每天用温水擦浴，忌用碱性肥皂。
2. 避免阳光直射　对出现皮疹、红斑或光过敏反应的患者，应安排其居住在朝北的房间或使用遮光窗帘，避免阳光直射。
3. 用药护理　皮疹或红斑处可遵医嘱应用抗生素治疗，做好局部清创、换药处理。
4. 避免刺激　指导患者避免接触染发剂、烫发剂、定型发胶、农药等刺激性物品。经常按摩头皮，以促进血液循环和毛发生长，减少洗发次数，每周用温水洗发 2 次。
5. 用药禁忌　指导患者避免服用普鲁卡因胺、肼屈嗪等容易诱发风湿性疾病症状的药物。
6. 外出防护　指导患者外出时穿长袖衣裤，戴深色眼镜、太阳帽或打伞等，以避免阳光直射，忌日光浴。
7. 注意保暖　注意肢体末端保暖，禁用电热毯取暖、热水洗足，避免用冷水洗发、洗足。

### （三）治疗配合

1. 非甾体抗炎药　具有抗炎、解热、镇痛的作用，可迅速减轻炎症引起的症状。常用药物有布洛芬、萘普生、阿司匹林等。服用非甾体抗炎药可引起消化不良、恶心、呕吐等胃肠道反应,宜在餐后服药或同时服用硫糖铝、雷尼替丁、法莫替丁等胃黏膜保护剂。神经系统不良反应有头痛、头晕、精神错乱等,应加强看护;对出现意识障碍的患者,可使用约束带,避免受伤。此类药物还可出现肝、肾毒性,抗凝作用和皮疹等,应注意监测肝、肾功能。选择性 COX-2 抑制剂塞来昔布等药物可减少胃肠道不良反应,疗效相似,目前在临床上已广泛应用。

2. 糖皮质激素 有较强的抗炎、抗过敏和免疫抑制作用,可迅速缓解症状。常用药物有可的松、氢化可的松、泼尼松、甲泼尼龙、地塞米松。常见的不良反应有向心性肥胖、肌肉萎缩、无力、血压升高、血糖升高、低钾血症、水肿、消化性溃疡加重、骨质疏松、无菌性骨坏死,甚至可诱发精神失常等。服药期间应予以低盐、高蛋白、高钾、高钙饮食,补充维生素D,以促进钙的吸收,定期监测血压、血糖、尿糖的变化,做好皮肤和口腔护理。长期服用该类药物易产生依赖性,骤然停药易出现停药综合征或反跳现象,应向患者强调按医嘱服药的重要性,避免自行停药或减少用药剂量,以免引起反跳现象。

3. 免疫抑制剂 具有免疫抑制作用,常用药物有甲氨蝶呤、环磷酰胺、环孢素等。常见的不良反应有白细胞减少、胃肠道反应、肝功能损害、肾功能损害、骨髓抑制、出血性膀胱炎、脱发和畸胎等。其中,白细胞减少是其主要的不良反应。用药期间的注意事项:①指导患者餐后服药或同时服用硫糖铝、雷尼替丁、法莫替丁等胃黏膜保护剂。②鼓励患者多饮水,观察尿液颜色的变化,及时发现膀胱出血情况。③应定期进行血常规和肝、肾功能检查,必要时行骨髓检查。④育龄期妇女应注意避孕。⑤建议患者剪短发或外出时戴假发,以增强自尊心。

4. 生物制剂 如单克隆抗体或细胞因子受体融合蛋白,是利用抗体靶向性特异性阻断疾病发病的某个环节而发挥重要作用,是近年来风湿免疫领域的重大进展,目前主要用于类风湿关节炎、系统性红斑狼疮等疾病的治疗。

5. 其他药物 血管扩张药和抗血小板聚集药具有改善微循环的作用,常用药物有硝苯地平、地巴唑或低分子右旋糖酐等。常见不良反应为低血压和凝血功能障碍。用药期间应加强血压监测,观察患者的皮肤、黏膜是否有瘀点、瘀斑等出血表现。

### (四)心理护理

鼓励患者表达内心的感受,耐心倾听患者的诉说。理解、关心患者,使患者保持良好的心态,避免因情绪激动和劳累而诱发血管痉挛,以积极的心态配合治疗与护理。鼓励脱发者戴假发,以增强自尊心。

## 第二节 系统性红斑狼疮患者的护理

### 案例导入 8-1

患者,女,40岁,1年前体检时发现外周血白细胞减少,3个月前晨起时出现双侧眼睑水肿,1个月前出现双侧腕关节肿胀、疼痛。自发病以来,患者脱发明显,体重减轻约 2 kg,尿液中有泡沫,尿液颜色正常。既往身体健康。查体:T 38.5 ℃,P 108 次/分,R 24 次/分,BP 110/70 mmHg;头发略稀疏,双眼睑水肿,巩膜无黄染。双侧面颊部可见蝶形红斑,口腔内有溃疡,浅表淋巴结未触及肿大;肺、肝、脾检查未见异常;移动性浊音(-);双侧膝关节肿胀,双手及双侧腕关节弥漫性肿胀,双下肢轻度水肿。辅助检查:Hb 80 g/L,WBC $3.08 \times 10^9$/L,PLT $200 \times 10^9$/L;抗核抗体(+),抗双链 DNA 抗体(+),类风湿因子 50.0 U/ml;尿蛋白(+++)。

**问题与思考:**

1. 该患者可能的医疗诊断是什么?

2. 该患者目前存在的护理问题有哪些?
3. 应如何对该患者进行健康指导?

系统性红斑狼疮（systemic lupus erythematosus，SLE）是一种以致病性自身抗体和免疫复合物形成并介导多器官、组织损害的慢性自身免疫性疾病。其临床特点是患者血清中存在大量不同的以抗核抗体为主的自身抗体，临床表现为多系统和多脏器功能损害，以皮肤、关节和肾损害最严重。本病病程迁延，以病情缓解和急性发作交替出现为特点，有内脏损害者预后较差。本病多见于女性，约占90%，患者多为20~40岁育龄妇女，也可见于儿童、男性和老年人。我国患病率为（30.1~70.4）/10万。

【病因与发病机制】

本病的病因至今尚未明确，目前认为可能与遗传、性激素、环境等因素有关。

（一）病因

1. 遗传因素　流行病学及家系调查资料表明，系统性红斑狼疮有家族聚集现象。据统计，系统性红斑狼疮患者的近亲发病率为13%，同卵双生子的患病率远高于异卵双生子的患病率，有色人种患病率明显高于普通人群。大量研究表明，系统性红斑狼疮是多基因相关疾病：多个基因在某种条件下相互作用，使正常免疫耐受性发生改变而致病；不同基因类型的临床亚型及自身抗体也有所不同。

2. 性激素　本病患者约有90%为育龄期女性。育龄妇女与同龄男性的患病率之比为9:1，在儿童及老年人中，女性与男性患病率之比为3:1。系统性红斑狼疮患者无论性别如何，均有雌酮羟基化产物增加。妊娠可诱发本病或加重病情，提示系统性红斑狼疮的发病与雌激素有关。

3. 环境因素　日光照射、感染、食物、药物等环境因素是本病常见的诱因。

（1）日光照射：是系统性红斑狼疮最重要、最常见的诱因，约40%的患者对日光过敏。日光照射不仅可以使患者的皮疹加重，而且可引起疾病复发或恶化，称为光敏感反应。紫外线照射可使DNA转化为胸腺嘧啶二聚体而成为自身抗原，可刺激机体的免疫系统产生大量自身抗体。

（2）感染：系统性红斑狼疮的症状与病毒感染相似，患者血清中抗病毒滴度增高，常伴有发热、疲乏、肌痛等症状，提示与病毒感染有关。

（3）食物：①食用含补骨脂素（光敏性化合物）的食物（如芹菜、无花果、香菜）可增强患者对紫外线的敏感性，从而诱发本病；②食用烟熏食品、蘑菇、无鳞鱼、干咸海产品等食物可诱发本病。

（4）药物：甲基多巴、肼屈嗪、青霉胺、异烟肼、磺胺、苯妥英钠等均可诱发本病或使患者病情加重。某些药物（如四环素、磺胺类药物）可能增强患者对紫外线的敏感性，加重光敏感反应。

（二）发病机制

系统性红斑狼疮的发病机制非常复杂，目前尚未完全阐明。目前认为主要是外来抗原（如病原体、药物）引起体内B细胞活化，易感者免疫耐受性减弱，导致B细胞通过交叉反应与模拟外来抗原的自身抗原结合，并将抗原递呈给T细胞，使之活化。在活化的T细胞刺激下，B细胞产生大量不同类型的自身抗体。自身抗原与自身抗体结合形成免疫复合物，沉积于皮肤、关节、肾等靶组织，激活补体，引起炎症介质释放而损伤组织。免疫异常主要体现在以下3个方面。

1. 致病性自身抗体形成　如抗DNA抗体可与肾组织直接结合而导致肾损伤；抗血小板抗

体及抗红细胞抗体可导致血小板和红细胞破坏；抗SSA抗体经胎盘进入胎儿心脏可引起新生儿心脏传导阻滞；抗核抗体与神经精神性狼疮相关等。

2. **致病性免疫复合物形成** 免疫复合物的形成及沉积是系统性红斑狼疮发病的主要机制。免疫复合物（IC）由自身抗体和相应的自身抗原结合而形成。免疫复合物可沉积于组织而造成组织损伤。

3. **T细胞和NK细胞功能失调** T细胞功能异常可导致新的抗原不断产生，并刺激B细胞持续活化而产生自身抗体，使自身免疫反应持续存在。

本病的病理改变表现为炎症反应和血管异常，可发生在机体任何器官。中、小血管因炎症反应而引起管壁炎症、坏死，继发血栓形成，使管腔变窄，导致局部组织缺血和功能障碍，其特征性病变为苏木精小体、"洋葱皮"样病变、狼疮性肾炎等。

【护理评估】

（一）健康史

询问患者的起病情况。了解患者是否有与本病相关的病因及诱因，如是否有家族史、病毒感染、光过敏反应、妊娠，是否服用普鲁卡因胺、异烟肼、氯丙嗪、甲基多巴等药物，是否进食芹菜、无花果、香菜、烟熏食品、蘑菇、无鳞鱼、干咸海产品等食物。了解患者发病时的皮肤情况，是否有脱发等。

（二）身体状况

本病的临床表现复杂多样，差异较大。患者可出现轻度症状，间断发病，也可为暴发，其间有长短不等的缓解期。患者多为隐匿起病，临床表现不典型，容易被误诊。病变早期可仅累及单个器官，随病情发展，可累及多个器官。其中，肾衰竭和感染是导致患者死亡的主要原因。

1. **全身症状** 90%的患者活动期可出现不同热型的发热，以长期低热、中度发热较多见。此外，患者也可出现疲乏无力、食欲缺乏、体重减轻。

2. **皮肤与黏膜** 约80%的患者有皮肤损害。最具特征的是面部蝶形红斑，可见于约40%的患者，表现为双颊部和鼻梁部蝶形红斑，多无结痂，具有光敏性，可有毛细血管扩张。约60%的患者常出现皮肤暴露部位弥漫性或局限性斑丘疹，在疾病发作时多见；亦可见其他皮疹，如盘状红斑、多形红斑、丘疹、皮下结节、红点、紫癜或紫斑、水疱和大疱等。大疱破溃后，可形成糜烂和溃疡。约40%的患者可出现光过敏反应，有的甚至可诱发系统性红斑狼疮急性发作，浅表皮肤血管炎可表现为网状青斑。约40%的患者可出现脱发。约30%的患者曾有口腔溃疡，溃疡浅，可有轻微疼痛，偶尔可见于鼻黏膜。约30%的患者可出现雷诺现象。患者的皮疹多无明显瘙痒，出现明显瘙痒提示发生过敏反应。对应用免疫抑制剂治疗后出现瘙痒性皮疹的患者，应注意可能发生真菌感染。接受激素和免疫抑制剂治疗的患者，若不明原因出现局部皮肤灼痛，提示可能是带状疱疹的前兆。若应用免疫抑制剂和（或）抗生素治疗后发生口腔糜烂，则应注意可能发生口腔真菌感染。

> **知识链接**
>
> **特殊皮肤型红斑狼疮**
>
> 与系统性红斑狼疮相关的特殊皮肤型红斑狼疮有：①亚急性皮肤型红斑狼疮：皮疹广泛，位于皮肤暴露部位，病变表浅，呈对称性，有时可形成疱状或大疱状，愈合后不留瘢痕。②脂膜炎型：此型较少见，累及真皮深层及皮下脂肪层，不累及表皮，表现为皮下结节，但有时可与上覆皮肤粘连而将皮肤拉成脐形。

3. **关节与肌肉** 约有85%的患者有关节受累，表现为关节肿痛，常为首发症状，多发生于近端指间关节和掌指关节、腕关节和膝关节，常累及2个或更多的外周关节，多呈对称性分布，一般不引起关节畸形。约有10%的患者因关节周围肌腱受损而出现Jaccoud关节病，其特点是可复位的非侵蚀性关节半脱位。部分患者可伴有关节炎，约40%的患者可有肌痛，5%~10%的患者可出现肌炎，少数患者可发生无菌性缺血性股骨头坏死。

4. 肾　几乎所有患者均可出现肾损害和肾组织病理改变，但仅约75%的患者出现明显的临床表现。狼疮性肾炎表现为急、慢性肾炎和肾病综合征等，早期患者多无症状。随着病情进展，患者可出现蛋白尿、血尿、管型尿、肾性高血压、氮质血症，晚期可发生尿毒症。尿毒症是系统性红斑狼疮患者死亡的常见原因。

5. 心血管　部分患者有心血管症状，表现为心包炎、心肌炎、冠状动脉炎、心内膜炎，其中以心包炎最为常见，但发生心脏压塞者少见。少数患者可发生心肌炎，出现气促、心前区不适、心律失常，严重者可发生心力衰竭，甚至猝死；约10%的患者可发生周围血管病变，如血栓性静脉炎；有的患者可出现疣状心内膜炎，通常不引起临床症状，但赘生物可以脱落引起栓塞，或并发感染性心内膜炎；部分患者可有冠状动脉受累，表现为心绞痛和心电图ST-T改变，甚至发生急性心肌梗死。

6. 肺与胸膜　①患者可出现单侧或双侧胸膜炎或胸腔积液，主要表现为憋气感和膈肌功能障碍。胸膜炎和胸腔积液是系统性红斑狼疮患者最常见的肺部损害，感染是引起胸腔积液最常见的原因。②约10%的患者可有急性狼疮性肺炎，表现为发热、呼吸困难、咳嗽、胸痛等，X线检查可见双下肺片状浸润阴影。部分患者存在肺动脉高压。其发病机制包括肺血管炎、肺血栓栓塞症及广泛肺间质病变。

7. 消化系统　是部分患者的首发症状，表现为食欲缺乏、恶心、呕吐、腹泻、腹水等。约40%的患者可出现肝功能异常。少部分患者在疾病发作期表现为突发胰腺炎、肠坏死、肠梗阻等急腹症。系统性红斑狼疮患者的消化系统症状与肠壁或肠系膜血管炎有关。对出现消化道症状者，需首先排除继发的各种常见感染、药物不良反应等病因。

8. 神经系统　神经精神性狼疮又称狼疮脑病，患者中枢神经系统及周围神经系统均可累及。脑损害最多见，可表现为头痛、呕吐、偏瘫、癫痫发作、意识障碍或幻觉、妄想、猜疑等。出现脑损害症状提示病情活动且严重，往往预后不佳。此外，患者亦可出现脑神经与外周神经病变。严重头痛可以是部分系统性红斑狼疮患者的首发症状。

9. 血液系统　活动性系统性红斑狼疮患者常出现慢性贫血、白细胞和（或）血小板减少常见，其中仅约10%属于溶血性贫血。白细胞减少（通常是淋巴细胞减少）多与感染无关。约20%的患者可有轻度血小板减少，5%的患者可有严重的血小板减少，导致出血和紫癜，可应用大剂量糖皮质激素治疗。约20%的患者有轻或中度痛性淋巴结肿大，以颈部和腋下多见。少数患者有脾大。

10. 眼　约15%的患者可出现眼底变化，如出血、视神经乳头水肿、视网膜渗出物等，其原因是视网膜血管炎。视网膜血管炎是较为严重的临床表现，患者可在数天内失明，应积极进行免疫抑制治疗。若早期治疗，则多数患者的病情可逆转。

11. 其他　患者可合并甲状腺功能亢进或减退；少数患者可在病变活动期出现抗磷脂抗体综合征，表现为动静脉血栓形成、习惯性流产，抗磷脂抗体检测呈阳性。约30%的患者可继发干燥综合征。

> 💡 考点提示
>
> 系统性红斑狼疮的特征性皮肤损害表现、首发症状和肾损害表现等。

### （三）心理、社会状况

患者可因皮肤损害致使容貌发生改变或病情严重、多系统器官损害、治疗效果不理想等而产生自卑、焦虑、绝望等心理，有的患者甚至可出现自杀意念。应评估患者的心理状态；评估患者及家属对疾病相关知识的了解程度、患者的家庭经济状况、医疗保险情况等。

### （四）辅助检查

1. 一般检查　血液检查异常包括贫血、白细胞减少、淋巴细胞减少和血小板减少。活动性肾炎患者，尿液分析通常可见蛋白尿、血尿以及细胞管型或颗粒管型。红细胞沉降率加快常提示病变处于活动期。肝功能和肾功能检查可出现异常。

2. 免疫学检查

（1）自身抗体检测：系统性红斑狼疮的诊断基于特征性抗体的检出。患者血清中可以查到多种自身抗体。最常见且有价值的自身抗体依次为抗核抗体（antinuclear antibody，ANA）、抗磷脂抗体和抗组织细胞抗体。

1）抗核抗体检测：是目前筛选系统性红斑狼疮患者的首选方法，95%的SLE患者可检测到ANA，但其特异性较低。目前，抗核抗体检测已取代狼疮细胞检查。ANA阳性支持系统性红斑狼疮的诊断，但没有特异性；ANA阴性提示系统性红斑狼疮存在的可能性降低，但并不能排除诊断。因此，ANA检测阳性不能作为系统性红斑狼疮与其他结缔组织病的鉴别依据。

2）抗双链DNA（抗ds-DNA）抗体检测：是诊断系统性红斑狼疮的标记抗体之一，诊断特异度高达95%，灵敏度为70%。抗ds-DNA抗体多在系统性红斑狼疮病变活动期出现，其含量与病变活动性密切相关，也与疾病的预后有关。

3）抗ENA抗体谱：是一组临床意义不同的抗体。①抗Sm抗体：是诊断系统性红斑狼疮的标记抗体之一，特异性99%，但灵敏度仅为25%，且与疾病活动性无关，主要用于早期或不典型患者的诊断与回顾性诊断。②抗RNP抗体：阳性率约为40%，对诊断系统性红斑狼疮的特异度不高，往往与系统性红斑狼疮引起的雷诺现象和肌炎相关。③抗SSA（Ro）抗体：与患者出现光过敏反应、血管炎、皮肤损害、白细胞减低、平滑肌受累、新生儿狼疮等相关。④抗SSB（La）抗体：与抗SSA抗体相关联，与继发干燥综合征有关。⑤抗rRNP抗体：阳性者多提示有神经精神性狼疮或其他重要脏器损害。

4）其他抗体：抗磷脂抗体、抗红细胞抗体、抗血小板相关抗体等。

（2）补体：免疫复合物增多及血清补体C3、C4、CH50（总补体）降低，有助于系统性红斑狼疮的诊断，尤其是C3降低常提示狼疮活动。

3. 病变活动度指标：除上述抗dsDNA抗体和补体外，以下指标变化亦提示病变活动，包括症状反复的相应检查（新发皮疹、集落细胞刺激因子变化、蛋白尿增多）和炎症指标升高（红细胞沉降率加快、血清C反应蛋白升高、类风湿因子呈阳性、血小板计数减少等）。

4. 肾穿刺活检　对诊断、治疗、评估预后均有诊断价值，尤其是对狼疮性肾炎的治疗有指导意义。

5. 其他检查　MRI、CT、X线及超声心动图检查有助于早期发现脑部梗死灶或出血性病灶、肺部浸润性病变及心血管病变。

【主要护理诊断/问题】

1. 皮肤完整性受损　与疾病所致的血管炎症反应等因素有关。
2. 体象障碍　与疾病所致身体外观改变有关。
3. 口腔黏膜受损　与自身免疫反应、长期使用激素等因素有关。
4. 疼痛：慢性关节疼痛　与自身免疫反应有关。
5. 潜在并发症：慢性肾衰竭等。

6. 焦虑 与病情反复发作、迁延不愈、面容改变及多脏器功能损害有关。

【护理措施】

(一) 一般护理

1. 休息与活动 患者应避免阳光直射。应将患者安排在朝北的病房，或病房内使用遮光窗帘。保持病室安静，温度、湿度适宜，通风良好。急性活动期患者应卧床休息，缓解期或病情稳定的患者可适当进行活动，并逐渐增加活动量，但应注意劳逸结合，避免过度劳累，以不引起不适为宜。

2. 饮食护理 应指导患者少食多餐，予以高热量、高蛋白、高维生素、低脂肪、易消化的饮食；禁食含补骨脂素的食物，如芹菜、无花果、香菜；禁食烟熏食品、蘑菇、无鳞鱼、干咸海产品等食物；对肾功能不全者应限制钠盐、蛋白质的摄入。对出现意识障碍者，应予以鼻饲，以补充患者机体所需的营养素、水分和能量。

(二) 病情观察

定时测量患者的生命体征和体重；观察水肿的程度；观察尿量、尿液颜色和尿液检查结果的变化；监测血清电解质、血肌酐、血尿素氮的变化情况。注意观察受累关节、肌肉疼痛的性质和程度。注意观察易感染部位（如口腔、皮肤）的黏膜情况，加强口腔及皮肤护理。观察患者是否有运动、泌尿、呼吸、循环、消化、血液、神经系统的异常变化。

(三) 治疗配合

系统性红斑狼疮目前尚不能治愈，但经合理治疗后，患者的病情可得到长期缓解，糖皮质激素与免疫抑制剂联合应用仍是主要的治疗方案。治疗原则是急性期积极用药诱导缓解，控制病变活动；待患者病情缓解后，予以维持性缓解治疗。应做到早诊断、早治疗，且在防治病因及一般治疗的基础上，根据病情的复杂性及严重程度选择个体化的治疗方案。

1. 治疗要点

(1) 糖皮质激素：是目前治疗系统性红斑狼疮的首选药物，其主要作用是抑制炎症反应和抗原抗体反应。常用药物有泼尼松、泼尼松龙、甲基泼尼松龙。鞘内注射时常用地塞米松。应根据患者的病情选用不同的剂量和剂型，对多数患者，需予以长期小剂量用药，以维持病情稳定。对于病情突然恶化的狼疮性肾炎和严重中枢神经系病变患者，则采用大剂量短期冲击疗法。

(2) 免疫抑制剂：对活动期患者，应选用免疫抑制剂联合治疗，其主要作用是控制病变活动、保护脏器功能、减少复发、减少激素需要量及不良反应。常用的免疫抑制剂有环磷酰胺、硫唑嘌呤、甲氨蝶呤、环孢素、长春新碱。①环磷酰胺：对肺出血、肾炎和自身免疫性溶血性贫血患者有效。②硫唑嘌呤：口服给药，对自身免疫性肝炎、肾炎、皮肤病变和关节炎患者有效。③甲氨蝶呤：静脉或口服给药，对关节炎、浆膜炎、发热患者有效。④环孢素：口服给药，适用于其他药物治疗无效的患者。⑤长春新碱：静脉给药，对血小板减少患者有效。对于有重要脏器受累的患者，诱导缓解期首选环磷酰胺或吗替麦考酚酯治疗，若患者无明显不良反应，则应用药6个月以上。在维持治疗过程中，应根据患者的病情选择1～2种免疫抑制剂长期维持治疗。

(3) 非甾体抗炎药：具有抗炎、解热、镇痛的作用，适用于有关节痛、关节炎、肌痛、皮疹、发热、心包炎及胸膜炎的患者。此类药物可损伤肝细胞，使肾小球滤过率降低，血肌酐升高，肾炎患者慎用。常用药物有阿司匹林、吲哚美辛、布洛芬、萘普生等。

(4) 抗疟药：具有抗光过敏反应和控制皮疹的作用，是治疗盘状红斑狼疮的主要药物，适用于有皮疹、关节痛、关节炎、轻度胸膜炎和心包炎、轻度贫血及干燥综合征患者。常用药物有羟氯喹和氯喹。目前认为羟氯喹应作为系统性红斑狼疮患者的背景治疗药物，可全程长期应用。

（5）生物制剂：近年来生物制剂也逐渐应用于系统性红斑狼疮的治疗，目前用于临床和临床试验治疗系统性红斑狼疮的主要有抗 CD20 单抗（利妥昔单抗）和贝利木单抗。

（6）其他：静脉注射大剂量丙种球蛋白、血浆置换，适用于病情严重，常规治疗不能控制或不能耐受、有禁忌证者。

2. 用药护理

（1）糖皮质激素：长期使用糖皮质激素的不良反应包括感染、向心性肥胖、高血压、消化性溃疡、骨质疏松、股骨头坏死等。护理过程中应密切观察患者是否出现不良反应，发现异常应及时通知医生处理。

（2）免疫抑制剂：环磷酰胺的不良反应包括白细胞计数减少、胃肠道反应、脱发、肝损害等；硫唑嘌呤的不良反应主要包括骨髓抑制、肝损害及胃肠道反应等；环孢素的不良反应是肝、肾损害。护理过程中需要监测血常规和肝、肾功能，发现异常应及时通知医生处理。

（3）非甾体抗炎药：此类药物可引起胃肠道反应，宜在餐后服用。

（4）其他药物：长期使用羟氯喹或氯喹可引起视网膜病变，应定期对患者进行眼底检查。雷公藤多甙的不良反应较大，可导致肝损害和胃肠道反应，用药后应定期监测肝、肾功能。此外，该药还有性腺毒性，可导致停经、精子减少。

 考点提示

系统性红斑狼疮患者的自身抗体检测、饮食护理、皮肤护理和首选治疗药物等。

### （四）对症护理

1. 皮肤护理

（1）避免接触紫外线：患者的床位应安置在朝北的病室内，并使用窗帘，以避免阳光直射。病室不使用紫外线消毒。嘱患者避免日光照射，外出时穿长袖长裤，戴保护性眼罩，戴太阳帽或打伞，禁止进行日光浴。

（2）皮肤损害的护理：皮损处可用清水清洗，用温水湿敷红斑处，每日 3 次，每次 30 分钟，以促进局部血液循环。局部禁用碱性肥皂、化妆品、染发剂或其他化学药品，可用皮质类固醇激素霜剂涂擦。

（3）口腔溃疡的护理：保持口腔清洁。出现口腔黏膜破损时，每日晨起、睡前和进餐前后用漱口液漱口。对出现口腔溃疡者，可局部用中药冰硼散或锡类散涂敷溃疡部，促进溃疡面愈合。对合并口腔感染者，可局部使用抗生素。

（4）脱发的护理：指导患者避免引起脱发的因素（如染发、烫发），建议患者用头巾、帽子、假发等遮盖脱发，以维护自尊。

2. 雷诺现象的护理　指导患者注意肢体末梢部位的保暖，避免在寒冷环境中暴露过久；避免使用血管收缩药，避免饮用咖啡，戒烟，必要时遵医嘱使用血管扩张药。

3. 发热的护理　鼓励患者多饮水，必要时遵医嘱予以解热镇痛药、非甾体抗炎药。对高热者予以物理降温等措施，避免乙醇擦浴。

4. 神经系统损害的护理　观察患者的精神状态及神经系统活动情况，及早发现精神障碍及神经系统损害的表现，及时与医生联系。当患者出现精神障碍及神经系统损害时，需安排专人护理，将室内危险物品搬离，为患者提供安全、良好的环境。遵医嘱予以激素、免疫抑制剂等。

**（五）心理护理**

系统性红斑狼疮是一种无法根治的疾病，长期患病容易使患者产生焦虑、恐惧、绝望等情绪，并给患者及其家庭带来沉重的经济压力，有的患者甚至会出现自杀意念。医护人员和患者家属应多陪伴患者，并鼓励患者表达内心的感受，耐心倾听患者的倾诉，及时解答患者的疑惑，使患者了解保持良好的心态和积极配合治疗对缓解疾病和改善预后的重要性。疾病和治疗可导致患者发生容貌改变，如脱发、蝴蝶斑，可指导患者剪短发或戴围巾、帽子、假发等进行修饰或遮挡，以增强患者的自尊心。

【健康指导】

1. 疾病知识指导　向患者及家属介绍疾病相关知识，使其了解本病并非"不治之症"。若能及时、有效治疗，并保持良好的心态，病情可以得到长期缓解，使患者维持正常的生活。

2. 生活指导　指导患者在生活中避免一切可能诱发本病的因素。①避免阳光直射，外出时戴帽子，穿长袖衣、裤或使用遮阳伞。②避免进行各种预防接种。③非缓解期患者应避免妊娠；无严重脏器损害，病情处于缓解期达半年以上者，可在医生指导下妊娠，产后避免哺乳。④禁用碱性过强的肥皂清洁皮肤，用温水洗脸。⑤忌用各类化妆品。⑥勤剪指甲，避免搔抓皮肤。⑦避免接触刺激性物品，如染发剂、烫发剂、定型发胶、厨房清洁剂等。⑧避免抠鼻，以防止损伤鼻腔黏膜。⑨避免进食芹菜、无花果、烟熏食物、蘑菇等食物；避免应用异烟肼、普鲁卡因胺、氯丙嗪、甲基多巴等药物。⑩避免过度劳累等。

3. 用药指导　向患者详细讲解所用药物的名称、剂量、给药时间、方法和用药不良反应等，指导患者避免随意增减药物剂量或突然停药，强调坚持按医嘱用药的重要性，并教会患者观察药物疗效和不良反应。

4. 门诊定期复查和病情监测指导　指导患者定期到门诊复查，加强病情监测，及时发现病情变化，争取病情稳定、长期缓解，减少复发。定期测量患者的生命体征和体重，观察水肿的程度，观察尿量和尿液颜色的变化，观察皮疹的变化情况。观察患者是否有运动、泌尿、呼吸、循环、消化、血液、神经系统的异常变化。

## 第三节　类风湿关节炎患者的护理

### 案例导入 8-2

患者，女，50岁，出现多关节肿痛2年，加重7个月。患者2年前开始出现双侧腕关节及掌指关节肿痛，并逐渐累及肩关节及近端指间关节，伴有晨僵，时间超过1小时。7个月前，患者关节肿痛加重，以双膝关节明显。发病以来，患者无光过敏反应、脱发、口腔溃疡，无口干、眼干，体重无明显变化。既往身体健康。查体：T 36 ℃，P 84次/分，R 16次/分，BP 120/70 mmHg。右手尺侧偏斜，双手近端指间关节、掌指关节、腕关节、膝关节肿胀及压痛。其余检查未见异常。辅助检查：血红蛋白100 g/L，红细胞沉降率加快，类风湿因子呈阳性；X线检查显示指关节、腕关节骨质疏松，关节间隙变窄。

**问题与思考：**

1. 该患者可能的医疗诊断是什么？
2. 该患者目前存在的护理问题有哪些？
3. 应如何对该患者进行健康指导？

类风湿关节炎（rheumatoid arthritis，RA）是一种主要累及周围关节，以慢性对称性周围性多关节炎性病变为主要特征的多系统性炎症性自身免疫性疾病。临床表现为关节疼痛、肿胀和功能下降。本病的病理改变是关节滑膜的慢性炎症、血管翳形成，并逐渐出现关节软骨和骨质破坏，最终导致关节畸形和功能障碍，常导致患者劳动力丧失及致残。

世界各地均可发病。我国有400万～500万人患病，患病率为0.32%～0.36%。发病年龄为20～60岁，以35～50岁为发病高峰年龄，女性患病率为男性的2～3倍，更年期女性患病率最高，但口服避孕药者发病率较低，女性患者妊娠期病情可缓解。

【病因与发病机制】

（一）病因

类风湿关节炎的病因至今尚未明确，可能与遗传、感染、激素等因素有关。

1. 遗传因素　研究表明，本病有家族聚集趋向。家系调查发现，类风湿关节炎患者一级亲属发生类风湿关节炎的概率为11%。大量研究发现，*HLA-DRB1*等位基因突变与类风湿关节炎的发生有关。

2. 环境因素　目前虽然尚未证实存在导致本病的直接感染因子，但临床及实验研究表明，某些细菌、病毒、支原体等感染可诱发类风湿关节炎。

3. 激素　调查发现，更年期女性患病率最高，而妊娠、口服避孕药可降低类风湿关节炎的发病率或缓解病情。这表明，雌激素可诱发类风湿关节炎，而孕激素则可能会降低类风湿关节炎的发病率或缓解病情。

4. 其他　长期生活在寒冷、潮湿的环境中，或劳累、营养不良、代谢障碍等，也可诱发类风湿关节炎。

（二）发病机制

免疫功能紊乱是类风湿关节炎主要的发病机制，活化的$CD4^+T$细胞和MHC-Ⅱ类阳性的抗原提呈细胞（antigen presenting cell，APC）浸润关节滑膜。关节滑膜组织的某些成分或体内产生的内源性物质也可能作为自身抗原被APC呈递给活化的（$CD4^+T$）细胞，启动特异性免疫应答，导致相应的关节炎症状。此外，活化的B细胞、巨噬细胞及滑膜成纤维细胞等作为自身抗体的来源细胞，在类风湿关节炎滑膜炎症性病变的发生和发展过程中也具有重要作用。

滑膜炎是类风湿关节炎的基本病理改变。急性期以渗出和细胞浸润为主，滑膜下层血管充血，内皮细胞肿胀，间质水肿，中性粒细胞浸润；晚期滑膜增厚，形成许多绒毛样突起，并侵入软骨和骨质。患者关节腔可出现大量积液，尤其是在急性期。积液中含有大量炎症细胞，主要为中性粒细胞，还见大量T细胞、少量巨噬细胞和B细胞。血管炎可发生在患者关节外的任何组织，可累及中、小动脉和静脉。血管壁淋巴细胞浸润、内膜增生，导致血管狭窄或堵塞。类风湿结节是血管炎的一种表现，结节中心为纤维素样坏死组织，周围有上皮细胞浸润，排列成环状，外覆以肉芽组织，肉芽组织中有大量淋巴细胞和浆细胞，常见于关节伸侧受压的皮下组织，亦可见于肺、心肌、心包等部位。

【护理评估】

（一）健康史

询问患者是否有细菌、病毒、支原体等病原体感染，是否有类风湿关节炎病史以及亲属中是否有本病患者；了解患者的居住环境是否寒冷、潮湿，患者是否有劳累、营养不良或受到精神刺激；了解患者发病前是否有发热、全身不适等症状；了解患者的治疗经过与效果等。

（二）身体状况

类风湿关节炎可见于任何年龄，其中约80%见于35～50岁人群，女性患病率为男性的2～3倍。多数患者起病隐匿且病情进展缓慢，先有乏力、全身不适、发热、食欲减退、体重减轻等症状，继而出现关节畸形、肿痛、晨僵等明显的关节症状。少数患者为急性起病，数日内即可出现明显的多关节症状。

1. 关节表现　典型的类风湿关节炎患者表现为对称性多关节炎（受累关节常≥5个），以近端指间关节、掌指关节、腕关节及跖趾关节等小关节受累最常见，其次为髋、膝、踝、肩、肘及颞颌关节，远端指间关节、脊柱、腰骶关节极少受累。

（1）晨僵：95%以上的患者可出现晨僵。类风湿关节炎患者早晨起床或长时间不活动时，可出现关节僵硬和胶着感，持续时间超过1小时者具有临床意义。晨僵的持续时间与关节炎症的严重程度呈正比，是观察病变活动性的重要指标。

（2）关节疼痛：是最早出现的症状，多呈对称性、持续性钝痛、压痛或胀痛，时轻时重。受累关节处皮肤可出现褐色色素沉着。

（3）关节肿胀：凡是受累的关节，均可出现肿胀，多由于关节腔内积液或关节周围软组织炎症引起，亦多呈对称性。关节炎性肿大而邻近肌肉萎缩，关节呈梭形肿胀，因最常发生于近端指尖关节，故称为梭形指（图8-1），是类风湿关节炎的特征性表现。

（4）关节畸形：多见于较晚期患者。由于滑膜炎的绒毛破坏了软骨和软骨下的骨质结构，造成关节纤维性或骨性强直，加之关节周围的肌腱、韧带受损，使关节不能保持在正常位置，可出现不同程度的关节畸形，表现为屈曲畸形、尺侧偏斜（图8-1）、"天鹅颈"样畸形（图8-2）等。关节周围肌肉萎缩、痉挛，使畸形更为严重，严重者生活不能自理。

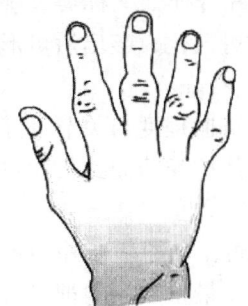

图8-1　梭形指（左）和尺侧偏斜（右）

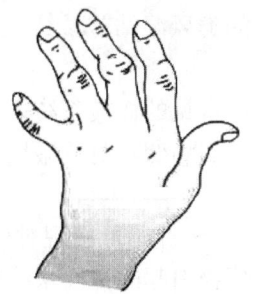

图8-2　"天鹅颈"样畸形

（5）特殊关节症状：①颈椎的可动小关节及周围腱鞘受累时，患者可出现颈痛、活动受限，有时甚至因颈椎半脱位而出现脊髓压迫症状。②肩、髋关节周围有较多肌腱等软组织包绕，很难发现肿胀，患者常出现局部疼痛和活动受限，髋关节受累往往表现为臀部和下腰部疼痛。③颞颌关节受累症状，早期表现为说话或咀嚼时疼痛加重，严重者可出现张口受限。

（6）功能障碍：关节肿痛、结构破坏和畸形都会引起关节活动障碍。美国风湿病学会根据疾病对患者生活的影响程度，将关节功能障碍分为4级（表8-4）。

表8-4　关节功能障碍分级

| 分级 | 表现 |
| --- | --- |
| Ⅰ级 | 关节可以自由活动，患者能完成日常活动且无阻碍 |
| Ⅱ级 | 关节活动中度受限，患者出现单关节个多关节疼痛不适，但日常生活能够自理 |
| Ⅲ级 | 关节活动显著受限，患者不能进行日常活动，生活自理困难 |
| Ⅳ级 | 大部分或完全失去活动能力，患者长期卧床或依赖轮椅，日常生活不能自理 |

2. 关节外表现　类风湿关节炎是一种多系统疾病，可出现一个或多个脏器受累，有多种关

节外表现，常见于病情严重或关节症状突出的患者。

（1）类风湿结节：是本病较特异的皮肤表现，可见于30%～40%的患者，类风湿结节的出现提示病变活动。结节多呈圆形或椭圆形，呈对称分布，质硬、无压痛，大小不一，直径为数毫米至数厘米，可出现于关节周围结构中，也可出现在深部内脏，因此分为浅表结节和深部结节。浅表结节多位于关节隆起处及受压部位皮下，如前臂伸面、肘关节鹰嘴突附近、枕骨、跟腱、近端尺骨等。深部结节可出现在心包、胸膜、心脏和肺实质组织、肠道及硬脑（脊）膜。肺部结节可发生液化，咳出后可形成空洞。结节破溃后可并发感染，否则一般不引起不适症状。

（2）类风湿血管炎：是关节外损害的基础，多影响中小血管。其典型的病理改变是坏死性血管炎，可发生于全身所有组织和器官，见于严重类风湿关节炎患者和类风湿因子检测滴度高的患者。类风湿血管炎多发生于甲床和指端小血管，多出现瘀斑，少数表现为局部坏死、溃疡或末端知觉神经病变；内脏动脉炎少见且症状轻，如肺间质病变、心包炎、胸膜炎等；类风湿血管炎也可发生于眼部，表现为眼红、眼痛等，若不治疗，则可引起巩膜软化。

（3）心脏受累：患者可有心包炎、心包积液、心肌炎、冠状动脉炎、主动脉炎、心脏传导阻滞、慢性心内膜炎及心瓣膜纤维化等表现，其中最常见的是心包炎。

（4）肺受累：病变侵犯肺部时，患者可出现胸膜炎、肺间质性病变及肺动脉高压等。肺尘埃沉着病患者合并类风湿关节炎时，易出现大量肺结节，称为Caplan综合征，又称类风湿尘肺。患者肺内可出现单个或多个结节，为肺内的类风湿结节。结节有时可液化，咳出后可形成空洞。

（5）血液系统：正常细胞正色素性贫血是最常见的血液系统表现，贫血程度与关节炎症程度相关。如出现小细胞低色素性贫血者，贫血可因病变本身或服用非甾体抗炎药而致长期胃肠道出血所致。

（6）神经系统：除周围神经受压的症状外，患者还可出现神经疾病、脊髓病、外周神经病、继发于血管炎的缺血性神经病、肌肥大及药物引起的神经系统病变。最常受累的神经有正中神经、尺神经以及桡神经。

（7）其他：①肾很少受累，主要表现为原发性肾小球肾炎及肾小管间质性肾炎、肾淀粉样变性、继发于药物治疗的肾损害。②干燥综合征，干燥性角膜炎是最常见的眼部受累表现，表现为眼干，眼部烧灼感、异物感或有分泌物。

 考点提示

类风湿关节炎患者的关节表现。

### （三）心理、社会状况

类风湿关节炎是一种慢性疾病，病情反复发作。患者常伴有关节疼痛、活动受限，甚至出现关节畸形和功能障碍，影响正常的工作和学习，生活不能自理，往往会出现自卑心理。此外，类风湿关节炎尚无特效治疗药物，需要长期进行药物治疗，但效果却不明显，给患者家庭造成一定的经济负担。多数患者常出现悲观、焦虑、沮丧、绝望等不良心理反应。

### （四）辅助检查

1. **血液检查** 患者常有轻至中度贫血，血小板计数常增多，白细胞计数及分类多正常。病变活动期可有红细胞沉降率加快，C反应蛋白增高。

2. **免疫学检查**

（1）类风湿因子（RF）检测：类风湿因子可分为IgM型、IgA型和IgG型，临床上主要检测 IgM 型类风湿因子。75%～80% 的患者血清类风湿因子检测呈阳性，其滴度与病变的活动性和严重程度呈正比，但类风湿因子并非类风湿关节炎的特异性抗体，RF 可见于除本病以外的多种疾病（如系统性红斑狼疮、原发性干燥综合征、系统性硬化病、亚急性细菌性心内膜炎）患者。高滴度的 IgM 型 RF 对类风湿关节炎的诊断具有相对特异性。然而，类风湿因子检测呈阴性并不能排除类风湿关节炎的诊断。

（2）自身抗体检测：有助于类风湿关节炎的早期诊断，尤其是血清 RF 检测呈阴性、临床症状不典型的患者。自身抗体包括抗核周因子抗体（antiperinuclear factor autoantibody，APF）、抗环瓜氨酸肽抗体（anticyclic citrullinated peptide antibody，ACPA）、抗角蛋白抗体（antikeratin antibody，AKA）等。其中，ACPA 对类风湿关节炎的早期诊断具有较高的灵敏度和特异性度，已在临床上普遍使用。

（3）免疫复合物和补体检测：约 70% 的患者可出现各种不同类型的免疫复合物，特别是病变活动期和 RF 阳性的患者。血清补体水平在活动期和急性期升高，伴血管炎者补体水平可下降。

3. 关节滑液检查　进行关节滑液检查可确定是否有炎症性关节病变存在，但结果不具有特异性。正常人关节腔内滑液不超过 3.5 ml，类风湿关节炎患者关节腔内滑液常增多，为不透明的草黄色渗出液，滑液中白细胞计数高达（2～7）×$10^9$/L，以中性粒细胞为主。

4. 关节影像学检查

（1）X 线检查：对本病的诊断、关节病变的分期、病情监测均有重要的意义。以手指和腕关节的 X 线检查最有价值，可见关节周围软组织肿胀阴影。类风湿关节炎患者的关节破坏情况分期见表 8-5。

（2）MRI 检查：对早期诊断具有重要意义，可显示关节软组织病变，滑膜水肿、增生和血管翳形成，较 X 线检查更敏感。

（3）超声检查：高频超声可清晰显示关节腔、关节滑膜、滑囊、关节腔积液、关节软骨的厚度及形态等，可反映滑膜增生情况，并指导关节穿刺及治疗。

表 8-5　类风湿关节炎患者的关节破坏情况分期

| 分期 | 表现 |
| --- | --- |
| Ⅰ期 | 关节端骨质疏松 |
| Ⅱ期 | 关节间隙因软骨的破坏而变得狭窄 |
| Ⅲ期 | 关节面出现虫蚀样破坏性改变 |
| Ⅳ期 | 晚期可见关节半脱位和关节破坏后的纤维性强直和骨性强直 |

5. 关节镜检查及针刺活检　关节镜检查对诊断和治疗均有价值，针刺活检发现典型的病理改变有助于诊断。

【主要护理诊断 / 问题】

1. 疼痛：慢性关节疼痛　与炎症反应有关。
2. 知识缺乏：缺乏疾病治疗和自我护理的相关知识。
3. 体象障碍　与关节畸形有关。
4. 躯体活动障碍　与关节疼痛、僵硬和功能障碍以及疲乏有关。
5. 焦虑　与病情反复发作、迁延不愈以及疼痛使工作和生活受到影响有关。

【护理措施】

(一) 一般护理

1. 休息与活动　应保证患者的居住环境通风良好、温度和湿度适宜。急性活动期，患者应卧床休息，使关节保持功能位，必要时用小夹板或石膏托固定。待患者病情恢复后，应尽早进行功能锻炼，防止关节失用。

2. 饮食护理　予以高热量、高蛋白、高维生素、富含纤维素、易消化的饮食。指导患者多进食富含钙、铁的食物，以预防骨质疏松与贫血；饮食宜清淡，避免进食辛辣、刺激性食物。

(二) 病情观察

注意观察患者关节疼痛的部位、关节肿胀和活动受限的程度，是否有关节畸形，以及晨僵的程度，以判断病情及疗效。注意观察患者是否有关节外症状，一旦出现，即提示病情严重，应及时报告医生处理。

(三) 治疗配合

治疗原则包括早期治疗、联合用药、个体化治疗。治疗目的是减轻关节炎症反应，抑制病变发展及不可逆骨质破坏，尽可能保护关节和肌肉的功能，最终达到病情完全或部分缓解，最大限度地提高患者的生活质量。

1. 一般治疗　包括休息、关节制动（急性期）、关节功能锻炼（恢复期）和物理疗法等。卧床休息仅适用于急性期、发热以及内脏受累的患者。

2. 药物治疗　本病无法根治，只能通过药物治疗改善症状或控制病情。

(1) 非甾体抗炎药：是治疗类风湿关节炎的首选药物，具有解热镇痛的作用。主要通过抑制环氧化酶活性阻止前列腺素合成，以减弱前列腺素对缓激肽等炎症介质的增敏作用，从而达到减轻关节肿痛的目的。该药是改善关节炎症状的常用药，但不能控制病情，常与抗风湿药联合应用。常用药物有阿司匹林、吲哚美辛和布洛芬等。

(2) 抗风湿药：具有阻止关节结构破坏、抗炎的作用。常用药物有甲氨蝶呤、柳氮磺吡啶、来氟米特、金制剂、抗疟药、硫唑嘌呤、环孢素等。多数患者需至少联合应用2种缓解病情的抗风湿药才能达到治疗效果。一般首选甲氨蝶呤，是联合治疗的基础药物。

(3) 糖皮质激素：抗炎作用强，可迅速缓解症状，但不能控制疾病发展，停药后症状易复发，适用于活动期有关节外症状者，或关节炎明显而非甾体抗炎药治疗无效者，或慢作用药尚未起效的患者。常用药物有泼尼松、泼尼松龙。

(4) 放射性核素药物云克：是由中国核动力研究设计院研制成功的世界首创的治疗类风湿关节炎等疾病且高效低毒的新药，缓解症状的作用起效快，不良反应少。

(5) 植物药：如雷公藤多甙、白芍总苷、青藤碱等，对治疗类风湿关节炎有一定的疗效。

(6) 生物制剂靶向治疗：是目前快速发展的类风湿关节炎治疗方法，疗效显著，目前使用最普遍的是TNF-α拮抗药、IL-6拮抗药。若最初的抗风湿药联合治疗方案未能达标，或存在预后不良因素时，应考虑加用生物制剂。为提高疗效和减少不良反应，生物制剂宜与甲氨蝶呤联合应用。

3. 外科手术治疗　包括关节置换术和滑膜切除术。关节置换术适用于较晚期有畸形并失去正常功能的大关节病变患者，术后可改善关节功能。滑膜切除术可在一定程度上缓解病情。

4. 用药护理　类风湿关节病是一种慢性病，用药时间长，药物不良反应多，应指导患者按照治疗计划遵医嘱定时、定量服药，避免随意增减药量或停药。严密监测用药的效果及不良反应。

(1) 非甾体抗炎药：长期服用可引起胃肠道反应，宜在餐后服用，并遵医嘱服用胃黏膜保护剂、抗酸药，以减轻胃肠道反应；一般不宜与2种非甾体抗炎药同时服用；一旦患者出现严重的胃肠道反应、神经精神症状及出血倾向，应立即通知医生并停药。肾功能减退者慎用非甾体抗炎药。

（2）抗风湿药：甲氨蝶呤的不良反应有胃肠道反应、肝损害、骨髓抑制和口角糜烂等，停药后患者多可自行恢复。应用甲氨蝶呤的同时服用叶酸和甲酰四氢叶酸治疗，可在维持治疗有效性的同时减少甲氨蝶呤的不良反应。金制剂的不良反应较轻，常见不良反应有口腔炎、皮炎、胃肠道反应、肾损害及造血系统损害等。青霉胺的不良反应较多，包括胃肠道反应、骨髓抑制、肝损害、肾损害、皮疹、口腔内异味等。使用此类药物期间，应监测肝、肾功能和血常规等。若患者出现严重的不良反应，则应立即通知医生并停药。鼓励患者多饮水，以促进药物代谢产物的排出。为减轻胃肠道反应，可指导患者餐后服药。

（3）糖皮质激素：主要不良反应有满月脸、水牛背、血压升高、血糖升高、电解质紊乱、消化性溃疡、骨质疏松、无菌性骨坏死等。用药期间应监测血压、尿糖及血糖，必要时补充钙剂和维生素D；指导患者严格遵医嘱服药，避免擅自过快减少用药剂量或停药，以免出现反跳现象而加重病情；做好皮肤和口腔护理；注意观察患者的情绪变化。

（4）放射性核素药物：有心功能不全者慎用此类药物，儿童与孕妇禁用。

（5）植物药：雷公藤多苷对性腺有毒性作用，严重者可导致不孕、不育，还可引起肝毒性、胃肠道反应等；白芍总苷可导致排便次数增多、腹痛、食欲减退等；青藤碱可引起过敏反应，少数患者可出现白细胞减少。

（6）生物制剂：主要不良反应包括注射部位局部皮疹、感染，尤其是结核感染。长期使用某些生物制剂可导致淋巴系统肿瘤患病率增高。

（四）对症护理

1. 关节疼痛、肿胀的护理　①遵医嘱使用非甾体抗炎药。②协助患者采取舒适体位，避免关节受压。③局部进行理疗，如热敷、热水浴、红外线疗法、超短波疗法，以减轻疼痛。④晨僵患者于早晨起床后可进行热水浴，用热水浸泡僵硬的关节后再活动，夜间戴弹力手套加以保暖。

2. 关节功能障碍的护理　①急性活动期：嘱患者卧床休息，使关节保持功能位，防止关节畸形。肩部两侧可垫枕头，以免肩关节外旋位；双手可握小卷轴；髋关节两侧放靠垫，以预防髋关节外旋；膝下可放置一小枕，使关节处于伸展位；足底可放置足板，以防止足下垂。②缓解期：鼓励患者生活自理，积极进行坐、立、行、走、进食等日常生活活动，最大限度地帮助患者恢复生活自理能力。指导患者坚持进行功能锻炼，肢体锻炼应从被动运动过渡为主动运动，活动强度以患者能耐受为限。指导患者每天定时进行全身和局部主动活动，如转颈、挺胸、肢体屈伸、手部抓握、提举、散步等活动，以预防关节失用。同时可配合按摩、理疗等，以促进局部血液循环，松弛肌肉，避免肌肉萎缩和关节僵硬、失用。

 考点提示

类风湿关节炎的首选治疗药物、用药护理、关节疼痛及功能障碍的护理。

（五）心理护理

患者因病情反复发作、严重的关节肿痛、治疗效果不佳等原因，往往会出现焦虑、抑郁、绝望等心理。护理人员应鼓励患者表达内心的感受，并帮助患者认识到良好情绪对疾病康复的重要性。鼓励患者尽量做到生活自理、参加力所能及的工作并积极参加集体活动，认识到自身的价值，增强战胜疾病的信心。

### (六)健康指导

1. **疾病知识指导** 向患者及家属介绍疾病相关知识,使患者及家属了解疾病的性质、病程和治疗方案。

2. **用药指导** 指导患者遵医嘱服药,了解药物的作用与不良反应,避免随意停药、换药或调整用药剂量,发现异常应及时就医。

3. **生活指导** 指导患者避免感染、寒冷、潮湿、过度劳累等,注意保暖。强调休息与功能锻炼的重要性,坚持锻炼,以增强机体抵抗力,保护关节,促进关节功能的恢复,防止肌肉萎缩和关节失用。对于关节畸形致残的患者,鼓励尽量做到生活自理,参加力所能及的工作及活动,实现自我价值。

4. **保护关节** 指导患者避免关节畸形位,用最强健的关节完成任务,如从坐位站起时,用手掌支撑而非手指支撑;将力量分布在众多关节,而不是仅对少数关节施压,如拖动物体而非抬着物体等;经常改变姿势,避免长时间进行同一活动,避免进行重体力劳动。

5. **病情监测指导** 指导患者监测晨僵、关节肿痛等临床表现是否有好转,定期到门诊复查,以免重要脏器受损。若病情急性发作,则应立即就诊。

## 第四节 多肌炎及皮肌炎患者的护理

### 案例导入 8-3

患者,男,33岁,2个月前无明显诱因出现四肢近端肌肉疼痛、无力,颈前、四肢伸侧出现红色皮疹,偶尔有瘙痒。3天前,上述症状加重,并出现吞咽困难、饮水呛咳入院。入院查体:颈前、胸前、后背部及四肢皮肤可见片状红斑,部分有脱屑,双上肢肌力为4级,双下肢肌力为3级。辅助检查:CK 250 U/L,ALT 58 U/L,AST 60 U/L,ALP 190 U/L,LDH 1200 U/L;肌电图检查提示肌源性损害。

问题与思考:
1. 该患者最有可能的医疗诊断是什么?
2. 该疾病的首选治疗药物是什么?

特发性炎症性肌病(idiopathic inflammatory myopathy,IIM)是一组病因未明的以横纹肌和皮肤慢性炎症为特点的异质性疾病,主要表现为对称性四肢近端肌无力和肌酶升高。特发性炎症性肌病包括多肌炎(polymyositis,PM)、皮肌炎(dermatomyositis,DM)、包涵体肌炎(inclusion body myositis,IBM)、非特异性肌炎和免疫介导的坏死性肌病等,其中以多肌炎和皮肌炎最为常见。成人肌炎和皮肌炎约占特发性炎症性肌病的70%。国外报道发病率为0.5~8.4/10万人,其发病年龄有两个高峰,即10~15岁和45~60岁。女性发病率高于男性。我国尚无确切的流行病学资料。

【病因与发病机制】

本病的病因与发病机制尚不清楚,目前多认为在某些遗传易感个体中,由免疫介导、感染及非感染环境因素所诱发。多肌炎和皮肌炎患者有细胞免疫和体液免疫异常,大多数患者出现多种自身抗体,如抗核抗体、抗Jo-1抗体和抗肌红蛋白抗体等。这些抗体产生的机制及其病理意义目前尚未完全明确,但它们的出现提示多肌炎患者自身免疫异常。多肌炎和皮肌炎患者病变肌肉、血管内有免疫复合物沉积及毛细血管增厚,致使内皮细胞损伤和毛细血管栓塞,引起肌肉缺血或肌纤维坏死。

【护理评估】

（一）健康史

了解患者的年龄、性别及起病缓急；询问患者是否有家族史、病毒感染史等；了解患者的既往健康状况等。

（二）身体状况

多肌炎/皮肌炎的主要临床表现是对称性四肢近端肌无力，常起病隐匿，病情可在数周、数月甚至数年发展至高峰。全身症状包括发热、关节肿痛、厌食和体重减轻。

1. 骨骼肌受累　主要表现为近端肢体肌无力，部分患者伴有自发性肌痛与肌肉压痛；骨盆带肌受累时，可出现髋部及大腿无力，难以蹲下或起立；肩胛带肌群受累时，双臂难以上举；约半数患者可出现颈部肌无力；约 1/4 的患者可出现吞咽困难；四肢远端肌群受累者少见。

2. 皮肤受累　在多肌炎临床表现的基础上，出现典型的皮疹，即可诊断为皮肌炎。皮疹可在肌炎发生之前出现，也可与其同时出现或在肌炎发生之后出现，皮疹与肌肉受累程度常不平行。典型的皮疹包括以上睑为中心的眶周水肿性紫红色斑；四肢肘、膝关节伸侧面和内踝附近、掌指关节、指间关节伸面的紫红色丘疹，逐渐融合成斑片，有毛细血管扩张、色素减退，上覆细小鳞屑，称为 Gottron 征；颈前及上胸部可出现 "V" 字形红色皮疹；肩、颈后部皮疹呈披肩状（披肩征）；部分患者双手外侧掌面皮肤可出现裂纹，皮肤粗糙、脱屑，如同技术工人的手，称为"技工手"。此外，甲根皱襞可见不规则增厚的毛细血管扩张性红斑，其表面常见瘀点。本病患者皮疹通常不伴瘙痒及疼痛，缓解期皮疹可完全消退或遗留皮肤萎缩、色素沉着或脱失、毛细血管扩张或皮下钙化。皮疹多为暂时性，可反复发作。

3. 其他　病变累及肺时，表现为间质性肺炎、肺纤维化等；累及心脏时，患者可出现无症状性心电图改变、心律失常甚至继发于心肌炎的心力衰竭；少数患者可累及肾，出现蛋白尿、血尿甚至肾衰竭等。患者可伴发肺癌、乳腺癌等恶性肿瘤，多见于皮肌炎患者。皮肌炎可先于恶性肿瘤 1~2 年发生，也可与肿瘤同时发生或晚于肿瘤发生。发病年龄越高，伴发肿瘤的概率越大。

（三）心理、社会状况

本病呈进行性，很少自行缓解，皮疹及药物常导致患者外形改变，加之机体功能逐渐降低，患者可产生焦虑、自卑、悲观等不良情绪。应评估患者的心理状态；评估患者及家属对疾病的认知程度，以及家属对患者的支持情况。

（四）辅助检查

1. 一般检查　血常规检查可见白细胞激素增高，红细胞沉降率加快，血肌酸增高、肌酐下降，血清肌红蛋白增高，尿肌酸排泄增多。

2. 血清肌酶谱　肌酸激酶（CK）、天冬氨酸转氨酶、丙氨酸转氨酶、乳酸脱氢酶增高，尤其以 CK 升高最敏感。CK 可用于判断病情的进展情况和评价治疗效果，但是与肌无力的严重程度并不完全平行。这些酶检测对本病肌炎的诊断虽然灵敏度高，但特异性不强。

3. 自身抗体检测　大部分患者抗核抗体（ANA）检测呈阳性，部分患者类风湿因子检测呈阳性。近年研究发现了一类肌炎特异性抗体。

（1）肌炎特异性抗体：①抗氨酰 tRNA 合成酶抗体（抗 Jo-1、EJ、PL-12 和 OJ 抗体等）：以抗 Jo-1 抗体检出率较高，此类抗体检测呈阳性者常表现为关节炎、"技工手"和雷诺现象，称为"抗合成酶综合征"。②抗 MI-2 抗体：是对皮肌炎特异的抗体，此抗体检测呈阳性者约 95% 可见皮疹，但肺间质病变少见，预后较好。③抗 MDA5 抗体：常见于无肌病皮肌炎患者。④抗 SRP 抗体：抗 SRP 抗体检测呈阳性的患者常表现为急性发作的严重肌炎，且常伴有心脏受累，可无皮肤症状。此抗体检测呈阳性虽然对多肌炎更具有特异性，但灵敏度较低。⑤其他特异性抗体：抗 NXP2 抗体、抗 SAE 抗体。

（2）肌炎相关抗体：包括抗 RO52 抗体、抗 RO60 抗体、抗 La 抗体等。

4. 肌电图　可早期发现肌源性病变，对肌源性和神经性损害有鉴别诊断价值。约 90% 的患者可出现肌电图异常，典型的肌电图呈肌源性损害：①表现为低波幅，短程多相波；②插入（电极）性激惹增强，肌肉自发性纤颤，表现为高尖的正锐波，自发性纤颤波；③自发性杂乱的高频放电。

5. 肌活检　肌活检在多肌炎和皮肌炎的诊断和鉴别诊断中占有重要地位。约 2/3 的患者呈典型的肌炎病理改变；另外约 1/3 的患者肌活检呈非典型变化，甚至可正常。免疫病理学检查有利于进一步诊断。

【主要护理诊断/问题】

1. 躯体活动障碍　与肌无力、肌萎缩和关节疼痛有关。
2. 皮肤完整性受损　与血管炎症反应、免疫功能缺陷引起皮肤损害有关。
3. 焦虑　与疾病迁延不愈有关。
4. 低效型呼吸型态　与呼吸肌无力、间质性肺炎等有关。

【护理措施】

（一）一般护理

1. 休息与活动　急性期有肌痛、肌肉肿胀和关节疼痛者，应绝对卧床休息，以减轻肌肉负荷和损伤。在使用激素和免疫抑制剂期间，应限制探视人员，减少患者间的接触，避免交叉感染。待患者病情缓解后，应指导其有计划地进行锻炼，活动量由小到大，对肌无力的肢体应协助进行被动活动。

2. 饮食护理　予以清淡、易消化的高蛋白、高维生素饮食；指导患者多进食蔬菜、水果，戒烟、戒酒，避免摄入辛辣、刺激性食物，多饮水，保持排尿、排便通畅。对吞咽困难者予以半流质或流质饮食，少量缓慢进食，以免呛咳而引起吸入性肺炎，必要时予以鼻饲。

（二）病情观察

应注意评估患者的肌力情况，观察肌肉疼痛的部位和关节症状，是否伴有发热、饮水呛咳、吞咽困难、呼吸困难、心律失常等变化。发现明显异常时，应立即报告医生，并做好急救准备。

（三）治疗配合

1. 治疗要点　首选糖皮质激素，对重症者可予以甲泼尼龙静脉滴注。一般可予以患者口服泼尼松 1～2 mg/（kg·d）。待患者病情好转、酶谱改善后，可逐渐减少用药剂量。经 4 周至 3 个月治疗，通常可以见效。糖皮质激素的用药剂量应逐渐减少，治疗时间要长，常需 1 年以上。约 90% 的患者病情明显改善，50%～75% 的患者可完全缓解。对重症患者或糖皮质激素治疗效果不佳者，应加用甲氨蝶呤或硫唑嘌呤；环磷酰胺有一定的疗效。羟氯喹可用于治疗皮肤损害。对危重症患者，可应用大剂量免疫球蛋白静脉冲击疗法。近年来，生物制剂（如 CD20 单抗）用于部分患者取得了较好的疗效，但还需进一步验证。

2. 用药护理　详见本章第二节"系统性红斑狼疮患者的护理"。

（四）对症护理

急性期患者皮肤红肿，应注意保持皮肤清洁、干燥，避免擦伤。出现水疱时，可涂以炉甘石洗剂；有渗出时，可用 3% 硼酸溶液湿敷；对伴发感染者，应根据具体情况予以对症消炎、清创换药处理。

（五）心理护理

了解患者的心理状态，耐心倾听患者的诉说，针对其具体心理问题予以指导。帮助患者建立或完善社会支持系统，使其树立战胜疾病的信心。对口咽部肌肉受累，不能言语者，应采用非语言交流。

【健康指导】

1. 生活指导　指导患者避免一切诱因，如感染、寒冷刺激、创伤、情绪激动；出现皮损者，应避免日光照射；育龄女性患者应避孕，以免病情复发或加重，避免进行免疫接种；合理安排生活，劳逸结合。

2. 疾病知识指导　护士应向患者及家属说明本病的有关知识和自我护理方法，使患者正确对待疾病，做好长期治疗的思想准备。患者出院后，应指导其继续执行治疗方案，避免症状减轻时停止服药。

3. 病情监测指导　告知患者及其家属病情危重的征象（如呼吸肌、咽肌无力），一旦发生病情变化，应及时就医。

（沈　娇）

# 自　测　题

## 一、选择题

**A1/A2 型题**

1. 关于系统性红斑狼疮患者的皮肤护理，错误的是
    A. 避免在日光照射下活动
    B. 常用清水清洗皮损处
    C. 每日用 60 ℃左右的温水湿敷红斑处
    D. 忌用碱性肥皂，避免使用化妆品
    E. 避免阳光暴晒

2. 类风湿关节炎活动期最常见的临床表现是
    A. 下肢皮肤有大片出血点
    B. 指关节畸形
    C. 肘侧皮肤出现浅表结节
    D. 晨僵
    E. 贫血

3. 系统性红斑狼疮患者可以摄入的食物是
    A. 瘦肉　　　　　　　B. 香菜　　　　　　　C. 无花果
    D. 蘑菇　　　　　　　E. 芹菜

4. 类风湿关节炎特异性的皮肤表现是
    A. 类风湿结节　　　　B. 盘状红斑　　　　　C. 棕黑色色素沉着
    D. 皮肤鳞屑　　　　　E. 皮疹

5. 下列药物不会诱发系统性红斑狼疮的是
    A. 普鲁卡因胺　　　　B. 硝苯地平　　　　　C. 异烟肼
    D. 肼屈嗪　　　　　　E. 苯妥英钠

6. 几乎所有系统性红斑狼疮患者均可出现病变的器官是
    A. 肾　　　　　　　　B. 肺　　　　　　　　C. 心脏

D. 肝　　　　　　　　　E. 胰腺

7. 患者，女，35岁，1年前无明显诱因出现双侧腕关节、双手关节肿痛，伴晨僵，时间约为10分钟，疼痛以夜间明显，影响活动。实验室检查：RF（+）。关节X线检查：双手骨质疏松，腕部关节间隙变窄。该患者最可能的诊断是
   A. 类风湿关节炎　　　B. 风湿热　　　　　　C. 骨质疏松症
   D. 骨性关节炎　　　　E. 系统性红斑狼疮

8. 患者，女，45岁，双肘、腕、手指近端指间关节肿痛2年，加重1个月，因类风湿关节炎被收治入院。经休息、药物治疗后，目前病情缓解，下一步最主要的护理措施是
   A. 向患者介绍如何观察药物疗效
   B. 指导患者循序渐进地进行功能锻炼
   C. 对患者进行饮食指导，增进营养
   D. 嘱患者卧床休息，避免劳累
   E. 介绍预防药物不良反应的方法

9. 患者，女，33岁，既往有系统性红斑狼疮病史2年，近日体温升高，关节红肿、有压痛，因面部红斑、蛋白尿而入院。下列处理不妥的是
   A. 慎用阿司匹林　　　B. 维持激素治疗　　　C. 将患者安排在朝北的病室
   D. 经常用清水洗脸　　E. 予以含有补骨脂素的食物

10. 患者，女，53岁，患类风湿关节炎，接受药物治疗。近日因气候湿冷，患者指间关节疼痛加重，晨僵可达数小时，同时伴活动障碍。下列护理措施正确的是
    A. 增加手关节活动度　B. 晨起冷敷手关节　　C. 保持手关节伸展
    D. 睡前戴手套保暖　　E. 增加手关节活动量

11. 患者，女，30岁，因系统性红斑狼疮被收治入院，使用大剂量糖皮质激素冲击治疗。用药期间，护士应特别注意和预防的不良反应是
    A. 向心性肥胖　　　　B. 高血压　　　　　　C. 继发感染
    D. 糖尿病　　　　　　E. 骨质疏松

**A3/A4型题**

（12～13题共用题干）

患者，女，40岁，患系统性红斑狼疮5年，近日体温升高，关节红肿、有压痛，因面部红斑、蛋白尿而入院。

12. 系统性红斑狼疮患者最具特征性的皮肤损害是
    A. 雷诺现象　　　　　B. 盘状红斑　　　　　C. 皮疹
    D. 网状青斑　　　　　E. 蝶形红斑

13. 针对该患者脸部红斑的护理，下列措施错误是的
    A. 面部忌用化妆品　　B. 外出采取遮阳措施　C. 每日用温水洗脸
    D. 每日用肥皂液洗脸　E. 避免接触紫外线

## 二、案例分析题

1. 患者，女性，58岁，间断出现全身对称性大关节疼痛5年多，晨僵2年，加重伴手、足关节弥漫性肿胀、握拳困难8天。实验室检查：ESR 145 mm/h，RF 905 U/L，Hb 98 g/L，PLT $320×10^9$/L；X线检查显示：双侧腕关节间隙变窄，双侧膝关节髁间隆起增生、变尖，关节面呈虫蚀样破坏性改变。患者非常焦虑，担心将来会失去生活自理能力。

请问：
（1）该患者存在哪些护理问题？
（2）针对以上护理问题，应如何制订相应的护理措施？
（3）如何对该患者进行健康指导，以提高患者的生活质量？

2. 患者，女性，33岁，出现间歇性发热、乏力1年余，体温为37.5～39.0℃，伴腕、膝关节酸痛1个月余，皮肤可见多发性皮疹。体格检查：头发稀少，颜面部有水肿性红斑，以鼻翼为中心，对称性分布于两侧面颊部，有鳞屑；口腔内有溃疡灶；双手有网状青斑，下肢有紫癜样皮疹；左膝及右腕关节局部红肿、压痛明显，但无畸形。实验室检查：蛋白尿（+），血WBC $3.7 \times 10^9$/L，ESR 45 mm/h，ANA（+），抗Sm抗体（+）。

请问：
（1）该患者最可能患有何种疾病？
（2）该患者目前存在哪些护理问题？
（3）应如何护理该患者？

> **思政园地**
>
> **"中国的狼疮之父"陈顺乐**
>
> 　　陈顺乐教授是上海交通大学医学院附属仁济医院风湿病学科和上海市风湿病学研究所创始人，曾主持建立中国最大的狼疮核心家系遗传数据库，创立了相关免疫抑制剂联合疗法，在提高疗效的同时，减少了药物不良反应。
>
> 　　在祖国医学里，系统性红斑狼疮被称为"蝴蝶病"。陈顺乐教授希望他的患者也能像美丽的蝴蝶那样，挣脱疾病的枷锁，在自己的人生中舞姿翩跹地飞翔。

第九章数字资源

# 第九章　神经系统疾病患者的护理

## 学习目标

1. 说出神经系统常见疾病患者的身体状况、护理措施。
2. 描述神经系统常见疾病患者的辅助检查、治疗要点。
3. 解释神经系统常见疾病患者的病因与发病机制。
4. 能够对神经系统常见疾病患者进行护理评估、提出护理诊断，并采取相应的护理措施。
5. 运用所学知识感悟尊老爱幼、团结互助、明确责任与担当。

神经系统是人体最精细、结构和功能最复杂的系统，按解剖结构可分为中枢神经系统（包括脑、脊髓）和周围神经系统（包括脑神经、脊神经），按功能又可分为躯体神经系统和自主神经系统。中枢神经系统负责分析、综合内外环境的信息，周围神经系统接受信息并传递神经冲动。两者相互配合，完成机体的统一协调活动，以保持内环境稳定，并与外环境相适应。

【神经系统的结构和功能】

（一）中枢神经系统

中枢神经系统由脑和脊髓所组成。脑又分为大脑、间脑、小脑、脑干和脊髓。

1. 大脑　由大脑半球、基底核和侧脑室组成。

（1）大脑半球：大脑表面为大脑皮质所覆盖，皮质表面有脑沟和脑回。大脑半球分为额叶、颞叶、顶叶、枕叶、岛叶和边缘系统。额叶位于中央沟前方，外侧沟之上，额叶受损时主要引起随意运动、言语和精神活动方面的障碍。顶叶位于中央沟之后，顶枕线以前和外侧沟延长线的上方，中央后回属于皮质感觉中枢，主管对侧躯体感觉。颞叶位于大脑外侧沟下方，顶枕线的前方。枕叶位于顶枕沟和枕前切迹连线的后方。枕叶内侧面有一较深的沟，称为距状沟，围绕距状沟的皮质为视觉中枢。岛叶又称脑岛，呈三角形岛状，位于外侧沟深面，被额叶、顶叶和颞叶所掩盖。岛叶的功能与内脏感觉和运动有关。边缘系统包括边缘叶、杏仁核、丘脑前核、乳头体核以及丘脑下部等，它与网状结构、大脑皮质有着广泛联系，参与高级神经、精神和内脏活动。

大脑半球各脑叶的功能是：额叶与躯体运动、语言及高级思维活动有关；颞叶与听觉、语言和记忆有关；顶叶与躯体感觉、味觉、语言等有关；枕叶与视觉信息的整合有关；岛叶与内脏感觉有关；边缘系统与情绪、行为和内脏活动有关。

（2）内囊：为宽厚的白质层，位于尾状核、豆状核及丘脑之间，其外侧为豆状核，内侧为丘脑，前内侧为尾状核。内囊聚集了大量的上、下行传导束，特别是锥体束在此高度集中，若完全损害，则病灶对侧可出现偏瘫、偏身感觉障碍及偏盲，称为"三偏综合征"，见于脑出血及脑梗死患者。

（3）基底节：位于大脑白质深部，主要由尾状核、豆状核、屏状核、杏仁核组成，红核、黑质及丘脑底部也参与基底节系统的组成。基底节是锥体外系的中继站，它与大脑皮质及小脑协同调节随意运动、肌张力和姿势反射，也参与复杂行为的调节。

2. 间脑  间脑位于大脑半球与中脑之间,是脑干与大脑半球的连接站。间脑可分为丘脑和下丘脑。丘脑是除嗅觉以外的感觉纤维上升至大脑的三级神经元的所在部位。这些神经元均由该区投射至大脑半球相应部位。若有破坏性病灶,则可出现对侧偏身各种感觉消失或减退,刺激性病灶可引起偏身疼痛,称为丘脑性疼痛。下丘脑位于间脑腹侧、丘脑下沟的下方,与垂体相接。下丘脑对体重、体温、代谢、饮食、内分泌、生殖、睡眠和觉醒的生理调节起重要作用,同时也与人的行为和情绪有关。

3. 小脑  位于颅后窝,由小脑半球和小脑蚓部组成。其功能是调节肌张力、维持身体平衡,控制姿势步态和协调随意运动。小脑病变可引起共济失调、平衡障碍和构音障碍,见于肿瘤、脑血管疾病、遗传性疾病等患者。

4. 脑干  由中脑、脑桥和延髓组成。中脑向上与间脑相接,延髓下端与脊髓相连,脑桥介于二者中间,由脑桥臂与背侧的小脑半球相连接。第Ⅲ至第Ⅻ对脑神经核均位于脑干内。脑干是生命中枢,脑干网状结构参与维持正常的睡眠与觉醒周期。脑干病变大多涉及某些脑神经和传导束,多见于血管病、肿瘤和多发性硬化等患者。

5. 脊髓  脊髓是中枢神经的低级部分,是四肢和躯干的初级反射中枢,呈椭圆形条索状,位于椎管内。其上端于枕骨大孔水平与脑干相连接,下端以圆锥终止于$L_1$椎体下缘,并以终丝固定在骶管盲端。脊髓共发出31对脊神经,主要分布于四肢和躯干。脊髓和脑的各级中枢之间存在广泛的联系。脊髓的正常活动是在大脑的调控下进行的。脊髓的主要功能是:①传导功能,即传导从周围到脑的神经冲动,一方面把大脑皮质的运动兴奋性经过脊髓、脊神经传递到效应器官,另一方面把肌肉、关节和皮肤的痛觉、温度觉、触觉等感觉经脊神经、脊髓、脑干传递到大脑半球。②反射功能,当脊髓失去大脑的控制后,仍能自主完成较为简单的骨骼肌反射和躯体内脏反射活动,如牵张反射、屈曲反射、浅反射以及膀胱、直肠反射等。脊髓的结构与功能详见本章第四节。

(二)周围神经系统

周围神经系统包括脑神经、脊神经。

1. 脑神经  脑神经共有12对,其中第Ⅲ、Ⅳ、Ⅵ、Ⅺ、Ⅻ对脑神经为运动神经;第Ⅰ、Ⅱ、Ⅷ对脑神经为感觉神经;第Ⅴ、Ⅶ、Ⅸ、Ⅹ对脑神经为混合神经。在所有脑神经运动核中,仅有第Ⅻ对和第Ⅶ对脑神经核的下部由对侧大脑半球支配,其他均接受双侧大脑半球的支配。

(1)嗅神经(Ⅰ):分布在鼻黏膜上,穿过筛板和硬脑膜,终止于嗅球。嗅神经的主要功能是传导嗅觉。

(2)视神经(Ⅱ):视觉感受器为视网膜的圆柱细胞和圆锥细胞。视神经来源于视网膜的神经节细胞层。视觉通路的不同部位受损可引起不同类型的视觉障碍。

(3)动眼神经(Ⅲ):发自中脑上丘平面的动眼神经核。动眼神经的主要功能是上提眼睑,使眼球向上、下、内侧运动,收缩瞳孔括约肌。动眼神经损伤可导致眼外斜视、上睑下垂,瞳孔对光反射消失及瞳孔散大等。

(4)滑车神经(Ⅳ):由中脑下丘平面的滑车神经核发出,经眶上裂进入眶内,分布于上斜肌。滑车神经的主要功能是调节眼球运动。滑车神经损伤时,眼不能向外下斜视。

(5)三叉神经(Ⅴ):三叉神经的痛觉、触觉、温度觉纤维起自三叉神经半月节。三叉神经的主要功能是支配颜面部感觉和咀嚼运动。三叉神经损伤可引起头面部皮肤、口腔及鼻腔黏膜、牙及牙龈等部位的感觉障碍,角膜反射消失;咀嚼肌瘫痪、萎缩,导致张口时下颌偏向患侧。

(6)展神经(Ⅵ):由脑桥中部背面中线两侧的展神经核发出,主要功能是支配眼球运动。

展神经损伤可引起外直肌瘫痪，导致眼内斜视。

（7）面神经（Ⅶ）：为混合性神经，主要是运动纤维，主管面部的表情运动；其次是中间神经，含有内脏运动纤维、特殊内脏感觉纤维和躯体感觉纤维，主管味觉和腺体（泪腺和唾液腺）的分泌，以及内耳、外耳道等处的皮肤感觉。

（8）前庭蜗神经（Ⅷ）：分为蜗神经与前庭神经。蜗神经的主要功能是传导听觉。蜗神经损伤时，主要表现为听力障碍和耳鸣。前庭神经的功能是反射性调节机体的平衡与机体对各种加速度的反应。前庭神经损害可引起眩晕、眼球震颤及平衡障碍。

（9）舌咽神经（Ⅸ）：为混合神经。舌咽神经的主要功能是主管味觉、唾液的分泌、吞咽及呕吐反射。舌咽神经损伤可导致腮腺分泌障碍，咽后与舌后 1/3 感觉障碍，咽反射消失；舌后 1/3 味觉丧失。

（10）迷走神经（Ⅹ）：迷走神经的主要功能是主管咽部的感觉和运动，调节内脏活动以及与呕吐的反射活动有关。迷走神经损伤可表现为发音困难、声音嘶哑、呛咳、吞咽障碍、心动过速及内脏活动障碍等。

（11）副神经（Ⅺ）：副神经为运动神经。副神经的主要功能是支配头部转动和抬肩运动。副神经损伤可表现为胸锁乳突肌瘫痪（头部无力转向对侧）和斜方肌瘫痪（肩下垂、抬肩无力）。

（12）舌下神经（Ⅻ）：舌下神经起自延髓背侧部近中线的舌下神经核，主要功能是支配舌肌运动。舌下神经损伤可引起舌肌瘫痪、萎缩，伸舌时舌尖偏向患侧。

2. 脊神经　脊神经是与脊髓相连的周围神经，共有 31 对。其中，颈神经有 8 对，胸神经有 12 对，腰神经有 5 对，骶神经有 5 对，尾神经有 1 对。每对脊神经均由后根（感觉根）和前根（运动根）所组成。临床上根据不同部位的感觉障碍水平，判断脊髓病变的平面，这对定位诊断具有重要意义。例如，乳头线对应 $T_4$，剑突对应 $T_6$，肋弓下缘对应 $T_8$，脐孔对应 $T_{10}$，腹股沟对应 $L_1$。脊神经前根支配相应的肌肉，其中 $C_4 \sim T_1$ 前根结合成为臂丛，主要支配上臂、前臂和手部肌肉；$L_2 \sim S_2$ 组成腰骶丛，其主要功能是支配下肢肌肉。脊神经病变的临床表现是受损神经支配范围内的感觉、运动、反射和自主神经功能障碍，其部位和范围随受损神经的分布而异，但又具有其共同的特性。

神经系统疾病具有起病急、病情重、症状广泛而复杂的特点，是导致患者死亡和残障的主要原因之一。近年来随着社会和医学科学的发展，我国神经系统疾病谱也相应发生了变化，帕金森病等老年慢性病呈日益增多趋势。随着人们生活方式和环境的改变，脑血管疾病的发病也有年轻化倾向。同时，随着神经系统疾病诊断、治疗技术与康复护理的发展，重症肌无力、急性炎症性脱髓鞘性多发性神经病及出血性脑卒中等危急重症疾病的抢救成功率得到明显提高，致残率逐渐下降。然而，目前有很多神经系统疾病的病因和确切的发病机制还不清楚，极大地影响了诊断、治疗和护理，使神经科学的发展面临许多严峻的问题。如何做好脑血管疾病的一级预防以降低其发病率，如何落实脑卒中患者的早期康复干预以减轻致残、提高患者的生活质量等，都给护理工作带来了很多新的挑战。作为护理人员，不仅应当为患者提供科学、细致的专科护理，协助医生挽救患者的生命，预防并发症，同时还应耐心地对患者进行健康指导，使其树立战胜疾病的信心，合理进行康复训练，减少致残，从而使患者恢复机体功能和生活自理能力，重返家庭和社会。

## 第一节　神经系统疾病患者常见症状与体征的护理

神经系统疾病是指中枢神经系统（脑、脊髓）和周围神经系统（脑神经、脊神经）由于感染、血管病变、外伤、肿瘤、中毒、变态反应、遗传、代谢障碍、先天性异常等原因引起的疾病。神经系统疾病患者常见的症状和体征包括头痛、意识障碍、运动障碍、感觉障碍和语言障碍等。

## 一、头痛

头痛（headache）是神经系统常见的症状，通常局限于头颅上半部，包括眉弓、耳廓上缘和枕外隆凸连线以上部位的疼痛。头痛大致分为原发性和继发性两类。各种原因刺激颅内、外的疼痛敏感结构时，均可引起头痛。大多数头痛无特异性，但是反复发作或持续性疼痛可能是由于某些器质性病变所致。

【护理评估】

（一）病因与发病机制

颅内的血管、神经和脑膜，以及颅外的骨膜、血管、头皮、颈肌、韧带等，均属于头痛的敏感结构。这些敏感结构受挤压、牵拉、移位、炎症、血管扩张与痉挛、肌肉紧张性收缩等因素刺激时，均可引起头痛。头痛的常见病因包括以下几种。

1. 颅脑病变　①感染：如脑膜炎、脑膜脑炎、脑炎、脑脓肿等。②血管病变：如蛛网膜下腔出血、脑出血、脑血栓形成、脑栓塞、高血压脑病、脑供血不足、脑血管畸形、风湿性脑脉管炎和血栓闭塞性脑脉管炎。③占位性病变：如脑肿瘤、颅内转移瘤、颅内囊虫病或棘球蚴病。④颅脑外伤：如脑震荡、脑挫伤、硬膜下血肿、颅内血肿、脑外伤后遗症。⑤其他：如偏头痛、肌收缩性头痛、头痛型癫痫、腰椎穿刺后及腰椎麻醉后头痛。

2. 颅外病变　颅骨疾病（如颅底凹陷症、颅骨肿瘤等）；颈部疾病（如颈椎病及其他颈部疾病）；神经痛（如三叉神经、舌咽神经及枕神经痛）；其他（如眼、耳、鼻和牙齿等疾病所致的头痛）。

3. 全身疾病　急性感染（如流感、伤寒、肺炎等发热性疾病）；心血管疾病（如高血压、心力衰竭）；中毒（如铅、乙醇、一氧化碳、有机磷、药物等中毒）；其他（如尿毒症、低血糖、贫血、肺性脑病、系统性红斑狼疮、月经期或绝经期头痛、中暑）。

4. 神经官能症　如神经衰弱及癔症性头痛。

（二）头痛分类

1. 偏头痛　偏头痛是临床常见的原发性头痛，主要是由颅内外血管收缩与舒张功能障碍引起，多为一侧颞部搏动性头痛，亦可为双侧头痛或由一侧头痛开始发展为双侧头痛。典型的偏头痛患者在头痛发作前先有视觉症状，表现为视物模糊、眼前闪光、暗点，甚至有的患者可描述为眼前出现锯齿状视物缺损等先兆表现，但多数偏头痛患者并无先兆表现。在安静休息、睡眠后或服用镇痛药后，头痛可缓解，但反复发作。患者多有偏头痛家族史。

2. 丛集性头痛　是一种原发性神经血管性头痛，以一侧眼眶周围发作性剧烈疼痛，反复密集发作为特点，伴有同侧结膜充血、流泪、瞳孔缩小、上睑下垂及头面部出汗等自主神经症状。头痛常在一天内的固定时间发作，可持续6～12周。

3. 高颅压性头痛　是由于颅内压力增高，刺激或挤压颅内血管、神经及脑膜等疼痛敏感结构而引起的头痛。头痛常为持续性的整个头部胀痛，呈阵发性加重，伴有喷射性呕吐及视觉障碍。

4. 颅外局部因素所致头痛　此类头痛可以呈急性发作，也可为慢性持续性头痛。常见的局部因素有眼源性头痛、耳源性头痛和鼻源性头痛。

5. 紧张性头痛　紧张性头痛亦称神经性或精神性头痛，无固定部位，多表现为持续性闷痛、胀痛，常伴有心悸、失眠、多梦、焦虑、紧张等症状。

> **知识链接**
>
> **头痛的国际分类**
>
> 1. 原发性头痛 ①偏头痛;②紧张性头痛;③丛集性头痛和其他自主神经痛;④其他原发性头痛。
> 2. 继发性头痛 ①头颈部外伤引起的头痛;②头颈部血管性病变引起的头痛;③非血管性颅内疾病引起的头痛;④某一物质或某一物质戒断引起的头痛;⑤感染引起的头痛;⑥内环境紊乱引起的头痛;⑦头颅、颈、眼、耳、鼻、鼻窦、牙齿、口腔或其他颜面部结构病变引起的头痛或面痛;⑧精神疾病引起的头痛。
> 3. 脑神经痛、中枢和原发性面痛及其他头痛。

### (三)身体状况

1. **一般情况** 评估患者是否有颅内感染、脑血管疾病、颅内肿瘤、颅脑外伤等颅脑疾病,是否有高热、高血压、肺炎等全身疾病;评估患者的工作和生活情况、经济状况,是否有发生突发事件以及精神心理因素。

2. **头痛的部位** 偏头痛多为长期反复发作的一侧头痛,女性偏头痛多与月经周期有关;高血压引起的头痛多在额部或整个头部;全身性或颅内感染性疾病引起的头痛,多为全头痛;蛛网膜下腔出血或脑脊髓膜炎患者除可表现为头痛外,还可有颈部疼痛;眼源性头痛呈浅表性,且局限于眼眶、前额或颞部;鼻源性或牙源性头痛也多为浅表性疼痛;颅内病变引起的头痛常为深在性疼痛,且较弥散,颅内深部病变引起头痛的部位不一定与病变部位相一致,但疼痛多向病灶同侧放射。

3. **头痛的程度与性质** 头痛的程度一般分为轻度、中度和重度三种,但与病情的轻重程度并无平行关系。三叉神经痛、偏头痛及脑膜刺激引起的疼痛最为剧烈;脑肿瘤引起的头痛多为中度或轻度;高血压性、血管性及发热性疾病引起的头痛,常呈搏动性疼痛;神经痛多呈电击样痛或刺痛,肌肉收缩性头痛多呈压迫感、紧箍感或钳夹样痛。

4. **头痛的时间** 颅内占位性病变引起的头痛往往在清晨加重。鼻窦炎引起的头痛也常发生于清晨或上午,丛集性头痛常在夜间发生,女性偏头痛常与月经周期有关,脑肿瘤引起的头痛多呈持续性,可有缓解期。

5. **影响头痛的因素** 咳嗽、打喷嚏、摇头、俯身等动作可使颅内高压性头痛、血管性头痛、颅内感染性头痛及脑肿瘤性头痛加重。丛集性头痛在直立时可缓解。颈部运动可加重颈肌急性炎症所致的头痛;慢性或职业性颈肌痉挛所致的头痛,可因活动或按摩颈肌而逐渐缓解。偏头痛在应用麦角胺后可得到缓解。

6. **先兆表现及伴随症状** 了解患者是否有先兆表现及伴随症状,如头晕、恶心、呕吐、面色苍白或潮红、视物模糊、晕厥或昏迷等。典型的偏头痛发作常有视觉先兆表现,并伴有恶心、呕吐、畏光,颅内感染所致的头痛常伴有高热。

7. **护理检查** 观察患者的意识状态、瞳孔大小及对光反射;测量患者的生命体征;观察患者的神经精神状况。

### (四)心理、社会状况

了解患者是否因长期反复头痛而出现恐惧、抑郁、焦虑心理;了解患者的职业、工作和生活环境;评估患者在心理上是否潜在依赖镇痛药;评估患者家属是否理解和支持患者。

### (五)辅助检查

1. **脑脊液检查** 检查患者是否有脑脊液压力增高;检查脑脊液是否为无色透明,是否有炎性改变等。

2. CT 或 MRI 检查　可用于检查颅内、外肿瘤和外伤等病灶，并协助诊断。

【主要护理诊断/问题】

疼痛：头痛　与颅内外血管舒缩功能障碍或脑部器质性病变等因素有关。

【护理措施】

（一）**一般护理**

保持环境安静、舒适、光线柔和。非器质性头痛患者应增加休息和睡眠时间，避免诱发因素。器质性头痛患者应绝对卧床休息，减少头部活动。对颅内高压患者，可将床头抬高 15°～30°，呕吐时头应偏向一侧，以防止误吸而引起窒息。

（二）**病情观察**

密切观察头痛的部位、性质、持续时间、频率、程度及伴随症状。注意观察患者的生命体征、意识及瞳孔的变化，发现异常应立即报告医师，并协助处理。

（三）**治疗配合**

1. 病因治疗　对病因明确的患者，应尽早去除病因，如对颅内感染患者，应进行抗感染治疗等。

2. 对症治疗　头痛发作的对症治疗包括药物和非药物治疗。

（1）非药物治疗：指导患者保持健康的生活方式，以冷敷、热敷、理疗、按摩、指压止痛法等方法缓解头痛。

（2）药物治疗：发作期的药物治疗包括非特异性镇痛药（如非甾体抗炎药和阿片类药物）以及特异性药物（如麦角制剂和曲普坦类药物）。对于病因不能立即纠正的继发性头痛及各种原发性头痛急性发作者，可遵医嘱予以上述药物进行对症治疗，以终止或减轻头痛症状，注意密切观察患者的不良反应。用药前告知患者镇痛药物的作用与不良反应，使患者了解药物依赖性或成瘾性的特点，如大量使用镇痛药，滥用麦角胺咖啡因可导致药物依赖。

3. 预防性治疗　对慢性头痛呈反复发作者，应予以适当的预防性治疗，以防头痛频繁发作。常用药物有普萘洛尔、氟桂利嗪、丙戊酸、加巴喷丁等，有效的预防性治疗需要持续约 6 个月，之后可缓慢减少用药剂量或停药。告知患者避免可能诱发或加重头痛的因素，如情绪紧张、进食某些食物、饮酒、用力性动作等。

（四）**心理护理**

患者常出现焦虑、紧张心理，应理解、同情患者。及时向患者解释头痛的原因及治疗和护理措施，寻找并减少头痛的诱因，帮助患者消除紧张情绪，保持身心放松，鼓励患者树立信心，积极配合治疗。

## 二、意识障碍

意识是指机体对周围环境及自身状态的感知能力。意识的内容表现为高级神经活动，包括定向力、感知力、注意力、记忆力、思维、情感和行为。意识障碍（disturbance of consciousness）是指个体对外界环境刺激缺乏反应及自身状态的识别和觉察能力出现障碍的一种精神状态。任何原因导致大脑皮质、皮质下结构、脑干网状上行激活系统等部位的损害或功能抑制，均可引起意识障碍。临床上通过患者的言语反应、对针刺的痛觉反应、瞳孔对光反射、吞咽反射、角膜反射等来判断意识障碍的程度。意识障碍按其程度可分为：嗜睡、昏睡和昏迷；昏迷又可分为浅昏迷、中昏迷和深昏迷。

【护理评估】

(一)病因与发病机制

1. 颅内疾病 ①脑血管疾病:如脑出血、蛛网膜下腔出血、脑栓塞、脑血栓形成、高血压脑病;②脑肿瘤和颅内转移癌;③颅脑损伤:如脑震荡、脑挫裂伤、颅骨骨折、颅内血肿;④癫痫。⑤颅内感染:各种脑炎、流行性脑脊髓膜炎、脑脓肿等。

2. 全身严重感染 败血症、中毒性肺炎、中毒性痢疾、伤寒、流行性出血热等。

3. 内分泌与代谢障碍 如糖尿病、肝性脑病、肺性脑病、尿毒症、糖尿病酮症酸中毒、低血糖、甲状腺危象、甲状腺功能减退症。

4. 心血管疾病 如心肌梗死、严重心律失常引起的Adams-Stokes综合征、重度休克等。

5. 水、电解质紊乱 如稀释性低钠血症、低氯性碱中毒、高氯性酸中毒等。

6. 其他 镇静催眠药、有机磷农药、乙醇、一氧化碳、氯化物等中毒;中暑、日射病、触电、淹溺等物理性或缺氧性损害。

(二)身体状况

观察患者意识障碍的程度及进展,注意其生命体征的变化,可根据患者的语言、思维、情感反应、对答是否切题、对疼痛刺激的反应、肢体活动、瞳孔对光反射、角膜反射等判断意识障碍的程度。

1. 一般情况 评估患者意识障碍的起病时间、发病情况、诱因和程度,是否有急性感染性休克、高血压、动脉硬化、糖尿病、癫痫、颅脑外伤、肿瘤等病史,是否有过度紧张、悲伤、过度饮酒、缺氧等,以及是否有服毒及毒物接触史。

2. 以觉醒度改变为主的意识障碍 包括嗜睡、昏睡、浅昏迷、中昏迷及深昏迷。

(1)嗜睡:是意识障碍的早期表现,患者表现为睡眠时间过度延长,可以被唤醒,醒后可勉强配合检查及回答简单问题,停止刺激后又继续入睡。

(2)昏睡:是比嗜睡严重的意识障碍,患者处于沉睡状态,正常的外界刺激不能使其觉醒,须经高声呼唤或其他较强刺激方可将其唤醒;患者对语言的反应能力尚未完全丧失,可进行含糊、简单而不完全的答话,停止刺激后又很快入睡。

(3)昏迷:是一种最为严重的意识障碍。患者意识完全丧失,各种强刺激均不能使其觉醒;患者有目的的自主活动消失,不能自行睁眼。按程度不同又可分为浅昏迷、中昏迷及深昏迷。

1)浅昏迷:表现为意识完全丧失,仍有较少的无意识自发动作,对周围的事物及声、光等刺激完全无反应,对强烈刺激(如疼痛刺激)可有回避动作及痛苦表情,但不能觉醒,吞咽反射、咳嗽反射、角膜反射以及瞳孔对光反射仍然存在,生命体征无明显改变。

2)中昏迷:患者对外界的正常刺激均无反应,自发动作很少,对强刺激的防御反射、角膜反射和瞳孔对光反射减弱,排尿、排便潴留或失禁,生命体征已发生改变。

3)深昏迷:进行对外界的任何刺激均无反应,全身肌肉松弛,无任何自主运动,眼球固定,瞳孔散大,各种反射均消失,排尿、排便常失禁,生命体征明显改变,呼吸不规则,血压正常或下降。

另外,也可按格拉斯哥昏迷评分(Glasgow coma score,GCS)量表对意识障碍的程度进行评估。评估项目包括睁眼反应、运动反应、语言反应3个项目,分别检测3个项目并予以计分,再将各项目分值相加求其总分,即可得到意识障碍的客观评分(见表9-1)。GCS评分的总分范围为3~15分,14~15分为正常,8~13分表示意识障碍,≤7分为浅昏迷,<3分为深昏迷。评估意识障碍的程度时,应注意运动反应的刺激部位应以上肢为主,以其最佳反应计分,并通过动态观察或动态GCS评分和记录了解意识障碍的患者,以确定其进展情况。

表 9-1　GCS 评分

| 评分项目 | 反应 | 得分（分） |
| --- | --- | --- |
| 睁眼反应 | 正常睁眼 | 4 |
|  | 对声音刺激有睁眼反应 | 3 |
|  | 对疼痛刺激有睁眼反应 | 2 |
|  | 对任何刺激均无睁眼反应 | 1 |
| 运动反应 | 可按指令行动 | 6 |
|  | 对疼痛刺激能定位 | 5 |
|  | 对疼痛刺激有肢体退缩反应 | 4 |
|  | 疼痛刺激时，肢体过度屈曲 | 3 |
|  | 疼痛刺激时，肢体过度伸展 | 2 |
|  | 对疼痛刺激无反应 | 1 |
| 语言反应 | 能准确回答时间、地点、人物等定向问题 | 5 |
|  | 能说话，但不能准确回答时间、地点、人物等定向问题 | 4 |
|  | 言语不当，但语意可辨 | 3 |
|  | 言语模糊不清，语意难辨 | 2 |
|  | 对任何刺激均无语言反应 | 1 |

3. 以意识内容改变为主的意识障碍　包括意识模糊和谵妄。

（1）意识模糊：是比嗜睡更深的意识障碍。患者可保持简单的精神活动，但对时间、地点、人物的定向能力出现障碍，思维和语言不连贯，可有错觉、幻觉、烦躁不安、谵语或精神错乱等表现。

（2）谵妄：是一种急性发作的脑高级功能障碍。患者对周围环境的认识及反应能力均有下降，表现为认知、注意力、定向、记忆功能受损，思维迟钝，语言功能障碍，可出现错觉、幻觉和睡眠觉醒周期紊乱等，还可表现为紧张、恐惧和兴奋不安，甚至可有冲动和攻击行为。引起谵妄的常见神经系统疾病有脑炎、脑血管疾病、脑外伤及代谢性脑病等。其他系统疾病也可引起谵妄，如水、电解质紊乱及酸碱平衡失调，或营养物质缺乏、高热、中毒等。

4. 特殊类型的意识障碍

（1）去皮质综合征：是指双侧大脑皮质广泛损害而导致的皮质功能减退或丧失，皮质下功能仍保存。患者无意识地睁眼、闭眼，对光反射、角膜反射存在，对外界刺激无意识反应，无自发性言语及有目的的动作，呈上肢屈曲、下肢伸直的去皮质强直姿势，常有病理征，见于缺氧性脑病、脑炎、中毒和严重颅脑外伤患者。

（2）无动性缄默症：又称睁眼昏迷，由脑干上部和丘脑的网状激活系统损害所致，大脑半球及其传出通路无病变。患者无意识地睁眼或出现眼球运动，但不能活动，无自发性言语，肌肉放松，出现不典型去脑强直姿势，对外界刺激无反应，无病理征，伴自主神经功能紊乱，但睡眠觉醒周期存在。

（3）植物状态：是指大脑半球严重受损而脑干功能相对保留的一种状态。患者对自身和外界的认知功能完全丧失，呼之不应，不能与外界交流，有自发或反射性睁眼，存在吸吮、咀嚼和吞咽等原始反射，有睡眠觉醒周期，大、小便失禁。颅脑外伤后植物状态持续 12 个月以上，其他原因持续 3 个月以上，即称为持续植物状态。

> **知识链接**
>
> **脑死亡**
>
> 脑死亡是指全脑（包括大脑、小脑和脑干）功能的不可逆性丧失，表现为意识丧失、呼吸停止、脑干和脑神经反射全部消失，但脊髓反射可以存在。现代医学观点认为一旦发生脑死亡，即意味着生命的终止。患者必须同时具备 3 个基本条件：深昏迷、自主呼吸停止和脑干反射全部消失。目前，我国尚未颁布脑死亡的判断标准，须待国家有关法规正式实施后才能诊断脑死亡。

**（三）心理、社会状况**

急性意识障碍患者常会引起家属的不安和恐惧。慢性意识障碍患者行为意识紊乱，会给家属增加精神和经济负担，家属可能产生厌烦心理和言行，导致患者出现不良的心理状态。

**（四）辅助检查**

评估脑电图检查是否提示脑功能受损，血液生化检查（血糖、血脂、电解质及血常规检查等）是否正常，头部 CT、MRI 检查是否有异常发现。

【主要护理诊断/问题】

1. 急、慢性意识障碍　与脑组织受损、功能障碍有关。
2. 有误吸、窒息的危险　与意识障碍引起咳嗽、吞咽反射减弱或消失、异物堵塞气道有关。
3. 排便失禁　与意识障碍导致排便失控有关。
4. 有发生失用综合征的危险　与意识障碍导致自主运动丧失有关。

【护理措施】

**（一）一般护理**

1. 保持呼吸道通畅　使患者取平卧位，将头偏向一侧，或取侧卧位，开放气道，取下活动性义齿，及时清除口、鼻腔内分泌物，并予以吸痰，防止舌根后坠、窒息、误吸或肺部感染。
2. 饮食护理　对意识障碍患者，应注意综合评估其意识障碍的程度、吞咽能力、营养状态及并发症风险，合理选择饮食或营养方式。肠内营养应予以高维生素、高热量饮食，补充足够的水分。对鼻饲流质饮食者，应定时喂食，保证足够的营养供给。喂食前将床头抬高≥30°，喂食后维持原体位>30 分钟，以防止患者呕吐或食物反流。
3. 日常生活护理　予以气垫床或按摩床，保持床单位整洁、干燥，减少皮肤的机械性刺激，定时予以翻身、拍背，按摩骨突处受压处，预防压疮。做好排尿、排便的护理，保持外阴皮肤清洁，预防尿路感染。注意口腔卫生，对不能自主进食者，应每天进行口腔护理 2~3 次，防止口腔感染。对出现谵妄、躁动者，应安装护栏，必要时予以适当的约束，防止患者坠床、自伤或伤人。慎用热水袋，以防止烫伤。

**（二）病情观察**

严密监测并记录患者的生命体征及意识、瞳孔的变化；观察患者否有恶心、呕吐及呕吐物的性状与量，准确记录液体出入量，预防消化道出血和脑疝发生，并做好抢救准备等。

**（三）心理护理**

关心、安慰患者，积极与家属沟通，详细解释患者的病情进展，及时消除家属的焦虑、紧张情绪。

### 三、运动障碍

运动障碍是指因神经系统执行运动功能的部分发生病变而引起的异常，可分为瘫痪、僵硬、不随意运动及共济失调等。

【护理评估】

**(一) 病因与发病机制**

运动障碍的病因包括脑和脊髓的感染及占位性病变、脑外伤、脑血管疾病、中毒及脑先天畸形等，如脑实质及脑脊膜感染、脑外伤、脑血管病变和脑肿瘤。

**(二) 身体状况**

1. 一般情况　评估患者的起病缓急、运动障碍的分布和程度；观察是否有感染、脑外伤、脑血管疾病等病史，是否有伴随症状等。

2. 运动功能　检查肌肉容积、肌张力、协调与平衡功能，患者的姿势与步态及日常生活活动能力等。

3. 肌张力　肌张力是指肌肉松弛状态下进行被动运动时所感到的阻力，或触摸肌肉时感受到的硬度。评估方法是触摸被评估者肌肉的硬度及被动屈伸其肢体时感知其阻力；以手指捏住被评估者的肌肉，感受肌肉的弹性；一手扶住被评估者的关节，另一手托起其肢体远端进行被动屈伸运动，注意感受肢体被动运动过程中的阻力。

(1) 肌张力增高：屈伸被评估者肢体时阻力较高。锥体束病变表现为痉挛性肌张力增高，开始做被动运动时阻力较大，然后迅速减小，称为折刀样肌张力增高；锥体外系病变表现为强直性肌张力增高，做被动运动时阻力始终一样增高，又称铅管样肌张力增高；若伴有震颤，则表现为规律而断续的阻力增高，称为齿轮样肌张力增高，见于震颤麻痹患者。

(2) 肌张力减弱：做被动运动时阻力减低，或触诊时肌肉松软，表现为关节过伸，见于周围神经病变、脊髓灰质炎、脊髓休克期及小脑病变等患者。

4. 瘫痪　肢体因肌力下降而出现的运动障碍称为瘫痪，是由于上、下神经元病变导致的随意运动功能减低或丧失，是神经系统常见的症状。

(1) 瘫痪的性质：患肢肌张力增高称为痉挛性瘫痪，又称中枢性瘫痪、硬瘫或上运动神经元瘫；患肢肌张力降低称为弛缓性瘫痪，又称周围性瘫痪、软瘫或下运动神经元瘫痪。二者的鉴别见表9-2。

表9-2　上、下运动神经元瘫痪的鉴别

| 鉴别要点 | 上运动神经元瘫痪 | 下运动神经元瘫痪 |
| --- | --- | --- |
| 瘫痪分布 | 以整个肢体为主（单瘫、偏瘫） | 以肌群为主 |
| 肌张力 | 增高 | 减低 |
| 腱反射 | 增强 | 减低或消失 |
| 病理反射 | 有 | 无 |
| 肌萎缩 | 无，或有轻度失用性萎缩 | 明显 |
| 肌束震颤 | 无 | 有 |
| 神经传导 | 正常 | 异常 |
| 失神经电位 | 无 | 有 |

（2）瘫痪的类型

1）局限性瘫痪：表现为某一神经根支配区或某些肌群无力，如单神经病变、局限性肌病、肌炎等所致的肌无力。

2）单瘫：表现为单个肢体运动不能或运动无力，多为一侧上肢或一侧下肢。病变部位在大脑半球、脊髓前角细胞、周围神经或肌肉等。

3）偏瘫：表现为一侧面部和上、下肢瘫痪，常伴有瘫痪侧肌张力增高、腱反射亢进和病理征阳性等体征，多见于一侧大脑半球病变（如内囊出血、大脑半球肿瘤、脑梗死）患者。

4）交叉性瘫痪：是指病变侧脑神经麻痹和对侧肢体瘫痪。中脑病变时，表现为病灶侧动眼神经麻痹，对侧肢体瘫痪；脑桥病变时，表现为病灶侧展神经、面神经麻痹和对侧肢体瘫痪；延脑病变时，表现为病灶侧舌下神经麻痹和对侧肢体瘫痪。交叉性瘫痪常见于脑干肿瘤、炎症和血管性病变患者。

5）截瘫：双下肢瘫痪称为截瘫，多见于脊髓胸腰段炎症、外伤、肿瘤等引起的脊髓横贯性损害。

6）四肢瘫痪：表现为四肢不能运动或肌力减退，见于高位颈段脊髓病变和周围神经病变患者。

（3）肌力测评：肌力是受试者主动运动时肌肉产生的收缩力。肌力可分为6级，其分级标准见表9-3。

表9-3 肌力的分级

| 分级 | 标准 |
| --- | --- |
| 0级 | 肌肉完全瘫痪，无任何肌肉收缩 |
| 1级 | 有肌肉收缩，但不能产生动作 |
| 2级 | 肢体能在床面上移动，但不能抬离床面 |
| 3级 | 肢体能抬离床面，但不能抵抗阻力 |
| 4级 | 肢体能抵抗阻力，但较正常情况差 |
| 5级 | 肌力正常 |

5. 僵硬 是指肌张力增高所引起的肌肉僵硬、活动受限或不能活动的一组综合征，包括痉挛、僵直及强直等，由中枢神经、周围神经、肌肉及神经肌肉接头的病变所引起。

6. 不随意运动 是由锥体外系病变引起的不受意志控制的无规律、无目的的面部、舌、肢体及躯干等骨骼肌的不自主活动。临床表现为震颤、舞蹈样动作、手足徐动及扭转痉挛等。不随意运动的症状可随睡眠而消失。

7. 共济失调 是指由本体感觉、前庭迷路及小脑系统损害所引起的机体维持平衡和协调不良所引起的临床综合征，包括小脑性共济失调、大脑性共济失调、脊髓性共济失调和前庭性共济失调。

（三）心理、社会状况

患者因瘫痪、僵硬及不随意运动等导致生活不能自理，易产生急躁、焦虑、抑郁、烦恼、自卑及悲观等心理。

（四）辅助检查

1. 血液生化检查 可检测血浆铜蓝蛋白、抗"O"抗体、红细胞沉降率、肌酶谱、血清钾是否有异常。

2. CT、MRI 检查　可了解中枢神经系统是否有病灶。

3. 肌电图检查　可了解脊髓前角细胞、神经传导速度及肌肉是否有异常。

4. 神经肌肉活检　必要时进行神经肌肉活检，可鉴别各种肌病和周围神经病。

【主要护理诊断／问题】

1. 躯体活动障碍　与神经、肌肉受损以及肢体瘫痪或协调能力异常有关。

2. 有发生失用综合征的危险　与肢体瘫痪、长期卧床有关。

【护理措施】

（一）一般护理

1. 休息　帮助卧床患者取舒适卧位，向患者及家属讲解翻身、拍背的重要性，协助患者定时翻身、拍背，按摩关节和骨隆起部位，以促进肢体血液循环，增进睡眠。对运动障碍的患者应注意防止跌倒，做好安全护理。

2. 饮食护理　鼓励患者摄取充足的水分和均衡饮食，养成定时排便的习惯。便秘者可适当运动和按摩下腹部，以促进肠蠕动，预防肠胀气，保持排便通畅。

3. 生活护理　保持床单位整洁、干燥、无渣屑，减少对皮肤的机械性刺激。患者需在床上大、小便时，为其提供方便的条件、隐蔽的环境和充足的时间。指导患者学会和配合使用便器；注意口腔卫生，保持口腔清洁。预防肺部及泌尿系感染等并发症。

（二）保持瘫痪肢体功能位

正确的卧位姿势可以减轻患肢的痉挛、水肿，增加舒适度，防止关节变形而丧失正常功能。患者卧床时，应将床放平，床头不宜过高，尽量避免取半卧位和不舒适的体位。取不同的体位时，均应备数个不同大小和形状的软枕予以支撑，避免被褥过重或过紧等。

（三）康复护理

1. 康复指导　告知患者及家属早期康复的重要性、训练内容及开始的时间。早期康复有助于抑制和减轻肢体痉挛姿势的出现与发展，以预防并发症、促进康复、减轻致残程度和提高生活质量。避免患者手部损伤，尽量避免在患肢进行静脉输液，慎用热水袋进行热敷等。

2. 功能锻炼　与患者和家属共同制订康复训练计划，急性期后应尽早开始肢体功能训练。其原则是：被动与主动结合，床上与床下结合，肢体功能与其他功能锻炼结合，实效性与安全性相结合，合理适度、循序渐进，活动量由小到大、训练时间由短到长。

3. 辅助治疗　根据病情指导患者合理选用针灸、理疗、按摩等辅助治疗，以促进运动功能的恢复。

（四）心理护理

向患者提供有关疾病、治疗及预后的可靠信息。关心、尊重患者，积极与患者交谈，鼓励患者表达内心的感受，帮助患者消除焦躁、悲观情绪，适应患者角色的转变。避免任何不良刺激和伤害患者自尊的言行，鼓励患者克服困难，摆脱对照顾者的依赖心理，增强自我照顾能力与自信心。营造和谐的亲情氛围和舒适的休养环境，使患者坚持配合治疗并进行功能训练。

## 四、感觉障碍

感觉障碍（sensory disorder）指机体对各种形式的刺激（如痛、温度、触、压、位置和振动）无感知、感知减退或异常的一组综合征。

【护理评估】

（一）病因与发病机制

感觉障碍的病因包括脑实质和脑脊髓膜急性或慢性感染、脑血管疾病、脑或脊髓外伤及脑肿瘤、药物及毒物中毒、全身代谢障碍性疾病等。

### （二）身体状况

应在环境安静、患者意识清楚及情绪稳定的情况下进行评估。注意评估感觉障碍的性质、部位、范围及双侧是否对称等；感觉障碍表现为刺激性症状还是抑制性症状，同时区分其临床表现类型。

1. **病史及诱因** 评估患者是否有神经系统感染、血管病变、脑肿瘤、脑外伤等病史，是否有情绪激动、睡眠不足、过度疲劳、不合作、意识不清及暗示等诱发因素。

2. **感觉障碍的临床表现** 临床上将感觉障碍分为抑制性症状和刺激性症状两大类。

（1）抑制性症状：感觉传导通路受到破坏或功能受到抑制时，患者可出现感觉缺失或感觉减退。在同一部位，各种感觉都缺失，称为完全性感觉缺失。若在同一部位仅有某种感觉障碍，而其他感觉保存，则称为分离性感觉障碍。

（2）刺激性症状：感觉传导通路受刺激或兴奋性增高时，患者可出现刺激性症状。常见的刺激性症状包括感觉过敏、感觉过度、感觉异常、感觉倒错、疼痛等。

3. **感觉障碍的类型** 不同部位的损害可引起不同类型的感觉障碍，典型的感觉障碍类型具有特殊的定位诊断价值。

（1）末梢型感觉障碍：表现为袜子或手套型痛觉、温度觉、触觉减退，见于多发性周围神经病患者。

（2）后根型感觉障碍：表现为单侧节段性感觉障碍，常伴有剧烈的神经痛等，感觉障碍的范围与神经根病变的分布一致，如腰椎间盘突出、髓外肿瘤等。

（3）传导束型感觉障碍：感觉传导束损害时，患者出现受损部位以下的感觉障碍，可表现为感觉缺失、感觉分离等。

（4）脑干型感觉障碍：表现为交叉型感觉障碍，多为脑干病变所致。患者常出现病变同侧面部和对侧肢体的分离性感觉障碍（痛、温觉缺失，而触觉存在）。

（5）皮质型感觉障碍：多为大脑皮质感觉中枢受损，病变损害某一部位。患者可出现对侧上肢或下肢分布的感觉障碍，称为单肢感觉缺失。皮质型感觉障碍的特点是精细感觉（如形体觉、两点辨别觉、定位觉、图形觉）障碍。

### （三）心理、社会状况

患者常因感觉异常而烦闷、忧虑或失眠，易产生焦虑、恐惧情绪。由于感觉障碍的患者受伤的危险性增加，往往会加重患者及家属的心理负担。

### （四）辅助检查

进行肌电图、诱发电位及 MRI 检查，以协助诊断。

【主要护理诊断/问题】

感知觉紊乱 与脑、脊髓病变及周围神经受损有关。

【护理措施】

### （一）一般护理

保持床单位整洁、干燥、无渣屑，防止出现感觉障碍的身体部位受压或受到机械性刺激。避免高温或过冷刺激，慎用热水袋或冰袋，肢体保暖需用热水袋时，水温不宜超过50℃，以防止烫伤。对感觉过敏的患者，应尽量避免不必要的刺激。

### （二）知觉训练

指导患者或家属每天用温水擦洗感觉障碍的身体部位，以促进血液循环和刺激感觉恢复，同时可进行肢体的被动运动，辅以按摩、理疗及针灸等。

### (三)心理护理

加强与患者沟通,耐心听取患者对感觉异常的叙述,并进行必要的解释和安抚,以消除患者的焦虑及烦躁情绪,积极配合治疗。

## 五、语言障碍

语言障碍(language disorder)可分为失语症和构音障碍。失语症是由于大脑语言中枢病变,使患者的听、说、阅读和书写等语言交流能力受损或丧失,包括语言表达或理解能力受损。构音障碍是因神经肌肉的器质性病变,造成发音器官肌无力、瘫痪,或肌张力异常和运动不协调等而出现的发声、发音、共鸣、韵律、吐字不清等语言形成障碍,患者具有语言交流必备的语言形成及接受能力,听、理解、阅读和书写正常。

【护理评估】

### (一)病因与发病机制

大脑语言中枢损害,见于颅内出血、感染、肿瘤、脑血管病变、损伤等患者;小脑病变;Parkinson 病;重症肌无力等。

### (二)身体状况

1. 评估内容 评估患者的意识水平、精神状态及行为表现。检查患者是否有定向力、注意力、记忆力和计算力异常。评估患者能否进行自发性交谈、命名及复述;是否有音调、速度及韵律的改变;能否理解他人的语言,按照检查者指令执行有目的的动作;能否自发书写姓名、地址,以及辨词、朗读。观察患者是否有面部表情改变、流涎或口腔滞留食物等。

2. 失语症 失语症是指在意识清楚、没有发音和构音障碍的情况下,大脑皮质与语言功能有关的区域受损导致的语言交流能力障碍,是优势大脑半球损害的重要症状之一。根据对患者自发性语言、语义理解、口语复述、匹配命名、阅读及书写能力的观察和检查,可将失语症分为以下几型,其临床特点和伴随症状见表 9-4。

表 9-4 临床常见失语症的临床特点和伴随症状

| 类型 | 临床特点 | 伴随症状 |
| --- | --- | --- |
| 运动性失语 | 口语表达障碍,非流利型口语、语言缺乏、语法缺失、电报样语言 | 轻偏瘫 |
| 感觉性失语 | 流利型口语,语义理解严重障碍,语法完好;有新语、错语和词语堆砌 | 视野缺损 |
| 传导性失语 | 不能复述、理解表达完好 | — |
| 命名性失语 | 命名不能 | — |
| 完全性失语 | 所有语言功能明显障碍 | 偏瘫、偏身感觉障碍 |
| 失写 | 能抄写,不能自发书写或写出的句子有遗漏及错误 | 运动或感觉性失语 |
| 失读 | 不认识文字、词句和图画 | 不能书写和抄写 |

3. 构音障碍 是指发音含糊不清而用词正确,与发音清楚但用词不正确的失语不同。构音障碍的病因和表现形式:下运动神经元病变,如面瘫可导致唇音障碍;迷走神经和舌下神经的周围性或核性麻痹时,患者可出现发音不清楚、无力,带有鼻音;上运动神经元疾病,如急性脑卒中导致一侧皮质延髓束病变时,仅引起暂时性构音障碍;脑性瘫痪、两侧大脑半球病变所致的假性麻痹等引起双侧皮质延髓束损害时,表现为构音不清;肌肉本身病变,如肌营养不良的面肌麻痹,可影响发音;重症肌无力侵犯咽喉部肌肉时,可引起构音障碍;锥体外系疾病和

小脑病变，由于肌张力增高，也可导致构音障碍。

### （三）心理、社会状况

患者可因各种身心疾病引起失语症，导致其与家庭、社会出现交流和沟通障碍，从而产生孤独、抑郁、烦躁、自卑等心理。注意了解患者的家庭与社会支持情况。

### （四）辅助检查

头部CT、MRI检查及肌电图检查是否有异常，新斯的明试验是否呈阳性反应等。

【主要护理诊断/问题】

语言沟通障碍　与大脑语言中枢病变或发音器官的神经肌肉受损有关。

【护理措施】

### （一）心理护理

关心、尊重患者，避免伤害患者自尊心的言行。鼓励患者克服害羞心理，大声表达，当患者进行尝试和获得成功时积极予以表扬。鼓励家属、朋友多与患者交谈，并耐心、缓慢、清楚地解释患者提出的问题，直到患者理解。营造和谐的亲情氛围和轻松、安静的语言交流环境。

### （二）沟通方法指导

鼓励患者采取任何有效的方式向医护人员和家属表达自己的需要。根据患者的情况，可选择一些实用性的非语言交流手段进行交流、沟通，如运用手势，利用符号、图画和交流画板等。

### （三）语言康复训练

由患者、家属及参与语言康复训练的医护人员共同制订语言康复计划，使患者和家属理解康复目标的设立既要考虑到患者希望达到的主观要求，又要兼顾康复效果的客观可能性。根据病情选择适当的训练方法，原则是对轻症者以直接改善语言功能为目标，而对重症者则应重点恢复其残存功能或进行试验性治疗。语言康复训练是一个由少到多、由易到难、由简单到复杂的过程。应根据患者的病情及情绪状态，循序渐进地进行训练。

## 第二节　周围神经疾病患者的护理

### 案例导入 9-1

患者，男，41岁，因"四肢末端麻木无力3天"入院；1周前因受凉后出现感冒症状，未予以重视及治疗；3天前无明显诱因出现四肢末端麻木、无力，呈进行性加重，遂入院治疗。入院第2天，患者出现四肢完全性下运动神经元瘫痪，并开始出现呼吸困难，双眼闭合不全，面部无表情，不能吞咽，构音障碍。

问题与思考：

1. 该患者入院第2天出现呼吸困难，最可能的原因什么？
2. 为全面评估患者，还需要增加哪些评估内容？

周围神经是指嗅神经、视神经以外的脑神经和脊神经根及其神经节、神经干、神经末梢和自主神经。周围神经疾病是指原发于周围神经系统的结构或功能损害的疾病。

周围神经疾病的病因复杂，可能与营养、代谢、药物及中毒、血管炎、肿瘤、遗传、外伤或机械压迫等因素相关。周围神经的再生能力很强，无论是何种原因引起的周围神经损害，只要神经元保持完好，即有可能经再生而修复，但再生的速度极为缓慢，为1~5 mm/d。周围神经疾病的发病机制包括：①前角细胞和运动神经根破坏，导致沃勒变性。②结缔组织病变可压迫周围神经或神经滋养血管,使周围神经受损。③自身免疫性周围神经病可引起小静脉周围炎症细胞浸润及神经损伤。④中毒性和营养缺乏病变可损害神经轴索或髓鞘。⑤遗传代谢性疾病可因酶系统障碍而影响周围神经。

周围神经疾病的病理改变:①沃勒变性,外伤使轴突断裂后,其远端轴突发生肿胀、变性,髓鞘崩解,神经纤维消失。②轴索变性,由中毒、代谢障碍及感染等引起,胞体蛋白质合成障碍或轴浆运输阻滞,由轴索远端向近端出现变性和脱髓鞘。③节段性脱髓鞘,由感染、中毒等原因引起节段性髓鞘破坏,而轴索保持相对完整。④神经元变性,神经元胞体变性、坏死,继发轴索变性和髓鞘破坏。

周围神经疾病的临床特点是感觉障碍、运动障碍、自主神经障碍、腱反射减弱或消失等。周围神经疾病的治疗首先是病因治疗,其次是对症支持治疗,如予以镇痛药及B族维生素等,针灸、理疗、按摩等康复治疗护理是恢复期的重要措施,可有效预防或减轻肌肉挛缩和关节变形等。

## 一、面神经炎患者的护理

面神经炎(facial neuritis)即特发性面神经麻痹(idiopathic facial palsy),是因茎乳孔内面神经非特异性炎症所致的周围性面瘫,又称贝尔麻痹(Bell palsy),是一种最常见的面神经瘫痪疾病。本病在任何年龄、任何季节均可发病,男性发病率略高于女性。一般为急性发病,症状常于数小时或1~3天内达高峰。

【病因与发病机制】

面神经炎的病因与发病机制尚未完全阐明,目前认为本病与嗜神经病毒感染有关。患者常在受凉、发生上呼吸道感染、中耳炎后发病。其发病机制是由于骨性面神经管只能容纳面神经通过,面神经一旦缺血、水肿即可导致神经受压。面神经炎早期的病理改变主要是神经水肿和脱髓鞘,严重者可出现轴索变性,以茎乳孔和面神经管内部分尤为严重。

【护理评估】

(一)健康史

询问患者发病相关因素,是否有受凉、感染、中耳炎等病史;了解患者的起病缓急;了解患者的既往健康状况等。

(二)身体状况

1. 主要症状 典型表现为患侧面部表情肌瘫痪,额纹消失,不能皱额、蹙眉,眼裂不能闭合或闭合不完全。部分患者起病前1~2天有患侧耳后持续性疼痛及乳突部压痛。

2. 体征 患侧鼻唇沟变浅,口角向健侧歪斜(露齿时更明显),不能吹口哨及鼓腮等;闭眼时,患侧眼球向外上方转动,露出白色巩膜,称为贝尔征,是本病的重要体征;少数患者可有茎乳孔附近及乳突压痛,说话时回响过度,患侧舌前2/3味觉缺失,耳廓、外耳道感觉减退和外耳道、鼓膜疱疹,称为Hunt综合征。

(三)心理、社会状况

本病多呈急性发病,评估患者是否因面部表情瘫痪、持续性疼痛而出现焦虑、烦躁、恐惧心理;了解患者的家庭及社会支持状况等。

(四)辅助检查

血常规、脑脊液检查均无明显异常。临床肌电图检查可见患侧诱发的肌电动作电位M波波幅明显减低。怀疑为颅内器质性病变时,应行头部MRI或CT检查。

【主要护理诊断/问题】

1. 体象障碍 与面神经麻痹所致口角歪斜等有关。

2. 疼痛：下颌角或乳突部疼痛　与面神经病变累及膝状神经节有关。

【护理措施】

（一）一般护理

1. 休息　急性期注意休息，防风、防寒，尤其是患侧耳后茎乳孔周围应予以保护，预防诱发。外出时可戴口罩、系围巾，或使用其他改善自身形象的恰当修饰。

2. 饮食护理　进食清淡软食，避免进食粗糙、干硬、辛辣的食物。对有味觉障碍的患者，应注意食物的冷热度，以防止烫伤口腔黏膜。指导患者餐后及时漱口，清除口腔患侧滞留的食物，保持口腔清洁，预防口腔感染。

（二）心理护理

患者突然出现面部肌肉瘫痪，自身形象改变，害怕被他人看见，不敢出现在公共场所，容易产生焦虑、急躁情绪。观察患者是否有异常的心理反应，告知患者本病大多预后良好，指导患者克服焦躁情绪和害羞心理，正确对待疾病，积极配合治疗。

（三）治疗配合

特发性面神经麻痹的治疗原则是改善局部血液循环，减轻面神经水肿，缓解神经受压，促进神经功能的恢复。

1. 理疗　急性期可在茎乳孔附近行超短波透热疗法、红外线照射或局部热敷等，有利于改善局部血液循环，减轻神经水肿。恢复期可行碘离子透入疗法、针刺或电针疗法等。

2. 药物治疗

（1）糖皮质激素：急性期尽早使用皮质类固醇，如地塞米松 10～20 mg/d，连用 7～10 天后逐渐减少用药剂量。口服泼尼松 30 mg/d，顿服或分 2 次口服，1 周后逐渐停用。

（2）神经营养药：维生素 $B_1$ 100 mg，维生素 $B_{12}$ 500 μg，肌内注射，每日 1 次，促进神经髓鞘恢复。

（3）抗病毒治疗：对急性期患者，可根据病情联合使用糖皮质激素和阿昔洛韦等抗病毒药物治疗。

3. 手术治疗　对于长期未恢复的患者，可根据患者的要求行神经吻合术。

4. 用药护理　遵医嘱准确予以激素、B族维生素、阿昔洛韦等药物治疗，注意观察药物的疗效及不良反应。

（四）预防眼部并发症

对眼睑不能闭合或闭合不全者，予以眼罩、眼镜遮挡，并使用滴眼液等予以保护，防止角膜炎症、溃疡。

（五）功能训练

指导患者尽早开始进行面肌的主动与被动运动，如对着镜子做皱眉、抬额、闭眼、露齿、鼓腮和吹口哨等动作，每天数次，每次 5～15 分钟，并辅以面肌按摩，以促进早日康复。

【健康指导】

1. 疾病知识指导　帮助患者和家属掌握疾病相关知识与自我护理方法，消除诱因和不利于康复的因素。

2. 生活指导　鼓励患者保持心情愉快，防止受凉、感冒而诱发疾病。面瘫未完全恢复时，注意用围巾或高领风衣予以适当遮挡、修饰。

3. 预防并发症　指导进食清淡软食，保持口腔清洁，预防口腔感染。保护角膜，防止角膜溃疡。

4. 功能锻炼　指导患者掌握面肌功能训练的方法，坚持每天数次面部按摩和运动。

## 二、急性炎症性脱髓鞘性多发性神经病患者的护理

吉兰-巴雷综合征（Guillain-Barré syndrome，GBS）是一种自身免疫介导的周围神经病，主要损害多数脊神经根和周围神经，也常累及脑神经。急性或亚急性起病者，常有脑脊液蛋白-细胞分离现象，但大多呈自限性，可恢复。急性炎症性脱髓鞘性多发性神经病（acute inflammatory demyelinating polyneuropathy，AIDP）是吉兰-巴雷综合征中最常见的类型，其临床特征是急性起病，迅速出现四肢对称性弛缓性瘫痪，合并脑神经麻痹、手套袜套样四肢感觉障碍以及自主神经症状。本病的主要危险是呼吸肌麻痹，抢救呼吸肌麻痹是提高治愈率、降低死亡率的关键。急性炎症性脱髓鞘性多发性神经病的年发病率为（0.6~1.9）/10万人，男性略高于女性，各年龄组均可发病。本病一年四季均可发病，尤其是夏、秋季多发。

【病因与发病机制】

（一）病因

急性炎症性脱髓鞘性多发性神经病的病因及发病机制尚不明确，众多证据提示是免疫介导的迟发型超敏反应，感染是启动免疫反应的首要因素。临床及流行病学资料显示，其发病可能与空肠弯曲杆菌（Campylobacter jejuni）感染有关。此外，还可能与巨细胞病毒、EB病毒、水痘-带状疱疹病毒等感染相关。研究显示，白血病、淋巴瘤、器官移植后使用免疫抑制剂或患者有系统性红斑狼疮、桥本甲状腺炎等自身免疫病者常合并吉兰-巴雷综合征。

（二）发病机制

分子模拟（molecular mimicry）是目前认为可能导致本病最主要的机制之一，即病原体的某些组分与周围神经某些成分的结构相同，机体免疫系统发生识别错误，导致自身免疫细胞和自身抗体对正常的周围神经组分进行免疫攻击，引起周围神经脱髓鞘。

【护理评估】

（一）健康史

询问患者发病前是否有上呼吸道感染、胃肠道感染病史及有关疫苗接种史。了解患者平时的健康状况。了解患者是否有自身免疫性疾病和使用免疫抑制剂等情况。

（二）身体状况

本病多为急性或亚急性起病，在发病前1~3周，患者常有呼吸道或消化道感染症状，也可有流行性感冒、腹泻、腮腺炎、水痘、带状疱疹等病史或疫苗接种史。一般病程呈渐进性发展，2周左右达到高峰，部分患者在1~2天内病情迅速加重。

1. 运动障碍　首发症状是肢体对称性迟缓性肌无力，从双下肢开始，并逐渐加重和向上发展至四肢，一般是下肢重于上肢，近端重于远端，表现为双侧对称下运动神经元瘫痪。严重者瘫痪平面迅速上升，侵及颈、胸神经根和脑神经，损害延髓，累及肋间肌和膈肌而发生呼吸肌麻痹，表现为呼吸困难、发绀、咳嗽无力、痰液淤积等。急性呼吸衰竭是本病患者死亡的主要原因。

2. 感觉障碍　感觉障碍症状一般较轻或缺如，发病时肢体感觉异常（如烧灼感、麻木、蚁走感、刺痛和不适感等）、感觉缺失或感觉减退，呈手套、袜套样分布，约30%的患者可有肌痛。

3. 脑神经损害及延髓麻痹　半数以上患者有脑神经损害，且多为双侧。成人以双侧面神经麻痹多见，儿童舌咽神经和迷走神经麻痹为多见，可出现吞咽困难、构音障碍、呛咳和不能咳痰，易引发肺炎、肺不张、窒息及营养不良等。其他脑神经也可受累。

4. 自主神经功能障碍　以心脏损害最常见，也最严重，表现为心律失常、心肌缺血、血压不稳定等。其他表现还有皮肤潮红、多汗、手足肿胀及皮肤干燥等。

## （三）心理、社会状况

评估患者是否因起病急骤，四肢突然瘫痪，丧失活动能力而产生焦虑、紧张等负性情绪；病变累及呼吸肌引起呼吸困难时，患者可产生恐惧和濒死感。了解患者及家属对吉兰-巴雷综合征的认知程度、患者的社会支持情况以及可利用的社区卫生服务资源情况。

## （四）辅助检查

1. 脑脊液检查　是首选的检查方法。典型的脑脊液改变是蛋白质含量升高而细胞数量正常，称为蛋白-细胞分离现象，是本病的重要特征之一，通常在起病后第 2～4 周最明显。

2. 血清学检查　少数患者出现肌酸激酶轻度升高，肝功能轻度异常。部分患者可出现血抗神经节苷脂抗体阳性。部分患者血清可检测到抗空肠弯曲杆菌、抗巨细胞病毒抗体等。

3. 肌电图检查　肌电图早期可正常。当神经髓鞘脱失时，神经传导速度明显减慢，波幅也明显降低。

 考点提示

急性炎症性脱髓鞘性多发性神经病的首发症状、患者主要的死亡原因及脑脊液的特征性表现。

【主要护理诊断/问题】

1. 低效性呼吸型态　与病变累及呼吸肌导致呼吸无力有关。
2. 躯体移动障碍　与四肢肌肉进行性瘫痪有关。
3. 恐惧　与呼吸困难、濒死感或惧怕气管切开有关。
4. 吞咽困难　与脑神经受损所致延髓麻痹、咀嚼肌无力及气管切开等有关。
5. 潜在并发症：深静脉血栓形成、营养失调等。

【护理措施】

## （一）一般护理

1. 休息与活动　急性期应使患者卧床休息，保持床单位清洁、平整。对瘫痪患者可予以气垫床，抬高患肢，并协助患者进行肢体的被动运动；协助患者定时翻身或拍背，预防压疮和深静脉血栓形成，协助患者尽量做到生活自理。

2. 饮食护理　予以高热量、高蛋白、高维生素、易消化的食物，多进食蔬菜、水果。对吞咽困难和进食呛咳者，尽早予以鼻饲或静脉营养，并注意水、电解质平衡；待患者吞咽功能恢复后，逐步恢复经口进食，进食时和进食后 30 分钟应将床头抬高，防止食物反流引起窒息和吸入性肺炎。注意口腔卫生，保持口腔清洁。

3. 安全护理　对出现运动障碍的患者，应防止其坠床和跌倒，确保安全。病区内设置保护性护栏或扶手，确保地面无障碍物；患者行走时，注意应有人陪伴或使用三脚杖等，防止意外摔伤。

## （二）病情观察

密切观察患者的生命体征，尤其注意观察呼吸的节律、频率和深度的变化；观察患者是否有胸闷、气促、发绀等缺氧表现；观察患者运动障碍与感觉障碍的程度及分布范围；观察患者是否有吞咽困难、呛咳等现象；观察患者是否有肺炎和心肌炎等并发症表现，发现异常情况应及时报告医生。

## （三）治疗配合

1. 一般治疗

（1）呼吸道管理：将重症患者收入监护室。当患者缺氧症状加重，血氧饱和度降低，动脉氧分压低于 70 mmHg 时，宜及早使用呼吸机。通常先行气管插管，如果 1 天以上未见好转，则行气管切开。根据患者的病情及血气分析结果，适当调整呼吸机的通气量和压力。加强呼吸机的管理，经常检查呼吸机连接处是否有漏气、阻塞等现象，并遵医嘱应用抗生素，以预防呼吸道感染。

（2）营养支持：延髓支配肌肉麻痹者可出现吞咽困难或饮水呛咳，需予以鼻饲营养。对合并消化道出血或胃肠麻痹者，则予以静脉营养支持。

（3）控制感染：对发生空肠弯曲杆菌感染者，可用大环内酯类抗生素治疗。

2. 免疫治疗

（1）血浆置换：可直接去除血浆中的致病因子，如抗体、补体及细胞因子等，推荐有条件者尽早使用。每次血浆置换量为 30～50 ml/kg，在 1～2 周内进行 3～5 次。禁忌证包括严重感染、心律失常、心功能不全和凝血功能障碍等。

（2）静脉注射免疫球蛋白（intravenous immunoglobulin，IVIg）：静脉注射大剂量免疫球蛋白治疗急性期患者，可获得与血浆置换治疗相近的效果，而且安全。成人剂量为 0.4 g/（kg·d），连用 5 天。

（3）糖皮质激素：目前国内外指南均不推荐使用糖皮质激素。但对无条件进行血浆置换和静脉注射免疫球蛋白治疗的患者，可试用甲泼尼龙 500 mg/d，静脉滴注，连用 5 天后逐渐减少用药剂量，或地塞米松 10 mg/d，静脉滴注，7～10 天为 1 个疗程。

3. 神经营养治疗　应用 B 族维生素治疗，包括维生素 $B_1$、$B_6$、$B_{12}$ 等。

4. 康复治疗　待患者病情稳定后，应尽早进行神经功能的康复锻炼，包括被动及主动运动、物理治疗、针灸及按摩等，以预防失用性萎缩和关节挛缩。

5. 用药护理　按医嘱准确予以免疫球蛋白、糖皮质激素等治疗，注意观察药物的疗效及不良反应。告知患者可能出现的药物不良反应和用药注意事项。

（1）免疫球蛋白：常见的不良反应是发热、面部潮红，减慢输注速度可使症状减轻。对免疫球蛋白过敏或先天性 IgA 缺乏患者禁用。因此，在用药前须仔细询问患者是否有药物过敏史、既往史等，用药过程中应注意调整输注速度，并密切观察患者用药后的反应。

（2）糖皮质激素：使用激素治疗时，患者可能出现应激性溃疡而导致消化道出血。应观察患者是否有胃部疼痛、不适和排柏油样便等。对留置鼻胃管的患者，应定时回抽胃液，注意观察胃液的颜色和性状等。

### （四）对症护理

1. 呼吸肌麻痹

（1）维持呼吸道通畅：及时排出呼吸道分泌物；鼓励患者咳嗽、深呼吸，帮助患者翻身、拍背或予以体位引流，必要时予以吸痰，以维持呼吸道畅通，防止呼吸道感染。

（2）吸氧：持续予以低流量吸氧，保持呼吸道和输氧管道通畅。观察氧疗的效果，若血氧饱和度下降，则应增加氧流量。

（3）准备抢救物品：准备急救药品，床边备吸引器、气管切开包及机械通气设备，有利于及时抢救。

（4）病情观察：动态监测患者的生命体征、吞咽情况等。使用呼吸机期间，护士应观察患者的病情变化、血气分析结果，根据病情变化调整呼吸机的各种指标。

2. 瘫痪　对肢体瘫痪者，协助定时翻身，予以按摩，进行主动和被动运动，保持瘫痪肢体处于功能位。对于足下垂的患者，用"T"型板固定双足，待患者病情稳定后，指导其加强功能锻炼，促进瘫痪肢体功能恢复。对咽肌瘫痪者，做好饮食护理，同时注意进行吞咽功能训练，促进吞咽功能恢复。

#### （五）心理护理

本病起病急，进展快，患者常因呼吸费力而感到紧张、恐惧，害怕呼吸停止，害怕气管切开及恐惧死亡，常表现为躁动不安及依赖心理。护士应及时了解患者的心理状况，主动关心患者，尽可能陪伴在患者身边，耐心倾听患者的诉说，告知患者医护人员会认真观察其病情的细微变化，使其情绪稳定和安心休息。同时，还应向患者讲解病程经过，使其认识到气管切开和机械通气的重要性，告知患者经过积极治疗和康复锻炼，大多预后良好，以增强患者治疗的信心，积极配合治疗和护理。

#### （六）并发症的预防及护理

1. **感染** 病室定时通风、消毒，防止院内感染的发生。对长期卧床不能自主咳嗽、痰液积聚而并发肺炎者，应鼓励其咳嗽、排痰，定时协助其翻身、拍背，以利于排出痰液。对痰液黏稠者，可行超声雾化吸入。吸痰时，应严格遵守无菌操作原则。加强口腔护理，防止口腔感染。

2. **关节畸形** 患者肢体不能进行自主运动及感觉缺失，容易导致压疮及外伤，肌肉挛缩可导致肢体关节畸形。应向患者及家属讲解定时翻身和早期进行肢体运动的重要性，使其配合治疗和护理。

3. **失用** 保持肢体轻度伸展，开始时帮助患者进行被动运动，防止肌肉失用性萎缩，维持运动功能。瘫痪肢体应处于功能位，防止足下垂、爪形手等后遗症的发生，必要时用"T"型板固定双足。瘫痪肢体禁用热水袋，以免烫伤。指导患者穿着抗血栓弹力袜，预防深静脉血栓形成及肺栓塞。

【健康指导】

1. **疾病知识指导** 指导患者及家属了解本病的病因、进展、常见并发症及预后；保持情绪稳定；加强营养，增强机体抵抗力；避免淋雨、受凉、疲劳和创伤，防止复发。

2. **康复指导** 待患者病情稳定后，应指导其早期进行肢体功能锻炼和日常生活活动训练，以减少并发症。坚持进行针灸、按摩和理疗，以防止或减轻肢体畸形，促进康复。运动锻炼过程中应有家人陪同，以防止跌倒、受伤。

3. **病情监测指导** 告知患者消化道出血、营养失调、压疮、下肢静脉血栓形成的表现以及预防窒息的方法。当患者出现胃部不适、腹痛、黑便，肢体肿胀、疼痛，以及咳嗽、咳痰、发热、外伤等情况时，应立即就诊。

### 三、三叉神经痛患者的护理

三叉神经痛（trigeminal neuralgia）是一种原因未明的三叉神经分布区内闪电样反复发作的剧痛，而不伴三叉神经功能破坏的症状，又称为原发性三叉神经痛。70%～80%的病例发生在40岁以上，女性稍多于男性，多为一侧发病。

【病因与发病机制】

原发性三叉神经痛的病因尚未明确，多数认为病变位于三叉神经半月节及其感觉神经根内，也可能与血管压迫、岩骨部位骨质畸形等对神经的机械压迫、牵拉和营养代谢障碍有关。继发性三叉神经痛多为脑桥小脑角占位性病变压迫三叉神经以及多发性硬化等所致。

【护理评估】

#### （一）健康史

了解患者是否有引起三叉神经痛的诱因；询问患者是否有三叉神经痛的发作史；了解患者的既往健康状况等。

### (二)身体状况

1. 症状

(1)面部剧痛:临床上以面部三叉神经分布区内突发剧痛为特点,似触电、刀割、火烫样疼痛,以面颊部、上颌、下颌或舌疼痛最明显。每次发作持续数秒或 1~2 分钟,每次发作时,疼痛的性质和部位固定;疼痛的发作和消失突然,间歇期完全正常。发作时,患者常表现为双手紧握拳或握物,或用力按压疼痛部位,或用手摩擦疼痛部位,以减轻疼痛。因此,患者多出现面部皮肤粗糙、色素沉着、眉毛脱落等现象。

(2)疼痛"扳机点":口角、鼻翼、颊部和舌等处最敏感,轻触、轻叩即可诱发,故有"触发点"或"扳机点"之称。严重者洗脸、刷牙、说话、咀嚼均可诱发,以致不敢做这些动作,导致面部和口腔卫生状况差、面容憔悴、情绪低落。

(3)周期性发作:病程可呈周期性,开始时发作次数较少,间歇期长;随着病程进展,发作逐渐频繁,间歇期逐渐缩短,甚至整日疼痛不止。本病可缓解,但极少自愈。

2. 体征 原发性三叉神经痛患者神经系统检查无阳性体征。继发性三叉神经痛患者多伴有其他脑神经及脑干受损的症状和体征。

### (三)心理、社会状况

多数患者病情反复发作,久治不愈,且病情发作时疼痛剧烈,情绪不稳定,常产生烦躁、抑郁、恐惧等心理。

### (四)辅助检查

1. 颅脑 CT、MRI 检查 可发现颅脑肿瘤、炎症等三叉神经痛的病因。

2. 神经电生理检查 三叉神经病变者可见脑干三叉神经诱发电位异常,且周围神经病变和中枢神经病变的脑干三叉神经诱发电位表现各异,可作为评价三叉神经功能的电生理检查方法。

【主要护理诊断/问题】

1. 疼痛:面颊、上颌、下颌及舌疼痛 与三叉神经受损(发作性放电)有关。
2. 焦虑 与疼痛反复、频繁发作有关。

【护理措施】

### (一)一般护理

1. 休息与活动 指导患者避免引起发作的诱因。病室内保持清洁、安静,空气新鲜,光线柔和,减少声、光刺激。指导患者作息规律,保证充足的休息,休息时将床头抬高 15°~30°,减少头部活动,以免加重病情。鼓励患者参加一些娱乐活动,如看电影、阅读杂志、听音乐等,以减轻疼痛和消除紧张情绪。

2. 饮食护理 指导患者饮食规律,选择富含营养、高维生素、质软、易咀嚼的清淡食物,多食新鲜水果、蔬菜,避免进食质硬、粗糙的食物,以免用力咀嚼而诱发疼痛。对进食咀嚼疼痛者,可予以流质、半流质饮食。

### (二)病情观察

观察患者疼痛的部位、范围、性质及疼痛的发作周期;了解患者疼痛的原因与诱因等。

### (三)治疗配合

迅速、有效止痛是治疗本病的关键。首选药物治疗。药物治疗无效或失效时,可选用其他疗法。

1. 药物治疗

(1)卡马西平:是本病的首选治疗药物,有效率可达 70%~80%。首次剂量为 0.1 g,每日 2 次,之后每天增加 0.1 g,直到疼痛控制为止,最大剂量不超过 1.0 g/d。以有效剂量维持治疗2～3周，然后逐渐减量至最小有效剂量，再服用数月后停药。

（2）苯妥英钠：初始剂量为0.1 g，口服，每日3次；若无效，则可加大剂量，最大剂量不超过0.4 g/d。

（3）其他药物：治疗神经病理性疼痛的新型药物有加巴喷丁、普瑞巴林等，具有疗效肯定、不良反应少等优势。可同时辅助使用大剂量维生素 $B_{12}$ 1000～2000 μg，肌内注射，每周2～3次，4～8周为1个疗程，对部分患者可缓解疼痛。

2. 非药物治疗　包括封闭治疗、经皮半月神经节射频电凝治疗、三叉神经感觉根部分切断术或伽玛刀等手术治疗。对药物治疗无效或有明显不良反应、拒绝手术治疗或不适合进行手术治疗者，用无水乙醇或甘油封闭三叉神经分支或半月神经节，可达到止痛效果。

3. 用药护理　指导患者遵医嘱正确服用镇痛药，注意观察药物的疗效及不良反应。指导患者避免随意更换药物或自行停药。护士应观察、记录患者用药的不良反应并及时报告医生。卡马西平主要不良反应为头晕、嗜睡、口干、恶心、消化不良等，多可自行消失，若出现皮疹、共济失调、再生障碍性贫血、昏迷、肝功能受损、心绞痛、精神症状等，则需立即停药，孕妇忌用此药。服用苯妥英钠的患者若出现头晕、步态不稳、眼球震颤等中毒症状，则应逐步减少用药剂量，直至中毒反应消失为止。加巴喷丁的常见不良反应有嗜睡、眩晕、步态不稳，随着药物的继续使用，症状可减轻或消失，孕妇忌用。普瑞巴林常见的不良反应是头晕、嗜睡和共济失调，且呈剂量依赖性，若需停药，则建议至少在1周内逐渐减少用药剂量，直至停药。

 考点提示

三叉神经痛的"扳机点"及首选治疗药物。

（四）疼痛护理

与患者探讨减轻疼痛的方法和技巧，指导患者放松身心，如听轻音乐或阅读书籍、看电视等，使全身肌肉放松；洗脸、刷牙、剃须、咀嚼等动作应轻柔，以减少对"扳机点"的刺激；气候寒冷时注意保暖，外出戴口罩，避免冷风直接刺激面部。

（五）心理护理

鼓励患者说出疼痛的感受，关心、安慰患者，向患者介绍疾病的有关知识，以消除其紧张情绪。帮助患者争取社会和家属的支持和关怀，使其树立战胜疾病的信心，积极配合治疗。

【健康指导】

1. 疾病知识指导　告知患者及其家属三叉神经痛的病因、诱发因素、疼痛特点、治疗方法及减轻疼痛的方法，使患者及其家属掌握自我护理方法。

2. 预防发作指导　指导患者注意避免刺激触发点而引起疾病发作。①对刷牙可触发疼痛者，可指导其改为餐后漱口；②用棉垫及温水洗脸；③在室温下进餐，用健侧咀嚼或进微温的软食，饮温热饮料；④避免吹风；⑤避免触摸面部；⑥避免震动床铺。

3. 生活指导　指导患者保持正常作息和睡眠，保持心态健康和情绪稳定，培养多种兴趣爱好，以分散注意力。

4. 用药指导　指导患者遵医嘱合理用药，避免随意更换药物或停药。教会患者识别药物的不良反应。服用卡马西平者，每1～2个月复查肝功能和血象1次，若出现眩晕、步态不稳、皮疹等，则应及时就诊。

# 第三节 脑血管疾病患者的护理

**案例导入 9-2**

患者，男，68 岁，6 小时前因与人争吵后突发头痛、恶心、呕吐、右侧肢体活动障碍。此后病情迅速加重，出现意识不清，大、小便失禁，无抽搐。既往有高血压病史 6 年，不规律服用抗高血压药。查体：T 36 ℃，P68 次 / 分，R 12 次 / 分，BP 180/100 mmHg；昏迷，双侧瞳孔等大，直径为 2 mm，对光反射迟钝，右侧鼻唇沟浅，右侧肢体肌力为 1 级、肌张力降低；巴宾斯基征呈阳性。

问题与思考：
1. 该患者最可能的临床诊断是什么？还需要进行哪些检查协助诊断？
2. 该患者主要的护理问题有哪些？

脑血管疾病（cerebral vascular disease，CVD）是一组由脑血管病变或血流障碍引起的局限性或弥漫性脑功能障碍的疾病总称。脑卒中是指各种原因引起的脑血管疾病急性发作，包括缺血性卒中和出血性卒中，以突然发病、迅速出现局限性或弥散性脑功能缺损为共同临床特征。脑血管疾病是中老年人的常见病、多发病，具有患病率高、致死率高、致残率高和复发率高的特点，是目前导致人类死亡的三大主要疾病之一。国家心血管病中心发布的《中国心血管健康与疾病报告 2022》指出，由于我国居民不健康生活方式流行，人口老龄化进程加快，我国现有脑卒中患者人数约 1300 万，脑血管疾病已成为我国城市居民死因顺位的第一位，农村居民死因顺位的第二位。

【脑血管疾病分类】

脑血管的分类方法对临床进行疾病诊断、治疗及预防有重要的指导意义。中华医学会神经病学分会和脑血管病学组根据脑血管疾病的病因及发病机制、病变血管、病变部位及临床表现等因素发布了《中国脑血管疾病分类 2015》，将脑血管疾病分为以下 13 类。

1. 缺血性脑血管疾病　①短暂性脑缺血发作。②脑梗死。③脑动脉盗血综合征。④慢性脑缺血。
2. 出血性脑血管疾病　①蛛网膜下腔出血。②脑出血。③其他颅内出血。
3. 头颈部动脉粥样硬化、狭窄或闭塞（未形成脑梗死）。
4. 高血压脑病。
5. 颅内动脉瘤。
6. 颅内血管畸形。
7. 脑血管炎。
8. 其他脑血管疾病。
9. 颅内静脉系统血栓形成。
10. 无急性症状的脑血管疾病。
11. 急性脑血管疾病后遗症。
12. 血管性认知障碍。
13. 脑血管疾病后情感障碍。

【脑血管疾病的病因及危险因素】

(一)病因

1. 血管壁病变　如高血压性动脉硬化和动脉粥样硬化(最常见)、结核等所致动脉炎、动静脉畸形、先天性脑血管瘤、脑外伤等。

2. 心脏病和血流动力学改变　如血压异常、心律失常、心房颤动、心脏功能障碍等。

3. 血液成分和血流动力学改变　如红细胞增多、高脂血症、血小板减少、弥散性血管内凝血等所致血液黏滞度增高或凝血机制异常。

4. 其他　如颈椎病或肿瘤压迫脑血管、血栓形成等。其中，出血性脑血管疾病主要与高血压、动脉硬化、脑动脉瘤和脑血管畸形有关。高血压和脑动脉硬化是脑出血最常见、最主要的病因。缺血性脑血管疾病主要与脑动脉粥样硬化、动脉炎、颈动脉或椎-基底动脉狭窄、血流动力学异常等有关。

(二)主要危险因素

1. 不可干预的危险因素　如性别、年龄、遗传、种族等。脑血管疾病的发病率和死亡率随年龄增长而上升，男性略高于女性，东方人高于西方人，在我国汉族高于其他民族人群。有家族史者患脑血管疾病的概率高于一般人群。

2. 可以干预的危险因素　如高血压、心脏病、糖尿病、吸烟、酗酒、血脂异常、超重或肥胖、体力活动少，以及高盐、高脂、高胆固醇饮食等。此外，高同型半胱氨酸血症、颈动脉狭窄、血液黏滞度高、亚临床脑血管硬化、饮食营养素缺乏、口服避孕药、高尿酸血症、A型人格、系统疾病或妊娠等也可增加脑血管疾病的危险。其中，高血压是公认的引起脑血管疾病的最重要的独立危险因素，心脏疾病、糖尿病、吸烟、酗酒也是重要的危险因素。

由于脑卒中患者多数疗效不满意，若能做到早发现、早干预、早治疗，则可降低人群发病率、致残率和死亡率，提高治愈率，所以社区防治是控制脑卒中的根本措施。脑卒中社区防控最重要的任务是实施三级预防：一级预防是寻找并控制危险因素，这也是最关键的预防措施；二级预防是在控制危险因素的基础上，及早发现脑卒中高危人群，对患者进行早诊断、早治疗；三级预防主要是对社区的脑卒中患者进行管理。

## 一、短暂性脑缺血发作患者的护理

短暂性脑缺血发作(transient ischemic attack，TIA)又称小卒中，是指脑动脉一过性供血不足引起的短暂性、局灶性脑或视网膜功能障碍，表现为供血区神经功能缺失的症状、体征。患者可反复发作，每次发作症状相似，一般不超过1小时，最多不超过24小时，不遗留神经功能缺陷，影像学检查无责任病灶。TIA是缺血性脑卒中最重要的危险因素和常见的先兆，若治疗不及时，则有约1/3的TIA患者将发展为缺血性脑卒中。

【病因与发病机制】

病因与发病机制尚不完全清楚。多数认为与动脉粥样硬化、脑血管痉挛、心脏病、血液成分及血流动力学改变等多种因素有关。

1. 微栓塞　源于颈部和颅内大动脉，尤其是动脉分叉处的粥样硬化斑块和其他来源的栓子，随血流进入颅内，引起相应动脉闭塞而引起临床症状。当微栓子崩解或移向远端血管时，局部血流恢复，临床症状可消失。

2. 血流动力学改变　在脑动脉粥样硬化或各种原因所致动脉严重狭窄的基础上，由于血压急剧波动导致原病变血管的血流量减少，引起一过性脑缺血症状。此类型TIA的临床症状比较刻板，发作频率较密集，每次发作持续时间短暂，一般不超过10分钟。

3. 其他　发生颅内动脉炎或无名动脉、锁骨下动脉闭塞时，上肢活动可能引起的锁骨下动脉盗血现象均可导致 TIA。

【护理评估】

**（一）健康史**

了解患者的饮食习惯，患者是否吸烟、酗酒等；询问患者是否有高血压、心脏病、高脂血症、糖尿病等慢性病史；了解患者的直系亲属是否有脑血管疾病等；是否有短暂性一过性跌倒、意识丧失等类似 TIA 的病史。

**（二）身体状况**

以中老年（50～70 岁）多见，男性多于女性。患者起病突然，可迅速出现脑部局限性神经功能缺失，历时数分钟至数小时，24 小时内完全恢复。临床上常根据受累动脉系统将 TIA 分为两大类。

1. 颈内动脉系统 TIA　最常见，临床表现与受累血管的分布有关，主要表现为大脑半球症状和单眼症状。大脑中动脉供血区受累时，患者可出现病灶对侧单瘫、轻偏瘫、面瘫、舌瘫，可伴有偏身感觉障碍和对侧同向偏盲。优势半球受累可导致失语。颈内动脉的眼支供血区受累时，患者表现为视物模糊，病变侧一过性单眼黑矇或失明，对侧感觉障碍或偏瘫。

2. 椎-基底动脉系统 TIA

（1）常见症状：眩晕、恶心、呕吐、平衡失调。患者可有单侧或双侧面部、口周麻木，对侧肢体感觉障碍、瘫痪和脑神经麻痹，表现为典型或不典型的脑干缺血综合征。

（2）特征症状：①跌倒发作，患者在仰头或转头时双下肢突然无力而跌倒，常可很快自行站起，无意识丧失。②短暂性全面遗忘，发作时，患者出现短时间记忆丧失，对时间、地点定向障碍，但说话、书写、计算力正常，无意识障碍，持续数分钟或数小时，然后完全好转，不遗留记忆损害。

（3）可能出现的症状：构音障碍、吞咽困难、共济失调、交叉性瘫痪等。

**（三）心理、社会状况**

患者常因疾病突然发作及反复发作而产生紧张、焦虑、恐惧等情绪，护士应评估患者产生负性心理的原因及程度。部分患者虽然反复发作，但未产生严重后果，因而往往疏忽大意。评估家属对疾病发生、发展、治疗及预后等知识的了解程度，评估患者家庭、朋友和社区卫生服务等社会支持系统的完善程度。

**（四）辅助检查**

1. 血常规检查　部分患者血糖、血脂、血小板聚集、血液黏滞度等指标可增高。
2. 影像学检查　磁共振血管成像、数字减影血管造影、发作时弥散加权 MRI 和正电子发射体层显像等检查均有助于查找病因。
3. 经颅多普勒超声　可见动脉狭窄、粥样硬化等。
4. 心电图检查　有助于发现心脏病变。

【主要护理诊断/问题】

1. 有受伤的危险　与一过性眩晕、黑矇、发作性跌倒有关。
2. 知识缺乏：缺乏疾病相关知识。
3. 潜在并发症：缺血性脑卒中。
4. 焦虑　与 TIA 反复发作而影响生活和工作有关。

【护理措施】

**（一）一般护理**

1. 休息与活动　发作时，应使患者卧床休息，注意枕头不宜过高，以 15°～20° 为宜，以免影响头部血液供应；指导患者仰头或转头时动作缓慢、幅度不宜过大，以防止诱发 TIA 急性发作而跌倒；对 TIA 频繁发作者，应指导其避免重体力活动，如厕、淋浴、外出时应由家人陪伴。

2. 饮食护理　予以低盐（每天不超过 6 g）、低脂、低胆固醇、足量蛋白、适量糖类饮食；指导患者多进食谷类、豆类、鱼类、新鲜蔬菜和水果，忌食油炸、辛辣食物，戒烟、限酒。

（二）病情观察

对频繁发作者，应注意观察其发作频率，每次发作的持续时间和表现。观察患者的病情是否有加重或减轻，患者是否有头痛、头晕或脑功能受损的其他表现，是否有脑梗死的先兆或是否已发生脑梗死。

（三）治疗配合

治疗原则是消除病因、减少及预防复发、保护脑功能，对短时间内反复发作的患者应采取有效治疗，防止脑梗死发生。

1. 病因治疗　是预防 TIA 复发的关键。应查找危险因素，积极治疗，如控制血压、降低血脂、控制血糖、治疗心脏病和脑动脉炎、纠正血液高凝状态、避免颈部活动过度、控制情绪和适当运动等。

2. 药物治疗　偶发 TIA 是永久性卒中的重要危险因素，需要对此类患者进行药物治疗。对于频发 TIA 的患者，需要予以急诊处理，迅速控制其发作。

（1）抗血小板治疗：抗血小板治疗可用于非心源性栓塞性短暂性脑缺血发作患者。常用药物有阿司匹林、双嘧达莫、噻氯吡啶、氯吡格雷等，可减少微栓塞的发生，对预防 TIA 复发有一定的疗效。

（2）抗凝治疗：抗凝治疗可用于心源性栓塞性短暂性脑缺血发作患者，常用药物有肝素、华法林、低分子量肝素及新型口服抗凝血药（达比加群、利伐沙班）等，适用于短期内频繁发作、发作时间较长、症状较重、无抗凝治疗禁忌证者。

（3）钙通道阻滞剂：如尼莫地平、盐酸氟桂利嗪等，可扩张血管，防止脑动脉痉挛。

（4）中药制剂：如丹参、三七、川芎、葛根素、红花、金纳多、刺五加等活血化瘀制剂。

3. 介入和外科手术治疗　对无创检查显示颈动脉狭窄≥70%、血管造影显示狭窄＞50% 或药物治疗无效者，可考虑进行血管内介入治疗，如颈动脉内膜切除术（CEA）、动脉血管成形术和支架植入术等。

4. 用药护理　指导患者按医嘱正确服药，注意观察药物的疗效和不良反应，掌握用药注意事项；使用阿司匹林等抗血小板聚集药物时，应注意观察是否有皮疹、消化道反应、白细胞减少。指导患者餐后服药，定期检查血常规。使用肝素等抗凝药物时，应注意观察是否有出血倾向，定期检测出、凝血时间和凝血酶原时间，避免发生损伤。发现异常应及时报告医生，积极治疗。

（四）对症护理

TIA 患者发作时因突发眩晕或一过性黑矇，容易跌倒、受伤，应指导患者合理休息和运动，并注意预防跌倒、受伤。发生 TIA 时，应立即卧床休息，枕头不宜太高，以 15°～20° 为宜。指导患者避免过快、过猛地做仰头或转头动作；起立时速度不宜过快，站立时间不宜过长。既往有 TIA 病史的患者应避免单独如厕、沐浴、外出和进行重体力活动等，同时应避免从事危险工作。指导患者适当进行散步、慢跑、骑自行车等运动，以改善心、脑功能。

（五）心理护理

护理人员应主动与患者交谈，了解患者的顾虑，评估患者的心理状态，消除患者的恐惧心理。向患者讲解疾病相关知识，告知患者多数 TIA 可完全恢复，不遗留任何后遗症，但也有 1/3 的患者可发展为脑卒中，应积极采取措施加以预防。

【健康指导】

1. 预防指导　告知患者积极治疗已有危险因素（如高血压、动脉硬化、心脏病、糖尿病、高脂血症）的重要性，发现异常应及时就诊。指导患者定期到门诊复查，若出现肢体麻木、乏力、眩晕等表现，应及时就医。指导患者避免各种引起血容量减少和血压下降的因素，如呕吐、腹泻、高热、大汗、快速起立或坐起等。告知频繁发作的患者尽量减少独处时间，以免发生意外。

2. 用药指导　指导患者遵医嘱坚持服药，避免随意停药或换药，注意观察药物的不良反应。

3. 复查指导　指导患者定期到门诊复查，若出现肢体麻木、乏力、眩晕、复视或突然跌倒等症状，则应及时就医。

## 二、脑梗死患者的护理

脑血栓形成、脑栓塞和腔隙性梗死统称为脑梗死（cerebral infarction，CI），又称缺血性脑卒中（ischemic stroke），是指各种原因引起脑部血液循环障碍，引起局部组织缺血、缺氧而导致局限性脑组织坏死或软化的疾病。主要是由供应脑部血液的动脉发生闭塞且未及时得到充分的侧支血液循环供应，使局部脑组织缺血、缺氧所致。脑梗死占全部脑卒中的70%～80%。临床上最常见的有脑血栓形成和脑栓塞。

### 知识链接

#### 脑血栓形成

脑血栓形成（cerebral thrombosis）是脑梗死最常见的病因，是指在脑动脉粥样硬化等动脉血管壁病变的基础上，脑动脉主干或分支管腔狭窄、闭塞或血栓形成，导致该动脉供血区局部脑组织因血流急性中断而发生缺血、缺氧性软化、坏死，并引起偏瘫、失语等相应的神经症状和体征。脑血栓形成是脑血管疾病中最常见的类型，也是脑梗死最常见的类型。本病好发于中老年人，多见于50岁以上人群，男性稍多于女性。

脑部任何血管都可发生血栓形成，以颈内动脉、大脑中动脉多见，大脑后动脉、大脑前动脉、椎-基底动脉次之。脑血栓形成根据梗死的部位可分为前循环梗死、后循环梗死和腔隙性梗死，根据起病形式可分为可逆性缺血性神经功能缺失、完全型、进展型和缓慢进展型。

【病因与发病机制】

（一）病因

1. 脑动脉粥样硬化　是脑血栓形成的最常见、最基本的病因。高血压、糖尿病、高脂血症、高年龄、吸烟等是其重要的危险因素。

2. 脑动脉炎　结缔组织疾病、细菌、病毒等感染均可导致脑动脉炎症，使管狭窄或闭塞，是年轻发病者的常见原因。

3. 其他　如血小板增多症、真性红细胞增多症、弥散性血管内凝血、脑血管畸形、肿瘤等也可引起脑血栓形成。

（二）发病机制

在动脉粥样硬化致血管腔狭窄的基础上出现了粥样斑块内新生血管破裂形成血肿，可使斑块进一步隆起甚至完全闭塞管腔，导致急性供血中断；或因斑块表面纤维帽破裂，使流入血流的粥样硬化斑块、坏死物质与脂质形成胆固醇栓子或动脉粥样硬化斑块脱落血管内皮损伤等引起血小板黏附聚集，最终导致动脉管腔完全闭塞。睡眠状态、脱水、心力衰竭、心律失常等可致心输出量减少、血压下降、血流缓慢促进血栓形成。血栓形成后动脉供血减少或完全中断，若侧支循环不能代偿，供血受累血管供应区的脑组织则发生缺血、水肿、坏死、软化；3～4周后，坏死的脑组织被清除，脑组织萎缩，小病灶形成胶质瘢痕，大病灶形成中风囊。

脑血栓形成病灶由中心坏死区和周围的缺血半暗带组成。中心坏死区缺血严重，脑组织为不可逆性损害。缺血半暗带虽有缺血，但有侧支循环存在，有大量可存活的神经元，若积极治疗缺血半暗带的损伤为可逆性，但若超过6小时不能恢复脑血流供应，缺血半暗带内细胞也将死亡，缺血中心区将进一步扩大。因而保护缺血半暗带内存活的神经元，是治疗急性脑梗死成功的关键。

【护理评估】

（一）健康史

评估患者起病的时间、主要表现及其特点。了解患者的年龄、性别，注意既往是否有动脉粥样硬化、高血压、糖尿病、心脏病、高血脂、颈动脉狭窄等病史。是否有TIA病史；注意是否长期摄入高盐、高动物脂肪饮食，是否有烟、酒嗜好，是否缺乏体育锻炼，是否有脑卒中家族史。

（二）身体状况

1. 临床特点　多见于有动脉粥样硬化的中老年人，常有高血压、高血脂、糖尿病、冠心病等病史，目前有年轻化趋势。患者常在安静、休息和睡眠中发病，早晨起床时发现一侧肢体瘫痪、不能说话。部分患者发病前有肢体麻木、无力、头痛、眩晕等前驱症状或TIA病史。起病缓慢，症状多在发病后10小时左右或1～2天达到高峰。多数患者生命体征平稳，无意识障碍和颅内高压表现，但大面积脑梗死或基底动脉闭塞严重时可出现意识障碍，甚至危及生命。

神经系统以偏瘫、失语、偏身感觉障碍、共济失调等局灶性神经功能缺损表现为主，由于血管闭塞的部位及梗死的范围不同，临床表现也不同。

（1）大脑中动脉闭塞：主要影响内囊区供血，导致对侧"三偏征"，即病灶对侧偏瘫（舌、面瘫痪，肢体瘫痪）、偏身感觉障碍和同向性偏盲。优势半球（常为左半脑）受累时，患者可有不同程度的失语。特定部位损害时，患者可出现失读、失写、失认等情况。

（2）颈内动脉闭塞：患者除有大脑中动脉和（或）大脑前动脉闭塞症状外，还有病灶侧单眼一过性黑矇或霍纳综合征、颈动脉搏动减弱等症状。

（3）椎-基底动脉闭塞：主要影响脑干及小脑的功能，临床表现为交叉性感觉障碍、交叉性瘫痪、眩晕、呕吐、共济失调、眼球震颤、复视、眼肌麻痹、构音障碍、吞咽困难。基底动脉主干闭塞时，患者可迅速死亡。

2. 临床类型

（1）完全型：起病6小时内病情达到高峰，病情重，表现为一侧肢体完全性瘫痪，甚至昏迷，临床上需要与脑出血相鉴别。

（2）进展型：症状在发病48小时内逐渐进展或呈阶梯式加重，此类患者占40%以上。

（3）缓慢进展型：起病2周以后，症状仍逐渐发展。

（4）可逆性缺血性神经功能缺失：症状和体征持续时间超过24小时，但1～3周内可完全恢复，不留任何后遗症。脑血栓形成按病程可分为急性期（1～2周）、恢复期（2周～6个月）和后遗症期（6个月以后）。

（三）心理、社会状况

评估患者是否因突然发生感觉障碍、运动障碍、失语，可能的后遗症、恢复时间漫长及经济压力等而产生焦虑、恐惧、悲观等负性情绪。评估患者及照顾者对疾病的认知程度，家属对患者的关心程度以及对疾病治疗的支持情况等。

### (四)辅助检查

1. **头颅 CT 检查** 是最常用的检查。发病 24 小时内头颅 CT 检查多无改变,24 小时后脑梗死区示低密度病灶,提示脑组织已发生变性、坏死(图 9-1)。但需要注意,CT 检查不易发现脑干、小脑病灶及较小的梗死灶。

2. **脑 MRI 检查** 弥散加权成像可在发病 2 小时内显示缺血组织的部位、范围和动脉管壁病变,还可显示皮质下、脑干和小脑的小梗死灶,是早期诊断的重要方法。

3. **血管病变检查** 包括颈动脉超声、数字减影血管造影(DSA)、磁共振血管成像(MRA)、CT 血管成像(CTA)等。数字减影血管造影(DSA)是脑血管病变检查的金标准,可显示血栓形成的部位、程度及侧支循环的建立情况,但不

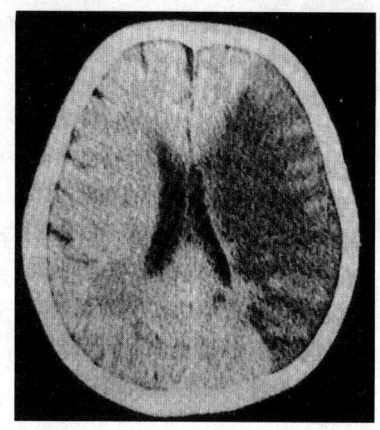

图 9-1 CT 扫描示低密度脑梗死灶

作为脑梗死的常规检查。颈动脉彩色多普勒超声检查有助于判断颅内外血管狭窄、闭塞、痉挛及侧支循环建立情况,还可用于监测溶栓,判断预后。

4. **其他** 血常规、尿常规、血糖、血脂、血流动力学、凝血功能、心电图等检查,可提示目前存在的危险因素。

 **考点提示**

脑血栓形成发病的临床特点及首选检查方法。

【主要护理诊断/问题】

1. 躯体移动障碍  与偏瘫或平衡功能降低有关。
2. 语言沟通障碍  与大脑语言中枢功能受损有关。
3. 吞咽障碍  与意识障碍或延髓麻痹有关。
4. 感知紊乱  与脑部病变有关。
5. 有发生失用综合征的危险  与肢体瘫痪、长期卧床、体位不当或异常运动模式有关。
6. 生活自理能力缺陷  与肢体瘫痪有关。
7. 焦虑  与脑部病变导致偏瘫、失语或缺少社会支持等有关。

【护理措施】

(一)一般护理

1. **休息与体位** 急性期患者应绝对卧床休息,取平卧位,避免搬动,以增加脑部的血液供应;禁用冰袋等冷敷头部导致血流量减少而加重病情。对偏瘫、意识障碍或烦躁不安的患者,应安装护栏,以防止坠床。待患者病情平稳时,可指导其早期进行主动和被动运动,防止发生深静脉血栓形成和压疮。鼓励恢复期患者尽可能独立完成生活自理活动,以增进患者自我照顾的能力和信心。

2. **饮食护理** 对于能吞咽者,鼓励其自行进食,选择低盐、低脂、低胆固醇、高蛋白、高维生素的流质、半流质饮食或软食,少食多餐;避免进食粗糙、干硬、辛辣等刺激性食物,戒烟、限酒。能坐起的患者取坐位,头略前倾,不能坐起的患者取仰卧位,将床头抬高 30°,头下垫枕,使头略前屈。告知患者进餐时避免说话,减少进餐时环境中分散其注意力的干扰因素。进食后保持坐位 0.5~1 小时,以防止食物反流。对出现轻度吞咽障碍或饮水呛咳的患者,予以糊状饮食,避免饮水、茶等稀薄液体,避免用吸管饮水、饮茶,进食时取半卧位或坐位,嘱其将头偏向健侧肩部,吞咽时下颌内收,从健侧缓慢吞咽。对重度吞咽障碍者,遵医嘱予以

胃管鼻饲，并做好留置胃管的护理。

（二）病情观察

密切观察患者的生命体征、神志、瞳孔等的变化；注意观察患者是否有颅内压增高或脑疝征象；观察患者是否有肢体瘫痪、感觉障碍加重或新发生。发现异常应及时通知医生。

（三）治疗配合

本病是神经内科急症，治疗应遵循超早期、个体化、整体化的原则。发病后应争取在治疗时间窗内选择最佳治疗方案，并根据疾病分期、分型等实施个体化治疗方案，采取病因治疗、支持治疗、对症治疗和康复治疗等综合措施。

1. 急性期治疗

（1）一般治疗：对脑干卒中和大面积脑梗死等病情严重者，需要予以吸氧与通气支持。

（2）早期静脉溶栓：是目前恢复血流最重要的措施。在发病后 6 小时内，尽早采用溶栓治疗可使血栓溶解，组织局部血液供应恢复，从而挽救缺血半暗带组织，缩小梗死灶，避免脑损伤加重，减轻脑水肿。常用药物有重组纤溶酶原激活剂（rt-PA）、尿激酶、替奈普酶，其中前 2 种是我国目前使用最多的溶栓药。恢复期患者禁用溶栓治疗。

（3）血管内介入治疗：包括动脉溶栓、旁路移植术、机械取栓、血管成形术和支架植入术等。遵循静脉 rt-PA 溶栓优先原则，若患者符合静脉溶栓和血管内机械取栓适应证，则应先进行 rt-PA 静脉溶栓。

（4）调整血压：急性期应将患者血压维持在比平时稍高的水平。一般不使用抗高血压药，主要针对导致血压升高的因素，如疼痛、呕吐、卒中应激等采取措施。发病 72 小时内，对收缩压≥200 mmHg 或舒张压≥110 mmHg，或伴有急性冠脉综合征、急性心力衰竭、主动脉夹层等其他需要治疗的合并症患者，可予以缓慢降压治疗，且在卒中发病 24 小时内降压一般不超过原有血压水平的 15%，以免脑血流灌注不足，使脑梗死加重，可选用拉贝洛尔、尼卡地平等药物。血压过低时，应补液或予以多巴胺、间羟胺等药物升压。

（5）抗血小板治疗：抗血小板治疗首选阿司匹林，未行溶栓治疗的急性脑梗死患者应在 48 小时内尽早服用。对溶栓患者，不主张在溶栓 24 小时内应用，以免增加出血风险。对阿司匹林过敏或不能使用者，可用氯吡格雷替代。

（6）抗凝治疗：一般不推荐急性期应用抗凝血药来预防卒中复发、阻止病情恶化或改善预后。对血液呈高凝状态，且伴有深静脉血栓和肺栓塞的高危患者，可以使用预防性抗凝治疗。常用药物有肝素、低分子量肝素、华法林等，但出血性梗死或伴有高血压的患者禁用。

（7）防治脑水肿：脑水肿常于发病后 3～5 天达高峰，多见于大面积脑梗死患者。严重脑水肿和颅内压增高是急性重症脑梗死患者的常见并发症和主要死亡原因，应尽早防治。常用 20% 甘露醇快速静脉滴注，大面积脑梗死时，可加用激素。对心、肾功能不好的患者，可改用呋塞米，也可用甘油果糖等治疗。

（8）控制血糖：急性期患者血糖升高较为常见，可以是原有糖尿病的表现或应激反应。当患者血糖>10 mmol/L 时，应立即予以胰岛素治疗，使血糖控制在 7.8～10 mmol/L。当血糖<3.3 mmol/L 时，应予以 10%～20% 葡萄糖口服或静脉注射。

（9）保护脑组织：服用自由基清除剂、他汀类药物、钙通道阻滞剂等药物，以保护脑组织，促进大脑功能恢复。他汀类药物在保护内皮功能、恢复脑血流、控制炎症等方面可以发挥神经保护作用，近来研究提示脑梗死急性期短期停用他汀类药物与病死率和致残率增高有关。推荐急性脑梗死发病前已服用他汀类药物的患者，继续使用他汀类药物。

（10）其他治疗：如高压氧治疗、中医药治疗等。

2. 恢复期治疗 脑血栓形成恢复期指患者的生命体征稳定，临床表现不再加重，并发症得到有效控制。恢复期应积极进行康复治疗和护理,促进神经功能恢复。

3. **后遗症期治疗** 脑血栓形成后遗症期应联合应用中药、针灸、按摩以及康复和运动疗法、作业疗法、语言康复、心理疗法等多种方法,可有效缩短疗程,降低肢体致残率和患者死亡率。

4. **用药护理** 对脑血栓患者,常联合应用溶栓、抗凝、扩血管等多种药物治疗。护士应遵医嘱正确给药,并密切观察药物的疗效和不良反应。

(1)溶栓、抗凝药物:遵医嘱使用溶栓、抗凝药物,严格把握药物剂量,用药中及用药后密切观察意识和血压变化,注意是否有皮肤、消化道、颅内等部位出血,监测出凝血时间、凝血酶原时间,定期进行神经功能评估。如果患者出现严重的头痛、恶心、呕吐、急性血压增高、脉搏减慢等应考虑并发颅内出血,立即停用溶栓、抗凝药物,协助紧急头颅CT检查。同时还要观察是否有栓子脱落引起的小栓塞,注意是否有腹痛、皮肤肿胀、发红及肢体疼痛、功能障碍等,发现异常应及时报告医生处理。

(2)钙通道阻滞剂:应密切观察血压变化,控制输液滴速(一般<30滴/分),指导患者和家属不能随意调节输液速度,注意观察是否有头部胀痛、颜面部发红、血压降低等症状,发现后及时报告医护人员。

 **考点提示**

脑血栓急性期的体位、主要治疗措施以及溶栓、抗凝治疗的用药护理。

### (四)对症护理

1. **预防肺部及尿路感染** 鼓励患者深呼吸,定时协助患者翻身、拍背,避免饮食和饮水误入气管,保持呼吸道通畅;在病情稳定的情况下,指导患者尽早活动。鼓励患者多饮水,保持外阴清洁,尽量不采用留置导尿管。对留置导尿管的患者,应做好导尿管的护理,避免发生感染。

2. **预防压疮** 保持床单位整洁、干燥,每2小时协助患者翻身、按摩1次,避免拖拉患者。对大、小便失禁的患者,应随时做好清洁,及时更换被服。必要时使用气垫床。

3. **预防口腔溃疡** 保持口腔清洁,对生活不能自理的患者,每日进行口腔护理。

4. **预防便秘** 训练患者养成定时排便的习惯,鼓励患者在病情稳定后尽早活动,注意多饮水,多进食富含纤维素的食物,以顺时针方向按摩患者腹部,必要时遵医嘱予以缓泻剂或使用开塞露。

### (五)康复护理

1. 语言障碍

(1)沟通方法指导:评估患者沟通障碍的程度、类型,发音器官是否有病变。鼓励患者采用多种方式向医护人员或家属表达自己的需要,可以借助某些符号、插画、图片、表情、手势、交流板或交际效果技术等进行简单而有效的双向沟通方式,以提高沟通效果。

(2)语言康复训练:制订个体化全面语言康复计划,并组织实施。最好在语言治疗师的指导下协助患者进行训练,具体方法有肌群运动训练、发音训练、复述训练、命名训练等。

2. **运动障碍** 根据患者的年龄、性别、体质、疾病性质及程度,选择合适的运动方式、持续时间及运动强度等。康复训练的原则是循序渐进,活动量由小渐大,训练时间由短到长,被动与主动运动、床上与床下运动相结合,健肢辅助患肢进行运动等。

(1)早期康复训练:告知患者及家属早期康复的必要性和重要性,鼓励病友间交流康复经验。缺血性脑卒中患者于生命体征平稳后48小时即可开始训练。在不影响治疗的情况下,康复训练开展越早，功能恢复的可能性越大。①保持良肢位。②刺激患侧：鼓励家属与患者交谈时多在其患侧进行，引导偏瘫患者将头偏向患侧。③体位变换训练：翻身可刺激全身反应，是抑制痉挛和减少患侧肢体受压最具有治疗意义的活动。④床上训练：关节被动活动、Bobath 握手、床上桥式运动及坐起训练等均有助于缓解痉挛和改善异常运动模式。

（2）恢复期康复训练：主要是训练患者的平衡和协调能力、日常生活活动能力（如洗脸、漱口、穿脱衣服、系纽扣、如厕等）。鼓励患者自行进食，指导患者使用各种餐具等。

（3）中医康复治疗：指导患者合理使用按摩、针灸、电针等物理治疗。

3. 感觉障碍　评估感觉障碍的部位、表现及程度。保持衣物、床单柔软、平整，注意保暖，尽量避免在感觉障碍处用冰袋或热水袋，以防止冻伤或烫伤；避免搔抓、重压感觉异常处皮肤；对感觉障碍的肢体进行按摩、拍打、针灸、理疗、被动运动等，并用冷、热、电等刺激局部皮肤，以促进感知功能恢复；每日用温水擦洗感觉障碍部位，以促进血液循环。

4. 吞咽障碍　常用反复唾液吞咽测试和饮水试验评估患者吞咽困难的持续时间和发生频率等。根据患者的进食特点和吞咽困难程度指导其正确进食。对口腔准备期差的患者，应采用最容易吞咽的食物，胶冻样食物密度应均匀、不易松散，如菜泥、蛋羹、果冻等。

（六）心理护理

医护人员应同情、理解患者，主动关心患者，向患者解释病情，及时向其传递病情好转的消息，以消除其紧张情绪。耐心倾听患者的主诉，加强巡视，随时了解患者的需求，及时解决，以消除其顾虑和担心。及时发现患者的心理问题，并通过解释、安慰、鼓励、保证等方法有针对性地进行心理治疗，指导患者配合治疗、康复的方法，教会患者深呼吸、听音乐等减轻恐惧的放松技术。告知家属予以患者精神和物质上的支持，使患者保持情绪稳定，增强其战胜疾病的信心。

【健康指导】

1. 疾病知识指导　指导患者和家属了解本病的病因、临床表现、自我护理方法，指导患者控制脑血栓形成的危险因素。

2. 休息与活动指导　指导患者充分休息，增强体质，在医务人员的指导下适当锻炼，如慢跑、散步等，每天 30 分钟以上，避免剧烈运动。保持心情舒畅，避免精神紧张。注意防寒保暖，预防感冒。鼓励患者戒烟、限酒，控制体重，指导患者变换体位时动作宜缓慢，转动头部时不宜过急、过猛，洗澡时间不宜过长，尽量避免单独外出。

3. 饮食指导　指导患者合理饮食，注意改变不良的饮食习惯，详见饮食护理。

4. 用药和复查指导　指导患者遵医嘱正确服用降血压、降血糖和调血脂等药物，并定期复查。当患者出现头晕、头痛、一侧肢体麻木无力、说话吐词不清或进食呛咳、发热、外伤时，家属应及时其协助就诊。

5. 康复指导　教会患者和家属基本康复技能与生活护理技术。指导患者循序渐进、持之以恒地进行康复训练。偏瘫和失语需要较长的康复时间，应鼓励患者树立信心，坚持不懈。家属应关心、体贴患者，予以患者精神支持和生活照顾，鼓励和督促患者坚持锻炼，尽量做力所能及的家务等，增强自我照顾的能力，以促进康复。

**知识链接**

### 脑栓塞

脑栓塞（cerebral embolism）是指血液中异常的固体、液体、气体等各种栓子随血流进入脑动脉，导致血管腔急性闭塞、血流中断，引起相应供血区脑组织缺血性坏死，出现局灶性神经功能障碍。脑栓塞占脑梗死的15%～20%。脑栓塞可以发生在脑血管的任何部位，以颈内动脉系统特别是大脑中动脉最常见，椎动脉和基底动脉栓塞少见。任何年龄均可发病，以青壮年发病率较高。

【病因与发病机制】

（一）病因

脑栓塞的栓子根据来源可分为心源性栓子、非心源性栓子和来源不明性栓子三大类。

1. 心源性栓子　心源性栓子占脑栓塞的60%～70%，是脑栓塞最常见的原因。引起脑栓塞的常见心脏疾病有非瓣膜性心房颤动、风湿性心脏瓣膜病、感染性心内膜炎、心肌梗死、心肌病、心脏黏液瘤、二尖瓣脱垂及心脏手术、心导管检查等，其中以风湿性心脏病二尖瓣狭窄并发心房颤动栓子脱落引起者最多见，占脑栓塞患者的一半以上。风湿性心脏病引起者以中青年为多，冠心病及大动脉病变引起者以中老年居多。

2. 非心源性栓子　主动脉弓及颈动脉粥样硬化斑块脱落形成的栓子，也是引起脑栓塞的重要原因。感染性脓栓、脂肪栓子、癌性栓子、气体栓子、寄生虫虫卵栓子、异物栓子等均可引起脑栓塞。

3. 来源不明性栓子　约30%的脑栓塞其栓子来源不明，应用现代先进设备、方法经仔细检查仍未能找到其来源，无法确定其原因。

（二）发病机制

栓子进入血管后阻塞脑动脉，并刺激血管壁，导致脑动脉痉挛，或继发血栓形成，加重栓塞后的症状，导致脑组织缺血、缺氧、坏死。脑部任何血管均可发生栓塞，以颈内动脉系统特别是大脑中动脉最常见。

【护理评估】

（一）健康史

评估患者既往是否有风湿性心脏病、心房颤动、感染性心内膜炎、心肌梗死或心肌病等心脏病史，是否有大血管动脉粥样硬化、感染、骨折、癌肿、寄生虫病等病史，是否有手术、分娩，是否有加压输液、输血等。评估患者是否有提取重物、剧烈运动、用力排便等诱发因素。

（二）身体评估

脑栓塞发病常无明显诱因，多为急骤发病，常在活动时突然发生，是发病最急的脑卒中，进展快，数秒至数分钟可达到高峰。多数患者无前驱症状，一般意识清楚或有短暂性意识障碍，少数患者由于反复发生栓塞，病情可在数天内呈阶梯式进行性恶化。大多数患者有栓子来源的原发病（如风湿性心脏病）的表现。部分患者有脑外（如皮肤、肺、肾、脾、肠系膜等处）栓塞的证据。

患者的神经系统表现与脑血栓形成相似，二者临床特征的区别见表9-5。栓塞的大脑动脉不同，神经系统表现亦不同。常见的临床症状包括偏瘫、偏身感觉障碍、失语、偏盲等，多数患者神志清楚，伴有局限性抽搐，个别患者有反复发作（栓子未消除）、昏迷、颅内高压等情况。栓塞时，血管壁被破坏，血流恢复后易发生血液渗漏而出血，所以脑栓塞患者较易发生出血性梗死。严重者可突然发生昏迷、全身抽搐，可因脑水肿或颅内压增高继发脑疝而死亡。

急性脑血管疾病的鉴别见表9-5。

表 9-5　急性脑血管疾病的鉴别

| 鉴别要点 | 脑血栓 | 脑栓塞 | 脑出血 | 蛛网膜下腔出血 |
|---|---|---|---|---|
| 发病年龄 | 多在 50 岁以上 | 青壮年 | 多在 50 岁以上 | 不定 |
| 常见病因 | 动脉粥样硬化 | 风湿性心脏病 | 高血压、动脉硬化 | 动脉瘤、动脉畸形 |
| TIA | 常有 | 可有 | 少见 | 无 |
| 起病时状况 | 安静或睡眠 | 不定 | 情绪激动、活动 | 情绪激动、活动 |
| 起病缓急 | 起病较慢 | 最急 | 急 | 急骤 |
| 意识障碍 | 无或轻度 | 少见、短暂 | 常有，重而持续 | 少见，轻而短暂 |
| 头痛、呕吐 | 多无 | 少见 | 常有 | 头痛剧烈、呕吐频发 |
| 生命体征 | 平稳 | 平稳 | 明显变化 | 正常或发生变化 |
| 偏瘫 | 多见 | 多见 | 多见 | 无 |
| 脑膜刺激征 | 无 | 无 | 可有 | 明显 |
| 脑脊液 | 多正常 | 多正常 | 压力增高，可含血液 | 压力增高，呈血性 |
| CT 表现 | 脑内低密度影 | 脑内低密度影 | 脑内高密度影 | 蛛网膜下腔、脑室内高密度影 |

### （三）心理、社会状况

评估患者是否因发病突然、症状明显、病情危重而感到恐惧、焦虑不安等。评估患者家属对疾病的了解程度、对患者的关心程度，以及家庭经济情况等。

### （四）辅助检查

1. **影像学检查**　头颅 CT 检查可显示脑栓塞的部位和范围。在发病 24～48 小时内，病变部位呈低密度影像；发生出血性梗死时，可见低密度影像周围有 1 个或多个高密度影像。

2. **脑脊液检查**　发生大面积栓塞时，脑脊液压力增高。发生出血性脑梗死时，脑脊液中可见红细胞；发生亚急性感染性心内膜炎时，脑脊液中含有细菌栓子；发生脂肪栓塞时，脑脊液中可见脂肪球。

3. **其他检查**　超声心动图检查可发现心腔内附壁血栓，证实心源性栓子的存在。心电图检查可发现心律失常、心肌梗死等证据。

**考点提示**

脑栓塞发病最常见的病因及临床特点。

【主要护理诊断/问题】

参见本节"脑血栓形成"。

【护理措施】

### （一）治疗配合

脑栓塞的治疗主要针对脑栓塞和引起栓塞的原发病两方面进行。

1. **针对脑栓塞的治疗**　脑部病变所致脑栓塞的治疗与脑血栓形成的治疗相似。心源性栓塞容易复发，因此急性期患者应卧床休息数周，避免活动量过大。对感染性栓塞者，应使用足量有效的抗生素，禁止溶栓或抗凝治疗。对脂肪栓塞者，应用肝素、5% $NaHCO_3$、低分子右旋糖酐、脂溶剂等溶解脂肪。对空气栓塞者，应指导其取头低左侧卧位，予以高压氧治疗。

2. 治疗原发病　消除栓子的来源是防止脑栓塞的重要环节。对风湿性心脏瓣膜病患者，应进行介入或手术治疗，纠正心律失常。对感染性心内膜炎患者，应用抗生素治疗。采用抗凝疗法可预防血栓扩散或新的血栓形成，并促使血栓溶解。但对出血性脑栓塞者，需停用溶栓、抗凝和抑制血小板聚集药物，以免引起出血，可适当用止血、脱水和调节血压的药物。

（二）其他护理措施

详见本节"脑血栓形成"。

【健康指导】

告知患者和家属本病的病因和控制原发病的重要性，指导患者遵医嘱治疗，定期复查。其他详见本节"脑血栓形成"。

### 三、脑出血患者的护理

脑出血（intracerebral hemorrhage，ICH）是指原发性非外伤性脑实质内自发性出血。脑出血占全部脑卒中的20%～30%，是病死率及致残率最高的脑卒中。脑出血以大脑半球基底节区最常见，少数发生在脑干和小脑等部位。脑出血常发生于50～70岁老年人，患者多有高血压病史。随着高血压发病的年轻化，脑出血发病年龄也趋于年轻化，男性发病率略高于女性，好发于冬、春季节。

【病因与发病机制】

（一）病因

高血压合并脑内细、小动脉硬化是引起脑出血最常见的病因，其他病因有动-静脉血管畸形、颅内动脉瘤、脑底异常血管网病、脑淀粉样血管病、脑动脉炎、梗死性出血、血液病、抗凝或溶栓治疗等。

（二）发病机制

由于脑血管自身在解剖结构上有薄弱点（脑动脉管壁的外膜和中层比较薄弱，豆纹动脉从大脑中动脉直角发出，承受较高压力，容易发生破裂），长期高血压导致脑细小动脉形成微小动脉瘤或夹层动脉瘤。在此基础上，当情绪激动、排便、用力等诱因引起血压骤然升高时，微小动脉瘤即突然破裂出血。豆纹动脉和旁正中动脉等深穿支动脉又称出血动脉，是大脑中动脉主干直接发出的一个小分支，呈直角，受高压血流冲击最大，此处也是微动脉瘤的多发部位。因此，当血压骤然升高时，豆纹动脉出血最常见，导致基底节区即内囊附近最容易出血。

【护理评估】

（一）健康史

评估患者既往无高血压、动脉粥样硬化、血液病、脑血管畸形、脑动脉瘤、脑动脉炎、脑肿瘤、家族卒中史等；起病前是否有情绪激动、用力活动、劳累、用力排便、饮酒等诱因；是否有头晕、头痛、肢体麻木和口齿不利等前驱症状；评估患者性格特点、生活习惯和饮食方式，注意患者是否长期摄入高钠盐、高动物脂肪饮食。

（二）身体状况

1. 临床特点　脑出血多见于50岁以上有高血压病史者，男性略多见，多发生在冬季。脑出血常在白天因情绪激动、活动过度、用力排便、饮酒等诱发；发病突然，多无前驱症状，少数有头晕、头痛、肢体麻木、口齿不清等表现。起病急，发病时血压明显升高，常在数分钟至数小时内达到高峰。急性期主要表现为剧烈头痛、喷射性呕吐、头晕，病情进展迅速，随即出现意识障碍、偏瘫、失语、抽搐及大、小便失禁等。出血量多时，可导致颅内压增高，引起脑疝而导致患者死亡。

2. 局灶性神经受损体征

（1）基底节区（内囊出血）：约占脑出血的70%，包括壳核出血、丘脑出血和尾状核头出血。①壳核出血：最常见，占50%~60%，由豆纹动脉尤其是其外侧支破裂所致，出血常累及内囊，导致"三偏征"，即病灶对侧偏瘫、偏身感觉障碍和同向性偏盲，双眼不能向病灶对侧同向凝视，优势半球受损时，患者可有失语。②丘脑出血：由丘脑膝状体动脉和丘脑穿通动脉破裂所致。丘脑出血时，患者除有"三偏征"外，还可有特征性眼征（双眼不能向上凝视或凝视鼻尖、眼球会聚障碍和瞳孔对光反射迟钝）。优势侧丘脑出血时，患者可出现丘脑性失语、丘脑性痴呆、精神障碍、认知障碍和人格改变等。③尾状核头出血：较为少见，临床表现酷似蛛网膜下腔出血。基底节区出血量小（<30 ml）者临床症状较轻，出血量较大（>30 ml）者临床症状较重，可有意识障碍，引发脑疝甚至死亡。

（2）脑干出血：约占脑出血的10%，由基底动脉的脑桥支破裂所致，包括脑桥出血、中脑出血及延髓出血，以脑桥出血多见，偶尔可见中脑出血，延髓出血罕见。脑桥出血患者常表现为突发头痛、呕吐、复视、眩晕、交叉性瘫痪或偏瘫等，头部和眼球转向非出血侧，呈"凝视瘫肢"状。大量出血（>5 ml）累及双侧脑桥常破入第四脑室，患者可立即出现昏迷、双侧瞳孔呈针尖样大小、四肢瘫痪、去大脑强直发作、呕吐咖啡样胃内容物、中枢性高热和中枢性呼吸衰竭等表现，多数在48小时内死亡。

（3）小脑出血：约占脑出血的10%，表现为突然起病，患者可出现枕部剧痛、眩晕、共济失调、频繁呕吐、眼球震颤、站立和步态不稳，无肢体瘫痪。出血量多时，病情发展迅速，患者可出现颅内压迅速增高、昏迷、双侧瞳孔呈针尖样缩小、中枢性呼吸衰竭、枕骨大孔疝而死亡。

（4）脑叶出血：占脑出血的5%~10%，以顶叶最常见，其次为颞叶、枕叶、额叶。患者常出现头痛、呕吐、失语等，昏迷较少见。顶叶出血的特点是肢体偏瘫较轻，偏身感觉较重。

（5）脑室出血：占脑出血的3%~5%。出血量小时，患者意识清楚或意识障碍较轻，临床表现似蛛网膜下隙出血。出血量多时，患者可突然出现头痛、呕吐、深昏迷，常伴强直性抽搐，双侧瞳孔缩小，四肢肌张力增高，病理反射征呈阳性。早期可出现去大脑强直和脑膜刺激征阳性，常出现下丘脑受损表现。

**考点提示**

脑出血最常见的病因、临床特点及"三偏征"等。

### （三）心理、社会状况

了解患者是否因起病突然、病情危重、死亡率高而出现紧张、焦虑、恐惧等心理反应，是否因突然发生肢体残疾或瘫痪卧床、生活过度依赖而产生沮丧、悲观、绝望等心理，是否因失语不能表达自己的情感而感到苦恼、急躁。评估患者及家属对疾病相关知识的认知程度、经济状况及家庭生活。评估患者所处社区的医疗卫生条件及资源分布状况等。

### （四）辅助检查

1. CT检查　头部CT可准确显示脑出血的部位、范围以及出血量和脑水肿情况，出血是否破入脑室等，是确诊脑出血的首选检查。脑出血发病后，在CT图像上即刻出现圆形或椭圆形边界清楚的高密度影像（图9-2）。

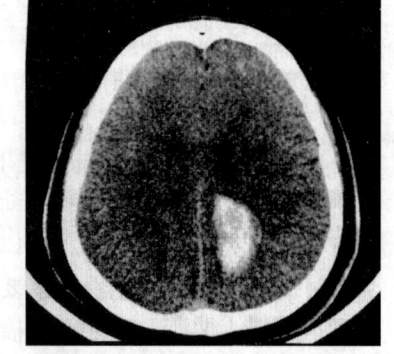

图9-2　CT检查显示顶叶高密度影

2. MRI 和磁共振血管成像检查　MRI 和磁共振血管成像检查对脑干或小脑的出血灶和监测脑出血的演变情况优于 CT，可分辨 4～5 周后 CT 不能分辨的脑出血，但对急性脑出血的诊断不及 CT 准确。磁共振血管成像可以发现脑血管畸形、血管瘤等病变。

3. 脑脊液检查　脑脊液压力一般增高至 200 mmH$_2$O 以上，多呈洗肉水样，呈均匀血性。对重症脑出血且根据临床表现可以确诊者，不宜行腰椎穿刺，以免诱发脑疝导致死亡。怀疑小脑出血时，禁止行腰椎穿刺。

4. DSA　脑出血患者一般不需要进行 DSA 检查，除非怀疑有血管畸形、血管炎等病变且需外科手术或血管介入治疗时，才考虑进行。

5. 其他检查　包括血常规、尿常规、粪便常规、肝功能、肾功能、血液生化、心电图等检查，有助于了解患者的全身情况。

【主要护理诊断/问题】

1. 急性意识障碍　与脑出血、脑水肿导致脑功能损害有关。
2. 潜在并发症：脑疝、消化道出血、感染等。
3. 生活自理能力缺陷　与瘫痪、意识障碍等有关。
4. 有发生失用综合征的危险　与脑出血导致的运动障碍有关。
5. 语言沟通障碍　与大脑语言功能区受损、意识障碍有关。
6. 排便失禁　与意识障碍等有关。

【护理措施】

（一）一般护理

1. 休息与活动　发病后 24～48 小时内，避免搬动患者，使患者绝对卧床休息 2～4 周，将床头抬高 15°～30°，以利于静脉回流，减轻脑水肿。对昏迷患者，应将其头偏向一侧或协助其取侧卧位，及时清除口腔和鼻腔内分泌物，防止舌根后坠阻塞呼吸道、误吸或窒息。将患者瘫痪侧肢体置于功能位，协助患者进行肢体的被动运动，预防关节僵硬和肢体挛缩、畸形。病室并保持环境安静，光线适宜，限制探视，各项治疗、护理操作应集中进行，且动作应轻柔，以减少刺激。避免患者情绪激动、剧烈咳嗽、打喷嚏、屏气、用力排便、躁动不安和大量快速输液等，以防止颅内压和血压增高而导致再次出血或出血加重。

2. 补充营养　急性脑出血患者 24 小时内禁食，24 小时后若病情平稳，则可予以鼻饲流质饮食。每次鼻饲前，均应抽吸胃液，观察是否有颜色改变，若发现胃液呈咖啡色，则应高度重视并及时通知医生进行处理。待患者意识清醒后，若无吞咽困难，则可撤除胃管，酌情予以容易吞咽的软食。进食（喂食）时，患者取坐位或健侧卧位（健侧在下），进食应缓慢，食物应送至口腔健侧近舌根处，以利于吞咽。予以患者足够的蛋白质、维生素，根据尿量调整液体及电解质，保持体液和电解质平衡。每日补充液体量控制在 2500 ml 左右，注意输液滴速，避免发生肺水肿。

3. 预防压疮　脑出血患者常伴有意识障碍及运动功能障碍，应注意评估患者压疮发生的危险。为避免压疮的发生，应指导患者每 2 小时翻身 1 次，禁止按摩受压部位。对不能翻身的患者，可使用气垫床预防压疮。

4. 排便护理　对排尿、排便失禁者，应及时清理尿液、粪便，更换被服，保持会阴部皮肤及床单位清洁、干燥；对留置导尿管的患者，做好相应的护理；指导患者进行膀胱功能训练。

（二）病情观察

密切观察患者的生命体征、意识、瞳孔、肢体功能等变化情况。脑出血患者出现血压升高、脉搏减慢、呼吸不规则、一侧瞳孔散大、意识障碍进行性加重，常提示出血量大、持续出血或脑疝形成；若患者迅速出现持续高热，常由于脑出血累及下丘脑体温调节中枢所致。一旦发现问题，应及时告知医生并积极协助处理。

（三）治疗配合

治疗原则主要是降低颅内压、控制血压、防止再出血、控制脑水肿、防治并发症、减少后遗症。

1. 治疗要点

（1）一般治疗：使患者卧床休息，监测患者的生命体征、意识、瞳孔，保持呼吸道通畅，予以吸氧，维持水、电解质及酸碱平衡，预防感染。

（2）控制脑水肿、降低颅内压：脑出血后48小时，脑水肿达高峰，持续3～5天后逐渐消退。脑水肿可使颅内压增高并导致脑疝形成，是患者死亡最主要的原因。积极控制脑水肿、降低颅内压是脑出血急性期重要的治疗措施。常用20%甘露醇快速静脉滴注，患者病情平稳时可用10%甘油果糖500 ml静脉滴注，也可用呋塞米肌内注射或静脉注射。不建议应用激素减轻脑水肿。

（3）控制血压：急性期因血压常随颅内压下降而下降，因此降低血压应先以脱水、降颅压治疗为基础。当收缩压＞200 mmHg或平均动脉压＞150 mmHg时，可适当予以温和的抗高血压药物，慎重平稳降低血压。如果没有颅内压增高证据，则降压目标为160/90 mmHg或平均动脉压为110 mmHg。降压速度不宜过快，应加强监测，防止血压下降过快引起脑低灌注。急性期后，对血压仍持续过高者，可系统地应用抗高血压药，以防再次出血。

（4）止血和凝血治疗：脑出血患者并非应激性溃疡或凝血障碍时，可以使用止血药、凝血药。应激性溃疡所致消化道出血患者，应用西咪替丁、奥美拉唑效果较好。

（5）亚低温治疗：是脑出血的一种辅助治疗方法。在应用肌松药和控制呼吸的基础上采用降温毯、降温仪、降温头盔等，进行全身和头部局部降温，将体温控制在32～35 ℃，可减轻脑水肿，降低颅内压，减少自由基产生，促进神经功能恢复，改善患者预后。

（6）手术治疗：严重脑出血危及患者生命时，内科治疗通常无效，外科治疗则有可能挽救生命。壳核出血量≥30 ml以上，丘脑出血≥15 ml，小脑出血≥10 ml或直径≥3 cm，或合并明显脑积水、重症脑室出血，脑出血合并脑血管畸形等，都可考虑手术清除血肿、脑室穿刺引流、经皮颅骨钻孔血肿抽吸等。手术宜在发病后6～24小时内进行。

（7）康复治疗：患者生命体征稳定、病情不再进展时，应尽早进行语言、运动、心理等康复治疗，以提高其生活质量。

 考点提示

脑出血急性期的体位及主要治疗要点。

2. 用药护理 观察药物的疗效及不良反应。在应用甘露醇治疗期间，应注意仔细检查是否有结晶，待结晶溶解后再用，注意选择粗大的静脉注射，注射部位应每日更换，以防止发生静脉炎；甘露醇应快速静脉滴注，一般20%甘露醇125～250 ml应在15～30分钟内输注完毕；用药期间注意监测和维持水、电解质平衡，观察尿液颜色和尿量，记录24小时液体出入量。

（四）并发症的观察与护理

1. 脑疝 脑疝是脑出血患者最常见的死亡原因。患者出现剧烈头痛、喷射性呕吐、烦躁不安、进行性血压升高、脉搏减慢、呼吸不规则、双侧瞳孔不等大、意识障碍进行性加重等脑疝先兆症状时，应立即报告医生。立即安置患者绝对卧床休息，将床头抬高15°～30°，保持呼吸道通畅，予以氧气吸入；迅速建立2条静脉通道，遵医嘱快速静脉滴注20%甘露醇或静脉注射呋塞米；避免屏气、用力等引起颅内压增高的各种因素；严密观察患者的神志、瞳孔及生命体征的变化；备好气管插管或气管切开包、脑室穿刺引流包、呼吸机、监护仪和抢救药品等。

2. 上消化道出血　观察患者是否有呃逆、呕血、黑便等症状和体征，一旦发现上述症状，应立即报告医生及时处理。其护理措施详见第四章第十节"上消化道出血患者的护理"相关内容。

3. 感染　对出现意识障碍和长期卧床的患者，应注意预防呼吸道、泌尿系统感染，为患者翻身时注意拍背。对清醒患者，应鼓励其自行咳出痰液。做好口腔护理、会阴部护理。对大、小便失禁者，应做好相应的护理。

### （五）心理护理

护士应主动关心患者，陪伴在患者身边，耐心倾听患者的诉说，并予以理解和支持。向患者解释病情，说明保持心情平静的重要意义，及时向患者传递病情好转的消息，以消除患者的担忧。加强巡视，随时了解患者的需要，及时协助其解决问题，消除其顾虑和担心。教会患者放松技术，如缓慢地深呼吸，多听音乐、看书、读报，多与病友交流。嘱家属予以患者物质和精神上的支持，树立患者战胜疾病的信心。

### （六）康复护理

详见本章第一节"神经系统疾病患者常见症状与体征的护理"。

【健康指导】

1. 疾病知识指导　告知患者和家属脑出血的病因、主要危险因素和防治原则，且有再出血的危险，指导其积极治疗高血压、糖尿病，避免情绪激动、便秘等诱发因素；教会患者家属血压测量方法，每日定时监测血压。若发现血压异常波动或无诱因出现剧烈头痛、眩晕、肢体麻木、活动不灵或口齿不清等症状，则应立即就医。

2. 生活指导　指导患者保持生活规律，饮食清淡，避免进食刺激性食物及饱餐，多吃新鲜蔬菜和水果，戒烟、戒酒。养成定时排便的习惯，保持排便通畅。指导患者保持情绪稳定和心态平衡，避免容易导致血压骤然升高的各种因素，如过分喜悦、愤怒、焦虑、恐惧、惊吓等刺激。

3. 康复指导　告知患者和家属坚持被动或主动康复训练的意义，指导并鼓励患者循序渐进、持之以恒地进行肢体康复、语言康复及感觉康复等训练。

## 四、蛛网膜下腔出血患者的护理

蛛网膜下腔出血（subarachnoid hemorrhage，SAH）是指多种原因导致脑底部或脑表面血管破裂，血液直接流入蛛网膜下腔引起的一组临床综合征，又称原发性蛛网膜下腔出血。由于脑实质出血，血液穿破脑组织而流入脑室及蛛网膜下腔者，称为继发性蛛网膜下腔出血。患者起病急骤，主要临床特点是突发剧烈头痛、呕吐、脑膜刺激征呈阳性，无偏瘫，血压正常或增高，多无意识障碍，但可有烦躁不安。病情危重者可有不同程度的意识障碍。少数患者可出现癫痫发作和精神症状。本节主要介绍原发性蛛网膜下腔出血。

【病因与发病机制】

### （一）病因

引起蛛网膜下腔出血的原因很多，以颅内动脉瘤（先天性动脉瘤或高血压、动脉粥样硬化所致动脉瘤）最常见，尤其是先天性颅内动脉瘤。20～40岁的患者以先天性颅内动脉瘤破裂为多见，50岁以上患者以脑动脉粥样硬化为多见。高血压、吸烟、饮酒过量、既往有动脉瘤破裂史、动脉瘤体积较大、多发性动脉瘤等是动脉瘤破裂出血的主要危险因素。此外，蛛网膜下腔出血也可由动静脉畸形、烟雾病、夹层动脉瘤、脑动脉炎、血液病、颅内肿瘤、结缔组织病等引起。

## （二）发病机制

由于各种原因引起脑血管壁缺陷、薄弱或凝血机制障碍，当患者应激状态下，如重体力劳动、情绪激动、用力咳嗽和排便、血压骤升、饮酒时，脑底部及脑表面血管发生破裂，血液流入蛛网膜下隙，可刺激脑膜分泌大量渗出液或引起化学性脑膜炎，导致蛛网膜粘连，影响脑脊液循环和吸收，发生脑积水，并可引起颅内压突然升高甚至发生脑疝，还可刺激血管或因血细胞破坏产生多种血管收缩物质，使部分患者发生血管痉挛，导致脑缺血，甚至脑梗死。

## 【护理评估】

### （一）健康史

评估患者起病前是否有情绪激动、剧烈运动、重体力劳动、用力排便、剧烈咳嗽、酗酒等诱发因素，是否有头痛、头晕、视物模糊等前驱表现；评估患者是否有颅内动脉瘤、脑动脉粥样硬化、高血压、脑血管畸形、血液病等病史，是否有家族史，既往是否有类似情况发作等。

### （二）身体状况

临床表现轻重不一，轻者可无明显症状，重者可迅速昏迷甚至死亡。

1. 头痛　患者多在用力、劳累及情绪激动等情况下急性起病，一般无前驱症状，突出表现为突发异常剧烈头痛，头痛不能缓解或呈进行性加重，可常伴有恶心、呕吐、面色苍白。多数患者有不同程度的意识障碍，部分患者可有癫痫发作，少数患者可伴有谵妄、幻觉等精神症状及眩晕。头痛可持续数日，2周后逐渐减轻。若头痛再发，则常提示发生再出血。

2. 神经系统表现　起病后半小时内，患者多出现脑膜刺激征阳性，是本病的特征性体征，以颈强直最明显。脑神经受累以一侧动眼神经麻痹最常见。患者很少有神经系统定位体征，但少数患者由于脑水肿、脑组织受压、脑梗死等可出现偏瘫、感觉障碍、偏盲、失语、共济失调等神经系统定位体征。

3. 眼底检查　可见视网膜出血或视神经乳头水肿，少数患者可见玻璃体下片状出血，与颅内压增高、眼静脉回流受阻有关。

4. 老年患者表现　老年患者起病较缓慢，头痛、呕吐、脑膜刺激征等表现常不典型，而意识障碍和精神症状较明显，常伴有呼吸、循环、消化、泌尿等系统病变。重症患者可迅速进入深昏迷，出现去大脑强直，发生脑疝而迅速死亡。

5. 并发症　再出血、脑血管痉挛、脑积水是本病患者常见的并发症。

（1）再出血：是最严重的急性并发症，病死率为50%，多发生在1个月内，以第2周最多见。其表现为病情稳定或好转的情况下，再次出现剧烈头痛、呕吐、抽搐、昏迷或原有症状和体征加重。

（2）脑血管痉挛：20%～30%的患者可出现脑血管痉挛，引起迟发性缺血性损伤，继发脑梗死，出现局灶性神经症状，如轻度偏瘫和失语，是死亡和伤残的重要原因。

（3）脑积水：发病后1周内，患者可发生急性脑积水，轻者表现为嗜睡、近记忆受损和思维迟缓，重者可出现头痛、呕吐、昏睡或昏迷，甚至因脑疝形成而死亡。

### 考点提示

蛛网膜下腔出血最常见的病因及临床表现。

### （三）心理、社会状况

评估患者是否因病情突然发作和担心疾病预后而产生紧张、焦虑、恐惧等心理；评估患者及家属对疾病的认知情况；评估患者的年龄、职业、性格特征及家庭和社会支持情况等。

## （四）辅助检查

1. CT 检查　是确诊本病的首选诊断方法，可见蛛网膜下腔高密度出血影像。CT 检查还有助于确定是否有脑实质或脑室出血、脑积水、脑梗死，并初步判断颅内动脉瘤的位置、出血吸收情况以及是否发生再出血等。

2. 脑血管造影检查（DSA）　是确诊病因特别是颅内动脉瘤最有价值的检查方法，可确定动脉瘤的大小、位置、与载瘤动脉的关系及是否有血管痉挛等。一般选择在发病 3 天内或 3 周后进行检查，以避开再出血和脑血管痉挛的高峰期。

3. 头颅 MRI 检查　当 CT 检查灵敏度降低时，MRI 检查可发挥重要的作用。

4. 脑脊液检查　是最具有诊断价值和特异性的检查。患者可出现脑脊液压力增高（>200 mmH$_2$O），密度均匀一致，呈血性。镜检可见大量红细胞，白细胞计数略增高。由于腰椎穿刺有诱发脑疝的危险，故对 CT 检查已证实蛛网膜下腔出血者，不必做腰椎穿刺。

【主要护理诊断/问题】

1. 疼痛：头痛　与血液刺激脑膜、颅内压增高、脑血管痉挛等有关。
2. 恐惧　与担心疾病预后、惧怕特殊检查和开颅手术等有关。
3. 生活自理能力缺陷　与需要绝对卧床休息有关。
4. 潜在并发症：再出血、脑血管痉挛、脑积水等。

【护理措施】

### （一）一般护理

1. 休息与体位　患者应绝对卧床休息 4~6 周，将床头抬高 15°~20°，尽可能不搬动患者。为患者提供安静、舒适的休养环境，保持病室内光线柔和，避免不良的声、光刺激，严格限制探视次数，治疗和护理操作也应集中进行。如果经治疗和护理 1 个月左右，患者症状好转、经检查血液基本吸收或无颅内血管病变，则可遵医嘱指导患者逐渐增加活动量。

2. 饮食护理　予以高热量、富含维生素、易消化的饮食，补充足够的水分。指导患者多进食水果、蔬菜，避免进食刺激性食物，戒烟、戒酒。对不能进食者，予以鼻饲流质饮食。

### （二）病情观察

密切观察患者的生命体征、神志、瞳孔等情况；观察患者是否有头痛、呕吐及意识障碍加重等，是否有颅内压增高、心律失常，是否有再出血等并发症发生。若发现患者病情稳定好转后又突发剧烈头痛、恶心、呕吐、意识障碍加重、原有神经症状和体征重新出现等，则应及时报告医生处理。

### （三）治疗配合

1. 治疗原则　防治再出血，降低颅内压，减少并发症，治疗原发病。

（1）一般治疗：蛛网膜下腔出血与脑出血的一般治疗基本相同，即维持生命体征稳定，降低颅内压，纠正水、电解质紊乱和酸碱平衡失调，预防感染等。

（2）防治再出血：避免一切可能引起血压和颅内压增高的因素。①镇静：绝对卧床休息 4~6 周，对有头痛和躁动不安者，适当选用地西泮、苯巴比妥等镇痛药和镇静药，以保持患者的休息。注意避免使用影响呼吸的麻醉类镇痛药，如吗啡、哌替啶。②控制血压：去除疼痛等诱因后，患者收缩压>180 mmHg 或平均动脉压>120 mmHg 时，可在密切监测下予以降压治疗，使血压稳定在正常水平或起病前水平。③抗纤溶药物：为抑制继续出血和预防再出血，一般主张在急性期使用大剂量止血药，如氨基己酸、氨甲苯酸。

（3）防治脑血管痉挛及脑缺血：主要通过维持血容量和血压，应用钙通道阻滞剂（如尼莫地平）预防脑血管痉挛。

（4）防治脑积水：可予以口服乙酰唑胺，也可用甘露醇、呋塞米等药物。药物治疗无效时，可考虑行脑室穿刺脑脊液引流术。

（5）外科治疗：消除动脉瘤是防治动脉瘤性蛛网膜下腔出血患者再出血的最佳方法。对颅内动脉瘤患者，可采用手术切除、血管内介入治疗。对颅内血管畸形者，也可采用手术切除、血管内介入治疗及伽马刀治疗，同时还可以清除蛛网膜下腔内的血液，减少继发性脑血管痉挛的发生。

2. 用药护理　使用尼莫地平时，应注意密切观察患者是否有头痛、头晕、皮肤发红、血压下降、心动过缓或过速、多汗、胃肠道不适等反应，严格控制输液速度。使用镇痛药、镇静药后，应注意观察患者的呼吸和神志。应用氨基己酸时，应注意观察患者是否有低血压、心动过缓、期前收缩、胃肠道反应、皮疹及结膜充血、血栓形成等。

（四）对症护理

指导患者避免可能诱发或加重头痛的因素，如用力、激动，可采用缓慢深呼吸、听轻音乐、适当冷敷等方法缓解疼痛，必要时遵医嘱予以止痛、脱水和降低颅内压的药物。指导患者及家属避免容易诱发再出血的各种因素，避免情绪激动、精神紧张、劳累、剧烈运动、用力排便、剧烈咳嗽、打喷嚏、屏气、大幅度翻身、头部过度摆动等诱发血压和颅内压升高的因素。对烦躁不安者，遵医嘱予以镇静处理，并注意患者的安全护理。当患者出现血压过高时，遵医嘱予以降压处理。当出现患者便秘时，可予以缓泻剂。

（五）心理护理

关心、体贴患者，告知患者头痛的原因及随着病情好转，头痛会逐渐减轻，消除患者紧张、恐惧心理。进行特殊检查、手术前，对患者进行耐心解释，使其明确检查、手术的目的与安全性、注意事项等，使其积极配合治疗和检查。向患者介绍蛛网膜下隙出血的有关知识，尤其要告知患者如何预防再出血，增强其战胜疾病的信心。

【健康指导】

1. 避免诱因　向患者介绍疾病相关知识，尤其是本病易复发再出血。尤其应注意指导患者避免再出血的诱因，保持情绪乐观、稳定，充分休息，避免进行重体力劳动、剧烈的体育运动，预防便秘。指导女性患者发病后1～2年内避免妊娠及分娩。指导家属关心、体贴患者，为患者创造良好的休养环境。若发现患者有异常征象，则应及时就诊。

2. 饮食指导　指导患者选择清淡、易消化、富含营养的食物；避免进食辛辣、刺激性饮食；戒烟、限酒。

3. 检查指导　督促患者尽早进行检查和手术，一般在首次出血3天内或3～4周后进行脑血管造影检查。告知患者脑血管造影的相关知识，指导患者配合检查，以明确病因，尽早手术，解除危险。

## 第四节　癫痫患者的护理

### 案例9-3

患者，女，29岁。3小时前突然出现阵发性抽搐，晕倒在地，表现为意识丧失，双眼上翻，口吐白沫，呼之不应，面色青紫，伴尿失禁、舌咬伤，持续6分钟后清醒，意识恢复，对发作的情况完全不能记忆，自觉疲乏、头痛，全身肌肉酸痛。

问题与思考：

1. 该患者初步考虑诊断为什么疾病？
2. 患者目前存在的主要护理问题有哪些？请根据其主要的护理问题制订相应的护理措施。

癫痫（epilepsy）是由多种病因导致的一组以脑部神经元高度同步化异常放电引起的暂时性中枢神经系统功能失常为特征的慢性脑部疾病。癫痫是发作性意识丧失的常见原因，具有突然发生和反复发作的特点。由于异常放电神经元的位置和异常放电波及的范围不同，患者的发作形式不同，可表现为感觉、运动、意识、精神、行为和自主神经功能障碍。临床上，癫痫每次发作或每种发作的过程称为痫性发作（seizure）；在癫痫发作中，一组具有相似症状和体征所组成的特定癫痫现象称为癫痫综合征。

癫痫是神经系统的常见疾病之一。国内流行病学资料显示，癫痫患病率为5‰，年发病率为（50～70）/10万；我国有超过900万名癫痫患者，每年新发病例为65万～70万。癫痫可见于各年龄组人群，青少年和老年是发病的两个高峰阶段。

【癫痫发作分类】

目前普遍应用的仍是1981年国际抗癫痫联盟提出的癫痫发作分类，将痫性发作分为部分性发作、全面性发作和不能分类的发作（表9-6）。

表9-6　国际抗癫痫联盟（1981）癫痫发作分类

| 部分性发作 | （1）单纯部分性发作<br>（2）复杂部分性发作<br>（3）部分性发作继发全面性发作 |
| --- | --- |
| 全面性发作 | （1）失神发作<br>（2）强直性发作<br>（3）阵挛性发作<br>（4）强直阵挛性发作<br>（5）肌阵挛发作<br>（6）失张力发作 |
| 不能分类的发作 | — |

【病因与发病机制】

（一）病因

1. 特发性癫痫　又称原发性癫痫，病因未明，可能与遗传因素密切相关，常在某一特定年龄阶段起病，多在儿童或青少年期首次发病，具有特征性的临床表现及脑电图表现，药物治疗效果较好。

2. 症状性癫痫　又称继发性癫痫，由各种明确的中枢神经系统结构损伤或功能异常所致，如颅脑外伤、颅内感染、颅内肿瘤、脑寄生虫病、全身疾病、一氧化碳中毒等，各年龄段均可发病，药物治疗效果差。

3. 隐源性癫痫　临床表现提示为症状性癫痫，但目前的检查手段未能发现明确的病因。此类癫痫占全部癫痫的60%～70%。

（二）影响癫痫发作的因素

1. 年龄　婴儿痉挛多在1岁起病，儿童失神发作多在67岁时起病，肌阵挛癫痫多在青春期前后起病。

2. 睡眠　全面强直-阵挛发作（generalized tonic-clonic seizure，GTCS）常在凌晨醒后发作，婴儿痉挛常在醒后或睡前发作，颞叶癫痫常在白天表现为精神运动性发作。

3. 内环境改变　内分泌失调、电解质代谢紊乱可导致，如少数患者仅在月经期、妊娠早期发作，为月经性癫痫和妊娠性癫痫。

4. 其他　缺乏睡眠、饥饿、疲劳、便秘、饮酒等均可导致痫性发作。

### （三）发病机制

癫痫的发病机制至今尚未完全阐明。电生理显示发作时大脑神经元出现异常的、过度的同步放电。不同类型癫痫的发作机制可能与异常放电的传播有关：异常放电被局限于某一脑区，表现为局灶性发作；异常放电波及双侧脑部，则出现全面性癫痫；异常放电传至丘脑神经元被抑制，则出现失神发作；异常放电在边缘系统扩散，引起复杂部分性发作。

【护理评估】

### （一）健康史

询问患者是否有家族史，是否有先天性畸形、产伤、外伤、感染、肿瘤、血管硬化等脑部疾病；评估疾病的首次发作时间、发病方式及过程、发作频率，发作前是否有发热、失眠、疲劳、饮酒、饥饿、便秘、情绪激动等诱因，发作时是否有意识丧失、舌咬伤和尿失禁等。

### （二）身体状况

癫痫的临床表现形式多样，但均具有以下共同特征：①发作性：症状突然发生，持续一段时间后迅速恢复，间歇期正常。②刻板性：每次发作的临床症状几乎一样。③短暂性：每次发作持续时间为数秒钟或数分钟很少超过 30 分钟（癫痫持续状态除外）。④重复性：第一次发作后，会有第二次或更多次的发作。

1. 部分性发作　是痫性发作的最常见类型，包括单纯部分性发作、复杂部分性发作、部分性继发全面性发作，前者为局限性发作，常无意识障碍，后两者放电从局部扩展到双侧脑部，出现意识障碍。

（1）单纯部分性发作：以局部症状为特征，发作性一侧肢体、局部肌肉感觉障碍或节律抽动为特征，发作时间一般不超过 1 分钟。

1）部分运动性发作：表现为身体的某一局部发生不自主抽动，多为一侧眼睑、口角、手指或足趾，也可涉及整个一侧面部或一侧肢体远端。若从发作处开始后，按大脑皮质运动区的分布顺序逐渐扩延，临床表现抽搐自手指—腕部—前臂—肘—肩—口角—面部逐渐扩展，称为 Jackson 发作。严重部分运动性发作后可遗留短暂性肢体瘫痪（30 分钟至 36 小时），称为 Todd 瘫痪。

2）部分感觉性发作：表现为发作性局限性感觉异常。躯体感觉性发作可表现为一侧肢体、口角、舌部或局部肌肉麻木感、针刺感或触电感等；特殊感觉性发作异常可出现视觉、听觉、嗅觉、味觉、触觉等的异常，如感觉有闪光，幻听嗡嗡声；眩晕性发作可表现为眩晕感、漂浮感或坠落感等。

3）自主神经性发作：表现为发作性的自主神经功能障碍，如面色苍白、皮肤潮红、多汗、心悸、呕吐、腹痛等，易扩散出现意识障碍，成为复杂部分性发作的一部分。

4）精神性发作：表现为记忆障碍、情感障碍、错觉、幻觉等，常为复杂部分性发作的先兆症状，也可继发全面性强直 - 阵挛发作。

（2）复杂部分性发作：占成人痫性发作的 50% 以上，称为精神运动性发作。起始出现精神症状或特殊感觉症状，随后出现意识障碍、自动症和遗忘症，有时发作开始即为意识障碍。表现为错觉、幻觉等精神症状或吸吮、咀嚼、舔唇、流涎、搓手、摸衣、清喉、唱歌、自言自语等自动症。每次发作持续数分钟或更长时间，清醒后不能回忆起发作时情况。病灶多在颞叶，也称颞叶癫痫。

（3）部分性发作继发全面发作：单纯或复杂部分性发作均可泛化为全面性强直阵挛发作。

2. 全面性发作　发作伴有意识障碍或以意识障碍为首发症状。

（1）全面强直 - 阵挛发作：也称大发作。本型以突发的意识丧失、双侧强直后出现阵挛为主要临床特征。发作分为以下 3 期。

1）强直期：突然意识丧失，跌倒在地，全身骨骼肌持续性收缩。表现为双眼上翻或凝视；喉肌痉挛、发出尖叫；口先强直张开，后突然关闭，可咬伤舌尖；颈部和躯干先前屈后反张；上肢自上举、后旋，后转为内收、前旋，双拇指对掌握拳；下肢自屈曲转为强直；呼吸暂停，脸色苍白或青紫。此期可持续10～20秒。

2）阵挛期：全身肌肉呈现节律性抽动，频率逐渐减慢，松弛时间逐渐延长，最后一次强烈阵挛后，抽搐突然停止，所有肌肉松弛。此期患者常表现为口吐白沫或口吐血沫、尿失禁。阵挛期和强直期都可见心率加快、血压升高、汗液、唾液、痰液增多，瞳孔扩大、光反射消失等自主神经异常征象。此期可持续30～60秒或更长时间。

3）发作后期：可有短暂的强直性痉挛，造成牙关紧闭和大小便失禁。呼吸首先恢复，心率、血压和瞳孔渐至正常，脸色也逐渐好转，肌张力松弛，意识逐渐转清，从发作开始，经过5～10分钟，意识完全恢复，自主神经异常征象逐渐消失。醒后常感到头痛、头晕、全身酸痛乏力，但对发作经过不能回忆。部分进入昏睡，少数在完全清醒前有自动症和意识模糊。

（2）失神发作：也称小发作，儿童期起病，青春期前停止发作。表现为突然、短暂的意识丧失，突然中断正在进行的活动，呼之不应，两眼凝视前方，表情呆滞可伴咀嚼、吞咽等简单的不自主动作，手中物品可跌落。持续时间为3～15秒，发作后仍继续原有活动，但对发作无记忆。

（3）强直性发作：多见于儿童及少年期，常发生在睡眠中。表现为全身骨骼肌强直性收缩，肢体伸直，头偏向一侧，常伴皮肤苍白、面色潮红、瞳孔散大等自主神经紊乱的表现。一般发作持续数秒至数十秒。

（4）肌阵挛发作：可见任何年龄。表现为突然出现快速、短暂、触电样肌肉收缩，可局限于某个肌群、某个肢体，也可累及全身，一般无意识障碍，可由声、光刺激诱发。

（5）阵挛性发作：常发生于婴幼儿，表现为全身重复性阵挛性抽动伴意识丧失，恢复常较大发作快。

（6）失张力发作：表现为部分或全身肌肉的张力突然降低，导致垂头、张口、肢体下垂和跌倒，持续数秒至1分钟，发作后立即清醒并能站起。

3. 癫痫持续状态  又称癫痫状态，传统定义是指一次癫痫发作持续30分钟以上未自行停止，或连续多次发作导致发作间期意识未完全恢复又频繁再发。目前认为，如果患者出现全面强直-阵挛性发作持续5分钟以上即应考虑癫痫持续状态。常因治疗不规范、突然停用抗癫痫药物、感染、饮酒、妊娠、精神刺激、过度劳累等诱发。常伴高热、脱水、酸中毒，继而发生多器官功能衰竭，若不及时中止发作，可导致死亡。

 考点提示

各型癫痫发作及癫痫持续状态临床特点。

（三）心理、社会状况

癫痫患者病程长且难以治愈，给患者身体上造成很大的痛苦，心理上也产生巨大的压力，影响生活和就业，患者易出现焦虑、自卑心理，不利于正常社会角色的发挥。同时患者的家庭也承受着沉重的负担，应了解患者及家属对疾病的认知程度及其社会医疗保险、保健资源等社会支持状况。

（四）辅助检查

1. 脑电图检查  是诊断癫痫最重要的辅助检查方法。癫痫发作时，多数可见特异性脑电图改变，典型表现为棘波、尖波、棘-慢或尖-慢复合波。动态脑电图或视频脑电图检查可帮助诊断癫痫和定位痫性灶，提高癫痫诊断水平。

2. 影像学检查　MRI、CT、脑血管造影检查等可确定脑结构异常或病变，有助于继发性癫痫的病因诊断，但不能作为癫痫的诊断依据。

3. 实验室检查　血常规、血糖、血钙、脑脊液、肝功能、肾功能、血气分析等检查、基因检测等，有助于了解病因。

【主要护理诊断/问题】

1. 有窒息的危险　与癫痫发作时意识障碍、喉痉挛及呼吸道分泌物增多有关。
2. 有受伤的危险　与癫痫发作时突然意识障碍和不受控制的肌肉抽搐有关。
3. 恐惧　与癫痫发作不可预知和反复发作有关。
4. 潜在并发症：脑水肿，水、电解质紊乱及酸碱平衡失调等。
5. 知识缺乏：缺乏长期、正确服药的知识。

【护理措施】

（一）一般护理

1. 休息与活动　注意生活规律，充足睡眠，劳逸结合，做力所能及的工作。避免长时间看电视、玩电子游戏、情绪激动及强光刺激等；尽量不去歌舞厅、游戏厅，禁忌游泳和蒸气浴；出现发作先兆时，即刻卧床休息。

2. 饮食护理　进食清淡、营养丰富的食物，忌食辛辣、刺激性食物，多吃蔬菜、水果及粗纤维食物。饮食规律，勿过饥过饱，戒烟、戒酒，避免饮浓茶和咖啡。

（二）病情观察

密切观察患者的生命体征、神志及瞳孔的变化；观察发作的类型，发作过程中是否有呼吸减慢或暂停、心率加快、血压升高、意识丧失、瞳孔散大等，观察并记录发作开始的时间、发作的表现、持续时间、发作的频率及发作停止后意识恢复情况，注意是否有头痛、头晕、乏力、肌肉酸痛等表现。

（三）治疗配合

目前癫痫仍以药物治疗为主。治疗目的是控制或减少发作次数，提高患者生活质量，长期治疗无明显药物不良。

1. 病因治疗　病因明确者首先应积极进行病因治疗，如手术治疗颅内占位性病变，药物治疗寄生虫感染，纠正低血糖、低钙血症等。

2. 发作时治疗　立即使患者就地平卧；保持呼吸道通畅，及时予以吸氧；防止受伤、骨折及其他并发症；应用地西泮或苯妥英钠等预防再次发作。

3. 发作间歇期治疗　服用抗癫痫药物。

（1）常用抗癫痫药物：①传统常用抗癫痫药物有苯妥英钠、卡马西平、丙戊酸、乙琥胺、扑痫酮、氯硝西泮等。②新型抗癫痫药物有加巴喷丁、拉莫三嗪、托吡酯、奥卡西平等。全面强直-阵挛发作、典型失神发作、阵挛性发作等首选丙戊酸钠，次选苯妥英钠；部分性发作、症状性、强直性或性质不明首选卡马西平。

（2）药物治疗原则：①确定是否用药，半年内发作2次以上者，一经诊断立即用药；首次发作或半年以上发作1次者，告知药物的不良反应和不治疗可能发生的后果，根据患者和家属的意愿，酌情选用或不用。②尽可能的单一用药，从单一药物开始，一种药物增加到最大且已达到有效血药浓度而仍不能控制发作者再加第二种药物。③小剂量开始，逐步增加至最低有效量。④正确选用药物，根据痫性发作的类型，药物不良反应的大小等选择药物。⑤坚持规律长期用药，一般在完全控制发作4～5年，失神发作停止半年后且随访脑电图痫性活动异常波形消失后方可缓慢减少用药剂量停药，1～1.5年以上无发作者方可停药。⑥合理联合用药，在尽可能减少不良反应的基础上,最大限度控制发作。

 **考点提示**

癫痫发作时的处理、持续状态的治疗、用药原则及常用药物。

4. 癫痫持续状态的治疗　目前认为,全面强直-阵挛性发作持续5分钟以上即可能发生神经元损伤,因此对全面强直-阵挛发作患者发作持续时间超过5分钟应考虑癫痫持续状态,须使用抗癫痫药物紧急处理。

(1) 控制发作：是治疗的关键。①首选地西泮,缓慢静脉注射,反复发作者可在30分钟内重复应用,或溶于5%葡萄糖生理盐水中缓慢静脉滴注,如出现呼吸变浅、昏迷加深、血压下降,应暂停注射,必要时应用呼吸兴奋剂。②地西泮加苯妥英钠,首先用地西泮10～20 mg静脉注射取得疗效后,再用苯妥英钠溶于生理盐水中缓慢静脉滴注,如出现血压降低或心律失常时需减慢滴速或停药。③10%水合氯醛20～30 ml加等量植物油保留灌肠,适合肝功能不全或不适合苯妥英钠治疗者。④咪达唑仑具有起效快、使用方便,对血压和呼吸抑制作用比传统药物弱的特点,有望成为难治性癫痫持续状态的标准疗法。

(2) 其他治疗：①保持呼吸道通畅,吸氧,建立静脉通道,备好气管切开包等抢救用物。②查找诱发癫痫持续状态的原因并进行治疗。③防治并发症：连续抽搐者因脑缺氧可致脑水肿,快速静脉滴注甘露醇；预防性应用抗生素控制感染；进行心电监护与脑电监测,定时血液生化及动脉血气分析等检测,及时发现并处理水、电解质紊乱与酸碱平衡失调以及高热、低血糖等严重并发症；加强营养支持治疗。

5. 用药护理　应遵医嘱正确服用抗癫痫药、增减剂量或停药,注意观察药物的不良反应。指导服药前应做血、尿常规和肝、肾功能检查。为减轻胃肠道刺激作用,宜分次餐后服用。对常在夜晚和清晨发作的,一般宜下午或睡前给药。应定期做血药浓度监测,复查血常规和生化检查。地西泮、异戊巴比妥钠等快速注射时可使呼吸抑制、血压降低、呼吸道分泌物大量增加。若出现呼吸抑制,则需停止注射。若出现严重的特异性反应如卡马西平所致皮疹、肝损伤,苯妥英钠所致神经系统损害,苯巴比妥引起的智能、行为改变等,应及时通知医生并考虑减药或停药。常用抗癫痫药物的不良反应见表9-7。

表9-7　抗癫痫药物的不良反应

| 药物名称 | 不良反应 |
| --- | --- |
| 苯妥英钠 | 胃肠道反应、牙龈增生、共济失调、粒细胞减少、再生障碍性贫血、肝损害、致畸 |
| 卡马西平 | 胃肠道反应、嗜睡、头晕、共济失调、剥脱性皮炎、骨髓抑制、肝损害、多动 |
| 苯巴比妥 | 嗜睡、眩晕、共济失调、复视、认知与行为异常 |
| 丙戊酸钠 | 肥胖、脱发、嗜睡、震颤、胃肠道反应、多卵巢综合征 |
| 拉莫三嗪 | 头晕、嗜睡、恶心、复视、共济失调、攻击行为、易激惹 |
| 奥卡西平 | 疲劳、乏力、头晕、头痛、嗜睡、痤疮、皮疹、复视、恶心呕吐 |
| 托吡酯 | 头痛、头晕、震颤、共济失调、体重减轻、胃肠道反应、肾结石 |
| 加巴喷丁 | 嗜睡、头晕、复视、健忘、感觉异常 |
| 咪达唑仑 | 低血压、谵妄、幻觉、心悸、皮疹、过度换气 |

## （四）对症护理

**1. 安全护理**

（1）发现发作先兆时，立即将患者就地平卧，避免摔伤；松解患者领扣和裤带，取下眼镜、义齿，将柔软物品垫在患者头下，移去患者身边的危险物品，以免碰撞。

（2）发作期患者取平卧位，头偏向一侧，及时清除口腔和气道内的分泌物，并给氧，必要时备好床旁吸引器和气管切开包。尽快将压舌板、筷子、手帕或纱布等置于患者口腔一侧的上、下齿之间，以防咬伤舌、口唇和颊部。用棉花及软垫对跌倒而易受擦伤的关节处加以保护。抽搐发作时，切忌用力按压抽搐肢体，以免造成骨折、肌肉撕裂及关节脱位。注意监测患者的生命体征、神志变化，尤其是呼吸频率、节律的改变。

（3）发作后期为患者创造安全、安静的休养环境，床旁桌上不放置热水瓶、玻璃杯等危险物品。发作后患者可有短期的意识模糊，禁用口表测量体温，少数患者抽搐停止、意识恢复的过程中有短时的兴奋躁动，应加强保护，防止发生伤害。

**2. 癫痫持续状态的护理**

（1）积极配合抢救：迅速建立静脉通道，遵医嘱及时、准确地予以药物，并密切观察药物对呼吸、循环功能的抑制情况，发现呼吸抑制、血压下降等异常暂停给药。床旁备好气管切开包和吸引器。

（2）密切观察病情：严密观察和记录患者的生命体征、意识、瞳孔等变化，监测电解质和酸碱平衡状况，及时发现和处理高热、周围循环衰竭和脑水肿等并发症。

（3）防治并发症：为预防连续抽搐引起脑水肿可遵医嘱予以脱水，降低颅内压，并给氧气吸入。注意保持口腔清洁，预防感染，纠正水、电解质、酸碱平衡失调等，并做好安全护理。

（4）予以营养支持：对连续抽搐24小时以上不能经口进食者，可少量多次予以鼻饲，以保证营养。

## （五）心理护理

癫痫是难治的疾病，需要数年甚至终身服药，且长期突然、反复的发作常使无法正常工作和生活而产生苦恼、自卑、焦虑、抑郁、恐惧等消极情绪，护士应考虑患者的文化背景、健康素养及心理需求，理解和关心患者，鼓励患者表达内心的感受，勇于面对现实，树立战胜疾病的信心，以积极乐观的态度配合医生进行治疗并有规律的工作、学习和生活，提高患者、家属及社会对癫痫及相关知识的了解。

【健康指导】

1. 疾病知识指导　护士应向患者和家属主动介绍本病的基本知识及自我护理方法。告知患者避免可能诱发癫痫发作的因素，如突然停用抗癫痫药物、疲劳、饥饿、缺乏睡眠、便秘、饮酒、情绪激动、强烈的声光刺激、惊吓等诱因。指导建立良好的生活习惯，适当参加活动，劳逸结合，保持睡眠充足。指导应进食清淡、富含营养的食物，多吃蔬菜、水果，避免饥饿或过饱，避免辛、辣、咸等刺激性食物，戒除烟、酒。

2. 用药指导　指导遵医嘱坚持长期有规律服药，切忌突然停药、减药、漏服药及换药。指导家属通过观察记录发作次数、发作日期、诱因、表现、持续时间、发作后感觉等判断药物的疗效。指导注意观察药物的不良反应，并定期复查。一般首次服药后5~7天复查抗癫痫药物的血药浓度、肝功能、肾功能及血常规，每月检查进行1次血常规检查，每3个月检查进行1次肝、肾功能检查，定期检查脑电图，这些检查需持续半年。告诉用药期间若出现反复发热、皮疹、黄疸、少尿或有病情控制不良或加重的迹象，应尽快就诊。

3. 安全指导　指导根据病情选择适当的工作，禁止从事攀高、游泳、驾驶及带电作业等在发作时可能危及生命的工种。指导避免从事过度紧张、劳累的工作。指导避免接触明火，避免端移烫物，避免单独一人洗澡。外出时应携带足量药物并随身携带信息卡，卡上注明自己的姓名、住址、家人联系电话及疾病诊断，以便发作时及时得到有效的处理。

4. 婚育指导  特发性癫痫又有家族史的女性，婚后不宜生育。双方均有癫痫，或一方患癫痫，另一方有家族史者不宜婚配。

## 第五节　帕金森病患者的护理

### 案例导入 9-4

李某，男，72 岁，5 年前无显然诱因出现右侧肢体震颤，上肢震颤重于下肢，诉静止时震颤明显，运动时减轻，情绪激动时症状加重，曾被诊断为"帕金森病"。一直服用"帕金宁"治疗，近来疗效减退，反复出现开 - 关现象，症状呈加重趋势。

**问题与思考：**
1. 什么是开 - 关现象？
2. 该患者目前存在的主要护理问题有哪些？

帕金森病（Parkinson disease，PD）又称震颤麻痹，是一种常见于中老年的神经系统变性疾病，临床上以静止性震颤、运动迟缓、肌强直和姿势平衡障碍为主要特征，其主要病理改变为黑质多巴胺能神经元变性和路易小体形成。65 岁以上人群患病率为 1%～2%，患病率随年龄增长而升高，目前尚无根治方法。

【病因与发病机制】

本病的病因尚未完全明确，发病机制复杂。目前认为帕金森病并非单一因素所致，而是多因素交互作用下发病，可能与以下因素有关：

（一）病因

1. 遗传因素  有报道显示，10% 左右的患者有家族史，包括常染色体显性遗传或常染色体隐性遗传，基因易感性可能是帕金森病的易感因素。

2. 环境因素  流行病学调查显示，长期接触杀虫剂、除草剂或某些工业化学品等可能是帕金森病的危险因素。研究发现，主要与嗜神经毒物质 1- 甲基 -4- 苯基 -1,2,3,6- 四氢吡啶及其类化学物质有关。

3. 年龄老化  本病多发生于中老年人，40 岁以前发病少见，提示神经系统老化与发病有关。有资料显示，30 岁以后，随年龄增长，黑质多巴胺能神经元开始呈退行性变，多巴胺能神经元渐进性减少。尽管如此，其程度并不足以导致发病，老年人群中患病者也只是少数，所以神经系统老化只是帕金森病的促发因素之一。

（二）发病机制

除基因突变导致少数患者发病外，基因易感性可使患病概率增加，但并不一定发病。只有在环境因素、神经系统老化等因素的共同作用下，通过氧化应激、线粒体功能紊乱、蛋白酶体能障碍、炎性和（或）免疫反应、钙稳态失衡、兴奋性毒性、细胞凋亡等机制导致黑质多巴胺能神经元大量变性、丢失，才会导致发病。

【护理评估】

（一）健康史

询问患者是否有烟酒、槟榔嗜好；是否有高血压、脑动脉硬化、脑炎、外伤、中毒、脑肿瘤及服用吩噻嗪类药物等病史；是否有帕金森病家族史及其发病状况。了解患者的生活工作环境、职业、年龄、生活习惯、睡眠情况；是否有长期接触杀虫剂、除草剂或某些工业化学品等可能导致 PD 发病的相关因素；询问患者首次帕金森病发作的时间、临床表现、诊治经过及用药情况等。

### （二）身体评估

本病常在 60 岁以后发病，男性患者稍多。隐匿起病，缓慢进展。首发症状多为震颤，其次为步行障碍、肌强直和运动迟缓。症状常始自一侧上肢，逐渐波及同侧下肢，再波及对侧上下肢。

1. **静止性震颤** 常为首发症状。多由一侧上肢远端开始，典型表现为有规律的拇指对掌和手指屈曲的不自主震颤，类似"搓丸样"动作，每秒 4~6 次。震颤在静止时明显，运动时减轻，入睡后消失，情绪激动时加重；随病情进展，震颤可逐步波及下颌、唇、面和四肢。少数 70 岁以上老年患者可无震颤。

2. **肌强直** 多从一侧的上肢或下肢近端开始，肌强直与锥体束受损时，肌张力不同程度增高，表现为屈肌与伸肌张力同时增高。关节被动运动时始终保持阻力增高，类似弯曲软铅管的感觉，故称为"铅管样肌强直"。肌强直与伴随的静止性震颤叠加，检查时可感觉在均匀阻力中出现断续停顿，如同转动齿轮感，故称为"齿轮样肌强直"。四肢、躯干、颈部肌强直可使患者出现特殊的屈曲体态，表现为头部前倾，躯干俯屈，肘关节屈曲，腕关节伸直，前臂内收，髋及膝关节略微弯曲。

3. **运动迟缓** 随意动作减少、减慢、幅度减小。临床表现为开始的动作困难和缓慢，如行走时启动和终止均有困难。面部肌肉强直时出现表情僵硬、双眼凝视、瞬目动作减少、笑容出现和消失减慢，形成"面具脸"。难以完成精细动作，如穿鞋、系带、扣纽扣等动作困难；书写字迹不正，字越写越小，称为"写字过小征"。严重者穿衣、翻身、起床困难；语声单调、低沉，声音变小，语速变慢，语言表达困难。

4. **姿势步态异常** 早期行走拖步，迈步时身体前倾，行走时步距缩短，颈肌、躯干肌强直而使患者站立时呈特殊屈曲体态，行走时上肢协同摆动的联合动作减少或消失，有时行走中全身僵硬，不能动弹，称为"冻结现象"。晚期由坐位、卧位起立困难。迈步后碎步往前走，越走越快，不能立刻停步，呈慌张步态。

5. **其他** 如顽固性便秘、流涎、出汗异常、性功能减退和脂溢性皮炎等自主神经功能障碍；嗅觉减退、睡眠障碍、肢体麻木等感觉障碍；近半数患者伴有抑郁、焦虑，15%~30% 的患者在疾病晚期出现幻觉、认知障碍。

 **考点提示**

帕金森病的主要临床症状与首发症状。

### （三）心理、社会状况

评估患者是否因动作迟钝而出现抑郁、自卑、焦虑不安等负性情绪；随着病情加重，劳动能力丧失，患者可产生焦虑甚至绝望心理。了解患者及家人对疾病的认知程度、对患者的关心程度、对预后期望及所得到的社会保障资源和服务等。

### （四）辅助检查

1. **CT 和 MRI 检查** 头颅 CT 可显示除具有普遍性脑萎缩外，有时可见基底核钙化。MRI 除能显示脑萎缩外，T2 加权像在基底核区和脑白质内常有多发高信号斑点存在。

2. **分子影像学检查** PET 或 SPECT 检查在疾病早期甚至亚临床期即能显示异常，有较高的诊断价值。

3. 血液、唾液和脑脊液检查  唾液和脑脊液中α-突触核蛋白，DJ-1蛋白含量有改变，少数患者可有血DNA基因突变。

4. 肝、肾功能检查  出现肝损害可表现为血清总蛋白降低、γ-球蛋白增高；肾损害时出现尿素氮、肌酐增高及蛋白尿。

【主要护理诊断/问题】

1. 躯体移动障碍  与黑质病变、锥体外系功能障碍所致震颤、肌强直、体位不稳、随意运动异常等有关。

2. 自尊低下  与震颤、流涎、面肌强直等身体形象改变和言语障碍、生活依赖他人有关。

3. 营养失调：低于机体需要量  与吞咽困难和肌强直、震颤所致机体消耗量增加等有关。

4. 知识缺乏：缺乏本病相关知识与药物治疗知识。

【护理措施】

（一）一般护理

1. 休息与活动  根据病情，指导患者进行适度的活动与运动，以防止和推迟关节强直与肢体挛缩。在疾病早期，指导患者维持和增加业余爱好，鼓励患者尽量参加有益的社交活动，坚持适当运动锻炼。在疾病中期，平时可以做力所能及的家务，尽量做到生活自理，并告知患者知难而退或简单的家人包办只会加速其功能衰退。在疾病晚期，应帮助患者采取舒适体位，被动活动关节，按摩四肢肌肉，注意动作轻柔，勿造成患者疼痛和骨折。同时要注意避免压力性损伤、跌倒、走失等意外发生。

2. 饮食护理  予以高热量、高维生素、富含纤维素、低盐、低脂、低胆固醇、适量优质蛋白的易消化饮食，少食多餐，避免辛辣食物，戒烟、酒。由于高蛋白饮食会降低左旋多巴类药物的疗效，故不宜盲目予以过多的蛋白质。槟榔为拟胆碱能食物，可降低抗胆碱药的疗效，应避免食用。进食或饮水时保持坐位或半卧位，注意力集中，并予以患者充足的时间和安静的进食环境，不催促、打扰患者进食。对于进食困难、饮水反呛的患者要及时予以鼻饲，并做好相应护理，防止经口进食引起误吸、窒息或吸入性肺炎。

3. 生活护理  加强巡视，主动了解患者的需要，指导和鼓励患者自我护理，做力所能及的事情。对于言语不清、构音障碍的患者，应耐心倾听患者的主诉，了解患者的生活需要和情感需要，可指导患者采用手势、纸笔、画板等沟通方式与他人交流。对于顽固性便秘者，应指导其多进食含纤维素多的食物，每天双手顺时针按摩腹部，促进肠蠕动。还可指导适量服食蜂蜜、麻油等帮助通便。必要时遵医嘱口服液体石蜡、果导片、番泻叶等缓泻剂，或予以开塞露塞肛、灌肠、人工排便等。对于排尿困难的患者应评估患者是否有尿潴留和尿路感染的症状和体征，可指导患者精神放松，腹部按摩、热敷以刺激排尿。膀胱充盈无法排尿时，在无菌操作下予以导尿和留置尿管。

（二）病情观察

观察患者肢体震颤、步态姿势障碍、肌强直和运动迟缓等临床表现的变化，是否有精神错乱、意识障碍或智能障碍等情况发生，动态监测营养状况，评估病情变化，及时发现异常并报告医生协助处理。

（三）治疗配合

帕金森病的治疗应采取综合治疗，包括药物治疗、手术治疗、康复治疗、心理治疗等，其中药物治疗是首选且为主要的治疗手段。目前应用的治疗手段，无论药物或手术，只能改善症状，不能阻止病情的发展，更无法治愈。

1. 药物治疗  以达到有效改善症状、提高工作能力和生活质量为目标，尽可能以最小剂量达到满意的临床效果。以替代药物，如复方左旋多巴、多巴胺受体激动剂等效果较好。但不能完全控制疾病的进展，且都存在不良反应和长期应用后药效衰减的缺点。抗胆碱药、金刚烷胺等，仅适用于症状轻微者。

（1）左旋多巴及复方左旋多巴：是治疗本病最基本、最有效的药物。由于多巴胺不能透过血-脑屏障进入脑内，对脑部多巴胺缺乏的替代疗法需应用其前体左旋多巴。复方多巴制剂可增强左旋多巴的疗效和减少其外周不良反应，其制剂有帕金宁和美多巴等。

（2）抗胆碱药：可协助维持纹状体的递质平衡，常用药物有苯海索、苯扎托品、丙环定等。

（3）金刚烷胺：促进神经末梢释放多巴胺，并阻止其重吸收。可与左旋多巴等药合用。

（4）多巴胺受体（dopamine receptor，DR）激动剂：能直接激动纹状体，产生和多巴胺相同作用的药物。如普拉克索、吡贝地尔、罗匹尼罗。

（5）其他药物：儿茶酚-O-甲基转移酶（catechol-O-methyltransferase，COMT）抑制剂，如恩他卡朋、托卡朋，与复方左旋多巴合用可改善疗效，减少症状波动。B型单胺氧化酶抑制剂（monoamine oxi-dase inhibitor-B，MAO-B），如司来吉兰、雷沙吉兰。

2. 手术及干细胞治疗　对于长期药物治疗疗效明显减退，同时出现异动症的患者可以考虑手术治疗，但仅改善症状，不能根治疾病，术后仍需药物治疗。目前正在探索干细胞结合基因治疗的新疗法。

3. 康复及中医治疗　针灸、中药和康复治疗，对改善患者的症状有一定的作用。进行肢体运动、语言、进食等训练和指导，可改善患者生活质量，减少并发症。

4. 用药护理

（1）左旋多巴制剂：服药一般从小剂量开始，逐渐增加剂量，直至有效维持，需服药数天或数周才见效，服药期间忌服维生素$B_6$、麻黄碱、利舍平、氯丙嗪、奋乃静等药物。常见不良反应有：①外周不良反应，表现恶心、呕吐、低血压，可餐后服用或加用多潘立酮，闭角型青光眼与肝、肾功能不全者禁用。②中枢不良反应，运动障碍，又称异动症，与纹状体受体超敏感有关，表现类似舞蹈症及手足徐动症，减少用药剂量或予以硫必利可改善症状。③症状波动，包括剂末现象（每次用药的有效作用时间缩短，症状随血液药物浓度发生波动）和开-关现象（指症状在突然缓解与加重之间波动，与药物血液浓度无关），前者可增加服药次数或改用控释剂，后者可遵医嘱试用多巴胺能受体激动剂。④精神症状，表现为抑郁、错觉、幻觉等，故精神病患者禁用，一旦出现及时报告医生处理。

（2）多巴胺受体激动剂：能直接激动纹状体，产生与多巴胺作用相同的药物，可减少或推迟运动并发症的发生，常见不良反应近似左旋多巴，但错觉、幻觉常见，有精神病史者禁用。

（3）抗胆碱药：可协助维持纹状体的递质平衡，适用于震颤明显的年轻人。常见不良反应为口干、眼花（瞳孔扩大）、少汗、便秘、排尿困难等，青光眼及前列腺肥大者忌用。

（4）金刚烷胺：主要作用为促进神经末梢释放多巴胺和减少多巴胺再摄取，对少动、强直、震颤均有改善作用，有失眠、食欲缺乏、足踝水肿、视觉障碍、心悸、精神症状等不良反应，严重肾病患者禁用。

 **考点提示**

帕金森病的首选治疗药物及不良反应。

### （四）心理护理

细心观察患者的心理反应，鼓励患者表达并注意倾听他们的心理感受，与患者讨论身体健康状况改变所造成的影响、不能应对的因素，及时予以正确的引导，使其能够接受和适应自己目前的状态并能设法改善。鼓励患者尽量维持过去的兴趣与爱好，多与他人交往，不孤立自己。指导家属关心患者，为患者创造良好的亲情氛围，减轻其心理压力。告知患者疗效常与其精神情绪有关，鼓励其保持良好的心态。

【健康指导】

1. 疾病知识指导　应指导患者及家属了解本病的临床表现、病程进展和主要并发症，帮助患者和照顾者适应角色的转变，掌握疾病相关知识和自我护理方法。积极去除使病情加重的因素，制订可行的照护计划并督促落实。

2. 活动与休息指导　鼓励患者维持和培养兴趣爱好，坚持适当的运动和体育锻炼，做力所能及的家务劳动等，可以延缓身体功能障碍的发生和发展，有助于维持身体灵活性，提升自我照顾能力，从而延长寿命，提高生活质量。

3. 用药指导　告知患者本病需要长期或终身服药治疗，让患者了解常用的药物种类、用法、服药注意事项、疗效及不良反应的观察与处理。告知患者长期服药过程中可能会突然出现某些症状加重或疗效减退，让患者了解用药过程可能出现的开-关现象、剂末现象以及应对方法。遵医嘱用药，服药过程中要观察震颤、肌强直和其他运动功能、语言功能的改善程度，观察患者起坐的速度、步行的姿势，讲话的音调与流利程度，写字、梳头、扣纽扣、系鞋带以及进食动作等，以确定药物疗效，遵医嘱定期复查。

4. 安全指导　指导患者避免单独使用煤气、热水器及锐利器械，防止受伤等意外。避免让患者进食带骨刺的食物和使用易碎的器皿，避免登高和操作高速运转的机器。外出时需人陪伴，精神智能障碍者，其衣服口袋内要放置"安全卡片"，或佩戴手腕识别牌，以防走失。

5. 进食方法指导　患者进食或饮水时，应取坐位或半卧位，保持注意力集中，保证时间充足和环境安静，避免催促、不打扰患者进食。对咀嚼能力和消化功能减退者，予以易消化、易咀嚼、无刺激性的软食或半流食，少食多餐；对进食困难、饮水呛咳者，及时予以鼻饲饮食。

# 第六节　神经系统疾病患者护理实训

## 一、腰椎穿刺患者的护理

腰椎穿刺（lumbar puncture）是通过穿刺第3～4腰椎或第4～5腰椎棘突间隙进入蛛网膜下腔放出脑脊液的技术，主要用于中枢神经系统疾病的诊断和鉴别诊断，或注入药物或行内外引流术等治疗性穿刺。脑脊液（cerebrospinal fluid，CSF）是由侧脑室脉络丛产生的存在于各脑室、蛛网膜下腔和脊髓中央管内的无色透明液体，对脑和脊髓具有保护、支持和营养作用。正常脑脊液具有一定的压力、细胞成分和化学成分，当中枢神经系统发生病变时，可引起脑脊液成分和压力的改变，通过腰椎穿刺脑脊液检查可了解这些变化，因此诊断中枢神经系统疾病时，常需要通过腰椎穿刺获取脑脊液以协助诊断。

【适应证】

1. 诊断性穿刺

（1）留取脑脊液做各种检查以辅助中枢神经系统疾病的诊断，如脑血管疾病、脑膜炎、脑炎、颅内肿瘤等。

（2）动态观察脑脊液变化以协助诊断病情、指导治疗及判断预后。

（3）怀疑颅内压异常。

（4）注入放射性核素行脑、脊髓扫描检查。

2. 治疗性穿刺

（1）注入液体或放出脑脊液以维持、调整颅内压平衡。

（2）鞘内注射药物治疗相应疾病，注入抗菌药物可以控制颅内感染；注入化疗药物治疗中枢白血病等。

【禁忌证】

1. 颅内病变伴有明显颅内高压或已有脑疝先兆，特别是怀疑颅后窝存在占位性病变，腰椎穿刺可促使或加速脑疝形成。

2. 穿刺部位有感染灶、脊柱结核或开放性损伤，腰椎穿刺有可能将细菌带入蛛网膜下腔或脑内。

3. 明显出血倾向或病情危重不宜搬动者。

4. 脊髓压迫症的脊髓功能处于即将丧失的临界状态。

【术前准备】

1. 评估患者的文化水平、合作程度以及是否做过腰椎穿刺检查等。测量患者的生命体征，观察意识，评估全身情况。指导患者了解腰椎穿刺的目的、特殊体位、过程与注意事项，消除患者的紧张、恐惧心理，征得患者和家属的签字同意。

2. 备好穿刺包、压力表包、无菌手套、所需药物、氧气等，备好急救药物，以防发生意外。

3. 指导患者排尿、排便，在床上静卧15～30分钟。

【术中配合】

1. 体位　患者去枕侧卧（多为左侧卧位），背部与床面垂直，屈颈抱膝，使脊柱尽量前屈，以增加椎间隙宽度。

2. 穿刺点　一般取第3～4或第4～5腰椎棘突间隙为穿刺点，两侧髂嵴最高点连线与脊柱中线相交处为第4腰椎棘突。

3. 穿刺部位严格消毒，术者戴无菌手套，铺孔巾，以2%利多卡因1～2 ml，在穿刺点皮内、皮下至椎间韧带进行逐层局部麻醉。

4. 术者用左手固定穿刺点皮肤，右手持穿刺针以针尖稍斜向头部的方向将腰椎穿刺针沿腰椎间隙垂直进针，进针4～6 cm（儿童2～3 cm）深度或感到阻力突然降低时，提示针尖已进入蛛网膜下腔，此时将针芯慢慢抽出（以防脑脊液迅速流出，造成脑疝），可见脑脊液自动滴出。留取脑脊液标本前先接上测压管测量压力。接紧测压管后让患者放松身体，缓慢伸直头及下肢，脑脊液在玻璃管内随呼吸轻微波动，上升到一定高度而停止上升，此时的读值即为患者脑脊液压力的数值。正常脑脊液压力为80～180 mmH$_2$O，>200 mmH$_2$O为颅内压升高，<80 mmH$_2$O为颅内压降低。如脑脊液压力高于300 mmH$_2$O，则一般不放脑脊液，防止发生脑疝。

5. 若需了解椎管内是否有梗阻，可做压颈试验，但颅内压增高或疑有颅后窝肿瘤者，禁做此试验，以免发生脑疝。

6. 撤去测压管，留取2～5 ml脑脊液于无菌试管中送检。

7. 术毕，将针芯插入穿刺针中并拔出穿刺针，针孔用聚维酮碘消毒后覆盖无菌纱布，并稍加压迫防止出血，再用胶布固定。

【术后护理】

1. 指导患者去枕平卧4～6小时，告知卧床期间不可抬高头部，但可适当转动身体。

2. 观察患者是否有头痛、腰背痛、脑疝及感染等穿刺后并发症。穿刺后头痛最常见，多发生在穿刺后1～7天，可能为脑脊液量放出较多或持续脑脊液外漏所致颅内压降低。应指导多饮水，延长卧床休息时间至24小时，遵医嘱静脉滴注生理盐水1000～1500 ml。

3. 颅内压高者不宜多饮水，卧床休息，密切观察患者的意识、瞳孔及生命体征变化。

4. 保持穿刺部位的纱布干燥，观察是否有渗液、渗血，24小时内不宜淋浴。

【注意事项】

1. 严格掌握禁忌证，凡疑有颅内压升高者必须先做眼底检查，对有明显视神经乳头水肿或有脑疝先兆者，禁忌穿刺。凡患者处于休克、衰竭或濒危状态以及局部皮肤有炎症、颅后窝有占位性病变时，均禁忌穿刺。

2. 穿刺时若患者出现呼吸、脉搏、面色异常等症状，则应立即停止操作，并予以相应处理。

3. 鞘内给药时，应先放出等量脑脊液，然后再等量转换注入药液。

## 二、脑血管介入治疗患者的护理

脑血管介入治疗是指在X线引导下，经血管途径借助导引器械（针、导管、导丝）递送特殊材料进入中枢神经系统的血管病变部位，治疗各种颅内动脉瘤、颅内动静脉畸形、颈动脉狭窄、颈动脉海绵窦瘘及其他脑血管疾病。治疗技术分为血管成形术（对狭窄的血管行球囊扩张、支架置入）、血管栓塞术、血管内药物灌注术等。相比常规的开颅手术，脑血管介入治疗具有创伤小、恢复快、疗效好的特点。

【适应证】

1. 大动脉狭窄　如颈动脉狭窄、颅内动脉狭窄、颅外段椎动脉狭窄。

2. 急性脑梗死　急性缺血性脑卒中，无创性影像学检查证实为大动脉闭塞，静脉溶栓效果不佳者。

3. 出血性脑血管疾病　如颅内动脉瘤、脑血管畸形等适合做介入的情况。

4. 静脉性脑血管疾病　如静脉窦狭窄。

【禁忌证】

1. 凝血功能障碍或对肝素及抗血小板类药物有禁忌证。

2. 药物无法控制的严重高血压。

3. 严重心脏、肝、肾功能不全或严重糖尿病。

4. 活动性出血或已知有出血倾向者。

5. 近期内有过大的外科手术或泌尿系统、胃肠道出血者。

【术前准备】

1. 评估患者的文化水平、心理状态以及对该项治疗技术的认识程度。指导患者及家属了解治疗的目的、过程、可能出现的意外或并发症，征得家属的理解和签字同意。为患者创造安静的休养环境，解除心理压力。

2. 评估患者的基础状况，完善各项实验室检查，如血型、血常规、出凝血时间、肝肾功能等。

3. 遵医嘱执行围手术期用药，如抗血小板治疗、抗凝治疗、控制血压、他汀类治疗等。

4. 用物准备，包括介入器材、注射泵、监护仪、栓塞物品或药品（甘露醇、尿激酶）等。

5. 建立可靠的静脉通道（套管针），尽量减少穿刺，防止出血及瘀斑。

6. 遵医嘱备皮、沐浴及更衣。遵医嘱予以禁食、禁饮水和禁用药，局麻者为4~6小时，全麻者为9~12小时。特殊情况下，应留置导尿管或进行心电监护。

【术中配合】

1. 遵医嘱给药，并调节和记录给药时间、剂量、速度与浓度，根据患者血管情况及时更换所需器械、导管或导丝。

2. 密切观察患者意识状态和瞳孔变化，若术中出现烦躁不安、意识障碍或意识障碍程度加重，一侧瞳孔散大等，常提示患者脑部重要功能区血管栓塞或病变血管破裂，必须立即配合抢救。

3. 注意观察患者全身情况，如是否有语言沟通障碍、肢体运动及感觉障碍，是否有寒战、高热等不良反应，是否有皮肤受压等，发现异常及时报告医生处理。

4. 遵医嘱输氧和心电监护。

5. 保持各种管道通畅。

【术后护理】

1. 严密观察意识、瞳孔及生命体征变化，每2小时监测1次，连续6次正常后停止测量。及早发现颅内高压、脑血栓形成、颅内血管破裂出血、急性血管闭塞等并发症。密切观察患者四肢活动、语言状况及足背动脉搏动情况，并与术前比较，发现异常立即报告医生。

2. 术后平卧，穿刺部位按压30分钟，沙袋（1 kg）压迫6～8小时，穿刺侧肢体继续制动（取伸展位，不可屈曲）2～4小时。一般于穿刺后8小时左右可行侧卧位。24小时内卧床休息、限制活动。

3. 密切观察（术后2小时内，每15分钟1次）双侧足背动脉搏动和肢体远端皮肤颜色、温度等，防止动脉栓塞。注意局部是否有渗血、血肿，指导患者咳嗽或呕吐时按压穿刺部位，避免因腹压增加而导致伤口出血。同时，应观察与造影剂、操作有关的并发症，如造影剂肾病、造影剂过敏及动脉夹层等。

4. 使用肝素和华法林时主要监测凝血功能，注意是否有皮肤、黏膜、消化道出血，是否有发热、皮疹、哮喘、恶心、腹泻等药物不良反应。

5. 术后休息2～3天，避免情绪激动、精神紧张和剧烈运动，防止球囊或钢圈脱落移位。鼓励患者多饮水，促进造影剂排泄。术后注意预防随时间延长而发生的远期再狭窄。

【注意事项】

1. 严格执行无菌操作，以免发生感染。

2. 饮食要清淡，低盐、低脂饮食，保持排便通畅，控制高血压、高血脂、高血糖等高危因素。

3. 定期复查脑血管造影。

### 三、高压氧治疗患者的护理

高压氧治疗（hyperbaric oxygen therapy）是让患者在密闭的加压装置中吸入高压力（2～3个大气压）、高浓度的氧，使其大量溶解于血液和组织，从而提高血氧张力、增加血氧含量、收缩血管和加速侧支循环形成。以利于降低颅内压，减轻脑水肿，纠正脑广泛缺血后所致的乳酸中毒或脑代谢产物积聚，改善脑缺氧，促进觉醒反应和神经功能的恢复。

【适应证】

1. 一氧化碳中毒。

2. 缺血性脑血管疾病。

3. 脑炎、中毒性脑病。

4. 神经性耳聋。

5. 多发性硬化、脊髓及周围神经外伤、老年期痴呆等。

【禁忌证】

1. 恶性肿瘤，尤其是已发生转移的患者。

2. 出血性疾病，如颅内血肿、椎管或其他部位有活动性出血可能者。

3. 颅内病变诊断不明者。

4. 严重高血压（>160/95 mmHg），心功能不全。

5. 原因不明的高热、急性上呼吸道感染、急慢性鼻窦炎、中耳炎或咽鼓管通气不良。

6. 肺部感染、肺气肿、活动性肺结核、肺空洞。

7. 妇女月经期或妊娠期。

8. 有氧中毒或不能耐受高压氧者。

【操作前准备】

1. 患者准备

（1）了解患者病情及治疗方案，及时发现是否有入舱治疗的禁忌证。

（2）向患者及家属说明治疗的方法、目的和过程，以及升压过程的正常反应，以消除患者紧张与恐惧情绪。

（3）指导患者掌握调节中耳气压的具体方法及要求，如捏鼻鼓气法、咀嚼法、吞咽法等。教会患者正确戴面罩吸氧的方法。

（4）严禁患者及陪舱人员携带各种违禁物品，如易燃易爆物品、手表、钢笔、保温杯等进入治疗舱，高度重视防火、防爆，确保安全。

（5）入舱前更换纯棉衣服、洗净油脂类化妆品，避免饱食、饥饿、酗酒，不宜进食碳酸饮料，排尿、排便，一般在餐后1~2小时进舱。治疗前检查有关阀门、仪表、照明、供气等设备，确认系统运转正常。

（6）首次进舱治疗的患者及陪舱人员进舱前用1%麻黄碱滴鼻，发热、血压过高、严重疲劳及妇女月经期应暂停治疗。

2. 用物准备　高压氧治疗设备及抢救物品和药物。

【操作中护理】

1. 加压

（1）加压开始前应通知舱内人员做好相应准备，在高压氧治疗过程中，舱内、外必须随时联系，密切配合。调节好舱内温度。根据患者的实感温度，开放空调系统，调节舱内温度夏季为24~28℃，冬季为18~22℃，舱内相对湿度不超过75%。

（2）加压时关闭各种引流管，观察、调整密封式水封瓶，防止液体倒流入体腔。

（3）准备完毕，关闭舱门，通知舱内人员"开始加压"。开始加压时速度要慢，随着表压的逐渐升高，加压速率加快，直至达到治疗预定压力。加压时边加压边询问患者是否有耳痛或其他不适，如耳痛明显应减慢加压速度或暂停加压，向鼻内滴入1%麻黄碱，疼痛消除后可继续加压，若无效，应减压出舱。

（4）密切观察患者血压、脉搏、呼吸的变化。若患者出现血压升高、心率、呼吸减慢，则属于正常加压反应，不必做特殊处理。若患者出现烦躁不安、颜面或口周围肌肉抽搐、出冷汗或突然干咳气促，四肢麻木、头晕、眼花、恶心、无力等，则提示可能为氧中毒，应立即报告医师，并摘除面罩，停止吸氧，改吸舱内空气，必要时终止治疗减压出舱。

2. 稳压

（1）加压达预定治疗压力后，操作人员关闭"加压阀"打开"供氧阀"，同时通知舱内患者"戴好面罩""开始吸氧"。供氧表压为0.4~0.6 MPa，供氧量一般为10~15 L/min即可。

（2）指导患者在安静和休息状态下吸氧，吸氧时不做深呼吸，并观察患者佩戴面罩及吸氧的方法是否正确。

（3）随时观察患者是否有中毒症状，如出现立即摘除面罩停止吸氧，改为吸舱内空气，必要时医护人员应入舱处理或终止治疗减压出舱。

（4）吸氧结束，通知舱内人员"停止吸氧"。

3. 减压

（1）通知舱内人员"开始减压"，开始速度宜慢，边减压边通风，防止舱内起雾。

（2）减压过程中严格执行减压方案，不得随意缩短减压时间。

（3）指导患者自主呼吸，绝对不能屏气，否则会导致肺组织撕裂，造成严重的肺气压伤。

（4）输液应采用开放式，因为减压时莫菲滴管内的气体发生膨胀，导致瓶内压力升高，气体进入静脉有造成气体栓塞的危险。

（5）减压时各种引流管都要开放，气管插管的气囊在减压前应打开，以免在减压时因气囊膨胀压迫气管黏膜而造成损伤。

（6）减压过程中患者可能出现耳部发胀感、便意、腹胀等，不需特殊处理。

（7）减压过程中因气体膨胀吸热，舱内温度急剧下降，舱内会出现雾气，这是正常物理现象，适当通风，并控制减压速度，可以减少或避免这种现象发生。应提醒患者注意保暖。

【操作后护理】

观察患者是否有肺气压伤、氧中毒、皮肤瘙痒、关节疼痛等减压病并发症；观察昏迷患者是否有脑水肿加重、肺水肿，伤口渗血、出血等。发现异常应及时报告医师并协助处理。

【注意事项】

1. 严格执行舱内消毒隔离制度，及时清洁、消毒舱体，防止空气污染和交叉感染。

2. 严禁火种。舱内绝对禁止吸烟。严禁穿着或携带易产生静电火花的化纤服装及被褥入舱。严禁腐坏食品或易燃品入舱。严禁启动舱内一切设备。

### 四、脑室穿刺和持续引流术患者的护理

脑室穿刺术是经颅骨钻孔或椎孔穿刺侧脑室，放置引流管，将脑脊液引流至体外，是对某些颅内压增高患者进行急救和诊断的措施之一。通过穿刺放出脑脊液以抢救脑危象和脑疝；同时有效地减轻肿瘤组织液、炎性液体、血性液体对脑室的刺激，缓解症状，为继续抢救和治疗赢得时间。

【适应证】

1. 肿瘤和其他颅内病变引起的脑积水。

2. 自发性或外伤性脑室内出血，或脑内血肿破入脑室系统。

3. 后颅凹手术前为防止在切开后颅凹硬脑膜后小脑急性膨出，造成脑组织裂伤和继发性脑干损伤及在术后持续引流出血性脑脊液，以避免脑室系统梗阻和调整颅内压力。

4. 开颅术中和术后颅内压监测。

【禁忌证】

1. 穿刺部位有外伤或感染者，穿刺有使感染向脑内扩散的危险。

2. 凝血障碍、血小板减少或脑血管畸形者，脑室穿刺可引起出血。

3. 弥散性脑肿胀或脑水肿，脑室受压缩小者，穿刺困难，引流也很难奏效。

4. 大脑半球占位性病变、怀疑侧脑室受压、中线过度偏移者。

【术前准备】

1. 解释　向患者或家属说明脑室穿刺的目的、意义、过程及注意事项，穿刺时所采取的特殊体位，消除其恐惧，取得合作，并请患者或家属签署同意书，躁动患者遵医嘱使用镇静药。

2. 患者准备　术前禁食4～6小时（紧急情况除外），头部穿刺区备皮，检查血小板、出血时间及凝血时间等；用普鲁卡因做局部麻醉者，需做普鲁卡因皮肤试验。躁动者遵医嘱使用镇静药。

3. 用物准备　常规消毒用品、无菌手套、麻醉药、治疗或抢救药品、胶布、颅骨钻、脑室穿刺引流包、无菌引流袋、硅胶导管及抢救物品等。

【术中配合】

1. 帮助患者摆放适当体位，协助医生消毒、铺治疗巾。

2. 穿刺部位选择　根据患者情况选择

（1）侧脑室前角（额入法）：仰卧位，一般取右侧前角，以中线旁2.5 cm，发际后2 cm；或中线旁2.5 cm，冠状缝前2.5 cm为穿刺点，穿刺深度为4～6 cm。此法较常用，简单易行，定位准确，很少发生合并症，便于固定和行脑室持续引流。

（2）侧脑室下角后部（侧入法）：侧卧或仰卧使头稍转向对侧，以外耳道上、后各3 cm处为穿刺点，垂直进针深度为4～5 cm。

（3）侧脑室三角区（枕入法）：侧卧或俯卧位，一般取右侧后角，枕外隆凸上4～7 cm，中线旁3 cm为穿刺点，穿刺深度为4.5～5.5 cm。

3. 选择好穿刺点后，做好标记，以2%普鲁卡因局麻，用颅骨钻先穿入头皮内至颅骨，穿刺针应保持固定在一个方向，不能使针头左右摆动，以免损伤脑组织。脑脊液引出后，固定好穿刺针，将穿刺针连接上消毒的封闭式引流袋。引流管中间可接三通接头，以便向侧脑室内注药。

4. 严格执行无菌操作，避免导致颅内感染。

5. 协助患者保持安静，减少头部活动，躁动者予以适当约束，避免自行拔管发生意外。密切观察患者生命体征、神志及瞳孔变化，尤其注意呼吸改变。

【术后护理】

1. 妥善固定　在无菌条件下接引流管，并将其悬挂于床头，引流管开口高于侧脑室平面10～15 cm，以维持正常颅内压；适当限制头部的活动范围，护理操作时，应避免牵拉引流管。搬动患者，应夹闭引流管，防止脑脊液反流引起颅内感染。

2. 控制引流的速度和量　宜缓慢引流，使颅内压平稳下降，引流过多过快可导致脑室内出血、硬膜外血肿或硬膜下血肿、诱发小脑中央叶向上疝入小脑幕切迹。但在抢救脑疝等危急情况下，可先快速引流脑脊液，再接上引流袋缓慢引流。引流量一般控制在每日不超过500 ml。

3. 观察引流液的性状和量　正常脑脊液无色透明、无沉淀。术后1～2天内，脑脊液可为血性，以后转为橙黄色。若引流液中有大量血液或血性颜色逐渐加深，常提示脑室内有出血；若引流液浑浊，呈毛玻璃状或有絮状物，提示颅内有感染，应放低引流袋，及时送检标本，并及时报告医生进行处理。

4. 保持引流通畅　防止引流管受压、扭曲、成角、折叠或阻塞，如无脑脊液流出，应查明原因，予以处理。

5. 定时更换引流袋　每日定时按无菌原则更换引流袋和穿刺部位敷料，如有污染随时更换。更换引流袋时夹闭引流管，防止逆行感染。同时记录穿刺点局部皮肤情况及引流液的量及性状。

6. 及时拔出引流管　持续引流时间一般不超过7天。拔管前夹闭引流管，观察24～48小时，患者若无头痛、呕吐等症状，即可拔管。拔管后加压包扎，嘱患者卧床休息和减少头部活动，观察穿刺点是否有渗液、渗血，严密观察患者意识、瞳孔变化及是否有肢体抽搐，发现异常及时通知医生予以处理。

【注意事项】

1. 严格执行无菌操作，以免发生感染。

2. 固定头部，约束肢体，使其抓不到头部为宜，以免发生弯针、折针、脱管。烦躁患儿按医嘱适量给镇静药。

3. 拔除针后，包扎纱布浸湿或污染应及时更换，以免发生感染。

### 五、数字减影血管造影检查患者的护理

数字减影血管造影（digital subtraction angiography，DSA）是一项通过计算机辅助成像的 X 线血管造影技术，在检查过程中，计算机可以消除图像中骨骼、软组织等成分，得到只有造影剂充盈的血管。DSA 可测定动脉的血流量，显示动脉管腔狭窄、闭塞、侧支循环建立情况等，是诊断脑血管疾病的"金标准"。

【适应证】

1. 颅内血管性疾病  如动脉粥样硬化、动脉狭窄、动脉瘤、颅内静脉系统血栓形成、动静脉畸形等。

2. 颅内占位性病变  如颅内肿瘤的供血来源、供血程度及病变与重要血管之间的关系；了解某些颅外病变的供血情况，如颈动脉体瘤、头皮血管瘤等。

3. 颅内出血性疾病  颅内出血或蛛网膜下腔出血的病因检查。

4. 病情观察  手术后观察脑血管循环状态。

【禁忌证】

1. 对造影剂和麻醉药严重过敏者。

2. 严重出血倾向或出血性疾病者。

3. 严重心、肝、肾功能损害及有严重高血压和明显动脉硬化者。

4. 脑疝晚期、脑干功能衰竭、病情危重不能耐受手术者。

5. 严重全身感染或穿刺部位局部感染者。

【操作前准备】

1. 患者准备

（1）告知患者检查的目的和意义、造影过程及术中配合要点，征得患者家属的同意并签字。

（2）完善检查，术前做好血常规、尿常规、粪便常规、肝功能、肾功能、出血与凝血时间、血糖及心电图等各项检查。

（3）为患者进行穿刺侧腹股沟部位皮肤的准备，测量血压及肢端动脉搏动情况，以便手术后对比。

（4）嘱患者术前禁食 6 小时，禁饮 4 小时，术前 30 分钟排尿、排便。必要时留置导尿管，并于插管的对侧肢体建立静脉通道。

2. 用物准备  备好造影剂、麻醉药物、肝素、生理盐水、鱼精蛋白、股动脉穿刺包、沙袋、抢救药物等。

【操作中配合与护理】

1. 经股动脉插管 DSA 操作步骤

（1）选择穿刺点，在耻骨联合 - 髂前上棘连线中点、腹股沟韧带下 1~2 cm 股动脉搏动最强点进行穿刺。

（2）消毒局部皮肤，进行局部麻醉。

（3）将穿刺针与皮肤成 30°~45° 角刺入股动脉，将导丝送入血管 20 cm 左右，撤出穿刺针，迅速沿导丝置入导管鞘或导管，撤出导丝。

（4）在计算机屏幕监护下将导管送入各个头臂动脉。

（5）进入靶动脉后注入少量造影剂确认动脉，然后造影。

2. 术中配合

（1）造影过程中指导患者术中要保持平卧，注射造影剂时可能会有轻微不适，但不可晃动头部，否则会影响成像效果。

（2）应密切观察血压、脉搏、意识、瞳孔的变化，并不时询问患者自我感觉，是否有肢体麻木、无力、言语不清等，准确判断患者的病情，防止大剂量造影剂注射引起过敏反应。术毕拔管，穿刺部位垂直压迫30分钟，后妥善加压包扎。

【操作后护理】

1. 病情观察　密切观察意识、瞳孔、血压、脉搏、呼吸变化，发现异常及时报告医生处理。

2. 穿刺部位及下肢护理　术后平卧，穿刺部位按压30分钟，沙袋（1 kg）加压压迫6～8小时，穿刺侧肢体继续制动（取伸展位，避免屈曲）2～4小时。一般于穿刺后8小时可行侧卧位，24小时内卧床休息、限制活动，24小时后如无异常情况可下床活动。卧床期间协助生活护理。

3. 密切观察双侧足背动脉搏动和肢体远端皮肤颜色、温度等。注意穿刺局部是否有渗血、血肿。指导患者避免增加腹压的动作。患者咳嗽或呕吐时，协助其按压穿刺伤口，以防止出血。

4. 促进造影剂排泄　指导患者多饮水或遵医嘱进行静脉补液。

（安晓倩　马　莉　彭艳红）

# 自 测 题

一、选择题

**A1/A2 型题**

1. 治疗三叉神经痛的首选药物是
   A. 布洛芬　　　　　　B. 卡马西平　　　　　　C. 地西泮
   D. 吗啡　　　　　　　E. 阿司匹林

2. 关于急性炎症性脱髓鞘性多发性神经病患者脑脊液检查的特征，正确的是
   A. 细胞数量增高，糖含量降低
   B. 蛋白质含量升高，细胞数量正常
   C. 蛋白质含量降低，细胞数量增高
   D. 细胞数量增高，糖含量正常
   E. 红细胞数量减少，细菌培养呈阴性

3. TIA 发作的临床表现是
   A. 血压突然升高，短暂意识不清，抽搐
   B. 眩晕、呕吐、耳鸣，持续1天至数天
   C. 发作性神经功能障碍，24小时内完全恢复
   D. 昏迷、清醒、再昏迷
   E. 一侧轻偏瘫，历时数日逐渐恢复

4. 脑梗死患者发病后进行头部CT检查未显示低密度改变的时间是
   A. 6小时内　　　　　　B. 12小时内　　　　　　C. 24小时内

D. 48小时内　　　　　　　E. 1周内

5. 脑出血以内囊出血最常见，其特征性的临床表现是
   A. 同侧偏瘫　　　　　B. 对侧偏瘫　　　　　C. 同侧偏盲
   D. 三偏征　　　　　　E. 交叉性偏瘫

6. 下列为帕金森病患者提供的用药指导中，错误的是
   A. 需要长期或终身服药
   B. 服药过程中可能出现开-关现象
   C. 症状缓解后可以停药
   D. 服药期间需要注意观察患者的运动功能
   E. 使患者了解药物的用法和注意事项

7. 某脑出血患者住院期间，出现剧烈头痛、频繁呕吐、呼吸减慢、瞳孔不等大，应考虑该患者发生的是
   A. 呼吸不畅　　　　　B. 呼吸衰竭　　　　　C. 心室颤动先兆
   D. 脑疝　　　　　　　E. 脑出血加重

8. 患者，女性，34岁，吉兰-巴雷综合征，发病后5天出现严重面神经麻痹、吞咽困难、呼吸肌麻痹、构音障碍。首要的治疗措施是
   A. 予以糖皮质激素治疗
   B. 予以鼻饲营养丰富的流质饮食
   C. 予以营养神经治疗
   D. 予以抗生素治疗
   E. 行气管切开，呼吸机辅助呼吸

9. 患者，女性，34岁，近2周来常在刷牙时出现左侧面颊和上颌部疼痛，每次持续3～4分钟，神经系统检查未发现异常，应考虑该患者的诊断是
   A. 牙痛　　　　　　　B. 三叉神经痛　　　　C. 面神经炎
   D. 鼻窦炎　　　　　　E. 单纯部分性发作

10. 患儿，女，9岁，既往有癫痫病史2年。此次因"咳嗽10天，肺炎"入院。今晨进餐时突然出现癫痫大发作，责任护士首先应采取的措施是
    A. 立即建立静脉通道　　B. 保持呼吸道通畅　　C. 密切观察病情变化
    D. 予以吸氧　　　　　　E. 准备气管切开包

11. 患者，女性，55岁，四肢抖动，运动迟缓3年，诊断为帕金森病，服用左旋多巴制剂治疗过程中，突然出现四肢不能活动，吞咽障碍，该现象可能是
    A. 开-关现象　　　　　B. 剂末现象　　　　　C. 精神症状
    D. 剂峰运动障碍　　　　E. 异动症

**A3/A4型题**

（12～13题共用题干）

患者，女性，35岁，因"反复发作性意识丧失，四肢抽搐1小时，发作间歇呼之不应，呈喷射性呕吐2次"入院。患者既往有癫痫病史5年，不规律使用抗癫痫药物，具体用药情况不详。

12. 该患者目前最可能发生的是
    A. 脑疝　　　　　　　B. 精神分裂症　　　　C. 低钙血症
    D. 脑卒中　　　　　　E. 癫痫持续状态

13. 该患者目前最主要的护理问题是
    A. 知识缺乏：缺乏疾病相关知识
    B. 有窒息的危险　　C. 气体交换受损　　D. 有受伤的危险
    E. 潜在并发症：脑水肿

（14～15题共用题干）

患者，男性，56岁，既往有高血压病史多年，2天前进早餐时发现右手无力，中午时症状消失。今日再次出现上述类似症状，1小时后症状又消失。查体：BP 160/90 mmHg，神经系统检查正常。

14. 该患者最可能的诊断是
    A. 脑出血　　　　B. 高血压脑病　　　C. 脑栓塞
    D. TIA　　　　　E. 脑血栓形成
15. 下列治疗方法不适合的是
    A. 病因治疗　　　B. 应用脑血管扩张药　C. 应用扩容剂
    D. 抗凝治疗　　　E. 立即进行开颅手术

（16～17题共用题干）

患者，女性，54岁，1天前洗衣时突然出现左半身麻木、不能活动，既往有风湿性心脏病合并心房颤动病史。查体：BP 100/30 mmHg，神志清楚，言语流畅，脑神经检查未见异常，左侧肢体肌力为Ⅲ级，肌张力正常，腱反射（+），左侧Babinski征（+），左侧痛觉丧失。

16. 该患者最可能的诊断是
    A. TIA　　　　　B. 脑血栓形成　　　C. 脑栓塞
    D. 脑出血　　　　E. 蛛网膜下腔出血
17. 下列辅助检查对明确诊断最有价值的是
    A. 腰椎穿刺抽液检查　B. 脑电图　　　　C. 肌电图
    D. 诱发电位　　　　　E. 头颅CT检查

（18～20题共用题干）

患者，男性，55岁，既往有高血压病史20年，不规则服药。某日情绪激动时突发头痛，意识不清，30分钟后被送到医院。查体：昏迷，BP 230/120 mmHg，双眼向右侧凝视，左侧肢体偏瘫。

18. 该患者最可能的诊断是
    A. 晕厥　　　　　B. 脑出血　　　　　C. 脑血栓形成
    D. 蛛网膜下腔出血　E. 心肌梗死
19. 该患者最可能的病变部位是
    A. 右侧内囊　　　B. 左侧内囊　　　　C. 右侧半球表面
    D. 左侧半球表面　E. 脑桥
20. 此时最主要的治疗措施是
    A. 迅速降低血压　B. 迅速降低血压及颅内压　C. 加强康复锻炼
    D. 溶栓治疗　　　E. 心理治疗

（21～22题共用题干）

患者，女性，62岁，晨起出现右侧肢体无力，不能说话3小时，急诊入院。查体：BP 165/90 mmHg，神志清楚，不能说话，但能听懂他人的交谈内容，右侧偏瘫，右侧病理征呈阳性；头颅CT检查未见异常。

21. 该患者最可能的诊断是

  A. 脑出血    B. 高血压脑病    C. 蛛网膜下腔出血

  D. 脑栓塞    E. 脑血栓形成

22. 此时最主要的治疗措施是

  A. 迅速降低血压    B. 用大剂量脱水药物降低颅内压

  C. 加强康复锻炼    D. 溶栓治疗    E. 心理治疗

## 二、案例分析题

1. 患者王某，男性，60岁，因"剧烈头痛，伴恶心、呕吐及昏迷半小时"急诊入院。患者1小时前因情绪激动突然出现说话不清，右手无力，剧烈头痛，伴恶心、呕吐、意识不清，约半小时后昏迷。患者面色潮红，呼吸深沉，带有鼾声，脉搏缓慢有力，大、小便失禁，无抽搐。既往有高血压病史8年，不规律服抗高血压药。无药物过敏史，无心脏病和糖尿病病史。查体：T 38.2 ℃，P 65次/分，R 17次/分，BP 210/114 mmHg，昏迷，双侧瞳孔直径为2 mm，等大，对光反射迟钝，右侧鼻唇沟浅，右侧肢体瘫痪，腱反射未引出，右侧巴宾斯基征（+）。脑部CT检查显示左侧基底核区高密度病灶。

**请问：**

（1）该患者可能患有何种疾病？

（2）请说出该患者可能的护理问题及相应的护理措施。

2. 李女士，55岁，既往有风湿性心脏病病史15年。晨起发现右侧肢体无力，2小时内呈进行性加重，立即来院就诊。查体：左侧鼻唇沟变浅，舌向右偏，右上肢肌力为0级，右下肢肌力为Ⅲ级，右侧面部和上肢感觉减退；BP 120/70 mmHg，P 114次/分，出现持续性心房颤动。

**请问：**

（1）该患者最可能的医疗诊断是什么？还需要做哪些检查协助诊断？

（2）患者目前主要的护理问题有哪些？

3. 患者，男性，30岁，既往有发作性意识丧失伴全身抽搐病史3年。1天前患者因噪声刺激突发意识丧失、跌倒在地、全身对称性抽搐，伴双眼球凝视、口吐白沫、尿失禁，症状持续约30分钟，清醒后感头痛、全身肌肉酸痛，但对发作过程无法回忆。体格检查：四肢肌张力减低，刺激肢体均有活动，双侧巴宾斯基征阳性。辅助检查：头颅CT检查示双侧顶枕叶局部软化灶。

**请问：**

（1）该患者最可能的医疗诊断是什么？

（2）患者目前主要的护理问题有哪些？

4. 患者，女性，65岁，因"左手抖动5年，加重伴右手抖动1年"入院。患者5年前无明显诱因出现左手抖动，静止时明显。1年前右手逐渐出现静止性震颤，且自感行走发僵，迈步困难。患者一直服用多巴丝肼治疗,近来疗效减退,反复出现开-关现象。

请问:

(1)该患者最可能的医疗诊断是什么?

(2)何谓开-关现象?

(3)该患者目前主要的护理问题有哪些?

> **思政园地**
>
> **中国好医生——中国科学院院士赵继宗**
>
> 2013年,赵继宗当选为中国科学院院士;2015年1月18日,中国卒中学会在北京召开第一次全国会员代表大会和成立大会,并选举产生第一届理事会,会长由赵继宗院士担任。
>
> 1919年,神经外科独立设科,而中国神经外科的建立比发达国家晚了近50年。尽管如此,在经过经典神经外科时期、显微神经外科时期、微创神经外科时期的3个阶段后,中国神经外科依旧快速发展,进入第四阶段——网络神经外科。中国神经外科发展如此之快,离不开赵继宗院士40年的不断耕耘。他坚持不懈的开展科学研究和临床研究,在国内率先建立了具有国际先进水平的微创神经外科技术平台,将神经外科手术从脑解剖结构保护提升到脑功能保护,推动我国神经外科学达到国际水准。他提出要医工结合、医理结合,学科交叉是生命科技取得革命性突破的方法,要与工程技术人员合作,开发新技术和医疗器械,展开脑认知功能的临床研究,为中国神经外科进入网络神经外科阶段指明了方向。
>
> 他说,"这需要有甘坐冷板凳的精神,从事一个专业,能不能把这个专业当成事业?不能急功近利,也许我做这件事情,既没名也没利,但是国家需要进行这方面的研究,那我就去做。"

第十章数字资源

# 第十章 传染病患者的护理

## 学习目标

1. 说出传染病的基本特征、临床特点、预防措施；常见传染病患者的身心状况、护理措施。
2. 描述传染病的流行病学特点、常见传染病患者的辅助检查、治疗要点。
3. 解释传染病的流行过程、常见传染病患者的病因与发病机制。
4. 能够对常见传染病患者进行护理评估、提出护理诊断，并采取相应的护理措施。
5. 运用所学知识深刻理解"团结协作、万众一心"的精神内涵，牢固树立爱国爱党信念。

## 第一节 传染病概述

传染病（communicable disease）是由病原微生物和寄生虫感染人体后引起的具有传染性的疾病。常见的病原微生物有病毒、细菌、真菌、立克次体、衣原体、支原体、螺旋体、朊毒体等，寄生虫有原虫、蠕虫、医学昆虫。由原虫和蠕虫感染人体后引起的疾病又称寄生虫病。感染性疾病（infectious diseases）是指由病原体感染所致的疾病，包括传染病和非传染性感染性疾病。传染病属于感染性疾病，但感染性疾病不一定都具有传染性。

历史上传染病曾对人类造成很大的灾难，如14世纪的鼠疫，始于1817年的霍乱世界大流行，始于1918年的流行性感冒世界大流行，2003年传染性非典型肺炎，2019年新型冠状病毒感染疫情等，都是极大的灾难。人类在与传染病的斗争中积累了大量经验，尤其是随着科学技术的发作及人们对传染病认识加深，很多传染病等得到了很好的控制，天花已被消灭，脊髓灰质炎已接近被消灭，许多传染病如乙型脑炎、麻疹、白喉、百日咳和新生儿破伤风等，发病率明显下降。虽然如此，许多传染病如病毒性肝炎、感染性腹泻、肾综合征出血热、结核病、狂犬病等依然广泛存在，新发传染病，如新型冠状病毒感染、艾滋病、严重急性呼吸综合征、人禽流行性感冒、手足口病等不断出现，因而传染病的防治工作依然任重道远。

### 一、感染与免疫

#### （一）感染

感染（infection）是病原体侵入人体后与人体相互作用或斗争的过程。在漫长的生物进化过程中，有些病原体与人体宿主之间达到了互相适应、互不损害的共生状态，如肠道中的大肠埃希菌和某些真菌，但这种平衡是相对的，当某些因素导致宿主的免疫功能受损或机械损伤使病原体离开其固有的寄生部位而到达其他部位，如大肠埃希菌进入呼吸道或泌尿道时，就会引起人体的损伤，产生机会性感染。大多数病原体与人体之间是不适应的，由于适应程度不同，双方斗争的结果也各异，从而产生各种不同表现。临床表现明显的感染只占全部感染的一部分，大多数病原体感染都以隐性感染为主，但有些病原体感染则以显性感染为主，如汉坦病毒、麻疹病毒、水痘病毒和流行性腮腺炎病毒等。

临床可发生各种形式的感染情况。人体初次被某种病原体感染称为首发感染。人体在被某种病原体感染的基础上再次被同一种病原体感染称为重复感染。人体同时被两种或两种以上的病原体感染称为混合感染。人体在被某种病原体感染的基础上再被新的病原体感染称为重叠感染，如慢性乙型肝炎病毒重叠感染戊型肝炎病毒。发生于原发感染后的其他病原体感染称为继发感染，如麻疹继发细菌、真菌感染。

1. 感染过程的各种表现　病原体通过各种途径进入人体后，就开始了感染过程。感染后的表现主要取决于病原体的致病力和机体的免疫功能，也和来自外界的因素如药物干预、放射治疗等有关。传染病感染过程的表现形式有以下五种。

（1）病原体被清除：是指病原体侵入人体后，人体通过非特异性免疫屏障或特异性被动免疫将病原体清除；亦可由预防注射或感染后获得的特异性主动免疫而清除，不产生病理变化，也无临床症状。

（2）隐性感染（covert infection）：又称亚临床感染，是指病原体侵入人体后，仅引起机体产生特异性的免疫应答，病理变化轻微，临床上无任何症状、体征，甚至无生化改变，只能通过免疫学检查才能发现。在大多数传染病（如脊髓灰质炎和流行性乙型脑炎）中，隐性感染最常见。隐性感染后，大多数人获得不同程度的特异性主动免疫，病原体被清除。少数人转变为病原携带状态，病原体持续存在于体内，称为无症状携带者，如伤寒、菌痢、乙型肝炎等。

（3）显性感染（overt infection）：又称临床感染，是指病原体侵入人体后，不但引起机体免疫应答，而且通过病原体本身的作用或机体的变态反应，导致组织损伤，引起病理改变和临床表现。在大多数传染病中，仅少数传染病（如麻疹、天花）表现为显性感染。显性感染（如伤寒）后，病原体可被清除，感染者可获得稳定而持久的免疫力，不易再受感染，但也有些传染病（如细菌性痢疾）患者感染后免疫力不巩固，易再感染而发病。还有少部分患者成为慢性病原携带者。

（4）病原携带状态（carrier state）：是指病原体侵入人体后，在人体内生长繁殖并不断排出体外，但人体并不出现临床表现。按病原体种类不同可分为带病毒者、带菌者及带虫者；按其发生的时期不同，分为潜伏期携带者、恢复期携带者或慢性携带者；按携带病原体持续时间分为急性携带者（持续3个月以下）和慢性携带者（持续3个月以上）。由于病原携带者持续排出病原体但没有明显临床症状，不易被注意，成为重要的传染源，因此更具流行病学意义。

（5）潜伏性感染（latent infection）：是指病原体感染人体后，寄生在机体的某些部位，若机体免疫功能足以将病原体局限而不引起发病，但又不足以将病原体清除时，病原体便长期潜伏下来，当机体免疫功能下降时即引起显性感染。并不是每一种传染病都存在潜伏性感染，常见的潜伏性感染有单纯疱疹、带状疱疹、疟疾、结核等。潜伏性感染期间，病原体一般不排出体外，没有传染性，这是与病原携带状态不同之处。

上述感染的五种表现形式在不同传染病中各有侧重，且在一定条件下可相互转变。一般来说，隐性感染最常见，病原携带状态次之，显性感染所占比例最小。显性感染一旦出现，容易识别。

2. 感染过程中病原体的作用　病原体侵入人体后能否引起疾病，取决于病原体的致病能力和机体的免疫功能。病原体的致病能力包括以下四个方面。

（1）侵袭力：是指病原体侵入机体并在体内生长、繁殖的能力。有些病原体可直接侵入人体，如钩端螺旋体和钩虫丝状蚴等；有些病原体则需经消化道或呼吸道进入机体，引起病变；有些病原体如破伤风杆菌，侵袭力较弱，需经伤口进入人体；病毒性病原体常通过与细胞表面的受体结合进入细胞。

（2）毒力：包括毒素和其他毒力因子。毒素包括外毒素与内毒素。外毒素通过与靶细胞的受体结合，进入细胞内而起作用。内毒素通过激活吞噬细胞，释放细胞因子而起作用。其他毒力因子有的具有穿透能力（如钩虫丝状蚴），有的具有侵袭能力（如痢疾杆菌），有的具有溶组织能力（如溶组织内阿米巴原虫）。

（3）数量：在同一种传染病中，入侵病原体的数量一般与致病能力成正比，但在不同传染病中，能引起疾病的最低病原体数量差异很大，如伤寒需要10万个菌体，而菌痢仅需10个菌体即可致病。

（4）变异性：病原体可因环境或遗传等因素而产生变异。一般来说，在人工培养多次传代的环境下，可使病原体的致病力减弱，如卡介苗；而在宿主之间反复传播的病原体可使致病力增强，如肺鼠疫。病原体的抗原变异可逃避机体的特异性免疫作用而引起疾病，如流行性感冒病毒、丙型肝炎病毒和人类免疫缺陷病毒等。

（二）免疫

机体的免疫应答对感染过程的表现及转归起着重要作用。人体的免疫反应分为保护性免疫应答和变态反应两类。免疫反应是机体的一种保护性反应，有利于机体抵抗病原体入侵与破坏，分为非特异性免疫应答和特异性免疫应答。变态反应则能促进病理生理过程及组织损伤，对人体多有害。

1. 免疫防线　人体共有三道免疫防线。第一道防线是由皮肤和黏膜构成的，不仅能够阻挡病原体侵入人体，且它们的分泌物（如乳酸、脂肪酸、胃酸和酶等）还有杀菌的作用。第二道防线是体液中杀菌物质（如溶菌酶）和吞噬细胞。第一道防线和第二道防线是人类在进化过程中逐渐建立起来的天然防御功能，生来就有，不针对某一种特定的病原体，对多种病原体都有防御作用，因此称为非特异性免疫。第三道防线主要是由胸腺、淋巴结和脾等免疫器官和淋巴细胞组成，它是人体出生以后逐渐建立起来的后天防御功能，只针对某一特定的病原体或异物，因而称为特异性免疫。

2. 免疫反应　免疫反应是指机体对于异己成分或者变异的自体成分做出的防御反应。免疫反应可分为非特异性免疫反应和特异性免疫反应。

（1）非特异性免疫：是先天就有的，不针对某一种特定的病原体，对多种病原体都有防御作用，因此称为非特异性免疫又称先天性免疫，即人体的第一道防线和第二道防线，主要表现以下三方面的功能：

1）免疫屏障：包括皮肤黏膜屏障、血-脑屏障、胎盘屏障。

2）吞噬作用：肝、脾、骨髓、淋巴结、肺泡等组织中的巨噬细胞和血液中的单核细胞、中性粒细胞等均具有强大的吞噬作用。

3）体液因子的作用：包括存在于体液中的补体、溶菌酶和各种细胞因子如白细胞介素、肿瘤坏死因子、γ干扰素等。细胞因子主要由吞噬细胞和淋巴细胞被激活后释放的激素样肽类物质，这些因子能直接或通过免疫调节作用清除病原体。

（2）特异性免疫：是指通过对抗原特异性识别而产生的免疫又称获得性免疫。感染后的免疫通常都是特异性免疫，能够抵抗同一种病原微生物的重复感染，是一种主动免疫，包括T淋巴细胞介导的细胞免疫和B淋巴细胞介导的体液免疫两类。

1）细胞免疫：主要通过T淋巴细胞来完成。抗原进入机体刺激T淋巴细胞致敏，致敏的T淋巴细胞与相应抗原再次相遇时，发生增生、分化，并释放多种淋巴因子，通过细胞毒性作用和淋巴因子来杀伤病原体及其所寄生的细胞。许多细胞内病原体的清除，细胞免疫起到重要作用。

2）体液免疫：主要通过B淋巴细胞来完成。抗原进入机体，刺B淋巴细胞致敏，转化为浆细胞并产生能与相应抗原结合的抗体，即免疫球蛋白（immunoglobulin，Ig）。Ig在化学结构上分为五类，即 IgM、IgG、IgA、IgD、IgE，它们主要作用于细胞外的微生物，但功能各有不同。IgM 在感染过程中首先出现，但持续时间不长，是近期感染的标志；IgG 在临近恢复期出现，持续时间较长；IgA 主要是呼吸道和消化道黏膜上的局部抗体；IgE 主要作用于原虫和蠕虫；IgD 在机体含量较少，不易测出。

预防接种就是利用抗原体刺激机体产生特异性抗体，提高机体特异性免疫力，以达到预防相应传染病发生的目的。

3. 变态反应（allergy） 抗原抗体在体内的相互作用中，转变为对人体不利的异常免疫反应，即变态反应。在传染病和寄生虫病的发病机制中起重要作用。变态反应分为四型。其中，Ⅲ型变态反应（免疫复合物型）和Ⅳ型变态反应（迟发型）损伤最为常见。

（1）Ⅰ型变态反应（速发型）：如血清过敏性休克，青霉素过敏反应，寄生虫感染时的过敏反应。

（2）Ⅱ型变态反应（细胞溶解型）：如输血反应，药物过敏性血细胞减少。

（3）Ⅲ型变态反应（免疫复合物型）：如流行性出血热，链球菌感染后肾小球肾炎。

（4）Ⅳ型变态反应（迟发型）：细胞内寄生的细菌性疾病如结核病，布鲁氏菌病，某些真菌感染等。

## 二、传染病的流行过程及影响因素

传染病的流行过程是指传染病在人群中发生、发展和转归的过程。构成流行过程必须具备的三个基本条件即传染源、传播途径和易感人群。流行过程亦受到社会因素和自然因素的影响。

### （一）流行过程的基本条件

1. 传染源（source of infection） 是指病原体已在体内生长繁殖并能排出病原体的人或动物，包括患者、隐性感染者、病原携带者、受感染的动物等。

（1）患者：是重要的传染源。患者可借其排泄物或呕吐物引起病原体的播散。轻型患者因症状不典型而不易被识别，慢性患者可长期污染环境。

（2）隐性感染者：隐性感染者由于无任何症状和体征而不易被发现，因此在某些传染病中是重要的传染源。

（3）病原携带者：因病原携带者不出临床表现而不易发现，但其体内不断排出病原体，因而也是重要的传染源，对某些传染病（如伤寒）具有重要的流行病学意义。

（4）受感染的动物：动物源性传染病可由动物排出病原体，导致人类发病如鼠疫、狂犬病等。

2. 传播途径（route of transmission） 是指病原体由传染源排出后，侵入易感者所经过的途径，包括水平传播和垂直传播两种。

（1）水平传播：病原体在人群个体之间的传播，主要通过以下途径传播。

1）呼吸道传播：主要通过污染的空气、飞沫、尘埃传播，如流行性感冒等。

2）消化道传播（又称粪-口传播）：主要通过污染的手、水、食物传播，苍蝇是重要的传播媒介，如伤寒、痢疾等。

3）接触传播：性接触传播，如艾滋病；日常生活接触传播，通过污染的手、用物、玩具传播，如痢疾、白喉等；通过污染的土壤传播，如破伤风等。

4）虫媒传播：以吸血节肢动物（蚊子、跳蚤、螨等）为中间宿主的传染病，如疟疾、斑疹伤寒等。

5）血液/体液传播：如乙型肝炎、丙型肝炎、艾滋病等。

6)医源性感染：是指医疗工作中人为造成某些传染病的传播。

（2）垂直传播：病原体通过母亲的胎盘、产道及哺乳方式传染给胎儿或婴儿的传播称为垂直传播，又称母婴传播。

1)胎盘传播：受感染孕妇体内的病原体可经胎盘血液使胎儿遭受感染，如艾滋病、麻疹、乙型肝炎等。

2)产道传播：分娩过程中，胎儿经过母体产道时，胎儿的皮肤、黏膜、呼吸道接触母体的分泌物和血液等可遭受病原体感染，如艾滋病、淋病等。

3)哺乳传播：母亲分娩后病原体可通过母乳喂养感染婴儿，如艾滋病、乙型肝炎等。

3. 人群易感性（susceptible） 人群作为一个整体对传染病的易感程度，称为人群易感性。

（1）影响人群易感性因素：新生儿增加、易感人口的迁入等可使人群易感性升高；免疫接种可提高人群对传染病的特异性免疫力，是降低人群易感性最重要的措施。全球消灭天花的辉煌成就，其最重要的对策是实施痘苗接种计划。

（2）与流行的关系：易感者大量减少后，免疫者增加，能抑制传染病的流行，甚至使之停止；只有在易感者、传染源都存在，而且有能实现的传播途径时才能发生流行，这是构成传染病流行的三个基本环节。

 考点提示

感染过程及传染病流行基本条件。

（二）影响流行过程的因素

1. 自然因素 主要是气候、地理、生态等因素，对流行过程的发生和发展有重要的影响，如冬季，寒冷、干燥有利于呼吸道传染病的流行；炎热的夏天，气温高、雨水多，有利于蚊、蝇滋生，可促使肠道传染病及虫媒传染病发病率呈季节性升高。例如，南方江河湖多，水草丛生，有利于钉螺的滋生，易发生血吸虫病。

2. 社会因素 包括社会制度、风俗习惯、经济、生活条件以及文化水平等，对传染病的流行过程起决定性的影响。

## 三、传染病的特征

（一）传染病的基本特征

传染病与其他疾病的主要区别在于具有下列四个基本特征，但这些基本特征应综合考虑。

1. 具有病原体 每种传染病都是由特异的病原体（pathogen）所引起，包括微生物与寄生虫，如甲型肝炎的病原体是甲型肝炎病毒（HAV），艾滋病的病原体是人免疫缺陷病毒（HIV）、疟疾的病原体是疟原虫等。检出病原体对诊断传染病有重要意义。

2. 具有传染性 是指病原体由宿主体内排出，经一定途径传染给另一个宿主的特性，是传染病与其他感染性疾病的主要区别。如耳源性脑膜炎和流行性脑脊髓膜炎，在临床上都表现为化脓性脑膜炎，但前者无传染性无须隔离，而后者有传染性属于传染病，必须隔离。传染病患者具有传染性的时期称为传染期，这是决定患者隔离期限的重要依据。

3. 具有流行病学特征 传染病的流行过程在自然因素和社会因素的作用下，表现出一定的强度，有些具有明显的季节性、地方性等各种特征。

（1）流行性：流行性是指传染病在一定条件下，能在人群中广泛传播蔓延的特性，按其强度可分为散发、流行、大流行、暴发。①散发：是指某传染病在某地常年一般发病水平；②流行：指某种传染病的发病率显著高于当地常年发病率；③大流行：指某传染病在一定时间内迅速蔓延，波及范围广泛，超出国界或洲界者；④暴发：指在短时间（数日，通常为该病的潜伏期内）集中发生大量同一种传染病，这些病例多由同一传染源或共同的传播途径所引起。

（2）季节性：某些传染病的发生和流行受季节的影响，在每年的一定季节出现发病率升高的现象称为季节性，如冬、春季节呼吸道传染病发病率升高，夏、秋季节消化道传染病发病率升高；虫媒传染病也有明显的季节性，如流行性乙型脑炎在夏、秋季（每年的7月、8月、9月）蚊子活跃时发病率升高。

（3）地方性：由于受地理、气候等自然因素或人们生活习惯等社会因素的影响，某些传染病仅局限在一定的地区内发生，这种传染病称为地方性传染病，如血吸虫病多发生于在钉螺容易存在的长江以南地区。以野生动物为主要传染源的疾病，称为自然疫源性传染病或人畜共患病，如流行性出血热、鼠疫、钩端螺旋体病、传染性非典型肺炎。存在这种疾病的地区称为自然疫源地，人进入此地区就有受感染的可能，自然疫源性传染病也属于地方性传染病。

4. **具有免疫性** 人体感染病原体后，无论显性感染或隐性感染，均能产生针对病原体及其产物（如毒素）的特异性免疫，属于主动免疫，这种保持性免疫可通过抗体（抗毒素中和抗体等）检测而获知。感染后免疫的持续时间在不同传染病中有很大差异。一般来说，病毒性传染病（如麻疹、脊髓灰质炎、流行性乙型脑炎）感染后的免疫持续时间最长，往往保持终身，但也有例外（如流行性感冒）。细菌（如细菌性痢疾）、螺旋体（如钩端螺旋体病）、原虫性传染病（如阿米巴病）感染后的免疫持续时间较短，仅为数月至数年，但也有例外（如伤寒）。蠕虫病感染后通常不产生保护性免疫，因而往往产生重复感染（如血吸虫病、钩虫病、蛔虫病等）。

（二）传染病的临床特点

1. **病程发展的阶段性** 急性传染病的发生、发展和转归通常分为4个阶段。

（1）潜伏期（incubation period）：从病原体侵入人体起，至开始出现临床症状为止的整个时期称为潜伏期。潜伏期通常相当于病原体在体内繁殖、转移、定位、引起组织损伤和功能改变至临床症状出现之前的整个过程。不同传染病其潜伏期长短不一，即使同一种传染病，各患者潜伏期长短也不尽相同，短至数小时，长至数月甚至数年，如细菌性食物中毒潜伏期较短，仅数小时；狂犬病、获得性免疫缺陷综合征其潜伏期可长达数年。

（2）前驱期（prodromal period）：从起病至症状明显开始为止的时期称为前驱期。在前驱期中的临床表现通常是非特异性的，如头痛、发热、疲乏、食欲缺乏、肌肉酸痛等，为许多传染病所共有，一般持续1~3天。起病急骤者可无此期表现。

（3）症状明显期（period of apparent manifestation）：是指急性传染病患者度过前驱期后，出现该传染病所特有的症状、体征，如典型的热型、具有特征性的皮疹、肝、脾大和脑膜刺激征、黄疸等。本期又可分为症状上升期、极期和缓解期，极易产生并发症。在某些传染病（如脊髓灰质炎、乙型脑炎等）中，仅少部分转入症状明显期。经症状明显期后，大部分患者随即转入恢复期。

（4）恢复期（convalescent period）：机体免疫力增长至一定程度，体内病理生理过程基本终止，患者症状及体征基本消失，临床上称为恢复期。在此期间体内可能还有残余病理改变（如伤寒）或生化改变（如病毒性肝炎），病原体还未完全清除，许多患者的传染性还要持续一段时间，但食欲和体力均逐渐恢复，血清中的抗体效价亦逐渐上升至最高水平。

传染病患者在恢复期结束后，机体功能仍长期未能复常者称为后遗症，多见于中枢神经系统传染病如脊髓灰质炎、脑膜炎等。

复发（relapse）与再燃（recrudescence）某些传染病病情已转入恢复期或接近痊愈，由于潜伏于体内的病原体再度繁殖，使原有症状再度出现称为复发，如伤寒、疟疾。如疾病进入恢复期后，体温尚未正常而又再上升，症状重新出现者称再燃，如伤寒等。

2. 传染病的常见症状与体征

（1）发热：是许多传染病所共有的最常见、最突出的症状。热型是传染病的重要特征之一，具有鉴别诊断意义，常见热型有稽留热，见于伤寒等；弛张热见于重症肺结核、流行性出血热等；间歇热见于疟疾等。每一种传染病发热程度及持续时间不同，如短期高热可见于痢疾、流行性乙型脑炎；长期高热见于伤寒、布鲁氏菌病急性期；长期低热见于结核病、艾滋病等。

（2）发疹：许多传染病在发热的同时伴有发疹现象，又称为发疹性感染，有皮疹和黏膜疹。不同传染病皮疹的形态、出疹时间、分布部位、出疹顺序、疹的消退及伴随症状等方面有其特点，对传染病的诊断和鉴别诊断有重要参考价值。

1）出疹时间：水痘、风疹多发生于病程第1天，猩红热于第2天，天花于第3天，麻疹于第4天，斑疹伤寒于第5天，伤寒于第6天。

### 知识链接

**常见传染病疹子的出疹时间口诀**

常见传染病疹子的出疹时间依次为：1痘（水痘）、2猩（猩红热）、3花（天花）、4麻（麻疹）、5斑（斑疹伤寒）、6伤（伤寒）。或总结为：痘（水痘）猩（猩红热）花（天花）麻（麻疹）斑（斑疹伤寒）伤（伤寒）。

2）皮疹的形态：皮疹按形态可分以下几种：①斑疹呈红色，既不高起也无凹陷，见于斑疹伤寒、猩红热等。②丘疹呈红色，突出皮肤，见于麻疹、猩红热等。③斑丘疹是斑疹和丘疹同时存在，在斑疹的底盘上出现丘疹，见于猩红热、风疹、伤寒等。④疱疹为高出于皮肤、黏膜的小水泡，泡内有液体，见于水痘、单纯疱疹、带状疱疹等病毒性疾病，若合并细菌感染称为脓疱疹。⑤出血疹又叫瘀点或瘀斑，为局部血管破裂出血造成的皮下出血，若出血斑点直径<2 mm的称为瘀点，直径为3～5 mm者，称为紫癜，直径>5 mm者，称为瘀斑。特点是局部皮肤青紫、压之不退色，一般不隆起于皮面，见于流行性出血热、败血症、流行性脑脊髓膜炎等。⑥荨麻疹又称风团，为暂时性水肿性隆起，大小不等，形态不一，呈苍白色或淡红色，见于血清病、过敏性疾病、病毒性肝炎等。

3）皮疹的分布：水痘的皮疹主要分布于躯干，流行性出血热的出血点多见于腋下；麻疹的皮疹先出现于耳后、发际、面部，然后向躯干、四肢蔓延，最后达手、足。

（3）毒血症状：病原体的各种代谢产物引起发热以外的多种症状称为毒血症状，如疲乏、厌食、头痛和肌肉、关节、骨骼疼痛以及全身不适等。严重者可有意识障碍、中毒性脑病、呼吸循环衰竭、休克等，有时还可引起肝、肾损害。部分患者可有肝、脾和淋巴结肿大。

 考点提示

不同传染病皮疹的形态、出疹时间、分布部位、出疹顺序。

3. 传染病临床类型　临床分型对治疗、隔离、护理等具有指导意义。根据传染病临床过程的长短可分为急性、亚急性、慢性；根据病情轻重可分为轻型、中型、重型、暴发型；根据临床特征可分为典型及非典型等。

### 四、传染病的护理评估与治疗措施

#### （一）护理评估

做好传染病的护理评估是正确实施疾病护理的首要步骤，传染病护士除了对患者的健康史、身体状况、心理因素、社会因素、辅助检查资料进行评估以外，还需要对流行病学资料进行评估，才能得出完整的临床诊断和护理诊断，给疾病的有效治疗、预防控制及护理措施提供重要依据。

1. 流行病学资料　包括年龄、性别、职业、旅居地区、当地气候情况、当地人群传染病发病情况、接触史、既往传染病史、预防接种史、发病季节、卫生情况、饮食情况等。不同传染病有高度选择性，应根据每种传染病的流行病学特征重点询问。例如，对流行性乙型脑炎患者，应重点观察发病季节、询问蚊子叮咬、疫苗接种史、当地人群发病情况等。对甲型病毒性肝炎患者，重点询问饮食情况、接触人群的发病情况、甲肝疫苗接种史、既往有甲型病毒性肝炎病史等。血吸虫病有一定的地区分布特点，应重点询问患者是否有疫水接触史、当地钉螺发现情况等。

2. 临床资料　全面准确的临床资料来源于详细的病史采集和体格检查、密切观察临床变化及病情演变，这对诊断有重要意义。如观察患者的生命体征及神志变化，体重、营养变化；皮肤、黏膜是否有皮疹、黄疸，是否有瘙痒或并发感染；全身浅表淋巴结是否有肿大、压痛等临床表现。

3. 实验室检查　实验室检查包括一般实验室检查、病原学检查、免疫学检查、分子生物学检查等。常规检查为诊断提供初步线索，生化及血清学检查提供诊断依据，病原学检查可最终确诊。在进行病原学检查时，为提高阳性检出率，护士必须掌握标本采集及送检的注意事项：①采集标本时应严格注意无菌操作；②病程不同采集标本时间不同，如败血症应在寒战、发热时采血，疟疾最佳检测时间应在体温的高峰期或稍后一点时间采血；③采集标本尽量在抗病原体药物应用之前；④尽可能采集病变明显部位的材料，如细菌性痢疾患者取其有脓血或黏液的粪便，肺结核患者取其干酪样痰液等；⑤标本采集后尽快送检，如脑膜炎奈瑟菌；⑥送检标本的检查单上应注明来源和目的，使实验室能正确选用相应的培养基和适宜的培养环境。

（二）治疗措施

1. 治疗原则　传染病的发生、发展和转归是机体与病原体相互作用的结果。传染病的治疗应坚持以病原治疗为主、对症支持治疗并重的综合治疗，坚持治疗、护理与预防并重的总原则。机体、病原体、药物之间的相互关系及三方的实际情况决定抗感染治疗的难易程度。心理因素在治疗中也发挥着重要作用，必须考虑各方面因素，设计综合个体化治疗方案。

2. 治疗方法

（1）支持治疗及护理：支持治疗的目的是维持机体内环境的稳定，提高机体的抗感染能力，包括基础、营养、器官功能支持治疗等。根据病情可予以流质、半流质饮食和普通饮食等，重症患者需鼻饲，以保证热量供给、补充营养素，增加抗病能力，必要时可通过静脉输入营养物质等。

（2）对症治疗：对症治疗的目的在于降低消耗、减轻损伤、减少痛苦、调节各系统功能及保护重要脏器，使患者度过危险期，为进一步治疗赢得时间，促进康复。对高热者，应及时予以降温处理；对呕吐者，应及时予以止泻处理。

（3）病原治疗：也称特异性治疗，具有清除病原体，根除或控制传染源的目的，常用药物有抗生素、血清免疫制剂等。

（4）免疫治疗：多数情况下，感染会削弱免疫功能，造成免疫系统的紊乱。低下的免疫力可使感染蔓延，易继发感染；过强的免疫可导致组织损伤。目前免疫治疗主要包括细胞因子类（如白细胞介素类、干扰素、胸腺素）、免疫球蛋白、免疫抑制剂等。

（5）中医药治疗：中医药治疗传染病不仅对病原体有一定的抑制或杀灭作用，而且在清除毒素、解热镇痛、调整免疫功能等方面具有独特的优势。

（6）心理治疗：心理因素可使机体免疫功能下降，病原微生物容易侵入并致病，同时患病后的不适和痛苦又可使患者产生焦虑、烦躁、沮丧等情绪，甚至对治疗产生抵触。慢性感染者由于病程长、治疗费用较大、社会歧视等因素对治疗丧失信心，产生悲观情绪，影响治疗效果。

（7）康复治疗：某些传染病，如病毒性脑炎、脊髓灰质炎等可引起后遗症，需要采取针灸治疗、物理治疗、高压氧治疗等康复治疗，以促进机体康复。

## 五、传染病的预防

传染病的预防应针对传染病流行过程的三个基本环节，采取综合性防疫措施，同时根据各个传染病的特点针对主导环节重点采取预防措施的原则。其主要预防措施如下：

### （一）管理传染源

对传染源的管理应做到早发现、早诊断、早报告、早隔离、早治疗的原则。传染病的报告制度是早期发现传染病的重要措施，也是医护工作者的重要职责。

1. 对患者的管理　早期发现传染病患者，及时报告和隔离治疗是控制传染源的首要措施。

（1）传染病分类：根据《中华人民共和国传染病防治法》及《突发公共卫生事件与传染病疫情监测信息报告管理办法》将传染病分为三类：

1）甲类：包括鼠疫、霍乱。

2）乙类：包括传染性非典型肺炎、人感染高致病性禽流感、病毒性肝炎、细菌性和阿米巴痢疾、伤寒与副伤寒、艾滋病、淋病、梅毒、脊髓灰质炎、麻疹、百日咳、白喉、流行性脑脊髓膜炎、猩红热、流行性出血热、狂犬病、钩端螺旋体病、布鲁氏菌病、炭疽、流行性乙型脑炎、疟疾、登革热、肺结核、新生儿破伤风、血吸虫病等。2020年1月将新型冠状病毒感染纳入乙类传染病。2023年9月将猴痘纳入乙类传染病。

3）丙类：包括丝虫病、包虫病、麻风病、流行性感冒、流行性腮腺炎、风疹、流行性和地方性斑疹伤寒、黑热病、除霍乱、痢疾、伤寒和副伤寒以外的感染性腹泻、急性出血性结膜炎等。2008年，将手足口病也列入其中。2013年，将甲型$H_1N_1$流感列入丙类传染病。

（2）传染病报告

1）报告人：执行职务的医护人员、检疫人员、疾病预防控制人员、乡村医生、个体开业医生均为责任疫情报告人，必须按照传染病防治法的规定进行疫情报告，履行法律法规的义务。

2）报告时限：甲类传染病应强制管理，乙类传染病要严格管理，丙类传染病要监测管理。任何人发现传染病患者或疑似传染病患者时，均应及时向卫生防疫机构报告。①对甲类传染病和按甲类管理的乙类传染病患者（非典型肺炎、肺炭疽、脊髓灰质炎）、疑似患者和病原携带者，卫生部规定的不明原因肺炎患者，应在2小时内完成网络直报。2023年1月将新型冠状病毒感染调整为乙类乙管。②对其他乙类、丙类传染病患者及疑似患者，应在24小时内通过传染病疫情监测信息系统进行报告。

**考点提示**

传染病的分类及报告时限。

2. 对传染病接触者的管理　对传染病接触者采取防疫措施称为检疫。根据所接触的传染病危害程度和传染性不同，在检疫期内可采取医学观察、留验或卫生处置。

3. 对病原携带者的管理　通过体检和病原学检查发现病原携带者，对病原携带者采取隔离治疗、卫生宣传教育等方法培养良好卫生习惯，必要时调整工作岗位和随访观察，尽可能减少传播机会。

4. 对动物传染源的管理　根据具体情况对动物传染源采取杀灭和隔离治疗的处置方式，对经济价值高且传播疾病危害相对较小的动物尽可能隔离、治疗，必要时宰杀消毒。对传播疾病危害较重可采取杀灭的处理方式，扑杀后进行焚化或消毒深埋等无害化处理。

（二）切断传播途径

应根据传染病的不同传播途径采取不同的措施。如消化道传染病，应着重加强饮食卫生、个人卫生及粪便管理，保护水源，消灭苍蝇、蟑螂、老鼠等。对呼吸道传染病，应着重进行空气消毒，加强通风，保持空气新鲜，提倡外出时戴口罩，流行期间避免大型集会等。对虫媒传染病，应大力开展爱国卫生运动，采用药物等措施进行防虫、杀虫、驱虫。对血源性传染病应加强血制品管理、防止医源性传播。消毒是切断传播途径的重要措施，要坚持做好疫源地消毒和预防性消毒工作。

（三）保护易感人群

1. 增强非特异性免疫力　非特异性免疫力是生物个体生来就有的、能遗传给后代、不涉及免疫识别和免疫反应的增强。加强体育锻炼、调节饮食、养成良好的卫生和生活习惯、改善居住条件、保持良好的人际关系、保持心情愉快等措施可以提高机体非特异性免疫力，以增强人群对传染病的抵抗力。

2. 提高特异性免疫力　人体可通过隐性感染、显性感染或预防接种获得对该种传染病的特异性免疫力，其中以预防接种起关键作用。

3. 药物预防　对某些尚无特异性免疫方法或免疫效果尚不理想的传染病在流行期间可给易感者口服预防药物，对于降低发病率和控制流行有一定作用，如口服磺胺嘧啶预防流行性脑脊髓膜炎，口服乙胺嘧啶预防疟疾等。

（四）卫生检疫

卫生检疫是预防传染病的一项有效措施，分为国境卫生检疫及疫区检疫。

1. 国境卫生检疫　是指国境卫生检疫机关依照《国境卫生检疫法》以及有关的法律、法规，在一个国家的海港、机场、边境、国界及进出口口岸，负责对进出国境的人员、交通工具，行李和货物等实施医学检查、卫生检查和必要的卫生处理，以防止传染病由国外传入和由国内传出。我国规定的国境卫生检疫的传染病及其检疫期为：鼠疫6天、霍乱5天、黄热病6天。

2. 疫区检疫　当某地发生甲类传染病或危害严重的急性传染病时，经核实并报请上级机关批准后实行疫区检疫，其措施是封锁疫区，限制疫区和非疫区人员及物品的来往，及时对疫区的传染源进行隔离治疗，对接触者实行医学观察和留验，对易感者预防接种和药物预防，对疫区进行消毒、杀虫。疫区的检疫期，应至最后一个患者或病原携带者的接触者的该病最长潜伏期结束为止。

## 六、传染病管理及护理

（一）传染病科分区及管理

要做好传染病护理，护士必须首先掌握传染病科分区及管理，以便对传染病患者进行科学管理，患者的有序安置、人员的有序流动及对传染病患者进行正确评估等是做好传染病护理的重要内容。

1. 传染病科区域划分　传染病科区域分为清洁区、污染区和潜在污染区，简称传染病房的

"三区"。进入传染病院或综合医院传染病科工作时，护理人员必须熟练掌握分区情况，并严格遵守分区工作规范，防止交叉感染。

（1）清洁区：凡未被病原微生物污染的区域称为清洁区，如办公室、示教学习室、值班室、配餐室和库房、工作人员使用的厕所等，清洁区不允许患者进入。

（2）污染区：凡已被病原微生物污染或被患者直接接触和间接接触的区域称为污染区，这些区域是患者生活的地方及被患者排泄物、用物等污染的地方，如病房、患者使用的厕所、浴室和清洁间（污物处理室）等。

（3）潜在污染区：有可能被病原微生物污染或被间接轻度污染的区域称为潜在污染区，如更衣室、治疗室、实验室、消毒室、走廊、楼梯和电梯等。

2. 传染病科对医务人员的管理要求

（1）对临床上诊断为传染病患者，必须立即填写传染病报告卡，向有关部门报告。

（2）病室按相同的病种收治患者，并按病种穿隔离衣。穿隔离衣时，只能在规定的污染区与半污染区范围内活动。

（3）在工作中应严格遵守隔离技术，污染区的物品不能放入清洁区，污染的手不能触摸非污染物。在污染区工作时，应戴口罩、帽子、穿隔离服。接触不同病种传染病患者前均应洗手。

3. 传染病科对其他人员的要求

（1）做好入院处理工作，按规定限制携带物品。患者的食具、卫生洁具等物品为个人专用，不得与他人共用。

（2）患者不得进入不同病种的病房中活动，不得进入清洁区。

（3）向患者亲属介绍隔离制度，必要时应穿隔离衣，进行药物预防或免疫学预防。

（4）患者出院时，其用具应予以消毒处理后才可带出医院。

（二）传染病的隔离

1. 隔离的定义　将传染病患者或病原携带者安置在指定的地方，与健康人和非传染患者分开，便于集中治疗和护理，防止传染和扩散。

2. 隔离管理制度

（1）凡传染病医院、综合医院的传染病科室必须划分清洁区、潜在污染区及污染区，隔离单位应有标记，病室门口挂隔离衣，走廊配备消毒液，门口要有消毒足垫及门把套。

（2）各类患者均应在指定的各自范围内活动，不得请假外出，如需到其他科室检查应由医护人员陪同，并采取相应的隔离措施。

（3）按不同病种使用医疗器械，如体温表、叩诊锤、听诊器等。

（4）住院传染患者不准家属陪护，甲类传染患者禁止探视，其他患者可定时在指定地点隔离探视或电视探视。对必须探视及陪护的人员应指导他们执行隔离制度。

（5）患者出院、转科、死亡，应进行终末消毒。病床、被褥、家具等用消毒水擦洗，消毒后才能给其他人使用。

（6）医务人员必须严格遵守消毒隔离制度，做到在病区内不吸烟、不进食，双手接触患者或污染物后必须消毒，不倚靠墙壁，不坐患者的床、凳，巡视患者不带病历卡等，要定期体检并接受有关的预防注射或服药。

3. 隔离的种类及要求

（1）呼吸道隔离（蓝色标志）：适用于各种呼吸道传染病，如麻疹、流行性腮腺炎、流行性脑脊髓膜炎等。隔离措施为：①相同病种可同住一室，床间距至少为 2 m，必要时放置屏风；②患者一般不能外出，如必须外出，应戴口罩；③接触患者时，应戴口罩，必要时穿隔离衣、戴手套；④患者的呼吸道分泌物应先消毒后弃去，痰具每日消毒；⑤室内保持适宜温、湿度。病室每日通风至少3次，紫外线消毒每天2次。

（2）消化道隔离（棕色标志）：适用于经患者排泄物、污染食物或餐具传播的消化道传染病如伤寒、细菌性痢疾、甲型、戊型肝炎等。隔离措施为：①同病种患者可同住一室，若条件不允许，不同病种患者也可同住一室，但患者之间必须实施床边隔离，床间距离应在2 m以上；②接触患者时穿隔离衣，护理不同病种患者要更换隔离衣，接触患者、被污染物品后以及护理下一个患者前应严格消毒双手；③患者的生活用具专用，用后要消毒。患者的呕吐物及排泄物应随时消毒、然后弃去；④室内保持无苍蝇、无蟑螂。

（3）严密隔离（黄色标志）：用于甲类传染病或有高度传染性及致死性的传染病，如霍乱、非典型肺炎等。隔离措施为：①患者应住单间病室，无条件时，同病种患者可住同一病室，房内物品专用，门窗关闭并禁止随意开放，门外应有"严密隔离"标志，门口应设置用消毒液浇洒的门垫，门把手包有消毒液浸湿的布套，禁止探视和陪住；②凡入室者均须戴帽子、口罩、穿隔离衣、隔离鞋、戴手套。接触患者及污染敷料后、护理下一个患者前应严格消毒双手；③污染敷料要装袋，贴标签，消毒处理。患者的分泌物、排泄物及污染品应及时严格消毒处理；④病室每日消毒，患者出院或死亡后，应进行终末消毒。

（4）接触隔离（橙色标志）：适用于由体表或伤口排出的病原微生物，接触皮肤或黏膜破损处而引起的传染病，如婴幼儿中的急性呼吸道感染、新生儿感染、大面积烧伤等。隔离措施为：①接触患者时戴口罩、手套、穿隔离衣；②接触患者或污染物品后及护理下一个患者前要洗手；③污染物品要弃去，需装袋、贴标签，送消毒处理。

（5）血液/体液隔离（红色标志）：防止直接或间接接触感染的血液及体液引起的传染病。如乙型肝炎、丙型肝炎、钩端螺旋体病、疟疾、艾滋病等。隔离措施为：①接触患者或其血液/体液时要戴手套、穿隔离衣，若皮肤沾染其血液/体液后应立即清洗；②工作中注意避免损伤皮肤，用过的针头、注射器浸入消毒液后送中心消毒室进行毁形处理；③污染物装袋、贴标签后送出销毁或消毒处理；④血液污染室内物品表面时，要立即用次氯酸钠溶液清洗消毒。

（6）脓汁/分泌物隔离（绿色标志）：防止因直接或间接接触感染部位的脓汁或分泌物引起的传染病。适用于轻型皮肤和伤口感染、溃疡、脓肿、小面积烧伤感染等。隔离措施同接触隔离。

（7）结核分枝杆菌隔离（AFB隔离灰色标志）：用于肺结核患者痰涂片结核菌阳性者或阴性但X线检查证实为活动性结核者。隔离措施为：①隔离室有特别通风设备，关闭门窗，同疗程者可同住一室；②医护人员接触患者时应戴口罩、穿隔离衣，患者咳嗽时应戴口罩；接触患者或污染物品后、护理下一个患者之前要洗手；③污染物品要彻底清洗、消毒或弃去。

考点提示

各类隔离的要求及颜色标识。

### （三）传染病的消毒

1. 消毒的目的　消毒就是消除或杀灭由传染源排到外界环境中的病原体，从而切断传播途径，防止院内交叉感染及传染病继续播散。

2. 消毒的种类

（1）疫源地消毒：是指对有传染源存在或曾经有过传染源的地方进行的消毒。按时间又可分为随时消毒和终末消毒。随时消毒是指对传染患者的排泄物、分泌物以及被污染的物品随时进行的消毒，以便及时杀灭从传染源排出的病原体，防止传播。终末消毒是指传染患者出院，转科或死亡后，对患者及其所住的病室与用物进行一次彻底的消毒，以便杀灭残留在疫源地内各种物体上的病原体。

（2）预防性消毒：是对疑有传染源存在或可能被病原体污染的场所和物品所进行的消毒，以预防传染病的发生，如医院环境日常卫生处理，餐具及饮用水消毒，饭前便后洗手等。

3. 消毒的方法

（1）物理消毒法：是指利用物理因素杀灭或消除病原微生物及其他有害微生物的方法，主要包括自然净化、机械除菌、热力消毒灭菌、电离辐射消毒、微波消毒、超声波杀毒、过滤除菌等。物理消毒法经济简便，应用广泛。

（2）化学消毒法：是指应用化学消毒剂使病原体蛋白质凝固、变性或使其失去活性而将其杀死的方法。根据化学消毒剂的消毒性能将其分为：①高效消毒剂，能杀灭包括细菌芽孢、真菌孢子在内的各种病原微生物，如2.5%碘酊、戊二醛、过氧乙酸、甲醛。②中效消毒剂，能杀灭除细菌芽孢以外的各种病原微生物，如乙醇、部分含氯制剂、氧化剂、溴剂。③低效消毒剂，只能杀死细菌繁殖体和亲脂类病毒，对真菌也有一定作用，如汞、氯己定（洗必泰）及某些季胺类消毒剂等。

（四）传染病常见症状、体征的护理

1. 发热的护理

（1）常见护理问题：体温过高　与病原体感染后释放各种内、外源性致热原，或与体温中枢功能紊乱有关。

（2）护理措施

1）休息：患者应卧床休息，宜穿透气、棉质衣服。保持环境整洁，空气清新，将室温维持在20～24℃，湿度以55%～60%为宜，注意通风换气。患者若有寒战应注意保暖。

2）降温：常用物理降温方法，可用冰袋冷敷头部或大动脉处，也可用25%～50%乙醇或32～36℃温水擦浴等；物理降温效果欠佳者，可配合药物降温；高热惊厥者，可遵医嘱采用亚冬眠疗法。在降温过程中的注意事项有：①避免持续长时间冰敷同一部位，以防止局部冻伤。②注意周围循环状态，有脉搏细速、面色苍白、四肢厥冷者，禁用冷敷和乙醇擦浴。③全身发疹者，禁用乙醇擦浴降温。④药物降温时，解热镇痛药用量不宜过大，以免出汗过多而导致虚脱。⑤采用亚冬眠疗法前应先补足血容量，用药过程中避免搬动患者，观察患者的生命体征，保持呼吸道通畅。

3）病情观察：按规定时间测量体温，一般每4小时测量1次体温，观察伴随症状、体征的变化。及时正确地做好记录，掌握热度、热程与热型。

4）加强口腔、皮肤护理：高热易发生口腔炎，可用生理盐水于餐后、睡前漱口。病情重者，协助口腔护理。患者大汗后给以温水擦拭，及时更换衣裤，保持皮肤清洁、干燥，使患者有舒适感，防止感冒。

5）补充营养及液体：根据病情保证足够的热量和液体的摄入，予以高热量、高维生素、高蛋白、易消化的流质饮食，每天保证摄入1500～2000 ml液体，维持水、电解质平衡，必要时静脉输液。

2. 皮疹护理

（1）常见护理问题：组织完整性受损　与病原体和（或）代谢产物引起皮疹有关。

（2）护理措施

1）皮肤护理：保持皮肤清洁，用温水清洗皮肤，禁用肥皂液、乙醇等擦拭皮肤；衣着应宽松，勤换洗，床褥保持清洁、松软、干燥；避免搔抓皮肤，皮肤瘙痒者可用炉甘石洗剂；皮疹结痂后让其自行脱落或用消毒剪刀剪去痂皮，不可强行剥离；翻身时应注意保护皮疹，防止皮疹部皮肤擦伤发生破溃，并应防止大、小便浸渍以免发生感染；若皮疹发生破溃后应用消毒纱布包扎予以保护，如有感染者定时换药处理。

2）口腔黏膜疹护理：做好口腔护理，进食后用温水漱口，每天用温 0.9% 氯化钠溶液或多贝尔溶液彻底清洗口腔 2～3 次，以保持口腔清洁、黏膜湿润。

3）结膜充血、水肿的护理：应注意保护眼睛，保持局部清洁，防止继发感染，如可用 4% 硼酸水或生理盐水清洁眼痂，滴 0.25% 氯霉素滴眼液或抗生素眼膏，每天 2～4 次。

4）病情观察：密切观察患者的生命体征、意识状态，注意出疹的进展情况及消退情况，皮疹消退后是否有脱屑、脱皮、结痂、色素沉积等变化。

### 七、传染病区医护人员的职业防护

传染病区的医护人员职业防护对保证自身安全和预防传染病的播散十分重要。如果医护人员职业防护意识薄弱，一旦被感染，不仅威胁到医护人员自身的健康，而且在院内造成交叉感染，因此医护人员在诊疗过程中的职业危险越来越受到关注。

**（一）医护人员分级防护原则**

医护人员的职业防护分为三级，以传染性非典型性肺炎为例介绍分级防护原则。

1. 一级防护

（1）适用于门（急）诊医护人员。

（2）应穿工作服、隔离衣、戴工作帽和 12 层以上的棉纱口罩。

（3）每次接触患者后应立即洗手和消毒。

2. 二级防护

（1）适用于进入隔离病区或观察室的医务人员，还包括接触患者、采集标本、处理其分泌物、排泄物及处理、转运死亡患者尸体的医护人员和司机等。

（2）进入隔离病区和留观室时，必须戴 12 层以上的棉纱口罩或 N95 口罩，每 4 小时更换一次或潮湿时更换，并戴手套、帽子、鞋套，穿隔离衣。

（3）每次接触患者后应立即洗手和消毒。

（4）对患者实施近距离操作时要戴防护眼镜。

3. 三级防护

（1）主要针对与患者密切接触或对患者实施特殊治疗的医护人员，如为患者实施吸痰、气管切开和气管插管的医务人员。

（2）除应采取二级防护外，还应戴全面型呼吸防护器。

**（二）医护人员的职业防护方法**

1. 提高自我防范意识　作为一名传染科护士，应该提高自我防护意识。了解传染病护理工作的特殊性，掌握各种传染病的流行特点，认识职业感染的途径及职业感染的危害性，普及职业危害预防的概念和措施，了解预防接种、标准预防的重要性。学会防护用物的选择，正确处理污染锐器、血标本、医疗垃圾等。

2. 加强洗手和手消毒　在医院感染传播途径中，医务人员的手是造成医院内感染的重要原因。规范洗手及手消毒方法，加强手部卫生的监管力度，是控制医院感染的一项重要措施，也是对患者和医务人员双向保护的有效手段。手部卫生应加强以下监督管理：①严格按照洗手指征的要求进行规范洗手和手消毒。②使用正确的洗手（七步洗手法）和手消毒方法，并保证足够的洗手时间。③确保消毒剂的有效使用浓度。④定期进行手的细菌学检测。⑤定期与不定期监控各护理单元护理人员的手卫生情况，对存在的问题提出改进意见。

3. 正确使用各种防护用品

（1）各种防护用品的应用

1）口罩：应根据不同的操作要求选用不同种类的口罩。一般医疗活动，可佩戴纱布口罩或医用外科口罩。纱布口罩应保持清洁干燥，定期更换与消毒。接触经空气、飞沫传播的呼吸道感染患者时，应戴医用防护口罩或全面型呼吸防护器，其效力可维持6～8小时，若被污染或潮湿，应及时更换且要进行面部密合性试验。

2）护目镜/防护面罩/全面型防护面罩：下列情况应使用护目镜/防护面罩：①在进行诊疗、护理操作的过程中可能被传染病患者的血液、体液、分泌物等喷溅时；②近距离接触经飞沫传播的传染病患者时。如为呼吸道传染病患者进行气管切开、气管插管等近距离操作，可能发生患者血液、体液、分泌物喷溅时，应使用全面型防护面罩。佩戴前应检查是否有破损，佩戴装置有无松懈。用后应清洁与消毒。

3）帽子：进入洁净环境前、进行无菌操作时应戴帽子。帽子被患者血液、体液污染时，应立即更换；布质帽子应保持清洁、干燥，定期更换与清洁；一次性帽子应一次性使用。

4）防护服：根据制作材质的不同，防护服分为一次性防护服和重复使用的布制防护服。下列情况应穿防护服：①可能受到患者血液、体液、分泌物、排泄物污染时；②对患者实行保护性隔离时，如护理大面积烧伤患者、骨髓移植患者以及大创面换药时；③对感染性疾病患者如多重耐药菌感染患者等实施隔离时。

5）防水围裙：根据材质防水围裙分为复用的塑胶围裙及一次性使用防水围裙。可能有患者的血液、体液、分泌物及其他污染物质喷溅、进行复用医疗器械的清洗时应穿防水围裙。一次性防水围裙应一次性使用，受到明显污染时应及时更换；重复使用的塑胶围裙，用后应及时清洗与消毒；遇有破损或渗透时，应及时更换。

6）手套：戴手套是预防经"手"感染的另一个有效方法。应根据操作的需要，选择合适的手套。接触患者的血液、体液、分泌物、排泄物及污染物品时，应戴手套。

7）鞋套：鞋套应具有良好的防水性能，并一次性应用。下列情况应穿鞋套：在区域隔离预防，从潜在污染区进入污染区时；负压病房的隔离预防，从缓冲区进入病房时。鞋套应在规定区域内穿好，离开该区域时应及时脱掉鞋套。发现破损应及时更换。

（2）医务人员防护用品穿脱程序

1）穿戴防护用品应遵循的程序：①清洁区进入潜在污染区：洗手→戴帽子→戴医用防护口罩→穿工作衣裤→换工作鞋后→进入潜在污染区。手部皮肤破损的戴乳胶手套。②潜在污染区进入污染区：穿隔离衣或防护服→戴护目镜/防护面罩→戴手套→穿鞋套→进入污染区。

2）脱防护用品应遵循的程序：①医务人员离开污染区进入潜在污染区前：摘手套、消毒双手→摘护目镜/防护面罩→脱隔离衣或防护服→脱鞋套→洗手和（或）手消毒→进入潜在污染区，洗手或手消毒。用后物品分别放置于专用污物容器内。②从潜在污染区进入清洁区前：洗手和（或）手消毒→脱工作服→摘医用防护口罩→摘帽子→洗手和（或）手消毒后，进入清洁区。③离开清洁区：沐浴、更衣→离开清洁区。

4. 处理污染物、标本和废物时的防护

（1）锐物处理：戴手套处理用过的针头或其他锐器，及时放入专门的容器中，以免他人在清理器械或物品时被刺伤。

（2）血标本处理：标本应放在带盖的试管内，再放到密闭的容器内戴手套送检，在送检过程中防止标本溢出。

（3）血渍清理：处理地面、墙壁、家具上的血渍时，先用1∶10漂白水浸润15～30分钟，再戴手套用抹布擦拭，擦拭完毕应立即彻底洗手。

（4）医疗废物的处理：所有废弃的医疗用品，如各种废弃的标本、污染敷料及一次性的锐利器械等均应放在有标记的专门容器内，送往规定地点进行焚烧处理。

5. 针刺伤的防护　针刺伤已成为严重危害护士健康的问题，也成为血源性疾病传播的主要途径。目前已证实有20多种病原体可经针刺伤接种传播，其中最常见的危害是乙型病毒性肝炎、丙肝、艾滋病等。有调查发现，护士、医生、医技人员及后勤人员中，由于护士接触锐器机会多，被刺伤的人数最多，其中被针头刺伤后感染HIV的概率为0.3%，HBV为6%~30%，HCV为1.8%。针刺伤引起的交叉感染防护措施包括以下几个方面：

（1）安全处理使用过的针头：用过的针头应立即投入利器箱，不要人工毁损、弯曲或双手套回针帽，改掉操作后回套针帽的习惯，以防刺破手指。

（2）护理人员在工作中不慎刺伤被患者血液、体液污染时，应立即从近心端向远心端反复挤压受伤部位，挤出部分血液，然后用流动的水冲洗，碘酊、乙醇擦拭消毒伤口，待干燥后贴上无菌敷料，且进行相关病毒血清检查和采取有关的治疗措施。

6. 增强医护人员的免疫力　医务人员要增强体质，注意劳逸结合，避免过度劳累，提高抵抗疾病的能力。有些传染病可通过暴露前的疫苗接种来预防，如乙型肝炎表面抗原阴性的医务人员均应接种乙肝疫苗预防。

## 第二节　流行性感冒患者的护理

**案例导入 10-1**

患者，男，56岁，因"发热、头痛2天"入院。患者2天前因受凉后突起畏寒发热，伴全身酸痛、乏力、咽痛、鼻塞、流涕。入院查体：T 39 ℃，P 110次/分，R 24次/分，BP 110/70 mmHg，急性病容，咽部明显充血，其余检查未见异常。辅助检查：血白细胞计数$4.5 \times 10^9$/L，中性粒细胞比例53%，淋巴细胞比例47%。X线检查未见明显异常。

**问题与思考：**
1. 患者可能的医疗诊断是什么？
2. 患者目前主要的护理诊断有哪些？

流行性感冒（influenza）简称流感，是由流行性感冒病毒引起的急性呼吸道传染病。主要表现为高热、头痛、乏力、全身酸痛等全身中毒症状，而呼吸道症状相对较轻。本病潜伏期短，传染性强，传播迅速。

【病原学及发病机制】

（一）**病原学**

流行性感冒病毒是一种RNA病毒，呈球形或丝状，根据其感染的对象，可分为人、猪、马及禽流感病毒，其中人类流行性感冒病毒根据核蛋白抗原性分为甲、乙和丙三型，三型间无交叉免疫。甲型流感病毒根据其H和N抗原性的不同可分为不同的亚型，H抗原有16个亚型（$H_1 \sim H_{16}$），N抗原有9个亚型（$N_1 \sim N_9$）。甲型流感病毒在动物中广泛存在。流行性感冒病毒最大特点是极易发生抗原变异，尤其是甲型流感病毒，常引起流感大流行。流行性感冒病毒不耐热、酸和乙醚，对紫外线、常用消毒剂、甲醛、乙醇均敏感。

（二）**发病机制**

流行性感冒病毒主要通过感染呼吸道内各类细胞，并在细胞内复制导致细胞损伤和死亡而致病。被流行性感冒病毒感染的上皮细胞发生变性、坏死与脱落，引起局部炎症和全身中毒反应。免疫力低下者可出现流感病毒性肺炎，肺充血，肺泡细胞出血、脱落，重者可见支气管黏膜坏死、肺水肿以及毛细血管血栓形成。

【流行病学】

（一）传染源

患者和隐性感染者是主要传染源。甲型流感可有动物传染源，如猪、马、牛及鸟类等。发病初期传染性强，传染期约为1周，以病初2～3天传染性最强。

（二）传播途径

主要经空气飞沫传播。也可通过接触被污染的手、日常用具等间接传播。

（三）易感人群

人群普遍易感，感染后可获得对同型病毒的免疫力，同型免疫力一般不超过1年。不同亚型间无交叉免疫性，易反复发病且易引起流行。

（四）流行特征

本病好发于冬、春季节。流感常突然发生，迅速蔓延，发病率高和流行过程短是本病流行特征。大流行主要由甲型流感病毒引起，当甲型流感病毒出现新亚型时，人群普遍易感，一般每隔10～15年可发生一次世界性大流行。

 **考点提示**

流行性感冒的传染源和传播途径。

【护理评估】

（一）健康史

是否有受凉或与上呼吸道感染患者接触史；是否有鼻塞、流涕、咽喉疼痛、发热和全身酸痛等。

（二）身体状况

本病潜伏期一般为1～7天，多数为2～4天。以全身中毒症状为主，呼吸道症状轻。各型流行性感冒病毒所致症状基本表现一致，但可有轻重不同。根据临床表现分为以下几型：

1. 典型（普通型） 此型最常见。起病急，全身中毒症状重，呼吸道症状轻。主要表现为畏寒、高热、全身酸痛、乏力等，体温可达39℃以上，部分患者可伴有鼻塞、流涕、咽痛、干咳等。查体可见面色潮红、结膜及咽部充血。1～2天内达高峰，3～4天内退热，但上呼吸道症状常持续1～2周后才逐渐消失。

2. 肺炎型 多发生于老年人、婴幼儿、慢性病患者及免疫力低下者。起病初期症状与典型流感相似，1～2天后病情迅速加重，出现高热持续不退、剧烈咳嗽、血性痰液、呼吸困难、发绀、胸闷等症状，体检时两肺呼吸音减弱，双肺满布干、湿啰音，但无肺实变体征。肺部X线检查显示双肺絮状阴影，散在分布。可在5～10天发生呼吸循环衰竭，预后较差。少数患者可有细菌性肺炎、支气管炎、中毒性休克、中毒性心肌炎等并发症。

3. 其他 此外还有胃肠型、中毒型和非典型（轻型）。

4. 并发症 继发细菌性、病毒性肺炎，中毒性休克、中毒性心肌炎，瑞氏综合征（Reye综合征）等。

（三）心理、社会状况

本病起病急、蔓延迅速，应注意询问患者是否有因高热、全身不适而出现的紧张、焦虑等心理；了解患者及家属对疾病的认识程度，是否采取有效的消毒隔离等预防措施。

## （四）辅助检查

1. 血常规　白细胞计数正常或减少，淋巴细胞相对增加。合并细菌性感染白细胞和中性粒细胞增多。

2. 病原学检查　起病后 3 天内取患者的含漱液或鼻咽拭子进行病毒分离试验，可获得 70% 阳性结果，是确诊的重要依据；取患者鼻甲黏膜印片，应用免疫荧光抗体技术检测病毒抗原，阳性有助于早期诊断。

3. 肺部 X 线检查　肺炎型者可见肺部散在絮状阴影，以肺门处较多。

【常见护理诊断/问题】

1. 体温过高　与病毒感染有关。
2. 急性疼痛　与病毒感染导致的毒血症、发热等有关。
3. 气体交换受损　与肺炎型流感或继发细菌性肺炎有关。
4. 知识缺乏：缺乏对流感预防、保健等相关知识。
5. 潜在并发症：细菌性肺炎、中毒性休克、中毒性心肌炎等。

【护理措施】

### （一）一般护理

1. 消毒与隔离　执行呼吸道隔离，隔离时间一般为 1 周或直至主要症状消失，隔离期避免外出，如外出需戴口罩。如疑为暴发流行，应及时上报。

2. 休息与活动　协助患者采取舒适体位，高热者应卧床休息。保持环境安静，室温为 16～18 ℃，湿度在 55% 左右，定时进行空气消毒。

3. 饮食　鼓励患者多饮水，予以营养丰富、富含维生素、清淡易消化的流质或半流质饮食，忌食辛辣刺激性强的食物，必要时静脉补液。

### （二）病情观察

1. 体温的监测　严密监测生命体征，尤其是观察体温的变化；观察发热的程度及持续时间，单纯型流感发热 3～4 天内退热，肺炎型流感可持续发热 3～4 周。

2. 及早发现并发症　对老人、儿童及其他免疫力低下者应注意观察是否有持续高热、剧烈咳嗽、咯血性痰、呼吸困难、发绀等症状，警惕肺炎型流感的发生，并注意观察是否有心功能不全及肺水肿等并发症的发生。

### （三）对症护理

1. 高热　若患者体温超过 39 ℃，则应及时予以物理降温，如头部冰敷或遵医嘱予以退热剂，如复方阿司匹林（儿童禁用），退热时应注意患者出汗情况，鼓励患者多饮水或遵医嘱予以静脉补液，避免发生虚脱。

2. 呼吸困难　应协助患者取半卧位，吸氧。协助患者排痰，勤翻身、拍背，必要时可用雾化吸入、吸痰术等方法以保持呼吸道通畅。

### （四）治疗配合

1. 治疗要点

（1）对症治疗：对高热者予以物理降温，必要时遵医嘱使用解热镇痛药；对干咳者可口服喷托维林，对有痰者应用祛痰药；儿童忌服含阿司匹林成分的药物，以免引起瑞氏综合征。

（2）抗流行性感冒病毒治疗：应在发病 48 小时内使用。目前主要选用奥司他韦和扎米他韦、金刚烷胺、利巴韦林。金刚烷胺用量一般为成人 200 mg/d，老年人 160 mg/d，分 2 次口服，疗程 3～4 天，此种药物只对甲型流感病毒有效。奥司他韦口服剂量一般为成人每天 2 次，每次 75 mg，连用 5 天。利巴韦林对各型流感均有效，不良反应少。

（3）中医药治疗：中医药治疗流感方法多，效果较好，如连翘、金银花、黄芪等。

（4）抗生素治疗：主要用于防治继发性细菌感染。

2. 用药护理　密切观察用药后的疗效和不良反应，高热儿童降温避免应用阿司匹林，以免诱发脑病-肝脂肪变综合征（Reye综合征）；金刚烷胺有一定的中枢神经系统不良反应，如头晕、嗜睡、失眠、共济失调等，肾功能不全、老年及血管硬化者慎用，孕妇及有癫痫史者禁用。

 **考点提示**

流感典型表现及抗病毒治疗的时间。

### （五）心理护理

因有高热、全身不适等症状患者易出现紧张、焦虑等心理，护理人员应多与患者交流沟通，关心、同情患者，并做好有关流感的知识宣传教育，指导患者及家属正确进行隔离及护理。

【健康指导】

1. 预防指导

（1）控制传染源：早发现、早报告、早隔离、早治疗，患者呼吸道隔离1周或直至主要症状消失。

（2）切断传播途径：流行期间避免集会或集体娱乐活动，老幼病残易感者不去人口稠密的公共场所，注意通风。医护人员戴口罩，洗手，防止交叉感染。患者用具及分泌物要彻底消毒。

（3）保护易感人群：接种灭活流感疫苗是预防流感的基本措施，可获得60%～90%的保护效果。接种对象为老人、儿童、严重慢性病患者、免疫力低下及可能密切接触患者的人员，接种时间为每年10～11月中旬，每年接种1次，2周可产生有效抗体。发热或急性感染期推迟接种。对疫苗过敏、吉兰-巴雷综合征、妊娠3个月内、严重过敏体质等禁忌接种。12岁以下儿童不能使用全病毒灭活疫苗。

2. 疾病知识指导　宣传流感病因、临床表现、诊治方法及预防方法等，流行季节出现高热、全身酸痛、鼻塞、流涕、咽痛、干咳等症状及时就诊。

3. 生活指导　注意加强体质锻炼，增强机体的抵抗力。根据天气变化及时增减衣服。保持空气新鲜，冬、春流行季节不去人口稠密的公共场所。不随地吐痰，咳嗽或打喷嚏用纸巾遮住口鼻。注意个人卫生，经常用肥皂和清水洗手。应在每年流感流行前的秋季进行流感疫苗接种。

### 附：人感染高致病性禽流感患者的护理

人感染高致病性禽流感（highly pathogenic avian influenza，HPAI）是由甲型流感病毒$H_5N_1$亚型引起的急性呼吸道传染病。以高热、咳嗽、呼吸急促等为主要特征，严重病例常可并发休克、ARDS、多器官功能衰竭、败血症等并发症而死亡。

【病原学及发病机制】

### （一）病原学

禽流感病毒属甲型流感病毒。目前感染人类的禽流感病毒有3种亚型，即$H_5N_1$、$H_7N_7$和$H_9N_2$。感染$H_5N_1$者病情重，病死率高。禽流感病毒对热敏感，加热至65℃30分钟或煮沸2分钟可被灭活，对常用消毒剂（如聚维酮碘、含氯消毒剂）及紫外线等敏感，但对低温抵抗力较强，并可在动物口腔、鼻腔、粪便等处长期生存。

## (二)发病机制

与普通流感相似。病理变化以支气管黏膜坏死、肺泡散在出血、肺不张及肺透明膜形成等病变为主。

【流行病学】

### (一)传染源

主要是患禽流感及携带禽流感病毒的鸡、鸭、鹅等家禽。其中,鸡是主要传染源。

### (二)传播途径

病毒主要通过呼吸道和消化道使人体感染,也可通过密切接触感染的禽类及其排泄物、分泌物和被污染的水等感染。目前尚无人与人之间传播的报道。

### (三)易感人群

以12岁以下儿童发病率较高,病情较重。

【护理评估】

### (一)健康史

注意询问是否有与不明原因病死家禽或感染家禽密切接触史,发病年龄等。

### (二)身体状况

本病潜伏期一般为1~3天,通常在7天以内。

急性起病,早期类似普通型流感,主要表现为发热,体温持续在39℃以上,热程为1~7天,可伴有头痛、全身不适、鼻塞、流涕、咳嗽、咽痛等呼吸道感染症状,多数患者在起病1~5天后出现肺炎表现。部分患者可出现恶心、腹痛、腹泻、排稀水样便等消化道症状。严重者可在发病1周内迅速出现呼吸窘迫、肺出血、肾衰竭、休克等多种并发症而死亡。

### (三)心理、社会状况

本病起病急,部分患者病情凶险。应注意询问患者及家属是否有焦虑、恐惧等心理;了解患者及家属对疾病的认识程度,是否采取有效的消毒隔离等预防措施。

### (四)辅助检查

1. 血常规　白细胞计数正常或降低。重症患者有淋巴细胞减少,血小板减少。
2. 病毒抗原及基因检测　采用免疫方法可检测相应病毒抗原。还可采用RT-PCR法检测相应核酸。
3. 病毒分离　可从患者呼吸道分泌物中分离到禽流感病毒。
4. 血清学检查　发病初期和恢复期双份血清检测禽流感病毒抗体有4倍或4倍以上升高,有助于回顾性诊断。
5. 肺部X线检查　可见单侧或双侧肺炎,少数可有胸腔积液。

【常见护理诊断/问题】

详见本章"流行性感冒"相关内容。

【护理措施】

与流行性感冒患者的护理措施相同。

# 第三节　病毒性肝炎患者的护理

## 案例导入 10-2

患者,女,24岁,因"发热、食欲减退、恶心2周,皮肤黄染5天"入院。患者于10天前无明显诱因出现乏力、恶心、呕吐、腹胀、食欲减退、厌油腻。5天前出现皮肤黄染、尿液颜色进行性加深，粪便正常。查体：肝肋下 3 cm，上腹部轻度压痛，皮肤巩膜黄染，其余检查未见异常。实验室检查：谷丙转氨酶 1483 U/L，总胆红素 184 μmol/L；白蛋白 40 g/L，球蛋白 30 g/L；血清标志物检测除抗 HAV-IgM 呈阳性外，其余指标均呈阴性。

**问题与思考：**

1. 该患者可能的医疗诊断是什么？
2. 该患者目前的主要护理问题有哪些？主要的护理措施有哪些？

病毒性肝炎（viral hepatitis）简称肝炎，是由多种肝炎病毒引起的以肝损害为主的一组全身性传染疾病。目前按病原学明确分类的有甲型、乙型、丙型、丁型、戊型五种肝炎病毒。各型病毒性肝炎的病原学有所不同，但临床表现基本相似，主要临床表现为乏力、恶心、厌油腻食物、食欲减退、肝大、肝功能异常等，部分病例可出现黄疸。甲型及戊型主要表现为急性肝炎，经粪-口途径传播；乙型、丙型及丁型易转为慢性肝炎，少数可发展为肝硬化，甚至肝细胞癌，主要经血液、体液等胃肠外途径传播。我国为病毒性肝炎的高发区，其中以甲型肝炎、乙型肝炎最为多见，两者都可通过接种疫苗进行预防。

【病原学及发病机制】

（一）病原学

1. 甲型肝炎病毒（HAV） HAV 属于嗜肝小 RNA 病毒科，球形。感染后病毒在肝细胞内复制，随胆汁经肠道排出体外。HAV 感染后早期出现 IgM 型抗体，一般持续 8～12 周，少数病例可延续 6 个月。IgG 型抗体可长期存在。

HAV 抵抗力较强，耐低温、耐酸碱，在贝壳类动物、污水、海水、淡水、泥土等可存活数月，但对紫外线、热力及消毒剂敏感。能耐受 60 ℃ 30 分钟，80 ℃ 5 分钟或 100 ℃ 1 分钟才能完全使之灭活。

2. 乙型肝炎病毒（HBV） HBV 属于嗜肝 DNA 病毒科。HBV 感染者血清中存在 3 种形式的病毒颗粒：①大球形颗粒，是完整的 HBV 颗粒，又名 Dane 颗粒，由胞膜和核心两部分组成；②小球形颗粒；③管状颗粒。小球形颗粒、管状颗粒是不完整的病毒颗粒，是 HBV 的包膜蛋白部分。HBV 在肝细胞内合成后释放入血，还可存在于唾液、精液、阴道分泌物等体液中。

HBV 抵抗力很强，对热、低温、干燥、紫外线及一般浓度的消毒剂均能耐受，-20 ℃条件下可存活 15 年。煮沸 10 分钟、65 ℃ 10 小时、高压蒸汽消毒、2% 戊二醛及含氯消毒剂等均可使其灭活。

3. 丙型肝炎病毒（HCV） HCV 属于黄病毒科，为 RNA 病毒，球形。HCV 易变异，不易被机体清除。一般消毒剂，加热至 100 ℃ 5 分钟，紫外线、高压蒸汽灭菌等可使其灭活。

4. 丁型肝炎病毒（HDV） HDV 是一种必须与 HBV 共存才能复制、增殖的缺陷病毒，大多数情况下是在 HBV 感染的基础上引起重叠感染或与 HBV 同时感染。

5. 戊型肝炎病毒（HEV） HEV 为无包膜 RNA 病毒，主要在肝细胞内复制，经胆道随粪便排出体外。HEV 在碱性环境下较稳定，对高热、氯仿敏感。

（二）发病机制

1. HAV 的发病机制 经口感染后经肠道入血，引起短暂的病毒血症，1 周后在肝细胞内复制，2 周后随胆汁从肠道排出体外。HAV 并不直接损伤肝细胞，其损害可能通过免疫介导引起。

2. HBV 的发病机制 较复杂，HBV 通过注射或破损皮肤、黏膜进入机体后，经血液到达肝和其他器官（如胰腺、肾、淋巴结等），并在肝及相应组织细胞内复制，引起肝及肝外相应组织的病理改变和免疫功能改变，多数以肝病变最为突出。HBV 虽在肝细胞内复制，并不引起明显的肝细胞损伤。肝细胞损伤主要是机体一系列免疫反应所致，即机体的免疫反应在清除 HBV 的过程中造成肝细胞的损伤，其慢性化机制可能与免疫耐受有关。

3. HCV 引起肝细胞损伤的机制　可能与病毒直接致病作用及免疫损伤有关，感染后易转为慢性，可能与 HCV 在血中水平低、抗原性弱、高度变异性等特点有关。急性丙型肝炎的主要原因可能是 HCV 的直接致病造成肝细胞损害，慢性丙型肝炎的主要原因为免疫损伤。

各型肝炎基本病变以肝细胞损害为主，肾、胰、脑、关节、皮肤及心血管系统也有一定损害，主要表现为弥漫性肝细胞变性、坏死、再生，炎症细胞浸润和间质增生。

病毒性肝炎病理生理特点：①黄疸，以肝细胞黄疸为主，主要原因为肝细胞破坏；胆小管受压、破裂；肝细胞膜通透性增加；肝细胞对胆红素的摄取、结合、排泄等功能障碍。②肝性脑病，多见于重症肝炎和晚期肝硬化。③出血，严重肝功能受损时，合成凝血因子减少及弥散性血管内凝血导致凝血因子减少和血小板消耗引起出血。④腹水，主要见于重症肝炎和失代偿期肝硬化，主要与水、钠潴留、门静脉高压、低蛋白血症及淋巴回流障碍有关。⑤肝肾综合征：主要见于重症肝炎和晚期肝硬化。

【流行病学】

我国是病毒性肝炎的高发区。甲型肝炎人群流行率（抗 HAV 阳性）达 80%。全球约有 2.57 亿慢性 HBV 感染者。我国现有 HBV 携带者约 8600 万，其中慢性 HBV 患者人数为 2000 万～3000 万，HCV 携带者约有 1000 万人。

（一）传染源

患者、亚临床感染者或病毒携带者是本病的传染源。

1. 甲型与戊型肝炎的传染源　急性肝炎患者和亚临床感染者。甲型肝炎患者在起病前 2 周至起病后 1 周，从粪便中排出 HAV 的数量最多，传染性最强，少数患者起病后 30 天仍排出 HAV 病毒。由于亚临床感染者数量较多，因此是最重要的传染源。

2. 乙型、丙型、丁型肝炎的传染源　急性、慢性肝炎患者，亚临床感染者和病毒携带者，其传染性贯穿整个病程。慢性患者及病毒携带者是 HBV 最主要的传染源。急性 HCV 在病程 5～25 天传染性最强，50% 以上可转为慢性，因此慢性患者是 HCV 的主要传染源。HDV 患者发生于 HBV 感染的基础上，主要传染源为慢性患者和病毒携带者。

（二）传播途径

1. HAV、HEV　以粪-口传播途径为主，其传播途径有：①日常生活接触是散发性发病的主要传播方式，主要通过污染的手、用具、玩具等污染食物或直接经口传播。②水源、食物污染传播：水源污染、食物（如毛蚶、生蚝等贝壳类食物）受污染是暴发流行的主要传播途径。③苍蝇、蟑螂等起一定的媒介传播作用。

2. HBV、HCV、HDV　以血液和体液传播途径为主。①血液、体液传播：血液传播是最主要的传播方式，如输注含有肝炎病毒的血液和血制品。此外可通过接种疫苗、使用带病毒的医疗器械、血液透析、脏器移植、意外针刺伤等造成血液传播。HDV 传播与 HBV 相似。HCV 主要通过输血传播。②母婴传播：包括宫内感染、围生期传播、分娩后传播。主要经胎盘、产道分娩、哺乳和喂养方式等传播，是 HBV 传播的重要途径。③生活密切接触传播：主要与接触唾液、乳汁、精液和阴道分泌物等各种体液和分泌物有关。此外共用牙刷和剃刀，以及文眉、文身等同样可造成感染。

（三）易感人群

人类对各型肝炎病毒普遍易感。甲型肝炎以幼儿、学龄前儿童发病最多，其次为年轻人，但暴发流行时各年龄组均可发病，感染后可获得持久免疫力。HBV 感染多发生于婴幼儿及青少年，我国 30 岁以上的成人抗-HBs 阳性率达 50%。丙型肝炎各个年龄组普遍易感，抗-HCV

并非保护性抗体，感染后对不同毒株无保护性免疫。人类对 HDV 普遍易感，抗 -HDV 不是保护性抗体。戊型肝炎普遍易感，以青壮年较多，感染后免疫力不持久，孕妇感染后病情重，病死率较高。

### （四）流行特征

甲型肝炎的发病率有明显的季节性，秋冬季为高峰，以散发为主，与人群居住条件、卫生习惯及教育程度有密切关系。戊型肝炎流行多发生于雨季或洪水后，呈地方性流行，在亚洲和非洲多见。乙型、丙型、丁型肝炎以散发为主，HBV 感染有家庭聚集现象，无明显的季节性。我国是乙型肝炎高发区，全球 HBsAg 阳性携带者约有 3.5 亿，其中我国约有 1.2 亿，总感染率达 10%～15%。近年来，随着乙肝疫苗的广泛接种，乙型肝炎的发病率有所下降。

 考点提示

病毒性肝炎的传染源及传播途径。

---

【护理评估】

### （一）健康史

询问家族成员是否有肝病史；是否有输血和使用血制品史，是否有器官移植、使用未严格消毒的侵入性操作；起病后是否有恶心、呕吐、厌油腻食物、食欲减退、乏力等症状，皮肤黏膜及小便是否有发黄等。是否有特殊用药史及烟酒嗜好，是否接种过各型肝炎疫苗等。

### （二）身体状况

潜伏期：甲型肝炎为 2～6 周（平均 4 周）；乙型肝炎为 1～6 个月（平均 3 个月）；丙型肝炎为 2 周～6 个月（平均 40 天）；戊型肝炎为 2～9 周（平均 6 周）。甲型肝炎和戊型肝炎主要表现为急性肝炎，乙型、丙型、丁型肝炎除急性肝炎外，主要表现为慢性肝炎。5 种肝炎病毒可重叠感染或协同感染，使病情加重。

1. 急性肝炎　根据是否有黄疸分为急性黄疸型肝炎和急性无黄疸型肝炎，各型病毒均可引起。

（1）急性黄疸型肝炎：典型临床表现分为三期，总病程为 2～4 个月。

1）黄疸前期：此期持续 1～21 天，平均为 5～7 天。主要表现为：①病毒血症：畏寒、发热、疲乏及全身不适等。甲型、戊型肝炎起病较急、发热多在 38 ℃以上。乙型、丙型、丁型肝炎起病较慢，多无发热或发热不明显。②消化系统症状：食欲减退、厌油、恶心、呕吐、腹胀、腹痛和腹泻等。③其他症状：如麻疹、斑丘疹、血管神经性水肿及关节痛等，部分患者以发热、头痛、四肢酸痛等症状为主，类似感冒。此期末出现尿液颜色加深。

2）黄疸期：此期持续 2～6 周。发热消退，自觉症状稍减轻，但尿液颜色加深如浓茶样，黄疸可逐渐加深，1～3 周达到高峰。临床上以巩膜和皮肤黄染为进入此期的标志。部分患者可有粪便颜色变浅、皮肤瘙痒、心动过缓等。体检常见肝大，质地软，有压痛及叩击痛。部分病例有轻度脾大。此期肝功能检查 ALT 和胆红素升高，尿胆红素阳性。

3）恢复期：此期持续 2 周～4 个月，平均为 1 个月。症状逐渐消失，黄疸消退，肝、脾回缩，肝功能逐渐恢复正常。

（2）急性无黄疸型肝炎：除无黄疸外其他临床表现与黄疸型相似。较黄疸型肝炎多见，占急性肝炎病例的 90% 以上，病程为 2～3 个月。无黄疸型通常起病较缓慢，症状较轻，主要表现为全身乏力、食欲减退、恶心、腹胀、肝区痛、肝大、有轻压痛及叩痛。肝功能轻、中度异常。临床症状较黄疸型肝炎轻且缺乏特异性，因而不易被发现而成为重要的传染源。乙型、丙型、丁型肝炎患者易转为慢性。

2. **慢性肝炎** 急性肝炎病程超过半年或发病日期不明确而临床有慢性肝炎表现者，称为慢性肝炎，仅见于乙型、丙型、丁型肝炎。根据病情轻重可分为3度。

（1）轻度：反复出现疲乏、消化道及肝区不适等症状，肝脾轻度大，部分患者可无明显症状和体征，肝功能检查反复或持续出现血清转氨酶升高。

（2）中度：症状、体征、实验室检查介于轻度和重度之间。

（3）重度：有明显或持续的肝炎症状，如乏力、食欲减退、腹胀、尿黄、便溏，明显的慢性肝病体征（如肝病容貌、蜘蛛痣、肝掌或肝脾大），实验室检查肝功能明显异常，如血清ALT反复或持续升高、白蛋白降低、丙种球蛋白明显升高、凝血酶原活动度降低等。

3. **重型肝炎** 是病毒性肝炎中最严重的一种类型，发生率为0.2%～0.5%，预后差，病死率高达50%～70%。各型肝炎均可引起重型肝炎，可因劳累、精神刺激、营养不良、服用损肝药物、饮酒、重叠或合并感染等诱发。

（1）急性重型肝炎：又称暴发型肝炎，常以急性黄疸型肝炎起病，但病情发展迅速，起病2周内出现高热、极度乏力、严重的消化道症状及精神神经症状。主要表现：①黄疸迅速加深，呈"胆-酶分离"现象。②肝进行性缩小、肝臭。③出血倾向，凝血酶原活动度<40%。④迅速出现腹水或中毒性鼓肠。⑤精神神经系统症状（Ⅱ度以上肝性脑病）。⑥肝肾综合征，出现少尿甚至无尿、血尿素氮升高等。发病多有诱因。本病病死率极高，病程一般不超过3周。

（2）亚急性重型肝炎：又称亚急性肝坏死，发病15天～26周内以上出现上述表现，肝性脑病多出现在疾病的后期，腹水明显。此型病程可长达3周至数月，易发展为坏死性肝硬化，一旦出现肝肾综合征，预后不良。

（3）慢性重型肝炎：在肝硬化基础上，肝功能进行性减退导致的以腹水或门静脉高压、凝血功能障碍和肝性脑病等为主要表现的慢性肝功能失代偿。

4. **淤胆型肝炎** 又称毛细胆管型肝炎，病程持续时间较长，可达2～4个月或更长时间，起病类似急性黄疸型肝炎，主要表现为：①黄疸具有"三分离"特征，即黄疸深，但消化道症状轻，ALT升高不明显，凝血酶原活动度下降不明显。②具有较长时期（3周以上）肝内梗阻性黄疸的表现，如皮肤瘙痒、粪便颜色变浅、肝大和梗阻性黄疸的实验室检查结果。

**考点提示**

各型病毒性肝炎的临床表现。

---

**（三）心理、社会状况**

患者患病后是否有意回避他人或不愿意向他人暴露自身疾病，是否有来自家庭和社会的歧视，家庭和社会支持系统对患者的关心和支持。

**（四）辅助检查**

1. 肝功能检查

（1）血清酶检测：谷丙转氨酶（ALT），在肝细胞损伤时释放入血，是目前临床上反映肝细胞功能的最常用指标。重型肝炎时因大量肝细胞坏死，ALT随黄疸迅速加深反而下降，呈"胆-酶分离"现象。门冬氨酸转氨酶（AST）也升高，与肝炎的严重程度呈正相关。其他血清酶类，如ALP、γ-GT在肝炎时也可升高。

（2）血清蛋白：由于持续肝功能损害时，肝合成白蛋白减少，出现A/G比值下降或倒置，对慢性肝炎或肝硬化的诊断有一定参考价值。

（3）胆红素：胆红素含量是反映肝细胞损伤严重程度的重要指标。黄疸型肝炎时血清总胆红素、直接胆红素和间接胆红素、尿胆原和尿胆红素均升高。淤胆型肝炎则以直接胆红素、尿胆红素增加为主，尿胆原减少或阴性。

（4）凝血酶原活动度：对重型肝炎的临床诊断和预后判断有重要意义。凝血酶原活动度高低与肝损害程度呈反比，凝血酶原活动度<40%是诊断重型肝炎或肝衰竭的重要依据。凝血酶原活动度越低，肝损害越重，预后越差。

2. 肝炎病毒标志物检测

（1）甲型肝炎：血清抗-HAV-IgM 阳性是 HAV 近期感染的指标，是确诊甲型肝炎最主要的标志物；血清抗-HAV-IgG 是保护性抗体，持续多年或终身。见于甲型肝炎疫苗接种后或既往感染 HAV 的患者。

（2）乙型肝炎：病毒标志物检测的临床意义见表 10-1。HBV-DNA 和 DNA-P（多聚酶）均位于 HBV 的核心部分，是反映 HBV 感染最直接、最特异和最敏感的指标，两者阳性提示体内 HBV 有活动性复制，传染性较大。

表 10-1 乙型肝炎病毒血清标志物的临床意义

| 血清标志物 | 临床意义 |
| --- | --- |
| 乙型肝炎表面抗原（HBsAg） | 阳性表示 HBV 感染；如无任何临床表现，肝功能正常，而 HBsAg 持续 6 个月以上阳性者为慢性乙型肝炎病毒携带者 |
| 乙型肝炎表面抗体（抗-HBs） | 为保护性抗体，阳性表示对 HBV 产生保护性免疫，见于接种乙肝炎疫苗后或既往感染并产生免疫力的恢复者；阴性说明对 HBV 易感 |
| 乙型肝炎 e 抗原（HBeAg） | 阳性提示 HBV 复制活跃，传染性较强，持续阳性则易转为慢性 |
| 乙型肝炎 e 抗体（抗-HBe） | 阳性提示感染时间久，HBV 复制减弱或传染性减低或提示 HBV-DNA 与宿主 DNA 整合，长期潜伏于体内 |
| 乙型肝炎核心抗原（HBcAg） | 是 HBV 的主体，阳性表示 HBV 复制，但一般方法不易检出血液中的 HBcAg |
| 乙型肝炎核心抗体（抗-HBc） | 抗-HBc-IgG 阳性为过去感染的标志，可保持多年；抗-HBc-IgM 阳性提示有 HBV 的急性感染或慢性感染急性发作期；高滴度抗-HBc-IgM 阳性提示 HBV 有活动性复制 |

（3）丙型肝炎：检测血清中 HCV-RNA 和抗-HCV。①HCV-RNA 在病程早期即可出现，治愈后很快消失。②抗-HCV 不是保护性抗体，而是 HCV 感染的一种标志。抗-HCV-IgM 在发病后即可检测到，一般持续 1～3 个月，见于丙型肝炎急性期或慢性活动期，治愈后可消失，急性病例一般可持续 4～48 周；高滴度抗-HVC-IgG 提示 HCV 病毒感染，低滴度抗-HCV-IgG 提示病毒处于静止状态，见于丙型肝炎恢复期。

（4）丁型肝炎：血清中除 HBV 感染的标志物阳性外，尚可检出丁型肝炎抗原 HDVAg 和抗-HDV，血清或肝组织中 HDVAg 或 HDV-RNA 阳性有确诊价值。

（5）戊型肝炎：HEV 感染者血清中可检测出抗-HEV-IgM 和抗-HEV-IgG 两者阳性均可作为近期感染的指标。

 考点提示

各型病毒性肝炎标记物的监测及意义。

【常见护理诊断/问题】

1. 活动无耐力　与肝功能受损、能量代谢障碍有关。
2. 营养失调：低于机体需要量　与摄入减少及消化吸收障碍有关。
3. 焦虑　与担心预后及隔离治疗等有关。
4. 知识缺乏：缺乏肝炎的传播途径、治疗、护理和预防等相关知识。
5. 潜在并发症：出血、肝性脑病、感染、肝肾综合征等。

【护理措施】

（一）一般护理

1. 消毒与隔离　对甲型、戊型肝炎患者，从发病之日起按消化道隔离3周；急性乙型肝炎按血液（体液）隔离至HBsAg阴性；慢性肝炎及病毒携带者禁止献血，禁止从事餐饮、托幼等工作，并定期监测各项指标。

2. 休息与活动　急性肝炎、重型肝炎、慢性肝炎活动期、ALT升高者均应卧床休息。根据病变不同时期指导患者休息：①急性肝炎早期安静卧床休息（发病后1个月内），症状好转，黄疸减轻，肝功能改善后，每日轻微活动1~2小时，以不感到疲劳为度，以后随病情进一步好转，指导逐渐增加活动量。肝功能正常后1~3个月可恢复日常活动和工作，但仍应避免过度劳累及重体力劳动。②慢性肝炎可根据病情及肝功能状况指导患者合理休息与活动，以不感到疲劳为度。③重型肝炎患者应绝对卧床休息。

3. 饮食护理　合理的营养、适宜的饮食可以改善患者的营养状况，促进肝细胞再生和修复，利于肝功能恢复。

（1）急性肝炎：予以清淡、易消化、含维生素丰富的饮食，如蛋羹、清肉汤、豆浆等，以保证足够热量，每日糖类的摄入量为250~400 g。多食水果、蔬菜，若患者食欲差可喝糖水、果汁，或静脉补充10%葡萄糖注射液加维生素C。蛋白质宜1~1.5 g/（kg·d）。伴腹胀时应减少产气食物摄入如牛奶、豆浆等。黄疸消退，食欲好转后，可逐渐增加饮食，注意调节饮食的色、香、味，保证营养摄入，但应避免暴饮暴食。恢复期患者可过渡至普通饮食。

（2）慢性肝炎：宜适当补充高蛋白、高热量、高维生素、易消化的食物。适当增加蛋白质摄入，蛋白质摄入量以1.5~2 g/（kg·d）为宜，以优质蛋白为主，如牛奶、鸡蛋、瘦肉、鱼。

（3）重症肝炎：予以低脂、低盐、高糖、高维生素、易消化的流质或半流饮食，少食多餐。注意食物的色、香、味，以增加患者的食欲。进食不足者，遵医嘱输入10%~15%葡萄糖注射液，加适量胰岛素，总液量以1500 ml/d为宜；对有肝性脑病先兆者，应限制或禁止蛋白质摄入，蛋白质摄入量应<0.5 g/（kg·d）。对合并腹水、少尿者，应予以低盐或无盐饮食，钠限制在500 mg/d以内，进水量不超过1000 ml/d。

（4）各型肝炎患者的饮食禁忌：不宜长期摄入高糖、高热量饮食，尤其是肥胖和糖尿病倾向患者，以防诱发脂肪肝和糖尿病。各型肝炎患者均应戒烟戒酒，以免加重肝损害。

（二）病情观察

密切观察患者的生命体征、意识，消化道症状及黄疸程度；是否有心悸、呼吸困难、腹水；皮肤黏膜是否有瘀点、瘀斑，是否有呕血、便血等出血倾向；血红蛋白、血小板计数、凝血酶原时间、凝血酶原活动度等指标；是否有肝性脑病、肾功能不全等早期表现。准确记录出入量，测量腹围，观察腹水患者的腹水消退情况，监测尿常规、尿比重、血清钾、血清钠、血肌酐、血尿素氮，一旦发现病情变化，及时报告医生，积极配合抢救。

（三）对症护理

1. 皮肤瘙痒　黄疸型肝炎患者由于胆盐沉积刺激皮肤，引起皮肤瘙痒，具体护理措施为：①保持床单清洁干燥，衣服宜柔软、宽松，经常换洗。②每天用温水清洗皮肤，不宜使用肥皂、化妆品等刺激性用品。③及时修剪指甲，避免搔抓，防止皮肤破损，对已有破损者，则应保持局部清洁、干燥，预防感染。④瘙痒重者，局部可涂擦止痒药，也可口服抗组胺药物。

2. 呕吐、腹泻　予以清淡、易消化饮食，少食多餐；记录24小时液体出入量；严重者暂禁食，遵医嘱静脉补充所需营养；保持床单整洁，加强肛周皮肤护理。

### （四）治疗配合

1. 治疗要点　病毒性肝炎目前仍无特效治疗，原则为综合性治疗，以休息、营养为主，辅以适当药物治疗，避免饮酒、过度劳累和使用损害肝的药物等。

（1）急性肝炎：急性肝炎一般为自限性疾病。急性期应进行隔离。以休息、营养和对症治疗为主，辅以护肝药物。仅急性丙型肝炎需要抗病毒治疗，常用药物有DDA、干扰素、利巴韦林等。

（2）慢性肝炎：除了适当休息和营养以外，可适当使用保肝药、抗病毒药（干扰素和核苷类似物药）、降转氨酶药、免疫抑制剂、抗纤维化药及中药等。

（3）重型肝炎：①支持和对症治疗：绝对卧床休息，实施重症监护；维持体液平衡；保证热量，补充维生素；输注新鲜血浆、白蛋白、免疫球蛋白。②促进肝细胞再生：可用促肝细胞生长因子或前列腺素$E_1$。③病原学治疗：HBV感染所致重症肝炎尽可能选用高效的核苷类似物抗病毒治疗。④并发症治疗：防治肝性脑病、出血、继发感染、肝肾综合征等并发症。

2. 用药护理　急性肝炎的患者应遵医嘱应用药物，切忌滥用药物，禁用损害肝的药物，如吗啡、苯巴比妥类、磺胺类及氯丙嗪等。慢性肝炎抗病毒治疗者，应向患者说明药物的名称、剂量、给药时间和方法，并密切观察各种药物的注意事项及不良反应，如干扰素有发热反应、胃肠道反应、脱发、肝功能损害和神经精神症状等不良反应，孕妇禁用干扰素。

### （五）心理护理

急性期患者由于对疾病的认识不足及对隔离治疗、活动受限等措施的不理解，患者易出现紧张、焦虑、恐惧等心理；慢性病患者可因病情反复、久治不愈及担心疾病预后而出现焦虑、悲观、孤独、抑郁等消极心理，表现为少言寡欢、情绪低落、自卑孤独、睡眠障碍等。在护理中应注意介绍疾病相关知识，如治疗方法、疾病预后及隔离的意义，多与患者交流沟通，随时了解患者心理活动，鼓励说出自己的想法和感受，及时进行疏导使患者产生安全感，消除焦虑、抑郁等不良心理，保持乐观的心态，增强战胜疾病的信心，有利疾病早日康复。

【健康指导】

1. 预防指导

（1）控制传染源：急性期应隔离治疗，慢性患者和病毒携带者应定期检测各项传染指标，禁止献血和从事饮食、托幼等工作。

（2）切断传播途径：甲型肝炎做好"三管一灭"，搞好饮食、饮水及个人卫生，管理好粪便，消灭苍蝇，物品使用做到"一人一用一消毒制"等，防止传播疾病。乙型和丙型肝炎应加强血源管理，提倡使用一次性注射器，对医疗器械实行"一人一用一消毒制"等。

（3）保护易感人群：①主动免疫：甲型肝炎疫苗有减毒活疫苗和灭活疫苗两种。乙型肝炎应用乙肝疫苗，高危人群可每次10～20μg，在出生时、出生后1个月和6个月分别注射1次；新生儿在首次接种（必须在出生后24小时内完成）后1个月和6个月再分别接种1次疫苗。②被动免疫：对各种原因已暴露于HBV的易感者，包括HBsAg阳性母亲所分娩的新生儿，可用高效价HBIG，使用剂量为新生儿100 IU，成人500 IU，1次肌内注射，免疫力可维持3周。

> **知识链接**
>
> **意外暴露者的处理**
>
> 在护理乙型病毒性肝炎患者的过程中，如被 HBsAg 阳性血液污染的针头或其他锐利器械刺伤皮肤时，应立即挤出少量血液，以流动水冲洗，再用聚维酮碘消毒后包扎伤口；如污血溅于眼、鼻、口等黏膜内时，立即用生理盐水或清水冲洗。以上两种情况经初步处理后，若已知自己 HBsAg 或抗 -HBV 阳性则不需特殊处理；不清楚者，应尽早肌内注射 HBIg（乙型肝炎免疫球蛋白），并抽血查 HBsAg 及抗 -HBs，如 HBsAg 及抗 -HBs 均为阴性，2 周后再接种乙肝疫苗。

2. 疾病知识指导　向患者介绍各型肝炎的发病、传播途径、主要表现、转归、预防等知识；强调早期隔离的必要性，急性肝炎彻底治疗的重要性；减少探视和陪护，以免交叉感染。

3. 生活指导

（1）指导患者保持作息规律，劳逸结合，待症状消失、肝功能恢复 3 个月以上，可逐渐恢复原工作，坚持正常工作和学习，但应避免劳累。正确对待疾病，保持乐观情绪。

（2）加强营养，适当增加蛋白质的摄入，多食蔬菜、水果，但要避免长期高热量、高脂肪饮食。不吸烟、不饮酒。

（3）实施适当的家庭隔离，指导患者在家中实行分餐制，注意对食具、用具、衣被、排泄物的消毒。其排泄物、分泌物可用 3% 漂白粉消毒后弃去；家中密切接触者，可接种相应肝炎疫苗进行预防。

（4）凡接受输血、大手术应用血制品的患者，出院后应定期检查肝功能及肝炎病毒标记物，以便早期发现由血液和血制品为传染途径所致的各型肝炎。

## 第四节　获得性免疫缺陷综合征患者的护理

**案例导入 10-3**

王某，女，30 岁，因"发热、乏力、咳嗽、胸闷 3 天"入院，既往有吸毒史。查体：T 38.3 ℃，P 90 次 / 分，R 22 次 / 分，BP 110/89 mmHg，慢性病容，双侧腹股沟浅表淋巴结肿大，巩膜（-），颈软无抵抗，双肺呼吸音清晰，未闻及干、湿啰音，腹部检查未见异常。辅助检查：WBC $7.0 \times 10^9$/L，N 80%，抗 -HIV 阳性，胸部 X 线检查示双肺浸润灶，如毛玻璃样改变。

**问题与思考：**

1. 该患者可能的医疗诊断是什么？
2. 应如何预防该疾病？

获得性免疫缺陷综合征（acquired immune deficiency syndrome，AIDS），又称艾滋病，是由人免疫缺陷病毒（human immunodeficiency virus，HIV）引起的致命性慢性传染病。AIDS 主要通过性接触、血液和母婴传播。HIV 特异性侵犯并破坏辅助性 T 淋巴细胞（$CD4^+$ T 淋巴细胞），使机体细胞免疫功能受损，最后并发各种严重的机会性感染和恶性肿瘤。该病具有传播快、发病缓慢、病死率高的特点。

【病原学及发病机制】

(一)病原学

HIV 为单链 RNA 病毒,属于逆转录病毒科慢病毒亚科,目前已知 HIV 有两个型,即 HIV-1 和 HIV-2,两者均可引起艾滋病,我国以 HIV-1 为主要流行株。成熟的 HIV 是直径为 100~120 nm 的球形颗粒,由核心和包膜两部分组成。核心呈圆柱状结构,核心中有两条单链 RNA、逆转录酶、整合酶和蛋白酶。病毒在外界生存力不强,对热敏感,如加热至 56 ℃ 30 分钟,即可灭活。对 75% 乙醇、0.2% 次氯酸钠及含氯石灰等化学消毒剂敏感。但能耐受 0.1% 甲醛、紫外线、γ 射线等。

(二)发病机制

HIV 侵入人体后,仅诱导机体产生少量不具保护作用的中和抗体。HIV 既有嗜淋巴细胞性,又有嗜神经性,主要感染 T 淋巴细胞、单核-巨噬细胞、B 淋巴细胞、小神经胶质细胞和骨髓干细胞等,使多种免疫细胞受损,细胞免疫及体液免疫均受到不同程度的损害而致免疫功能严重缺陷,易发生各种严重的机会性感染和肿瘤。

【流行病学】

(一)传染源

艾滋病患者和 HIV 感染者是本病唯一的传染源。无症状而血清 HIV 抗体阳性的 HIV 感染者是具有重要意义的传染源,血清病毒阳性而 HIV 抗体阴性的窗口期感染者也是重要的传染源,窗口期通常为 2~6 周。

(二)传播途径

1. 性接触传播  为本病的主要传播途径,约占成人的 3/4。性接触摩擦所致细微破损即可侵入病毒。HIV 存在于血液、精液和阴道分泌物中,唾液、眼泪和乳汁等体液中也含 HIV。同性恋、异性恋均可传播,与发病有关的因素包括性伴侣数量、性伴侣的感染阶段、性交方式和性保护措施等。

2. 经血液和血制品传播  药瘾者共用针头或输注含病毒的血液及血制品,以及介入性医疗操作等均可感染。

3. 母婴传播  感染 HIV 的孕妇可通过胎盘、分娩过程及产后血性分泌物吸入呼吸道,以及哺乳传给婴儿。目前认为 HIV 阳性孕妇 11%~60% 会发生母婴传播。

4. 其他途径  接受 HIV 感染者的器官移植或人工授精可传播本病。此外,医护人员被污染的针头刺伤或通过破损皮肤接触有可能意外受感染。

(三)易感人群

人群普遍易感。发病年龄主要是 50 岁以下青壮年,儿童和妇女感染率逐年上升。男性同性恋者、性乱交者、静脉药瘾者和血制品使用者为本病的高危人群。

(四)流行特征

近年调查显示,全球艾滋病累积发病数超过 4000 万例。HIV 感染及艾滋病发病地区正在改变,由原来的北美、西欧为主转向亚、非洲等人口众多地区流行蔓延。在新的 HIV 感染人数里面,97% 以上在发展中国家,与艾滋病相关的死亡人数 98% 出现在发展中国家。目前我国艾滋病疫情呈上升趋势。局部地区和重点人群呈现高流行,疫情正从高危人群向一般人群扩散。感染人群呈多样化,以性传播途径为主,新增病例中男性性行为和青年学生感染率增加迅速。

 考点提示

艾滋病的传染源、传播途径及高危人群。

【护理评估】

(一)健康史

询问患者是否有同性恋及性乱交史;是否有输血或血制品史;是否有吸毒史;是否进行过器官移植或接受过人工授精。了解患者发病时间及相关表现,如是否有发热、咳嗽、慢性腹泻、淋巴结肿大等,目前采用的治疗方式等。

(二)身体状况

本病潜伏期长,感染 HIV-1 型者经历 2~10 年发展为艾滋病,HIV-2 型历时更长。根据我国有关艾滋病的诊疗标准和指南,将艾滋病分为急性感染期、无症状感染期和艾滋病期。

1. 急性感染期  通常发生在感染 HIV 后 2~4 周,临床主要表现为发热、咽痛、盗汗、恶心、呕吐、腹泻、皮疹、关节痛、淋巴结肿大及神经系统症状。多数患者临床症状轻微,持续 1~3 周后缓解。此期在血液中可检出 HIV-RNA 和 P24 抗原,而 HIV 抗体则在感染后数周才出现。$CD4^+$ T 淋巴细胞计数一过性减少,$CD4^+/CD8^+$ T 细胞比例可倒置。

2. 无症状感染期  由原发感染或急性感染症状消失后延伸而来,临床上无任何症状。此期持续时间一般为 6~8 年或更长,其时间长短与感染病毒的数量、病毒类型、感染途径、机体免疫状况、营养卫生条件及生活习惯等因素有关。此期 HIV 在感染者体内不断复制,$CD4^+$ T 淋巴细胞数量逐渐下降,具有传染性。

3. 艾滋病期  此期为感染 HIV 后的终末阶段,患者 $CD4^+$ T 淋巴细胞计数明显下降,免疫功能严重缺陷,HIV 血浆病毒载量明显升高,临床表现复杂,可累及全身各个系统及器官,主要表现 HIV 相关症状、各种机会性感染及肿瘤。

HIV 相关症状主要表现为持续 1 个月以上的发热、乏力、盗汗、体重减轻 10% 以上、慢性腹泻、肝脾大等。部分患者表现为神经精神症状,如头痛、记忆力减退、表情淡漠、性格改变,甚至癫痫、进行性痴呆等。另外可出现持续性全身淋巴结肿大,可表现为除腹股沟以外有两处或两处以上的淋巴结肿大,淋巴结直径大于 1 cm,无压痛,无粘连,持续时间 3 个月以上。艾滋病期患者各种机会性感染及肿瘤主要表现为以下几方面。

(1)呼吸系统表现:肺孢子菌肺炎最为常见,也是本病因机会性感染而死亡的主要原因,其临床表现主要为慢性咳嗽、发热、呼吸急促和发绀等,胸部 X 线显示间质性肺炎。此外念珠菌、疱疹和巨细胞病毒、结核分枝杆菌、隐球菌等常引起肺结核、复发性细菌真菌肺炎。卡波西肉瘤也常侵犯肺部。

(2)消化系统表现:念珠菌、疱疹和巨细胞病毒引起口腔和食管炎症或溃疡最为常见,表现为吞咽疼痛和胸骨后烧灼感。诊断依靠食管镜。胃肠黏膜常受到疱疹病毒、隐孢子虫、鸟分枝杆菌和卡波西肉瘤的侵犯,引起腹泻和体重减轻。鸟分枝杆菌、隐孢子虫、巨细胞病毒感染肝,可出现肝大及肝功能异常。

(3)中枢神经系统表现:①机会性感染:如脑弓形虫病、隐球菌脑膜炎、巨细胞病毒脑炎等。②机会性肿瘤:如原发性脑淋巴瘤和转移性淋巴瘤。③HIV 直接感染中枢神经系统:引起艾滋病痴呆综合征、无菌性脑炎。临床可表现为头晕、头痛、癫痫、进行性痴呆、脑神经炎等。

(4)皮肤和口腔表现:卡波西肉瘤常侵犯下肢皮肤和口腔黏膜,表现为紫红色或深蓝色浸润斑或结节,可融合成大片状,表面出现溃疡并向四周扩散。这是一种恶性组织细胞,能向淋巴结和内脏转移。其他常见的有白念珠菌或疱疹病毒所致口腔感染等,口腔毛状白斑表现为舌两侧边缘有粗厚的白色突起。外阴疱疹病毒感染、尖锐湿疣均较常见。

(5)眼部表现:巨细胞病毒、弓形虫引起视网膜炎(眼底棉絮状白斑),眼部卡波西肉瘤常侵犯眼睑、睑板腺、泪腺和结膜、虹膜等。

**考点提示**

艾滋病的临床分期及表现。

### (三) 心理、社会状况

艾滋病患者由于缺乏特效治疗，加上疾病本身的折磨，患者可有恐惧、焦虑、抑郁、孤独等心理反应，部分患者可出现报复、自杀等极端行为。

### (四) 辅助检查

1. 血常规检查　不同程度贫血，白细胞计数降低，血小板减少，红细胞沉降率加快。淋巴细胞计数<$1.0 \times 10^9$/L，T淋巴细胞亚群检查T细胞绝对值下降，$CD4^+$T淋巴细胞计数下降，$CD4^+/CD8^+$比值≤1。

2. 免疫学检查　HIV血清抗体阳性是目前确诊HIV感染的最主要依据。HIV RNA定量检测既有助于诊断，又可判断治疗效果及预后。自身抗体阳性，免疫球蛋白、免疫复合物升高。

3. 血生化检查　可有血清转氨酶升高及肾功能异常。

4. 蛋白质芯片　近年蛋白质芯片技术发展较快，该技术可同时检测HIV、HBV、HCV联合感染者血中的核酸和抗体。

5. 病毒学分离　血液、脑脊液、精液中可分离出HIV。但操作复杂，只用于科研。

 **考点提示**

艾滋病的确诊依据及淋巴细胞的变化。

【常见护理诊断/问题】

1. 营养失调：低于机体需要量　与艾滋病期并发各种机会性感染和肿瘤有关。
2. 体温升高　与艾滋病期并发各种机会性感染有关。
3. 恐惧　与艾滋病预后不良、疾病折磨、担心受到歧视有关。
4. 活动无耐力　与HIV感染和并发各种机会性感染有关。
5. 社交孤立　与艾滋病实施强制性管理，采取严格血液和体液隔离，被他人歧视有关。

【护理措施】

### (一) 一般护理

1. 消毒与隔离　艾滋病期患者应在执行血液、体液隔离的同时实施保护性隔离。医务人员预防艾滋病病毒感染的防护措施应当遵照标准预防原则，尤其要预防污染针头及其他锐器刺破皮肤。

2. 休息与活动　在急性感染期和艾滋病期应卧床休息，以减轻症状；无症状感染期可以正常工作，但应避免劳累。

3. 饮食护理　予以高热量、高蛋白、高维生素、易消化饮食，以保证营养供给，增强机体抗病能力，注意食物的色香味，少食多餐。若有呕吐，在饭前30分钟予以止吐药。若有腹泻，应鼓励患者多饮水或给肉汁、果汁等。忌食生冷及刺激性食物。不能进食、吞咽困难者予鼻饲。必要时静脉补充所需营养和水分。

4. 皮肤护理　加强口腔护理和皮肤清洁，防止继发感染，减轻口腔、外阴真菌、病毒等感染引起的不适。长期腹泻的患者要注意肛周皮肤护理。每次排便后用温水清洗局部，再用吸水性良好的软布或纸巾吸干，可涂抹润肤油保护皮肤。

## （二）病情观察

观察患者的生命体征；观察患者意识状态及口腔、皮肤黏膜、肺部、胃肠道、中枢神经系统等是否有感染表现，如是否有发热、咳嗽、呼吸困难、呕吐、腹泻等症状；观察体重的变化及营养状况等。

## （三）对症护理

1. 发热　注意观察体温变化；高热予以物理降温，必要时可予以解热镇痛药；注意水分和营养食物的补充；出汗时及时更换衣被，以防感冒。

2. 呼吸困难　监测呼吸频率、节律、深度，是否有发绀；患者卧床休息，取端坐位或半卧位，必要时氧气吸入；禁用镇静药和麻醉药。

3. 咳嗽、咳痰　观察痰液的颜色、性质、量，鼓励并帮助患者咳出痰液，必要时帮助吸痰。可根据医嘱进行雾化吸入，稀释痰液，减轻咳嗽或者服用止咳祛痰药。

4. 恶心、呕吐　嘱患者放松，冷敷额头，若恶心感减轻，鼓励患者增加摄食，并保持口腔卫生，避免异味引起不适感。对于呕吐次数较多者，先禁食 2 小时，可于餐前半小时予以止吐药。

## （四）治疗配合

1. 治疗要点　艾滋病目前缺乏行之有效的治疗措施，治疗措施主要包括抗病毒治疗、免疫治疗、并发症治疗、对症支持治疗和中医药治疗等。

（1）抗病毒治疗：是治疗本病的关键，抗 HIV 的药物可分为四类。①核苷类似物反转录酶抑制剂（NRTIs）：齐多夫定（ZDV，AZT），首选药物，每次 300 mg，每天 2 次。其他有拉米夫定（LAM）、双脱氧胞苷（DDC）、去羟肌苷（DDI）等。②非核苷类似物反转录酶抑制剂（NNRTIs）：尼维拉平（NVP）、依非韦仑、奈韦拉平。③蛋白酶抑制剂（PIs）：利托那韦、沙奎那韦等。HIV 在抗病毒治疗过程中易发生突变，从而产生耐药性，因而主张联合用药，通常采用三联或四联，即三类药物联合或使用两种不同的核苷类似物反转录酶抑制剂加上一种（或两种）蛋白酶抑制剂。④整合酶抑制剂（INIs）：主要有拉替拉韦（RAV）。

（2）免疫治疗：采用白细胞介素-2（IL-2）与抗病毒药物同时应用有助于改善患者的免疫功能。

（3）并发症治疗：肺孢子菌肺炎：可用喷他脒或复方磺胺甲唑。卡波西肉瘤：可用齐多夫定与 α-干扰素联合治疗，或应用博来霉素、长春新碱、多柔比星联合化疗。也可配合放射治疗。隐孢子虫感染和弓形虫病：可用螺旋霉素或克林霉素。巨细胞病毒感染：可用更昔洛韦或阿昔洛韦。隐球菌性脑膜炎：应用氟康唑或两性霉素 B。

（4）支持及对症治疗：输血，补充维生素 $B_{12}$ 和叶酸等，加强营养治疗。部分患者可辅以心理治疗。

（5）预防性治疗：结核菌素试验阳性者，异烟肼治疗 1 个月。$CD4^+T$ 淋巴细胞 $<0.2\times 10^9/L$ 者可用喷他脒或复方新诺明预防肺孢子菌肺炎。针刺或实验室意外感染者，根据职业暴露后预防程序进行评估和用药预防，在 2 小时内应用齐多夫定 +ZDV 或 d4T+ 去羟肌苷等治疗，疗程为 4～6 周。

2. 药物护理　应提高患者服药的依从性，指导其按时、按量服药，漏服药应及时补救。嘱患者遵医嘱用药，详细讲解药物的使用方法和作用，提高患者的治疗依从性，观察药物疗效，并注意不良反应的观察。使用 ZDV 治疗者，注意其严重的骨髓抑制作用，早期可表现为巨幼细胞性贫血，晚期可有中性粒细胞和血小板减少，亦可出现恶心、头痛和肌炎等症状。当 Hb≤80 g/L 或骨髓抑制时可输血，并遵医嘱减少 ZDV 的剂量。中性粒细胞 $< 0.5\times 10^9/L$ 时，应报告医生停药。

## (五)心理护理

了解患者是否有焦虑、抑郁、恐惧等心理障碍,部分患者可出现报复、自杀等行为。护士在严格执行血液和体液隔离的前提下加强巡视,了解患者的需要、困难,满足合理要求,解除其孤独、恐惧感。同时动员其亲属朋友予以关怀、同情和支持。鼓励患者珍爱生命,充分利用可及的社会资源及信息,积极地融入社会。

【健康指导】

1. 预防指导

(1)控制传染源:发现患者和病毒携带者应进行疫情报告,并执行血液、体液隔离;加强性道德教育,正确使用质量可靠的避孕套;已感染者严禁献血、捐献器官、精液;已感染HIV的育龄妇女应避免妊娠,已受孕者应终止妊娠;加强静脉药瘾者注射用具的管理等。

(2)切断传播途径:①被患者的血液、体液、排泄物污染的一切物品均应严密消毒,常用0.2%次氯酸钠溶液,粪便用漂白粉消毒,用具及地面用含氯消毒剂消毒。②尽量采用一次性医疗用品,医疗器械应一人一用一消毒。患者生活用具(牙刷、剃须刀)应单独使用。③严格血液及血制品的管理,提倡义务献血,禁止商业性采血。④接触患者的血液和体液时,应戴好手套、口罩或防护眼镜、穿好隔离衣,做好自我防护。

(3)保护易感人群:艾滋病目前尚无疫苗接种进行预防,但艾滋病是可防可控的疾病,因此应大力宣传传播方式、预防措施;加强性道德教育,避免不良性行为;远离毒品;选择正规渠道的安全用血等。

 考点提示

艾滋病的预防措施。

2. 生活指导　指导患者加强营养饮食应以高蛋白、高热量、清淡为原则,鼓励患者多进食,对于严重厌食者静脉补液;急性感染期和艾滋病期应卧床休息,无症状感染期适度工作,避免劳累;指导家属及朋友关心、同情、鼓励患者,并做好心理护理使其回归正常生活。

# 第五节　流行性乙型脑炎患者的护理

### 案例导入 10-4

患儿,女,6岁,以"突起高热、头痛2天伴抽搐、意识障碍1天"入院。查体:T 40.2 ℃,P 120次/分,R 30次/分,BP 115/75 mmHg;意识丧失,双侧瞳孔不等大,对光反射迟钝,颈有抵抗感,双肺可闻及痰鸣音,脑膜刺激征阳性。实验室检查:外周血白细胞计数$18.5 \times 10^9$/L,中性粒细胞86%,乙脑抗体(+),脑脊液压力升高,外观无色透明。

问题与思考:

1. 该患者可能的医疗诊断是什么?
2. 目前患者存在哪些护理问题?

流行性乙型脑炎(epidemic encephalitis B)简称乙脑,是由乙型脑炎病毒引起的以脑实质为主要病变的中枢神经系统急性传染病。临床上以高热、惊厥、意识障碍、呼吸衰竭及脑膜刺激征为特征,病死率高,部分患者可留有严重后遗症。

【病原学及发病机制】
（一）病原学

乙脑病毒又称日本脑炎病毒，属虫媒病毒B组，病毒颗粒呈球形，有包膜。核心由单股RNA和核心蛋白（C蛋白）组成。乙脑病毒抵抗力不强，易被常用消毒剂杀灭，加热至56℃、30分钟或100℃ 2分钟即可灭活，但能耐受低温和干燥。

（二）发病机制

人被带乙脑病毒的蚊虫叮咬后，病毒侵入机体，可在吞噬细胞内繁殖，随后进入血液循环引起短暂的病毒血症，病毒若不侵入中枢神经系统则呈隐性感染或轻型感染；当机体免疫功能低下或病毒量多、毒力强时，病毒通过血-脑屏障进入中枢神经系统引起脑炎。

乙脑的病变范围较广，可累及整个中枢神经系统灰质，但以大脑皮质、间脑和中脑损伤最为严重。主要病理变化为神经细胞变性、坏死，软化灶形成，脑实质及脑膜血管充血、扩张，有大量浆液渗出，形成脑水肿。

【流行病学】
（一）传染源

乙脑是人畜共患的自然疫源性疾病，人和动物（马、牛、羊等）均可成为本病传染源。因人感染乙脑病毒后，病毒血症期短，且血中病毒数量少，故人不是主要传染源。动物中幼猪是本病的主要传染源。病毒通常在蚊-猪-蚊等动物间循环。

（二）传播途径

乙脑主要通过蚊虫叮咬而传播。三带喙库蚊是主要传播媒介。蚊还可带病毒越冬或经虫卵传播，成为乙脑病毒的长期储存宿主。

（三）易感人群

人对乙脑病毒普遍易感。病例主要集中在10岁以下儿童，尤其以2～6岁儿童发病率最高。感染后可获较持久的免疫力。

（四）流行特征

本病流行于亚洲东部的热带、亚热带及温带地区。具有明显的季节性，我国主要流行于夏秋季，80%～90%的病例发生在7月、8月、9月，这主要与蚊虫繁殖、气温和雨量等因素有关。

考点提示

乙脑的传染源及传播途径。

【护理评估】
（一）健康史

询问既往是否患过乙脑、是否接种过乙脑疫苗及接种时间；居住地蚊子密度及近期是否有乙脑流行。询问起病后是否有高热、惊厥、抽搐、意识障碍、呼吸衰竭、病理反射征阳性等症状。

（二）身体状况

乙脑的潜伏期4～21天，一般10～14天。典型乙脑的临床表现可分为4期。

1. 初期　病程第1～3天，起病急，以高热伴头痛、恶心和呕吐等为主要表现，体温在1～2天内上升至39～40℃，可有不同程度的精神倦怠或嗜睡，此期易误认为上呼吸道感染。少数患者可表现颈部抵抗和抽搐。小儿可有腹泻、惊厥等。

2. 极期　病程第4～10天，以脑实质受损症状为主，高热、抽搐、呼吸衰竭三大症状是极期的重要特征,三者相互影响,互为因果,其中呼吸衰竭是乙脑最常见的死亡原因。

(1)高热:患者体温高达40℃以上,典型患者呈稽留热型,高热一般持续7~10天,重者可达2~3周,发热越高,热程越长,病情越重。

(2)意识障碍:为本病主要症状。主要表现为程度不等的意识障碍,可有嗜睡、谵妄、昏睡、昏迷等。意识障碍多发生于第3~8天,常持续1周左右,重者可长达1个月以上,昏迷程度越深,时间越长,病情越严重。

(3)抽搐或惊厥:发生于病程第2~5天,发生率为40%~60%,可因高热、脑实质炎症、脑水肿所致,是病情严重的标志。抽搐可以是面部、眼肌、口唇的局部性抽搐,也可为肢体抽搐、强直性痉挛,重症者全身强直性抽搐,历时数分钟至数十分钟,均伴有意识障碍。可导致发绀、脑缺氧和脑实质损害。

(4)呼吸衰竭:多发生在重症患者,主要为中枢性呼吸衰竭,常因脑实质炎症、脑水肿、颅内高压、脑疝等所致,其中以脑实质病变为主要原因。表现为呼吸节律不规则及幅度不均,如呼吸表浅、双吸气、叹息样呼吸、潮式呼吸、呼吸暂停等,严重者甚至出现呼吸骤停。

(5)颅内高压及脑水肿:患者颅内压增高,表现为剧烈头痛、频繁呕吐、血压升高、脉搏变慢及视神经乳头水肿等,重者发展为脑疝。

(6)神经系统症状和体征:多在病程第10天内出现。①神经反射改变:腹壁反射等浅反射减弱或消失,膝腱反射等深反射先亢进后消失。②锥体束受损表现:巴宾斯基征等病理反射阳性、痉挛性瘫痪、肌张力增高等。③常出现脑膜刺激征阳性,幼儿常有前囟隆起,但脑膜刺激征缺如。④其他:根据其病变损害部位和程度不同而异,如可出现失语、吞咽困难、听觉障碍、震颤、肢体瘫痪,自主神经受累可有大、小便失禁或尿潴留。

3. 恢复期　极期过后,体温逐渐下降,神经系统症状和体征逐渐缓解,一般患者2周左右可完全恢复。重症患者表现有低热多汗、痴呆、失语、吞咽困难、颜面瘫痪、四肢强直性瘫痪等。经积极治疗后大多数患者于6个月内恢复。

4. 后遗症期　病程6个月后仍留有精神神经症状者,称为后遗症。5%~20%的重型乙脑患者留有后遗症。主要表现有失语、智力障碍、精神症状、肌肉痉挛或肢体瘫痪等。经积极治疗可有不同程度的恢复。

 **考点提示**

乙脑的临床分期及表现。

### (三)临床分型

1. 轻型　患者可出现发热,体温为38~39℃,神志清楚,无抽搐,脑膜刺激征不明显。1周左右可恢复。

2. 普通型　患者出现发热,体温为39~40℃,嗜睡或浅昏迷,偶尔有抽搐及病理反射阳性,脑膜刺激征较明显。病程为7~14天,一般可以恢复。

3. 重型　患者出现发热,体温在40℃以上,昏迷,反复或持续抽搐,常有神经定位症状和体征,可有呼吸衰竭,恢复期常有精神失常、瘫痪、失语等症状,病程多在2周以上,少数患者留有不同程度的后遗症。

4. 极重型(或称暴发型)　起病急骤,体温在1~2天内升至40℃以上,反复或持续性强烈抽搐,深度昏迷,迅速出现中枢性呼吸衰竭及脑疝等,多在极期死亡。幸存者常留有严重后遗症。

## （四）心理、社会状况

评估患者是否有因病重而出现紧张、焦虑、恐惧心理；是否有感情脆弱，经常哭泣和激动；后期是否有因功能障碍而出现悲观、绝望等消极心理；亲人及社会支持系统对患者的关心程度；家庭经济状况。

## （五）辅助检查

1. 血常规　白细胞计数增高，常为（10～20）×$10^9$/L。病程初期中性粒占80%以上，部分患者血常规始终正常。

2. 脑脊液　压力增高，外观无色透明或微浊，白细胞计数多为（50～500）×$10^6$/L。分类早期以中性粒细胞为主，后期以淋巴细胞为主，蛋白定量轻度增高，氯化物正常，糖含量正常或偏高。少数病例早期脑脊液检查正常。

3. 血清学检查

（1）特异性 IgM 抗体检查：患者初次感染后3～4天即可出现，最早在病程第2天即可从脑脊液中测到，2周内达高峰，可用于早期诊断。

（2）其他抗体检测：补体结合试验、反向间接血凝抑制试验、中和试验均能检测到相应的特异性抗体，主要用于乙脑的回顾性诊断或流行病学调查。

**考点提示**

乙脑的脑脊液检查特点。

【常见护理诊断/问题】

1. 体温过高　与病毒血症及脑部炎症有关。
2. 意识障碍　与中枢神经系统损害有关。
3. 有受伤的危险　与惊厥、意识障碍有关。
4. 潜在并发症：呼吸衰竭、脑疝。

【护理措施】

## （一）一般护理

1. 消毒与隔离　执行虫媒隔离。将患者安置于安静、光线柔和、配有防蚊、通风、降温设备的病房，住院隔离至体温正常。

2. 环境与休息　严格卧床休息，病情严重者专人护理。病室应安静、清洁，安置在有防蚊、通风、降温设备的病室内。室温宜维持在30℃以下。避免噪声、强光刺激。护理操作尽量集中进行，以避免诱发惊厥或抽搐。

3. 饮食护理　嘱患者进食清淡的流质饮食，有吞咽困难或昏迷者予以鼻饲，必要时遵医嘱静脉补充营养和水分。

## （二）病情观察

注意观察患者的生命体征、瞳孔大小、意识障碍变化，观察抽搐及呼吸衰竭的表现。注意患者是否有支气管肺炎、肺不张、败血症、尿路感染、压疮，出现呕血或黑便要警惕上消化道出血的可能。一旦发现，应及时告知医师并处理。

## （三）对症护理

1. 惊厥、抽搐的护理　及时发现惊厥的先兆表现，一旦出现惊厥或抽搐，应采取如下措施：①保持呼吸道通畅：患者取仰卧位，头偏向一侧，松解衣服和领口，清除口咽分泌物；若有痰液阻塞，应及时吸痰；若舌后坠阻塞呼吸道，可用缠有纱布的舌钳拉出；用开口器置于患者的上下臼齿之间，防止舌咬伤。②吸氧：氧流量4～5 L/min，以改善脑缺氧。③注意患者安全，防止坠床等意外发生，必要时安装护栏或用约束带加以约束。④遵医嘱使用镇静止痉药物，如地西泮、苯巴比妥等，使用时必须注意此类药物的呼吸抑制作用。⑤针对惊厥原因，加强护理。如因高热所致，应迅速降温；脑水肿、颅内压增高者应遵医嘱及时予以脱水剂，注意给药速度，准确记录出入量，维持水、电解质平衡。

2. 呼吸衰竭的护理　①密切观察患者呼吸频率、节律、意识状态等的改变。若有呼吸困难、发绀、叹息样呼吸则为呼吸衰竭的表现，应立即报告医生。②保持呼吸道通畅，鼓励患者多翻身，协助拍背，痰液黏稠者可予以雾化吸入，痰阻者吸痰。③吸氧。④必要时应配合医生行气管切开或气管插管；若有自主呼吸停止、严重换气障碍者，可应用人工呼吸器辅助呼吸。

3. 意识障碍的护理　①昏迷患者应取头高足低位，头部抬高15°～30°，以利于脑水肿消退。头偏向一侧，以防舌后坠阻塞呼吸道。定时吸痰保持呼吸道通畅。②伴发热能进食者，应多给清淡流质饮食，有吞咽困难、昏迷不能进食者，可行鼻饲或静脉补充足够水分和营养。③协助做好生活护理，防止压疮形成。定时擦洗身体、更换衣服，勤翻身、拍背、皮肤按摩，及时清理大小便。做好眼、鼻、口腔的清洁护理。④有肢体瘫痪者，应将肢体放于功能位，并进行肢体按摩，以防止肌肉萎缩和功能障碍。

（四）治疗配合

1. 治疗要点　目前尚无特效抗病毒药物，早期可试用利巴韦林、干扰素等。以对症和支持治疗为主。尤其处理好高热、惊厥、抽搐、呼吸衰竭是重点。

（1）对症治疗：

1）高热，以物理降温为主，使体温控制在38℃左右。高热伴频繁抽搐者可加用亚冬眠疗法。高热伴有四肢厥冷者提示有循环衰竭，应禁用酒精擦浴和冷水浴。

2）惊厥或抽搐，处理包括去除病因及镇静止痉。脑水肿所致者以20%甘露醇脱水治疗为主，同时可使用呋塞米、肾上腺皮质激素等。高热所致者以降温为主。脑实质炎症引起抽搐，及时镇静止痉，首选地西泮治疗，也可采用亚冬眠疗法。

3）呼吸衰竭：保持气道通畅，给氧，必要时气管插管或气管切开等。

4）颅内高压与脑水肿的处理：以脱水降颅压、吸氧为主；亦可使用糖皮质激素，降低血管通透性，防止脱水反跳及脑水肿。

（2）其他治疗：中医药治疗如白虎汤加减、安宫牛黄丸等；抗病毒治疗如干扰素、利巴韦林等。

（3）恢复期及后遗症处理：要注意进行功能训练，包括吞咽、语言和肢体功能锻炼等，可采用理疗、按摩、针灸、体疗、高压氧治疗等。

2. 用药护理　在使用解热镇痛药时，防止过量使用致大量出汗而引起虚脱；使用镇静药（如地西泮、苯巴比妥）时，必须注意此类药物的呼吸抑制作用。洛贝林大剂量使用可反射性地兴奋迷走神经，引起心动过缓、心脏传导阻滞等。使用20%甘露醇应在30分钟内快速静脉输入，但应预防心功能不全。

【健康指导】

1. 预防指导　预防乙脑的关键是灭蚊、防蚊，疫苗注射及宿主动物的管理。

（1）控制传染源：早期发现患者，及时隔离患者至体温恢复正常。但主要的传染源是家畜，应重点加强对易感染家畜、家禽的管理，搞好饲养场所的环境卫生，人畜居住地分开。

（2）切断传播途径：防蚊和灭蚊是预防乙脑病毒传播的重要措施。个人防护可用蚊帐、蚊香、涂擦驱蚊剂等。大力开展爱国卫生运动宣传，搞好环境卫生，消除蚊虫滋生地。

（3）保护易感人群：预防接种是保护易感人群的根本措施。目前我国使用的是地鼠肾细胞灭活和减毒活疫苗。保护率可达60%～90%。接种对象主要为10岁以下的儿童，一般接种2

次,间隔7~10天,第二年加强注射1次,连续3次,可获得较持久的免疫力。

2. **疾病知识指导** 向患者及家属普及乙脑有关知识,如乙脑的发病原因、临床表现和诊治方法。流行季节出现高热、头痛、意识障碍者,应及时就诊。

3. **出院指导** 康复治疗对留有后遗症的患者,应鼓励其坚持治疗和锻炼,应用针灸、理疗、按摩、功能锻炼、语言训练等进行语言、智力、吞咽和肢体功能锻炼,使患者尽可能康复。

## 第六节 霍乱患者的护理

### 案例导入10-5

患者,男,30岁,因"腹泻1天入院"。患者1天前突然出现了无痛性腹泻,粪便20余次,起初为稀水样便,之后成为了米泔水样便,无里急后重感。查体:T 36.8 ℃,P 110次/分,R 22次/分,BP 95/60 mmHg;面色苍白、皮肤弹性减弱,干燥,全身乏力。血常规:WBC $20 \times 10^9$/L。

**问题与思考:**

1. 该患者最可能的医疗诊断是什么?
2. 该患者存在哪些护理问题?

霍乱(cholera)是由霍乱弧菌引起的烈性肠道传染病,起病急、传播快,是国际检疫传染病,我国法定的甲类传染病。临床上以起病急骤,剧烈腹泻、呕吐、排泄大量米泔水样肠内容物,水、电解质、酸碱平衡紊乱及周围循环衰竭为特征,严重者可因休克、尿毒症或酸中毒而死亡。

【病原学及发病机制】

(一)**病原学**

霍乱弧菌为革兰氏阴性菌,菌体弯曲呈弧状或逗点状,菌体一端有单根鞭毛和菌毛,无荚膜与芽孢,细菌运动极为活泼,呈穿梭运动。霍乱弧菌对热、干燥、日光、化学消毒剂和酸均敏感,耐低温、耐碱,加热至55 ℃ 10分钟,100 ℃ 1~2分钟,向水中加入0.5 ppm氯15分钟可将其杀灭。0.1%高锰酸钾浸泡蔬菜、水果可达到消毒目的。霍乱弧菌在正常胃酸中仅生存活4分钟。

(二)**发病机制**

人是霍乱弧菌的唯一易感者,主要通过污染的水源或饮食经口传染。在一定条件下,霍乱弧菌进入小肠后,依靠鞭毛的运动、菌毛的黏附作用,在肠黏膜表面迅速繁殖,经过短暂的潜伏期后便急骤发病。该菌不侵入肠上皮细胞和肠腺,也不侵入血流,仅在局部繁殖和产生霍乱肠毒素,此毒素作用于肠黏膜上皮细胞与肠腺,使肠液过度分泌,从而患者出现呕吐、腹泻,排出物呈米泔水样并含大量弧菌,此为本病的典型特征。由于剧烈泻吐,使电解质丢失、缺钾缺钠、肌肉痉挛、酸中毒等,甚至发生休克及急性肾衰竭。

【流行病学】

(一)**传染源**

霍乱患者和带菌者。轻型患者或无症状感染者作为传染源意义更大。

(二)**传播途径**

通过污染的水、食物等经消化道传播是主要的传播途径,也可经苍蝇以及日常生活接触而传播。其中经水传播最为重要,易造成暴发或流行。

(三)易感人群

人群普遍易感,病后产生一定免疫力,但持续时间不长,有可能再次感染。

(四)流行特征

霍乱具有很强的流行性、地方性和外来性。近年来,随着交通的发达、经济贸易的交流、人口的大量流动,在内陆及开放地区也时有霍乱的发生、暴发和流行。我国绝大多数地区的发病季节一般在夏、秋季。

【护理评估】

(一)健康史

询问患者是否有与霍乱患者接触;是否有去过霍乱流行区域;是否有进食不洁食物或饮用被污染的水;询问患者的起病情况,呕吐腹泻的时间、次数、量等。

(二)身体状况

本病潜伏期1~3天,短者数小时。典型霍乱临床表现可分为三期。

1. 吐泻期 多以突然腹泻开始,继而呕吐,无明显腹痛,无里急后重感,多数患者伴有肌肉痉挛。粪便次数可从每日数次到数十次,量多,每天2000~4000 ml,严重者8000 ml以上,甚至排便失禁。起初粪便为含粪质水样,迅速转为米泔水样,无粪臭味。呕吐一般发生在腹泻后,常为喷射性和连续性,多不伴恶心,初为胃内容物,后呈米泔水样。一般无发热。此期可持续数小时至1~2天。

2. 脱水虚脱期 严重吐泻可引起脱水、电解质紊乱和代谢性酸中毒,严重者出现周围循环衰竭。此期可持续数小时至2~3天。

(1)脱水:表现为烦躁不安、口渴、眼窝深陷、皮肤干燥皱缩等。

(2)电解质紊乱及酸中毒:由于严重泻吐引起体液与电解质的大量丢失,患者出现电解质紊乱,缺钠可引起肌肉痉挛,特别以腓肠肌和腹直肌为最常见;缺钾可引起低钾血症,如全身肌张力减退、肌腱反射消失、鼓肠、心动过速、心律失常等。严重腹泻可导致代谢性酸中毒,神志不清、血压下降。酸中毒时可出现呼吸深长,严重者神志不清,血压下降。

(3)循环衰竭:由于严重泻吐引起体液与电解质的大量丢失,血容量显著下降及血液极度浓缩,导致循环衰竭,患者表现为面色苍白,四肢湿冷,血压下降、脉搏细速,尿量减少或无尿,意识障碍等。血液检查可有红细胞、血红蛋白、血浆蛋白质及血浆比重等增高,血液黏滞度增加。

3. 恢复期 脱水纠正后,多数患者症状消失,皮肤湿润,尿量增加。少数患者(以儿童多见)此时可出现发热性反应,体温升高至38~39℃,一般持续1~3天后自行消退,故此期又称为反应期。病程为3~7天。

 考点提示

霍乱的传染源、传播途径、分期及表现。

(三)临床分型

霍乱按脱水程度、血压、脉搏及尿量多少分为四型。

1. 轻型 仅有短期腹泻,无典型米泔水样便,无明显脱水表现,血压、脉搏正常,尿量略少。

2. 中型 有典型症状及典型粪便性状,脱水明显,脉搏细速,血压下降,少尿,每天500 ml以下。

3. 重型 患者极度虚弱或神志不清，严重脱水及休克，脉搏细速或不能触及，血压下降或测不出，尿极少或无尿，可发生典型症状后数小时死亡。

4. 暴发型 又称中毒型或干性霍乱，罕见。起病急骤，迅速进入休克状态，起病后无呕吐、腹泻，或呕吐、腹泻较轻，无脱水或仅有轻度脱水，但有严重中毒性循环衰竭，可不待患者呕吐、腹泻出现即已死于循环衰竭。

（四）心理、社会状况

霍乱为甲类传染病，传染性极强，易引起流行和暴发流行，病死率较高，一旦发现应严密隔离，易造成患者紧张、恐慌心理，应注意评估患者的心理状态。

（五）辅助检查

1. 血液检查 红细胞和血红蛋白增高，白细胞计数增高，中性粒细胞及大单核细胞增多。血清钾、钠、氯化物和碳酸盐降低，血 pH 下降，尿素氮增加。

2. 尿液检查 少数患者尿液中可有蛋白、红白细胞及管型。

3. 病原学检查

（1）涂片染色：取粪便或早期培养物涂片做革兰染色镜检，可见革兰氏阴性稍弯曲的弧菌，典型霍乱弧菌互相连接平行排列，犹如"鱼群"。

（2）悬滴检查：将新鲜粪便做悬滴或暗视野显微镜检，可见运动活泼呈穿梭状的霍乱弧菌。

（3）培养和分离：用 1% 碱性蛋白胨水增菌培养 6～8 小时，在培养液的表面形成菌膜，取菌膜行涂片染色或悬滴标本检查，有助于快速诊断。

4. 血清凝集抗体测定 在发病第 1～3 天及第 10～15 天各取 1 份血清，若第 2 份血清的抗体效价比第 1 份增高 4 倍或 4 倍以上，有诊断参考价值。

【常见护理诊断/问题】

1. 腹泻 与霍乱肠毒素导致肠细胞分泌功能增强有关。
2. 体液不足/组织灌注不足 与剧烈腹泻、呕吐有关。
3. 焦虑/恐惧 与隔离、病死率高有关。
4. 潜在并发症：电解质紊乱、休克、急性肾衰竭等。

【护理措施】

（一）一般护理

1. 消毒与隔离 按甲类传染病进行严密的消化道隔离（确诊与疑似病例分开隔离），并立即上报卫生防疫部位。隔离至症状消失 6 天后，且粪便霍乱弧菌连续 3 次阴性为止。

2. 休息与活动 患者住单间，卧床休息，限制探视，避免精神紧张，必要时遵医嘱应用镇静药，有利于减轻腹泻症状。腹部注意保暖，保持床单清洁干燥。

3. 饮食护理 吐泻剧烈者应禁食，轻者予以少渣、低脂、高蛋白、高热量、容易消化的流食，应少食多餐。病情好转，可逐渐增加食量，切忌过早予以刺激性、多渣、多纤维的食物。粪便正常后逐渐恢复正常饮食。

（二）病情观察

注意观察患者的生命体征；监测是否有脱水、电解质紊乱及酸碱失衡情况；观察输液效果，并注意是否有输液反应，如心力衰竭、肺水肿等；密切观察粪便次数、性状及量，并详细记录，腹泻严重者注意肛门周围皮肤是否有破损。

（三）对症护理

1. 腹泻 由于粪便次数增多，皮肤容易溃破，因此每次便后，用软卫生纸轻轻擦拭后用温水清洗，涂上凡士林油膏或抗生素类油膏。

2. 低钠、低钙血症 及时纠正低钠与低钙血症，局部热敷，适当按摩疼痛部位，以降低肌张力。

3. 体液不足 ①评估患者体液不足的程度及脱水体征。②密切监测血压、脉搏、呼吸，记录24小时液体出入量。③采取休克体位，绝对卧床休息。④建立静脉通道，必要时采取两路输液，观察输液效果，并注意是否有输液反应。补液后血压仍不升者，遵医嘱予以血管活性药物。

### （四）治疗配合

1. 治疗要点 本病的治疗原则是严格隔离，补液为主，抗菌为辅。

（1）一般治疗：按甲类消化道传染病严密隔离。重型患者绝对卧床休息至症状好转；剧烈泻吐暂停饮食，缓解可给流质饮食。

（2）补液治疗：及时补充液体和电解质是治疗本病的关键。

1）口服补液：口服补液盐配方为：氯化钠3.5 g，碳酸氢钠2.5 g，氯化钾1.5 g，无水葡萄糖20 g，加水1000 ml。轻度脱水30～50 ml/（kg·d），中、重度脱水80～110 ml/（kg·d），于4～6小时内服用完毕。腹泻停止应立即停服，以防止出现高钠血症。

2）静脉补液：适用于中重度脱水及口服补液困难的患者，原则为早期、快速、足量。常用补液种类有541溶液、腹泻治疗液、2∶1液溶液及林格乳酸钠溶液等。①输液量：按脱水程度补液，一般入院后最初2小时应快速输液以纠正低血容量休克及酸中毒，轻型脱水者补液2000～4000 ml，小儿100～500 ml/kg，中型脱水者补液4000～8000 ml，小儿150～200 ml/kg，重型脱水者补液8000～12 000 ml，小儿200～250 ml/kg。②输液速度：所有低血容量休克患者入院30分钟应输入含钠液1000～2000 ml，或30～60 ml/min，直至休克纠正后，减慢输液速度。补液同时注意纠正酸中毒及补充钾盐和钙剂。

> **知识链接**
>
> **541溶液**
>
> 每1000 ml溶液中含 NaCl 5 g、$NaHCO_3$ 4 g、KCl 1 g，另加50%葡萄糖注射液20 ml 或0.9% NaCl 550 ml、1.4% $NaHCO_3$ 300 ml、10% KCl 10 ml 加10% 葡萄糖140 ml。

（3）对症治疗：频繁呕吐可给阿托品；剧烈腹泻可酌情使用肾上腺皮质激素；肌肉痉挛应遵医嘱用药及热敷、按摩；周围循环衰竭者在大量补液纠正酸中毒后，血压仍不回升者，可用间羟胺或多巴胺药物；尿毒症者应严格控制蛋白入量。

（4）抗菌治疗：为辅助治疗。常用药物有诺氟沙星、环丙沙星、庆大霉素、四环素、小檗碱等，一般连用3天，药物疗效以口服为佳。

 考点提示

霍乱的隔离类型、期限及治疗原则。

2. 用药护理 根据每天吐泻情况，遵医嘱补液及使用抗生素。喹诺酮类抗菌药可影响软骨发育，儿童、孕妇、哺乳期妇女应慎用。

### （五）心理护理

关心、安慰患者，鼓励其表达内心的感受，及时沟通。向患者讲解疾病的有关知识，使其和医护人员主动配合，解除焦虑、紧张情绪。

【健康指导】

1. 预防指导

（1）控制传染源：按甲类传染病进行严密的消化道隔离，并立即上报卫生防疫部位。将患者置于单人间，限制探视，严密隔离至症状消失后 6 天，并隔日行粪便培养 1 次，连续 3 次均呈阴性可解除隔离。对接触者需留观 5 天。

（2）切断传播途径：接触污物或患者后必须严格洗手或消毒双手；吐泻物经消毒后方可倒掉，患者生活用具和医疗用具专用，未经消毒处理，不得带出病房；被粪便污染的衣物应消毒处理后再进行洗涤。

（3）保护易感人群：积极锻炼身体，提高抗病能力，可进行霍乱疫苗预防接种。

 **考点提示**

霍乱的预防措施。

2. 疾病知识指导　向患者及家属介绍霍乱的相关知识，对患者和家属解释腹泻、呕吐可引起脱水，并指导患者如何观察脱水情况，指导患者家属配制简易口服补液盐。

3. 生活指导　加强卫生宣传，管理好水源、饮食，处理好粪便，消灭苍蝇，养成良好的卫生习惯。

## 第七节　狂犬病患者的护理

**案例导入 10-6**

患儿，7 岁，3 天前出现低热、烦躁，对风、声、光等刺激敏感，不能进食，不能饮水，听到水声可出现咽肌强烈痉挛，伴有左上肢麻木感，查体：T 39 ℃，P 100 次 / 分，神志清楚，声音嘶哑，流涎。患儿 1 个月前曾被犬咬伤，有出血，未接种狂犬疫苗。

问题与思考：

1. 患儿可能的医疗诊断是什么？
2. 主要护理措施有哪些？

狂犬病（rabies）亦称恐水症，是由狂犬病毒引起的，主要侵犯中枢神经系统的急性人畜共患性传染病。人多见于犬、猫、野生或流浪的哺乳类肉食动物咬伤而感染，临床特征为恐水、怕风、怕声、兴奋狂躁、咽肌痉挛、进行性瘫痪等。发病后死亡率接近 100%。

【病原学及发病机制】

（一）**病原学**

狂犬病毒属核糖酸型的 RNA 弹状病毒，具有明显的嗜神经性。病毒分为野毒株和固定毒株两大类，从患者和病兽体内分离的病毒称为野毒株，其特点是致病作用强、潜伏期长，野毒株经多次在兔脑内传代后成为固定毒株，其毒力减弱，潜伏期短，对人和犬失去致病力，因其仍保留抗原性，可供制备成疫苗。

狂犬病毒对紫外线、季胺化合物、碘酊、乙醇、高锰酸钾、甲醛等敏感，加热至 100 ℃ 2 分钟即可灭活，在冷冻干燥的条件下可存活数年。

（二）**发病机制**

狂犬病毒自咬伤部位侵入人体后，先在伤口附近的肌细胞小量增殖，在局部可停留 3 天或更久，然后入侵周围神经向中枢神经呈向心性扩散，至脊髓的背根神经节大量繁殖，入侵脊髓并很快到达脑部，病毒从脑部再侵入各器官组织，尤以唾液腺、舌部味蕾、嗅神经上皮等处病毒量较多。由于迷走、舌咽及舌下脑神经核受损，致舌咽肌及呼吸肌痉挛，出现恐水、吞咽和呼吸困难等症状。

主要病理改变为急性弥漫性脑脊髓炎，其中大脑基底部海马回、脑干和小脑等处最为明显。脑实质外观有充血、水肿、出血等，镜下可见非特异性的神经变性与炎症细胞浸润。具有特征性的病变是嗜酸性包涵体，称内基小体，为狂犬病毒的集落，最常见于海马以及小脑浦肯野细胞中。

【流行病学】

（一）传染源

带狂犬病毒的动物为本病的传染源。我国病犬最常见，其次是猫、牛、羊和猪等家畜；野生动物，如狼、狐狸、吸血蝙蝠、松鼠；部分貌似健康的犬的唾液中可含有狂犬病毒，亦可导致疾病的传播。

（二）传播途径

常通过破损的皮肤和黏膜感染，被病犬或病兽咬伤或抓伤是本病的主要传播方式，也可在动物宰杀及剥皮过程中感染，还可因吸入蝙蝠洞穴内含病毒的气溶胶而发病。

（三）易感人群

人群普遍易感。人被犬咬伤后狂犬病的发生率为15%～20%。发病率高低主要与下列因素有关：①伤口若在头、面、颈及手指处发病机会增多。②若创口深大，则可增高发病率。③如果在咬伤后将伤口迅速彻底清洗，会降低发病率。④及时、全程、足量注射狂犬疫苗和免疫球蛋白发病率低。⑤免疫功能低下者咬伤后发病率高。⑥咬伤部位衣着较厚者发病率低。

（四）流行特征

以春、夏季发病率为高，患者以青少年为多。

【护理评估】

（一）健康史

询问患者是否有动物咬伤史；是否有正确处理伤口；是否有注射过疫苗；是否有宰杀过动物。询问患者发病时的情况，是否有低热、乏力等类似上呼吸道感染症状；是否有对水、风、声音过度反应症状。

（二）身体状况

潜伏期短至5天，一般为1～3个月，长者可达10年或更长。典型病例的临床经过分为以下三期。

1. 前驱期　常出现低热、乏力、头痛、恶心、食欲减退等类似上呼吸道感染症状，继而惊恐不安，烦躁失眠。对声、光、风等因素敏感，可产生喉头紧缩感。多数患者在原暴露部位出现针刺感、麻木感、痒感及蚁走感等异常感觉，具有早期诊断意义。此期可持续1～4天。

2. 兴奋期　患者出现发热（38～40℃）并伴随明显的神经系统症状。其突出表现为极度恐惧，恐水、恐风、阵发性咽肌痉挛及呼吸困难，恐水、怕风是本病的特殊典型症状。典型患者虽口渴但是不敢饮，见水、听见流水声、饮水甚至提及饮水都会引起喉咽肌严重痉挛，其他如风、光、声等刺激，也可引起咽喉肌痉挛和呼吸困难。声带痉挛可致声音嘶哑、说话吐词不清、甚至失语。严重时可发生全身肌肉阵发性痉挛，呼吸肌痉挛引发呼吸困难和发绀。交感神经功能亢进可表现为大量流涎、大汗淋漓、心率加快、血压升高。多数患者在发作间歇神志清楚，随着病情加重，患者出现极度恐惧、狂躁、谵妄等，具有攻击性。此期持续1～3天。

3. 麻痹期　患者肌肉痉挛停止，逐渐安静，出现弛缓性瘫痪，最后因发生呼吸、循环衰竭死亡。此期一般持续 6～18 小时。

 **考点提示**

狂犬病的特征表现。

### （三）心理、社会状况

狂犬病死亡率极高，易造成患者及家属紧张、恐慌心理，应注意评估患者的心理状态。

### （四）辅助检查

1. **血、尿常规检查**　白细胞计数轻至中度增高，中性粒细胞占 80% 以上。尿常规可发现轻度蛋白尿。

2. **脑脊液检查**　脑脊液压力稍增高、细胞数轻度增高，以淋巴细胞为主，蛋白轻度增高，糖及氯化物正常。

3. **病原学检查**　是确诊的主要依据。①病毒分离：可取患者唾液、脑脊液、泪液及死后脑组织接种于鼠脑，进行病毒的分离。②内基小体检查：可于取动物或死者的脑组织切片染色，镜检可找到内基里小体，阳性率为 70%～80%。③核酸测定：用 PT-PCR 技术检测狂犬病毒核酸。④抗原检查：可取患者的脑脊液或唾液直接涂片、角膜印片或咬伤部位皮肤组织或脑组织通过免疫荧光法检测抗原，阳性率为 98%。此外，还可使用快速狂犬病酶联免疫吸附法检测抗原。

4. **免疫学检查**　目前国内检测血清中的特异性抗体多采用酶联免疫吸附试验，可以帮助确诊，也可运用于流行病学调查中。

【常见护理诊断/问题】

1. **气体交换受损**　与呼吸肌痉挛有关。
2. **恐惧**　与疾病威胁生命有关。
3. **知识缺乏**：缺乏本病防护措施知识。

【护理措施】

### （一）一般护理

1. **消毒与隔离**　实施严密接触隔离，需及时清理患者口腔分泌物，医护人员接触患者时须戴口罩、手套、穿隔离衣，防止唾液污染；对患者的血液、分泌物、排泄物、衣物、生活用具、室内空气和污染食物进行严格消毒处理；被污染的房间，用 10 000 mg/L 有效氯含氯消毒剂或 0.5% 过氧乙酸，按 100～200 ml/m² 喷洒消毒。

2. **休息与活动**　患者住单间，尽量保持患者安静，减少光、风、声等一切不必要的刺激。患者狂躁时应注意安全，设置防护栏，必要时予以约束带、镇静治疗。

3. **饮食护理**　对恐水者应禁饮，出现吞咽困难应禁食。一般于痉挛发作的间歇期或者使用镇静药之后，采取鼻饲的方式进食高热量流质饮食，必要时可采取静脉补液，维持水及电解质平衡，要求准确记录每日的出入液体量。

### （二）病情观察

观察患者生命体征是否平稳，是否存在高热、血压增高、心率加快、呼吸困难等；是否有恐水、怕风、兴奋烦躁、痉挛发作或弛缓性瘫痪；发作时是否伴有幻觉和精神异常等；密切观察抽搐部位及发作次数；麻痹期应密切观察呼吸与循环衰竭的进展情况；准确记录 24 h 液体出入量。

### （三）对症护理

1. **惊厥与抽搐**　①保持病室安静，避免各种不良的刺激，如不宜在病室内放水容器，以免患者闻及流水声；适当遮蔽输液装置等措施；关好门窗，避免风的刺激；拉好门帘、窗帘避光。②各种检查、治疗与护理尽量集中在使用镇静药后进行，操作时动作应轻柔。③烦躁不安者，加强安全护理。④患者出现惊厥与抽搐遵医嘱予以镇静解痉治疗。

2. **呼吸衰竭** 要注意保持气道通畅，及时清除口腔及呼吸道分泌物，严重者气管插管、气管切开，使用人工呼吸机辅助呼吸。

3. **高热** 先行物理降温，如冰敷、乙醇擦浴、生理盐水低压灌肠等，如效果不明显，可遵医嘱使用小剂量的解热镇痛药。

4. **循环衰竭的护理** ①遵医嘱静脉输液补充循环血量，维持水、电解质及酸碱平衡。②遵医嘱使用血管活性剂。③必要时使用强心药和兴奋剂。

（四）治疗配合

本病目前缺乏特效治疗，以对症治疗为主。

1. **隔离治疗** 实施严密接触隔离，患者住单间，尽量保持病室安静，减少一切不必要的刺激。

2. **对症治疗** 加强监护，狂躁时使用大剂量氯丙嗪、地西泮等镇静药，解除痉挛；呼吸困难者及时吸氧，必要时行气管切开，使用人工呼吸机；纠正酸中毒，补液，维持水、电解质平衡；纠正心律失常，稳定血压；出现脑水肿时以脱水剂等。

（五）心理护理

由于狂犬病病死率极高，患者常极度恐惧不安，甚至绝望，护士应对患者加倍爱护与关心，解释隔离的必要性，消除因隔离而产生的不良情绪，增加患者的安全感。同时也应予以患者及家属安慰，稳定情绪，积极配合治疗。

【健康教育】

1. 预防指导

（1）控制传染源：对犬进行免疫、捕杀狂犬、野犬，是预防狂犬病的最有效措施。发现患狂犬病的动物，应立即捕杀，对患狂犬病动物尸体应焚烧或远离水源深埋（2米以下），不得剥皮和食肉。对患者应实施单室严密接触隔离。

（2）切断传播途径：被病犬咬伤后及时有效进行伤口的处理，可明显减少狂犬病的发病率。①被咬伤后尽快用20%肥皂液或1%苯扎溴铵冲洗伤口至少半小时，如伤口较深，应使用注射器插入伤口进行灌输、冲洗，尽量减少病毒残留。②冲洗后用70%乙醇擦洗及2%～5%的碘酊反复交替涂擦，伤口一般不予缝合或包扎，便于排血引流。③在伤口周围及底部行局部浸润注射狂犬病免疫球蛋白或免疫血清。④较大伤口应使用破伤风抗毒素和抗生素以预防破伤风及感染。

（3）保护易感人群：接种对象包括被犬及其他可疑动物咬伤者，被狂犬病患者唾液污染皮肤破损处的医务人员，我国主要采用地鼠肾细胞疫苗，肌内注射，共接种5次，每次2 ml，分别于0、3、7、14和28天完成，如咬伤较重，全程可注射10针，在当天到第6天连续注射，每日1针，之后接种时间为10、14、30、90各1针。对咬伤严重或伤口距头较近（如胸、面、上肢等部位），必须使用抗狂犬病血清，为以防在短期内（疫苗未起保护作用前）发病。

2. **疾病知识指导** 积极宣传狂犬的严重危害、预防措施和被犬咬伤后的紧急处理措施。捕杀野犬，家中尽量不养猫、犬等，已饲养者应加强管理接种狂犬疫苗，并实行进出口动物检疫，以预防狂犬病。

 考点提示

狂犬病的预防措施。

# 第八节 流行性出血热患者的护理

## 案例导入 10-7

患者，男，45岁，因"畏寒、发热伴头痛、腰痛1天"于今日入院。患者入院前3天曾到野外住宿旅游，1天前突起畏寒、发热，伴有剧烈头痛、腰痛、眼眶痛、恶心、呕吐及腹痛腹泻。入院查体：T 39.5 ℃，P 106次/分，R 25次/分，BP 106/70 mmHg；颜面、颈部、上胸部及结膜充血，呈醉酒貌，腋下、胸背部有搔抓样出血，心、肺检查未见异常。辅助检查：WBC $9.5 \times 10^9$/L，N 80%，尿蛋白（++）。

**问题与思考：**
1. 该患者最可能的医疗诊断是什么？
2. 患者目前主要的护理诊断有哪些？

流行性出血热（epidemic hemorrhagic fever）又称肾综合征出血热，是由汉坦病毒引起的自然疫源性传染病。以发热、出血、休克、肾功能损害为主要临床表现，典型病程可分为发热期、低血压休克期、少尿期、多尿期和恢复期。主要传染源是鼠类，人群普遍易感，以青壮年多见，广泛流行于亚欧等国，我国为高发区。

【病原学及发病机制】

（一）病原学

汉坦病毒属布尼亚病毒科汉坦病毒属的RNA病毒，呈球形或卵圆形，病毒至少有16个血清型，我国流行的类型主要为Ⅰ型汉坦病毒（野鼠型）和Ⅱ型汉城病毒（家鼠型）。

汉坦病毒抵抗力弱，对热和酸敏感，高于37 ℃和pH<5.0的环境中均易被灭活，脂溶剂如乙醚、氯仿和去氧胆酸盐等可使其灭活，对一般消毒剂及紫外线亦敏感。

（二）发病机制

病毒进入人体后产生病毒血症，引起发热和中毒症状，病毒同时侵入细胞进行复制并释放新抗原，后者与特异性抗体结合，形成大量的免疫复合物，沉积于血管壁、肾等组织，与补体结合并激活补体系统，释放各种因子引起血管通透性增高，导致大量血浆和有形成分的漏出，从而导致出血、休克、肾功能不全等临床表现。

【流行病学】

（一）传染源

主要是啮齿类动物，我国以褐家鼠和黑线姬鼠为主要宿主和传染源。我国有74种脊椎动物能自然感染或携带汉坦病毒，但主要是啮齿类动物。患者不是主要传染源。

（二）传播途径

呼吸道传播为主要的传播途径，也可进食被病鼠排泄物污染后的食物经消化道感染，也可因为被鼠咬伤或破损的伤口接触病鼠的血液或排泄物而感染，还可通过母婴和虫媒传播。

（三）易感人群

普遍易感，感染后可获终身免疫力。且各型之间有交叉免疫。

（四）流行特征

本病流行于亚、欧，我国是高发区。全年均可发病，但有明显的高峰季节，黑线姬鼠传播者以当年11月至次年1月为发病高峰，每年5～7月为小高峰，褐家鼠传播者以每年3～5月为高峰，林区姬鼠传播者流行高峰在夏季，发病以男性青壮年农民和工人居多。

**考点提示**

流行性出血热的传染源及传播途径。

【护理评估】

**（一）健康史**

了解患者是否有野外工作、住宿史，是否有被鼠类咬伤的病史，是否有与流行性出血热患者接触史，发病后是否有发热、乏力；是否有头痛、腰痛、眼眶痛；面、颈、胸部是否充血等。

**（二）身体状况**

潜伏期为 4～46 天，一般为 7～14 天。典型病例的病程分为 5 期。

1. 发热期　病程 1～3 天，除发热以外，主要表现为全身中毒症状、毛细血管损伤和肾损伤。

（1）发热：急性起病，体温在 39～40 ℃，稽留热多见，热程为 3～7 天，一般体温越高，热程越长，病情会越重。

（2）全身中毒症状：主要表现为全身酸痛和"三痛症"（包括头痛、腰痛、眼眶痛），常伴有食欲减退、恶心、呕吐、腹泻等消化道症状。

（3）毛细血管损伤：主要有充血、出血和渗出水肿的表现。皮肤充血多见于面、颈、上胸部而呈现"酒醉貌"（也称三红征）；皮肤出血常见于腋下及胸背部，多呈条索状或挠抓样，早期软腭黏膜可有瘀点，结膜充血，少数患者有鼻出血、咯血、血尿或黑便；渗出水肿主要表现为皮下水肿、球结膜水肿或胸腹腔积液。渗出水肿征越重，病情越严重。

（4）肾损害：主要表现为少尿、蛋白尿和尿镜检发现管型等。

2. 低血压休克期　在病程的 4～6 天，多数患者在发热期末或退热同时出现血压下降，严重者发生低血容量性休克。

3. 少尿期　一般在病程的 5～8 天，持续时间一般 2～5 天。多数患者随低血压休克期发展而来，也可与休克期重叠发生或由发热期直接进入少尿期。本期主要表现为尿毒症、酸中毒、水、电解质紊乱、高血容量综合征

4. 多尿期　大多在病程 9～14 天，持续 1～2 周，此期肾组织损害逐渐修复，而肾小管会吸收功能尚未完全恢复，尿量显著增多，每天可达 4000～6000 ml 左右，应警惕脱水、继发性休克及电解质紊乱的发生。

5. 恢复期　在病程第 3～4 周后，尿量逐渐减少至 2000 以下，精神、食欲渐正常，可在 1～3 个月完全恢复。

6. 并发症　出血、脑炎、脑膜炎、心源性水肿、ARDS、继发感染等。

**考点提示**

流行性出血热的"三痛"及"三红"特点。

**（三）心理、社会状况**

应注意了解患者及家属对疾病认识程度，患者的社会支持系统及家庭经济状况等；家属及清醒患者是否有因病情重或担心疾病预后而出现的紧张、焦虑、恐惧等心理反应。

**（四）辅助检查**

1. 血常规检查　白细胞计数可升高达（15～30）×$10^9$/L，早期有中性粒细胞的升高，

3～4天后以淋巴细胞升高为主，同时出现异型淋巴细胞，血小板明显减少。

2. 尿常规检查　蛋白尿是本病的显著特征之一，也是肾损害的最早表现。尿镜检可见管型及红细胞，部分患者尿液中可见膜状物。

3. 血液生化检查　血 BUN、Cr 多升高，发热期有呼吸性碱中毒，休克期、少尿期则以代谢性酸中毒为主。血钠、氯、钙降低，血钾在发热期、休克期水平偏低，少尿期回升，多尿期又降低。

4. 血清学检查　间接免疫荧光法或酶联免疫吸附试验检测特异性抗体，特异性 IgM 阳性或 IgG 大于 1∶40 有诊断意义。

5. 病原学检查　早期患者的血清、外周血细胞及尿沉渣细胞中可检出病毒。

【主要护理诊断/问题】

1. 体温过高　与汉坦病毒感染有关。
2. 组织灌注量改变　与血管壁损伤血浆大量外渗有关。
3. 体液过多　与肾损害有关。
4. 皮肤完整性受损　与血管壁损伤造成出血有关。
5. 焦虑　与病情较重及缺乏疾病有关知识有关。
6. 潜在并发症：出血、肺水肿、ARDS、脑膜炎以及继发感染等。

【护理措施】

（一）一般护理

1. 消毒与隔离　急性期传染性较强，应采取呼吸道隔离、接触隔离、消化道隔离等隔离至急性症状消失。接触者戴口罩，被患者血液、排泄物污染过的物品及环境应及时消毒。

2. 休息与活动　发病后绝对卧床休息，不随意搬动患者，恢复期仍要注意休息，逐步增加活动量。

3. 饮食护理　发热期予以高热量、高维生素、清淡易消化的流质或半流质饮食，少食多餐，适当补充液体量。少尿期应限制液体量、钠盐及蛋白质的摄入。多尿期应补充足量的液体及钾盐。有出血倾向者进食少渣或无渣食物。

4. 皮肤黏膜护理　减少对皮肤的不良刺激，避免抓挠，翻身时避免采用拖、拉、拽等动作以免损伤皮肤；保持口腔黏膜清洁；保持会阴部清洁，对留置导尿管者，应加强对尿管的护理。

（二）病情观察

观察患者的生命体征及意识状态；观察充血、出血及渗出的表现，是否有"三红""三痛"的表现；严格记录 24 小时出入量，观察尿量、颜色、性状及尿蛋白的变化；观察尿素氮、肌酐、电解质和酸碱平衡等血生化检查结果等。

（三）对症护理

1. 高热　以物理降温为主，但禁用酒精及温水擦浴，以免加重皮肤损伤。忌用强效解热镇痛药，防止大量出汗促使患者提前进入休克期。

2. 休克　应取平卧位或中凹卧位并予以吸氧，迅速建立静脉通道，遵医嘱快速扩充血容量，纠正代谢性酸中毒，血压过低时遵医嘱用多巴胺等血管活性药。

3. 急性肾功衰竭　限制液体的摄入，以口服补液为主，静脉补液时应控制输液速度。使用利尿药、导泻剂时，应注意观察用药后反应，准确记录 24 小时液体出入量。出现高血容量综合征，立即减慢或停止输液，使患者保持坐位或半坐位，双下肢下垂，同时报告医生。对透析治疗的患者，采取相应护理。

### （四）治疗配合

治疗原则为"三早一就"，即早发现、早诊断、早治疗和就近治疗及综合治疗，防治休克、出血、肾衰竭是关键。

1. **发热期** 在发病4天内应用利巴韦林抗病毒治疗，连用3～5天，并予以物理降温处理，中毒症状重者可予激素等对症治疗。用糖皮质激素、维生素C等降低血管通透性，减轻外渗与水肿。适当应用低分子右旋糖酐或丹参可降低血液黏滞度，预防DIC，必要时使用肝素。

2. **低血压休克期** 遵循早期、快速和适量的原则补充血容量。常用液体有平衡盐溶液、低分子右旋糖酐、血浆及白蛋白等。酸中毒时可予以5%碳酸氢钠溶液。对于血容量已补足、心率140次/分以上可静脉予以毒毛花苷K。应用多巴胺等血管活性药物。

3. **少尿期** 控制入量，前一日的排出量+500 ml即为每日补液量，维持电解质、酸碱平衡。可予以呋塞米等利尿药，应用硫酸镁、中药大黄等进行导泻。明显氮质血症、高钾血症或高血容量综合征的患者，可进行血液透析。

4. **多尿期** 维持水、电解质平衡和防治继发感染是本期治疗的重点。

5. **恢复期** 加强营养、适当休息，应逐步增加活动量。

### （五）心理护理

由于本病病情较重、病程长、死亡率高，易使患者及家属产生烦躁、焦虑、恐惧等心理反应，在护理过程中，要及时进行沟通，鼓励患者，使其树立战胜疾病的信心。

**【健康指导】**

1. **预防指导** 防鼠、灭鼠是预防本病最基本的重要措施。注意个人、饮食及环境卫生；对开荒、野营等进入疫区的人群应从饮食、住宿等做好防鼠、防虫措施；高危人群进行疫苗接种，提高特异性免疫力。向患者介绍本病的临床表现、治疗护理方法及预后等的知识，发病后应及时就诊等。

2. **生活指导** 采取以防鼠灭鼠为重点的综合措施。防止鼠类排泄物污染食物，不直接接触鼠类及其排泄物。进入疫区或野外的工作人员应按要求戴口罩，穿"五紧"服，系好领口、袖口等，并避免被鼠咬伤，进入储粮仓库清扫时戴多层口罩，高危人群可注射沙鼠肾细胞疫苗。

3. **出院指导** 由于肾功能完全恢复需要较长时间，出院后需继续休息，加强营养，并定期复查肾功能，以了解恢复情况。

## 第九节　细菌性痢疾患者的护理

### 案例导入 10-8

患者，男，20岁，大学生，急性起病，出现高热4小时，排水样便3次来院急诊。入院查体：T 39.5 ℃，P 98次/分，R 24次/分，BP 100/80 mmHg，痛苦面容，腹痛伴里急后重感，肠鸣音亢进。

问题与思考：
1. 该患者最可能的医疗诊断是什么？
2. 患者目前主要的护理诊断有哪些？

细菌性痢疾（bacillary dysentery）简称菌痢，是由痢疾杆菌引起的肠道传染病，好发于夏秋季。临床主要表现为发热、腹痛、腹泻、里急后重和黏液脓血便，严重者可发生感染性休克和（或）中毒性脑病。本病急性期一般数日即愈，少数患者病情迁延不愈，发展成为慢性菌痢，可以反复发作。

【病原学及发病机制】

（一）病原学

痢疾杆菌属肠杆菌科志贺菌属，革兰染色阴性杆菌，无鞭毛、荚膜及芽孢。按其抗原结构和生化反应之不同，可分为4群，即痢疾志贺菌（A群）、（B群）、鲍氏志贺菌（C群）、宋内志贺菌（D群）。各型痢疾杆菌均可产生内毒素，是导致全身毒血症状，如发热、休克的重要因素。我国目前以B群福氏志贺菌和D群宋内志贺菌流行为主。

痢疾杆菌存在于患者及带菌者的粪便中，在外界环境中生存力较强，在瓜果、蔬菜及污染物上可生存1～2周，在阴暗潮湿及冰冻条件下生存数周。加热至60℃10分钟或在阳光照射下30分钟即可将其杀灭，一般消毒剂能将其杀灭。

（二）发病机制

痢疾杆菌经口进入消化道后，侵入肠黏膜上皮细胞后，先在上皮细胞内繁殖，通过基底膜侵入黏膜固有层并在该处进一步繁殖，在其产生的毒素作用下，迅速引起炎症反应，导致肠上皮细胞坏死，形成溃疡。菌体内毒素吸收入血，引起全身毒血症。中毒性菌痢的发病机制可能是特异性体质对细菌内毒素的超敏反应，产生儿茶酚胺等多种血管活性物质引起急性微循环障碍、感染性休克、DIC等，导致重要脏器功能衰竭，以脑组织受累较重。急性菌痢病变常累及整个结肠，尤其是以乙状结肠和直肠最为显著，呈急性弥漫性纤维蛋白性渗出性炎症，黏膜弥漫性充血、水肿，肠腔内含黏液血性渗出液，黏膜坏死部位形成许多不规则浅表溃疡。

【流行病学】

（一）传染源

菌痢患者及带菌者。非典型患者、慢性患者及带菌者因其症状轻或无症状易忽略而成为重要的传染源。

（二）传播途径

主要通过消化道传播，常发生于夏秋两季。另外地震，战争，洪水等因素也可致水源污染引起暴发流行。

（三）易感人群

人群普遍易感，多见于平素体格健壮、营养状况好的小儿。患病后可获得一定的免疫力，但短暂且不稳定，不同菌群间以及不同血清型痢疾杆菌之间无交叉免疫，易复发和重复感染。

（四）流行特征

细菌性痢疾呈全年散发，但有明显季节性以夏秋两季多见，主要原因为夏秋两季气温条件适合痢疾杆菌生长繁殖；苍蝇多，传播媒介多；同时天热易感者喜冷饮及生食瓜果蔬菜等食品。

【护理评估】

（一）健康史

询问患者是否有不洁食物及污染水源的摄入史；是否与患者密切接触；询问患者既往是否有细菌性痢疾病史。评估患者的起病情况，起病后是否治疗等。

（二）身体状况

潜伏期数小时至7天，一般为1～4天。据临床表现及病程可分为急性和慢性菌痢。

1. 急性菌痢　根据毒血症及肠道症状轻重可分为4型。

（1）普通型（典型）：急性起病，寒战、高热，全身不适、体温达39℃以上，继之出现腹痛、腹泻和里急后重，腹痛以左下腹为主，呈阵发性，排便后减轻，每日排便10～20次，量少，开始为稀水样便，1～2天转为黏液脓血便。体检时可有左下腹压痛及肠鸣音亢进。治疗及时多于1周左右病情逐渐恢复而痊愈，少数可病程迁延转为慢性。

（2）轻型（非典型）：全身症状轻，无明显发热，每日排便3~5次，黏液稀便，常无脓血，腹痛较轻。3~7天可痊愈，亦可转为慢性。

（3）重型：多见于年老、体弱、营养不良等抵抗力低下患者，急起发热、腹泻每天30次以上，为稀水脓血便，偶尔可排除片状假膜，甚至排便失禁，腹痛及里急后重明显。后期可出现严重腹胀、中毒性肠麻痹、外周循环衰竭。部分患者表现为中毒性休克，体温不升，水、电解质、酸碱失衡。少数患者可出现心、肾功能不全。

（4）中毒型：多见于2~7岁儿童。起病急，进展快，病死率高。表现为突起高热，全身中毒症状严重，可出现惊厥、抽搐、嗜睡、昏迷，并迅速发生循环、呼吸衰竭，而胃肠道症状在早期并不明显。①休克型：主要表现为感染性休克。面色苍白、四肢厥冷、脉搏细速、血压下降，后期伴有心、肺、肾等多器官功能障碍。此型较常见。②脑型：此型较严重，病死率高，以脑缺血缺氧、脑水肿及颅内压升高为主要表现，如烦躁不安、剧烈头痛、喷射性呕吐、意识障碍、瞳孔大小不等、对光反应迟钝或消失、抽搐等，严重者可发生脑疝，最终因呼吸衰竭而死亡。③肺型：主要表现为急性呼吸窘迫综合征。④混合型：兼有以上两型或三型的表现，最为凶险，病死率高（90%以上）。

2. 慢性菌痢　急性菌痢病程超过2个月不愈者即为慢性菌痢。多与急性期治疗不及时或不彻底、细菌耐药或机体抵抗力下降有关，可分为3种类型。

（1）急性发作型：一般半年内有细菌性痢疾病史或复发史，常因进食生冷食物、受凉或劳累等因素诱发。表现为急性发作，腹痛、腹泻、黏液脓血便，但发热不明显。

（2）慢性迁延型：迁延不愈，消化道症状轻重不一，常有腹痛、腹泻，黏液脓血便，亦可腹泻和便秘交替出现。可伴有乏力、营养不良及贫血等症状。体检时左下腹有压痛，可扪及乙状结肠，呈条索状。

（3）慢性隐匿型：1年内有急性菌痢史，无明显腹痛、腹泻等临床表现，但粪便培养可检出痢疾杆菌，乙状结肠镜检查可见黏膜炎症甚至溃疡病变。

> **考点提示**
>
> 中毒型细菌性痢疾表现。

### （三）心理、社会状况

询问患者对细菌性痢疾知识的了解程度，是否有因腹痛、腹泻引起紧张、焦虑、恐惧等心理反应；患病后是否对学习、工作、家庭造成影响；患者的应对能力等。

### （四）辅助检查

1. 血常规　急性期白细胞计数可轻中度增高，多为$(10~20)\times 10^9$/L，以中性粒细胞为主。慢性患者可有贫血表现。

2. 粪便检查

（1）粪便常规：粪便常规外观为黏液脓血便，镜检可见大量白细胞、脓细胞、红细胞，以白细胞为主。如有巨噬细胞可有助于诊断。

（2）粪便培养：在使用抗生素之前，取新鲜粪便的脓血部分送检，可提高阳性率，为确诊依据。同时可做药物敏感试验以指导临床合理选用抗菌药物。

3. 乙状结肠镜或纤维结肠镜检查　乙状结肠镜检查可见急性期肠黏膜弥漫性充血、水肿、大量渗出、浅表溃疡，有时有假膜形成。慢性期可见溃疡或息肉形成。此外X线钡剂检查在慢性期患者，可见肠道痉挛、动力改变、袋形消失、肠腔狭窄、肠黏膜增厚，或呈节段状。近年来有人以葡萄球菌协同凝集试验作为菌痢的快速诊断手段，具有良好的敏感性和特异性。

**考点提示**

细菌性菌痢的确诊依据及粪便标本的采集。

【常见护理诊断/问题】

1. 体温过高　与痢疾杆菌感染有关。
2. 有体液不足的危险　与高热、腹泻、摄入减少有关。
3. 组织灌注量改变　与微循环障碍有关。
4. 焦虑　与缺乏疾病相关知识、担心疾病预后等有关。
5. 潜在并发症：脑水肿、呼吸衰竭等。

【护理措施】

（一）一般护理

1. 消毒与隔离　执行消化道隔离，经治疗待临床症状消失后1周，或连续3次粪便培养为阴性即可解除隔离。接触者医学观察7天。患者的食具、用物应煮沸消毒；粪便应用含氯消毒剂浸泡2小时后再倒掉，粪便污染的卫生纸须焚烧，污染的内裤应用含氯消毒剂浸泡15分钟后再洗涤；饭前便后应清洗双手。

2. 休息与活动　急性期应卧床休息，保证充足睡眠，减少体力消耗。中毒型细菌性痢疾应绝对卧床休息，专人监护，安置平卧位或休克位，注意保暖。对惊厥者应做好安全护理，安装护栏，防止坠床。

3. 饮食护理　予以清淡易消化、高蛋白、高维生素流质或半流质饮食，避免生冷、多渣、油腻及刺激性食物。严重腹泻、呕吐者暂禁食，静脉补充所需营养。恢复期可逐渐过渡至正常饮食。

（二）病情观察

严密监测生命体征、意识、是否有脱水及休克表现；观察粪便次数、量、性状及伴随症状；观察瞳孔大小，形状，对光反射，头痛等情况，是否有并发症的发生；准确记录24小时液体出入量。

（三）对症护理

1. 高热　监测体温变化，患者卧床休息，可先予以物理降温，必要时药物降温或亚冬眠疗法，防止高热惊厥导致脑缺氧、脑水肿。

2. 腹泻　密切观察粪便量、次数、性状及伴随症状。注意补充所需营养，维持体液平衡。每次排便后用软纸轻轻擦拭再用温水清洗，并涂以润滑剂，预防肛周皮肤破裂，每天可用温水或1∶5000高锰酸钾溶液坐浴，预防感染。

3. 休克　患者绝对卧床休息，专人护理，将患者置于休克体位；迅速建立静脉通道，遵医嘱抗休克治疗；吸氧；密切监测生命体征、神志、尿量等的变化；注意保暖，尽量减少暴露部位，忌局部加热等。

4. 脑水肿　密切观察是否有颅内压增高的表现，如头痛、呕吐，瞳孔的大小、形状等。颅内压增高可快速滴注甘露醇，或与利尿药交替使用。

（四）治疗配合

1. 急性菌痢治疗

（1）一般治疗：消化道隔离至症状消失1周，粪便培养3次阴性。卧床休息，以流质半流质食物为主。高热脱水者口服补液盐溶液（ORS液），吐泻严重者可静脉补液，维持体液平衡。

（2）病原治疗：近年来痢疾杆菌对各种抗菌药物的耐药性逐年增长，并呈多重耐药性，应参考药物敏感试验结果，选用或联合应用下列抗菌药，首选喹诺酮类药物，抗菌谱广，口服吸收好，不良反应小，常用诺氟沙星、环丙沙星、氧氟沙星等，本类药物可影响骨骺发育，儿童、孕妇及哺乳期妇女慎用。其他抗菌药，如复方新诺明、庆大霉素、阿米卡星、甲硝唑等，疗程5～7天。

（3）对症治疗：高热予以物理降温及解热镇痛药，高热伴烦躁惊厥者可采用冬眠疗法，反复惊厥者可用地西泮、苯巴比妥肌内注射或水合氯醛灌肠；休克进行扩充血容量，改善微循环，纠正酸中毒等出来；脑型中毒性菌痢可予以20%甘露醇快速静脉滴注减轻脑水肿，应用血管活性药物改善脑循环同时予以糖皮质激素；呼吸衰竭者保持呼吸道通畅、吸氧、机械通气等。

2. 慢性菌痢治疗

（1）慢性细菌性痢疾切忌滥用抗菌药物，应根据细菌药物敏感试验选用两种不同类型的抗菌药物，疗程需适当延长，必要时可予多个疗程治疗。对于肠道黏膜病变经久不愈者，可采用保留灌肠疗法，采用左侧卧位，以提高疗效。

（2）选用微生物制剂调整肠道菌群，如乳酸杆菌、双歧杆菌制剂，纠正肠道菌群失调。

（3）生活规律，注意饮食，适当体育活动提高机体抵抗力。

（五）心理护理

多和患者进行交流沟通，了解患者出现焦虑、恐惧心理的原因，充分理解患者，满足患者的不同层次的心理需要，为患者提供切实的帮助，消除其消极的心理反应，树立战胜疾病的信心。

【健康指导】

1. 预防指导

（1）控制传染源：执行消化道隔离，隔离至临床症状消失1周、粪便培养3次阴性。接触者医学观察7天。

（2）切断传播途径：把好"病从口入"做好三管一灭工作，即饮水、食物、粪便的卫生管理及灭苍蝇，养成良好的个人卫生习惯，饭前便后洗手，不喝生水，不吃变质不洁的食物。

（3）保护易感人群：口服痢疾活菌苗，可刺激肠黏膜产生局部保护性抗体—分泌型IgA，免疫力可维持6～12个月。

2. 生活指导　患者出院后仍应避免过度劳累、受凉、暴饮暴食、以防细菌性痢疾再次发作；指导患者注意饮食卫生，养成良好的卫生习惯。

3. 用药指导　嘱患者按时、按量、按疗程坚持服药，不要刚停止腹泻就停止服药，防止转变为慢性。

（黄雪玲　余　娇）

# 自　测　题

## 一、选择题

A1/A2型题

1. 传染病最主要的特征是
   A. 由病原体引起　　　B. 具有一定的区域性　　　C. 具有传染性
   D. 具有流行性　　　　E. 具有季节性

2. 传染病的基本特征是
   A. 具有传染性、传播途径、免疫性
   B. 具有病原体、流行性、传染性
   C. 具有病原体、传染性、流行病学特征、免疫性
   D. 具有传染性、免疫性、流行性、地方性、季节性
   E. 具有病原体、传染性、免疫性
3. 对传染病患者皮肤的护理，下列错误的是
   A. 观察皮疹的特点，如形态、大小和分布部位等
   B. 出疹期用乙醇擦洗消毒皮肤
   C. 将患者指甲剪短，避免抓破皮肤
   D. 对皮肤瘙痒较重者，可用炉甘石洗剂等涂擦局部
   E. 出疹期病室内保持安静，避免强光刺激
4. 甲类传染病的法定传染病完成网络直报的时间是
   A. 2 小时内　　　　B. 6 小时内　　　　C. 8 小时内
   D. 10 小时内　　　 E. 12 小时内
5. 下列属于甲类传染病的是
   A. 非典型肺炎　　　B. 霍乱　　　　　　C. 病毒性肝炎
   D. 伤寒　　　　　　E. 艾滋病
6. 关于传染病病房的区域划分，错误的是
   A. 分清洁区、半污染区和污染区
   B. 病室、患者浴室和厕所为污染区
   C. 库房、配膳室为清洁区
   D. 医护办公室为半污染区
   E. 内走廊为清洁区
7. 乙型病毒性肝炎最主要的传播途径是
   A. 性传播　　　　　B. 母乳传播　　　　C. 血液传播
   D. 消化道传播　　　E. 呼吸道传播
8. 一名护士在对乙型病毒性肝炎患者抽血时，不小心被血液污染的针头刺破皮肤，下列措施中最能保护该护士不被传染的是
   A. 碘酊消毒　　　　B. 应用干扰素　　　C. 立即注射乙肝疫苗
   D. 注射丙种球蛋白　E. 注射乙肝高效免疫球蛋白
9. 患者，男，20 岁，2 周前进食海产品后出现乏力、食欲减退、巩膜黄染；检查：ALT 增高，HBsAg（-），抗 HAV-IgM（+）。该患者最可能的诊断是
   A. 急性甲型病毒肝炎　B. 急性乙型病毒肝炎　C. 急性丙型病毒感染
   D. 急性丁型病毒感染　E. 急性戊型病毒感染
10. 患者，男性，45 岁，因近 2 周食欲减退、上腹部不适、疲乏无力而就诊。查体：肝肋下 2 cm，轻度压痛，为明确诊断，首先应检查的项目是
    A. 血清蛋白　　　　B. 血清胆红素　　　C. 血清丙氨酸转氨酶
    D. 凝血酶原活动度　E. 天门冬氨酸氨基转移酶
11. 某女性患者，因甲型病毒性肝炎入院，护士在进行相关操作时，采取的隔离措施正确的是
    A. 做好血液隔离　　B. 做好呼吸道隔离　C. 做好接触隔离

D. 做好消化道隔离　　　　E. 做好严密隔离
12. 流行性感冒的预防措施中错误的是
    A. 对流行性感冒患者进行隔离和治疗
    B. 流行性感冒流行前接种流感疫苗
    C. 流行前给所有感冒人群使用金刚烷胺进行药物预防
    D. 减少公众聚集性活动
    E. 保持室内空气新鲜、流通
13. 流行性乙型脑炎患者死亡的主要原因是
    A. 中枢性呼吸衰竭　　B. 外周性呼吸衰竭　　C. 高热
    D. 缺氧　　　　　　　E. 脑水肿
14. 孕妇，31岁，既往身体健康，近1年来发现HBsAg（＋），但无任何症状，肝功能正常，足月顺利分娩一4200 g女婴，为阻断母婴传播，对该新生儿最适宜的预防方法是
    A. 接种乙肝疫苗
    B. 注射丙种球蛋白
    C. 注射乙肝疫苗＋丙种球蛋白
    D. 注射高效价乙肝免疫球蛋白
    E. 注射乙肝疫苗＋高效价乙肝免疫球蛋白
15. 艾滋病的传播方式正确的是
    A. 空气传播、飞沫传播、血液传播
    B. 体液传播、血液传播、空气传播
    C. 飞沫传播、血液传播、母婴垂直传播
    D. 性传播、血液-体液传播、母婴垂直传播
    E. 性传播、接触传播、消化道传播
16. 患者，女性，30岁，因不规则发热3个月入院；既往有静脉吸毒史；检查：HIV抗体呈阳性，护士在收集患者的健康资料时，关注重点项目不包括
    A. 近期体重变化　　　B. $CD4^+$淋巴细胞数量　　C. 发热情况
    D. 消化道症状情况　　E. 近期胆固醇变化情况
17. 艾滋病的窗口期是指
    A. 从感染到发病的时间
    B. 从感染到能够检测出HIV抗体的时间
    C. 从体内检测出HIV抗体到出现临床症状的时间
    D. 从感染到出现临床表现的时间
    E. 从感染到死亡的时间
18. 艾滋病病毒侵入人体后，主要攻击人体的
    A. $CD4^+$T淋巴细胞　　B. 肝细胞　　　　　C. 红细胞
    D. 巨噬细胞　　　　　　E. 中性粒细胞
19. 霍乱的对症治疗应重点注意的是
    A. 止泻　　　　　　　B. 镇静　　　　　　C. 解痉止痛
    D. 降温　　　　　　　E. 补充有效血容量
20. 细菌性食物中毒最常见的病原菌是
    A. 沙门菌属　　　　　B. 副溶血弧菌　　　C. 大肠埃希菌
    D. 金黄色葡萄球菌　　E. 蜡样芽孢杆菌

## 第十章 传染病患者的护理

21. 流行性乙型脑炎最主要的传染源是
    A. 患者　　　　　　　　B. 猪　　　　　　　　C. 蚊虫
    D. 牛　　　　　　　　　E. 隐性感染者

22. 护士在向社区居民讲解流行性乙型脑炎的预防知识时，除应强调接种流行性乙型脑炎疫苗外，还应向社区居民强调的是
    A. 家畜管理　　　　　　B. 家禽管理　　　　　　C. 灭蝇工作
    D. 灭鼠工作　　　　　　E. 灭蚊工作

23. 患儿，6岁，食用未清洗的水果后出现高热、腹泻，粪便有黏液脓血，该患儿最可能的诊断是
    A. 食物中毒　　　　　　B. 细菌性菌痢　　　　　C. 肠梗阻
    D. 急性肠炎　　　　　　E. 流行性感冒

24. 狂犬病毒主要侵入的部位是
    A. 中枢神经系统　　　　B. 呼吸系统　　　　　　C. 大脑
    D. 消化系统　　　　　　E. 运动系统

25. 患儿，男，6岁，因中毒型细菌性痢疾入院，为预防传播，应将该患儿隔离至
    A. 临床症状消失　　　　B. 临床症状消失5天　　　C. 1次粪便培养阴性
    D. 2次粪便培养阴性　　 E. 3次粪便培养阴性

## 二、案例分析题

1. 患者，男，25岁，因"发热、食欲减退、恶心2周，皮肤黄染1周"入院。患者2周前无明显诱因出现发热，伴乏力、全身不适、食欲减退、恶心等症状。1周前出现皮肤、巩膜黄染，尿液颜色黄。入院查体：肝肋下2 cm，上腹部轻度压痛，皮肤巩膜黄染。

   请问：
   （1）该患者最可能的医疗诊断是什么？
   （2）为明确诊断，需要做哪些检查？
   （3）目前患者存在的护理问题有哪些？

2. 患者，男，39岁，近3个月出现不规则发热、进行性消瘦、食欲减退、咳嗽、腹泻、乏力。查体：T 38.4 ℃，P 96次/分，R 26次/分，BP 120/80 mmHg；营养状态差，消瘦，甲床苍白，浅表淋巴结肿大，双肺呼吸音粗糙，右下肺可闻及湿啰音；肝右肋下1.0 cm，质软，无触痛。实验室检查：红细胞计数 $3.85 \times 10^{12}$/L，白细胞计数 $5.4 \times 10^9$/L，血小板计数 $163 \times 10^9$/L，$CD4^+$ T淋巴细胞 $0.3 \times 10^9$/L。拟诊断为"艾滋病"。

   请问：
   （1）为进一步确诊，需要对该患者进行何种检查？
   （2）根据上述资料，该患者目前处于HIV感染哪一期？

> **思政园地**
>
> ### 粉红丝带学校校长—郭小平
>
> 2004年，郭小平时任临汾市第三人民医院院长，第一次接触艾滋病患儿。看到他们无法上学后，他就在医院腾出一间病房作为教室。渐渐地，到这里上学的艾滋病患儿越来越多。在社会各界的帮助下，郭小平院长于2006年把新建的传染病区改成校园，把

爱心教室变成了红丝带学校，建起了国内唯一一所艾滋病患儿学校。2011年12月1日，这所集生活、医疗、教育为一体的粉红丝带学校正式纳入国民教育行列，更名为临汾红丝带学校，为更多的艾滋病患儿提供了上学的机会。2013年，郭小平辞去院长职务，成为当时只有33名学生的粉红丝带学校的校长。郭小平于2016年当选为感动中国年度人物，2017年获得第六届全国道德模范提名奖。他用自己小小的身躯为这群特殊的孩子撑起了一片天，不仅医治人的身体，还救助人的心灵。

# 参考文献

[1] 汪芝碧，钟云龙.内科护理.北京：北京大学医学出版社，2019.
[2] 葛均波，徐永健，王辰.内科学.9版.北京：人民卫生出版社，2023.
[3] 尤黎明，吴瑛.内科护理学.7版.北京：人民卫生出版社，2022.
[4] 马秀芬，王婧.内科护理.2版.北京：人民卫生出版社，2020.
[5] 艾娟，孙建勋.内科学.5版.北京：北京大学医学出版社，2019.
[6] 褚青康，尹春霞.内科护理.郑州：河南科学技术出版社，2020.
[7] 洪霞，王刚.内科护理学.2版.北京：中国医药科技出版社，2019.
[8] 汪芝碧，安晓倩.传染病护理.北京：中国医药科技出版社，2023.
[9] 李金成，王萍.传染病学.5版.北京：北京大学医学出版社，2020.

# 中英文专业词汇索引

1 型糖尿病（diabetes mellitus type 1，T1DM） 397
2 型糖尿病（diabetes mellitus type 2，T2DM） 397

## A

癌胚抗原（carcinoembryonic antigen，CEA） 64

## B

白血病（leukemia） 349
包涵体肌炎（inclusion body myositis，IBM） 454
病毒性肺炎（viral pneumonia） 24
病毒性心肌炎（viral myocarditis） 170

## C

肠结核（intestinal tuberculosis） 246
晨僵（morning stiffness） 436
传播途径（route of transmission） 529
传染病（communicable disease） 526
传染源（source of infection） 529
促黑素细胞激素（melanocyte stimulating hormone，MSH） 373
促黑素细胞激素释放抑制因子（melanocyte stimulating hormone release inhibiting factor，MIF） 373
促黑素细胞激素释放因子（melanocyte stimulating hormone releasing factor，MRF） 373
促甲状腺激素（thyrotropin；thyroid-stimulating hormone，TSH） 373
促甲状腺激素释放激素（thyrotropin releasing hormone，TRH） 373
促卵泡激素（follicle-stimulating hormone，FSH） 373
促肾上腺皮质激素（corticotropin；adrenocorticotropic hormone，ACTH） 373
促肾上腺皮质激素释放激素（corticotropin-releasing hormone，CRH） 373
促性腺激素释放激素（gonadotropin-releasing hormone，GnRH） 373
催乳素（prolactin，PRL） 373
催乳素释放素（prolactoliberin；prolactin releasing hormone，PRH） 373
催乳素释放抑制因子（prolactin release inhibiting factor，PRIF） 373

## D

单纯性甲状腺肿（simple goiter） 384
地方性甲状腺肿（endemic goiter） 384
癫痫（epilepsy） 503
短暂性脑缺血发作（transient ischemic attack，TIA） 484
动脉血二氧化碳分压（arterial partial pressure of carbon dioxide，$PaCO_2$） 5
多肌炎（polymyositis，PM） 454

## E

恶心（nausea） 199

## F

非毒性甲状腺肿（nontoxic goiter） 384
非霍奇金淋巴瘤（non-Hodgkin lymphoma，NHL） 360
肥厚型心肌病（hypertrophic cardiomyopathy，HCM） 164，166
肺结核（pulmonary tuberculosis） 52
肺脓肿（lung abscess） 77
肺泡通气量（alveolar ventilation，VA） 5
肺栓塞（pulmonary embolism，PE） 67
肺炎（pneumonia） 18
肺炎链球菌肺炎（Streptococcal pneumoniae pneumonia） 19
肺源性呼吸困难（pulmonary dyspnea） 9
风湿性疾病（rheumatic disease） 433

腹痛（abdominal pain） 201

腹泻（diarrhea） 203

## G

肝癌（liver cancer） 227

肝性脑病（hepatic encephalopathy，HE） 231

肝硬化（liver cirrhosis） 220

感觉障碍（sensory disorder） 471

感染（infection） 526

感染性心内膜炎（infective endocarditis，IE） 173

高尿酸血症（hyperuricemia） 421

高血压（hypertension） 134

格拉斯哥昏迷评分（Glasgow coma score，GCS） 466

骨髓穿刺术（bone marrow aspiration） 363

骨质疏松症（osteoporosis，OP） 417

冠状动脉性心脏病（coronary artery heart disease，CHD） 141

冠状动脉造影（coronary angiography） 183

冠状动脉粥样硬化性心脏病（coronary atherosclerotic heart disease，CAHD） 141

## H

黑便（melena） 205

呼吸困难（dyspnea） 9

呼吸衰竭（respiratory failure） 81

黄体生成素（luteinizing hormone，LH） 373

霍乱（cholera） 563

霍奇金淋巴瘤（Hodgkin lymphoma，HL） 360

## J

吉兰-巴雷综合征（Guillain-Barré syndrome，GBS） 477

急性白血病（acute leukemia，AL） 349

急性非淋巴细胞白血病（acute non-lymphocytic leukemia，ANLL） 349

急性冠脉综合征（acute coronary syndrome，ACS） 141

急性淋巴细胞白血病（acute lymphoblastic leukemia，ALL） 349

急性气管支气管炎（acute tracheobronchitis） 16

急性上呼吸道感染（acute upper respiratory tract infection） 13

急性肾小球肾炎（acute glomerulonephritis，AGN） 282

急性髓系白血病（acute myeloid leukemia，AML） 349

急性髓细胞性白血病（acute myelogenous leukemia，AML） 349

急性胃炎（acute gastritis） 207

急性心包炎（acute pericarditis） 160

急性心肌梗死（acute myocardial infarction，AMI） 145

急性心力衰竭（acute heart failure，AHF） 117

急性胰腺炎（acute pancreatitis，AP） 236

甲胎蛋白（alpha fetoprotein，AFP） 228

甲状腺功能亢进症（hyperthyroidism） 386

结缔组织病（connective tissue disease，CTD） 433

结核病（tuberculosis） 52

结核性腹膜炎（tuberculous peritonitis） 246

经皮冠状动脉介入治疗（percutaneous coronary intervention，PCI） 183

经皮冠状动脉腔内成形术（percutaneous transluminal coronary angioplasty，PTCA） 144

## K

咯血（hemoptysis） 11

咳嗽（cough） 6

咳痰（expectoration） 7

口服葡萄糖耐量试验（oral glucose tolerance test，OGTT） 426

库欣综合征（Cushing syndrome） 410

狂犬病（rabies） 567

溃疡性结肠炎（ulcerative colitis，UC） 242

扩张型心肌病（dilated cardiomyopathy，DCM） 164，165

## L

类风湿关节炎（rheumatoid arthritis，RA） 447

类风湿因子（rheumatoid factor，RF） 434

淋巴瘤（lymphoma） 360

流行性出血热（epidemic hemorrhagic fever） 571

## M

慢性白血病（chronic leukemia，CL） 349

慢性肺源性心脏病（chronic pulmonary heart disease） 47

慢性冠状动脉性心脏病（chronic coronary artery heart disease）141
慢性呼吸衰竭（chronic respiratory failure）81
慢性粒细胞白血病（chronic myelocytic leukemia, CML）350
慢性淋巴细胞白血病（chronic lymphocytic leukemia, CLL）350
慢性肾上腺皮质功能减退症（chronic adrenocortical hypofunction）414
慢性肾小球肾炎（chronic glomerulonephritis, CGN）285
慢性胃炎（chronic gastritis）209
慢性心力衰竭（chronic heart failure, CHF）109
慢性阻塞性肺疾病（chronic obstructive pulmonary disease, COPD）41
每分通气量（minute ventilation, VE）5
面神经炎（facial neuritis）475

**N**

脑出血（intracerebral hemorrhage, ICH）495
脑梗死（cerebral infarction, CI）487
脑脊液（cerebrospinal fluid, CSF）513
尿路刺激征（urinary irritation symptoms）277
尿路感染（urinary tract infection, UTI）293

**O**

呕吐（vomiting）199
呕血（hematemesis）205

**P**

帕金森病（Parkinson disease, PD）509
膀胱尿道镜检查（cystourethroscopy）308
皮肌炎（dermatomyositis, DM）454
皮质醇增多症（hypercortisolism）410
贫血（anemia）323
葡萄球菌肺炎（staphylococcal pneumonia）21

**Q**

缺铁性贫血（iron deficiency anemia, IDA）329

**R**

人类白细胞抗原（human leucocyte antigen, HLA）364

**S**

三叉神经痛（trigeminal neuralgia）480
散发性甲状腺肿（sporadic goiter）384
上消化道出血（upper gastrointestinal hemorrhage）251
社区获得性肺炎（community acquired pneumonia, CAP）19
肾病综合征（nephrotic syndrome, NS）288
肾素-血管紧张素-醛固酮系统（renin-angiotensin-aldosterone system, RAAS）101
肾小球滤过率（glomerular filtration rate, GFR）273
肾性水肿（renal edema）273
生长激素（growth hormone, GH）373
生长激素释放激素（growth hormone-releasing hormone, GHRH）373
生长激素释放抑制激素（growth hormone release inhibiting hormone, GHRIH）373
数字减影血管造影（digital subtraction angiography, DSA）520
缩窄性心包炎（constrictive pericarditis）162

**T**

糖尿病（diabetes mellitus, DM）397
特发性面神经麻痹（idiopathic facial palsy）475
特发性炎症性肌病（idiopathic inflammatory myopathy, IIM）454
体外反搏疗法（external counterpulsation）144
痛风（gout）421
头痛（headache）463

**W**

胃炎（gastritis）207

**X**

细菌性痢疾（bacillary dysentery）574
纤维支气管镜（fiberoptic bronchoscope）90
限制型心肌病（restrictive cardiomyopathy, RCM）165
腺垂体功能减退症（anterior pituitary hypofunction）380
心导管检查（cardiac catheterization）182
心肌病（cardiomyopathy）164

心力衰竭（heart failure，HF） 108
心律失常（cardiac arrhythmia） 120
心源性呼吸困难（cardiac dyspnea） 101
心源性水肿（cardiac edema） 103
心源性晕厥（cardiogenic syncope） 106
心脏起搏器（cardiac pacemaker） 179
心脏再同步化治疗（cardiac resynchronization therapy，CRT） 115
胸痛（chest pain） 107
血细胞比容（hematocrit，HCT） 323

## Y

腰椎穿刺（lumbar puncture） 513
医院获得性肺炎（hospital acquired pneumonia，HAP） 19
意识障碍（disturbance of consciousness） 465
语言障碍（language disorders） 473

原发免疫性血小板减少症（primary immune thrombocytopenia） 339
原发性支气管肺癌（primary bronchogenic carcinoma） 62

## Z

再生障碍性贫血（aplastic anemia，AA） 333
造血干细胞（hematopoietic stem cell，HSC） 321
造血干细胞移植（hematopoietic stem cell transplantation，HSCT） 364
支气管扩张（bronchiectasis） 36
支气管哮喘（bronchial asthma） 29
支原体肺炎（mycoplasmal pneumonia） 23
蛛网膜下腔出血（subarachnoid hemorrhage，SAH） 499